EINLEITUNG

IN DAS

NEUE TESTAMENT.

VON

THEODOR ZAHN.

ZWEITE, VIELFACH BERICHTIGTE AUFLAGE.

ZWEITER BAND.

Einleitung in das Neue Testament - 1   ISBN: 978 90 5719 559 4

Jakobus - Galater - Thessalonicher - Korinther - Römer
Philemon - Kolosser - Epheser - Philipper - Timotheus - Titus

Einleitung in das Neue Testament - 2   ISBN: 978 90 5719 558 7

Petrus - Judas - Hebräer - drei ersten Evangelien
Apostelgeschichte - Schriften des Johannes
Chronologische Übersicht - Register

Einleitung in das Neue Testament - Zweiter Band
Theodor Zahn (1838-1933)
Nach zweite, vielfach berichtigte Auflage 1900,
Leipzig: A. Deichert'sche Verlagsbuchhandlung Nachf. (Georg
Böhme)

ISBN: 978 90 5719 558 7

Importantia Publishing
www.importantia.de

Inhalt.

Zusätze und Berichtigungen.

Zu Bd. I S. 24 A 19 lies „Hillel's" statt „Hiilel's".

„ „ „ 109 Z. 15 „ „Text" statt „Teil".

„ „ „ 267 Z. 7 „ „Gegenstand" statt „Gegensatz".

„ „ „ 435 A 1 „ „ἑκατόμπολις" statt „ἐπατόμπολις".

Bd. II S. 116 f. In den kürzlich ans Licht gekommenen „Tractatus Origenis de libris ss. scripturarum" ed. Batiffol, Paris 1900, liest man p. 108 zwischen zwei Citaten aus den Briefen des Paulus: „Sed et sanctissimus Barnabas *Per ipsum offerimus*, inquit, *Deo laudis hostiam labiorum confitentium nomini eius*", also ein Citat aus Hb 13, 15. Daß dies nicht Origenes geschrieben hat, bedarf keines Beweises. Es darf aber auch bereits als bewiesen gelten, daß vielmehr Novatianus der Verfasser dieser Predigten ist cf Weyman, Arch. f. lat. Lexikogr. XI, 467. 545—576; Haußleiter, Th. Ltrtrbl. 1900 Nr. 14—16; Zahn, N. kirchl. Ztschr. 1900 S. 348—360. Also nicht erst die Novatianer des 4. Jahrhunderts, welche sich ebenso wie der Montanist Tertullian für ihre Disciplinargrundsätze auf Hb 6, 1—8 beriefen (Epiph. haer. 59, 2; Phil. haer. 89; Ambros. de poenit. II, 2), sondern schon der Stifter der Partei hat den Hb in hohen Ehren gehalten. Zugleich vertritt derselbe die bisher nur durch Tertullian selbständig und deutlich bezeugte Tradition von Barnabas als Verfasser. Dadurch wird die Annahme bestätigt, daß diese Tradition, welche weder die römische noch die afrikanische Kirche anerkannt hat, zuerst in montanistischen Kreisen aufgekommen ist und ebenso wie manches andere von dorther auf die novatianische Partei sich fortgeerbt hat cf N. kirchl. Ztschr. 1900 S. 353 f.

VIII. Die Briefe des Petrus, des Judas und der Hebräerbrief.

§ 38. Leserkreis und Verfasser des ersten Petrusbriefs nach diesem selbst.

Laut 1 Pt 1, 1 ist dieser Brief an Christen in Pontus, Galatien, Kappadocien, Asien und Bithynien gerichtet. Bemerkt man, daß hier kein einziger der alten Landschaftsnamen genannt ist, welcher nicht auch Name einer römischen Provinz war, und erinnert man sich, daß die Provinz Galatien auch Lykaonien und diejenigen Teile von Phrygien und Pisidien umfaßte, welche nicht zur Provinz Asien gehörten (Bd I, 124. 131 f.), so sieht man, daß ganz Kleinasien mit Ausschluß von Cilicien als das Gebiet beschrieben ist, in welchem der Brief seine Leser sucht (A 1). Da es in Cilicien früh Christengemeinden gegeben hat (AG 15, 23. 41 cf Gl 1, 21; AG 9, 30; 11, 25), so ist anzunehmen, daß diese nicht übersehen, sondern absichtlich als eine näher mit dem syrischen Antiochien verbundene Gruppe von dem Kreis der Gemeinden jenseits des Taurus, welche eine gleichartige Entstehungsgeschichte gehabt haben, ausgeschlossen sind. Daß es sich aber um die Christengemeinden der genannten Provinzen, und nicht etwa um irgendwelche dort ansässige christliche Individuen einer besonderen Art handelt, neben welchen es in demselben Gebiet noch andere Christen oder Christengemeinden gegeben hätte, liegt auf der Hand. Zum Überfluß beweist dies der Abschiedsgruß 5, 14, welcher die Leser als die sämtlichen Christen, natürlich der 1, 1 genannten Provinzen, bezeichnet. Es sind die von ihren Presbytern geweideten Herden des Erzhirten Christus (5, 1—4) in Kleinasien. Den Gegensatz zu ihnen bildet nur entweder ihre heidnische Umgebung (2, 12. 15; 3, 1. 13—17; 4, 3 f. 12 f.) oder die gesamte Christenheit auf Erden (5, 9) oder eine einzelne Ortsgemeinde außerhalb Kleinasiens (5, 13). Damit ist die Frage nach der Vorgeschichte und dem nationalen und kirchlichen Charakter des Leserkreises bereits beantwortet; denn wir wissen aus AG 13, 14—14, 25; 16, 1—10; 18, 19—20, 38 sowie aus Gl, Kl, Eph, Phlm, wem die Gemeinden zunächst der Provinzen Galatien und Asien (1 Kr 16, 1. 19) ihre Entstehung verdankten, und welches von Anfang an ihr Charakter war. In diesem ganzen Gebiet ist Pl nach dem Zeugnis seiner eigenen Briefe wie der AG der grundlegende Missionar gewesen im Sinne von Rm 15, 20; 1 Kr 3, 10; 2 Kr 10, 15. In den Städten, welchen er selbst das Ev nicht gebracht hat, haben es im Anschluß an seine persönliche Arbeit und als seine Stellvertreter seine Freunde und Gehilfen getan, und Pl hat auch die nur so mittelbar durch ihn gestifteten Gemeinden zu dem seiner Obhut befohlenen kirchlichen Kreise gerechnet. Diese Anschauung liegt seinen Briefen an die ihm persönlich unbekannt gebliebenen Gemeinden der Provinz Asien (Eph, Kl, auch Phlm cf Bd I, 318 A 3; 327) und solchen Aussagen wie Rm 15, 16—23; 16, 4. 16; 2 Kr 11, 28; 2 Tm 4, 17 (cf Bd I, 406) zu Grunde. Daß Pl in Ephesus oder Ikonium, oder daß Epaphras in Kolossä oder Laodicea christliche Gemeinden oder auch nur einzelne Christen vorgefunden hätten, wäre eine allen vorhandenen Nachrichten widersprechende Vorstellung. In bezug auf die Provinz Asien und deren Hauptstadt Ephesus wird sie durch AG 18, 19; 19, 8 und auch durch AG 19, 1—7 widerlegt. Gerade weil es in Ephesus bis zur Ankunft des Pl keine, sei es auch noch so kleine, Christengemeinde gab, konnte es vorkommen, daß dort wie in Alexandrien (AG 18. 24 f.) einzelne Bekenner Jesu ohne christliche Taufe und ohne Zusammenhang mit der kirchlichen Entwicklung geblieben waren (Bd I, 187 f.). Ebenso unfraglich ist aber auch, daß trotz der nirgendwo unterlassenen Anknüpfung an die vorhandenen Synagogen und trotz der Aufnahme mancher Juden in die von Pl und seinen Gehilfen gestifteten Gemeinden Asiens und Galatiens diese insgesamt den unzweideutigen Charakter heidenchristlicher Gemeinden an sich trugen. Die AG, welche uns die Tatsachen berichtet, die uns zu der Vorstellung von Gemeinden halb jüdischen, halb heidenchristlichen Charakters verleiten könnten, spricht dies kaum weniger stark aus (AG 15, 3. 12. 19; 21, 19), als Pl selbst (Gl 4, 8; Eph 2, 11—3, 13), und wiederum Pl verleugnet nicht die Tatsache, daß diesen heidenchristlichen Gemeinden auch geborene Juden angehörten (Bd I, 138 A 5). Über die ersten Kirchengründungen in Kappadocien, Pontus und Bithynien, wohin Pl selbst nicht gekommen ist, fehlen uns Nachrichten. Aber es ist nicht anders zu denken, als daß in diesen Provinzen, welche von Jerusalem und Antiochien aus angesehen Hinterländer der Provinzen Galatien und Asien waren, das Ev erst etwas später gepredigt worden ist, aber wesentlich dieselben Verhältnisse geschaffen hat, nur daß der jüdische Beisatz der Bevölkerung und somit auch der dort entstehenden Christengemeinden ein geringerer gewesen sein muß, als in Galatien und Asien. In Anbetracht dieses klaren Tatbestandes erscheint es als einer der auffälligsten Beweise für den Mangel an geschichtlicher Betrachtung der ntl Schriften, daß sich in der griechischen Kirche von Origenes an die Ansicht verbreiten konnte, der 1 Pt sei an die in den genannten Provinzen zerstreuten Judenchristen gerichtet (A 2). Befremdlicher ist, daß diese Ansicht bis heute hartnäckige Verteidiger findet, wenn gleich mit der Modifikation, daß Pt diesen Brief vor Beginn der Missionsarbeit des Pl in Kleinasien an dort vorhandene judenchristliche Gemeinden gerichtet habe (A 3). Unrichtigeres

.kann man doch nicht leicht behaupten, als daß der Annahme solcher vorpaulinischer und judenchristlicher Gemeinden nur das Argumentum e silentio der AG gegenüberstehe. Es handelt sich, wie gezeigt, um ein sehr beredtes Zeugnis sowohl der AG als der Plbriefe. Nicht lückenhaft, sondern lügenhaft wäre die gesamte Darstellung der AG, wenn es in Galatien und Asien, vor allem in den größeren Städten mit zahlreicher Judenschaft, im pisidischen Antiochien und in Ikonium, in Ephesus und in den Städten am Lykos judenchristliche Gemeinden gegeben hätte, ehe Pl, Barnabas, Epaphras und andere uns unbekannte Genossen derselben dort das Ev gepredigt haben. Überall findet Pl nur Juden und Heiden vor, welche erst durch ihn das Ev zu hören bekommen und durch seine Predigt gedrängt werden, Stellung dazu zu nehmen. Die Abmachung von Gl 2, 6—10 könnte auch dann, wenn man bei der Misdeutung beharren will, wonach Pl es sich überall habe versagen müssen, als Judenmissionar tätig zu sein (cf dagegen Bd I, 191), am allerwenigsten die immer wieder bezeugte Tatsache erklären, daß er in der Synagoge mit seiner Predigt anfing, in Ephesus sogar 3 Monate lang auf diese sich beschränkte (AG 19, 8), und daß er dagegen die an denselben Orten vorhandenen judenchristlichen Gemeinden unbegrüßt und das in ihnen bereits gelegte Fundament unbenützt gelassen hätte. Und wer sollten die Missionare gewesen sein, welche bis zur Küste des Schwarzen Meeres Gemeinden gegründet haben, ehe man in Antiochien den Mut gewann, den Pl und Barnabas in die Welt hinauszusenden (AG 13, 2)? Wenn man sich durch 1 Pt 1, 12 an die Pfingstgeschichte und an die Hörer der Pfingstpredigt aus Kappadocien, Pontus, Asien, Phrygien und Pamphylien (AG 2, 9 f.) erinnern läßt, so ist doch vor allem zu bedenken, daß dies nicht Festpilger waren, die nach Ablauf des Festes in ihre Geburtsländer zurückkehrten, sondern in Jerusalem ansässig gewordene Juden aus dem Ausland (AG 2, 5; 6, 9), welche Mitglieder der Gemeinde von Jerusalem wurden. Allerdings haben manche von ihnen nach dem Tode des Stephanus ihren Glauben auch außerhalb Palästinas mit Erfolg zu verbreiten gesucht (AG 11, 19 f.). Aber der Fortschritt über Antiochien und Cypern hinaus ist eben nicht durch sie, sondern nach allen vorhandenen Nachrichten durch Pl und Barnabas gemacht worden. Wie aber findet man sich mit dem Zeugnis des Pl selbst ab? Es sind ja nicht irgend welche Christen in Galatien, sondern „die Gemeinden Galatiens" (Gl 1, 2; 1 Kr 16, 1), welchen Pl im Verein teils mit Barnabas, teils mit Silvanus das Ev gebracht hat (Gl 1, 8; 4, 13; Bd I, 127), und welche das Ev ganz ebenso von ihm empfangen haben, wie die Gemeinde von Korinth (Gl 1, 9 cf 1 Kr 15, 1—3). Wo möglich noch stärker als durch das Bild vom erzeugenden Vater (1 Kr 4, 15) ist durch das Bild von der gebärenden Mutter (Gl 4, 19) ausgedrückt, daß die sämtlichen Gemeinden dieser Provinz dem Pl ihr Dasein verdanken. Wo bleiben dann die judenchristlichen Gemeinden mit ihren Presbytern (1 Pt 5, 1—4), welche schon vor seiner Hinkunft in dieser Provinz bestanden haben sollen? Es sind auch nicht einzelne Christen besonderer Art oder Herkunft, sondern die Gemeinden von Kolossä und Laodicea, welchen Epaphras das

Ev gebracht hat (Kl 1, 1. 7; 4, 13. 16); und nicht als eine erste Frucht seiner persönlichen Arbeit in Asien, sondern als den Erstbekehrten dieser Provinz bezeichnet Pl jenen Epänetus (Rm 16, 5), welcher nach dem Zusammenhang, in welchem er erwähnt wird, im Hause des erst mit Pl nach Ephesus gekommenen Aquila das Ev kennen gelernt haben muß (Bd I, 295 A 21). Anlaß zu Misverständnissen haben seit alter Zeit die an Israel und an jüdische Verhältnisse erinnernden Titel gegeben, welche hier auf christliche Leser und Gemeinden angewandt sind. Dies kann man von παρεπίδημοι (1, 1) und dem mit diesem verbundenen πάροικοι (2, 11, παροικία 1, 17) nur insofern sagen, als eben diese Verbindung zweimal im griechischen AT sich findet (A 4). An sich sind das, wie man aus Schriftstellern und Inschriften genug sieht, ganz profane Ausdrücke; der erstere bezeichnet den von auswärts gekommenen Fremden, welcher nur vorübergehend an seinem dermaligen Aufenthaltsort sich aufhält, und er hebt im Unterschied von ἐπιδημεῖν (AG 2, 10) bestimmter hervor, daß es sich um einen nur vorübergehenden Aufenthalt handelt; πάροικος dagegen, nicht wesentlich verschieden von dem bei den Älteren gebräuchlicheren μέτοικος, bezeichnet den Beisassen, den unter Schutz und Duldung des Staats stehenden Fremden im Gegensatz zum Bürger, oder auch den Inquilinen im Gegensatz zum Hausbesitzer und dessen Familie. Mit beiden Wörtern finden wir ξένος als synonym verbunden (Eph 2, 19; Hb 11, 13). Daß die Leser damit nicht, wie J. D. Michaelis (Einl. 1445 ff.) urteilte, als Leute charakterisirt sind, welche vor ihrer Bekehrung zum Christenglauben Proselyten des Judentums waren, und daß sie auch nicht mit solchen Proselyten rücksichtlich ihres Verhältnisses zur Christenheit verglichen sind, ergibt sich schon daraus, daß an den beiden einzigen Stellen, wo die LXX παρεπίδημος und zwar in der gleichen Verbindung mit πάροικος wie 1 Pt 2, 11 gebraucht (Gen 23, 4; Ps 39, 13 A 4) nicht von den unter Israel lebenden Fremdlingen die Rede ist, sondern von den ohne festen Wohnsitz und bleibenden Besitz im fremden Lande lebenden Patriarchen und von den frommen Israeliten, welche ihr ganzes Leben unter dem Typus des Lebens ihrer Ahnherrn betrachten. Auf Grund dieser schon im AT vollzogenen Übertragung der beiden synonymen Begriffe auf das Verhältnis der Frommen zu Gott einerseits und zu irdischem Besitz, Wohnsitz und Recht andrerseits und, wie man aus Hb 11, 13—16; 13, 14 sieht, im bewußten Anschluß an jene atl Redeweise hat sich die bereits Bd I, 58 f. erörterte, in allen Schriften des NT's zu Tage tretende Anschauung gebildet, wonach die Christen als Bürger eines jenseitigen Gemeinwesens in dieser Welt überall nur vorübergehend sich aufhaltende Fremdlinge und von den Besitzern und Machthabern auf Erden nur geduldete Beisassen ohne Bürgerrecht sind. Während die Juden in der Diaspora alles daran setzten, entweder vollberechtigte Bürger des heidnischen Gemeinwesens zu werden, oder eine rechtlich anerkannte Sondergemeinde zu bilden (A 4), sahen sich die Christen, auch wenn es ihnen nicht an Grundbesitz und weltlichem Bürgerrecht fehlte, doch als πάροικοι καὶ παρεπίδημοι an und bewiesen dadurch, daß sie ein Vaterland besaßen und suchten, welches nicht auf dieser Erde zu finden ist (Hb 11, 14—16). Daß Pt diese Ausdrücke in keinem anderen Sinne meint, zeigt 2, 11, wo eben diese Eigenschaften der Leser als Motiv des eigentümlich christlichen Lebenswandels im Unterschied vom heidnischen genannt sind, und noch deutlicher 1, 17, wo ja offenbar die ganze irdische Lebenszeit der Christen die Zeit ihrer παροιχία heißt (cf 4, 2; Gen 47, 9). Damit ist aber auch bewiesen, daß durch diese Ausdrücke die Leser keineswegs als fern von ihrer irdischen Heimat lebende Menschen, etwa als außerhalb Palästinas wohnende Juden bezeichnet sein sollen, woraus sich ergeben würde, daß sie nur nach Palästina zurückzuwandern brauchten, um den sittlichen Verpflichtungen enthoben zu sein, von welchen 1, 17; 2, 11 die Rede ist. Sie sind ferner nach dem Wortlaut von 1, 1 f. Fremdlinge und Beisassen in dieser Welt nicht vermöge äußerer Lebensschicksale, sondern vermöge einer Erwählung von seiten Gottes, also auch gemäß einer Vorhersehung Gottes und vermittelst Bekehrung und Taufe (1, 1 f.). Lediglich als Christen sind sie dadurch bezeichnet, und es könnten sich hieran ohne weiteres die Provinznamen im Genetiv anschließen, sogut man αἱ ἐκκλησίαι τῆς Ἰουδαίας Gl 1, 22 im Sinne von αἱ οὖσαι ἐν τῇ Ἰουδαίᾳ 1 Th 2, 14 sagen kann. Diese Verbindung wird auch nicht zerstört durch das dazwischenstehende διασπορᾶς, welches schon wegen seiner Artikellosigkeit unmöglich die Leser näher bezeichnen kann als diejenigen erwählten Fremdlinge d. h. Christen, welche zu der jüdischen Diaspora von Pontus, Galatien etc. gehören (A 5). Es ist vielmehr der durch παρεπίδημοι ausgedrückte Gedanke noch verstärkt durch den Jk 1, 1 ausgedrückten Gedanken, daß sie als Christen, gleich den aus dem heiligen Lande vertriebenen Israeliten, in der Zerstreuung leben. Wie diese Vorstellung ursprünglich aus ganz konkreten Verhältnissen sich gebildet hat (Bd I, 66), so wird auch Pt die tatsächlichen Verhältnisse der Leser im Auge haben. Es wäre ja an sich denkbar, daß sämtliche Christen an einem einzigen Orte vereinigt lebten, wie die Mormonen am Salzsee, statt daß sie nun in kleinen Häuflein über die weite Welt zerstreut sind wie Oasen in der Wüste oder Inseln im Meere (Theoph. ad Autol. II, 14). An der Spitze eines Briefs an eine große Zahl von Gemeinden, die über ganz Kleinasien zerstreut wohnten, lag es besonders nahe, sich dieser ihrer Lage zu erinnern, und insofern schließt sich gerade an dieses Wort sehr natürlich die Aufzählung aller der Provinzen an, in welchen sie zu finden waren. Aber nichtsdestoweniger ist διασπορᾶς ein mit dem vorangehenden παρεπίδημοι gleichartiges, den religiösen Stand charakterisirendes Attribut; denn den Gegensatz zu ihrer jetzigen Zerstreutheit bildet nicht die gemeinsame Rückkehr in eine irdische Heimat, sondern die Sammlung in das Königreich Christi (Mt 24, 31; Didache 10), wenn der Erzhirt erscheint (1 Pt 5, 4). Aber die bis dahin fortdauernde räumliche Zerstreuung der kleinen Gemeinden in der weiten Welt mitten unter einer hundert- oder tausendfach überlegenen heidnischen Mehrheit mußte das Gefühl steigern, daß sie als Christen durchreisende Fremdlinge und Beisassen in dieser

Welt seien, und sollte sie daran mahnen, des im Himmel ihnen aufbewahrten Erbes eingedenk zu bleiben (1, 4). So bereitet die Grußüberschrift wesentliche Gedanken des Briefs vor. Sie enthält aber nichts, was die geschichtlich feststehende Tatsache verdunkeln könnte, daß der Brief an die durch Pl und seine Gehilfen gestifteten heidenchristlichen Gemeinden Kleinasiens gerichtet sein will. Dies bestätigt der Brief in seinem weiteren Verlauf, insbesondere auch durch die Art, wie er auf diese Leser Attribute Israels überträgt. Sie werden 2, 5. 9 nach Ex 19, 5 f.; Jes 43, 20 eine königliche Priesterschaft, ein auserwähltes Geschlecht, ein heiliges Volk und ein Eigentumsvolk Gottes genannt. Es wird ferner 2, 10 in freier Verwendung von Worten, mit welchen Hosea 2, 1—3. 25 die Wiedereinsetzung Israels in die Würde des Gottesvolkes geweissagt hatte, von ihnen gesagt, daß sie, die einst kein Volk waren, nun ein Volk Gottes geworden sind, und daß sie, die einst nicht Gegenstände des göttlichen Erbarmens waren, dieses Erbarmen nun erfahren haben (2, 5—10); und es bleibt nicht verborgen, daß sie zu allen diesen Gnaden und Würden dadurch gekommen sind, daß sie den Ruf des Ev, wodurch Gott sie aus der Finsternis zu seinem wunderbaren Lichte rief, im Glauben gefolgt sind (2, 9 cf 1, 12. 15. 22—25; 2, 2. 7). Den Gegensatz zu ihnen bildet nicht etwa die ungläubige Mehrheit des jüdischen Volks, sondern die Gesamtheit der nichtglaubenden Hörer des Ev; und sie werden nicht als d a s wahre Volk Gottes oder d a s geistliche Israel dem dieses Namens unwert gewordenen jüdischen Volk gegenübergestellt, sondern unter beharrlicher Vermeidung des determinirenden Artikels (cf dagegen Jk 1, 1; Gl 6, 16; Phl 3, 3), also auch ohne solchen Gegensatz, werden ihnen die hohen Titel zuerkannt, ganz in der Weise, wie nach AG 15, 14; Gl 3, 7. 29; 4, 28; Eph 2, 11—22; Ap 5, 9 f. Jakobus, Paulus und Johannes von der Entstehung eines Gottesvolks aus den Heiden geredet haben. Sie sind nicht als Söhne Abrahams und, was von den Frauen nur ein anderer Ausdruck desselben Gedankens ist, als Töchter der Sara geboren, sondern sind dies durch ihre Bekehrung und ihr seitheriges Wohlverhalten geworden (3, 6). Entscheidend für die heidnische Herkunft der Leser ist vor allem auch die Verwendung jener Worte Hoseas. Pl, welcher dieselben als eine in der Endzeit zu erfüllende Weissagung auf die schließliche Begnadigung Israels auffaßt (Rm 9, 25; 11, 26—31), was ohne Not von den Auslegern oft verkannt worden ist, citirt sie der Sache nach genau. Pt, welcher dem Propheten nur den Ausdruck seines eigenen Gedankens entlehnt, gestaltet sie zu dem Ende wesentlich um, indem er den Zustand der Leser vor ihrer Bekehrung mit den Worten οἵ ποτε οὐ λαός, statt (nach Hosea 2, 1. 25 cf 1, 9 οὐ λαός μου) durch οὐ λαὸς τοῦ θεοῦ beschreibt. Sie waren eben nicht wie das entartete Israel der Würde des Gottesvolks beraubt, nachdem sie dieselbe besessen hatten, sondern bildeten vor ihrer Bekehrung überhaupt noch kein Volk. Erst durch das Ev sind sie, welche als Hellenen und Barbaren, Phrygier, Kelten, Skythen (Kl 3, 11; AG 14, 11; 17, 26) den verschiedensten Völkern angehörten, zu einem Volk und zwar zu einem heiligen Gottesvolk zusammengefaßt worden. Weil sie

in folge der Berufung Gottes ein solches geworden sind, sind auch auf sie die
dem atl Gottesvolk bei seiner Berufung auferlegten Verpflichtungen übergegangen
(1, 15 f). Den Gegensatz aber zu dem heiligen Wandel, den sie nunmehr als
Christen zu führen haben, bildet ihr früheres Leben in heidnischer Unsittlichkeit.
Am deutlichsten ist dies 4, 2—4 gesagt, wo als letztes Stück der Laster, welchen
sie vor ihrer Bekehrung ergeben waren, die Beteiligung an unsittlichen Götzen-
diensten genannt wird. Aber auch die hierauf bezüglichen Angaben in 1, 14. 18
sind unzweideutig. Allerdings kann auch von der Christusfeindschaft (AG 3, 17;
1 Tm 1, 13) und von der hiefür verhängnisvoll gewesenen gesetzlichen Richtung
des Judentums (Rm 10, 3) gesagt werden, daß sie von ἄγνοια begleitet sei, aber
weder von dem einen noch dem andern ist 1, 14 die Rede, sondern von den
sinnlichen Lüsten, in welchen sie zur Zeit ihrer Unwissenheit dahinlebten
(cf 2, 11. 24; 4, 1—4). Das kann nur die für die Heiden im Unterschied von
den Juden charakteristische Unkenntnis Gottes und seines Willens sein (1 Th 4,
5; 2 Th 1, 8; Gl 4, 9; 1 Tm 2, 4; 1 Pt 2, 15; AG 17, 23. 30). Schlechte
Überlieferungen gab es nach christlichem Urteil auch bei den Juden (Mt 15, 2;
16, 6), Überlieferungen, mit welchen der Jude brechen muß, um ein Christ zu
werden (Gl 1, 13 f.; Phl 3, 7 ff.); aber so töricht ist doch kein Christ der alten
Zeit gewesen, ein Sündenleben nach heidnischer Art (4, 3), wenn Juden ein
solches führten, diesen gegenüber einen von den Vätern her überlieferten nich-
tigen Lebenswandel zu nennen (1, 18 cf vielmehr Eph 4, 17 f.). Abschätzige
Urteile über den jüdischen Kultus oder die pharisäische Lebensweise könnten
nicht zur Rechtfertigung eines solchen Ausdrucks herangezogen werden; denn
von alledem liegt im ganzen Brief nicht die leiseste Andeutung vor. Den
Gegensatz zu dem geforderten heiligen Wandel bilden vielmehr die fleischlichen
Lüste (1, 14; 2, 11); und auch die handgreifliche Vergleichung der von den
Lesern erlebten Erlösung mit der Erlösung Israels aus Ägypten und die darin
enthaltene Vergleichung ihres früheren Wandels mit dem Leben der Israeliten
in heidnischer Knechtschaft deutet an, daß sie aus dem Heidentum und nicht
aus einem Leben unter dem mosaischen Gesetz hergekommen sind. Aus 2, 25
aber kann nur eine Auslegung schlimmster Art herausbringen, daß nur von
Juden, welche von Haus aus zur Herde Gottes gehört haben, so geredet werden
könne (A 6). Schlichter Verstand findet durch alle in Betracht kommenden
Stellen des Briefes nur bestätigt, was unsere geschichtliche Kunde von der
Entstehung und dem Charakter der Christengemeinden Kleinasiens von vornherein außer Zweifel stellt. Von da aus ist auch erst der ausgesprochene Zweck
des Briefes verständlich. Pt will durch diesen Brief seine Leser ermuntern und
ihnen durch sein Zeugnis bestätigt haben, daß es eine wahrhaftige Gottesgnade
sei, in welche sie durch ihre Bekehrung versetzt sind und in welcher sie seither
stehen (5, 12). Die bedrängte Lage, in der sie sich zur Zeit befinden, hat es
gewiß mitveranlaßt, daß er ihnen jetzt schreibt; aber nirgendwo wird die Sache
so dargestellt, als ob die Leser in Gefahr wären, eben wegen ihrer Bedrängnisse

an der Wahrheit ihres Glaubens irre zu werden. Abgesehen hievon muß es für sie von Bedeutung sein, daß eben Pt ihnen die Echtheit ihres Gnadenstandes bezeugt. Da nun jede glaubwürdige Nachricht und im Briefe selbst jede leiseste Spur davon fehlt, daß Pt unmittelbare persönliche Beziehungen zu diesen Christen gehabt habe, jemals bei ihnen gewesen oder einzelnen von ihnen bekannt geworden sei (A 7), so kann es nur die in der ganzen Christenheit bekannte kirchliche Stellung des Pt und der ebenso bekannte Charakter der kleinasiatischen Gemeinden sein, was seinem Brief die Bedeutung gibt, welche er am Schluß demselben beimißt. Für sie als Heidenchristen ist es ermutigend und glaubenstärkend, daß der Erste unter den Aposteln, der vornehmste Apostel der Beschneidung (Gl 2, 7) ihnen solches Zeugnis ausstellt. Eben dahin zielt es, daß er das Wort des Ev, welches ihnen gepredigt worden ist, als das Mittel der Wiedergeburt und als das lebendige Gotteswort preist, welches die Verheißung ewigen Bestandes hat (1, 23—25); ferner daß er den Missionaren, welche es ihnen gebracht haben, nachrühmt, sie haben ihnen in dem vom Himmel her gesandten Geist das Ev gepredigt (1, 12); endlich auch die Versicherung, daß schon die Propheten des AT's oder vielmehr der ihnen innewohnende Geist Christi,˙ über das eigene deutliche Wissen der Propheten selbst hinausgreifend, von der auf die Leser sich erstreckenden Gnade geweissagt haben, eine vorläufige Offenbarung, mit deren Aufzeichnung die Propheten nicht sowohl sich selbst, als den angeredeten Lesern gedient haben (1, 10—12). Hätte Pt hiebei nur den Gegensatz der Propheten alter Zeit und der Christen der Gegenwart im Auge (cf Mt 13, 17; Hb 1, 1; 11, 40), so bliebe unbegreiflich, daß er unablässig in der Anrede der Leser beharrte, statt sich mit ihnen und allen Christen in ein „wir" und „uns" zusammenzufassen. Es kann dabei auch nicht wie 1, 3—4ᵃ und 4ᵇ—9 der Gegensatz zwischen dem Apostel und den übrigen Autopten der ev Geschichte einerseits und den später erst durch das Ev bekehrten Christen obwalten (s. weiter unten); denn auf diesen zeitlichen Unterschied innerhalb der Christenheit haben die Propheten in keiner Weise auch nur andeutend hingewiesen. Pt hat vielmehr Worte im Auge wie Jes 2, 1—4; 42, 1—12 (Mt 12, 18—21); Jes 49, 6 (AG 13, 47) und spricht hier ähnliche Gedanken über das Verhältnis der atl Weissagung zur Predigt des Ev unter den Heiden aus, wie wir sie Rm 1, 2; 15, 4—13; 16, 26; Eph 3, 5—12 lesen.

Der Vf führt sich mit dem Namen ein, welchen Jesus ihm gegeben hat, und mit dem Titel des Amts, welches er von Jesus empfangen hat (1, 1); er gibt aber den ersteren nicht in seiner ursprünglichen aramäischen Form Kepha, sondern in der griechischen Übersetzung, in welcher er den Heidenchristen geläufig war (A 8). Von seiner Person sagt er wenig, aber bedeutsames. Wenn er sich 5, 1 in der Anrede an die πρεσβύτεροι und im Verhältnis zu ihnen ὁ συμπρεσβύτερος nennt, so kann damit nicht gemeint sein, daß er wie jene ein alter Mann sei; denn, obgleich der Gegensatz von πρεσβύτεροι und νεώτεροι (5, 1. 5) an die Unterschiede des Lebensalters erinnert, so zeigen doch die Er-

mahnungen an beide, daß erstere als die Vorsteher der Gemeinden in Betracht
kommen, welchen man Gehorsam schuldig ist, und welche diesen in herrischer
Weise und mit gewinnsüchtiger Absicht (cf Tt 1, 7; 1 Tm 3, 3. 8) fordern und
erzwingen könnten, aber als rechte Hirten nicht so erzwingen sollen. In diesem
Beruf ist Pt ihr Genosse, nur mit dem selbstverständlichen Unterschied, daß sie
denselben je in ihrer Ortsgemeinde auszuüben haben, Pt dagegen als Apostel
(1, 1) im ganzen Umkreis der Christenheit (5, 9). Auf seine Sonderstellung weist
er auch hin, indem er sich hier einen Zeugen d. h. einen Augenzeugen der
Leiden Christi nennt (A 9). Das sind nur zwei Federstriche; aber scharf zeichnet
der eine den Jünger, welcher mit wenigen anderen ein Augenzeuge des Leidens-
kampfs in Gethsemane und der Überführung des gefesselten Jesus von einem
Richter zum andern gewesen war (Mc 14, 33. 37. 47. 54; Lc 22, 61; Jo 18, 10
bis 27); der andere zeichnet den Apostel, welchem Jesus vor allen anderen befohlen hatte, seine Herde zu weiden (Jo 21, 15—17) und seine Brüder zu
stärken (Lc 22, 32). Ferner konnte es nur einem Autopten der ev Geschichte (Lc 1, 2)
natürlich sein, das Verhalten und das Verhältnis der nachmals bekehrten Kleinasiaten
zu Christus nicht nur als ein Glauben zu beschreiben, welchem das Schauen
fehlt, sondern auch als eine Liebe zu dem, welchen sie niemals gesehen haben
(1, 8). In den Briefen des Pl, an deren Sprache wir doch so vielfach durch
den 1 Pt erinnert werden, sucht man vergeblich nach etwas Ähnlichem, auch
wo es dem, der so reden konnte, sehr nahegelegen hätte, dies auch zu tun (z. B.
Gl 3, 1; Eph 1, 13). Nur von einem andern der Urapostel hören wir denselben
Ton anschlagen (Jo 1, 14; 19, 35; 20, 29; 1 Jo 1, 1—4; 4, 14). Endlich konnte
nur Einer, welcher durch die Überführung von der Auferstehung Jesu aus der Ver-
zweiflung, in welche ihn der Tod Jesu versenkt hatte, zu einem neuen Leben der
Hoffnung und des Glaubens erweckt worden war, so wie 1, 3 von der Auferstehung
des Herrn als dem Mittel seiner Wiedergeburt reden. Pt redet so nicht in
bezug auf die Leser, welche vielmehr durch das lebendige Gotteswort wiedergeboren sind (1, 23), sondern da, wo er zunächst von sich und seinesgleichen
spricht, und ehe er den Übergang zur Anrede der Leser macht (1, 4^b A 10).
Daß er selbst an der Bekehrung der Leser völlig unbeteiligt ist, und daß direkte
persönliche Beziehungen zwischen ihm und den Lesern durch nichts angedeutet
sind, wurde schon bemerkt. Dieser Eindruck wird besonders noch durch 5, 12
bis 14 bestätigt. Keiner einzelnen Person oder besonderen Klasse unter den
Lesern schickt Pt einen besonderen Gruß, was um so mehr auffällt, wenn man
vergleicht, wie ganz anders Pl in Briefen an solche Gemeinden verfährt, welche
er nicht gestiftet hatte (Rm 16, 3—16; Kl 4, 15—17 Bd I, 274). Er bestellt
nur der Gesamtheit seiner Leser einen Gruß von der Gemeinde des Orts, an
welchem er sich aufhält, und von dem Marcus, welchen er seinen Sohn nennt.
Wie letzteres nur ein uneigentlicher Ausdruck dafür ist, daß Marcus, dessen
elterlichem Hause Pt von altersher nahegestanden hat (AG 12, 12), durch Pt
zum Glauben geführt worden ist (cf 1 Tm 1, 1; 2 Tm 1, 1; Tt 1, 4; Phlm 10), so wird

auch die Gemeinde in Babylon nicht mit prosaischem Ausdruck benannt, sondern personificirt und, um sie nach ihrer geistlichen Verwandtschaft mit den Lesern als Erwählten Gottes (1, 1) zu charakterisiren, die Miterwählte genannt (2 Jo 1. 13 A 11). Während dieser Gruß die Annahme näherer Beziehungen zwischen der Gemeinde in „Babylon" und den Gemeinden Kleinasiens durchaus nicht erfordert (cf Rm 16, 16[b]; Phl 4, 22; Gl 1, 2), setzt der Gruß von Marcus solche Beziehungen voraus. Da nun Marcus den Pl auf seinen drei Missionsreisen durch Kleinasien nicht begleitet, sondern schon im Beginn der ersten Reise sich für lange Zeit von ihm getrennt hat (AG 13, 13; 15, 38), dagegen im J. 62 oder 63 eine Reise von Rom nach Kleinasien beabsichtigte (Kl 4, 10), so kann der Brief erst geschrieben sein, nachdem Marcus diese Absicht ausgeführt hatte und dadurch mit den Gemeinden Kleinasiens oder einigen derselben in persönliche Beziehung getreten war. Dagegen war Silvanus als Begleiter des Pl auf dessen zweiter Missionsreise vielen Gemeinden Kleinasiens bekannt geworden und mindestens an dem Wachstum, vielleicht auch an der Stiftung mancher derselben beteiligt (AG 15, 40; 16, 5 cf Gl 4, 13, Bd I, 127). Daher konnte Pt in der sichtlichen Erwartung, daß die Leser ihm darin beistimmen werden, diesen Vermittler seiner brieflichen Ansprache als den treuen, zuverlässigen Bruder bezeichnen (5, 12). Aber in welchem Sinne sagt er und zwar, wie die Wortstellung zeigt, mit einem gewissen Nachdruck: „Durch Silvanus, den treuen Bruder, wie ich urteile, habe ich euch in Kürze geschrieben"? An sich könnte $\gamma \varrho \acute{\alpha} \varphi \varepsilon \iota \nu$ $\delta \iota \acute{\alpha}$ $\tau \iota \nu o \varsigma$ sich auf den Briefboten beziehen (A 12). Aber, wenn es schon befremden müßte, daß der Überbringer des Briefs überhaupt als solcher genannt wäre, während wir bei anderen Briefen des NT's denselben entweder gar nicht erfahren oder nur aus indirekten Angaben erraten können (Rm 16, 1; 1 Kr 16, 17; 2 Kr 8, 16—24; Eph 6, 21; Kl 4, 7), so wäre nicht zu erklären, warum derselbe hier mit solchem Nachdruck als Überbringer des Briefs bezeichnet wäre, und warum ausdrücklich das zustimmende Urteil der Leser zu dem ihm gespendeten Lob herausgefordert würde. So gemeint, wäre die Bemerkung auf alle Fälle in den Wind geredet; denn wenn Silvanus den Brief richtig an seine Adresse beförderte, so bedurfte es für die Leser, welche den Brief in Händen hatten, nicht mehr der Mitteilung, daß Pt ihm das hiezu erforderliche, bescheidene Maß von Zuverlässigkeit von vornherein zugetraut habe. Wenn Silvanus unglaublicherweise den Brief unterschlug, so hatte es weder für die Adressaten, welche den Brief dann gar nicht erhielten, noch für Pt einen Wert, daß dieser ihm ein Vertrauen, welches Silvanus schmählich zu täuschen im Begriff war, in dem verschlossenen Brief urkundlich bezeugt hatte. Es bedarf kaum eines Wortes darüber, daß die Bemerkung noch viel sinnloser wird, wenn Silvanus hier als der Schreiber gedacht wäre, welchem Petrus diktirte; denn die hiefür erforderliche Zuverlässigkeit, welche zum Gegensatz einen ganz unglaublichen Betrug des Schreibers haben würde, konnte Pt doch nicht als eine Sache seines abwägenden Dafürhaltens hinstellen, da er im Falle eines Verdachts durch Durchlesen sich davon überzeugen konnte, während die Leser weder zustimmen noch widersprechen konnten. Es bleibt also nur übrig, was an sich das Nächstliegende ist, daß Silvanus an der Abfassung des Briefes einen innerlichen und einen so erheblichen Anteil gehabt hat, daß dazu ein beträchtliches Maß von Zuverlässigkeit erforderlich war. Es ist nicht ein Brief des Silvanus, welchen dieser nur im Auftrag des Pt geschrieben hat; denn Pt ist von Anfang bis zu Ende der im Brief Redende und hat den Silvanus nicht einmal formell zum Mitverfasser gemacht, wie Pl es gelegentlich getan hat (1 Th 1, 1; 2 Th 1, 1); denn dies würde den ausgesprochenen Zweck des Briefs, ein Zeugnis des Apostels der Beschneidung an Heidenchristen zu sein (S. 7 f.), beeinträchtigt haben. Es sollte ein Brief des Pt sein und ist ein solcher, doch aber mit der Einschränkung, daß Pt dem Silvanus die Abfassung desselben überlassen hat, weil er diesen für geeigneter als sich selbst und überhaupt vor anderen für den geeigneten Mann hielt, die Gedanken und Empfindungen, welche den Pt gegenüber den Heidenchristen Kleinasiens beseelten, in eine diesen verständliche und zu Herzen gehende Form zu bringen. Wie Pt es ihm zugetraut hat, daß er dabei das Beste der Leser im Auge haben und mit Verständnis für deren Bedürfnisse schreiben werde, so hofft er, daß die Leser, welche den Silvanus zum Teil als ihren eigenen Missionsprediger kennen gelernt haben, diesem auch zutrauen, daß er die Gesinnungen des Pt treu wiedergegeben habe, und daß er so, wie er im Namen des Pt geschrieben hat, nicht geschrieben haben würde, wenn er es gewußt hätte, daß Pt anders gesinnt sei. Anstatt also den Lesern durch diese Vermittlung seines Zuspruchs ferner zu rücken, führt sich Pt gerade hiedurch in wirksamster Weise bei ihnen ein. Was wir sonst von Silvanus wissen: seine hervorragende Stellung unter den Vorstehern und Propheten der Muttergemeinde, die Aufgabe, welche er als deren Abgesandter in Antiochien erfüllt hat (AG 15, 22—40), das günstige Zeugnis für ihn, welches wir den Briefen des Pl entnehmen müssen (2 Kr 1, 19 cf 1 und 2 Th), das Vertrauen, welches ihm Pt hier bezeugt, das alles berechtigt zu der Annahme, daß Silvanus das in ihn gesetzte Vertrauen bei der Abfassung dieses Briefes gerechtfertigt haben wird. Wie eingehend die einem solchen Schreiben notwendigerweise vorangegangenen Besprechungen zwischen Pt und Silvanus gewesen sein mögen, können wir nicht im voraus ermessen.

1. Die kleinen Landschaften Lycien und Pamphylien, von deren Kirchengeschichte wir aus alter Zeit sogut wie nichts wissen (AG 14, 25), wird man 1 Pt 1, 1 kaum vermissen, zumal sie vor 74 p. Chr. nicht dauernd eine selbständige Provinz bildeten (Marquardt, R. Staatsverw. I², 375 f.). Auffällig dagegen ist, daß Pontus und Bithynien, welche seit 65 a. Chr. zu einer Provinz vereinigt waren (Marqu. 351), in der hiesigen Aufzählung soweit wie möglich getrennt erscheinen. Man könnte vermuten, daß diese ganze Provinz durch den einen Namen „Bithynien" bezeichnet (cf Tac. ann. I, 74; XVI, 18) und dagegen unter Pontus der Pontus Polemoniacus zu verstehen sei, welcher bis a. 63 p. Chr. ein Fürstentum war (Marqu. 360). Wäre der 1 Pt a. 63 geschrieben (§ 39), so brauchte die Vereinigung dieses Landes mit Galatien, welche man in das J. 63 setzt, noch nicht berücksichtigt zu sein. Die Ordnung der Namen ist auf alle Fälle sonderbar:

von der Nordküste (Pontus) geht's zur Binnenlandschaft Galatien, darauf zuerst ostwärts (Kappadocien), dann westwärts (Asien), um endlich in nördlicher Richtung wieder die Küste des Schwarzen Meeres zu erreichen. Die Bemerkung von Bengel: *quinque provincias nominat eo ordine, quo occurrebant scribenti ex oriente* cf 5, 13, welche Wetstein II, 698 und nach Bunsen, Anal. antenic. I, 134 Niebuhr erneuert haben, erklärt diese Reihenfolge doch nicht und nicht einmal deren Anfang; denn der von Babylon nach Kleinasien Blickende oder Reisende hatte Kappadocien näher als Pontus. Die abweichende Ordnung in der freien Wiedergabe des Origenes (s. A 2) hat ebensowenig zu bedeuten, als die Weglassung von Asien in א, von Bithynien in B. — Pontus wird im NT nur noch AG 2, 9; 18, 2 genannt, an beiden Stellen als Heimat von Juden cf Philo ad Caj. 36. Ob Aquila und Priscilla, welche einige Jahre nach der Zeit des 1 Pt in Kleinasien lebten (2 Tm 4, 19), auch in ihrer Heimat Pontus für das Ev tätig gewesen sind? Die skythischen Christen, auf welche Kl 3, 11 Bezug genommen wird, möchte man am ersten noch in diesen Gegenden suchen, wohin sie in folge des Handelsverkehrs zwischen der Nord- und der Südküste des Schwarzen Meers gekommen sein mochten. Es können jedoch auch Sklaven gewesen sein, die weit von der Heimat verschlagen waren. Im J. 112 hatte es Plinius (Ep. 96 ad Traj.) mit Leuten zu tun, welche behaupteten, vor 20 (v. l. 25) Jahren vom christlichen Bekenntnis zurückgetreten zu sein. Sie können vor noch viel mehr Jahren Christen geworden sein. Die starke Verbreitung des Christentums in jener Gegend, welche Plinius bezeugt, spricht dafür, daß es dorthin nicht viel später als in die Provinz Asien gekommen ist. Für das 2. Jahrh. sind Bistümer von Sinope (Epiph. haer. 42, 1) und Amastris (Eus. h. e. IV, 23, 6; V, 23, 2) bezeugt.

2. Origenes bei Eus. III, 1, 2 Πέτρος δὲ ἐν Πόντῳ κ. Γαλ. κ. Βιϑ., Καππαδ. τε καὶ Ἀσίᾳ κεκηρυχέναι τοῖς ἐκ διασπορᾶς (v. l. ἐν διασπορᾷ) Ἰουδαίοις ἔοικεν. Indirekt ist damit der Leserkreis des Briefs, dessen Überschrift hier verwertet ist, charakterisirt. Direkter und bestimmter Eusebius selbst III, 4, 2 τοῖς ἐξ Ἑβραίων οὖσιν ἐν διασπορᾷ Πόντου — Βιϑυνίας γράφει. Cf den Prolog bei Zacagni, Mon. coll. 492; Cramer, Cat. VIII, 41; Matthaei, Epist. cath. 44. Wie dies von Eusebius l. l. als ein Gegensatz zur Heidenmission des Pl dargestellt wird, so von Didymus (Migne 39, 1755 cf das Scholion bei Matthaei p. 196) als Ausdehnung der Predigt des Pt unter den Juden über die Grenze Palästinas hinaus. Im Abendland hat wenigstens in späterer Zeit, wie die Briefüberschrift *ad gentes* beweist, bessere Einsicht gesiegt, welche der lateinische Übersetzer des Didymus aus der Umgebung Cassiodors (cf Forsch III, 11. 135), dem Original zum Trotz, dem alten Alexandriner im Kommentar zu 1 Pt 2, 9 f. aufgedrängt hat.

3. Die S. 2f. kurz beschriebene Ansicht hat hauptsächlich B. Weiß seit 1855 (Der petrin. Lehrbegriff S. 99 ff.) und seither immer wieder vertreten. Am ausführlichsten hat sie Kühl in der Umarbeitung von Huthers Kommentar zu den Briefen des Pt und Judas, 5. Aufl. 1887; 6. Aufl. 1897 verteidigt.

4. Gen 23, 4 גֵּר וְתוֹשָׁב, LXX πάροικος καὶ παρεπίδημος ist Abraham unter den Hethitern und im Gegensatz zu dem „Volk des Landes", den Besitzern des Bodens. Auf diese Lage der Patriarchen in Kanaan zurückblickend ebenso Ps 39, 13 (38, 12) cf Gen 47, 9; 1 Chron 29, 15. Dazu gehört auch Lev 25, 23, wo dasselbe Begriffspaar (LXX jedoch προσήλυτοι καὶ πάροικοι) die Israeliten im eigenen Lande im Gegensatz zu Gott als dem eigentlichen Grundherrn bezeichnet, sowie die Stellen, wo πάροικος = גֵּר von Israel in Ägypten oder Moses unter den Midianitern gebraucht wird Gen 15, 13; Ex 2, 22; 18, 3; Deut 23, 8. Wo גֵּר den unter Israel wohnenden Nichtisraeliten bezeichnet, haben LXX nur selten (Deut 14, 21) πάροικος, welches häufiger dem תּוֹשָׁב entspricht (öfter neben μισϑωτός Ex 12, 45; Lev 22, 10; 25, 6. 40), mehrmals aber προσήλυτος Ex 20, 10; Lev 25, 35. 47, auch schon das aramäische γειώρας Ex 12, 19; Jes 14, 1

cf Just. dial. 122 in., woraus in den Zeiten des Islam das Schimpfwort *Giaur* entstand.
Daß πάροικος jemals in christlicher oder nachbiblisch-jüdischer Literatur den Proselyten
bezeichnete, müßte erst nachgewiesen werden. Cf übrigens Bd. I, 59 und Lightfoot,
St. Clement II, 5 f. Bezeichnend für den Unterschied jüdischer und christlicher Denkweise sind die jüdischen Inschriften von Hierapolis (Altertümer von Hierapolis von
Humann etc. 1898 S. 138 nr. 212 τῇ κατοικίᾳ τῶν ἐν Ἱεραπόλει κατοικούντων
Ἰουδαίων). Sie bildeten dort eine Sondergemeinde (ὁ λαὸς τῶν Ἰουδαίων S. 96
nr. 69, 4—6) mit eigenem Rathaus und Archiv (nr. 69, 7; nr. 212, 6 cf S. 174 nr.
342). — Noch ist zu bemerken, daß die völlige Artikellosigkeit der ganzen Benennung
des Leserkreises unter allen ntl Briefen nur 2 Jo 1 (ἐκλεκτῇ κυρίᾳ) ihresgleichen
findet. Sie ist also auch nicht aus der Rücksicht auf andere Christen zu erklären,
welche ebenso benannt werden könnten, eine Erwägung, welcher durch ein τοῖς
οὖσιν ἐν Πόντῳ (cf Phl 1, 1) völlig genügt sein würde, auch wenn τοῖς ἐκλεκτοῖς vor-
anginge; sondern sie dient wie 2 Jo 1 dazu, die angeführten Qualitäten schärfer hervortreten und die uneigentliche Bedeutung der Attribute leichter erkennen zu lassen cf
Jk 1, 18 ἀπαρχήν τινα. Wo die Leser mit eigentlichem Ausdruck als Christen bezeichnet
werden, fehlt der Artikel nicht 5, 14.

5. Ich setze als sicher voraus, daß ἐκλεκτός 1, 1 wie überall, wo es mit einem
anderen Begriff in attributivem Verhältnis steht (1 Pt 2, 4. 6. 9; 1 Tm 5, 21; Ex 14, 7;
30, 23; 2 Sam 8, 8), Attribut und dagegen παρεπίδημοι, wie 2, 11 und in LXX als
Übersetzung eines Substantivs (A 4), substantivisch gebraucht ist; ferner daß v. 2 nicht
an ἐκλεκτοῖς für sich, sondern an den zusammengesetzten Begriff ἐκλ. — διασπορᾶς sich
anschließt, weil im andern Falle (τοῖς) ἐκλ. unmittelbar vor κατὰ πρόγνωσιν gestellt sein
würde. Die Leser sind also παρεπίδημοι διασπορᾶς nicht vermöge von Ortsveränderungen,
sondern in folge von göttlicher Erwählung und Aussonderung, aber diese Erwählung
samt der dadurch bewirkten Lage der Leser in der Welt und Stellung zu Gott entspricht einem Vorsatz Gottes, beruht auf einer heiligenden Wirkung des Geistes und
hat zum Zweck einen beharrlichen Gehorsam (cf 1, 14. 22) und eine immer wieder erforderliche Reinigung durch das Blut Christi (cf 1 Jo 1, 7). Da es außer den hier angeredeten Christen noch viele andere gibt, welche ebensogut ἐκλ. παρεπίδ. heißen können,
so sollte es sich von selbst verstehen, daß es zumal nach dem artikellosen ἐκλ. παρεπίδ.
heißen müßte τοῖς ἐν τῇ διασπορᾷ (cf Jk 1, 1 Bd. I, 57 A 6) oder, wenn die konkrete Bedeutung des Wortes („die unter den Heiden zerstreute Judenschaft“) hier statthätte,
τοῖς ἐκ τῆς διασπορᾶς, wenn hiemit etwas von ihnen im Unterschied von anderen Christen
Geltendes gesagt sein sollte. Es würde dadurch aber auch der Anschluß von v. 2
mindestens sehr erschwert; denn was dort gesagt ist, hat nichts mit der angeblichen
Zugehörigkeit der Leser zur jüdischen Diaspora zu schaffen, sondern bezieht sich nur
auf ihren Christenstand. Daß eine bloße Ortsangabe wie Πόντου κτλ. den Anschluß
solcher Näherbestimmungen nicht ausschließt, zeigt 1 Kr 1, 2; 1 Th 1, 1. Also muß
διασπορᾶς, wie so viele derartige Genetive im NT (Jk 1, 25 ἐπιλησμονῆς, 1 Pt 1, 14
ὑπακοῆς, Lc 18, 6 τῆς ἀδικίας), rein attributiv = διεσπαρμένοις gemeint und ebenso wie
ἐκλεκτοῖς παρεπιδήμοις ein allen Christen zukommendes Attribut sein.

6. Kühl behauptete zu 2, 25, ἐπιστρέφεσθαι (also auch wohl das nicht wesentlich
verschiedene intransitive Aktiv) bedeute hier nach überwiegendem Gebrauch des NT's
„sich wieder umwenden zu dem, bei welchem man sich befunden hat“. Dies paßt erstens
nicht auf die Stellen, wo das Wort von der Bekehrung der Heiden gebraucht wird
(1 Th 1, 9; AG 11, 21; 14, 15; 15, 19; 26, 18. 20; ἐπιστροφὴ τῶν ἐθνῶν AG 15, 3),
welche zugleich beweisen, daß dasselbe Wort, von Bekehrung der Juden (AG 3, 19;
9, 35; 2 Kr 3, 16) oder von Sündern überhaupt gebraucht (Jk 5, 16 f.; Mr 4, 12; Lc 1, 16 f.;
22, 32), jenen Sinn nicht haben kann. Derselbe ist ferner ausgeschlossen an Stellen wie

Mt 9, 22; Mr 5, 30; 8, 33 (cf Mt 16, 23); AG 9, 40; 16, 18; Ap 1, 12, sodann Gl 4, 9, wo sonst $\pi\acute{a}\lambda\iota\nu$ überflüssig wäre. Es bleiben nur Mr 13, 16; Mt 10, 13; 12, 44; Lc 8, 55; 17, 4; AG 15, 36 übrig, wo es mit $\acute{v}\pi o\sigma\tau\varrho\acute{e}\varphi\varepsilon\iota\nu$ (cf die Varianten zu Lc 2, 20; 2 Pt 2, 21) und $\acute{a}\nu\alpha\varkappa\acute{a}\mu\pi\tau\varepsilon\iota\nu$ (Lc 10, 6 = Mt 10, 13) wesentlich gleichbedeutend, aber nicht von der Bekehrung gebraucht ist. Diese Bedeutung zu erzwingen, hilft es auch nicht, wenn Weiß und Kühl unwahrscheinlich genug (cf dagegen 5, 4) Gott statt Christus unter dem Bischof verstehen. Es müßte dazu noch angenommen werden, daß diese angeblichen Judenchristen Kleinasiens Gott bereits zum Hirten und Bischof ihrer Seelen gehabt haben, ehe sie in das heidnische Sündenleben gerieten (4, 2—4), von welchem sie sich jetzt wieder zu ihrem Gott bekehrt haben sollen. Dieses Phantasiebild von der dem Pt ebenso wie uns völlig unbekannten persönlichen Lebensgeschichte der sämtlichen Christen Kleinasiens soll dadurch glaublich gemacht werden, daß Pt sie in ihrer vorchristlichen Verirrung ($\pi\lambda\alpha\nu\acute{\omega}\mu\varepsilon\nu o\iota$, nicht $\pi\lambda\alpha\nu\acute{\omega}\mu\varepsilon\nu\alpha$) mit Schafen vergleicht, was voraussetze, daß sie von Haus aus zur Herde Gottes, zum Volke Israel gehört haben. Und wenn Pt sie mit verlaufenen Schafen nicht nur verglichen, sondern sie geradezu Schafe genannt hätte, sind denn die Schafe Mt 25, 32 oder die Jo 10, 16 lauter Juden? Um diesen Exegeten zu entrinnen, hätte Pt seine Leser Schweine oder Hunde (Mt 7, 16; 15, 26) nennen müssen. Vielleicht hätte auch das nicht geholfen, denn Phl 3, 2 werden Judenchristen Hunde genannt.

7. Lediglich aus 1 Pt 1, 1 erwachsen ist die Tradition von einem Wirken des Pt in Pontus und anderen Provinzen Kleinasiens. Das beweisen die Worte (oben S. 12 A 2), in welchen Origenes dies nur erst als wahrscheinlich bezeichnet. Cf die bestimmteren, aber sehr kurzen Bemerkungen bei Epiph. haer. 27, 6; Ephr. expos. ev. conc. 286. Über andere Syrer, welche davon wissen wollten, s. § 39 A 4. In den Akten des Andreas, welche zwar alte Elemente, aber in moderner Umgestaltung und mit jungen Zutaten enthalten, wird 1 Pt 1, 1 geradezu zur Bestätigung der angeblichen Reise des Andreas und Pt nach Sinope citirt (Acta Andr. ed. Bonnet 1895 p. 9, 14 cf Epiph. mon. ed. Dressel p. 45). Es handelt sich also nicht um eine Sage, geschweige denn um eine uralte (so Lipsius Ap. AG. II, 1, 4), sondern um eine Dichtung auf Grund exegetischer Erwägung.

8. Von den Evangelisten hat nur Jo 1, 42 das ursprüngliche $K\eta\varphi\tilde{a}s$ bewahrt, zeigt aber durch die sofortige Beifügung der Übersetzung und die ausschließliche Anwendung von $\Pi\acute{e}\tau\varrho os$ schon vorher 1, 40 und von da an durchs ganze Buch, daß seinen Lesern $K\eta\varphi\tilde{a}s$ ebensowenig geläufig war, wie $M\varepsilon\sigma\sigma\acute{\iota}\alpha s$ für $X\varrho\iota\sigma\tau\acute{o}s$ oder $\acute{\varrho}\alpha\beta\beta\acute{\iota}$ für $\delta\iota\delta\acute{a}\sigma\varkappa\alpha\lambda os$ (1, 38. 41). Dasselbe beweist für noch weitere Kreise die völlige Vermeidung von $K\eta\varphi\tilde{a}s$ bei den Synoptikern und in AG, selbst da, wo die Namengebung erwähnt wird (Mr 3, 16; Lc 6, 14; besonders auffällig neben dem aramäischen $B\alpha\varrho\iota\omega\nu\tilde{a}$ Mt 16, 16—18). Daß Pl im 1 Kr beharrlich $K\eta\varphi\tilde{a}s$ gebraucht (1, 12; 3, 22; 9, 5; 15, 5), erklärt sich aus der Rücksicht auf die von Palästina gekommenen Kephasleute, deren Sprache wir aus 1 Kr 16, 22 kennen (Bd I, 205 ff.). Im Gl schwankt die Überlieferung und ist auch insofern unsicher, als die Übersetzungen, vor allem die syrischen, welche überall *Kepha* für Pt setzen, keine Hilfe bringen. Ist, wie ich glaube, Gl 1, 18 ebenso, wie 2, 7. 8 ohne Frage, $\Pi\acute{e}\tau\varrho os$ zu lesen, so erklärt sich der sehr auffällige Übergang zu $K\eta\varphi\tilde{a}s$ 2, 9. 11. 14 daraus, daß Pl 2, 9 hiedurch ebenso wie durch $\sigma\tau\tilde{v}\lambda o\iota$ die Redeweise der von Palästina gekommenen Judaisten wiedergibt, und daß er 2, 11. 14 bei der von jenen gebrauchten Namensform bleibt, wo er einen von jenen feindselig dargestellten Vorgang erörtert. Cf § 45 A 8. Nur als Kuriosität sei erwähnt, daß einige Alte einen von Petrus verschiedenen Kephas an mehreren Stellen des NT's finden wollten: Clemens Al. bei Eus. h. e. I, 12, 2; Apostol. Kirchenordnung c. 1 (Doctr. XII apost. ed. Funk p. 50); cf Hieron. zu Gl 2 (Vall. VII, 408).

9. Moderner Sprachgebrauch („Zeugnis ablegen, Zeugnis von Christo" u. dgl.) verdunkelt uns leicht den Sinn der ähnlich klingenden biblischen Ausdrücke. Christus selbst würde nicht der treue und wahrhaftige Zeuge sein (Ap 1, 5; 3, 14), wenn er nicht auf Grund unmittelbarer Anschauung die Heilswahrheit in der Welt verkündigt hätte (Jo 3, 11. 32; 5, 31; 8 14; 18, 37; 1 Tm 6, 13). Gesehen haben und zeugen gehört zusammen (Ap 1, 2; Jo 1, 34; 1 Jo 1, 2; 4, 14). Die Jünger Jesu könnten nicht seine Zeugen sein, wenn sie den auf Erden Lebenden, Sterbenden, Auferstandenen nicht mit leiblichen Augen gesehen und mit allen Sinnen seine gesamte Erscheinung in sich aufgenommen hätten (Jo 15, 27; 21, 24; AG 1, 8. 21f.; 2, 32; 3, 15; 5, 32; 10, 39. 41; 1 Jo 1, 1—3; 2 Pt 1, 16—18); auch Pl nicht, wenn er ihn nicht wenigstens einmal gesehen und gehört hätte (AG 22, 15; 26, 16; 1 Kr 9, 1; 15, 8. 15 und dagegen die Unterscheidung AG 13, 31f.). In bezug auf Stephanus cf AG 22, 20 mit 7, 55. Daß Pt sich in diesem Vollsinn als Zeugen des Leidens und somit der Lebensgeschichte Jesu bezeichnen will, bestätigt auch der Gegensatz ὁ καὶ τ. μελλ. ἀποκ. δόξης κοινωνός, was doch tatsächliche und persönliche, nicht aber in der bloßen Vorstellung oder Rede vollzogene Anteilnahme bedeutet. Mag an sich das Leiden nachgeborener Christen ein Mitleiden mit Christus heißen (Rm 8, 17; 2 Tm 2, 11f.; 2 Kr 1, 5), so wird doch dadurch und allein daraufhin keiner ein Zeuge der Leiden Christi, abgesehen davon, daß im ganzen 1 Pt keine Spur von persönlichen Leiden des Pt zu finden ist. Soll die Teilnahme an der Herrlichkeit Christi, auf welche Pt hofft, welche er aber nach Mr 9, 3—12; 2 Pt 1, 16—18; Lc 24, 34; Jo 21, 2—23; 1 Kr 15, 5; AG 10, 40 f. im Vorschmack auch bereits genossen hat, einen korrelaten Gegensatz dazu bilden, daß er ein Zeuge seiner Leiden ist, so muß mit letzterem auch gesagt sein, daß Pt die Leidensgeschichte Jesu als Augenzeuge miterlebt hat.

10. Die Verbindung von δι' ἀναστάσεως κτλ. 1, 3 mit ζῶσαν statt mit ἀναγεννήσας (so Bengel, Hofmann) ist äußerst unwahrscheinlich 1) weil das artikellose Attribut ζῶν gar keine adverbielle Näherbestimmung erwarten läßt (cf 1, 23; 2, 4f.; Jo 7, 38; AG 7, 38; Rm 12, 1), 2) weil nicht διά c. gen., sondern διά c. acc. (Jo 6, 57; Rm 8, 10) oder ἐξ ἀν. (Jo 3, 5; Rm 1, 4; 2 Kr 13, 4) gebraucht sein würde. Der Wechsel zwischen „wir" und „ihr", vergleichbar mit derselben Erscheinung in Eph 1, 3. 13; Gl 3, 23—4, 7, ist selbstverständlich nicht als ein schlechthin und in bezug auf jeden einzelnen Satz ausschließender Gegensatz zu fassen, als ob etwa für Pt und seinesgleichen das Glauben ohne zu sehen bereits aufgehört hätte (1, 8), oder das Erbgut nicht mehr im Himmel aufbewahrt würde, sondern ihnen schon auf Erden ausgehändigt wäre, oder als ob die Leser nicht zu einer lebendigen Hoffnung wiedergeboren wären, oder für ihre Wiedergeburt die Auferstehung Christi nichts zu bedeuten hätte; cf dagegen 1 Pt 3, 21. Wir gewahren aber, daß Pt, wo er von sich selbst ausgehend den Christenstand beschreibt, ebenso seiner eigenen Erfahrung entsprechend sich ausdrückt, wie er da, wo er vom Christenstand der Leser redet, das Eigentümliche ihrer Stellung zu den Heilsgütern im Unterschied von seiner eigenen hervortreten läßt. Daß er sich aber in 1, 3. 4 lebendig in den Moment versetzt, wo er und seine Mitjünger durch die Selbstbezeugung des Auferstandenen zu einem Leben der Hoffnung neugeboren wurden, zeigt besonders das τετηρημένην . . . εἰς ὑμᾶς, statt dessen es heißen müßte τηρουμένην ὑμῖν oder vielmehr ἡμῖν, wenn hiemit ohne Rücksicht auf einen bestimmten Zeitpunkt gesagt sein sollte, daß die Christen insgemein bis zur Parusie auf die Aushändigung ihres Erbes zu warten haben, welches bis dahin im Himmel aufbewahrt wird. Pt versetzt sich vielmehr in den Zeitpunkt der Auferstehung Jesu. Statt daß er und seine Mitjünger gleich damals in den Besitz des Erbes eintraten (cf AG 1, 6), wurden sie zu einer lebendigen Hoffnung auf dasselbe erweckt, das Erbe selbst aber mit dem gen Himmel erhöhten Christus im Himmel deponirt (cf Kl 1, 12; 3, 2), wo es seither aufbewahrt bleibt. Dies

geschah aber so in Rücksicht auf die später erst zu Berufenden, zu welchen die Leser gehören. Damit diese berufen und bekehrt werden könnten, mußten die ersten Jünger sich mit einem Warten und Hoffen auf das später erst zu realisirende Erbe begnügen.

11. Die Deutung der Miterwählten in Babylon auf das Eheweib des Pt, welche z. B. Mill, Nov. T. p. 718 und Bengel im Gnomon vertraten, weiß ich im Altertum nicht nachzuweisen. Allerdings verstand Clemens Al. (Forsch III, 92. 102) unter der ἐκλεκτὴ κυρία 2 Jo 1 *quandam Babyloniam, Electam nomine*, eine wirkliche Frau mit dem Eigennamen „Eklekte", was ihn nicht hinderte, dieselbe allegorisch auf die Kirche zu deuten. Daß er sie nach Babylon versetzt, kann schwerlich anders erklärt werden, als daraus, daß er diese Eklekte oder deren 2 Jo 13 genannte Schwester, welche gleichfalls Eklekte geheißen haben müßte, wenn man dort nicht gar τῆς ἐκλεκτῆς als Apposition nur zu σοῦ fassen wollte, mit der Syneklekte 1 Pt 5, 13 identificirte. Aber davon, daß sie das Eheweib des Pt gewesen, von welchem Clemens doch anderwärts nach apokryphen Quellen zu reden weiß (strom VII, 63 = Eus. h. e. III, 30, 2; GK II, 828), finde ich bei ihm und überhaupt bei den Alten keine Spur. Der Kommentar des Didymus bricht in 1 Pt 4 ab. Ein Redner unter dem Namen des Chrysost. (Montfaucon, I. 821) weiß die Behauptung, daß Pt eine Frau gehabt, nur damit zu rechtfertigen, daß in den Evv von seiner Schwiegermutter erzählt sei. Schon die in der alten Kirche verbreitete Meinung, daß Pt nach Mt 19, 27 auch sein Weib verlassen habe (Orig. tom. XV, 21 in Matth. vol. III, 683), und die damit gegebene Ablehnung der von Clemens Al. (strom III, 53) noch vertretenen Deutung von 1 Kr 9, 5 auf Eheweiber der Apostel (Hieron. c. Jovin. I, 26) verbot die Deutung von 1 Pt 5, 13 auf die Ehegattin des Pt. Eine Spur dieser Deutung finde ich erst in dem ziemlich verworrenen Bericht des Barhebraeus über allerlei Ansichten zu 1 Pt 5, 13 und AG 12, 12 f. (ed. Klamroth p. 15. 29). Dagegen ist die Deutung auf die Kirche des betreffenden Orts vertreten durch ein vor συνεκλεκτή eingeschobenes ἐκκλησία ℵ, mehrere min., Pesch. („die erwählte Kirche"), Vulg. (*ecclesia quae est in B. conelecta*); Hieron. Vall. VI, 757; Cramer Cat. VIII, 82. Für die Richtigkeit dieses Verständnisses spricht 1) daß eine verwandtschaftliche Beziehung der Grüßenden zu Pt ausgesprochen sein müsste, während die Beziehung des συν- auf die Grüßende im Verhältnis zu den Gegrüßten sich von selbst versteht und durch 1, 1; 2, 9 genügend vorbereitet ist; 2) daß ein Gruß von der Frau des Pt an die gesamte Christenheit Kleinasiens eine kirchliche Bedeutung dieser Frau voraussetzen würde, welche um so unglaublicher erscheinen würde, weil nicht einmal Pt direkte Beziehungen zu dem Leserkreis gehabt hat; 3) daß die Erwähnung des Aufenthaltsortes dieser Frau, welcher dann nicht auch derjenige des Pt sein könnte, vollends rätselhaft bliebe.

12. Ignat. Philad. 11, 2; Smyrn. 12, 1 γράφω ὑμῖν διὰ Βούρρου ist an sich ebenso mehrdeutig als 1 Pt 5, 12. Aber die Analogie von Ign. Rom 10, 1 γρ. ὑ. δι' Ἐφεσίων, wodurch offenbar ephesische Christen, darunter der sofort daneben genannte Krokus (cf Ign. Eph. 2, 1), als Beförderer und Überbringer des Briefs bezeichnet sind, und Polyc. ad Phil. 14, 1 entscheiden dafür, daß auch Burrus lediglich Briefbote ist, cf meinen Ignatius 242 f. 262. So in den weitverbreiteten Unterschriften der paulinischen Briefe διὰ Φοίβης u. s. w. Tischendorf II, 457. 568 etc. Anderseits kann selbstverständlich mit denselben Worten auch die Abfassung eines Briefs ausgedrückt werden. Von dem Brief, welchen Clemens im Auftrag und Namen der römischen Gemeinde verfaßt hat, ohne irgendwo mit seiner Person hervorzutreten, schreibt Dionysius an die Römer (bei Eus. h. e. IV, 23, 11): τὴν προτέραν ἡμῖν διὰ Κλήμεντος γραφεῖσαν (ἐπιστολὴν ὑμῶν). Zweideutig ist AG 15, 23; denn wie zweifellos Judas und Silas als Überbringer des Schreibens bezeichnet sind (15, 22. 25—27. 30), so möglich ist doch, daß sie von der Versammlung auch mit Abfassung des Schreibens beauftragt waren. Der Ausdruck γράψαντες διὰ χειρὸς αὐτῶν und die Selbständigkeit desselben neben πέμψαι (15, 22. 25. 27) begünstigt letztere An-

nahme, welche auch der Charakteristik dieser Männer und ihres Auftrags besser entspricht. Als Vorläufer des analogen Verständnisses von 1 Pt 5, 12 ist Hieronymus zu nennen, welcher die stilistische Verschiedenheit der beiden Petrusbriefe dadurch erklären wollte, daß Pt sich verschiedener *interpretes* bedient habe (Epist. 120, 11 ad Hedib.). Hier. nennt nicht den Silvanus, denkt aber auch nicht an eine nachträgliche Übersetzung der von Pt eigenhändig in anderer Sprache geschriebenen Briefe, sondern an eine Aufzeichnung der Briefe durch sprachenkundigere Gehilfen im Auftrag und Namen des Pt cf GK II, 881. In neuerer Zeit haben H. Ewald, Sieben Sendschreiben des NT's, 1870 S. 3. 73; W. Grimm, Theol. Stud. u. Krit. 1872 S. 688 ff. und Spitta, Der 2 Pt u. Ju, 1885 S. 531 dem Silvanus einen mehr oder weniger erheblichen Anteil an Form und Inhalt des 1 Pt zugeschrieben.

§ 39. Zeit und Ort des ersten Petrusbriefs.

Als O r t der Gemeinde, von welcher er den Kleinasiaten einen Gruß sendet, also auch als seinen Aufenthaltsort nennt Pt Babylon. Das sieht nicht aus wie eine Mitteilung an die Leser, welche erst hiedurch erfahren sollten, wo Pt sich aufhält; eine Mitteilung, welche in sämtlichen Briefen des NT's ohne Beispiel dastünde und der Form nach von derartigen Mitteilungen in anderen Briefen völlig verschieden wäre (A 1). Ist aber vorausgesetzt, daß die Leser den Aufenthaltsort des Pt kennen, so scheint der Name Babylon vielmehr die Lage charakterisiren zu sollen, in welcher er und die Ortsgemeinde, inmitten deren er weilt, sich befinden. Wie 5, 9 daran erinnert war, daß die ganze Christenheit in der Welt die gleichen Leiden zu ertragen hat wie die Leser, so scheint hier darauf hingewiesen zu sein, daß der Bruchteil der „Brüderschaft", von welchem Pt einen Gruß bestellt, und dieser selbst sich in der Welthauptstadt befinden, also mindestens ebensosehr wie die trostbedürftigen Leser in der Fremde, fern von dem Land der Verheißung und der Stadt, deren wahre Bürger die Christen sind (oben S. 4 f.). Nimmt man hinzu, daß die grüßende Gemeinde personificirt und als eine Schwester der asiatischen Christenheit vorgestellt ist (oben S. 9), und daß Marcus nur uneigentlicherweise ein Sohn des Pt genannt ist, so ergibt sich schon aus rein exegetischen Erwägungen, daß hier die Welthauptstadt Rom als das Babylon der Gegenwart des Verf. bezeichnet ist. Wäre das Babylon nahe der Südspitze des Nildelta's oder das alte längst verödete Babylon am Euphrat gemeint (A 2), so wäre nicht zu erklären, wie der gesamten Kirche und zwar auch den Kirchen der Länder, in welche wir dadurch gewiesen würden, jede Überlieferung von einem Wirken des Pt am Nil oder am Euphrat hätte abhanden kommen können, zumal da es sich nicht um einen zufälligen Aufenthalt, sondern, wie die Namen zweier so hervorragender Missionare wie Silvanus und Marcus neben Pt zeigen, um eine bedeutende Missionstätigkeit des Pt in diesen Gegenden handeln würde. Die Kirche Alexandriens und Ägyptens hat ihre Stiftung nie auf Pt, sondern stets auf Mr zurückgeführt (§ 51 A 8), und auch die syrische Kirchentradition wußte Jahrhunderte lang nichts von einem Aufenthalt des Pt in Babylon, bis einige Gelehrte des Mittelalters aus 1 Pt 5, 13 einen solchen zu begründen suchten (A 3). Die mit verschwindend wenigen Ausnahmen allgemeine Deutung von 1 Pt 5, 13 auf Rom, welche wir bis in den Anfang des 2. Jahrhunderts hinauf nachweisen können, konnte kaum entstehen, jedenfalls aber nicht zu allgemeiner Herrschaft gelangen, wenn vorhandene Überlieferungen die an sich näher liegende eigentliche. Fassung des Namens Babylon möglich gemacht hätten. Da es an solchen Traditionen gänzlich gefehlt hat, so wäre auch im Fall der Unechtheit des Briefs und in diesem Fall erst recht nicht daran zu denken, daß der Vf seinen Lesern zugemutet haben sollte, ihn in Ägypten oder Babylonien zu suchen. Dahingegen ist das Alter und die Vorherrschaft der Deutung von 1 Pt 5, 13 auf Rom auch im Falle · der Unechtheit des Briefes eines der Zeugnisse für die Tatsache, daß Pt nach Rom gekommen ist. Der berechtigte Gegensatz zu den ungemessenen Ansprüchen, welche die Bischöfe von Rom seit mehr als einem Jahrtausend auf diese Tatsache gegründet haben, sollte protestantische Gelehrte nicht immer wieder verleiten, die wohlbeglaubigte Tatsache selbst in Abrede zu stellen (A 4). Steht aber fest, daß der 1 Pt in Rom geschrieben ist oder geschrieben sein will, so ist damit auch die Abfassungszeit ziemlich genau bestimmt. Gegenüber der seit Anfang des 4. Jahrhunderts auftauchenden Fabel von einem 20—25 jährigen römischen Episkopat des Pt bezeugt alle ältere Überlieferung, daß Pt erst um die Zeit des römischen Wirkens des Pl nach Rom gekommen sei, und die wenigen bestimmter lautenden Erzählungen des 2. Jahrhunderts verlegen den gesamten römischen Aufenthalt des Pt sowie dessen dortiges Martyrium in die Zwischenzeit zwischen der ersten und der zweiten, mit seiner Hinrichtung endigenden römischen Haft des Pl. Dazu kommen noch die Anzeichen dafür, daß Pt in den vatikanischen Gärten als eines der Opfer der Wut Neros im Spätsommer oder Herbst 64 gekreuzigt worden ist (A 4). Mit diesen ältesten Überlieferungen stimmt aber auch das negative Zeugnis der in Betracht kommenden ntl Schriften überein. Abgesehen von AG 28, 30 f. wäre das Schweigen des Pl in den aus der ersten römischen Gefangenschaft stammenden Briefen über ein gleichzeitiges Wirken des Pt in Rom, besonders an Stellen wie Kl 4, 10 f. und Phl 1, 14—18 unerklärlich, wenn Pt damals in Rom predigte. Noch unbegreiflicher wäre, daß Pt in einem Brief an die durch Pl und dessen Gehilfen gestifteten Gemeinden Kleinasiens wohl einen Gruß von der römischen Gemeinde und von Mr bestellte, von Pl aber völlig schwieg, wenn dieser in seiner Umgebung lebte und wirkte. Auch wenn Pt bald nach dem Tode des Pl geschrieben hätte, wäre es nicht als eine zarte Rücksicht auf die ohnehin des Trostes bedürftigen Christen Kleinasiens, sondern als ein äußerst unnatürliches Verfahren zu beurteilen, daß Pt kein Wort über Pl verloren hat, mochten die Leser die Nachricht vom Tode ihres Apostels kürzlich schon erhalten haben, oder jetzt erst durch den Überbringer des 1 Pt davon hören. Dagegen fügt sich Alles ohne Zwang zu einem wahrscheinlichen Hergang zusammen, wenn wir der von späteren Künsteleien gereinigten Überlieferung folgen. Ist Mr, welcher den Christen zu Kolossä bis dahin nur als Vetter des Barnabas dem Namen nach bekannt war, bald nach Absendung des Kl etwa im Herbst 62 oder im Frühjahr 63 von Rom nach Kleinasien gereist (Kl 4, 10), so hat sich damals das 1 Pt 5, 13 vorausgesetzte Verhältnis desselben zu den dortigen Gemeinden gebildet. Mindestens möglich ist, daß Mr diese Reise in den Orient bis zu seiner Vaterstadt Jerusalem ausgedehnt und seinem „Vater" Pt über den Stand der Dinge in Rom berichtet hat. Hörte Pt von den Schwierigkeiten, welche judenchristliche Prediger dem Pl in Rom bereitet hatten (Bd I, 313. 384), und erfuhr er zugleich von der Absicht des Pl, nach seiner zu erwartenden Befreiung von Rom aus nach dem fernen Westen vorzudringen, so konnte er sich berufen fühlen, gerade jetzt, da Pl die Hauptstadt verließ, dort zu erscheinen. Eine Verletzung der etwa 12 Jahre früher geschlossenen Vereinbarung mit Pl und Barnabas (Bd I, 191) war dies um so weniger, als die römische Gemeinde von Haus aus nichts weniger als eine Stiftung des Heidenapostels, sondern überwiegend aus geborenen Juden, zum Teil aus palästinischen Judenchristen gebildet war (Bd I, 299—308). Wenn Pt, wahrscheinlich in Begleitung des Mr, im Herbst 63 oder auch erst im Frühjahr 64 nach Rom kam, so fand er den Pl nicht mehr dort. Hatte Pl eine Missionsreise nach Spanien unternommen, deren Dauer nicht abzusehen war, so lag es für Pt um so näher, auch in der Fürsorge für die asiatischen Gemeinden in die Fußtapfen des Pl zu treten, wie er es durch die Abfassung des 1 Pt getan hat. Daß er sich dabei der Beihilfe des Silvanus bediente, welchen manche Christen des Leserkreises als Gehilfen des Pl kennen gelernt hatten, erleichterte es ihm, einen Ton zu treffen, welcher in den Herzen der durch Pl und seine Gehilfen unterwiesenen Kleinasiaten einen Widerhall finden mußte. Als Pl selbst wieder Zeit fand, den Orient zu besuchen, und lange bevor Pl zum zweiten Mal in Rom verhaftet und dann hingerichtet wurde, hat Pt in Rom den Märtyrertod erlitten. Höchstens ein Jahr, vielleicht nur ein halbes Jahr lang hat Pt in Rom gewirkt. Da nichts im 1 Pt darauf hinweist, daß Pt eben erst nach Rom gekommen war, sein dortiger Aufenthalt den Lesern vielmehr schon bekannt gewesen zu sein scheint, so wird der Brief auch wohl erst im Verlauf des J. 64, wenige Monate vor dem Ende seines Vf geschrieben sein.

1. Pl hat es stets den Briefboten überlassen zu sagen, von woher sie mit seinen Briefen zu den Lesern kamen. Nur beiläufig nennt er eine Stadt so, daß man daraus entnehmen kann, sie sei auch sein dermaliger Aufenthaltsort z. B. 1 Kr 16, 8. Einen gewissen Fingerzeig gibt uns Rm 16, 1 cf 16, 23, welcher aber ebenso irreführen könnte, wie 1 Th 3, 1. Dagegen s. Ign. Mgn. 15 ἀσπάζονται ὑμᾶς Ἐφέσιοι ἀπὸ Σμύρνης, ὅθεν καὶ γράφω ὑμῖν cf Eph. 21; Trall. 12; Rm 10; Philad. 11; Smyrn. 12.

2. Das ägyptische Babylon zwischen Memphis und Heliopolis an der Stelle des späteren Kairo, war keine unbedeutende Stadt (Strabo XVII p. 807), auch in kirchlicher Literatur zuweilen genannt: Athan. hist. Arian. ad. mon. 72; Theodoret zu Ez 40 (Schulze II, 929); Epiphan. mon. ed. Dressel p. 6 nennt es sogar τὴν μεγάλην B. Über

den steigenden Verfall des alten Babylon am Euphrat s. die Übersicht in Pauly-Wissowa RE. II, 2679 ff. Schon Strabo XVI p. 738 wandte darauf den Vers an: „eine große Wüste ist die große Stadt"; Plin. h. n. VI, 122: *cetero* (d. h. abgesehen von dem noch erhaltenen Belustempel) *ad solitudinem rediit*; Pausanias VIII, 33, 3 cf I, 16, 3 sagt nicht erst von seiner Gegenwart, sondern im Rückblick auf die Zeit der Gründung von Seleucia, daß von Babylon nicht mehr vorhanden sei als die Mauern. Von den Juden in Babylon d. h. in Babylonien (cf Philo leg. ad Caj. 31. 36) mögen einige wenige in den Ruinen der alten Stadt gehaust haben (Theodoret zu Jes 13, Schulze II, 264); die Masse wohnte in den Nachbarstädten Seleucia, Nehardea und in Dörfern (Jos. ant. XVIII, 9, 1—9).

3. Die allegorische Deutung von Babylon auf Rom hat wahrscheinlich schon Papias vertreten (GK I, 888); denn nach Eus. h. e. II, 15 soll Papias die im 6. Buch der Hypotyposen des Clemens Al. enthaltene Erzählung von der Entstehung des Mrev in Rom zur Zeit des dortigen Wirkens des Pt durch sein Zeugnis bestätigen. Hinter dieser Bemerkung fährt Eus. fort in indirekter Rede zu berichten: τοῦ δὲ Μάρκου μνημονεύειν τὸν Πέτρον ἐν τῇ προτέρᾳ ἐπιστολῇ, ἣν καὶ συντάξαι φασὶν ἐπ᾽ αὐτῆς Ῥώμης· σημαίνειν τε τοῦτ᾽ αὐτόν, τὴν πόλιν τροπικώτερον Βαβυλῶνα προσειπόντα διὰ τούτων· „ἀσπάζεται ὑμᾶς" κτλ. Auf Clemens paßt diese letzte Angabe nicht; denn dieser hat zwar zu 1 Pt 5, 13 den Namen Mr als Anlaß benutzt, über die Entstehung von dessen Ev in Rom zu sprechen, aber weder hier noch an einer anderen Stelle seines Kommentars zu 1 Pt über den Abfassungsort des Briefs sich geäußert und dagegen anderwärts Babylon auf die alte Stadt im Lande der „Parther" bezogen (Forsch III, 83. 95. 102. 72 f. oben S. 16 A 11). Es ist daher wahrscheinlich Papias, wie schon Rufin verstand, derjenige, welcher Babylon in 1 Pt 5, 13 auf Rom gedeutet hat, und eben darum ist er von Eus. an dieser Stelle, schon vor Vollendung seines Berichts, als Gewährsmann neben Clemens genannt. Dazu paßt, daß Papias nach Eus. h. e. III, 39, 16 Stellen des 1 Pt angeführt hat, ferner daß er die Apokalypse, welche zu solcher Deutung von Babylon Anleitung geben konnte, hochgeschätzt hat, und daß er auch sonst biblische Aussagen allegorisch gedeutet hat (Patr. apost. ed. minor p. 74). Diese Deutung ist in der Kirche von jeher die herrschende gewesen und geblieben cf Hier. v. ill. 8; Hilarius Arel. zu 1 Pt 5, 13 (Spicil. Casin. III, 1; 241 neben der rein allegorischen Deutung *in confusione gentium*); Andreas in Apocal. p. 76 καὶ ἡ πρεσβυτέρα δὲ Ῥώμη Βαβυλὼν ἐν τῇ ἐπιστολῇ Πέτρου προσαγορεύεται, Cramer Cat. VIII, 82; Schol. bei Matthaei p. 80. 205 und Tischendorf. Es gibt auch keine des Namens werte Überlieferung über einen Aufenthalt des Pt am Euphrat. Daß Clemens keine solche zur Verfügung hatte, zeigt wohl hinreichend sein Schweigen davon zu 1 Pt 5, 13 und 2 Jo 1. 13 (oben S. 16). In den nicht vor 400 geschriebenen und recht albernen Akten des Philippus (Anal. Bolland. IX, 209 cf Forsch VI, 18—24) wird erzählt, daß Philippus in das Partherreich gezogen sei und dort irgendwo (ἔν τινι πόλει) den Pt gefunden habe. Ein Zusammenhang mit 1 Pt 5, 13 würde durch den Namen Babylon ausgedrückt sein. Es liegt aber auch keine davon unabhängige Überlieferung zu Grunde; denn Philippus findet dort auch den Johannes, welcher mit Parthien ebensowenig zu schaffen hat, wie Philippus. Kosmas Indikopl., welcher die Echtheit der katholischen Briefe beanstandete (GK II, 232), citirt einmal (Montfaucon, Coll. n. II, 147 f.) 1 Pt 5, 13, ohne auch nur zu sagen, daß Pt dies geschrieben habe, und, wie es scheint, nur um nicht zu verschweigen, daß im NT eine unsichere Andeutung von frühzeitiger Verbreitung des Christentums in Mesopotamien vorliege. Als Missionar Persiens gilt ihm Thaddäus. Die ältere Überlieferung machte den Thomas zum Apostel Parthiens, wozu Babylon gehörte (Origenes bei Eus. h. e. III, 1, 1; Clem. recogn. IX, 29; Ephr. expos. ev. concord. 286; Rufin. h. e. I, 6; Sokr. h. e. I, 19). Die gleichfalls alte Überlieferung von Thomas als Apostel Indiens widerspricht jener nicht und sucht sogar eine gewisse Anknüpfung an

dieselbe, indem sie wenigstens die Gebeine des in Indien gestorbenen Thomas nach Mesopotamien oder auch speziell nach Edessa bringen läßt (Acta Thomae ed. Bonnet 94, 10; 131, 18; 159, 15; Ephr. carm. Nisib. 42; Chron. Edess. 38. 61 cf Hallier S. 61. 103, 111; Rufin. h. e. II, 5; auch Chrysost. Montf. XII, 237 nimmt darauf Bezug). Dagegen läßt sich weder bei den antiochenischen Auslegern, noch in der syrischen Nationalkirche eine Überlieferung von einem Wirken des Pt in Babylon nachweisen. Die ihrem wesentlichen Bestand nach schon dem Eusebius (h. e. I, 13) bekannte „Lehre des Addai" stellte den Thomas als obersten Leiter der Mission im Osten hin, welcher den Addai, einen der 70 oder 72 Jünger nach Edessa schickt (ed. Philipps p. 5). Pt dagegen sendet von Rom aus den syrischen Christen die Briefe des Pl (p. 46). Nicht einmal von einem antiochenischen, sondern nur von einem römischen Episkopat des Pt weiß diese Legende; denn nur durch Vermittlung seines römischen Kollegen empfängt Serapion von Antiochien die schließlich auf Pt zurückgehende bischöfliche Ordination. Unter den Orten, wo Pt gepredigt, nennt Ephraim außer Rom nur die kleinasiatischen Landschaften nach 1 Pt 1, 1 (Expos. ev. conc. 286 oben S. 14; cf Hymn. ed. Lamy I, 342. 712 Pt in Rom; Carm. Nis. 59, 2 f.; Expos. ev. conc. 231. 237 kopfüber gekreuzigt). Die etwas jüngere syrische „Lehre der Apostel" nennt als Missionar des nördlichen Mesopotamiens den Addai und dessen Schüler Aggai als Kirchengründer in den „Gegenden um Babel" samt den weiter östlich gelegenen Ländern; dagegen läßt sie den Pt in Antiochien und dem dazu gehörigen Syrien, ferner in Pontus und anderen Provinzen Kleinasiens die Kirche gründen, ehe er von Antiochien nach Rom geht, wo er wie Pl unter Nero Märtyrer wird (Cureton, Ancient doc. 33. 34. 35). Sie führt unter den Briefen der Apostel auch das an, „was Simon von Rom geschrieben hat" (p. 32) d. h. den 1 Pt, versteht also unter „Babylon" Rom. Cf die Unterschrift einer Hs. des 6. oder 7. Jahrhunderts bei Wright, Catal. p. 82: „Vollendet ist der Brief des Apostels Pt, geschrieben von Rom". Auch die konfusen Ansichten von *Rome* oder *Rhode*, einer Tochter des Pt, worüber Barhebraeus zu 1 Pt 5, 13; AG 12, 12. 13 berichtet (oben S. 16 A 11), gehen schließlich auf die Deutung von Babylon = Rom zurück. [Barhebraeus selbst versteht unter der „Kirche", welche ihm der syrische Text von 1 Pt 5, 13 bot (oben S. 16), „die Versammlung der Apostel" in Jerusalem und unter „Babel" das Obergemach AG 1, 13, worin außer vielem anderen auch das Pfingstwunder sich zugetragen haben soll. Hieran möge angeschlossen werden die nicht minder sonderbare Angabe über den 1 Pt bei Syncellus ad a. m. 5540 (ed. bonn. 627) ἄλλοι δὲ ἀπὸ Ἰόππης φασὶ γεγράφθαι, wobei eine Anknüpfung an AG 9, 36—10, 23 beabsichtigt zu sein scheint.] Die syrische „Lehre des Simon Kepha" (Cureton, Anc. doc. 35—40) behandelt nur das 25jährige Wirken des Pt in Rom. Die Acta Maris (ed. Abbeloos 1885, nach dem Herausgeber aus dem 5. oder 6. Jahrhundert) sagen von Pt in Rom (p. 31. 35) und beschreiben die Gründung der Kirche in Babylonien durch Mare (p. 47 ff.) ohne jede Andeutung von früherer, etwa ergebnisloser Predigt eines Apostels in jenen Gegenden. Georg der Araberbischof (übers. von Ryssel S. 58) im 8. Jahrh.: „Pt und Pl zu Antiochien und Rom und in deren Landschaften", weiter nichts. Ebenso Salomo von Bassora um 1220 (übers. von Schünfelder S. 77): in Antiochien 1, in Rom 27 Jahre. Noch Ebedjesu (Assemani, Bibl. or. III, 2, 4) kennt als Missionare Mesopotamiens und speziell Babyloniens nur Thomas, Bartholomaeus, Addai und Mare. Wenn daher Amrus und Jeschujab (Assemani III, 2, 6 f. cf auch Abbeloos p. 10) unter ausdrücklicher Berufung auf 1 Pt 5, 13 behaupten, daß auch Pt in Babylon gewesen sei, so sieht Jeder, daß das nicht syrische Tradition, sondern verspätete Gelehrsamkeit ist. Die auf diese Citate gegründete Behauptung von Lipsius Ap. AG II, 1, 3 A. 3; II, 2, 145, daß die syrische Kirche von jeher einstimmig an der Deutung von 1 Pt 5, 13 auf das eigentliche Babylon und an der entsprechenden Überlieferung festgehalten habe, ist eine seltsame Umkehrung des Sachverhalts, und die weitere Vermutung, daß die Überlieferung von Simon Petrus in Babylon durch die Überlieferung von einer Wirksamkeit des Simon Zelotes in jenen Gegenden verdrängt worden sei (II, 2, 146; Ergänzungsh. S. 32), ist um so unglaublicher, als die Syrer letztere Überlieferung ebensowenig gekannt haben, wie die erstere. Zu erwähnen wäre etwa noch, daß der falsche Moses von Chorene (Chron. II, 33 übersetzt von Lauer S. 94; A. Carrière, La légende d'Abgar etc. 1895 p. 406) in dem von ihm erdichteten Brief Abgars an Nerseh in Babylon die Hinkunft des Simon d. h. des Petrus dorthin weissagend ankündigen läßt.

4. Unter den Märtyrern, deren Ermordung durch den Sturz Babylons gerächt werden soll, befinden sich nach Ap 18, 20 (cf 17, 6; 19, 2) auch Apostel. Nun ist zwar Babylon in der Ap nicht schlechtweg gleichbedeutend mit Rom, sondern typischer Name der Welthauptstadt aller Zeiten und insbesondere der Endzeit; aber zur Zeit des Buchs war dies Rom; und es hat die Welthauptstadt überhaupt keiner Apostel Blut vergossen, und der Satz ist sinnlos, wenn nicht in Rom mehr als ein Apostel als Märtyrer gestorben ist. Wer aber könnte neben Pl in Betracht kommen, wenn nicht Pt? Die Widerlegung dieser Deutung durch Lipsius Apokr. AG. II, 1, bedarf keiner Wider-' legung. Die Reihe der Zeugen für Pt in Rom, welche seinen Namen nennen, beginnt mit Clemens Rom. (Bd I, S. 441 ff.). Als zweiter ist Ignatius zu nennen; denn wenn dieser den auch sonst von ihm ausgesprochenen Gedanken, daß er sich nicht anmaße, wie ein Apostel den Gemeinden Befehle zu erteilen (Trall. 3, 3 cf Eph 11, 2—12, 2), gerade in seinem Brief an die Römer und nur in diesem in die Worte faßt: οὐχ ὡς Πέτρος καὶ Παῦλος ὑμῖν διατάσσομαι (3, 3), so gibt es, da von einem Brief des Pt an die Römer nichts verlautet, keine andere natürliche Erklärung hiefür, als daß Pt in Person mit den Römern es zu thun gehabt hat. Als dritter ist mit größter Wah scheinlichkeit Papias anzureihen (oben S. 20). Als vierten nenne ich Marcion. Dieser nämlich hatte durch seine Umgestaltung des Textes von Phl 1, 15—18, insbesondre durch Aufnahme des οὐδέν μοι διαφέρει aus Gl 2, 6 dem Leser seine Meinung, daß Pl dort auf Pt und dessen Genossen hinweise, förmlich aufgedrängt (GK I, 592 A 3; 648; II, 528). Damit war auch gesagt, daß eben diese durch Kl 4, 11, was bei Marcion auf demselben Blatt wie Phl 1, 15—18 geschrieben stand, als jüdische Prediger gezeichnet waren, welche Pl nicht als seine Mitarbeiter hatte gelten lassen. Da nun dem Marcion nicht zuzutrauen ist, daß er die Abfassung des Philipperbriefs in Rom verkannt oder geleugnet haben sollte, so muß er der Meinung gewesen sein, daß in der Umgebung des in Rom gefangenen Pl auch Pt als Prediger tätig gewesen sei. An Marcion schließen sich an die Bd. I S. 451 ff. bereits angeführten Zeugnisse des Dionysius von Korinth, des Irenäus, des Can. Murat. (sofern dieser die *passio Petri* mit der Abreise des Pl von Rom nach Spanien zusammenstellt), ferner Cajus von Rom, Tertullian, Hippolytus, Origenes, Petrus Alex., Lactantius und alle Schriftsteller der Folgezeit mit Einschluß der Syrer, welche keinen Versuch gemacht haben, den Pt den Römern zu entwenden, um ihn für sich in Anspruch zu nehmen (oben S. 20 f.) Dazu kommt noch das S. 20 A 3 schon berührte Zeugnis des Clemens an zwei Stellen seiner Hypotyposen (lib. VI frg. 15. 16 und zu 1 Pt 5, 13 Forsch III, 72. 83. 95). Es beschränkt sich dasselbe auf das Predigen des Pt in Rom und die Entstehung des Mrev, und es entbehrt jeder Zeitangabe. Selbstverständlich unerlaubt ist es, die Berufung des Eusebius auf Clemens (h. e. II, 15, 2) auf alles das auszudehnen, was Eusebius seit II, 13 erzählt hat. Selbst das, was der Berufung auf Clemens bei Eusebius unmittelbar vorangeht, ist auch abgesehen von der gleichzeitigen Berufung auf Papias, nur teilweise dem Clemens anzurechnen, da es mit den genauer überlieferten Angaben des Clemens selbst in Widerspruch steht (Forsch III, 72 A 1 und unten § 51 A 8. 9). Es kommen ferner in Betracht die Legenden aus der Zeit um 160—170, die gnostischen Akten des Pt und die katholischen

Akten des Pl (Bd. I S. 449 f.). Während alle vorher genannten Schriftsteller, soweit sie überhaupt chronologische Angaben darbieten, sich damit begnügen, eine ungefähre Gleichzeitigkeit der römischen Wirksamkeit und des Martyriums beider Apostel zu bezeugen und nur etwa noch, wie Tertullian, Origenes und Lactantius, den Nero als den Mörder der Apostel bezeichnen, bieten die Akten des Pt die bestimmtere Angabe, daß der gesamte römische Aufenthalt und das Martyrium des Pt in das eine Jahr falle, welches nach derselben Schrift zwischen der ersten und der zweiten römischen Gefangenschaft des Pl verläuft und von dessen spanischer Reise ausgefüllt ist (Bd. I, 441—445. 449—459), eine Vorstellung, welche auch im C. Mur. durchblickt, sofern dort nicht das Martyrium beider Apostel, sondern die spanische Reise des Pl und das Martyrium des Pt zusammengestellt sind. Wenn nach den Petrusakten der ganze römische Aufenthalt des Pt unter Nero stattgefunden, und dennoch Pt 12 Jahre nach dem Beginn aller apostolischer Predigt von Jerusalem nach Rom aufgebrochen sein soll (Lipsius 49, 11), so ist dies nicht aus einer unmöglichen chronologischen Berechnung zu erklären, sondern nur aus einer naiven, dem phantastischen Charakter dieser Dichtung (des Leucius) entsprechenden Verbindung der herrschenden Überlieferung, wonach Pt wie Pl unter Nero in Rom gewirkt und den Tod erlitten haben soll, mit einem Wort Jesu, welches der Vf einer viel älteren Dichtung, der „Predigt des Pt" entlehnt hat (Clem. strom. VI, 43; GK II, 821). Diese letztere Schrift, welche sich als ein Werk des Pt selbst gegeben hat, mag weissagende Hinweise auf das Lebensende des Pt enthalten haben, natürlich aber keine Erzählung von demselben (GK II, 820—832). Es ist ferner zu beachten, daß keiner der genannten Schriftsteller den Pt als Bischof von Rom betrachtet. Abgesehen von Clemens Rom., Ignatius und Clemens Al., welche in bezug auf das Verhältnis des Pt zur Gemeinde von Rom keine bestimmteren Angaben machen, bezeichnen Dionysius (Eus. II, 25, 8), Irenaeus (III, 1, 1; 3, 2. 3), Cajus (Eus. II, 25, 7) den Pt und den Pl als die Missionsprediger, welche die römische Kirche gegründet haben. Linus und seine Nachfolger auf dem römischen Stuhl sind als Bischöfe nicht Nachfolger des Pt. Nicht Pt, sondern „die Apostel" händigen dem Linus den Dienst des Episkopats ein (Iren. III, 3, 3). Von Linus an als dem ersten werden die römischen Bischöfe gezählt, und nicht als erster, zweiter, dritter nach Pt, sondern von der Zeit der Apostel an (ἀπὸ τῶν ἀποστόλων). Die andersartige Zählung bei Iren. I, 27, 1; III, 4, 3, welche voraussetzt, daß es vor Linus schon einen Bischof, nämlich den Pt, gegeben habe, ist eine mit der Grundanschauung des Irenäus unverträgliche Fälschung, was auch die Textüberlieferung bestätigt. Selbst Epiph. haer. 27, 6, welcher dort unter anderem auch Nachrichten des Hegesippus benutzt (cf Lightfoot, Clement I, 328 f.), nennt nicht den Pt, sondern immer wieder das Paar „Pt und Pl" an der Spitze der römischen Bischöfe, gleich zu Anfang mit den sehr bezeichnenden Worten: ἐν Ῥώμῃ γὰρ γεγόνασι πρῶτοι Πέτρος καὶ Παῦλος ἀπόστολοι καὶ ἐπίσκοποι. Auch die alten Akten des Pt und die des Pl stellen beide Apostel lediglich als Hand in Hand gehende Prediger des Ev dar; es fehlt jede Andeutung einer bischofsartigen Stellung des Pt in Rom (GK II, 840). Es gilt das sogar noch von den späten Bearbeitern der alten Legenden, dem sogen. „Linus" und den vereinigten Akten des Pt und des Pl. Mindestens sehr undeutlich wäre die Andeutung von Pt als römischem Bischof, welche man darin finden könnte, daß Tertullian den Clemens nur von Pt ordinirt sein läßt (praescr. 32 cf dagegen c. 36). Erst um die Mitte des 3. Jahrhunderts finden wir die Vorstellung von dem römischen Bischofsstuhl als der *cathedra Petri* deutlich bezeugt, z. B. bei Cypr. epist. 55, 8; 59, 14, in der ungefähr gleichzeitigen Predigt eines römischen Bischofs „de aleatoribus" c. 1 unter Cyprians Namen, in dem schwerlich früher erdichteten Brief des Clemens an Jakobus (Clementina ed. Lag. 6). Sieht man ab vom Schluß der „Lehre des Addai" (ed. Phillips, syr. 52, engl. 50), von welchem man bezweifeln mag, ob er

der übrigens voreusebianischen Schrift ursprünglich angehörte, so ist Eusebius für uns
der Erste, welcher dem Pt eine in Jahreszahlen ausgedrückte bischöfliche Regierung
der römischen Kirche beimißt. Zwar in der Kirchengeschichte und wo er sonst auf
Pt in Rom zu reden kommt (demonstr., theoph.), nennt er den Pt nie Bischof und bedient sich in bezug auf die römischen Bischöfe der vorerwähnten altertümlichen Redeweise (h. e. III, 21, 2). Er sagt auch nichts von dem Zeitpunkt, in welchem Pt Antiochien verlassen und dort den Euodius zum Nachfolger bekommen hat (III, 22; 36, 2),
und er bezeichnet die Zeit der Ankunft des Pt in Rom ziemlich unbestimmt (II, 14, 6
unter Claudius) und abweichend von dem Ansatz in der früher geschriebenen Chronik.
Durch alles dies zeigt Eusebius, daß er zu den bestimmter lautenden, übrigens sich
selbst widersprechenden Ansätzen in der Chronik nicht das geringste Zutrauen hegt.
In der Chronik bemerkt er nach der armenischen Version zu a. Abr. 2055 (p. Chr. 39)
= a. 3 Caji, daß Pt nach Gründung der antiochenischen Kirche nach Rom gekommen
sei und dort 20 Jahre als Vorsteher der dortigen Kirche verweilt habe, und doch soll
erst a. Abr. 2058 (p. Chr. 42) = a. 2 Claudii Euodius dem Pt als Bischof in Antiochien
gefolgt sein. Statt der 20 Jahre des römischen Episkopats sind sonst meist „25 Jahre"
überliefert; so schon im Bischofsverzeichnis der römischen Chronik von 354 (Mommsen
S. 634), welche in der in sie aufgenommenen Depositio martyrum auch bereits eine
Stuhlfeier des Pt zu VIII Kal. Mart. aufweist; ferner in der Bearbeitung der eus.
Chronik durch Hieronymus zu a. Abr. 2058 (p. Chr. 42) = a. 2 Claudii cf v. ill. 1;
auch in der Lehre der Addai und in den meisten späteren Katalogen (cf jedoch
Duchesne, Lib. pont. I, 16. 34. 39. 40). Der Ursprung der solennen Zahl 25, welche
vielleicht nur ein abgerundeter Ausdruck für „etwas mehr als 20 Jahre" ist, kann hier
nicht untersucht werden. Nur das liegt auf der Hand, daß Eusebius, welcher über das
Todesjahr des Pt keine bestimmtere Überlieferung vorgefunden oder vorgegeben hat
(Bd. I, 453f.), seine 20 Jahre nicht durch Rückrechnung von dort aus gewonnen haben
kann. Dagegen sieht man aus seiner Kirchengeschichte, was überhaupt die der gesamten älteren Überlieferung und dem indirekten Zeugnis des NT's widersprechende
Annahme eines langjährigen Aufenthalts des Pt in Rom erzeugt hat. Aus Justinus
(apol. I, 26) und Irenaeus (I, 23, 1) kannte Eusebius (h. e. II, 13, 2—5) die Überlieferung, daß Simon Magus unter Kaiser Claudius nach Rom gekommen und dort ver-
göttert worden sei. Die Misdeutung der Inschrift an einem Standbild des Sabinergottes
Semo Sancus auf der Tiberinsel, welche sich bei Justinus, Irenäus, Tertullianus und
vielen Späteren findet (s. Otto zu Just. ap. I, 26; Öhler zu Tert. apol. 13), welche auch
die alten Akten des Pt in umbildender Darstellung sich angeeignet haben (ed. Lipsius
57, 24), ist schwerlich die Quelle der Überlieferung, daß Simon unter Claudius nach
Rom gekommen sei, sondern setzt diese Überlieferung voraus. Denn jene Inschrift
(C. I. L. VI, 1 nr. 567) wies durch nichts in die Zeit des Claudius, und auch die Erzählung in AG 8 bot keinen Anlaß zu dieser Datirung. Ferner konnte nur wer anderswoher zu wissen meinte, daß Simon Magus einmal in Rom gewesen sei, auf den Gedanken geraten, jenes Standbild mit seiner Inschrift auf ihn zu deuten. Es muß demnach vor der Mitte des 2. Jahrhunderts in Rom als geschichtliche Tatsache gegolten
haben, daß Simon unter Claudius in Rom sein Wesen getrieben habe, und ich wüßte
nicht, warum das keine echte Überlieferung sein sollte. Nun aber hatten die um 160—170
entstandenen Petrusakten, ein im Orient wie im Occident viel gelesenes Buch (GK II,
843—848), im freien Anschluß an AG 8 (GK II, 854) viel von Kämpfen des Pt mit
Simon Magus in Rom erzählt. Zwar sollte dies unter Nero, während der spanischen
Reise des Pl, sich zugetragen haben; aber die Überlieferung, welche den Simon Magus
mit Claudius verknüpfte, schien in derselben Erzählung doch einen gewissen Anhalt zu
finden an der anachronistischen Angabe, daß dies 12 Jahre nach Beginn der apostolischen

Predigt geschehen sei (oben S. 23 Z. 12). Dazu kam, daß nach Act. Petri p. 48, 19 ff. 49,
21 ff. unmittelbar nach dem ersten Auftreten des Magiers in Rom Pt in Jerusalem den
göttlichen Auftrag erhält, zu dessen Bekämpfung nach Rom zu gehen. In deutlichem
Anschluß an diese Darstellung, besonders auch an die dort erzählten Beweise der dabei
waltenden göttlichen Vorsehung (Act. Petri 49, 17—31; 51, 25—31; 52, 17) schreibt
Eusebius, daß kurz nach dem Auftreten des Magiers in Rom und noch unter der Re-
gierung des Claudius (h. e. II, 14, 6 $\pi\alpha\varrho\grave{\alpha}$ $\pi\acute{o}\delta\alpha\varsigma$ $\gamma o\tilde{v}\nu$ $\grave{\epsilon}\pi\grave{\iota}$ $\tau\tilde{\eta}\varsigma$ $\alpha\grave{v}\tau\tilde{\eta}\varsigma$ $K\lambda\alpha\nu\delta\acute{\iota}ov$ $\beta\alpha\sigma\iota\lambda\epsilon\acute{\iota}\alpha\varsigma$)
die göttliche Vorsehung den Pt zu dessen Bestreitung nach Rom geschickt habe.
Wurde andrerseits die Christenverfolgung Neros als der Gipfel von dessen Gräueln
betrachtet und in folge davon das Martyrium der beiden Apostel gegen das Ende der
neronischen Regierung gerückt (Bd. I S. 454), so mußte Pt mehr als ein Jahrzehnt in Rom
gelebt haben. Eusebius wird nicht der Einzige und vielleicht nicht der Erste gewesen
sein, welcher an der Hand der Petrusakten durch Kombination der Überlieferung vom
römischen Aufenthalt des Magiers Simon unter Claudius mit der Überlieferung vom
römischen Martyrium des Pt unter Nero zu der Annahme eines vieljährigen römischen
Episkopats des Pt geführt worden ist. Die einmal entstandene und verbreitete Fabel
zeigt sich bald genug losgelöst von ihren Wurzeln. Schon der Chronograph von 354
behandelt den 25 jährigen Episkopat als ein selbständiges Datum und legt ihn unglaublich
genug zwischen a. 30 und 55 p. Chr. (ed Mommsen 634. 619); das spätere Papstbuch
hält an den 25 Jahren fest, obwohl es die erste Ankunft wie den Tod des Pt in die nur
13 jährige Regierung Nero's setzt (Duchesne I, 50. 118). Was die Todesart des Pt
anlangt, so ist 2 Pt 1, 14 die Erwartung ausgesprochen und auf eine Kundgebung
Christi an Pt gegründet, daß er eines schnellen, also wohl plötzlichen und gewaltsamen
Todes sterben werde. Als Jo 21, 18—23 geschrieben wurde, muß allgemein bekannt
gewesen sein, daß Pt am Kreuz gestorben sei und zwar vor dem Untergang Jerusalems.
Während Clemens ad Cor. 5 (Bd. I, 446 ff.), der C. Mur. und viele andere nur überhaupt
von seinem Märtyrertod sagen, kehrt die Erinnerung an seine Kreuzigung in Rom von
Tertullian an oft genug wieder (Bd. I, 452 f.). Ob schon der Heide Phlegon, ein Frei-
gelassener Hadrians, davon gehört hat, läßt sich aus Orig. c. Cels. II, 14 cf Eus. chron.
ad a. Abr. 2048 nicht mit Sicherheit erkennen. Die Sage, daß er mit dem Kopf zur
Erde gekreuzigt worden sei, ist wahrscheinlich eine Erfindung der gnostischen Petrusakten aus der Zeit um 160 (ed. Lipsius p. 92 ff.), welche schon Origenes (bei Eus. h.
e. III, 1, 2) als glaubwürdig hinnahm. Vorbereitet ist die Erzählung durch ein Zwie-
gespräch zwischen dem aus Rom fliehenden Pt und dem ihm erscheinenden Christus,
worin Christus zuerst sagt: $\epsilon\grave{\iota}\sigma\acute{\epsilon}\varrho\chi o\mu\alpha\iota$ $\epsilon\grave{\iota}\varsigma$ $\tau\grave{\eta}\nu$ $\dot{P}\acute{\omega}\mu\eta\nu$ $\sigma\tau\alpha\nu\varrho\omega\vartheta\tilde{\eta}\nu\alpha\iota$ und nachher: $\nu\alpha\acute{\iota}$,
$\Pi\acute{\epsilon}\tau\varrho\epsilon$, $\pi\acute{\alpha}\lambda\iota\nu$ $\sigma\tau\alpha\nu\varrho o\tilde{v}\mu\alpha\iota$ (p. 88, 9 cf GK II, 846). Die gemeinsame Wurzel dieser
Erzählung und derjenigen von der Kreuzigung mit dem Kopf nach unten ist offenbar
das doppelsinnige Wort Christi, welches Orig. in Jo. tom. XX, 12 aus den katholischen
Paulusakten anführt: $\check{\alpha}\nu\omega\vartheta\epsilon\nu$ (d. h. *denuo*, aber auch *desuper*) $\mu\acute{\epsilon}\lambda\lambda\omega$ $\sigma\tau\alpha\nu\varrho\omega\vartheta\tilde{\eta}\nu\alpha\iota$. Da
eine Benutzung der Paulusakten seitens des Vf der Petrusakten aus chronologischen
und anderen Gründen unwahrscheinlich ist, wird es aus einer älteren Schrift, wahrscheinlich aus der „Predigt des Pt" sowohl dem Vf der gnostischen Petrusakten als
dem nicht viel jüngeren Vf der katholischen Paulusakten zugeflossen sein. Über den
ursprünglichen, vielleicht gar nicht auf den Lebensausgang des Pt bezüglichen Sinn
des Wortes s. GK II, 878. An die Geschichtlichkeit der umgekehrten Kreuzigung ist
hienach nicht zu denken. Dagegen die um 210 völlig feststehende, also jedenfalls nicht
auf einer damals neuen Entdeckung oder Erfindung beruhende römische Lokaltradition
von der Enthauptung des Pl an der Via Ostiensis und der Kreuzigung des Pt am
Vatican sowie der Bestattung beider Apostel in der Nähe ihrer Hinrichtungsstätten
(Bd. I, 457 f.) erscheint unverdächtig. Die seit Clemens Rom. überall zu findende

Zusammenstellung von Pt und Pl würde viel eher dazu verleitet haben, sie auch im Tode und im Grabe vereinigt zu denken, wenn man darauf angewiesen gewesen wäre, zu erfinden, was man nicht wissen konnte. Am Mons Vaticanus, im Ager Vaticanus lagen die Gärten der Agrippina und der Domitia, welche beide in den Besitz Nero's übergingen. Nach Tac. ann. XV, 44 haben die grausamen Hinrichtungen von Christen im J. 64 in diesen weitläufigen Anlagen stattgefunden (*hortos suos ei spectaculo Nero obtulerat*), und unter den Opfern befanden sich auch *crucibus affixi*. Dieses Zusammentreffen mit der Überlieferung über die Todesart und den Todesort des Pt wiegt um so schwerer, als die altkirchliche Überlieferung das Martyrium des Pt in keinerlei Beziehung zum Brande Roms, geschweige denn zur Schilderung des Tacitus gesetzt hat. Nur aus Clem. Cor. 6 im Zusammenhalt mit c. 5 darf man schließen, daß ein gewisser Zusammenhang zwischen den von Tacitus geschilderten Scenen und dem Tode wenigstens eines der beiden Apostel bestanden hat. Dazu kommt, daß der ganze römische Aufenthalt des Pt in die Zwischenzeit zwischen der ersten und zweiten römischen Gefangenschaft des Pl fallen muß (oben S. 22f.), also etwa zwischen den Herbst 63 und 66. Es steht also nichts der durch unverdächtige Überlieferungen nahegelegten Annahme im Wege, daß Pt im Spätsommer 64 ein Opfer des neronischen Angriffs auf die Christen in Rom geworden sei. Die gesamte bis dahin geprüfte Überlieferung über Pt in Rom glaubte Baur (Christent. der drei ersten Jahrh.[2] 86—93. 141—145, Paulus I[2], 246—272), in dessen Bahnen dann namentlich Lipsius (Quellen der römischen Petrussage 1872; Jahrb. prot. Theol. 1876; Ap. AG. II, 1, 11. 28—69. 358—364; Ergänzungsh. 32*—34) weitergearbeitet hat, aus der pseudoclementinischen Dichtung erklären und damit widerlegen zu können. Da in dieser Literatur Simon Magus, mit welchem Simon Petrus auf Schritt und Tritt siegreiche Kämpfe zu bestehen hat, nur eine Maske des Pl und überhaupt keine geschichtliche Person sei, so sei auch die gesamte Überlieferung von Pt in Rom nur eine geschichtliche Einkleidung des Gedankens, daß das von Pl in Rom gepredigte Christentum durch das in Pt sich darstellende jüdische Christentum überwunden oder doch durch Vermählung mit diesem seinem Gegensatz um seine verhaßte Eigenart gebracht werden sollte. Dagegen ist hier in Kürze nur Folgendes zu bemerken: 1) Der pseudoclementinische Roman ist im Abendland unbekannt geblieben, bis Rufinus um 400 eine Recension desselben ins Lateinische übersetzte, cf dessen Praefatio ad Gaudentium. Selbst Hieronymus v. ill. 15 weiß in bezug auf diese Literatur nur in sehr ungenauer Weise zu wiederholen, was er bei Eus. h. e. III, 38, 5 gelesen hatte. Es ist also ganz undenkbar, daß die gesamte Überlieferung der abendländischen Kirche von Pt in Rom auf einer mit völligem Misverständnis gepaarten Aneignung der ebjonitischen Sage von Simon Magus = Paulus beruhen sollte. 2) Daß Pt in Rom gewesen und Märtyrer geworden, wußte die römische Gemeinde schon im J. 96 (Bd I, S. 440f. 446f.). Der pseudocl. Roman könnte frühstens um 160 gedichtet sein, ist aber wahrscheinlich erst im Verlauf des 3. Jahrhunderts entstanden. 3) In den beiden vorhandenen Recensionen endigt der Roman mit der Ankunft des Pt in Antiochien, wohin Simon M. ihm vorangezogen ist. Daß irgend eine nicht mehr vorhandene Gestalt dieser ebjonitischen Sagendichtung die römische Wirksamkeit des Pt in ihren Kreis gezogen und von Kämpfen desselben mit Simon in Rom gehandelt habe, ist eine unerweisliche Vermutung. In beiden vorhandenen Recensionen finden sich überhaupt nur zwei flüchtige Hinweisungen darauf, daß Pt auf seinen Predigtwanderungen schließlich nach Rom kommen werde (hom. I, 16; rec. I, 13. 74). Gehört der Brief des Clemens an Jakobus von Haus aus zu den Homilien, so setzt er doch nur voraus, daß Pt in Rom Bischof gewesen, den Clemens zu seinem Nachfolger bestimmt und nach öffentlicher Bezeugung Christi vor dem Kaiser dort gewaltsamen Todes gestorben sei (Epist. Clem. ad. Jac. 1). Davon, daß auch der Magier dorthin gekommen und dort von Pt überwunden worden sei, steht hier kein

Wort. Nach hom. 20, 13—17. 22 begibt sich der Magier von Antiochien nicht etwa nach Rom, sondern flieht vor den Häschern des römischen Kaisers nach Judäa. So auch nach rec. 10, 55—59. Hiemit wenig übereinstimmend wird allerdings rec. III, 63—64 cf II, 9 (nur zu letzterer Stelle eine entfernte Parallele hom. II, 27) auf die Wundertaten, die göttliche Verehrung und das Standbild des Simon zu Rom hingewiesen. Aber auch hier nichts von Kämpfen zwischen ihm und Pt in Rom. 4) In dem Kreis der ebjonitischen Literatur ist Simon Magus nicht von vornherein die Maske des Pl. Pl ist in Stücken, welche den Stempel höheren Alters tragen, teils unter seinem eigenen Namen (Epiph. haer. 30, 16), teils als ein „feindseliger Mensch" ohne Namen (rec. I, 70. 71; epist. Petri ad Jac. c. 2) bestritten, von ihm aber Simon M. unterschieden (rec. I, 72). Auch in den clementinischen Homilien, in welchen allein Simon M. eine verhüllende Darstellung des Pl ist (hom. 17, 13—19 cf 2, 22; 11, 35; 17, 5; 19, 22), ist er nicht nur Pl. Er hat eine Lebensgeschichte und trägt eine Lehre vor, welche jedenfalls nicht als Karikatur der Geschichte und Lehre des Pl gelten können (hom. 2, 22—32; 18, 6. 12; rec. I, 72; II, 5—15. 38f. 49 ff.; III, 47), und welche sich dagegen in entscheidenden Punkten berühren mit den Angaben des Justinus (apol. I, 26 cf I, 56; II, 15; dial. 120), welcher aus Samarien herstammt und von der pseudoclementinischen Dichtung noch keine Kenntnis haben konnte, und mit den Andeutungen der AG (8, 9 f. cf Klostermann, Probleme im Aposteltext 15—21), welche etwa 100 Jahre vor dem denkbar frühsten Zeitpunkt der Entstehung des Clemensromanes geschrieben wurde. 5) Die zuerst in den Homilien des Clemens, aber noch nicht in den sonstigen Erzeugnissen gleicher Richtung ausgeführte Idee, den Pl unter der Maske des Simon M. darzustellen und zu bestreiten, konnte gar nicht entstehen, wenn Simon M. nicht bereits als Typus eines dem Namen nach christlichen, in der Tat antichristlichen Religionslehrers existirte und in der katholischen Christenheit, auf welche diese ebjonitische Literatur einwirken wollte, allgemein bekannt und verhaßt war. 6) Mag bei Justin noch soviel Ungeschichtliches mit echter und alter Überlieferung verbunden sein, und mag es mit den angeblichen Schriften des Simon M. (Hippol. refut. IV, 51; VI, 9 ff.; Hier. in Matth. 24, 5 Vall. VII, 193; const. ap. VI, 16; Maruta de synodo Nic. übers. von Braun in kirchengesch. Stud. von Knöpfler IV, 3, 47) noch so bedenklich stehen, es hat doch um die Mitte des 2. Jahrhunderts und noch lange nachher eine Sekte gegeben, welche sich nach Simon nannte und doch auf den Christennamen einen gewissen Anspruch machen konnte (Just. ap. I, 26 von Simon, Menander und Marcion: πάντες οἱ ἀπὸ τούτων ὁρμώμενοι Χριστιανοὶ καλοῦνται). Ersteres ist undenkbar, wenn Simon M. nur in der Phantasie und der feindseligen Darstellung ebjonitischer Kreise und Schriften existirt hat. Letzteres setzt voraus, daß der geschichtliche Simon M. durch Berührung mit dem Christentum und Aufnahme christlicher Elemente seine ursprüngliche, durchaus nicht christliche Lehre umgestaltet hat, die sich dann in dieser veränderten Fassung bei einer Partei seines Namens fortgepflanzt hat. Nichts ist wahrscheinlicher, als daß er nach seiner heuchlerischen Bekehrung zum Ev (AG 8, 13 — 24) diejenige Lehre verkündigt hat, deren Hauptlehrsatz wir zuerst bei Iren. I, 23, 1 finden. 7) Die Überlieferung von Simon M. in Rom, welche wahrscheinlich einen geschichtlichen Kern hat (oben S. 24), tritt bei Justinus, Irenäus, Tertullianus ohne jede Verbindung mit der Überlieferung von Pt und Pl in Rom auf, und umgekehrt bei Dionysius von Korinth, Irenäus, Tertullian, Lactantius (also wahrscheinlich auch in den alten Paulusakten GK II, 884) letztere Überlieferung ohne Verbindung mit der ersteren. Der Erste, welcher unseres Wissens beide Überlieferungen mit einander verknüpft hat, der Verf. der Petrusakten um 160, ist nicht gerade ein geschmackvoller Dichter, aber doch ein Dichter. Die Kombination der beiden von einander unabhängigen Überlieferungen, welche er vorfand, hat er jedenfalls nicht der ebjonitischen Sage entlehnt; denn abgesehen davon, daß der Roman, durch welchen wir diese Sage kennen, damals noch nicht geschrieben war, und daß dieser Roman nichts von Kämpfen des Simon Petrus mit Simon Magus in Rom erzählt, würde der zur Schule Valentins gehörige Aktenverfasser am wenigsten geneigt gewesen sein, sich gerade von solcher Seite beeinflussen zu lassen.

§ 40. Die Echtheit des ersten Petrusbriefs.

Die äußere Bezeugung desselben ist eine glänzende; denn zwei Apostelschüler und zugleich Bischöfe zweier Gemeinden des Kreises, an welche der Brief gerichtet sein will, Polykarp von Smyrna und Papias von Hierapolis haben ihn als ein Werk des Apostels Pt gekannt und citirt (A 1). Polykarp ist wahrscheinlich im J. 69, also etwa 5 Jahre nach der mutmaßlichen Abfassung des 1 Pt getauft worden (Forsch VI, 94 ff.). Wahrscheinlich kann man es nicht nennen, daß die Gemeinden von Smyrna und Hierapolis sich in so früher Zeit haben aufbinden lassen, ein um das J. 100 im Namen des Pt erdichteter Brief sei ihnen um das J. 64 von Pt zugesandt worden. Was den Charakter des Briefs anlangt, sind wir nicht in der Lage, ihn mit zweifellos echten Erzeugnissen desselben Vf prüfend vergleichen zu können. Der 2 Pt ist eine der am meisten verdächtigten Schriften des NT's; auch wenn seine Echtheit zu erweisen sein sollte, würde eine Vergleichung desselben mit dem 1 Pt rücksichtlich des Anschauungskreises und des Stils darum nicht viel austragen, weil der Anteil des Silvanus an der Abfassung des 1 Pt wahrscheinlich ein bedeutender gewesen ist, während im 2 Pt keinerlei Andeutung davon vorliegt, daß der Vf sich eines Amanuensis bedient habe. Die Reden des Pt in der AG mögen ein ganz treues Bild von seiner Denk- und Predigtweise geben; daß die Form, in welcher Lucas sie darbietet, auf gleichzeitigen Aufzeichnungen beruhen sollte, ist doch äußerst unwahrscheinlich. Auch abgesehen von den unberechenbaren Veränderungen, welche jene Reden auf den Wegen der Überlieferung bis zu Lucas hin und durch die schriftstellerische Tätigkeit des Lucas selbst erfahren haben mögen, und abgesehen von dem Einfluß, welchen Silvanus auf die Gestaltuug des 1 Pt geübt haben mag, sind an sich Reden, welche Pt in den ersten Tagen der Kirche in Jerusalem vor dem Volk und vor dem Synedrium, sodann im Hause des Cornelius zu Cäsarea und wieder in Jerusalem auf dem Apostelkonvent gehalten hat, und ein Brief, welchen er in so viel späterer Zeit von Rom aus unter völlig veränderten Verhältnissen durch Silvanus an die heidenchristlichen Gemeinden Kleinasiens hat schreiben lassen, zwei schwer zu vergleichende Dinge (A 2). Nur soviel läßt sich behaupten, daß das Bild von der religiösen Stellung und der kirchlichen Haltung des Pt, welches wir aus der AG und den Briefen des Pl gewinnen, vorzüglich zu der Art stimmt, in welcher er im 1 Pt seine neue Aufgabe erfaßt. Hier wie dort finden wir die gleiche rückhaltlose Anerkennung der gottgesegneten Wirksamkeit der Heidenmissionare und der Gleichwertigkeit des Heilsstandes der Heidenchristen mit demjenigen der jüdischen Urgemeinde (Gl 2, 7—10; AG 10, 47; 11, 17; 15, 7—11 cf 1 Pt 1, 4—12; 2, 3—10; 5, 12), dieselbe Koncentration der evangelischen Verkündigung auf den Kreuzestod, die Auferstehung und die Wiederkunft Christi (1 Kr 15, 3—5. 11; AG 2, 23—36; 3, 13—26; 4, 10; 5, 30 f.; 10, 39—42 cf 1 Pt 1, 3—7. 18—21; 2, 21—25; 3, 18. 21 f.; 4, 1. 5. 13; 5, 1. 4. 10), endlich auch das Bewußtsein, als ein Augenzeuge des Lebensausgangs Jesu Anderen zu predigen, welche durch solches Zeugnis zu einem Glauben ohne Schauen gelangen sollen (AG 2, 32; 3, 15; 4, 20; 5, 32; 10, 39—42 cf 1 Pt 5, 1; 1, 3. 8). Die bescheidene Zurückhaltung aber, mit welcher dieses Bewußtsein im Brief zum Ausdruck kommt (oben S. 9. 15), ist ein starkes Zeugnis gegen den Verdacht, daß hier ein Späterer sich künstlicher- und anmaßlicherweise in die Rolle des Pt hineingedacht habe. Ein solcher würde auch nicht die Verfasserschaft des Pt, für welche er Glauben finden wollte, durch die Bemerkung über Silvanus als den ausführenden Sekretär (5, 12) wieder verdunkelt haben. Und zu welchem Z w e c k sollte der Brief erdichtet sein? Eine „von einem Pauliner verfaßte, für Petriner berechnete Apologie des Paulinismus" und zwar aus der Zeit der „trajanischen Christenverfolgung", wofür Schwegler, Baur u. A. den 1 Pt ausgaben, wäre an sich etwas höchst Überflüssiges gewesen zu einer Zeit, wo Pt und Pl im allgemeinen Bewußtsein der Kirche als ein völlig einiges Brüderpaar angesehen wurden (Clemens I Cor 5. 47; Ign. Rom. 4). Einer solchen Apologie hätten vielleicht die Judenchristen Palästinas, aber gewiß doch nicht die durch Pl und seine Gehilfen gestifteten Gemeinden Kleinasiens bedurft. Schon die Adresse also des Briefs wäre bei dieser und jeder ähnlichen Absicht des Vf sehr sonderbar gewählt. Nicht minder aber die Mittel zur Erreichung seines Zweckes. Ohne daß auch nur der Name des Pl genannt oder in irgend verständlicher Weise auf diesen hingewiesen ist, wozu 1, 12. 25; 5, 12 die bequemste Gelegenheit geboten war, und ohne daß der Gegensatz zwischen Pl und den auf Pt und Jakobus sich berufenden Judaisten des Gl oder den Kephasleuten in Korinth mit einem Wort berührt ist, sollten Leser, welche von der Lehrweise des Pt nur durch Hörensagen eine unbestimmte Vorstellung haben konnten, aus gewissen Anklängen an Briefe des Pl den Schluß ziehen, daß Pt hier die angefochtene Lehrweise des Pl sich zu eigen gemacht habe, um sie dadurch zu rechtfertigen! Die unverkennbare Anlehnung des 1 Pt an paulinische Gedanken führt bei unbefangener Erwägung zu ganz anderen Ergebnissen. Sie entspricht zunächst dem schon früher erörterten Verhältnis des 1 Pt zum Jk (A 3). Die Aufgabe, den kleinasiatischen Christen in ihren neuerdings besonders empfindlich gewordenen Bedrängnissen ein ermutigendes Wort zukommen zu lassen, rief dem Pt oder dem Silvanus oder beiden das Schreiben des Jk ins Gedächtnis, welches etwa 15 Jahre früher der damaligen Christenheit unter anderem auch solchen Dienst geleistet hatte und, wie der Rm des Pl beweist (Bd I, 91 f. 303), in weiten Kreisen bekannt geblieben war. Die Folge davon war, daß eine Reihe von Gedanken und Redewendungen des Jk im 1 Pt nachklingen. Ein sehr origineller Geist hätte sich nicht so an ein älteres Vorbild anschließen können. Aber in allem, was uns von Pt überliefert ist, würde die Annahme, daß er ein Original wie Jakobus oder Pl oder Johannes gewesen sei, nicht den geringsten Anhalt finden. Im Gegenteil zeigt er sich von Natur fremdem Einfluß zugänglich; und daß er sich von Verirrungen, denen er dadurch anheimfiel, so rasch wieder zurechtfand, beweist, daß er nicht mit einem scharf geprägten Charakter zu kämpfen hatte, um das Gute und Heilsame zu tun. Auch ein Schriftsteller, dem es auf den Schein oder Ruf der Originalität angekommen wäre, würde jene Anklänge vermieden oder mehr versteckt haben. Pt, welcher sich 5, 12 so wenig hierauf bedacht zeigt, daß der Leser jedes Verdienst um den schönen Brief dem Silvanus zuschreiben konnte, war durch solche Rücksicht nicht gebunden. Lediglich den Zweck einer heilsamen Wirkung auf die Leser im Auge, konnte er sich aneignen und gut heißen, was Silvanus in seinem Namen, und was Jk und Andere vor ihm geschrieben hatten. Die Aneignung ist keine äußerliche, die natürliche Bewegung des eigenen Gedankens hemmende; der Leser, welcher die Originale nicht kennt, merkt gar nicht, daß solche auf die Gestaltung des 1 Pt eingewirkt haben. Stimmung und Ton des Ganzen ist selbständig und grundverschieden vom Jk. Daß hier auch im einzelnen nicht sklavische Nachahmung oder unwürdiges Plagiat vorliegt, beweist schon die Tatsache, daß man allen Ernstes versucht hat, das Verhältnis umzukehren und eine Abhängigkeit des Jk vom 1 Pt nachzuweisen. Wesentlich ebenso verhält es sich mit den unverkennbaren Ähnlichkeiten zwischen dem 1 Pt und einigen paulinischen Briefen. Daß der 1 Pt nur mit dem Rm und dem Eph und mit keinem anderen Brief des Pl sich in Gedanken und Worten berührt (A 4), findet unter der Voraussetzung, daß ein Epigone den sonderbaren Einfall hatte, den Pt in Worten des Pl reden zu lassen, keine vernünftige Erklärung, dagegen die denkbar natürlichste, wenn wirklich Pt in Rom im J. 64 mit Beihilfe des Silvanus diesen Brief geschrieben hat. Wenn Pt nach Rom ging, um in die durch den Fortgang des Pl entstandene Lücke einzutreten (oben S. 19), mußte es ihm überaus nahe liegen, den in Rom aufbewahrten Brief des Pl zu lesen, wodurch dieser zuerst ein Verhältnis zu der römischen Gemeinde zu gewinnen versucht hatte. Wenn er ferner sich anschickte, an die Gemeinden Kleinasiens, welchen er selbst bisher fremd geblieben war, ein Schreiben zu richten, welches diesen die Echtheit des durch Pl und dessen Gehilfen ihnen gebrachten Ev und die Wahrheit ihres Heilsstandes bezeugen sollte, so mußte er an die Unterweisung anknüpfen, die sie bisher empfangen hatten, und den Ton christlicher Ansprache zu treffen suchen, an welchen sie gewöhnt waren. Wo aber hätte er bessere Anleitung dazu finden können, als in dem Schreiben, welches Pl ein oder zwei Jahre zuvor an denselben Kreis von Gemeinden oder doch an einen großen Teil derselben, an die Gemeinden der Provinz Asien gerichtet hatte? Daß man in Rom, wo Pl den Eph geschrieben, im J. 64 eine Abschrift desselben besaß, ist um so weniger zu verwundern, als der Eph ein Rundschreiben war, welches möglicherweise von vornherein, also noch in Rom in einer Mehrzahl von Exemplaren hergestellt worden ist. Die Anlehnung des 1 Pt an Rm und Eph ist ein Beweis für die Echtheit des 1 Pt; denn ein Pseudopetrus um 75 oder um 110 hätte keinen Anlaß gehabt, gerade diese zwei Briefe des Pl nachzubilden. Den Eph würde ein Pseudopetrus der trajanischen Zeit schwerlich noch als das, was er ist, als ein Rundschreiben an die asiatischen Gemeinden gekannt haben (Bd I, 340 ff.), und der Gl hätte ihm viel näher gelegen als der Rm, da sein angebliches Machwerk als ein Brief des Pt auch an die Gemeinden Galatiens entworfen ist. Dagegen würde die Echtheit des Briefs ernstlich in Frage gestellt sein, wenn wirklich die Verwendung des Namens B a b y l o n als Bezeichnung R o m s nur aus einer Abhängigkeit des Vf von Ap 14, 8; 16, 19—18, 24 zu begreifen wäre. Abgesehen davon, daß es jedem freistünde, das Verhältnis umzukehren, wer heißt uns die Entwicklung und Verbreitung derartiger Ideen lediglich auf literarischem Wege sich vollziehend zu denken? Wie bei den Juden Rom und das römische Reich Edom hieß, und wie den Christen Jerusalem und Zion eine typische Bezeichnung ihres geistlichen Gemeinwesens wurde, welches seinen Schwerpunkt im Himmel und seine Zukunft auf Erden hat (Gl 4, 25 f.; Hb 12, 22; 13, 14; Ap 21, 2), so war Babylon, welches bei Griechen und Römern als Typus einer üppigen Riesenstadt sprichwörtlich war, für Juden und Christen auf Grund der Geschichtsüberlieferung und der Prophetie des AT's ein typischer Name für die Hauptstadt des der Gemeinde Gottes feindlichen Weltreichs geworden, ohne daß man nachweisen könnte, wer zuerst so geredet hat (A 5). Das wird ebensowenig Pt als Johannes gewesen sein; beide setzen vielmehr voraus, daß ihre Zeit- und Glaubensgenossen das Babylon der Gegenwart kennen. — Auch das Bild von der damaligen L a g e d e r C h r i s t e n h e i t i n d e r W e l t bildet keinen Grund gegen die Abfassung des Briefs im letzten Lebensjahr des Pt. Wenn man sich besonders häufig in die Tage Trajans versetzt geglaubt hat, so beruht das auf einer Misdeutung des Briefwechsels zwischen Plinius und Trajan, als ob damals um 112 zuerst die römische Regierung zur Unterdrückung des Christentums übergegangen wäre (A 6). Es beruht aber ebensosehr auf einer Misdeutung der bezüglichen Angaben des 1 Pt. Allerdings gewinnen wir aus demselben ein anderes Bild von dem Verhältnis der Christen zu der nichtchristlichen Umgebung, als aus den älteren Briefen des Pl, mit Ausnahme der Th, in welchen eine vorübergehende und örtlich begrenzte Bedrängnis der Christen von Thessalonich vorausgesetzt ist. Es fehlt ja auch sonst nicht an dem Hinweis auf Anfeindung der Christen seitens der jüdischen (Jk 2, 6 f.; 1 Th 2, 14; Bd I, 64) und der heidnischen Bevölkerung (Rm 12, 14—21), aber auch nicht an Beweisen dafür, daß bedeutende Gemeinden sich einer wenig angefochtenen Lage erfreuten (1 Kr 4, 8—10; 8, 10; 10, 27; 15, 33; 2 Kr 6, 14—16) und sogar vor heidnischem Gericht auf unparteiische Behandlung glaubten rechnen zu können (1 Kr 6, 1—8). Es ist daher etwas Neues, wenn wir lesen, daß wesentlich dieselben Leiden, unter deren Druck dermalen die Christen Kleinasiens stehen, über die ganze

Christenheit in der Welt ergehen (1 Pt 5, 9). Den Lesern selbst ist es etwas Ungewohntes, so leiden zu müssen, wie sie es jetzt tun (4, 12). Es ist nicht eine allgemeine Erfahrung der Christen von jeher, sondern eine Tatsache der Gegenwart, welche 5, 8 beschrieben wird: eben jetzt zieht der Teufel wie ein nach Raub brüllender Löwe durch die Länder. Das letzte Ende ist nahegekommen (4, 7); das Gericht kündigt sich an (4, 17). Vom Anfang bis zum Schluß ist der Brief von Bezugnahmen auf eine neuerdings eingetretene Verschlimmerung der Lage zunächst dieser asiatischen Christen durchzogen (1, 6 f.; 3, 9—17; 4, 4 f. 12—19; 5, 8—12). Dieser Eindruck wird nur verstärkt dadurch, daß wir auch in den späteren Briefen des Pl, sowohl den kurz vor, als den kurz nach dem 1 Pt (a. 64) geschriebenen, verschiedene Andeutungen davon finden, daß das Verhältnis der Christen zu ihrer nichtchristlichen Umgebung ein gespannteres geworden war als zur Zeit des Rm und der Kr cf Kl 4, 5; Eph 4, 27 f.; 5, 15 f.; 6, 12; 1 Tm 3, 6 f. (wo mit den besten Auslegern unter ὁ διάβολος die Klasse der verläumderischen Menschen zu verstehen ist); 6, 1; Tt 2, 5. 10. Fragen wir aber, worin die Leiden der Christen bestanden, welche Pt zu berücksichtigen hatte, so ist vor allem zu beachten, daß wir im ganzen Brief nicht die leiseste Andeutung finden von blutigen Martyrien oder auch nur von Gefängnisstrafen und Güterkonfiskationen, auch nichts von Richtern, vor die sie gestellt wurden, von heidnischen Kultusakten, zu welchen man sie zu drängen suchte, und von Verleugnungen unter dem Druck der Verfolgung. In den noch jüngeren Schriften des NT's und in den ältesten Stücken der nachapostolischen Literatur fehlt es doch nicht an solchen Andeutungen (A 7). Schon darum ist es unglaublich, daß der 1 Pt zur Zeit der johanneischen Apokalypse und des Clemensbriefes (90—100), und vollends daß er um 110 geschrieben sein sollte, zur Zeit der Briefe des Ignatius und des Plinius. Die Anfechtungen der Christen zur Zeit unsres Briefes waren mannigfaltiger Art (1, 6); sie beruhten aber vor allem darauf und bestanden zunächst darin, daß sie verläumdet und verlästert wurden und zwar sie als Christen. „Im Namen Christi" wurden sie beschimpft (4, 14). Eben hierin besteht, wie der Fortgang der Rede zeigt (4, 15), zwar nicht ausschließlich, so doch in erster Linie ihr Leiden. Wo ein einzelnes Übel genannt wird, das ihnen von den Heiden widerfährt, ist es überall dieses καταλαλεῖν (2, 12; 3, 16), λοιδορεῖν (3, 9) und ἐπηρεάζειν τὴν ἀγαθὴν ἐν Χριστῷ ἀναστροφήν (3, 16), βλασφημεῖν (4, 4) und ὀνειδίζειν (4, 14). Zum Verstummen sollen sie die Verläumder durch ihr Wohlverhalten bringen (2, 15), sollen sie beschämen (3, 16), sollen vor allem nicht Schmähung durch Schmähung erwidern, sondern durch Segnung (3, 9). Als ein erstes Mittel, sich ein erträgliches Leben zu bereiten, wird die Enthaltung von böser oder arglistiger Rede genannt (3, 10). Auch wo der leidende Christus insbesondre den Sklaven als Vorbild vor Augen gestellt wird, heißt es nicht, daß er auf Anwendung seiner Macht zur Abwehr der Gewalt verzichtete (Mt 26, 51—55; 27, 40—44; Jo 18, 36; Hb 12, 2 f.), sondern daß er nicht wieder schmähte, als er geschmäht wurde,

und nicht drohende Worte ausstieß, als er zu leiden hatte (2, 23). Allerdings
steht hier neben der Schmähung das Leiden, welches auch tatsächliche Mishandlung einschließt; aber im Vordergrund des Bildes steht doch die Schmährede, die ein minder Geduldiger durch Schmährede und Drohworte erwidert
haben würde. Bei den Sklaven, denen dieses gesagt wird, wird als konkretes
Beispiel der Unbill, welche ihnen manchmal von ihren heidnischen Herren
widerfuhr, überhaupt nicht das Schmähwort, sondern die Ohrfeige genannt (2, 20);
und es versteht sich von selbst, daß eine allgemein verbreitete feindselige Gesinnung gegen die Sekte der Christianer es nicht bei beleidigenden Worten bewenden ließ. Tatsächliche Schädigung hatte jeder Christ täglich zu gewärtigen
(3, 14 εi $\varkappa \alpha i$ $\pi \acute{\alpha} \sigma \chi o \iota \tau \varepsilon$, 3, 17 εi $\vartheta \acute{\varepsilon} \lambda o \iota$ $\tau \grave{o}$ $\vartheta \acute{\varepsilon} \lambda \eta \mu \alpha$ $\tau o \tilde{v}$ $\vartheta \varepsilon o \tilde{v}$); er sollte sich
nach der Meinung und Mahnung des Pt nur nicht davor fürchten (3, 13). In
welchen Formen und bis zu welchem Grade es dazu kam, können wir nur aus
Andeutungen erschließen. Die ziemlich allgemein lautende Verläumdung der
Christen als $\varkappa \alpha \varkappa o \pi o \iota o i$ (2, 12; 3, 17; 4, 15 A 8) hat zum Gegensatz die ebenso
allgemeine Ermahnung zu einem tugendhaften Wandel unter den Heiden und zu
guten Werken. Wenn Pt aber sofort zu der besonderen Mahnung übergeht,
durch Gehorsam gegen den Kaiser und seine Beamten die Unwissenheit der un-
vernünftigen Verläumder zum Schweigen zu bringen (2, 13 f. cf AG 16, 21; 17, 7),
wenn er weiter ermahnt, Allen d. h. selbstverständlich Allen, denen solches gebührt (Rm 13, 7), unbeschadet der besonderen Liebe zu den Glaubensgenossen,
und insbesondere dem Kaiser unbeschadet der Gottesfurcht die schuldige Ehr-
erbietung zu erzeigen (2, 17), so sehen wir, daß man den Christen eine staats-
feindliche Gesinnung nachsagte, welche in ihrer Religion und in ihrem engen
genossenschaftlichen Verband wurzele. Daß Pt nach dem Verhältnis der Christen
zum Staat dasjenige der Sklaven zu ihren Herren (2, 18—25) und dasjenige
der Frauen zu ihren Ehegatten (3, 1—6) sehr ausführlich, und dagegen das
Verhalten der Männer zu ihren Gattinnen nur ganz kurz (3, 7) erörtert, und die
Art, wie er die Sklaven und die Frauen ermahnt (cf besonders 3, 1 f. mit 2, 12),
zeigt, daß man christlichen Sklaven und Frauen eine unbotmäßige Gesinnung
gegen ihre heidnischen Herren und Ehegatten nachsagte. Die Christen galten
als Empörer gegen die gesellschaftliche Ordnung überhaupt. Die innere Freiheit
von allen irdischen Verhältnissen, deren sie sich rühmten, wurde als revolutionäre
Gesinnung beurteilt, und Alles, was man am Verhalten einzelner Christen zu
tadeln fand, wurde auf diese ihre eigenartige Denkweise zurückgeführt, so daß
die schönen Namen der Freiheit und der Gottesknechtschaft, die sie im Munde
führten, als Deckmantel einer für die Ordnung der Gesellschaft wie des Staates
schädlichen Gesinnung galten (2, 16). Unvermeidlich traf alle diese üble Nach-
rede den Namen Christi selbst, zu welchem sie sich bekannten, und nach welchem
sie genannt wurden (4, 14. 16 A 10). Das Gleiche gilt von dem Eindruck,
welchen die ernste Lebenshaltung der Christen, insbesondre ihre Enthaltung von
heidnischen Kultushandlungen und den damit verbundenen Lustbarkeiten machte.

Von der Verwunderung über die sonderbaren Leute schritt man fort zur Lästerung dessen, was ihnen heilig und der Grund ihrer Heiligung war (4, 3—5). Der angenommenen Gesinnung der Christen entsprechend dachte man ihr Handeln im einzelnen, auch wo man es nicht kannte. Sie galten als κακοποιοί im weitesten Sinne des Worts. Alles Schlimme traute man ihnen zu. Es muß vorgekommen sein, daß bei vorfallenden Verbrechen wie Totschlag und Diebstahl vor allem Christen in Verdacht kamen (4, 15). Die selbstverständliche Folge war, daß Christen als Verbrecher angeklagt, verhaftet und vor den Richter gestellt wurden, und daß bei solchen Gelegenheiten auch ihre Zugehörigkeit zur Sekte der Christianer und die Grundsätze dieser Sekte zur Sprache kamen. Ermahnungen, wie wir sie Eph 4, 28; Tt 2, 10; 1 Th 4, 6 lesen, nötigen uns zu der Annahme, daß nicht alle Glieder der jungen heidenchristlichen Gemeinden sich solcher Handlungen enthielten, die vor dem Richter strafbar waren. Wurden solche verklagt und bestraft, so litten sie als Diebe, Betrüger u. dgl. Pt fordert und erwartet als den regelmäßigen Ausgang solcher Processe, daß es den Lesern gelingen werde, sich von dem Verdacht verbrecherischer und überhaupt strafbarer Handlungen zu reinigen, so daß als einziger Grund ihrer Verdächtigung, Verhaftung und auch wohl misgünstigen Behandlung seitens des Richters schließlich ihr christliches Bekenntnis sich herausstelle. Wenn dies gelang, so hatten sie „als Christen" gelitten und waren Teilhaber der Leiden Christi, des unschuldig geschmähten, verklagten und hingerichteten Herrn geworden (4, 13 cf 2, 21; 3, 18), sogut wie Pl während seiner fünfjährigen Haft (Kl 1, 24; 4, 3; Eph 3, 1. 13; 4, 1; 6, 20; Phlm 1, 9; Phl 1, 7. 30; 3, 10), obwohl dessen Proceß darauf hinauslief, daß seine „Bande in Christo offenbar wurden" (Phl 1, 13) d. h. daß sich vor Gericht herausstellte, er sei rein von den Verbrechen gegen die öffentliche Ordnung, die ihm schuldgegeben worden waren, und er sei lediglich als Bekenner und Prediger des Christenglaubens in Anklage, Gefangenschaft und vor Gericht gekommen. Wie man im 1 Pt eine von der Reichsregierung oder überhaupt von der Obrigkeit angeordnete Verfolgung des christlichen Bekenntnisses hat entdecken können, ist wirklich nicht leicht zu begreifen. Nicht von der Obrigkeit, sondern von der Bevölkerung gingen die Belästigungen der Christen aus; sie bestanden vor allem in Verläumdungen und Beschimpfungen der Christen und in Verlästerungen des Christentums. Im täglichen Verkehr bekamen die Christen die Feindschaft ihrer heidnischen Mitbürger reichlich zu fühlen, besonders die christlichen Sklaven seitens ihrer heidnischen Herren. Kam es zu polizeilichen und gerichtlichen Untersuchungen wegen vorgefallener Verbrechen, so hatten die Christen wegen des allgemeinen Verdachts verbrecherischer, insbesondere gegen die bestehende Staats- und Gesellschaftsordnung feindlicher Gesinnung von vornherein einen schweren Stand. Sie traf am ersten der Verdacht in den einzelnen Fällen, und die Anklagen, von welchen sie in folge dessen betroffen wurden, lauteten auf gemeine Verbrechen und Vergehen. Kam es dabei zu Erörterungen ihres religiösen Bekenntnisses und ihrer Sondergemeinschaft, so war dies nichts wesentlich Verschiedenes von dem, was im täglichen Privatverkehr mit Nichtchristen vorkam. Es galt immer wieder den Versuch, durch Darlegung der christlichen Denkweise den Verdacht zu zerstreuen. Die Christen mußten „jederzeit zur Verantwortung bereit sein für Jeden und vor Jedem, welcher von ihnen Rechenschaft forderte in bezug auf die ihnen eigentümliche Hoffnung" (3, 15). Die Ausdrucksweise läßt nicht an Inquisitionen durch Polizeiorgane oder richterliche Behörden, sondern zunächst an Vorkommnisse des alltäglichen Verkehrs denken (cf Kl 4, 6). Aber selbstverständlich umfaßt die Ermahnung und Regel des Pt auch die Fälle, wo einmal ein Christ vor den Richter gestellt wurde und, was bei der allgemeinen Volksstimmung unvermeidlich war, die Rede auf die Religion und Moral der Christen kam. Aber auch in diesem Fall wie im alltäglichen Leben war nach der Meinung des Pt der Tatbeweis einer reinen Gesinnung und eines sittlichen Wohlverhaltens noch wichtiger und wirksamer als die Apologie in Worten. Daß die Christen lediglich wegen ihres Bekenntnisses vor Gericht gestellt und vom Richter mit Geldbußen, Gefängnis, Verbannung oder Hinrichtung bestraft worden seien, ist durch den 1 Pt völlig ausgeschlossen (A 9). Hiedurch aber unterscheidet sich die Lage der Christen zur Zeit des 1 Pt wesentlich von derjenigen, in welche sie erst nach dem Angriff Neros auf die römischen Christen, wahrscheinlich erst während der Regierung Domitians durch die veränderte Haltung der Reichsregierung und der Provinzialbehörden geraten sind. Dagegen wird das Bild von der neuerdings verschlimmerten Volksstimmung gegen die Christen, welches uns der zu Anfang des J. 64 oder kurz vorher geschriebene 1 Pt gibt, vollkommen bestätigt durch die auf den Spätsommer oder Herbst desselben Jahres bezüglichen Worte des Tacitus (ann. XV, 44): *Ergo abolendo rumori Nero subdidit reos et quaesitissimis poenis affecit, quos per flagitia invisos vulgus Christianos appellabat.* Der allgemeine Haß, welcher auf den Christen lastete, und die bei der Masse der Bevölkerung feststehende Ansicht, daß die Christen eine Bande von gefährlichen Verbrechern sei, deren Vertilgung im Interesse des Staats und der Gesellschaft, der *utilitas publica*, liegen würde, war nach Tacitus nicht die Folge, sondern die Voraussetzung des Vorgehns Neros gegen die Christen als angebliche Anstifter des Brandes von Rom im Juli 64. An dem Namen *Christiani* haftete schon damals der Haß und jeder schlimmste Verdacht der Massen (A 10). Eben diese Voraussetzung tritt uns auch im 1 Pt als Tatsache entgegen; dagegen von Konsequenzen derselben, wie sie im Herbst 64 in Rom gezogen wurden, von Hinrichtungen und vollends von massenhaften und grausamen Hinrichtungen von Christen lesen wir im 1 Pt nichts. Wie wäre das zu erklären, wenn der Brief um 95 oder 110 oder noch später geschrieben wäre? und wie unbegreiflich wäre die farblose Beschreibung der Lage der Christenheit in der ganzen Welt 1 Pt 5, 9, wenn Pt selbst, nachdem er das J. 64 überlebt, bald darauf in Rom, auf dem Boden, welcher das Blut der Heiligen und der Apostel getrunken hatte (Ap 17, 6; 18, 20. 24), oder wenn ein Anderer in seinem Namen nach seinem Tode diesen Brief geschrieben hätte!

1. Über die Chronologie und die geschichtliche Stellung des Polykarp und des Papias cf Forsch VI, 1—157. Von Papias sagt Eus. h. e. III, 39, 16 *κέχρηται δ'αὐτὸς μαρτυρίαις ἀπὸ τῆς Ἰωάννου προτέρας ἐπιστολῆς καὶ ἀπὸ τῆς Πέτρου ὁμοίως*. Es wurde oben S. 20 cf auch § 51 A 10 wenn nicht streng bewiesen, so doch sehr wahrscheinlich gemacht, daß Papias 1 Pt 5, 13 auf Rom gedeutet und die Überlieferung von der Abfassung des Mrev in Rom durch diese Stelle bestätigt hat. Von dem Philipperbrief Polykarps heißt es Eus. h. IV, 15, 9 *κέχρηταί τισι μαρτυρίαις ἀπὸ τῆς Πέτρου προτέρας ἐπιστολῆς*. Ein förmliches Citat aus 1 Pt enthält jener Brief nicht, aber eine Reihe unverkennbarer Entlehnungen cf die Randcitate in meiner Ausg. Ignatii et Polyc. epist. (1876) p. 110—132; GK I, 957 f. Wenn Pol. 1, 2 im Anschluß an einen aus der Rede des Pt AG 2, 24 entlehnten auffälligen Ausdruck die an 1 Pt 1, 8. 12 erinnernden Worte anschließt: *εἰς ὃν οὐκ ἰδόντες πιστεύετε χαρᾷ ἀνεκλαλήτῳ καὶ δεδοξασμένῃ εἰς ἣν πολλοὶ ἐπιθυμοῦσιν εἰσελθεῖν*, so hat man nur die Wahl zwischen der Annahme eines sehr seltsamen Zufalls und der Anerkennung der Tatsache, daß Polykarp sowohl die Rede in AG 2 als den 1 Pt als Produkte desselben Mannes, nämlich des Pt gekannt hat. Über die sonstige Bezeugung des 1 Pt durch Clemens Rom., Hermas, Justinus, Basilides, die Valentinianer s. GK I, 576 (wozu zu bemerken ist, daß man zweifeln kann, ob das, was in Cramer Cat. VIII, 82 über Iren. V, 26, 2 hinausgehend aus Justin citirt ist, diesem wirklich angehört, oder eine Zutat des Catenenredaktors ist, wie Otto zu Just. opp. II³, 254 n. 7 urteilt); GK I, 759. 773. 958. Daß man 2 Pt 3, 1 nicht auf den 1 Pt beziehen darf s. § 41.

2. Erwähnenswert ist immerhin das Zusammentreffen von 1 Pt 2, 7 mit AG 4. 11 (cf Mt 21, 42; Mr 12, 10) und von 1 Pt 4, 5 mit AG 10, 42 (cf 2 Tm 4, 1).

3. Über das Verhältnis von 1 Pt zu Jk s. Bd. I, 96 f. Der von Pl Rm 5, 4 f. richtig aufgefaßte und frei wiedergegebene Gedanke von Jk 1, 3 (Bd. I, 92) hat 1 Pt 1, 7 einem andern, schlichteren Platz machen müssen, indem Pt zwar die Wortform *τὸ δοκίμιον* beibehielt, derselben aber eine andere Bedeutung gab (Bd I, 96).

4. Für eine bewußte Anlehnung des 1 Pt an den Eph spricht der völlig gleichlautende und in keinem anderen Brief des NT's so oder ähnlich wiederzufindende Anfang *εὐλογητὸς — Χριστοῦ ὁ* mit folgendem Particip. Der sich anschließende Participialsatz und somit der Grund der Lobpreisung ist verschieden. Aber der Hinweis auf die zukünftige *κληρονομία* 1 Pt 1, 4 folgt, nur in weiterem Abstand, auch Eph 1, 14; und der Eph 1, 4 f. (cf 1, 9. 11) unmittelbar angeschlossene Gedanke der auf Gottes Zuvorversehung oder Zuvorbestimmung beruhenden Erwählung ist schon 1 Pt 1, 1 f. verwertet. Die Ermahnungen zu christlichem Wandel im Gegensatz zu dem früheren heidnischen Wandel der Leser 1 Pt 1, 14—18; 4, 2 f. berühren sich mit den entsprechenden des Eph in einer ganzen Reihe von Ausdrücken: *ὡς τέκνα ὑπακοῆς = ὡς τέκνα φωτός* Eph 5, 8, *ἐν τῇ ἀγνοίᾳ ὑμῶν = διὰ τὴν ἄγνοιαν τὴν οὖσαν ἐν αὐτοῖς* Eph 4, 18, *ἐκ τῆς ματαίας ὑμῶν ἀναστροφῆς = ἐν ματαιότητι τοῦ νοὸς αὐτῶν* Eph 4, 17, *μηκέτι ἀνθρώπων ἐπιθυμίαις . . βιῶσαι = μηκέτι ὑμᾶς περιπατεῖν κτλ.* Eph 4, 17, *οἰνοφλυγίαις . . εἰς τὴν αὐτὴν τῆς ἀσωτίας ἀνάχυσιν = μὴ μεθύσκεσθε οἴνῳ, ἐν ᾧ ἐστιν ἀσωτία* Eph 5, 18. Verschieden genug ist die Art, wie Eph 2, 11—22 und wie 1 Pt 2, 4—10 den Heiden zum Bewußtsein gebracht wird, daß sie jetzt als Christen an allen Rechten und Ehren des Volkes Gottes teilhaben. Um so bemerkenswerter ist, daß an beiden Stellen das Bild des Hausbaues, in welchem Christus der Eckstein ist und die Christen die Bausteine sind, obwaltet. Bei Pl wird es erst zum Schluß der ganzen Erörterung mit wenigen Strichen gezeichnet; Pt macht eine mannigfaltige und ausführliche Anwendung davon, zum Teil

im Anschluß an verschiedene atl Worte und auch wohl an Aussprüche Jesu. Der Bau erinnert an den Bauherrn, welcher diesen bestimmten Stein zum Eckstein erwählt und selber gesetzt hat, nachdem die törichten Baumeister ihn als unbrauchbar verworfen haben. Aus der Lebendigkeit der als Eckstein vorgestellten Person Christi wird die Lebendigkeit der an ihn sich anschließenden Steine und die Selbsttätigkeit ihres Anschlusses an ihn hergeleitet. Die Vergleichung des Baues mit dem Tempel ruft die Vorstellung der Priesterschaft und der Opfer hervor. Der Eckstein ist auch der Prellstein, an welchem die Vorübergehenden sich stoßen. Man könnte meinen, in 1 Pt 2, 4—8 einen Prediger zu hören, welcher das in Eph 2, 20—22 als seinem Text ihm dargebotene Bild nach den verschiedensten Seiten hin und her wendet und verwendet. Es wird auch nicht zufällig sein, daß am Schluß beider Briefe daran erinnert wird, daß hinter den Menschen, unter deren Anfeindungen die Leser zu leiden haben, der Teufel steht, welchem es gilt festen Widerstand zu leisten (1 Pt 5, 8 f.; Eph 6, 11—13). Andere Berührungen im Ausdruck oder im Gedanken wie z. B. zwischen 1 Pt 3, 21 f. und Eph 1, 20—22 können nichts beweisen, steigern aber immerhin die Sicherheit der Beobachtung, daß Pt und Silvanus den Eph vor Augen gehabt haben. Ob sie, wie Hofmann VII, 1, 206 meint, die Leser geradezu an das ihnen zugesandte Circularscheiben des Pl erinnern wollten, kann man bezweifeln. Jedenfalls ganz anderer Art ist das Verhältnis des 1 Pt zum Rm. Während er mit dem Eph von Anfang bis zu Ende streckenweise parallel läuft, berührt er sich mit dem Rm nur in zerstreuten Einzelheiten. Cf auch in dieser Beziehung die treffliche Darlegung Hofmanns VII, 1, 207—212; während Seufert, Ztschr. f. wiss. Theol. 1874 S. 360—388 jeden verständnisvollen Leser des 1 Pt eher zum Widerspruch reizt, als zur Anerkennung seiner Abhängigkeit vom Rm anleitet. Es ist vor allem der paränetische Teil des Rm, an welchen wir durch mancherlei erinnert werden: Rm 12, 2 = 1 Pt 1, 14 $\mu\grave{\eta}$ $\sigma\nu\sigma\chi\eta\mu\alpha\tau\acute{\iota}$-$\zeta\varepsilon\sigma\vartheta\alpha\iota$ mit sachlich gleichem Dativobjekt; Rm 12, 17 = 1 Pt 3, 9 $\mu\eta\delta\varepsilon\nu\grave{\iota}$ $(\mu\grave{\eta})$ $\grave{\alpha}\pi o$-$\delta\iota\delta\acute{o}\nu\tau\varepsilon\varsigma$ $\varkappa\alpha\varkappa\grave{o}\nu$ $\grave{\alpha}\nu\tau\grave{\iota}$ $\varkappa\alpha\varkappa o\tilde{\nu}$, hier wie dort zwischen einer Ermahnung zur Demut und einer Anweisung zur Wahrung des Friedens mit den Nichtchristen und in nächster Nähe der Aufforderung, die Verfolger zu segnen, statt sie wiederzuschmähen (Rm 12, 14). In Zusammenhalt mit so deutlichen Ähnlichkeiten gewinnen auch solche Berührungen mit demselben Kapitel Gewicht, welche an sich nichts beweisen könnten, wie der gleichartige Gebrauch des sonst im NT und LXX unerhörten $\lambda o\gamma\iota\varkappa\acute{o}\varsigma$ Rm 12, 1; 1 Pt 2, 2, und die Vorstellung von uneigentlich so zu nennenden Opferhandlungen der Christen Rm 12, 1; 1 Pt 2, 5. Nahe genug bei diesen Parallelen steht Rm 13, 1—7 und 1 Pt 2, 13—17 eine Mahnung in bezug auf die Obrigkeit. Nicht nur die gleiche Gesinnung, sondern auch einzelne sehr ähnliche Ausdrücke finden wir, wie die Bezeichnung des Zwecks der Obrigkeit $\varepsilon\grave{\iota}\varsigma$ $\grave{\varepsilon}\varkappa\delta\acute{\iota}\varkappa\eta\sigma\iota\nu$ $\varkappa\alpha\varkappa o\pi o\iota\tilde{\omega}\nu$, $\check{\varepsilon}\pi\alpha\iota\nu o\nu$ $\delta\grave{\varepsilon}$ $\tau\tilde{\omega}\nu$ $\grave{\alpha}\gamma\alpha\vartheta o\pi o\iota\tilde{\omega}\nu$ 1 Pt 2, 14 = $\tau\grave{o}$ $\grave{\alpha}\gamma\alpha\vartheta\grave{o}\nu$ $\pi o\acute{\iota}\varepsilon\iota$ $\varkappa\alpha\grave{\iota}$ $\check{\varepsilon}\xi\varepsilon\iota\varsigma$ $\check{\varepsilon}\pi\alpha\iota\nu o\nu$ $\grave{\varepsilon}\xi$ $\alpha\grave{\upsilon}\tau\tilde{\eta}\varsigma$ .. $\delta\iota\acute{\alpha}\varkappa o\nu\acute{o}\varsigma$ $\grave{\varepsilon}\sigma\tau\iota\nu$ $\check{\varepsilon}\varkappa\delta\iota\varkappa o\varsigma$ $\varepsilon\grave{\iota}\varsigma$ $\grave{o}\rho\gamma\grave{\eta}\nu$ $\tau\tilde{\omega}$ $\tau\grave{o}$ $\varkappa\alpha\varkappa\grave{o}\nu$ $\pi\rho\acute{\alpha}\sigma\sigma o\nu\tau\iota$. Daneben fällt die Selbständigkeit des Gedankens auf, mit welcher Pt sich bewegt. Während Pl die göttliche Anordnung der Obrigkeit und das Dienstverhältnis derselben zu Gott betont, befaßt Pt sie unter den weiten Begriff von $\pi\tilde{\alpha}\sigma\alpha$ $\grave{\alpha}\nu\vartheta\rho\omega\pi\acute{\iota}\nu\eta$ $\varkappa\tau\acute{\iota}\sigma\iota\varsigma$, freilich nicht in dem Sinn, als ob die obrigkeitliche Gewalt von Menschen geschaffen wäre und verliehen würde, was aller jüdischen (Dan 2, 37) und christlichen (Jo 19, 11; I Clem. 61) Denkweise widersprechen würde, wohl aber in dem Sinne, daß die Staatsordnung eine dem gemeinmenschlichen Gebiet und nicht dem Bereich der Offenbarung angehörige Stiftung sei. Das Attribut $\grave{\alpha}\nu\vartheta\rho\acute{\omega}\pi\iota\nu o\varsigma$ (Rm 6, 19; 1 Tm 3, 1 Bd I, 484 A 6) bezeichnet aber nicht wie etwa $\vartheta\nu\eta\tau\acute{o}\varsigma$ Rm 6, 12 ein denkbares, aber von Pl abgelehntes Motiv des von ihm verurteilten Verhaltens, so daß seine Ermahnung darauf hinausliefe: „seid der Staatsordnung untertan und denkt nicht, dieser Pflicht überhoben zu sein, weil diese nur eine menschliche Stiftung ist", sondern es sollen die Leser daran erinnert werden, daß sie Alles, was zur Aufrechterhaltung des guten Zustandes menschlicher Verhältnisse gehört, als Christen nicht weniger, sondern nur noch eifriger als andere Leute zu ehren und zu stützen haben (cf Rm 12, 17; 2 Kr 8, 4; Phl 4, 8). Daß Pt, welcher von der Residenz des Kaisers aus an Christen in der Provinz schreibt, die unter den von Rom dorthin geschickten Statthaltern standen, neben dem Kaiser ausdrücklich auch die von ihm in die Provinzen ausgesandten ἡγεμόνες nennt, während der an Christen in Rom schreibende Pl allgemeiner von ἐξουσία, ἐξουσίαι, ἄρχοντες geredet hatte, beweist auch nur wieder, daß wir es nicht mit einem ältere Vorbilder nachahmenden Literaten, sondern mit Pt zu tun haben, der die wirklichen Verhältnisse, unter welchen er schrieb, berücksichtigte. — Daß 1 Pt 2, 6 oder vielmehr 2, 4—8 und Rm 9, 32 f. nicht unabhängig von einander geschrieben sind, ergibt sich 1) daraus, daß beide Apostel in ihrer Anführung von Jes 28, 16 im wesentlichen gegen die stark abweichende LXX übereinstimmen; auch der Zusatz ἐπ’ αὐτῷ Rm 9, 33; 10, 11; 1 Pt 2, 6 ist in LXX sicherlich unecht; 2) daraus, daß 1 Pt 2, 7 f. die aus Jes 8, 14 stammenden, aber von LXX abweichenden Worte λίθος προσκόμματος καὶ πέτρα σκανδάλου, welche Pl in das Citat aus Jes 28, 16 eingeschaltet hatte, gleich hinter der Anführung von Jes 28, 16 an ein Citat aus Ps 118, 22 angeschlossen sind. Auch hier schreibt Pt nicht den Rm aus; er kennt den prophetischen Text aus eigener Lesung; denn er gibt 2, 6 die von Pl übergangenen Attribute des Steins, die er auch schon 2, 3 angebracht hatte. Aber es haftet in seinem Gedächtnis auch die Fassung, welche Pl dem Prophetenwort gegeben hatte, und an dem durch die Kombination von Jes 28, 16 und Jes 8, 14 von Pl ihm dargereichten Faden spinnt er weiter, indem er auch noch Ps 118, 22 damit verknüpft. — Eine ebenso zweifellos auf Bekanntschaft des später schreibenden Verf. mit der älteren Schrift beruhendes Verhältnis besteht zwischen 1 Pt 4, 1 und Rm 6, 7; denn der nur verschieden ausgedrückte Gedanke, daß der Tod die Beziehung des Menschen zur Sünde aufhebt, ist beide Male kühn genug zunächst auf den Tod Christi angewandt, dann aber zum Grund einer moralischen Forderung an die durch seinen Tod Erlösten gemacht. Ähnliche Beziehungen zu anderen Briefen des Pl sind nicht nachzuweisen. Gl 3, 23 und 1 Pt 1, 5, von Hilgenfeld Einl. 633 angeführt, stimmen nur in dem Wort φρουρεῖν mit einander überein. Man könnte eher noch Phl 4, 7 vergleichen, was doch auch müßig wäre.

5. Über Edom = Rom cf Weber, System d. altsynag. Theol. 60. 348; Schürer III, 236 A 55. So auch IV Esra 6, 8 f. In IV Esra 3, 1 f. (28. 31 im Gegensatz zu Zion) ist Babylon jedenfalls nicht die Stadt am Euphrat, sondern, wenn nicht geradezu Rom, dann doch der im Gesichtskreis des Vf liegende Sitz der auf Israel lastenden heidnischen Weltherrschaft. Gutschmid, Kl. Schriften II, 277 dachte, unter Voraussetzung der Abfassung der Hauptmasse des Buchs im J. 31 a. Chr., an Alexandrien. Nach dem Midrasch zu Cant 1, 6 (übers. von Wünsche S. 35) wurde Rom *Romi-Bablon* genannt, weil zu dem Lehm, aus welchem seine ersten Hütten gebaut worden, das Wasser aus dem Euphrat geholt worden sei. Pl gebraucht den Namen Babylon nicht, wendet aber ein Prophetenwort vom Auszug der Exulanten aus Babylon Jes 52, 11 cf 48, 20 auf die Absonderung der Christen von der heidnischen Welt an 2 Kr 6, 17. Über sprichwörtliche Bedeutung von Babylon bei Griechen und Römern s. Pauly-Wissowa RE. II, 2667.

6. Die schon in meinem Hirten des Hermas (1868) S. 128 f. bestrittene Meinung, daß das Reskript Trajans an Plinius in Sachen der Christen einen neuen Rechtszustand geschaffen habe, beginnt besserer Einsicht zu weichen. Hierin stimmen Arnold, Stud. zur Gesch. d. plinian. Christenverfolgung S. 27. 39. 42. 47; C. J. Neumann, D. röm. Staat u. die Kirche I, 17. 22 f.; Mommsen, Histor. Zeitschr. 1890 S. 395 f.; Ramsay, Church and Empire 212. 215 f. 226 trotz mancher Verschiedenheiten überein.

7. Ohne zu unterscheiden zwischen dem, was der unmittelbaren Gegenwart der einzelnen Schriften angehört und was im Rückblick auf vergangene Ereignisse erwähnt wird, führe ich an: Gefängnisstrafen und Güterkonfiskationen Hb 10, 32—34; Ver-

bannungen Ap 1, 9; Herm. sim. 1 cf meinen Hirten des Hermas S. 118—135; Hinrichtungen Ap 2, 13 (? s. § 73 A 3); 6, 9. 11; 12, 11; 17, 6; 18, 20. 24; 19. 2; 20, 4; Hb 13, 7 (?); Clem. I Cor. 5. 6; Herm. vis. III, 2, 1; sim. VIII, 3, 6 f.; IX, 28, 2—4. Alles dies fällt vor die Zeit der Briefe des Ignatius und des Plinius.

8. Da χαχοποιός 4, 15 neben Bezeichnungen bestimmter Verbrechen steht, so könnte man geneigt sein, ihm die engere Bedeutung zu geben, welche *maleficus* (als Übersetzung von χαχοποιός bei Tert. Scorp. 12 und Cypr. test. III, 37) allerdings bekommen hat: „Zauberer, Hexe" etc. Cf den astrologischen Ausdruck οἱ χαχοποιοὶ τῶν ἀστέρων Artemid. oneir. IV, 59; auch Suet. Nero 16 *Christiani, genus hominum superstitionis novae et maleficae*, von Le Blant, Les pers. et les martyrs, 1893 p. 62 in diesem Sinne gedeutet. Aber abgesehen davon, daß ein entsprechender Sprachgebrauch für χαχοποιός schwerlich sicher nachzuweisen ist und eher μάγος (AG 8, 9—11; 13, 8; Acta Theclae c 15. 20) oder γόης (2 Tm 3, 13; Orig. c. Cels. I, 6) zu erwarten wäre, so zeigen die Gegensätze 1 Pt 2, 12. 14; 3, 17, daß Pt das Wort in ganz allgemeinem Sinne verstanden haben will cf Mr 3, 4; Lc 6, 9; Jo 18, 30; 3 Jo 11. Es scheint weniger stark und bestimmt als χαχοῦργος Lc 23. 32 f.; 2 Tm 2, 9 („Verbrecher", oft mit einem besondern Beigeschmack wie „Schurke, Betrüger" cf πανοῦργος). Eine allgemeine Bezeichnung soll die begonnene Aufzählung der den Christen zur Last gelegten Missetaten kurz abschließen. Mit einem neuen ὡς wird ἀλλοτριοεπίσχοπος noch nachträglich als etwas Besonderes beigefügt. Dieses in älterer Literatur überhaupt nicht und auch in der kirchlichen Literatur erst spät und nicht unabhängig vom 1 Pt nachweisbare Wort bezeichnet den, welcher sich als ein Aufseher über fremde Sachen und Personen benimmt, d. h. auf Menschen und Angelegenheiten, die ihn nichts angehen, sich einen bestimmenden Einfluß und eine Vormundschaft darüber anmaßt. Während Pesch. es ganz aus dem Text entfernt, übersetzt Tert. Scorp. 12 *alieni speculator*, die älteste lat. Bibel aber bei Cypr. test. III, 37 *curas alienas agens*. E. Zeller (Sitzungsber. der berl. Ak. 1893 S. 129—132) erinnerte daran, daß dieser Vorwurf die kynischen Philosophen traf, welche ihren Beruf darin fanden, Aufseher (χατάσχοποι, ἐπίσχοποι) der übrigen Menschen zu sein. Cf besonders die berühmte Schilderung Epict. III, 22 und darin die Abwehr des Vorwurfs § 97 οὐ γὰρ τὰ ἀλλότρια πολυπραγμονεῖ (der Kyniker) ὅταν τὰ ἀνθρώπινα ἐπισχοπῇ, ἀλλὰ τὰ ἴδια, und dagegen das Bekenntnis des Philosophen bei Hor. sat. II, 3, 19: *aliena negotia· curo, excussus propriis*. Der Vorwurf eines aufdringlichen Bekehrungseifers, der unerbetenen Seelsorge, der Einmischung in die innersten Angelegenheiten des Herzens und Hauses anderer Leute wurde den Christen wie den Kynikern gemacht. Während aber die Kyniker eine möglichst entschiedene, gebieterische und herausfordernde Ausübung ihres Prediger- und Seelsorgerberufs für Pflicht hielten und nur etwa bestritten, daß sie sich damit in f r e m d e Angelegenheiten einmischen, haben die Apostel (cf auch 1 Th 4, 11) ein Verhalten, welches mit mehr oder weniger Recht als ein ἀλλοτριοεπισχοπεῖν bezeichnet werden konnte, verurteilt. Sie ermahnen überall zur Vorsicht, zur bescheidenen Zurückhaltung, zu schweigsamem Guthandeln und Übelleiden im Verkehr mit den Nichtchristen (1 Pt 2, 12. 18. 23; 3, 1. 4. 8 - 10. 15—17; 5, 6; 1 Th 4, 12; Kl 4, 5 f.; Phl 4, 8), was nicht ausschließt, daß man, wenn es gilt die Wahrheit zu bezeugen, ein tapferes Zeugnis ablege. Fast ebenso lehrreich als das, was 1 Pt 4, 15 gesagt ist, ist das, was dort nicht gesagt ist. Von den drei berühmten Anklagen auf ἀθεότης oder ἀσέβεια, auf Genuß von Kinderfleisch und auf unzüchtige Orgien bei den christlichen Gottesdiensten, findet sich im 1 Pt keine Spur. Die erstere spielte schon unter Domitian eine Rolle (Dio Cass. 67, 14; 68, 1) und wurde von Plinius berücksichtigt, sofern er von den als Christen Angeklagten heidnische Kultushandlungen forderte (Ep. ad Traj. 96, 5); ebenso die zweite und vielleicht auch die dritte, sofern er nach den Geständnissen von gewesenen Christen deren gemeinsame Abendmahlzeiten als ein *coire ad capiendum cibum, promis-*

cuum tamen et innoxium beschreibt.   Von Justin an sind alle drei Anklagen konstant bezeugt.

9. Die Meinung, daß der 1 Pt eine von der Obrigkeit angeordnete Verfolgung der Christen voraussetze, welche auch noch Ramsay, Church and Empire p. 279—302; Expositor 1893 p. 285—296 verficht, haftet vor allem an dem $\dot{\varepsilon}\nu$ $\dot{o}\nu\dot{o}\mu\alpha\tau\iota$ $X\rho\iota\sigma\tau o\tilde{v}$ 4, 14 und $\dot{\varepsilon}\nu$ $\tau\tilde{\wp}$ $\dot{o}\nu\dot{o}\mu\alpha\tau\iota$ (v. l. $\mu\dot{\varepsilon}\rho\varepsilon\iota$) $\tau o\dot{v}\tau\wp$ und $\dot{\omega}\varsigma$ $X\rho\iota\sigma\tau\iota\alpha\nu\dot{o}\varsigma$ 4, 16.   Aber $\dot{o}\nu\varepsilon\iota\delta\dot{\iota}\zeta\varepsilon\sigma\vartheta\alpha\iota$ heißt nicht „vor Gericht verklagt werden". und $\pi\dot{\alpha}\sigma\chi\varepsilon\iota\nu$ heißt an sich nicht „auf Grund richterlichen Urteils Strafe leiden", oder gar „hingerichtet werden".   Wer als Dieb oder als $\dot{\alpha}\lambda\lambda o\tau\rho\iota o\varepsilon\pi\dot{\iota}\sigma\kappa o\pi o\varsigma$ überführt wurde, wurde doch sicherlich nicht mit dem Tode bestraft.   Die Mahnung „wer als Christ leidet, s c h ä m e sich nicht", wäre eine höchst sonderbare, wenn das Leiden in der Hinrichtung bestünde.   Im Moment der Execution handelt es sich doch wohl um etwas Anderes, als darum, ob einer sich seines Standes und Bekenntnisses schämt, oder stolz darauf ist.   Daß man Gott im Namen Christi verherrlichen kann, ohne sein Leben zu verlieren, versteht sich von selbst (cf Phl 1, 20), und daß Verhaftungen und Processe, welche mit Freisprechung endigen, als ein Leiden um Christi willen betrachtet werden können, zeigen klassische Beispiele (oben S. 34).   Aber gesetzt, es wären 4, 16 einzelne Hinrichtungen von Christen *qua* Christen gemeint, so wäre das nichts wesentlich anderes, als was nach Tac. ann. XV, 44 im J. 64 in Rom geschehen ist; denn auch dort und damals wurden nach Tacitus, in Übereinstimmung mit Sueton, Nero 16 und den christlichen Traditionen, nicht unter anderen verdächtigen Leuten auch etliche Christen gestraft, sondern die Träger des Christennamens in Rom wurden beschuldigt, aufgesucht und hingerichtet, zuerst als Brandstifter, dann aber viele von ihnen nur wegen der in ihrer Religion begründeten Misanthropie.   Dem würde es entsprechen, daß die Leser des 1 Pt zunächst als Mörder und Diebe, dann aber auch, wo solche Verbrechen nicht nachgewiesen werden konnten, als Glieder einer gefährlichen Gesellschaft, also als Träger des Christennamens hingerichtet worden wären.   Es wäre das ein Vorspiel dessen gewesen, was einige Monate später in Rom in größerem Maßstab geschah.   Die Unklarheit, welche Plinius beseitigt zu sehen wünschte (*nomen ipsum — aut flagitia cohaerentia*), hat gewissermaßen von jeher bestanden und ist eigentlich niemals völlig verschwunden, sie wiederholt sich in analogen Fällen noch heute.   Sind die Armenier 1895 und 1896 wegen ihrer Nationalität oder wegen ihres christlichen Bekenntnisses oder wegen anarchistischer Umtriebe abgeschlachtet worden?   Man denke auch an die Schwankungen der antisocialistischen und der antisemitischen Bewegung unserer Tage.   Aber wie gezeigt (S. 32), es fehlt jede Andeutung davon, daß auch nur einzelne Christen in Kleinasien oder in der Umgebung des Vf, in Rom damals als Märtyrer gestorben sind.   Somit ist der Brief vor dem Juli 64 geschrieben.   Gewiß erinnert das Wort $\dot{\alpha}\pi o\lambda o\gamma\dot{\iota}\alpha$ 3, 15 an gerichtliches Verfahren (Phl 1, 7. 16; 2 Tm 4, 16 cf Ramsay p. 280. 294), aber es wird im NT (1 Kr 9, 3; 2 Kr 7, 11; 12, 19; Rm 2, 15) wie in sonstiger Literatur ganz gewöhnlich auf andere Verhältnisse übertragen, und die umgebenden Ausdrücke ($\dot{\alpha}\varepsilon\dot{\iota}$, $\pi\alpha\nu\tau\dot{\iota}$ $\tau\tilde{\wp}$ $\alpha\dot{\iota}\tau o\tilde{v}\nu\tau\iota$ $\dot{v}\mu\tilde{\alpha}\varsigma$ $\lambda\dot{o}\gamma o\nu$) beweisen, daß hier nur ganz dasselbe gemeint ist wie Kl 4, 5f. ($\pi\rho\dot{o}\varsigma$ $\tau o\dot{v}\varsigma$ $\dot{\varepsilon}\xi\omega$ . . . $\pi\tilde{\omega}\varsigma$ $\delta\varepsilon\iota$ $\dot{v}\mu\tilde{\alpha}\varsigma$ $\dot{\varepsilon}\nu\dot{\iota}$ $\dot{\varepsilon}\kappa\dot{\alpha}\sigma\tau\wp$ $\dot{\alpha}\pi o\kappa\rho\dot{\iota}\nu\varepsilon\sigma\vartheta\alpha\iota$).   Ramsay, welcher p. 281 in 3, 15 und sogar in 5, 8 eine Aufspürung der Christen durch römische Beamte und im Auftrag der Behörden zum Zweck der gerichtlichen Bestrafung gefunden hatte, ist dem Text noch lange nicht gerecht geworden, indem er im Expositor 1893 p. 288 an die Stelle der *Roman officials* die *private inquisitors*, die *delatores* setzt.

10. Was das Wort $X\rho\iota\sigma\tau\iota\alpha\nu\dot{o}\varsigma$ (1 Pt 4, 16) anlangt, so muß man sich mit allen vorhandenen christlichen und heidnischen Nachrichten in Widerspruch setzen, um hierin ein Zeichen späterer Abfassung als im J. 64 zu erblicken.   Während Baur (Christentum und Kirche der 3 ersten Jahrh. 432) wegen der echtlateinischen Form des Namens die Nach-

richt AG 11, 26 beanstandete und die Entstehung des Namens in Rom behauptete, ohne jedoch zu bestreiten, daß Tac. ann. XV, 44 (*quos . . . vulgus Christianos appellabat*) mit Recht die allgemeine Verbreitung desselben im J. 64 berichte, hat Lipsius (Über den Ursprung und ältesten Gebrauch des Christennamens, Jena 1873) zu beweisen gesucht, daß der Name griechischer Bildung und wahrscheinlich in den letzten Jahrzehnten des 1. Jahrh. in Kleinasien entstanden sei. In geschichtlicher Beziehung wäre gegen die verwirrenden und hier im einzelnen nicht zu widerlegenden Aufstellungen von Lipsius kurz folgendes zu bemerken: 1) Die Nachricht, daß unter der heidnischen Bevölkerung Antiochiens im J. 43/44 in folge des außerordentlichen Wachstums einer wesentlich heidenchristlichen Gemeinde daselbst der Name Χριστιανοί aufgekommen sei (AG 11, 26), erscheint erstens darum durchaus unverfänglich, weil der Name auch zur Zeit der Abfassung der AG, selbst wenn diese um 110 geschrieben wäre, nichts weniger als ein **Ehrenname war**, auf welchen die Träger desselben stolz waren; sie ist aber auch besonders glaubwürdig, weil der Erzähler nach der ursprünglicheren Textrecension unmittelbar daneben 11, 27 f. sich als ein Mitglied der antiochenischen Gemeinde aus jener Zeit zu erkennen gibt. Die Zeitangabe der AG wird vielleicht bestätigt durch die Anspielung Jk 2, 7 (Bd. I, 71 A 8). Daß etwa 15 Jahre später König Agrippa II den Namen beiläufig in den Mund nimmt (AG 26, 28), sieht doch auch nicht darnach aus, als ob Lucas eine an der früheren Stelle von ihm vorgetragene geschichtliche Erfindung hiedurch bestätigen wollte. Dazu hätte es in AG 12—20 viel geeignetere Stellen gegeben. 2) Die unzweideutige Angabe des Tacitus für einen Anachronismus zu erklären, ist an sich grundlose Willkür, da Tacitus überhaupt hier nicht die Zustände der trajanischen Zeit in die neronische zurückverlegt, sondern die Ereignisse des J. 64 in historisch treuem Kostüm darstellt (cf Ramsay 229. 241). Warum hätte er nicht wenigstens *appellat* statt *appellabat* gesagt? Aber an diesem *quos vulgus Christianos appellabat* hängt auch der gesamte Inhalt seines Berichts; denn wenn damals in Rom die Christen nicht als besondere, von Juden wie Heiden unterschiedene Gesellschaft bekannt, also auch mit einem besonderen Namen behaftet waren, konnte ein vernünftiger Mann, welcher das J. 64 als Knabe miterlebt hatte, nicht erzählen, daß Nero die Christianer unter Anklage gestellt habe. Dazu kommt Sueton, Nero 16, welcher die Sache unter anderem Gesichtspunkt beschreibt, aber gleichfalls den Namen *Christiani* in die Zeit Neros verlegt. 3) Nach Allem, was darüber gesagt worden ist, wird es wohl dabei bleiben, daß eine im J. 1862 in Pompeji gefundene und bald darauf unleserlich gewordene Wandinschrift mindestens die Buchstaben *HPISTIAN* enthielt und die Verbreitung des Christennamens in Pompeji vor dem J. 79, in welchem Pompeji begraben wurde, bezeugt C. I. L. IV nr. 679; tab. XVI, 2. 3 cf de Rossi, Bull. di arch. christ. 1864 p. 69 ff. 92 ff. 4) Da die Christen wahrscheinlich schon im J. 64 (cf Ramsay 238 über das *fatebantur* bei Tac. ann. XV, 44) und von da an immer häufiger die Frage zu beantworten hatten: „bist du ein Christianer?,“ so begreift man, daß der Name allmählich in den innerchristlichen Sprachgebrauch überging. Die Anfänge davon finden wir schon bei Ignatius (Rom. 3, 2; Mgn. 4; deutlicher ad Pol. 7, 3; Χριστιανισμός im Gegensatz zu Judentum und Heidentum Mgn. 10, 3; Rom. 3, 3; Phil. 6, 1), sodann bei Justin; dagegen 1 Pt 4, 16 ganz nach dem ursprünglichen Brauch aus dem Munde der heidnischen Beurteiler und Verfolger der Christen, sonst aber überhaupt nicht. In sprachlicher Beziehung kann die Frage hier unerörtert bleiben, ob der Name ursprünglich in der fehlerhaften Aussprache und Schreibweise Χρηστιανός unter den Heiden sich verbreitet hat (so cod. א AG 11, 26; 26, 28; 1 Pt 4, 16; Suet. Claud. 25 *Chrestus*; Just. apol. I, 4. 46. 49; II. 6; Tert. apol. 3; nat. I, 3; Lact. inst. I, 4; I. Gr. Sicil. et Ital. ed. Kaibel nr. 78. 754; C. I. Lat. X nr. 7173, cf Blaß, im Hermes 1895 S. 465). Vor allem ist zu unterscheiden die Adjektivbildung auf *ᾱνός, ānus* und die hier vorliegende Bildung eines Adjektivs auf *ιᾱνός* von einem (Person-,

Stadt-, Land-) Namen.   Erstere ist ebensowohl griechisch als lateinisch, jedoch bei den Lateinern sehr viel gewöhnlicher als bei den Griechen.   Zu dieser Klasse gehören natürlich auch Ἀσιανός (Thucyd. I, 6. 138), Σαρδιανός (Xenoph. Hellen. III, 4, 21, jonisch Σαρδιηνός Herodot I, 22), Τραλλιανός, Σουσιανός, denn in diesen Fällen gehört das ι zum Stamm.   Sie unterscheiden sich also nicht von Ἀγκυρανός und tragen nichts aus für die Erklärung der Bildungen auf -ιανός.   Ebensowenig die Bemerkungen alter Grammatiker, welche diese und ähnliche Formen als τύπος τῶν Ἀσιανῶν bezeichnen (Lipsius p. 13 A 1), wofür die Modernen deutlicher sagen, daß „die Suffixa auf ᾱνός, ηνός, ῑνός nur von Namen außer Griechenland liegender Städte und Länder gebildet werden" (Blaß-Kühner I, 2, 296).   Während aber diese Bildungen von Attikern der besten Zeit gebraucht und teilweise sogar erst später von den Lateinern angeeignet wurden (z. B. *Asianus* später als *Asiaticus*), sind dagegen die von Personnamen abgeleiteten Adjektiven auf *iānus* eine durchaus ungriechische, spätlateinische Bildung (Archiv f. lat. Lexikogr. I, 183).   Daß sie aus der Volks- und Umgangssprache nur allmählich gegen Ende der Republik in die Literatur eindrang, veranschaulicht Gell. III, 3, 10.   Weil der gelehrte Varro von *Plautus* nur *Plautinus*, aber nicht *Plautianus* gebildet haben wollte, führte er *fabulae Plautianae* auf einen Komiker *Plautius* zurück, wobei ziemlich gleichgiltig ist, ob es einen obskuren Dichter *Plautius* gegeben hat (Ritschl, Parergon Plaut. 95).   Eben dies ·bestätigt der nachweisbare Gebrauch.   Während Cicero von Namen auf o, onis bereits *Milonianus*, *Pisonianus*, *Neronianus*, *Catonianus* (ad Qu. fr. II, 4 [6], 5; neben *Catoninus* ad fam. VII, 25) gebraucht (cf Liv. 23, 38, 9 *Varronianus*), vermeidet er noch *Caesarianus* (denn ad Att. 16, 10 ist *Caesarinus* zu lesen), welches Auctor bell. Afric. 13; Nepos, Attic. 7 gebrauchen, zwei Schriftsteller, welchen man vulgäre Ausdrucksweisen nachsagt (Schwane, Röm. Lit. 5. Aufl. S. 384. 386).   Einmal wagt Cicero auch schon von einem Namen auf -us zu bilden *Lepidianus* ad Att. 16, 11, 8. Eben diese Bildungen, geschützt durch trügerische Analogien aus älterer Zeit (wie *Aemili-anus*, *Pompei-anus*), wurden seit Anfang der Kaiserzeit in der Literatur immer häufiger cf Vellej. Paterc. II, 72. 74. 76. 78 *Brutianus*, II, 82 *Crassianus*; Tac. ann. II, 8 *Drusianus*; ann. I, 109. 57. 61; II, 7. 15. 25 *Varianus*; ann. XIV, 15 (cf Suet. Nero 25; C. I. L. VI nr. 8640. 8648. 8649. 12874) *Augustianus*, neben *Augustalis* (ann. I, 15. 54, C. I. L. VI nr. 909. 910. 913), *Augustanus* (C. I. L. VI nr. 8651).   Wie diese Formen in der römischen Umgangssprache entstanden und unter dem Widerstreben der Stilisten in die lat. Literatur eingedrungen sind, so mögen sie auf den Wegen des lebendigen Verkehrs viel früher zu den griechisch redenden Orientalen gekommen sein, als sie in der Literatur derselben auftauchen.   Ältere Beispiele als Ἡρωδιανοί Mr 3, 6; 12, 13; Mt 22, 16, und die Ketzerparteinamen bei Just. dial. 35 (cf apol. II, 15?) sind in der griech. Literatur nicht nachgewiesen; aber nichts spricht dagegen, daß das aus dem Volksmund genommene Χριστιανοί wirklich schon um 44 p. Chr. in Antiochien gesprochen worden ist (AG 11, 26).   Ein Lucian (de hist. conscrib. 21) verspottete die Atticisten, welche in ihrem Eifer, alles Römische zu hellenisiren, aus Τιτιανός (vielleicht nicht einmal von *Titus*, sondern von *Titius* gebildet) ein Τιτάνιος machten.   Die minder gebildeten Barbaren, Syrer und Juden, welche im Verkehr mit römischen Beamten und Soldaten eine Menge lateinischer Wörter und Namen sich aneignen mußten, merkten es gar nicht, daß Χριστιανός kein echt griechisches Wort sei, und kümmerten sich nicht darum indem sie es bildeten. Über lateinische Fremdwörter Bd. I, 47. Es mag auch erinnert werden an diejenigen bei dem Antiochener Ignatius um 110 cf meinen Ignatius S. 530—533.

---

§ 41. Verfasser und Empfänger des zweiten Petrusbriefs nach diesem selbst.

Während Pt im 1 Pt den Kreis der Gemeinden, an welchen er· sich wendet, genau umschreibt (1, 1) und auch den Ort, von wo er schreibt, unmisverständlich charakterisirt (5, 13), fehlt im 2 Pt jede geographische Angabe. Selbst im Vergleich mit Jk 1, 1 erscheint die Bezeichnung des Leserkreises 2 Pt 1, 1 äußerst unbestimmt. Während Pt dort, abgesehen von der Nennung seines Namens in der Grußüberschrift, seine Person auffällig zurücktreten läßt und nur dreimal (1, 3. 8; 5, 1) auf sein Verhältnis zu der Person und Geschichte Jesu leise hindeutet (oben S. 9. 15), beruft sich der Vf des 2 Pt wiederholt und nachdrücklich auf das, was er allein oder er mit Anderen zugleich von Jesus gehört und mit eigenen Augen an Jesus gesehen hat (1, 14. 16—18, auch 1, 3 s. A 10). Während Pt den Lesern des 1 Pt als ein persönlich Unbekannter gegenübertritt und sich durch einen ihrer Missionare Silvanus bei ihnen einführen und gewissermaßen vertreten läßt (5, 12 oben S. 11. 29. 30), setzt der 2 Pt ein seit langem bestehendes und durch fortgesetzten Verkehr bis zum Lebensende des Vf zu pflegendes Verhältnis zwischen ihm und den Lesern voraus. Um mit dem Deutlicheren zu beginnen, so bezeichnet Pt diesen seinen Brief als einen zweiten, in welchem er die Leser desselben dazu anregen will, der prophetischen Weissagungen des AT's und desjenigen Gebots, welches von dem Herrn und Heiland herstammt und den Lesern durch ihre Apostel gebracht worden ist, eingedenk zu bleiben (3, 1 A 1). Diese Beschreibung des Zwecks und wesentlichen Inhalts paßt auf den 2 Pt vorzüglich. Schon 1, 5—11 war die fleißige Ausübung aller christlichen Tugenden und zwar im Hinblick auf das verheißene Königreich Christi (v. 11) eingeschärft, wie denn auch schon 1, 4 an die großen Verheißungen Christi erinnert war. Was Pt im engsten Anschluß an die so begründeten Ermahnungen von seiner Pflicht sagt, den Lesern, so lange er lebt, in bezug auf diese Dinge Erinnerungen zukommen zu lassen, und von seiner ernstlichen Absicht, in der nächsten Zukunft dieser Pflicht immer wieder nachzukommen (1, 12—14), stimmt im Ausdruck so genau mit dem zusammen, was er 3, 1 ff. von dem Zweck und wesentlichen Inhalt seines gegenwärtigen und seines früheren Briefes an die Leser sagt, daß auch nicht zu bezweifeln ist, er blicke an der späteren Stelle auf die frühere zurück. Hier wie dort bezeichnet er seine Mahnungen als ein $\delta\iota\epsilon\gamma\epsilon i\varrho\epsilon\iota\nu$ $\dot{\epsilon}\nu$ $\dot{\nu}\pi o\mu\nu\dot{\eta}\sigma\epsilon\iota$ (1, 13; 3, 1 cf $\dot{\nu}\pi o\mu\iota\mu\nu\dot{\eta}\sigma\varkappa\epsilon\iota\nu$ 1, 12 mit $\mu\nu\eta\sigma\vartheta\tilde{\eta}\nu\alpha\iota$ 3, 2) und hier wie dort wird diese Bezeichnung seiner Belehrungen als einer bloßen Erinnerung verstärkt und gerechtfertigt durch die Anerkennung, daß die Leser bereits im Besitz der Wahrheit stehen (1, 12) oder lauter gesinnt sind (3, 1 cf Rm 15, 14 f.). Der Mangel einer, der Angabe in 3, 2 entsprechenden ausdrücklichen Bezeichnung der Belehrungen in 1, 12 f. ist durch das auf 1, 5—11 zurückweisende $\pi\epsilon\varrho\grave{\iota}$ $\tauo\acute{\nu}\tau\omega\nu$

1, 12 ersetzt; und wenn dort das ewige Königreich Christi nicht ausdrücklich als Gegenstand der atl Weissagung bezeichnet war, so folgt doch zum Schluß des ersten Abschnitts ein sehr nachdrücklicher Hinweis auf das prophetische Wort, welches für die Christen durch die Selbstoffenbarung Jesu an Zuverlässigkeit, Wert und Verständlichkeit nur gewonnen hat (1, 19—21). Es ist aber 3, 1 f. keineswegs ausschließlich oder auch nur vorwiegend als ein Rückblick auf die voranstehenden Teile des Briefs zu fassen, in welchem Falle die Nichtberücksichtigung des ganzen zweiten Abschnittes (c. 2) befremden müßte. Die in 3, 3 f. ununterbrochen sich fortsetzende Rede gehört eben deshalb mit zur Beschreibung dessen, was Pt in diesem Brief, ähnlich aber auch schon in einem früheren, den Lesern bieten wollte. Zugleich aber bildet der Participialsatz 3, 3 f. samt dem, was sich ihm erläuternd anhängt (3, 5—7), den Übergang zu einer neuen, vorher in diesem Brief noch nicht so bestimmt ausgesprochenen Erinnerung und Mahnung (3, 8—18), auf welche die Beschreibung von 3, 1 f. noch viel genauer paßt, als auf 1, 5—21. Denn unter Hinweis auf den von den Propheten geweissagten „Tag Gottes" (v. 12) und die gleichfalls von denselben geweissagte neue Welt (v. 13) werden die Leser hier erst recht an die Pflicht eines solchen Erwartungen entsprechenden Wandels, also an das den Christen geltende „Gebot" erinnert (v. 11 f. 14 f. 17 f.). Pt charakterisirt also 3, 1 f. nicht die voranstehenden Teile des Briefs, sondern hat, wie er auch mit deutlichen Worten sagt, den ganzen noch im Entstehen begriffenen Brief im Auge, und er beschreibt dessen wesentliche Meinung und Absicht darum gerade an dieser Stelle, weil er nach der ausführlichen Erörterung in c. 2, welche nicht unmittelbar unter die Beschreibung von 3, 1 f. fällt, nun wieder zu dem Gedankengang von 1, 5—21 zurückkehrt und noch einmal und noch entschiedener und zwar in einer durch den Inhalt von c. 2 näher bestimmten Weise zu einem durch die Aussicht auf das geweissagte Ziel des Weltlaufs gebotenen heiligen Wandel ermahnen will. Daß die im Folgenden in Erinnerung gebrachten Endereignisse von den atl Propheten geweissagt seien, brauchte ebensowenig im einzelnen nachgewiesen zu werden, als daß die in demselben letzten Abschnitt ausgesprochenen sittlichen Forderungen sich mit dem Gebot Jesu und den sittlichen Anweisungen der Apostel decken. Eben damit, daß an der Spitze des dritten Abschnitts (3, 2) die Weissagungen der Propheten und das von Christus herrührende Gebot der Apostel als die Stücke bezeichnet waren, an welche der Vf seine Leser in diesem Brief erinnern wollte, waren die nachfolgenden Erinnerungen auf diese beiden Quellen zurückgeführt, und durch 1, 19 f. war überdies die prophetische Weissagung in ihrer Bestätigung und Verdeutlichung durch die evangelische Geschichte der Beachtung der Leser dringend empfohlen worden. Wenn somit die Beschreibung des wesentlichen Inhalts und des Zwecks der beiden Briefe des Pt in 3, 1 f. auf den 2 Pt zutrifft, so muß der hier gemeinte frühere Brief des Pt an dieselben Leser dem 2 Pt in den genannten Beziehungen wesentlich gleichartig gewesen sein. Dann erscheint es aber unglaublich, daß Pt hier auf den 1 Pt zurückblicke. Denn der 1 Pt enthält zwar sittliche Mahnungen genug, aber sie werden nirgendwo auf das Gebot Jesu und die Lehre der Missionare jenes Leserkreises zurückgeführt. Noch weniger kann man sagen, daß unser 1 Pt eine Erinnerung an das prophetische Wort und zwar genauer an das von den Propheten geweissagte Weltende sei. An der einzigen Stelle, wo dort der Propheten gedacht wird (1 Pt 1, 10 f.), werden sie als Vorausverkündiger des Leidens und der Herrlichkeit Christi, also des Inhalts des Ev betrachtet; wo aber auf die Gegenstände der Christenhoffnung, den Tag des Gerichts und der Verherrlichung der Gemeinde hingewiesen wird (1 Pt 1, 3—7; 2, 12; 4, 13. 17; 5, 4. 6. 10), fehlt jeder Hinweis auf die atl Propheten. Daß seit dem 4. Jahrhundert in den meisten Bibeln unser 2 Pt an unseren 1 Pt sich anschloß, kann doch nicht das Vorurteil begründen, daß in 2 Pt 3, 1 eben diese zwei Briefe zusammengefaßt sein sollen; denn wer bürgt uns dafür, daß Pt nicht 20 Briefe geschrieben und an mehr als einen Leserkreis je zwei oder drei Briefe gerichtet hat? Aus der die beiden Briefe betreffenden Beschreibung folgt, daß der fragliche frühere, aber an dieselben Leser gerichtete Brief des Pt nicht unser 1 Pt, sondern ein nicht auf uns gekommener Brief ist. Daß der 2 Pt ebenso wie unser 1 Pt an die heidenchristlichen Gemeinden Kleinasiens gerichtet sei, läßt sich auch durch 3, 15 nicht wahrscheinlich machen. Die dringende Mahnung zu einem der zuverlässigen Weissagung vom Tage des Herrn, vom Weltuntergang und von einer neuen Welt entsprechenden Wandel schließt 3, 15 mit der schon 3, 9 vorbereiteten Anweisung an die Leser, die Langmut, welche der Herr Jesus durch das Hinausschieben seiner Wiederkunft beweist, als ihr Heil anzusehen. Diese Anweisung, welche ohne die Erinnerungen, welche auf sie hinauslaufen, gar nicht verständlich wäre, also auch nicht ohne diese Erinnerungen in 3, 5—13 gemeint ist, soll nun aber in Einklang stehen mit dem, was Pl, der geliebte Bruder des Pt und seiner Leser, eben diesen Lesern nach dem Maß der ihm verliehenen Weisheit einmal geschrieben hat. Der Leserkreis des 1 Pt deckte sich wenigstens großenteils mit dem Leserkreis des Eph (Bd. I, 344). An dieses Circularschreiben des Pl zu denken (A 2), war unvermeidlich, solange man an dem Vorurteil festhielt, daß der 2 Pt 3, 1 erwähnte frühere Brief des Pt der im Kanon vor dem 2 Pt stehende sein müsse. Aber der Eph entspricht nicht dem, was Pl nach 2 Pt 3, 15 in einem an die Leser des 2 Pt gerichteten Briefe dargelegt haben soll. Beiläufige Bemerkungen des Pl in der angegebenen Richtung könnten die Aussage über alle Briefe des Pl (3, 16 „in allen seinen Briefen, wenn und wo er in denselben auf diese Dinge zu reden kommt"), aber nicht die Berufung auf den eigens hiervon handelnden Brief (3, 15) rechtfertigen. Es muß sich um eine eingehende Darlegung dieses Inhalts handeln, aus welcher die besondere Lehrbegabung des Pl zu erkennen war. Die Mahnungen zum rechten christlichen Wandel sind im Eph durchweg ganz anders begründet (4, 1. 20—25; 5, 1—3; 6, 1—3. 8. 9), und die Begründung der Heiligungspflicht durch die eschatologische Erwartung

tritt im Eph viel weniger hervor (4, 30; 5, 5f.) als in anderen Briefen des Pl
(1 Th 5, 1–11; Rm 13, 11—14 cf 1 Jo 3, 3).   Eher als an den Eph könnte man
sich an den Hb erinnern lassen, obwohl dort nicht sowohl zu einem tugendhaften Wandel, als zu einem standhaften Ausharren im Glauben und Bekennen,
welches freilich nicht ohne Kampf gegen die Sünde möglich ist, durch den
Hinweis auf die ihrer Erfüllung noch harrende, aber zuverlässige Verheißung
ermahnt wird (Hb 3, 7—4, 13; 10, 35—39; 12, 1—17. 25—29).   Wenn nur
der Hb von Pl geschrieben wäre oder vom Vf des 2 Pt für ein Werk des Pl
hätte gehalten sein können!   Da dies nicht der Fall ist (§ 47), so ist anzuerkennen, daß wir den 2 Pt 3, 15 erwähnten Brief des Pl ebensowenig besitzen,
als den 3, 1 berücksichtigten früheren Brief des Pt selbst an die Leser des
2 Pt.   Dazu kommt, daß wir auch von einer Ausführung der Absichten, welche
der Vf 1, 12—15 ausspricht (A 3), nichts wissen.   Wenn er versichert, er
werde in Zukunft stets bereit sein, den Lesern solche Erinnerungen zukommen
zu lassen, wie er sie in seinem gegenwärtigen Brief ihnen bietet; wenn er ferner
erklärt, daß er dies um so mehr als eine für den Rest seiner Lebenszeit ihm
geltende Pflicht ansehe, als er, unter anderem auch in folge einer Kundgebung
Christi an ihn wisse, er werde eines schnellen Todes sterben (A 3), so gestattet der Ausdruck an sich ebensogut, dabei an mündliche Belehrungen wie
an zukünftige Briefe zu denken.   Nur sollte man, wenn ersteres die Meinung
wäre, erwarten, daß der Gegensatz der jetzigen schriftlichen und späterer mündlicher Erinnerungen ausgedrückt worden wäre, oder, wenn beides zugleich gemeint wäre, daß diese doppelte Form der Belehrung, nämlich mündliche Erinnerungen des anwesenden und briefliche Mitteilungen des abwesenden Vf unterschieden worden wäre (A 4).   Wahrscheinlich also spricht Pt die Absicht aus,
dem gleichen Leserkreis auch in Zukunft je und dann einen Brief wie diesen
zukommen zu lassen.   Jedenfalls aber ist hievon zu unterscheiden, was Pt mit
den folgenden Worten in Aussicht stellt: „Ich werde mich aber auch darum
bemühen, daß ihr jederzeit in der Lage seid, nach meinem Lebensausgang das
Gedächtnis an diese (Wahrheiten oder Belehrungen) zu erneuern“ (A 5).   Nur
dann, wenn Pt vorher die Absicht oder Hoffnung ausgesprochen hätte, die Leser
noch einmal zu besuchen und ihnen dann in mündlichem Vortrag die Wahrheiten, um die es sich handelt, immer wieder ans Herz zu legen, könnte man
hierin die Aussage finden: Pt wolle in Erwägung des *scripta litera manet* sich
nicht mit mündlichen Belehrungen begnügen, sondern bei oder nach seinem Abschied von den Lesern solche Belehrungen zu bleibendem Gedächtnis für die
Leser auch schriftlich aufzeichnen oder dafür Sorge tragen, daß Andere statt
seiner es tun.   Da aber jener Gegensatz zwischen mündlicher Belehrung und
deren schriftlicher Aufzeichnung im ganzen Zusammenhang durch nichts angedeutet ist, so bleibt nur der Gegensatz zwischen solchen brieflichen Mitteilungen,
wie der gegenwärtige Brief und der 3, 1 erwähnte frühere Brief und die ähnlichen Briefe, welche Pt in Zukunft zu schreiben gedenkt, einerseits und einer

größeren literarischen Arbeit andrerseits. Jene sind Erzeugnisse des Augenblicks und beanspruchen nur eine vorübergehende Wirkung, diese soll ein Schatz für immer sein. Welchen Inhalts dieses beabsichtigte Werk sein sollte, läßt sich nicht den weiter folgenden Sätzen entnehmen, durch welche Pt nur seine Berechtigung und die Berechtigung auch Anderer, die er mit sich zusammenfaßt, zu solcher schriftstellerischer Arbeit begründet (v. 16—18), sondern nur den vorangehenden Sätzen. Das τούτων v. 15 ist Wiederaufnahme des περὶ τούτων von v. 12. Mag immerhin der dazwischen stehende Ausdruck „die (bei den Lesern bereits) vorhandene Wahrheit" (cf Jk 1, 21) und das natürliche Verhältnis zwischen Gelegenheitsbriefen und einem Buch, welches auf die Dauer Beachtung beansprucht, uns verbieten, den Inhalt des letzteren genau auf dieselben Gegenstände zu beschränken, welche der 2 Pt behandelt, jedenfalls handelt es sich um eine Lehrschrift, wie der 2 Pt eine ist, und nicht etwa um ein Geschichtswerk. Selbst wenn der 2 Pt um 170 geschrieben wäre, dürfte man nicht an das Ev des Marcus denken; denn erst lange nach dieser Zeit hat man gefabelt, daß Pt den Marcus beauftragt habe, sein Ev zu schreiben (A 5); und auch nachdem diese Meinung sich gebildet hatte, konnte man sie dem Pt nicht mit Worten, welche nur an eine religiöse Lehrschrift denken lassen, als Absicht in den Mund legen. Eine Schrift, welche Anspruch darauf machen könnte, für eine Verwirklichung der hier ausgesprochenen literarischen Absicht zu gelten, gibt es nicht und hat es unsres Wissens niemals gegeben. Aus den bisher erwogenen Stellen ergibt sich, daß Pt zu den Empfängern dieses Briefs in einem seit längerer Zeit bestehenden berufsmäßigen Verhältnis steht, welches bis an sein Lebensende durch briefliche Belehrungen und über seinen Tod hinaus durch Abfassung einer für sie bestimmten Lehrschrift zu pflegen er sich verpflichtet fühlt, wie er es schon früher durch einen Brief ähnlicher Art wie dieser 2 Pt gepflegt hat. Er hat ihnen aber auch das Ev gebracht, zwar nicht er allein, aber doch neben anderen Missionaren auch er. Denn nichts geringeres als dies sagt er von sich und von den Genossen, die er mit sich zusammenfaßt, mit den Worten: „Wir haben euch die Macht und die Wiederkunft Christi kundgetan" (1, 16 A 6). Selbst wenn man, was sich doch sehr wenig empfiehlt, unter der δύναμις Christi nur diejenige Machtstellung verstehen wollte, welche Jesus erst durch seine Auferstehung und Erhöhung erlangt hat, im Gegensatz zu der Schwachheit, in welcher er vorher gelebt und gelitten hat (2 Kr 13, 4; Rm 1, 4), könnte man diesen Satz nicht auf eine die vorangegangene Predigt des Ev voraussetzende Belehrung der bereits Gläubigen über die Machtstellung und die Wiederkunft Christi beziehen; denn es gab und gibt keine Predigt des Ev, welche die Hörer nicht mit der Auferstehung, Erhöhung und Wiederkunft Christi bekannt machte. Alle nachfolgende Belehrung kann nur eine Erinnerung an diese Hauptstücke des Ev oder eine Nachweisung der Folgen sein, welche sich aus denselben für das Leben oder Denken der Gläubigen ergeben. Daher ist nicht daran zu denken, daß Pt sich hier auf jenen früheren Brief (3, 1) und zugleich auf ähnliche Mitteilungen seiner Berufsgenossen an denselben Leserkreis beziehe, oder daß er in unklarer Weise die erste Predigt des Ev mit allen späteren mündlichen und schriftlichen Erinnerungen an dieselbe zusammenfasse. Vollends ausgeschlossen bleibt der Gedanke an unseren 1 Pt; denn den kleinasiatischen Christen, an welche jener gerichtet ist, hat eben nicht Pt das Ev gepredigt, sondern Andere, von deren Kreis er sich ausschließt (1 Pt 1, 12). Der 1 Pt enthält auch nicht einmal eine an das Ev sich anschließende und darüber hinausführende Belehrung über die Macht und die Wiederkunft Christi. Die Empfänger des 2 Pt können nur in dem Bereich gesucht werden, in welchem Pt als Missionsprediger tätig gewesen ist, im Volk der Beschneidung. Nur für das Ev, wie es in Israel gepredigt wurde, ist auch die Umschreibung desselben in 1, 16 angemessen; den Zeitgenossen und Landsleuten des Herrn und seiner Apostel, welchen die äußeren Tatsachen der ev Geschichte mehr oder weniger bekannt waren (AG 2, 22; 10, 37), und welche die geschichtliche Erscheinung Jesu nicht nur äußerlich kannten, sondern auch in fleischlichem Sinne betrachteten (cf 2 Kr 5, 16), mußte verkündigt werden, daß in diesem schwachen, von den Menschen verkannten, geschmähten und hingerichteten Menschen eine Kraft gewohnt habe, welche nicht nur während seines Erdenlebens in wunderbaren Machttaten sich geäußert (AG 2, 22; 10, 38), sondern auch die ihm angelegten Fesseln des Todes gesprengt und ihn zum Throne Gottes erhöht habe (AG 2, 24—35; 3, 15; 4, 2. 10. 33; 5, 30), von woher er wieder kommen werde, sein Werk zu vollenden (AG 3, 20; 10, 42). Die Predigt unter den Heiden mag gelegentlich auf das Wort vom Kreuz beschränkt erscheinen (1 Kr 1, 17 ff; 2, 2), in der Predigt an das zeitgenössische Israel überwiegt das Zeugnis von der Auferstehung Jesu, die Verkündigung seiner Macht und seiner Wiederkunft. Der Glaube der jüdischen Christenheit war ein solcher an die Herrlichkeit Jesu (Jk 2, 1 cf Bd I, 109 A 7). Es ist aber auch nicht denkbar, daß Pt hier sich mit Pl und dessen Gehilfen in der Mission, einem Barnabas, Silvanus, Timotheus und seine Predigt mit der ihrigen zusammenfasse. Denn erstens unterscheidet Pt sogut wie Pl (Gl 1, 17; 2, 7—9; 1 Kr 15, 11; 9, 5) zwischen den Heidenmissionaren und der Gruppe, zu welcher er selbst gehört (1 Pt 1, 12), und nennt zwar den Pl seinen und seiner Leser geliebten Bruder (2 Pt 3, 15), deutet aber durch nichts an, daß dieser zu den Aposteln des Leserkreises (2 Pt 3, 2) gehöre. Zweitens müßte man gegen den klaren Eindruck des ganzen Briefs annehmen, daß derselbe nicht an einen bestimmten, in sich gleichartigen Leserkreis gerichtet sei, sondern die gesamte, durch die apostolische Predigt gesammelte Christenheit anrede, an welche dann nach 3, 15 auch Pl einmal einen Brief gerichtet haben müßte. Aber auch dann noch wäre die Zusammenfassung des Pt mit Pl und seinen Gehilfen in 1, 16 ff. unbegreiflich; denn von den Heidenmissionaren ließ sich nicht behaupten, was Pt hier von sich und seinen Genossen in bezug auf ihr persönliches Verhältnis zu der ev Geschichte behauptet. Das ist der dritte Grund, welcher an Pl und seine Gehilfen mitzudenken verbietet. In ihrer Predigt des Ev sind Pt und seine

Genossen nicht künstlich ersonnenen oder mit schlauer Kunst vorgetragenen Sagen gefolgt, sondern haben gepredigt als Solche, welche Augenzeugen der Majestät Jesu gewesen sind. Mochte Pl immerhin sein Erlebnis bei Damaskus als einen Ersatz dafür geltend machen, daß er nicht wie die älteren Apostel ein persönlicher Schüler Jesu gewesen war (1 Kr 9, 1 cf 15, 8); er konnte doch nicht von sich und man konnte nicht von ihm sagen, daß er das Ev als einer predige, welcher Augenzeuge der Selbstoffenbarung Jesu gewesen sei, die den Inhalt des Ev ausmacht. Der umfassende Ausdruck läßt sich nur vergleichen mit dem, was die persönlichen Jünger Jesu anderwärts von sich bezeugt haben (Jo 1, 14 cf 2, 11; 19, 35; 1 Jo 1, 1 f.; 4, 14; AG 10, 39—41), und was auch Pt 1 Pt 1, 8; 5, 1 wenigstens angedeutet hat (oben S. 9). Welches der Kreis von Predigern sei, in welchen er sich hier einschließt, zeigt auch die Erinnerung an ein Einzelerlebnis, wodurch er seine Behauptung, daß er wie seine Genossen als ehemalige Augenzeugen der Majestät Jesu seine Macht und Wiederkunft diesen Lesern verkündigt haben, in 1, 17 f. rechtfertigt. Ist ohne Frage die von den drei ersten Evv berichtete Verklärung auf dem Berge gemeint, so ist auch anzunehmen, daß unser Vf ebenso wie die Evv die drei Apostel Petrus, Johannes und dessen Bruder Jakobus als die einzigen Augenzeugen derselben gekannt hat (A 6). Diese sind also auch als die Prediger zu denken, von welchen 1, 16 gilt, natürlich ohne daß die anderen Apostel, welche in wesentlich dem gleichen geschichtlichen Verhältnis zu Jesus gestanden haben, von der Aussage in 1, 16 ausgeschlossen zu denken wären. Wie Pt hier mit sich Andere von den 12 Aposteln in ein „wir" zusammenfaßt, so faßt er sich mit ihnen 3, 2 in die Bezeichnung οἱ ἀπόστολοι ὑμῶν zusammen. „Eure Apostel" ist nicht gleichbedeutend mit „die Apostel", sondern hebt aus der Klasse der Männer, welche auf den Apostelnamen einen Anspruch haben, diejenigen hervor, welche an den hier angeredeten Lesern das Werk des Apostelberufs ausgerichtet haben, diejenigen Missionare, welchen diese Christen ihre Bekehrung verdanken (cf 1 Kr 9, 2; Clem. I Cor. 5 cf Bd I, 446 A 6). Der Ausdruck fordert den Gegensatz anderer Apostel, welche nicht die Apostel dieser Leser sind, und anderer Christen, deren Apostel die hier gemeinten Apostel nicht sind. Keinenfalls also können hier Apostel zusammengefaßt sein, welche auf getrennten Arbeitsfeldern gewirkt haben, geschweige denn alle Apostel ohne Unterschied. Es beruht aber auf Verkennung einer zu allen Zeiten vorkommenden und unter Umständen sehr naheliegenden Redeweise, wenn man diesen Ausdruck im Munde eines selbst zu dem so bezeichneten Kreise von Missionaren gehörigen Mannes befremdlich findet, was dann einen grellen Widerspruch zwischen 1, 16 und 3, 2 ergeben würde. Eben hiedurch ist jenes an sich schon grundlose Verständnis von 3, 2 widerlegt (A 7). Nur das ergibt sich aus beiden Stellen, daß der 2 Pt schwerlich an eine einzelne Ortsgemeinde gerichtet ist, welche ihre Entstehung der Predigt des Pt allein verdankt (cf 1 Kr 3, 10; 4, 15; 9, 2), sondern wahrscheinlich an einen weiteren Kreis von Christen, in welchem neben Pt auch noch andere Apostel als gemeindestiftende Missionare tätig gewesen sind. Daß diese Gemeinden nicht in Kleinasien oder auf irgend einem anderen Gebiet der Heidenmission, sondern auf dem Gebiet der Judenmission zu suchen sind, ergibt sich allerdings nicht aus 3, 2 für sich, sondern nur aus der unausweichlichen Zusammenfassung von 3, 2 mit 1, 16. Daß Pt und andere von den 12 Aposteln im späteren Verlauf ihres Lebens in Rom oder Kleinasien in die Arbeit der Heidenmissionare eingetreten sind, gab kein Recht, in ihrem Namen so von ihnen im Verhältnis zu den durch Pl und seine Gehilfen gestifteten Gemeinden zu reden, wie 1, 16 geschieht, und sie so wie 3, 2 von anderen Aposteln zu unterscheiden, welche kein berufsmäßiges Verhältnis zu diesen Gemeinden hatten. Auch den Eingang des Briefs hat man nur unter der unerweislichen Voraussetzung, daß der 2 Pt sich an den 1 Pt als ein für den gleichen Leserkreis bestimmter zweiter Brief anschließe, als einen Beweis für eben diese Voraussetzung verwenden können. Wenn Pt die Leser 1, 1 als Solche bezeichnet, welchen vermöge der Gerechtigkeit unseres Gottes und Heilands Jesus Christus ein mit dem Glauben des Pt und seiner Genossen gleichwertiger Glaube zu teil geworden ist (A 8), so könnte damit auf den Gegensatz der jüdischen Christen, in deren Namen Pt hier rede, und der Heidenchristen, welche er anrede, Bezug genommen sein; denn als einen billig denkenden und gerecht urteilenden Richter hat Gott sich bewiesen, indem er in dieser Beziehung zwischen Juden und Heiden keinen Unterschied machte (AG 10, 34 f. 47; 11, 17 f.; 15, 8 f.; Rm 2, 11—29; 3, 22—30; 10, 12). Wenn nur irgend etwas in diesem Zusammenhang auf den Gegensatz der Heiden und Juden innerhalb der Christenheit hinwiese! Der Vf hat sich zuerst mit dem Eigennamen benannt, den er von Haus aus führte, und zwar mit diesem in einer möglichst jüdisch klingenden Form, sodann mit dem Beinamen, welchen ihm Jesus mit bezug auf seine Stellung im Jüngerkreis und seine Bedeutung für die zukünftige Gemeinde gegeben hatte (A 9). Diesen beiden Namen entspricht es, daß er sich als einen Knecht Christi einerseits und als einen Apostel Christi andrerseits bezeichnet. Jener Titel kommt dem Simeon von Bethsaida zu, welcher sich gleich seinem Bruder Andreas und zahllosen anderen Menschen nach ihnen Jesu als seinem Herrn unterordnete, als er an ihn gläubig wurde; der Aposteltitel aber gebührt dem Kephas oder Petrus, welchem der Herr durch Verleihung dieses Beinamens eine besondere Berufsstellung in Aussicht gestellt, sodann bei der Wahl der 12 Apostel angewiesen und mehr als einmal in der Folgezeit bestätigt hat. Aber weder die Stellung, welche Simeon als einer der ersten persönlichen Jünger Jesu einnimmt, noch diejenige, welche Kephas als ein Erster unter den Aposteln einnimmt, hindert ihn anzuerkennen, daß der Glaube, zu welchem er und seine Genossen durch ihre Predigt die Leser geführt haben (1, 16), mit seinem eigenen und seiner Genossen Glauben gleichen Wertes sei. Der Gegensatz, welcher hiedurch aufgehoben oder doch seiner religiösen Bedeutung entkleidet sein soll, ist lediglich der zwischen persönlichen Jüngern und Aposteln Jesu einerseits und den übrigen Christen andrerseits, welche, ohne in einem solchen persönlichen Verhältnis zu Jesus gestanden und einen dem entsprechenden besonderen Beruf empfangen zu haben., durch den Dienst der Jünger und Apostel zum Glauben an den Herrn, der sie erkauft hat (2, 1), geführt worden sind. Es ist im wesentlichen der gleiche Gegensatz wie der zwischen den Augenzeugen der Majestät Jesu und denjenigen, welchen diese die Kunde davon gebracht haben (1, 16 cf Jo 19, 35; 20, 29. 31; 1 Jo 1, 3). Derselbe Gegensatz scheint aber auch in den nicht allzu deutlichen und textkritisch unsicheren Sätzen 1, 3 f. ausgesprochen zu sein (A 10). Pt faßt sich dort mit den anderen Jüngern und Aposteln zusammen, welche Jesus persönlich durch Offenbarung seiner Herrlichkeit und Erweisung seiner sittlichen Kraft berufen, und welchen er vermittelst der Erkenntnis seiner selbst Alles geschenkt hat, was zu einem wahren Leben und einem frommen Wandel erforderlich ist, und er stellt sich samt den andern Jüngern und Aposteln den Lesern gegenüber, welchen der Herr durch diese Jünger und Apostel, nämlich durch deren ev Predigt die größten Verheißungen geschenkt hat, damit sie kraft dieser Verheißungen der göttlichen Natur in der zukünftigen Welt teilhaftig würden, nachdem sie in dieser Welt der vergänglichen Lust entronnen sind. Allerdings kommt der Unterschied zwischen den persönlichen Jüngern Jesu und den andern Christen, welche Jesum nicht selbst gesehen und gehört haben, auch da gelegentlich zum Ausdruck, wo jene zu Heidenchristen reden (1 Pt 1, 8; 1 Jo 1, 1—4; Jo 1, 14; 19, 35); aber dieser Unterschied besteht ganz ebenso innerhalb der jüdischen Christenheit und zwar vom Anfang der apostolischen Predigt an. Da nun kein Wort des 2 Pt heidnische Herkunft der Leser andeutet, da ferner die Beziehung von 2 Pt 3, 1 auf den 1 Pt und von 2 Pt 3, 15 auf den Eph sich als unmöglich erwiesen hat, so behalten die Aussagen von 2 Pt 1, 16—18, welche mit 1, 1—4 und 3, 2 in bestem Einklang stehen, ihre volle Beweiskraft. Der Brief gibt sich als ein Mahnschreiben des Pt an einen größeren Kreis von Gemeinden, welche ihr Christentum der Predigt des Pt und anderer Männer aus dem Kreise der 12 Apostel und der persönlichen Jünger Jesu verdanken. Schon damit ist gegeben, daß die Empfänger, wenn nicht ausnahmslos, so doch ganz überwiegend Judenchristen waren, und daß sie in Palästina und in den angrenzenden Gebieten, jedenfalls aber nicht nördlich und nordwestlich von Antiochien zu suchen sind; denn bis zum Tode des Pt (a. 64 oben S. 19) galt für den ganzen Kreis von Missionaren, als deren einen der Vf sich 1, 1—4. 16—18 kennzeichnet, die Verabredung des J. 52 (Gl 2, 7—9 cf Mt 10, 23) als Regel. In diesem Bereich haben wir uns die Predigtreisen des Pt und seiner Genossen zu denken, auf welche Pl im J. 57 Bezug nimmt (1 Kr 9, 5). Die Reise des Pt nach Rom am letzten Ende seines Lebens und die Abfassung seines Briefs an die heidenchristlichen Gemeinden Kleinasiens in Rom (oben S. 17 ff.) haben ihn nicht zum Heidenmissionar gemacht und haben ihn zu keiner Gemeinde außerhalb des „Landes Israels" in ein Verhältnis gestellt, wie dasjenige, welches im 2 Pt zum Ausdruck kommt. Es war dieses Eingreifen des Pt in das Leben der durch die Heidenmissionare gesammelten kleinasiatischen Gemeinden und in die Entwicklung der

4*

römischen Kirche, an deren Bau Heidenmissionare mit Judenmissionaren zu-
sammenwirkten, wohl ein Vorspiel, aber doch nur ein Vorspiel der Entwicklung,
welche erst einige Zeit nach dem Tode des Pt und des Pl einen Johannes und
Philippus nach Ephesus und Hierapolis geführt hat. Zu einer geographischen
Näherbestimmung des Leserkreises fehlen uns die Mittel. Die Anwendung der
griechischen Sprache würde nicht dagegen sprechen, daß der 2 Pt an den
ganzen Kreis gerichtet sei, an welchen Jakobus seinen Brief gleichfalls griechisch
geschrieben hatte. Die Selbstbenennung „Symeon Petros“ hält uns nur innerhalb derselben Grenzen fest (AG 13, 1; 15, 14 A 9). Auch die Berufung auf
einen Brief, welchen Pl an denselben Leserkreis gerichtet hat (3, 15), hilft uns
nicht weiter, da dieser Brief nicht auf die Nachwelt gekommen ist (oben S. 45 f.).
Es liegt nahe anzunehmen, daß Pl während der unfreiwilligen zweijährigen Muße
in Cäsarea (a. 58—60) sich veranlaßt sah, an jene Myriaden christgläubiger
Juden (AG 21, 20), welchen seine letzte Reise nach Jerusalem gegolten hätte,
ein schriftliches Wort zu richten, nachdem seiner persönlichen Einwirkung auf
sie gewaltsam ein Ende gesetzt war. Es kann auch ein engerer Kreis vorwiegend judenchristlicher Gemeinden gewesen sein, an welchen jener verlorene
Brief des Pl und der 2 Pt gerichtet waren, wie die Gemeinden in Ptolemaïs,
Tyrus, Damaskus, welchen Pl persönlich bekannt war (AG 9, 22—25; 20, 3—7
cf 11, 19; 15, 3), und andere in dem hiedurch bezeichneten Gebiet, von deren
Geschichte wir nichts wissen. Genauer als die Wohnsitze der Leser läßt sich
die Zeit bestimmen, aus welcher der 2 Pt herrühren will. Wenn auch 1, 14
nicht geradezu gesagt ist, daß Pt seinen Tod nahe weiß (A 3), und
wenn wir auch nicht wissen, ob eine solche Erwartung, wenn Pt sie hegte, sich
erfüllt hat, so gewinnt man doch aus 1, 12—15 den Gesamteindruck, daß ein
alternder Mann redet. Wenn 3, 16 außer von dem einen Brief des Pl an die Leser
des 2 Pt noch von manchen anderen Briefen des Pl die Rede ist, welche eine gewisse
Verbreitung gefunden und zu Misdeutungen Anlaß gegeben haben, so ist das
vor dem J. 60 kaum zu denken. Auch die Form, in welcher der Zweifel
an der Erfüllung der endgeschichtlichen Weissagung sich äußert (3, 4 cf § 42 A 5),
weist in die letzte Lebenszeit des Pt. Die erste christliche Generation beginnt
sich zu lichten. Andrerseits fehlt jede Andeutung davon, daß Pt sich in Rom
und damit am Ziel seiner Lebenswanderung befinde. Man sollte denken, daß
Pt, wenn er kürzlich zum ersten Mal in seinem Leben zur Hauptstadt der Welt
gekommen war, auf diesen seinen Aufenthaltsort irgendwie hingewiesen hätte,
wie er es 1 Pt 5, 13 getan hat. Andrerseits verweilt er nicht in der nächsten
Nähe seiner Leser. Wie er ihnen schon früher einen Brief geschrieben hat, so
gedenkt er es bald wieder und öfter zu tun (oben S. 46). Er zeigt sich vertraut
mit kirchlichen Zuständen und Bewegungen außerhalb des Leserkreises und
zwar mit solchen auf dem Gebiet der heidnischen Christenheit. Wir würden
seinen Aufenthaltsort vielleicht genauer angeben können, wenn wir wüßten, von
wo und auf welchem Wege er etwa im Herbst 63 nach Rom gekommen ist. Es

liegt nahe an Antiochien zu denken.   Nehmen wir Alles zusammen, so dürfen wir den 2 Pt unter vorläufiger Voraussetzung seiner Echtheit in die Zeit um 60—63 setzen.   Er wäre demnach früher geschrieben als der 1 Pt.

1. Die Beziehung von 3, 1 f. auf den ganzen, noch unvollendeten Brief und vor allem auf den hier beginnenden 3. Teil desselben ist durch die Natur der vorher und nachher ausgesprochenen Gedanken ebenso gesichert, wie die gleiche Beziehung des ταῦτά σοι γράφω 1 Tm 3, 14 (I, 426 A 2), nur daß das hiesige ταύτην . . . ἐπιστολήν statt des mehrdeutigen ταῦτα die Beziehung noch deutlicher macht.   Daß aber die Beschreibung ebensosehr von dem hier in Erinnerung gebrachten ersten Brief gelten soll, verbürgt das ἐν αἷς statt ἐν ᾗ.   Der schwerfällige Ausdruck τῆς τῶν ἀποστόλων ὑμῶν ἐντολῆς τοῦ κυρίου καὶ σωτῆρος bezeichnet ohne Frage dasselbe, was 2, 21 das den Christen überlieferte heilige Gebot heißt, oder was διδαχὴ κυρίου διὰ τῶν δώδεκα ἀποστόλων an der Spitze der sog. Didache sagen will.   Seine Form würde AG 5, 32 ihresgleichen haben, wenn dort αὐτοῦ μάρτυρες τῶν ῥημάτων τούτων, wie ich glaube, echte LA ist cf Winer Gr. § 30, 8 A 3.   Auch Titel wie Ξενοφῶντος Σωκράτους ἀπομνημονεύματα u. dgl. sind um nichts schöner (GK I, 475 A 2).   Die Worte τοῦ κυρίου καὶ σωτῆρος als Glosse zu streichen, ist um so willkürlicher, je unbequemer sie gestellt sind, und sie aus Ju 17 herzuleiten (Spitta 224), wo sie gar nicht zu finden sind, geht erst recht nicht.   Der Text ist sicher überliefert, denn die Syrer („das Gebot unseres Herrn und Heilands, welches durch die Apostel" sc. mitgeteilt wurde) haben sich eben nur mit einer freien Übersetzung zu helfen gewußt, und das hier wie in sah. copt. aeth. zu findende, aber unmöglicherweise zu κυρίου gezogene ὑμῶν kann das nur durch wenige Minuskeln bezeugte ἡμῶν statt ὑμῶν nicht stützen.   Übrigens sei gleich hier bemerkt, daß die geschichtliche Untersuchung des 2 Pt nicht nur durch den an sich vielfach dunkeln Stil, sondern auch durch besonders schlechte Überlieferung des Textes erschwert ist.   Unerfindliche und sicher ursprüngliche Lesarten, wie die von B allein bewahrte Wortfolge 1, 7 (unten A 6), sowie Stellen, welche ohne Konjektur kaum richtig zu verstehen sind, wie 1, 20, mögen als Beispiele genügen.   Der Apparat von Tischendorfs ed. VIII ist seither vermehrt und berichtigt worden, besonders durch Le Palimpseste de Fleury ed. Berger (1887) p. 41 f. und durch Gwynn's Untersuchung der älteren, wahrscheinlich zur ursprünglichen Philoxeniana gehörigen syr. Version in Hermathena vol. VII (1890) p. 281—314.   Diese Übersetzung (bei Tisch. Syr. bodl.) heißt bei mir S² (s. Bd. I S. VI).   Eine Quelle der Textverderbnis lag in der Vergleichung des 2 Pt mit Ju. Sie kann aber auch ein Mittel der Textverbesserung sein.   Mag man den 2 Pt vom Ju abhängig denken oder umgekehrt, jedenfalls ist die eine Schrift ein ältestes Zeugnis für den Text der andern.   Entscheidet man sich Ju 12 für ἀγάπαις, so ist entweder damit bewiesen, daß Judas 2 Pt 2, 13 ἀγάπαις gelesen hat und dies dort die ursprüngliche LA ist; oder es erscheint, falls 2 Pt von Ju abhängt, schwer denkbar, daß Pt aus dem sehr deutlichen ἀγάπαις des Ju das wenig passende ἀπάταις gemacht haben sollte.   Auch in diesem Falle würde also 2 Pt 2, 13 ἀγάπαις als ursprünglich zu gelten haben.

2. Den 2 Pt 3, 15 erwähnten Brief des Pl glaubten die meisten neueren Ausleger, besonders entschieden auch Hofmann VII, 2, 113 ff. im Eph wiederzufinden. An den Rm dachten Grotius p. 1060 und Dietlein, der 2 Pt S. 229—235; an den Hb der alte Lightfoot, Chron. ad a. 61. 66 (Opp. II, 109. 116) und Bengel im Gnomon.   Letztere Annahme würde auch dann unmöglich bleiben, wenn der 2 Pt zu einer Zeit geschrieben wäre, als der Hb bereits in einem Teil der Kirche als ein Brief des Pl galt.   Denn ein Pseudopetrus, welcher sich die Aufgabe gestellt hätte, einen Brief des Pt an die Ἑβραῖοι zu erdichten, an welche zuvor Pl den Hb geschrieben hatte, konnte sich nicht mit einer Grußüberschrift begnügen, welche mit keinem Wort deutlich auf Ἑβραῖοι hinwies; und

er durfte nicht durch 3, 1 die Leser zu dem Glauben verleiten, daß der 2 Pt an die Leser des 1 Pt gerichtet sei. Das Verdienst, in bezug auf den 2 Pt 3, 15 erwähnten Brief des Pl und den 2 Pt 3, 1 erwähnten Brief des Pt gründlich mit der exegetischen Tradition gebrochen zu haben, gebührt Spitta S. 221—227. 286—288.

3. Zu 1, 12—15. Das $\mu\epsilon\lambda\lambda\acute{\eta}\sigma\omega$ c. inf. praes. wird schwerlich wie Mt 24, 6 oder wie $\mu\acute{\epsilon}\lambda\lambda\omega$ c. inf. fut. AG 24, 15; 27, 10 nur eine Umschreibung des Futurum sein, sondern soll ausdrücken, daß der Vf auch in Zukunft bereit sein wird, so oft das Bedürfnis sich herausstellt, so wie er es eben getan hat und in diesem ganzen Briefe tut, die Leser an die ihnen bekannten Wahrheiten zu erinnern. Der Ausdruck wurde von den Abschreibern und Übersetzern, welche von einer Erfüllung des damit gegebenen Versprechens nichts wußten, zu stark gefunden und teils in $o\dot{v}$ $\mu\epsilon\lambda\lambda\acute{\eta}\sigma\omega$ (im Sinne von „ich werde nicht zögern“, *non differam* Palimps. flor. und andere Lateiner), teils in $o\dot{v}\varkappa$ $\dot{\alpha}\mu\epsilon\lambda\acute{\eta}\sigma\omega$ (die antioch. Recension und die syr. Versionen) geändert. Sonst ist von den Varianten nur noch wichtig, daß $\sigma\pi o\nu\delta\acute{\alpha}\zeta\omega$ v. 15 außer $\aleph$, der arm. Version und einer Minuskel auch S³ für sich hat s. Gwynn 1. 1. 291. Doch wird auch dies eine willkürliche Änderung sein, welche es ermöglichen sollte, den Satz auf den Brief zu beziehen, welchen Pt eben jetzt unter der Feder hatte. Auch das $\sigma\pi o\nu\delta\acute{\alpha}\sigma\alpha\tau\epsilon$ des S³ und weniger Minuskeln bestätigt einerseits, graphisch betrachtet, $\sigma\pi o\nu\delta\acute{\alpha}\sigma\omega$ gegen $\sigma\pi o\nu\delta\acute{\alpha}\zeta\omega$, zeugt aber andrerseits ebenso wie letzteres dafür, daß man sich nicht darein finden konnte, hier zum zweiten Mal von einem Versprechen des Pt zu lesen, welches er nicht erfüllt zu haben schien. Was Pt von seinen zukünftigen schriftstellerischen Absichten sagt, ist durchaus bestimmt durch den Gedanken an sein Lebensende. Dreimal erinnert er an dieses v. 13. 14. 15. Eine bestimmte Ansicht über Art oder Zeit seines Todes liegt nur in v. 14. Sein Wissen hierum gründet sich nicht ausschließlich, aber doch unter anderem auch auf eine ihm zu Teil gewordene Kundgebung Christi an ihn; denn das $\varkappa\alpha\acute{\iota}$ hier für das bei Vergleichungspartikeln übliche pleonastische zu halten (so Hofmann, Spitta), ist untunlich, da $\varkappa\alpha\vartheta\acute{\omega}\varsigma$ hier eben keine Vergleichung, sondern eine maßgebende Auktorität einführt. Für die Frage, welche oder was für eine Kundgebung wir darunter zu verstehen haben, ist 1) zu beachten, daß Pt sich ziemlich beiläufig und nur wie zur Bestätigung einer ohnehin sicheren Erwartung auf diese Kundgebung Christi bezieht. Erwägt man, daß Pt einer der Missionare des Leserkreises ist und in einem eifrig gepflegten Verkehr mit demselben steht, so kann es sich nicht wohl um eine den Lesern noch ganz unbekannte und also auch nicht um eine neuerdings dem Pt zu Teil gewordene Mitteilung Christi handeln. Von wie großem Interesse müßte es für diese ihm nahestehenden Christen gewesen sein, von ihm zu hören, daß ihm kürzlich der Herr in einer Vision erschienen und ihm seinen schnellen oder baldigen oder plötzlichen Tod angekündigt habe! Der schlichte Ausdruck $\dot{\epsilon}\delta\acute{\eta}\lambda\omega\sigma\acute{\epsilon}\nu$ $\mu o\iota$ weist auch nicht auf eine solche wunderbare Offenbarung. 2) $\tau\alpha\chi\iota\nu\acute{o}\varsigma$ (wie $\tau\alpha\chi\acute{v}\varsigma$) heißt an sich weder baldig noch plötzlich, sondern schnell, rasch. Es könnte an sich a) den raschen Verlauf der Handlung bezeichnen (Jo 20, 4; Jk 1, 19), also hier ein schnell verlaufendes Sterben im Gegensatz zu einem langen Siechtum. Da aber alles Zukünftige als ein Kommendes, dem Standpunkt des Betrachtenden sich Näherndes vorgestellt wird, und der rasche Vollzug dieser vorgestellten Bewegung den baldigen Eintritt des kommenden Ereignisses einschließt, so sind b) die adverbiellen Ausdrücke $\tau\alpha\chi\acute{\epsilon}\omega\varsigma$, $\tau\acute{\alpha}\chi\iota o\nu$, $\tau\acute{\alpha}\chi\iota\sigma\tau\alpha$, $\tau\alpha\chi\acute{v}$, $\dot{\epsilon}\nu$ $\tau\acute{\alpha}\chi\epsilon\iota$, besonders in Verbindung mit Futuren und Imperativen, sehr häufig = „bald, ohne Aufschub“ cf Lc 16, 6; 18, 2; Mt 5, 25; 1 Kr 4, 19; Phl 2, 19. 24; 1 Tm 3, 14; Hb 13, 19. 23, in welchen Fällen allen nicht der rasche Verlauf der Handlung selbst, des Schreibens, Reisens etc., sondern der sofortige Eintritt des fraglichen Ereignisses gemeint ist. Es kann aber auch c) jene vorgestellte Heranbewegung des Zukünftigen selbst als eine langsame oder rasche vorgestellt werden, je nachdem man das zukünftige Ereignis allmählich herankommen oder ohne wahr-

nehmbare Vorbereitungen und Vorboten wie einen Blitz eintreten sieht. Daher die Bedeutung „plötzlich" cf Ap 2, 16 (= 3, 3; 1 Th 5, 2—4; 2 Pt 3, 10), auch Gl 1, 6; 2 Th 2, 2. In diesem Sinne sagen auch wir in der Litanei „Hilf uns vor bösem, schnellem Tod". Die erste Bedeutung (a) ist hier nicht anwendbar; denn ob einer durch einen wenige Augenblicke währenden Todeskampf oder durch ein langjähriges Siechtum aus diesem Leben und seiner Arbeit gerissen zu werden erwartet, kann auf seine Schätzung und Benutzung der Zeit, welche ihm bis zu solchem schnellen oder langsamen Sterben beschieden ist, kaum einen erheblichen Einfluß üben. Angemessener wäre die zweite Bedeutung (b) „baldig"; denn das Bewußtsein, nur noch ein kurzes Stück Leben vor sich zu haben, kann einen zum Eifer in der Erfüllung seines Lebensberufs anspornen und legt einem auch den Gedanken an die Fürsorge für die Zeit nach seinem Tode nahe. Cf ep. Clem. ad. Jac. 2 (Clementina ed. Lagarde p. 6). Gegen diese Fassung aber spricht erstens, daß Pt die Gewißheit, er werde demnächst sterben, nur durch eine neuerdings ihm zu Teil gewordene Offenbarung Christi gewonnen haben könnte, wenn man nicht zu der unwahrscheinlichen Annahme greifen will, daß ihm Christus vor längerer Zeit eine in Zahlen ausgedrückte Lebensdauer in Aussicht gestellt habe. In diesen beiden Fällen könnte er sich nicht so beiläufig unter anderem auch auf jene Kundgebung Christi als auf eine den Lesern bereits bekannte Sache berufen. Zweitens ist der Gebrauch der Adjektiva $\tau\alpha\chi\acute{v}s$ und $\tau\alpha\chi\iota\nu\acute{o}s$ in diesem Sinne jedenfalls ein recht seltener. Das von Spitta S. 87 dafür angeführte $\tau\alpha\chi\grave{v}s$ $\varkappa\alpha\varrho\pi\acute{o}s$ Clem. II. Cor. 20, 2 ist kein unzweideutiger Beleg. Drittens ist das zunächst zur Vergleichung sich darbietende $\tau\alpha\chi\iota\nu\grave{\eta}$ $\dot{\alpha}\pi\acute{\omega}\lambda\varepsilon\iota\alpha$ 2 Pt 2, 1 offenbar im Sinne der dritten Bedeutung (c) zu verstehen von einem plötzlich und den Sündern unerwartet hereinbrechenden Verderben (cf 1 Th 5, 3; Lc 17, 27; 21, 35; Mr 13, 35; Mt 24, 37—25, 13), und nicht von einem baldigen Untergang, da man nicht wüßte, von welchem Moment an diese Zeitdauer gemessen sein wollte. Für diesen Gebrauch sind die von Hofmann VII, 2, 29 angeführten Beispiele aus Thucyd. IV, 55. 1 $\pi\acute{o}\lambda\varepsilon\mu os$ $\tau\alpha\chi\grave{v}s$ $\varkappa\alpha\grave{\iota}$ $\dot{\alpha}\pi\varrho o\varphi\acute{v}\lambda\alpha\varkappa\tau os$ und Eurip. Hipp. 1044 $\tau\alpha\chi\grave{v}s$ $\mathring{\alpha}\delta\eta s$ („plötzlicher Tod") gute Belege. Wer weiß und bedenkt, daß er plötzlichen Todes sterben wird, wird das, was zu tun er für seine Pflicht hält, gegebenen Falls nicht auf einen anderen Tag verschieben, der ihm geeigneter oder bequemer dünkt, sondern wird, da er nicht weiß, ob ihm der nächste Tag noch gehört, jeder Zeit bereit sein zu tun, was das Heute erheischt. Eben dies aber hatte Pt v. 12 in bezug auf die Belehrung der Leser für den Rest seines Lebens gelobt. Wenn Pt die Bestimmtheit, mit welcher er einen plötzlichen Tod erwartet, nur unter anderem auf eine ihm zu Teil gewordene Kundgebung Christi gründet oder, genauer geredet, jenes Wissen mit dieser Kundgebung übereinstimmend findet, so ist anzunehmen, daß er auch ohnedies der Sache gewiß zu sein glaubte, was sich nicht anders erklärt, als die Überzeugung des Pl, daß er als Märtyrer sterben werde (Bd I, 386). Es ist ferner nicht anzunehmen, daß Christus dem Pt geradezu das gesagt hat, was dieser hier als seine Überzeugung ausspricht, in welchem Falle diese ganz und gar von dem Worte Christi abhängig wäre und von einem ohnehin bestehenden Wissen des Pt um dieselbe Sache keine Rede sein könnte. Es steht daher nichts im Wege, die Jo 13, 36 und 21, 18 f. aufbewahrten Worte Jesu als die Unterlage von 2 Pt 1, 14 anzuerkennen. Das erstere Wort war keine deutliche Aussage über die Todesart des Pt; aber bei nachträglicher Erinnerung an dasselbe konnte sich Pt sagen, daß damit doch wohl etwas mehr gesagt sei, als daß er wie alle anderen Menschen einst sterben und wie alle anderen Jünger durch den Tod zu Jesus in den Himmel kommen werde. Hatte sich in ihm die Ahnung gebildet, daß er eines plötzlichen Todes sterben werde, so mußte ihm jenes Wort Jesu hinterdrein eine Bestätigung dafür sein; er konnte es kaum anders verstehen, als daß er wie Jesus gewaltsamen Todes sterben werde. Plötzlicher Tod ist freilich nicht immer gewaltsamer

Tod, aber gewaltsamer Tod, Ermordung oder Hinrichtung ist allemal ein plötzlicher Tod und bildet einen Gegensatz zu dem langsam sich vorbereitenden Tod durch Krankheit oder Altersschwäche. Das andere Wort Jo 21, 18 gewährt zunächst die Vorstellung, daß der jetzt noch jugendlich ungestüme Pt dereinst ein hilfloser Greis sein werde. Damit aber verbindet sich die andere Vorstellung, daß er in seinem Alter feindseligen Menschen in die Hände fallen wird. Der Erzähler in Jo 21, 19 findet in dem ganzen Wort eine Weissagung auf den Märtyrertod des Pt und in einem einzelnen Zug der Bildrede (ἐκτενεῖς τὰς χεῖράς σου) einen Hinweis auf die bestimmte Art seines Todes, auf die Kreuzigung. Ist diese Deutung wie andere Deutungen von prophetischen Rätsel-worten Jesu (cf Jo 2, 22; 7, 39; 12, 33) erst auf Grund der Erfüllung, also nach der Kreuzigung des Pt entstanden, so folgt doch daraus nicht, daß Pt und die anderen Ohrenzeugen sich vorher keinerlei Gedanken über das weissagende Wort gemacht haben. Der Hinweis auf gewalttätige Behandlung, welche er an seinem Lebensende erfahren soll (ἄλλος σε ζώσει καὶ οἴσει ὅπου οὐ θέλεις), genügte dem Pt als eine Bestätigung seiner Ahnung, daß er gewaltsamen Todes sterben werde, durch den Herrn selbst und zwar als ein zweites Wort dieser Art neben dem ersten in Jo 13, 36. Pt citirt* nicht das Wort, welches Christus zu ihm gesprochen hat, sondern sagt, daß seine Erwartung einem Worte Christi entspreche; er bezeichnet auch die Niederlegung seines Leibeszeltes nicht als eine gewaltsame, sondern als eine plötzliche, weil ersteres nur, sofern es letzteres einschließt, für den Zusammenhang von Bedeutung war. Höchst unnatürlich dagegen müßte die Ausdrucksweise des Pt erscheinen, wenn er auf die oben S. 25 berührten Legenden sich bezöge. Das von Origenes (tom. XX, 12 in Jo.) aus den Paulusakten citirte Wort Jesu ἄνωθεν μέλλω σταυροῦσθαι erscheint dort gar nicht an Pt gerichtet gewesen zu sein und nach der Auslegung des Origenes gar nicht auf den leiblichen Kreuzestod eines Jüngers sich zu beziehen. In den gnostischen Petrusakten aber wird dies Wort auf die Kreuzigung des Pt in Rom bezogen und zwar in dem doppelten Sinn, welchen das Wort ἄνωθεν zuläßt („wiederum" und „von oben"), daß Christus in der Kreuzigung des Pt seine Kreuzigung gleichsam noch einmal erlebt, und daß Pt mit dem Kopf zu unterst gekreuzigt wird (ed. Lipsius p. 88. 92f. GK II, 846. 853 A 3; 878f.). Berücksichtigung dieses plumpen μῦθος σεσοφισμένος verträgt sich nicht mit der zarten und zurückhaltenden Erinnerung an ein Wort Jesu in 2 Pt 1, 14. Geht aber der Mythus auf die in den Paulusakten aufbewahrte ursprünglichere Form eines Wortes Jesu und zwar des auferstandenen Jesus zurück (GK II, 879), so ist mindestens ganz zweifelhaft, ob dieses an Pt gerichtet war. Wäre dies dennoch der Fall und damit die zukünftige Kreuzigung des Pt bezeichnet, so könnte ein Kritiker darin doch nur eine dichtende Fort-spinnung von Jo 21, 18f. erkennen. Während die kanonische Erzählung das geheimnisvoll andeutende Wort Jesu von der aus dem Erfolg geschöpften Deutung gesondert hält, hätte diese Dichtung und hat die spätere Dichtung der Petrusakten Jesu selbst eine den nach-maligen Ereignissen genau entsprechende Weissagung angedichtet. Aber nicht einer solchen Fabel, sondern den Jo 13, 36; 21, 18 aufbewahrten Worten Jesu entspricht 2 Pt 1, 14.

4. Mit den oben S. 46 aufgestellten Postulaten cf 2 Th 2, 15; 2 Kr 10, 10; 13, 10; Phl 1, 27; Pol. ad Phil. 3, 2.

5. Durch die Worte μετὰ τὴν ἐμὴν ἔξοδον 1, 15 ließen sich Michaelis Einl. 1056; Schwegler u. A. an Iren. III, 1, 1 erinnern: μετὰ δὲ τὴν τούτων (d. h. des Pt und des Pl) ἔξοδον Μᾶρκος τὰ ὑπὸ Πέτρου κηρυσσόμενα ἐγγράφως ἡμῖν παραδέδωκεν. S. übrigens § 49. Nachdem schon v. 14 der Lebensausgang des Pt deutlich ausgedrückt war, kann auch ἔξοδος v. 15 nur von diesem verstanden werden cf Lc 9, 31; Hb 13, 7; Acta Jo ed. Bonnet p. 184, 9, wahrscheinlich auch Herm. vis. III, 4, 3. Anders hat auch Irenaeus l. l. es nicht gemeint. Es ist aber der starke Ton des τὴν ἐμὴν ἔξ. statt τὴν ἔξ. μου zu

beachten. Wenn Pt stirbt, werden Andere lehren und schreiben; er möchte aber, daß nach seinem Tode doch noch seine mahnende Stimme zu den Lesern rede.

6. Zu 1, 16 ff. ist vor allem festzuhalten, daß $\gamma\nu\omega\varrho\acute{\iota}\zeta\varepsilon\iota\nu\ \tau\iota\nu\acute{\iota}\ \tau\iota$ nichts anderes heißt, als „einem etwas ihm bis dahin Unbekanntes bekannt machen", eine Bedeutung, welche auch 1 Kr 15, 1 festzuhalten ist, wo Pl nicht ohne Ironie einer gewissen *contradictio in adjecto* sich bedient. Auch 1 Kr 12, 3 und Gl 1, 11 sind Wahrheiten und Tatsachen, welche den Lesern nicht schlechthin unbekannt gewesen sein können, absichtlich so ausgedrückt, als ob sie es wären; es ist ein verstärktes $o\grave{\upsilon}\ \vartheta\acute{\epsilon}\lambda\omega\ \acute{\upsilon}\mu\tilde{\alpha}\varsigma\ \grave{\alpha}\gamma\nu o\varepsilon\tilde{\iota}\nu$ oder $\mathring{\eta}$ $o\grave{\upsilon}\varkappa\ o\mathring{\iota}\delta\alpha\tau\varepsilon$. Ferner ist $\pi\alpha\varrho o\upsilon\sigma\acute{\iota}\alpha$, welches an sich wie $\grave{\epsilon}\pi\iota\varphi\acute{\alpha}\nu\varepsilon\iota\alpha$ (Bd I, 492) sowohl das erste als das zweite Kommen Christi in die Welt bezeichnen könnte (cf Lc 12, 51; Hb 9, 11), hier nach dem ausnahmslosen Sprachgebrauch des NT's (Mt 24, 3. 27. 37, 39; 1 Kr 15, 23; 1 Th 2, 19; 3, 13; 4, 15; 5, 23; 2 Th 2, 1. 8; Jk 5, 7f.; 1 Jo 2, 28 cf auch 2 Pt 3, 4. 12) nur von der Wiederkunft zu verstehen, zumal es im anderen Fall vor $\delta\acute{\upsilon}\nu\alpha\mu\iota\varsigma$ gestellt sein müßte. Die Deutung aber von $\delta\acute{\upsilon}\nu\alpha\mu\iota\varsigma$ auf die Macht, welche Christus schon in seinen Fleischestagen geäußert hat, entspricht nicht nur dem Sprachgebrauch der Evv und der AG in bezug auf die Wundertätigkeit Jesu (Mr 5, 30; 6, 2. 14; 9, 23; Lc 4, 14. 36; 5, 17; 24, 19; AG 2, 22; 10, 38), sondern auch dem unseres Briefes selbst (1, 3 s. A 10). Den Begriff jedoch hierauf zu beschränken und die auf dem Wege durch Tod und Auferstehung zur himmlischen Herrlichkeit bewiesene und bei der Parusie zur vollen Entfaltung gelangende Macht davon auszuschließen, besteht kein Grund. Ebenso willkürlich ist es, das $\grave{\epsilon}\pi\acute{o}\pi\tau\alpha\iota\ \gamma\varepsilon\nu\eta\vartheta\acute{\epsilon}\nu\tau\varepsilon\varsigma\ \tau\tilde{\eta}\varsigma$ $\grave{\epsilon}\varkappa\varepsilon\acute{\iota}\nu o\upsilon\ \mu\varepsilon\gamma\alpha\lambda\varepsilon\iota\acute{o}\tau\eta\tau o\varsigma$ entweder auf die erst v. 17f. erwähnte und nur als ein die vorige Aussage bestätigendes Beispiel angeführte Verklärung auf dem Berge (so auch noch Spitta 97) oder auf die Erscheinungen des Auferstandenen zu beschränken (so Hofmann VII, 2, 33). Der Ausdruck selbst gibt keinen Anlaß dazu; denn nicht nur in jenen Erlebnissen, sondern in alle dem, worin eine $\vartheta\varepsilon\tilde{\iota}\alpha\ \delta\acute{\upsilon}\nu\alpha\mu\iota\varsigma$ Jesu (1, 3) sich geäußert oder seine $\grave{\iota}\delta\acute{\iota}\alpha\ \delta\acute{o}\xi\alpha$ (1, 3) zur Zeit seines Erdenwandels den gläubigen Zeitgenossen wahrnehmbar geworden ist (Jo 1, 14; 2, 11 cf 2 Kr 4, 6), in allen jenen $\mu\varepsilon\gamma\alpha\lambda\varepsilon\tilde{\iota}\alpha\ \tau o\tilde{\upsilon}\ \vartheta\varepsilon o\tilde{\upsilon}$ (AG 2, 11), in welchen Gott an und durch Jesus seine $\mu\varepsilon\gamma\alpha\lambda\varepsilon\iota\acute{o}\tau\eta\varsigma$ erzeigt hat (Lc 9, 43), ist auch Jesu eigene $\mu\varepsilon\gamma\alpha\lambda\varepsilon\iota\acute{o}\tau\eta\varsigma$ zu Tage getreten, sogut wie die Verherrlichung Gottes durch Jesus zugleich eine Verherrlichung Jesu gewesen ist (Jo 11, 4. 40; 12, 28; 13, 31; 17, 4. 10). Zu diesen Erlebnissen des Pt und seiner Mitjünger gehören auch die Verklärung auf dem Berge und die Erscheinungen des Auferstandenen; aber nur wenn man das Objekt ihrer Augenzeugenschaft in der vollen Allgemeinheit faßt, welche ihm vermöge des Mangels jeder Näherbestimmung zukommt, ergibt sich ein ausreichender Gegensatz zu den $\mu\tilde{\upsilon}\vartheta o\iota\ \sigma\varepsilon\sigma o\varphi\iota\sigma\mu\acute{\varepsilon}\nu o\iota$ und eine angemessene Bezeichnung derjenigen Erfahrungen, auf welchen die Predigt der Apostel beruht. Auch das $\grave{\epsilon}\varkappa\varepsilon\acute{\iota}\nu o\upsilon$ weist nicht notwendig auf den „uns Jenseitigen", also den Erhöhten (Hofmann), sondern ebensogut auf den, welcher einst hier auf Erden gewandelt hat (1 Jo 2, 6; 3, 5. 16), jetzt aber für die sinnliche Wahrnehmung auch der Seinigen nicht mehr erreichbar ist. Hierauf beruht die einzigartige Bedeutung derjenigen Prediger, welche als Augen- und Ohrenzeugen jener Offenbarungsepoche Gewesenes wie Zukünftiges verkündigen können (Jo 1, 14; 1 Jo 1, 1f.; 4, 14; AG 10, 39—41). — Das Verständnis von v. 17f. ist durch die Anakoluthie erschwert, aber nicht unmöglich gemacht. Wenn v. 17b. 18 sich unverkennbar auf das Mt 17, 1—13; Mr 9, 2—13; Lc 9, 28—36 berichtete Ereignis bezieht, so kann $\lambda\alpha\beta\grave{\omega}\nu\ \pi\alpha\varrho\grave{\alpha}\ \vartheta\varepsilon o\tilde{\upsilon}\ \pi\alpha\tau\varrho\grave{o}\varsigma\ \tau\iota\mu\grave{\eta}\nu\ \varkappa\alpha\grave{\iota}\ \delta\acute{o}\xi\alpha\nu$ nicht mit Hofmann auf die in der Auferstehung sich vollziehende Verherrlichung Jesu bezogen werden (cf 1 Pt 1, 21; Jo 7, 39; 13, 32), wobei sich kein verständliches Verhältnis dieser endgiltigen Verherrlichung zu der Himmelsstimme bei der Verklärung auf dem Berge ergibt. Ebensowenig kann der Empfang von Ehre und Herrlichkeit in dem Erschallen

des Rufs vom Himmel gefunden werden, was durch φερομένης im Sinn eines Part. imperf.
statt ἐνεχθείσης ausgedrückt sein müßte. Es bleibt nur übrig die sichtbare Verherrlichung
Jesu bei jenem Vorgang auf dem Berge. Das blendende Licht, in welchem die Jünger
Gestalt und Kleider Jesu leuchten sahen, kann doch mindestens ebensogut eine Ehre
und Herrlichkeit heißen, die Jesus in jenem Augenblick von seiten Gottes der Vaters
empfing (cf Lc 9, 39 εἶδον τὴν δόξαν αὐτοῦ), wie Hb 2, 9 (cf 3, 3; 5, 4 f.) das Wort aus
Ps 8, 6 von der Krönung des Menschen mit δόξα καὶ τιμή auf den irdischen Lebensstand
Jesu, welcher den Tod noch vor sich hatte, angewandt wird. Die Meinung von Spitta
104. 496, daß Pt im Widerspruch mit den Evv die Stimme vom Himmel der sichtbaren
Verklärung vorangehend gedacht habe, läßt sich aus dem Text nicht begründen; denn
auch wenn man übersetzt „nachdem eine Stimme erschollen war", ist ja durchaus nicht
sicher, daß diese Gen. absoluti dem Part. λαβών und nicht vielmehr ebenso wie dieses
der ausgebliebenen Hauptaussage untergeordnet gedacht sind. Letzteres ist wahrscheinlicher, weil andernfalls ἐνεχθείσης sicherlich vor λαβών gestellt sein würde cf Hb 9, 19.
Ferner geht bei analogen Ereignissen, wie bei der Engelverkündigung an die Hirten, der
Taufe Jesu, der Bekehrung des Pl regelmäßig das sichtbare Phänomen dem hörbaren
voraus. Warum nicht auch hier, wie die Evv berichten, ohne daß Pt widerspräche?
Die Behauptung endlich, daß die ursprünglich beabsichtigte Fortsetzung des v. 17 begonnenen Satzes „sich mit voller Bestimmtheit angeben" lasse (Spitta 106), wage ich mir
nicht anzueignen, halte aber für sehr möglich, daß Pt hinter v. 17 und einem die Konstruktion nicht verletzenden Äquivalent für v. 18 etwa fortfahren wollte: διελέχθη ἡμῖν
περὶ τῆς παρουσίας αὐτοῦ, was zwar in den Evv nicht ausdrücklich erzählt ist, sich aber
mit Mt 17, 10—13; Mr 9, 11—13 cf Mt 16, 28; Mr 9, 1; Lc 9, 27 recht wohl vertrüge,
oder: διεστείλατο (ἐνετείλατο) ἡμῖν, ἵνα μετὰ τὴν ἀνάστασιν αὐτοῦ πᾶσι γνωρίσωμεν τὴν
δύναμιν καὶ τὴν παρουσίαν αὐτοῦ, was in Mt 17, 9; Mr 9, 9 f.; Lc 9, 36 angedeutet gefunden werden könnte. Diese beiden Satzschlüsse würden dem Inhalt von v. 16 besser
entsprechen als die Ergänzung ἡμᾶς εἶχε σὺν αὐτῷ ὄντας ἐν τῷ ὄρει τῷ ἁγίῳ
(Spitta) und andere ähnliche, welche überdies das Verlassen der Konstruktion unerklärt
lassen. Sehr begreiflich dagegen ist, daß Pt die beabsichtigte Hauptaussage unausgesprochen ließ, nachdem er einmal den wichtigen Umstand, daß er und seine Genossen
jene Stimme selber gehört und überhaupt bei dem ganzen Vorgang zugegen gewesen
sind, in lebhafter Vergegenwärtigung durch einen selbständigen Satz (v. 18) ausgedrückt
hatte. Was grammatisch die Hauptaussage werden sollte, war dies keineswegs rücksichtlich des Inhalts; die Hauptsache, welche dem vor allem zu belegenden ἐπόπται γενηθέντες v. 16 entspricht, hat Pt auch ausgesprochen. Eine den Evv widersprechende
Anschauung läßt sich auch sonst bei Pt nicht nachweisen. Wenn es Mt 17, 5; Mr 9, 7;
Lc 9, 35 heißt, daß die Stimme aus der im weiteren Verlauf des Vorgangs die Scene
beschattenden Wolke erschollen sei, hier aber, sie sei vom Himmel gekommen, so verhält sich ersteres zu letzterem, wie die Erzählung AG 1, 9 zu der Erinnerung AG 2, 34;
und wenn dort nur aus dem Inhalt des Rufes Gott als das redende Subjekt erkennbar
ist, hier aber außerdem noch die „großprächtige Herrlichkeit" d. h. Gott in seiner
Majestät als die wirkende Ursache ausdrücklich genannt ist, so würde dies auch dann
keinen Widerspruch bedeuten, wenn darin die Anschauung zum Ausdruck käme, daß
Gott in einer leuchtenden Erscheinung, etwa der νεφέλη φωτεινή Mt 17, 5, sichtbar geworden wäre cf Ex 13, 21; 14, 24; 16, 10; 24, 16. Aber eben diese Annahme ist haltlos. Das Attribut μεγαλοπρεπής kann mit Rücksicht auf die hörbare Stimme selbst gewählt sein (Ps 29, 4), und auch abgesehen von aller sinnlichen Wahrnehmbarkeit wird
von der μεγαλοπρέπεια Gottes (Ps 145, 5; 111, 3; Clem. I Cor. 60, 1; 61, 1) oder seines
Namens (2 Makk 8, 15; Clem. I Cor. 64 cf 9, 1; 19, 2; 45, 7), sowie von seiner δόξα
(Rm 1, 23; 6, 4) oder auch der μεγαλοπρεπὴς δόξα (Clem. I Cor. 9, 2) geredet. Im

übrigen ergibt die Vergleichung mit den Evv vor allem dies, daß die Darstellung des Pt von denselben unabhängig ist. Es werden nämlich 1) die interessantesten und wunderbarsten Dinge von Pt bei Seite gelassen wie z. B. die Erscheinung von Moses und Elias, obwohl die Absicht, von dem Wort der Propheten zu reden (1, 19 f.), es besonders nahegelegt hätte, gerade hieran zu erinnern. 2) Der Wortlaut des himmlischen Rufs weicht von dem Bericht aller drei Evv ab a) durch Abwesenheit des $a\dot{v}\tau o\tilde{v}\ \dot{a}\varkappa o\acute{v}\varepsilon\tau\varepsilon$ am Schluß, b) durch $\varepsilon\dot{\iota}s\ \ddot{o}v\ \dot{\varepsilon}\gamma\grave{\omega}\ \varepsilon\dot{v}\delta\acute{o}\varkappa\eta\sigma a$, was nur Mt 17, 5 an $\dot{\varepsilon}v\ \ddot{\phi}\ \varepsilon\dot{v}\delta\acute{o}\varkappa\eta\sigma a$ seine Parallele hat. An keiner irgend vergleichbaren Stelle (Mt 3, 17; 12, 18; 17, 5; Mr 1, 11; Lc 3, 22) findet sich das $\dot{\varepsilon}\gamma\acute{\omega}$ des Pt. c) Vollends beispiellos ist die nur durch cod. B bezeugte, aber von Westcott-Hort wohl mit Recht recipirte Wortfolge $\dot{o}\ v\acute{\iota}\acute{o}s\ \mu ov\ \dot{o}$ $\dot{a}\gamma a\pi\eta\tau\acute{o}s\ \mu ov\ o\tilde{v}\tau\acute{o}s\ \dot{\varepsilon}\sigma\tau\iota v$. Übrigens scheint $\tau o\iota\tilde{a}\sigma\delta\varepsilon$ (nicht $\tau a\acute{v}\tau\eta s$) auszudrücken, daß Pt nicht protokollarische Genauigkeit für seine Wiedergabe des Rufs beanspruche. 3) Das zweimalige $\varphi\omega v\grave{\eta}\ \dot{\varepsilon}v\varepsilon\chi\vartheta\varepsilon\tilde{\iota}\sigma a$ v. 17. 18 scheint in der zu Grunde liegenden Erzählung $\varphi\omega v\grave{\eta}\ \dot{\eta}v\acute{\varepsilon}\chi\vartheta\eta$ vorauszusetzen, was sich in keinem Ev findet cf aber AG 2, 2. 4) Daß hier, aber nicht in den Evv, der Ort der Verklärung $\tau\grave{o}\ \ddot{o}\varrho os\ \tau\grave{o}\ \ddot{a}\gamma\iota ov$ heißt, entspricht der Tatsache, daß dieser Berg nicht an sich schon als heilig gegolten hatte, sondern erst für die Christen, welche wußten, was Jesus mit seinen Vertrautesten dort erlebt hatte, eben dadurch ein heiliger Berg geworden war. Daher heißt er in der Erzählung, welche von dem Standpunkt vor dem Ereignis ausgeht, ein hoher Berg (Mt, Mr) oder der (nächstgelegene) Berg (Lc), in der Rückerinnerung des Augenzeugen dagegen der heilige Berg. Hätte aber Pt damit auf einen von den Lesern bereits als eine heilige Stätte verehrten und etwa gar schon von Pilgern besuchten Berg hinweisen wollen, so würde er nicht unterlassen haben, ihn mit Namen zu nennen oder sonst geographisch näher zu bestimmen; denn wenn es überhaupt zur Zeit des 2 Pt bereits einen heiligen Berg in diesem Sinne für die Christen gab, so hätten andere Berge wie z. B. der Ölberg als Stätte der Himmelfahrt mindestens den gleichen Anspruch auf solche Bezeichnung gehabt, als der Berg der Verklärung. Pt wählt aber eine Bezeichnung, welche außerhalb dieses Zusammenhangs viel eher auf den Zion (Ps 2, 6; 3, 5; Joel 4, 17; Sach 8, 3; Dan 9, 16—20; AG 6, 13; Ap 14, 1) oder den Sinai (Ex 19, 3; 1 Reg 19, 8), als auf irgend einen Berg in Galiläa bezogen werden konnte. Also nicht eine ohnehin vorhandene und in dem üblichen Namen „der heilige Berg" ausgedrückte Berühmtheit des Orts, sondern der Zusammenhang der geschichtlichen Erinnerung hat den Ausdruck veranlaßt. Übrigens ist auch zu bedenken, daß es keine alte Lokaltradition in bezug auf den Ort der Verklärung gibt. Die Überlieferung, welche den Thabor als solchen bezeichnet, ist nicht älter als die andere, welche die Versuchung Jesu auf den Thabor verlegt, und beide sind aus der beinah gleichen Bezeichnung eines Berges in Mt 4, 8 und 17, 2 erwachsen (GK II, 690 f.). In den gnostischen Petrusakten (ed. Lipsius 67, 10) spricht Pt im Anschluß an eine vorangehende gottesdienstliche Vorlesung aus dem Evangelienbuch (etwa Mr 9, 2—13): *Nunc quod vobis lectum est, jam vobis exponam. Dominus noster volens me majestatem suam videre in monte sancto, videns autem luminis splendorem eius cum filiis Zebedaei, cecidi tamquam mortuus et oculos meos conclusi et vocem eius audivi talem, qualem referre non possum, qui me putavi exorbatum ab splendore eius; et pusillum respirans dixi intra me: „forsitan dominus meus voluit me hic adducere, ut me orbaret". Et dixi: „et haec tua voluntas est, non contradico, domine". Et dans mihi manum elevavit me, et exsurgens iterum talem eum vidi, qualem capere potui.* Die Worte *majestatem* (cf Palimps. flor. 2 Pt 1, 17 *de magnifica majestate*, Vulg. *a magnifica gloria*) und *in monte sancto*, vielleicht auch *vocem talem* gehen auf 2 Pt 1, 17 f. zurück. Auch in den Johannesakten (ed. Bonnet p. 195, 8—11) wird das Ereignis kurz berichtet, um daran eine frei erfundene verwandte Geschichte anzuknüpfen.

7. Zu der objektiven Bezeichnung der Apostel im Munde eines solchen, welcher

selbst dazu gehört (3, 2) cf Eph 4, 11; 1 Kr 12, 28 Bd. I, 358. Jeder Prediger oder Lehrer wird gelegentlich zu seinen Hörern oder Schülern sagen: „eure Prediger oder Lehrer", ohne ein „uns" vorauszuschicken. Der alte Prediger Clem. II Cor. 17, 3. 5 faßt sich sogar mit seinen Zuhörern in ein „wir" zusammen und stellt sich mit ihnen den ihnen predigenden Presbytern gegenüber, während er doch selbst eben jetzt als Prediger zu ihnen redet.

8. Gegen die Fassung von $\pi i \sigma \tau i v \ \dot{\epsilon} v \ \delta i \varkappa \alpha i o \sigma \acute{v} v \eta \ \varkappa \tau \lambda.$ 1, 1 als „Glaube an die Gerechtigkeit" etc., welche die Änderung $\epsilon i s \ \delta i \varkappa \alpha i o \sigma \acute{v} v \eta v$ in א zur Folge gehabt hat, spricht 1) daß diese Bezeichnung des wesentlichen Gegenstands des Christenglaubens beispiellos und durch den sonstigen Inhalt des Briefs unveranlaßt ist; 2) der Mangel des Artikels bei $\delta i \varkappa \alpha i o \sigma \acute{v} v \eta$, welcher nicht fehlen könnte, wenn die eine Gerechtigkeit Christi gemeint wäre, auf welche der Christ sein Heil gründet, welche übrigens auch wenig passend als Gerechtigkeit „unseres Gottes und Heilandes", statt als diejenige des Menschen Jesus benannt wäre; 3) die Fraglichkeit dieser Konstruktion von $\pi i \sigma \tau i s$ an allen Stellen des NT's, wo man sie hat finden wollen (Gl 3, 26; Eph 1, 15; 2 Tm 3, 15 cf 1 Tm 1, 14; 2 Tm 1, 13). Es wird also $\dot{\epsilon} v \ \delta i \varkappa.$ mit $\lambda \alpha \chi o \tilde{v} \sigma i v$ zu verbinden sein. In Gerechtigkeit ist die Zuerteilung des Looses vor sich gegangen (cf Tt 3, 5; AG 17, 31; Ap 19, 11), und zwar in gerechtem Handeln des Herrn ist es begründet, daß die durch die apostolische Predigt Bekehrten, welche ihn nicht gesehen und gehört haben, darum kein geringeres Christentum zu eigen bekommen haben, als die ersten Jünger. Cf Cat. ed. Cramer 85 $\epsilon i s \ \tau \dot{o} \ \ddot{i} \sigma o v \ \alpha \dot{v} \tau o \dot{v} s \ \tau o \tilde{i} s \ \dot{\alpha} \pi o \sigma \tau \acute{o} \lambda o i s \ \dot{\alpha} v \alpha \varphi \acute{\epsilon} \varrho \omega v \ \chi \acute{\alpha} \varrho i \sigma \mu \alpha.$

9. Über $\Sigma v \mu \epsilon \acute{\omega} v$ statt $\Sigma \acute{i} \mu \omega v$ s. Bd. I, 21. Auch abgesehn von dieser echt jüdischen Form ist die Anwendung dieses ursprünglichen Namens neben $\Pi \acute{\epsilon} \tau \varrho o s$ ein Beweis, daß der Vf seinen Brief nicht an den gleichen Leserkreis gerichtet haben wollte, wie der, welchem der Gruß von 1 Pt 1, 1 galt. Wie wenig üblich es außerhalb Palästinas gewesen ist, den Apostel Pt statt dessen oder daneben Simon oder Simeon zu nennen, zeigt die Konkordanz. Wie Pt sich selbst 1 Pt 1, 1, so nennt Pl ihn nur Petrus oder, was dasselbe ist, Kephas (oben S. 14); Marcus bis zur Beilegung des Beinamens 3, 16 Simon, von da an in der Erzählung stets nur Petrus, was um so mehr auffällt, als Mr nicht verbirgt, daß Jesus ihn bis zuletzt Simon genannt hat (14, 37 $\lambda \acute{\epsilon} \gamma \epsilon i \ \tau \tilde{\omega} \ \Pi \acute{\epsilon} \tau \varrho \omega \cdot \Sigma \acute{i} \mu \omega v$). Auch Lc nennt ihn vor der Namengebung (6, 14) regelmäßig Simon, von da an aber ebenso regelmäßig Petrus in beiden Büchern, sogar in der Anrede Lc 22, 34; AG 10, 13, während er uns doch wissen läßt, daß er von seinen Genossen in Jerusalem gewöhnlich Simon (Lc 24, 34) oder Symeon (AG 15, 14) genannt wurde. Nur einmal (Lc 5, 8) lesen wir Simon Petrus und vom Standpunkt des fernstehenden Cornelius (AG 10, 5. 18. 32; 11, 13) „Simon mit dem Zunamen Petrus" neben einfachem Petrus in derselben Erzählung (AG 10, 1—11, 18 : 14 mal, 52 mal in der AG). Johannes gebraucht das bloße Simon nur 1, 41; Simon Sohn des Johannes 1, 42; 21, 15—17; Simon Petrus von 1, 40 an 17 mal, damit wechselnd Petrus von 13, 8 an 15 mal. Mt gebraucht abgesehen von der Anrede (17, 25 Simon, 16, 17 Simon Barjona) niemals Simon, nur bei der Berufung und im Apostelkatalog Simon mit Beinamen Petrus (4, 18; 10, 2), und bei einer anderen feierlichen Gelegenheit Simon Petrus (16, 16), sonst stets, etwa 20 mal Petrus. Ob der griechische Übersetzer dieses Ev in seinem Original überall Kepha vorgefunden oder auch an Stellen, wo er Simon vorfand, das seinen griechischen Lesern geläufige Petrus eingesetzt hat, kann man nicht wissen. Was aber den Wechsel zwischen aram. Kepha und griech. $\Pi \acute{\epsilon} \tau \varrho o s$ anlangt, so war letzteres, seitdem es als Übersetzung eingebürgert war, in griech. Rede das Natürliche. Wie die Syrer als Übersetzer und theologische Schriftsteller von jeher Kepha geschrieben haben, so die Schriftsteller des NT's durchweg $\Pi \acute{\epsilon} \tau \varrho o s$. Nur einmal lesen wir ersteres in den Evv, nämlich Jo 1, 42, wo dieser Ev seiner oft bewiesenen Neigung entsprechend den Urlaut der von ihm berichteten

Rede festhält. An allen Stellen aber, wo Pl Kepha schreibt, erklärt sich dies aus der Rücksicht auf die „Hebräer", welche ihm unter Berufung auf die Auktorität des Pt in Galatien und Korinth zu schaffen machten (oben S. 14 A 8).

10. Als sicher sehe ich an, daß mit Lachmann und mit Spitta 27 ff., welcher dies namentlich durch richtige, auch meine Ausgabe gründlich korrigirende Erklärung von Ign. Eph. 1; Rm. 1; Sm. 1; Phld. 1 gerechtfertigt hat, v. 3 f. ohne syntaktische Unterbrechung an die Grußüberschrift sich anschließt, und daß v. 2 mit P Vulg (beste Hss.) $\tau o\tilde{v}\ \varkappa v \varrho i o v\ \dot{\eta} \mu \tilde{\omega} v$, wozu S² S³, Aug. specul. p. 606, 16; 630, 1 und einige Min. nur noch ᾽Ιησοῦ Χρ. hinzufügen, ohne $\tau o\tilde{v}\ \vartheta \varepsilon o\tilde{v}\ \varkappa a\grave{\iota}\ ᾽Ιησοῦ$ u. dgl. vor $\tau o\tilde{v}\ \varkappa.\ \dot{\eta}.$ zu lesen ist. Es handelt sich hier wie 1, 8; 2, 20; 3, 18 um die Erkenntnis Christi. Dieser muß dann auch 1, 3 gemeint sein. Daß im NT stets nur Gott, nicht Christus als der Berufende bezeichnet werde, ist eine gewöhnliche, aber abgesehen von Gl 1, 6 und 1 Pt 2, 9, worüber man verschieden urteilen kann, angesichts des Ausdrucks $\varkappa \lambda \eta \tau o\grave{\iota}$ ᾽Ιησοῦ Χρ. Rm 1, 6 und von Stellen wie Mt 9, 13; Mr 2, 17; Lc 5, 32 eine irrige Behauptung. Auch der Ausdruck $\varkappa \lambda \eta \tau o\grave{s}\ \dot{a} \pi \acute{o} \sigma \tau o \lambda o s\ X \varrho \iota \sigma \tau o\tilde{v}$ 1 Kr 1, 1 stellt Christus als denjenigen dar, welcher seine Apostel ebensowohl berufen, als gesandt hat (1 Kr 1, 17). Bei dem innigen Zusammenhang von v. 3 f. mit v. 1 f. kann auch $\dot{\eta} \mu \tilde{a} s$ (und $\dot{\eta} \mu \tilde{\iota} v$) v. 3 nicht anders wie $\dot{\eta} \mu \tilde{\iota} v$ v. 1 verstanden werden, nämlich von den Aposteln und persönlichen Jüngern Jesu im Unterschied von den erst durch deren Predigt berufenen Christen. Dieser Unterschied wird aber auch in v. 3 ausdrücklich hervorgehoben. Während Gott oder Christus die übrigen Christen durch die Prediger des Ev beruft, hat er die Apostel durch (seine) eigene Herrlichkeit und Tugend berufen. Gerade einem Apostel, welchen Jesus selbst im eigentlichsten Sinne berufen hatte (Mt 4, 19—22; Mr 1, 17. 20 $\dot{\varepsilon} \varkappa \acute{a} \lambda \varepsilon \sigma \varepsilon v\ a\dot{v} \tau o\acute{v} s$, Mt 8, 22; 9, 9; Mr 2, 14; Lc 5, 10f. 27; 9, 57—62; Jo 1, 39. 43), mußte es natürlich sein, Jesus als den Berufenden zu bezeichnen und im Gegensatz zu den schwachen Menschen, deren Predigt die übrigen Christen ihre Berufung verdanken und deren er selbst einer war (1, 16), dies auch zu betonen, daß Jesus ihn und seine Genossen ohne solche Vermittlung, durch persönliches Handeln und zwar durch Erweisungen eigener Herrlichkeit und sittlicher Kraft berufen habe. An die Beweise wunderbaren Wissens und Vermögens, welche Jesus bei diesen Berufungen gegeben hat (Jo 1, 42. 47—51; Lc 5, 4), und an den Eindruck seiner sittlichen Hoheit (Lc 5, 8; Jo 1, 49), welcher jedes Widerstreben der Berufenen ausschloß oder überwand, sollen die Worte $\delta \acute{o} \xi a\ \varkappa a\grave{\iota}\ \dot{a} \varrho \varepsilon \tau \acute{\eta}$ erinnern. Zumal in dem ersteren Wort kommt dieselbe Anschauung von Jesus, wie er auf Erden mit seinen Jüngern verkehrte, zum Ausdruck wie 1, 16 (oben S. 57) und wie unmittelbar vorher in $\tau \tilde{\eta} s\ \vartheta \varepsilon i a s\ \delta v v \acute{a} \mu \varepsilon \omega s\ a\dot{v} \tau o\tilde{v}$, denn daß darunter die in dem Menschen Jesus wohnende übermenschliche Kraft und nicht etwa die Macht Gottes des Schöpfers und Weltregenten zu verstehen sei, dürfte sicher sein, zumal v. 1 Jesus unser Gott und Heiland und nach der wahrscheinlichen LA von v. 2 Gott der Vater überhaupt noch nicht genannt war. Derselbe Jesus, welcher die Apostel persönlich berufen hat, hat ihnen auch vermöge der ihm eigenen göttlichen Kraft und vermittelst der Erkenntnis seiner selbst, zu der er sie geführt, alle wahren Güter ($\tau \grave{a}\ \pi \acute{a} v \tau a$ א A cf Rm 8, 32), nämlich diejenigen, die zum wahren Leben und frommen Wandel erforderlich sind, geschenkt (Mt 11, 25—30; 13, 11—17; 16, 16—19; Lc 22, 28—35; Jo 6, 68f.). Aus solcher persönlichen Erfahrung (cf Jo 1. 16; 17, 2f. 6—18) schöpft der Apostel Recht und Mut zu dem Wunsch an die Leser v. 2. Zu diesen kehrt er v. 4 wieder zurück. Von den zahlreichen Textvarianten sind diejenigen, welche die Wortstellung betreffen, ohne erhebliche Bedeutung; denn auch wenn $\dot{\eta} \mu \tilde{\iota} v$ resp. $\dot{v} \mu \tilde{\iota} v$ zwischen $\tau i \mu \iota a$ und $\varkappa a\grave{\iota}\ \mu \acute{\varepsilon} \gamma \iota \sigma \tau a$ steht, kann es nur zu $\delta \varepsilon \delta \acute{\omega} \varrho \eta \tau a\iota$ (auch hier medial „er hat geschenkt") gezogen werden. Für $\dot{v} \mu \tilde{\iota} v$ aber spricht trotz der weniger starken Bezeugung (AS² min. 68), 1) daß in der gottesdienstlichen Lesung der ntl Briefe viel leichter und häufiger ein den Vorleser und Prediger aus-

schließendes ὑμεῖς in ἡμεῖς verwandelt oder auch ganz getilgt wurde, als umgekehrt (cf 3, 2); 2) daß der stillschweigende Übergang zur Anrede der Leser in v. 4ᵇ ohne ein καὶ ὑμεῖς unerträglich ist, wenn die Leser nicht schon in v. 4ᵃ in deutlichem Gegensatz zu ἡμῖν, ἡμᾶς in v. 3 durch ὑμῖν bezeichnet waren. Dann ist aber auch δι᾽ ὧν nicht auf δυνάμει καὶ ἀρετῇ, wohinter nur δι᾽ ἧς natürlich wäre, und noch weniger auf das weit zurückliegende πάντα, sondern auf ἡμᾶς d. h. die Apostel zurückzubeziehen. Christus hat persönlich die Apostel berufen, durch welche d. h. durch deren Predigt er den Lesern die kostbaren und größten Verheißungen geschenkt hat etc.

§ 42. Veranlassung des zweiten Petrusbriefes.

Aus 1, 12—14 könnte man den Eindruck gewinnen, der Vf verfolge mit seinem Brief keinen andern Zweck, als den Lesern, welchen er einst das Ev gepredigt, zum Ersatz für die mündlichen Belehrungen, an denen er es nicht fehlen lassen würde, wenn er dauernd unter ihnen weilte, jetzt aus der Ferne in schriftlicher Form ein Wort der Mahnung zu sagen, wie er es auch in Zukunft je und dann zu tun gedenkt. Auf eine bestimmtere Veranlassung aber weist erstens dies hin, daß die Anfeuerung der Leser zu allseitigem Wohlverhalten auf dem Grund ihres christlichen Glaubens (1, 5) und Erkennens (1, 8. 12 cf 1, 2; 3, 18) in so mannigfaltiger Weise durch den Ausblick auf die Heilsvollendung verstärkt wird. Schon in der Umschreibung der apostolischen Predigt tritt stark hervor, daß den Lesern durch dieselbe die Wiederkunft Jesu verkündigt worden ist (1, 16), und daß der Herr ihnen durch seine Jünger große und kostbare Verheißungen geschenkt hat (1, 4 oben S. 61). Als Zweck solcher Verkündigung wird angegeben, daß die Leser der göttlichen Natur in der zukünftigen Welt teilhaftig werden im Gegensatz zu dem Verderben, welches die Hingebung an die Lust dieser Welt mit sich bringt (1, 4). Eben wegen dieser herrlichen Aussicht sollen sie nun aber auch ihrerseits keine Mühe und kein Opfer scheuen, ihren Glauben und ihre Erkenntnis fruchtbar zu machen in reichlicher Erzeigung aller Christentugenden, damit sie hinwiederum auch Gottes Freigibigkeit in reichem Maße zu erfahren bekommen an jenem Tage, an welchem es sich fragt, ob man in das ewige Königreich Christi seinen Einzug halten, oder samt der Welt und ihrer Lust vergehen wird (1, 5—11). Auf diesen Tag wird auch 1, 19 wieder hingewiesen und für die Zeit bis dahin das Wort der atl Propheten, welches für die Apostel und alle Christen durch die Selbstoffenbarung Jesu an Zuverlässigkeit nur gewonnen und an Nutzbarkeit nichts verloren hat, der Beachtung der Leser empfohlen. Die gleiche Verkettung der sittlichen Verpflichtung mit der endgeschichtlichen Erwartung begegnet uns wieder in der Verbindung der Erinnerung an die Worte der Propheten und an das durch die Apostel überlieferte Gebot Jesu 3, 2 und in der ganzen Ausführung 3, 10—18 (oben S. 44). Hiezu tritt aber in c. 1· wie in c. 3 ein polemischer Ton. Die sittliche Forderung in 1, 5—8 wird verschärft durch den warnenden Hinweis auf solche Christen, bei welchen jene Christentugenden nicht zu finden sind, welchen darum aber auch die christliche Erkenntnis abgesprochen werden muß, da sie durch ihr Tun und Treiben beweisen, daß sie die in der Taufe erfahrene Reinigung von ihren früheren Sünden vergessen haben (1, 9 A 1). Zum Kreise der Leser selbst scheinen diese abschreckenden Beispiele nicht zu gehören; denn wenn diese auch zu einem Wachstum in tugendhaftem Leben (1, 8; 3, 18 cf 1, 2) und zu einer Steigerung ihres Eifers in der Heiligung (1, 10) ermahnt werden, so zeigt doch die gerade hier und im ganzen Brief nur hier eintretende Anrede als Brüder, sowie das noch inniger klingende ἀγαπητοί 3, 1. 8. 14. 17 und der ganze weitere Verlauf des Briefes, daß Pt eine günstige Meinung von ihnen und gutes Zutrauen zu ihnen hegt. Sie haben und kennen nicht bloß die Wahrheit, sondern stehen auch fest in ihr (1, 12 cf 3, 17). Aber es gibt unter den Bekennern des Christentums Leute, die nichts gelernt haben und nicht in der Wahrheit feststehn und daher leicht eine Beute des Irrtums und der Verführung werden (3, 16 cf 2, 14). Und jene der christlichen Tugenden ermangelnden, also unsittlichen Christen sind für die Leser nicht nur warnende Beispiele (1, 9), sondern auch eine drohende Gefahr, auf welche sie im voraus aufmerksam gemacht werden sollen, damit sie nicht, durch jene verleitet, ihrer eigenen festen Stellung entfallen (3, 17). Ein drittes Moment liegt in der Beschreibung der apostolischen Predigt 1, 16—18, deren a p o l o g e t i s c h e r Ton sich nur erklärt aus dem Gegensatz entweder zu einer abschätzigen Beurteilung der apostolischen Predigt oder zu anderen Lehrern, welche in der Tat erfundenen Märchen nachgehen und nicht wie die Jünger Jesu aus eigener Anschauung der Selbstoffenbarung Jesu von den Dingen des Christentums reden. Beides zugleich wird der Fall gewesen sein. Dem letzteren entspricht der starke Ton, mit welchem Pt von sich und seinen Genossen sagt, daß eben sie es sind, welche das himmlische Zeugnis über Jesus mit leiblichen Ohren gehört haben (1, 18 ἡμεῖς im Unterschied von 1, 16); dem ersteren entspricht der Nachdruck, womit er versichert, daß er und seine Mitapostel durch Jesus selbst berufen worden sind (1, 3 oben S. 61). Kurz, beinah jede auffälligere Aussage in c. 1 weist vorbereitend hin auf den Inhalt von c. 2 und 3 und empfängt von dorther ihr Licht. Erst in c. 2 und 3 tritt die Veranlassung des Briefs deutlicher zu Tage. An die Erwähnung der atl Propheten (1, 19—21) anknüpfend verkündigt Pt 2, 1—3, daß, wie im Volke Israel den wahren Propheten solche gegenüberstanden, die den Namen Propheten mit Unrecht führten, so auch im Kreise der Leser Lehrer auftreten werden, welche diesen Namen nicht verdienen, Lehrer, welche verderbliche Sonderrichtungen einschmuggeln werden, welche ferner zahlreiche Anhänger finden werden, und welche in habsüchtiger Absicht vermittelst schlau erfundener Worte die Gemeinden, an welche der Brief gerichtet ist, ausbeuten, zum Objekt eines gewinnreichen Handelsgeschäfts machen werden (A 2). Diese Leute sind nicht wegen der Vergleichung mit den Pseudopropheten des AT's als solche zu betrachten, welche sich für Propheten ausgeben, sondern wie den Pseudopropheten des AT's die wahren Propheten gegenüberstehen, so in der ntl Zeit denjenigen, welche sich zu Lehrern aufwerfen, sich den Schein und Namen von solchen zu geben wissen, die berufenen Lehrer der Gemeinden, die Apostel, ein Gegensatz, welcher schon 1, 16—18 durchblickte (s. vorhin). Wie die atl Propheten und die Apostel wohl in Einklang mit einander stehen (3, 2 cf 1, 16—21), aber keineswegs den gleichen Beruf haben, so verhält es sich auch mit den Pseudopropheten der atl Zeit und den unechten Lehrern innerhalb der Christenheit. Wie jene Pseudopropheten aus Israel selbst hervorgegangen waren, so gehen die falschen Lehrer aus der Christenheit hervor. Sie hatten einst den Weg der Gerechtigkeit und den Herrn Christum erkannt, waren in solcher Erkenntnis den Unreinheiten des Weltlebens entronnen; sie haben sich in der Taufe von den früheren Sünden reinigen und das heilige Gebot überliefern lassen und sind eine Zeit lang den geraden Weg der Wahrheit und Gerechtigkeit gegangen, haben dies alles aber jetzt aufgegeben und sind schlimmer geworden, als sie vor ihrer Bekehrung waren (2, 15. 20—22; 1, 9); sie verleugnen den Herrn, welcher sie gekauft hat, damit sie seine Knechte seien, mit der Tat (2, 2). In c. 2 wird ihnen in mannigfaltiger Form unsittlicher Lebenswandel, insbesondere geschlechtliche Unzucht nachgesagt (2, 10. 14. 18. 20). Gerade hierin werden sie viele Nachfolger finden, was dann eine Verlästerung der christlichen Lehre zur Folge haben wird (2, 2). Die Erinnerung an die Versündigung der Engel, welche vor der Sintflut mit Weibern geschlechtlichen Verkehr gepflogen haben (2, 4; Gen 6, 1—4), und an das Gericht über Sodom und Gomorrha (2, 6 f. Gen 19) weist auf unnatürliche Laster hin, welchen sie fröhnen. Insbesondere die Liebesmahle benutzen sie nicht nur zu schwelgerischem Schmausen, sondern auch zur Verführung unbefestigter Seelen (2, 13 f. A 3). Mit Vorliebe wenden sie sich mit ihren Verführungskünsten an die kürzlich erst Bekehrten und daher im Christentum noch nicht Befestigten (2, 14. 18). Dabei geben sie sich als Lehrer des Christentums (2, 1). Sie machen aus ihrer Lehrtätigkeit ein gewinnbringendes Geschäft auf Kosten der Gemeinden (2, 3. 14). Das ist der eine der Punkte, in welchen sie dem heidnischen Propheten Bileam gleichen (2, 15). Der andere liegt in dem bösen Rat, welchen Bileam gab, in der von ihm angestifteten Verleitung des Volkes Gottes zur Unzucht (A 3). Die mit schlauer Heuchelei gewählten Reden, wodurch sie die Gemeinden zu täuschen und die Einzelnen zu verlocken trachten (2, 3 cf Rm 16, 18), lauten dahin, daß sie den Hörern Freiheit verheißen (2, 19). Dieselbe zügellose Befriedigung der Fleischeslust, vermöge deren sie selbst Knechte der Sünde und des Verderbens sind, preisen sie Anderen, welche bis dahin noch ehrbar lebten, als die christliche Freiheit an, die ihnen noch fehle (cf 1 Pt 2, 16). Ein weiteres Merkmal ihrer Lehrweise ist, daß sie herrschende Mächte der jenseitigen Welt verachten und dieselben ohne Furcht und Zittern schmähen, und zwar böse Geister, über welche selbst Engel nicht wagen ein schmähendes und wegwerfendes Urteil zu fällen (2, 10 f. 18). Während Pt ihnen Unkenntnis oder doch ungenügende Würdigung der bösen Mächte, welche sie lästern, nachsagt (2, 12 cf 1, 9; 3, 16), werden sie sich gerühmt haben, sie erst recht gut zu kennen (Ap 2, 24), und darauf die Zuversicht gegründet haben, mit welcher sie vom Teufel und seinen Dienern als ungefährlichen Wesen verächtlich redeten. Dazu kommt als ein Weiteres ihr Spott über das vergebliche Warten der Christenheit auf die Wiederkunft des Herrn (3, 3 f.). Es geht nämlich nicht an, zwischen Libertinisten in c. 2 und Spöttern über die Weissagung in c. 3 zu unterscheiden. Auch die Letzteren sind unsittlich Lebende und aus ihrer unsittlichen Lebensrichtung erklärt Pt ihre Verneinung der endgeschichtlichen Weissagung (3, 3 f.), wie er umgekehrt aus der wohlbegründeten Hoffnung auf den Untergang dieser Welt und das Erstehen einer neuen Welt, in welcher Gerechtigkeit wohnt, die Pflicht der Heiligung herleitet (3, 10—14). Und in demselben Zusammenhang spricht er wieder von der Verführung der ruchlosen Menschen, vor welchen er die Leser im voraus gewarnt haben will (3, 17). Die schon in c. 1 hervortretende Verkettung der sittlichen Anforderungen mit der endgeschichtlichen Erwartung beherrscht den ganzen Brief und ist dadurch veranlaßt, daß Pt vor angeblichen Lehrern des Christentums warnen will, bei denen unsittliche Theorie und Praxis mit Verachtung der Weissagung verbunden ist.

Solange man von der unerweislichen Voraussetzung ausging, daß der 2 Pt wie der 1 Pt an die heidenchristlichen Gemeinden Kleinasiens gerichtet sei, **war** die Schwierigkeit nicht zu überwinden, daß hier einerseits das Auftreten der falschen Lehrer und Spötter in Futuren geweissagt (2, 1—3; 3, 3) und die Leser im voraus vor ihnen gewarnt werden (3, 17), und daß dieselben doch in zusammenhängender Rede und sehr genau, anscheinend nach dem Leben in präsentischer Form gezeichnet werden (2, 10—22; 3, 4 f. 9 ὥς τινες βραδυτῆτα ἡγοῦνται cf auch 1, 9; 3, 16). Der Übergang aus der Weissagung zukünftiger Erscheinungen in die Beschreibung gegenwärtiger 2 Tm 3, 1—9 und an andern Stellen der letzten Briefe des Pl ist doch nicht wirklich vergleichbar (Bd I, 475 ff.), und noch weniger befriedigt der Hinweis auf solche Stellen wie Ap 11, 4 ff. (Hofmann VII, 2, 60). Sehr einfach dagegen liegt die Sache, wenn man erkannt hat, daß der 2 Pt um 60—63 an einen Kreis judenchristlicher Gemeinden gerichtet ist oder sein will (§ 41), neben welchen es eine weit verbreitete heidenchristliche Kirche gab. Deutlich unterscheidet der Vf seine Leser, welche durchweg in einem echten Glauben stehen und feststehen, den sie nur zu behaupten und allseitig zu betätigen haben (1, 1. 5. 10. 12; 3, 1. 17 f.), von den falschen Lehrern und von den Kreisen, in welchen diese ihr Wesen treiben. Nicht aus ihrer eigenen Mitte werden jene Lehrer hervorgehen (cf AG 20, 30; 1 Jo 2, 19; Ap 2, 14—16. 20—23), sondern von außen werden sie kommen, werden unter ihnen auftreten und sie auszubeuten und zu verlocken suchen (2 Pt 2, 1—3 cf AG 20, 29). Nicht ihre Existenz, sondern ihr Auftreten im Leserkreis gehört der Zukunft an. Es werden auch nicht die treuen und echten Christen des Leserkreises den unchristlich Lebenden oder im Glauben Wankenden unter ihnen gegenübergestellt, wie etwa Ap 2, 24; 3, 4, sondern die Leser insgesamt werden als die bisher Getreuen, in rechtem Glauben und wahrer Erkenntnis Feststehenden nicht nur den unsittlich Lebenden und den falschen Lehrern, die sie in Zukunft heimsuchen werden, gegenübergestellt (3, 17; 1, 9), sondern auch einem andern Kreise von Christen oder Gemeinden, in welchem schon jetzt Erscheinungen zu beobachten sind, die dem Leserkreis noch fremd sind. Dies zeigt namentlich deutlich der Übergang von 3, 16 zu 3, 17. Pt könnte nicht mit einem betonten ὑμεῖς οὖν zur Anrede der Leser insgesamt übergehen und könnte nicht von ihrem ἴδιος στηριγμός reden, wenn in ihrem eigenen Kreise die vorher charakterisirten Leute (οἱ ἀμαθεῖς καὶ ἀστήρικτοι) zu finden wären, welche gewisse schwerverständliche Stellen der Briefe des Pl zu ihrem eigenen Verderben verdrehen. An die Leser des 2 Pt hat Pl einmal **einen** Brief geschrieben (3, 15 oben S. 45), den wir nicht mehr besitzen. Die vielen anderen Briefe des Pl, von welchen Pt weiß (3, 16), sind an andere Gemeinden und zwar fast ausnahmslos, nämlich die uns bekannten Briefe mit Ausnahme des Rm sämtlich, an heidnische Christen gerichtet. In deren Kreisen werden sie gelesen; dort sind also auch die Christen zu suchen, welchen ausreichende Kenntnis des Christentums und die erforderliche Festigkeit der religiösen oder sittlichen Bildung fehlt, und welche in folge davon einzelne misverständliche Äußerungen in jenen Briefen des Pl aus ihrem gliedlichen Zusammenhang herausreißen und verdrehen und sie zu ihrem eigenen Schaden auf das Leben anwenden, und zwar in der Gegenwart, nicht in der 2, 1—3 geweissagten und 3, 17 (προγινώσκοντες) berücksichtigten Zukunft. Nur für die Leser sind diese Leute eine zukünftige Erscheinung, vor welcher sie im voraus gewarnt werden. Die beiden unter einem einzigen Artikel stehenden Attribute in 3, 16 bezeichnen nicht zwei verschiedene Klassen. Nach ihrer sittlichen Haltung werden dieselben Leute 3, 17 durch das **eine** οἱ ἄθεσμοι bezeichnet. Aber der Ausdruck ἀστήρικτοι erinnert doch unvermeidlich an 2, 14, wo gesagt war, daß jene falschen Lehrer mit Vorliebe die unbefestigten Seelen sich als Objekt ihrer Verführung aussuchen. Das sind dieselben, welche 2, 18 nach der LA τοὺς ὀλίγως ἀποφεύγοντας als Leute charakterisirt waren, welche eben erst im Begriffe stehen, dem Sündenleben und dem nachfolgenden Verderben zu entrinnen (cf 1, 4; 2, 20) und nur erst um wenige Schritte sich davon entfernt haben und daher noch vielfach in vorchristlichen Anschauungen und Gewohnheiten sich bewegen, also kirchlich zu reden, Katechumenen und Neophyten (cf 1 Kr 3, 2 f.; 5, 1. 6; 6, 1—20; 15, 33 f.; 2 Kr 6, 14—18; 1 Tm 3, 6). Es ist also bei ἀστήρικτοι mehr an die durch die falschen Lehrer Verführten, als an die Verführer zu denken. Die ἀστήρικτοι sind freilich auch ἀμαθεῖς, denn wenn sie etwas Rechtes gelernt hätten, würden sie auch wie die Leser des 2 Pt in der ihnen beiwohnenden Wahrheit befestigt sein (1, 12; 3, 17). Wenn man aber im Auge behält, daß Pt denjenigen, welche sich von den Irrlehrern verlocken lassen, nicht sowohl die ἀμαθία, als den Mangel an Bewährung und Befestigung im Christentum (2, 14. 18) und dagegen den falschen Lehrern in mannigfaltigen Wendungen schmachvolle Unvernunft, Verlust der anfänglichen Erkenntnis Christi und Gedankenlosigkeit nachsagt (2, 12. 16. 20 f.; 3, 5), so wird auf die letzteren vornehmlich das darum auch passend vorangestellte $\dot{\alpha}\mu\alpha\vartheta\epsilon\tilde{\iota}\varsigma$ abzielen. Verführer und Verführte sind es, welche an gewissen Stellen der Briefe des Pl, aber auch an anderen Schriften, welche sie gleichfalls misdeuten, eine Stütze für ihre unsittlichen Lehren zu haben meinen oder vorgeben. Wie das Präsens in 3, 16, so schildern auch die Präsentia in 2, 10—22 Erscheinungen der Gegenwart, welche Pt in anderen Kreisen als in dem seiner Leser kennen gelernt hat. Besonders auch was er 2, 13 f. von dem Misbrauch der Agapen seitens der Libertinisten sagt, paßt nicht in eine Weissagung, welche in großen Umrissen oder in symbolischer Plastik zukünftige Erscheinungen schildert, und paßt insbesondere nicht in die Weissagung des 2 Pt, welche sich auf zukünftige Erscheinungen im Kreise der Leser bezieht. Denn nach dem gereinigten Text von 2, 13 werden jene Liebesmahle, deren Namen und heiligen Zweck die Libertinisten schänden, außerhalb des Leserkreises gefeiert. Ob unter den Lesern des Briefs solche Mahlzeiten üblich waren und $\dot{\alpha}\gamma\dot{\alpha}\pi\alpha\iota$ genannt wurden, muß dahingestellt bleiben (A 3). Pt sieht und sagt voraus, daß jene Lehrer in bezug auf ihren unsittlichen Lebenswandel zahlreiche Nachfolger finden werden, was also damals noch nicht der Fall war (2, 2). Da das Gebiet, auf welchem sie solchen Erfolg haben werden, nicht genannt ist, und da neben dieser Vorhersagung die andere ganz selbständig steht, daß sie unter den Lesern auftreten und diese zu verleiten suchen werden (2, 1. 3; 3, 17), so versteht sich von selbst, daß 2, 2 Erfolge auf demjenigen Gebiet gemeint sind, auf welchem sie bisher schon tätig waren, also außerhalb des Leserkreises, in der heidnischen Christenheit. Zuletzt werden sie auch an die geistlichen Kinder des Pt und der anderen persönlichen Jünger Jesu sich heranmachen; mit welchem Erfolg, wird nicht, auch 2, 1 ($\alpha\dot{\iota}\varrho\dot{\epsilon}\sigma\epsilon\iota\varsigma$) wenigstens nicht deutlich gesagt. Pt sucht nach Kräften vorzubeugen und sagt nur das Eine, daß das Strafgericht über sie von altersher feststeht und nicht auf sich wird warten lassen (2, 3 ff.). Anders als mit diesen Vorhersagungen verhält es sich mit derjenigen 3, 3. Hier ist nicht Pt selbst und unmittelbar der Prophet. Die Form, in welcher er die endgeschichtliche Verkündigung einführt ($\tau o\tilde{\nu}\tau o$ $\pi\varrho\tilde{\omega}\tau o\nu$ $\gamma\iota\nu\dot{\omega}\sigma\kappa o\nu\tau\epsilon\varsigma$ 3, 3 cf 1, 20; 2 Tm 3, 1; Rm 6, 6; Jk 1, 3), zeigt, daß er hiemit nichts eigentlich Neues sagen, sondern die Leser an das geweissagte Auftreten von sittenlosen Spöttern und an das, was ihnen zu antworten ist, nur ebenso erinnern will, wie an das Gebot Jesu und die Weissagungen der atl Propheten (3, 2 A 4). Er beruft sich damit ebenso wie Pl (Bd I, 475 ff.) auf die in den Gemeinden noch lebendige Weissagung. Diese sagte, nicht ohne Anknüpfung an überlieferte Worte Jesu, von einem Abfall und einer sittlichen Entartung in der Christenheit der letzten Tage. Sie wird, wiederum im Anschluß an Weissagungen Jesu selbst (Lc 17, 26 f.; Mt 24, 37 ff. cf 1 Pt 3, 20; 2 Pt 2, 5; 3, 5), auch dies gesagt haben, daß über der Länge der Zeit, in welcher man auf die Parusie des Herrn zu warten hat (Mt 24, 48; 25, 5; Lc 12, 45),

entartete und in das Weltleben versunkene Glieder der Gemeinde bis zur Verhöhnung der Verheißung fortschreiten werden. Die Weissagung sagte dies für
die letzten Tage voraus, und Pt sagt nicht, daß diese für ihn und seine Leser
noch zukünftige Tage sind. Da er die Rede der Spötter in direkter Redeform
und in höchst charakteristischen, offenbar dem Leben abgelauschten Worten vorträgt (3, 4 A 5) und weiterhin im Präsens die so frechen Reden zu Grunde
liegende Unwissenheit beschreibt (3, 5), so sieht man, daß er jene Weissagung
bereits in bestimmten Personen und Vorkommnissen der Gegenwart sich erfüllen
sieht. Seine Gegenwart ist letzte Zeit (cf 1 Jo 2, 18; Jk 5, 3. 7—9). Da aber
diese Spötter, welche nur unter anderem auch von der Erwartung der Parusie
höhnisch reden, wie gezeigt (S. 65), nicht verschieden sind von den Libertinisten,
so wissen wir auch, daß Pt sie außerhalb des Leserkreises, in heidenchristlichen
Gemeinden kennen gelernt hat. Daß sie auch in den Leserkreis eindringen
werden, brauchte er nicht noch einmal zu wiederholen. Die eindringliche Verwahrung der Leser gegen die verführerische Macht auch dieser Gedanken der
falschen Lehrer (3, 8—13) zeigt, daß Pt nicht das Eindringen von allerlei verschiedenen schädlichen Ideen, sondern das Auftreten einer bestimmten Art von
Irrlehrern in den Leserkreis erwartet, welche Libertinisten und Verächter der
Weissagung zugleich sind. Damit ist jedoch nicht ausgeschlossen, daß diejenigen,
bei welchen sie Eingang finden werden, teils die eine, teils die andere Seite
ihrer Lehre und Weltanschauung sich aneignen, und daß es dadurch zu mehreren
verschiedenen, aber durchweg verderblichen Richtungen oder auch Parteibildungen
kommen wird (2, 1).

Mag Pt immerhin durch diesen Brief wie durch den früheren, an welchen
er 3, 1 erinnert, das natürliche Bedürfnis erfüllt und der Pflicht entsprochen
haben, den Gemeinden, welchen unter anderen auch er einst das Ev gebracht
hatte, nun aus der Ferne schriftlich als väterlicher Lehrer zu dienen: die Veranlassung, ihnen einen Brief mit so eigenartigem Inhalt wie diesen und den ihm
ähnlichen früheren zu schreiben, liegt in den Erfahrungen, welche er neuerdings
in auswärtigen, vorwiegend heidenchristlichen Gemeinden gemacht hatte. Er
sah dort Vertreter einer gefährlichen Richtung durch Lehre und Beispiel Einfluß gewinnen, von welcher er, ohne selbst ein Prophet zu sein, aber unter dem
Einfluß der lebendigen Prophetie in den Gemeinden voraussah, daß sie an Macht
noch zunehmen und auch in die jüdische Christenheit eindringen werde. Ob
es wirklich Pt ist, der so davor gewarnt hat, oder ob ein Mann des 2. Jahrhunderts unter der Maske des weissagenden Pt beschrieben hat, was inzwischen
eingetreten war, kann erst entschieden werden, nachdem auch der Brief des
Judas untersucht worden ist, welcher auf die gleichen Erscheinungen Bezug nimmt.

1. Unter $\varkappa\alpha\vartheta\alpha\varrho\iota\sigma\mu\acute{o}\varsigma$ 1, 9 kann nicht mit Spitta die fortgesetzte Selbstreinigung
verstanden werden; denn diese haben die hier gezeichneten Leute nicht vergessen
($\lambda\acute{\eta}\vartheta\eta\nu$ $\lambda\alpha\beta\acute{o}\nu\tau\varepsilon\varsigma$), sondern unterlassen sie in der Gegenwart. Es sind ferner $\tau\grave{\alpha}$ $\pi\acute{o}\lambda\alpha\iota$
$\dot{\alpha}\mu\alpha\varrho\tau\acute{\eta}\mu\alpha\tau\alpha$ (so $\aleph$ A K etc.) nicht die aus der Zeit vor der Bekehrung stammenden und

noch nicht völlig abgetanen sündhaften Gewohnheiten, was etwa παλαιαὶ ἁμαρτίαι heißen
möchte (cf 1 Kr 5, 7; Rm 6, 6; 7, 6; Eph 4, 22), sondern die ehedem begangenen
Sünden (Rm 3, 25; Hb 9, 15 cf 1 Pt 1, 14; 4, 3; Eph 2, 2; Justin. ap. I, 61 τὰ προ-
ημαρτημένα, Herm. vis. I, 3, 1; mand. IV, 3, 3; sim. VIII, 11, 3). Demnach kann καθαρισμός nur die Reinigung von der Sündenschuld sein, welche den Christen ein für alle
mal widerfahren ist (Mr 1, 44; Hb 1, 3), als sie berufen und erwählt wurden (2 Pt 1, 10)
und im Taufbad reingewaschen wurden (1 Kr 6, 11; Eph 5, 26; 1 Pt 1, 2; Hb 10, 22;
AG 22, 16). Auch 2 Pt 2, 20—22, wo das Wort καθαρισμός sich nicht findet, wird
doch durch das bildliche λουσαμένη v. 22 auf das reinigende Taufbad und durch ἀπο-
φυγόντες τὰ μιάσματα τοῦ κόσμου v. 20 auf die damit gegebene einmalige Errettung aus
dem Bann der Sünde hingewiesen.

2. Ebensowenig wie bei ἑτεροδιδάσκαλος (Bd I, 486) ist es zulässig, aus ψευδοπρο-
φήτης und ψευδοδιδάσκαλος 2, 1 das Stammverbum (διδάσκειν, προφητεύειν) herauszunehmen
und etwa ψεῦδος, ψεύδη als Objekt zu diesem aufzufassen. Die Analogie von ψευδάδελ-
φος (Gl 2, 4; 2 Kr 11, 26), ψευδαπόστολος (2 Kr 11, 13), ψευδόχριστος (Mr 13, 22) ist zwingend,
und auch ψευδομάρτυς wird einer nicht darum genannt, weil er lügnerische Aussagen
macht, sondern weil er vorgibt, Augen- oder Ohrenzeuge von etwas gewesen zu sein,
was er nicht gesehen oder gehört hat (Mt 26, 60 cf AG 6, 11). Das Wort ψευδοπρο-
φήτης hat LXX nicht Jes 9, 14 („der Prophet, welcher Lüge lehrt"), sondern Jer 6, 13;
27, 9; 28, 1; 29, 1. 8; Sach 13, 2 gebraucht, wo im Grundtexte einfach נָבִיא steht, aus
dem Zusammenhang aber ersichtlich ist, daß der Titel mit Unrecht geführt wird. —
αἱρέσεις übersetze ich mit Hofmann VII, 2, 46 „Sonderrichtungen", um durch diesen
schillernden Ausdruck es unentschieden zu lassen, ob das Wort hier wie AG 5, 17;
15, 5; 24, 5. 14; 1 Kr 11, 19; Gl 5, 20 Partei, Sekte, oder abweichende Gesamtansicht
vom Christentum bedeutet, wie vielleicht Ign. Tr. 6, 1; Eph 6, 2. Gegen Spitta 120 f.
ist zu bemerken, daß αἵρεσις eine einzelne Ansicht und Lehrmeinung, neben welcher man
noch beliebig viele andere Lehrmeinungen haben könnte, überhaupt nicht bezeichnet
(auch in der altkirchlichen Literatur ist das ganze System eines Marcion und eines
Arius immer nur je eine einzige Häresie), und daß αἵρεσις auf christlichem Gebiet kein
neutraler Begriff ist, welcher etwa erst durch ἀπωλείας schlimmen Sinn erhielte; denn
1) wird das Wort in seiner Anwendung auf christliche Verhältnisse nicht erst bei Ignatius,
sondern schon 1 Kr 11, 19; Gl 5, 20; Tt 3, 10 nur in schlimmem Sinn gebraucht, und
2), was eben der Grund jenes christlichen Sprachgebrauchs ist, hat der Christ nach
apostolischer und altkirchlicher Anschauung sich nicht willkürlich unter den vorhandenen
Ansichten oder Richtungen eine ihm zusagende zu wählen, sondern hat dem Ev, der
Wahrheit zu gehorchen. — Was die vielumstrittene Konstruktion von 2, 1 anlangt, so
dürfte vor allem festzuhalten sein, daß die Worte καὶ — ἀρνούμενοι, ἐπάγοντες — ἀπώ-
λειαν nicht mit Spitta 123 ff. auf die atl Pseudopropheten bezogen werden können. Daß
hinter der wichtigen Aussage über die pseudochristlichen Lehrer nur durch ein ἐκεῖνοι
auf jene zurückgegriffen werden könnte, und daß dabei die Präsentia ἀρνούμενοι, ἐπάγοντες
statt der erforderlichen Aoriste sowie der in diesem Fall anzunehmende Konstruktionswechsel unerklärt bleiben, liegt auf der Hand. Folgerichtig müßte man dann auch αὐτῶν
v. 2 auf die atl Pseudopropheten beziehen, und die πολλοί, welche den unechten Lehrern
von v. 1 mindestens gleichartig sind, sofern auch sie nach Spitta 128 in der Christenheit
in verderblicher Weise lehren (v. 3), wären als gelehrige Schüler der atl Pseudopropheten
hingestellt, denn dieses Verhältnis drückt ἐξακολουθήσουσιν v. 2 aus (cf 1, 16; 2, 15),
und nicht daß jene nur Typen von diesen in bezug auf ihre Unsittlichkeit und ihr Schicksal
seien. Nun ist aber dem AT über Lehre und Lebenswandel der falschen Propheten
äußerst wenig zu entnehmen, und über ihr schließliches Schicksal gar nichts. Für
letzteren Mangel ist die Androhung der Ausrottung Deut 13, 2—6, eine Stelle,

welche nach Spitta 126 Pt hier im Sinne gehabt haben soll, doch kein Ersatz; und der dort angenommene Fall, daß ein Pseudoprophet zum Götzendienst verführe, wird in der ganzen Schilderung innerkirchlicher Erscheinungen in 2 Pt 2—3 nicht berührt. Bileam, als dessen Schüler allerdings die hier gemeinten falschen Christen und Lehrer bezeichnet werden (2, 15), war keiner der falschen Propheten im Volke (2, 1), sondern ein Heide. Er wird weder in LXX noch von Pt als Pseudoprophet bezeichnet, sondern nur als ein Prophet, der sich versündigt und zur Sünde verleitet. Seinen Untergang (Num 31, 8) erwähnt Pt nicht. — Hätte dem Pt ein Subst. $\mathring{\alpha}\varrho\nu\eta\tau\alpha\iota$ oder $\mathring{\alpha}\pi\alpha\varrho$-$\nu\eta\tau\alpha\iota$ zur Verfügung gestanden und hätte er dieses oder etwa $\pi\varrho o\delta\acute{o}\tau\alpha\iota$ statt $\mathring{\alpha}\varrho\nu o\acute{\upsilon}\mu\epsilon\nu o\iota$ angewandt, so würde Niemand seine Rede dunkel finden: „Auch unter euch werden falsche Lehrer sein, welche verderbliche Sonderrichtungen einführen werden, und Verleugner des Herrn, der sie erkauft hat, welche sich selbst ein schnelles Verderben zuziehen." Cf die Koordination von Participien, Substantiven und Adjektiven Rm 1, 29—31. Wie an $\psi\epsilon\upsilon\delta o\delta$. der Relativsatz sich anschließt, so an $\mathring{\alpha}\varrho\nu o\acute{\upsilon}\mu\epsilon\nu o\iota$ die folgende Participialbestimmung. Es sind aber nicht zwei gesonderte Klassen von Menschen beschrieben, sondern eine zwiefache Charakteristik einer und derselben Klasse wird gegeben; nur daß die Möglichkeit offen bleibt, daß bei Einzelnen in dieser Klasse die Lehrtätigkeit mehr hervortritt, während Andere nur nach Gesinnung und Lebensart zu derselben gehören. Es verhält sich ähnlich mit „Schriftgelehrten und Pharisäern" Mt 5, 20. Es besteht auch kein Grund zu einer Klage über Unordnung in der Darstellung. Nachdem auf die Aussage über den Erfolg jener Lehrer der logisch selbständige Relativsatz v. 2b gefolgt ist, kehrt die Rede ganz ungezwungen zu dem Hauptsubjekt, den $\psi\epsilon\upsilon\delta o$-$\delta\iota\delta\acute{\alpha}\sigma\varkappa\alpha\lambda o\iota$ zurück, deren Vorstellung eben noch durch $\alpha\mathring{\upsilon}\tau\tilde{\omega}\nu$ v. 2 festgehalten war. In v. 2 war ganz allgemein von einem großen Erfolg jener Lehrer ($\pi o\lambda\lambda o\acute{\iota}$ ohne $\mathring{\upsilon}\mu\tilde{\omega}\nu$ oder $\mathring{\epsilon}\xi$ $\mathring{\upsilon}\mu\tilde{\omega}\nu$) die Rede, v. 3 wird gesagt, wie dieselben versuchen werden, auch bei den Lesern Eingang zu finden. Es scheint mir auch wenig angebracht, sich über den „logischen Unsinn" zu ereifern (Spitta 122f.), welcher darin liegen soll, daß die von vornherein beabsichtigte Hauptaussage in dem Vergleichungssatz $\mathring{\omega}s \varkappa\alpha\grave{\iota} \mathring{\epsilon}\nu \mathring{\upsilon}\mu\tilde{\iota}\nu \varkappa\tau\lambda.$ (v. 1b) und die nur als Analogie angeführte Existenz von Pseudopropheten im Volk Israel im Hauptsatz (v. 1a) ausgedrückt ist. Es liegt ja nach jeder Auslegung die Tatsache vor, daß nicht nur in den Worten $\mathring{\omega}s$ — $\mathring{\alpha}\pi\omega\lambda\epsilon\acute{\iota}\alpha s$, sondern auch in 2, 2—22 nicht von den Pseudopropheten des AT's, sondern von analogen Erscheinungen innerhalb der Christenheit die Rede ist. Sogut der Grieche in Form des Relativsatzes eine logisch selbständige und sogar stark betonte Aussage anfügen kann, welche wir deutlicher durch „und" mit dem Demonstrativ ausdrücken (cf Rm 2, 29; 3, 8; AG 13, 43 und alle 3 Relativsätze 2 Pt 2, 1—3; Kühner II, 938 ff.; A. Buttmann 243), so entspricht auch $\mathring{\omega}s$ oder $\mathring{\omega}s \varkappa\alpha\acute{\iota}$ nicht selten einem „und so" (cf Kühner II, 940 A 4). Es ist eine selbständige Aussage 2 Pt 3, 16 „und so macht es Pl auch in allen seinen Briefen", über welche dann weiter geredet. wird. Im Zusammenhang mit den Sätzen 1, 19—20, deren letzter zumal den Schein erwecken konnte, als sei alle Prophetie der atl Zeit eine vom hl. Geist erzeugte, war es wohl veranlaßt, ausdrücklich auszusprechen, daß es auch falsche Propheten in Israel gegeben hat, wenn es auch gar nicht in der Absicht lag, von diesen weiter zu reden, sondern diese Erinnerung nur dazu dienen sollte, die weitere Bemerkung anzuknüpfen, daß es so auch auf dem Gebiet der christlichen Offenbarung neben den echten Verkündigern derselben, den Aposteln, unechte Lehrer gebe und geben wird, vor welchen die Gemeinden auf der Hut sein müssen. Beim „prophetischen Wort" ist eine starke Schutzwehr dadurch aufgerichtet, daß nur die Weissagungen der wahren Propheten alter Zeit in Schrift gefaßt sind ($\gamma\varrho\alpha\varphi\tilde{\eta}s$ 1, 20 cf Rm 1, 2), nicht die der Pseudopropheten, gegen welche jene zu kämpfen hatten. Auf dem Gebiet der christlichen Lehre galt das zur Zeit des 2 Pt noch nicht. Eine christliche Literatur, von den echten Zeugen Christi hervorgebracht, war erst im Entstehen begriffen (1, 12—15; 3, 15. 16). Um so mehr mußte erinnert werden: Es gab auch falsche Propheten in Israel; und so gibt es auch falsche Lehrer des Christentums oder wird solche geben. — Ist alles hinter der ersten Erwähnung der ψευδοδ. auf diese zu beziehen, so ist selbstverständlich Christus ὁ ἀγοράσας αὐτοὺς δεσπότης cf Ju 4 und die in Palästina üblich gewesene Bezeichnung der Verwandten Jesu als δεσπόσυνοι Eus. h. e. I, 7, 14. Zu ἀγοράζειν cf 1 Kr 6, 20; 7, 23 im Zusammenhang der letzteren Stelle. Sie sind von Rechts wegen „Knechte Christi“ cf 2 Pt 1, 1.

3. Unter dem „Weg Bileams“ im Gegensatz zu dem „geraden Weg“ (2, 15), dem „Weg der Wahrheit“ (2, 2) und „der Gerechtigkeit“ (2, 21) muß die gesamte Num 22, 5—24, 25 berichtete Handlung Bileams gemeint sein mit Einschluß des bösen Rats Num 31, 16 (cf 25, 1 f. 18), welcher Ap 2, 14 „Lehre Bileams“ heißt, cf Didymus zu Ju 11 (Migne 39, 1816). Es ist aber zu beachten, daß, wenn auch das Volk bis zur Anbetung der moabitischen Götter fortgeschritten ist (Num 25, 2 f. 5), überall die mit dem Opferfest verbundene Unzucht im Vordergrund steht (25, 1. 6—18; 31, 15 f., vollends bei Jos. ant. IV, 6, 6—13). Daher auch Ap 2, 14. 20 nicht vom Götzendienst, sondern von Beteiligung an Götzenopfermahlzeiten und von Unzucht die Rede ist. Im 2 Pt erscheint die Analogie noch mehr eingeschränkt. Weder vom Essen der Götzenopfer, noch vom Götzendienst zeigt sich eine Andeutung. Es sind vielmehr gottesdienstliche Mahlzeiten von Christen, an welchen die Nachfolger Bileams wenigstens mit unzüchtigen Gedanken und Blicken sich beteiligen. So nach 2, 13 f., wenn nämlich dort zu lesen ist ἐντρυφῶντες ἐν ταῖς ἀγάπαις αὐτῶν, συνευωχούμενοι ὀφθαλμοὺς ἔχοντες κτλ. Wenn Ju 12 ἀγάπαις als sicher gelten darf, so ist dasselbe wegen der engen Verwandtschaft beider Briefe auch für 2 Pt 2, 13 sogut wie sicher; denn ἀπάταις, welches hier stärkere Bezeugung für sich hat, als Ju 12, sieht nicht darnach aus, sei es das dem Ju vorliegende Original, sei es eine vom Vf des 2 Pt vorgenommene Änderung des bei Ju vorgefundenen ἀγάπαις zu sein (oben S. 53 A 1), ist auch sicherlich nicht eine sonst nicht bezeugte Paronomasie, womit dann doch die Agapen gemeint wären, sondern Änderung eines Schreibers, welcher einen Schreibfehler zu verbessern meinte. Tischendorfs Apparat ist insofern irreführend, als er über das ὑμῖν hinter συνευωχούμενοι schweigt. Es fehlt in den ältesten Übersetzungen der Syrer (S²), Ägypter (sah. Woide-Ford p. 213) und Lateiner (Spec. Pseudoaug. 640, 9; Pseudocypr. sing. cler. 28; leider fehlt Palimps. flor.) und ist hier wie Ju 12 als eine scheinbar durch das συν- erforderte Zutat zu συνευωχούμενοι zu streichen. In Ju 12 ist es hinter ἐν ταῖς ἀγάπαις ὑμῶν entbehrlich, weil Jeder von selbst ὑμῖν stillschweigend supplirt, und daher auch viel weniger bezeugt als 2 Pt 2, 13. Entbehrlich ist es aber auch hier; denn συνευωχεῖσθαι braucht nicht immer zu heißen „mit Anderen zusammenschmausen“, sondern auch, zumal bei pluralischem Subjekt, „mit einander schmausen“ cf συσσιτεῖν, συσσιτία, τὰ συσσίτια oder συμπίνειν παρά τινι, an dem Symposion im Hause eines Anderen teilnehmen (Xen. Cyrop. V, 2, 28). So muß es hier verstanden werden, und ὑμῖν ist unverträglich mit ταῖς ἀγάπαις αὐτῶν, obwohl es in B damit verbunden ist. Nachdem der Zusatz sich einmal festgesetzt hatte, mußte er die Verbreitung der LA ταῖς ἀπάταις αὐτῶν befördern, wenn er dieselbe nicht geradezu erzeugt hat; wo aber ἀγάπαις festgehalten wurde, mußte gelegentlich das zweifellos echte αὐτῶν dahinter dem damit unverträglichen ὑμῖν weichen wie in cod. Amiat. der Vulg. Pt sagt von den falschen Lehrern, diesen „Schmutz- und Schandflecken“ der Christenheit, diesen „Kindern des Fluchs“: „sie schwelgen bei ihren Agapen, halten ihre Gelage oder gemeinsamen Schmäuse mit Augen voll ehebrecherischer Lust und verlocken mit einem in der Habsucht geübten und dadurch abgehärteten Herzen“. Daß sie bei den Agapen selbst Unzucht treiben, ist damit keineswegs gesagt. Die Verlockung ist, wie die dazu gehörige Charakteristik der Lehrer zeigt, keine direkte Verleitung zu unzüchtigen

Handlungen, sondern eine Verleitung zur Annahme libertinistischer Grundsätze (cf 2, 3. 19). Es wäre auch unbegreiflich, daß nur von lüsternen Blicken gesagt wäre, das Schlimmste aber in diesem Zusammenhang nicht einmal angedeutet wäre. Dabei bleiben die Anklagen auf lasterhaftes Leben und sogar unnatürliche Laster in Kraft (oben S. 64). Die Agapen sind nicht als gemeinsame Mahlzeiten einer ganzen Gemeinde bezeichnet, sondern als solche der Libertinisten. Man könnte nach dieser Stelle allein annehmen, daß diese Mahlzeiten samt ihrem Namen eine Erfindung dieser Leute seien und Sache wie Name von Pt verworfen würde, wie von Clemens Al. paed. II § 4—7; strom. III § 10. 11; VII § 98. Dem widerspricht jedoch Ju 12 und der sonstige kirchliche Sprachgebrauch von Ignatius an cf Prot. RE 1³, 234 ff. Durch Ignatius aber erfahren wir, daß noch zu Anfang des 2. Jahrhunderts die in der Eucharistie gipfelnden Mahlzeiten (Agapen) nicht immer die ganze Gemeinde vereinigten und unter der Leitung der Amtsträger standen, und daß sich gewisse vom Gemeinglauben abweichende Leute diese Freiheit zu nutze machten und private Agapen hielten (Sm 7—9; Philad. 4 cf meinen Ignatius 342 f. 347 f. 363 f.).

4. Bei der Verbindung von 3, 3 mit 3, 1. 2 ist die Möglichkeit nicht ausgeschlossen, daß Pt auch schon in jenem früheren Brief Ähnliches gesagt hat, wie 3, 3—7. Aber auch dann hätte er, wenn nämlich hier die Form der früheren Mitteilung einigermaßen nachgebildet ist, damit seinerseits nichts eigentlich Neues geweissagt. Spitta 228—233 übertreibt, wenn er darum, weil der Inhalt von 3, 3 ff. in den voranstehenden Teilen des 2 Pt keine genügende Unterlage finde, behauptet, der frühere Brief des Pt müsse „ganz vorwiegend eschatologischen Inhalts gewesen" sein und einen Hinweis auf die Spötter der Endzeit enthalten haben. Die Angabe über den wesentlichen Inhalt und Zweck beider Briefe bezieht sich ja ebensogut auf das Folgende wie auf das Vorangehende (oben S. 53 A 1), und aus der Anknüpfung durch γινώσκοντες 3, 3 an das μνησθῆναι 3, 2 folgt um so weniger, daß 3, 3—4 oder 3, 3—7 eine Rekapitulation entweder der voranstehenden Teile des 2 Pt oder jenes verlorenen Briefes sei, als das Verlassen der Konstruktion in dem Nominativ γινώσκοντες diesem eine größere Selbständigkeit gibt. Es leitet nicht eine sonderbar ausführliche Erinnerung an früher bereits ausgesprochene Erinnerungen ein, sondern eine zu beherzigende selbständige Wahrheit, nur nicht eine solche, welche den Lesern erst ganz neu gepredigt werden müßte. Cf die Parallelstellen oben S. 67.

5. Die *ipsissima verba* der Spötter 3, 4 würden wir besser verstehen, wenn wir sie öfter reden hörten. Mit Recht weist Spitta 233 die Bemerkung von Bengel, Hofmann u. a. zurück, daß αὐτοῦ die Unehrerbietigkeit der Sprechenden ausdrücke. In dieser Beziehung unterscheidet es sich nicht von dem ἐκεῖνος der Apostel (oben S. 57) und dem αὐτός der Pythagoräer (Schol. ad Aristoph. nub. 195 ed. Dindorf I, 196). Vom Teufel und seinen Dienern reden sie verächtlich (2, 10—12 oben S. 64) und führen auch sonst hochfahrende Reden (2, 18). Aber ganz unwahrscheinlich ist, daß diese schlauen Lehrer des Christentums von Christus selbst oder von Gott so verächtlich geredet haben sollten. Daß sie aber Christus und nicht Gott meinen, ist um so sicherer, wenn feststeht, daß es Heidenchristen sind, welche hier reden. Nur in bezug auf die Parusie, von welcher Jesus geredet hatte, als ob seine Zeitgenossen sie erleben würden (Mt 24, 34; Mr 13, 30; Lc 21, 32; Mt 16, 28; Mr 9, 1; Lc 9, 27), war die Frage veranlaßt: „wo bleibt sie?" Darnach wird auch der Sinn von οἱ πατέρες zu bestimmen sein. Wenn dies an sich mit und ohne ἡμῶν alle Vorfahren der Redenden, also z. B. im Munde geborener Juden die Israeliten alter Zeit (Hb 1, 1 = Mt 23, 30) bezeichnen könnte, so wäre doch die Vorstellung, daß diese die Parusie Jesu hätten erleben können oder sollen, gar zu unpassend. Es können nur die unmittelbar vorangegangenen Väter der Spötter und ihrer Altersgenossen sein, natürlich nur sofern sie gleichfalls der Gemeinde angehörten, welcher Christus seine

Parusie verheißen hat, welche somit hoffen durften und wirklich gehofft haben, die Parusie noch zu erleben. Der Unterschied zwischen Spitta, welcher doch nur mit dieser Einschränkung die leiblichen Väter der Spötter verstanden haben will (S. 237), und Anderen, welche die erste Generation der Christenheit darunter verstehen, ist unerheblich. Der Mangel eines ἡμῶν und die Unwahrscheinlichkeit, daß die ganze Klasse von Irrlehrern aus Kindern christlicher Eltern bestanden haben sollte, was auch im 2. Jahrhundert einen seltenen Zufall bedeuten würde, begünstigt letztere Auffassung. Die Alten, welche die Parusie zu erleben hofften, sind dahingestorben, und sie kommt immer noch nicht; es bleibt Alles beim Alten. Hierauf fußend wirft die jüngere Generation die ganze Verheißung über Bord. Es gehört eine sonderbare Verkennung der natürlichen Redeweise aller Zeiten dazu, um zu behaupten, daß die erste Generation der Christenheit bis auf den letzten Mann habe ausgestorben sein müssen, ehe man so reden konnte. Welcher Christ des 2. Jahrhunderts, der dem Pt einen Brief andichten wollte, sollte nicht gewußt haben, daß ein Apostel Johannes den Pt überlebt habe, und sollte nicht bedacht haben, daß der Pt selbst, den er hier reden läßt, zu den πατέρες gehört, welche angeblich alle entschlafen sind! Wenn einer nach dem anderen von jenen ἀρχαῖοι μαθηταί (AG 21, 16) dahinstarb, ohne daß seine Hoffnung, die Parusie zu erleben, sich erfüllt hatte (AG 7, 60; 12, 2; 1 Kr 15, 6; 11, 30; 1 Th 4, 13), so lag es überaus nahe, diese ganze Hoffnung für einen Traum zu erklären. Eine unnatürliche Hyperbolie des Ausdrucks läge nur dann vor, wenn der Brief den Jahren 30—50 entstammen wollte. Sind wir vielmehr in die Zeit um 60—63 gewiesen, so war damals ein ganzes Menschenalter von 30—33 Jahren verflossen, seitdem Jesus seine Parusie geweissagt hatte. Die hiesige Stelle bestätigt obige Zeitbestimmung. Die Schwierigkeit, welche in der Angabe eines doppelten Terminus a quo liegt (ἀφ᾽ ἧς . . . ἀπ᾽ ἀρχῆς κτίσεως cf das doppelte ἕως Mt 5, 18), kann man nicht mit Spitta 235 durch die Annahme einer prägnanten Konstruktion des ersten ἀπό beseitigen (von welcher, sc. Parusie, hinweg d. h. vor deren Eintritt die Väter entschliefen); denn abgesehen davon, daß wirklich analoge Beispiele im NT (cf auch meinen Hirten des Hermas 490) fehlen, und das ἀφ᾽ ἧς (1 Mkk 1, 11; AG 24, 11; Herm. sim. 8, 1, 4; 6, 6 cf AG 20, 18) = ἀφ᾽ ἧς ἡμέρας (Kl 1, 6. 9) oder = ἀφ᾽ οὗ (Ex 5, 23; Jos 14, 10; Lc 13, 25; 24, 21) eine geläufige Ellipse ist, wäre γάρ hinter ἀφ᾽ ἧς unmöglich, wenn dieses einen wirklichen Relativsatz einleitete und nicht vielmehr in ἀπ᾽ ἐκείνης (ἡμέρας) ᾗ aufzulösen wäre. Es bleibt eine gedrängte, aber doch nicht leicht miszuverstehende Ausdrucksweise: „seit die Väter entschlafen sind, (ist ebensowenig wie zu deren Lebzeiten die erwartete Weltveränderung eingetreten, sondern) bleibt Alles so (wie es war) vom Schöpfungsanfang an.“

§ 43. Der Brief des Judas.

Wenn der Vf dieses Briefs sich bei den Lesern als „Judas, ein Knecht Jesu Christi, Bruder aber des Jk“ einführt, so zeigt schon die Ordnung und die Verknüpfung der beiden Attribute, welche er seinem Namen beifügt, daß das zweite nicht ein im täglichen Leben üblicher und etwa zur Unterscheidung von den zahlreichen Trägern des Namens Judas (A 1) erforderlicher Beisatz ist, oder wenn dies dennoch der Fall gewesen sein sollte, hier wenigstens nicht so verwendet wird. Denn so gemeint, konnte ἀδελφὸς Ἰακώβου, übrigens auch schwerlich ohne den Artikel davor (cf Mr 3, 17; 5, 37; Jo 6, 8; AG 12, 2; Gl 1, 19), nur unmittelbar hinter dem Namen stehen und durfte nicht durch ein δέ in einen

hörbaren Gegensatz zu der voranstehenden Selbstbezeichnung als eines Christen
gestellt werden. Diese Gegenüberstellung ist aber eine höchst auffällige, da die
leibliche Verwandtschaft mit einem Christen gleichviel welches Namens mit dem
Dienstverhältnis zu Jesus weder einen Gegensatz bildet, noch dasselbe näher
bestimmt (cf dagegen Tt 1, 1 Bd I, 432). Schon der älteste Ausleger hat richtig
erkannt, daß hier einer redet, welcher sich wohl den Bruder eines Höheren
nennen könnte, es aber vorzieht, sich dessen Knecht zu nennen und dagegen
mit dem hiedurch gleichsam frei gewordenen Titel eines leiblichen Bruders sein
Verhältnis zu Jakobus bezeichnet (A 2). Er war einer der Brüder des Herrn,
welche um d. J. 57 ebenso wie Pt und andere Apostel an verschiedenen Orten
als Prediger des Ev wirkten (1 Kr 9, 5; Mt 13, 55; Mr 6, 3; Jo 7, 3—8; AG 1, 14;
Bd I, 75). Wenn schon die dem Zweck der Unterscheidung von einem Namens-
genossen dienende Benennung nach einem Bruder statt nach dem Vater ungewöhnlich ist und eine hervorragende Bedeutung des Bruders voraussetzt, so gilt
Letzteres erst recht von der hiesigen ganz andersartigen Erwähnung des Jk. Es
kann nur der berühmte Jk sein, welcher seit dem Tode des Zebedäussohnes Jk
regelmäßig unter diesem bloßen Namen verstanden wurde (AG 12, 17; 15, 13;
21, 18; Gl 2, 9. 12; 1 Kr 15, 7), welcher sich selbst an der Spitze seines Briefs
nur mit diesem Namen bezeichnet und sich dort gleichfalls nicht einen Bruder
des Herrn genannt hatte, wie ihn Andere nannten (Gl 1, 19), sondern einen
Knecht Gottes und Christi. Wie der Mangel des Aposteltitels an der Spitze
eines an die gesamte Christenheit jener Tage gerichteten Briefs beweist, daß
dieser Jk kein Apostel war, so beweist auch die gleiche Erscheinung an der
Spitze des Ju, welcher gleichfalls an einen größeren Leserkreis sich wendet,
daß dieser Judas kein Apostel war. Wenn irgendwo, dann war hier der Platz,
sich so zu nennen, wie es Pt und Pl regelmäßig getan haben. Bestätigt wird
diese aus Ju 1 sich ergebende Folgerung durch Ju 17; denn wenn auch die rein
gegenständliche Erwähnung der Apostel an sich nicht beweisen kann, daß der
Redende kein Apostel sei (oben S. 59 A 7), so wäre doch der beispiellos feierliche
Ausdruck „die Apostel unseres Herrn Jesu Christi" im Munde eines Apostels
sehr unnatürlich. Wo am ersten noch Vergleichbares zu lesen ist (Eph 3, 5),
hat Pl, welcher eine Sonderstellung einnahm, sich auch nicht mitinbegriffen (Bd I, 358).
Es fehlt auch jede Andeutung davon, daß Ju einer der persönlichen Jünger Jesu
sei, was der Vf des 2 Pt so stark betont und der des 1 Pt wenigstens nicht
verhehlt hat. Von der Lebensgeschichte des Judas wissen wir so gut wie nichts.
Aus Mt 13, 55, wo er als der letzte unter den Brüdern Jesu genannt ist, und
aus Mr 6, 3, wo er die vorletzte Stelle einnimmt, darf man wohl schließen, daß
er der Jüngste oder doch einer der Jüngeren unter den Brüdern Jesu war.
In ihrem Verhältnis zu Jesus scheinen die sämtlichen Brüder die gleiche Entwicklung durchgemacht zu haben (Jo 7, 3—8; AG 1, 14). Es braucht nicht
wiederholt zu werden, was in dieser Beziehung über Jk bemerkt wurde (Bd I, 75).
Während Jk, der ehelose Asket, nicht von Jerusalem und vom Tempel wich,

also 1 Kr 9, 5 sicherlich nicht mitgemeint ist, gehört Judas zu den dort erwähnten Brüdern Jesu, welche wie Pt und andere Apostel mit ihren Gattinnen
als Prediger umherzogen, damals selbstverständlich ebenso wie die älteren Apostel
in den „Städten Israels" (Mt 10, 23; Gl 2, 9 oben S. 51). Ist er mehrere Jahre
später als Jesus, vielleicht erst gegen das J. 10 u. Z. geboren, so kann er die
Zerstörung Jerusalems um eine Reihe von Jahren überlebt haben. Gegen Ende
der Regierung Domitians, also um 95, sollen nach Hegesippus zwei Enkel des
Judas, mit Ackerbau sich ernährende Männer, als Davididen und Christen zu
einem Verhör vor den Kaiser geladen worden sein, und zwar in folge von
Denuntiationen seitens gewisser Häretiker, und sollen darnach bis in die Regierungszeit Trajans (98—117) eine führende Stellung in der Kirche Palästinas
eingenommen haben, während auch noch der greise Simeon, der Vetter Jesu und
ihres Großvaters Judas, als zweiter Bischof Jerusalems bis zu derselben Zeit lebte
(Eus. h. e. III, 19 f.; 32, 5 f. cf Forsch VI, 238 ff.). Daß Ju sich einen Bruder des Jk
nennt, weist darauf hin, daß er an Christen sich wendet, unter welchen Jk ein
hohes Ansehen genoß oder, wenn jener nicht mehr am Leben war, in gesegnetem
Andenken stand. Zumal in letzterem Fall erscheint die Selbstbezeichnung des
Ju natürlich. Der Mund des von dem christgläubigen Israel so hochverehrten
Führers ist geschlossen; der Bruder hat wenigstens einen Teil seiner Pflicht als
Erbteil überkommen, während ein anderer Teil seinem Vetter Simeon zugefallen
ist. Auch nach den spärlichen Andeutungen der Überlieferung über die Brüder
Jesu ist anzunehmen, daß Ju nicht über den Kreis der jüdischen Christenheit
hinausgegriffen hat. In seinem Brief fehlt jede Andeutung davon, wie solche
im 1 Pt reichlich vorliegen. Die Bezeichnung der Leser würde auf die ganze
Christenheit und auf jeden beliebigen Teil derselben passen, aber kein Wort
führt darauf, daß Ju sich bei seinen Lesern erst einführen oder sein Recht zu
einer Ansprache an sie erst nachweisen müßte. Er spricht sie ähnlich wie Jk
als ein Lehrer an, der daran gewöhnt ist, daß sie auf ihn hören. Gleich v. 3
zeigt auch, daß er zu ihnen in einem Verhältnis stand, welches nicht erst durch
dieses kurze Schreiben gestiftet werden sollte. Er war bereits eifrig darauf bedacht oder auch schon damit beschäftigt, ihnen über das Heil, welches ihr gemeinsamer Besitz ist, zu schreiben, als er neuerdings eine zwingende Veranlassung bekam, ihnen diesen Brief zu schreiben (A 3). Den Zweck seines gegenwärtigen Briefs bezeichnet er seinem Inhalt entsprechend als einen Aufruf zum
Kampf für den der Christengemeinde einmal für immer überlieferten Glauben.
Daß und wodurch dieser Glaube unter den Lesern zur Zeit gefährdet ist, und
worin für Ju die Nötigung liegt, ihnen jetzt sofort diesen kurzen Brief zu
schreiben, sagt v. 4, und die dadurch veranlaßte Paraklese folgt v. 5—23. Die
Bezeichnung des Glaubens, für den es zu kämpfen gilt, will besagen, daß dieser
Glaube nicht heute dieser und morgen jener sei, sondern als ein wesentlich unveränderlicher Inbegriff religöser Überzeugungen und Lehren ein für allemal
der Christenheit sei es von ihrem Herrn und Meister, sei es von den Predigern

des Ev mitgeteilt worden ist (cf Hb 13, 7—9; 1, 1; 2, 3). Damit ist auch gesagt, daß es für den Zweck dieses Briefes nicht notwendig ist, diesen Glauben aufs neue darzulegen und zu begründen. Dagegen scheint die Schrift, deren Abfassung Ju bereits am Herzen lag, als er die Nachrichten erhielt oder die Beobachtungen machte, die ihn zur Abfassung des Briefs nötigten, nach der freilich ziemlich allgemein lautenden Angabe ihres Gegenstandes ($\pi\varepsilon\varrho\grave{\iota}$ $\tau\tilde{\eta}\varsigma$ $\varkappa o\iota\nu\tilde{\eta}\varsigma$ $\dot{\eta}\mu\tilde{\omega}\nu$ $\sigma\omega\tau\eta\varrho\acute{\iota}\alpha\varsigma$) mehr lehrhaften Inhalts und größeren Umfangs haben sein zu sollen. Das $\gamma\varrho\acute{\alpha}\varphi\varepsilon\iota\nu$ $\dot{\upsilon}\mu\tilde{\iota}\nu$ gibt kein Recht, es ebenso wie $\gamma\varrho\acute{\alpha}\psi\alpha\iota$ $\dot{\upsilon}\mu\tilde{\iota}\nu$ von einem Brief zu verstehen. Wenn nur die Bestimmung der Schrift für die Leser festgehalten wird, kann sie ebensogut als ein aus mehreren Teilen bestehendes Werk gedacht·werden (cf Lc 1, 3). Jedenfalls leidet es der Ausdruck nicht, ihn so zu verstehen, als ob Ju im Begriff gestanden hätte, ohne besonderen Anlaß ein lehrhaftes Sendschreiben an die Leser zu richten, als die Ereignisse eintraten, welche ihn bestimmten, demselben einen anderen, spezielleren Inhalt zu geben, als derselbe sonst bekommen hätte. Vielmehr tritt an die Stelle der ausführlicheren Schrift, welche er ihnen zu widmen gedachte, als ein vorläufiger Ersatz derselben dieser kurze Brief. Ob Ju jene vorläufig zurückgestellte schriftstellerische Absicht ausgeführt oder die bereits begonnene Arbeit vollendet hat, wissen wir ebensowenig, als ob Pt die 2 Pt 1, 15 ausgesprochene ähnliche Absicht ausgeführt hat (oben S. 46 f.). Auf uns ist nichts gekommen, was als die hier gemeinte Schrift des Ju gelten könnte oder auch nur den Anspruch erhöbe, dafür zu gelten. Wenn Ju sich seit einiger Zeit mit dem Gedanken trug oder schon damit beschäftigt war, für die Leser seines Briefs eine Lehrschrift abzufassen, und wenn er jetzt durch eine ihnen drohende Gefahr sich gezwungen sieht, diesen Brief zu schreiben, so muß er auf seinen Wanderungen als Evangelist (1 Kr 9, 5) mit ihnen in Berührung gekommen sein und sie seither im Auge behalten háben. Daher hat er auch die Kunde, welche ihn zum Briefschreiben nötigt. Selbstverständlich fehlt sie den Lesern selbst auch nicht. Ju spricht davon aber auch nicht so, als ob er ihnen neue Tatsachen meldete, sondern unter der Voraussetzung, daß die Leser wissen, was und wen er meint, charakterisirt und beurteilt er gewisse Leute, welche sich bei ihnen eingeschlichen haben und unter ihnen ihr Wesen treiben (v. 4. 12. 19). Er nennt sie Gottlose, welche die Gnade Gottes in Unsittlichkeit umsetzen und den alleinigen Gebieter und Herrn der Christen, Jesum Christum verleugnen (v. 4). Ersteres konnte nur durch eine Lehre geschehen, welche aus dem Stande der Christen unter der Gnade das Recht zu einem unsittlichen Leben herleitete (A 4), und Letzteres konnte, da diese Leute sich für Christen ausgaben, nur eine im Ungehorsam bestehende Losreißung von Christus als dem Herrn, eine tatsächliche Verleugnung desselben durch einen mit dem Bekenntnis zu ihm unverträglichen Wandel sein (cf Tt 1, 16; 2 Pt 2, 1 oben S. 64). Ausführlicher werden sie v. 10—13. 16. 18. 19 beschrieben. Erstens finden wir überall vorausgesetzt, daß sie äußerlich zur Christenheit gehören. Sie gleichen Fruchtbäumen im Spätherbst, wo alle

Bäume kahl sind; sie haben wie die guten Bäume einen Frühling hinter sich, in welchem sie vielleicht Blüten gehabt, und einen Sommer, in welchem sie hätten Früchte reifen können, haben sich aber als unfruchtbare Bäume erwiesen und sind vom Gärtner mit der Wurzel ausgerissen worden (v. 12). Sollen sie zweimal gestorben sein, so müssen sie einmal aus einem Todeszustand ins Leben gerufen worden (Eph 2, 1. 5; Kl 2, 13; Jo 5, 24) und darauf wieder in den Todeszustand zurückgesunken sein. Sie beteiligen sich an den Agapen der Leser, als ob sie ein Recht dazu hätten, welches ihnen auch nicht äußerlich, durch Hinweis auf ihre Nichtzugehörigkeit zur Gemeinde, bestritten werden kann (v. 12). Auch daß sie Absonderungen machen, während sie des heiligen Geistes ermangeln und in ihrem natürlichen Selbstleben befangen sind (v. 19), spricht nicht dagegen, daß sie äußerlich zur Christenheit sich rechnen, sondern scheint darauf hinzuweisen, daß sie sich gerade als die Geistesmenschen betrachten und als solche bösen Unterschied zwischen sich und den gewöhnlichen Christen machen, was an sich selbst schon separatistische Neigungen bezeichnet. Dieses z w e i t e Moment liegt auch zu Grunde, wenn sie unter anderem als Nachfolger des Korah bezeichnet werden, welcher sich mit 250 vornehmen Gliedern der Gemeinde gegen die Obrigkeit und die von Gott berufenen Führer Israels empörte, und zwar unter Berufung darauf, daß die ganze Gemeinde, also auch sie selbst heilig seien, sogut wie Aaron, und daß nicht bloß unter den Amtsträgern, sondern unter allen Gliedern der Gemeinde Gott wohne (v. 11 cf Num 16, 2 f. mit Num 11, 16 f. 24—29; 1 Kr 14, 25). Die Vergleichung wäre inhaltslos, wenn die Libertinisten des Ju sich nicht unbotmäßig gezeigt hätten gegen die Gemeindevorsteher und zwar unter Berufung auf die Heiligkeit und den Geistbesitz der ganzen Gemeinde. Wie die Demagogen aller Zeiten werden sie in der Form solcher Berufung auf die gleichen Rechte Aller ihr, der Wortführer Recht gegenüber der ordentlichen Leitung des Gemeinwesens geltend gemacht und sich als Träger des Gemeingeistes den geistlosen Amtsträgern und den blindlings deren Auktorität folgenden Gemeindegliedern gegenübergestellt haben. Auch die Worte γογγυσταὶ μεμψίμοιροι, welche nur in v. 16 echt sind, aber in früher Zeit teils an v. 11 angehängt, teils in v. 12 eingeschaltet, also in unmittelbare Verbindung mit dem Namen Korah's gebracht wurden, erinnern in der Tat daran, daß Korah und seine Rotte, unzufrieden mit ihrer untergeordneten Stellung, gegen Aaron, aber auch gegen Moses murrten (Num 16, 11), und zwar mit doppelter Bitterkeit, weil sie ohnehin die Entbehrungen, welche ihnen der Auszug aus Ägypten eingetragen hatte, unwillig trugen (Num 16, 13 f.; 14, 2. 27. 37; Ex 16, 2 f.; 17, 3). Aus sehr ähnlichen Gründen sind auch die Leute, welche Ju schildert, unzufriedene, ihr Schicksal anklagende Murrer. Unzufrieden mit den Entsagungen, welche das christliche Bekenntnis ihnen eingetragen hat, und mit der ihrem Selbstgefühl wenig entsprechenden Stellung in den Gemeinden, die ihnen zugefallen ist, murren sie wider die Gemeindevorsteher (A 5). Mit solchem Murren verbindet sich wie bei Korah und seinen Genossen, und auch wo sonst in der Christenheit Ähnliches sich wiederholt hat (cf 1 Kr 10, 6. 10), ein Verlangen nach den Annehmlichkeiten des Lebens, welche man vor der Erlösung genossen hat, und ein tatsächlicher Rückfall in die vorchristliche Lebensweise. Das ist der **dritte** Zug im Bilde dieser Leute. Sie wandeln nach ihren frevelhaften Gelüsten (v. 16. 18). Dies zeigt sich schon an der Art, wie sie sich bei den Agapen benehmen (v. 12 A 6). Ohne Scheu vor der Heiligkeit solcher Mahlzeiten betrachten sie dieselben als Schmäuse und denken nur daran, sich selbst einen möglichst reichlichen Anteil an den Speisen und Getränken zu verschaffen. Daß sie dieselben zu Sünden der Unzucht benutzen, ist noch weniger angedeutet, als 2 Pt 2, 13 f. (oben S. 71) und ist dadurch geradezu ausgeschlossen, daß Ju von den Agapen seiner Leser redet, welchen er nirgendwo eine innere Verwandtschaft mit diesen Frevlern oder eine Beteiligung an ihren Sünden nachsagt. Aber allerdings sollen die Leser, die jene noch an ihren Agapen teilnehmen lassen, wissen, daß es mit Schmutz befleckte Leute sind, welche sich mit ihnen an den Tisch des Herrn setzen, welche darum auch an den Agapen nicht reinen Herzens, sondern mit unzüchtigen Gelüsten im Herzen und in den Blicken teilnehmen (cf 2 Pt 2, 14). Unnatürliche Laster der Unzucht sagt Ju ihnen nach, indem er das ihrer wartende Strafgericht mit dem über die in Fleischessünden gefallenen Engel und über Sodom und Gomorrha vergleicht und die Sünden jener Engel und Städte viel deutlicher, als es 2 Pt 2, 4—10 geschieht, kennzeichnet (v. 6 f.) und ausdrücklich sagt, daß die in den Leserkreis eingeschlichenen falschen Christen in gleichartiger Weise wie jene das Fleisch beflecken (v. 8). Auch v. 23 weist auf unnatürliche Unzucht. Ein **vierter** Zug in ihrem Bilde ist, daß sie hochfahrende Reden führen (v. 16), und zwar nicht bloß gegen die Ordnung und die Vorsteher der Gemeinde, sondern auch gegen Gott (v. 15). Sie setzen auch das herab, was der Mensch als eine Herrschermacht über sich anerkennen sollte, und lästern hohe Geister (v. 8); nach dem Fortgang der Rede (v. 9) scheint man wenigstens auch an böse Engel denken zu sollen. Da dies mit ihrer Unzucht unmittelbar verbunden wird, so ist anzunehmen, daß sie durch eine Theorie über die Ungefährlichkeit der bösen Geister oder auch durch verächtliche Äußerungen über die guten Engel, aus Rücksicht auf welche andere Christen sich besonderer Sittsamkeit glaubten befleißigen zu sollen (1 Kr 11, 10), ihre Unzucht zu rechtfertigen suchten. Daß sie sich eines Wissens um die Geisterwelt rühmten, wird auch dadurch angedeutet, daß ihnen wirkliche Kenntnis der Mächte, welche sie lästern, abgesprochen wird (v. 10 s. oben S. 64), und daß ihr Lästern wie ihr unzüchtiges Treiben mit Träumen, die sie haben, in Zusammenhang gebracht wird (v. 8). Das eine Wort ἐνυπνιαζόμενοι reicht jedoch nicht aus, zu entscheiden, ob sie sich rühmten, in Traumgesichten tiefere Blicke in die Geisterwelt getan zu haben, oder ob nur Ju ihre verworrenen Ideen Träume nennt. Noch weniger genügt dies eine Wort, sie zu Pseudopropheten zu stempeln; und auch die Erinnerung an Bileam (v. 11) kann nicht darauf führen; denn dieser ist weder

hier noch im 2 Pt noch im AT als Pseudoprophet bezeichnet (s. oben S. 71).
Dies bringt uns vielmehr einen **fünften** Zug zum Bilde der Frevler. Wenn
es heißt, daß sie um Lohnes willen sich der $\pi\lambda\acute{a}\nu\eta$ Bileams ganz ergeben haben,
so kann die damit bezeichnete Sünde nicht lediglich in Äußerungen ihrer Habsucht bestanden haben, sondern in einem Tun, welchem sie um des Gewinnes
willen, den es ihnen einträgt, sich mit Leidenschaft und ganzer Kraft hingeben. Da nun Bileam im AT nicht als ein im Irrtum befangener oder in
Irrtum geratener, wohl aber als ein verführerischen Rat gebender und durch
solchen Rat die Glieder der Gemeinde Gottes zur Unzucht verleitender Mensch
beschrieben wird (oben S. 64. 71), so kann $\pi\lambda\acute{a}\nu\eta$ nicht in passivem, sondern nur
in aktivem Sinne gemeint sein (A 7). Es wird aber nicht gesagt, daß die Libertinisten der Irreleitung Bileams oder einer solchen, die sich mit Bileams Rat
vergleichen läßt, zum Opfer gefallen sind, indem sie heidnischer Unzucht sich
ergaben, was ja freilich der Fall war, aber nicht um Lohnes willen geschehen
sein kann, sondern Bileam selbst ist ihr Typus sowohl als $\pi\lambda\acute{a}\nu o\varsigma$, als darin,
daß er es um Lohnes willen war. Sie sind also, wie auch schon v. 4
angedeutet war (oben S. 71), **Lehrer**, welche nicht nur durch ihr böses
Beispiel, wodurch kein Lohn zu erwerben wäre, sondern durch Vortrag
ihrer libertinistischen Theorie die Gemeindeglieder zu gleicher Theorie und
Praxis zu verleiten suchen und für ihr Lehrgeschäft sich honoriren
lassen (cf 2 Pt 2, 3. 14 oben S. 64; Tt 1, 11; 1 Tm 6, 5; Bd I, 469). Auf denselben Zusammenhang der Dinge weist v. 16. Ihr Murren gegen die Ordnung
der Gemeinde und deren berufene Vertreter und ihre hochfahrenden Reden,
welche auch den heiligen Gott und die übermenschlichen Geister nicht schonen,
und welche im Dienst ihrer Unsittlichkeit stehen, halten sich nicht in dem Kreis
der Gesinnungsgenossen, sondern werden auch vor Solchen laut, die erst noch
zu verführen sind. Dabei bevorzugen sie die Vornehmen und Reichen und zwar
um des materiellen Vorteils willen, den ihnen eine erfolgreiche Belehrung
gerade solcher Gemeindeglieder einträgt. Daß sie mit solcher Lehrtätigkeit
bereits einige Erfolge im Kreise der Leser gewonnen haben, zeigt der Schluß
des Briefes. Zwar die Leser, von welchen Ju erwartet, daß sein Wort sie
erreiche, werden auch hier v. 20 ff. den falschen Lehrern ebenso scharf gegenübergestellt, wie im Eingang. Aber es ist doch von Gemeindegliedern die Rede,
welche in verschiedener Abstufung der Verführung anheimgefallen sind und den
Lesern zu seelsorgerischer Behandlung anbefohlen werden. Es sind Zweifelnde
vorhanden, welche die afterchristliche Lehre nicht mit Entschiedenheit zurückweisen, sondern das Für und Wider erwägen. Sie sollen mit Gründen von der
Torheit ihres Schwankens und der Unwahrheit der ihnen gefährlichen Lehre
überführt werden. Es sind auch Solche da, welche bereits vom Feuer des Verderbens ergriffen sind, aber doch noch herausgerissen werden können. Es gibt
endlich auch Solche, welche nur noch Gegenstand eines mit Furcht gepaarten
Mitleids sein können; deren unreine Laster soll man hassen und ängstlich meiden,

sie selbst aber mit jenem unverdienten Erbarmen ansehen,. welches man selbst
von dem Herrn Christus am Tage des Gerichts zu erfahren hofft (v. 21—23 A 8).
Ein sechstes Moment in der Beschreibung dieser Verführer besteht darin, daß
in ihrem gegenwärtigen Auftreten eine längst ausgesprochene und schriftlich aufgezeichnete Weissagung sich erfüllt. Gleich nachdem Ju auf ihr Eindringen in
den Leserkreis als die dringende Veranlassung seines Schreibens hingewiesen hat,
bezeichnet er sie als diejenigen, welche lange zuvor in bezug auf dieses Gericht
Gegenstand einer schriftlichen Darstellung geworden sind (v. 4 A 9). Da weiterhin aus der atl Geschichte verschiedene Strafgerichte als Typen dessen, was
diesen Leuten bevorsteht, erwähnt werden (v. 5—7), und Worte Henochs von
dem schließlichen Gericht Gottes über alle Gottlosen angeführt werden (v. 14 f.),
so lag es nahe, an das erst im Folgenden zu schildernde Gericht als ein längst
geweissagtes zu denken, zumal $\pi\acute{\alpha}\lambda\alpha\iota$ an die $\pi\alpha\lambda\alpha\iota\grave{\alpha}$ $\delta\iota\alpha\vartheta\acute{\eta}\varkappa\eta$ und $\pi\varrho o\gamma\varepsilon\gamma\varrho\alpha\mu\mu\acute{\varepsilon}\nu o\iota$
an Stellen wie Rm 15, 4; AG 1, 16; 2 Pt 3, 2 erinnerte. Diese Beziehung des
$\tau o\tilde{\upsilon}\tau o$ wäre aber nur dann möglich, wenn unmittelbar auf dieses $\tau o\tilde{\upsilon}\tau o$ die Aussage folgte, daß sie und wie sie von Gottes Gericht werden getroffen .werden.
Das ist aber so wenig der Fall, daß man im ganzen Brief eine direkte Aussage
dieses Inhalts vergeblich sucht. Auch die angeführten geschichtlichen und geweissagten Gerichte Gottes dienen viel eher dazu, die Frevelhaftigkeit jener argen
Christen zu kennzeichnen, die Gott allerdings nicht ungestraft lassen wird,
als das Gericht zu malen, dem sie über kurz oder lang anheimfallen werden.
Ebenso unmöglich ist aber auch die Fassung von $\tau o\tilde{\upsilon}\tau o$ als Einleitung der in
v. 4 [b] von Ju gegebenen Beschreibung dieser Leute (A 10). Weist $\tau o\tilde{\upsilon}\tau o$ hier
wie gewöhnlich auf das vorher Gesagte zurück, so faßt Ju eben das Eindringen
jener Leute in die Gemeinden, an welche er schreibt, als ein Gericht auf,·
und zwar als ein längst in einer Schrift geweissagtes Gericht. Es ist das
natürlich nicht ein Gericht, welches an ihnen oder von ihnen vollzogen wird,
sondern ein Gericht an den Gemeinden, in welche sie eingebrochen sind. Wie
das Kommen Jesu in die Welt, welcher selbst Niemand richtet und von Niemand
gerichtet wird, ein Gericht an der Welt mit sich bringt (Jo 9, 39; 3, 19 cf dagegen 3, 17; 12, 47), und wie Pl in der von ihm vorausgesehenen Sektenbildung
ein von Gott gewolltes Gericht an der Gemeinde zum Zweck der Unterscheidung
der zuverlässigen Christen von den unlauteren Elementen erblickt (1 Kr 11, 19),
so auch Ju. Es ist an sich ein Unglück, daß solche Leute in immer neue
Gemeinden eindringen, wie es ein Übel ist, daß die Christen um ihres Glaubens
willen zu leiden haben; aber dies wie jenes ist, von seiten Gottes betrachtet,
ein Stück des Gerichts, welches am Hause Gottes seinen Anfang nimmt (1 Pt 4,
17), ehe es an der Welt sich vollzieht; es ist ein Zeichen der letzten Zeit
(1 Jo 2, 18). Die richtige Stellung zu dieser betrübenden Tatsache einzunehmen,
wird aber dadurch den Lesern erleichtert, daß Ju unter der Voraussetzung, die
Leser damit nur an etwas Bekanntes zu erinnern, sagen kann, es seien die bei
ihnen eingedrungenen gottlosen Leute eben die, von welchen längst in einer

Schrift geweissagt sei, nicht daß sie überhaupt kommen, sondern daß sie sich
bei den Lesern des Ju einschleichen werden. Im Buche Henoch oder in den
prophetischen Schriften des AT's würde man vergeblich nach einer solchen
Weissagung suchen, weil zur Zeit von deren Abfassung christliche Gemeinden
noch nicht existirten. Dagegen lesen wir 2 Pt 2, 1—3, 4 eine genau entsprechende Weissagung, nämlich die Ankündigung, daß falsche Lehrer, deren
Theorie und Praxis derjenigen der gottlosen Namenchristen im Ju aufs Haar
gleicht, in einem bestimmten Kreis judenchristlicher Gemeinden auftreten werden.
Wir lesen dies in einer Darstellung, welche gleich in ihrem Eingang wörtlich
mit Ju 4 sich berührt. Wenn also 2 Pt 2, 1—3, 4 nicht aus einer älteren Schrift
abgeschrieben ist, welche Ju vor sich hatte, so ist klar, daß Ju hier auf den
2 Pt hinweist und daß der Ju an dieselben judenchristlichen Gemeinden gerichtet
ist, wie der 2 Pt. Hierin wird man bestärkt durch Ju 17 f. Die Leser sollen
der von den Aposteln Christi im voraus gesprochenen Worte eingedenk bleiben,
daß sie nämlich den Lesern gesagt haben: „es werden in der letzten Zeit Spötter
sein, die nach ihren gottlosen Gelüsten wandeln". Die direkte Redeform, in
welcher die apostolische Weissagung hier wieder vorgeführt wird, würde vielleicht
nicht schlechthin ausschließen, daß hiemit wiederholte und mannigfaltige Weissagungen zusammengefaßt seien (A 10). Aber unnatürlich wäre der Ausdruck.
Ferner ist das $\dot{v}\mu\tilde{\iota}v$ hier ebensowenig wie 2 Pt 1, 16 und 3, 15 zu übersehen. Es
handelt sich um Worte, welche die Apostel an die Leser des Ju und somit auch
an die Leser des 2. Pt gerichtet haben. Sodann war schon v. 4 als den Lesern
bekannt vorausgesetzt eine schriftliche Weissagung des jetzt erfolgten Einschleichens
der Libertinisten in den Leserkreis. Daß eine solche, diesem Leserkreis geltende
Weissagung auch an denselben gerichtet war, ist beinah ebenso selbstverständlich,
als daß nur ein Christ weissagen konnte, in einem bestimmten Kreis christlicher
Gemeinden würden falsche Lehrer auftreten. Die Spötter von v. 18 sind aber
nach dem Zusammenhang von v. 16—20 eben dieselben Leute, auf welche sich
nach v. 4 jene schriftliche Weissagung bezog. Es muß also in einer und derselben an diese judenchristlichen Gemeinden gerichteten Schrift beides enthalten
gewesen sein, die nur ihrem Inhalt nach angedeutete Weissagung von v. 4 und
die wörtlich citirte Weissagung von v. 18. In demselben 2 Pt, in welchem wir
die v. 4 vorausgesetzte Schrift wiedererkennen (2 Pt 2, 1—3), finden wir aber
auch die von Ju (v. 18) aus derselben Schrift citirte Weissagung beinah wörtlich
wieder (2 Pt 3, 3). Will man nicht zu sehr künstlichen Annahmen greifen (§ 44),
so ist hiemit bewiesen, daß Ju in v. 18 wie in v. 4 sich auf den 2 Pt beruft und
zwar beidemale als auf eine an die Leser seines eigenen Briefes gerichtete Schrift
und überdies v. 18 als auf die Schrift eines Apostels. Dagegen kann nicht
geltend gemacht werden, daß Ju jene weissagenden Worte nicht einem einzelnen
Apostel, sondern den Aposteln insgesamt zuschreibt. Buchstäbelnde Auslegung
könnte hieraus höchstens den unwahrscheinlichen Schluß ziehen, daß sämtliche
Apostel ein gemeinsames Schreiben an die Leser gerichtet haben, woraus das

Citat genommen wäre. Es liegt in der Natur der Sache, daß Ju, wenn er in direkter Rede aussprechen wollte, was die Apostel den Lesern in der hier in Rede stehenden Beziehung gesagt haben, nur das Wort eines einzelnen Apostels anführen konnte, natürlich jedoch unter der Voraussetzung, daß andere Apostel den Lesern Gleichartiges über dieselbe Sache gesagt oder geschrieben haben. Eben diese Voraussetzung spricht er aus, indem er statt des einen Pt die Apostel als die Urheber jener Weissagung nennt. Der somit an sich wohl begreifliche Ausdruck erscheint um. so natürlicher, wenn dem Ju der 2 Pt vorlag; denn Pt hatte 2 Pt 3, 3 die von Ju citirte Aussage nicht als eine neue, von ihm jetzt zum ersten Mal ausgesprochene Weissagung vorgetragen, sondern in merklichem Unterschied von seiner Vorhersagung in 2, 1 die Leser nur daran erinnert als an eine bereits bekannte Erwartung (oben S. 67). Ein Apostel, welcher an die gleichen Leser über verwandte Gegenstände einmal einen Brief geschrieben und darin in gleichem Sinne wie Pt sich geäußert hatte, war 2 Pt 3, 15 genannt. Selbst wenn Ju nicht mehr wußte, als was wir aus 2 Pt 3, 3. 15 erfahren, konnte er daraufhin so schreiben, wie er geschrieben hat; denn er spricht nicht wie 2 Pt 3, 2 von den Aposteln seines Leserkreises, zu welchen Pl nicht gehörte (oben S. 49), sondern von den Aposteln unseres Herrn Jesus Christus, zu welchen auch Pl von den älteren Aposteln und den Brüdern Jesu gerechnet wurde (Gl 2, 9). Ju lehnt sich auch in den das Citat einleitenden Worten an die Worte von 2 Pt 3, 2 ($\mu\nu\eta\sigma\vartheta\tilde{\eta}\nu\alpha\iota$ $\tau\tilde{\omega}\nu$ $\pi\varrho o\epsilon\iota\varrho\eta\mu\acute{\epsilon}\nu\omega\nu$ $\varrho\eta\mu\acute{\alpha}\tau\omega\nu$) an, aber er schreibt nicht ab, sondern ändert und verwendet sie seinem Zweck entsprechend. Er erinnert weder v. 17 f. noch v. 4 wie Pt an die Weissagungen der atl Propheten und das christliche Gebot der Apostel, sondern an eine apostolische Weissagung. Vom Standpunkt der Auslegung kann dieser einfache Sachverhalt nicht durch die oft gehörte Bemerkung verdunkelt werden, daß $\pi\acute{\alpha}\lambda\alpha\iota$ v. 4 in die graue Vorzeit zurückweise. Im Gegensatz zu dem neuerdings erfolgten Auftreten der frevelhaften Christen kann es ebensogut einen Abstand von Wochen und Monaten als von Jahren und Jahrhunderten ausdrücken (A 11). Wie lange Zeit zwischen der Weissagung in 2 Pt 2, 1—3 und der Erfüllung derselben, welche der Abfassung des Ju als unmittelbare Veranlassung vorangeht, verstrichen sei, können wir weder dem Wort $\pi\acute{\alpha}\lambda\alpha\iota$ „längst" entnehmen, noch überhaupt genau bestimmen. Doch weist uns Ju 5 in die Zeit nach dem großen Gericht des J. 70. Indem Ju seine mit v. 5 beginnende Darlegung als eine Erinnerung bezeichnet und diese durch die Berufung auf das bereits vorhandene umfassende Wissen der Leser verschärft (cf 1 Jo 2, 20 f. 27 und A 12), sagt er nicht nur, daß er den Lesern bekannte Tatsachen vorführen werde, sondern auch, daß er auf Verständnis der kurzen oder dunkeln Andeutung rechne. Wie sehr veranlaßt diese vorbereitende Bemerkung war, zeigt die Geschichte der Auslegung der enge verbundenen Sätze v. 5 f., welche Ju dabei hauptsächlich im Auge gehabt haben muß, da er die dritte Aussage v. 7 viel loser anreiht. Die erste Erinnerung ist diese, „daß Gott der Herr (denn dies heißt das artikellose $\varkappa\acute{\upsilon}\varrho\iota o\varsigma$) oder (nach der wahr-

scheinlich ursprünglichen LA s. A 12) daß J e s u s, nachdem er ein Volk aus Ägypten-
land errettet hat, das zweite Mal diejenigen, welche nicht geglaubt haben, zu
Grunde gerichtet hat". Daß hiemit eine Tatsache der atl Geschichte benannt
sein sollte, ist schon darum unwahrscheinlich, weil Ju dann in wunderlicher
Reihenfolge (cf dagegen Sir 16, 6—10) zuerst in die späteren Bücher des Pentateuchs oder des AT's gegriffen und sodann auf Gen 6 und Gen 19 zurück-
gegriffen hätte. Dagegen spricht ferner die Artikellosigkeit von $\lambda\alpha\delta\varsigma$ (cf AG 15,
14; Tt 2, 14; 1 Pt 2, 9 f., dagegen δ $\lambda\alpha\delta\varsigma$ Mt 2, 4; 4, 23; Jo 11, 50. 52; 18, 14;
AG 10, 2; 2 Pt 2, 1 und δ $\lambda\alpha\delta\varsigma$ $\alpha\vec{v}\tauo\vec{v}$ Mt 1, 21; Lc 1, 68; Rm 11, 1). Vor allem
aber will es nicht gelingen, innerhalb der atl Geschichte den bekannten zweiten
Fall ausfindig zu machen, in welchem Gott die aus Ägypten Erlösten und doch
Ungläubigen zu Grunde gerichtet hat, im Vergleich mit einem ebenso bekannten
ersten Fall, in welchem er es ebenso gemacht hat; denn dies ist die selbstverständliche Voraussetzung, da sonst ein Gegensatz des göttlichen Verfahrens
im ersten und im zweiten Fall ausgesprochen sein müßte (A 12). Die ersten
Leser werden ohne Mühe verstanden haben, daß Ju im Vergleich mit dem
Gericht über die aus Ägypten ausgezogene Generation Israels, die mit wenigen
erfreulichen Ausnahmen zur Strafe ihres Unglaubens in der Wüste dahinstarb,
ohne das Land der Verheißung gesehen zu haben (Num 14, 11—38; Deut 1,
26. 32; 2, 14—16; Ps 106, 24; 1 Kr 10, 5; Hb 3, 10. 19), von einer anderen
Generation spricht, welche gleichfalls nach einer von ihr erlebten Erlösung
eines Gottesvolks zur Strafe für ihren Unglauben gerichtet und vernichtet worden
ist. Überall im NT von den Reden des Täufers bis zu den Gesichten der
Apokalypse finden wir die Vorstellung ausgesprochen, angedeutet oder vorausgesetzt, daß Christus eine mit der Befreiung Israels aus Ägypten vergleichbare
Erlösung vollbracht habe (A 12). Objekt derselben ist nicht das jüdische Volk,
wohl aber ein Gottesvolk, auf welches die Titel Israels übertragen sind (Bd I, 58 f.).
Sowenig als nach der Erlösung Israels aus Agypten ist nach der Erlösung durch
Christus das erlöste Gottesvolk vernichtet worden, wohl aber ist die Generation,
welche die Erlösung erlebt hat, und sind die zunächst zur Annahme der Erlösung
und zum Besitz der dadurch verbürgten Güter Berufenen, also die Volks- und Zeitgenossen Jesu, wegen ihres Unglaubens gerichtet worden. Daß Jesus dies Gericht
an der ungläubigen Masse des jüdischen Volks vollzogen habe, konnte Ju sagen,
weil das vom jüdischen Volk verworfene Zeugnis Jesu dasselbe gerichtet hat
(Jo 12, 48; 15, 22; 9, 39; Mt 12, 39—45; 13, 14 f.; Lc 20, 18), und weil die
drohende Weissagung Jesu über die böse und ehebrecherische Generation in der
Zerstörung Jerusalems und des Tempels sich erfüllt hat (Jo 2, 19 = Mr 14, 58;
15, 29; AG 6, 14; ferner Mt 21, 19. 41—43; 22, 7; 23, 35—24, 2; Lc 19,
41—44; 21, 5. 6. 20—24; 23, 28—31). Dieses Ereignis also hat Ju hinter
sich. Zumal für judenchristliche Gemeinden, welche dasselbe in frischer Erinnerung hatten, war ein Misverständnis nicht möglich, und gerade für sie war
das Gericht über die ungläubige Masse ihres eigenen Volkes die wirksamste

Mahnung, an ihrem Glauben festzuhalten und für ihn einzustehen auch gegen die neuerdings an sie herantretende Versuchung zu einem angeblichen Christentum, welches tatsächliche Verleugnung des einzigen Herrn der Christenheit und eine Verkehrung des Gnadenstandes seiner erlösten Knechte in heidnische Sittenlosigkeit ist. Hatte der im J. 64 gestorbene Pt gegen Ende seines Lebens denselben judenchristlichen Gemeinden, an welche Ju schreibt, vorausgesagt, daß Lehrer eines unsittlichen Christentums und Spötter über die Verheißung der Parusie, welche er außerhalb ihres Kreises kennen gelernt hatte, unter ihnen auftreten werden, und glaubte Ju nach dem Untergang Jerusalems diese Vorhersagung sich erfüllen zu sehen in dem Einschleichen gefährlicher Menschen von lasterhafter Theorie und Praxis, bei welchen die wesentlichsten Züge der prophetischen Schilderung des 2 Pt wiederzuerkennen waren, so konnte er sagen, es sei längst im voraus von ihnen geschrieben (v. 4) und den Lesern durch Apostelmund geweissagt worden (v. 17 f.). Nehmen wir die Zeit um 75 als ungefähre Abfassungszeit des Ju — denn erheblich tiefer herabzugehen, verbietet uns das Wenige, was wir von der Lebensgeschichte des Vf wissen (oben S. 74 f.) —, so waren etwa 10—15 Jahre verstrichen, seit Pt an dieselben Gemeinden geschrieben hatte.

1. Aus der Zeit Jesu und der Apostel: 1) der Apostel Judas, Sohn des Simon, des Mannes aus Kariot (Jo 6, 71; 13, 2 etc.); 2) der Apostel Judas Jakobi (Sohn eines gewissen Jakobus s. Forsch VI, 344 f.) Lc 6, 16; AG 1, 13; Jo 14, 22, wie es scheint identisch mit Lebbaios oder Thaddaios Mt 10, 3; Mr 3, 18. Ferner 3) der Sohn der Maria, Bruder von Jakobus, Joseph, Simon, mehreren Schwestern und — Jesus (Mt 13, 55; Mr 6, 3; Ju 1 cf Mt 12, 46; Mr 3, 31; Jo 2, 12; 7, 3—8; AG 1, 14; 1 Kr 9, 5; Hegesippus bei Eus. h. e. III, 19; 20, 1—8; 32, 5); 4) Judas Barsabas, der prophetisch begabte und in der Muttergemeinde angesehene Deputirte derselben an die Gemeinde von Antiochien AG 15, 22—34 cf Bd I, 22 (nicht zu verwechseln mit Joseph Barsabas mit dem Zunamen Justus AG 1, 23; Papias bei Eus. h. e. III, 39, 9). — Es ist ferner herangezogen worden (§ 44 A 1) Judas, der letzte judenchristliche Bischof von Jerusalem aus der Zeit Hadrians (Eus. h. e. IV, 5, 3; chron. a. Abr. 2139; Epiph. haer. 66, 20), welchen Schlatter (Der Chronograph aus dem 10. Jahr Antonins, 1894 S. 25—37) für den Vf einer Chronographie erklärt, die Eusebius (h. e. VI, 7) fälschlich in die Zeit des Severus verlegt habe cf Forsch VI, 283. 291 ff.

2. Clem. hypot. lat. (Forsch III, 83) *Judas, qui catholicam scripsit epistolam, frater filiorum Joseph exstans valde religiosus et cum sciret propinquitatem domini, non tamen dicit se ipsum fratrem eius esse, sed quid dixit? „Judas servus Jesu Christi, utpote domini, frater autem Jacobi"; hoc enim verum est: frater erat ex Joseph.* Clemens teilt die Ansicht, daß die Brüder des Herrn Söhne Josephs aus einer früheren Ehe seien. Der Ahnenstolz der Verwandten Jesu, der δεσπόσυνοι, dessen Africanus gedenkt (Eus. h. e. I, 7, 14), hat sich erst in späterer Zeit entwickelt cf Bd. I, 78. Unter den Neueren cf Bengel zu Ju 1, besonders aber Hofmann VII, 2, 145 f. Die Gegenbemerkungen Spitta's 300 f. beruhen, wenn ich recht verstehe, auf der unannehmbaren Ansicht, daß die Bezeichnung als Bruder des Jk dazu diene, das Recht des Vf zu seinem Mahnschreiben zu begründen, und somit eine ähnliche Bedeutung habe, wie das ἀπόστολος δὲ Ἰ. Χρ. Tt 1, 1 cf Rm 1, 1. Mag man immerhin in der Hochschätzung der Anverwandten Jesu einen nicht eben geistlichen Charakterzug judenchristlicher Denkweise erblicken, welcher dem Sinne Jesu nicht entsprach (Mt 12, 49), bis zu dem Grade der

Unvernunft dürfen wir uns die Gemeinden Palästinas doch nicht gesunken vorstellen, daß ein Ju als Bruder und Simeon als Vetter des Jk oder umgekehrt Jk als Bruder des Ju ein sonderliches Ansehn genossen hätten. Vielmehr „als Bruder des Herrn" wurde der Einzelne (Gl 1, 19) und als „Brüder des Herrn" waren und wurden sie insgesamt ausgezeichnet (1 Kr 9, 5; AG 1, 14), seitdem sie gläubig geworden waren; sie selbst aber machen in ihren Briefen von diesem Ehrentitel keinen Gebrauch. Es würde die Bezeichnung als Jesu Christi Knecht Ju 1 ebensowenig wie Jk 1, 1 zu einer weiteren Beobachtung, als zu dieser negativen ein Recht geben, wenn nicht der chiastisch aufgebaute Gegensatz zwischen $\delta o\tilde{v}\lambda os$ — $\dot{a}\delta\varepsilon\lambda\varphi\grave{o}s$ $\delta\acute{\varepsilon}$ und zwischen $\mathcal{I}. X\varrho.$ und $\mathcal{I}a\varkappa.$ dazu nötigte.

3. Der Wortsinn von v. 3 ist kaum zweifelhaft. Für $\tilde{\varepsilon}\sigma\chi o\nu$ cf Bd I, 323 A 3. Aus $\pi\varepsilon\varrho\grave{\iota}$ $\tau\tilde{\eta}s$ $\varkappa.$ $\dot{\eta}.$ $\sigma\omega\tau\eta\varrho\acute{\iota}as$ ergibt sich, da andernfalls eine Näherbestimmung nicht fehlen könnte, die Vorstellung, daß dies der Mittelpunkt oder Hauptgegenstand der beabsichtigten Schrift sein sollte (cf 1 Th 5, 1; 1 Jo 1, 1; 2 Pt 1, 12; 3, 16; Rm 1, 3). Der starke Ausdruck $\pi\tilde{a}\sigma a\nu$ $\sigma\pi o\upsilon\delta\grave{\eta}\nu$ $\pi o\iota o\acute{\upsilon}\mu\varepsilon\nu os$ $\gamma\varrho\acute{a}\varphi\varepsilon\iota\nu$ bedeutet mehr als eine mit Lebhaftigkeit im Geist erwogene Absicht, welche bei Schriften nicht ohne eine ihre Abfassung vorbereitende Meditation zu denken ist. Eine solche Absicht hegte Pt schon, als er 2 Pt 1, 15 schrieb, drückte aber durch das Futurum $\sigma\pi o\upsilon\delta\acute{a}\sigma\omega$ aus, daß er diese Absicht mit Eifer in's Werk setzen werde; Ju war schon in dieser Tätigkeit begriffen. Cf auch Gl 2, 10; 2 Pt 1, 5. — In dem $\tilde{a}\pi a\xi$ v. 3 (Hb 6, 4), welches von $\dot{\varepsilon}\varphi\acute{a}\pi a\xi$ nicht wesentlich verschieden ist (cf 1 Pt 3, 18 mit Rm 6, 10 oder Hb 9, 12 mit 9, 26), liegt jedenfalls, daß ein zweitmaliges $\pi a\varrho a\delta\iota\delta\acute{o}\nu a\iota$ überflüssig oder unzulässig wäre. Auch v. 5, wo $\tilde{a}\pi a\xi$ sich der Bedeutung „überhaupt" nähert (Herm. vis. III, 3, 4; mand. IV, 4, 1; Did. lat. omnino = $\tilde{a}\pi a\xi$ trin. I, 19 cf $\dot{a}\pi a\xi a\pi\lambda\tilde{\omega}s$), ist es korrelat mit $\dot{\upsilon}\pi o\mu\nu\tilde{\eta}\sigma a\iota$ im Unterschied von $\delta\iota\delta\acute{a}\sigma\varkappa\varepsilon\iota\nu$. Unter $\tau o\tilde{\iota}s$ $\dot{a}\gamma\acute{\iota}o\iota s$ ohne jede Näherbestimmung kann nur entweder die gesamte Christenheit oder diejenige des hl. Landes gemeint sein (Bd I, 322 f. A 2). Da aber letztere in bezug auf den Glauben sich nicht von den heidenchristlichen Gemeinden unterscheidet (cf z. B. Gl 1, 22—24; 1 Th 2, 14; 1 Kr 15, 11; 1 Pt 5, 9. 12; 2 Pt 3, 15 f.), und da Ju keinerlei Abgeneigtheit gegen das Christentum anderer Gemeinden verrät, so kann nur die ganze Christenheit gemeint sein. Die Gegenbemerkungen von Spitta 309 sind mir unverständlich, und die Meinung desselben (S. 416), daß Ju durch fehlerhaftes Lesen von 2 Pt 2, 21 ($\tau o\tilde{\iota}s$ $\dot{a}\gamma\acute{\iota}o\iota s$ statt $a\dot{\upsilon}\tau o\tilde{\iota}s$ $\dot{a}\gamma\acute{\iota}as$) auf die Idee gekommen sei, gegen allen bekannten Sprachgebrauch unter „den Heiligen" die Apostel zu verstehen, scheint einer Widerlegung nicht bedürftig. Heilig werden alle Christen hier sehr passend genannt (cf 1 Pt 1, 15 f.) und dies durch die Stellung einigermaßen betont, weil im folgenden von solchen Leuten die Rede ist, welche zwar zu den „Heiligen" gehören oder doch gehört haben und auch denselben Glauben im objektiven Sinn dieses Wortes überliefert bekommen haben, wie die Leser, denselben aber verkehren und zwar gerade in der dem Begriff der Heiligkeit sowohl der Gemeinde als ihres Glaubens (v. 20) entgegengesetzten Richtung.

4. Da $\pi a\varrho\varepsilon\iota\sigma\acute{\varepsilon}\delta\upsilon\sigma a\nu$ v. 4 ebenso wie $\pi a\varrho\varepsilon\iota\sigma\tilde{\eta}\lambda\vartheta o\nu$ Gl 2, 4 ohne Bezeichnung des Gebiets steht, in welches die Irrlehrer sich eingeschlichen haben, so wird dies hier wie dort aus dem Zusammenhang zu ergänzen sein, dort die Gemeinde von Antiochien, hier der Leserkreis des Ju, in welchem sie sich jetzt befinden v. 12, und auch hier wird nicht ihr Eintritt in die Christenheit durch eine nur scheinbare Bekehrung und heuchlerische Taufe ein $\pi a\varrho\varepsilon\iota\sigma\delta\tilde{\upsilon}\nu a\iota$ genannt sein. Ihre Lehre ist die Rm 6, 1. 15; Gl 5, 13; 1 Pt 2, 16 abgewiesene, auch Rm 6, 12; 1 Kr 6, 12 ff. angedeutete, am ausführlichsten aber 2 Pt 2 beschriebene (oben S. 64).

5. Schon Didymus lat. zu Ju 11 deutet den Typus des Korah wie oben S. 77. Cf 1 Kr. 10, 1—11. Der einer Empörung gegen ihren Stifter zutreibenden Gemeinde

von Korinth ruft Pl 1 Kr 10, 10 mit unverkennbarem Anschluß an Num 17, 6—14 das
$\mu\grave{\eta}$ $\gamma o\gamma\gamma\acute{v}\zeta\varepsilon\tau\varepsilon$ zu, also in Erinnerung an das zunächst von Korah ausgegangene und nach
dessen Untergang in der ganzen Gemeinde einen Widerhall findende Murren gegen die
Obrigkeit. Cf 1 Kr 16, 16, auch Hb 13, 17 mit Hb 3, 7—4, 11. Dunkler ist die Meinung
der Vergleichung mit Kain. Als der erste der 3 Typen könnte er den allgemeinen Gedanken ausdrücken, daß die Irrlehrer der Ungerechtigkeit ergeben sind, denn gegenüber
dem gerechten Abel (Mt 23, 35) ist Kain der Ungerechte. Hiemit könnte sich, wie
1 Jo 3, 12. 15, der Gedanke verbinden, daß sie wegen ihrer „bösen Werke" Neider und
Feinde der Gerechten und Brudermörder sind. Möglich auch, daß eine traditionelle
jüdische Ausmalung jener „bösen Werke" zu Grunde liegt cf Siegfried, Philo S. 150 f.
Besonderes Gewicht legt nach dem Vorgang von Schneckenburger, Beiträge z. Einl.
221, Spitta 352 auf die Ausschmückung von Gen 4 im Targ. Jeruschalmi I, wonach
Kain mit Abel disputirend sagt: „Es gibt kein Gericht und gibt keinen Richter und
keine andere Welt, und es wird kein guter Lohn den Gerechten gegeben und keine
Rache an den Gottlosen genommen werden." Das würde zu der Schilderung des 2 Pt
trefflich passen, weniger zu Ju, wo die Leugnung der eschatologischen Erwartung nicht
erwähnt ist, was namentlich v. 18 auffällt. — Zum Text von v. 12 s. schon oben S. 71
zu 2 Pt 2, 13. Durch das hier vorangehende $\dot{\alpha}\gamma\acute{\alpha}\pi\alpha\iota\varsigma$ $\dot{v}\mu\tilde{\omega}\nu$ statt des dortigen $\dot{\alpha}\gamma\acute{\alpha}\pi\alpha\iota\varsigma$
$\alpha\dot{v}\tau\tilde{\omega}\nu$ erhält auch das $\sigma\upsilon\nu$- in $\sigma\upsilon\nu\varepsilon\nu\omega\chi o\acute{v}\mu\varepsilon\nu o\iota$ hier eine andere Beziehung. Der schlecht
bezeugte Zusatz $\dot{v}\mu\tilde{\iota}\nu$ ist sachlich richtig. Es empfiehlt sich aber sehr, mit S[2] S[3] und
Hofmann $\dot{\alpha}\varphi\acute{o}\beta\omega\varsigma$ zum Folgenden zu ziehen; denn ohne Furcht an einem festlichen
Schmause teilzunehmen, ist an sich nicht tadelnswert. Auch das bloße „Mitschmausen"
ist es kaum, sondern wird es erst durch die Eigenschaft, in welcher jene an den Agapen
teilnehmen, nämlich als $\sigma\pi\iota\lambda\acute{\alpha}\delta\varepsilon\varsigma$, was freilich in der Bedeutung „Felsen, Klippen" nicht
paßt, sondern nur, wenn man es mit $\sigma\pi\acute{\iota}\lambda o\iota$ 2 Pt 2, 13 (Schmutzflecken) etymologisch und
dem Sinn nach verwandt sein läßt, also = $\dot{\varepsilon}\sigma\pi\iota\lambda\omega\mu\acute{\varepsilon}\nu o\iota$ Ju 23, $\mu\varepsilon\mu\iota\alpha\sigma\mu\acute{\varepsilon}\nu o\iota$ wie Hesychius
glossirt cf Ju 8; Tt 1, 15; Ap 3, 4; 14, 4. Did. lat. *qui in dilectionibus vestris maculatis*
(l. mit Lücke *maculati*) *coëpulantur*. Cf Hofmann zu v. 12 u. 23. Damit ist aber durchaus
nicht gesagt, daß sie bei den Agapen Unzucht treiben, sondern daß sie als solche, die
durch Unzucht befleckt sind und dem entsprechende Gedanken und Gelüste überallhin
mit sich bringen, an den Agapen teilnehmen.

6. Zu dem objektlosen $\dot{\alpha}\pi o\delta\iota o\rho\acute{\iota}\zeta o\nu\tau\varepsilon\varsigma$ v. 19 wird ebensowenig ein bestimmtes einzelnes Objekt hinzuzudenken sein, wie wenn wir von Solchem reden, was trennt, im
Gegensatz zu Solchem, was verbindet. Ist $\delta\iota o\rho\acute{\iota}\zeta\varepsilon\iota\nu$ ein verstärktes $\dot{o}\rho\acute{\iota}\zeta\varepsilon\iota\nu$, so ist auch
$\dot{\alpha}\pi o\delta\iota o\rho\acute{\iota}\zeta\varepsilon\iota\nu$ ein verstärktes $\dot{\alpha}\varphi o\rho\acute{\iota}\zeta\varepsilon\iota\nu$, es bezeichnet eine vollkommen durchgeführte
Trennung. Die Pharisäer, griech. $o\acute{\iota}$ $\dot{\alpha}\varphi\omega\rho\iota\sigma\mu\acute{\varepsilon}\nu o\iota$ (Bd I, 49), sonderten sich von dem *am
haarez* ab und machten scharfe Unterschiede zwischen Gliedern des Volkes Gottes, ohne
doch aus demselben auszuscheiden. Diese falschen Lehrer unterscheiden noch schärfer
und bewirken darauf beruhende Absonderungen. Sie sind $\alpha\acute{\iota}\rho\varepsilon\tau\iota\varkappa o\acute{\iota}$ Tt 3, 10. Den
Gegensatz bildet der feste Zusammenschluß der Gemeinde v. 20 f. Der hl. Geist einigt
(v. 20), die Psychiker ohne Geist trennen (v. 19), zuerst durch ihre hochmütigen Urteile,
dann durch ein die kirchliche Gemeinschaft auflösendes Handeln. Daß sie sich selbst
den Geist in hervorragendem Maße zuschrieben, sich für $\pi\nu\varepsilon\upsilon\mu\alpha\tau\iota\varkappa o\acute{\iota}$ im Gegensatz zu
den $\psi\upsilon\chi\iota\varkappa o\acute{\iota}$ ausgaben, ist mindestens wahrscheinlich. Der in diesen Kreisen vorkommende
Misbrauch paulinischer Worte (2 Pt 3, 16) läßt an 1 Kr 2, 10—3, 3 denken.

7. Aktive Bedeutung von $\pi\lambda\acute{\alpha}\nu\eta$ (Irreleitung, Verführung) liegt offenbar vor 1 Th 2, 3
(cf 2 Kr 6, 8); 2 Th 2, 11 (cf v. 9 $\tau\acute{\varepsilon}\rho\alpha\tau\alpha$ $\psi\varepsilon\acute{v}\delta o\upsilon\varsigma$). Ebenso Mt 27, 64. Der Volks-
verführer ($\dot{o}$ $\pi\lambda\acute{\alpha}\nu o\varsigma$ 27, 63) hat das Volk in die Irre geführt, solange er lebte (Jo 7, 12;
Lc 23, 2). Durch seine angebliche Auferstehung wird nicht der Irrtum des Volks, sondern
die Verführung zum Irrtum noch stärker, also schlimmer werden. Ferner 1 Jo 4, 6

cf 2 Jo 7; 1 Tm 4, 1. Auch Eph 4, 14 ist wegen der Verbindung $\mu\varepsilon\vartheta o\delta ia$ $\tau\tilde{\eta}s$ $\pi\lambda\acute{a}v\eta s$ und nach dem Zusammenhang das Wort nur aktiv zu verstehen.

8. Ich setze voraus, daß v. 22 f. Tischendorf zwar einen sehr undurchsichtigen Apparat, aber den richtigen Text gibt. Cf Spitta 377 ff. Es ist derselbe, welchen in bezug auf v. 23 schon Clem. lat. Forsch III, 85 gibt, während er den v. 22 wie so viele andere Verse übergeht; strom. VI § 65 citirt er nachlässig aus dem Gedächtnis. Ich kann mich des Eindrucks nicht erwehren, daß Didache 2, 7 auf Ju 22 f. beruht: $o\grave{v}$ $\mu\iota\sigma\acute{\eta}\sigma\varepsilon\iota s$ $\pi\acute{a}v\tau a$ $\acute{a}v\vartheta\varrho\omega\pi ov$, $\grave{a}\lambda\lambda\grave{a}$ $o\tilde{v}s$ $\mu\grave{\varepsilon}v$ $\acute{\varepsilon}\lambda\acute{\varepsilon}\gamma\xi\varepsilon\iota s$, $\pi\varepsilon\varrho\grave{\iota}$ $\delta\grave{\varepsilon}$ $\tilde{\omega}v$ $\pi\varrho o\sigma\varepsilon\acute{v}\xi\eta$, $o\tilde{v}s$ $\delta\grave{\varepsilon}$ $\acute{a}\gamma a\pi\acute{\eta}\sigma\varepsilon\iota s$ $\acute{v}\pi\grave{\varepsilon}\varrho$ $\tau\grave{\eta}v$ $\psi v\chi\acute{\eta}v$ σov. Das dritte Satzglied ist am ungenauesten wiedergegeben; aber das vorangestellte „hassen sollst du keinen Menschen" entspricht dem Sinn des Ju, welcher wohl Haß gegen die Laster der Lasterhaften fordert cf Ap 2, 6, aber zugleich Erbarmen gegen die Personen.

9. Gegen Spitta 311 f., welcher mit $\tau o\tilde{v}\tau o$ $\tau\grave{o}$ $\varkappa\varrho\tilde{\iota}\mu a$ „dieses Schuldurteil" die Worte $\acute{a}\sigma\varepsilon\beta\varepsilon\tilde{\iota}s$ — $\acute{a}\varrho vo\acute{v}\mu\varepsilon vo\iota$ eingeleitet sein läßt, ist zu erinnern, 1) daß dieses syntaktische Verhältnis nur durch einen vollständigen Satz, sei es in direkter Redeform (1 Kr 7, 29; Gl 3, 2. 17), sei es mit $\H{o}\tau\iota$ (Rm 2, 3; 11, 25; 1 Kr 15, 50; 2 Th 3, 10) oder durch einen Infinitivsatz (Rm 14, 13; 1 Kr 7, 26; 2 Kr 2, 1; Eph 4, 17) ausgedrückt werden konnte; 2) daß $\varkappa\varrho\tilde{\iota}\mu a$ schwerlich irgendwo soviel wie Beschuldigung ist. Es befriedigt auch nicht, wenn Hofmann $\tau o\tilde{v}\tau o$ auf das Gericht hinweisen läßt, welches sich in der Gegenwart an den Eindringlingen vollzieht; denn mag der Sünder immerhin vorgestellt werden als einer, der sich gleichzeitig selbst das Urteil spricht (Jo 3, 18f.; Gl 2, 11), gesagt ist das weder vorher noch nachher; es ist auch nicht eine offen vorliegende Tatsache, auf welche mit $\tau o\tilde{v}\tau o$ hingewiesen werden konnte. Darin aber hat Hofmann das Richtige und eigentlich Selbstverständliche ausgesprochen, daß $\tau o\tilde{v}\tau o$ auf Vorheriges, also auf $\pi a\varrho\varepsilon\iota\sigma\acute{\varepsilon}\delta v\sigma av$ zurückweist. Es ist ferner eine Eintragung, wenn Spitta 314 f. 383 f. aus dem Artikel von $\pi\varrho o\gamma\varepsilon\gamma\varrho$. folgert, daß hier Bekanntschaft mit einer Schrift vorausgesetzt sei, in welcher eine noch ältere, etwa atl Weissagung auf die Personen angewandt worden sei, welche jetzt bei den Lesern des Ju eingeschlichen sind. Wie Jo 11, 2 vorausgesetzt ist, daß die Leser von einem Weibe gehört oder gelesen haben, welche Jesu Füße gesalbt hat, und ihnen nun mitgeteilt wird, daß Maria von Bethanien dieses bisher für sie namenlose Weib sei, so setzt Ju als den Lesern bekannt voraus, daß in einer älteren Schrift im voraus geschrieben, also geweissagt sei, daß gewisse Leute mit libertinistischer Theorie und Praxis unter ihnen auftreten werden; was er aber seinerseits neu aussagt, ist dies, daß die kürzlich bei den Lesern eingeschlichenen Leute eben diejenigen sind, deren Auftreten unter ihnen in jener älteren Schrift vorausgesagt sei. Nicht auf einen Kommentar über eine Weissagung, sondern auf eine Schrift, deren Weissagung sich in der Gegenwart erfüllt, weist Ju hin, d. h. auf 2 Pt 2, 1—3, wo ja auch nicht eine ältere Weissagung auf Erscheinungen der Gegenwart gedeutet, sondern vorausgesagt wird, daß falsche Lehrer zu den Lesern kommen werden. Die Apposition drückt, nur eben nicht in selbständigem Satz, genau den gleichen Gedanken aus wie ein Satz von der Form $o\tilde{v}\tau o\acute{\iota}$ $\varepsilon\acute{\iota}\sigma\acute{\iota}v$ $o\acute{\iota}$ $\pi\varrho o\gamma\varepsilon\gamma\varrho a\mu\mu\acute{\varepsilon}vo\iota$ $\varkappa\tau\lambda$. oder ähnliche cf Mt 3, 3; 11, 10; Jo 1, 46 (1 Jo 2, 22). In dieser Form wird auch v. 12 und 19 die Identität der unter den Lesern aufgetretenen Unchristen mit gewissen vorher beschriebenen Gestalten behauptet, nur daß entsprechend dem Zusammenhang beider Stellen im Unterschied von v. 4 das Verhältnis von Subjekt und Prädikat das umgekehrte ist. Die von den Aposteln für die Endzeit geweissagten Spötter (v. 18) sind keine anderen, als die Leute, welche, wie die Leser täglich beobachten können, Absonderungen machen (v. 19). Ebenso weist Ju, von einer typischen und typologischen Charakteristik (v. 10 f.) herkommend, auf die vor den Augen der Leser an ihren Agapen teilnehmenden Leute hin (v. 12). Ganz anderer Art sind die Sätze v. 8. 10. 16, wo nicht Identität von Figuren einer Schilderung mit Gestalten der Wirklichkeit behauptet, sondern

von den bereits in v. 4 hinreichend bestimmten, in den Leserkreis eingedrungenen Leuten (daher οὗτοι) Verschiedenes prädicirt wird.

10. Mit der Ausdrucksform v. 18 ist 1 Tm 4, 1 insofern nicht recht vergleichbar, als dort zwar ῥητῶς eine möglichst genaue Wiedergabe ankündigt (s. Bd. I, 475), dagegen aber das eine indirekte Rede einführende ὅτι, welches Ju 18 vor den angeführten Worten fehlt, der Anführung den Charakter eines förmlichen Citats nimmt.

11. Mit πάλαι Ju 4 cf Mr 15, 44 (nach dem Übergewicht der Zeugen) auch Soph. Philoct. 1030 = seit einigen Stunden; 2 Kr 12, 19 = seit dem Moment, wo Pl angefangen hat, den Ton der Selbstverteidigung anzuschlagen, also etwa von 11, 5 oder auch vom Anfang des Briefs an (1, 12), was vom Standpunkt der Leser und Hörer des Briefs etwa 1 Stunde ausmacht; 2· Pt 1, 9; Mt 11, 21 in die Lebenszeit der betreffenden Menschen fallend; Jos. bell. III, 8, 8 im Gegensatz zu ἄρτι die Zeit vor der eben erst erfolgten Gefangennahme oder, wenn οὐ πάλαι gelesen wird, = „vor kurzem noch".

12. Das befremdliche εἰδότας ἅπαξ πάντα hat sowohl die mannigfaltigen Umstellungen von ἅπαξ und dessen gelegentliche Tilgung, als auch die Änderungen von πάντα in πάντας (S², doch nicht in allen Hss) und in das weiter verbreitete τοῦτο veranlaßt. Der nicht fehlerlose und wenig übersichtliche Apparat von Tischend. genügt in dieser Hinsicht. Schwieriger ist zu entscheiden, ob κύριος oder Ἰησοῦς zu lesen sei. Von ὁ θεός (ohne κύριος davor), welches durch das nachlässige Citat bei Clem. paed. III § 44 (wo auch λαόν willkürlich verstellt ist), S² und andere unbedeutende Zeugen schlecht bezeugt ist, kann auch deshalb keine Rede sein, weil es zu jeder Auslegung paßte, und weil es als Zusatz zu κύριος bei Clem. hypot. (Forsch III, 83) vorkommt. Vollends ein ganz unbezeugtes θεός ohne Artikel für ursprünglich zu erklären (Spitta), ist unerlaubt. Allerdings kann der Artikel, welchen die antioch. Recension (KL S³) vor κύριος stellt, nicht ursprünglich sein, weil er das ganze Gewicht der Zeugen sowohl für artikelloses κύριος als für Ἰησοῦς (statt dessen ja ganz gut ὁ Ἰησοῦς hätte geschrieben werden können) und auch das *dominus deus* (d. h. κύριος ὁ θεός) des Clem. (hypot. lat.) gegen sich hat, und weil dem artikellosen κύριος sehr häufig der Artikel vorgesetzt worden ist (Mt 1, 22; 2, 15; Jk 4, 10; 5, 10). Es bleibt also nur die Wahl zwischen κύριος (א, vielleicht C* und eine griech. Schrift unter dem Namen des Ephr. Syr.) und Ἰησοῦς. Letzteres ist bezeugt durch AB, 66** (= Paul. 67**), sah copt aeth, vulg.; ferner durch Origenes (sowohl nach dem Text als dem Scholion des cod. Lawra 184 B 64 auf dem Athos s. v.'d. Goltz, Eine textkrit. Arbeit des zehnten bzw. sechsten Jahrh., 1899 S. 51 cf Th. Ltrtrbl. 1899 Nr. 16) und durch Hier. Vall. II, 270; VII, 413. Auch Didymus las so nicht nur nach dem lat. erhaltenen Kommentar z. St., sondern auch trin. III, 19, obwohl dort κύριος Ἰησοῦς überliefert ist; denn Hier. VII, 412 stimmt mit Did. trin. (Ἰούδας καθολικῶς γράφει) wörtlich überein (*Judas de omnibus generaliter .. inquit*), hat also an dieser Stelle seines Kommentars zu Gl dessen p. 370 als eine seiner Quellen genannten Kommentar zum Gl ausgeschrieben. Das somit unvergleichlich stärker bezeugte Ἰησοῦς verdient aber auch aus sachlichen Gründen den Vorzug vor κύριος. Denn in einer Aussage über die Erlösung aus Ägypten Jesus genannt zu finden, mußte als beispiellos befremden. An Josua zu denken, wie Hieron. c. Jov. I, 21 (Vall. II, 270), werden nicht viele fertig gebracht haben. Die älteste Auslegung dachte hieran nicht und substituirte Gott (Clem. s. vorhin). Didymus (Migne 39, 1813) und Hieronymus, wo er diesen abschreibt (Vall. VII, 412), wie es scheint, auch schon Origenes in der 7. Homilie zum Deuteronomium (nach der vorhin citirten Athoshs.) haben die Stelle zum Beweise dafür benutzt, daß Jesus selbst es gewesen, mit dem die Gemeinde des AT's es zu tun hatte, was ein uralter Gedanke ist cf Just. dial. 120 Ἰησοῦν τὸν καὶ τοὺς πατέρας ὑμῶν ἐξ Αἰγύπτου ἐξαγαγόντα. Der Name Jesus hinderte den Didymus nicht, den Satz, auch ohne die unmögliche Umdeutung auf Josua, auf die Erlösung Israels

aus Ägypten zu beziehen. Cf auch Cramer, Cat. VIII, 155, 18; 157, 21; 158, 5—13; 161, 2. Während aber Clemens noch richtig verstand, daß Ju das Gericht meine, welches das jüdische Volk wegen seines Unglaubens an Jesus betroffen hat (Forsch III, 83. 96), denkt Didymus nur an das Sterben der Israeliten in der Wüste. Durch die Wortstellung ist gesichert, daß $\tau\grave{o}$ $\delta\varepsilon\acute{v}\tau\varepsilon\varrho o\nu$ zu $\grave{a}\pi\acute{\omega}\lambda\varepsilon\sigma\varepsilon\nu$ gehört und nicht etwa, als ob es hieße $\tauo\grave{v}s$ $\tau\grave{o}$ $\delta\varepsilon\acute{v}\tau\varepsilon\varrho o\nu$ $\mu\grave{\eta}$ $\pi\iota\sigma\tau\varepsilon\acute{v}\sigma a\nu\tau as$, zu letzterem Participium. Nur indirekt ist gesagt, daß auch in dem ersten Fall, welchem der hier gemeinte Fall durch $\tau\grave{o}$ $\delta\varepsilon\acute{v}\tau\varepsilon\varrho o\nu$ gegenübergestellt wird, ein Nichtglauben stattgefunden hat; ebenso aber auch, daß in jenem ersten Fall Erlösung eines Volkes aus Ägypten vorangegangen war. Direkt aber ist gesagt, daß in jenem ersten Fall ebenso wie im zweiten eine Vernichtung der Ungläubigen stattgefunden hat. Es bedarf doch wohl keines Beweises, daß das adverbielle $\delta\varepsilon\acute{v}\tau\varepsilon\varrho o\nu$, $\tau\varrho\acute{\iota}\tauo\nu$ mit Artikel (Mr 14, 41; Jo 21, 17; 2 Kr 13, 2), wie ohne Artikel (Jo 3, 4; 21, 14. 16; Lc 23, 22; Ap 19, 3; 2 Kr 13, 1, auch $\grave{\varepsilon}\varkappa$ $\delta\varepsilon\upsilon\tau\acute{\varepsilon}\varrho o\nu$ Mt 26, 42; Mr 14, 72; Jo 9, 24; AG 10, 15; 11, 9), die Handlung, welche dadurch ·näher bestimmt wird, als Wiederholung einer früher geschehenen Handlung bezeichnet, mag vorher erzählt sein oder nicht, daß sie früher schon einmal geschehen sei. Nur wenn $\tau\grave{o}$ $\delta\varepsilon\acute{v}\tau\varepsilon\varrho o\nu$ vor $\sigma\acute{\omega}\sigma as$ oder vor $\mu\grave{\eta}$ $\pi\iota\sigma\tau\varepsilon\acute{v}\sigma a\nu\tau as$ stünde, könnte gemeint sein, daß zwar die Voraussetzung einer geschehenen Erlösung oder des eingetretenen Unglaubens in beiden Fällen die gleiche, das göttliche Verhalten aber nur im zweiten, nicht im ersten Fall ein $\grave{a}\pi o\lambda\acute{\varepsilon}\sigma a\iota$ gewesen sei. Doch würde der Gegensatz auch dann schwerlich unausgesprochen geblieben sein (cf Hb 9, 28 $\grave{a}\pi a\xi$ — $\grave{\varepsilon}\varkappa$ $\delta\varepsilon\upsilon\tau\acute{\varepsilon}\varrho o\nu$ i. e. $\tau\grave{o}$ $\delta\varepsilon\acute{v}\tau\varepsilon\varrho o\nu$ $\grave{\varepsilon}\varrho\chi\acute{o}\mu\varepsilon\nu os$, 2 Kr 13, 2 $\varepsilon\grave{\iota}s$ $\tau\grave{o}$ $\pi\acute{a}\lambda\iota\nu$ i. e. $\grave{\varepsilon}\lambda\vartheta\grave{\omega}\nu$ $\tau\grave{o}$ $\tau\varrho\acute{\iota}\tauo\nu$, $o\grave{v}$ $\varphi\varepsilon\acute{\iota}\sigmao\mu a\iota$ sc. $\grave{\omega}s$ $\tau\grave{o}$ $\pi\varrho\acute{o}\tau\varepsilon\varrho o\nu$). Fraglich scheint nur, ob Jesus als Subjekt auch schon des ersten $\grave{a}\pi\acute{\omega}\lambda\varepsilon\sigma\varepsilon\nu$, welches in der Wüste geschah und somit indirekt auch des erstmaligen $\sigma\acute{\omega}\sigma as$ gedacht ist. Angesichts von Jo 12, 41; 1 Kr 10, 4. 9 ($\tau\grave{o}\nu$ $X\varrho\iota\sigma\tau\acute{o}\nu$ nach DGKL, Marcion, Iren. IV, 27, 3; Clem. ecl. proph. 49 und den alten Versionen) wäre das keineswegs unmöglich zu nennen. Aber exegetisch läßt sich dieser Gedanke nicht erzwingen. Da nur die Handlung samt ihren ausgesprochenen Voraussetzungen als eine zweitmalige ihrer Art bezeichnet ist, könnte das Subjekt in beiden Fällen allenfalls ein verschiedenes sein, so daß $\tau\grave{o}$ $\delta\varepsilon\acute{v}\tau\varepsilon\varrho o\nu$ ein abgekürzter Ausdruck des Gedankens wäre: „und dies war das zweite Mal, daß solches geschah“. Die Vergleichung der ntl Erlösung mit derjenigen Israels aus Ägypten liegt schon Jo 1, 29. 36 zu Grunde, deutlicher 1 Pt 1, 15—21; (2, 9; 2 Pt 2, 1); 1 Kr 10, 1—11 (cf 5, 7 f.; Tt 2, 14); Hb 3, 7—4, 11 (cf 12, 18—25); Ap 1, 5 f.; 5, 9 f.; 15, 3. Wie Pl vor dem J. 70 nur andeutend auf das bevorstehende Gericht über Israel hinweist 1 Th 2, 16; Rm 11, 9 f., so Ju auf das kürzlich eingetroffene.

§ 44. Die Echtheit des Judasbriefes und des zweiten Petrusbriefes (A 1.)

In bezug auf beide Briefe besteht die Frage nach ihrer Echtheit in voller Schärfe. Der 2 Pt spottet noch viel entschiedener als der Jk und der 1 Pt des Versuchs, durch die Annahme einer späteren Anfügung oder Umgestaltung der Grußüberschrift eine alte Schrift zu gewinnen, deren Vf an dem Anspruch, mit welchem sie uns entgegentritt, unschuldig wäre. Die syntaktische Verkettung des Briefeinganges mit der Grußüberschrift, die mit dem Namen in der Grußüberschrift übereinstimmenden wiederholten und bestimmten Hinweise auf Erlebnisse des Pt und seiner Mitapostel als Erlebnisse des Vf (2 Pt 1, 3. 14. 16—18 oben S. 43. 46—50. 54—59) lassen keinen Zweifel darüber, daß der ganze Brief

von Pt geschrieben sein will, also im Falle seiner Unechtheit nicht pseudepigraph
im engsten Sinne dieses Worts, sondern von Anfang bis zu Ende eine pseudonyme Fälschung wäre. Auch der Vf des Ju hat es uns nicht überlassen zu erraten, welcher der vielen Juden und Judenchristen dieses Namens er sein wolle,
sondern hat sich als den bekannten Bruder des noch berühmteren Jakobus bei
seinen Lesern eingeführt (oben S. 73 f.). Wenn diese Selbsteinführung als eine
trügerische sich erweisen sollte, hätte man jedenfalls kein Recht, irgend einen
anderen Judas als Vf zu vermuten; denn daß Schriftsteller ihren wirklichen
Namen benutzt haben sollten, um unter der Maske eines älteren und berühmteren
Trägers des gleichen Namens ihre Ware an den Mann zu bringen, setzt eine
in der pseudepigraphen Literatur nicht nachweisbare Künstlichkeit und Dreistigkeit voraus. Solange nicht gegenteilige Beispiele sicher nachgewiesen sind, darf
als sicher gelten, daß ein Pseudoesra oder Pseudojohannes oder Pseudohermas
oder Pseudojudas nicht wirklich Esra oder Johannes oder Hermas oder Judas
geheißen hat. Was die Stellung zum kirchlichen Kanon anlangt, so ist der Ju
viel besser bezeugt als der 2 Pt und auch als der Jk. Während die syrische
Kirche, als sie zuerst einige der katholischen Briefe in ihr NT aufnahm, den Ju,
2 Pt, 2 und 3 Jo ablehnte und wahrscheinlich erst durch Philoxenus († 508)
eine Übersetzung dieser 4 Briefe erhielt, finden wir den Ju um 200 in Alexandrien,
Rom und Nordafrika unbedingt anerkannt. Ob oder in welchem Maße die Bedenken gegen seine Echtheit und seine Zugehörigkeit zum NT, welche erst
später laut werden, in der griechischen und lateinischen Kirche zu nachträglichem
Ausschluß geführt haben, braucht hier nicht untersucht zu werden. Dagegen ist
der 2 Pt in der Zeit vor Origenes in keinem Teil der Kirche als eine mit dem
1 Pt gleichwertige Schrift sicher nachzuweisen, und noch während des ganzen
4. Jahrhunderts stoßen wir an den verschiedensten Punkten der Kirche auf sehr
entschiedene Beanstandung bald seiner Echtheit, bald seiner Einrechnung in das
NT. Solange man von der Voraussetzung ausgeht, daß der 2 Pt an dieselben
kleinasiatischen Gemeinden gerichtet sei, wie der 1 Pt, liegt hierin angesichts
der frühzeitigen und sehr allgemeinen Anerkennung des 1 Pt ein starker Grund
gegen die Echtheit des 2 Pt; denn was sollte die ersten Empfänger veranlaßt
haben, den 2 Pt, welcher dem 1 Pt in kurzem Zeitabstand gefolgt sein müßte,
nicht ebenso früh und so weit sich verbreiten zu lassen, wie den 1 Pt (A 2)?
Ist aber bewiesen, daß der 2 Pt nicht an die gleichen Gemeinden wie der 1 Pt,
sondern an judenchristliche Gemeinden in Palästina oder den angrenzenden Gebieten gerichtet ist, so ergibt sich als natürliche Folge, daß die Geschichte
der Verbreitung und der Kanonisirung beider Briefe von Anfang an und auf
lange hin eine ganz verschiedene sein mußte. Wie die Nazaräer des 4. Jahrhunderts trotz ihres mit 2 Pt 3, 15 übereinstimmenden anerkennenden Urteils über
Pl der Meinung waren, daß die Briefe des Pl an seine heidenchristlichen Gemeinden sie nichts angehen (GK II, 669 f.), so bekümmerte sich die Heidenkirche
lange Zeit nur wenig um den an Judenchristen gerichteten 2 Pt. Sie hat es mit

dem Jk nicht wesentlich anders gemacht. Wie bei Jk ist aber auch bei 2 Pt eine gewisse Verbreitung der Schrift und frühzeitige Bekanntschaft einzelner Leute mit derselben wohl zu unterscheiden von Anerkennung derselben als gottesdienstlichen Lesebuchs seitens der katholischen Kirche. Es finden Berührungen statt zwischen dem 2 Pt und einer ganzen Reihe von Schriften aus der Zeit um 90—130, nämlich dem Hirten des Hermas, dem Brief des Clemens an die Korinther, dem sogenannten 2. Korintherbrief des Clemens, der Didache, und es legt sich die Vermutung nahe, daß mehrere pseudopetrinische Schriften im Zusammenhang mit dem 2 Pt stehen (s. unten S. 94 f. 96). Der Beweis dafür, daß in allen diesen Fällen der 2 Pt sich als Quelle darstelle, läßt sich nicht bis dahin steigern, daß jeder Widerspruch verstummen müßte (A 3). Dieser Beweis ist aber auch entbehrlich, wenn anerkannt wird, daß Ju zu Anfang und zu Ende seines Briefs den 2 Pt als eine vor einer Reihe von Jahren verfaßte Schrift eines Apostels citirt hat (oben S. 81 f.). In dieser Beziehung ist vor allem abzuwarten, daß man der Ausflüchte überdrüssig werde, wodurch die Exegeten die Tatsache verdunkeln, daß nicht nur Ju 17 f., sondern auch Ju 4 eine ältere christliche Schrift und zwar eine und dieselbe, nach Ju 17 f. apostolische Schrift citirt wird, worin Ju geweissagt fand, was er zur Zeit seines Briefes sich erfüllen sah. Da wir nun eine Schrift unter dem Namen des Pt besitzen, welche genau das darbietet, was Ju aus der von ihm citirten apostolischen Schrift anführt, und da auch abgesehen von diesen zwei ausdrücklichen Berufungen des Ju ein so weitgreifender Parallelismus der Sachen, Gedanken und Ausdrücke zwischen Ju und 2 Pt besteht, daß ein literarischer Zusammenhang dieser beiden Schriften nicht geleugnet werden kann, so wäre nach der sonst üblichen Methode der Kritik ausgemacht, daß Ju den 2 Pt als eines Apostels Schrift gekannt, hochgeschätzt und streckenweise seiner Zuschrift zu Grunde gelegt hat. Die heute vorherrschende Annahme, daß umgekehrt der Vf des 2 Pt den Ju vor sich gehabt und unter mancherlei Misverständnissen ausgebeutet habe (A 4), müßte, je künstlicher sie an sich ist, durch einen um so glänzenderen exegetischen Nachweis begründet werden. Als Beweis für die Priorität des Ju kann jedenfalls nicht gelten die klarere und überhaupt bessere Schreibweise des Ju im Vergleich mit der dunkeln und unbehilflichen Schreibweise des 2 Pt; denn warum soll nicht Ju ebenso wie sein Bruder Jk in der Handhabung der griechischen Sprache und natürlicher Redegabe manchen der Urapostel übertroffen haben! Es entspricht auch nur dem natürlichen Verhältnis zwischen einer vorwiegend prophetischen Vorausdarstellung, wie sie der 2 Pt gibt, und einer Charakteristik wirklicher und gegenwärtiger Erscheinungen, wie sie Ju gibt, daß hier das Bild der Verführer in manchen Zügen schärfer gezeichnet erscheint als dort. Mit der Annahme der Echtheit des 2 Pt wäre jedenfalls die Behauptung seiner Abhängigkeit vom Ju unvereinbar; denn abgesehen davon, daß der Ju erst nach dem J. 70, also nach dsm Tode des Pt geschrieben ist, wie konnte Pt in prophetischem Tone verkündigen, daß im Kreise seiner Leser solche falsche Lehrer auftreten werden, von welchen er aus dem Ju wußte, daß sie in dem Leserkreis des Ju bereits Eingang gefunden hatten, ohne daß der Gegensatz zwischen der historischen Schilderung seiner Quelle und seiner prophetischen Schilderung und zwischen dem Gebiet, auf welchem die Verführer nach dem Ju bereits erfolgreich tätig waren, und dem Gebiet, auf welchem sie nach dem 2 Pt in Zukunft auftreten werden, zu deutlichem Ausdruck gekommen wäre! Aber auch wenn man den 2 Pt für eine Fälschung des 2. Jahrhunderts und dagegen den Ju für eine ehrliche Schrift des vorgerückten apostolischen Zeitalters erklärt, läßt sich die Annahme einer Abhängigkeit des ersteren von letzterem nur durch eine Reihe künstlicher Hypothesen aufrechterhalten. Man müßte, wenn anders Ju 4. 17 f. oben S. 81 f. richtig erklärt ist, annehmen, daß die apostolische Schrift, auf welche sich Ju an beiden Stellen beruft, frühe verloren gegangen sei, und daß der 2 Pt ein später dafür untergeschobener Wechselbalg sei. Die verlorene Apostelschrift müßte dem 2 Pt sehr ähnlich gewesen sein; sie müßte ebenso wie dieser die Weissagung enthalten haben, daß in dem Leserkreis des Ju Leute mit einer libertinistischen Theorie und Praxis als Verführer auftreten werden (Ju 4; 2 Pt 2, 1—3), und ferner eine Weissagung in bezug auf Spötter der Endzeit, welche wir 2 Pt 3, 3 ; Ju 18 beinah gleichlautend lesen, dort ohne nähere Angabe der Herkunft, hier als ein Apostelwort. Die gewöhnliche Annahme, daß der Vf des 2 Pt diese Stücke und alle sonstigen Seitenstücke zum Ju aus dem Jü geschöpft habe, ist eine weitere durch nichts zu begründende Hypothese; denn warum sollte der Vf des 2 Pt dies alles nicht aus der verlorenen Apostelschrift geschöpft haben, welche dem Ju vorlag? Allerdings wäre in diesem Fall der 2 Pt nicht eine selbständige Dichtung, sondern wenigstens streckenweise eine Umarbeitung einer uralten, schon dem Ju als eines Apostels Werk bekannten Schrift. Es wäre auch kaum zu bezweifeln, daß diese den Namen des Pt getragen und die Form eines Briefes gehabt hat. Denn es wäre nicht abzusehen, warum der spätere Bearbeiter in diesen beiden Beziehungen von seiner Vorlage abgewichen sein sollte. Mit der Annahme solcher Umarbeitungen älterer und echter Schriften pflegt man doch sonst nicht zurückzuhalten. Warum sollte in diesem Falle das Alte und Echte, was Ju bezeugt, erst völlig verschwunden oder vernichtet und dann erst auf Grund der Andeutungen und Citate des Ju der 2 Pt angefertigt worden sein? Gerade wenn man diesen unwahrscheinlichen Fall als wirklich annähme, wäre die Entstehung des 2 Pt am wenigsten begreiflich (A 5). Eine verlorene apostolische Weissagung zukünftiger Verirrungen, welche nach dem Ju noch in apostolischer Zeit sich erfüllt haben sollte, aus den Andeutungen des Ju und aus der Phantasie zu rekonstruieren, wäre in jeder späteren Zeit ein ebenso zweckloses als schwieriges Unternehmen gewesen. Viel denkbarer wäre doch, daß man die alte, von Ju citirte und als ein apostolisches Werk angesehene Weissagungsschrift mit Rücksicht auf neuere Erscheinungen zeitgemäß umgearbeitet hätte, um sie wirksamer zu machen, und daß dadurch erst der 2 Pt alle die Eigentümlichkeiten gewonnen hätte, welche von jeher Bedenken gegen seine Echtheit erregt haben. Zu den unwahrscheinlichsten Konsequenzen führt aber auch die andere Annahme, daß sowohl der Ju als der 2 Pt unechte Erzeugnisse der nachapostolischen Zeit seien. Unabhängig von einander könnten sie nicht entstanden sein, aber auch nicht beide von demselben Vf oder von zwei mit einander konspirirenden Fälschern herrühren. Wer eine in nachapostolischer Zeit aufgekommene Richtung mit der Auktorität eines Apostels bestreiten wollte, konnte dies sehr wohl in Form eines apostolischen Briefes tun, worin wie im 2 Pt das Auftreten gewisser Irrlehrer und Spötter geweissagt war. Unerfindlich dagegen wäre, warum der Vf eines solchen Briefs oder ein mit ihm einverstandener Mitarbeiter außerdem noch den Ju erdichtet haben sollte, nach welchem die Weissagung des angeblichen Pt schon sehr bald sich erfüllt hätte, während jene Weissagung doch vielmehr erdichtet sein müßte, um sehr viel spätere Erscheinungen des kirchlichen Lebens unter das prophetische Strafurteil eines Apostels zu stellen. Man müßte schon annehmen, daß der Vf des Ju den 2 Pt für echt gehalten und der spätere Fälscher von dem älteren getäuscht worden sei; aber auch dann noch bliebe ganz unerklärlich, warum der Mann, welcher die Weissagung des 2 Pt in gewissen Erscheinungen seiner Gegenwart sich erfüllen sah, sich der Pseudonymie bediente, um diese einfache Wahrnehmung auszusprechen, und seine auf die Gegenwart abzielende Meinung dadurch verdunkelte, daß er sie dem längst verstorbenen Ju, dem Bruder des Jakobus, in den Mund legte.

Treten wir nach diesen Erwägungen hypothetischer Natur in die Prüfung der Echtheit der Briefe ein, so muß schon die Selbstbezeichnung des Vf in Ju 1 ein günstiges Vorurteil für die Echtheit dieses Briefes erwecken. Judas, der Bruder des Jk, ist in der geschichtlichen Überlieferung eine sehr unberühmte Persönlichkeit (oben S. 74 f.); er ist nach der älteren Überlieferung auch kein Apostel, und in der altkirchlichen Literatur bis um 200 (s. Eus. h. e. VI, 7) ist der Name sonst nicht vertreten. Was könnte einen Verfechter des christlichen Gemeinglaubens und der christlichen Sittlichkeit bewogen haben, gerade diese Maske anzulegen? Was hätte ihn überhaupt veranlaßt, irgend eine Maske anzulegen? Er sagt ja nichts, wozu es einer besonderen Auktorität bedarf; er weist auf gewisse unerfreuliche Erscheinungen im gegenwärtigen Leben seines Leserkreises hin; er beschreibt und beurteilt dieselben scharf, aber doch nur so, wie es jeder ernste Christ tun mußte; und er versichert, daß in diesen Erscheinungen der Gegenwart eine vor Jahren schon in Schrift gefaßte apostolische Weissagung ihre Erfüllung finde, was wiederum jeder einfache Christ erkennen und aussprechen konnte, wenn die genannten Voraussetzungen vorlagen. Er beansprucht auch für sich keine besondere Auktorität; er gibt sich nicht für einen Apostel aus und deutet nur sehr bescheiden an, daß er der den Lesern als einer der Brüder Jesu bekannte Judas sei (oben S. 73 f. 84). Für die Echtheit spricht ferner die Art, wie hier auf eine oder mehrere apostolische Schriften Bezug genommen wird. Welcher Fälscher, dessen Absicht dabei doch nur die hätte sein können, seiner eigenen Schrift durch Anknüpfung an apostolische Schriften von bereits anerkanntem Ansehen eine Stütze zu schaffen, würde sich mit Andeutungen begnügt haben, wie sie Ju 4. 17 f. vorliegen, statt den Apostel oder die Apostel, auf die er sich stützt, namhaft zu machen? Ganz unverständlich bleibt bei der Annahme der Unechtheit der Hinweis auf eine zur Zeit der Abfassung des Briefs im Entstehen begriffene andere Schrift des Vf (v. 3 oben S. 75 f.). Während im Falle der Echtheit des Briefs nur anzunehmen ist, daß entweder die dort ausgesprochene Absicht des Ju wie so manche andere literarische Absicht unausgeführt geblieben, oder daß die damals beabsichtigte und später herausgegebene Schrift des Ju wie so manche andere urchristliche Schrift nicht auf uns gekommen ist (Lc 1, 1; 1 Kr 5, 9; 7, 1), müßte man für den Fall der Unechtheit des Briefs annehmen, daß eine solche Schrift des Ju über die christliche Heilswahrheit bereits existirte und allgemein bekannt war, als diesem Ju der Brief angedichtet wurde. Aber von einer solchen Lehrschrift des Judas verlautet nichts (A. 6). Warum der Vf des Ju von einer nur beabsichtigten statt von einer vorhandenen Schrift des Ju geredet haben sollte, bliebe erst recht unerklärlich, wenn eine Lehrschrift unter dem Namen des Ju existirte. Der Gebrauch, welchen der Vf von zwei pseudepigraphen Schriften atl Namens, der Himmelfahrt des Moses und dem Buche Henoch macht (A 7), hat dem kirchlichen Ansehen des Briefs zeitweilig geschadet, ist aber nicht geeignet, seine Echtheit für uns in Frage zu stellen. Abgesehen von Ju wissen wir eben nicht, wie man im Kreise der älteren Apostel und der Brüder Jesu über jene beiden Bücher und andere ihnen verwandte Schriften geurteilt hat. Wir haben vielmehr aus dem Ju zu lernen, daß einige dieser Schriften, welche vor geschichtlicher Kritik nicht bestehen, in jenem ehrwürdigen Kreise als glaubwürdige Zeugnisse echter Überlieferung und wahrer Weissagung betrachtet worden sind. In kritischer Beziehung ist aber wichtig, daß Ju allem Anschein nach nicht die neuerdings bekannt gewordene griechische Übersetzung, sondern das hebräische oder aramäische Original des Henochbuchs in Händen gehabt hat (A 7). Ju ist wie sein Bruder Jakobus ein Hebräer, welcher doch zugleich das Griechische mit ziemlicher Leichtigkeit handhabt. Daß er und auch Pt, wenn er der Vf des 2 Pt ist, in Schreiben an einen Kreis jüdischer Christen sich des Griechischen bedient haben, bedarf nach dem, was Bd. I, 32. 81. gesagt ist, keiner neuen Erklärung. Was sonst noch zu Beanstandungen des Ju Anlaß gegeben hat, das Bild der Libertinisten und die Berührung mit Gedanken und Wortlaut der paulinischen Briefe, kommt ebensosehr für den 2 Pt in Betracht und wird darum am besten in bezug auf beide Briefe zugleich, selbstverständlich unter Berücksichtigung ihres gegenseitigen Verhältnisses und ihrer Verschiedenheit, erörtert werden.

Wie befremdlich es wäre, daß ein Späterer dem Ju einen Brief angedichtet hätte, so begreiflich würde es erscheinen, daß der Name des Apostelfürsten unter anderem auch zur Erdichtung eines unechten Briefs misbraucht worden sei. Es ist ihm vielleicht schon zu Anfang des 2. Jahrhunderts ein *κήρυγμα Πέτρου* und gegen die Mitte desselben ein *εὐαγγέλιον κατὰ Πέτρον* angedichtet worden, zwei Schriften, in welchen Pt selbst als Vf das Wort führt. Das Gleiche ist anzunehmen von der ebenfalls sehr alten *ἀποκάλυψις Πέτρου*. Ferner ist Pt noch im 2. Jahrhundert zum Helden einer weitläufigen Apostellegende, der in gnostischem Geist geschriebenen *πράξεις Πέτρου*, und wahrscheinlich im 3. Jahrhundert zum eigentlichen Helden des in ebjonitischem Geist verfaßten Clemensromanes gemacht worden, und an der Spitze einer griechisch erhaltenen Recension dieses Namens lesen wir auch einen Brief des Pt an Jakobus (A 8). Alles dies erweckt kein sonderliches Zutrauen zu dem Verfassernamen Petrus. Ferner scheint uns die oben S. 10 f. vertretene Ansicht von der Entstehung des 1 Pt eines Hauptmittels zur sicheren Beantwortung der Frage nach der Echtheit des 2 Pt zu berauben. Und doch muß die Kritik eben hier einsetzen. Der 1 Pt ist trotz des Namens des Silvanus in 1 Pt 5, 12 sehr früh als eine echte Schrift des Apostels anerkannt worden und verbreitet gewesen. Wer dem Pt in späterer Zeit einen zweiten Gemeindebrief andichten wollte, konnte an dem älteren und hochangesehenen 1 Pt nicht vorübergehen. Nach der herkömmlichen Meinung hätte der Vf des 2 Pt in der Tat ausdrücklich auf jenen Brief Bezug genommen. Nun hat sich aber gezeigt, daß 2 Pt 3, 1 sich nicht auf den 1 Pt bezieht, und daß der 2 Pt nicht wie der 1 Pt an die heidenchristlichen Gemeinden Kleinasiens, sondern an judenchristliche Gemeinden Palästinas gerichtet sein will (S. 44 f. 48—52). Dieses Ergebnis einer, soviel ich sehe, unanfechtbaren Auslegung wird weiterhin dadurch bestätigt, daß Übereinstimmungen des Gedankens und des Ausdrucks zwischen dem 1 Pt und dem 2 Pt nur in sehr geringem Maße nachzuweisen sind (A 9). Dagegen zeigt der 2 Pt von der in der ganzen petrinischen und pseudopetrinischen Literatur unseres Wissens unerhörten Selbstbenennung des Vf als Symeon Petros an ein höchst originelles Gepräge. Der eigenartige, vielfach dunkle Stil des 2 Pt ist an sich ein starker Gegengrund gegen den Verdacht einer Erdichtung in späterer Zeit. Die völlige Unabhängigkeit des 2 Pt von dem soviel früher in weitesten Kreisen anerkannten 1 Pt ist ein noch stärkerer Beweis seiner Echtheit. Dazu kommt als ein drittes Moment, daß 2 Pt 3, 1 auf einen Brief des Pt Bezug genommen wird, welcher nicht auf die Nachwelt gekommen ist. Muß man zugeben, daß die Berufung auf einen niemals dagewesenen Brief an dieser Stelle eine sinnlose und dem Zweck des Fälschers, das Zutrauen des Lesers zu gewinnen, geradezu widersprechende Fiktion wäre, so müßten die Bestreiter der Echtheit des 2 Pt auch annehmen, daß derselbe Pseudopetrus oder ein Vorgänger desselben noch einen anderen pseudopetrinischen Brief erdichtet habe; sie müßten dann aber auch erklären, woher es gekommen ist, daß von diesem Zwillingspaar gefälschter Briefe nur der zweite erhalten blieb, obwohl dieser selbst durch 3, 1 auf den anderen als einen früher von demselben Vf an dieselben Leser gerichteten Brief aufmerksam gemacht hat. Auch die Ankündigung einer umfangreicheren Lehrschrift, welche Pt den Lesern hinterlassen wollte (1, 15 oben S. 46 f.), bereitet der verneinenden Kritik größere Schwierigkeiten, als ihre Vertreter zu empfinden scheinen. Ein Fälscher könnte damit doch nur den Zweck verfolgt haben, durch Anknüpfung an eine bereits anerkannte Schrift unter dem Namen des Pt seinem bis dahin noch unbekannten Brief den Schein der Glaubwürdigkeit zu verleihen. Wie unbegreiflich aber wäre es wiederum, daß er den Pt nur die Absicht und nicht die Abfassung einer solchen Schrift von sich behaupten ließ! Und wenn er eine zu seiner Zeit angesehene Schrift unter dem Namen des Pt, etwa das alte κήρυγμα Πέτρου im Sinn hatte, wie zweckwidrig war es dann, jede nähere Bezeichnung dieser Schrift zu unterlassen! Auch in diesem Fall, wie in bezug auf die von Ju beabsichtigte, aber nicht auf uns gekommene Schrift (oben S. 94), verschwinden alle Unwahrscheinlichkeiten bei Annahme der Echtheit. Daß der 2 Pt 3, 1 erwähnte Brief des Pt der Nachwelt abhanden gekommen ist, bedürfte an sich ebensowenig der Erklärung, als daß der 1 Kr 5, 9 erwähnte Brief des Pl nicht in die Sammlung seiner Briefe aufgenommen wurde. Es könnte aber auch die Erhaltung nur des 2 Pt darin ihren Grund gehabt haben, daß nur in diesem, nicht aber in dem 2 Pt 3, 1 erwähnten früheren Brief Erscheinungen des kirchlichen Lebens besprochen waren, welche zunächst in heidenchristlichen Gemeinden zu Tage getreten waren und erst von dort aus nach der Vorhersagung des Pt und dem Zeugnis des Ju in judenchristliche Gemeinden eindrangen (oben S. 64 ff. 76 ff.). Darum waren der 2 Pt und der Ju auch für die Heidenkirche von einiger Bedeutung und fanden einige Verbreitung in derselben (oben S. 90), während ein solcher Beziehungen auf die gemeinsamen Gefahren der gesamten Christenheit ermangelndes Mahnschreiben des Apostels der Beschneidung an Gemeinden seines ursprünglichen Berufskreises auch auf diesen beschränkt blieb. Daß aber die 2 Pt 1, 15 ausgesprochene Absicht des Pt unseres Wissens nicht zur Ausführung gekommen ist, bedarf überhaupt keiner Erklärung. Nur die Vermutung kann man kaum unterdrücken, daß das κήρυγμα Πέτρου eine auf Grund von 2 Pt 1, 15 entstandene und zur Ausfüllung der dadurch angezeigten Lücke in der apostolischen Literatur bestimmte Dichtung war; wie denn auch die Betonung der Parusie als eines wesentlichen Elements der petrinischen Predigt 2 Pt 1, 16 und der prophetische Charakter von 2 Pt 2—3 wahrscheinlich zur Erdichtung einer ἀποκάλυψις Πέτρου den Anstoß gegeben hat.

Solange man von der Voraussetzung ausging, daß der 1 Pt ein eigenhändiges Schreiben des Apostels sei, und daß der 2 Pt an den gleichen Leserkreis wie jener gerichtet sein wolle, mußte die große Verschiedenheit der Gedanken und des Ausdrucks in beiden Briefen als ein starker Beweis gegen die Echtheit des 2 Pt gelten. Dieser Beweis kommt dadurch in Wegfall, daß jene beiden Voraussetzungen sich als irrig erwiesen haben. Daß Pt in einem Brief an die heidenchristlichen Gemeinden Kleinasiens, welchen in seinem Auftrag und Namen Silvanus geschrieben hat, anders redet, als in einem eigenhändigen Brief an judenchristliche Gemeinden, welche ihm und seinen Genossen ihren Christenglauben verdankten, ist selbstverständlich. Insbesondere leuchtet ein, daß Pt letzteren gegenüber sich ganz anders von dem Bewußtsein seines apostolischen Berufs und seines berufsmäßigen Verhältnisses zu den Lesern erfüllt zeigen mußte. Während er dort durch einen in den kleinasiatischen Gemeinden angesehenen Missionar sich vertreten und gewissermaßen einführen läßt, redet hier der Apostel der Beschneidung zu der Herde, über welche er von Christus zum Hirten gesetzt war (Jo 21, 15—17 cf 10, 16). Dieser gegenüber konnte er von sich sagen, was Pl den Korinthern gesagt hat 1 Kr 9, 2. Und er hatte Anlaß dazu, in diesem Sinne zu schreiben, wenn ihm, wie wir sahen (S. 63 f. 77), eine in den heidenchristlichen Gemeinden aufgekommene, hochmütig über die einfältigen Christen der ersten Generation und über die Apostel urteilende Partei bekannt geworden war, welche bereits Miene machte, ihre gefährliche Lehre auch in die jüdische Christenheit hineinzutragen. Es ist aber zu bemerken, daß Pt bei weitem nicht in so scharfem und hohem Tone wie Pl (Gl 1, 1—2, 14; 1 Kr 3, 10 bis 4, 21; 9, 1—6; 15, 10; 2 Kr 10, 1—11; 11, 1—12, 12; 13, 1—3. 10) seine apostolische Würde wahrt und hervorhebt (2 Pt 1, 1. 3. 16—18). Von der Grußzuschrift an bis zum letzten Wort ist der Ton ein brüderlicher, der Mahnung Christi an Pt Lc 22, 32 entsprechender. Wer die synoptische Erzählung von der Verklärung auf dem Berge und die Worte Jesu Jo 13, 36 f.; 21, 18—22 für ungeschichtlich hält, muß freilich an den Bezugnahmen hierauf 2 Pt 1, 14. 16—18 Anstoß nehmen. Man sollte aber anerkennen, daß durch die Einmischung solcher im letzten Grunde dogmatischer Vorurteile in die literarische Kritik letztere ihres Namens unwert wird. Dagegen liegt ein starker Beweis gegen die nachträgliche und vollends gegen eine erst um 150—170 erfolgte Erdichtung dieser petrinischen Selbstzeugnisse in ihrer handgreiflichen Unabhängigkeit von den evangelischen Berichten (oben S. 49. 54—59). Übrigens brauchten die wunderscheuen Kritiker durch Anerkennung der Echtheit des 2 Pt nicht einmal in ernstliche Verlegenheit zu kommen; denn den am meisten nach einem Mythus aussehenden Zug in der synoptischen Erzählung von der Verklärung, die Erscheinung des Moses und des Elias, berührt Pt nicht. — Gewichtiger sind die Bedenken, welche die Äußerung über Pl und dessen Briefe 3, 15 f. erregt hat. Es ist aber vor allem zu würdigen, daß Pt hier von einem einzelnen Brief redet, welchen Pl einst an die judenchristlichen Leser des 2 Pt gerichtet haben soll, und daß uns nicht nur dieser Brief, sondern auch jede sonstige Kunde von seinem ehemaligen Vorhandensein in der alten Kirche fehlt (oben S. 45 f.). Die Annahme der Unechtheit des 2 Pt gibt uns hier wieder das unlösbare Rätsel auf, warum doch diese Schriftsteller unter den Namen Pt und Ju ein über das andere Mal auf teilweise bereits vorhandene, teilweise in Vorbereitung begriffene Schriften sich berufen, von welchen sonst Niemand etwas zu melden weiß. In der Tat ist auch diese Berufung auf einen nicht mehr nachweisbaren Brief des Pl ein Beweis für das hohe Alter und die Echtheit des 2 Pt (cf oben S. 92 f. 95). Während Pt die Leser hiedurch an einen einzelnen Brief des Pl erinnert, welchen sie kennen, spricht er daneben von einer größeren Zahl anderer Briefe des Pl, welche, wie der ganze Zusammenhang zeigt (oben S. 45 f. 66), nicht an sie, sondern an andere Christen gerichtet waren. Daß die Leser auch diese Briefe kennen, ist durch nichts angedeutet, ist vielmehr durch Alles, was Pt von denselben sagt, ausgeschlossen. Pt versichert ihnen erst, daß Pl in allen seinen Briefen, wann immer er auf die in Rede stehenden Dinge zu sprechen kommt ($\lambda\alpha\lambda\tilde{\omega}\nu$, nicht $\lambda\alpha\lambda\dot{\eta}\sigma\alpha\varsigma$), in gleichem Sinne sich ausspreche, wie er es in seinem an diese Leser gerichteten Briefe getan hat; und Pt spricht von Misdeutungen einzelner Stellen dieser Briefe (A 10) nicht seitens seiner Leser, sondern seitens der vorher in seinem Brief geschilderten falschen Lehrer und ihrer Anhänger, welche er in heidenchristlichen Kreisen kennen gelernt hat (oben S. 65 f.). Soweit ist in dieser Bemerkung nichts enthalten, was dagegen spräche, daß sie von Pt herrühre. Daß um 60—64 manche Briefe des Pl über den Kreis der einzelnen Gemeinden hinaus, an welche die einzelnen Briefe gerichtet waren, in der heidenchristlichen Kirche sich verbreitet hatten, hat nichts Unwahrscheinliches; und daß Pt damals solche Briefe gelesen hatte, findet eine bedeutsame Bestätigung darin, daß Pt, als er nicht gar lange nach Abfassung des 2 Pt durch Silvanus an die kleinasiatischen Gemeinden schrieb, an den Rm und den Eph sich anlehnte (oben S. 30). Es lag aber auch für Pt eine dringende Veranlassung vor, so über Pl und dessen Briefe sich zu äußern; denn wenn die im Bereich der paulinischen Mission aufgetretenen Libertinisten sich für ihre Lehre und Lebensweise auf briefliche Äußerungen des Pl beriefen, so mußte das, wenn sie der Erwartung des Pt gemäß demnächst in die judenchristlichen Gemeinden sich eindrängten, auf diese verwirrend wirken. Der trügerische Schein der Übereinstimmung mit dem großen Heidenapostel konnte den Irrlehrern bei einzelnen Judenchristen ein Ansehen geben, welches ihre Verlockung um so gefährlicher machte. Die Mehrzahl aber der Judenchristen konnte dadurch in ihrem noch immer nicht völlig überwundenen Mistrauen gegen den Heidenapostel bestärkt werden (AG 21, 20 ff.). Pt aber war, wie der 1 Pt (1, 12; 5, 12) und alle glaubwürdigen Nachrichten über ihn beweisen, ebenso sehr wie Pl (Gl 1, 22—24; 2, 7—10; 1 Kr 15, 11; 1 Th 2, 14; 2 Kr 9, 8—15; Rm 15, 26—32) beflissen, die Eintracht zwischen den beiden Hälften der Christenheit und besonders zwischen den Führern auf beiden Seiten zu wahren. Daher nennt er hier den Pl nicht etwa seinen persönlichen Freund, sondern seinen und seiner judenchristlichen Leser geliebten Bruder (cf AG 21, 20). Darum erinnert er die Leser an den Brief, welchen sie selbst, wahrscheinlich vor nicht langer Zeit (oben S. 52), von Pl erhalten hatten, und aus welchem sie erkennen können, daß Pl mit Pt in den Grundzügen christlichen Glaubens und Hoffens und christlicher Sittlichkeit übereinstimme. Darum versichert er ihnen, daß Pl auch in seinen sonstigen Briefen überall die gleichen Grundsätze vertrete, und daß daher die Berufung der Irrlehrer auf seine Auktorität ebenso unwahr, als das Mistrauen mancher Judenchristen gegen Pl unbegründet sei. Befremdlich ist nur, daß 2 Pt 3, 16 „die übrigen Schriften" neben die Briefe des Pl als ein Objekt der Verdrehung seitens der Irrlehrer gestellt werden, so daß, da αἱ γραφαί im NT sonst überall die hl. Schriften jener Zeit d. h. die atl Schriften bezeichnet, der Schein entstehen konnte, daß Pt die Briefe des Pl in die Klasse der hl. Schriften einrechne. Man meint in die Zeit eines Irenäus versetzt zu werden (A 11). Daß das ein Misverständnis ist, ergibt sich aber schon daraus, daß Pt hier einen Brief des Pl als bekannt voraussetzt, welcher in der gesamten kirchlichen Literatur weder unter den kanonischen, noch unter den apokryphen Briefen des Pl erwähnt wird. Es ist also nicht die im 2. Jahrhundert überall verbreitete Sammlung der Plbriefe, welche dem Vf des 2 Pt vorlag. Man hat sich ferner an den bekannten echt griechischen Gebrauch von ἄλλοι und ἕτεροι erinnert, welcher es gestattet, die hinzutretende substantivische Bezeichnung auf die so eingeführte Gruppe zu beschränken (A 12). Ein entsprechender Gebrauch von λοιποί dürfte sich jedoch schwerlich nachweisen lassen. Aber eben dadurch, daß die betreffenden sonstigen Schriften so ganz beiläufig und ohne jedes auszeichnende Attribut wie ἅγιος (Rm 1, 2), ἱερός (2 Tm 3, 15), θεόπνευστος (2 Tm 3, 16), προφητικός (Rm 16, 26), παλαιός (2 Kr 3, 14), ἀρχαῖος (Lc 9, 8. 19) mit den Briefen des Pl oder vielmehr mit gewissen schwer verständlichen Stellen derselben auf die gleiche Linie gestellt werden, ist auch ausgeschlossen, daß hier der engere Sinn von αἱ γραφαί = „Sammlung der hl. Schriften" obwalte. Sowenig bei den Juden der technische Gebrauch von הַסְּפָרִים die Anwendung von סֵפֶר auf alle möglichen Bücher und Schriftstücke ausschloß, ebensowenig der analoge engere Gebrauch von αἱ γραφαί und τὰ γράμματα bei den griechisch redenden Christen den weiteren Gebrauch von γραφή, γραφαί, γράμματα (A 12). Die Verrenkung und Misdeutung jener dunkelen Stellen in den Briefen des Pl seitens der Irrlehrer entspricht der Art, wie sie überhaupt mit den Büchern umgehen. Selbstverständlich kann es sich nur um Schriften religiösen Inhalts handeln und zwar um solche, welche irgend welches Ansehen in christlichen Kreisen beanspruchen können, sei es wegen der Personen, die sie verfaßt haben, sei es wegen des gottesdienstlichen Gebrauchs, welchen die Gemeinden von ihnen machen. Da die Libertinisten nirgendwo als grundsätzliche Gegner des AT's gekennzeichnet sind, sind auch die hl. Schriften des ATs keineswegs ausgeschlossen, ebensowenig apokryphe Schriften, wie sie Ju und Pt selbst gelesen und angewandt haben. Wir wissen auch nicht, wieviel von christlicher Literatur in den Jahren 60—64 bereits existirte. Die sicheren Beispiele von damals teils bereits geschriebenen teils beabsichtigten, heute aber nicht mehr vorhandenen Schriften, welche uns der 2 Pt und der Ju verbürgen, sowie die Andeutung in Lc 1, 1 geben uns volle Freiheit anzunehmen, daß in den Jahren 50—70 außer Pl noch manche andere Lehrer, ein Barnabas, Apollos, Silvanus, Timotheus etc. je und dann einen lehrhaften Brief oder ein sonstiges Schriftstück verfaßt haben, woraus sich die Irrlehrer ebenso wie aus den Briefen des Pl einzelne Sätze, sie misdeutend, aneigneten. Somit enthält 2 Pt 3, 15 f. nichts, was über die Lebenszeit des Pt hinauswiese, und dagegen in der Erwähnung eines der nachapostolischen Kirche unbekannt gebliebenen Briefs des Pl einen Beweis für die Abfassung des 2 Pt in apostolischer Zeit. Daß einzelne Stellen der paulinischen Briefe und zwar solche, welche sich auf das sittliche Leben und auf das Verhältnis zu heidnischer Sittenlosigkeit beziehen, schon von den ersten Empfängern misverstanden und auch in unredlicher Weise misdeutet wurden, bezeugen sie selbst (1 Kr 5, 9—13; 2 Kr 1, 13 f. Bd I, 187. 231). Ferner erwies sich als wahrscheinlich, daß die Libertinisten, von welchen Pt voraussagte, daß sie in die judenchristlichen Gemeinden eindringen werden, und welche Ju schildert, nachdem dies geschehen war, Redewendungen, wie sie Pl 1 Kr 2, 10—3, 2 gebraucht hatte, sich angeeignet haben (Ju 19, oben S. 86 A 6). Und wie Pt es der Mühe wert gefunden hat, Briefe des Pl zu lesen, so wie es scheint auch Ju. Mit dem 2 Pt, welchen er förmlich citirt, faßt er andere Äußerungen von Aposteln zusammen, welche gleichfalls an die Leser gerichtet gewesen sein müssen, da diese ermahnt werden, sich derselben zu erinnern (Ju 17, oben S. 82). Es können also nicht Briefe des Pl an heidenchristliche Gemeinden oder einzelne Personen jenes Gebiets gemeint sein, wie man im Hinblick auf Stellen wie 2 Tm 2, 17 f.; 3, 1 ff. 4, 3 f. angenommen hat. Sehr nahe liegt dagegen der Gedanke an jenen Brief des Pl, welcher nach 2 Pt 3, 15 an den gleichen Leserkreis gerichtet und mit dem 2 Pt verwandten Inhalts gewesen ist. Hat aber Ju den 2 Pt mit Aufmerksamkeit gelesen und daraus sowohl das anerkennende Urteil des Pt über die Weisheit des Briefe schreibenden Pl als die Kunde von dem Misbrauch mancher Stellen anderer paulinischer Briefe seitens der Irrlehrer geschöpft, so wäre nicht zu verwundern, wenn er sich Briefe des Pl zu verschaffen gesucht und sie aufmerksam gelesen hätte, und zwar schon darum, weil er sich berufen fühlte, seine Leser zum Kampf gegen die Libertinisten aufzurufen, welche mit misdeuteten Sätzen des Pl als Schlagworten um sich warfen. So konnte er die von jenen misbrauchte Unterscheidung der Psychiker und der Pneumatiker im Sinne des Pl sich aneignen (Ju 19). Dazu kommen noch andere Anklänge an paulinische Briefe, welche nicht leicht als zufällig betrachtet werden können (A 13). Benutzung von Literaturwerken aus der Zeit nach Jerusalems Zerstörung läßt sich weder im Ju, noch im 2 Pt nachweisen (A 14). — Es fragt sich schließlich noch um die in beiden Briefen gezeichneten falschen Lehrer. Ein wesentlicher Unterschied zwischen der Schilderung des Pt und des Ju ist nicht anzuerkennen (oben S. 63 f. und S. 76 ff.). Wenn bei Ju das Wort ψευδο-διδάσχαλοι fehlt, so doch nicht die Sache, die dadurch ausgedrückt wird (oben S. 79); und wenn Ju nirgendwo erkennen läßt, daß diese Eindringlinge Verächter der Weissagung seien, was namentlich durch die Unterdrückung des bezüglichen Teils der aus 2 Pt 3, 3 f. citirten Weissagung (Ju 18) auffällig wird, so ist nicht zu übersehen, daß auch in 2 Pt 2 diese Seite der von Pt geschilderten falschen Richtung zunächst völlig zurücktritt, und daß Pt als Folge des von ihm vorausgesehenen Eindringens der falschen Lehrer in seinen Leserkreis die Entstehung verschiedener verderblicher Richtungen ankündigt (2, 1 oben S. 69 A 2). Nicht nur dieser Vorraussagung, sondern auch der Erfahrung aller Zeiten entspricht es, daß die Vertreter der Richtung, welche Pt in heidenchristlichen Kreisen kennen gelernt hatte, bei ihrem Auftreten in den judenchristlichen Gemeinden, welches Ju erlebt hat, nicht sofort ihr ganzes „System" enthüllten, daß sie insbesondere die im jüdischen Christentum so viel tiefer wurzelnden Lehren der Christenhoffnung vorläufig unangetastet ließen, und daß sie überhaupt weniger durch direkte Bestreitung des Gemeinglaubens, als durch geschickte Behandlung der Lehre vom Gnadenstand (Ju 4), durch abschätzige Urteile über die Apostel und die einfältigen Gemeindevorsteher (oben S. 63. 77), durch Einschmeicheln bei den wohlhabenderen und gebildeteren Gemeindegliedern (Ju 16) und durch Ausnutzung der durch die Agapen dargebotenen Gelegenheiten zu geselligem und doch zugleich gottesdienstlichem Zusammensein (Ju 12) ihrer Theorie und Praxis Eingang zu verschaffen suchten. Um das Bild der falschen Lehrer, welches der 2 Pt und der Ju uns darbieten, aus anderweitigen geschichtlichen Nachrichten zu illustriren, braucht man nicht in das 2. Jahrhundert hinabzusteigen. Die wesentlichen Grundzüge finden wir bereits im J. 57 in der korinthischen Gemeinde (Bd I, 197—202. 210 f.). Es hatte dort zeitweilig eine Richtung überhandgenommen, welche 1) unter Berufung auf die im Ev begründete christliche Freiheit in bezug auf das geschlechtliche Leben die bedenklichsten Grundsätze vertrat (1 Kr 6, 12—20), denen auch die tatsächlichen Zustände in der Gemeinde entsprachen. Man verleugnete tatsächlich den Herrn, welcher die Christen durch Kauf zu seinen Sklaven gemacht hat (1 Kr 6, 20; 7, 23 cf 2 Pt 2, 1; Ju 4). Nehmen wir die Andeutungen des im J. 58 in Korinth geschriebenen Rm hinzu (Rm 6, 1 ff. 12. 14 ff.), so erkennen wir, daß man in der Lehre vom christlichen Gnadenstand ebenso wie in der Lehre von der evangelischen Freiheit eine theoretische Grundlage für die Fortsetzung heidnischer Unsittlichkeit zu finden bemüht war. 2) Dieselbe Richtung in Korinth begründete ihre Annäherung an den heidnischen Kultus durch Berufung auf die bei allen Christen vorauszusetzende Erkenntnis von der Nichtigkeit der heidnischen Göttervorstellungen und hielt die nach der Ansicht des Pl und aller jüdischen Christen im Götzenkultus waltenden und auch für die Christen gefährlichen Dämonen für ebenso ohnmächtig und nichtig wie die Götter der Mythologie (1 Kr 8—10 cf 2 Pt 2, 10 f.; Ju 8—10). 3) Im Hochgefühl ihrer Erkenntnis schlugen Leute dieser Richtung einen Ton der Unbotmäßigkeit und Respektlosigkeit gegen den Apostel Pl an, welcher diesen an die Empörung Korahs erinnerte (oben S. 85 f. A 5); und in der Losung ἐγὼ δὲ Χριστοῦ sprach sich eine Verachtung aller menschlichen Auktorität in der Kirche aus (Bd I, 208). 4) Wahrscheinlich derselben Richtung gehörten auch diejenigen Korinther an, welche den Kernpunkt der christlichen Hoffnungslehre, die Auferstehung des Leibes leugneten (1 Kr 15). Die davon untrennbare Erwartung des zukünftigen Königreichs Christi (1 Kr 15, 23—28) wurde in Korinth auch praktisch verleugnet (1 Kr 4, 8 Bd I, 197). 5) Die Libertinisten in Korinth sind nicht als Lehrer von Beruf charakterisirt; aber wie sie ihren praktischen Urteilen eine theoretische Grundlage zu geben bemüht waren, so erklärten diese „starken" Geister es auch für ihre Pflicht, „die Schwachen" zu ihrem Standpunkt emporzuziehen, ihnen die befreiende Erkenntnis mitzuteilen und sie durch ihr Beispiel zu „erbauen" (1 Kr 8, 10 Bd I, 210 A 1).   6) Die Misbräuche bei den in der Abendmahlsfeier gipfelnden Gemeindemahlzeiten zu Korinth, welche Pl nur noch nicht ἀγάπαι nennt, bestanden unter anderem darin, daß manche sie zu Schmausereien herabwürdigen (1 Kr 11, 21 f. 34 cf 2 Pt 2, 13; Ju 12).   Auch bei diesen Gelegenheiten kamen die separatistischen Neigungen zum Ausdruck, welche die Einheit der Gemeinde zu Korinth und deren Zusammenhang mit der Gesamtkirche gefährdeten (1 Kr 11, 18 f. cf Ju 19; Bd I, 203).   Kurz, wir finden alle Elemente zu dem prophetischen Bild der Irrlehrer im 2 Pt und zu der historischen Schilderung des Ju schon im 1 Kr, nur noch nicht auf der gleichen Stufe der Entwicklung.   Wenn die Libertinisten in Korinth briefliche Anweisungen des Pl misdeuteten (1 Kr 5, 9 ff.), wenn sie allem Anschein nach von Sätzen, die Pl wirklich ausgesprochen hatte und anerkennen mußte (1 Kr 6, 12; 10, 23. — 8, 1. 4; 10, 19), eine seiner Meinung widersprechende Anwendung machten; und wenn sie sich auch in bezug auf Misbräuche, die Pl rügt, dessen rühmten, daß sie seine eigenen Anordnungen befolgten (1 Kr 11, 2), so sind das alles Illustrationen zu 2 Pt 3, 16.   Neu ist nur, daß Pt voraussagt, Leute dieser Richtung würden in den judenchristlichen Gemeinden als irreführende Lehrer auftreten, und daß Ju etwa 10 Jahre später bezeugt, dies sei wirklich geschehen.   Daß diesen Eindringlingen nicht oder wenigstens nicht deutlich Beteiligung an heidnischen Götzenopfermahlen und Verführung Anderer hiezu nachgesagt wird (oben S. 76 ff.), kann nicht befremden; denn in judenchristlichen Gemeinden würden sie mit derartigen Zumutungen auf unüberwindlichen Widerstand gestoßen sein und in deren Umgebung vielleicht kaum Gelegenheit dazu gehabt haben.   Der Name Bileam (2 Pt 2, 15; Ju 11) läßt jedoch die Möglichkeit offen, daß Pt und Ju sehr wohl darum wußten, daß manche Leute dieser Richtung in ihrer Heimat, in den Ländern der Heiden sich keineswegs so fern vom Götzendienst hielten, wie Pt und Ju und wie Pl selbst es für geboten erachteten.   Durch Ap 2, 2. 6. 14 f. 20—25 erfahren wir, daß um 90—95 in den Gemeinden von Ephesus, Pergamum und Thyatira Vertreter einer Lehre sich Eingang zu verschaffen gesucht und teilweise gefunden hatten, durch welche Unzucht und Beteiligung an Götzenfesten gerechtfertigt werden sollte, und zwar unter anderem auch unter Berufung auf eine tiefere Einsicht in das Reich der bösen Geister (Ap 2, 24).   Allein schon der Name Bileam (Ap 2, 14 cf 2 Pt 2, 15; Ju 11) zwingt uns beinah, an einen Zusammenhang dieser Lehre mit den Schilderungen des 2 Pt und des Ju zu denken; und die geschichtlichen Nachrichten über die Partei und Lehre der Nikolaiten (Ap 2, 6. 15) begünstigen die Annahme, daß eben diese im letzten Drittel des 1. Jahrhunderts ihre Apostel ebensowohl zu den Judenchristen Palästinas wie zu den Heidenchristen von Ephesus geschickt hat (A 15).   Gewiß hat es auch im 2. und 3. Jahrhundert Parteien und Sekten von libertinistischer Theorie und

Praxis genug gegeben; wir wissen aber von keiner, welche auch nur annähernd
so viele Berührungspunkte mit den im 2 Pt und im Ju gezeichneten Verführern
gehabt hätte, wie die libertinistische Richtung, die wir aus dem 1 Kr kennen
lernen, und die Nikolaiten nach den Andeutungen der Ap.

1. An die in der alten Kirche laut gewordenen Bedenken gegen die Echtheit und
Kanonicität des 2 Pt wie des Ju knüpften die Theologen des 16. Jahrh. an. Erasmus,
welcher 1 Pt 5, 12 von einem dem 1 Pt vorangegangenen, durch Silvanus geschriebenen
Brief verstand, glaubte die Bezeichnung des 2 Pt als eines zweiten (statt dritten) Briefs
nicht anders erklären zu können, als daß der 2 Pt entweder unecht oder wie jener verlorene allererste Brief von Silvanus im Auftrag des Pt geschrieben sei (Paraphr. in epist.
can. Basil. 1521 fol. A[3] cf A[4], D[2]). Luther bezeichnete im J. 1524 (Erl. Ausg. Bd 52
S. 271) 2 Pt 3, 15 als einen der Sprüche, welche einen Zweifel an der Abfassung durch
Pt begründen könnten, sofern er anzeige, „daß diese Epistel lange nach S. Pauls
Episteln geschrieben sei". Dogmatisch anstößig war ihm 2 Pt 3, 9. „Doch ists gläub-
lich, sie (die Epistel) nichts deste minder des Apostels sei." Calvin im Argumentum
zum 2 Pt und zu 3, 15 schwankte zwischen Anerkennung und Verwerfung, neigte aber
zu der Annahme, daß ein Schüler des Pt in dessen Auftrag den Brief geschrieben.
Grotius (zu 2 Pt 1, 1. 14, 17; 3, 1 ed. Windheim II, 1038. 1042f. 1053. 1060), welcher
urteilte, 2 Pt 3 könne nur nach der Zerstörung Jerusalems geschrieben sein, zerlegte
den Brief in zwei Briefe c. 1—2 und c. 3, so daß 3, 1 auf c. 1—2 als einen ersten Brief
zurückblicke. Beide habe nicht der Apostel Simon Petrus, sondern Simeon, der zweite
Bischof von Jerusalem zur Zeit Trajans (Eus. h. e. III, 32), geschrieben. Zu dem Ende
schied Grotius die Worte Πέτρος .. καὶ ἀπόστολος 1 Pt 1, 1 und ὁ ἀγαπητὸς ἡμῶν
ἀδελφός 3, 15 als Interpolationen aus, vermutete auch, daß die Himmelsstimme 1, 17 interpolirt sei, so daß unter dem heiligen Berge der Zion verstanden und die ganze Stelle
auf Jo 12, 28 bezogen werden könnte. Dem entsprechend erklärte Grotius (p. 1117) die
Worte ἀδελφὸς δὲ Ἰακώβου Ju 1 für interpolirt und diesen Brief für ein Werk des letzten
judenchristlichen Bischofs von Jerusalem aus der Zeit Hadrians (§ 43 A 1). Herder
(Briefe zweener Brüder Jesu, 1775, WW. ed. Suphan VI, 471) hielt beide Briefe für
echt, begriff aber nicht, wie man solange glauben könne, Ju hänge vom 2 Pt ab, während
das Gegenteil handgreiflich sei (S. 529). Dagegen erklärte Semler (Paraphr. ep. Petri II
et Judae, 1784 in der Praefatio fol. d[1] und p. 167f.) beide Briefe für pseudonyme
Fälschungen aus der zweiten Hälfte des 2. Jahrhunderts und zwar den Ju für eine
Epitome des 2 Pt. Während J. D. Michaelis (Einl. 4. Aufl. 1788 S. 1475ff.) die Echtheit des 2 Pt verteidigte und zu der Annahme neigte, daß der Ju auf Grund des 2 Pt
erdichtet sei (S. 1516), entschied sich Eichhorn (Einl. III, 624—656, a. 1812) hauptsächlich wegen der Abhängigkeit des 2 Pt von dem vielleicht noch vor d. Jahre 70
geschriebenen Ju gegen die Echtheit des 2 Pt. Eben dies ist heute ein Hauptgrund
für die weite Verbreitung des gleichen Urteils geblieben. Unter den Vertretern desselben ist besonders hervorzuheben Mayerhoff, Hist. krit. Einl. in die petrinischen
Schriften 1835 S. 149—217, unter den Verteidigern der Echtheit Weiß, besonders in
Theol. Stud. u. Krit. 1866 S. 255—308; Hofmann, NT VII, 3 (1875); Spitta, Der
2. Br. des Pt und der Ju (1885). Es hat auch nach Grotius nicht an Versuchen gefehlt,
durch Ausscheidung fremdartiger Zutaten einen echten Brief des Pt aus dem 2 Pt
herauszuschälen. Berthold (Einl. S. 3157ff. a. 1819) erklärte c. 2 für eine vom Ju abhängige Interpolation, dagegen c. 1 und 3 für einen echten Brief des Pt. C. Ullmann,
Krit. Unters. des 2 Pt, 1821, ließ nur c. 1 als Werk des Pt gelten. Geß, Das apost.
Zeugnis von Christi Person II, 2 (1879) S. 412ff. wollte 1, 20[b] (ὅτι πᾶσα) — 3, 3[a] (γινώσκοντες) als Interpolation gestrichen haben.

2. Zur Erklärung des ganz verschiedenen Schicksals des 1 Pt und des 2 Pt in der alten Kirche kann man sich nicht auf die verlorenen Briefe des Pl an die Korinther (Bd I, 187. 194 A 9), die Philipper (Bd I, 378f.) und an die Leser des 2 Pt (oben S. 45f.), sowie auf den 2 Pt 3, 1 angezeigten Brief des Pt selbst (oben S. 44f.) berufen; denn alle diese Briefe sind, soviel wir wissen, sehr bald und für immer abhanden gekommen; der 2 Pt dagegen ist erhalten und schließlich als Brief des Apostels überall anerkannt worden. Es bleibt die Frage, warum er so viel später als der 1 Pt allgemeine Verbreitung und Anerkennung gefunden hat.

3. Über Spuren des 2 Pt und des Ju in der altkirchlichen Literatur s. GK I, 310—321. 759. 959—961; II, 819. Über das Verhältnis zwischen 2 Pt und Hermas cf meine Schrift über den Hirten des Hermas 430—438; Hofmann NT VII, 3, 174f.; Spitta, 2 Pt S. 533f. Während Spitta damals nur eine gewisse Verwandtschaft der Anschauung und Ausdrucksweise anerkannte, fand derselbe später (Z. Gesch. u. Lit. des Urchrist. II, 399—409) eine Fülle inniger Berührungen zwischen beiden Schriften, welche auf einen literarischen Zusammenhang hinweisen. Aber nicht Hermas soll vom 2 Pt abhängen, sondern der Apostel Pt soll in Rom um das J. 64 die um das J. 50 in Rom von einem Juden Hermas verfaßte Apokalypse gelesen haben, welche um 150 von dem Christen Hermas, dem Bruder des Bischofs Pius von Rom (C. Mur. lin. 73—80, Spitta 434), zu dem seither in der Kirche so viel gelesenen „Hirten" umgearbeitet worden sei. So etwas läßt sich nicht im Vorbeigehen widerlegen; nur gegen die Annahme einer zufälligen Gleichnamigkeit des ursprünglichen Vf und des späteren Bearbeiters, wodurch Tradition und Hypothese miteinander ausgeglichen werden sollen, ist Verwahrung einzulegen (cf oben S. 90).

4. Luther (a. 1522 in der Vorrede auf Jk und Ju, Erl. Ausg. 63 S. 158): „Die Epistel aber S. Judas kann niemand läugnen, daß sie ein Auszug oder Abschrift ist S. Peters ander Epistel, so derselbigen alle Worte fast gleich sind." Die hiedurch auf einen übertriebenen Ausdruck gebrachte Einsicht wurde von Grotius, Bengel, Semler, Michaelis u. a. ohne genauere Begründung festgehalten; Herder bestritt sie als die zu seiner Zeit herrschende (oben S. 103). Die Umkehrung des Verhältnisses wurde von Eichhorn (Einl. III, 637. 642ff.) und seither von den Meisten als ein Hauptgrund gegen die Echtheit des 2 Pt geltend gemacht, wurde aber zuletzt so sehr allgemeine Ansicht, daß auch Verteidiger der Echtheit des 2 Pt sie sich aneigneten, wie Hug Einl. II³, 556; Wiesinger, Der 2 Pt (1862) S. 22ff.; Weiß, Theol. Stud. u. Krit. 1866 S. 256ff. 300f. Der Erörterung des Verhältnisses hätte stets fernbleiben sollen die Frage, ob es des Apostels Pt würdig gewesen wäre, sich enge an den Brief des Nichtapostels Ju anzuschließen; ebensosehr aber auch die Vermutung, daß ein Pseudopetrus an den apokryphen Citaten im Ju Anstoß genommen und sie darum teils beseitigt, teils verwischt habe. Dies letztere würde eine dogmatisch ängstliche Unterscheidung des Kanonischen und Apokryphen voraussetzen, welche zumal in bezug auf Alttestamentliches während des ganzen 2. Jahrhunderts nicht nachzuweisen ist. Es ist aber auch nicht zu billigen, daß man von beiden Seiten nach Misverständnissen oder Ungeschicktheiten des Ausdrucks als Beweisen der Abhängigkeit des einen Schriftstellers vom anderen gesucht hat. Der Ju ist ebensowenig ein Auszug aus dem 2 Pt, als der 2 Pt eine Umarbeitung des Ju. Die Berufung des Ju auf die seinen Lesern bekannte apostolische Weissagung, welche vor seinen Augen sich zu erfüllen anfing, legte es nahe, daß er sich auch in der Schilderung der gegenwärtigen Wirklichkeit an jene Weissagung anschloß; er tut dies aber nur insoweit, als ihre Erfüllung sich bereits erkennen ließ.

5. Wie der sogen. 3. Korintherbrief auf Grund von 1 Kr 5, 9; 7, 1 und der Laodicenerbrief auf Grund von Kl 4, 16 erdichtet wurde (Bd I, 194 A 9; S. 346 A 2), so könnte man sich auch den 2 Pt auf Grund von Ju 4. 17f. erdichtet denken. In der Tat

wäre die Analogie doch sehr wenig zutreffend; denn 1) weist kein Wort im Ju auf eine Schrift gerade des Pt. 2) Die Berufung in Ju 4. 17f. hätte viel eher zur Erdichtung einer Apokalypse (oben S. 95. 96) als eines Briefs unter apostolischem Namen veranlassen können. 3) Der 2 Pt ist viel zu ernsthaft und gehaltreich, als daß er, wie der Laodicenerbr., ausschließlich oder wie der 3. Korintherbr. wenigstens zum Teil seine Entstehung dem Einfall verdanken könnte, für ein in einer apostolischen Schrift vorkommendes Citat die in der Literatur bis dahin nicht vorhandene Unterlage nachträglich und künstlich zu schaffen. 4) Wie wenig die Andeutungen des Ju von anderen Schriften der apostolischen Zeit Beachtung gefunden haben, sieht man daraus, daß die alten Ausleger über Ju 3. 4. 17f. entweder ganz schweigend hinweggehen (Clem. hypot.; Didymus) oder höchstens zu Ju 17f. auf den 2 Pt und die Briefe des Pl verweisen (Cramer, Cat. VIII, 168). Es hat auch unseres Wissens Niemand auf Grund von Ju 3 eine zweite ausführlichere Schrift des Ju angefertigt (s. oben S. 76).

6. Die Vermutung von Spitta 404, daß die nach v. 3 von Judas in Angriff genommene Schrift eben diejenige sei, für deren Abfassung Petrus nach 2 Pt 1, 15 Sorge tragen wollte, ohne zu sagen, ob er selbst oder in seinem Auftrag ein Anderer sie abfassen werde, läßt sich nicht zu einem höheren Grad von Wahrscheinlichkeit erheben. Schrieb Pt um 63/64, Ju um 75, so hätte Pt sein Versprechen oder Ju den ihm erteilten Auftrag sehr lässig ausgeführt. In der Tat sehen wir aus beiden Stellen doch nur, daß die Zeit gekommen war, in welcher die Männer des apostolischen Kreises darauf bedacht waren, auch durch literarische Arbeit für die Zukunft zu sorgen cf 1 Jo 1, 4.

7. Ich stelle neben einander den Text von Ju 14f. (nach Tischendorf's oct., doch ohne das durch Druckfehler hineingeratene erste αὐτῶν hinter ἀσεβεῖς s. den dortigen Apparat und Gregory, Proll. 1285) und den zuerst 1892 von Bouriant (Mém. de la mission archéol. au Caire IX, 1) herausgegebenen griech. Text von Henoch I, 9 in der durch Lods, L'évangile et l'apocalypse de Pierre p. 112 berichtigten Gestalt (cf Charles, The book of Enoch, 1893 p. 329); ferner Dillmanns deutsche Übersetzung des äthiopischen Henoch S. 1 unter Vergleichung der englischen Übersetzung von Charles p. 59 und das Fragment des lateinischen Henoch (bei Pseudocypr. ad Novat. 16, Cypr. ed. Hartel app. p. 67 cf GK II, 797—801; Forsch V, 158. 438; James, Apocr. anecd. I, 146 ff.):

<table>
<tr><td>

Ju 14 f.

ἰδοὺ ἦλθεν κύριος ἐν ἁγίαις μυριάσιν αὐτοῦ, ποιῆσαι κρίσιν κατὰ πάντων καὶ ἐλέγξαι πάντας τοὺς ἀσεβεῖς περὶ πάντων τῶν ἔργων ἀσεβείας αὐτῶν ὧν ἠσέβησαν καὶ περὶ πάντων τῶν σκληρῶν λόγων, ὧν ἐλάλησαν κατ' αὐτοῦ ἁμαρτωλοὶ ἀσεβεῖς.

</td><td>

Henoch graec.

ὅτι ἔρχεται σὺν τοῖς (!) μυριάσιν αὐτοῦ καὶ τοῖς ἁγίοις αὐτοῦ ποιῆσαι κρίσιν κατὰ πάντων, καὶ ἀπολέσει πάντας τοὺς ἀσεβεῖς καὶ ἐλέγξει πᾶσαν σάρκα περὶ πάντων ἔργων τῆς ἀσεβείας αὐτῶν ὧν ἠσέβησαν καὶ σκληρῶν ὧν ἐλάλησαν λόγων καὶ περὶ πάντων ὧν κατελάλησαν κατ' αὐτοῦ ἁμαρτωλοὶ ἀσεβεῖς.

</td></tr>
<tr><td>

Henoch aeth.

Und siehe, er kommt mit Myriaden von Heiligen, um Gericht zu halten über sie, und er wird vernichten die Gottlosen und rechten mit allem Fleisch (v. l. überführen alles Fleisch) über Alles, was die Sünder und die Gottlosen getan und gottlos gehandelt haben gegen ihn.

</td><td>

Henoch lat.

Ecce venit cum multis milibus nunciorum suorum, facere iudicium de omnibus et perdere omnes impios et arguere omnem carnem de omnibus factis impiorum, quae fecerunt impie, et de omnibus verbis impiis, quae de deo locuti sunt peccatores.

</td></tr>
</table>

Ein sicheres Urteil über diese Texte ist durch verschiedene Umstände sehr erschwert. Das, wie allgemein angenommen wird, hebräische oder aramäische Original (Schürer III, 203; Charles p. 21) ist verloren. Der Text des Ju steht keineswegs fest, und es ist sehr möglich, daß der im 2. und 3. Jahrhundert sehr verbreitete griech. Text des Henochbuchs auf die Textüberlieferung des Ju von Einfluß gewesen ist. Wir wissen ferner nicht, wann die griech. Übersetzung des Henoch, aus welcher die äthiopische und die lateinische geflossen sind, entstanden ist. Rührt sie von einem Christen her, und ist sie jünger als der Ju, so ist sehr möglich, daß der Übersetzer an dieser Stelle unter dem Einfluß des Citats bei Ju stand, wie die Abschreiber der LXX so oft unter dem Einfluß der ntl Citate stehen. Wenn aber die griech. Version von einem Juden herrührt und älter als Ju ist, so ist wenig wahrscheinlich, daß Ju diese griech. Version benutzt haben sollte. Das befremdliche ἰδοὺ ἦλθεν statt des allein angemessenen ἰδοὺ ἔρχεται ist eine ungeschickte Übersetzung des zweideutigen הִנֵּה־בָא (cf Jes 21, 9; 62, 11; Jer 50, 41; Sach 2, 14; Mal 3, 19 und andrerseits Ez 7, 12), und ἐν μυριάσιν ist ein Hebraïsmus (Num 20, 20; 1 Makk 1, 17; Lc 14, 31), den Niemand niederschreibt, wenn er das griech. σὺν μυριάσιν vor sich hat. Die immerhin große Übereinstimmung zwischen Ju und dem griech. Henoch in der Wahl der Worte, worin zwei von einander unabhängige Übersetzer schwerlich so oft zusammengetroffen sein würden (ποιῆσαι κρίσιν κατὰ πάντων, ἐλέγχειν, ἀσεβεῖς, ἀσεβεῖν, ἀσέβεια, σκληροὶ λόγοι), drängt zu der Annahme, daß der griech. Übersetzer des Henoch ein des Hebräischen kundiger, also sicherlich jüdischer Christ war, welcher wie so manche Christen der Folgezeit durch Ju 14 für das Buch interessirt worden war und unter dem Einfluß des ziemlich freien Citats des Ju stand, als er gleich zu Anfang seines Originals die von Ju citirte Stelle zu übersetzen hatte. Daß Ju das Buch Henoch citire, haben die Kirchenväter durchweg anerkannt: Clemens hypot. (Forsch III, 85. 97) *his verbis* (sc. Judas) *prophetam* (nicht *prophetiam*) *comprobat*; Tert. cult. fem. I, 3 *Enoch apud Iudam apostolum testimonium possidet* (GK I, 120 f.); Hieron. v. ill. 4; comm. in Tit. (Vall. VII, 708); August. civit. XV, 23, 4; XVIII, 38; Euthalius (Zacagni 480. 485). Besonders entschieden haben dies Hofmann VII, 2, 187. 205—211 cf desselben Schriftbeweis I, 420—424 und Philippi, das Buch Henoch, 1868, S. 138—152 bestritten und die Ansicht verfochten, daß Ju aus der nur erst mündlichen Lehrüberlieferung der Rabbinen geschöpft, und daß ein jüdischer Christ auf Grund von Ju 14 das auf uns gekommene Henochbuch verfertigt habe. Ohne zu behaupten, daß die vorchristliche Entstehung des Buchs Henoch in allen seinen Teilen über jeden Zweifel erhaben sei, kann man diese Ansicht doch nur entschieden ablehnen. Denn 1) die Form der direkten Rede, in welcher Ju die Weissagung Henochs einführt, weist auf eine schriftlich fixirte Form, in welcher sie ihm vorlag. Wenn auch in den Vorträgen, worin die Rabbinen in der Synagoge die atl Erzählungen auslegten und ausschmückten, gewisse sagenhafte Elemente, darunter auch Reden und Gegenreden der handelnden Personen eine einigermaßen stereotype Form angenommen haben mögen, so wäre doch undenkbar, daß einer, der nicht ein gläubiger Schüler der Rabbinen, sondern ein Jünger Jesu war, daraufhin eine nicht ganz kurze Rede des Henoch der Urzeit ganz ebenso citirt haben sollte, wie seine Glaubens- und Zeitgenossen die im AT niedergelegten Weissagungen eines Jesaja zu citiren pflegten. Was wir sonst im NT an sagenhaften Zutaten zur atl Geschichte finden (Mt 1, 5; AG 7, 22 f.; 13, 20 f.; Gl 4, 29; 2 Tm 3, 8; Hb 11, 37), beschränkt sich auf Tatsachen und Namen. Niemand wird die Anführung von Worten Jesu zu einer Zeit, da es noch kein schriftliches Ev gab, dagegen aber zahlreiche Ohrenzeugen dieser Worte in den Gemeinden lebten (§ 48), mit der anscheinend wörtlichen Anführung einer Weissagung der Urzeit vergleichen mögen. Wer die Entlehnung von Ju 14 f. aus Henoch 1, 9 nicht gelten lassen will, hat auch kein Recht zu fordern, daß man Ju 17 f. als ein Citat aus 2 Pt 3, 3 anerkenne (oben S. 81). 2) Eine Entstehung des Buches Henoch oder auch nur der Stelle desselben, wo es sich mit Ju berührt, auf

Grund von Ju 14 f. würde sich durch einen wörtlich genauen Anschluß an Ju verraten, während Ju nach Art der Apostel und der Alten überhaupt trotz Anwendung der direkten Redeform sein Citat ziemlich frei gestalten konnte, und dies um so mehr, wenn ihm der hebräische Henoch vorlag, dessen Worte er selbst erst in griechisches Gewand zu kleiden hatte. Hat es mit der hebräischen Abfassung und der jüdischen Herkunft wenigstens dieses Teils des Henochbuchs seine Richtigkeit, so ist vollends nicht daran zu denken, daß der Vf desselben aus der griechischen Schrift eines Christen geschöpft haben sollte. 3) Es finden sich auch abgesehen von dem ziemlich wörtlichen Citat noch mancherlei andere Berührungen zwischen Ju und Henoch. Nicht nur einzelne Ausdrücke des Citats wie σκληροὶ λόγοι (Hen. V, 4; XXVII, 2), ἕβδομος ἀπὸ Ἀδάμ (Hen. LX, 8; XCIII, 3) kehren in anderen Teilen des Buchs wieder. Es ist vor allem die Versündigung und Bestrafung der Engel, welche vor der Sintflut sich mit Weibern vergangen haben, Ju 6 (cf v. 7) so dargestellt, daß weder Gen 6, 1—4 noch 2 Pt 2, 4 als Grundlage ausreicht; diese ist vielmehr, was die Versündigung anlangt, in Henoch VI. VII. IX, 7—9; XII. 4—6; XV, 3—XVI, 4 und in bezug auf die Bestrafung in Henoch X, 11—14; XIV, 5—6; XVIII, 14—XIX, 2 zu finden, s. besonders XII, 4 (auch XV, 3) ἀπολιπόντες τὸν οὐρανὸν τὸν ὑψηλόν und X, 12 δῆσον αὐτοὺς ἑβδομήκοντα γενεὰς εἰς τὰς νάπας τῆς γῆς μέχρι ἡμέρας κρίσεως αὐτῶν κτλ. Cf Spitta 324 ff. 360—367. — Nicht ebenso einfach ist das Urteil der Kirchenväter, daß Ju 9 auf die ἀνάληψις Μωϋσέως sich beziehe, als richtig nachzuweisen, da das Bruchstück der lat. Übersetzung dieses jüdischen Apokryphums (Fritzsche, Libr. apocr. 700—730) nicht bis zum Begräbnis des Moses reicht und daher nichts Entsprechendes enthält. Warum aber sollten wir den Vätern, welche das Buch noch in griechischem Text besaßen, nicht glauben, daß Ju aus diesem Buch schöpfe: Clem. hypot. (Forsch III, 84. 96 f.) *hic confirmat assumptionem Moysi;* Orig. de princ. III, 2, 1; Didym. lat. (Migne 39, 1815); Euthalius (Zacagni 480. 485), zumal wir aus einem Citat bei Gelasius von Kyzikus (Mansi II, 857; cf Apollinaris bei Nicephor. Cat. in octateuchum I, 1313; Cramer Cat. VIII, 161. 163; Matthaei, Epist. cathol. p. 170. 238. 244) schließen dürfen, daß in jenem Buche wirklich Entsprechendes zu lesen war? In der Parallelstelle 2 Pt 2, 10 f. weist nichts auf das gleiche Ereignis und somit auch nichts auf die Assumptio Mosis. Fraglich aber ist, ob Pt Sach 3, 2 im Auge hat (Hofmann VII, 2, 65), eine Stelle, welche der Vf der Ass. Mosis an der von Ju benutzten Stelle nachgebildet haben wird, oder ob Pt an Henoch X, 4—8. 11—14; XII, 4—XIII, 2 denkt (Spitta 170 ff.). Jedenfalls ist wahrscheinlich, daß in 2 Pt 2, 4—11 nicht nur ungeschriebene jüdische Tradition, sondern auch apokryphe Bücher wie das von Ju citirte Henochbuch verwertet sind.

8. Über die pseudopetrinischen Schriften cf GK I, 199 f. 308—311. 758. 802; II, 742—751. 810—855. Der Brief des Pt an Jakobus (Clementina ed. Lagarde p. 3) läßt sich nicht als Typus für einen pseudopetrinischen Gemeindebrief ansehen, denn 1) ist er kein Gemeindebrief, 2) ist er von einem Manne geschrieben, welcher sich mit dem Pt der biblischen und der kirchlichen Überlieferung auf Kriegsfuß stellt, während vom Vf des 2 Pt das gerade Gegenteil gilt; 3) ist dieser Brief des Pt an Jakobus sicherlich erst im 3. Jahrhundert entstanden. Die in der Idee der Dichtung begründete Unterwürfigkeit des Pt gegenüber Jk dämpft in diesem Brief den Ton des apostolischen Selbstbewußtseins des Pt (p. 4, 16 κύριέ μου). Um so stärker kommt dieses zum Ausdruck im Brief des Clemens an Jk (Lag. 6, 12 ff.).

9. Über sprachliche und sachliche Berührungen zwischen 1 Pt und 2 Pt cf Schott, Der 2 Pt S. 167—188; Hofmann VII, 128—139. Neben der gründlichen Verschiedenheit der Grußüberschrift beider Briefe des Pt in bezug auf die Bezeichnung des Vf und der Empfänger, wodurch die Annahme einer absichtlichen Nachahmung ausgeschlossen ist, will die Übereinstimmung im Gruße selbst (χάρις — πληθυνθείη), welche übrigens durch

die Erweiterung in 2 Pt 1, 2 und durch die dort vorliegende Verkettung mit dem folgenden Text (oben S. 61) eingeschränkt ist, nicht viel besagen, da εἰρήνη ὑμῖν (oder ἡ εἰρήνη ὑμῶν) πληθυνθείη eine gewöhnliche jüdische Formel war (Bd I, 24 A 18). Sie kehrt mit einiger Veränderung Ju 2 und gewiß nicht ohne Einfluß von 1 Pt 1, 2 bei Clem. I Cor. und Pol. ad. Phil. und in engerem Anschluß an Ju 2 in dem Schreiben der Smyrnäer vom J. 155 (Martyr. Polyc.) wieder. Bemerkenswerter ist, daß 1 Pt 3, 20 und 2 Pt 2, 5 die Achtzahl der bei der Sintflut erretteten Menschen angegeben wird, welche Gen 6, 18; 7, 7. 13; 8, 16 nicht als Zahl vorliegt; und es bleibt diejenige Deutung von 1 Pt 3, 19 sehr wahrscheinlich, wonach dort eine zur Zeit des Baues der Arche erfolgte, also auch durch Noah vermittelte Predigt Christi zu verstehen ist, so daß Noah hier wie 2 Pt 2, 5 als ein Prediger der Gerechtigkeit vorgestellt ist. In solchem Zusammenhang ist dann auch die Erklärung des Wartens mit dem Gericht aus der μακροθυμία Gottes 1 Pt 3, 20 und 2 Pt 3, 9 cf 3, 5 f. zu beachten, wie naheliegend dieser Gedanke an sich ist (Rm 2, 4). Es sind ferner wenige Wörter und Wortverbindungen zu nennen, welche im ganzen NT nur die beiden Briefe des Pt oder fast nur diese aufzuweisen haben: ἀρετή 1 Pt 2, 9; 2 Pt 1, 3 als Eigenschaft des berufenden Gottes oder Christus (oben S. 61), dazu 2 Pt 1, 5 zweimal wie sonst nur noch Phl 4, 8 von menschlicher Tugend; ἄσπιλος καὶ ἄμωμος (oder ἀμώμητος) 2 Pt 3, 14, in umgekehrter Ordnung 1 Pt 1, 19; σαρκὸς ἀπόθεσις ῥύπου 1 Pt 3, 21, ἀπόθεσις τοῦ σκηνώματος 2 Pt 1, 14; ἐποπτεύειν 1 Pt 2, 12; 3, 2, ἐπόπται γενηθέντες 2 Pt 1, 16. Cf 2 Pt 2, 14 ἀκαταπαύστους ἁμαρτίας und 1 Pt 4, 1 πέπαυται ἁμαρτίας, ferner ψυχαί zur Bezeichnung der Personen selbst 1 Pt 3, 20 (2, 25) und 2 Pt 2, 14; sonst nur noch Rm 13, 1. Zu beachten ist auch, daß gewisse in dem einen Brief besonders häufig wiederkehrende Begriffe in dem andern nicht fehlen: ἀναστροφή 6mal im 1 Pt, 2mal im 2 Pt, im ganzen übrigen NT nur 5mal; ἀσέλγεια 2 Pt 2, 2. 7. 18; 1 Pt 4, 3; ἐστηριγμένος 2 Pt 1, 12, ἀστήρικτος 2, 14; 3, 16, στηριγμός 3, 17, aber auch 1 Pt 5, 10 στηρίξει. Neben solchen Einzelheiten, welche immerhin daran erinnern mögen, daß Silvanus, wenn er im Auftrag und Namen des Pt schrieb, unter dem Einfluß von dessen Gedanken und Worten stand, bleibt ungeschwächt der Eindruck einer völligen Verschiedenheit des Stils, welcher schon im Altertum dazu beitrug, die Abfassung des 2 Pt durch den Vf des 1 Pt fraglich zu machen (Hier. v. ill. 1; ep. 120, 11 ad Hedibiam).

10. Daß 3, 16 ἐν αἷς (א AB, viele min., S²S³), nicht ἐν οἷς (CKLP und die Masse der min.) zu lesen sei, darf als anerkannt gelten. Ebenso sicher scheint aber auch πάσαις ἐπιστολαῖς (ABC) ohne das in א und der antioch. Recension eingeschobene ταῖς, was für den Sinn keineswegs gleichgiltig ist. Mit dem Artikel würden die Briefe des Pl als eine bestimmte Größe vorgestellt und von sämtlichen Teilen der Sammlung ohne Ausnahme etwas ausgesagt. Ohne Artikel werden dem einen, den Lesern bekannten Brief des Pl Briefe aller Art gegenübergestellt, welche er geschrieben hat. Man mag in die Hand nehmen, welchen man nehmen will, man findet nirgendwo die libertinistische Theorie, sondern überall denselben sittlichen Ernst.

11. Cf z. B. Iren. II, 30, 7: *universae clamant scripturae, et Paulus autem testimonium perhibet;* II, 28, 7 *et dominus manifeste dixit et reliquae demonstrant scripturae.*

12. Über ἄλλος, ἄλλοι in dem oben S. 66 angegebenen Sinn cf Kühner Griech. Gr. II, 235 A 1. Ebenso wird auch ἕτεροι gebraucht Lc 23, 32; Thucyd. IV, 67, 2 cf auch ἕτερος δὲ τῶν μαθητῶν Mt 8, 21: ein Zweiter, der bereits zu den Jüngern gehörte, im Unterschied zu dem Ersten, welcher ein Schriftgelehrter war und sich erst bereit erklärte, ein Jünger zu werden 8, 19. Ein analoger Gebrauch von λοιποί ist ganz unwahrscheinlich, weil dieses Wort nicht wie ἄλλος, ἕτερος den Begriff der Verschiedenartigkeit einschließt. Das italienische *noi altri* (Thiersch, Versuch S. 423) ist mit diesen Worten, nicht mit λοιποί analog. Keinenfalls dürfte man Eph 4, 17 dafür anführen,

auch wenn dort *λοιπά* echt wäre; denn die Heidenchristen gehören zu den Heiden cf Eph 3, 1. — Daß im NT der gemeine Gebrauch von *γραφή* nicht nachzuweisen ist, ist zufällig. Dagegen finden wir *γράμματα*, welches Jo 7, 15 zweifellos die *ἱερὰ γράμματα* (2 Tm 3, 15) bezeichnet, von welchen die jüdischen *γραμματεῖς* ihren Titel haben, von den verschiedensten Schriftstücken gebraucht Lc 16, 6. 7; AG 28, 21; auch von den Buchstaben und Schriftzügen Gl 6, 11. Cf auch den mannigfaltigen profanen Gebrauch von *βιβλίον* neben *τὰ λοιπὰ τῶν βιβλίων* Sir. prol. Für *γραφή* 2 Chr 2, 10; Nehem 7, 64; Dan 5, 7ff.; 2 Makk 14, 27. 48, und aus christlicher Literatur Iren. III, 6, 4; 17, 4; V prol. (stets *haec scriptura* von dem Werk des Irenäus selbst); Clem. strom. VI, 32 (*προϊούσης τῆς γραφῆς*, daneben gleich darauf *κατὰ τὴν γραφήν* = nach der hl. Schrift); strom. VI 131; Eus. h. e. II, 11, 1 (*τὴν περὶ τούτου παραθώμεθα τοῦ Ἰωσήπου γραφήν* cf II, 10, 1. 2). Übrigens findet sich in beiden Petrusbriefen *ἡ γραφή* und *αἱ γραφαί* nirgendwo vom AT gebraucht. Das artikellose *γραφῆς* 2 Pt 1, 20 heißt „schriftlich“ und das nach ℵ BA gleichfalls artikellose *ἐν γραφῇ* 1 Pt 2, 6 heißt nur „in einer Schrift“, obwohl es sich um ein durch Rm 9, 33 vermitteltes prophetisches Citat handelt (oben S. 38).

13. Auffällig ist vor allem die Ähnlichkeit zwischen Ju 24 f. und Rm 16, 25. 27. *τῷ δὲ δυναμένῳ φυλάξαι ὑμᾶς ἀπταίστους καὶ στῆσαι* (dafür Rm *στηρίξαι* cf Rm 14, 4 *δυνατεῖ γὰρ ὁ κύριος στῆσαι αὐτόν*) ... *μόνῳ θεῷ σωτῆρι ἡμῶν* (Rm *μόνῳ σοφῷ θεῷ*) *διὰ I. Χρ. τοῦ κυρίου ἡμῶν δόξα* (Rm *διὰ I. Χρ. ᾧ ἡ δόξα*) ... *εἰς πάντας τοὺς αἰῶνας* (Rm *εἰς τοὺς αἰῶνας τῶν αἰώνων*), *ἀμήν*. Über die Echtheit und ursprüngliche Stellung von Rm 16, 25—27 Bd I, 268 ff. Ferner cf Ju 20 *ἐποικοδομοῦντες ἑαυτοὺς τῇ ἁγιωτάτῃ ὑμῶν πίστει* mit Kl 2, 7 (Eph 2, 20; 1 Pt 2, 5) *ἐποικοδομούμενοι ἐν αὐτῷ καὶ βεβαιούμενοι τῇ πίστει*, ferner Rm 14, 19; 15, 2 und allen Stellen, wo Pl das Bild vom Hausbau gebraucht. S. übrigens Spitta 389 ff., der jedoch schwerlich mit Recht in *οἱ ἀποδιορίζοντες* einen Hinweis auf den verlorenen Brief des Pl findet s. oben S. 82. 86. A 6.

14. Über Assumptio Mosis und das Henochbuch bei Ju und 2 Pt oben S. 105 ff. Entlehnungen aus der Archäologie des Josephus (vollendet im J. 94 p. Chr.) suchte nachzuweisen Edw. Abbot (Expositor 1882 vol. III, 49—63) cf dagegen Salmon, Hist. Introd. (1885) p. 638—653. Während F. W. Farrar (Expos. 1888 vol. VIII, 58—69) dabei beharrte, daß zwar nicht 2 Pt von Josephus, wohl aber Josephus vom 2 Pt abhänge (cf Expos. 1882 vol. III, 401—423), behauptete Krenkel, Jos. u. Lucas (1894) S. 350 aufs neue das umgekehrte Verhältnis. Einzelne Redensarten wie *τοῖς μύθοις ἐξακολουθήσαντες* (Jos. ant. prooem. 4 cf 2 Pt 1, 16); *οἷς ποιήσετε καλῶς μὴ προσέχοντες* (ant. XI, 12, 6 cf 2 Pt 1, 19); *πᾶσαν εἰσηνέγκατε σπουδήν* (ant. XX, 9, 2 cf 2 Pt 1, 5; Ju 3; aber auch C. I. Gr. 2715 a—b cf Deißmann, Bibelstudien 278; Sirach prol. *προσενέγκασθαι σπουδήν*) könnten nur dann etwas beweisen, wenn sie in ähnlichem Zusammenhang vorkämen, was durchaus nicht der Fall ist. Daß aber der Vf des 2 Pt das Werk des Josephus als stilistisches Muster studirt und nachgeahmt haben sollte, wäre eine gar zu abgeschmackte Annahme. Wenn 2 Pt 2, 5 Noah *δικαιοσύνης κῆρυξ* genannt wird (cf 1 Pt 3, 19 f. oben S. 108 A 9), und Jos. ant. I, 3, 1 sagt, daß Noah zürnend über das sündige Treiben seiner Zeitgenossen vor der Sintflut ihnen Buße gepredigt habe, und wenn im Midrasch zu Gen 6, 9 zu lesen ist, daß Noah ein Herold für Gott gewesen sei (Beresch. rabba übers. von Wünsche S. 129 cf bab. Sanhedr. 108b), so sehen wir nur, daß in den Synagogen, welche Josephus und Pt besucht haben, gewisse Ausschmückungen der atl Geschichte üblich waren. Dahin darf man es aber nicht rechnen, wenn 2 Pt 2, 15 (cf 2, 13 f.) und Ju 11 dem Bileam Lohnsucht nachsagen, und wenn Philo (vita Moys. I, 48), andeutend auch Josephus (ant. IV, 6, 5), von Geschenken redet, durch welche Bileam sich habe anlocken lassen; denn dies ist in Num 22, 7 cf 22, 17 f. ausreichend begründet. Ebensowenig bedarf es einer Erklärung, daß 2 Pt 2, 16 (*ἐν ἀνθρώπου φωνῇ*) und Josephus (IV, 6, 3 *φωνὴν ἀνθρωπίνην ἀφεῖσα*) ausdrücklich sagen, was jedes Kind

sich sagen wird, daß der Esel in menschlicher Sprache geredet haben muß, wenn der Mensch ihn verstehen sollte. Viel eher könnte man sagen, daß der Vf von Ap 2, 14 aus Jos. ant. IV, 6, 6 geschöpft habe, was Num 31, 16 nicht gesagt ist, daß Bileam seinen bösen Rat dem Balak erteilt habe, wenn nur nicht bei Philo vit. Mos. I, 54 dasselbe zu finden wäre. Noch nicht aufgeklärt ist die für 2 Pt 2, 15 textkritisch sichere Form *Booóρ* für בְּעוֹר. Aus LXX, welche überall *Βεωρ* oder *Βαιωρ* haben, stammt sie ebensowenig als aus Josephus oder Philo, welche den Namen überhaupt nicht haben. Einen zufälligen Schreibfehler in der Urschrift oder einer uralten Abschrift des 2 Pt anzunehmen, scheint bedenklicher als die Annahme eines auf mangelhafter Aussprache oder einem Hörfehler beruhenden Irrtums des Pt. Da hebräischem שׂ häufig aram. ע entspricht (ארע = ארץ, Erde), so wird einem Fischer aus Bethsaida, welcher in der Synagoge Num 22, 2 ff. hebräisch vorlesen und aramäisch dolmetschen hörte, auch die umgekehrte Vertauschung als Fehler zuzutrauen sein (cf C. B. Michaelis bei Gesen. thesaur. 227; Hofmann VII, 2, 74), und die dunkle Wiedergabe des Schwa, vor und bei ע überhaupt nicht selten (Gesen. 977), würde an *Βοανηργές* ihresgleichen haben (Bd I, 10). Cf oben S. 106 über Ju im Verhältnis zum hebr. Henoch.

15. Sind nach dem Zusammenhang von Ap 2, 2 und 2, 6 die in Ephesus aufgetretenen Pseudapostel Wanderlehrer, welche die Lehre der Nikolaiten in den kleinasiatischen Gemeinden verbreiteten, so ist auch das ein Berührungspunkt zwischen diesen und den falschen Lehrern des 2 Pt und des Ju. Sollte *ἐνυπνιαζόμενοι* Ju 8 auf Visionen hinweisen (oben S. 78), so wäre an die Prophetin Isebel Ap 2, 20 zu erinnern, welche der nikolaitischen Lehre Vorschub leistete. Was die Zeit anlangt, darf die übrigens nichts weniger als klare Nachricht des Hegesippus über das Eindringen der Häresie in die palästinische Kirche erst nach dem Tode des Jakobus (Eus. h. e. IV, 22, 5) immerhin als ein Zeugnis dafür gelten, daß der 2 Pt, welcher diese Entwicklung als nahebevorstehend ankündigt, vor diesem Zeitpunkt, also etwa vor dem J. 66, und der Ju, welcher sie als kürzlich eingetreten bezeugt, einige Jahre später geschrieben ist cf oben S. 84. Auch die Nachricht, daß die Enkel des Judas von Häretikern denuncirt worden seien (oben S. 75), empfängt von hier aus eine glaubhafte Beleuchtung. Es geschah aus Rache. Wenn Clemens (strom. III, 11) ein abgekürztes Citat aus Ju 8—16 mit der Bemerkung einleitet, daß Ju damit auf die Sekte des Karpokrates und andere ähnliche Parteien weissagend hinweise, so ist das nicht anders zu beurteilen als die ähnlichen Äußerungen des Irenäus u. A. über die Irrlehrer der Pastoralbriefe (Bd I, 487 A 14), oder die Behauptung des Epiphanius (haer. 26, 11), daß der hl Geist durch Judas auf gewisse im 4. Jahrhundert existirende Parteien hingewiesen habe. Anlaß gab dem Clemens die Erwähnung der Agapen Ju 12 in Verbindung mit dem Gerücht von scheußlichen Orgien bei den Agapen der Karpokratianer (strom. III, 10). Daß die Schilderung des 2 Pt und des Ju auf diese Partei nicht paßt, zeigt sich schon hier; denn was 2 Pt 2, 13 f.; Ju 12 von Misbräuchen bei den Agapen gesagt wird (oben S. 71. 78), bleibt sehr weit zurück hinter dem, was Clemens nach strom. III, 10 gerüchtweise von den Karpokratianern gehört hatte, Irenaeus aber (I, 25, 5) für kaum glaublich erklärte, nämlich die praktische Ausübung der Weibergemeinschaft im Anschluß an die Agapen. Es fehlen im 2 Pt und Ju aber auch alle Andeutungen von den eigentümlichen Lehren des Karpokrates und seines Sohnes Epiphanes (Iren. I, 25, 1—6; 28, 2; Clem. strom. III, 5—11 cf III, 25—27; Hippol. refut. VII, 32; Pseudotert. 9; Philaster 35; Epiph. haer. 27): 1) Erschaffung der Welt durch untergeordnete Geister, deren oberster der Teufel. 2) Erzeugung Jesu durch Joseph. 3) Anstatt die Lehre von der Gnade und der darin begründeten Freiheit zu betonen, lehrten sie, daß jeder Mensch, ebenso wie es Jesus getan, sich selbst zu erlösen habe, indem er dem Teufel nach Mt 5, 25 seinen Willen tue und alle menschlichen Handlungen durchmache; nur so werde die Seele vom Kerker des

Leibes und damit von der Herrschaft der Geister erlöst und vor der Wanderung in einen neuen Leib bewahrt. 4) In dem Maße, als einer auf diesem Wege die Weltgeister prellt, erlangt er wie Jesus und vielleicht mehr als mancher Apostel die Kraft, Wunder zu tun; daher denn auch magische Künste von ihnen gepflegt wurden. 5) Nur auf Glaube und Liebe komme es an; alle äußeren Handlungen seien indifferent. Nur die Vorurteile der Menschen und die willkürlichen Gesetze, unter welchen der Dekalog wegen Ex 20, 17 besonders lächerlich befunden wird, haben den eingebildeten Unterschied von Gut und Bös wie die Begriffe von Eigentum und Diebstahl geschaffen. Die von Grotius (ed. Windheim II, 1045. 1047. 1049. 1053. 1058. 1117. 1120) aufgebrachte Identifikation der falschen Lehrer des 2 Pt und des Ju mit den Karpokratianern ist unhaltbar.

§ 45. Die Überlieferung über den Hebräerbrief.

Wie der 2 Pt und der Ju, so ist auch die Schrift, welche in der Kirche von ältesten Zeiten her als ein Brief „an die Hebräer" fortgepflanzt worden ist, für jüdische Christen bestimmt gewesen. Es fehlt nicht an Gründen dafür, daß sie etwa um die gleiche Zeit wie der Ju oder noch etwas später entstanden ist. Auch insofern schließt sich die Untersuchung des Hb hier passend an, als wir durch 2 Pt 1, 12—15; Ju 3 (oben S. 46 f. 75 f. 105 A 6) in die Zeit versetzt worden sind, in welcher bei den Aposteln und anderen Lehrern ihres Kreises das Bedürfnis sich regte, nicht mehr nur durch Predigt und durch Gelegenheitsbriefe, sondern auch durch Lehrschriften für den ungestörten Fortbestand des ursprünglichen Christenglaubens Sorge zu tragen. Der Hb ist eine solche Lehrschrift, wenn gleich er nach Form und Inhalt als ein an einen bestimmten Leserkreis gerichtetes Sendschreiben sich darstellt.

Wegen des Mangels einer Grußüberschrift, welche uns den Namen des wirklichen oder angeblichen Vf und den Charakter des ersten Leserkreises kennen lehrte, empfiehlt es sich, betreffs dieser beiden Punkte von der Überlieferung auszugehen (A 1). Selbst wenn deren Untersuchung kein positives Ergebnis haben sollte, wäre die Entlastung der geschichtlichen Untersuchung des Briefes von irrigen Traditionen ein Gewinn. Daß die Überlieferung in bezug auf den Leserkreis des Hb nicht so deutlich und in bezug auf den Vf nicht so einstimmig ist, wie man wünschen möchte, wird vor allem in jenem Mangel der Schrift selbst seinen Grund haben; denn weitaus das Meiste, was als kirchliche Ansicht von den ntl Schriften laut geworden ist, war nur das Echo des Selbstzeugnisses der Schriften, so gut und schlecht, wie das jeweilige Verständnis dieses Selbstzeugnisses. Doch zeigt uns die Geschichte des Eph, daß auch solche Überlieferungen, welche im Text einer Schrift keinen Stützpunkt haben, in allerfrühster Zeit in der Kirche alleinherrschend geworden sind, Bd I, 340 ff. In bezug auf Alter und Einstimmigkeit der Überlieferung steht der Buchtitel πρὸς Ἑβραίους mit jenem πρὸς Ἐφεσίους auf gleicher Linie. Er findet sich nicht nur in allen Hss des Originals und der Versionen; es fehlt auch jede Spur davon, daß der Hb jemals in einem Teil der Kirche einen anderen Titel getragen, oder_daß ein Kritiker alter Zeit, wie Marcion in bezug auf den Eph, auf Grund gelehrter Erwägungen einen anderen Titel in Vorschlag gebracht hätte. Wie die alexandrinischen Theologen Pantänus, Clemens, Origenes, welche ihn als eine Schrift des Pl und als Bestandteil der kirchlichen Sammlung von Plbriefen überliefert bekommen hatten, und alle morgenländischen Kirchen der Folgezeit, von welchen das Gleiche gilt, so hat auch der Afrikaner Tertullian, welcher den Hb nur als ein Werk des Barnabas kannte, und dessen Heimatkirche den Hb nicht in ihrem NT hatte, den Titel *ad Hebraeos* vorgefunden. Wenn ferner in den übrigens glaubhaften Berichten, wonach Irenäus und Hippolytus den Hb gekannt und citirt, ihn aber dem Pl abgesprochen haben (A 8), die Berichterstatter Eusebius, Stephanus Gobarus, Photius beharrlich von ἡ πρὸς Ἑβραίους ἐπιστολή reden, so hat dies zur Voraussetzung, daß Irenäus und Hippolytus die Schrift ebenso benannt haben. Im anderen Fall würden die Berichterstatter entweder gar nicht bemerkt haben, daß Irenäus und Hippolytus vom Hb geredet haben, oder sie würden, wenn dies aus Citaten und sonstigen Angaben deutlich hervorging, eine abweichende Titulatur des Briefes bei Irenäus und Hippolytus gewiß nicht unerwähnt gelassen haben. Also bei größter Mannigfaltigkeit der Ansichten in bezug auf den Vf und die kanonische Geltung des Hb sind die Kirchen und die Schriftsteller schon am Ausgang des 2. Jahrhunderts einig in der Anerkennung des Buchtitels. Gerade bei dieser Schrift, deren Überlieferung bis zu Irenäus, Pantänus und Tertullianus hin nach den vorhin beiläufig erwähnten Tatsachen sehr verschiedene Wege gegangen sein und auf eine weit zurückliegende Wurzel zurückgehen muß, erscheint es sehr bedenklich, das Gemeinsame in den übrigens von einander abweichenden, also selbständigen Überlieferungen auf einen Schreibfehler zurückzuführen oder anzunehmen, daß der Hb auch noch unter anderen Titeln, als dem allein überlieferten, etwa unter den Titeln *ad Alexandrinos* oder *ad Laodicenos* verborgen sei (A 2). Selbstverständlich rührt jedoch der Titel πρὸς Ἑβραίους nicht vom Vf her; er kann aber in dieser ursprünglichen kürzesten Form (A 3) auch nicht wohl von einem Mann herrühren, welcher lediglich dieses Sendschreiben zum Zweck literarischer Verbreitung abschrieb oder vervielfältigen ließ, sondern er wird dadurch entstanden sein, daß man den Hb mit anderen an verschiedene Adressen gerichteten Sendschreiben verband und ihn ebenso wie die übrigen Teile einer solchen Sammlung zum Zweck der bequemeren Auffindung und Anführung mit einem kurzen Titel versehen wollte. Wann das geschehen ist, können wir noch weniger auf Jahr und Tag genau bestimmen, als die Entstehungszeit der Sammlung der 4 Evv oder der Plbriefe. Aber immerhin kommt diesem einzigen festen Element aller Überlieferung über den Hb ein so hohes Alter zu, daß es sich lohnt, dem Sinn des Titels nachzufragen. Da kein Leser des Briefes bezweifeln konnte, daß derselbe an Christen gerichtet sei, so lassen sich nur solche Fälle zur Erklärung herbeiziehen, in welchen der Name Ἑβραῖοι auf Christen zur Unterscheidung von anderen Christen angewandt worden ist. Dies ist aber in doppelter

Weise geschehen (A 4). In sprachlich gemischten Gemeinden, wie in derjenigen von Jerusalem, nannte man Hebräer die der Muttersprache treu gebliebenen, meist in Palästina geborenen und dort verbliebenen Judenchristen im Gegensatz zu den Hellenisten, den im Ausland geborenen Judenchristen, welche die griechische Sprache angenommen hatten (AG 6, 1; Bd I, 28. 30 f. 33 f. 42. A 8. 47 f.) Das war eine durch die geschichtliche Entwicklung lange vor der christlichen Zeit entstandene Unterscheidung innerhalb der jüdischen Nation, welche in dem christlich gewordenen Teil der Nation nur ebenso fortbestand, wie in dem nichtchristlichen Teil. Außerdem aber nannte man innerhalb der Kirche nicht selten die sämtlichen von Geburt dem jüdischen Volk angehörigen Christen, ganz abgesehen von jenem sprachlichen Gegensatz, Hebräer, da man sich scheute, sie Juden zu nennen (A 4). Erstere Bedeutung ist hier unanwendbar; denn Niemand konnte dem griechisch geschriebenen Hb entnehmen, daß er an hebräisch redende Judenchristen und nicht an hellenistische Judenchristen gerichtet sei. Wenn ein Clemens Al. urteilte, der Hb sei von Pl hebräisch geschrieben und von einem Anderen ins Griechische übersetzt worden (A 5), so war dies eine handgreiflich falsche Folgerung aus dem Titel πρὸς Ἑβραίους und kann nicht als authentische Interpretation des damals vielleicht schon 100 Jahre alten Titels gelten. Es bleibt nur übrig, daß der Titel die Leser als geborene Juden bezeichnen sollte, und es ist fraglich, ob er mehr besagen wollte als dies, was jeder Leser dem Brief selbst entnehmen konnte. Es vergleicht sich der im Abendland aufgekommene Titel des 1 Pt, später auch des 2 Pt *ad gentes* (GK II, 274; Forsch III, 100). Eine geographische Angabe, wie sie die Titel der Plbriefe sowie der ältere lateinische Titel des 1 Pt *ad Ponticos*, gewissermaßen auch der lateinische Titel des Jk *ad dispersos* darbieten, enthält dieser Titel nicht. Es ist namentlich ein wie es scheint nicht oft genug abzuweisender Irrtum, daß der Titel an sich nach Palästina weise. Nimmt man Ἑβραῖοι im sprachgeschichtlichen Sinn, so gab es deren in Mesopotamien kaum viel weniger als in Palästina, und es gab einzelne auch in der griechischen Diaspora, wie in Tarsus und Rom (Bd I, 33 ff.). Nimmt man es als Bezeichnung von Christen jüdischer Herkunft, so gab es Juden, welche als solche kenntlich waren, in apostolischer Zeit und gewiß auch noch zur Zeit der Entstehung des Titels in den Christengemeinden der verschiedensten Orte, in Rom und Antiochien, Kleinasien und Ägypten in ansehnlicher Zahl. Es ist sehr begreiflich, hat aber keine Bedeutung für die Ermittlung des ursprünglichen Sinns des πρὸς Ἑβραίους, daß die Gelehrten des Altertums, soviel man erkennen kann, meistens die Leser des Hb in Palästina gesucht haben. Nur dort und in den angrenzenden Gebieten gab es ihres Wissens und noch zu ihrer Zeit Gemeinden christgläubiger Hebräer (A 6). Daß aber der Hb nicht für alle in der Welt zerstreuten jüdischen Christen, sondern für einen örtlich begrenzten Leserkreis bestimmt war, mußte jeder Verständige mindestens aus Hb 13, 7—25 erkennen. Daraus folgt aber nicht, daß der Urheber des πρὸς

Ἑβραίους schon ebenso gedacht hat, wie die späteren Ausleger des Titels. Es ist die Möglichkeit nicht ausgeschlossen, daß er durch Überlieferung wußte, der Hb sei für den jüdisch geborenen Teil einer größeren Orts- oder Provinzialkirche außerhalb Palästinas bestimmt gewesen. Möglich bleibt aber auch, daß er in Unkenntnis über die örtliche Bestimmung des Hb ihm einen Titel gab, welcher anderen Brieftiteln nur äußerlich ähnlich war, in der Tat aber lediglich die selbstverständliche Erkenntnis aussprach, daß hier jüdische Christen angeredet seien.

Die alexandrinische Kirche hat, soweit wir in ihrer Geschichte hinaufgelangen können, den Hb von jeher als eine Schrift des Pl angesehen. Auf Grund dieser in seiner Umgebung noch unbestrittenen Tradition suchte Pantänus es zu erklären, daß Pl sich an der Spitze dieses Briefs nicht wie in den übrigen mit Namen und Titel als Apostel des Leserkreises einführe (A 5). Clemens rüttelt nicht an dieser Tradition; denn er beschäftigt sich mit demselben Problem wie Pantänus und löst es in einer Weise, welche die Autorschaft des Pl zur unerläßlichen Voraussetzung hat; er behauptet sie auch direkt und ohne alles Schwanken sowohl in zahlreichen Citaten aus dem Hb, als auch an den beiden Stellen, wo er den ersten Anfängen einer Kritik der Tradition das Wort leiht (A 5). Daß der griechische Hb eine Übersetzung sei, war freilich eine Folgerung aus dem alten Titel, wie man ihn damals verstand; aber warum hat man sich nicht die gleiche Meinung vom Jk gebildet, und warum hat man nicht ebenso bestimmte Vermutungen wie über den Übersetzer des Hb auch über den Übersetzer des Mtev aufgestellt, von dem man durch Überlieferung wußte, daß Mt selbst es hebräisch geschrieben habe? Wenn Clemens zweimal mit voller Zuversicht Lucas als den Übersetzer des Hb angibt und die angebliche Stilverwandtschaft des Hb mit der AG als eine Folge hievon bezeichnet, so liegt nicht eine dahin lautende Tradition zu Grunde, sondern die Beobachtung der großen stilistischen Verschiedenheit zwischen dem Hb und den Plbriefen hat in der Schule von Alexandrien Bedenken gegen die einheimische Tradition erregt. Durch die Annahme, daß der griechische Hb eine Übersetzung aus dem Hebräischen sei, glaubte man die kritische Beobachtung mit der Tradition ausgleichen zu können. Auf Lc als Übersetzer zu raten, war dadurch nahegelegt, daß man eine nahe Beziehung zwischen dem Ev des Lc und der mündlichen Predigt des Pl anzunehmen gewohnt war; es scheinen stilistische Vergleichungen des Hb mit der AG bestätigend hinzugekommen zu sein. Ob auch die Berücksichtigung auswärtiger Kirchen zu diesen gelehrten Bemühungen den Anstoß gegeben hat, wissen wir nicht. Origenes aber mit seiner Beurteilung des Hb steht offenbar unter dem Eindruck des Zwiespalts, welcher zwischen den verschiedenen Kirchenprovinzen in bezug auf den Vf und die kanonische Geltung des Hb bestand (A 7). Er hatte erfahren, daß man in gewissen Kreisen eine Kirche, welche wie die alexandrinische den Hb als einen Brief des Pl in ihrem NT habe, ungünstig beurteilte; denn seine kritischen Erwägungen laufen auf das Urteil hinaus: eine Kirche solle auch bei solcher Beurteilung des Hb ihren guten Ruf behalten, d. h. sie solle dieserhalb nicht als gewissenlos oder urteilslos verurteilt werden; „denn nicht ohne triftige Gründe haben die Männer der alten Zeit den Hb als einen paulinischen überliefert." Indem er seine Heimatkirche gegen unbillige Urteile in Schutz nimmt, verteidigt er deren Überlieferung; aber er tut es unter voller Würdigung der gegen dieselbe laut gewordenen Bedenken. Jeder, der sich auf Beurteilung von Stilverschiedenheiten verstehe, müsse zugeben, daß der Hb in besserem Griechisch geschrieben sei, als die allgemein anerkannten Briefe des Pl, und daß er nicht den Mangel an stilistischer Bildung zeige, welchen Pl selbst 2 Kr 11, 6 von sich zugestehe. Die Ausgleichung zwischen dieser Beobachtung und der kirchlichen Überlieferung von Alexandrien fand Origenes aber nicht wie Clemens in der Annahme, daß Pl den Hb hebräisch geschrieben und ein Schüler ihn übersetzt habe. Er erwähnt diese von Clemens so zuversichtlich vorgetragene Hypothese gar nicht, sondern nimmt nach allerlei Erwägungen, die uns leider nur unvollständig erhalten sind, schließlich als das Wahrscheinlichste an, daß allerdings der Apostel d. h. Pl die Gedanken zu dem Brief geliefert, daß aber ein Schüler desselben sie nach den Angaben des Pl zu einem Sendschreiben verarbeitet habe. Daher entsteht für Origenes auch nicht die Frage, wer der Übersetzer, sondern wer der im Geist und Auftrag seines Lehrers Pl arbeitende Vf des Hb sei. Der Kritiker hält eine bestimmte Antwort auf diese Frage für untunlich — „Gott allein weiß es"; aber er will doch die ihm zugekommene gelehrte Überlieferung nicht verschweigen, welche teils den Clemens von Rom, teils den Lucas als Vf bezeichne. Derselbe Lc also, welchen Clemens Al. als Übersetzer genannt hatte, wurde — so scheint es — von Anderen schon vor Origenes als Vf genannt. Daneben aber wurde Clemens von Rom genannt. Die mannigfachen Berührungen zwischen dem Korintherbrief des Clemens und dem Hb legten letztere Vermutung näher als die, welche den Lc für den Übersetzer oder Vf erklärte. Mit Sicherheit läßt sich nicht mehr behaupten, als daß Origenes diese beiden Namen mündlich oder schriftlich genannt gefunden hat; ob aber die Vertreter dieser Ansichten den Clemens Rom. oder den Lc als Vf des Hb nur in dem eingeschränkten Sinn, in welchem Origenes nach einem Vf neben Pl fragte, oder im vollen Sinn selbständiger Autorschaft, oder wie Clemens Al. nur als Übersetzer genannt hatten, wissen wir nicht (A 5). Als Origenes sein Urteil abgab, scheint die alexandrinische Kirche mit ihrer Überlieferung von der paulinischen Herkunft des Hb noch ziemlich einsam dagestanden zu haben. Der Kritiker verteidigt eine einzelne Kirche, welche dieser Ansicht huldigt (εἴ τις οὖν ἐκκλησία κτλ.), gegenüber dem Urteil der übrigen Kirchen. Es läßt sich nicht beweisen, daß damals irgendwo anders als in Ägypten, und daß nachmals irgendwo unabhängig von der Auktorität der alexandrinischen Gelehrten diese Ansicht bestanden hat. Im 4. Jahrhundert finden wir sie in der ganzen griechischen und in der syrischen Kirche sowie in den von den Griechen oder Syrern abhängigen Kirchen herrschend;

der verspätete Widerspruch einiger Arianer konnte nichts daran ändern. Die Modifikationen, unter welchen Clemens und Origenes die alexandrinische Tradition sich angeeignet hatten, ließ man fallen; die Tradition selbst, welche jene vorgefunden und Origenes verteidigt hatte, nahm man an.

Darüber, wie man zur Zeit des Clemens und des Origenes in den griechischen Kirchen Syriens, Kleinasiens, Macedoniens und Griechenlands über die Herkunft des Hb gedacht hat, fehlen uns direkte Nachrichten. Die redenden Zeugen gehören dem Abendland an, in welchem der Hb zwar von alter Zeit her nicht unbekannt, aber bis nach der Mitte des 4. Jahrhunderts von der Sammlung der Plbriefe und vom NT überhaupt ausgeschlossen war. Diese Tatsache selbst aber redet laut genug. Wenn ein Brief, welchen allem Anschein nach Clemens von Rom, der in Rom schreibende Justinus, der jüngere Theodotus, der Schüler des von Byzanz nach Rom gekommenen Theodotus, ferner Irenäus, Hippolytus und Tertullian mit Hochachtung als eine bedeutsame Lehrschrift aus alter Zeit gelesen haben, trotzdem in Italien, Nordafrika und Gallien beharrlich vom NT ausgeschlossen blieb, so kann er dort nicht für ein Werk des Pl gegolten haben; denn die Bedenken gegen die Aufnahme desselben in den Kreis der gottesdienstlichen Lesebücher, welche man seiner Bestimmung für „die Hebräer“ hätte entnehmen können, konnten in Rom nicht schwerer wiegen, als in Alexandrien. Sie mußten überwogen werden durch das Gewicht des Namens Paulus, wenn dieser dem Hb anhaftete. Hatte doch auch das Ev des Mt, von dessen ursprünglicher Bestimmung für Juden und Judenchristen man wußte, seinen Platz im Kanon der ganzen heidenchristlichen Kirche gefunden. Dazu kommt, daß uns von Leuten, welche jetzt nicht mehr vorhandene Schriften des Irenäus und des Hippolytus in Händen gehabt haben, bezeugt wird, daß diese beiden Lehrer die paulinische Abfassung des Hb geleugnet haben (A 8). Hat Irenäus dies vielleicht nur indirekt getan, indem er den Hb anführte, ohne ihn dem Pl zuzuschreiben, so hat Hippolytus allem Anschein nach förmlich dagegen protestirt, daß die Theodotianer sich auf den Hb als ein Werk des Pl und als eine hl. Schrift beriefen. Hätten Hippolytus und Irenäus bei solcher Gelegenheit einen anderen Vf des Hb namhaft gemacht, so wäre das Schweigen der drei von einander unabhängigen Berichterstatter (A 8) über diesen Punkt unbegreiflich. Es darf daher als sicher gelten, daß der Hb dem Irenäus und dem Hippolytus ohne Namen eines Vf zugekommen war. Es gab aber auch Kirchen, in welchen er als eine Schrift des B a r n a b a s fortgepflanzt wurde. Es ist nicht Äußerung einer Vermutung oder Privatansicht Tertullians, wie Hieronymus es darstellt (v. ill. 5), sondern einfache Wiedergabe einer ihm zugekommenen und wahrscheinlich buchstäblich in seiner Hs vorliegenden Überlieferung, wenn Tertullian sich auf den Hb mit den Worten beruft (A 9): *Extat enim et B a r n a b a e titulus a d H e b r a e o s, a deo satis auctorati viri, ut quem Paulus juxta se constituerit in abstinentiae tenore* (1 Kr 9, 6); *et utique receptior apud ecclesias e p i s t o l a B a r n a b a e illo apocrypho Pastore moechorum.* Die afrikanische Kirche kann es nicht gewesen sein, in welcher der Hb unter solchem Titel verbreitet war; denn erstens wäre dann unbegreiflich, daß die römische Kirche, von welcher die afrikanische ihre hl. Schriften empfangen hat, sich, soviel wir wissen, damals und noch lange hin mit der Ablehnung der paulinischen Herkunft wie der kanonischen Geltung des Hb ohne Angabe eines anderen Vf begnügt hat. Zweitens sieht man aus Tertullians ganzer Ausführung, was die Schriften Cyprians bestätigen, daß der Hb in Karthago von altersher gar kein Verhältnis zum NT gehabt hat. Aus irgend einer der Kirchen, in welchen nach Tertullian der Hb als hl. Schrift in Ansehen stand, muß die Hs hergekommen sein, in welcher Tertullian die *Βαρνάβα πρὸς Ἑβραίους ἐπιστολή* gelesen hat. Ist Alexandrien, wie Rom, Karthago und Lyon ausgeschlossen, so bleiben nur die griechischen Kirchen Asiens und Europas als mögliche Stammsitze dieser Tradition übrig. Da Tertullian als Montanist mit den Ursitzen des Montanismus, der kleinasiatischen Kirche und ihrer Literatur in enger Beziehung gestanden hat, so ist die Überlieferung, daß Barnabas den Hb verfaßt habe, wahrscheinlich dort entstanden. Von weiterer Verbreitung derselben wissen wir nichts (A 9). Es stehen einander also gegenüber 1) die Überlieferung von Pl (Alexandrien und wahrscheinlich die Theodotianer in Rom), 2) von Barnabas (Tertullian und wahrscheinlich die Montanisten Kleinasiens), 3) die Überlieferung des Hb als einer anonymen Schrift (Irenäus, Hippolytus und wahrscheinlich die römische Kirche von jeher). Die gemeinsame Wurzel der dreifachen Überlieferung kann nur die dritte sein (A 10); denn in jedem der beiden anderen Fälle wäre unbegreiflich, wie eine ursprünglich dem Hb anhaftende und dann doch wohl auch im äußeren Titel ausgedrückte Überlieferung, möchte sie auf Pl oder Barnabas lauten, abhanden kommen konnte, und ebenso, wie aus ursprünglichem *Παύλου* ein *Βαρνάβα*, oder aus ursprünglichem *Βαρνάβα* ein *Παύλου* entstehen konnte. Die Geschichte der altchristlichen Literatur bietet kein Beispiel für solche Vertauschungen, wohl dagegen dafür, daß namenlose Schriften ohne ausreichende Gründe bestimmten Verfassern zugeschrieben wurden (A 11). Die Empfänger des Hb haben selbstverständlich gewußt, wie der nach Hb 13, 18—24 ihnen wohlbekannte Vf hieß. Diese Kunde wird sich auch gewiß eine Zeit lang erhalten haben. Sie kann aber an dem Ort, von wo aus der Hb sich in der Kirche verbreitet hat, nicht mehr vorhanden gewesen sein, als die Verbreitung ihren Anfang nahm. Ist der Hb, wie der Titel *πρὸς Ἑβραίους*, ohne welchen ihn unseres Wissens kein kirchlicher Schriftsteller gesehen hat, wahrscheinlich macht (S. 112 f.), der Sammlung der Plbriefe entweder von Haus aus oder nachträglich angehängt worden, so begreift sich zunächst sehr leicht, wie man in Alexandrien darauf kam, ihn dem Pl zuzuschreiben. Das zu *πρὸς Κορινθίους, πρὸς Ἐφεσίους κτλ.* zu ergänzende *Παύλου (ἐπιστολή)* ergänzte sich fast von selbst zu dem *πρὸς Ἑβραίους* im Titel der angehängten namenlosen Schrift (A 11). Die Erwähnung des Timotheus (Hb 13, 23), die Schriftgelehrsamkeit des Vf, die sicherlich unechte, aber vielleicht sehr alte LA *τοῖς δεσμοῖς μου συνεπαθήσατε* (Hb 10, 34 A 12): dies alles war geeignet, in

dieser Meinung zu bestärken. Ist der Hb erst nachträglich den Plbriefen anhangsweise beigefügt worden, so ist nicht zu verwundern, daß die Kirchen,
welche die ursprüngliche Sammlung der Plbriefe ohne Hb erhalten hatten, den
namenlosen Hb nicht nachträglich annehmen und als eine Schrift des Pl anerkennen mochten. Soweit Einzelne mit ihm bekannt wurden, blieb er entweder
eine namenlose Schrift aus alter, apostolischer Zeit, oder man legte sich aufs
Raten. Wenn nicht Pl, dann mußte ein anderer angesehener Lehrer der Apostelzeit der Vf sein. Ein solcher war Barnabas. Es konnte hiezu der Umstand
mitwirken, daß eine alte Schrift voller allegorischer Deutungen atl Gesetzesbestimmungen in den orientalischen Kirchen unter dem Namen des Barnabas
verbreitet war, der noch heute so benannte Barnabasbrief. Wer nach einem Vf
des Hb suchte, konnte dadurch veranlaßt werden, diesem Barnabas auch den
Hb zuzuschreiben. Dieselbe Entwicklung ist aber auch denkbar, wenn der Hb
schon der ursprünglichen Sammlung der Plbriefe als Anhang beigefügt war.
Auch ohne daß im Titel ein $\mathring{\alpha}\lambda\lambda ov \; \pi\varrho\grave{o}\varsigma \; {}^{\cdot}E\beta\varrho\alpha\acute{\iota}ov\varsigma$ stand, konnte sich gleichzeitig mit der Sammlung die Kunde verbreiten, daß diese Schrift nicht von Pl
herrühre, sondern nur wegen ihrer erbaulichen und lehrhaften Bedeutung der
Sammlung der Plbriefe beigefügt worden sei. Während diese Kunde in
Alexandrien unterging, erhielt sie sich anderwärts und veranlaßte teils die Abtrennung des Hb von den Plbriefen, teils die Vermutung, daß Barnabas der
Vf sei. Eine Überlieferung über den Vf des Hb, welche sich an Alter, Einstimmigkeit und schwer erfindlicher Originalität mit den Traditionen über die
Vf der übrigen ntl Schriften vergleichen ließe, gibt es nicht.

1. Über die Geschichte des Hb im Verhältnis zum Kanon s. GK I, 283—302. 379.
577 ff. 759. 963—966; II, 85. 160 ff. 169—171. 238. 275. 358—362, auch Prot. RE. VII³,
492—506.

2. Klostermann, Zur Theorie der bibl. Weissagung und zur Charakteristik des Hb,
1889 S. 55 warf die Vermutung hin, daß $\pi\varrho\grave{o}\varsigma\ {}^{\prime}E\beta\varrho\alpha\acute{\iota}ov\varsigma$ aus $\pi\varrho\grave{o}\varsigma\ B\varepsilon\varrho v\alpha\acute{\iota}ov\varsigma = B\varepsilon\varrho o\iota\alpha\acute{\iota}ov\varsigma$
verschrieben sei, und vertrat die Ansicht, daß Apollos, welcher nach AG 18, 27 f. in
Macedonien (wo steht das?) und Achaja gewirkt, diesen Brief an die Gemeinde zu Beroea
gerichtet habe, welche allerdings nach AG 17, 11 ihrem Grundstock nach eine jüdische
war. Näher läge es, an das syrische Beroea (Aleppo) zu denken, den Hauptsitz der
Judenchristen zur Zeit des Hieronymus. Den Hb wollte zuerst Semler (bei Öder, Freie
Untersuch. über d. Off. Joh. 1769 S. 29), später unter anderen Hug, Einl. II³, 482;
Wieseler, Chronol. 483 ff.; desselben Unters. über den Hb (1861) I, 26 ff; Hilgenfeld,
Einl. 104. 354 in dem Brief *ad Alexandrinos* wiederfinden, welcher nach Can. Mur. 1. 64
ebenso wie ein Brief *ad Laodicenos* unter dem falschen Namen des Pl im Geist der
marcionitischen Häresie erdichtet sein soll. Außerdem glaubten Manche bei Philaster
(haer. 89) die Nachricht zu lesen, daß zu dessen Zeit um 380—390 der Hb vielfach für
einen Laodicenerbrief gehalten worden sei; worauf man die weitere Hypothese baute,
daß die am Schluß des Cod. Boerner. der paulin. Briefe hinter dem Philemonbrief
stehenden Worte *ad Laudicenses incipit epistola*, $\pi\varrho\grave{o}\varsigma\ \Lambda\alpha ov\delta\alpha\varkappa\acute{\eta}\sigma\alpha\varsigma\ \mathring{\alpha}\varrho\chi\varepsilon\tau\alpha\iota\ \mathring{\varepsilon}\pi\iota\sigma\tauo\lambda\acute{\eta}$
eine Überschrift des Hb seien, dessen Abschrift folgen sollte. So Credner, Einl. 560; Anger,
Über den Laodicenerbr. 29; Wieseler, Unters. I, 34 ff. Der Laodicenerbrief im Can.
Mur. und im cod. Boern. ist der heute noch vorhandene apokryphe Brief dieses Titels;

von dem Alexandrinerbrief wissen wir nichts Näheres oder Sicheres cf GK I, 277—283 II, 82—88. 238. 566—592.

3. Über *titulus* Bd I, 346 A 3. Wie in den ältesten Hss (אABCK) die Über-schrift resp. Unterschrift nur aus den Worten πρὸς Ἑβραίους ohne ἐπιστολή besteht (erst L, in der Überschrift auch P haben diesen Zusatz), so hat auch Tertullian wohl nur jenes vorgefunden, da er pud. 20 schreibt: *extat et Barnabae titulus* (nicht epistola) *ad Hebraeos.* Es lassen sich also Titel selbständig verbreiteter Schriften wie Κλήμεντος (λόγος) προτρεπτικὸς πρὸς Ἕλληνας oder Τατιανοῦ λόγος πρὸς Ἕλληνας (Eus. h. e. VI, 13, 7) nicht vergleichen. Wenn letzterer in Hss auch ohne λόγος vorkommt, so ergänzt sich dies aus dem Titel der in der Hs vorangehenden Schrift eines anderen Schrift-stellers mit anderer Adresse, wie Eus. IV, 16, 7 aus dem vorangehenden συγγράμματα. Wieder anders verhält sichs mit Τατιανὸς ἐν τῷ πρὸς Ἕλληνας Clem. strom. I § 101. Alle diese Titel sind auch darum nicht vergleichbar, weil der Name des Vf darin enthalten ist, wohingegen die gemeinsame Wurzel der divergirenden Titel *Barnabae* (titulus) *ad Hebraeos* und Παύλου (ἐπιστολή) πρὸς Ἑβραίους keinen Autornamen enthalten haben kann.

4. Die Juden haben, seitdem sie sich selbst Juden nannten (Jerem 32, 12), ihr Volk und dessen Vorfahren Hebräer genannt 1) im Rückblick auf die patriarchalische und altisraelitische Zeit, besonders wo Israeliten vom Standpunkt der Nichtisraeliten zu be-nennen waren. So schon Jerem 34, 9. 14 bei Berufung auf eine mosaische Bestimmung neben dem modernen יְהוּדִי Jerem 32, 12; 34, 9. So Philo (vita Mos. I, 2. 4. 26. 27. 48. 50 neben dem ohne Unterschied der Zeiten gebrauchten Ἰουδαῖοι 1. 1. I, 1. 2. 7; II. 7), Josephus (ant. I, 6, 2. 4. 5; II, 5, 4; 9, 1ff.; bell. IV, 8, 3; V, 9, 4) und der Dichter Ezechiel (bei Eus. praep. IX, 28f.) in Reproduktionen der alten Geschichte oder gelegentlichen Erinnerungen an dieselbe. Daher auch regelmäßig in den Sibyllinen, den angeblichen Weissagungen der Prophetin der Urzeit. Archaistisch ist auch der Gebrauch Judith 10, 12; 12, 11; 14, 18; 2 Makk 7, 31; 11, 13. Sehr selten werden die Juden von Griechen und Römern so genannt. So hat Plutarch neben regelmäßigem Ἰουδαῖοι (Apophthegm. regum p. 184; Is. et Osir. 31 p. 363; Quaest. conv. IV, 4, 4; 5. 1. 2 p. 669. 670) einmal τὰ Ἑβραίων ἀπόρρητα p. 671 in bezug auf ihre uralten In-stitutionen, einmal Tac. hist. V, 2 *hebraeas terras* (cf Jos. bell. V, 4, 3), häufiger von Land und Leuten ohne Unterschied der Zeiten Pausan. I, 5, 5; V, 5, 2; 7, 4; VI, 24, 8; X, 12, 9. 2) Regelmäßig gebrauchen die Juden Ἑβραῖοι (wie ἑβραϊκός, ἑβραΐς, ἑβραϊστί), wo es sich um die Sprache und Literatur handelt: Philo de conf. ling. 26; migr. Abrah. 3; vita Mos. II. 6 (von den 70 Übersetzern); somn. II, 38; congr. erud. gr. 8; Jos. ant. I, 1, 1f.; III, 6, 7; X, 10, 6. Levy, Neuhebr. Lex. citirt jer. Baba bathra 17c: „ein hebräischer und ein griechischer Zeuge". Daher der Gebrauch des Worts im Gegensatz zu den Hellenisten (Bd I, 28. 34f. 48 A 14). 3) Während die Juden sich selbst mit Stolz Juden nannten (Rm 2, 17; C. I. Gr. 9916. 9926; Journ. of hell. stud. 1891 p. 269; cf Berliner, Gesch. der Juden in Rom I, 72ff. nr. 12. 81. 109), mußte der Name im Munde der Christen und auch der Judenchristen einen andern Klang bekommen, seit die über-wiegende Mehrheit des Volks sich gegen das Ev entschieden hatte, und der Ἰουδαϊσμός (Gl 1, 13. 14; Ign. Magn. 8, 1; 10, 3; Phil. 6, 1; Inschrift von Portus bei Dérenbourg in Mél. Renier 1887 p. 440) eine dem Christentum feindlich gegenüberstehende Religion geworden war, durch deren Annahme auch Nichtjuden Juden wurden (Dio Cass. 37, 17, 1). Es genügte bald nicht mehr, echte von falschen Juden zu unterscheiden (Rm 2, 28f.; Ap 2, 9; 3, 9), da οἱ Ἰουδαῖοι an sich zur Bezeichnung der die Christengemeinde von sich ausschließenden Nation geworden war (1 Th 2, 14; 1 Kr 10, 32; 2 Kr 11, 24; Mt 28, 15; Jo 13, 33; 18, 14; 20, 19; AG 12, 3; 20, 3; 21, 11; 26, 2). Nur selten noch und überall mit erkennbarer Absicht werden christgläubige Israeliten von ihnen selbst

und anderen Christen Juden genannt: Gl 2, 13—15; AG 10, 28; 21, 39; 22, 3 (AG 21, 20 ist der Text unsicher, noch unsicherer AG 6, 7). Cf noch die ziemlich jungen katholischen Akten des Petrus und Paulus ed. Lipsius p. 122. Man sagte lieber οἱ ἐκ περιτομῆς (Gl 2, 12; Kl 4, 11; Tt 1, 10; AG 10, 45; 11, 2 cf Phl 3, 3; 1 Kr 7, 18), oder drückte lediglich ihre Herkunft aus dem jüdischen Volk aus (Rm 9, 24; Just. dial. 47. 48 cf GK II, 671 A 2). Man nannte sie in nachapostolischer Zeit (denn 2 Kr 11, 22; Phl. 3, 5; AG 6, 1 darf man nicht dafür anführen cf Bd I, 34) aber auch Ἑβραῖοι. Mag in manchen Fällen wie z. B. in bezug auf die aramäisch redenden Nazaräer und ihr Hebräerev, wie es wahrscheinlich schon Hegesippus genannt hat (Eus. h. e. IV, 22, 7 cf GK II, 643. 649 ff.), die sprachgeschichtliche Bedeutung des Worts mithereingespielt haben, so überwiegt doch durchaus der Gegensatz der Juden und der Nichtjuden, und an den innerjüdischen Gegensatz zwischen Hebräern und Hellenisten wie AG 6, 1 wird nicht gedacht. Nur angestammte Zugehörigkeit zum jüdischen Volk und Glauben sagt Clem. paed. I, 34; strom. I, 11 von Pl und von einem seiner eigenen Lehrer aus, oder Eus. h. e. I, 11, 9; II, 4, 3; IV, 5, 2 von Philo, Josephus und den ersten Bischöfen Jerusalems (cf h. e. IV, 22, 7 über Hegesippus), wenn sie diese Ἑβραῖοι ἀνέκαθεν oder ἄνωθεν nennen. Clemens (paed. I, 34) gebraucht daneben Ἰουδαῖος zur Bezeichnung der Religion und Eusebius (h. e. IV, 5, 4) läßt damit wechseln ἐκ περιτομῆς. Wo Irenaeus von der Bestimmung des Mtev redet, sagt er das eine Mal III, 1, 1 ἐν τοῖς Ἑβραίοις, das andre Mal (fragm. 29 Stieren p. 842) πρὸς Ἰουδαίους. Auch Eusebius nennt das Ev, „dessen sich besonders diejenigen aus den Hebräern, welche Christum angenommen haben, erfreuen" (h. e. III, 25, 5), hier und anderwärts (IV, 22, 7) τὸ καθ᾽ Ἑβραίους εὐαγγέλιον, gelegentlich aber auch „das Ev, welches bei den Juden ist" (theoph. syr. IV, 12). Den deutlichsten Beweis liefern die Ebioniten, deren ganze Literatur, soweit wir von ihr wissen (ihr Ev, die pseudoclementinischen Schriften, die Übersetzung des AT's und der Kommentar des Symmachus), griechisch war, und welche trotzdem die echten Juden und Judenchristen stets Hebräer (Epist. Clem. ad Jac. 1; hom. I, 9; VIII, 5. 6. 7; X, 26; XI, 35; XVIII. 4; recogn. I, 7. 32; V, 35) und nach Epiph. haer. 30, 3. 13 gelegentlich auch ihr griechisches Ev ein ἑβραϊκόν und καθ᾽ Ἑβραίους εὐαγγέλιον nannten. „Hebräer" heißt hier soviel wie bei Tert. Marc. III, 12 *Hebraei Christiani*, Judenchristen.

    5. Eus. h. e. VI, 14, 2 ff. (cf Cramer, Cat. VII, 286; cf p. 115 aus Severianus; Jo. Damasc. ed. Lequien II, 258; Forsch III, 71. 149) berichtet aus den Hypotyposen des Clemens: καὶ τὴν πρὸς Ἑβραίους δὲ ἐπιστολὴν Παύλου μὲν εἶναί φησι, γεγράφθαι δὲ Ἑβραίοις ἑβραϊκῇ φωνῇ, Λουκᾶν δὲ φιλοτίμως αὐτὴν μεθερμηνεύσαντα ἐκδοῦναι τοῖς Ἕλλησιν, ὅθεν τὸν αὐτὸν χρῶτα εὑρίσκεσθαι κατὰ τὴν ἑρμηνείαν ταύτης τε τῆς ἐπιστολῆς καὶ τῶν πράξεων· μὴ προγεγράφθαι δὲ τὸ „Παῦλος ἀπόστολος" εἰκότως· „Ἑβραίοις γάρ, φησιν, ἐπιστέλλων, πρόληψιν εἰληφόσι κατ᾽ αὐτοῦ καὶ ὑποπτεύουσιν αὐτόν, συνετῶς πάνυ οὐκ ἐν ἀρχῇ ἀπέτρεψεν αὐτοὺς τὸ ὄνομα θείς." Εἶτα ὑποβὰς ἐπιλέγει· „Ἤδη δέ, ὡς ὁ μακάριος ἔλεγε πρεσβύτερος, ἐπεὶ ὁ κύριος ἀπόστολος ὢν τοῦ παντοκράτορος (Hb 3, 1) ἀπεστάλη πρὸς Ἑβραίους, διὰ μετριότητα ὁ Παῦλος, ὡσὰν εἰς τὰ ἔθνη ἀπεσταλμένος, οὐκ ἐγγράφει ἑαυτὸν Ἑβραίων ἀπόστολον διά τε τὴν πρὸς τὸν κύριον τιμήν, διά τε τὸ ἐκ περιουσίας καὶ τοῖς Ἑβραίοις ἐπιστέλλειν, ἐθνῶν κήρυκα ὄντα καὶ ἀπόστολον." Daß „der selige Presbyter" Pantänus, der Hauptlehrer des Clemens sei, darf als sicher gelten cf Forsch III, 157—161. 168—176. Ebenso bestimmt wie hier äußert sich Clemens zu 1 Pt 5, 13 (Forsch III, 83): *sicut Lucas quoque et actus apostolorum stilo exsecutus agnoscitur et Pauli ad Hebraeos interpretatus epistolam.* Während Origenes von Leuten redet, welche den Lucas, und von Anderen, welche den Clemens von Rom nicht als Übersetzer, sondern als Vf des Hb genannt hatten (oben S. 115 und unten S. 121 A 7), verwandelt Eusebius h. e. III, 38, 2 diese ἱστορία, wie Origenes sie genannt hatte, in die andere, daß die Einen den Lc, die Andern den Clemens Rom. für den Übersetzer halten. Letztere Annahme findet er be-

sonders wahrscheinlich wegen der Ähnlichkeit des Stils und der Gedanken, welche zwischen dem Hb und dem Korintherbrief des Clemens bestehe (§ 3), obwohl er daneben nicht leugnet, daß diese Verwandtschaft auf Entlehnungen des Clemens aus dem Hb beruht (§ 1). Hieronymus (v. ill. 5; ep. 129, 3 ad. Dardanum) quirlt nach seiner Weise Alles durcheinander: Barnabas sei von Tertullian (s. A 3), Lucas oder Clemens Rom. seien von Anderen als Vf genannt. Die Autorschaft des Clemens soll sich aber auf die stilistische Gestaltung oder vielleicht nur auf eine Übersetzung aus dem Hebräischen beschränken. Philaster haer. 89 wiederholt, daß die Gegner der paulinischen Autorschaft teils Barnabas, teils Clemens,. teils Lucas als Vf angeben. Ephraim (comm. in Pauli epist. ed. Mekith. p. 200) wiederholt die beiden Meinungen, daß Clemens der Vf, und daß er der Übersetzer sei, ohne sie sich anzueignen. Severianus von Gabala (Cramer, Cat. VII, 115) nennt unter Berufung auf Eusebius den Clemens und Lucas als mutmaßliche Übersetzer. Theodor, welcher von der absichtsvollen Anonymität des Hb nichts wissen wollte, bemerkte beiläufig, daß Timotheus dem Pl als Amanuensis gedient habe (Cramer VII, 113 f.). Dem Theodoret zu Hb 13, 23 gilt Timotheus nur als Briefbote.

6. Pantänus (s. vorige A) setzt als selbstverständlich voraus, daß der Hb an dieselben Leute gerichtet war, welchen Jesus gepredigt hat, also an die Judenchristen Palästinas. Von Clemens, welcher diese Ansicht seines Lehrers zustimmend berichtet, gilt das Gleiche auch deshalb, weil Clemens nur unter dieser Voraussetzung als selbstverständlich ansehen konnte, daß der Hb hebräisch geschrieben sei; denn daß die Juden in Alexandrien, Rom etc. durchweg Hellenisten waren, konnte ihm nicht unbekannt sein. Sehr bestimmt behauptet Ephraim p. 201, daß der Hb kurz vor der Zerstörung Jerusalems an die dortigen Christen, die Schüler der wahrscheinlich dort noch lebenden Urapostel geschrieben sei als ein Gegenstück zu dem Brief der Jerusalemer an die Heidenchristen Antiochiens (AG 15, 23). Das Gleiche, nur in weniger bestimmter Form, bieten der echte Euthalius (Zacagni 526), indem er den Hb an die 1 Th 2, 14 erwähnten judäischen Gemeinden gerichtet sein läßt, Chrysostomus (Montfaucon XII, 2 $\pi o\tilde{v}$ $\delta\grave{e}$ $o\tilde{v}\sigma\iota\nu$ $\grave{e}\pi\acute{e}\sigma\tau\epsilon\lambda\lambda\epsilon\nu$; $\grave{e}\mu o\grave{\iota}$ $\delta o\varkappa\epsilon\tilde{\iota}$ $\grave{e}\nu$ $^{'}I\epsilon\varrho o\sigma o\lambda\acute{v}\mu o\iota\varsigma$ $\varkappa a\grave{\iota}$ $\Pi a\lambda a\iota\sigma\tau\acute{\iota}\nu\eta$) und Theodoret (Noesselt 543). Der falsche Euthalius (Zacagni 668) denkt sich als Adresse die sämtlichen Judenchristen.

7. In seinen Homilien zum Hb hat Origenes nach Eus. h. e. VI, 25, 11—14 gesagt: $^{"}O\tau\iota$ $\acute{o}$ $\chi a\varrho a\varkappa\tau\grave{\eta}\varrho$ $\tau\tilde{\eta}\varsigma$ $\lambda\acute{e}\xi\epsilon\omega\varsigma$ $\tau\tilde{\eta}\varsigma$ $\pi\varrho\grave{o}\varsigma$ $^{'}E\beta\varrho a\acute{\iota}o\upsilon\varsigma$ $\grave{e}\pi\iota\gamma\epsilon\gamma\varrho a\mu\mu\acute{e}\nu\eta\varsigma$ $\grave{e}\pi\iota\sigma\tau o\lambda\tilde{\eta}\varsigma$ $o\grave{v}\varkappa$ $\check{e}\chi\epsilon\iota$ $\tau\grave{o}$ $\grave{e}\nu$ $\lambda\acute{o}\gamma\omega$ $\grave{\iota}\delta\iota\omega\tau\iota\varkappa\grave{o}\nu$ $\tau o\tilde{v}$ $\grave{a}\pi o\sigma\tau\acute{o}\lambda o\upsilon$, $\acute{o}\mu o\lambda o\gamma\acute{\eta}\sigma a\nu\tau o\varsigma$ $\grave{e}a\upsilon\tau\grave{o}\nu$ $\grave{\iota}\delta\iota\acute{\omega}\tau\eta\nu$ $\epsilon\tilde{\iota}\nu a\iota$ $\tau\tilde{\omega}$ $\lambda\acute{o}\gamma\omega$, $\tau o\upsilon\tau\acute{e}\sigma\tau\iota$ $\tau\tilde{\eta}$ $\varphi\varrho\acute{a}\sigma\epsilon\iota$, $\grave{a}\lambda\lambda\acute{a}$ $\grave{e}\sigma\tau\iota\nu$ $\acute{\eta}$ $\grave{e}\pi\iota\sigma\tau o\lambda\grave{\eta}$ $\sigma\upsilon\nu\vartheta\acute{e}\sigma\epsilon\iota$ $\tau\tilde{\eta}\varsigma$ $\lambda\acute{e}\xi\epsilon\omega\varsigma$ $^{'}E\lambda\lambda\eta\nu\iota\varkappa\omega\tau\acute{e}\varrho a$, $\pi\tilde{a}\varsigma$ $\acute{o}$ $\grave{e}\pi\iota\sigma\tau\acute{a}\mu\epsilon\nu o\varsigma$ $\varkappa\varrho\acute{\iota}\nu\epsilon\iota\nu$ $\varphi\varrho\acute{a}\sigma\epsilon\omega\nu$ (al. $\varphi\varrho\acute{a}\sigma\epsilon\omega\varsigma$) $\delta\iota a\varphi o\varrho\grave{a}\varsigma$ $\acute{o}\mu o\lambda o\gamma\tilde{\eta}\sigma a\iota$ $\grave{a}\nu$ $\cdot$ $\pi\acute{a}\lambda\iota\nu$ $\tau\epsilon$ $a\tilde{v}$ $\acute{o}\tau\iota$ $\tau\grave{a}$ $\nu o\acute{\eta}\mu a\tau a$ $\tau\tilde{\eta}\varsigma$ $\grave{e}\pi\iota\sigma\tau o\lambda\tilde{\eta}\varsigma$ $\vartheta a\upsilon\mu\acute{a}\sigma\iota\acute{a}$ $\grave{e}\sigma\tau\iota$ $\varkappa a\grave{\iota}$ $o\grave{v}$ $\delta\epsilon\acute{v}\tau\epsilon\varrho a$ $\tau\tilde{\omega}\nu$ $\grave{a}\pi o\sigma\tau o\lambda\iota\varkappa\tilde{\omega}\nu$ $\acute{o}\mu o\lambda o\gamma o\upsilon\mu\acute{e}\nu\omega\nu$ $\gamma\varrho a\mu\mu\acute{a}\tau\omega\nu$, $\varkappa a\grave{\iota}$ $\tau o\tilde{v}\tau o$ $\grave{a}\nu$ $\sigma\upsilon\mu\varphi\acute{\eta}\sigma a\iota$ $\epsilon\tilde{\iota}\nu a\iota$ $\grave{a}\lambda\eta\vartheta\grave{e}\varsigma$ $\pi\tilde{a}\varsigma$ $\acute{o}$ $\pi\varrho o\sigma\acute{e}\chi\omega\nu$ $\tau\tilde{\eta}$ $\grave{a}\nu a\gamma\nu\acute{\omega}\sigma\epsilon\iota$ $\tau\tilde{\eta}$ $\grave{a}\pi o\sigma\tau o\lambda\iota\varkappa\tilde{\eta}$. (Eusebius unterbricht hier die Rede des Origenes durch $\tau o\acute{v}\tau o\iota\varsigma$ $\mu\epsilon\vartheta^{'}$ $\acute{e}\tau\epsilon\varrho a$ $\grave{e}\pi\iota\varphi\acute{e}\varrho\epsilon\iota$ $\lambda\acute{e}\gamma\omega\nu$ $\cdot$) $^{'}E\gamma\grave{\omega}$ $\delta\grave{e}$ $\grave{a}\pi o\varphi a\iota\nu\acute{o}\mu\epsilon\nu o\varsigma$ $\epsilon\check{\iota}\pi o\iota\mu^{'}$ $\grave{a}\nu$, $\acute{o}\tau\iota$ $\tau\grave{a}$ $\mu\grave{e}\nu$ $\nu o\acute{\eta}\mu a\tau a$ $\tau o\tilde{v}$ $\grave{a}\pi o\sigma\tau\acute{o}\lambda o\upsilon$ $\grave{e}\sigma\tau\acute{\iota}\nu$, $\acute{\eta}$ $\delta\grave{e}$ $\varphi\varrho\acute{a}\sigma\iota\varsigma$ $\varkappa a\grave{\iota}$ $\acute{\eta}$ $\sigma\acute{v}\nu\vartheta\epsilon\sigma\iota\varsigma$ $\grave{a}\pi o\mu\nu\eta\mu o\nu\epsilon\acute{v}\sigma a\nu\tau\acute{o}\varsigma$ $\tau\iota\nu o\varsigma$ $\tau\grave{a}$ $\grave{a}\pi o\sigma\tau o\lambda\iota\varkappa\grave{a}$ $\varkappa a\grave{\iota}$ $\acute{\omega}\sigma\pi\epsilon\varrho\epsilon\grave{\iota}$ $\sigma\chi o\lambda\iota o\gamma\varrho a\varphi\acute{\eta}\sigma a\nu\tau\acute{o}\varsigma$ $\tau\iota\nu o\varsigma$ $\tau\grave{o}$ $\epsilon\grave{\iota}\varrho\eta\mu\acute{e}\nu a$ $\grave{v}\pi\grave{o}$ $\tau o\tilde{v}$ $\delta\iota\delta a\sigma\varkappa\acute{a}\lambda o\upsilon$. $E\check{\iota}$ $\tau\iota\varsigma$ $o\tilde{v}\nu$ $\grave{e}\varkappa\varkappa\lambda\eta\sigma\acute{\iota}a$ $\check{e}\chi\epsilon\iota$ $\tau a\acute{v}\tau\eta\nu$ $\tau\grave{\eta}\nu$ $\grave{e}\pi\iota\sigma\tau o\lambda\grave{\eta}\nu$ $\acute{\omega}\varsigma$ $\Pi a\acute{v}\lambda o\upsilon$, $a\check{v}\tau\eta$ $\epsilon\grave{v}\delta o\varkappa\iota\mu\epsilon\acute{\iota}\tau\omega$ $\varkappa a\grave{\iota}$ $\grave{e}\pi\grave{\iota}$ $\tau o\acute{v}\tau\omega$ $\cdot$ $o\grave{v}$ $\gamma\grave{a}\varrho$ $\epsilon\grave{\iota}\varkappa\tilde{\eta}$ $o\grave{\iota}$ $\grave{a}\varrho\chi a\tilde{\iota}o\iota$ $\check{a}\nu\delta\varrho\epsilon\varsigma$ $\acute{\omega}\varsigma$ $\Pi a\acute{v}\lambda o\upsilon$ $a\grave{v}\tau\grave{\eta}\nu$ $\pi a\varrho a\delta\epsilon\delta\acute{\omega}\varkappa a\sigma\iota$. $\tau\acute{\iota}\varsigma$ $\delta\grave{e}$ $\acute{o}$ $\gamma\varrho\acute{a}\psi a\varsigma$ $\tau\grave{\eta}\nu$ $\grave{e}\pi\iota\sigma\tau o\lambda\acute{\eta}\nu$, $\tau\grave{o}$ $\mu\grave{e}\nu$ $\grave{a}\lambda\eta\vartheta\grave{e}\varsigma$ $\vartheta\epsilon\grave{o}\varsigma$ $o\tilde{\iota}\delta\epsilon\nu$, $\acute{\eta}$ $\delta\grave{e}$ $\epsilon\grave{\iota}\varsigma$ $\acute{\eta}\mu\tilde{a}\varsigma$ $\varphi\vartheta\acute{a}\sigma a\sigma a$ $\grave{\iota}\sigma\tau o\varrho\acute{\iota}a$ $\grave{v}\pi\acute{o}$ $\tau\iota\nu\omega\nu$ $\mu\grave{e}\nu$ $\lambda\epsilon\gamma\acute{o}\nu\tau\omega\nu$ $\acute{o}\tau\iota$ $K\lambda\acute{\eta}\mu\eta\varsigma$ $\acute{o}$ $\gamma\epsilon\nu\acute{o}\mu\epsilon\nu o\varsigma$ $\grave{e}\pi\acute{\iota}\sigma\varkappa o\pi o\varsigma$ $^{'}P\omega\mu a\acute{\iota}\omega\nu$ $\check{e}\gamma\varrho a\psi\epsilon$ $\tau\grave{\eta}\nu$ $\grave{e}\pi\iota\sigma\tau o\lambda\acute{\eta}\nu$, $\grave{v}\pi\acute{o}$ $\tau\iota\nu\omega\nu$ $\delta\grave{e}$ $\acute{o}\tau\iota$ $\varDelta o\upsilon\varkappa\tilde{a}\varsigma$ $\acute{o}$ $\gamma\varrho\acute{a}\psi a\varsigma$ $\tau\grave{o}$ $\epsilon\grave{v}a\gamma\gamma\acute{e}\lambda\iota o\nu$ $\varkappa a\grave{\iota}$ $\tau\grave{a}\varsigma$ $\pi\varrho\acute{a}\xi\epsilon\iota\varsigma$. Ungenau ist dies excerpirt in Cramer, Cat. VII, 285 f., genau und beinah vollständig ein Scholion in einer Athoshs. bei v. d. Goltz S. 85. Cf zur Auslegung GK I, 287 A 1. Die Beziehung von $a\check{v}\tau\eta$ auf $\tau a\acute{v}\tau\eta\nu$ $\tau\grave{\eta}\nu$ $\grave{e}\pi\iota\sigma\tau o\lambda\acute{\eta}\nu$ statt auf $\epsilon\check{\iota}$ $\tau\iota\varsigma$ $o\tilde{v}\nu$ $\grave{e}\varkappa\varkappa\lambda\eta\sigma\acute{\iota}a$, welche Hofmann V, 46 vorschlug, erscheint stilistisch wie sachlich gleich unannehmbar.

8. Stephanus Gobarus um 600 bei Photius, bibl. 232 sagt: $\acute{o}\tau\iota$ $^{'}I\pi\pi\acute{o}\lambda\upsilon\tau o\varsigma$ $\varkappa a\grave{\iota}$ $E\grave{\iota}\varrho\eta$-

ναῖος τὴν πρὸς Ἑβραίους ἐπιστολὴν Παύλου οὐκ ἐκείνου εἶναί φασι (wogegen Clemens Al. und Eusebius ihn zu den Plbriefen rechnen). Dasselbe sagt Photius bibl. 121 von Hippolytus, dem Vf der Schrift gegen die 32 Häresien. Da Stephanus den jüngeren Hippolytus vor dem älteren Irenäus nennt, so ist wahrscheinlich, daß er seine Kunde über Irenäus nur einer Bemerkung des Hippolytus über die Stellung des Irenäus zum Hb verdankt. Erst Hippolytus hatte Anlaß, im Gegensatz zu den Theodotianern die paulinische Herkunft des Hb ausdrücklich zu bestreiten, während Irenäus den Hb ohne Nennung eines Vf citirt zu haben scheint (Eus. h. e. V, 26 cf GK I, 296—298).

9. Tert. de pud. 20 cf GK I, 290 ff. Da es zur Zeit Tertullians noch keine lat. Bibel gab, so wird Tertullian den griech. Hb mit dem Titel *Βαρνάβα πρὸς Ἑβραίους* (ἐπιστολή) vor sich gehabt haben. Bloß mündliche, neben dem Text der Bücher hergehende Überlieferungen pflegt Tertullian anders wiederzugeben z. B. über das Verhältnis des Mrev zu Petrus und des Lcev zu Paulus c. Marc. IV, 5: *affirmatur, adscribere solent.* — Man hat die gleiche Tradition mit Unrecht in dem Schriftenverzeichnis des Cod. Clarom. der Plbriefe finden wollen, wo hinter den 7 katholischen Briefen genannt ist: *Barnabae epist. ver. 850.* So auch noch Westcott, Ep. to the Hebrews (1889) p. XXVIII unter einseitiger Betonung der für den Hb besser als für den sogen. Barnabasbrief passenden Ziffer. Cf dagegen GK II, 169 f. 950 ff.

10. Die Hypothese von Fr. Overbeck, Zur Gesch. des Kanons (1880) S. 1—70, wonach man den Hb bei Gelegenheit und zum Zweck seiner Kanonisirung wahrscheinlich in Alexandrien um 160—170 künstlich zu einem Plbrief gemacht habe, indem man seine Grußüberschrift wegschnitt und Hb 13, 22—25 hinzudichtete, kann hier nicht bis in alle Absurdität ihrer Konsequenzen verfolgt werden cf GK I, 300 f. A 1. Sie erklärt vor allem nicht, wie der Hb bei Irenaeus, Hippolytus und den anderen Occidentalen, welche den Hb nicht, wie die Alexandriner, in ihrem Kanon hatten und überhaupt von Alexandrien unabhängig waren, seine Grußüberschrift verloren haben soll. Sie erklärt nicht die Entstehung der Barnabastradition, welche nur dann und nur da entstehen konnte, wann und wo der Brief anonym, also auch ohne Grußüberschrift, aber auch sonst nicht als paulinisch überliefert war. Wenn die angeblich früher vorhandene Grußüberschrift den Namen des Barnabas enthalten hätte, so wäre für die Alexandriner der Wunsch, den Hb zu kanonisiren, kein Grund gewesen, die Grußüberschrift zu beseitigen; denn sie haben den Brief, welcher bei ihnen und seither in der Literaturgeschichte dem Barnabas zugeschrieben wurde, in ihrer Kirche zeitweilig als kanonisch gelten lassen (GK I, 347 bis 350; II, 159. 169 f. 948—953). Aber auch wenn ein minder berühmter Name in der Grußüberschrift gestanden hat, ist undenkbar, daß Männer, welche den Hb trügerischerweise zu einem Brief des Pl machen wollten, wohl die Dreistigkeit gehabt haben sollen, die ihnen hinderliche Grußüberschrift zu beseitigen und einen dunkel an Pl erinnernden Schlußabschnitt anzufertigen, daß ihnen aber der Mut und Verstand gefehlt haben sollte, welchen ihr Unternehmen unbedingt erheischte, nämlich der Mut oder Verstand dazu, eine ihren Wünschen entsprechende Grußüberschrift an die Stelle der ursprünglichen zu setzen.

11. Vergleichbar ist die Überlieferung des sogen. zweiten Korintherbriefs des Clemens. Nachdem diese alte, wahrscheinlich in Korinth gehaltene Predigt aus irgend welchen Gründen mit dem Brief der römischen Gemeinde an die korinthische, als deren Vf Clemens überliefert war, verbunden war, wurde auf diese Beigabe sowohl die Adresse *πρὸς Κορινθίους* als der Autorname *Κλήμεντος* übertragen. Daher sprach man schon zur Zeit des Eusebius von einem zweiten Brief des Clemens (h. e. III, 38, 4), und in den beiden griech. Hss sowie in der syrischen Version, worin beide Schriften erhalten sind, ist die Predigt zu einem zweiten Brief des Clemens an die Korinther geworden. Nur in folge davon, daß der Brief an Diognet in der handschriftlichen Überlieferung an ihrerseits gleich-

falls unechte Schriften Justins mit einem anfangs vielleicht nur hinzugedachten, in der einzigen Hs, auf welcher der Druck beruht, geschriebenen τοῦ αὐτοῦ angehängt wurde, ist derselbe zu einem Werk Justins geworden (Otto, Just. opp. II³ p. XIV).

12. Hb 10, 34 ist δεσμίοις bezeugt durch AD* 67** (eine der Randlesarten des Vindob. Gr. theol. 302, welche sehr oft mit den für Hb 10 fehlenden Uncialen B M übereinstimmen), copt. vulg. arm. S¹ S³, Ephr. lat. 229 (im anderen Fall würde er p. 201 in seiner Erörterung der paulinischen Herkunft nicht gerade diesen Satz ausgelassen haben); dagegen δεσμοῖς μου ℵ HLKP (auch der Correktor von D und daher E) die meisten min., ferner Clem. strom. IV, 103; Orig. exh. mart. 43 (dieser jedoch ohne μοῦ); Theodoret zu Hb 10, 34 und Jes 5, 17 (Schulze II, 202; III, 611); Cramer Cat. VII, 241; Pseudoeuthalius (Zacagni 670). Letztere LA hat an Hofmann V, 416f. wohl den letzten entschlossenen Verteidiger gefunden. Die LA des Origenes und der lat. Text des Clarom. (*vinculis eorum*, was auf die v. 33 genannten οὕτως ἀναστρεφόμενοι sich bezieht) legt die Vermutung nahe, daß zuerst aus δεσμίοις nur mechanisch δεσμοῖς entstand, und dies erst später durch die Zusätze μοῦ oder αὐτῶν verdeutlicht wurde. Letztere Ergänzung war harmlos aus dem Zusammenhang des Textes geschöpft, die erstere dagegen steht in einem verdächtigen Zusammenhang mit der Tradition, daß Pl der Vf sei. Sie empfahl sich, wo diese Tradition herrschte; sie kann aber auch, wenn wirklich schon Clemens sie vorgefunden hat, zur Befestigung und Verbreitung jener Tradition beigetragen haben, wie Pseudoeuthalius l. l. diesen Text zum Beweise für die paulinische Herkunft des Hb verwendet.

§ 46. Die literarische Form und die geschichtlichen Voraussetzungen des Hebräerbriefs.

Es ist nicht nur der Mangel einer Grußüberschrift, welcher dem Hb in seinem Eingang das Ansehen eher einer Abhandlung als eines Briefes gibt. Sämtliche Schriften der apostolischen und der nachapostolischen Zeit, welche durch einen Eingangsgruß sofort als Briefe gekennzeichnet sind, beginnen hinter dem Gruß mit sehr andersartigen Sätzen, als wir sie Hb 1, 1—14 lesen. Überall, auch wo eine zusammenhängende lehrhafte Darlegung beabsichtigt ist und im weiteren Verlauf dargeboten wird, beginnt der Brief, oft im engsten Anschluß an den Eingangsgruß, mit persönlichen Äußerungen, sei dies nun ein Ausdruck der Stimmung des Vf in bezug auf die Empfänger, sei es eine Bemerkung über die Veranlassung zum Schreiben oder über das Verhältnis des Briefschreibers zu den Lesern, sei es eine an diese gerichtete Aufforderung oder Erinnerung (A 1). Die Annahme, daß der Hb ursprünglich eine Grußüberschrift gehabt habe, welche später entweder absichtlich beseitigt (oben S. 122 A 10) oder zufällig abhanden gekommen wäre, reicht also nicht aus, die Eigenart dieses Anfangs zu erklären. Es müßte viel mehr als ein Eingangsgruß verloren gegangen sein, wenn der Hb jemals in seinem Eingang den Eindruck eines Briefes gemacht haben sollte. Dann wäre aber wieder unbegreiflich und ohne jede Analogie in der altchristlichen Literatur, daß der allein auf die Nachwelt gekommene lehrhafte Hauptteil des Briefs mit einer völlig abgerundeten volltönenden Periode beginnt, welche weder stilistisch noch logisch eine Verknüpfung mit Vorangehendem vermuten läßt. Man vergleiche den Fall, welcher vorläge, wenn Rm 1, 1—15 (oder —16ᵃ τὸ εὐαγγέλιον) verloren gegangen wäre, oder versuche es mit irgend einem vorwiegend lehrhaften Brief des Pl, ob man durch Abschneiden eines Vorderteils etwas mit dem Eingang des Hb Vergleichbares gewinnen könnte. Die Annahme einer absichtlichen oder zufälligen Verstümme- lung des Anfangs erscheint in bezug auf den Hb ebenso unhaltbar, wie in bezug auf den 1 Jo, dessen Eingang sich am ersten noch mit dem des Hb vergleichen läßt. Sofort aber springt der Unterschied in die Augen, daß der 1 Jo gleich in den ersten Sätzen viel entschiedener und dagegen in seinem weiteren Verlauf und Schluß viel weniger als der Hb den Charakter eines Briefes an sich trägt. Der Vf bezeichnet seine Schrift als einen kurzen Brief (13, 22 διὰ βραχέων ἐπέστειλα ὑμῖν). Er beauftragt die Empfänger desselben, ihre Vorsteher und sämtliche Christen ihres Orts zu grüßen, und bestellt ihnen selbst Grüße von Christen seiner Umgebung (13, 24). Er spricht die Hoffnung aus, sie in Bälde zu besuchen oder vielmehr zu ihnen, unter denen er früher gelebt hat, zurück- zukehren und zwar in Begleitung des jüngst aus einer Haft befreiten Timotheus, wenn es diesem gelingt, zeitig genug bei ihm einzutreffen (13, 19. 23). Aber auch abgesehen von 13, 18—24 ist der Hb nicht eine Abhandlung, sondern, wie der Vf selbst sagt, eine an Herz und Gewissen sich wendende Ansprache (13, 22 ἀδελφοί, ἀνέχεσθε τοῦ λόγου τῆς παρακλήσεως). Die längeren wie die kürzeren theoretischen Darlegungen laufen immer auf praktische Mahnungen hinaus (2, 1—4; 3, 1—4, 16; 5, 11—6, 12; 10, 19—39; 12, 1—13, 17), und diese erscheinen nicht als angehängte Nutzanwendungen, sondern vermöge· der andringenden Sprache 'und der zum Teil sehr reichen Ausführung als Ausdruck des Hauptzwecks, in dessen Dienst auch die ausführlichsten und künstlichsten Erörterungen stehen. Von der ersten Anrede der Leser an (3, 1 cf 2, 1—4) wird auch immer deutlicher, daß wir nicht eine Abhandlung vor uns haben, deren Vf es dem Schicksal überläßt, von wem sie gelesen werden möge, sondern eine schriftliche Ansprache an einen örtlich und zeitlich bestimmten Kreis von Christen, welche vor wie seit ihrer Bekehrung unter wesentlich gleichartigen Verhältnissen gelebt haben, denselben inneren äußeren Gefahren ausgesetzt ge- wesen sind und noch sind und daher auch als eine durchweg gleichgestellte und gleichgestimmte Menge angesprochen werden. Der Hb ist also in der Tat ein Sendschreiben, sogut wie die Gemeindebriefe des Pl, aber doch weniger als irgend einer von diesen ein Gelegenheitsbrief. Es paßt auf ihn viel eher, was Ju von seiner beabsichtigten Lehrschrift gesagt hat, an deren Stelle er vorläufig aus dringender Veranlassung einen kurzen Gelegenheitsbrief treten ließ (Ju 3 oben S. 75 f.). Von den vorhandenen Schriften vergleicht sich, was die Stil- gattung anlangt, nächst dem 1 Jo am meisten der Jk. Während aber dieser, wie auch der 1 Jo, auf alle briefartigen Mitteilungen verzichtet und dagegen durch eine Grußzuschrift sofort den Unterschied seiner an einen weitausgedehnten Kreis gerichteten schriftlichen Ansprache von mündlicher Predigt in einer Ortsgemeinde erkennen läßt, überläßt es der Vf des Hb dem Überbringer seiner Schrift, dieselbe den Christen, für die er sie bestimmt hat, als sein, des ihnen wohlbekannten Lehrers, Wort zu Gehör zu bringen.

Auch ohne tieferes Eingehen auf den Lehrgehalt und Gedankengang des Hb läßt sich demselben mancherlei entnehmen, was zur geschichtlichen Charakteristik des Leserkreises und des Vf dient. Die ntl Heilsverkündigung, welche Jesus selbst, der große Urapostel (3, 1 cf 1, 1), zuerst gepredigt hat, ist den Lesern wie dem Vf von Hörern der Predigt Jesu gebracht worden und hat unter dem begleitenden Zeugnis von Zeichen und Wundern, von Heilungstaten und mannigfaltigen Äußerungen des inspirirenden Geistes unter ihnen festen Fuß gefaßt (2, 3 f.). Der Vf selbst also ist keiner der Jünger Jesu, sondern verdankt seinen Christenglauben der Predigt solcher. Das Gleiche muß aber auch von dem gesamten Leserkreis gelten. Es wird ihnen genau dasselbe geschichtliche Verhältnis zu Jesus und den Aposteln zugeschrieben wie 2 Pt 1, 16; 3, 2 cf 1, 4; Ju 17 f. den Lesern jener Briefe. Wenn der Ausdruck im einzelnen an Stellen wie 1 Kr 1, 6; 1 Th 1, 5 erinnern mag, so springt doch der Unterschied in die Augen, daß von den durch Pl und dessen Gehilfen gestifteten Gemeinden nicht gesagt werden konnte und auch weder von Pl, noch von Pt (1 Pt 1, 12. 23—25; 2, 25), noch von Johannes (1 Jo 2, 7. 24; 3, 11) gesagt worden ist, daß sie das Ev durch Ohrenzeugen der Predigt Jesu empfangen haben. Andrerseits können zu den Lesern auch keine persönlichen Jünger Jesu gehören; oder es müßten so wenige und unbedeutende Ausnahmen sein, daß von ihnen abgesehen werden konnte. Diejenigen Jünger Jesu, welche ihnen das Ev gebracht haben, wohnen jetzt nicht mehr unter ihnen. Entweder sind sie als Missionare weitergegangen, oder sie sind nicht mehr am Leben. Letzteres gilt nach 13, 7 jedenfalls von den Männern, welche die Leser in erster Linie ihre Bekehrung verdanken. Ihre Führer, deren sie eingedenk bleiben sollen, werden zur Einschärfung dieser Pflicht als diejenigen charakterisirt, welche ihnen das Wort Gottes gesagt, d. h. aber nichts anderes, als ihnen das Ev gebracht und sie bekehrt haben (cf Phl 1, 14; 1 Th 2, 16; Mr 4, 33; AG 4, 29; 8, 25; 11, 19).. Diese Missionsprediger müssen als Märtyrer gestorben sein, wenn die Leser weiter ermahnt werden, deren Lebensausgang bewundernd zu betrachten und ihren Glauben nachzuahmen. Die Bezeichnung dieser verstorbenen Lehrer als *οἱ ἡγούμενοι ὑμῶν* erscheint aber nur dann gerechtfertigt, wenn sie wenigstens vorübergehend eine leitende Stellung im kirchlichen Leben des Leserkreises innegehabt haben (Bd I, 484 A 5). Eben dies muß auch vom Vf gelten. Daß er früher unter anderem auch bei den Lesern einmal ansässig gewesen ist und sich von seiner demnächstigen Rückkunft zu ihnen einen Gewinn für die Leser verspricht, ergibt sich aus 13, 18 f. cf 13, 23. Ferner zeigt die ganze Tonart des Briefs und besonders Stellen wie 5, 12—6, 3; 6, 9; 12, 4 f. 12 f., daß er ans Lehren gewöhnt ist und als Lehrer nicht nur bei anderen Christen, sondern auch bei den Lesern ein gewisses Ansehen genießt. Der Übergang aber (13, 17 ff.) von der Ermahnung, den

Gemeindevorstehern folgsam zu sein und ihnen ihre seelsorgerische Aufgabe nicht zu erschweren, zu der Bitte um die Fürbitte der Leser für den Vf und der Berufung auf seine Bemühung um einen tadellosen Wandel und der Äußerung der Hoffnung, vermöge der Fürbitte der Leser ihnen wiedergeschenkt zu werden, und von da zu der Erinnerung, daß die Christen bei allem Kommen und Gehen menschlicher Führer an Jesus einen großen Hirten haben: diese ganze Gedankenfolge läßt kaum daran zweifeln, daß der Vf zu den ἄνδρες ἡγούμενοι (AG 15, 22) dieses Kreises gehörte, solange er dort lebte und wenn er wieder dahin zurückgekehrt sein wird (A 2). Die unbedingte Anerkennung der Predigt und des Wandels der Apostel und Jünger Jesu, welche den Lesern das Heilswort gebracht haben, schließt auch die gleiche Anerkennung der anfänglichen religiösen Verfassung dieser Christen ein. Diese wird aber auch unmittelbar ausgesprochen. Der Grund christlicher Erkenntnis war richtig bei ihnen gelegt (6, 1 f.); es gilt nur die anfängliche Glaubenszuversicht festzuhalten (3, 14). Jetzt sind sie in Zweifel, Mismut, in ernste Gefahr des Abfalls geraten; aber Alles, was der Vf an ihnen zu beklagen und für sie zu fürchten hat, ist Zeichen einer Erschlaffung der religiösen Energie, welche ihnen früher und anfänglich eigen war (cf besonders 12, 12). In mannigfaltiger Weise hat sich dieselbe früher bewährt. Erstens durch Mildtätigkeit gegen „die Heiligen“, welche sie früher geübt haben und auch jetzt nicht aufhören zu üben (6, 10). Sie müssen sich darin vor anderen Gemeinden merklich hervorgetan haben; denn der Vf begründet seine Zuversicht, daß es mit ihnen zum Schlimmsten, was er fürchtet, zum endgiltigen Abfall doch nicht kommen werde, durch Berufung auf die Gerechtigkeit Gottes, die ihn hindern werde, ihr Wirken und die Liebe zu vergessen, welche sie durch jene Dienstleistung gegen die Heiligen in der Richtung auf den Namen Gottes bewiesen haben. Der Wortlaut gestattet es offenbar nicht, dies von gegenseitiger Unterstützung innerhalb des Leserkreises, von Wohltätigkeit der Wohlhabenden unter ihnen gegen die Armen ihrer Umgebung, aber auch nicht, es von Wohltätigkeit des gesamten Leserkreises gegen beliebige auswärtige Christen zu verstehen. Es kann nur gemeint sein eine hervorragende Beteiligung der Leser an den großen Geldsammlungen für die Muttergemeinde von Jerusalem, welche schon um das J. 44 in Antiochien begonnen hatten und seither von Pl wiederholt und eifrig betrieben worden waren (A 3). Zweitens hat sich der Glaube der Leser schon vor längerer Zeit in einer schweren Verfolgung bewährt. (10, 32—34; A 4). Es war ein Irrtum, wenn man nicht selten aus 12, 4 geschlossen hat, daß diese Verfolgung keine blutige gewesen sei; denn dort ist ja nicht von dem Leidenskampf für das christliche Bekenntnis (Phl 1, 29 f.), überhaupt nicht von einem Kampf für den Glauben (Ju 3), sondern von dem Kampf der Gläubigen gegen ihre eigene Sünde die Rede (cf Hb 12, 1; 1 Kr 9, 25 f.), welcher daher auch nicht wie derjenige, von welchem 10, 32 gesagt ist, der Vergangenheit angehört, sondern das ganze irdische Leben umfaßt. In diesem Kampf sind die Leser zur Zeit des Briefes erlahmt. Statt der in allerlei Versuchung, unter anderem auch vermittelst der Anfeindung durch Andersgläubige und der Nöte des äußeren Lebens (Hb 12, 3. 5—11; 2, 18; 3, 13; 4, 15) an sie herantretenden Sünde „bis aufs Blut" Widerstand zu leisten, haben sie ihr nachgegeben. In dem großen Leidenskampf dagegen, welcher weit hinter der Gegenwart zurückliegt (10, 32 ἀναμιμνῄσκεσθε δὲ τὰς πρότερον ἡμέρας), haben sie sich trefflich bewährt. Daß dort nicht von Hinrichtungen, sondern nur von Beschimpfungen und Bedrängnissen, von Gefängnis und Verlust des Vermögens die Rede ist, kann die Annahme nicht rechtfertigen, daß es sich um eine unblutige Verfolgung handle. Der Vf schreibt hier nicht ein Stück Kirchengeschichte, in welcher die Kirche einer Stadt oder Provinz als eine beharrende, die einzelnen Mitglieder überlebende Körperschaft vorgestellt wird (A 4), sondern will den jetzt lebenden Christen, an die er schreibt, ins Gewissen reden durch Erinnerung an die opferfreudige Tapferkeit, welche sie früher einmal bewiesen haben. Hingerichtet worden sind sie damals allerdings nicht; sonst könnte der Vf ja nicht an sie schreiben; aber es muß doch eine schlimme Not gewesen sein, aus welcher sie persönlich mit dem Leben davon gekommen sind. Es ist ein weithin sichtbares Schauspiel gewesen, welches sie in ihrem Leiden damals der Welt und der Christenheit dargeboten haben (θεατριζόμενοι cf 1 Kr 4, 9). Sie haben auch, sofern sie selbst Leben und Freiheit behielten, sich der Gemeinschaft mit Solchen, denen es schlimmer erging, nicht geschämt (cf 2 Tm 1, 8. 16 f.), haben sie in den Gefängnissen besucht und erquickt, und sie haben freudig Hab und Gut dahingegeben, als sie ihnen gewaltsam entrissen wurden. Ein Hinweis auf die eigentlichen Märtyrer jener Tage wäre hier wenig am Platz gewesen, wo es galt, die Leiden und Leistungen der Überlebenden nicht als vergleichsweise gering, sondern als möglichst groß darzustellen. Es liegt aber auch nahe anzunehmen, daß die grundlegenden Lehrer dieser Christen, auf deren Martyrium 13, 7 hingewiesen wird (oben S. 125), in eben jener Verfolgung ihr Leben geopfert haben. Das dortige μνημονεύετε wird mit dem ἀναμιμνῄσκεσθε 10, 32 gleiches Ziel haben. Wenn der Vf bemerkt, daß die Leser als die Erleuchteten (A 5) d. h. nach ihrer Bekehrung jenen großen Leidenskampf bestanden haben, so ist damit keineswegs gesagt, daß die Verfolgung ihrer Bekehrung unmittelbar gefolgt sei, sondern es wird nur das mögliche Misverständnis abgewehrt, als ob unter den „früheren Tagen" etwa die vorchristliche Lebenszeit der Leser gemeint sei. Ob diese Bemerkung durch die besondere Vorgeschichte dieser Christen veranlaßt war, ist später zu erwägen. Jedenfalls will der Vf nur von dem reden, was sie als Christen, aber schon vor geraumer Zeit gelitten haben. Was hier beiläufig angedeutet ist, wird 5, 12 deutlich ausgesprochen, daß die Leser bereits auf ein langes Christenleben zurückblicken. Wegen der langen Dauer ihres Christenlebens könnte man von ihnen verlangen, daß sie Lehrer des Christentums für Andere seien, während sie in Wirklichkeit so stumpf geworden sind, daß man meinen könnte, den elementarsten Unterricht im Christentum von neuem mit ihnen beginnen zu

müssen. Dieser Tadel zeigt ebenso wie das Lob in 10, 32 ff., wie irrig die Annahme war, es sei der Hb an eine zweite Generation einer Christengemeinde
gerichtet. In diesem Fall hätten. die Leser nicht nur an ihre anfängliche
Glaubenszuversicht (3, 14), an ihre eigenen früheren Tage (10, 32) und die damals von ihnen selbst bewiesene Opferfreudigkeit und an die Länge der seit
ihrer ersten Unterweisung im Christentum verflossenen Zeit, sondern vor allem
an den Glauben, die Leiden und die reife Erkenntnis ihrer verstorbenen Väter
(cf 2 Pt 3, 4) und Mütter (2 Tm 1, 5) erinnert werden müssen. Daß ebenso
wie ihre Apostel (13, 7) auch einzelne andere Christen ihres Kreises inzwischen
dahingestorben waren, versteht sich von selbst: im großen und ganzen aber war
die Generation noch am Leben, welche aus dem Munde von Jüngern Jesu das
Ev gehört hatte (2, 3 cf A 4). Zu den unbestimmten Andeutungen einer relativen Chronologie kommt eine allerdings nicht unbestrittene Andeutung, welche
richtig verstanden zu absoluter Bestimmung der Abfassungszeit des Briefes bei-
trägt (A 6). In 3, 7—11 hat der Vf nicht Ps 95, 7b—11 citirt, etwa als
Schriftbeweis für eine vorher oder nachher ausgesprochene Behauptung, sondern
er hat, wie die Einführungsformel und die offenbar absichtliche Umgestaltung
des Psalmtextes zeigt, das, was er selbst seinen Lesern zu sagen hat, in Worte
jenes Psalmes gekleidet und hat die frei verwendeten Worte durch die parenthetische Bemerkung καθὼς λέγει τὸ πνεῦμα τὸ ἅγιον auf den hl Geist zurückgeführt, letzteres nicht, um beiläufig zu sagen, daß er seine Worte der hl Schrift
entlehne, wofür sonst einfachere Formeln üblich sind, sondern um es erträglich
zu machen, daß seine Rede 3, 9 ebenso, wie es in Ps 95, 9 der Fall ist, unvermerkt in Rede Gottes übergeht cf 10, 15. Was der Psalmist einst seinen
Zeitgenossen im Rückblick auf die Wüstenwanderung warnend zugerufen hatte,
ruft der Vf aufs neue den Hebräern seiner Zeit zu. Weil die Christenheit nur,
sofern sie die Christenhoffnung bis ans Ende festhält, sich als Gottes Haus
fühlen darf (3, 6), darum sollen die Leser heute, wenn sie Gottes Stimme hören,
ihre Herzen nicht dagegen verhärten, wie es in der Verbitterung am Tage der
Versuchung in der Wüste geschah, wo (d. h. in der Wüste) ihre Väter vierzig
Jahre lang die Taten Gottes durch Erfahrung erprobten und schauten. Darum
ist Gottes Zorn über diese Generation, welche trotzdem seine Wege nicht erkannt hat, entbrannt und hat er mit einem Eide versichert, daß sie nicht in
die von Gott dem Volke Gottes verheißene Ruhe einziehen werde. Uns kann
es so erscheinen, als habe der Vf damit nur ebenso wie seiner Zeit der Psalmist
dessen Worte er zu den seinigen gemacht hat, an Tatsachen der israelitischen
Geschichte erinnert; und man hätte sich dann nur zu verwundern, daß er ohne
jede ausdrückliche Vergleichung der alten Geschichtstatsachen mit der Gegenwart und ohne förmliche Anwendung derselben auf die Verhältnisse der Leser
zu weiteren Ermahnungen übergeht (v. 12—14), welche in ihrem Schluß wieder
in den Gedanken von v. 6 einmünden. Die mit seiner typologischen Lehrweise
vertrauten Leser werden ihn anders verstanden haben. Obwohl er hier wie

anderwärts (13, 13) seine Gedanken in Worte gekleidet hat, welche längst vergangenen Verhältnissen entnommen sind und buchstäblich verstanden auf die Gegenwart nicht passen, hat er doch nicht wie der Psalmist von j e n e r Generation geredet, die mit Moses aus Ägypten gezogen war, sondern von d i e s e r Generation, deren Zeitgenossen er selbst und seine Leser waren. Dieser bösen Generation des jüdischen Volks, welche sich gegen den Sohn Gottes erbittert hat (Mt 11, 16; 12, 39—45; 23, 32—38; 24, 34), und welche 40 Jahre hindurch in den Jahren 30—70 n. Chr. die Erlösungstaten Gottes zuerst in der Person Jesu, sodann in der von Wundern begleiteten Predigt der Apostel angeschaut und doch Gottes Wege nicht erkannt hat, hat Gott in seinem Zorn geschworen, daß sie an der dem Volke Gottes verheißenen Ruhe keinen Anteil haben wird. Von den Lesern gilt das nicht; denn sie haben sich durch die von ihnen geglaubte Predigt von d i e s e r Generation erretten lassen (AG 2, 40). Sie verstanden es aber, wenn der Vf dieses ungläubige Israel in Worten des Psalms ihre Väter, statt in prosaischer Rede ihre „Brüder nach dem Fleisch“ (Rm 9, 3) oder ihre „Brüder und Väter“ (AG 7, 2) nannte (v. 9). Es war das jüdische Volk, aus welchem sie herstammten, und die entscheidenden Taten, in welchen die Erbitterung des jüdischen Volks gegen die letzte Offenbarung Gottes zum Ausdruck gekommen ist, waren von Leuten verübt, welche nicht mehr am Leben waren. Eine zweite Allegorie (3, 15—4, 11) beginnt mit einer anscheinend rein historischen Auslegung des Psalmworts, welches vorher dem eigensten Gedanken des Vf die Form geliehen hatte; aber diese Auslegung läuft darauf hinaus, die bis in die Gegenwart und Zukunft reichende typische Bedeutung der Geschichte des Wüstenzugs zu erweisen (cf 1 Kr 10, 1—11). Der Einzug des Volkes Gottes ins gelobte Land, von welchem die ungläubigen Zeitgenossen des Moses ausgeschlossen wurden, stand nach dem Zeugnis des 95. Psalms zu Davids Zeit noch in Aussicht, aber derselbe steht auch noch zur Zeit des Vf in Aussicht. Daß zwischen David und der Gegenwart eine zweite Erlösung des Volkes Gottes liegt, welche man von jeher als Gegenbild der Erlösung aus Ägypten betrachtet hat (oben S. 89 A 12) und welche ebenso wie jene mit einer Verheißung verknüpft ist, und daß in Jesus Christus ein vollkommeneres Gegenbild sowohl des Moses (Hb 3, 2 f.) als des Jesus, d. h. des Josua, des Sohnes Nun's (4, 8), als auch des Königs David (7, 1—17) erschienen ist, wird hier nicht mit dürren Worten gesagt, aber als bekannt vorausgesetzt und nur andeutend in Erinnerung gebracht (4, 2). Leser, wie sie der ganze Brief voraussetzt, verstanden die Andeutung und sahen sich darauf hingewiesen, daß in ihrer Gegenwart ebenso wie zur Zeit des Wüstenzugs eine Scheidung zwischen der im Unglauben verbitterten Mehrheit des jüdischen Volks und einer Minderheit, welche gläubig geworden ist (4, 2 f. cf 6, 18), sich vollzogen hatte, und daß, während die christgläubigen Juden, zu welchen der Vf mit den Lesern sich rechnet (4, 3; 6, 18), auf dem Wege zum Ziel der Verheißung sich befinden, an der widerstrebenden Mehrheit des Volks der zornige Eidschwur Gottes sich verwirklicht hat (besonders 3, 19; 4, 6). Daß solche typologische und allegorisirende Behandlung der atl Geschichte und die damit gegebene schillernde Darstellung der gegenwärtigen Wirklichkeiten unserem occidentalischen Geschmack wenig zusagt, ändert nichts an der Tatsache, daß sie in apostolischer Zeit vielfach zur Anwendung gekommen ist cf Gl 4, 21—31; 1 Kr 10, 1—11; 2 Kr 6, 16—18; Rm 9, 14—24; 11, 2—10 und vor allem Ju 5, oben S. 83. Aus Hb 3, 7—4, 11 ergibt sich, daß der Hb nach dem J. 70 geschrieben worden ist, und daß der Vf wie die Empfänger desselben dem jüdischen Volk entsprossen sind.

Letzteres ist verhältnismäßig selten bestritten worden; aber es wird noch heute bestritten (A 7). Daß die Leser geborene Juden waren, kann allerdings nicht bewiesen werden durch den Titel πρὸς Ἑβραίους, denn wie alt derselbe ist, er braucht nicht eine noch ältere Tradition widerzuspiegeln, sondern kann das Ergebnis eines falschen Verständnisses des Hb selbst sein (oben S. 113 f.). Es folgt auch nicht ohne weiteres daraus, daß der Vf die Israeliten der alten Zeit seine und seiner Leser Väter nennt (1, 1; 3, 9), oder daß er die Gemeinde, welche Christus erlöst hat, ein Abrahamsgeschlecht nennt (2, 16 cf 6, 12—18). Denn Ersteres finden wir auch 1 Kr 10, 1; Letzteres Gl 3, 7—29; 4, 21—31; Rm 4, 11—18 cf Bd I, 59. Aber es zeigt sich doch sofort der Unterschied von jenen Gedankengängen des Pl und von solchen Ausführungen wie Eph 1, 13; 2, 1 bis 3, 12; Kl 1, 21 f.; 2, 11 ff.; 3, 8—11; 1 Th 1, 9; 1 Kr 12, 2; 1 Pt 2, 10; 3, 6; 4, 3, daß es im Hb keinen Satz gibt, in welchem auch nur angedeutet wäre, daß und wie die Leser Mitglieder des mit Abraham beginnenden Volkes Gottes und Erben der diesem Volk und seinem Ahnherrn gegebenen Verheißung geworden sind. Sie sind es also von Geburt und Erziehung. Ganz zweifellos ist dies, wenn vorhin 3, 9 richtig ausgelegt ist. Der Gegensatz zwischen den atl Frommen und den Christen, an welche der Vf schreibt, oder mit welchen er sich zusammenfaßt, ist überall nur der des Einst und Jetzt (1, 1; 11, 2. 39 f.; 12, 23). In der für Heidenchristen bestimmten Literatur alter Zeit ist nirgendwo zu lesen, daß Gott durch seinen Sohn direkt zu ihnen geredet habe (1, 1; A 8). Während der Vf die Bedeutung des Erlösungswerkes für die ganze Menschheit deutlich ausspricht (2, 9. 15 cf 5, 9; 9, 26—28), betrachtet und bespricht er dasselbe doch so ganz vom Standpunkt der vorchristlichen Gemeinde, daß es scheinen könnte, als ob er dem Tode Jesu eine sühnende Wirkung nur auf die Sünden Israels (9, 15; 13, 12 cf Mt 1, 21) und der neuen Bundesstiftung eine Bedeutung nur für das Volk des alten Bundes zuschriebe (8, 6—13; 10, 16 f.). Daß die Leser wie der Vf dem jüdischen Volk angehören, ergibt sich unmittelbar aus 13, 13. Nachdem gezeigt worden ist, daß die Christen von ihrem Kultuswesen keinerlei sinnliche Vorteile zu erwarten haben, weil das eine Opfer, worauf ihr Heilsstand beruht, den Sündopfern entspricht, deren Leiber nach dem Gesetz außerhalb des Lagers verbrannt werden sollen, und nachdem daran erinnert worden ist, daß dieser Idee die Geschichte Jesu entspreche, sofern dieser als ein von seinem Volk ausgestoßener Verbrecher außerhalb des Tors von Jerusalem den Kreuzestod erlitten hat, folgt die Aufforderung: „So laßt uns denn hinausziehen zu ihm außerhalb des Lagers, seine Schmach tragend; denn wir haben hier keine bleibende Stadt, sondern suchen die zukünftige“ (A 9). Daß dies ein uneigentlicher Ausdruck sei, liegt freilich auf der Hand; denn das Lager, in welchem die Israeliten zur Zeit der Wüstenwanderung wohnten, besteht längst nicht mehr, und die Stadt Jerusalem an die Stelle zu setzen, ist um so unerlaubter, als der Vf v. 12, wo ja Jerusalem gemeint ist, Jerusalem nicht genannt und von einer Stadt nicht geredet hat, und andrerseits nichts ihn hindern konnte, v. 13 statt des Lagers die Stadt zu nennen, ganz zu schweigen davon, daß die Auswanderung aus der hl Stadt auf das Land vor den Toren der Stadt keinen moralischen Gewinn bringen und vor allem nicht zu Jesus führen würde, welcher vor den Toren Jerusalems ja nicht mehr zu finden ist.   Es liegt also ein der Symbolik des ganzen Hb entsprechender bildlicher Ausdruck für die Aufforderung vor, auf die Gemeinschaft mit dem jüdischen Volk, das Jesum von sich ausgestoßen hat, zu verzichten, zu dem gekreuzigten Jesus sich zu bekennen und alle Schmach, welche Jesum von seiten seines Volkes getroffen hat, auf sich zu nehmen.   Ihrem Wesen nach ist die gestellte Forderung keine andere als die in Mt 10, 24—39; Lc 14, 26 f.; Jo 12, 25 f. cf Gl 6, 14 enthaltene.   Aber in der hier vorliegenden Form war sie auf Heiden unanwendbar.   Diese konnten wohl ermahnt werden, sich Christi und des Ev nicht zu schämen, oder in Nachahmung des leidenden Jesus Unrecht zu leiden (1 Pt 2, 21 ff.), oder die Anfeindung seitens der Mitbürger nach dem Vorbild der jüdischen Christen zu ertragen (1 Th 2, 14 f.).   Aber die Forderung der Lossagung von dem angestammten Volkstum lautet hier: Ziehet aus von Babel (2 Kr 6, 17 cf Jes 52, 11; 48, 20; Ap 18, 4; Jer 51, 6).   Die Forderung dagegen, aus dem Lager Israels hinauszugehen, hat zur Voraussetzung, daß man sich von Haus aus in demselben befinde. — Man hat einen Beweis heidnischer Herkunft der Leser darin finden wollen, daß ihre ehemalige Bekehrung zum Christenglauben als eine Umkehr von toten Werken und ein Gläubigwerden an Gott bezeichnet wird (6, 1 A 7).   Was das zweite Stück anlangt, so ist erstlich nicht zu übersehen, daß der Vf anderwärts denselben Vorgang als ein Gläubigwerden an das gehörte Ev bezeichnet (4, 2 f. cf 2, 3), als ein Sichflüchten (6, 18), als ein Empfangen der Erkenntnis der Wahrheit (10, 26), als ein Kommen zum himmlischen Jerusalem und zu dem Blute Jesu, in welchem sie geheiligt wurden (12, 22 — 24; 10, 29).   Sodann ist auch für die geborenen Israeliten mit dem Ev die Zeit gekommen, wo an die Stelle des Gesetzes, das bis dahin ihr religiöses Leben beherrschte, der Glaube trat (Gl 3, 23—25) und zwar der Glaube schlechthin, der immer zunächst Glaube an Gott ist (Mr 11, 22; Jo 14, 1).   So tief hat die Betonung des Glaubens als der rettenden Macht von seiten Jesu sich den jüdischen Christen eingeprägt, daß unter ihnen die falsche Anwendung dieser Wahrheit aufkam, welcher Jakobus entgegentrat (2, 14 Bd I, 91).   Daß aber ἔργα νεκρά, ein in der Bibel nur Hb 6, 1; 9, 14 vorkommender Ausdruck, alles sündige Handeln und insbesondere heidnisches Sündenleben, oder gar den Götzendienst bedeute, ist eine unerweisliche Behauptung (A 10). Den Gegensatz zu tot bildet überall nicht fromm oder gut, sondern lebendig. Lebendig sind nur die Werke, welche vom Glauben beseelt und von dem lebendigmachenden Geist gewirkt sind, tot dagegen alles, auch das äußerlich als eine Betätigung der Frömmigkeit sich darstellende Handeln, welches von Geist und Glaube leer und daher eitel ist (cf Jk 1, 26 $\mu\acute{\alpha}\tau\alpha\iota o\varsigma$, Mt 15, 9 $\mu\acute{\alpha}\tau\eta\nu$). Der Vf, welcher den atl Kultus überall als eine göttliche Stiftung, wenn gleich unvollkommener Art, darstellt, kann freilich ebensowenig wie Pl oder Jesus die gewissenhafte Be- obachtung des Gesetzes als die toten Werke betrachtet haben, von welchen man sich zu Gott bekehren (6, 1) und durch das Blut Jesu reinigen lassen muß (9, 14), wohl aber einen glaubensleeren und geistlosen Wandel in den Formen gesetzlicher Frömmigkeit. Die allgemein menschlichen Sünden, von denen sich Juden wie Heiden bekehren und ihr Gewissen reinigen lassen müssen, sind selbstverständlich nicht ausgeschlossen; aber nur bei Juden sind jene mit den Übungen einer veräußerlichten Frömmigkeit derart verwachsen, daß Lossagung von der Sünde Lossagung von diesen toten Werken heißen konnte (cf Rm 7, 4—6). Den Gegensatz dazu bildet 9, 14 der Kultus — denn dies heißt $\lambda\alpha\tau\varrho\epsilon\acute{\iota}\alpha$ und $\lambda\alpha\tau\varrho\epsilon\acute{\upsilon}\epsilon\iota\nu$ im Hb (8, 5; 9, 1. 6. 9; 10, 2) wie sonst überall (Jo 16, 2; Lc 2, 37; Rm 1, 9. 25) —, welchen die Christen dem lebendigen Gott zeitlebens darzu- bringen haben. Dieser Kultus der Christen beruht auf der einmaligen hohe- priesterlichen Leistung Christi und besteht in beständigem dankbarem Gebete, in Werken der Barmherzigkeit und überhaupt in einem von der Dankbarkeit für die erfahrene Gnade zeugenden, Gotte wohlgefälligen Wandel (12, 28; 13, 15 f.). Wie die Leistung Christi überall im Gegensatz zu dem atl Opferinstitut und dem ganzen mosaischen Cerimonialgesetz als eine durch Geist bewirkte, lebendige (7, 16. 25; 9, 14; 10, 20), die tiefsten Bedürfnisse des Herzens und Gewissens befriedigende, dem Verhältnis des Menschen zu Gott wahrhaft entsprechende Kultushandlung dargestellt wird, so wird auch die rechte Lebensführung der Christen einerseits in bildlichen Ausdrücken, welche dem mosaischen Opferkultus entlehnt sind, beschrieben (12, 28; 13, 10. 15 f.), andrerseits aber als der dem Glauben an den lebendigen Gott und der Zugehörigkeit zu der Stadt des leben- digen Gottes, dem himmlischen Jerusalem (12, 22) allein entsprechende Kultus bezeichnet (9, 14). In dem gleichen Gegensatz hat auch Pl den jüdischen Christen Roms den christlichen Lebenswandel als einen geistigen Kultus und als Darbringung eines lebendigen Opfers dargestellt (Rm 12, 1 cf Phl 3, 3). Sogut wie Jesus die gesetzliche Frömmigkeit seiner Volksgenossen als unfromme Heuchelei verurteilt, die Virtuosen auf diesem Gebiet mit getünchten Gräbern verglichen und im Gegensatz mit dem am Tempel zu Jerusalem oder auf dem Garizim haftenden Cerimoniendienst einen dem Wesen des geistigen Gottes entsprechenden geistigen Kultus gefordert hat (Mt 15, 7 ff.; 23, 27; Jo 4, 20—24), oder wie Pl die jüdischen Christen Roms auffordert, sich als solche zu betrachten, welche während ihrer Stellung unter dem Buchstaben des Gesetzes dem Tode Frucht trugen, und erst kraft ihrer Bekehrung, Wiedergeburt und Taufe zu einem wahrhaftigen und lebendigen Gottesdienst befähigt worden sind (Rm 7, 6; 6, 11. 17), ebensogut konnte unser Vf den toten Werken, in welchen sich die Leser vor ihrer Bekehrung als gesetzlich lebende Juden bewegt hatten, den in geistigen Opferhandlungen bestehenden Kultus gegenüberstellen, welchen sie nun als Christen dem lebendigen Gott zu leisten haben, und nur geborenen Juden gegenüber war die Bezeichnung des Einen wie des Andern angemessen. Eben dies gilt von dem wesentlichen Inhalt des ganzen Hb, sofern derselbe dazu bestimmt ist, die Leser vor dem Abfall vom christlichen Bekenntnis zu bewahren. Abfall vom Christenglauben ist eine persönliche Sache, und es versteht sich von selbst, daß immer zunächst Einzelne es sind, für welche der Vf einen solchen befürchtet (daher das τὶς 3, 12; 4, 1. 11; 12, 15. 16). Diese sollen von den Übrigen nicht ihrem Schicksal überlassen, sondern durch Mahnung und gutes Beispiel davor bewahrt werden (10, 24 f.; 12, 13. 15; A 11), damit das Übel nicht um sich greife (12, 15). Aber es hat bereits so sehr die ganze Gemeinschaft ergriffen, daß der Vf die Leser insgesamt im Tone tiefsten Ernstes unter mannigfaltigem Hinweis auf das sonst unausbleibliche Gericht des Verderbens vor förmlichem und völligem Abfall vom lebendigen Gott und vom christlichen Bekenntnis warnt (2, 3; 3, 7—4, 2; 6, 4 – 8; 10, 26—31. 35—39; 12, 17. 25), in schmerzlicher Klage über ihren geistlichen Stumpfsinn (5, 11—6, 2), ihre religiöse und sittliche Erschlaffung sich ergeht (12, 3—13) und immer wieder zum Festhalten am christlichen Bekenntnis aufruft (3, 1; 4, 14; 10, 23). Es ist insbesondere die Hoffnung auf die noch rückständige, aber sichere Erfüllung der dem Volke Gottes gegebenen Verheißungen, an welcher festzuhalten sie ermahnt werden (3, 6. 14; 4, 1—10; 6, 11—20; 10, 35—39; 11, 40; 12, 26—28). Kaum ein Wort der Anerkennung ihres dermaligen Verhaltens (6, 10 καὶ διακονοῦντες) mildert das scharfe Urteil. Es fehlt ihnen insgesamt jene ideale Kraft des Glaubens, wie sie 11, 1—12, 3 an einer endlosen Reihe von atl Beispielen und an dem vollkommenen Vorbild Jesu dargestellt wird, des Glaubens nämlich, dem es wesentlich ist, ein geduldiges Warten auf gehoffte Güter und ein sich selbst genügender Beweis unsichtbarer Wirklichkeiten zu sein (11, 1). Darum tragen sie so schwer an den im Vergleich zu einer früheren Verfolgung (10, 32) geringfügigen Widerwärtigkeiten, welche ihnen ihr christliches Bekenntnis einträgt (12, 4—11; 13, 13 oben S. 126 f. 131). Darum stellen sie ebenso wie ihre Väter in der Wüste misvergnügte Vergleichungen an zwischen dem, was sie durch ihre Annahme des Ev verloren, und dem, was sie dadurch gewonnen haben (4, 1 cf 3, 7—4, 10). In ihrer Erbitterung sind sie nahe daran, wie Esau das Erstgeburtsrecht, das ihnen als Christen zusteht (12, 23), für das Linsengericht vorübergehender Erleichterung ihrer Lebenslage dahinzugeben (12, 16) und das für die Christen Heiligste, den Sohn Gottes und sein sühnendes Blut, für etwas Gemeines zu achten und nachträglich der Sünde der Mörder Jesu sich mitschuldig zu machen (6, 6; 10, 29). Noch sind sie soweit nicht; aber die Misstimmung, die sie ergriffen hat, und die sie ergreifen mußte, wenn der Glaube an die unsichtbaren und die Hoffnung auf die zukünftigen Güter dem Erlöschen nahe waren (cf 1 Kr 15, 19), erstreckte sich bereits auf den Erlöser selbst. Der Jesus, welcher gemeinen, ja schmachvollen Todes gestorben und sodann in die Unsichtbarkeit entrückt, und dessen Verheißung nun schon so lange unerfüllt geblieben war, konnte ihnen auf die Dauer weder als der Mittler der abschließenden und vollkommenen Wortoffenbarung Gottes, noch als der Retter von Sünde und Tod, noch als der König eines ewigen Reiches gelten. Nach diesen drei Richtungen muß ihnen gezeigt werden, daß Jesus ihnen alles dies in vollkommener Weise ist, wenn sie nur festhalten wollten am Glauben und Bekenntnis. Der Sohn Gottes, durch welchen Gott zu ihnen sein letztes Wort geredet hat, ist d e r r e c h t e A p o s t e l Gottes; denn er überragt an Würde nicht nur alle Propheten von Moses an, sondern auch die Engel, durch welche das Gesetz gegeben ward (1, 1—2, 4 cf 3, 1—6; 12, 18—29). Er mußte, um das Abrahamsgeschlecht und in diesem die Menschheit von der Sünde zu reinigen, vom Tode zu retten und in aller Schwachheit zu unterstützen, voll eintreten in die Gemeinschaft menschlichen Lebens, Versuchtwerdens und Sterbens (2, 5—18 cf 4, 15 f.). Er mußte zum Schluß solchen menschlichen Lebens in versuchbarer Schwachheit sein Leben als P r i e s t e r u n d O p f e r zugleich Gotte darbringen und mit seinem eigenen Blute in das jenseitige Heiligtum eintreten, um in vollkommener Weise zu leisten, was der gesetzliche H o h e p r i e s t e r durch sein amtliches Handeln in unvollkommenem Schattenriß im voraus dargestellt hatte, und um damit zugleich die Verheißung eines priesterlichen K ö n i g t u m s und k ö n i g - l i c h e n Priestertums zu erfüllen (4, 14—10, 18). Aus den Mitteln, mit welchen diese Gedanken ausgeführt werden, sieht man, daß die Leser nicht nur Gesetzes- kenner sind (Rm 7, 1 Bd I, 266), sondern daß sie gewöhnt sind, Alles, was als Gottes Tat und Stiftung ihnen sich darbietet, am AT und besonders am Gesetz zu messen. Auch deshalb ist nicht daran zu zweifeln, daß sie geborene Juden waren. Die Gefahr, vor welcher der Vf sie zu bewahren sucht, ist nun aber nicht etwa ein Rückfall in ihre vorchristliche Vergangenheit, in ein gesetzliches oder in ein auf den Messias wartendes Judentum. Schon die breit ausgeführte Vergleichung mit den Israeliten des Wüstenzugs (3, 7—4, 10) und der kurze, aber schlagende Hinweis auf Esau (12, 16) sowie die Ausdrücke, in welchen der drohende Abfall geschildert wird, schließen diese Vorstellung aus. Es wäre ein durch Betrug der Sünde bewirkter, in Unglauben bestehender Abfall vom lebendigen Gott (3, 12 f.; 10, 26), ein Hinfallen solcher, welche jetzt noch stehen (6, 6), ein feiges Zurückweichen von aller Hoffnung auf die Erfüllung der gött- lichen Verheißung (10, 35—39 cf 4, 9; 6, 12—20), ein Verzichten auf das allein sühnkräftige Opfer ohne Hoffnung und Aussicht auf ein anderes (10, 26 f.), ein Schmähen und Kreuzigen des Sohnes Gottes ohne Hoffnung auf einen besseren König (6, 6; 10, 29). Falls sie dann doch noch ihrem jüdischen Volkstum, das ohne Religion kaum zu denken ist, anhängen sollten, so könnte ihnen nur noch ein Schatten des Judentums bleiben, ein Judentum wie dasjenige des Kajaphas und seiner Genossen (Jo 19, 15). Nicht ein Misglaube, sondern Unglaube ist es, in welchen sie zu versinken in Gefahr sind. Aus alledem folgt unmittelbar, daß die Leser nicht etwa durch ein gefälschtes Ev und durch Lehrer eines solchen verleitet worden sind oder im Begriff stehen sich verleiten zu lassen. Es könnte auch nicht der deutliche Hinweis auf solche Gefahr fehlen, wie wir ihn in den Briefen des Pl überall, aber auch im 2 Pt und im Ju finden. Erst am Schluß des Briefs, nachdem der Vf bereits zu Ermahnungen übergegangen ist, welche wesentlich gleichlautend in jedem Sendschreiben an Christen irgend welcher Art ihren Platz finden würden (13, 1—8), kommt die Warnung: „Durch mannigfaltige und fremdartige Lehren laßt euch nicht fortreißen und am Ziel vorbeitreiben; denn etwas Schönes ist es, daß das Herz fest werde" (A 12). In den Ausdruck dieses letzteren Gedankens ist der andere Gedanke eingeschaltet, daß dies durch Gnade geschehe, woran sich dann die Abweisung der irrigen Meinung anschließt, daß Herzensfestigkeit durch Speisen bewirkt werde, wovon doch diejenigen, welche auf diesem Boden sich bewegten, keinen Gewinn gehabt haben. Damit ist Alles gesagt, woraus wir erkennen können, welche Art von Lehren gemeint sind; vergeblich hat man dem folgenden, grammatisch wie logisch völlig selbständigen Abschnitt 13, 10—16 (A 9) weitere Anhaltspunkte für die Bestimmung jener Lehren oder der einzelnen Lehre, die beispielsweise genannt war, entnehmen wollen. Im Gegensatz zu dem einheitlichen Worte Gottes, welches den Lesern ihre verstorbenen Apostel gebracht haben, und dem einen unsterblichen Lehrmeister, der ihnen geblieben ist (13, 7 f.), sind jene Lehren ein buntscheckiges Mancherlei und etwas auf dem Boden der christlichen Gemeinde Fremdartiges. Schon dies könnte, zumal jüdischen Christen gegenüber, nicht wohl von Bestimmungen des mosaischen Gesetzes, etwa von den mosaischen Speiseverboten, gesagt sein. Auch ist wenig glaublich, daß man der Beobachtung dieser eine das Herz befestigende Wirkung zugeschrieben habe. Noch weniger paßt dies auf gottesdienstliche Mahlzeiten wie das Passamahl oder die an die Schelamimopfer sich anschließenden Opfermahle. Die Beteiligung aber an Opferhandlungen selbst, vor welcher vor allem hätte gewarnt werden müssen, hätte nicht, wie man im Rückblick auf 9, 10 für möglich gehalten hat, ein περιπατεῖν ἐν βρώμασιν heißen können. Dieser Ausdruck weist vielmehr auf eine bestimmte Art der täglichen Lebensweise (A 12). Nun wissen wir aber, daß jüdische Christen in Rom die Enthaltung von Fleisch und Wein als ein Mittel ansahen, dem Christen Festigkeit zu geben und ihn vor dem Fall zu bewahren (Rm 14, 4 cf 14, 13. 20. 21; 16, 25 Bd I, 259 f.). Auch in Kolossä wurden derartige Regeln als unentbehrliche Mittel der Heiligung innerhalb heidnischer Umgebung empfohlen (Kl 2, 8—23 Bd I, 330 f.). Als ungeeignet zu solchem Zweck und überhaupt wenig nutzbringend hatte auch Pl 1 Tm 4, 1—8; Tt 1, 15 f. solche Enthaltungen, und als dem Christentum fremde, törichte Menschengebote und

Satzungen hatte er Kl 2, 6—8. 20—22 deren Empfehlung bezeichnet. Auch die
Bezeichnung einer derartigen Lebensweise durch den positiven Ausdruck $\dot{\varepsilon}\nu$
$\beta\varrho\dot{\omega}\mu\alpha\sigma\iota\nu$ $\pi\varepsilon\varrho\iota\pi\alpha\tau\varepsilon\tilde{\iota}\nu$, den man befremdlich gefunden hat, findet ihresgleichen
daran, daß Pl die Asketen in Rom als Gemüseesser bezeichnet (14, 2) und
ihnen wie ihren Gegnern vorhält, daß Essen und Trinken nicht das Wesen des
Reiches Gottes ausmache (14, 17), und beide davor warnt, wegen einer Speise
dem Bruder zu schaden (14, 15. 20). Auf dem Gebiet der $\beta\varrho\dot{\omega}\mu\alpha\tau\alpha$ bewegt
sich der grundsätzlich gewisser Speise sich Enthaltende ebensogut wie der,
welcher sie unbedenklich genießt (1 Kr 8, 8). Es war also auch an diese Hebräer eine asketische Lehre herangetreten, wie sie in Rom und Kolossä, in
Ephesus und auf Kreta von jüdischen Christen und judenchristlichen Lehrern
vertreten wurde. Dazu stimmt die Mahnung $\tau\dot{\iota}\mu\iota\varrho\varsigma$ $\dot{\varrho}$ $\gamma\dot{\alpha}\mu\iota\varrho\varsigma$ $\dot{\varepsilon}\nu$ $\pi\tilde{\alpha}\sigma\iota\nu$ 13, 4;
denn dies heißt ja nicht, daß die Ehe von denjenigen, die in der Ehe stehen,
heilig gehalten werden soll, wovon erst der nächste Satz handelt, sondern daß sie
unter Allen und besonders seitens derer, welche nicht in der Ehe stehen und
etwa zur Verachtung derselben hinneigen, hochgeschätzt werden soll. Es gab
also unter den Hebräern grundsätzliche Verächter des ehelichen Lebens und somit auch alles geschlechtlichen Tuns.

Mit der Annahme, daß die Leser des Hb in Jerusalem zu suchen seien, verband sich von jeher die Vorstellung, daß sie an dem dortigen Tempelkultus
vor wie nach ihrer Bekehrung sich beteiligt haben, und daß der Vf sich be-
mühe, sie davon loszureißen oder, soweit sie im Begriff gewesen wären, diese
bereits abgebrochene Beziehung wiederaufzunehmen, sie davor zu warnen. So
fest war diese Vorstellung eingewurzelt, daß auch solche Gelehrte, welche die
Leser in Alexandrien zu finden meinten, ein ähnliches Verhältnis der Leser zu
dem schismatischen Tempelkultus in Leontopolis annahmen (A 13). Was aber
die Christen Jerusalems anlangt, so wissen wir ja, daß sie unter der Führung
ihrer Apostel und des Jakobus von Anfang an und bis zu ihrer Flucht von
Jerusalem kurz vor der Zerstörung des Tempels am Tempelkultus sich beteiligt
und überhaupt in den Formen des jüdischen Gesetzes sich bewegt haben. Wenn
dies nach dem Urteil des Vf eine 40 jährige Verstockung gegen den durch
Jesus kundgewordenen Willen Gottes gewesen wäre, so durfte er nicht den anfänglichen Glauben und die frühere christliche Lebensführung der Leser (3, 14;
6, 10; 10, 32 ff.) rühmen, und er konnte die Lehrer und Leiter, denen sie
das Gepräge ihres Christentums verdankten (13, 7; 2, 3), nicht als Vorbilder
des Glaubens, sondern nur als abschreckende Beispiele eines sträflichen, an toten
Werken festhaltenden Eigensinns hinstellen. Von einem geschehenen oder
drohenden Rückfall der Leser in die Beteiligung am jüdischen Kultus, wovon
im ganzen Hb auch nicht die geringste Andeutung vorliegt, könnte unter dieser
Voraussetzung natürlich nicht die Rede sein, weil die Jerusalemer nie aufgehört haben, am Tempelkultus sich zu beteiligen. Die Frage, wie die Vereinigung
des christlichen Bekenntnisses mit dem jüdischen Tempelkultus und überhaupt

mit gesetzlicher Lebensweise zu beurteilen sei, eine Frage, welche jedem Christen vor der Zerstörung Jerusalems durch die Existenz der dortigen Gemeinde aufgedrängt werden mußte, berührt der Vf gar nicht. Es scheint, daß er nach den von ihm entwickelten Theorien die gesamte Haltung der Muttergemeinde hätte verurteilen· müssen, was doch andrerseits angesichts der Stellung, welche Pl zur Christenheit Palästinas eingenommen hat, als geschichtlich unmöglich erscheint. Auch in den ersten Jahrzehnten nach der Zerstörung des Tempels konnte nicht vergessen sein, daß die Myriaden jüdischer Christen Palästinas bis vor kurzem Eiferer um das Gesetz gewesen waren (AG 21, 20) oder auch noch waren. Urteilte der Vf, daß das jetzt nicht mehr zu rechtfertigen sei, so mußte er erstens die Forderung deutlich aussprechen, daß die Leser nun endlich von aller Beobachtung des Gesetzes sich lossagen, nachdem ihnen durch die Zerstörung des Tempels der gesetzliche Kultus bereits unmöglich gemacht war. Aber er weist weder auf diese für ihre Stellung zum Gesetz ·einschneidende Tatsache hin, noch stellt er jene Forderung; auch nicht 13, 13 (oben S. 131). Er mußte zweitens die gesetzliche Lebenshaltung der Muttergemeinde und der Apostel, welche aufzugeben er den Lesern zumuten wollte, als eine zu ihrer Zeit verzeihliche Schwachheit oder berechtigte Eigentümlichkeit entschuldigen, wenn er sie nicht verdammen wollte. Er mußte drittens sagen, daß und warum jetzt nicht mehr statthaft sein soll, was vor dem J. 70 von der ganzen Christenheit als berechtigt anerkannt und von einem hervorragenden Teil derselben geübt wurde. Daß von alle dem im Hb nichts zu lesen ist, und daß dem Vf die angedeuteten Fragen gar nicht in den Sinn kamen, beweist, daß die Muttergemeinde außerhalb seines Gesichtskreises liegt, und daß er an Christen schreibt, welche von ihrer Bekehrung an mit einem jüdischen Opferkultus nichts zu schaffen gehabt haben. Er spricht überall nicht von einem zu seiner Zeit zu Jerusalem oder Leontopolis bestehenden Tempel und Kultus, sondern von der Stiftshütte und dem nach dem Pentateuch für diese angeordneten Gottesdienst. An diesem mißt er und sollen die Leser messen die Leistung Christi. Er spricht von jenem Kultus und der ganzen Stiftung, deren Bestandteil er ist, wohl einmal als von einer Sache der Vergangenheit, welche schon zur Zeit des Jeremia dem Untergang ·entgegenging (8, 7—9, 10),· in der Regel aber im Präsens, welches der theoretischen Betrachtung natürlich ist (A 13). Daraus zu schließen, daß dieser Kultus *mutatis mutandis* noch fortbestehe, wäre ebenso verkehrt, als wenn man aus 13, 11. 13 schließen wollte, daß das jüdische Volk zur Zeit des Hb nicht in Städten, sondern in einem Zeltlager wohnte. Hiemit jedoch sind wir bei Fragen angelangt, welche nicht aus dem Hb allein zu beantworten sind.

1. Pl beginnt seine Gemeindebriefe regelmäßig, sowie auch Pt in 1 Pt 1, 3, mit Danksagung gegen Gott in bezug auf die Leser, nur den Gl mit einem Ausdruck der Entrüstung über das, was in Galatien vorgeht. Die Danksagung 2 Tm 1, 3 und Phlm 4 geht sofort in Beschreibung der Stimmung gegenüber den Empfängern und in Mahnungen an

dieselben über. Ohne Danksagung beginnt Pl mit solchen 1 Tm 1, 3; Tt 1, 5. Im engen Anschluß an den Gruß wird Jk 1, 2 und sogar ohne grammatische Absonderung vom Gruß wird 2 Pt 1, 3—5 ff. zu Ermahnungen an die Leser fortgeschritten (Bd I, 105 A 1; II, 61 A 10). Mit Angabe der Veranlassung zum Schreiben wird Ju 3; 2 Jo 4; 3 Jo 3 (denn v. 2 vervollständigt erst die Grußüberschrift); Clem. I Cor. 1; Pol. Phil. 1; Ep. Smyrn. de mart. Pol. 1 und in allen Briefen des Ignatius begonnen. Auch der Barnabasbrief, welcher einen von der üblichen Form der Grußüberschriften völlig abweichenden Zuruf voraufschickt, läßt darauf sofort eine Ansprache an die Leser und einen Ausdruck der Gesinnung des Vf gegen sie folgen.

2. Auch ohne das durch D* nebst seiner lat. Übersetzung und durch Chrysostomus bezeugte καί vor ἡμῶν 13, 18 entsteht der oben S. 126 wiedergegebene Eindruck. Der plötzliche Übergang aus der dem Vf allerdings auch sonst geläufigen pluralischen Selbstbezeichnung 13, 18 (cf 2, 5; 5, 11; 6, 9. 11) in die singularische (13, 19 cf 11, 32; 13, 22 f.) wird dadurch veranlaßt sein, daß er von v. 17 herkommend sich zu den Männern rechnet, welche über dem Seelenheil der Leser wachen und dies manchmal mit Seufzen tun, und daher zunächst den Plural festhält, dann aber, wo er auf seine äußeren Angelegenheiten, seine bevorstehende Reise zu sprechen kommt, das „ich" natürlicher findet. — Wie 13, 8 der ewig lebendige und sich gleichbleibende Christus als der unsterbliche Lehrer den dahinsterbenden Predigern gegenübertritt, so der von der Totenwelt zum Himmel erhöhte Jesus als großer Hirt der Schafe 13, 20 (cf 1 Pt 2, 25; 5, 4; Jo 10, 11—18) d. h. als der seiner ganzen Gemeinde auf Erden gleich nahe Regent und Seelsorger den irdischen Führern und Seelsorgern, welche kommen und gehen. Deren einer war, und ist gewissermaßen noch, der Vf.

3. Mit 6, 10 διακονήσαντες τοῖς ἁγίοις καὶ διακονοῦντες cf die auf die Kollekten für die Jerusalemer bezüglichen Ausdrücke 2 Kr 8, 4; 9, 1 τῆς διακονίας τῆς εἰς τοὺς ἁγίους, 9, 12 (cf auch v. 13) ἡ διακονία τῆς λειτουργίας ταύτης, . . . τὰ ὑστερήματα τῶν ἁγίων, 1 Kr 16, 1 τῆς λογίας τῆς εἰς τοὺς ἁγίους, wahrscheinlich auch 16, 15 εἰς διακονίαν τοῖς ἁγίοις ἔταξαν ἑαυτούς, ferner Rm 15, 26 κοινωνίαν τινὰ ποιήσασθαι εἰς τοὺς πτωχοὺς τῶν ἁγίων τῶν ἐν Ἰερουσαλήμ, 15, 31 ἡ διακονία μου ἡ εἰς Ἰερουσαλήμ εὐπρόσδεκτος τοῖς ἁγίοις, vielleicht auch Rm 12, 13 ταῖς χρείαις τῶν ἁγίων κοινωνοῦντες (dagegen nicht Phlm 5—7 Bd I, 322 A 2). Ferner zur Sache AG 11, 29 f.; 12, 25; 24, 17; Gl 2, 10 Bd I, 220 f. Nach einem hiedurch reichlich belegten Sprachgebrauch bezeichnete οἱ ἅγιοι auch ohne jede Ortsangabe die Christengemeinde der „heiligen Stadt" (Mt 4, 5; 27, 53; Ap 11, 2; 21, 2. 10; 22, 19), ohne daß das Wort darum aufgehört hätte, die Christen überhaupt im Unterschied von den Nichtchristen zu bezeichnen (1 Kr 6, 1 f.; Kl 1, 12; Ju 3; Ap 13, 7), besonders mit πάντες (Eph 1, 15; 3, 18; 6, 18; 1 Kr 14, 33). Dies Attribut würde auch Hb 6, 10 nicht fehlen, wenn im Gegensatz zu gegenseitiger Unterstützung der Angeredeten die Ausdehnung ihrer werktätigen Liebe auf die ganze Christenheit gerühmt werden sollte cf 1 Th 3, 12 f.; Kl 1, 5; Phlm 5. Gar nicht vergleichbar ist das artikellose ἅγιοι 1 Tm 5, 10.

4. Clemens Rom. um a. 96 faßt in der Anrede seiner Leser die Korinther aus den Jahren 52—57 mit den dermaligen Gliedern der „alten Kirche der Korinther" zusammen (I Cor. 47 cf c. 1); ähnlich noch um 110 Polykarp die philippischen Christen dieser Zeit mit denen zur Zeit des Pl (Pol. Phil. 11, 3 cf Forsch IV, 251 ff.); aber letzterer unterscheidet daneben auch sehr bestimmt „die damaligen Menschen" von den Leuten der Gegenwart. Mit der Redeweise des Hb läßt sich in dieser Beziehung nur vergleichen, wie Pl unbeschadet einzelner Todesfälle und Neubekehrungen die Identität der von ihm bei der Stiftung einer Gemeinde bekehrten Christen mit den jeweiligen Mitgliedern derselben Gemeinde zur Zeit der Abfassung seiner Briefe zum Ausdruck bringt (1 Kr 2, 1—5; 4, 15; 2 Kr 1, 19; Phl 4, 10—16).

5. Hb 10, 32—34. Über den Text von v. 34 s. oben S. 123 A 12. Abgesehen von dem falschen δεσμοῖς μου statt δεσμίοις ist der Text schon von Clemens Al. ganz ebenso wie von den neueren Textkritikern überliefert. Nach 6, 4 (cf Eph 3, 9; Just. dial. 122 zweimal; speziell von der Taufe φωτισμός und φωτίζεσθαι apol. I, 61) bedeutet φωτισθέντες die Bekehrung zum Christentum. Da aber kein ἄρτι (1 Th 3, 6; Mt 9, 18 cf 1 Pt 2, 2) oder προσφάτως (AG 18, 2) dabei steht, kann es auch nicht den Sinn von νεόφυτοι (1 Tm 3, 6) oder νήπιοι ἐν Χριστῷ (1 Kr 3, 1) haben.

6. Zur Auslegung von Hb 3, 7—19 kann hier nur Weniges bemerkt werden: 1) Die stilistische Gewandtheit des Vf verbietet die Annahme, daß der mit διό begonnene Satz erst in v. 12 sich fortsetzen sollte, so daß alles Dazwischenliegende Parenthese wäre, oder daß der mit διό eingeleitete Satz überhaupt weggeblieben sei. Der parenthetische Zwischensatz beschränkt sich auf die Worte καθὼς λέγει τὸ πνεῦμα τὸ ἅγιον, über welche hinweg ebenso wie bei parenthetischem καθὼς γέγραπται Jo 7, 38; Rm 3, 4; 15, 3. 21; 1 Kr 1, 31; 2, 9 die vorher begonnene Rede, hier die mit διό eröffnete Rede des Vf sich fortsetzt. Es verhält sich damit nicht wesentlich anders als mit den Stellen, wo ein solches καθὼς γέγραπται u. dgl. ohne nachfolgendes Citat der eigenen Rede beigefügt ist (Rm 2, 24; Jo 1, 23), oder wo der Schriftsteller gar nicht sagt, daß er Schriftworte verwende 1 Pt 1, 24; 2, 7; 3, 10—12; Rm 10, 6—8. 2) Daher reproducirt der Vf den atl Text gegen seine Gewohnheit bei förmlichen Citaten mit bewußter Freiheit. Von Zweifelhaftem zu schweigen, hat er durch Einschiebung eines διό v. 10 die Zeitangabe zum Vorigen geschlagen, ferner durch Verwandelung des ἐκείνῃ hinter τῇ γενεᾷ in ταύτῃ gezeigt, daß er nicht die Israeliten der mosaischen Zeit, sondern eine ihm und seinen Lesern viel näherstehende Generation des jüdischen Volks im Auge hat. Die erstere Änderung erscheint um so absichtsvoller, da der Vf in der Erklärung der Psalmworte nach ihrem ursprünglichen historischen Sinn auch die ursprüngliche Wortverbindung wiederherstellt (προσώχθισεν τεσσεράκοντα ἔτη 3, 17). 3) Wenn man wie z. B. Bleek, Hb II, 436 ff. 440, Delitzsch, Komm. 119 f., Grimm, Zeitschr. f. wiss. Theol. 1870 S. 31 anerkennt, daß der Vf auf die 40 Jahre seit dem Tode Jesu Bezug nehme, was Hofmann V, 167 eine abenteuerliche Erklärung genannt hat, darf man daraus nicht folgern, daß der Brief gegen das J. 70 geschrieben sei, und daß die Leser seit 40 Jahren Gelegenheit gehabt haben, die Werke der ntl Erlösung zu schauen. Letzteres nicht, weil dies nicht von den Lesern, sondern von ihren Vätern d. h. dem jüdischen Volk gesagt ist; Ersteres nicht, weil das Ende der 40 Jahre und die sichtbare Verwirklichung des göttlichen Eidschwurs an den Ungläubigen, welche in der Zerstörung Jerusalems vorlag, hinter dem Vf liegen mußte, wenn er in diesem Sinn oder Doppelsinn von den 40 Jahren und dem Ausschluß der ungläubigen Juden von der Sabbathruhe des Volkes Gottes wegen ihres 40 jährigen Unglaubens geredet haben soll. Daß die neben anderen Vorstellungen bei alten Rabbinen sich findende, teilweise auch an Ps 95, 10 anknüpfende Vorstellung von einer 40 jährigen Dauer der Tage des Messias (Bleek II, 439; Delitzsch 119; Weber, System 355) dem Vf vorgeschwebt haben sollte, ist unwahrscheinlich; denn für ihn waren „die Tage des Menschensohnes" (Lc 17, 22 cf Hb 5, 7) einerseits mit dem Tode Jesu abgeschlossen, andrerseits bevorstehend und wieder in anderem Sinne endlos (13, 8). Aber die Verwertung der 40 Jahre Hb 3, 9 für die Chronologie scheint mir im Charakter des Hb überhaupt und besonders dieses Abschnitts viel besser begründet, als wenn man aus Shakespeare's Romeo und Julie Aufz. I, Sc. 3 „Elf Jahr ist's her, seit wir's Erdbeben hatten" schließt, dies Drama sei im J. 1591 gedichtet.

7. Epist. vulgo ad Hebraeos inscriptam non ad Hebraeos, sed ad Christianos genere gentiles et quidem ad Ephesios datam esse demonstrare conatur E. M. Roeth 1836. Mit recht bunter rabbinischer Gelehrsamkeit und einer Fülle neuer Erklärungen ntl Stellen (in einem besonderen Register S. 265 f. werden 63 solche Stellen aufgezählt)

wird die These durchgeführt. Cf unten A 10. Auf Ephesus wurde Roeth p. 256 f. durch die Wörter $\vartheta\acute{\epsilon}\alpha\tau\varrho\sigma\nu$ AG 19, 29 und $\vartheta\epsilon\alpha\tau\varrho\iota\zeta\acute{o}\mu\epsilon\nu\sigma\iota$ Hb 10, 33 geführt. — v. Soden (Jahrbb. f. prot. Theol. 1884 S. 435 ff. 627 ff.) bestritt gleichfalls die jüdische Nationalität der Leser und meinte den Hb als ein Circularschreiben an die vorwiegend heidenchristlichen Gemeinden Italiens mit Einschluß der römischen verstehen zu können (besonders S. 647—652). Cf hiegegen Graß, Ist der Hb an Heidenchristen gerichtet? Petersburg 1892.

8. Aus $\grave{\epsilon}\lambda\acute{a}\lambda\eta\sigma\epsilon\nu$ $\mathring{\eta}\mu\~\iota\nu$ $\grave{\epsilon}\nu$ $\upsilon\acute{\iota}\~\omega$ (1, 1) folgt, daß Vf und Leser, welche als Individuen die Predigt Jesu nicht gehört haben (2, 3), dem Volk der Beschneidung angehören, dessen Diener Jesus zeitlebens gewesen ist cf Rm 15, 8. Zu den Heiden spricht Gott oder Christus durch die Apostel cf 2 Kr 5, 19 f.; Eph 3, 7; Rm 10, 12—15 auch Clem. I Cor. 42, 1. Christus ist wohl der Mund, durch welchen Gott geredet, und das Wort, welches er in die Welt hineingeredet hat (Ign. Rom. 8, 2; Mgn. 8, 2); aber die Heidenchristen der alten Zeit sagen nicht: Christus hat zu uns geredet. Er ist ihnen immer der gepredigte Christus, und selbst die Vorstellung, daß er der von Gott in die Welt gesandte Apostel sei (Hb 3, 1), tritt auffallend zurück.

9. Grundbedingung richtiger Auslegung von 13, 10–16 ist die Einsicht, daß die Hütte auf derselben Linie liegen muß mit dem Altar, daß also nicht etwa gesagt ist, die jüdischen Priester oder gar die am mosaischen Kultus festhaltenden Juden hätten keinen Anteil am christlichen Heilsinstitut. Es können, da Christus hier nicht als ein am Heiligtum fungirender Priester (8, 2), sondern lediglich als Opfer betrachtet wird, nur dieselben Christen, um deren Altar es sich handelt, als $o\acute{\iota}$ $\tau\~\eta$ $\sigma\kappa\eta\nu\~\eta$ $\lambda\alpha\tau\varrho\epsilon\acute{\upsilon}\sigma\nu\tau\epsilon\varsigma$, als dort Opfer darbringende Priester bezeichnet sein (cf 9, 14; 12, 28; 13, 15 f.; Rm 12, 1; 1 Pt 2, 5. 9; Ap 1, 6; 5, 10; 8, 3). Sie sollen bedenken, daß sie im Unterschied von den atl Priestern, welche allerdings von ihrem Altar auch ihren Lebensunterhalt bezogen (1 Kr 9, 13), von ihrem Kultusinstitut keine derartigen Vorteile zu erwarten haben, weil das Opfer, auf dem ihr ganzes Verhältnis zu Gott beruht, demjenigen des Versöhnungstages gleicht, von welchem kein Priester und kein Laie etwas Anderes als Sühne der Sünde zu erwarten hatte (s. oben S. 130). Der Ausdruck für die in Erinnerung gebrachten ntl Tatsachen und für die hierauf gegründete Forderung ist einerseits der ev Geschichte entlehnt, andrerseits der mosaischen Zeit und ihren Institutionen und, sofern letzteres stattfindet, ebenso bewußt anachronistisch wie in umgekehrter Richtung 11, 26. Moses trug die Schmach Christi, indem er der ehrenvollen Stellung, welche er von frühster Kindheit an im ägyptischen Volk einnahm, entsagte und sich zu seinem bedrückten Volk bekannte. Die Hebräer der Gegenwart sollen die Schmach Christi auf sich nehmen, indem sie auf den Zusammenhang mit dem jüdischen Volk, dem sie von Geburt angehören, verzichten und durch ihr Bekenntnis zu dem gekreuzigten Christus sich denselben Haß und dieselben Schmähungen zuziehen, mit welchen dieses Volk Jesum überhäuft hat (cf 12, 2 f.; Rm 15, 3).

10. Am weitesten ist in der Misdeutung von Hb 5, 12—6, 2 Roeth p. 218—239 gegangen. Unter den $\lambda\acute{o}\gamma\iota\alpha$ $\tau\sigma\~\upsilon$ $\vartheta\epsilon\sigma\~\upsilon$ verstand er die messianischen Weissagungen, während doch alle Wortoffenbarung Gottes mit Einschluß der ntl darunter zu verstehen ist (cf Hb 1, 1; 2, 3; 4, 2; 6, 5; 13, 7; Rm 3, 2), und fand es unbegreiflich, daß geborene Juden in jenen erst unterrichtet werden mußten cf dagegen z. B. Mt 9, 13; 12, 3—8; 22, 29. 42 f.; Lc 24, 26 f. 44 f.; Jo 5, 46; 20, 9; AG 2, 16—35; 3, 21—25; 7, 2—53; 13, 16—39; 17, 3; 28, 23. Was aber die $\check{\epsilon}\varrho\gamma\alpha$ $\nu\epsilon\kappa\varrho\acute{\alpha}$ anlangt, so werden ja bekanntlich die Götter der Heiden zwar nicht im NT, aber doch sonst zuweilen tot genannt (Ps 106, 28 cf 115, 4 ff.; Sap Sal 13, 10; Didache 6, 3), und man wird hieran erinnert, wo Gott im Gegensatz zu den Idolen der Lebendige genannt wird 1 Th 1, 9; 2 Kr 6, 16; AG 14, 15. Aber er wird so genannt auch wo der Gegensatz des ungläubigen oder gesetzlichen Judentums

obwaltet oder doch näher liegt Mt 16, 16; Rm 9, 26; 2 Kr 3, 3—11 cf Mt 22, 32; Lc 20, 38; Jo 6, 57. Auch Hb 9, 14 ist durch den ganzen Zusammenhang der Gedanke an die $\lambda\alpha\tau\varrho\varepsilon\acute{\iota}\alpha$ $\tau\tilde{\omega}\nu$ $\varepsilon\acute{\iota}\delta\acute{\omega}\lambda\omega\nu$ ebenso ferngerückt, als der an die atl $\lambda\alpha\tau\varrho\varepsilon\acute{\iota}\alpha$ (9, 1. 9. 21) aufgedrängt. Ferner heißt das himmlische Jerusalem eine Stadt des lebendigen Gottes Hb 12, 22 doch nicht im Gegensatz zu Babel oder Rom, sondern im Gegensatz zu dem irdischen Jerusalem, in welchem Gott sich nicht mehr als den lebendigen offenbart. Auch Hb 3, 12; 10, 31; 1 Tm 3, 15; 4, 10 ist der Gegensatz zu falschen Göttern ebenso ausgeschlossen wie Ps 42, 3. Ferner wird wohl der Zustand der im Heidentum und heidnischen Sündenleben steckenden Menschen als geistlicher Tod bezeichnet (Kl 2, 13; Eph 2, 1. 5; 5, 14), aber ebenso auch der Zustand der noch nicht an Jesus gläubigen Juden (Mt 8, 22 cf 23, 27; Jo 5, 24. 40; 8, 21. 52), und von jüdischen Christen ist Rm 6, 4—11 wesentlich dasselbe gesagt, wie Kl 2, 12 f. von Heidenchristen. Das frühere Lasterleben aber der aus dem Heidentum hergekommenen Christen wird nirgendwo als totes oder unlebendiges Handeln, sondern stets mit ganz anderen Namen bezeichnet z. B. 1 Kr 6, 9—11; Gl 6, 16—21; Kl 2, 5 ff. 5, 3—14; 1 Pt 1, 14—18; 4, 2—5.

11. Das $\mu\grave{\eta}$ $\dot{\varepsilon}\gamma\varkappa\alpha\tau\alpha\lambda\varepsilon\acute{\iota}\pi o\nu\tau\varepsilon\varsigma$ $\tau\grave{\eta}\nu$ $\dot{\varepsilon}\pi\iota\sigma\upsilon\nu\alpha\gamma\omega\gamma\grave{\eta}\nu$ $\dot{\varepsilon}\alpha\upsilon\tau\tilde{\omega}\nu$ Hb 10, 25 hat vor sich und hinter sich zum Gegensatz das Ermahnen und Anfeuern Anderer, selbtverständlich derjenigen, welche in Gefahr sind abzufallen, seitens derjenigen, welche noch im Glauben fest stehen. Es kann also hier nicht gesagt sein, daß bei Manchen die Neigung zum Abfall sich bereits in der Gewohnheit zeige, die christliche Versammlung unbesucht zu lassen. Dann müßte der Gegensatz lauten: „sondern besuchet die Gemeindegottesdienste und laßt euch dort ermahnen". Jene Gewohnheit zeigt sich vielmehr bei denen, welche wohl im Stande wären, die Schwankenden zu stärken und „das Lahme zu heilen" (12, 13). Statt dieser Pflicht zu genügen und der Schwachen sich anzunehmen (cf Rm 15, 1 f.), lassen sie die Versammlung, zu der sie gehören, und die Brüder, die dort sich versammeln, im Stich; denn dies heißt $\dot{\varepsilon}\gamma\varkappa\alpha\tau\alpha\lambda\varepsilon\acute{\iota}\pi\varepsilon\iota\nu$ (2 Tm 4, 10. 16; 2 Kr 4, 9; Hb 13, 5) im Unterschied von $\varkappa\alpha\tau\alpha\lambda\varepsilon\acute{\iota}\pi\varepsilon\iota\nu$. Sie tun es aus Mangel an Liebe und im Unmut über die, mit welchen sie dort sich versammeln sollten, in einer Stimmung, deren der Vf selbst den Lesern gegenüber sich erwehren muß (cf 5, 11—6. 9), und welche er auch bei ihren Vorstehern für möglich hält (13, 17). Daraus ergibt sich auch, daß das $\dot{\varepsilon}\alpha\upsilon\tau\tilde{\omega}\nu$ hinter $\tau\grave{\eta}\nu$ $\dot{\varepsilon}\pi\iota\sigma\upsilon\nu\alpha\gamma\omega\gamma\acute{\eta}\nu$, welches allerdings nicht gleichbedeutend mit $\dot{\eta}\mu\tilde{\omega}\nu$ oder in der Übertragung auf $\tau\iota\nu\grave{\varepsilon}\varsigma$ gleich $\alpha\dot{\upsilon}\tau\tilde{\omega}\nu$ ist, nicht besagen will, daß jene Christen die christlichen Versammlungen versäumen und dagegen die jüdischen Synagogen besuchen. Wer soweit vom Glauben abgewichen war, konnte nicht aufgefordert werden, die Anderen zu ermahnen. Den Gegensatz zu derjenigen Versammlung, welche die eigene der betreffenden Christen ist, können nur andere christliche Versammlungen desselben Ortes bilden, worüber unten § 47. Übrigens bezeichnet $\dot{\varepsilon}\pi\iota\sigma\upsilon\nu\alpha\gamma\omega\gamma\acute{\eta}$ (2 Makk 2, 7) jedenfalls nicht das Versammlungslokal, wofür $\sigma\upsilon\nu\alpha\gamma\omega\gamma\acute{\eta}$ der entsprechende Kunstausdruck ist, auch wohl nicht die Zusammenkunft (oder wie 2 Th 2, 1 die Vereinigung in passivem Sinn), wofür der Plural allein natürlich wäre, sondern die versammelte Gemeinde (cf Bd I, 67), wozu $\dot{\varepsilon}\gamma\varkappa\alpha\tau\alpha\lambda\varepsilon\acute{\iota}\pi\varepsilon\iota\nu$ am besten paßt.

12. Hb 13, 9. Luthers übrigens meisterhafte Übersetzung gibt nur den Aorist $\dot{\omega}\varphi\varepsilon\lambda\acute{\eta}\vartheta\eta\sigma\alpha\nu$ nicht richtig wieder. Neben demselben ist mit ℵ* AD* das Präsens $\pi\varepsilon\varrho\iota\pi\alpha\tau o\tilde{\upsilon}\nu\tau\varepsilon\varsigma$ festzuhalten. Es gibt in der Gegenwart Leute dieser Lebensweise; aber es hat sich auch bereits herausgestellt, daß sie ihren Zweck nicht erreichen. Von der täglichen Lebensweise $\pi\varepsilon\varrho\iota\pi\alpha\tau\varepsilon\tilde{\iota}\nu$ 32 mal bei Pl, 10 mal in den Briefen des Jo cf AG 21, 21; abgesehen von den Stellen, wo es im eigentlichen Sinne gebraucht ist, im NT nie anders.

13. In bezug auf die präsentische Beschreibung der im mosaischen Gesetz vorgeschriebenen Kultushandlungen und alles dessen, was damit zusammenhängt (Hb 5, 1—4; 7, 5. 8. 20; 8, 3—5; 9, 6—10. 22; 10, 1—4. 8. 11; 13, 11) ist zu bemerken: 1) Dieselbe

Ausdrucksweise findet sich ganz gewöhnlich in Schriften, welche zweifellos nach dem J. 70 verfaßt sind. So bei Josephus in der Reproduktion der mosaischen Institutionen ant. III, 7, 1 ff. 9, 1 ff., aber auch in seiner Apologie des Judentums (c. Apion. II, 23). wo er sogar in imperativischen Futuren und Imperativen redet, als ob auch in Zukunft noch der Dienst des Hohenpriesters und der Priester fortbestehen werde. So Clemens I Cor. 40. 41; Plutarch quaest. conviv. IV, 6, 2 und der Talmud. 2) Ein Pressen des Präsens würde zu den Absurditäten·führen, daß die Priester nach 9, 6 f. noch immer an der Stiftshütte dienen, wie sie 9, 1—5 samt ihren Geräten beschrieben war, und daß die Sündopfer des Versöhnungstages noch immer vor dem Zeltlager in der Wüste verbrannt werden (13, 11), und daß Melchisedek noch immer als Priesterkönig fungire (7, 3). 3) Vor und neben jenen präsentischen Aussagen stehen an entscheidenden Stellen Imperfekta und andere Formen, welche zeigen, daß das wie gegenwärtig Beschriebene in der Tat der Vergangenheit angehört (9, 1 f.; 2, 2). 4) Aus 9, 9, worin man einen besonders starken Beweis für den Fortbestand des Tempelkultus gefunden hat, folgt eher das Gegenteil. Allerdings ist Vieles im dortigen Zusammenhang unter den Auslegern strittig. Aber nach den deutlichen Angaben 9, 2 f. 6 f. kann das „erste Zelt" 9, 8 nur das Vorderzelt im Gegensatz zum Allerheiligsten sein, und τὰ ἅγια nicht gegen den Sprachgebrauch von 9, 2 das Allerheiligste, dessen Eingang ja auch keineswegs unbekannt oder verschlossen war (9, 7), sondern nur das wahre Heiligtum, in welches Jesus zuerst den Weg gefunden und eröffnet hat (6, 20; 8. 2; 9, 12; 10, 19 f.). Die Zeit, in welcher der Weg zum wahren Heiligtum noch nicht kund geworden war, weil das Vorderzelt noch Bestand hatte (9, 8), ist für den Vf Vergangenheit, weil er eben weiß und glaubt, daß Jesus den Weg in jenes wahre Heiligtum beschritten, eröffnet und kundgetan hat (9, 11 f.; 10, 19 f.). Er nennt diese für die Christen vergangene Zeit ὁ καιρὸς ὁ ἐνεστηκώς vom Standpunkt des durch die Stiftung des gesetzlichen Kultus lehrenden hl. Geistes und im Sinne der sämtlichen Präsentien in 9, 6—9. Diese Zeit des gesetzlichen Kultus hat ihre Grenze an dem καιρὸς διορθώσεως (9, 10). Ist aber diese Epoche zweifellos durch Christi hohepriesterliches Handeln eingetreten, so hat eben damit der καιρός, welcher vom Standpunkt des durch Moses lehrenden hl. Geistes Gegenwart genannt war (9, 9), sein Ende erreicht. Das Vorderzelt oder die Teilung des Heiligtums durch einen trennenden Vorhang ist gefallen, zunächst allerdings ideell d. h. für den Glauben der Christen. Aber sehr unnatürlich müßte der Ausdruck v. 8, besonders jenes ἔτι, welches nach v. 10—12 für die Christen ein οὐκέτι geworden ist. uns erscheinen, wenn zur Zeit des Vf noch ein Tempel mit jener Zweiteilung in Heiliges und Allerheiligstes bestünde. — Die Annahme, daß die Empfänger des Hb zu dem Tempel von Leontopolis sich gehalten haben, welche Wieseler, Unters. II, 81 ff.; Stud. u. Krit. 1867 S. 665 ff. eifrig verfochten hat, findet heute schwerlich noch einen Vertreter. Unhaltbar sind sämtliche Voraussetzungen, auf welche sie sich gründet, nämlich 1) daß die Leser überhaupt mit irgend welchem Tempelkultus·etwas zu schaffen hatten; 2) daß der Vf irgendwo einen zu seiner Zeit bestehenden jüdischen Tempel und Kultus beschreibe oder berücksichtige; 3) daß die angeblichen Widersprüche zwischen den auf die Stiftshütte bezüglichen Angaben des Hb und den Einrichtungen des Tempels zu Jerusalem ihre Erledigung finden durch die Annahme einer Bezugnahme auf den Tempel zu Leontopolis, über dessen innere Einrichtung und Kultus wir sehr wenig wissen (cf die Literatur bei Schürer III, 99); 4) daß bei Philo, welcher diesen Tempel niemals erwähnt und dagegen den Tempel zu Jerusalem als das einzige Heiligtum des jüdischen Volks betrachtet (de mon. II, 1—3 und bei Eus. praep. ev. VIII, 14, 64), aus dem gleichen Grunde der Berücksichtigung des Kultus von Leontopolis ähnliche Abweichungen von den Satzungen des Pentateuchs und dem Kultus zu Jerusalem sich finden sollen, wie im Hb. Cf dagegen Prot. RE VII³, 500 f.; Grimm, Ztschr. f. wiss. Theol. 1870 S. 57—66, der jedoch die in Hb 7, 27; 9, 4 f.; 10, 11 vorliegende „schriftstellerische Fahrlässig-keit" unrichtig beurteilt cf darüber unten § 47 A 13.

§ 47. Leserkreis, Zeit und Verfasser des Hebräerbriefs.

Daß der Hb nicht an die Gemeinde von Jerusalem kurz vor oder bald nach dem J. 70 gerichtet ist, ergibt sich aus § 46 mit solcher Deutlichkeit, daß es nur der Zusammenfassung einer Reihe von Beobachtungen bedarf. 1) Die gesetzliche Lebensform der jüdischen Christenheit Palästinas und insbesondere die Beteiligung der Muttergemeinde und ihrer Lehrer und Leiter am Tempel-kultus konnte vor dem J. 70, aber auch in der nächsten Folgezeit in einem Brief an die Gemeinde nicht so völlig mit Stillschweigen übergangen und doch zugleich, wenn man dem Hb Antwort auf eine Frage, die er nicht stellt, entlocken wollte, so rücksichtslos verurteilt werden, wie hier geschehen wäre (S. 136 f.). 2) Die notorische Armut der Muttergemeinde, welche sie zu einem Gegenstand immer wiederholter Geldunterstützung seitens der auswärtigen Christengemeinden ge-macht hat, schließt es aus, daß sie in so bemerkenswerter Weise, wie 6, 10 ge-rühmt wird, anderen Gemeinden ihre Mildtätigkeit bewiesen habe. Es zeigte sich vielmehr, daß es gerade die Muttergemeinde gewesen ist, welche die Mild-tätigkeit der Leser des Hb in hervorragender Weise erfahren hat (S. 126). 3) Die Gemeinde von Jerusalem umfaßte bis zu ihrer Vertreibung von Jerusalem nicht wenige Ohrenzeugen der Predigt Jesu und konnte nicht als eine Gemeinde betrachtet werden, die ihren Glauben der Predigt der Jünger Jesu verdankte (2, 4; 13, 7 S. 125). 4) Von der Gemeinde zu Jerusalem konnte nicht gesagt werden, daß sie wegen ihres Alters befähigt sein sollte und verpflichtet wäre, anderen Menschen die Heilserkenntnis zu bringen; denn sie hatte dies in reichem Maße getan (AG 8, 4; 11, 19 ff.). Auch nachdem Antiochien ein selbständiger Ausgangspunkt der Heidenmission geworden war, zogen immer wieder Missionare von Jerusalem aus, nach Galatien, Korinth und Rom (Bd I, 119 f. 205 f. 313. 384), und Pl, welcher mit vielen dieser Wanderlehrer Grund genug hatte unzufrieden zu sein, sah dennoch die Gemeinde von Jerusalem als den Quellort des Ev an, wohin die Gaben dankbarer Liebe aus der Heidenkirche zurückströmen sollten (Rm 15, 27 cf dagegen 1 Kr 14, 36). 5) Man müßte zu 10, 32 ff. an die Ver-folgung denken, in welcher Stephanus sein Leben verlor, und zu 13, 7 etwa an Stephanus, Jakobus Zebedäi und Jakobus den Bruder des Herrn. Aber wie hätten diese Martyrien der Jahre 35, 44, 66 und die mit denselben gleichzeitigen Leiden der Gemeinde (cf AG 8, 1—3; 11, 19; 12, 1—4; 1 Th 2, 14) als ein einziger, ziemlich weit in der Vergangenheit zurückliegender Leidenskampf zu-sammengefaßt werden können, was doch 10, 32 geschehen wäre? Wäre aber der Hb an die Gemeinde gerichtet gewesen, welche sich nach dem J. 70 wieder in Jerusalem unter Simeon, dem Vetter des Jk, gesammelt hat, so käme noch hinzu die zeitweilige Verbannung der Gemeinde von Jerusalem und die ohne

Frage damit verbundenen Leiden der „aus dem Lager" Israels ausziehenden Christen. Ein Brief, der vor dem J. 90 geschrieben sein muß (s. unten), konnte an diese Gemeinde nicht wohl gerichtet werden, ohne daß darin der in ihr Leben so tief einschneidenden Ereignisse um das J. 70 gedacht wurde. Eher denkbar wäre, daß der Hb an einen Kreis judenchristlicher Gemeinden außerhalb Jerusalems, aber doch in Palästina oder den angrenzenden Gebieten, etwa an den Leserkreis des 2 Pt und des Ju, welcher sich teilweise mit dem Leserkreis des Jk deckt, gerichtet wäre (A 1). Wenn diese Briefe uns nur irgend welche Stimmungen und Neigungen erkennen ließen, aus welchen sich die aus dem Hb erkennbare innere Verfassung seines Leserkreises hätte entwickeln können! Nur von auswärts aus heidenchristlichen Kreisen kommende Einflüsse bedrohten jene Gemeinden; und die Libertinisten, die zugleich Verächter der Weissagung waren, wagten sich auf dem Gebiet der jüdischen Christenheit, wie es scheint, gerade mit ihrer Kritik der Weissagung nicht heraus (S. 101). Dazu kommt, daß die beiden ersten der vorhin gegen eine Bestimmung des Hb für die Muttergemeinde angeführten Gründe auch gegen die Bestimmung für jede andere Gemeinde in Palästina sprechen. Die Armut, zu deren Linderung die Wohltätigkeit der heidenchristlichen Gemeinden in Anspruch genommen wurde, hat sich schwerlich auf die Stadt Jerusalem beschränkt (AG 11, 29 $\tau o \tilde{\imath} \varsigma$ $\varkappa \alpha \tau o \iota \varkappa o \tilde{\nu} \sigma \iota \nu$ $\dot{\varepsilon} \nu$ $\tau \tilde{\eta}$ $\,' I o \upsilon \delta \alpha \dot{\imath} \alpha$ $\dot{\alpha} \delta \varepsilon \lambda \varphi o \tilde{\imath} \varsigma$), und wir wissen wenigstens nichts davon, daß judenchristliche Gemeinden im Süden von Antiochien sich an jenen Kollekten beteiligt haben. An die Gemeinde von Ephesus als Empfängerin des Hb konnte man nur denken, indem man den Leserkreis als einen heidenchristlichen ansah (oben S. 139 A 7). Die Gemeinde von Antiochien, an welche Andere gedacht haben (A 2), muß nach AG 15, 1. 23; Gl 2, 1—14 schon vor dem Apostelkonzil in dem Maße heidenchristlichen Charakter an sich getragen haben, daß die judenchristliche Minderheit sich in Sitte und Anschauungen der heidenchristlichen Mehrheit assimilirt hatte. Auch von der Gemeinde zu Beröa (oben S. 118 A 2) muß nach aller Analogie angenommen werden, daß sie wie die anderen Gemeinden Macedoniens früh zu den „Gemeinden der Heiden" (Rm 16, 4; 15, 26 f.) gehörte. Größerer Beliebtheit erfreute sich eine Zeit lang der Vorschlag, die Leser des Hb in oder bei Alexandrien zu suchen (A 3). Sieht man aber von der weiteren Hypothese, daß die Leser sich zum Tempel in Leontopolis gehalten haben, als einer mit dem Inhalt des Hb unverträglichen ab (oben S. 136. 142), so bleibt nichts übrig, was sie empfehlen könnte. Wir wissen von der Geschichte der ägyptischen Kirche vor der Zeit des Pantänus und des Clemens sogut wie nichts Es ist möglich, daß judenchristliche Elemente und Einflüsse von Palästina her dort im 1. Jahrhundert stärker hervorgetreten sind, als die spätere Entwicklung erraten läßt (A 4). Aber über eine bloße Möglichkeit führt uns diese Vermutung nicht hinaus. Wahrscheinlichkeit dagegen darf die Vermutung in Anspruch nehmen, daß der Hb für jüdische Christen in Italien oder speziell in Rom bestimmt war (A 5). Die Gründe, welche diese Annahme empfehlen, sind folgende: 1) Die Worte 13, 24 ἀσπάζονται ὑμᾶς οἱ ἀπὸ τῆς Ἰταλίας können zur Not dahin verstanden werden, daß der Vf sich an einem Ort Italiens befand und daher nur von italischen Christen umgeben war, von welchen allen er den Lesern einen Gruß zu senden hat. Aber befremdlich bleibt es in diesem Fall, daß er die Christen seiner Umgebung nicht entweder als die um ihn befindlichen Brüder oder Heiligen oder als die Gemeinde des Orts, wo er sich aufhält (1 Pt 5, 13), sondern statt dessen nach ihrer Herkunft als Leute aus Italien bezeichnet. Natürlich erscheint der Ausdruck nur, wenn der Vf aus den Christen seiner Umgebung diejenigen heraushebt, welche aus Italien stammen, was voraussetzen würde, daß diese ebenso wie er selbst zur Zeit außerhalb Italiens sich aufhalten, und ferner, daß diese Christen aus Italien als solche zu den Lesern ein näheres Verhältnis haben, oder die Leser für sie als Italiener ein besonderes Interesse haben (cf Phl 4, 22). Letzteres könnte aber kaum einen anderen Grund haben, als daß die Empfänger des Grußes gleichfalls Italiener sind. Ihre Landsleute lassen sie grüßen (A 6). 2) Als Pl zu Anfang 58 an die Römer schrieb, bestand die Gemeinde aus einer so überwiegenden Mehrheit geborener Juden und einer so kleinen Minderheit von Heiden, daß er die Gesamtheit durchweg als eine judenchristliche anreden konnte (Bd I, 299—310). In welchem Zeitpunkt das Zahlenverhältnis sich umgekehrt hat, wissen wir nicht. Wohl aber wissen wir, daß später neben dem gefangenen Pl judenchristliche Missionare verschiedener Art in Rom tätig waren (Kl 4, 11; Phl 1, 14 ff. Bd I, 313. 384), und es ist anzunehmen, daß diese sich besonders um Bekehrung ihrer Volksgenossen bemüht haben. Der überwiegend jüdische Charakter der römischen Gemeinde wird sich bis zum J. 80 schwerlich ganz in sein Gegenteil verkehrt haben. Es ist nicht ohne Gründe vermutet worden, daß Clemens, der Vf des Briefs der Römer an die Korinther um 96, ein geborener Jude war; von Hermas, dem gleichzeitigen Vf des Hirten, ist dies noch wahrscheinlicher (A 7). Wenn als bewiesen gelten darf, daß diese beiden römischen Schriftsteller mit dem Jk bekannt waren, und wenn bereits Pl in Rm auf diesen Brief Rücksicht zu nehmen für gut fand (Bd I, 91 f. 97 f.), so verdient um so mehr Beachtung, daß Clemens von Rom ohne Frage und Hermas wahrscheinlich mit dem Hb sich vertraut zeigt (A 7). Kenntnis des Jk, welcher um das J. 50 an die noch auf Palästina und die nächst angrenzenden Gebiete beschränkte Christenheit gerichtet war, brachten Christen aus diesen Gegenden, welche zum Grundstock der römischen Gemeinde gehörten, mit nach Rom (Bd I, 93. 303 f.). Die genaue Bekanntschaft des Clemens und des Hermas mit dem viel jüngeren Hb, welcher in Rom nicht als ein Brief des Pl aufgenommen und fortgepflanzt worden ist (oben S. 116), findet nur darin ihre natürliche Erklärung, daß römische Christen die Empfänger des Hb waren. Die jüdische Mehrheit der römischen Christen im J. 58 hing mit Liebe an ihrem Volk und trug schwer daran, daß das seiner Mehrheit nach im Unglauben gegen das Ev verharrende jüdische Volk ebensosehr in der Christenheit zurückgedrängt wurde, als es in nationaler und politischer Beziehung herunterkam. Sie waren auch noch zugänglich für manche jüdische Einwendungen gegen das Ev. Die Stimmungen, welchen Pl im ganzen Rm, und besonders diejenigen, welchen er Rm 9, 1—11, 12 entgegentritt, konnten überwunden werden, sie konnten sich aber auch steigern bis zu der Verbitterung, welcher der Hb entgegentritt. Unter den römischen Christen gab es schon im J. 58 eine Richtung, welcher die Enthaltung von Fleisch und Wein als Bedingung der Festigkeit im Christenstande galt. Genau derselben Richtung begegnen wir wieder Hb 13, 9 (oben S. 135), während die verwandte Richtung, die wir aus Kl 2, 8—13 kennen lernen, durch andere Gedanken bestimmt war. Auch das stimmt zu der hier vertretenen Annahme, daß die Römer des Rm (Bd I, 303) und die Hebräer des Hb (oben S. 136. 141 A 11) in keinem gottesdienstlichen Verband mit den Juden ihres Wohnsitzes standen; und es verdient einige Beachtung, daß die im Kreise der paulinischen Gemeinden nicht übliche Bezeichnung der Gemeindevorsteher als ἡγούμενοι (Hb 13, 7. 17. 24) gerade in Rom üblich blieb (Bd I, 484 A 5), und daß die Bezeichnung einer christlichen Sonderversammlung als ἐπισυναγωγή τινων (Hb 10, 25) bei dem römischen Hermas (mand. 11, 9) an συναγωγὴ ἀνδρῶν δικαίων ihresgleichen hat (cf Bd I, 67). 3) Die Andeutungen des Hb über die Geschichte seines Leserkreises passen auf römische Christen. Sind es von Jerusalem nach Rom gekommene jüdische Christen gewesen, welche um das J. 50 zuerst das Ev nach Rom gebracht haben (Bd I, 302 f.), und sind im folgenden Jahrzehnt andere Christen gleicher Herkunft (Kl 4, 10 f.) und zuletzt Petrus als Missionsprediger nach Rom gekommen, so hat Hb 2, 3 seine ausreichende Unterlage. Zu Hb 13, 7 wäre in erster Linie an Pt, aber auch an Pl und vielleicht noch an andere von den zahlreichen römischen Lehrern (Kl 4, 10 f.; Phl 1, 14 ff.) zu denken, von deren Lebensausgang wir keine Kenntnis haben. Die Tage des einen großen Leidenskampfes, welchen die „Hebräer" nach ihrer Bekehrung tapfer durchgekämpft haben (10, 32—34), sind die Tage Neros. Nimmt man die Schilderungen des Tacitus (ann. XV, 44), und des Clemens (Bd I, 441. 448) und den Widerhall in Ap 17, 6; 18, 20. 24 zusammen, so kann man den Ausdruck (10, 33 θεατριζόμενοι) nicht zu stark, aber bei verständiger Auslegung auch nicht zu schwach finden (oben S. 127). Von hier aus begreift man auch, daß der Vf ausdrücklich bemerkt, die Leser hätten nach ihrer Bekehrung jenen Leidenskampf bestanden, und damit einen Gegensatz zu anderen Leiden ausdrückt, welche sie v o r ihrer Bekehrung betroffen haben (oben S. 127). Etwa 12 Jahre vor der Christenverfolgung unter Nero waren die Juden durch Claudius von Rom vertrieben worden (Bd I, 302 f. 307). Darunter haben auch solche Juden, welche nachmals Christen wurden, wie Aquila (AG 18, 2), zu leiden gehabt. Warum sollten wir unsere Phantasie anstrengen, eine Gemeinde zu erfinden, auf welche diese Andeutungen des Hb passen möchten, während die Vorgeschichte und die Geschichte der römischen Gemeinde uns die erforderlichen Tatsachen darbietet? Auch das ist bei dem innigen Zusammenhang der ältesten römischen Gemeinde mit der Christenheit

Palästinas (Bd I, 303 f.) sehr begreiflich, daß sie sich, ohne erst von Pl dazu angeregt werden zu müssen (Rm 12, 13 cf 15, 25—32), durch Mildtätigkeit gegen die armen Christen Palästinas das Lob in Hb 6, 10 verdient hat. 4) Ist oben S. 141 Hb 10, 25 richtig ausgelegt, so haben wir die Leser in einer großen Stadt zu suchen, deren christliche Bewohner sich an verschiedenen Orten versammelten. Manche Angehörige des Leserkreises fingen an, diejenige Versammlungsstätte, wohin sie von Haus aus gehörten, im Stich zu lassen, nicht um gar keine christlichen Gottesdienste mehr zu besuchen, auch nicht um statt dieser jüdische Synagogen zu besuchen, sondern um in einer andern christlichen Versammlung derselben Stadt mehr Erbauung zu finden. Der Vf tadelt dies, weil er urteilt, jene Christen, bei denen er eine lebendige Religiosität voraussetzt, sollten vielmehr auf ihrem Posten ausharren und ihre im Glauben erlahmten Brüder stärken und ermuntern, statt sich unbefriedigt von ihnen zurückzuziehen, sie lieblos ihrem Schicksal zu überlassen und in selbstsüchtigem Sinn sich einer anderen christlichen Versammlung anzuschließen, welche ihnen mehr Befriedigung gewährt. Der Hb ist nicht an die gesamte Korporation einer großstädtischen Gemeinde gerichtet. In diesem Falle bliebe schon der Mangel einer Grußzuschrift, wenn er ursprünglich ist (S. 123), aber auch die weitere Geschichte des Hb in der Kirche, insbesondre der uralte äußere Titel πρὸς Ἑβραίους unbegreiflich. Nach aller Analogie der ntl und der nachapostolischen Sprache (2 Kr 6, 11; 1 Th 1, 1; 2 Th 1, 1; Phl 4, 15; Clem. I Cor. 47, 6; Ign. Eph. 8, 1; 11, 2; Magn. 15; Trall. 13; Philad. 11), besonders auch nach den äußeren Brieftiteln würden in einem solchen die Empfänger des Hb als Einwohner ihrer Stadt bezeichnet sein, wenn sie die einzigen Christen ihres Wohnorts gewesen wären. Das Gleiche würde gelten, wenn diese Hebräer über ein ganzes Land zerstreut wohnten, aber mit den sämtlichen Christen desselben identisch wären (cf Gl 1, 2; 3, 1; 1 Kr 16, 19; 2 Kr 1, 1; 8, 1; 9, 2; Rm 15, 26). Die sämtlichen Christen einer Landschaft oder einer Großstadt kann man sich auch schwer als eine in bezug auf den Glaubensstand und die Stimmung so gleichartige Masse vorstellen, wie die Leser des Hb überall, besonders an Stellen wie 5, 12 ff.; 12, 4 ff. dargestellt sind. Welche Mannigfaltigkeiten innerhalb der korinthischen und auch der römischen Gemeinde hatte Pl zu berücksichtigen! Nichts davon im Hb. Daß man in dieser unleugbaren Tatsache einen Gegenbeweis gegen die Bestimmung des Hb für den Bruchteil einer Gemeinde hat finden wollen (Grimm l. l. 33; v. Soden l. l. 439), muß ich zu dem Unbegreiflichsten rechnen, was über den Hb gesagt worden ist. Der Gesamtgemeinde von Rom, welche der Hauptausgangspunkt der abendländischen Mission gewesen sein muß; in welcher zur Zeit der Gefangenschaft des Pl das Missionswerk von vielen mit Eifer betrieben wurde; welche im J. 96 durch den Brief des Clemens so energisch in die verworrenen Verhältnisse von Korinth eingriff und sich entschuldigte, daß sie es so spät tue (Clem. I Cor. 1, 1); welcher endlich Ignatius um 110 rühmend zurief (ad Rom. 3): „Andere habt ihr gelehrt; ich

10*

will aber, daß auch das sich bewähre, was ihr als Lehrmeister euren Schülern gebietet", dieser Gesamtgemeinde von Rom konnte man schwerlich zu irgend einer Zeit im Ton der Rüge vorhalten, daß sie wegen der langen Dauer ihres Bestandes befähigt sein sollte, eine Lehrerin Anderer zu sein (Hb 5, 12). Die Empfänger des Hb bilden einen kleineren Kreis alter Christen innerhalb einer großstädtischen Gemeinde, eine Hausgemeinde, neben welcher es in derselben Stadt noch eine andere oder mehrere andere Hausgemeinden gab. Dies bestätigt auch der Auftrag an die Leser, alle ihre Vorsteher und alle Heiligen zu grüßen (13, 24). Da das doppelte πάντας hier nicht wie anderwärts in dem ausgesprochenen Gegensatz zu einzelnen Personen oder einem engeren Kreis seine Erklärung findet (Gl 1, 2; 1 Kr 16, 20—24; 2 Kr 1, 1; Phl 4, 21; 2 Tm 4, 21; Ign. Smyrn. 13, 2; ad Pol. 8, 2), so muß der Gegensatz des Besonderen und des Allgemeinen zwischen den Lesern, welche den Gruß bestellen sollen, und der Gesamtheit, die sie grüßen sollen, an und für sich bestehen. Zumal, nachdem die Vorsteher, welchen die Seelsorge der Leser obliegt, schon einmal 13, 17 einfach als solche bezeichnet waren (cf 1 Th 5, 12; 1 Tm 5, 17; 1 Pt 5, 1), kann das πάντας bei der wiederholten Erwähnung der Vorsteher 13, 24 nicht bedeutungslos sein. Der Leserkreis, welcher seine besondere ἐπισυναγωγή (10, 25), vielleicht auch seine besonderen Vorsteher (13, 17) hat, gehört doch andrerseits der Gesamtkirche der Großstadt an, in der er seinen Wohnsitz hat. Die Geschichte der Gesamtgemeinde ist auch ihre Geschichte (6, 10; 10, 32 ff.; 13, 7), und die Vorsteher derselben sind auch ihre Vorsteher. Daher der Gruß an alle ihre Vorsteher und an alle Heiligen. Ich wüßte nicht, wo im ersten Jahrhundert kirchliche Verhältnisse bestanden haben könnten, welche diesen exegetischen Beobachtungen besser entsprechen, als die Verhältnisse der Christen von Rom. Innerhalb der dortigen Gesamtgemeinde unterschied schon Pl drei Gruppen, nämlich außer der Hausgemeinde des Aquila, der alle dem Pl näherstehende Personen angehörten (Rm 16, 3—13), noch eine zweite und dritte (16, 14 und 15 Bd I, 304). Ob eine derselben, etwa die Rm 16, 14 erwähnte, mit dem Leserkreis des Hb identisch ist, oder ob inzwischen andere Gruppirungen der römischen Christen eingetreten waren, und wie das Verhältnis der verschiedenen ἐπισυναγωγαί zur Gesamtgemeinde von Rom geordnet war, wissen wir nicht. Aber Unwahrscheinlichkeiten ergeben sich nicht bei der Annahme, daß der Hb an eine durchweg aus geborenen Juden bestehende Gruppe römischer Christen gerichtet war (A 8).

Der Termin, vor welchem der Hb geschrieben sein muß, wird durch drei Momente bestimmt: die Benutzung desselben durch Clemens von Rom (a. 96), die Erwähnung des Timotheus (13, 23) und den Umstand, daß es im großen und ganzen noch die erste Generation des Leserkreises ist, mit welcher der Vf es zu tun hat. Der etwa um das J. 25 geborene Timotheus (Bd I, 425) kann das Ende des Jahrhunderts erlebt haben. Die Art, wie Clemens sich vom Hb beeinflußt zeigt, nötigt uns wohl, die Abfassung des Hb vor a. 90 anzusetzen.

Das dritte Moment bedingt je nach dem Ort, wo man die Leser sucht, einen verschiedenen *terminus ad quem*. Dürfen wir Rom als ihren Wohnsitz ansehen wo es etwa seit a. 50 Christen gegeben hat (Bd I, 303), so werden wir vom J. 90 noch etwas höher hinaufrücken müssen. Andrerseits muß seit den Leiden des J. 64 nach Hb 10, 32 eine geraume Zeit verstrichen sein. Ist 3, 9 oben S. 128 ff. richtig ausgelegt, so ist auf alle Fälle die Zerstörung Jerusalems und des Tempels bereits erfolgt. Bestimmter auf dies Ereignis hinzuweisen, als hier geschehen ist, hatte der Vf römischen Christen gegenüber noch weniger Anlaß, als Ju seinen Jerusalem soviel näher stehenden Lesern gegenüber (A 9), und dies um so weniger, wenn dies Ereignis vor einer Reihe von Jahren eingetreten war. Um so mehr konnte dann der Fall Jerusalems dazu beitragen, jüdischen Christen die gesamte Christenhoffnung zweifelhaft zu machen. Er war wohl Erfüllung einer Weissagung Jesu; aber wo blieb die gleichfalls verheißene Wiederkunft Jesu, die in der Vorstellung der ältesten Gemeinde so innig mit dem Gericht über Jerusalem verknüpft war? Wir können kaum fehlgehen, wenn wir die Abfassung des Hb um a. 80 ansetzen.

Am wenigsten will es gelingen, den Vf zu ermitteln. Die Vermutung, daß ein Unbekannter den Hb mit der betrügerischen Absicht verfaßt habe, ihn für ein Werk des Pl auszugeben, bedarf keiner weiteren Widerlegung (A 10). Eine der Form nach von jeher anonyme Schrift (oben S. 117. 123) kann auch nicht pseudonym sein. Das Zurücktreten der Person hinter die Sache, der aus jeder Zeile hervorleuchtende Ernst der Absicht, einen bestimmten Leserkreis von ganz eigenartiger Verfassung vor dem Schiffbruch zu bewahren, die aus der Tiefe einer feurigen Seele hervorquellende Beredsamkeit verbürgt die Echtheit der Schrift. Von den beiden Namen, welche die in sich uneinige Überlieferung des 2. Jahrhunderts uns zur Auswahl zu bieten scheint: Paulus und Barnabas, ist der erstere jedenfalls abzulehnen (A 11). Auch abgesehen davon, daß der Hb erst nach a. 70, also mehrere Jahre nach dem Tode des Pl geschrieben ist, könnte Pl ihn nicht geschrieben haben. Pl konnte sich nicht zu den Christen rechnen, welche das Wort des Heils von den Ohrenzeugen der Predigt Jesu empfangen haben (2, 3). Es handelt sich hier ja nicht um die äußere Kenntnis der ev Geschichte, die auch Pl, soweit er sie nicht schon vor seiner Bekehrung besessen hat, durch Vermittlung älterer Christen überliefert bekommen hat, sondern um das unter Zeichen und Wundern gepredigte, fest in die Herzen der gläubigen Hörer eingepflanzte, das Heil darbietende Gotteswort, welches Pl Ev Gottes und Christi nennt (cf Hb 4, 2; 6, 5; 13, 7). Dieses aber hat Pl nicht von Menschen oder durch Vermittlung menschlicher Lehrer empfangen (Gl 1, 12), sondern wie ein Blitz vom Himmel hat es ihn erleuchtet. Es wird ferner sein Bewenden haben bei dem Urteil des Origenes, daß der Stil des Hb dessen Abfassung durch Pl ausschließe (oben S. 121). Gerade darum, weil wir von Pl eine so große Zahl von Briefen besitzen, die sich auf einen Zeitraum von etwa 15 Jahren verteilen und, entsprechend den mannigfaltigen Verhältnissen und

Stimmungen, unter welchen sie entstanden sind, eine große Mannigfaltigkeit der Gedankenreihen, der Darstellungsformen und des Wortschatzes zeigen, muß um so zuversichtlicher behauptet werden, daß Pl den Hb, welcher früher als der 2 Tm geschrieben sein müßte, nicht geschrieben haben kann. Es ist kein *ἰδιώτης τῷ λόγῳ* (2 Kr 11, 6), sondern ein rhetorisch geschulter Lehrer, der bei allem Ernst seines um das Seelenheil seiner Leser ringenden Willens einer so kunstmäßigen, rhythmischen Darstellung sich befleißigt, wie gleich der erste Satz 1, 1—4 zeigt (A 12). Daß der vielseitige Pl die eigentümlichen Lehrgedanken des Hb nicht gelegentlich hätte entwickeln können, wäre eine unvorsichtige Behauptung. Unbegreiflich aber wäre es, daß er gerade durch den Gang des Hb und den Gegensatz, in welchem dieser sich bewegt, niemals auf die Gedanken geführt worden sein sollte, die ihn bis ans Ende beherrscht haben, daß der Mensch nicht durch des Gesetzes Werke, sondern durch Glauben gerechtfertigt und gerettet werde (cf auch noch Eph 2, 8 f.; Phl 3, 9; 1 Tm 1, 12—16; Tt 3, 5—7), und daß auf dem Boden des Christentums alle nationalen Unterschiede ihre religiöse Bedeutung verloren haben (cf auch noch Kl 3, 11; 1 Tm 2, 4—7; Tt 2, 11; 3, 4). Unglaublich ist auch, daß Pl, der in seinen Briefen den Erlöser mehr als 600 mal entweder Christus oder Jesus Chr. oder unsern Herrn Jesus Chr. oder den Herrn Jesus oder den Herrn schlechtweg und dagegen nur ganz selten (Rm 3, 26; 8, 11; 2 Kr 4, 10—14; 11, 4; Eph 4, 21; 1 Th 1, 10; 4, 14 cf Rm 10, 9; 1 Kr 12, 3), in seinen letzten Briefen (Phl, 1. 2 Tm, Tt) niemals nur Jesus nennt, nun auf einmal umgekehrt ganz regelmäßig den nackten Namen Jesus (2, 9; 3, 1; 6, 20; 7, 22; 10, 19; 12, 2. 24; 13, 12 cf 4, 14), nur dreimal Jesus Christus (10, 10; 13, 8. 21), noch seltener das bloße „der Herr" (2, 3; nicht 8, 2; 12, 14) und niemals (auch nicht 13, 20) die volle paulinische Formel „unser Herr Jesus Christus" angewandt haben sollte. Auch die pluralische Selbstbezeichnung des Schriftstellers (2, 5; 5, 11; 6, 1. 3. 9; 13, 18), die nur 11, 32; 13, 19. 22 dem Singular weicht, ist eine dem Pl fremde Gewohnheit (Bd I, 122 A 2; 150 A 3; 226 A 3), welche einer nicht in einer einzigen Schrift einmal annimmt, um sie dann wieder für immer aufzugeben. Durch die Tradition wird die Annahme, daß Pl der Vf des Hb sei, nicht nur nicht empfohlen, sondern ausgeschlossen; denn wie leicht es sich erklärt, daß man in Alexandrien den mit den Briefen des Pl verbundenen Hb dem Pl zuschrieb, so schwer begreiflich wäre es, daß die Überlieferung von Pl als Vf, wenn sie dem Hb von Haus aus anhaftete, in den meisten Kirchen verloren gehen oder auch durch eine andere ersetzt werden konnte (oben S. 114 ff.). Günstiger steht die Barnabastradition (A 13). Erstens wissen wir von Barnabas so wenig, daß wir uns auch keine genauere Vorstellung davon machen können, wie er sich als Schriftsteller geäußert haben würde. Wir besitzen keine Schriften von ihm, durch deren Vergleichung seine Autorschaft in bezug auf den Hb ausgeschlossen würde. Unmöglich wäre es nicht, daß der vor dem J. 35 in Jerusalem der Gemeinde beigetretene und schon im J. 38 ein gewisses Ansehen genießende

(AG 9, 27) und nicht lange darnach mit einem verantwortungsvollen Auftrag nach Antiochien gesandte (AG 11, 22) Barnabas um das J. 80 als ein etwa achtzigjähriger Greis noch lebte, obwohl der Hb nicht einen greisenhaften Eindruck macht. Wie sein Vetter und Gehilfe Marcus trotz der früheren Entzweiung mit Pl später wieder Hand in Hand mit diesem gearbeitet hat (Kl 4, 10; 2 Tm 4, 11), so könnte auch Barnabas mit Timotheus, dem Schüler des Pl, in bestem Einvernehmen gestanden haben (Hb 13, 23). Es fehlt nicht ganz an Spuren einer Überlieferung, wonach Barnabas einmal nach Rom gekommen ist (Bd I, 307 A 5). Daraus, daß er als Prediger neben Pl bald zurücktrat (AG 14, 12), folgt nicht, daß er der Rede nicht mächtig war, wenn gleich eine so hervorragende rhetorische Bildung, wie sie der Vf des Hb zeigt, bei dem aus Cypern gebürtigen und in Jerusalem ansässigen Leviten (AG 4, 36 f.) wenig Wahrscheinlichkeit hat. Unkenntnis der Kultuseinrichtungen des Tempels von Jerusalem, welche man an mehreren Stellen des Hb hat entdecken wollen, würde bei Barnabas nicht mehr und nicht weniger verwunderlich sein, als bei Pl. Doch kann davon schon darum nicht ernstlich geredet werden, weil der Vf überall nicht von einem zu seiner Zeit bestehenden Kultus zu Jerusalem, sondern von dem im Gesetz vorgeschriebenen Kultus der Stiftshütte handelt (A 14). Es würde also auf alle Fälle nur ein Mangel an Schriftgelehrsamkeit vorliegen. Wie groß oder gering aber die Schriftgelehrsamkeit des Barnabas gewesen ist, vermag Niemand zu sagen. Wird nach alledem die Möglichkeit, daß dieser λόγος τῆς παρακλήσεως (Hb 13, 22) den υἱὸς παρακλήσεως (AG 4, 36) zum Vf habe, durch die Betrachtung des Hb nicht schlechthin ausgeschlossen, aber auch nicht sonderlich empfohlen, so widerspricht doch auch dieser Annahme die Überlieferung. Wenn die Tradition, welche den Barnabas als Vf bezeichnet, in den Anfang der Verbreitung des Hb hinaufreichte, wie man im Fall ihrer Richtigkeit einräumen müßte, so wäre ihr Untergang besonders in den Kreisen, die sich nicht dazu verleiten ließen, den Pl an Stelle des Barnabas zu setzen, unbegreiflich. Also ist die Autorschaft des Barnabas ebensowenig wie die des Pl durch eine wirkliche und echte Tradition getragen, sondern eine alte Hypothese (oben S. 116 f). Über Hypothesen werden wir auch in Zukunft schwerlich hinauskommen. | Nicht ohne Grund steht noch immer die wohl zuerst von Luther hingeworfene Vermutung in Ansehn, daß Apollos der Vf sei (A 15). Die Verbindung griechisch-rhetorischer Bildung mit jüdischer Schriftgelehrsamkeit, welche diesen auszeichnete, dazu der Feuereifer in der Bezeugung seines Glaubens besonders unter seinen Volksgenossen (AG 18, 24—28; Bd I, 187 f. 194. 205): diese Eigenschaften des Apollos leuchten auch aus dem Hb hervor. Den Glauben an Jesus, welchen Apollos von seiner Vaterstadt Alexandrien nach Ephesus mitbrachte, ohne bisher einer Gemeinde von Getauften angehört zu haben, mochte er Leuten verdanken, die noch vor dem Pfingstfest, etwa als Besucher der Feste in Jerusalem diesen Glauben durch die Predigt Jesu selbst gewonnen hatten (A 4). Es ist möglich, daß Apollos Hb 2, 3 geschrieben hat. Seinem auf die Dauer freundlichen Verhältnis zu Pl (cf Tt 3, 13) würde Hb 13, 23 und, wenn dort neben Pt auch Pl gemeint ist, 13, 7 entsprechen. Es behält Luthers Hypothese vor allen anderen den doppelten Vorzug, daß unter den Lehrern der apostolischen Zeit, soweit wir uns eine Vorstellung von ihnen machen können, keiner sogut wie Apollos zu dem Eindruck stimmt, welchen wir vom Vf des Hb gewinnen, und daß unter dem Wenigen, was wir von dessen Lebensgeschichte wissen, sich nichts findet, was diese Annahme geradezu verbietet. Aber jede besonnene Erörterung der Frage nach dem Vf des Hb wird auf dasselbe hinauslaufen, wie die des Origenes: τίς δὲ ὁ γράψας τὴν ἐπιστολήν, τὸ μὲν ἀληθὲς θεὸς οἶδεν.

1. W. Grimm, Ztschr. f. wiss. Theol. 1870 S. 19—77, welcher die von Bleek Lünemann, Riehm u. A. noch festgehaltene Annahme der Bestimmung des Hb für Jerusalem widerlegt (S. 46—53), hielt doch an Palästina als dem Vaterland der Leser fest und brachte Jamnia als ihren Wohnsitz in Vorschlag (S. 71). Westcott will dies nicht bestreiten, begnügt sich aber mit der Annahme, daß es eine Gemeinde in der Nachbarschaft Jerusalems sei (p. XLII).

2. Böhme, Ep. ad Hebr. (1825) p. XXXII ff. nahm als Leserkreis des Hb die antiochenische Gemeinde an, Hofmann V, 531 ff. unter gleichzeitiger Annahme, daß Pl der Vf sei, die jüdischen Christen Antiochiens und der Umgegend. Aber gerade dies, daß in Antiochien noch um 63, zu der von Hofmann angenommenen Entstehungszeit des Hb, der jüdische Teil der Gemeinde in einer Absonderung von dem heidnischen Teil verharrte, ist nach AG 15 und Gl 2 undenkbar. Daß Timotheus zu Antiochien eine nähere Beziehung gehabt habe, ist nirgendwo bezeugt, und daß dieser bei Gelegenheit der Reise von AG 18, 22 mit Pl dort einen längeren Aufenthalt genommen habe (Hofmann S. 532), ist eine mit AG 18, 18 unverträgliche Annahme. Timotheus war bei dem Aufbruch des Pl von Korinth nicht bei ihm, und erst sehr viel später treffen wir ihn in Ephesus wieder bei Pl AG 19, 22; 1 Kr 4, 17 cf Bd I, 189 A 2.

3. In Alexandrien wurden die Hebräer gesucht von Wieseler, Chron. 479 ff.; Unters. über den Hb, Heft II, 1861; Köstlin, Theol. Jahrbb. 1854 S. 388 ff.; Ritschl, Stud. u. Krit. 1866 S. 89 ff.; Hilgenfeld, Einl. 385 ff. u. A. Daß der Vf ein geborener Alexandriner war, ist möglich; aber daß er dem Leserkreis von Geburt angehörte, ist durch nichts wahrscheinlich zu machen. Somit würde aus der Herkunft des Vf kein Schluß auf den Wohnsitz der Leser möglich sein. Über die angebliche Berücksichtigung des Tempels zu Leontopolis s. oben S 142. Der Versuch Köstlins (Theol. Jahrbb. 1854 S. 395 ff.), das οὕτως ἀναστρεφόμενοι Hb 10, 33 auf die Leiden der nichtchristlichen Juden Alexandriens unter Caligula zu deuten, ist mislungen cf besonders Grimm l. l. 67 ff.

4. Wenn Apollos im J. 54 aus seiner Heimat Alexandrien einen Glauben an Jesus mitbrachte, der ihn zu einem feurigen Prediger des Ev in der Synagoge von Ephesus machte, und wenn er andrerseits von der kirchlichen Taufe nichts wußte und die in der Kirche entwickelte christliche Erkenntnis noch nicht besaß (AG 18, 24—26 cf 19, 1—7), so muß unabhängig von der organisirten Kirche und wohl auch vor Entstehung einer solchen in Jerusalem, also in den Tagen des Täufers und Jesu selbst die Überzeugung, daß Jesus der Messias sei, zu den Juden Ägyptens sich verbreitet haben. An solche wird auch Marcus sich zunächst gewendet haben, wenn er mit Recht als Stifter der alexandrinischen Kirche gilt (Eus. h. e. II, 16, 1 u. 24), und Barnabas, wenn er nach Alexandrien gekommen ist (Clem. hom. I, 9—14 cf Bd I, 307 A 5). Die Zahl der Juden in Ägypten schätzte man auf 1 Million (Philo c. Flaccum 6); auch die Samariter, welche für Hebräer gelten wollten (Jos. ant. XI, 8, 6), waren dort zahlreich vertreten (Jos. ant. XII, 1). Es gab sogar eine von ihnen oder nach ihnen genannte Stadt Samaria bei

Arsinoë (The Flinders Petri Papyrus ed. Mahaffy II, 14, 88. 93. 94). Cf Schürer III,
19—25. Es fehlte also nicht an Material für judenchristliche Gemeinden in Ägypten.
Auf einen Zusammenhang der ältesten ägyptischen Kirche mit derjenigen von Palästina
wäre zu schließen, wenn die Didache um 110 in Ägypten verfaßt ist (Bd I, 217). Eben-
dahin könnte weisen die ursprüngliche Zwölfzahl der Presbyter von Alexandrien (Eutych.
Alex. ed. Pococke I, 331 cf Clem. hom. XI, 36; recogn. VI, 15). Weniger bedeutet der
judenchristliche Charakter eines der kürzlich in Ägypten aufgefundenen apokryphen
Sprüche Jesu cf Th. Ltrtrbl. 1897 Sp. 426. 430. Über die Briefe des hl. Antonius (besonders
ep. 2 ad Arsinoïtas, Migne 40 col. 981) erlaube ich mir kein Urteil. Sichere Kunde von
judenchristlichen Gemeinden in Ägypten haben wir nicht.

5. An Christen in Rom dachte zuerst Wetstein NT II, 386 f., in neuerer Zeit Holtzmann, Kurz und ich (Prot. RE V², 666 ff.; jetzt VII³, 501 f.). Hauptsächlich die unrichtigen
Vorstellungen über die Zusammensetzung der römischen Gemeinde haben die Verbreitung
dieser Ansicht gehindert.

6. Man sollte nicht leugnen, daß Ausdrücke wie οἱ ἀπὸ τῆς Ἰταλίας 13, 24, οἱ ἀπὸ
Κιλικίας καὶ Ἀσίας AG 6, 9; ὁ ἀπὸ Ναζαρέθ Mt 21, 11; Jo 1, 46; AG 10, 38 die Herkunft bezeichnen, sei es die mit der Geburt gegebene, sei es ein momentanes Hergekommen-
sein (cf z. B. AG 21, 27; Mt 15, 1, wenn dort οἱ echt ist = Mr 3, 22; 7, 1), und daß solche
Bezeichnung von Personen nur außerhalb des Orts, woher sie stammen oder wo sie gewöhnlich wohnen, sich gebildet haben kann. Daran ändert nichts die Übertragung der
Formel auf andere als Ortsbegriffe wie οἱ ἀπὸ τῆς ἐκκλησίας AG 12, 1; oder οἱ ἀπὸ σκη-
νῆς u. dgl. Auch nicht die Fälle, wo vermöge einer Art von Attraktion (Kühner, Gr.
II, 474) die Fortbewegung von dem Ort mit dem vorangehenden Aufenthalt an demselben zusammengefaßt wird wie AG 10, 23; 17, 13 cf dagegen 17, 11. Dahin gehört
es, wenn ein von Sparta nach Thessalien gesandter Bote hier von Ἡρακλεῖδαι οἱ ἀπὸ
Σπάρτης redet Herodot VIII, 114 cf auch Polyb. V, 86, 10 im Zusammenhang. Andrerseits ist zuzugeben, daß ein Erzähler, der als solcher vom Standpunkt der erzählten
Handlung entfernt zu sein pflegt, wohl einmal auch da so sich ausdrückt, wo die nach
ihrer Herkunft bezeichnete Person an ihrem eigenen Wohnort befindlich vorgestellt wird.
Weil man den von Jesus auferweckten Lazarus im Unterschied von anderen Trägern
dieses Namens den Lazarus von Bethanien zu nennen pflegte, heißt er so auch Jo 11, 1,
was nicht eben fein geredet ist. Noch unschöner ist es, wenn der falsche Ignatius um
370 oder 400 den Ignatius in Philippi schreiben läßt (ad Her. 8): ἀσπάζονταί σε . . .
πάντες οἱ ἀπὸ Φιλίππων, ὅθεν καὶ ἐπέστειλά σοι. In einem wirklichen Brief auch eines
Mannes von geringerer Bildung, als der Vf des Hb ist, wird man Derartiges schwerlich
nachweisen können. Die Annahme einer gleichen Ungeschicktheit des Ausdrucks Hb
13, 24 würde gar nicht erklären, warum der Vf überhaupt die Grüßenden nach ihrer
Herkunft oder ihrem Wohnsitz benannt hat, statt sie als die Christen seiner Umgebung
zu bezeichnen (Gl 1, 2; Ph 4, 21; Tt 3, 15). Wollte er aber ähnlich wie 1 Kr 16, 19;
Rm 16, 16 einen ihm gar nicht eigens aufgetragenen Gruß von der ganzen Christenheit
des Landes, in welchem er sich befindet, ausrichten, so würde er auch αἱ ἐκκλησίαι τῆς
Ἰταλίας oder dgl. geschrieben haben. Es wird also wohl gelten müssen: 1) Der Vf und die
grüßenden Italiener befinden sich außerhalb Italiens. 2) Von den Christen seiner Umgebung
haben dem Vf nur die Italiener einen Gruß aufgetragen, weil sie für die Leser, welche in
Italien wohnen, eben deshalb ein näheres Interesse haben.

7. Für einen hellenistischen Juden hielt den Clemens Lightfoot, Clement II, 205;
jüdische Abkunft des Hermas suchte ich in m. Hirten 485—497 zu beweisen. Spitta,
Urchrist. II, 243—437 läßt den größten Teil des Hirten von einem noch nicht christlichen
Juden Hermas verfaßt sein. Nachdem man schon vor Origenes auf die Berührungen
zwischen Hb und Clem. I Cor. aufmerksam geworden war (oben S. 115. 120 f.), bemerkte

Eusebius (h. e. III, 38), daß dieser nicht nur Gedanken, sondern auch wörtliche Entlehnungen aus dem Hb aufweise. „Es ist in der Tat," schreibt Overbeck, Zur Gesch. d.
Kanons S. 3, „so stillschweigend es auch geschieht, unverkennbar, daß dieser Brief
(des Clemens) den Hb benutzt, bisweilen geradezu ausschreibt." Für das Einzelne cf GK
I, 963 f. Den Beweis für Abhängigkeit des Hermas vom Hb suchte ich in m. Hirten
439—452 zu führen cf Hofmann V, 45. Spitta II, 412—414 läßt nur die Möglichkeit bestehen, daß der Vf des Hb die ursprüngliche, rein jüdische Schrift des Hirten gekannt habe.

8. Da die römischen Christen seit der Zeit des Claudius aus dem Synagogal-
verband ausgeschieden waren (Bd I, 303), so liefert die Teilung der römischen Judenschaft in eine größere Anzahl von Synagogalgemeinden nur eine Analogie und nicht die
Grundlage für die Teilung der römischen Christengemeinde in mehrere an verschiedenen
Orten sich versammelnde kleinere Kreise. Am wenigsten ist daran zu denken, daß eine
jener jüdischen Synagogalgemeinden, welche während der ersten Jahrhunderte als solche
fortbestanden haben (Bd I, 33. 48 A 14. S. 307 f. A 6), sich schon in apostolischer
Zeit in eine christliche Gemeinde verwandelt habe, und daß die Sonderversammlung, zu
welcher die Leser des Hb eigentlich gehören und die sie nicht verlassen sollen (10, 25
oben S. 141 A 11), eine jener jüdischen Synagogen sei. Die Frage von Nestle (The
expository times 1899 p. 422), ob der Titel πρὸς Ἑβραίους nicht mit dem Namen der
συναγωγὴ Ἑβραίων (Bd I, 48 A 14) zusammenhänge, ist daher zu verneinen, und dies
um so entschiedener, als die sprachgeschichtliche Bedeutung, welche Ἑβραῖοι im Namen
jener Synagoge hat, auf die ersten Empfänger des Hb nicht anwendbar ist (oben
S. 113. 119 f.).

9. Über Ju 5, wo auch nicht die Zerstörung Jerusalems oder des Tempels, sondern
wie Hb 3, 7—19; 4, 6 der Untergang der Generation des jüdischen Volks, die sich an
Jesus versündigt hat, in einer der Geschichte der mosaischen Zeit entlehnten Form
ausgedrückt ist, s. oben S. 83. 128 f. War Jerusalem und der Tempel gefallen, so werden
die Leser auch bei Hb 8, 13; 12, 22; 13, 14 dieser Tatsache gedacht haben, sogut wie
die Korinther bei Lesung von Clem. I Cor. 6, 4 (ζῆλος καὶ ἔρις πόλεις μεγάλας κατ-
έσκαψεν καὶ ἔθνη μεγάλα ἐξερίζωσεν); und sie werden es verstanden haben, warum der Vf 13, 13
παρεμβολῆς und nicht πόλεως oder wie 13, 12 πύλης geschrieben hatte. Jerusalem und
seine Tore standen nicht mehr. Wenn man in 13, 14 einen Gegensatz zwischen den
Christen, welche keine bleibende Stadt auf Erden haben, und den Juden, welche an
Jerusalem noch eine solche besitzen, ausgedrückt fand, so bedachte man 1) nicht, daß
dieser Gegensatz mindestens durch ein betontes ἡμεῖς ausgedrückt werden mußte,
2) nicht, daß ein Christ um a. 66—70 angesichts der Weissagung Jesu und der tatsächlichen Verhältnisse unmöglich auch nur indirekt sagen konnte, daß Jerusalem eine πόλις
μένουσα sei. Die Juden, die sich das einbildeten, haben die Stadt, die sie dafür hielten,
durch ihren Unglauben verloren, die Judenchristen haben durch den Glauben, in welchem
sie ihren Ahnen gefolgt sind (11, 10. 13—16), eine ewig bleibende Stadt gewonnen.
Daß der Vf deutlicher und kräftiger, als er es 3, 7—19; 4, 6; 9, 8—12 (oben 128 ff.
142); 13, 14 tut, auf das Gericht des J. 70 hätte hinweisen und daß er namentlich zu
8, 13 die eingetretene Vernichtung des Tempelkultus als kräftigstes Argument hätte verwenden müssen, statt vom Standpunkt des Jeremia zu sagen, daß der alten Bundesstiftung ein nahes Ende in Aussicht gestellt sei, indem ihr vom Propheten eine neue
gegenübergestellt werde, diese und andere ähnliche Forderungen wären nur dann am
Platze, wenn die Leser von einer falschen Anhänglichkeit an den Tempel und seinem
Kultus abzubringen gewesen wären, wovon doch im Hb nichts zu merken ist. Wenn ein
jüdischer Christ gegenüber jüdischen Christen, die ihren und ihres Volkes Niedergang
traurigen Herzens ansahen, „die brutale Logik der Tatsachen" lauter und entschiedener

hätte reden lassen, so würde ihn der Vorwurf getroffen haben, gegen welchen Pl Rm 9, 1 ff. sich verwahrt.

10. Für eine pseudopaulinische Fälschung erklärte Schwegler, Nachapost. Zeitalter II, 304 f. den Hb. Baur, Christ. u. Kirche der 3 ersten Jahrh. (2. Aufl.) 109, der ihn als ein Produkt des Judenchristentums ansah, meinte doch in 13, 23 die trügerische Absicht des Vf zu entdecken, „sein Schreiben als ein aus der nächsten Umgebung des Pl gekommenes" einzuführen. Gegen Schwegler schrieb aus dem Kreis der eigenen Schule Köstlin, Theol. Jahrbb. 1853 S. 420 ff.; 1854 S. 437 so, daß auch Overbeck S. 6 die Annahme einer Fiktion als für immer beseitigt ansah.

11. Unter den Vertretern der Autorschaft des Pl seien genannt Hug, Einl. II[3], 461—496; Hofmann V, 42—52; 520—561; Biesenthal, Das Trostschreiben des Ap. Pl an die Hebräer 1878; Holtzheuer, Der Br. an die Ebräer 1883.

12. Über Sprache und Stil des Hb besonders im Vergleich mit Pl cf Seyffarth, De ep. ad Hebr. indole 1821; Bleek I, 315—338; Hofmann V, 555—561. Die Erwägung Hofmanns, daß Pl aus 5jähriger Haft befreit, in einer Hafenstadt Italiens die Rückkunft des Timotheus erwartend, Muße gehabt habe, auf die Ausarbeitung des Hb eine sonst ihm nicht gewohnte Sorgfalt zu verwenden, leuchtet nicht ein. Herausgerissen aus einer ihm seit 2 Jahren gewohnt gewordenen, keineswegs beengenden Umgebung zu Rom, in der Unbehaglichkeit einer Hafenstadt, wo es schwerlich eine christliche Gemeinde gab, in der Ungeduld des Wartens auf die Ankunft des Timotheus oder eine passende Fahrgelegenheit, würde Pl viel weniger in der Lage gewesen sein, seinem Stil eine bewußte Sorgfalt zuzuwenden, als da er im Schoß der versöhnten korinthischen Gemeinde den Rm schrieb, oder als er von Rom aus, von Freunden und Gehilfen umgeben, nach seiner Eingewöhnung in die dortigen Verhältnisse und vor der Eröffnung des aufregenden Processes den Kl und den Eph schrieb. Ein bewußtes Streben nach zierlichem Ausdruck und wohllautender Rundung der Satzbildung widerstrebt auf alle Fälle dem Charakter des Pl. Ein solches Streben ist auch dem wirklichen Vf nicht nachzusagen. Wer bei so schwerer Sorge und so glühendem Verlangen nach einer Wirkung auf Herz und Gewissen seiner Leser oder Hörer — und die Leser jener Zeit waren immer zumeist Hörer (Ap 1, 3) — so schreiben mag, wie der Hb geschrieben ist, dem muß solche Schreibweise andere Natur geworden sein; der kann nicht mehr anders. Neben den überall grammatisch durchsichtigen, symmetrisch gebauten und rhythmisch abgerundeten Perioden (1, 1—4; 2, 2—4; 5, 1—3; 6, 16—20; 7, 18—25; 10, 19—25; 12, 1—2), in deren Durchführung der Vf sich auch durch weitläufige Citate nicht stören läßt (3, 7 ff. oben S. 139), fallen die Alliterationen und Paronomasien auf (1, 1 $\pi o\lambda$ — $\pi o\lambda$ — $\pi a\lambda$ $\pi a\tau$ — $\pi\rho o\varphi$ —, 2, 1 $\pi\epsilon\rho$ — $\pi\rho o\sigma$ — $\pi a\rho$ —, 2, 10 $\pi a\nu$ — $\pi a\nu$ — $\pi o\lambda$ — $\pi a\vartheta$ —, 5, 8 $\ddot{\epsilon}\mu a\vartheta\epsilon\nu$ — $\ddot{\epsilon}\pi a\vartheta\epsilon\nu$, 7, 3 $\dot{a}\pi\acute{a}\tau\omega\rho$ $\dot{a}\mu\acute{\eta}\tau\omega\rho$, 11, 4 $\pi\iota\sigma$ — $\pi\lambda\epsilon\iota$ — $\pi a\rho$ — $\pi\rho o\sigma$ —). Der Hexameter 12, 13 $\varkappa a\grave{\iota}$ $\tau\rho o\chi\iota\grave{a}s$ $\dot{o}\rho\vartheta\grave{a}s$ $\pi o\iota\acute{\eta}\sigma a\tau\epsilon$ $\tauo\tau s$ $\pi o\sigma\grave{\iota}\nu$ $\dot{\upsilon}\mu\tilde{\omega}\nu$ ist wahrscheinlich zufällig entstanden (cf Bd I, 85 A 5); nach א P ($\pi o\iota\epsilon\tau\tau\epsilon$ statt $\pi o\iota\acute{\eta}\sigma a\tau\epsilon$) ist er gar nicht vorhanden; immerhin aber beweist die Vergleichung mit dem Original (Prov 4, 26 $\dot{o}\rho\vartheta\grave{a}s$ $\tau\rho o\chi\iota\grave{a}s$ $\pi o\iota\epsilon\iota$ $\sigma o\tau s$ $\pi o\sigma\acute{\iota}\nu$) den Sinn des Vf für Rhythmus. Das richtige Urteil des Origenes ($\dot{\epsilon}\lambda\lambda\eta\nu\iota\varkappa\omega\tau\acute{\epsilon}\rho a$ oben S. 121) ist arg übertrieben worden, wenn z. B. Kurz, Komm. S. 19 dem Hb „eine von jeder Art semitischer Sprachfärbung freie Gräcität nachrühmt". Durchaus semitisch ist der rein adjektivische Gebrauch des Genetivs: 9, 5 $\chi\epsilon\rho o\upsilon\beta\epsilon\grave{\iota}\nu$ $\delta\acute{o}\xi\eta s$, herrliche Cherube (wobei auch die aramäische und daher auch neuhebräische Form des Namens zu beachten ist, welche die antioch. Recension in das althebräische $\chi\epsilon\rho o\upsilon\beta\acute{\iota}\mu$ verwandelt hat), 3, 12 $\varkappa a\rho\delta\acute{\iota}a$ $\dot{a}\pi\iota\sigma\tau\acute{\iota}a s$, 12, 15 $\dot{\rho}\acute{\iota}\zeta a$ $\pi\iota\varkappa\rho\acute{\iota}a s$, 4, 2 $\dot{o}$ $\lambda\acute{o}\gamma o s$ $\tau\tilde{\eta}s$ $\dot{a}\varkappa o\tilde{\eta}s$, auch 4, 16 $\dot{o}$ $\vartheta\rho\acute{o}\nu o s$ $\tau\tilde{\eta}s$ $\chi\acute{a}\rho\iota\tau o s$. Kein Grieche, auch ein Philo nicht, würde geschrieben haben $\dot{\epsilon}\pi'$ $\dot{\epsilon}\sigma\chi\acute{a}\tau o\upsilon$ $\tau\tilde{\omega}\nu$ $\dot{\eta}\mu\epsilon\rho\tilde{\omega}\nu$ $\tau o\acute{\upsilon}\tau\omega\nu$ 1, 1; $\dot{\epsilon}\nu$ $\tau a\tau s$ $\dot{\eta}\mu\acute{\epsilon}\rho a\iota s$ $\tau\tilde{\eta}s$ $\sigma a\rho\varkappa\grave{o} s$ $a\dot{\upsilon}\tau o\tilde{\upsilon}$ 5, 7; $\tau\tilde{\omega}$ $\dot{\rho}\acute{\eta}\mu a\tau\iota$ $\tau\tilde{\eta}s$ $\delta\upsilon\nu\acute{a}\mu\epsilon\omega s$ $a\dot{\upsilon}\tau o\tilde{\upsilon}$ 1, 3 cf dagegen Kl 1, 20. 22; Rm 7, 24. Ganz hebräisch gedacht und

doch nicht Bestandteil eines Citats ist $\tilde{\eta}\varsigma$ $\tau\dot{o}$ $\tau\acute{\epsilon}\lambda o\varsigma$ $\epsilon\grave{\iota}\varsigma$ $\varkappa\alpha\tilde{\upsilon}\sigma\iota\nu$ 6, 8 cf Num 24, 20; Ps 109, 13; Jes 5, 5. Das hebraisirende $\grave{\epsilon}\nu\acute{\omega}\pi\iota o\nu$ c. gen. 4, 13; 13, 21, das pleonastische $\grave{\epsilon}\alpha\upsilon\tau o\tilde{\iota}\varsigma$ bei $\check{\epsilon}\chi\epsilon\iota\nu$ 10, 34 (DKL), welches übelangebrachte Schulweisheit teils gestrichen (P), teils in $\grave{\epsilon}\alpha\upsilon\tau o\acute{\upsilon}\varsigma$ ($\aleph$ AH), teils in $\grave{\epsilon}\nu$ $\grave{\epsilon}\alpha\upsilon\tau o\tilde{\iota}\varsigma$ (min.) geändert hat, u. dgl. mehr würden die Stilverbesserer, deren ein Josephus sich bediente, diesem nicht haben hingehn lassen. Den durchgängigen Anschluß an die LXX hat der Vf mit Pl gemein; ob er daneben Kenntnis des hebr. Textes besitze und verwende (cf Hofmann V, 522 f.), ist ebenso strittig wie bei Pl, und der nicht gerade in zwingender Weise geführte Beweis dafür, daß er einen anderen Text der LXX als Pl in Händen gehabt habe (Bleek I, 369—375 cf dagegen Hofmann V, 524 f.), ist ohne Belang, wenn ohnehin feststeht, daß Pl nicht der Vf ist. — Die Meinung, daß der Hb Übersetzung eines hebräischen oder aramäischen Originals sei, welche im Altertum aus sehr untriftigen Gründen entstand (oben S. 113), hat noch Michaelis, Einl. 1356—1384 sehr gelehrt, und Biesenthal S. 43 ff. sehr oberflächlich verfochten. Es scheint überflüssig, sie noch einmal zu widerlegen.

13. Für Barnabas als Vf ist am eifrigsten Wieseler eingetreten. Ohne seiner übertreibenden Darstellung der für Barnabas zeugenden Überlieferung durchweg beizutreten, hat u. a. auch Ritschl Theol. Stud. u. Krit. 1866 S. 89 ihm zugestimmt. Gründe gegen die Abfassung durch Barnabas wird heute nicht leicht jemand mehr dem sogen. Barnabasbrief entnehmen, da dieser jedenfalls nicht von dem Barnabas des NT's herrührt, sondern um 130 geschrieben ist.

14. Unkenntnis der Kultuseinrichtungen hat man vor allem in 7, 27 finden wollen, sofern dort t ä g l i c h e Darbringung des doppelten Opfers für die eigene Sünde und die des Volks als Pflicht des Hohenpriesters bezeichnet sei. Völlig abzusehen ist von 10, 11, wo $\iota\epsilon\rho\epsilon\acute{\upsilon}\varsigma$ stärker als $\grave{\alpha}\rho\chi\iota\epsilon\rho\epsilon\acute{\upsilon}\varsigma$ bezeugt ist und nichts auf eine bestimmte Art von Opferhandlungen hinweist. Dagegen ist 7, 27 unverkennbar auf das Doppelopfer des Hohenpriesters am Versöhnungstage Bezug genommen, wovon 5, 3; 9, 7 in ganz gleichem Ausdruck geredet, und wovon 9, 7 (cf 9, 25; 10, 1. 3) ausdrücklich gesagt ist, daß der Hohepriester es jährlich nur einmal darzubringen habe. Es ist daher undenkbar, daß 7, 27 gesagt sein sollte, daß der Hohepriester dasselbe täglich darzubringen verpflichtet sei. Diesem jährlich einmaligen Doppelopfer des Hohenpriesters entspricht, was Jesus einmal für immer getan hat, indem er sich selbst als Opfer darbrachte. Die Beschränkung des $\tau o\tilde{\upsilon}\tau o$ auf das zweite Stück des Doppelopfers, welches vorher ohne Wiederholung des $\grave{\upsilon}\pi\acute{\epsilon}\rho$ mit dem ersten verbunden ist, geht nicht an; ebensowenig aber die Beschränkung auf das erste Stück, worauf A. Seeberg (Neue Jahrbb. f. deutsche Th. III, 367. 370) tatsächlich hinauskommt. Wenn dem Vf der Gedanke unerträglich wäre, daß Jesus wie der Hohepriester auch für sich selbst geopfert habe, so hätte er dieses Moment nicht dreimal (5, 3; 7, 27; 9, 7) hervorheben können; er hätte höchstens beiläufig daran erinnern können, daß dieses Stück der hohepriesterlichen Funktion auf den sündlosen Jesus (4, 15) unanwendbar sei, in diesem Punkt also das typische Gleichnis hinke. Statt dessen hat er 5, 3 gerade auf das Opfer des Hohenpriesters für sich selbst das größere Gewicht gelegt und v. 7 f. gezeigt, daß Jesus allerdings trotz seiner angeborenen Würde und im Gegensatz zu seiner jetzigen Hoheit als himmlischer Priesterkönig in seinen Fleischestagen ein Opfer gebracht habe, welches Zeugnis seiner Schwachheit, Todesscheu und Unfertigkeit gewesen und somit *mutatis mutandis* dem jährlichen Sündopfer des Hohenpriesters für sich selbst entspreche. Dabei kann der Vf nur den Gebetskampf in Gethsemane im Auge haben, den er als einleitenden ersten Akt der hohepriesterlichen Funktion Jesu betrachtet. Indem er seinen Willen in Gethsemane, seinen Leib am Kreuz (10, 10), sein Blut im jenseitigen Heiligtum darbringt (9, 12), opfert er immer sich selbst. Sind diese drei Momente in $\grave{\epsilon}\alpha\upsilon\tau\grave{o}\nu$ $\pi\rho o\sigma\epsilon\nu\acute{\epsilon}\gamma\varkappa\alpha\varsigma$ 7, 27 zusammengefaßt, so kann nicht verneint sein, daß Jesus für sich selbst oder seine eigenen Sünden ein Opfer

zu bringen gehabt habe. Verneint wird nur, daß er täglich die Nötigung habe, das dem hohenpriesterlichen Doppelopfer entsprechende Opfer darzubringen. Dies könnte nämlich insofern notwendig erscheinen, als Christus nicht je und dann, sondern beständig seines hohenpriesterlichen Amtes zu walten hat (2, 18; 4, 15 f.; 7, 23—25; 9, 14). Aber es ist nicht nötig, weil das einmalige Selbstopfer Christi im Unterschied von dem, was der typische Dienst der gesetzlichen Hohenpriester leistet, eine ewig giltige Sühne und Erlösung beschafft hat (7, 27 f.; 9, 12. 26; 10, 10). Wollte der Vf durch seine Verneinung im Widerspruch mit seiner wiederholten richtigen Angabe die irrige Behauptung aufstellen, daß die gesetzlichen Hohenpriester täglich jenes Doppelopfer zu bringen verpflichtet waren, so mußte er 1) eine andere Wortstellung wählen und etwa schreiben οὐχ ὡς οἱ ἀρχ. καθ’ ἡμέραν oder οὐ καθ’ ἡμέραν ὥσπερ οἱ ἀρχ. ἔχει ἀνάγκην κτλ. und 2) nachdem er eben erst 7, 26 Jesus als Hohenpriester bezeichnet hatte, die atl Hohepriester im Gegensatz zu diesem wahren und vollkommenen Hohenpriester als οἱ κατὰ νόμον ἀρχιερεῖς (7, 16) oder sonst ähnlich bezeichnen. Das vermöge seiner Stellung und seiner Kürze (cf dagegen 4, 10; 9, 25) wenig hervortretende ὥσπερ οἱ ἀρχιερεῖς eröffnet den von ἔχει ἀνάγκην abhängigen Infinitivsatz und soll nur daran erinnern, daß das Tun, dessen tägliche Wiederholung für Jesus nicht nötig ist, weil er es einmal für immer vollbracht hat, eben das hohepriesterliche sei. Das wesentlich Richtige gab schon Hofmann. Wer sich erinnert, daß καθ’ ἡμέραν sprichwörtlich die häufige und stetige Wiederkehr eines Vorgangs ausdrückt, gleichviel ob er täglich einmal oder alle 8 Tage dreimal eintritt (cf 1 Kr 15, 31; 2 Kr 11, 28; Hb 3, 13; 10, 11), wird nicht verstehen, warum A. Seeberg l. l. 368 für die vorstehende Erklärung statt dessen πάντοτε fordert. Wäre die Forderung berechtigt, so würde sie ganz ebenso gelten gegenüber der neuen Erklärung, wonach das trotz der Wortstellung von der Negation ausgenommene καθ’ ἡμέραν heißen soll „bei seinem Tag um Tag stattfindenden Tun“, worunter das Eintreten Christi für die Seinen zu verstehen wäre (S. 369 f.). Auch dieses kann ja täglich 100 mal nötig werden, wenn alle Christen auf Erden rechtzeitige Hilfe finden sollen (4, 16). An Rätselhaftigkeit aber der vorausgesetzten Ausdrucksweise (S. 368) übertrifft diese neueste Deutung die meisten bisherigen. — In 9, 4 fand man den Irrtum, daß der Räucheraltar im Allerheiligsten stehe. Allerdings kann χρυσοῦν θυμιατήριον nichts anderes als diesen bezeichnen, welchen Symmachus und Theodotion Ex 30, 1 sowie Philo (rer. div. haer. 46; vita Mos. III, 9) und Josephus (ant. III, 6, 8) regelmäßig so nennen, während LXX Ex 30, 1 und sonst regelmäßig θυσιαστήριον θυμιάματος dafür setzt; und es kann nicht gemeint sein eine Räucherpfanne oder Rauchfaß, wofür Ez 8, 11; 2 Chron 26, 19; 4 Makk 7, 11 und bei einem interpr. inc. Lev 10, 1 θυμιατήριον, sonst aber πυρεῖον (Ex 27, 3; 28, 3; Lev 10, 1; 16, 12) gebraucht wird. Denn es kann hier nicht ein untergeordnetes Gerät gemeint sein, das in den Beschreibungen der Stiftshütte nur ganz beiläufig neben anderen Geräten erwähnt und nicht als golden, sondern als ehern beschrieben wird, von welchem ferner jedes Kind sich sagen mußte, daß es nicht in dem nur für den Hohenpriester und auch für diesen nur einmal im Jahre zugänglichen Allerheiligsten aufbewahrt wurde, da es täglich von den Priestern zu handhaben war. Selbst die Rücksicht auf eine in der Mischna (Joma IV, 4) erwähnte goldene Räucherpfanne, welche nur am Versöhnungstage vom Hohenpriester gebraucht wurde, konnte den Vf nicht irreführen; denn auch diese wurde selbstverständlich außerhalb des Allerheiligsten aufbewahrt (Joma VII, 4). Ist aber der goldene Räucheraltar gemeint, so konnte nach Ex 30, 1—10; 40; 1—5. 22—27; Lev 16, 12 dem Vf ebensowenig als einem Philo oder Josephus zweifelhaft sein, daß der Räucheraltar ebenso wie Tisch und Leuchter im Heiligen stand. Er mußte ferner auch ohne jede Kenntnis des jüdischen Kultus seiner Zeit (Lc 1, 8—23) aus dem Gesetz wissen, daß die Bedienung des Räucheraltars zu den täglichen Obliegenheiten der Priesterschaft gehörte (Ex 30, 7 f. cf Hb 9, 6;

10, 11), daß er also nicht im Allerheiligsten stand, welches nur der Hohepriester einmal im Jahre betritt (Hb 9, 7). Demnach kann 9, 4 nicht das räumliche Eingeschlossensein in das Allerheiligste ausgesprochen sein, wozu auch der Ausdruck nicht nötigt ($\check{\epsilon}\chi o \nu \sigma \alpha$ cf 9, 1; 10, 1. 35; 13, 10 und dagegen $\dot{\epsilon}\nu$ $\check{\eta}$ 9, 2. 4), sondern nur eine ideelle Zugehörigkeit zu demselben, wie 1 Reg 6, 22, was auch der Behandlung desselben am Versöhnungstage entspricht cf Delitzsch 356—360; Riehm, Lehrbegr. des Hb 489 f.; Hofmann 318 f., Westcott 246 f. — Der Vf folgt einer in LXX Ex 16, 33 ausgesprochenen und daher auch von Philo (congr. erud. gr. 18) befolgten Tradition, wenn er 9, 4 den Mannakrug golden sein läßt; und es beruht auf traditioneller Auslegung von Ex 16, 34 und Num 17, 25, wenn er den Mannakrug und den Stab Aarons in die Bundeslade verlegt, eine Tradition, deren Alter durch 1 Reg 8, 9 eher bestätigt, als angefochten wird. Was man sonst über den Verbleib dieser Gegenstände und der Bundeslade selbst geglaubt und gefabelt hat, bleibt ganz außer Betracht, da der Vf gerade hier so unzweideutig wie irgendwo die in der Thora verzeichneten Rechtsordnungen des atl Kultus beschreibt (9, 1) ohne jede Rücksicht auf etwaige spätere Änderungen oder einen zu seiner Zeit stattfindenden Kultus.

15. Luther hat in der Vorrede zum Hb von 1522 (Erl. Ausg. Bd 63 S. 154 f.) durch Gegenüberstellung von Hb 2, 3 und Gl 1, 1. 12 die Autorschaft des Pl für ausgeschlossen erklärt, die Abfassung durch einen Apostelschüler „vielleicht lange hernach" behauptet, ferner auf 6, 4—8; 10, 26—31; 12, 17 als dogmatisch bedenkliche Stellen hingewiesen und seine Erörterung mit den Worten geschlossen: „Wer sie aber geschrieben, ist unbewußt, will auch wohl unbewußt bleiben noch eine Weile". In der Kirchenpostille (Bd 7 S. 181) nennt er es einen „glaubwürdigen Wahn, sie sey nicht St. Pauli, darum, daß sie gar eine geschmücktere Rede führet, denn St. Paulus an anderen Örteren pfleget. Etliche meinen, sie sey St. Lucä, etliche St. Apollo, welchen St. Lucas rühmt" (AG 18, 24). Ähnlich Enarr. in Gen. 48, 20 (Op. exeg. XI, 130): *Auctor epist. ad Hebr. quisquis est, sive Paulus sive, ut ego arbitror, Apollo.* Endlich in einer Predigt von 1537 zu 1 Kr 3, 4 f. (Bd 18 S. 181): „Dieser Apollo(s) ist ein hochverständiger Mann gewest, die Epistel Hebräorum ist freilich sein". Diese Hypothese wurde besonders durch Bleek (I, 423—430) empfohlen und von vielen angenommen, auch von Klostermann, welcher l. l. 47—51 den Vf trefflich charakterisirt. Die Vermutung von H. Ewald (Der Hb S. 30), daß der ntl Apollos später auf böse Wege geraten und mit dem Schwindler Apollonius von Tyana identisch sein möge, ist nicht wertvoller, als die spielende Identifikation des ntl Apollos mit dem Märtyrer Apollonius um 180—185 in der Überschrift seiner Akten (ed. Klette p. 92). — Für alexandrinische Herkunft des Vf, welche ein Grund mehr für die Autorschaft des Apollos sein würde, hat man besonders die Berührungen des Hb mit den Schriften Philos geltend gemacht. Parallelen sind fleißig gesammelt worden von J. B. Carpzov, Sacrae exercit. in S. Pauli ep. ad Hebr. e Philone Alex. Helmstädt 1750; Einiges auch von Siegfried, Philo 321—330. Verständige Erörterungen findet man bei Riehm, Lehrbegr. des Hb S. 855 ff., in Kürze auch bei Hofmann V, 530. Eine hier und da zu Tage tretende Ähnlichkeit des Ausdrucks und ein gemeinsamer Boden rabbinischer und rhetorischer Bildung besteht zwischen Philo und dem Hb. Es bleibt aber unwahrscheinlich, daß ein so geistvoller Christ, wie der Vf des Hb, an den, offen gesagt, so entsetzlich langweiligen Schriften des alexandrinischen Juden ein Gefallen gefunden haben sollte cf Michaelis 1385. Für die Frage nach dem Vf des Briefs kommt nichts hierauf an. Das Gleiche gilt von etwaigen Berührungen zwischen dem Hb und den übrigen Schriften des NT's. Am ehesten noch beweisend für Bekanntschaft mit paulinischen Briefen ist das Citat Hb 10, 30 in der gleichen Abweichung von LXX und doch auch vom Grundtext wie Rm 12, 19. Und daß der Vf, wenn er an Christen zu Rom schrieb, gerade den Rm des Pl im Sinn hatte, ist begreiflich. Was man sonst zusammengestellt

hat (Brückner, Chronol. Reihenfolge der ntl Schriften, 1890 S. 239—241), ist unerheblich. Die angeblich unleugbare Abhängigkeit des 1 Pt und des Jk vom Hb (Brückner 35—41. 291) würde uns nötigen, die Abfassung des Hb vor dem J. 50, und die angebliche Benutzung der im J. 94 vollendeten Archäologie des Josephus seitens des Vf (Hitzig, Zur Krit. der paul. Briefe S. 34—36) würde uns bis zum J. 100 hinabführen. Letztere Behauptung scheint nicht einmal Krenkels Beifall gefunden zu haben, welcher in seinem „Josephus und Lucas" (1894) S. 345—353 sonst nicht schweigend darüber hinweggegangen wäre. Was aber das Verhältnis zu Jk anlangt, so beschränken sich die Beobachtungen auf die angeblich gegensätzliche Behandlung der Opferung Isaaks und der Tat Rahabs Hb 11, 17. 31 und Jk 2, 21—25. — Um zu ernsthaften Fragen zurückzukehren, so behält die von Luther ohne Vorgänger im Altertum aufgestellte Hypothese den Vorzug vor denjenigen, welche in der alten Kirche aufgekommen und zum Teil bis in die neuere Zeit fortgepflanzt worden sind. Lucas, welchen Clemens Al. als Übersetzer, ziemlich gleichzeitig Andere als den im Auftrag des Pl schreibenden Sekretär ansahen (oben S. 115. 120), wurde von Grotius im Praeloquium zum Hb für den selbständigen Vf erklärt. Noch Delitzsch hat im Verlauf seines gelehrten Kommentars und am Schluß desselben S. 701—707 zu beweisen gesucht, daß Lc den Hb „im Auftrag und nach den Angaben des Pl verfaßt" habe.

IX. Die drei ersten Evangelien und die Apostelgeschichte.

§ 48. Das ungeschriebene Evangelium.

Die bis dahin untersuchten Schriften sind ausnahmslos Briefe. Wenn die eine oder die andere (Eph, Jk, 1. 2 Pt, Ju, Hb) nicht in dem Maße wie beinah Alles, was wir von der Hand des Pl besitzen, die Art eines eigentlichen Briefes zeigte, sondern eher den Eindruck einer geschriebenen Predigt oder einer Abhandlung machte, so war es doch in jedem Fall ein örtlich begrenzter, durch überwiegend gleiche Herkunft und gleichartige Verhältnisse bestimmter Leserkreis, an welchen der abwesende Lehrer sich in Form eines Sendschreibens wandte. In diesen Schriften sahen wir wiederholt auf andere christliche Schriften derselben Gattung Bezug genommen. Durch Pl selbst hörten wir von anderen uns nicht erhaltenen Briefen, die er an die Korinther und die Philipper geschrieben, sowie von einem Schreiben, das die korinthische Gemeinde ihm geschickt hatte (Bd I, 187. 371). Von einem Brief des Pl an jüdische Christen in Palästina, welcher nicht auf uns gekommen ist, hörten wir 2 Pt 3, 15, und 2 Pt 3, 1 von einem jetzt verlorenen Brief des Pt an dieselben. Ferner ergab sich aus 2 Pt 3, 16 daß manche Briefe des Pl über die Grenzen ihres ursprünglichen Leserkreises hinaus gelesen wurden, und daß Pt nicht wenige derselben gelesen hatte (oben

S. 45 f. 52. 97 f.). Dem entspricht es, daß der Pt von Vertrautheit des Vf mit dem Rm und dem Eph zeugt (oben S. 30). Der Rm scheint dem Ju und dem Vf des Hb bekannt gewesen zu sein (S. 100. 109. 158 a. E.). Pl hatte den Jk gelesen und berücksichtigte dessen eigentümliche Lehrart, als er an die Römer schrieb (Bd I, 91. 303). Der 1 Pt zeigte sich gleichfalls vom Jk beeinflußt (Bd I, 96; II, 36). Ju beruft sich auf den 2 Pt, wenn er auch den Vf desselben nicht bei Namen nennt, sondern nur als Apostel charakterisirt (oben S. 80 f. 91). Was wir aus 2 Pt 1, 13—15; Ju 3 von schriftstellerischen Absichten der beiden Vf hören, führt teils auf Briefe, teils auf umfangreichere, aber doch den Briefen wesentlich gleichartige Lehrschriften (oben S. 46 f. 76). Es drängt sich die Frage auf, ob es in dieser ganzen Zeit noch keine andersartige christliche Literatur gab, insbesondere auch, ob das, was Jesus „getan und gelehrt" hat (AG 1, 1), ebensowenig schriftlich aufgezeichnet war, wie das, was der prophetische Geist in den Gemeinden verkündigte. Vergessen konnte es ja nicht werden, und das Vorhandensein einer umfangreichen ev Literatur beweist allein schon, daß die Erinnerung daran vielseitige Pflege gefunden hat. Was Jesus zur Zeit seines Erdenwandels vielfach nicht laut verkündigt haben wollte, sollten seine Jünger auf allen Straßen und von den Dächern predigen. Sie sollten von dem, was sie in seiner Gemeinschaft erlebt haben, lautes Zeugnis vor der Welt ablegen (Jo 15, 27; AG 1, 8. 22; Mt 10, 27; AG 10, 39. 42) und sollten seine den Bestand der Welt überdauernden Worte (Mt 24, 35; Mr 13, 31; Lc 21, 33; Jo 6, 68), welche je an ihrem Teil Worte Gottes und in ihrer Gesamtheit das Wort Gottes sind (Jo 17, 8. 14. 17), insbesondere auch seine Gebote und Weissagungen nichl bloß zum Heil ihrer Seelen im Herzen bewahren und zeitlebens betätigen (Mr 4, 20; 13, 23; Lc 8, 21; Jo 8, 31. 51; 14, 15. 21. 23. 26; 15, 7. 10; 16, 4. 14 f.), sondern auch den andern Menschen mitteilen; denn was Jesus ihnen sagt, gilt der Menschheit (Mr 13, 37; Mt 10, 27; 28, 20). In der Tat konnte die Missionspredigt nicht ohne Verkündigung der Taten, der Leiden und der Auferstehung Jesu, und die innergemeindliche Lehre nicht ohne Erinnerung an die Worte Jesu sein, aber eins dieser beiden Stücke auch nie ganz ohne das andere. Soweit wir von der Missionspredigt unter den Juden und Judengenossen Palästinas uns nach AG 2—10 eine Vorstellung machen können, konnte dieselbe wenigstens während der ersten Jahre eine gewisse Kenntnis der ev Geschichte voraussetzen; die Prediger brauchten nur daran zu erinnern, um sie sodann in das rechte Licht zu stellen; aber eben in Form solcher Erinnerung wurde doch das öffentliche Wirken Jesu als Prediger und Wundertäter von den Tagen des Täufers an bis zu seiner Kreuzigung den Hauptmomenten nach vorgeführt und hierauf das Zeugnis von seiner Auferstehung und Wiederkunft aufgebaut (A 1). Bei den Juden in der Diaspora und den Heiden konnte jene Kenntnis auch nur der Grundzüge der Geschichte Jesu nicht vorausgesetzt werden; ihnen mußte diese selbst erst mitgeteilt werden (A 2). Auch hier scheint die geschichtliche Mitteilung der Missionare bei der Predigt und Taufe

des Johannes eingesetzt zu haben (A 1). Der Kreuzestod und die Auferstehung
traten wohl in den Vordergrund; aber es konnte hievon nicht gepredigt werden,
ohne daß die Stellung Jesu in der Geschichte seines Volks, seine davidische
Abkunft als Voraussetzung seines Auftretens als Messias, seine Untergebung
unter das jüdische Gesetz, seine Tätigkeit als Prediger des Reichs Gottes und
unerschrockener Zeuge der Wahrheit, welche ihm den tötlichen Haß seines
eigenen Volkes zugezogen hatte, sein trotz alles Glanzes der Wunder wahrhaft
menschlicher Lebenswandel und seine Sündlosigkeit zur Sprache kamen. Wo vollends
ein Augen- und Ohrenzeuge der ev Geschichte draußen unter den Griechen sich
zeigte und hören ließ, mußte die Wißbegier der sich Bekehrenden auf die ganze
Wirklichkeit des Lebens Jesu sich richten und mußte befriedigt werden (cf 1 Jo
1, 1—4; 4, 14). Es konnten aber auch die ersten Ordnungen des Gemeinde-
lebens und des Gottesdienstes in den neuentstandenen Gemeinden nicht aufgerichtet werden, ohne daß auf die Vorschriften und Stiftungen Christi hingewiesen
wurde. In welchem Maße Pl in der Missionspredigt auf einzelne Ereignisse im
Leben Jesu und auf einzelne Worte Jesu eingegangen ist, können wir nach den
dürftigen Andeutungen der AG und den immer nur gelegentlichen Rückblicken
auf die Missionspredigt in den Briefen des Pl nicht ermessen (A 3). Daß es
nicht an einer Fülle solcher Einzelheiten fehlte, ergibt sich schon aus dem Bedürfnis, das jeder nicht ganz kopflose Missionar empfinden muß, welcher Glaube
an einen Religionsstifter und begeisterte Liebe zu einem Heiland in Hörern,
die von diesem bisher nichts wußten, wirken will. Ferner bezeugt die dem
Pl so geläufige Bezeichnung des von ihm gepredigten Ev als das „Ev Christi",
wenn man sie nur richtig versteht (A 2), daß er sich des Zusammenhangs
aller wahren Predigt des Ev mit dem, was Jesus selbst gepredigt und gelehrt hat (Rm 16, 25), stets bewußt geblieben ist. Wenn Pl in dieser Beziehung ungünstiger gestellt war, als die persönlichen Jünger Jesu, so ist doch
nicht zu übersehen, daß er auch abgesehen von seinen immer nur kurzen Besuchen Jerusalems, von seiner Bekehrung im J. 35 an immer wieder Jahre lang
mit ehemaligen Angehörigen der Muttergemeinde in Verkehr gestanden hat. So
während des dreijährigen Aufenthalts in Damaskus, welcher durch eine Reise
in das Gebiet des Aretas nur vorübergehend unterbrochen wurde, und während
der 6—7 Jahre, die er als Lehrer in der Gemeinde zu Antiochien verlebte, deren
Grundstock die Flüchtlinge von Jerusalem bildeten. Auf den Missionsreisen
war er, doch offenbar nicht zufälligerweise, sondern in folge bewußter Überlegung von Mitgliedern der Muttergemeinde aus deren erster Zeit begleitet und
in der Predigt unterstützt, zuerst von Barnabas und Marcus, später von Silas,
und auch zur Zeit seiner römischen Gefangenschaft finden wir ihn wieder in
enger Verbindung mit Marcus. Dieser ist ihm neben einem gewissen Jesus
Justus ein erfreulicher Mitarbeiter am Missionswerk (Kl 4, 10 f.), und noch in
seiner letzten Gefangenschaft erscheint ihm die persönliche Hilfsleistung dieses
Kindes von Jerusalem kaum weniger unentbehrlich, als die liegengebliebenen

Bücher (2 Tm 4, 11—13). Es hat also den Gemeinden, welche durch die Arbeit des Pl und seiner Gehilfen gestiftet wurden, von Anfang an nicht an Gelegenheit und Mitteln gefehlt, von der Geschichte Jesu eine ins Einzelne gehende Kenntnis zu erwerben, und ihre Mitglieder müßten nicht Menschen wie andere Menschen gewesen sein, wenn sie nicht eifrigen Gebrauch davon gemacht hätten. Wenn schon die Missionspredigt nach dem Urteil des Größten unter den Heidenmissionaren trotz der Umgestaltung, welche das Ev durch den Tod, die Auferstehung und Erhöhung Jesu erfahren hat, nicht aufhören soll, das „Ev Christi" zu sein und den Zusammenhang mit der Predigt Jesu selber festzuhalten, so gilt mindestens das Gleiche von der innergemeindlichen Lehre im Verhältnis zu der Lehre Jesu (A 2). Es ist „das Wort Christi" selbst, welches in der Gemeinde, in der es eine bleibende Stätte gefunden hat, reichlich zur Verwendung kommen und in mannigfaltigen Formen der Lehre und der geistlichen Dichtung reproducirt werden soll (Kl 3, 16), und es sind die eigenen „Worte unseres Herrn Jesus Christus", an welche alle fromme Lehre und gesunde Rede im Gemeindeunterricht sich anzuschließen hat (1 Tm 6, 3). Wo Pl sich rühmt, daß er zur Zeit der Gründung der Gemeinde von Ephesus den ganzen Heilsrat Gottes unverkürzt gepredigt und auch eine vollständige Anweisung zu rechtem Lebenswandel gegeben habe, rechnet er auch dies dazu, daß er ermahnt habe, der Worte des Herrn Jesu zu gedenken, deren eines er wörtlich anführt (AG 20, 27. 35 cf GK I, 916 A 1). Ohne daß wir genau unterscheiden könnten, was schon die Missionspredigt, und was erst spätere Belehrungen mitgeteilt haben, erkennen wir doch, daß sehr früh ein beträchtliches Maß von Kenntnis der Geschichte und der Worte Jesu in den heidenchristlichen (A 4) wie in den judenchristlichen Kreisen (A 5) verbreitet war. Während die Geringfügigkeit der Zeugnisse jedem besonnenen Forscher verbietet, ein Urteil darüber abzugeben, welche Stücke der uns zu Gebote stehenden ev Tradition den Gemeinden um 50—80 fehlten, sehen wir dagegen deutlich, daß in der Gemeindetradition Stücke vorhanden waren, die nicht in die kanonischen Evv aufgenommen worden sind (A 4 unter I, 8. 12 c. e. f. II, 1; A 5 unter II, 13). Es ist auch gleich hier zu bemerken, daß nach dem Tatbestand, welchen die Vergleichung unserer Evv mit der Gemeindetradition nach den übrigen ntl Schriften erkennen läßt, die drei ersten Evv keinen größeren Anspruch darauf haben, ein genauer oder gar ein vollständiger Abdruck der in den apostolischen Gemeinden lebenden Überlieferungen von Jesu Taten und Worten zu sein, als das vierte Ev (A 4 unter I, 10. 11; II, 5; Bd I, 88).

Befremdlich ist nun die unleugbare Tatsache, daß in dem ganzen Umfang der ntl Literatur, abgesehen von den Evv und dem an das 3. Ev anknüpfenden ersten Satz der AG und mit der einzigen, nicht einmal ganz deutlichen Ausnahme von 1 Jo 1, 4 (§ 69), keine Spur davon zu entdecken ist, daß die Erinnerung der Gemeinde an Geschichte und Worte Jesu durch schriftliche Aufzeichnungen gestützt gewesen sei. „Gedenket der Worte des Herrn Jesu"

(AG 20, 35); bewahret sein Wort und Zeugnis, sein Gebot und seine Lehre, welche ihr von Anfang an gehört habt (z. B. 1 Jo 2, 5. 7); gedenket des durch eure Missionare euch gebrachten und überlieferten Gebotes des Heilands (2 Pt 3, 2; 2, 21 oben S. 53): so heißt es überall. Was die Augenzeugen seines Lebens gesehen und die Ohrenzeugen seiner Predigt aus seinem Munde gehört haben, das predigen sie den übrigen Menschen, damit diese einen Glauben und eine Liebe zu dem gewinnen, den sie nicht gesehen und gehört haben (1 Jo 1, 1—3. 5; 4, 14; 2 Pt 1, 16—18; Hb 2, 3 cf 1 Pt 1, 8. 12; 5, 1 oben S. 8 f.). Der große Heidenmissionar, welcher nicht zu den Jüngern Jesu gehört hat, unterläßt es nicht, gelegentlich ausdrücklich den durch ihn Bekehrten zu sagen, daß er ihnen in seiner grundlegenden Predigt die Geschichte und die Worte Jesu ebenso überliefert habe, wie er selbst sie überliefert bekommen habe. Von dem Herrn her, um dessen Worte und Geschichte es sich handelt, stammt die Überlieferung, welche Pl als Missionsprediger und Gemeindestifter weitergibt; aber sie ist ihm ebenso wie den Gemeinden, denen er sie bringt, durch Menschen vermittelt worden (A 6), und wenn er die Zuverlässigkeit dieser Überlieferung dartun will, beruft er sich nicht auf ein Buch oder mehrere Bücher von anerkannter Glaubwürdigkeit, sondern auf die Zwölf und die Hunderte noch lebender Zeugen (1 Kr 15, 5—7). Die im 3. Jahrhundert auftauchende Meinung, daß Pl, wo er von „seinem Ev" redet, ein Buch, etwa das Lcev, im Sinn habe (A 7), sollte am Ende des 19. Jahrhunderts keiner Widerlegung mehr bedürfen. Das Wort *εὐαγγέλιον* ist im ganzen NT, auch Ap 14, 6 und Mr 1, 1, die mündliche Verkündigung des durch Jesus verkündigten und verwirklichten Heilsrates Gottes; erst seit dem Anfang des 2. Jahrhunderts finden wir das Wort auf schriftliche Aufzeichnungen der ev Geschichte angewandt. Von solchen Aufzeichnungen aber enthält das ganze NT abgesehen von den Evv selbst und mit Ausnahme der bereits genannten Stellen AG 1, 1 und, wenn man will, 1 Jo 1, 4 keinerlei Zeugnis. Diese Tatsache darf jedoch nicht überschätzt werden. Es ist erstens zu bedenken, daß im Altertum die Bücher viel häufiger als in neueren Zeiten vor einem größeren Zuhörerkreis von Einem vorgelesen und in dieser Form Vielen bekannt wurden. Einsames Bücherlesen war meist nur Sache der Gelehrten. Schon auf dem Gebiet der heidnischen Literatur, vollends auf dem Boden der christlichen Gemeinden, welchen die Evv wie die übrigen ntl Schriften in erster Linie zu dienen bestimmt waren, kamen auf einen Leser oft Hunderte von Hörern (A 8). Man kann daher aus den Ausdrücken, welche die Christen der apostolischen Zeit durchweg als Hörer der Kunde von Jesu Worten und Taten darstellen, nicht ohne weiteres und für die ganze Zeit, deren Urkunden im NT vereinigt sind, den Schluß ziehen, daß unter den Verkündigern, durch welche sie diese Kunde empfingen, nicht auch der Anagnost, der Lektor seine Stelle gehabt habe, der ihnen aus einem Buche vorlas. Zweitens treffen wir Formeln wie die: „Gedenket des Wortes Jesu" auch noch zu Zeiten, für welche nicht nur die Existenz, sondern auch der gottesdienstliche Gebrauch von Evv außer Frage steht (A 9).

Noch heute wendet sie der Prediger unter Umständen an. Was in der Tat aus den mitgeteilten Beobachtungen folgt, ist nur dies, daß zur Lebenszeit des Pl und Pt die etwaige Existenz von Anfängen evangelischer Literatur ohne merklichen Einfluß auf das kirchliche Leben geblieben ist, und daß bis gegen Ende des 1. Jahrhunderts wenigstens da, wo noch Augen- und Ohrenzeugen Jesu vorhanden waren, die bis dahin entstandene oder im Entstehen begriffene ev Literatur nicht als die Hauptquelle betrachtet wurde, aus welcher die Gemeinde ihre Kenntnis von Jesu Taten und Worten zu schöpfen habe.

Die Tradition über die Entstehung der heute noch vorhandenen Evv läßt sie sämtlich erst nach dem J. 60 geschrieben sein; und diese Tradition muß im voraus als glaubwürdig erscheinen, wenn man erwägt, daß die spätere, mit ihrem Verlangen nach zuverlässiger Kunde von Jesus ganz auf diese 4 Bücher angewiesene Zeit die Neigung haben mußte, diese in steigendem Maße als heilige Urkunden betrachteten Bücher mit allen Bürgschaften ihrer Zuverlässigkeit auszustatten und ihre Abfassung so nahe wie möglich an die Tatsachen, von denen sie berichten, heranzurücken. Das vor der Mitte des 2. Jahrhunderts geschriebene Protevangelium des Jakobus will gleich nach dem Tode des Herodes, noch in den Tagen der Kindheit Jesu geschrieben sein (GK II, 775). Die ihren Anfängen nach derselben Zeit angehörige apokryphe Literatur, die sich an den Namen des Pilatus gehängt hat, will, wie schon der alte Titel (Just. apol. I, 35. 48 τὰ ἐπὶ Ποντίου Πιλάτου γενόμενα Ἄκτα) besagt, auf einem mit der Passionsgeschichte gleichzeitigen amtlichen Bericht beruhen. Die mindestens bis in die Entstehungszeit dieser Dichtungen hinaufreichende Tradition über den Ursprung unserer Evv, welche deren Entstehung erst 30 und mehr Jahre nach dem Tode Jesu beginnen läßt, trägt eben damit den Stempel der wesentlichen Echtheit an der Stirn. Sie hat aber auch eine von ihr unabhängige Bestätigung an dem Schweigen der übrigen ntl Schriften von der Existenz einer ev Literatur. Daß man in den Jahren 30—60 in lebendiger Erwartung der Wiederkunft Jesu nicht an die kommenden Generationen dachte, denen das Gedächtnis der ev Geschichte erhalten werden mußte, ist weniger befremdlich, als daß man den Bedürfnissen der Gegenwart so lange ohne schriftliche Aufzeichnung der Worte und Taten Jesu glaubte genügen zu können. Der Augen- und Ohrenzeugen, welche erzählen konnten, was sie von Jesus gesehen und gehört hatten, waren im Vergleich zu der Menge derer, die davon Genaueres wissen wollten und wußten, von Anfang an nicht zu viele, und mit jedem Jahrzehnt nahm ihre Zahl ab. Und mußten nicht die Urzeugen selbst das Bedürfnis empfinden, ihrem eigenen Gedächtnis die feste Stütze zu geben, welche nur das geschriebene Wort der Erinnerung an eine Fülle von nur einmal gehörten Worten und von mannigfaltigen, rasch dahingeeilten Ereignissen zu geben pflegt? Die einzige ausdrückliche Angabe über zahlreiche Schriften evangelischen Inhalts, welche wenigstens einem Teil der auf uns gekommenen ev Literatur vorangegangen ist (Lc 1, 1), sagt nichts über den Zeitpunkt, von welchem an jene entstanden sind, auch

nichts Bestimmtes über Zweck und Art derselben. Es können darunter Aufzeichnungen verstanden werden oder doch mitbefaßt sein, welche lediglich den
eigenen Bedürfnissen derer dienen sollten, die sie veranstaltet hatten. Es können
auch solche Bücher gemeint sein, welche wie dasjenige des Lc selbst zunächst
nur für einzelne nach näherer Kunde von Jesus verlangende Personen bestimmt
waren. Was das negative Zeugnis der übrigen ntl Schriften ausschließt, ist nur
dies, daß vor dem Tode des Pt und des Pl ev Schriften in den christlichen
Gottesdiensten regelmäßig gelesen und der Belehrung der Gemeinde zu Grunde
gelegt wurden. Unsere Phantasie hat demnach freien Spielraum, auch schon die
Zeit vor den Jahren 60—70 mit mannigfaltigen Anfängen und Versuchen ev
Schriftstellerei zu bevölkern. Aber die Phantasie hat in der geschichtlichen
Wissenschaft nur insoweit mitzureden, als sie die durch die gegebenen Tatsachen
erforderten Voraussetzungen derselben in anschaulicher Form als möglich und
wahrscheinlich darstellt. Sie ist ferner ohne Recht jeder noch so dürftigen Überlieferung gegenüber, solange diese nicht auf ihren Ungrund zurückgeführt und
dadurch widerlegt ist. Sie hat sich endlich ängstlich zu hüten vor Postulaten,
welche nur aus der beschränkten Erfahrung des modernen Stubengelehrten begründet werden können.

1. AG 2, 22 $\varkappa \alpha \vartheta \dot{\omega} \varsigma$ $\alpha \dot{v} \tau o \grave{\iota}$ $o \check{\iota} \delta \alpha \tau \varepsilon$, 10, 37 $\dot{v} \mu \varepsilon \tilde{\iota} \varsigma$ $o \check{\iota} \delta \alpha \tau \varepsilon$ $\tau \grave{o}$ $\gamma \varepsilon \nu \acute{o} \mu \varepsilon \nu o \nu$ $\dot{\varrho} \tilde{\eta} \mu \alpha$ $\varkappa \alpha \vartheta^{\prime}$ $\ddot{o} \lambda \eta \varsigma$
$\tau \tilde{\eta} \varsigma$ $\textit{'}I o v \delta \alpha \acute{\iota} \alpha \varsigma$. Das apostolische Zeugnis im eigentlichen Sinne setzt erst bei der Tatsache der Auferstehung Jesu ein AG 2, 22—36; 10, 40—43. Cf Lc 24, 18—21; AG 3,
13b—15a einerseits; und AG 3, 13a. 15b; 4, 2. 10; 5, 30—32; 2 Pt 1, 16 oben S. 48
andrerseits. Die Beschränkung der Bekehrungspredigt auf die an die Wirksamkeit des
Täufers angeschlossene öffentliche Wirksamkeit Jesu am deutlichsten AG 10, 37f., aber
auch 2, 22 und indirekt 1, 22. Es war hierin nicht anders mit der Predigt in der
Diaspora 13, 23—25.

2. Der Unterschied der Predigt außerhalb Palästinas von derjenigen in Palästina
(s. A 1) ist durch AG 13, 23—29 gut charakterisirt. Bezeichnend ist auch der Ausdruck
$\tau \grave{\alpha}$ $\pi \varepsilon \varrho \grave{\iota}$ $\tau o \tilde{v}$ $\textit{'}I \eta \sigma o \tilde{v}$ AG 18, 25; 23, 11; 28, 31, welcher begrifflich sich nicht unterscheidet
von dem analogen Gebrauch in bezug auf andere Personen Eph 6, 22; Kl 4, 8; Phl
1, 27 cf Lc 7, 3. 17; 19, 9; 24, 19. Es sind die Jesum betreffenden Ereignisse, Umstände, geschichtlichen Verhältnisse, welche in der Missionspredigt selbstverständlich
nicht Gegenstand einer bloßen Mitteilung, sondern einer auf Überzeugung abzielenden
Predigt und lehrhaften Erörterung (AG 18, 25; 28, 23; 8, 12) und erst dadurch ein Bestandteil, aber ein sehr wesentlicher Bestandteil des $\varepsilon \dot{v} \alpha \gamma \gamma \acute{\varepsilon} \lambda \iota o \nu$ $\vartheta \varepsilon o \tilde{v}$ . . . $\pi \varepsilon \varrho \grave{\iota}$ $\tau o \tilde{v}$ $v \acute{\iota} o \tilde{v}$
$\alpha \dot{v} \tau o \tilde{v}$ (Rm 1, 1. 3) sind. Sehr anders gemeint als diese Bezeichnung des Ev nach dem
Centrum, um welches es sich bewegt, ist $\tau \grave{o}$ $\varepsilon \dot{v} \alpha \gamma \gamma \acute{\varepsilon} \lambda \iota o \nu$ $\tau o \tilde{v}$ $X \varrho \iota \sigma \tau o \tilde{v}$ (Gl 1, 7; Rm 1, 9. 16
[hier schwach bezeugt]; 15, 19; 1 Kr 9, 12. 18; 2 Kr 2, 12; 9, 13; 10, 14; Phl 1, 27;
1 Th 3, 2 cf 2 Th 1, 8). Die Übersetzung des letzteren durch „Ev von Christo", welche
Luther nur Mr 1, 1; Rm 1, 9. 16 gewagt, an allen übrigen Stellen aber vermieden hat,
ist verwerflich; denn 1) gebraucht Pl zum Ausdruck des Gedankens, daß Christus das
Hauptobjekt der christlichen Predigt sei (cf 1 Kr 1, 23; 15, 12; 2 Kr 1, 19; 4, 5; 11, 4;
Phl 1, 15; AG 5, 42; 8, 35; 9, 20; 19, 13), die Konstruktion mit $\pi \varepsilon \varrho \acute{\iota}$ (Rm 1, 3 cf 1 Jo 1, 1).
2) Die Analogie von $\varepsilon \dot{v}$. $\tau o \tilde{v}$ $\vartheta \varepsilon o \tilde{v}$ (Rm 1, 1; 15, 16; 2 Kr 11, 7; 1 Th 2, 2; 2, 8. 9;
1 Pt 4, 17), was ja unmöglich die frohe Botschaft von der Existenz oder den Eigenschaften Gottes sein kann, entscheidet gegen die Fassung von $\tau o \tilde{v}$ $X \varrho \iota \sigma \tau o \tilde{v}$ in der Ver-

bindung mit εὐαγγέλιον als gen. obj. und für die Fassung desselben als *eines* gen. subj. Das Ev kann nach Gott als dem letzten Urheber und Absender dieser Heilsbotschaft, aber auch nach Christus als dem ersten innerweltlichen Prediger derselben genannt werden. Dieser Sinn ergibt sich für Mr 1, 1 unmittelbar aus dem Anfang der Erzählung in dem so überschriebeuen Buch (1, 14), aber auch überall sonst aus der einfachen Tatsache, daß das Ev zuerst von Jesus gepredigt worden ist (cf Hb 2, 3; 3, 1 cf 1, 1). Die „Predigt Jesu" selbst (Rm 16, 25) ist die Urgestalt des Ev, welches darum, weil es nach seinem Hingang von den Aposteln und anderen sündigen Menschen gepredigt wird, ebensowenig aufhört und aufhören soll das Ev Christi zu sein, wie das Ev oder das Wort Gottes. 3) Dasselbe ergibt sich aus der Analogie von τὸ μαρτύριον τοῦ Χριστοῦ 1 Kr 1, 6 (cf 2 Tm 1, 8), was nichts anderes bedeutet und auch grammatisch nicht anders gefaßt werden kann, als τὸ μαρτύριον τοῦ θεοῦ (1 Kr 2, 1), ferner aus der Synonymik von ὁ λόγος τοῦ κυρίου und τοῦ θεοῦ als Bezeichnung des Ev (cf AG 8, 25; 13, 48. 49; 15, 35. 36; 19, 20; 1 Th 1, 8; 2 Th 3, 1 einerseits und AG 4, 31; 6, 2. 7; 8, 14; 1 Kr 14, 36; 2 Kr 2, 17; 4, 2; Kl 1, 25 andrerseits), wobei doch nicht zweifelhaft sein kann, daß das Ev wie alle andere ebenso benannte Wortoffenbarung und Predigt (Rm 9, 6; Hb 4, 12; Ps 33, 4; Hos 1, 1; 4, 1; Am 5, 1) nur darum Gottes oder des Herrn Wort heißen kann, weil im letzten Grund Gott oder der Herr der in dieser Predigt Redende ist. 4) Daß jeder persönliche Genetiv neben εὐαγγέλιον gerade auch bei Pl ein gen. subj. (resp. auctoris) ist, zeigt ferner τὸ εὐαγγέλιόν μου (Rm 2, 16; 16, 25; 2 Tm 2, 8 cf 1 Kr 2, 4) oder ἡμῶν (2 Kr 4, 3; 1 Th 1, 5; 2 Th 2, 14). Wenn Pl neben dieses sein Ev als eine zweite Norm Rm 16, 25 τὸ κήρυγμα Ἰησοῦ Χριστοῦ stellt, so ist unzweifelhaft unter letzterem das Predigen und die Predigt Jesu selbst zu verstehen (cf Mt 4, 17; Mr 1, 14; Lc 4, 18). Während das Ev des Pl und die Predigt Jesu als zwei geschichtlich zu unterscheidende Dinge neben einander genannt werden können, fällt alles wahre Ev, gleichviel wer es verkündigt oder wem es verkündigt wird (Gl 2, 7), unter den Begriff des einheitlichen und einzigen εὐαγγ. Χριστοῦ (Gl 1, 7). Es heißt so nach seinem ersten Prediger und Urheber. 5) Die Notwendigkeit dieser Fassung wird besonders deutlich 2 Th 1, 8: τῷ εὐαγγελίῳ τοῦ κυρίου ἡμῶν Ἰησοῦ, wo schon die Anwendung des Eigennamens „Jesus" (cf AG 20, 35) beweist, daß der Apostel die geschichtliche Erscheinung des Herrn als des ersten bahnbrechenden Predigers des Ev vor Augen hat. Trotzdem ist hier wie an den Stellen, wo dasselbe εὐ. Χριστοῦ genannt ist, nicht wie Rm 16, 25 unter τὸ κήρυγμα Ἰησοῦ die der geschichtlichen Vergangenheit angehörige Predigt Jesu für sich gemeint, sondern die eine, durch die Predigttätigkeit Jesu in die Welt gebrachte und seither durch seine Apostel und andere Prediger weiter verkündigte Heilsbotschaft. Nach ihrem geschichtlichen Ursprung und Urheber kann sie genannt werden, weil sie im Munde der Apostel keine wesentlich andere ist, als im Munde des großen Urapostels (Hb 3, 1) und Predigtanfängers (Hb 2, 3). 6) Ebenso ist aber auch ὁ λόγος τοῦ Χριστοῦ Kl 3, 16 und der ähnliche pluralische Ausdruck 1 Tm 6, 3 zu verstehen. Daß dies ebensowenig wie ὁ λόγος τοῦ κυρίου, wo es das Ev (s. vorhin unter Nr 3), oder wo es ein einzelnes Wort Jesu bezeichnet (AG 20, 35; 1 Th 4, 15 cf Bd I, 160 A 4), heißen kann „das Wort von Christus", liegt auf der Hand. Es ist vielmehr der Inbegriff dessen, was Jesus zuerst verkündigt hat und was seither in der Gemeinde fortlebt, Ev und Gebot, Verheißung und Lehre. Wo es gilt, die immerfort zu wiederholende Anwendung des von Christus herstammenden Wortes auf das Leben der Christen und der Gemeinden zu betonen, bezeichnet Pl es als das Gebot schlechthin (1 Tm 1. 5. 18; 6, 14). Er unterscheidet sich hierin nicht von den älteren Aposteln (1 Jo 2, 7; 3, 23; 4, 21; 2 Pt 3, 2). So könnte er nicht reden, wenn er nicht ebenso wie jene wüßte, daß Jesus selbst dieses Gebot oder Gesetz gegeben hat (Gl 6, 2 cf 1 Kr 9, 21); denn Menschengebote und Menschenlehren gelten in der G meinde Christi nichts (Kl 2, 22; Tt 1, 14). — Nach alle dem sollte es sich von selbst verstehen und mag gleich hier erörtert werden, daß auch ἡ μαρτυρία τοῦ Ἰησοῦ in der Apokalypse zunächst das Zeugnis ist, welches Jesus selbst, der treue Zeuge (Ap 1, 5; 3, 14), während seines Erdenwandels abgelegt hat (cf Jo 3, 11; 5, 31; 7, 7; 18, 37; 1 Tm 6, 13). Diese Grundbedeutung liegt Ap 19, 10 vor; sie wird 1, 2 übertragen auf das, was der erhöhte Jesus durch Johannes den Gemeinden bezeugt. Zugleich zeigt diese Stelle, daß das, was Gott geredet oder Jesus bezeugt hat, nicht aufhört, Gottes Wort und Zeugnis Jesu zu heißen, wo vorgestellt wird, daß auf Grund hievon ein Mensch dieses Wort und Zeugnis vor anderen Menschen bekennt und bezeugt. Auch in solcher menschlichen Vermittlung heißt es (Ap 1, 9; 12, 17; 19, 10ᵃ; 20, 4 cf 6, 9; 2, 13; 17, 6) das Zeugnis Jesu wie das Wort Gottes, anderwärts aber auch das Zeugnis der Menschen, die daran festhalten und vor der Welt sich dazu bekennen (Ap 12, 11). So wenig man ὁ λόγος τοῦ θεοῦ Ap 1, 9; 20, 4 (cf 1, 2) übersetzen darf „das Wort oder die Lehre von Gott", ebenso unerlaubt ist ebendort die Übersetzung „Zeugnis von Jesu". — Sehr deutlich wird in den johanneischen Briefen die Herkunft aller christlichen Verkündigung aus dem Munde Jesu selbst ausgesprochen (1 Jo 1, 5 cf 1, 1. 3). Die christliche Lehre ist die Lehre Christi selbst (2 Jo 9). Das eine Gebot Gottes, welches alle umfaßt (1 Jo 3, 22—24; 5, 2 f.), ist Christi Gebot und Wort (2, 3—8).

3. Von der Missionspredigt unter den Juden der Diaspora haben wir AG 13, 16—41; 28, 23—28 Beispiele und AG 17, 3. 7. 11; 18, 5. 25. 28; 19, 8. 13 einige Andeutungen. Von der an die Heiden gerichteten Predigt kann man sich nicht ebenso nach AG 14, 15—17; 17, 22—32 eine Vorstellung bilden, denn es sind dies ganz eigentümlich veranlaßte Gelegenheitsreden, welchen die Missionspredigt vorangegangen ist cf AG 14, 9; 17, 17. — Über die Unterstützung des Paulus durch Gehilfen aus Jerusalem cf meine Skizzen 2. Aufl. S. 82—85. — Über den Inhalt der paulinischen Missionspredigt und über die damit verbundenen Belehrungen geben uns mehr Licht als die AG (auch AG 16, 21; 17, 18) die gelegentlichen Rückblicke der Briefe: Gl 3, 1; 1 Th 1, 9 f.; 2, 12; 3, 4; 4, 1 f. 6. 11; 5, 2; 2 Th 2, 5. 15; 3, 6. 10; 1 Kr 1, 6. 17—25; 2, 1—5; 3, 1 f. 10 f.; 4, 17; 6, 2 f. 9 ff.; 9, 21 f.; 11, 2. 23—25; 15, 1—11; 2 Kr 1, 18—20 (2, 14—4, 6); 5. 11. 18—21; 11, 2—5; Eph 3, 4—12; 4, 20—24; Kl 1, 5—7. 25—29; 2, 6 f.; 4, 3; 1 Tm 1, 12—16; 2, 3—7 (3, 15 f.); 6, 3. 12—16; 2 Tm 1, 8—11. 13; 2, 8 (3, 10—17).

4. Paret, Paulus und Jesus Jahrbb. f. deutsche Theol. 1858 S. 1 ff.; Keim, Gesch. Jesu 1, 35 ff.; Roos, Die Briefe des Ap. Pl und die Reden Jesu, 1887, wo anhangsweise S. 250 ff. auch das Verhältnis der übrigen ntl Schriften zu den Evv besprochen wird. Anregender und eindringender, hier und da ein wenig kühn behandelt diese Fragen, besonders in bezug auf das 4. Ev, P. Ewald, Das Hauptproblem der Evangelienfrage, 1890, S. 57—97. 142—160. Hier kann nur in Kürze das Material zusammengestellt werden und zwar zunächst aus den paulinischen Briefen, wozu nicht nur die Reden des Pl in der AG, sondern auch der 1 Pt, welcher an einen Kreis durch Pl und seine Genossen gestifteter Gemeinden gerichtet ist, die johanneischen Briefe und die Apokalypse, von welchen das Gleiche gilt, hinzuzunehmen sind. Eine Sonderstellung nehmen der Rm und der Hb ein, sofern der erstere an die vorwiegend judenchristliche Gemeinde zu Rom und der letztere etwa 20 Jahre später an einen aus geborenen Juden bestehenden Teil derselben gerichtet ist. Für den vorliegenden Zweck können auch diese hier herangezogen werden. I. Geschichte Jesu: 1) Davidische Abstammung Jesu Rm 1, 3 (als Element der Missionspredigt cf AG 13, 22 f. 32—37); 2 Tm 2, 8 (als Element des Gemeindebekenntnisses cf meine Schr. über das apost. Symb. 40. 42); Rm 15, 12; Hb 7, 14; Ap 3, 7; 5, 5; 22, 16. — 2) Eintritt in gemeinmenschliches Leben Gl 4, 4 (γενόμενον ἐκ γυναικός ohne Erwähnung eines menschlichen Vaters cf m. Schr. über das Symb. 64); Rm 1, 3 (τοῦ γενομένου . . . κατὰ σάρκα, zur Auslegung Bd I, 252); 8, 3. 29;

Phl 2, 7; 2 Kr 8, 9; Hb 2, 9—18; 4, 15; 5, 2; 12, 2f.; 1 Jo 1, 1; 4, 2f.; 2 Jo 7. —
3) Unterstellung unter das Gesetz Gl 4, 4; dasselbe vorausgesetzt Gl 3, 13; Rm 7, 1. 4;
Eph 2, 15; Kl 2, 14. — 4) Die Wassertaufe: 1 Jo 5, 6ff. nach wahrscheinlichster Deutung
von ὁ ἐλϑὼν δι' ὕδατος und οὐκ ἐν τῷ ὕδατι μόνον. Wenn nicht ausschließlich, so doch
auch bei dieser Gelegenheit hat Gott über seinen Sohn ein Zeugnis abgelegt (5, 10. 11).
In Jo 1, 33f. berücksichtigt, aber erzählt nur Mt 3, 17; Mr 1, 11; Lc 3, 22. — 5) Sünd-
lose Lebensführung im Gehorsam gegen Gott Phl 2, 7f.; 2 Kr 5, 21; Rm 5, 19; 1 Pt
2, 22; 1 Jo 2, 6; Hb 4, 15 (χωρὶς ἁμαρτίας); 5, 8; 7, 26. — 6) Predigtwirksamkeit in
Israel Rm 15, 8; 16, 25; Eph 2, 17 (mit Beziehung auf die Heidenwelt cf Jo 10, 16; 12, 32;
Mt 8, 11f.; Lc 13, 29); Hb 1, 1 (oben S. 130); 2, 3; 3, 1. — 7) Stiftung des Abendmahls
1 Kr 11, 23—25. Sehr genau würde Lc 22, 19f. übereinstimmen, wenn nicht dort
v. 19b—20 nach dem occidentalischen Text zu streichen ist. Daß das Ereignis in die
Nacht fällt, in welcher Jesus in die Gewalt der Feinde geriet oder verhaftet wurde
(denn mehr sagt παρεδίδετο nicht cf Rm 4, 25; 8, 32; Mr 1, 14; Mt 4, 12), stimmt mit
den synoptischen Evv, welche allein die Stiftung berichten; ebenso die Andeutung, daß
sie bei Gelegenheit des Passamahls stattgefunden (11, 24. 25 zweimal das scharf betonte
εἰς τὴν ἐμὴν ἀνάμνησιν cf Ex 12, 14, und 10, 16 τὸ ποτήριον τῆς εὐλογίας). — 8) Das Ringen in
Gethsemane Hb 5, 7f. oben S. 156 a. E. Will man diese Stelle auf das Beten am Kreuz beziehen,
so wird dadurch jedenfalls keine größere Übereinstimmung mit den Evv erzielt; denn wir
lesen Mt 27, 46; Mr 15, 34 wohl, daß Jesus mit lauter Stimme das Psalmwort gebetet, und
Mt 27, 50; Mr 15, 37; Lc 23, 46, daß er noch einmal beim letzten Atemzug laut gerufen,
aber nichts von wiederholten, flehentlichen Bitten um Errettung aus dem
Tode oder Bewahrung vor dem Tode unter starkem Geschrei und Tränen.
Hier muß selbständige Überlieferung zu Grunde liegen. Wenn Epiph. ancor. 31 mit
Recht behauptete, daß in den angeblich nicht korrigirten Hss Lc 22, 44 und zwar vor
den Worten vom Schweiß wie Blutstropfen gestanden habe, daß Jesus laut geweint habe
(ἔκλαυσε), so müßte dies, da es sonst unbezeugt ist, entweder aus Hb 5, 7 oder aus einer
apokryphen Quelle in einige Hss des Lc eingetragen sein. Aber die Berufung des
Epiphanius auf Irenaeus, der dies citirt haben soll, macht seine ganze Angabe verdächtig;
denn Iren. III, 22, 2 erwähnt vor dem blutigen Schweiß wohl das Weinen Jesu, aber
dasjenige aus Jo 11, 35, und Epiphanius hat, wie so manchmal, durch ungenaues Lesen
seiner Vorlage die interessante Tatsache erst geschaffen, die er uns neu mitteilt. Ihn
gegen Petavius zu verteidigen, ist Massuet nicht gelungen (s. bei Stieren p. 543). — 9) Ge-
richtsverhandlung vor dem Synedrium AG 13, 27f. (cf Mt 26, 59f.; Mr 14, 55f.; Lc 22, 66ff.);
1 Pt 2, 23 (cf Jo 18, 22f.; Mt 26, 65ff.; Mr 14, 63ff.; 15, 4f.). — 10) Zeugnis vor Pilatus
AG 13, 28; 1 Tm 6, 13 (am meisten entsprechend Jo 18, 37 cf Ap 1, 5; 3, 14). —
11) Tötung seitens der weltlichen Machthaber 1 Kr 2, 8; die eigentlichen Mörder die
Juden 1 Th 2, 15, welche den Pilatus um die Exekution gebeten haben AG 13, 28.
Daher Kreuzigung (cf Jo 18, 32): 1 Kr 1, 17—23; 2, 2; Kl 2, 14; Phl 2, 8; 1 Pt 2, 24
cf Hb 6, 6, und zwar in Jerusalem Ap 11, 8, genauer vor dem Stadttor Hb 13, 12, wobei er sein Blut vergossen Rm 3, 25; 5, 9; Eph 1, 7; 2, 13; Kl 1, 20; 1 Pt 1, 2. 19;
1 Jo 1, 7; 5, 6; Ap 1, 5; 5, 9; Hb 9, 12. 14; 10, 19. 29; 12, 24; 13, 20 (nur Jo 19, 34
berichtet und aus Jo 20, 20. 25. 27, nicht aber aus Lc 24, 39 zu erschließen); Kreuz-
abnahme AG 13, 29 (ob seitens der Juden? cf Ev Petri 6, 21, übrigens Mt 27, 57ff.;
Mr 15, 43ff.; Lc 23, 50ff.; Jo 19, 38ff.); Begräbnis 1 Kr 15, 4; AG 13, 29 als Element
der Missionspredigt; vielleicht Rm 6, 4 berücksichtigt; Aufenthalt in der Totenwelt
Eph 4, 9; Hb 13, 20; Ap 1, 18 (ob auch 1 Pt 3, 19; 4, 6?). — 12) Auferstehung als
Element der Missionspredigt 1 Kr 15, 3—20; AG 13, 30—37; 17, 3. 18. 31 und des
kirchlichen Bekenntnisses 2 Tm 2, 8 cf Rm 1, 4; 4, 24f.; Gl 1, 1; Kl 1, 18; 1 Pt 1, 3
(oben S. 15); 3, 18. 21; Hb 6, 2; 13, 20; Ap 1, 5. 18. Im einzelnen wird hervorge-

hoben a) $\tau\tilde{\eta}$ $\dot{\eta}\mu\dot{\epsilon}\rho\alpha$ $\tau\tilde{\eta}$ $\tau\rho\acute{\iota}\tau\eta$ 1 Kr 5, 4, b) längere Dauer der Zeit der Erscheinungen AG 13, 31 cf 1, 3; 1 Kr 15, 5—8, c) eine Erscheinung vor Pt und zwar diese als Element der Missionspredigt, was von den folgenden nicht deutlich gesagt ist, 1 Kr 15, 5 (Lc 24, 34 vorausgesetzt, aber weder dort, noch sonst irgendwo erzählt, auch Mr 16, 9—13 nicht berücksichtigt), d) Erscheinung vor den 12 Aposteln 1 Kr 15, 5 (wahrscheinlich identisch mit Lc 24, 36 ff.; Jo 20, 19—23), e) Erscheinung vor mehr als 500 Brüdern auf einmal 1 Kr 15, 6 (sonst nirgendwo berichtet), f) Erscheinung vor Jakobus 1 Kr 15, 7 (sonst im NT nicht erzählt, im Hebräerev auf den Morgen des Auferstehungstages zurückverlegt GK II, 700), g) Erscheinung vor allen Aposteln 1 Kr 15, 7 (kann identisch sein mit Mt 28, 16—20 oder auch mit AG 1, 2—8; Lc 24, 44—51). — 13) Erhöhung in den Himmel oder zur Rechten Gottes Rm 8, 34; Eph 1, 20; Kl 3, 1; Phl 2, 9; 1 Tm 3, 16; 1 Pt 3, 22; Hb 1, 3; 4, 14; 7, 26; Ap 5, 6; 2, 26 f. (erzählt nur AG 1, 9, gemeint Lc 24, 51 auch nach dem kürzeren Text cf AG 1, 2, berücksichtigt Jo 6, 62; 20, 17). — II. Worte Jesu. 1) AG 20, 35 $\pi\acute{\alpha}\nu\tau\alpha$ $\dot{\upsilon}\pi\acute{\epsilon}\delta\epsilon\iota\xi\alpha$ $\dot{\upsilon}\mu\tilde{\iota}\nu$, $\delta\tau\iota$ $o\tilde{\upsilon}\tau\omega\varsigma$ $\varkappa o\pi\iota\tilde{\omega}\nu\tau\alpha\varsigma$ $\delta\epsilon\tilde{\iota}$ $\dot{\alpha}\nu\tau\iota\lambda\alpha\mu\beta\acute{\alpha}\nu\epsilon\sigma\vartheta\alpha\iota$ $\tau\tilde{\omega}\nu$ $\dot{\alpha}\sigma\vartheta\epsilon\nuo\acute{\upsilon}\nu\tau\omega\nu$ $\mu\nu\eta\mu o\nu\epsilon\acute{\upsilon}\epsilon\iota\nu$ $\tau\epsilon$ $\tau\tilde{\omega}\nu$ $\lambda\acute{o}\gamma\omega\nu$ $\tauo\tilde{\upsilon}$ $\varkappa\upsilon\rho\acute{\iotao\upsilon}$ $\mathrm{'I}\eta\sigmao\tilde{\upsilon}$, $\delta\tau\iota$ $\alpha\dot{\upsilon}\tau\grave{o}\varsigma$ $\epsilon\tilde{\iota}\pi\epsilon\nu\cdot$ „$\mu\alpha\varkappa\acute{\alpha}\rho\iota\acute{o}\nu$ $\dot{\epsilon}\sigma\tau\iota\nu$ $\mu\tilde{\alpha}\lambda\lambda o\nu$ $\delta\iota\delta\acute{o}\nu\alpha\iota$ $\tilde{\eta}$ $\lambda\alpha\mu\beta\acute{\alpha}\nu\epsilon\iota\nu$“. Alle Varianten zu diesem oben S. 162 zu Grunde gelegten Texte erklären sich aus begreiflichen Anstößen; so das $\tau\grave{o}\nu$ $\lambda\acute{o}\gamma o\nu$ der antioch. Recension und $\tauo\tilde{\upsilon}$ $\lambda\acute{o}\gamma o\upsilon$ bei Anderen (sah., vulg., einige min.), weil nur ein einziger Spruch citirt wird. So auch die ziemlich verbreitete Form des Spruchs selbst in Pesch. „Selig ist der Gebende mehr als der Nehmende“, dasselbe in indirekter Redeform const. ap. IV, 3; Anast. quaest. 13. Eine Spur dieser in Erinnerung an die sonst stets persönlichen Subjekte der Makarismen sehr naheliegenden Änderung, jedoch in ihrer direkten Redeform, mag das $\mu\alpha\varkappa\acute{\alpha}\rho\iota o\varsigma$ des cod. D sein. Wichtiger wäre der Vorschlag von Lachmann, Blaß, $\pi\acute{\alpha}\nu\tau\alpha$ zum Vorigen zu ziehen. Pesch. hat durch Vorschiebung eines $\varkappa\alpha\acute{\iota}$ vor $\pi\acute{\alpha}\nu\tau\alpha$ und Tilgung des folgenden $\delta\tau\iota$ das ganze Satzgefüge geändert. Mit $o\tilde{\upsilon}\tau\omega\varsigma$ beginnt sie einen neuen Satz, in welchem von $\delta\epsilon\tilde{\iota}$ auch noch $\mu\nu\eta\mu o\nu\epsilon\acute{\upsilon}\epsilon\iota\nu$ abhängt. Miskennung der Abhängigkeit dieses Infinitivs von $\dot{\upsilon}\pi\acute{\epsilon}\delta\epsilon\iota\xi\alpha$ veranlaßte auch die Änderung $\mu\nu\eta\mu o\nu\epsilon\acute{\upsilon}\epsilon\tau\epsilon$. Pl hat die Presbyter seiner Zeit angewiesen, bei ihrer Amtsführung nicht nur dieses einen Spruchs, sondern der Worte Jesu überhaupt eingedenk zu sein (cf 1 Tm 6, 3). Daß diese gerade für sie als Norm geeignet sind, wird durch Anführung eines einzelnen Spruchs belegt. In unseren Evv ist er nicht zu finden. Daß Lc ihn „aus den apostolischen Konstitutionen“ (s. vorhin) citirt habe, war eine naive Torheit des falschen Euthalius (Zacagni 420), welche als Randglosse sich verbreitet hat. Dagegen könnte Clem. I Cor 2, 1 ($\tilde{\eta}\delta\iota o\nu$ $\delta\iota\delta\acute{o}\nu\tau\epsilon\varsigma$ $\tilde{\eta}$ $\lambda\alpha\mu\beta\acute{\alpha}\nu o\nu\tau\epsilon\varsigma$) den Spruch aus der AG oder unabhängig von ihr gekannt haben. — 2) 1 Kr 7, 10 $\tauo\tilde{\iota}\varsigma$ $\delta\grave{\epsilon}$ $\gamma\epsilon\gamma\alpha\mu\eta\varkappa\acute{o}\sigma\iota\nu$ $\pi\alpha\rho\alpha\gamma\gamma\acute{\epsilon}\lambda\lambda\omega$ $o\dot{\upsilon}\varkappa$ $\dot{\epsilon}\gamma\grave{\omega}$ $\dot{\alpha}\lambda\lambda\grave{\alpha}$ $\dot{o}$ $\varkappa\acute{\upsilon}\rho\iota o\varsigma$ „$\gamma\upsilon\nu\alpha\tilde{\iota}\varkappa\alpha$ $\dot{\alpha}\pi\grave{o}$ $\dot{\alpha}\nu\delta\rho\grave{o}\varsigma$ $\mu\grave{\eta}$ $\chi\omega\rho\iota\sigma\vartheta\tilde{\eta}\nu\alpha\iota$ . . . $\varkappa\alpha\grave{\iota}$ $\dot{\alpha}\nu\delta\rho\alpha$ $\gamma\upsilon\nu\alpha\tilde{\iota}\varkappa\alpha$ $\mu\grave{\eta}$ $\dot{\alpha}\varphi\iota\acute{\epsilon}\nu\alpha\iota$“ (cf Mt 19, 6; Mr 10, 9; zum Ausdruck Lc 16, 18 $\dot{\alpha}\pio\lambda\epsilon\lambda\upsilon\mu\acute{\epsilon}\nu\eta\nu$ $\dot{\alpha}\pi\grave{o}$ $\dot{\alpha}\nu\delta\rho\acute{o}\varsigma$). Die von mir ausgestossenen Worte stehen außerhalb der Konstruktion, gehören also nicht zu dem Gebot Jesu. Daß aber ein überliefertes Wort Jesu gemeint ist, zeigt der umgekehrte Ausdruck 1 Kr 7, 12 $\tauo\tilde{\iota}\varsigma$ $\delta\grave{\epsilon}$ $\lambdao\iota\pio\tilde{\iota}\varsigma$ $\lambda\acute{\epsilon}\gamma\omega$ $\dot{\epsilon}\gamma\acute{\omega}$, $o\dot{\upsilon}\chi$ $\dot{o}$ $\varkappa\acute{\upsilon}\rho\iota o\varsigma$ und 7, 25 $\pi\epsilon\rho\grave{\iota}$ $\delta\grave{\epsilon}$ $\tau\tilde{\omega}\nu$ $\pi\alpha\rho\vartheta\acute{\epsilon}\nu\omega\nu$ $\dot{\epsilon}\pi\iota\tau\alpha\gamma\grave{\eta}\nu$ $\varkappa\upsilon\rho\acute{\iota}o\upsilon$ $o\dot{\upsilon}\varkappa$ $\dot{\epsilon}\chi\omega$. Wir sind noch heute in bezug auf die Verheiratung der bisher Unverheirateten und der Wittwen (7, 39 f.), sowie in bezug auf die gemischte Ehe (7, 12—16) in der gleichen Lage. Ein Gebot enthält auch Mt 19, 10—12 nicht. — 3) 1 Kr 9, 14 $o\tilde{\upsilon}\tau\omega\varsigma$ $\varkappa\alpha\grave{\iota}$ $\dot{o}$ $\varkappa\acute{\upsilon}\rho\iota o\varsigma$ $\delta\iota\acute{\epsilon}\tau\alpha\xi\epsilon\nu$ $\tauo\tilde{\iota}\varsigma$ $\tau\grave{o}$ $\epsilon\dot{\upsilon}\alpha\gamma\gamma\acute{\epsilon}\lambda\iota o\nu$ $\varkappa\alpha\tau\alpha\gamma\gamma\acute{\epsilon}\lambda\lambda o\upsilon\sigma\iota\nu$ $\dot{\epsilon}\varkappa$ $\tauo\tilde{\upsilon}$ $\epsilon\dot{\upsilon}\alpha\gamma\gamma\epsilon\lambda\acute{\iota}o\upsilon$ $\zeta\tilde{\eta}\nu$. Cf Mt 10, 9—11; Lc 10, 7 f.; zum Ausdruck Mt 11, 1 $\delta\iota\alpha\tau\acute{\alpha}\sigma\sigma\omega\nu$ $\tauo\tilde{\iota}\varsigma$ $\delta\acute{\omega}\delta\epsilon\varkappa\alpha$. Näher an den Wortlaut von Mt 10, 10 und ganz genau an Lc 10, 7 schließt sich 1 Tm 5, 18 $\dot{\alpha}\xi\iota o\varsigma$ $\dot{o}$ $\dot{\epsilon}\rho\gamma\acute{\alpha}\tau\eta\varsigma$ $\tauo\tilde{\upsilon}$ $\mu\iota\sigma\vartheta o\tilde{\upsilon}$ $\alpha\dot{\upsilon}\tauo\tilde{\upsilon}$, was aber nicht als Wort Jesu und auch nur scheinbar als Bibelspruch citirt ist cf Bd I, 480 f. — 4) 1 Kr 11, 23—25 die Worte Jesu bei Stiftung des Abendmahls s. vorhin unter I, 7. — 5) Hieran möge angeschlossen werden Kl 2, 11 $\dot{\epsilon}\nu$ $\tau\tilde{\eta}$ $\pi\epsilon\rho\iota\tauo\mu\tilde{\eta}$ $\tauo\tilde{\upsilon}$ $X\rho\iota\sigma\tauo\tilde{\upsilon}$. So nennt

Pl die kirchliche Taufe. Diese aber konnte selbstverständlich nicht bezeichnet werden als die Beschneidung, welche Christus an sich erfahren hat (Lc 2, 21; Gl 4, 4 cf Rm 15, 8), denn diese soll gerade von den Heidenchristen ferngehalten werden; sondern nur im Gegensatz zu dieser vom Gesetz angeordneten Beschneidung als diejenige, welche Christus angeordnet hat. Es kann $\tauο\tilde{υ}$ $Xριστο\tilde{υ}$ auch nicht als ein Ersatz für das der apostolischen Sprache noch mangelnde Adjektiv „christlich" gefaßt werden; denn dafür hat Pl die Formel $\dot{ε}ν$ $Xριστ\tilde{ω}$, sondern nur ebenso wie in der Verbindung mit $\tauò$ $ε\dot{υ}αγγέλιον$ u. s. w. (oben S. 165f.) als ein Gen. subj. und auctoris. Auch Eph 5, 25 f. spricht dafür. Pl kennt also wohl ein Gebot Jesu, durch welches die kirchliche Taufe gestiftet ist. Wir lesen ein solches nur Mt 28, 19 (cf Jo 3, 22; 4, 1). Dem widerspricht nicht 1 Kr 1, 17; denn Pl spricht dort nicht von den Predigern überhaupt oder den 12 Aposteln, sondern verneint von sich selbst, daß in seiner Bestallung seitens Christi auch der Auftrag zu taufen enthalten sei, und zwar ist er dazu veranlaßt durch jene Judenchristen, welche darauf Gewicht legten, von Pt die Taufe empfangen zu haben (Bd I, 216 A 11). Diesem war allerdings befohlen zu taufen, aber nach allen Berichten nicht dem Pl. — 6) 1 Th 4, 15 $\tauο\tilde{υ}το$ $γ\dot{α}ρ$ $\acute{υ}μ\tilde{ι}ν$ $λέγομεν$ $\dot{ε}ν$ $λόγ\varphi$ $κυρίου$ $κτλ$. Pl will die folgende eschatologische Belehrung nicht nur ebenso ehrerbietig aufgenommen haben, wie wenn sie ein Wort des Herrn wäre, sondern er will sie als ein Wort des Herrn aufgefaßt haben. Dies verbürgt kein wörtliches Citat, wohl aber einen bewußten Anschluß an überlieferte Worte Jesu. Wenn durch 4, 18 das so Eingeleitete abgeschlossen zu sein scheint, so ist das doch nur dadurch veranlaßt, daß in dem bis dahin gegebenen Stück der Belehrung vor allem die Antwort auf die Fragen des Zweifels (4, 13) lag; in der Tat ist die bewußte Anlehnung an die Reden Jesu in 5, 1—5 erst recht unverkennbar. Die Parallelen im einzelnen sind schon Bd I, 160 A 4 nachgewiesen. Auch Anklänge an Johanneisches fehlen darunter nicht, besonders 5, 4f. $ο\dot{υ}κ$ $\dot{ε}στ\dot{ε}$ $\dot{ε}ν$ $σκότει$, $\acute{ι}να$ $\acute{η}$ $\acute{η}μέρα$ $\acute{υ}μ\tilde{α}ς$ $\acute{ω}ς$ $κλέπτης$ $καταλάβ\eta$ $·$ $πάντες$ $γ\dot{α}ρ$ $\acute{υ}με\tilde{ι}ς$ $υ\acute{ι}ο\grave{ι}$ $φωτός$ $\dot{ε}στε$ cf Jo 12, 35f. — Damit sind die Berufungen auf einzelne Worte Jesu in dem bezeichneten Schriftenkreis erschöpft. Es fehlt nicht an sonstigen Stellen, wo der Ausdruck eine Berücksichtigung von Worten Jesu nahelegt, z. B. 1 Th 4, 2, ohne daß ein Beweis geführt werden könnte. Die Fülle der Gedanken und Aussagen in den Briefen, auf welche die in der Erinnerung der Vf und der Gemeinden lebenden Worte Jesu eingewirkt haben mögen, besonders auch im 1 Jo, kann hier nicht aufgezeigt werden. Die Phantastereien von Resch, welcher 1 Kr 2, 9; 9, 10; 11, 26; Eph 5, 14; 1 Tm 5, 18 förmliche Citate aus einem vorkanonischen Ev erblickt (Agrapha S. 162. 172. 178. 222), welches Pl noch an vielen anderen Stellen ausgebeutet haben soll, bedürfen keiner umständlichen Widerlegung. Da wir erst im 2. Jahrhundert bei Ignatius, Barnabas und Justin allmählich den Brauch sich entwickeln sehen, die in der Kirche gebrauchten Evv mit einem $γέγραπται$ zu citiren, so versteht sich von selbst, daß Pl da, wo er diese oder eine ähnliche Formel anwendet, nicht auf ein Ev sich berufen haben kann. Cf übrigens Ewald, Hauptproblem 143f.; 202—208; meine GK II, 790ff. und an vielen anderen Stellen; Ropes, Die Sprüche Jesu S. 8f. und die dort verzeichneten Besprechungen.

5. In den für die jüdische Christenheit Palästinas bestimmten Schriften (abgesehen vom Mtev): Jk, 2 Pt, Ju und in den dahin gehörigen Reden AG 1, 15—11, 18 finden wir folgende ev Stoffe berücksichtigt: I. Geschichtliches: 1) Davidische Abkunft AG 2, 30, indirekt auch AG 4, 25—27. — 2) Ausgang Jesu von Nazareth AG 2, 22; 3, 6; 4, 10; 6, 14; 10, 38 cf 24, 5; 26, 9. — 3) Der ständige Verkehr Jesu mit seinen Jüngern und sein öffentliches Wirken seit ($\dot{α}πό$) oder nach ($μετά$) der Taufe des Johannes AG 1, 22; 10, 37, wobei neben der Predigt (AG 10, 36) besonders auch seine Wundertätigkeit betont und als ein Ausfluß seiner Salbung mit Geist und Kraft betrachtet wird 10, 38; 2, 22 (cf 4, 27 und über $δύναμις$, $δόξα$, $\dot{α}ρετή$ 2 Pt 1, 3. 16 oben S. 61). Dabei wird an die Taufe Jesu zu denken sein. Als erster Schauplatz dieser Tätigkeit

wird Galiläa genannt 10, 37, aber auch von „allen seinen Taten in Judäa und Jerusalem" gesprochen 10, 39 cf 37. — 4) Die Weissagung Jesu von der Zerstörung des Tempels und Jerusalems, und zwar in der Form, wie sie Jo 2, 19 berichtet und dagegen Mt 26, 61; 27, 40; Mr 14, 58; 15, 29 nur vorausgesetzt wird, blickt AG 6, 14 deutlich durch cf auch Ju 5 oben S. 83. — 5) Die Berufung und Wahl der Apostel durch Jesus selbst 2 Pt 1, 3 oben S. 61; vorausgesetzt AG 1, 17. — 6) Die Verklärung auf dem Berge 2 Pt 1, 16—18 oben S. 57 ff. — 7) Jesu Weissagung vom Martyrium des Pt 2 Pt 1, 14 oben S. 54 f. — 8) Verrat des Judas AG 1, 16 ff. mit eigentümlichen Zügen. — 9) Die Kreuzigung Jesu eine Tat des jüdischen Volks, insbesondere seiner Obrigkeit, welche den Heiden Pilatus als Werkzeug benutzte AG 2, 23; 3, 13. 17; 4. 10 f.; 5, 30; 7, 52. — 10) Wahl zwischen Jesus und Barabbas vor Pilatus AG 3, 13 f. — 11) Beteiligung des Herodes AG 4, 27. — 12) Auferstehung aus dem Grabe AG 2, 24—32; 3, 13. 15; 4, 2. 10; 5, 30, und zwar am dritten Tage 10, 40. — 13) Erscheinungen des Auferstandenen, mit welchem die Apostel gegessen und getrunken haben AG 10, 41 (cf 1, 4?), was in den Evv eigentlich nicht erzählt ist, sofern Lc 24, 41—43 nur von einem Essen Jesu vor den Jüngern, Jo 21, 12 f. von einem Essen der Jünger vor Jesus gesagt ist. Nur auf Grund dieser Erscheinungen sind sie Zeugen seiner Auferstehung AG 2, 32; 3, 15; 5, 32. — 14) Erhöhung in den Himmel AG 2, 33—36; 3, 21; 5, 31. — II. Worte Jesu werden im einzelnen nicht citirt. Über den Widerhall derselben im Jk Bd I, 82. 88. Daß die Apostel insbesondre auch die Gebote Jesu fortgepflanzt haben, besagt 2 Pt 3, 2 oben S. 53. Über die Beziehung auf Jo 13, 36; 21, 18 f. in 2 Pt 1, 14 oben S. 55. Es scheint nach AG 10, 42 ein Auftrag des Auferstandenen an die Apostel dahin gelautet zu haben, daß sie dem Volke bezeugen sollen, Jesus sei der von Gott verordnete Richter der Lebendigen und der Toten (cf 2 Pt 1, 16 παρουσίαν, 1, 4 ἐπαγγέλματα, 3, 9 ἐπαγγελία).

6. Die Hauptstellen für die Form der Fortpflanzung der ev Kunde sind 1 Kr 15, 1—3 (τὸ εὐαγγέλιον ὃ εὐηγγελισάμην ὑμῖν, ὃ καὶ παρελάβετε — παρέδωκα γὰρ ὑμῖν ὃ καὶ παρέλαβον) und 1 Kr 11, 23 (ἐγὼ γὰρ παρέλαβον ἀπὸ τοῦ κυρίου, ὃ καὶ παρέδωκα ὑμῖν). Hieraus ergibt sich 1) daß das παραδιδόναι des Apostels in bezug auf die ev Tatsachen in dem εὐαγγελίζεσθαι inbegriffen, also wie dieses und wie alles andere zur Einpflanzung des Glaubens gehörige παραδιδόναι eine mündliche Mitteilung war. Cf zu παραδιδόναι, παράδοσις und dem entsprechenden παραλαμβάνειν 1 Kr 11, 2; 1 Th 2, 2. 8 (μεταδοῦναι τὸ εὐ.); 2, 13 (παραλαβόντες λόγον ἀκοῆς παρ' ἡμῶν); 3, 4; 4, 1 (παρελάβετε παρ' ἡμῶν); 4, 2 (ἐδώκαμεν ὑμῖν); 4, 11; 2 Th 2, 5; 3, 6 (τὴν παράδοσιν ἣν παρελάβοσαν παρ' ἡμῶν), cf noch die Unterscheidung der späteren schriftlichen Mitteilung von der ersten mündlichen 2 Th 2, 15; 3, 14; ferner Rm 6, 17 (Bd I, 265); Gl 1, 9; Kl 2, 6; Phl 4, 9. Es ergibt sich 2) daß das vorangegangene παραλαβεῖν seitens des Pl dem nachfolgenden παραλαβεῖν seitens der Korinther gleichartig, also wie dieses ein Hören mündlicher παράδοσις gewesen ist, und 3) daß, unbeschadet der Wahrheit von Gl 1, 12. 16, wo es sich ja nicht um die Einzelheiten und Äußerlichkeiten der ev Geschichte, sondern um die Heilswahrheit, die Erkenntnis Christi handelt (cf oben S. 149 zu Hb 2, 3), Pl jene geschichtliche Kenntnis der einzelnen Tatsachen (τὰ περὶ τοῦ Ἰησοῦ oben S. 165 A 2) ebenso wie die Korinther durch Erzählung Anderer, die vor ihm damit bekannt waren, empfangen hat, und nicht etwa durch außerordentliche Offenbarungen seitens Gottes oder Christi, sei es durch eine einmalige bei der Bekehrung (Gl 1, 16; 2 Kr 4, 6), sei es durch mehrere nachfolgende (2 Kr 12, 1 ff.); denn abgesehen von der Absurdität einer so überflüssigen Offenbarung müßte eine unmittelbar von dem Herrn ihm zugegangene Mitteilung und Belehrung durch παρέλαβον παρὰ τοῦ κυρίου ausgedrückt werden (cf 1 Th 2, 13; 4, 1; 2 Th 3, 6; 2 Tm 1, 13; 2, 2; 3, 14; Gl 1, 12; Jo 1, 41; 6, 45; 7, 51; 8, 26. 40; 15, 15; AG 20. 24). Durch ἀπὸ τοῦ κυρίου, wie 1 Kr 11, 23 (gegen D, welcher allein παρ', und gegen G, welcher allein θεοῦ hat) zweifellos zu lesen ist, sagt Pl nicht

mehr und nicht weniger, als daß die Überlieferung, welche er den Korinthern vor 3—5 Jahren gebracht hat und ihnen jetzt wieder in Erinnerung bringt, nicht nur identisch ist mit derjenigen, welche er selbst etwa 22 Jahre früher nach seiner Bekehrung empfangen hat, sondern von Jesus selbst her bis zu ihm herabgelangt ist, oder anders ausgedrückt, bis zu Jesus selbst, um dessen Handeln und Reden am Vorabend seines Todes es sich hier handelt, hinauf verfolgt werden kann. Die menschlichen Träger der Tradition auf dem Wege zwischen Jesus und Pl haben wir der Lebensgeschichte des Pl zu entnehmen (AG 9, 17—30; 11, 25—30; 13, 1; Gl 1, 17—2, 14).

7. Marcion hat Rm 2, 16 wahrscheinlich τὸ εὐαγγέλιον ohne μοῦ geschrieben (GK II, 516), und seine Schüler zur Zeit des Origenes und in den folgenden Jahrhunderten betonten nicht dieses μοῦ, sondern den Singular in Rm 2, 16 und die Bezeugung der Einzigkeit des Ev in Gl 1, 6—8, um darauf eine Anklage gegen die Kirche zu gründen, welche nicht ein Ev, sondern mehrere habe (Orig. fragm. in Jo. ed. Brooke II, 232; Dial. c. Marc., Delarue I, 807; Chrysost. zu Gl 1, 6 f. Montf. X, 667). Sie dachten also bei jenen Stellen des Pl an ein Buch und erklärten daraufhin gelegentlich in der Disputation mit Katholiken den Pl für den Vf ihres marcionitischen Ev, wenn sie mit ihrer Behauptung, daß Christus selbst es geschrieben habe, in die Enge getrieben wurden (Dial. 808; Caspari, Anecd. p. 11 f.). Marcion ist daran unschuldig. Dagegen kennt schon Origenes die Deutung von 2 Kr 8, 18 auf Lucas als Evangelisten als eine feststehende und überlieferte (hom. I in Luc. *Unde et ab apostolo merito collaudatur dicente „cuius laus in evangelio est per omnes ecclesias". Hoc enim de nullo alio dicitur et nisi de Luca dictum traditur.* So und nicht wie Delarue III, 933 *traditur*: als Einleitung des folgenden Citats aus Lc 1, 3 ist zu interpungiren). Eben dies tradiren weiter Ephraim, Comm. in ep. Pauli 103; Hier. v. ill. 7; Praef. comm. in Matth.; comm. in epist. ad Philem. 24. Origenes bestreitet auch den Marcioniten nicht das Recht, Rm 2, 16 auf ein Buch zu beziehen (s. vorher), und trägt kein Bedenken, das Buch des Lc „das von Pl gelobte Ev" zu nennen (bei Eus. h. e. VI. 25, 6). Eusebius (h. e. III, 4, 8) berichtet als gemeine Rede, daß Pl, wo immer er κατὰ τὸ εὐαγγέλιόν μου sage, darunter das Lcev verstehe. Cf GK I. 156 A 3; 619. 655. Es würde dies auf Rm 2, 16; 16, 25; 2 Tm 2, 8 und folgerichtig auch auf τὸ εὐαγγέλιον ἡμῶν 2 Kr 4, 3; 1 Th 1. 5; 2 Th 2, 14 Anwendung leiden, und Ephraims Meinung scheint das gewesen zu sein (Th. Ltrtrbl. 1893 Sp. 471). Die Absurditäten, zu welchen man schon bei Rm 2, 16; 16, 25 dadurch geführt würde, brauchen nicht ausgesprochen zu werden. Die Vorstellung, daß die Missionare in unmittelbarem Anschluß an ihre mündliche Predigt den gläubigen Hörern die Evv eingehändigt haben, mag in bezug auf die Zeit Trajans, in bezug auf welche sie Eus. h. e. III. 37, 2 ausspricht, zutreffen. In die Zeit des Pl und Pt zurückgetragen, ist sie anachronistisch. Was von Bartholomäus als dem Überbringer des Mtev nach Südarabien erzählt wird, könnte dagegen wahr sein (§ 54 A 7).

8. Der Gegensatz des Einen, welcher das Buch in der Versammlung vorliest, und der vielen Hörer Ap 1, 3. Auch 1 Tm 4, 13 ist unter der ἀνάγνωσις nicht das Privatstudium, sondern die zum Beruf des Lehrers gehörige Vorlesung in der Gemeindeversammlung zu verstehen. An die Lektion schließt sich die Paraklese und sonstiger Lehrvortrag (Lc 4, 20; AG 13, 15; Just. apol. I, 67). Die Recitation im Freundeskreis war schon ein Vorspiel der Veröffentlichung Plin. epist. I, 13; II, 19; III, 7, 5; 18, 4; V, 3, 7—11; V, 12 (al. 13); V, 17; VI, 15; VII, 17, 7; VIII, 12; Tac. de orat. 9; Luc. hist. conscr. 9. Auch zur weiteren Bekanntmachung bereits publicirter Bücher dient nicht selten die öffentliche Vorlesung, zu welcher die Interessenten sich in großer Zahl einfinden cf August. retract. II, 58.

9. Clem. I Cor. 13, 1 μεμνημένοι τῶν λόγων τοῦ κυρίου Ἰησοῦ cf 46, 7; Pol. ad Phil. 2, 3 cf GK I, 841; Orig. exhort. mart. 7 μνημονευτέον τοῦ διδάξαντος, „ἐγὼ δὲ λέγω".

Vita Polyc. 24, 31 ed. Duchesne p. 30. 36.   Aber auch an den Inhalt der atl Schriften werden die darin wohlbelesenen Christen sehr ausführlich „erinnert" Clem. I Cor. 53, 1; 62, 3.

§ 49. Die gemeinkirchliche Überlieferung über die Entstehung der Evangelien.

Die Geschichte des Kanons zeigt, daß unsere 4 Evv spätestens seit 130 im ganzen Umkreis der damaligen „katholischen Kirche" (Ign. Smyrn. 8, 2) im Gottesdienst gelesen wurden.   Ebenso verbreitet war aber auch eine bestimmte Meinung über die Herkunft dieser Bücher von bestimmten Verfassern und, wie es scheint, auch über die Zeit, in der sie entstanden seien.   Diese allgemeine Überlieferung will zunächst gehört und gewürdigt sein.

I. Als Vf der 4 Bücher, welche man schon um 150 gewöhnlich Evv nannte (Just. ap. I, 66 ἃ καλεῖται εὐαγγέλια), galten um 180—220 überall die Apostel Mt und Jo und die Apostelschüler Mr und Lc.   Wenn gelegentlich von den Evv als Schriften der Apostel oder von den Evangelisten als Aposteln geredet wurde (z. B. Iren. III, 11, 9; GK I, 154 ff.), so erklärt sich diese summarische Bezeichnung, sofern sie überhaupt einer Erklärung bedarf, einmal daraus, daß man den Aposteltitel zum Teil nach dem Vorgang des NT's nicht auf die 12 Apostel und Pl beschränkte, sondern die Predigtgehilfen der Apostel, einen Barnabas, Lucas u. A. gleichfalls Apostel nannte (Forsch VI, 6—8), sodann aber daraus, daß man auch die Evv der beiden Apostelschüler in eine mehr oder weniger innige Abhängigkeit von ihren Lehrern Pt und Pl setzte (s. weiter unten).   Nichts anderes als die kirchliche Überlieferung über Mt, Mr, Lc und Jo als die Vf der Evv fand damals in den griechischen Hss und bald darauf auch in den Hss der lateinischen Übersetzung einen Ausdruck auch im Titel d. h. in den Überschriften, Unterschriften und Kolumnentiteln der einzelnen Evv, als deren ursprüngliche Form κατὰ Ματθαῖον, κατὰ Μᾶρκον etc. zu gelten hat (A 1).   Zwar der Manichäer Faustus, welcher dieses κατὰ Ματθαῖον auf die Vf der Evv selbst zurückführte, fand darin zugleich das Eingeständnis, daß die Evv nicht von diesen Aposteln und Apostelschülern, sondern von unbekannten Leuten späterer Zeit nach angeblichen Traditionen der Apostel und Apostelschüler verfaßt seien (A 2); und bis heute ist diese Meinung verbreitet genug, nur mit dem Unterschied, daß man nicht die Evangelisten selbst, sondern die die Evv sammelnde und fortpflanzende Kirche in dieser sonderbaren Form aussprechen läßt, daß die Evv nicht von den 4 genannten Männern, sondern von Anderen in deren Geist und Namen verfaßt seien.   Die Verkehrtheit dieser Ansicht ist leicht einzusehen.   Denn e r s t e n s sagen die ältesten Zeugen für das κατὰ Ματθαῖον, nämlich Irenäus, Clemens und der muratorische Fragmentist (A 3), ebenso deutlich wie Origenes und alle Späteren, daß Mt, Mr, Lc, Jo selbst die nach ihnen genannten Evv verfaßt haben.   Z w e i t e n s hatten die Kirchenlehrer dieser Zeit die Überlieferung überkommen und pflanzten sie vertrauensvoll fort, daß das

Mrev auf die mündliche Predigt des Pt als letzte Quelle zurückgehe (§ 51), und ein ähnliches Verhältnis zwischen Pl und dem Lcev wurde vielfach angenommen. Seitdem jene Tradition über das Mrev, die bis in das erste Jahrhundert hinaufreicht, sich verbreitet hatte, **konnte** ein Titel, welcher nicht den Vf dieses Ev, sondern den Gewährsmann und letzten Bürgen für seinen Inhalt nennen sollte, nur lauten εὐαγγέλιον κατὰ Πέτρον, nicht κατὰ Μᾶρκον. Ebenso würde κατὰ Παῦλον die Stelle des κατὰ Λουκᾶν eingenommen haben. Andrerseits ist jenes κατὰ Ματθαῖον auch nicht ein sonstigem Gebrauch entsprechender Buchtitel mit einfacher Bezeichnung des Vf, sondern will, zumal in seiner ursprünglichen Form ohne εὐαγγέλιον, aus der Eigentümlichkeit dieser Bücher und ihrer Stellung in der Kirche erklärt sein. Gewöhnlich citirte man die Worte Jesu, die man den Evv entnahm, mit der Formel: „Der Herr sagt, hat gesagt“ oder „der Herr sagt im Ev“ oder „im Ev steht geschrieben“ oder „das Ev sagt“. Ohne Unterscheidung der verschiedenen Bücher, in welchen man das eine und einzige Ev Christi besaß, übertrug man den Namen, welchen in der Zeit der Apostel die mündliche Heilspredigt trug, auf die Schriften, in welchen diese Predigt den Nachgeborenen vorlag, und zwar wahrscheinlich früher den Singular τὸ εὐαγγέλιον als den Plural τὰ εὐαγγέλια auf die Gesamtheit solcher Schriften, während man erst später auch eine einzelne dieser Schriften ein εὐαγγέλιον und ihre Vielheit εὐαγγέλια nannte. Wenn aber das Bedürfnis sich herausstellte zu sagen, auf welche Auktorität hin man behaupte, daß der Herr im Ev dies oder jenes einzelne Wort gesprochen habe, oder daß das Ev diese oder jene Tatsache bezeuge, sagte man, gemeinem Sprachgebrauch entsprechend, „nach Matthaeus hat der Herr gesagt“, „nach Johannes hat Jesus einst Wasser in Wein verwandelt“, „das Ev bezeugt nach Mr, daß Jesus auf einem Kopfkissen im Schiff geschlafen“. Die apostolische Vorstellung von der Einzigkeit des Ev, welche die Kirche nicht der Sekte Marcions (oben S. 172 A 7) überlassen konnte, erzeugte in ihr notwendig die Vorstellung von der untrennbaren Einheit der 4 Evv. Aus dieser Vorstellung erklären sich nicht nur jene altertümlichen, aber auch in den folgenden Jahrhunderten üblich gebliebenen Anführungsformeln, sondern auch die Titel κατὰ Ματθαῖον κτλ. Sie setzen als Gesamttitel der Evangeliensammlung εὐαγγέλιον voraus, gerade so wie πρὸς Ῥωμαίους voraussetzt, daß die so betitelte Einzelschrift Bestandteil einer Sammlung von Παύλου ἐπιστολαί war. Sieht man von dem verspäteten Widerspruch der sogenannten Aloger um 170 ab, welche das 4. Ev für ein Werk des Ketzers Kerinth erklärten, so ist der in den Titeln der Evv ausgedrückten Tradition im 2. Jahrhundert von Niemand, weder von Mitgliedern der Kirche, noch von Ketzern widersprochen worden. Justinus, welcher die Evv regelmäßig „Erinnerungen der Apostel“ nennt und gelegentlich in bezug auf die Geschichte von der Taufe Jesu sagt: das „haben die Apostel dieses unsers Christus selbst (oder seine d. h. dieses unseres Christus Apostel) geschrieben“ (dial. 88), bedient sich doch einmal, wo er etwas anführt, was wir nur Lc 22, 44, also in dem Ev eines

Apostelschülers lesen, des genaueren Ausdrucks: „es ist geschrieben in den Er- innerungen, von welchen ich behaupte, daß sie von seinen Aposteln und deren Schülern (τῶν ἐκείνοις παρακολουϑησάντων) verfaßt seien" (dial. 103). Nimmt man hinzu, daß Justinus noch an zwei Stellen, wo er eigentümlich lucanische Stoffe vorbringt, es vermeidet, die Apostel geradezu als die Vf der Evv zu be- zeichnen (apol. I, 33 οἱ ἀπομνημονεύσαντες πάντα τὰ περὶ τοῦ σωτῆρος ἡμῶν ᾿Ι. Χρ., dial. 105 ὡς ἀπὸ τῶν ἀπομνημονευμάτων ἐμάϑομεν), so ist doch wohl unwidersprechlich klar, daß er wie Irenäus und alle Späteren unter den Evv solche, welche von Aposteln, und solche, welche von Apostelschülern herrühren, unterscheidet, und daß er das 3. Ev als Werk eines Apostelschülers kennt, was ihn aber nicht hindert, für gewöhnlich von den „Erinnerungen der Apostel" zu reden (GK I, 476. 478 ff. 497). Auch die Gnostiker, die Schulen Valentins und Marcions haben die in der Kirche gebrauchten Evv niemals anderen Ver- fassern zugeschrieben als die Kirche selbst. Wenn Valentinus oder seine Schüler eine Sammlung ev Traditionen unter dem Titel *evangelium veritatis* veranstaltet haben (Iren. III, 11, 9 GK I, 748 ff.), so lag darin eine gewisse Kritik der kirch- lichen Evv. Die volle Wahrheit über Jesus enthalten sie noch nicht, und ohne Kenntnis der Geheimtradition sind ihre vielfach widersprechenden Berichte nicht richtig zu verstehen. Aber die Valentinianer citiren und kommentiren die kirch- lichen Evv als Schriften von Aposteln (GK I, 732 f. 741 f. 744 A 1). Die Petrus- akten, welche ein der Schule Valentins angehöriger oder nahestehender Mann um 160—170 geschrieben hat (Bd I, 449 A 7), stellen das Evangelienbuch, welches in der Gemeindeversammlung gelesen wird, als ein apostolisches Werk dar, an dessen Abfassung auch Pt beteiligt scheint. Es wird unter Benutzung von Jo 21, 25 und 1 Jo 1, 1—4 wohl der Deutung und Ergänzung für bedürftig erklärt, aber nicht geradezu getadelt, geschweige denn geringeren und späteren Verfassern zu- geschrieben (Act. Petri ed. Lipsius p. 66 f. GK II, 848 A 2; 849 ff.). Andere gingen in der Kritik der kirchlichen Evv weiter als die Valentinianer und behaupteten, daß darin manches jüdisch Gesetzliche enthalten sei; aber auch diese fochten die Überlieferung über die Vf nicht an, sondern beschuldigten die Apostel, welche auch ihnen als die Vf galten, daß sie, noch befangen in jüdischen Vorurteilen und die vielfach auf Akkommodation beruhende Lehrweise Jesu misverstehend, den Worten Jesu jene unevangelischen Elemente beigemischt haben (A 4). Der Kühnste unter diesen Kritikern, Marcion, welcher doch sonst die Kritik der kirchlichen Tradition auch in literarischen Dingen nicht verschmäht hat (Bd I, 341), hat die Evv von dieser Seite unangefochten gelassen. Die Judenapostel selbst sind nach ihm bis zur förmlichen Fälschung des Ev auch als Schriftsteller fort- geschritten, und Gesinnungsgenossen von ihnen haben durch nachträgliche Ein- schiebungen dieses böse Werk vollendet (GK I, 591—594; 656—680). Es kann hier nicht im einzelnen nachgewiesen werden, wie Marcion an den einzelnen Evv Kritik geübt hat. Am deutlichsten läßt sich aus den bedeutenden Über- resten von Marcions eigenem Ev ersehen, einer wie einschneidenden Kritik er

das Ev des Lc für bedürftig gehalten hat (GK I, 680—718; II, 455—494).
Nicht nur mit Einzelheiten, die als nachträgliche Interpolationen hätten ausgeschieden werden können, wie Marcion solche aus den paulinischen Briefen ausgeschieden hat, sondern mit der ganzen Anlage und dem Geist des Lcev, also
mit dem Vf desselben war Marcion äußerst unzufrieden. Kein Wunder, daß er
an der einzigen Stelle der paulinischen Briefe, an welcher er den Lucas in bedeutsamer Weise erwähnt fand (Kl 4, 14 — denn den 2 Tm verwarf Marcion
gänzlich), die anerkennenden Worte ὁ ἰατρὸς ὁ ἀγαπητός gestrichen hat, so daß
Lc nun hier wie Phlm 24 in der verdächtigen Gesellschaft des berüchtigten
Demas ohne jede Auszeichnung steht (GK I, 665. 705 f. II, 528). Will man nicht
einen sonderbaren Zufall zu Hilfe nehmen, so ist damit bewiesen, daß Marcion
das Lcev, welches er hauptsächlich zur Grundlage seines eigenen Ev gemacht
hat, als ein Werk des Paulusschülers Lucas gekannt und, weit entfernt, diese
Überlieferung bestreiten zu wollen, den Lucas angeschwärzt hat, welchen auch
er als den Vf des kirchlichen Lcev anerkannte. Eine so frühzeitige und so einstimmige Anerkennung von Freund und Feind, wie die Überlieferung, daß die
Apostel Mt und Jo und die Apostelschüler Mr und Lc die kirchlichen Evv verfaßt haben, wird nicht leicht eine literargeschichtliche Tradition, welche später
angezweifelt worden ist, für sich aufzuweisen haben. Eine solche Tradition erheischt um so mehr eine Ableitung aus wirklichen Tatsachen, welche ihre Entstehung befriedigend erklärt, als die Bücher selbst keinen nötigenden Anlaß zu
der einstimmigen Überlieferung über ihre Vf enthalten. In den Evv unter den
Namen des Mt und Mr tritt nirgendwo die Persönlichkeit der Vf in einem Ich
des Berichterstatters hervor. Der Name des Apostels, dem man das erstere
zugeschrieben hat, steht Mt 9, 9; 10, 3 ohne Andeutung eines näheren Interesses,
welches der Erzähler an diesem Apostel genommen hätte. Die Namen des Mr,
des Lc und des Jo kommen in den je nach dem Einen oder Anderen von ihnen benannten Büchern überhaupt nicht vor. Aus dem Vorwort des Lc und dem Wir
in einigen Teilen der AG konnte man schließen, daß dieses zweiteilige Werk
von einem Apostelschüler und einem zeitweiligen Genossen des Pl geschrieben
sei. Ihn Lucas und nicht Titus zu nennen, gab das Werk keinen Anlaß. Aus
einigen Stellen des 4. Ev konnte man schließen, daß der Vf desselben dem
Apostelkreis angehört habe; aber daß er Johannes und nicht Jakobus Zebedäi
oder Alphäi oder Bartholomäus oder Simon Zelotes heiße, konnte, soweit wir
die altkirchliche Exegese kennen, kein Verstand der Klügsten erraten. Daraus
folgt, daß die Überlieferung, welche diese 4 Evv vom Anfang ihrer Verbreitung
in der Kirche begleitet hat, ohne auch nur einmal, selbst von den feindseligen
Kritikern, an welchen es diesen Büchern schon damals nicht gefehlt hat, während
der Zeit von 70—170 bestritten zu werden, nicht auf gelehrte Vermutungen,
sondern auf irgend welche Tatsachen sich gründet, die zu jener Zeit unbestreitbar waren.

II. Origenes behauptet als Überlieferung erfahren zu haben, daß die 4 Evv der Kirche in derjenigen Reihenfolge entstanden seien, in welcher wir sie in unseren Bibeln zu lesen gewohnt sind (A 5). Zur Würdigung dieser Überlieferung sowie anderer Angaben, die uns mehrdeutig erscheinen könnten, muß man sich gegenwärtig halten, daß in der alten Kirche sehr mannigfaltige Anordnungen der Evangeliensammlung üblich waren, und daß bis ins 3. Jahrhundert hinein die hl. Schriften nicht in Form des Buchs in unserem Sinn dieses Wortes d. h. in Form des Codex, welcher eine größere Menge von Schriften umfassen konnte, sondern in Form der Rolle von sehr begrenztem, meist ziemlich gleichmäßigem Umfang zu Papier gebracht wurden. Bücher von dem durchschnittlichen Umfang unserer Evv, der AG und der Ap nahmen je eine Rolle für sich in Anspruch. Die Zusammengehörigkeit mehrerer solcher Schriften konnte nur dadurch zur äußeren Darstellung kommen, daß die zusammengehörigen Schriftrollen in einem Behälter oder in demselben Fach eines Bücherschranks zusammengestellt wurden (A 6). Von einer Reihenfolge der Evv konnte demnach zu jener Zeit keine Rede sein. Der Übergang von der Rolle zum Codex beginnt in der Lebenszeit des Origenes sich zu vollziehen, und es ist wahrscheinlich, daß schon Origenes Codices gesehen hat, welche alle 4 Evv in sich vereinigten. Die Reihenfolge aber, in welcher er sie geordnet fand, scheint dieselbe gewesen zu sein, welche eine Zeit lang in Ägypten geherrscht hat: Jo, Mt, Mr, Lc. Auf die angeführte Überlieferung von der Zeitfolge, in welcher die Evv entstanden seien, und auf die Angaben anderer Schriftsteller aus der Zeit vor Origenes kann weder diese noch irgend eine andere Anordnung der Evv im Codex einen Einfluß geübt haben, weil die Form des Codex erst im Verlauf des 3. Jahrhunderts allmählich die Vorherrschaft gewonnen hat. Was Origenes als Tradition mitteilt, ohne einer abweichenden Ansicht zu gedenken, sprechen auch Irenäus und der murat. Fragmentist ohne jedes Anzeichen von Unsicherheit aus (A 7). Es ist die allgemeine Ansicht des Altertums geblieben (A 8), und eben diese hat es hauptsächlich bewirkt, daß die uns geläufige Anordnung der Evv vom Anfang des 4. Jahrhunderts an im Orient, seit Hieronymus auch im Occident immer mehr die anderen Ordnungen verdrängte. Irenäus bietet uns aber auch bestimmtere Angaben (A 7). Zu der Zeit, da Pt und Pl in Rom das Ev predigten und mit Gründung der dortigen Kirche beschäftigt waren, habe Mt, welcher unter den Hebräern lebte, in deren Sprache eine ev Schrift herausgegeben. Nach dem Tode aber jener beiden Apostel habe Mr, der Schüler und Dolmetscher des Pt, der Kirche in schriftlicher Form übergeben, was Pt predigte. Hierauf läßt Irenäus ohne nähere chronologische Angabe den Lc mit seinem Ev folgen. Auch vom 4. Ev sagt er nur, daß Johannes dasselbe nach dem Erscheinen der anderen Evv zur Zeit seines Aufenthalts in Ephesus herausgegeben habe. Nach der chronologischen Vorstellung des Irenäus (Bd I, 452) wäre demnach der hebräische Mt um 61—66, Mr bald nach 66 oder 67, Lc etwas später erschienen, und Johannes, welcher nach Irenaeus (V, 30, 3) die Apokalypse gegen Ende der Regierung Domitians († 96) verfaßt und die ersten

Regierungsjahre Trajans (98—117) noch erlebt hat (Iren. II, 22, 5; III, 3, 4), müßte sein Ev etwa um 75—95 verfaßt haben. Dazu ist zu bemerken, daß Irenäus das Werk des Papias gelesen hat (V, 33, 4), in welchem Nachrichten über die Entstehung der Evv des Mt und Mr, nach einer angezweifelten Nachricht auch des johanneischen Ev enthalten waren. In bezug auf Mr hat Papias eine Aussage seines Lehrers Johannes, welchen Irenaeus für den Apostel dieses Namens hielt, aufbewahrt, wonach Mr in seinem Ev Erinnerungen an die Erzählungen des Pt getreu aufgezeichnet haben soll (§ 51). Dadurch scheint ausgeschlossen, daß Mr sich zur Zeit der Abfassung seines Ev in der Nähe seines Lehrers Pt befand, oder es scheint vorausgesetzt zu sein, daß Pt nicht mehr am Leben war, als Mr schrieb. Da Irenaeus für das Verhältnis des Mr zu Pt unter anderem den gleichen auffälligen Ausdruck gebraucht, den auch Johannes dafür gebraucht hatte ($\dot{\varepsilon}\varrho\mu\eta\nu\varepsilon\upsilon\tau\dot{\eta}\varsigma$ $\Pi\dot{\varepsilon}\tau\varrho\upsilon$), so liegt auf der Hand, daß Irenäus in bezug auf die Abfassungszeit des Mr sich in Übereinstimmung nicht nur mit Papias, sondern auch mit dessen Lehrer Johannes, dem Presbyter, nach Irenäus dem Apostel Johannes wußte. Das will bedacht sein bei Würdigung einer anscheinend völlig widersprechenden Angabe des Clemens Al. (A 9). Dieser will von seinen Lehrern die Überlieferung empfangen haben, daß diejenigen Evv, welche eine Genealogie Christi enthalten, früher geschrieben seien, als die anderen. Da Clemens außerdem in demselben Zusammenhang berichtet, daß Johannes als der letzte der Evangelisten und in Rücksicht auf die Unvollständigkeit oder Einseitigkeit der übrigen Evv das seinige geschrieben habe, so stimmt seine Chronologie darin mit der einzigen sonst überlieferten überein, daß Mt zuerst und Jo zuletzt geschrieben habe; sie weicht aber, wenn man seine sehr kurze Angabe genau nehmen darf, darin von der sonstigen Tradition ab, daß nicht nur Mt, sondern auch Lc, welcher gleichfalls eine Genealogie bietet, früher als Mr geschrieben habe, welcher keine solche gibt. Damit würde es zusammenhängen, daß Clemens nach irgend einer älteren Quelle den Mr nicht, wie Irenäus angibt, erst nach dem Tode des Pt und Pl, sondern noch zu Lebzeiten des Pt sein Ev schreiben läßt. Sehr erheblich wäre die letztere Differenz nicht, da die ältere Überlieferung nur einen sehr kurzen, höchstens einjährigen Aufenthalt des Pt in Rom bezeugt (oben S. 22 ff.; Bd I, 446—458), und andrerseits Irenäus offenbar sagen will, daß Mr bald nach dem Tode des Pt und des Pl sein Ev herausgegeben habe. Es würde nach Clemens 63/64, nach Irenäus etwa 67 als Datum des Mrev zu gelten haben. Da ferner über die Zeit und die Umstände, unter welchen das Werk des Lc entstanden ist, eine so bestimmte Überlieferung nicht vorhanden war, wie über Mr, so könnte die Meinung, daß Lc vor Mr geschrieben habe, eine bloße Folgerung aus dem Schluß der AG sein. Wenn man, wie noch heute manche Gelehrte, annahm, daß Lc gleich nach Ablauf jener zwei Jahre (AG 28, 30) dieses Buch, und somit noch etwas früher sein Ev verfaßt habe, und wenn man erwog, daß Lc von einer gleichzeitigen Anwesenheit des Pt in Rom nichts merken läßt, oder wenn man durch Überlieferung wußte, daß Pt erst nach der Abreise des

Pl von Rom dorthin gekommen sei (oben S. 22 f.), so mußte ja Lc früher geschrieben haben, als Mr, wenn dieser sein Ev unter den Augen des Pt in Rom verfaßt haben soll. Genauere Erwägung der eigenen Worte des Clemens zeigt aber, daß er von Vollendung und Veröffentlichung des Mrev zu Lebzeiten des Pt nichts weiß und sagt (§ 51). Jedenfalls müßte die singuläre Angabe des Clemens, welche die Zeitfolge Lc — Mr auszudrücken scheint, hinter der Überlieferung der Zeitfolge Mr — Lc zurückstehen, nicht nur darum, weil letztere unvergleichlich stärker vertreten ist, sondern auch darum, weil erstere die Frucht gelehrter Erwägung sein kann, was von der gegenteiligen Tradition undenkbar ist. Gelehrte Hypothesen aber, wie alt sie sein mögen, verdienen nicht den Namen der Überlieferung; sie sind nur Zeugnisse für das größere oder geringere Maß des Verstandes ihrer Urheber, worüber zu urteilen in diesem Lehrbuch kein Anlaß ist.

1. Der cod. B hat als Unterschrift der 4 Evv und als Kolumnentitel nur κατα Μαθθαιον κτλ., ebenso א im Kolumnentitel, dagegen in der Unterschrift von Mr Lc Jo ευαγγελιον κατα Μαρκον κτλ. Dies ist in den Uncialen die Regel, nur wird zuweilen ευαγγελιον einmal statt zweimal hinter einander geschrieben z. B. cod. D ed. Scrivener p. 262 ευαγγελιον κατ λουκαν επληρωθη· αρχεται κατ μαρκον. So auch in lat. Hss. Daß die Lateiner ihr *secundum Matthaeum* nicht neu geschaffen, sondern gleich bei der ersten Übersetzung aus den griechischen Hss herübergenommen haben, beweist die griechische Form *cata Marcum, Lucam* etc. in den Hss der altlat. Version, bei Cyprian, Firmicus Maternus, Lucifer. Priscillian (GK I, 164 A 5. Ich füge noch hinzu den echten Victorinus von Pettau cf Haußleiter im Th. Ltrtrbl. 1895 S. 194; den Marius Victorinus c. Arianos IV, 4. 8. 18, s. unten A 3; Hieron. de situ et nomin. loc. hebr. Onomast. ed. Lagarde p. 99, 23). Das Gleiche gilt von den ägyptischen Versionen. Dagegen haben die Syrer in allen Gestalten ihrer Evangelienübersetzung statt „nach Matthaeus" einfach „des Matthaeus". Auch Tertullian, der noch kein lat. Ev in Händen hatte, vermied das κατά, *secundum.*

2. Faustus bei August. c. Faustum XXXII, 2 beruft sich auf die Kritik, welche auch die Katholiken am mosaischen Gesetz üben, und fragt dann: *solius filii putatis testamentum non potuisse corrumpi, solum non habere aliquid, quod in se debeat improbari? praesertim quod nec ab ipso scriptum constat nec ab eius apostolis, sed longo post tempore a quibusdam incerti nominis viris, qui ne sibi non haberetur fides scribentibus, quae nescirent, partim apostolorum nomina, partim eorum, qui apostolos secuti viderentur, scriptorum suorum frontibus indiderunt, adseverantes secundum eos se scripsisse, quae scripserint. Quo magis mihi videntur injuria gravi affecisse discipulos Christi, quia quae dissona idem et repugnantia scriberent, ea referrent ad ipsos et secundum eos haec scribere se profiterentur evangelia. quae tantis sint referta erroribus, tantis contrarietatibus narrationum simul ac sententiarum, ut nec sibi prorsus nec inter se ipsa conveniant.* Ganz ähnlich nochmals XXXIII, 3. Auch die Antworten Augustins, besonders XXXII, 16. 19. 21. 22; XXXIII, 6—8 sind lesenswert. — Selbst ein Lagarde (Mitteilungen IV, 109) mochte schreiben: „Die Evv führen in den Urkunden die Titel Evv nach Mt usw., sie werden also nicht, wenigstens nur in den interpolirten Hss., als Evv des Mt usw. ausgegeben." Man kann sich nicht wundern, daß Juden wie Hamburger, Jesus von Nazareth 1895 S. 8 in demselben Gleise weiterfahren.

3. Iren. I, 26, 2; 27, 4; III, 11, 7. 8. 9; 14, 4; Clem. paed. I, 38; strom. I, 145. 147; quis div. 5; hypotyp. zu 1 Pt 5, 13; 1 Jo 1, 1; Can. Mur. 1. 2 (GK II, 5. 21 f. 140).

Die alten Citationsformeln GK I, 162 f. Zu denjenigen, aus welchen der ursprüngliche Sinn des κατά M. noch hervorleuchtet (GK I, 167 A 2), cf noch Victor. c. Arianos IV, 18 *Idem* (sc. Christus) *tamen, ut ostenderet suam praesentiam semper,* κατὰ Ματθαῖον *sic loquitur* (folgt Mt 28, 19 f.); ibid. IV, 4 *colligamus igitur* κατὰ Ἰωάννην *dictum* (folgt Jo 4, 24). Daneben auch IV, 8 *in evangelio* κατὰ Ἰ. (Migne 8, 1115. 1119. 1126). — Über die Vorstellung von der Einheit der Evv GK I, 161 ff. 185 f. 477—481; 842—848; II, 21 f., 32 f. 40 f. — Auch in allen Übertragungen dieses κατά mit folgendem Personnamen wie κατὰ Πέτρον (Orig. tom. X, 17 in Mt; Serapion bei Eus. h. e. VI, 12), κατὰ τοὺς δώδεκα, κατὰ Θωμᾶν, Βασιλείδην, Ματθίαν (Orig. hom. 1 in Lucam GK II, 627) bezeichnen diese Namen die vermeintlichen Vf, nicht aber die hinter diesen stehenden Auktoritäten.

4. Bei Iren. III, 2, 2 *apostolos enim admiscuisse ea, quae sunt legalia, salvatoris verbis;* III, 12, 12 *apostolos quidem adhuc quae sunt Judaeorum sentientes annuntiasse evangelium* handelt es sich formell und zunächst um die mündliche Predigt und Tradition, aber doch, wie der Zusammenhang beider Stellen zeigt (III, 2, 1 vor den citirten Worten und III, 12, 12 hinter denselben), so, daß dadurch die seitens der Häretiker an den Evv geübte Kritik motivirt und von ihrem Standpunkt aus gerechtfertigt werden soll. Auch in der hiegegen gerichteten Behauptung des Irenäus III, 1, 1, daß die Apostel erst nach der Auferstehung Jesu und dem Empfang des Geistes das Ev gepredigt und geschrieben haben, wird mit der mündlichen Predigt sofort die Abfassung der Evv verbunden.

5. Eus. h. e. VI, 25, 3 berichtet über Origenes: ἐν δὲ τῷ πρώτῳ τῶν εἰς τὸ κατὰ Ματθαῖον (v. l. add. εὐαγγέλιον), τὸν ἐκκλησιαστικὸν φυλάττων κανόνα, μόνα τέσσαρα εἰδέναι εὐαγγέλια μαρτύρεται ὧδέ πως γράφων · Ὡς ἐν παραδόσει μαθὼν περὶ τῶν τεσσάρων εὐαγγελίων, ἃ καὶ μόνα ἀναντίρρητά ἐστιν ἐν τῇ ὑπὸ τὸν οὐρανὸν ἐκκλησίᾳ τοῦ θεοῦ, ὅτι πρῶτον μὲν γέγραπται τὸ κατὰ τόν ποτε τελώνην, ὕστερον δὲ ἀπόστολον Ἰησοῦ Χριστοῦ Ματθαῖον, ἐκδεδωκότα αὐτὸ τοῖς ἀπὸ Ἰουδαϊσμοῦ πιστεύσασι, γράμμασιν ἑβραϊκοῖς συντεταγμένον · δεύτερον δὲ τὸ κατὰ Μᾶρκον, ὡς Πέτρος ὑφηγήσατο αὐτῷ, ποιήσαντα, ὃν καὶ υἱὸν ἐν τῇ καθολικῇ ἐπιστολῇ διὰ τούτων ὡμολόγησε φάσκων: „ἀσπάζεται ὑμᾶς ἡ ἐν Βαβυλῶνι συνεκλεκτὴ καὶ Μᾶρκος ὁ υἱός μου.“ καὶ τρίτον τὸ κατὰ Λουκᾶν, τὸ ὑπὸ Παύλου ἐπαινούμενον εὐαγγέλιον τοῖς ἀπὸ τῶν ἐθνῶν πεποιηκότα · ἐπὶ πᾶσι τὸ κατὰ Ἰωάννην. Cf die Vorrede des Origenes zu den Homilien über Lc lateinisch und griechisch GK II, 625. 627; ferner tom. VI, 17 in Jo. ἀρξάμενοι ἀπὸ τοῦ Ματθαίου, ὃς καὶ παραδέδοται πρῶτος τῶν λοιπῶν τοῖς Ἑβραίοις ἐκδεδωκέναι τὸ εὐαγγέλιον, τοῖς ἐκ περιτομῆς πιστεύουσιν. Cf tom. I, 6: Als ἀπαρχὴ τῶν εὐαγγελίων ist dasjenige des Jo nicht etwa zuerst, sondern zuletzt geschrieben (cf I, 4), vor demselben aber Mt Mr Lc in dieser Folge.

6. Über Rolle und Codex GK I, 60—83; V. Schultze in den Greifswalder Studien 1895 S. 149—158. Über die Ordnung der Evv in den Codices GK II, 364—375, insbesondere diejenige in Ägypten und bei Origenes II, 371 ff. 1014.

7. Iren. III, 1, 1, griechisch bei Eus. h. e. V, 8, 2: Ὁ μὲν δὴ Ματθαῖος ἐν τοῖς Ἑβραίοις τῇ ἰδίᾳ διαλέκτῳ αὐτῶν καὶ γραφὴν ἐξήνεγκεν εὐαγγελίου, τοῦ Πέτρου καὶ τοῦ Παύλου ἐν Ῥώμῃ εὐαγγελιζομένων καὶ θεμελιούντων τὴν ἐκκλησίαν. Μετὰ δὲ τὴν τούτων ἔξοδον Μᾶρκος, ὁ μαθητὴς καὶ ἑρμηνευτὴς Πέτρου, καὶ αὐτὸς τὰ ὑπὸ Πέτρου κηρυσσόμενα ἐγγράφως ἡμῖν παραδέδωκε. Καὶ Λουκᾶς δέ, ὁ ἀκόλουθος Παύλου, τὸ ὑπ' ἐκείνου κηρυσσόμενον εὐαγγέλιον ἐν βιβλίῳ κατέθετο. Ἔπειτα Ἰωάννης, ὁ μαθητὴς τοῦ κυρίου, ὁ καὶ ἐπὶ τὸ στῆθος αὐτοῦ ἀναπεσών, καὶ αὐτὸς ἐξέδωκε τὸ εὐαγγέλιον, ἐν Ἐφέσῳ τῆς Ἀσίας διατρίβων. Die Abweichungen zwischen diesem griech. Text des Eus. und der lat. Version des Irenäus sind unerheblich. Das an Vorangehendes anknüpfende *Ita Matthaeus* (οὕτως ὁ Ματθαῖος mit oder ohne μέν und δή) hat Eus. begreiflicherweise geändert. Der lat. Übersetzer dagegen hat das καί vor γραφήν, welches die mündliche Predigt der Apostel

zum Gegensatz hat (cf GK II, 22 A 1), fortgelassen. Wenn spätere Kompilatoren (Cramer Cat. I, 263. 264) im Anschluß an Irenäus oder an das Citat aus Irenäus bei Eusebius die Zeit der Abfassung des Mrev durch μετὰ Ματθαῖον oder μετὰ τὴν τοῦ κατὰ Ματθαῖον εὐαγγελίου ἔκδοσιν bezeichneten, so waren sie im Recht; sehr mit Unrecht aber hat man darnach den Text des Irenäus korrigiren wollen (s. Heinichen im Kommentar zu Eus. V, 8, 2 p. 198). Das allein überlieferte τὴν τούτων ἔξοδον ohne Angabe eines Orts oder Raums, welchen sie verlassen haben (cf dagegen Ps 114, 1; Sir 40, 1; Hb 3, 16), kann nur den Tod des Pt und des Pl bezeichnen cf Lc 9, 31; 2 Pt 1, 15 (oben S. 56 A 5); Sap Salom 3, 2; 7, 6; Philo de carit. 4; Epist. Lugd. bei Eus. h. e. V, 1, 36. Es ist dasselbe wie ἔξοδος τοῦ βίου Just. dial. 105 oder τοῦ ζῆν Jos. ant. IV, 8, 2 (189) oder ἔκβασις τῆς ἀναστροφῆς Hb 13, 7 oder das gleichfalls einer Näherbestimmung nicht bedürftige ἀνάλυσις 2 Tm 4, 6 (cf Phl 1, 23; Lc 2, 29 = dem neuhebräischen פטירה). Gegen die Ansicht von E. Grabe zu Iren. III, 1, 1, daß der Aufbruch des Pt und Pl von Rom gemeint sei, entscheidet erstens, daß das nackte ἔξοδος von keinem Leser so verstanden werden konnte (cf Can. Mur. l. 38 *profectio Pauli ab urbe in Spaniam*, AG 18, 1; 4, 15), und zweitens, daß Pt unseres Wissens Rom überhaupt nicht mehr verlassen hat, nachdem er es einmal betreten hatte (oben S. 22 ff.). Auch für Pl hat die Zeit seines Predigens in Rom, welche allerdings nicht ohne Unterbrechung gewesen ist, doch erst durch seine zweite Verhaftung mit nachfolgender Hinrichtung ihren endgiltigen Abschluß erreicht und nicht durch eine Abreise von Rom (Bd I, 444). Von anderen Misdeutungen der Stelle erwähne ich nur noch diejenige von A. Camerlynck, St. Irenée et le Canon du NT, Louvain 1896 p. 27—31. Es sollen die Worte τ. Πέτρου — ἐκκλησίαν nicht die Zeit der Abfassung des Mtev bezeichnen, weil diese Fassung ein Adverb erfordern würde (p. 31). Man hört nicht, welches? Wahrscheinlich das ἔτι, welches Camerlynck in seiner Paraphrase der vorangehenden Worte (*Matthieu encore en Judée* p. 30, das wäre ἔτι ὢν ἐν τοῖς Ἑβραίοις) aus eigner Erfindung einfügt. Unter der ἔξοδος soll der Aufbruch des Pt und Pl zur Predigt in aller Welt verstanden werden, statt dieser aber hätte Irenäus beispielsweise die Predigt in Rom genannt! Während (*tandis que*, nicht *pendant que*) Pt und Pl in Rom d. h. in der weiten Welt predigten, blieb Mt zu Hause und schrieb ein Buch, und nachdem jene, man weiß nicht von wo, ausgegangen waren, machte es Mr ebenso wie Mt. Dem Schlußurteil: *Cette explication nous paraît très logique* werden nicht viele beistimmen. Ein Anlaß zu solchen Künsten kann doch nicht in dem Umstand liegen, daß Clemens die Abfassung des Mrev ein wenig früher ansetzt als Irenäus (s. oben S. 178 und A 9), oder daß Eusebius (h. e. II, 15) in einer sehr ungenauen Wiedergabe von Angaben des Papias und des Clemens die Ansicht des letzteren von der Abfassung des Mrev noch zu Lebzeiten des Pt sich aneignet und sie im Zusammenhang mit der Fabel von den Kämpfen des Pt mit Simon Magus in die Zeit des Claudius zu setzen scheint (cf oben S. 24. 27). Eusebius, welcher gewissenhaft genug war, die scheinbar oder wirklich sich widersprechenden Traditionen über die Zeitfolge der Evv aus Clemens (h. e. VI, 14, 5) und Origenes (VI, 25, 3 ff.) ohne Bemängelung mitzuteilen, hat auch das Zeugnis des Irenäus über die Abfassung des Mrev nach dem Tode des Pt und des Pl treu wiedergegeben (h. e. V, 8, 3), obwohl ihm die abweichende Darstellung des Clemens mehr zusagte (II, 15; V, 14, 6). — Übrigens ist die Absicht des Irenaeus, in III, 1, 1 die chronologische Folge zu geben, durch die Zeitangaben für Mt, Mr und Jo (ἔπειτα) so deutlich ausgesprochen, daß andere Aufzählungen nicht dagegen geltend gemacht werden können. Die Folge III, 9, 1—11, 6 Mt—Lc—Mr—Jo, welche III, 11, 7 noch einmal rekapitulirt wird, ist dadurch veranlaßt, daß die beiden Evv, aus welchen die bejahende Stellung Jesu zum AT am deutlichsten hervorleuchtet, voranstehen sollten. Die Ordnung Jo—Lc—Mt—Mr III, 11, 8 ist durch die Ordnung der apokalyptischen Symbole bedingt. Die Verteilung der 4 Tiergestalten in

Ez 1, 5. 10 und Ap 4, 6 f., welche Irenäus nicht erfunden, sondern bereits als Tradition vorgefunden hat, hat an sich weder mit der Zeitfolge der Evv noch mit ihrer Ordnung im Codex etwas zu schaffen cf Forsch II, 257—275; III, 222 f.; V. Schultze, Greifswalder Studien S. 158. Die beiden ältesten und häufigsten Verteilungen sind: 1) Mt = Mensch, Mr = Adler, Lc = Rind, Jo = Löwe (so Irenaeus und der echte Victorinus von Pettau cf Haußleiter, Th. Ltrtrbl. 1895 Sp. 194), 2) Mt = Mensch, Mr = Löwe, Lc = Rind, Jo = Adler (so Theophilus lat., Epiphanius, Hieronymus).

8. Die von Irenaeus ohne jede Andeutung über abweichende Ansichten und von Origenes als alte Überlieferung angegebene Zeitfolge der Evv (oben S. 176) drückt auch Can. Mur. l. 1—16 trotz der Unvollständigkeit seines Anfangs deutlich aus (GK II, 14 ff.), ferner Eus. h. e. III, 24, 6 f.; Epiphan. haer. 51, 4 (Ματϑαῖος πρῶτος ἄρχεται εὐαγγελί-ζεσϑαι). 6 (εὐϑὺς δὲ μετὰ τὸν Ματϑαῖον ἀκόλουϑος γενόμενος ὁ Μᾶρκος τῷ ἁγίῳ Πέτρῳ ἐν Ῥώμῃ ἐπιτρέπεται τὸ εὐαγγέλιον ἐκϑέσϑαι καὶ γράψας ἀποστέλλεται ὑπὸ τοῦ ἁγίου Πέτρου εἰς τὴν τῶν Αἰγυπτίων χώραν). 7 (Lc schreibt aus Anlaß von Misdeutungen des Mrev). 12 u. 19 (zuletzt Jo, mehr als 90 Jahr alt). Ferner Hieron. praef. comm. in Matth. Vall. VII, 3 ff. cf vir. ill. 3; Ephraim, Expos. ev. conc. p. 286; Chrysost. hom. 4 in Matth. Montfaucon VII, 46; August. cons. evv. I, 2. Daß Johannes als der letzte geschrieben, beherrscht alle speziell das 4. Ev betreffende Überlieferung. Der Bemerkung Tertullians (c. Marc. IV, 2), daß die Apostelschüler unter den Evangelisten *cum apostolis et post apostolos* geschrieben, und den weiteren Worten *ex apostolis Joannes et Matthaeus, ex apostolicis Lucas et Marcus* läßt sich eine besondere Meinung über die Zeitfolge der Evv nicht entlocken, höchstens die Voraussetzung, daß nicht ein Apostelschüler, sondern ein Apostel der erste Evangelist gewesen sei, was Niemand in der alten Kirche bestritten hat. Auch die alten lat. Prologe zu den Evv geben die Zeitfolge Mt, Mr, Lc, Jo. Prol. in Lc (NT latine ed. Wordsworth I, 269): *Qui, cum jam descripta essent evangelia per Matthaeum quidem in Judaea, per Marcum autem in Italia, sancto instigante spiritu in Achaiae partibus hoc scripsit evangelium, significans etiam ipse, ante alia esse descripta.* Die unwahrschein-liche Meinung von Corssen (Monarchianische Prologe, 1896 S. 37), daß derselbe Vf im Prolog zu Mr diesen nach Lc schreiben lasse, beruht auf zwei Misverständnissen. Die Worte (Wordsworth I, 172) *perfecti evangelii opus intrans et a baptismo domini deum praedicare inchoans* beziehen sich ja offenbar auf Mr 1, 9 ff. im Gegensatz zu *initio evan-gelicae praedicationis* Mr 1, 1 ff. Im Gegensatz zu dem Vorläufer, dessen Predigt Mr als den Anfang des Ev bezeichnet hatte, kommt das vollkommene Ev erst durch Christus. Und wenn von der fleischlichen Geburt gesagt wird, Mr habe sie *in prioribus* gesehen und darum es nicht für der Mühe wert gehalten, sie noch einmal zu erzählen, so ist es sehr willkürlich, dazu *evangeliis* (sc. Mt et Lc) zu ergänzen. Es wird das gewöhnliche ἐν τοῖς πρὸ τούτων, wozu z. B. Orig. tom. II, 1 in Jo nicht βιβλίοις zu ergänzen ist, oder ἐν τοῖς ἔμπροσϑεν u. dgl. sein. Der Vf der Prologe, welche schwerlich so alt sind, wie Corssen sie machen will, hat den Codex vor Augen, in welchem Mt 1 vor Mr 1 steht; und er hat nicht vergessen, daß nach seiner ausdrücklichen Angabe wohl Mt, aber nicht Lc vor Mr geschrieben hat.

9. Eus. h. e. VI, 14, 5 (Forsch III, 72) citirt aus den Hypotyposen: αὖϑις δ᾿ ἐν τοῖς αὐτοῖς ὁ Κλήμης βιβλίοις περὶ τῆς τάξεως τῶν εὐαγγελίων παράδοσιν τῶν ἀνέκαϑεν πρεσ-βυτέρων τέϑειται, τοῦτον ἔχουσαν τὸν τρόπον· „προγεγράφϑαι ἔλεγον (v. l. ἔλεγεν) τῶν εὐαγγελίων τὰ περιέχοντα τὰς γενεαλογίας". Das schwächer bezeugte ἔλεγον, welches die Presbyter zum Subjekt hat und schon durch sein Tempus ganz der Art entspricht, wie Clemens von seinen Lehrern zu sprechen pflegt (Forsch III. 161 A 1) verdient den Vor-zug vor ἔλεγεν, statt dessen man eher ἔφη, wie auch eine Hs gibt, oder φησίν oder gar nichts erwarten sollte. Zu τάξις cf die alte Kapitelüberschrift von Eus. h. e. III, 24 und die Schrift des Galenus (ed. Kühn XIX, 49) περὶ τῆς τάξεως τῶν ἰδίων βιβλίων cf GK

II, 365 A 5. Clemens meint einen geschichtlichen, die chronologische Folge beobachtenden Bericht über die Abfassung der Schriften. Darf man in Anbetracht der allgemeinen Verbreitung der Überlieferung von der Zeitfolge Mt, Mr, Lc, Jo (A 8) annehmen, daß sie auch den Lehrern des Clemens und diesem selbst bekannt war, so fällt auf, daß deren widersprechende Angabe ohne jede Andeutung eines Gegensatzes zu der vulgären Ansicht auftritt. Für unmöglich wird man es daher nicht erklären dürfen, daß jene Presbyter nur sagen wollten, Mt habe früher als Mr, und Lc früher als Jo geschrieben.

§ 50. Geschichte des „synoptischen Problems".

Wer die drei ersten Evv zum ersten Mal hinter einander mit einiger Aufmerksamkeit läse, müßte sich bei Lesung des zweiten und des dritten immer wieder erinnern, wesentlich die gleichen Erzählungen und Reden, streckenweise in gleicher Reihenfolge, durchweg aber in sehr ähnlichem, vielfach in buchstäblich gleichem Wortlaut schon einmal oder zweimal gelesen zu haben. Da die Vf selbst sich über die Quellen und Hilfsmittel, deren sie sich bedient haben, nicht aussprechen, und da auch die alte Überlieferung nichts davon meldet, daß ein Evangelist die Arbeit des anderen benutzt habe, so besteht das, was man „das synoptische Problem" nennt, seitdem diese Evv neben einander gelesen werden. Der Tatbestand ist unendlich oft in Textausgaben vor Augen gestellt worden, welche die Übereinstimmung und die Abweichung der drei ersten oder aller vier Evv veranschaulichen sollten (A 1). Schon im 3. Jahrhundert hat ein gewisser Ammonius, von dem wir sonst nichts sicheres wissen, eine Ausgabe des Mtev veranstaltet, in welcher zur Seite des vollständig mitgeteilten Textes dieses Ev die mehr oder weniger übereinstimmenden Texte der anderen Evv geschrieben standen. Ammonius gab dieser seiner Arbeit denselben Titel, welchen schon im 2. Jahrhundert der Syrer Tatian seinem ganz andersartigen Werk, einer aus Worten der Evv zusammengesetzten ev Geschichte, gegeben hatte: τὸ διὰ τεσσάρων εὐαγγέλιον. Eusebius, der dieses Diatessaron des Ammonius wegen seiner gelehrten Sorgfalt rühmt, aber die Zerstückelung des Textes der anderen Evv außer Mt als einen Mangel empfand, wurde hiedurch zur Erfindung eines neuen Verfahrens angeregt, wobei der Text der Evv unverletzt blieb, aber durch Einteilung in kleine Abschnitte (κεφάλαια, περικοπαί) mit fortlaufender Zählung innerhalb jedes Ev und durch entsprechende Tabellen (κανόνες) vor dem Text, auf welche durch rot geschriebene Ziffern am Rand des Textes verwiesen war, die Auffindung der Parallelen zu jedem Abschnitt irgend eines Ev erleichtert wurde (A 1). Trotz der großen Verbreitung dieser Einrichtung des Textes in der griechischen, syrischen und lateinischen Kirche ist das in Rede stehende Problem den Gelehrten der alten Kirche kaum zum Bewußtsein gekommen. Man wunderte sich nicht über die Gleichheit der Form, sondern über die Verschiedenheiten des Inhalts der Evv. Letztere suchte man zu erklären und auszugleichen, zumal wo ein kirchliches oder ein dogmatisches oder auch ein apolo-

getisches Interesse die Harmonisirung der abweichenden Berichte erheischte (A 2).
In bezug auf die Entstehung der Evv ließ man sich an den wenigen Überlieferungen aus ältester Zeit genügen; und nur darum, weil diese sagten, daß
Johannes nach den drei anderen und mit Rücksicht auf jene, zur Ergänzung
derselben sein Ev geschrieben habe, wurde dies gelegentlich auch bei Erörterung
einzelner Punkte, über welche die Evv Verschiedenes berichten, in Erinnerung
gebracht. Ganz vereinzelt nur findet man ähnliche Äußerungen über ein bewußtes Verhältnis auch der anderen Evangelisten zu ihren Vorgängern, wobei
selbstverständlich die allgemein angenommene Ansicht über die Zeitfolge der
Entstehung nach der uns geläufigen Ordnung der Evv zu Grunde gelegt wurde
(A 3). Das tat auch Augustin, welcher als der Erste durch die Beobachtung
des Gleichlauts in den Evv wenigstens zu dem Anfang einer bestimmten Ansicht
über die Entstehung dieses Tatbestandes geführt wurde. Von Mr glaubte er
behaupten zu können, daß er in bewußtem Anschluß an Mt diesen teils wörtlich
wiederholt, teils ins Kurze gezogen habe (A 4). Die Sache ist weder im Mittelalter noch in der Reformationszeit, weder von den Harmonisten der orthodoxen
Zeit, noch von den Anfängern einer kritischen Geschichte des NT's weiter verfolgt worden. Es scheint der großen, seit der Mitte des vorigen Jahrhunderts
eingetretenen Umwälzung des gesamten Denkens über das Christentum und seine
Urkunden bedurft zu haben, um für das in der Gleichförmigkeit und Verschiedenheit der ersten 3 Evv vorliegende Problem empfindlich zu machen. Die
hauptsächlichen Lösungsversuche sind hier kurz zu beschreiben.

1. G. E. Lessing wurde durch den Streit, den er durch die Veröffentlichung der Wolfenbütteler Fragmente heraufbeschworen hatte, zur Aufstellung
einer in der Tat „neuen Hypothese" über den Proceß, aus welchem die synoptischen Evv hervorgegangen sind, angeregt (A 5). Ausgehend von der Benennung der ältesten Christen als Nazaräer (AG 24, 5), welche sich bis zur
Zeit des Hieronymus bei den Judenchristen von Beroea erhalten hat, und von
den mannigfaltigen Namen, welche das Ev oder vielmehr die Evv der Judenchristen nach den verworrenen Nachrichten der Kirchenväter getragen haben,
stellte er die Vermutung auf, daß das aramäische Ev der Nazaräer, welches
seinem Kern nach aus den ersten Zeiten nach dem Tode Jesu stamme und in
der ersten Zeit einige Wandlungen durchgemacht habe, die Wurzel der gesamten
ev Literatur bilde, das Urevangelium sei. Durch kühne Umdeutung der
Nachricht des Eusebius (h. e. III, 24, 6) von der Entstehung des Mtev gelangte
Lessing zu der Ansicht, daß Mt, als er sich von Palästina zur Predigt unter
den Griechen oder Hellenisten wandte, für die Zwecke dieser einen griechischen
Auszug aus dem aramäischen Urev verfaßt habe: das ist unser Mtev. Daß man
den Namen des Mt auch auf das Original zurückgetragen, soll nicht verwunderlich sein. Dasselbe sehr reichhaltige Urev haben aber nach dem in entsprechender Weise umgedeuteten Zeugnis des Papias (s. unten § 54) sehr viele immer
wieder nach eigenem Gesichtspunkt und zu verschiedenen Zwecken ebenso wie

Mt excerpirend ins Griechische übersetzt. Dazu gehören die vielen Schriftsteller Lc 1, 1 und vor allem Lc selbst und nicht minder Mr. „Kurz: Mt, Mr und Lc sind nichts als verschiedene und nicht verschiedene Übersetzungen der sogenannten hebräischen Urkunde des Mt, die jeder machte, so gut er konnte" (Lessing § 50). Wir haben nur 2 Evv, ein Ev des Fleisches in dreifacher griechischer Recension und das Ev des Geistes nach Johannes. Der unausgeführte Entwurf Lessings enthielt Keime, die aufgehen sollten. Während Lessing die Anwendung seiner Hypothese zur Erklärung der mannigfaltigen Weise, in welcher die Evv mit einander zusammentreffen und wieder von einander abweichen, dem Leser überlassen hat, ging J. G. Eichhorn in Göttingen (A 6) umgekehrt von der Tatsache aus, daß die 3 syn. Evv in 44 Abschnitten in bezug auf Inhalt und Form, Umfang und Gesichtspunkt der Darstellung wesentlich übereinstimmen. Dies soll sich - nicht aus Benutzung eines Ev seitens des andern, sondern nur aus gemeinsamer Abhängigkeit von einer gemeinsamen Quelle erklären. Diese ist ein schon um das J. 35 von einem Apostelschüler aramäisch geschriebenes Ev, eine vom Auftreten des Täufers bis zur Auferstehung Jesu sich erstreckende Biographie Jesu, welche in den folgenden Jahrzehnten sehr häufig zuerst in aram., dann auch in griech. Sprache umgearbeitet, ergänzt und verkürzt worden sein soll. Die so in den Jahren 35—60 entstandenen, beinah zahllosen Evv bilden in mannigfaltiger Kombination die Quellen, aus welchen die katholischen Evv, aber auch die verschiedenen Evv der Judenchristen und der heidenchristlichen Häretiker, die Citate Justins und das Diatessaron Tatians geflossen sind. Dabei ließ Eichhorn die Tradition von der Entstehung der katholischen Evv in der Hauptsache gelten; und auch nur an der Hand der Tradition kam er zu der von der Tradition abweichenden Annahme, daß das von dem Apostel Mt aus einer Mehrzahl von Quellen kompilirte aramäische Ev von dem griechischen Übersetzer durch bedeutende eigene Zutaten z. B. durch Vorsetzung von c. 1—2, im ganzen durch 35 größere oder kleinere Zusätze umgestaltet worden sei. Die Künstlichkeit der Hypothese und die Unmöglichkeit, für die vielen Hilfshypothesen, auf welchen sie beruht, einen Beweis zu führen, mußten zu Versuchen von entgegengesetzter Richtung anregen. Nicht die Eichhorn'sche Hypothese, sondern der Gedanke Lessings, welchen Eichhorn ohne Dank sich angeeignet, hat fortgelebt und ist später wieder aufgelebt (s. unten Nr. 7).

2. In dem Bewußtsein, mit Lessing im Geiste echt historischer Betrachtung einig zu sein und nur im Ergebnis von ihm abzuweichen, aber in scharfem Gegensatz zu Eichhorn und seinen Schülern stellte J. J. Griesbach seit 1783 eine Hypothese auf, die vor allem durch ihre Einfachheit sich zu empfehlen schien (A 7). Der Apostel Mt hat sein Ev aus eigener Wissenschaft ohne Benutzung älterer Quellen griechisch geschrieben, Lc das seinige auf Grund seiner Forschungen in der noch flüssigen mündlichen Überlieferung und unter Benutzung des Mtev; Mr hat aus diesen beiden Evv sein Ev excerpirend zusammengestellt. Die eigenen Zutaten, welche sich auf etwa 24 Verse beschränken, zeigen, daß

Mr in seinem Elternhaus zu Jerusalem manche Geschichte lebhafter und ausführlicher hat erzählen hören, als er sie bei Mt, den er zu Grunde legte, und bei Lc, den er zu Hilfe nahm, dargestellt fand. Er wollte für seine mit den jüdischen Verhältnissen und Anschauungen unbekannten und für Manches, was Mt mitgeteilt hatte, nicht interessirten Leser ein handliches Kompendium der ev Geschichte herstellen. Die Überlieferung von einem nahen Verhältnis des Mrev zu den Vorträgen des Pt ist eine Konjektur und bloße Erfindung des Papias. Auch die Meinung, daß Mt hebräisch geschrieben habe, ist eine unwahrscheinliche Vermutung, da schon Mr einen griechischen Mt vor sich gehabt hat. Während die Tradition in bezug auf die Vf der Evv allen modernen Hypothesen vorzuziehen sei, sollen alle darüber hinausgehenden Nachrichten des kirchlichen Altertums von der Entstehung der Evv wertlose Fabeleien sein.

3. Um dieselbe Zeit erklärten G. Chr. Storr und G. Herder das Mrev für das älteste der vorhandenen Evv (A 8). Anknüpfend an den Namen „Evangelium", welchen doch keiner unserer Evangelisten seinem Buch, sondern erst die Kirche des 2. Jahrhunderts den Evv gegeben hat, postulirte Herder als gemeinsame Grundlage der gesamten Evangelienliteratur ein zunächst ungeschriebenes, aber doch bereits ziemlich fest gestaltetes, auf einen bestimmten Kreis von Erzählungs- und Redestücken beschränktes, von der Taufe des Johannes bis zur Himmelfahrt Jesu sich erstreckendes (AG 1, 1 f. 22) Ev, einen die Missionspredigt nach ihrem geschichtlichen Gehalt widerspiegelnden Grundriß, welcher insbesondere den Missionspredigern zweiten Ranges, den Evangelisten oder „Dienern des Worts" (Lc 1, 2), als Leitfaden dienen sollte. Während der Jahre 35—40 in Palästina entstanden, aramäisch gedacht und gleichsam abgefaßt, wurde es den Predigtgehilfen, wie Mr einer war, mündlich mitgeteilt, von diesen aber zu ihrer Bequemlichkeit wahrscheinlich sofort schriftlich aufgezeichnet. So entstand eine Menge von Privatschriften. Mr, welcher seine Aufzeichnung mehrere Jahrzehnte später wahrscheinlich in Rom wesentlich unverändert herausgab, gibt uns demnach jenes ungeschriebene, unter den Augen des Petrus, Jakobus und Johannes entstandene Urev in griechischer Fassung, aber treu wieder. Um das J. 60 oder etwas später entstand in Palästina und erschien sofort in der Öffentlichkeit auf Grund desselben aramäischen Urev ein vollständigeres Ev in aram. Sprache, welches sowohl in dem Hbev der Nazaräer, als in dem erst nach dem J. 70 entstandenen griechischen Mtev in veränderter Gestalt fortgelebt hat. Lc endlich hat nicht für die Gemeinde, sondern für einen einzelnen Mann höheren Standes ein Geschichtswerk verfassen wollen, wozu er außer jenem apostolischen Grundriß, den er als Predigtgehilfe seit zwanzig Jahren in Händen gehabt hatte, und außer Erkundigungen bei den Urzeugen, auch jenes ausführlichere aramäische Ev als Hilfsquelle benutzt hat, welches nachmals in das griechische Mtev umgegossen worden ist. Während Herder es zweifelhaft ließ, ob irgend einer der 3 Synoptiker die Schrift eines der beiden andern in Händen gehabt habe, hielt sich der mit weniger Phantasie ausgestattete Storr durchaus an das Gegeben

und erklärte die Übereinstimmung aus der Benutzung des ältesten der drei durch die beiden jüngeren Evangelisten. Das hauptsächlich auf den Erzählungen des Pt beruhende Mrev sei in allerfrühester Zeit, noch ehe Mr in die auswärtige Missionsarbeit eintrat, von diesem in Jerusalem verfaßt. Der Apostel Mt habe kein Bedenken getragen, dieses älteste Ev bei der Abfassung seines übrigens auf selbständiger Sachkenntnis beruhenden und unter eigentümlichem Gesichtspunkt geschriebenen Ev zu Grunde zu legen. Auch Lc habe das Mrev bearbeitet, ohne von dem Werk des Mt Kenntnis zu haben. — In sehr anderem Sinn als Herder und Storr haben später Chr. G. Wilke (1838), Br. Bauer (1841) und G. Volkmar (1870) das Mrev als das Urev zu erweisen gesucht (A 9). Ohne jede Prüfung der Überlieferung und jeden Versuch, ihre Irrtümer zu erklären und dadurch aus dem Wege zu räumen, auch ohne jegliche Erörterung der leitenden Ideen der einzelnen Evv und der geschichtlichen Verhältnisse, unter welchen die Evv entstanden sind, glaubte Wilke in seinem weitläufigen Werke aus dem Tatbestand der Übereinstimmung und der Abweichung der synoptischen Texte für immer bewiesen zu haben, daß unser Mrev, abgesehen von einigen Interpolationen, welche teilweise noch mit den anerkannten Mitteln der Textkritik als solche ausgeschieden werden können, die Urschrift bilde, welche in den Evv des Mt und Lc willkürlich verarbeitet, durch jüngere Sagen erweitert und besonderen Zwecken dienstbar gemacht sei. Die Übereinstimmung des Mt mit Lc auch in solchen Stücken, welche Mr ihnen nicht darbot, soll sich daraus erklären, daß Mt neben seiner Hauptquelle, dem Mr, auch den Lc benutzt hat.

4. Unter voller Anerkennung des synoptischen Problems als eines solchen, dessen Lösung auf literargeschichtlichem Wege zu suchen sei, aber im Anschluß an die altkirchliche Tradition über die Entstehung der Evv und deren Zeitfolge suchte J. L. Hug (A 10) zu beweisen, daß Mr den Mt, Lc den Mr und den Mt, Jo alle drei Synoptiker vor sich gehabt und benutzt, aber auch auf Grund selbsterworbener Kunde ergänzt und berichtigt habe. Nach Quellen des Mt zu fragen, sei nicht veranlaßt; nur liege es in der Natur der Sache, daß ein im Schreibwerk geübter Apostel, wie der Zollbeamte Mt, sich Reden und Aussprüche des Meisters frühzeitig im Interesse seines Lehrberufs aufgezeichnet und solche eigene Sammlungen bei der Ausarbeitung seines Ev benutzt habe, wovon dieses auch Spuren zeige (Einl. I ³, 179). Ob und in welchem Maße Lc außer aus Mt und Mr auch noch aus anderen von den Schriften, die er Lc 1, 1 erwähnt, und aus mündlicher Überlieferung geschöpft, sei nicht mehr festzustellen (S. 186). In allem behält die Überlieferung Recht. Nur das einstimmige Zeugnis des Altertums von hebräischer Abfassung des Mtev soll eine gelehrte Fabel sein.

5. Der Eichhorn'schen Hypothese von einem in früher apostolischer Zeit entstandenen schriftlichen Urev stellte J. C. L. Gieseler (A 11) seine Hypothese von einem ausschließlich mündlichen Urev als der gemeinsamen Grundlage der 3 synoptischen und auch mancher apokrypher Evv des 2. Jahrhunderts gegenüber. Das Schweigen der übrigen ntl Schriften und der ältesten nachapostolischen

Literatur von dem Gebrauch schriftlicher Evv und die Art, wie in dieser Literatur
Worte und Taten Jesu angeführt werden, ferner der Charakter der apostolischen
Zeit als einer oligographischen (S. 35. 60 ff.) und die einfachen Bildungsverhältnisse
der ersten Christenheit in Palästina schließen es aus, daß so bald evangelische
Aufzeichnungen entstanden seien, und daß solche, nachdem sie als Privatschriften
entstanden, eine weitere Verbreitung und größere kirchliche Bedeutung erlangt
haben. Die mündliche Tradition, aus welcher man bis ins zweite Jahrhundert
regelmäßig die ev Stoffe schöpfte, galt erst recht in der apostolischen Zeit als
fest genug, um das Hilfsmittel von Schriften entbehrlich erscheinen zu lassen.
Ganz unabsichtlich entstand durch oft wiederholtes Erzählen ein fester Typus
und ein Grundriß der ev Geschichte vom Auftreten des Täufers an, innerhalb
dessen die wichtigsten Ereignisse und Aussprüche am gleichförmigsten von allen
Erzählern und Lehrern vorgetragen wurden. Die Geschichte der so lange Zeit
ungeschriebenen Liturgien und des Symbolums, Anekdoten aus der alten Kirchengeschichte, Analogien aus der heidnischen wie der jüdisch-rabbinischen Religions-
geschichte sollen uns Modernen einen Begriff geben von der zähen Kraft des
Gedächtnisses in den Kreisen gleichgesinnter Menschen einer altertümlichen Bildungs-
stufe, zumal in bezug auf heilig geachtete Worte und geschichtliche Erinnerungen.
Bei dem Übergang des Ev von Palästina zu den Griechen mußte dieses mündliche Ev ein griechisches Gewand anziehen, aber es blieb ein mündliches, fähig
je nach Bedarf so oder anders geordnet, zugespitzt, angewandt zu werden, um
doch in seiner stereotypen Grundform fortzuexistiren. Zu letzterer gehören z. B.
auch frei geformte Citate aus dem AT; daß deren Wiederkehr in mehreren
Schriften nicht aus Abhängigkeit der einen Schrift von der anderen oder gemeinsamer Abhängigkeit der vorhandenen Schriften von einer verlorenen Urschrift
zu erklären sei, soll die Vergleichung von 1 Pt 2, 6 f. mit Rm 9, 33 beweisen (S. 89).
Daß dieser und viele andere Beweise Gieselers nicht stichhaltig sind, ist leicht
einzusehen; aber ebensowenig hätte verkannt werden sollen, daß Gieseler mit
mehr Nüchternheit als Herder das Problem unter echt geschichtliche Gesichts-
punkte gestellt und an Tatsachen erinnert hat, welche mehr Beachtung verdienen,
als die zweifelhaften Beobachtungen einer die Vokabeln zählenden und von jeder,
selbst einer verkehrten Geschichtsanschauung entblößten Kritik. Eine Verbesserung der Gieseler'schen „Traditionshypothese" nannte G. Wetzel (A 11)
die seinige. Während Gieseler die Tradition über den Ursprung der Evv gelten
ließ, verwirft sie Wetzel in allen ihren Teilen, ohne sie erklärt zu haben, und
setzt an ihre Stelle folgendes Phantasiebild: In der Muttergemeinde zeigte sich
das Bedürfnis, den von auswärts zugewanderten und daher mit der ev Geschichte
unbekannten Hellenisten (AG 6, 1) einen förmlichen Unterricht in derselben zu
erteilen. Der des Griechischen besonders kundige ehemalige Zöllner Mt wurde
damit beauftragt. Der Jahre lang fortgesetzte Unterricht nahm eine feste Form
an, welche die Hörer teilweise auswendig lernten und schließlich nicht wenige
von ihnen aufzeichneten. So entstanden die vielen Bücher (Lc 1, 1), aus welchen

drei uns erhalten sind. Die Übereinstimmung ist damit erklärt, die Verschiedenheit aber erklärt sich ebenso wie die moderner Nachschriften von akademischen
Vorlesungen. Auch der fleißige Student versäumt einmal das Kollegium, und
nicht Jeder faßt das Gehörte richtig auf. Neuerdings hat K. Veit (A 11)
unter Ablehnung der Wetzel'schen „Verbesserung" die Hypothese Gieselers dadurch ergänzt, daß er bestimmter die Analogie der rabbinischen Lehrweise für
die Unterweisung der Jünger durch Jesus selbst und die Unterweisung der
Neubekehrten durch die Apostel und durch andere Missionsprediger und Gemeindelehrer herangezogen, und daß er, nicht ohne treffende kritische Bemerkungen
über die jetzt übliche Evangelienkritik, die Durchführbarkeit der Traditionshypothese an zahlreichen Einzelbeispielen zu erweisen gesucht hat.

6. Fr. Schleiermachers Analyse des Lcev (A 12) war nicht darauf
angelegt, die gesamte Frage nach der Entstehung und dem Verwandtschaftsverhältnis der synoptischen Evv zu beantworten, beruhte aber doch auf einer
Gesamtansicht hievon. Diese machte aber schon darum wenig Eindruck, weil
der Grundgedanke, der auch die Apostelgeschichte umfaßte, nur erst sehr unvollständig durchgeführt war, und eine Darlegung der aus den Einzelbeobachtungen
sich ergebenden Gesamtansicht und selbst eine Auseinandersetzung mit der Vorrede des Lc vorläufig hinausgeschoben blieb. Es sollte weder ein schriftliches
noch ein mündliches Urev, noch auch Benutzung des älteren Ev seitens des
jüngeren, sondern eine große Zahl kleiner schriftlich aufgezeichneter Erzählungsstücke das Bindeglied der Evv, die Grundlage und den Anfang der ganzen ev
Literatur bilden. Um so größeren Erfolg hatte Schleiermacher mit seiner neuen
Deutung der Zeugnisse des Papias über Mt und Mr. Daß bis zum J. 1832
Niemand bezweifelt hatte, Papias rede von unseren Evv des Mt und Mr, fand
Schleiermacher unbegreiflich. Papias weiß ja nur von einer Sammlung von Reden
Jesu, welche Mt in hebräischer Sprache abgefaßt, und er sagt nichts von einer
Übersetzung des Mtev ins Griechische, sondern von mehreren Bearbeitungen jener
Redesammlung, der seither so berühmt gewordenen $\Lambda \acute{o} \gamma \iota \alpha$, von denen uns eine
in unserem Mtev erhalten ist und andere, wie die verschiedenen Evv der Juden-
christen, durch einige Nachrichten der Alten einigermaßen bekannt sind. Im
Mtev gehören der Redesammlung an c. 5—7; 10; 13, 1—52; 18; 23—25, außerdem noch Zerstreutes, was sich nicht so leicht herausschälen läßt. Papias kannte
auch unser Mrev nicht, auf welches seine Beschreibung nicht paßt, sondern eine
viel unvollständigere und ungeordnetere Schrift des Mr, welche ein Späterer zu
unserem Mrev, und wahrscheinlich ein Anderer zu dem apokryphen Ptev umgearbeitet hat. Es war also ein Urmatthäus und ein Urmarkus entdeckt und
damit die Möglichkeit neuer Kombinationen zur Lösung des synoptischen Problems
gegeben.

7. Nachdem inzwischen D. F. Strauß, ohne sich auf die literarische
Kritik der Quellen einzulassen, durch sein „Leben Jesu" (1835. 36) die Frage
in den Vordergrund des theologischen Interesses gerückt hatte, ob die in den

Evv insgesamt niedergelegte Überlieferung wesentlich Mythus oder Geschichte sei, unternahm es F. Chr. Baur (A 13), unbefriedigt von dem Dogmatismus eines Strauß wie seiner Gegner, von der bloß „quantitativen Betrachtungsweise" eines Wilke und von allen künstlichen Operationen, „das Verhältnis der Evv zu einander als ein natürlich entstandenes, aus einem inneren Entwicklungsprinzip hervorgegangenes zu begreifen". Es bleibe bei einem „vagen Hin- und Herreden", solange nicht das Verhältnis des Erzählten zum Bewußtsein der Erzähler, die leitenden Ideen, die Tendenz eines jeden Ev ermittelt seien. Von dem 4. Ev ausgehend, welches den Geschichtsstoff der Synoptiker voraussetze, diesen aber in einer für seinen Zweck angemessenen Auswahl der neuen Auffassung Christi als des ewigen Logos unterordne und demgemäß umbilde, stieg Baur auf zu dem jedenfalls älteren Lcev, welches auf dem Grunde eines in paulinischem Geist geschriebenen Urlucas, den Marcion seiner Gemeinde erhalten habe, und unter Benutzung unseres Mtev, gegen welches übrigens schon der Urlucas polemisirt haben soll, um 150 in der Absicht redigirt sei, den schroffen Gegensatz zwischen dem von Marcion auf die Spitze getriebenen Paulinismus und der zurückgebliebenen judaistischen Auffassung des Ev soweit auszugleichen, als es vom Standpunkt eines gemilderteren Paulinismus möglich ist. Mr, welcher von dem entgegengesetzten, von Haus aus judaistischen Standpunkt ausgehend, weniger eine neutralisirende Tendenz verfolge, als zu den großen Gegensätzen der apostolischen Zeit sich tatsächlich neutral verhalte, soll keine anderen Quellen als Mt und Lc oder Urlucas gehabt haben. Das Wenige, was er an Stoff Neues beibringt, und die vielen kleinen Zutaten, die er überall einstreut, sind Amplifikationen ohne jeden geschichtlichen Wert, zum Teil auf Misverständnis der Vorgänger beruhend, teilweise auch vom Vf zu dem Zweck erfunden, den Schein der selbständigen Kenntnis zu erwecken. Das Mtev ist zwar von den kanonischen Evv das ursprünglichste; es stellt ein noch national gebundenes Christentum dar, welches als solches die mit seiner Entstehung aus dem Judentum gegebene ursprüngliche Gestalt des Christentums sei; aber wahrscheinlich erst während des jüdischen Aufstandes unter Hadrian um 130 bis 134 ist dieses Ev redigirt, und es ist das Ergebnis eines langwierigen literarischen Processes, der in seinen einzelnen Momenten nicht mehr verfolgt werden kann. Die Vorstufe des Mtev bildet ein hebräisches Ev, welches von der kirchlichen Tradition dem Apostel Mt zugeschrieben wird und in mancherlei Gestalten und unter wechselnden Namen bis gegen die Mitte des 2. Jahrhunderts das einzige Ev gewesen ist, kurz und ungenau ausgedrückt, das Hebräerev. Während Baur es ablehnte, wie Schwegler, die jüdisch partikularistischen Elemente des Mtev auf das Hbev, die universalistisch klingenden Worte und Erzählungsstücke auf den Redaktor des Mtev zurückzuführen, weil auch das Hbev schon „reinere Elemente" enthalten haben könne, und weil im Urchristentum selbst der Einheitspunkt der „scheinbar disparaten Elemente des Mtev" liege (Unters. der kan. Evv S. 578 f., 613 ff.), unternahm es Hilgenfeld, aus

unserem Mtev eine uralte und apostolische Grundschrift von echt judenchrist-
lichem Geist auszuscheiden, welche ein Hellenist wahrscheinlich in Ägypten nach
dem J. 70 in universalistischem Geist umgearbeitet haben sollte (A 13). Während
Hilgenfeld anfangs die alte Überlieferung von einem hebräischen Mt für eine
Fabel und schon die Grundschrift für ein griechisches Werk erklärte, welches
auch dem aramäischen Hbev zu Grunde gelegen habe, überzeugte er sich später
von der Originalität des Hbev, welches somit das eigentliche Urev wäre. Der
von Baur sehr verächtlich behandelte Mr sollte zwar ganz von dem griech.
Mt abhängig sein, erhielt aber doch wieder seine altherkömmliche Stelle zwischen
dem griechischen Mt und Lc. So auch durch C. Holsten, welcher unter
Verzicht auf jede nähere Untersuchung der auch von ihm angenommenen Vorstufe des kanonischen Mt die Entstehung der synoptischen Evv aus den dogmatischen Gegensätzen der apostolischen Zeit ableiten wollte (A 13).

8. Durch Strauß' Leben Jesu zu einer neuen Untersuchung der Quellen
der ev Geschichte angeregt, suchte Chr. H. Weiße (A 14) noch ohne Kenntnis von dem etwa gleichzeitig erschienenen Werk Wilkes nachzuweisen, daß
unser Mrev nichts anderes als das von Papias und dem Presbyter Johannes
besprochene Werk sei. Während er in dieser Hinsicht Schleiermachers Deutung
der Zeugnisse des Papias völlig ablehnte und auch diejenige des Zeugnisses
über Mt nicht unkritisirt ließ, eignete er sich doch das wesentliche Ergebnis
der letzteren, die durch Schleiermacher entdeckte aramäische Redesammlung des
Apostels Mt an. Aus diesen beiden Originalwerken hat der Paulusschüler Lc
ohne viel selbständige Kenntnis der Überlieferung sein Ev kompilirt, während
etwas später der griechische Bearbeiter des Urmatthäus durch Ausbeutung des
Mrev die Redesammlung zu unserem Mtev ausgestaltete. Nachdem inzwischen
die Stimmen für Anerkennung der Originalität des Mr und dessen Priorität vor
Mt sich gemehrt hatten, nachdem auch A. Ritschl wie in anderen Punkten
so in der Evangelienfrage durch Übergang zur Marcushypothese sich von seinem
ehemaligen Meister Baur losgesagt hatte, gewann H. J. Holtzmann den Mut,
im Anschluß an diese Hypothese die Quellen, aus welchen die synoptischen
Evv zusammengearbeitet sein sollten, nach Art und Umfang genau zu beschreiben, und fast bis aufs Wort wiederherzustellen (A 14). Eine allen drei
Evv zu Grunde liegende, von jedem ohne Kenntnis des andern benutzte Grundschrift soll uns in Mr ziemlich vollständig und durchweg in ihrer eigenen
Ordnung erhalten sein. Man kann sie den Urmarcus nennen; denn Mr hat nur
im Eingang 1, 1—13 und an einigen anderen Stellen seine Vorlage verkürzt,
einige Stücke wie die Bergpredigt und die Geschichte vom Hauptmann (Lc 6,
20—7, 10) hinter Mr 3, 19, man weiß nicht warum, und die von Hitzig hinter
Mr 12, 17 gestellte Erzählung Jo 7, 53—8, 11 wegen ihrer Anstößigkeit fortgelassen. Auch von dem Wenigen, was dem Mr eigentümlich ist, stammt Vieles
aus der Grundschrift, so namentlich die Heilungsgeschichten Mr 7, 31—37;
8, 22—26, aber auch manche der kleinen Züge, welche die Erzählungen des

Mr beleben. Auf diesen Urmarcus soll das Zeugnis des Papias, wenn man es nicht zu genau damit nimmt, ungefähr passen. Auch die Nachricht desselben von einer Redesammlung des Apostels Mt kommt dem kritischen Bedürfnis entgegen und läßt es passend erscheinen, die zweite Hauptquelle, deren Benutzung seitens des Mt und des Lc deren Übereinstimmung, soweit sie nicht auf der gemeinsamen Abhängigkeit vom Urmarcus beruht, erklären soll, *Λόγια* zu nennen. Dieses merkwürdige Buch enthielt nur eine Anzahl meist kürzerer Reden Jesu teilweise mit kurzen historischen Einleitungen und Überschriften und zwar durchweg nur solche aus der späteren Zeit des galiläischen Wirkens Jesu, nach der Berufung des Mt und der Apostelwahl (Holtzmann, Synopt. Evv 1863 S. 252 cf S. 365 f.). Aber gleich die erste große Rede, welche nach Urmarcus auf die Apostelwahl gefolgt sein soll, fehlte in den Logia des Apostels Mt, und dagegen begannen diese, nicht etwa mit einem Zeugnis des Täufers für Jesus, sondern mit der Frage des zweifelnden Täufers (Lc 7, 18—35; Mt 11, 2—19), und sie schlossen mit einer Reihe von Parabelreden, wahrscheinlich mit dem Spruch Mt 13, 52. Von Worten aus der Zeit des jerusalemischen Wirkens und der Leidensgeschichte hat der Vf der Logia ebensowenig als aus der früheren galiläischen Zeit aufbewahrt und hat sich auch sonst möglichst fern gehalten von den im Urmarcus bereits enthaltenen Redestoffen. Obwohl wir die Anordnung, den ursprünglichen Wortlaut und die größere Masse der Logia viel eher aus Lc, als aus Mt erkennen können, hat doch die nachapostolische Kirche den Namen Mt einstimmig von den Logia, welchen er zukam, nicht auf das Lcev, sondern auf das Mtev übertragen. Was Mt und Mr weder aus dem Urmarcus noch aus den Logia geschöpft haben, ist meist schriftstellerisches Produkt der Evangelisten, teils zum ersten Mal von ihnen aus mündlicher Überlieferung in schriftliche Form gefaßt, wie Mt 17, 24—27, teils auf grund älterer kleinerer Schriftstücke neu bearbeitet, wie die Genealogien, und einige Stücke der Bergpredigt des Mt, teils reine Erfindung, wie die Aussendung der 70 Jünger (Lc 10, 1), welche Lc erdichtete, weil er in jeder seiner beiden Quellen je eine Instruktionsrede vorfand, die er nicht zweimal an dieselben Zuhörer wollte gerichtet haben. Dies sind die Grundzüge der Hypothese. Ihre nachträglichen Modifikationen im einzelnen durch Holtzmann selbst, Weizsäcker u. A. können hier nicht dargestellt werden.

9. Als Vertreter einer selbständigen und von ihrem Urheber während eines vollen Menschenalters immer wieder unverdrossen bis in alle Einzelheiten hinein durchgeführten Ansicht ist schließlich noch B. Weiß zu nennen (A 15). Das seit Eichhorn vergeblich gesuchte Urev ist eine apostolische Grundschrift, ein vom Apostel Mt in aramäischer Sprache abgefaßtes, aber sehr bald ins Griechische übersetztes Buch, welches zwar vorwiegend Reden und Sprüche Jesu, natürlich mit der unentbehrlichen geschichtlichen Einrahmung, aber auch eine beträchtliche Zahl von Erzählungsstücken und selbst einige Gruppen von solchen enthielt und somit bereits ein unseren Evv einigermaßen ähnliches Werk war

und die Zeit vom Auftreten des Täufers bis zum Beginn der Leidensgeschichte umfaßte, etwa mit Mt 26, 2—13 als Schluß. Auf die Frage, warum die Leidensgeschichte, in welcher zwischen Mt Mr Lc doch wesentlich die gleichen Verhältnisse wahrzunehmen sind, wie in den vorangehenden Teilen, von der apostolischen Grundschrift ausgeschlossen gewesen sein soll, gibt Weiß der Hauptsache nach keine andere Antwort, als daß eine von dem Bericht des 4. Ev völlig abweichende Darstellung der Leidensgeschichte, wie alle drei Synoptiker sie bieten, nicht von einem Apostel herrühren könne. Die bereits ins Griechische übertragene Grundschrift ist eine der Quellen, aus welchen Mr schöpfte; die andere waren ihm die mündlichen Erzählungen des Pt. Der Vf des kanonischen Mtev hatte als Quellen die Grundschrift und das Mrev. Während also Mr auf Schritt und Tritt zwischen zwei apostolischen Auktoritäten, einer schriftlichen und einer mündlichen, zu wählen hatte, war der kanonische Mt zwischen eine apostolische Schrift und das Werk eines Apostelschülers gestellt. Die Gründe dieser ganzen Annahme liegen in der Beobachtung, daß bald Mr, bald Mt den Eindruck der größeren Ursprünglichkeit mache; denn dies soll sich daraus erklären, daß Mt bald die apostolische Grundschrift treuer als Mr bewahrt hat, bald sich an die Darstellung des Mr angelehnt hat. Lc endlich, welcher den kanonischen Mt nicht gekannt, geschweige denn benutzt hat, hat außer dem Mrev, welches er zu Grunde legte, und abgesehen von einer anderen, wahrscheinlich schriftlichen Quelle, die sich nicht mehr genauer ermitteln läßt, die apostolische Grundschrift ausgibig verwertet, namentlich in 6, 20—8, 8 und 9, 51—18, 14 große Stücke derselben aufgenommen und, soweit Vergleichung mit Mt möglich ist, dieselben meist in ursprünglicherer Fassung wiedergegeben.

Von Ergebnissen der bisherigen Evangelienforschung, welche allgemeine Anerkennung gefunden haben oder auf solche einen begründeten Anspruch erheben dürften, kann man nicht reden. Anerkannt ist nur, daß man die Entstehungsgeschichte der drei ersten Evv nicht an der Hand glaubwürdiger Nachrichten und zweifelloser Beobachtungen in befriedigender Weise darstellen kann, daß vielmehr in unserem auf jene zweierlei Daten gegründeten Wissen Lücken bleiben, welche nur durch Vermutung ausgefüllt werden können. Eine Entscheidung darüber, welche von diesen bereits ausgesprochenen oder in Zukunft auftauchenden Vermutungen der Wahrheit am nächsten komme, ist nicht davon zu erhoffen, daß es den Vertretern einer dieser Hypothesen gelinge, durch neuen Aufwand von Scharfsinn in der Durchführung ihrer Hypothese diese als die einfachste Lösung des Problems allen Urteilsfähigen einleuchtend zu machen. Es ist aber auch kein Grund vorhanden, an der Lösung des Rätsels zu verzweifeln, wenigstens nicht für den, welcher sich davon überzeugt hat, daß die beiden Komplexe gegebener Tatsachen, welche ohne Beihilfe der Hypothese zu ermitteln sind: nämlich 1) die bis an die Entstehungszeit der Evv hinaufreichende Überlieferung über ihren Ursprung und 2) die in unseren Händen befindlichen drei Bücher bisher noch lange nicht ausreichend verstanden und gewürdigt worden sind. Was die Überlieferung anlangt, so haben die kühnsten Kritiker mit wenigen unerfreulichen Ausnahmen soviel geschichtlichen Sinn bewiesen, daß sie in den ältesten Nachrichten über den Ursprung der Evv Stützpunkte für ihre Hypothesen gesucht haben, meistens allerdings mit willkürlicher Auswahl. Wir sind auch durch glückliche Funde und dadurch angeregte Forschungen zu besseren Einsichten in die Geschichte der ev Literatur während des 2. Jahrhunderts gekommen, als sie Lessing und Herder, Schleiermacher und Baur, Credner und Bleek zur Verfügung gestanden haben. Über Marcions Ev, über Tatians Diatessaron, über die Evv „nach den Hebräern" und „nach Petrus" wissen wir wirklich mehr als jene Forscher. Aber, auch abgesehen davon, daß Manche, die sich heute an der Evangelienforschung beteiligen, die angedeuteten Fortschritte des Wissens nicht mitgemacht zu haben scheinen, fehlt viel daran, daß die Gesamtheit der Überlieferung entweder anerkannt oder, soweit sie dies nicht verdient, in glaubhafter Weise auf ihren Ungrund zurückgeführt wäre. Was aber die Würdigung der Evv als schriftstellerischer Erzeugnisse anlangt, so fehlt es zwar nicht an dahin zielenden Arbeiten von Verdienst. Aber die auf den Ursprung der Evv gerichtete Forschung hat wenig Nutzen daraus gezogen, weil sie den ohne eindringende Kenntnis der Eigenart jedes Ev aufgestellten Vermutungen über die Quellen, die ihnen zu Grunde liegen sollen, einseitig nachgegangen ist. Andrerseits hat die schon von Calvin und Gerhard angewandte, sodann beim Beginn der neueren Evangelienkritik besonders von Griesbach geübte und empfohlene, von Wilke geradezu geforderte kombinirte Exegese des Gesamtinhalts der synoptischen Evv in dieser Beziehung geradezu verderblich, zumal auf die in die Forschung erst Einzuführenden verwirrend und abstumpfend gewirkt. Wie kann man einen Schriftsteller verstehen, dem man nach jedem dritten Wort in die Rede fällt! und wie kann man Schriften mit einander vergleichen, die man als Schriften für sich, wie ihre Vf sie gemeint haben, gar nicht kennt und somit auch im einzelnen nicht versteht! Irenäus sprach von Lehrern, welche ihren Zuhörern aus ungeschriebenen Büchern vorlesen, und nannte das „aus Sand einen Strick drehen" (I, 8, 1). Heute kommentirt man Bücher, deren ehemalige Existenz, milde ausgedrückt, nur durch Vermutungen begründet werden kann.

1. Über das Diatessaron des Ammonius habe ich im Anschluß an die bahnbrechende Untersuchung von Burgon, The last twelve verses of S. Marc, 1871 p. 126—131; 295—312 eingehend gehandelt Forsch I, 31—34 cf S. 1. 99. 101—104. 293; Th. Ltrtrbl. 1896 S. 3f. Einzige Quelle ist die in Form eines Briefs an Carpianus verfaßte Vorrede des Eusebius zu seiner nach der dort entwickelten Methode eingerichteten Ausgabe der 4 Evv, in vielen Ausgaben des NT's gedruckt, z. B. Tischendorf-Gregory, Prol. 145. Die κανόνες sind 10 an der Zahl; der 1. umfaßt die Perikopen, welche allen 4 Evv gemeinsam sind, der 2.—4. die, welche in 3 Evv, der 5.—9. die, welche in 2 Evv, der 10., in 4 Abteilungen zerfallende, die, welche nur in einem Ev enthalten sind. Der κεφάλαια oder περικοπαί (beide Ausdrücke gebraucht Eusebius), welche man lange fälschlich *sectiones Ammonianae* genannt hat, sind im Mt 355, Mr 233 (später dem unechten Anhang zu lieb bis auf 241 oder 242 vermehrt), Lc 342, Jo 232, im ganzen 1162, eine Zahl,

welche auch Epiph. ancor. c. 50 und Caesarius dial. I, 39 bezeugen cf Gregory 143. Eusebius zählte 74 Perikopen, welche bei allen Evv zu finden seien; 111 nur bei Mt Mr Lc, 22 bei Mt Lc Jo, 25 bei Mt Mr Jo, 82 nur bei Mt Lc; 47 nur bei Mt Mr, 7 bei Mt Jo, 13 bei Mr Lc, 21 bei Lc Jo; 62 bei Mt, 19 bei Mr, 72 bei Lc, 96 bei Jo allein zu findende. — Die sogenannten Evangelienharmonien, an deren Spitze Tatians syrisches Diatessaron steht, dienten zunächst nicht wie die Arbeiten des Ammonius und des Eusebius gelehrten, sondern kirchlichen Zwecken cf Prot. RE. V³ 653—661. Doch bildet diejenige des J. Clericus (Harmonia ev. Amstelod. 1699, ohne den griech. Text wiederabgedruckt Lyon, nicht Leyden, 1700) den Übergang zu den Synopsen, sofern sie den Text der 4 Evv in parallelen Kolumnen gedruckt darbietet. Den wirklichen Anfang dieser Gattung machte J. Griesbach, Synopsis evangeliorum Mt, Mr, Lc 1776. Sie sollte den exegetischen Vorlesungen über diese eben daher synoptisch genannten Evv als Textbuch zu Grunde liegen. Unter den vielen späteren sei hervorgehoben die Synopsis evangelica Tischendorfs, zuerst 1851 erschienen, worin wieder der ganze Text des 4. Ev Aufnahme gefunden; ferner die von Anger (1851), welche aus Jo nur die wenigen wirklichen Parallelstellen zum Text der 3 ersten Evv darbietet, übrigens aber durch reiche Mitteilung von Citaten und Parallelen aus der apokryphen und patristischen Literatur des 2. Jahrhunderts ausgezeichnet ist, ein Buch, welches wie wenige verdiente, zeitgemäß umgestaltet und erweitert wiederaufzuleben. Endlich das prachtvoll gedruckte Synopticon, an exposition of the common matter of the synoptic gospels by W. G. Rushbrooke, London 1880, dazu ein Ergänzungsband (ohne Angabe des Jahrs) mit Appendices a) the double tradition of St. Matthew and St. Luke, b) the single tradition of Mt, c) the single tradition of Lc.

2. Berühmte Beispiele der altkirchlichen Harmonistik sind die Verhandlungen über das letzte Mahl Jesu in den Osterstreitigkeiten um 190, der Brief des Africanus an Aristides über die Genealogien des Mt und des Lc, des Eusebius Werk „de evangeliorum διαφωνία" (Hier. v. ill. 81; Eus. quaest. ad Stephanum, ad Marinum), die unglücklichen Versuche des Epiphanius an vielen Stellen seiner Schriften, besonders in seinem Artikel über die Aloger (haer. 51) und Augustin de consensu evv.

3. Wo Eusebius bemerkt, daß ein Evangelist den andern ergänze (z. B. in einem syrischen Fragment bei Mai; Nova p. bibl. IV, 1, 279: „Was Mt ausgelassen und nicht gesagt hat, davon erzählt Lc, und was dieser nicht sagt, sagt jener" cf p. 229. 265 f.), spricht er nur das tatsächliche Verhältnis aus, nicht ein bewußtes Verfahren der Evv. Epiphanius spricht zwar von einer Ergänzung jedes einzelnen Ev durch das jedesmal folgende; aber es ist der Geist, welcher die Schriftsteller zum Schreiben überhaupt und zu diesem Anschluß an ihre Vorgänger „zwingt" (haer. 51, 7. 12 cf 6). Erst von Chrysostomus, welcher die Zeitfolge der Evv betont, wird die kurze Fassung des Mrev aus bewußter Rücksicht auf die bereits vorliegende, ausführlichere und in manchen Beziehungen erschöpfende Darstellung des Mt erklärt, außerdem aber auch aus der Anlehnung des Mr an Pt als einen Mann von wenig Worten, während Lc den volleren Strom paulinischer Beredsamkeit wiedergebe (hom. 4 in Mt, Montf. VII, 46). An eine wirkliche Benutzung des älteren Ev seitens des jüngeren denkt er nicht; im Gegenteil sind ihm die kleinen Widersprüche der Evangelisten ein wertvoller Beweis dafür, daß sie nicht nach einer verdächtigen Verabredung geschrieben, sondern jeder nach bestem Wissen die schlichte Wahrheit gesagt haben (hom. 1 p. 5 f.). Weiter geht Augustin de consensu I, 2, 4: *Et quamvis singuli suum quemdam narrandi ordinem tenuisse videantur, non tamen unusquisque eorum velut alterius praecedentis ignarus voluisse scribere reperitur vel ignorata praetermisisse, quae scripsisse alius invenitur, sed sicut unicuique inspiratum est, non superfluam cooperationem sui laboris adjunxit. Nam Matthaeus suscepisse intelligitur incarnationem domini secundum stirpem regiam et pleraque secun-*

dum hominum praesentem vitam facta et dicta ejus. Marcus eum subsecutus tamquam pedissequus et breviator ejus videtur. Cum solo quippe Joanne nihil dixit, solus ipse perpauca, cum solo Luca pauciora, cum Matthaeo vero plurima, et multa pene totidem atque ipsis verbis, sive cum solo, sive cum ceteris consonante (l. — ter).. *Lucas autem* etc. § 5: *Non autem habuit tamquam breviatorem conjunctum Lucas, sicut Marcum Matthaeus. Et hoc fortasse non sine aliquo sacramento* etc. In bezug auf Mt Mr Lc (III, 4, 13): *Tres igitur isti eandem rem ita narraverunt, sicut etiam unus homo ter posset cum aliquanta veritate, nulla tamen adversitate.* Der enge Anschluß des Mr an Mt wird noch oft hervorgehoben z. B. III, 4, 11. Für das Verständnis dieses um 400 geschriebenen Werks ist wesentlich, daß Augustin in demselben, wie Burkitt (The old Latin and the Itala 1896 p. 59. 72—78 cf Th. Ltrtrbl. 1897 Sp. 374) bewiesen hat, den von Hieronymus revidirten Text der Evv zu Grunde gelegt hat, welcher mit den eusebianischen Kanones und Sectiones ausgestattet war. Diese von Hieronymus bei den Lateinern eingeführte Einrichtung des Evangelientextes hat Augustin sichtlich für seine harmonistische Arbeit benutzt, indem er lib. II—III den Mt an der Hand der zu diesem angemerkten Doppelziffern und der Kanones I—VII mit den Parallelen vergleicht und sodann lib. IV nach dem Kanon X die jedem Ev eigentümlichen Stücke durchgeht. Wenn er (s. vorhin) von Mr sagt: *cum solo Johanne nihil dixit,* so beruht dies nicht auf Studien, sondern einfach darauf, daß Eusebius in den Kanones V—IX alle möglichen Kombinationen zweier Evv, nur nicht „Mr—Jo" berücksichtigt hat. Auch die übrigen dort folgenden Bemerkungen sind im Blick auf die Kanones des Eusebius oder vielmehr auf einen vor Augustin aufgeschlagen liegenden Evangeliencodex der Vulgata geschrieben, an dessen Spitze er den Brief des Hieronymus an Damasus und die darin erläuterten Kanones fand. Eben hiedurch ist aufs neue bewiesen, daß Augustin in de cons. evv. die Vulgata zu Grunde gelegt hat.

4. Calvin im Argumentum zu seinem Kommentar über die Evangelienharmonie nach Mt, Mr Lc ed. Tholuck I p. VI gibt außer einer unrichtigen Angabe über Hieronymus und einem ungerechten Urteil über Eusebius ohne jede Begründung seine Meinung dahin ab, daß weder Mr den Mt, noch Lc den Mt oder Mr jemals gesehen habe. Wieviel richtiger urteilte H. Grotius, welcher zum Titel des Mtev (ed. Windheim I, 13) schreibt: *Sicut autem Marcus usus est Matthaei Ebraeo, ni fallor, codice, ita Marci libro Graeco usus mihi videtur, quisquis is fuit, Matthaei Graecus interpres.* Hiezu bemerkte R. Simon, Hist. du texte du NT (1689) p. 108, daß sich hierüber nur Vermutungen aufstellen lassen.

5. Lessing, Neue Hypothese über die Evangelisten als bloß menschliche Geschichtschreiber betrachtet, 1778; erst 1784 im Theol. Nachlaß veröffentlicht, WW. ed. Lachmann-Maltzahn XI, 2, 121—140.

6. Eichhorn entwickelte seine Ansicht zuerst 1794 in der Allgem. Bibliothek der bibl. Literatur V, 759 ff., sodann in verbesserter Gestalt in der Einl. I (1804), 2. Aufl. 1820, hier auch mit Verteidigung gegen inzwischen aufgetauchte Hypothesen. Abgesehen von der Künstlichkeit und Kleinlichkeit der Ausspinnung, welche gegen die groß gedachte Lessing'sche Skizze sehr absticht, berührt zweierlei geradezu peinlich, erstens der Nachweis des Nutzens „dieser Entdeckung des Urev" für die „Simplifikation des christlichen Lehrbegriffs, an welcher seit 50 Jahren die deutsche Theologie so eifrig gearbeitet hat" (Einl. I [2], 445), und zweitens das völlige Schweigen über Lessing, von welchem Eichhorn sein Bestes entlehnt hatte. Seitdem Herder (Vom Erlöser der Menschen, 1796 S. 174) den Sachverhalt richtig dargestellt hat, hätte man Eichhorn nicht als den Begründer der neueren Evangelienkritik rühmen sollen, statt mit Herder zu beklagen, daß nicht Lessing selbst seine Hypothese durchgeführt habe.

7. J. J. Griesbach sprach seine Ansicht zuerst am Schluß des jenenser Oster-

programms von 1783 (Griesbachii opusc. acad. ed. Gabler II, 241--256: Inquisitio in fontes, unde evangelistae suas de resurrectione domini narrationes hauserint) kurz aus, entwickelte sie dann ausführlich in zwei Programmen von 1789. 1790: Commentatio, qua Marci ev. totum e Matthaei et Lucae commentariis decerptum esse monstratur, neu bearbeitet und gegen inzwischen erschienene Bestreitungen verteidigt in Velthusen, Kuinoel, Ruperti, Comm. theol. I a. 1794, daraus abgedruckt bei Gabler l. l. 358—425. Seine Stellung zu Lessing p. 425.

8. G. H e r d e r, Vom Erlöser der Menschen nach den drei ersten Evv 1796, Vierter Abschnitt S. 149—233; ausführlicher und bestimmter in der Schrift Von Gottes Sohn, der Welt Heiland nach Johannes' Ev 1797 S. 303—416 (Herders Werke ed. Suphan XIX, 194—225. 260 f. 380—424). Die glänzende, aber auch schillernde Darstellung erschwert eine kurze und doch genaue Wiedergabe der Ansicht. Es bleibt z. B. unklar, wie Herder so entschieden eine nicht mehr vorhandene Urschrift ablehnen (XIX, 417) und doch von dem zunächst mündlichen *evangelium commune* annehmen konnte, daß es wenn auch nur zum Privatgebrauch sofort von vielen aufgezeichnet worden sei (XIX, 205. 207 f. 394 f. 408 f.). Er scheint auch mit sich selbst nicht ins Reine darüber gekommen zu sein, welcher Anteil dem Apostel Mt an der ersten schriftlichen Aufzeichnung des hebräischen Urev oder des später um 60 daraus entstandenen, dem griech. Mt zu Grunde liegenden palästinischen Ev und selbst der letzten Form unseres Mtev beizumessen sei (XIX, 205. 401). Der spätere Aufsatz bezeichnet das ungeschriebene Urev nicht mehr wie der frühere als „heiliges Epos“ (S. 199 im Unterschied vom Mythus 2 Pt 1, 16), und die Evangelisten, welche es stückweise mündlich erzählen, nicht mehr als Rhapsoden (S. 214. 217). Trefflich ist, was Herder gegen die Vorstellung von der „apostolischen Evangelien-Kanzlei“ in Jerusalem (S. 209 f.), und Vieles was er über den Charakter der einzelnen Evv sagt. — G. Chr. S t o r r (1746—1805): Über den Zweck der ev. Gesch. und der Briefe des Johannes 1786; De fonte evv Mt et Lc 1794. — Eher hier als unter den Namen in A 9 ist zu nennen F. H i t z i g, Über Johannes Marcus und seine Schriften 1843, welcher, ohne die synoptische Frage erledigen zu wollen, den Mr gegen die mit Griesbach beginnende verächtliche Kritik in Schutz nahm und vermittelst der Annahmen, daß 2 Kr 8, 18 auf Mr als Vf eines Ev sich beziehe, und daß 1 Kr 7, 10 ein Citat nach Mr 10, 1—12 vorliege, zu der Behauptung gelangte, daß das Mrev schon im J. 57 sich zu verbreiten angefangen habe, woraus sich dann von selbst ergibt, daß es dem Mt und dem Lc als Quelle gedient hat (S. 37—62; 167—173). Hauptzweck der Schrift war zu beweisen, daß Johannes Mr der Vf nicht nur des Mrev, sondern auch der Apokalypse sei.

9. C h r. G. W i l k e, Der Urevangelist oder exeg.-krit. Untersuchung über das Verwandtschaftsverhältnis der drei ersten Evv 1838. Die Zahl derer, welche Geduld genug gehabt, das dicke Buch (SS. 694) durchzulesen, wird nicht groß sein. In bezug auf den Mangel an geschichtlicher Anschauung und lebensvollen Ideen, sowie in dem rohen und aufgeblasenen Ton beschränkter Geister, welchen Wilke zuerst in die Evangelienforschung eingeführt hat, ist er nicht ohne Nachfolger geblieben. Einiges Verdienst hat seine Bestreitung der Gieselerschen Hypothese (S. 26—152). Diejenigen dem Mr eigentümlichen kleinen Stücke, welche er als spätere Interpolationen ausgeschieden wissen wollte (S. 672 ff. cf S. 323 ff. 463 ff. 552 f.), sind meistens dieselben, welche uns die Eigenart des Mrev erkennen lassen. Andere werden mit den gewaltsamsten Mitteln beseitigt. In Mr 1, 13 sind die Worte πειραζόμενος ὑπὸ τοῦ σατανᾶ eine nicht von Mr herrührende Interpolation aus Lc 4, 2; die Interpolatoren waren aber „gescheit genug“, statt des „Lukkassischen“ (z. B. S. 12) διάβολος das „Markussische“ σατανᾶς zu schreiben (S. 664 f.). „Wir geben für alle Ewigkeit Brief und Siegel, daß unser Resultat das richtige sei“ (S. 684). So glaubte Wilke sich „den Beifall unparteiischer Wahrheitsforscher zu erwerben“,

was er S. 694 als den Zweck seiner Arbeit bezeichnet. — Br. B a u e r, Kritik der ev Geschichte Bd I—III, 1841—42, 2. Aufl. 1846. G. V o l k m a r, Die Evv oder Marcus und die Synopse 1870, dazu ein Nachtrag mit fortlaufender Paginirung: Die kanon. Synoptiker in Übersicht mit Randglossen und das Geschichtliche vom Leben Jesu 1876. „Die Evangelienbücher sind sinnbildlich erzählende Ausführungen des einen Ev Jesu und der Apostel" (p. VII). Bequem ist die chronologische Übersicht p. VIII: 1) Mr um 73, 2) Genealogus Hebraeorum um 80, 3) vielleicht Evangelium pauperum, Essenorum um 80, 4) Lc um 100, 5) Mt (der letzte der Synoptiker, wie Wilke bewiesen habe p. XI) um 110, 6) Ptev um 130, 7) Marcion 138, 8) Ev der Nazaräer nach den 12 Aposteln um 150, 9) Ev des Logos nach Johannes um 155, 10) Ägypterev 160—170. Dagegen eitel Phantasien sind Urmatthäus, Urmarcus, Urlucas, Spruchbuch u. s. w.

10. J. L. H u g (1765—1846) gab nach einem unvollendeten ersten Versuch, welchen ich nur aus seiner Vorrede von 1808 kenne, die Einleitung zuerst 1808 vollständig heraus. 3. Aufl. 1826, II, 1—243 über die Evv.

11. J. C. L. G i e s e l e r, Historisch-kritischer Versuch über die Entstehung und die frühesten Schicksale der schriftlichen Evv 1818; im wesentlichen schon 1817 in Keil und Tzschirners Analekten Bd. III veröffentlicht. Als Beispiele für die Treue des Gedächtnisses führt Gieseler S. 105 f. an (Plato, Phaedrus p. 380) Caesar, bell. Gall. VI, 14 (die Druiden und ihre Schüler); August. doctr. christ. I, 4 (der hl. Antonius); Gregor. Magn. dial. IV, 14. Auch erinnerte er S. 60 an die rabbinische Lehrart vor Aufzeichnung der Mischna cf Schürer II, 321—325. Über die Möglichkeit mündlicher Überlieferung ganzer Bücher cf auch Spiegel in der Ztschr. der deutsch. morgenl. Ges. IX, 178 ff. In Wilkes Kritik (s. vorhin A 9) war besonders wirksam die Berufung auf die johanneischen Parallelen zu den Synoptikern (Jo 6, 1—21; 12, 1—13, 30; 18, 1 bis 20, 23), aber auch auf die dem Jo eigentümlichen Stoffe, welche beweisen, daß unter den Aposteln weder in bezug auf die Auswahl der Stoffe, noch die Form ihrer Darstellung ein so fester und gleichförmiger Typus der Erzählung ausgebildet gewesen ist, wie er aus der Vergleichung der drei synoptischen Evv unter Voraussetzung ihrer gegenseitigen Unabhängigkeit als deren gemeinsame Grundlage sich ergeben würde. Ähnliche Beweiskraft kommt den ev Stücken bei Pl (1 Kr 15, 3—7 und 1 Kr 11, 23—25 im Vergleich mit dem gereinigten Text von Lc 22, 15—20 und Mt 26, 26—29; Mr 14, 22 bis 25) zu (oben S. 167 ff.). Richtig war auch die Beobachtung (Wilke 119), daß man aus den Bemerkungen des Papias über die Vorträge des Pt (Eus. h. e. III, 39, 15) ein ganz anderes Bild von den ev Erzählungen eines Apostels gewinne, als das eines ungeschriebenen Urev. — G. W e t z e l, Die synoptischen Evv, eine Darstellung u. Prüfung der wichtigsten über die Entstehung derselben aufgetretenen Hypothesen mit selbständigem Versuch zur Lösung der synopt. Evangelienfrage 1883. — K. V e i t, Die synopt. Parallelen und ein alter Versuch ihrer Enträtselung mit neuer Begründung. Zwei Teile in einem Bande, 1897, Teil I der Text in interlinearer Synopsis zusammengestellt, Teil II Enträtselung der synoptischen Parallelen.

12. F r. S c h l e i e r m a c h e r, Über die Schriften des Lc, ein krit. Versuch. Erster (einziger) Teil, 1817; WW. Zur Theol. Bd. II, 1—220. An Hug und Eichhorn, welche sich gegenseitig trefflich widerlegen sollen, knüpfte Schl. an; Gieselers Arbeit in ihrer ersten Gestalt (A 11) hat er noch vor Toresschluß berücksichtigt. Unklar blieb besonders, ob und inwieweit Lc die Einzelerzählungen bereits zu größeren Gruppen vereinigt vorgefunden habe, also Sammlungen benutzt habe, welche doch früher als unsere Evv entstanden sein sollen (S. 13 = 10); auch in den Vorlesungen über die Einl. (WW. Zur Theol. III, 233. 239) bleibt dunkel, wie sich jene Einzelstücke und die daraus entstandenen unvollständigen Materialiensammlungen zu den „zusammenstellenden Evv" verhalten haben, deren doch Lc nach dem Prolog schon mehrere gekannt haben soll. — Wichtiger wurde:

Über die Zeugnisse des Papias von unsern beiden ersten Evv, Theol. Stud. u. Krit. 1832
S. 735—768; WW. Zur Theol. II, 361—392.

13. F. Chr. B a u r, Kritische Untersuchungen über die kanon. Evv, ihr Verhältnis
zu einander, ihren Charakter und Ursprung 1847; Das Mrev nach seinem Ursprung und
Charakter 1851; Christentum und Kirche der 3 ersten Jahrhunderte, 2. Aufl. S. 23 ff.
73 ff. In mehreren Beziehungen stützte sich Baur auf die Vorarbeiten seiner Schüler
wie S c h w e g l e r, Nachapost. Zeitalter 1846; A. R i t s c h l, Das Ev Marcions und das
kanon. Lcev 1846 und verschiedene Abhandlungen E. Z e l l e r s. An Baur anknüpfend
wollte H i l g e n f e l d (Die Evv nach ihrer Entstehung u. geschichtl. Bedeutung 1854)
die Betonung der kirchlichen und dogmatischen Tendenz der Evv herabgestimmt und
die Entstehung höher hinaufgerückt haben: Die Grundschrift des Mtev um 50—60 (S. 115),
unser Mt um 70—80 (S. 103), Mr kurz vor 100 (S. 148), Lc um 100—110 (S. 224). Die
Abhandlungen, in welchen er seine Ansicht weiterentwickelt und teilweise geändert,
verzeichnet er Einl. 462. Während D. Fr. S t r a u ß in seinem neuen Leben Jesu für
das deutsche Volk 1864 S. 98 ff. und Th. K e i m, Gesch. Jesu von Nazara I (1867), 44
bis 103 im wesentlichen an der Baurschen Ansicht und in bezug auf Mr an Griesbachs
Urteil festhielten, hat Hilgenfeld dem Mrev wieder mehr Gerechtigkeit widerfahren lassen
und auch die Überlieferung insoweit anerkannt, als er es „unter dem Einfluß petrinischer
Überlieferung" in Rom geschrieben sein läßt und selbst das für möglich erklärt, daß,
wenn Mr nur die Zeit, in welcher das nach ihm genannte Ev geschrieben sein soll (erste
Regierungszeit Domitians, also etwa 81—85, Einl. 517), erlebt hat, er zwar nicht der Vf,
aber doch der Gewährsmann des Vf gewesen sei (Einl. 518). C. H o l s t e n, Die drei
ursprünglichen, noch ungeschriebenen Evv. Zur synopt. Frage, 1883; Die synopt. Evv
nach der Form ihres Inhalts 1885 wollte die Verschiedenheit der 3 ersten Evv wieder
ausschließlich aus den die apostolische Zeit beherrschenden dogmatischen Prinzipien erklärt haben, ihre Übereinstimmung aber in Stoff und Form daraus, daß Mr den Mt umgeformt, Lc den Mt und Mr in einander verarbeitet habe. Die drei Gestalten des ungeschriebenen Ev sind 1) das judenchristliche, welches Pt predigte, bis er im J. 52/53
dem Judaismus verfiel, 2) dasjenige des Pl, 3) das antipaulinische Ev der Judaisten. Dem
ersteren entspricht durchweg unser Mtev. Nur Mt 5, 17—19 stammt aus einem dem
Geist des Mtev fremden, judaistischen Geist, vielleicht aus einer griechischen Bearbeitung
der durch Papias bezeugten λόγια oder dem ursprünglichen Mtev oder Hbev, welches
zur Zeit der Herrschaft des Judaismus in Jerusalem (a. 53—70) vielleicht schon um 55
und, wie es scheint, vom Apostel Mt geschrieben wurde (Schrift von 1883 S. 63 A 2;
1885 S. 174 ff.). Wie und wo nach dem Abfall oder Rückfall des Pt selbst das ursprüngliche petrinische Ev sein Leben gefristet haben soll, um dann nach der Zerstörung des
Tempels wiederaufzuleben und in unserem Mtev schriftlich zu werden, und wie der ge-
dankenreiche Vf dieses viel eher antijudaistischen als antipaulinischen Buchs die Torheit
hat begehen können, an einer einzigen, aber an einer so bedeutsamen Stelle wie 5, 17
bis 19 den krassen Judaismus und die schroffste Verurteilung des gesetzlosen Paulinismus Jesu in den Mund zu legen, und wie ein Ev, welches in bezug auf die Reden
Jesu in scharfen Gegensatz zu der judaistischen Redesammlung des Mt getreten ist und
nur an einer einzigen Stelle seine Abhängigkeit von einer derartigen Quelle verrät, zu dem
Namen Mt gekommen ist, und wie schon um 100 nicht dieses petrinische Mtev, sondern
das Mrev in Zusammenhang mit Pt gebracht wurde: diese und andere Fragen werden
gar nicht aufgeworfen. Das Mtev soll für heidenchristliche Gemeinden, welche das Ev
des Pl nicht fahren lassen wollten, ganz unannehmbar gewesen sein. Um dem Ev des
Pl den Raum offen zu erhalten, wird aus dem Stoff des Mtev das Mrev um 80 geschaffen.
An die Stelle der gesetzlichen Bergpredigt tritt die διδαχή καινή Mr 1, 27 d. h. das Ev
des Pl, und in 9, 30—32 liegt das Urteil, daß der Mangel an Verständnis des Kreuzes-

todes Jesu die Urapostel an dem vollen Verständnis des Ev überhaupt gehindert hat. Am Anfang des 2. Jahrhunderts, wo durch gleichzeitigen Gebrauch der Evv des Mt und Mr ebensowohl Judenchristliches als Paulinisches in den Gemeinden Wurzel geschlagen, der Paulinismus sich verflacht hatte und die Zeitlage zum Zusammenschluß aller Christen mahnte, hat dann ein typischer Vertreter dieser Zustände Mt und Mr unter Benutzung der noch nicht ganz versiegten mündlichen Überlieferung in eins gearbeitet. Das ist das Lcev.

14. Die oben S. 191 f. unter Nr. 8 berücksichtigten, wichtigeren Arbeiten sind: Chr. H. Weiße, Die ev Geschichte kritisch und philosophisch bearbeitet, 2 Bde., 1838. Die Evangelienfrage in ihrem gegenwärtigen Stadium 1856.   A. Ritschl, Über den gegenwärtigen Stand der Kritik der synoptischen Evv in Theol. Jahrbb. von Baur u. Zeller 1851 S. 481—538.   H. J. Holtzmann, Die synopt. Evv, ihr Ursprung und geschichtlicher Charakter, 1863.   Derselbe hat in einer Menge von späteren Abhandlungen die Sache weiterverfolgt.   Eine bequeme Zusammenstellung gab er im HK I² (1892) S. 1—13.   C. Weizsäcker, Untersuchungen über die ev Geschichte, ihre Quellen u. den Gang ihrer Entwicklung 1864.

15. B. Weiß entwickelte seine Ansicht zuerst in Theol. Stud. u. Krit. 1861 S. 29 ff.: Zur Entstehungsgesch. der 3 synopt. Evv; Jahrbb. f. deutsche Theol. 1864 S. 49 ff.: Die Redestücke des apostolischen Mt; ebenda 1865 S. 319: Die Erzählungsstücke des apostolischen Mt; sodann in den Kommentaren: Das Mrev und seine synopt. Parallelen 1872; Das Mtev und seine Lucas-Parallelen 1876 und in den zusammenfassenden Werken, zuletzt in der Einl. 3. Aufl. 1897 S. 453—560.

§ 51. Die Überlieferung über Marcus und sein Evangelium.

Johannes mit dem Nebennamen Marcus (A 1) war der Sohn eines christlichen Hauses zu Jerusalem, in welchem zur Zeit des Passafestes, wahrscheinlich in der Passanacht des J. 44 eine große Zahl von Christen zum Gebet versammelt war (AG 12, 12).   Da seine Mutter Maria die Besitzerin dieses Hauses genannt wird, so ist als sicher anzunehmen, daß der Vater, dessen Namen wir nicht kennen, damals nicht mehr lebte.   Daß Mr damals erwachsen und ein Mitglied der Gemeinde war, ergibt sich daraus, daß Pl und Barnabas, die bald darnach Jerusalem besuchten, ihn offenbar im Hinblick auf seine Verwendung in ihrer Berufsarbeit von dort mit sich nach Antiochien nahmen (AG 12, 25).   Wenn Pt ihn 20 Jahre später seinen Sohn nennt (1 Pt 5, 13), so kann das nach dem Sprachgebrauch der apostolischen Zeit kaum etwas anderes heißen, als daß Mr dem Pt seine Bekehrung verdankte, vielleicht auch die Taufe von ihm empfangen hatte (A 2).   Hiemit stimmt überein die ausdrückliche Versicherung des Papias, daß Mr den Herrn nicht predigen gehört und ihn nicht als Schüler begleitet habe, sondern nur zu Pt in einem derartigen Verhältnis gestanden habe (s. weiter unten im Text und A 14).   Die im 4. Jahrhundert auftauchende Meinung, daß er einer der 70 Jünger gewesen sei (Lc 10, 1), ist dadurch als Fabel erwiesen (A 3). Versteht man die beiläufige Angabe des Pl, daß Mr ein Vetter des Barnabas war (Kl 4, 10), dahin, daß deren Väter Brüder waren, so war Mr wie Barnabas ein Levit (AG 4, 36), und es stünde von dieser Seite der alten Überlieferung nichts im Wege, daß Mr, um sich für den priesterlichen Dienst unbrauchbar zu machen, sich den Daumen abgeschnitten habe. Der Beiname „der Stummelfingerige", welchen Mr daher bekommen hat, war in Rom, wo man am ersten echte Überlieferungen über Mr zu finden erwarten kann, zu Anfang des 3. Jahrhunderts allgemein bekannt (A 4). Ebendort stoßen wir aber nach der wahrscheinlichsten Ergänzung und Deutung der Anfangsworte des Can. Mur. auf die Nachricht, das Mr zwar im allgemeinen kein Augen- und Ohrenzeuge der ev Geschichte gewesen sei, aber doch einige von ihm berichtete Tatsachen miterlebt habe (A 5). Der Fragmentist fügt hinzu, daß Mr dem entsprechend diese Tatsachen auch dargestellt habe. Erwägt man aber, wie wenig auffällig die Spuren eigener Augenzeugenschaft im Mrev jedenfalls sind, wenn deren überhaupt vorhanden sind, ferner wie spät und unsicher die Ahnung auftaucht, daß in Mr 14, 51 die Person des Evangelisten verborgen sei (A 6), und endlich wie wenig die altkirchliche Exegese Neigung und Fähigkeit zeigt, derartigen Andeutungen im NT spürend nachzugehen, so muß es für äußerst unwahrscheinlich gelten, daß die bestimmte Angabe des Fragmentisten die Frucht scharfsinniger Exegese sei. Sie wird vielmehr Wiedergabe einer um 200 in Rom noch vorhandenen Überlieferung sein. Und warum sollte der Sohn eines Christenhauses in Jerusalem, welcher im J. 44 vielleicht 30—35 Jahr alt gewesen sein mag, von den Jesum betreffenden Ereignissen um das J. 30 nicht das eine oder andere mit eigenen Augen gesehen haben, ohne damals zu den gläubigen Hörern der Predigt Jesu gehört zu haben? Nach einer anderen Überlieferung (A 7), deren Anfänge und Entwicklung noch nicht genügend aufgeklärt sind, wäre das Haus des Mr und seiner Mutter (AG 12, 12) dasselbe, in welchem Jesus mit seinen Jüngern das letzte Passamahl gehalten (Mr 14, 14), in welchem die Apostel mit den Frauen am Tage der Himmelfahrt vereinigt waren (AG 1, 13), und in welchem auch die Ausgießung des Geistes stattfand (AG 2, 2). Von AG 12, 12 rückschreitend mochte man ohne jeden Anhalt in einer geschichtlichen Sage durch Vergleichung der Texte zu dieser Kombination gelangen; aber von da aus ist weder die Überlieferung des Can. Mur. noch die Deutung von Mr 14, 51 f. auf den Evangelisten zu verdächtigen. Im Zusammenhang der Erzählungen vom Hause des Mr hat man den Mr gelegentlich mit dem Menschen in Mr 14, 13, aber nicht mit dem Jüngling in Mr 14, 51 identificirt (A 7). — Ist Mr im J. 44 mit seinem Vetter Barnabas und Pl nach Antiochien gekommen und im J. 50 von diesen auf die erste Missionsreise mitgenommen worden (AG 13, 5), so ist anzunehmen, daß er in den dazwischenliegenden Jahren jene beiden in ihrer Berufsarbeit als Missionsprediger und Gemeindelehrer zu Antiochien (AG 11, 26; 13, 1) ebenso unterstützt hat, wie auf der ersten Missionsreise. Unter den Lehrern und Propheten in der Gemeinde zu Antiochien wird er AG 13, 1 nicht genannt; aber auch 13, 5 wird er nicht als ein ebenbürtiger Prediger des Ev neben Pl und Barnabas charakterisirt, sondern als Einer, welcher die beiden Missionare durch eine vergleichsweise untergeordnete Tätigkeit bei ihrer Predigt unterstützte.

Am Werk der Missionspredigt war er beteiligt (AG 15, 38; Phlm 24), aber als Handlanger der Missionare, welche ihn „mitnahmen" (AG 15, 37 f.). Die Darstellung des Verhältnisses in der AG weicht deutlich ab von der Art, wie AG 16, 6. 10. 13. 32; 17, 4; 2 Kr 1, 19; 1 Th 1, 5 ff. die Beteiligung eines Silvanus und anderer Gehilfen an der Predigt des Pl zum Ausdruck gebracht wird, und entspricht dagegen sehr auffällig dem, was Pl noch kurz vor seinem Ende von Mr sagt: ἔστιν γάρ μοι εὔχρηστος εἰς διακονίαν (2 Tm 4, 11 oben S. 161). Eine natürlichere Erklärung dieses eigentümlichen Verhältnisses wird man schwerlich finden, als daß Mr als geistlicher Sohn des Pt und als Kind eines Christenhauses, welches einem Teil der Muttergemeinde als Versammlungsort diente, etwas zu bieten hatte, was dem Pl fehlte und auch dem Barnabas, der viel früher als Mr in die auswärtige Mission hinein und von Jerusalem weggezogen worden war, nicht in gleichem Maße zu eigen sein konnte, nämlich ein Schatz von Erzählungen aus dem Munde des Pt und anderer Jünger Jesu, die im Hause seiner Mutter verkehrten. Diese Kenntnis von Einzelheiten der ev Geschichte (τῶν περὶ τοῦ Ἰησοῦ oben S. 165 A 2) mußte den Herolden des Ev eine unschätzbare Beihilfe sein. Mr eignete sich vor Anderen zu ihrem ὑπηρέτης, aber der kühne Mut, welchen die Missionsarbeit erforderte, scheint ihm gefehlt zu haben. Als es galt, von Cypern nach Kleinasien vorzudringen, trennt er sich von den Missionaren und kehrt, wahrscheinlich von Paphos aus, zur Mutter nach Jerusalem zurück (13, 13). Aber ein Jahr darauf finden wir ihn wieder in Antiochien, ohne daß erzählt würde, wer ihn dazu vermocht hat, dorthin zurückzukehren (AG 15, 37—39). Es kommt zu der Entzweiung zwischen Pl, welcher den Mr wegen seines Verhaltens auf der ersten Reise für untauglich zum Missionsdienst hielt, und Barnabas, dessen mildere Beurteilung des Falls Pl als Schwäche gegen den Vetter ausgelegt haben wird. Während Pl mit Silas nach Kleinasien zieht, gehen Barnabas und Mr wieder nach Cypern, der Heimat des Barnabas. Wir verlieren ihre Spur und zwar die des Barnabas für immer (Bd I, 307 A 5). Mr taucht im J. 62 oder 63 in Rom wieder auf als einer der zwei Missionare jüdischer Abkunft, welche im Gegensatz zu den übrigen durch die Art ihrer Arbeit dem gefangenen Pl Freude machen (Kl 4, 10 Bd I, 319 A 4). Pl kann ihn seinen Mitarbeitern in Rom zuzählen (Phlm 24). Jede Spur einer Spannung zwischen den beiden Männern ist verwischt. Da Mr sich seit einiger Zeit mit der Absicht trägt, in den Orient zu reisen und bei dieser Gelegenheit auch das innere Kleinasien zu berühren, so hat Pl ihn schon vor Absendung des Kl den Lesern dieses Briefes, welchen Mr persönlich unbekannt geblieben war, zu freundlicher Aufnahme empfohlen und wiederholt jetzt diese Empfehlung (Kl 4, 10). Wir haben keinen Grund zu bezweifeln, daß Mr diese Reise ausgeführt hat. Ein oder zwei Jahre später ist er wieder in Rom in der Umgebung des Pt (1 Pt 5, 13). Daß dieser außer von der Gesamtgemeinde Roms den Christen Kleinasiens nur von Mr einen Gruß bestellt, beweist, daß Mr inzwischen wenigstens einem Teil der kleinasiatischen Gemeinden bekannt geworden ist. Ob er in der Begleitung des Pt zum zweiten Mal nach Rom gekommen

war, und ob er nach dem Tode des Pt und aus Anlaß der neronischen Verfolgung Rom wieder verlassen hat, wissen wir nicht; aber es liegt nahe, das
Eine wie das Andere zu vermuten (oben S. 18 f.). Jedenfalls befand sich Mr
wieder im Orient, wahrscheinlich in Kleinasien, als Pl im J. 66 seinen letzten
Brief an Timotheus schrieb und diesen beauftragte, den Mr, von dessen Beihilfe er sich auch jetzt noch Nutzen versprach, mit nach Rom zu bringen
(2 Tm 4, 11). Die Überlieferung, daß Mr in Ägypten als Missionsprediger tätig
gewesen und erster Bischof von Alexandrien geworden sei, ist alt und unwidersprochen genug, um einigen Glauben zu beanspruchen, läßt sich aber in bezug
auf Zeit und Umstände nicht näher bestimmen (A 8).

Über die Entstehung des Mrev hat Clemens Al. wahrscheinlich durch Vermittlung eines seiner Lehrer eine mit mancherlei Einzelheiten ausgestattete Erzählung kennen gelernt, welche er an zwei sich gegenseitig ergänzenden Stellen
seiner Hypotyposen mitteilt (A 9). Obwohl uns eine dieser beiden Mitteilungen
nur in lateinischer Übersetzung, die andere nur in indirekter Redeform vorliegt,
genügen sie doch, einen Bericht des Eusebius, welcher sich für denselben auf
Clemens und außerdem auf Papias beruft, der Ungenauigkeit zu überführen.
Nach Clemens ist Mr zu der Zeit, da Pt in Rom öffentlich das Ev predigte,
von Zuhörern dieser Predigten, und zwar von kaiserlichen Hofbedienten ritterlichen Standes gebeten worden, er möge als Einer, der von früher Zeit her in
der Umgebung des Pt sich befunden und daher die Reden desselben im Gedächtnis habe, das mündlich Gesprochene schriftlich aufzeichnen, damit auch sie
dasselbe ihrem Gedächtnis einprägen könnten, und er möge nach Vollendung
des Ev ihnen, die ihm diese Bitte vortrugen, dasselbe übergeben. Pt aber
habe, als er davon erfuhr, den Mr weder daran gehindert, noch dazu ermuntert.
Gleichwohl habe Mr der Bitte entsprochen und nach den Erzählungen des Pt
sein Ev geschrieben. Im Gegensatz zu der Darstellung des Eusebius, wonach
Pt durch eine besondere Offenbarung Kenntnis von der Sache erhalten, sodann
über den Eifer der Leute, deren Bitten Mr nachgegeben, seine Freude geäußert,
und endlich das vollendete Ev förmlich bestätigt und zur Vorlesung in den
Kirchen bestimmt haben soll (A 10), zeichnet sich die Erzählung des Clemens
vor allem dadurch aus, daß sie den Pt gegenüber der schriftlichen Aufzeichnung
des Ev durch Mr eine sehr zurückhaltende Stellung einnehmen läßt. Während
die Darstellung des Eusebius der Zeit entspricht, da man bei dem Wort „Ev"
sofort an ein Buch dachte und sich nicht genug darin tun konnte, die Auktorität
des geschriebenen Worts hinaufzuschrauben, entspricht die Erzählung des Clemens
dem Geist der Zeit, da das ungeschriebene Ev herrschte und neben ihm die
Anfänge schriftlicher Aufzeichnung ein fast verborgenes Dasein führten (§ 48).
Ferner bezieht sich nach Clemens das Urteil des Pt nicht auf das vollendete
Werk des Mr, sondern auf die im ersten Werden begriffene Arbeit des Mr.
Wenn die Satzkonstruktion es allenfalls gestatten würde, die Erzählung so zu
verstehen, daß Pt erst dann von der Sache Kenntnis erhalten habe, nachdem

Mr sein Ev geschrieben und es denen, die ihn darum gebeten hatten, übergeben hatte (A 9), so widerspricht dieser Auffassung durchaus, was von der Stellungnahme des Pt erzählt wird. Die vollbrachte Tatsache der Abfassung und Veröffentlichung eines Buchs kann man billigen oder tadeln, sie kann aber nicht Gegenstand eines Wehrens ($κωλύειν$) oder Ermunterns ($προτρέπεσθαι$) werden. Was Pt bemerkte oder erfuhr, waren die auf Abfassung eines Ev durch Mr abzielenden Verhandlungen zwischen den Hörern seiner Predigt und seinem Schüler Mr und allenfalls noch die Anfänge der Arbeit des Mr. In diesem Moment konnte Pt entweder verbieten, daß ein solches Buch geschrieben werde, oder er konnte sich den Bitten der Hörer anschließen und den Mr zur Abfassung eines Ev ermuntern. Er tat weder das Eine noch das Andere, sondern ließ eben nur geschehen, was dann auch geschehen ist. Somit steht diese Erzählung nicht in unversöhnlichem Widerspruch mit der Angabe des Irenäus, daß Mr sein Ev nach dem Tode des Pt und Pl herausgegeben oder der Christenheit übergeben habe (oben S. 177 f. 180.). Wenn der Ausdruck des Irenäus in bezug auf Mr ($τὰ$ $ὑπὸ$ $Πέτρου$ $κηρυσσόμενα$ $ἐγγράφως$ $ἡμῖν$ $παραδέδωκεν$) nicht ebenso unzweideutig, wie in bezug auf Mt ($γραφὴν$ $ἐξήνεγκεν$ $εὐαγγελίου$) und Jo ($ἐξέδωκε$ $τὸ$ $εὐαγγέλιον$), die Veröffentlichung des vollendeten Ev ausspricht, so ist doch dies das in jeder Hinsicht nächstliegende Verständnis. Es kann also sehr wohl beides wahr sein, daß Mr während des vielleicht kaum einjährigen Aufenthalts des Pt in Rom um Abfassung seines Ev gebeten worden ist und sich an die Arbeit gemacht hat, und daß er erst drei Jahre später seine Arbeit vollendet oder, wenn sie unvollendet geblieben (§ 52), sich zur Herausgabe entschlossen d. h. die Vervielfältigung für weitere Kreise angeordnet oder gestattet hat. Daß das Mrev in Rom entstanden sei, sagt Irenäus nicht ausdrücklich, setzt es aber als bekannt voraus; denn nur unter dieser Voraussetzung ist verständlich, daß er die Zeit seiner Herausgabe nach dem Tode der beiden Apostel Roms ansetzt. Jedenfalls ist die Entstehung des Mrev in Rom nicht eine Erfindung des Clemens oder seiner Gewährsmänner. Es wurde bereits S. 20. 178 gezeigt, daß schon Papias diese Tatsache bezeugt haben muß. Sie ist mit gutem Grunde allgemein angenommen worden (A 11). Das Gleiche gilt von dem Zusammenhang des Mrev mit den Erzählungen des Pt, welcher nicht erst durch Irenaeus, Clemens, Tertullian, Origenes und die Späteren (A 11), sondern, wie sogleich zu zeigen ist, schon am Ende des ersten Jahrhunderts bezeugt ist. Es ist aber irreführend, wenn man dieses Verhältnis nach beiläufigen kurzen und daher misverständlichen Andeutungen, statt nach den ältesten Erzählungen beurteilt. Clemens sagt nicht etwa, daß Mr die Predigten, welche Pt im Rom gehalten, zu Papier gebracht habe; dazu wäre jeder aufmerksame und schreibfähige Zuhörer ebensogut betähigt gewesen, wie Mr. Daß gerade Mr dazu aufgefordert wird, wird vielmehr dadurch motivirt, daß er nicht wie die Römer erst neuerdings, sondern schon seit langem, also in viel früherer Zeit ein Schüler des Pt gewesen, in dessen Nähe gelebt und reichlich Gelegenheit gehabt hat,

dessen Erzählungen zu hören und seinem Gedächtnis einzuprägen. Diese Darstellung steht also durchaus nicht im Widerspruch mit der Geschichte des Mr,
wonach derselbe vom J. 44 an beharrlich in der Umgebung des Barnabas oder
des Pl gelebt hat und, soviel wir wissen, erst im J. 63 oder 64 wieder in Rom
mit Pt in andauernder Gemeinschaft gestanden hat. Aber er war und blieb
ein „Sohn" des Pt, da er ein Jahrzehnt lang die Erzählungen und Ansprachen
des Pt im Hause seiner Mutter gehört haben mag (AG 12, 12—17 cf 2, 42. 46;
5, 42), ehe er in den Dienst der auswärtigen Mission trat. Als er zwei Jahrzehnte später in Rom wieder dem Pt zur Seite stehen durfte, mußten alle Erinnerungen seiner jungen Jahre wieder aufgefrischt werden, und davon mußte
die Darstellung im Mrev Spuren zeigen, wenn es damals in Rom entstanden ist.
Es war ein abgekürzter Ausdruck für dieses Verhältnis des Mrev zu der Predigt
und den Erzählungen des Pt, wenn man es, wie schon Justinus (A 12) und
Manche zur Zeit Tertullians geradezu das Ev des Pt nannte. Es hat sich diese
Ausdrucksweise im kirchlichen Sprachgebrauch doch nicht festgesetzt, und sie
entspricht durchaus nicht dem ältesten Zeugnis über das Mrev, demjenigen des
Papias und seines Lehrers Johannes, „des Presbyters" schlechtweg, wie Papias
ihn nennt, wo er dessen Urteil über Mr wiedergibt.

Der alte Streit darüber, wer dieser Presbyter Namens Johannes sei, ob,
wie Irenäus zu wissen glaubte, der Apostel Johannes, oder, wie Eusebius entdeckt haben wollte, ein von diesem zu unterscheidender Mann gleichen Namens,
kann hier nicht beiläufig geschlichtet werden (A 13). Wofür man von jedem
Leser der Fragmente des Papias und jedem Kenner der sonstigen Überlieferung
über den Apostel, Schriftsteller und Lehrer Johannes unbedingte Anerkennung
fordern darf, ist dies: 1) Es hat bis ans Ende des 1. Jahrhunderts und bis
in sein höchstes Greisenalter in Ephesus ein Johannes gelebt, welcher in der
Kirche der Provinz Asien das höchste Ansehen genoß und auf die Entwicklung derselben einen entscheidenden Einfluß übte. 2) Unter den persönlichen
Schülern desselben ragen hervor der Bischof Polykarp von Smyrna, der gleichfalls ein ungewöhnlich hohes Alter erreicht und am 23. Februar 155 den Feuer-
tod erlitten hat, und der Bischof Papias von Hierapolis, der mindestens bis in
die Zeit Hadrians (117—138) gelebt und wahrscheinlich in höherem Alter, also
etwa um 125, ein aus 5 Büchern bestehendes Werk unter dem Titel λογίων
κυριακῶν ἐξήγησις verfaßt hat. 3) Jener Lehrer des Polykarp und des Papias
Namens Johannes ist nach aller Tradition, sowohl der biographischen in bezug
auf seine Schüler, als der literargeschichtlichen in bezug auf die ihm zugeschriebenen Schriften, als auch der legendarischen in bezug auf seine eigene
Person, während der letzten Jahrzehnte des 1. Jahrhunderts der einzige irgend
hervorragende Mann Namens Johannes in der kleinasiatischen Christenheit gewesen. Eusebius, welcher beweisen wollte, daß neben dem Apostel und Evangelisten Johannes, als welchen er mit der gesamten älteren Tradition den
Johannes von Ephesus und den Lehrer des Polykarp gelten ließ, ein Presbyter

Johannes in Kleinasien gelebt habe, der kein Apostel, aber der Lehrer des Papias gewesen sei, ist mit seiner Kritik auf halbem Wege stehen geblieben. Der einzige Johannes von Ephesus, den die Überlieferung kennt, läßt sich nicht in zwei Doppelgänger auflösen; der Lehrer des Polykarp läßt sich vom Lehrer des Papias nicht trennen. Ob aber der eine Johannes von Ephesus einer der 12 Apostel, also der Sohn des Zebedäus war, oder ob er in folge seiner Gleichnamigkeit von der gesamten Tradition vor Eusebius mit diesem verwechselt worden ist, läßt sich nicht durch exegetische Erörterung eines Bruchstücks der Vorrede des Papias allein entscheiden. Abgesehen von der verschiedenartigen Beurteilung, welcher die kirchliche Tradition über den Johannes von Ephesus noch immer unterliegt, hängt die Entscheidung vor allem ab von dem Selbstzeugnis der diesem Johannes zugeschriebenen Schriften (Abschnitt X). 4) Der Johannes des Papias wurde, wie die Bezeichnung desselben gleich bei der ersten Erwähnung in der Vorrede des Papias (δ $\pi\varrho\varepsilon\sigma\beta\acute{\upsilon}\tau\varepsilon\varrho\varsigma$ $\vphantom{}'I\omega\acute{\alpha}\nu\nu\eta\varsigma$, Eus. h. e. III, 39, 4, noch zweimal so von Eus. wiederholt § 7. 14, nicht $\vphantom{}'I\omega\acute{\alpha}\nu\nu\eta\varsigma$ δ $\pi\varrho\varepsilon\sigma\beta\acute{\upsilon}\tau\varepsilon\varrho\varsigma$), noch deutlicher aber die den Mr betreffende Aussage des Papias ($\varkappa\alpha\grave{\iota}$ $\tauο\tilde{\upsilon}\tau o$ δ $\pi\varrho\varepsilon\sigma\beta\acute{\upsilon}\tau\varepsilon\varrho\varsigma$ $\check{\varepsilon}\lambda\varepsilon\gamma\varepsilon$) beweist, im Kreise seiner Schüler so gewöhnlich „der Alte" genannt, daß dieser Ehrentitel des greisen Lehrers gelegentlich den Eigennamen ersetzen konnte. Diese Thatsache bestätigen die Grußüberschriften des 2 Jo und des 3 Jo; und sie findet ihre vollkommene Analogie bei Clemens Al., welcher unter seinen verstorbenen Lehrern, die er insgesamt „die Alten" nennt, Einen schlechtweg als δ $\pi\varrho\varepsilon\sigma\beta\acute{\upsilon}\tau\varepsilon\varrho\varsigma$ oder δ $\mu\alpha\varkappa\acute{\alpha}\varrho\iota o\varsigma$ $\pi\varrho\varepsilon\sigma\beta\acute{\upsilon}\tau\varepsilon\varrho\varsigma$ ohne Namen oder sonstige Näherbestimmung zu citiren pflegt. 5) Der Johannes des Papias war ebenso wie ein gewisser Aristion, den Papias in der Vorrede neben ihm genannt und im Verlaufe seines Werks häufig neben Johannes als Gewährsmann für allerlei Traditionen angeführt hat (§ 4. 7. 14), ein $\mu\alpha\vartheta\eta\tau\grave{\eta}\varsigma$ $\tauο\tilde{\upsilon}$ $\varkappa\upsilon\varrho\acute{\iota}o\upsilon$. Dies heißt aber selbstverständlich nicht „ein Christ" oder „ein wahrer Christ", sondern ein persönlicher Schüler Jesu. Zum Überfluß ergibt sich dies auch aus dem Zusammenhang; denn unmittelbar vorher ist eine mit Andreas beginnende und mit Matthaeus endigende Aufzählung mit den Worten $\check{\eta}$ $\tau\iota\varsigma$ $\check{\varepsilon}\tau\varepsilon\varrho o\varsigma$ $\tau\tilde{\omega}\nu$ $\tauο\tilde{\upsilon}$ $\varkappa\upsilon\varrho\acute{\iota}o\upsilon$ $\mu\alpha\vartheta\eta\tau\tilde{\omega}\nu$ abgeschlossen worden. Dies allein entspricht auch dem Sprachgebrauch des 2. Jahrhunderts. Papias nennt auch den Andreas und den Pt nicht Apostel, weil das, wofür sie ihm von Bedeutung sind, nämlich die Verbürgung evangelischer Tradition durch Ohren- und Augenzeugen, mit dem Apostelamt nichts zu schaffen hat. Für ihn ist der Nichtapostel Aristion ebenso wichtig als der Apostel Thomas, oder vielmehr wichtiger als jener, weil Papias nicht den Thomas wohl aber den Aristion selbst zu sehen und zu hören Gelegenheit gehabt hat. Vom Standpunkt des Forschers nach glaubwürdiger Tradition über Jesus bezeichnet er die Ohren- und Augenzeugen der ev Geschichte ohne Unterscheidung zwischen Aposteln und Nichtaposteln passenderweise nach ihrem Verhältnis zu Jesus als $\mu\alpha\vartheta\eta\tau\alpha\grave{\iota}$ $\tauο\tilde{\upsilon}$ $\varkappa\upsilon\varrho\acute{\iota}o\upsilon$, nach ihrem Verhältnis zu ihm selbst und der Generation, welcher er angehört, als $\pi\varrho\varepsilon\sigma\beta\acute{v}\tau\varepsilon\varrho o\iota$. Es ist also ein aus Palästina nach Kleinasien übergesiedelter jüdischer Christ Namens Johannes, nach der einstimmigen Tradition des 2. Jahrhunderts der Apostel Johannes, dessen teils aus seinem eigenen Munde, teils durch Vermittlung anderer Schüler desselben gehörte Äußerungen Papias an manchen Stellen seines Werks aufgezeichnet hat.

Eine dieser Aufzeichnungen des Papias lautet: „Auch dies sagte (oder pflegte zu sagen) der Presbyter: Marcus, der ein Dolmetscher des Pt war (oder wurde), hat Alles, dessen er sich erinnerte, genau geschrieben, jedoch nicht der Ordnung nach (dargestellt), was von Christus sei es geredet, sei es getan wurde" (A 14). Nicht nur die Einführungsformel, deren sich Papias bedient ($\varkappa a\grave{\iota}$ $\tauo\tilde{v}\tauo$ $\acute{o}$ $\pi\varrho\varepsilon\sigma\beta\acute{v}\tau\varepsilon\varrho o\varsigma$ $\check{\varepsilon}\lambda\varepsilon\gamma\varepsilon$), sondern auch die Form, in welcher der Presbyter den Namen des Mr vorbringt ($M\tilde{a}\varrho\varkappa o\varsigma$ $\mu\acute{\varepsilon}\nu$), zeigt, daß in dem Bericht des Papias andere Äußerungen des Presbyters vorangegangen waren, und zwar solche, welche sich zwar auf verwandte Gegenstände, etwa auf die bisherigen Aufzeichnungen der Reden und Taten Jesu überhaupt, aber nicht speziell auf Mr bezogen. Dieser wird gegensätzlich hervorgehoben. Einigermaßen hat Papias durch seine unmittelbar an das kurze Urteil seines Lehrers angeschlossenen Erläuterungen das Verständnis desselben erleichtert. Sie würden uns noch nützlicher sein, wenn Eusebius auch die frühere Stelle aus Papias abgeschrieben hätte, auf welche dieser sich hier ausdrücklich zurückbezieht. Papias sagt nämlich: „Er (Mr) hat nämlich weder den Herrn gehört, noch hat er ihn (als Schüler) begleitet, später vielmehr (hat er), wie gesagt, den Pt (gehört und begleitet), welcher nach den Bedürfnissen die Lehrvorträge einrichtete, aber nicht wie Einer, der eine schriftstellerische Darstellung der Reden des Herrn gibt. So hat denn Mr durchaus nicht gefehlt, indem er Einiges so schrieb, wie er sich desselben erinnerte. Denn nur für Eines trug er Sorge: nichts von dem, was er gehört, auszulassen oder dabei etwas zu lügen." Aus den Worten des Johannes wie aus der Erläuterung, welche Papias beifügt, geht hervor, daß in ihrem Kreise ungünstige Urteile über das Buch des Mr sich hören ließen. Nur aus dem Gegensatz zu solchen Urteilen erklärt sich das $\acute{a}\varkappa\varrho\iota\beta\tilde{\omega}\varsigma$ $\check{\varepsilon}\gamma\varrho a\psi\varepsilon\nu$ des Johannes und das $o\grave{v}\delta\grave{\varepsilon}\nu$ $\H{\eta}\mu a\varrho\tau\varepsilon\nu$ des Papias. Was man in der Umgebung des Johannes vor allem vermißte, was Johannes selbst mit den Worten $o\grave{v}$ $\mu\acute{\varepsilon}\nu\tauo\iota$ $\tau\acute{a}\xi\varepsilon\iota$ als einen Mangel an Mr anerkannte, und was Papias ausführlicher entschuldigte, war der Mangel an Ordnung. Damit kann nicht gemeint sein eine Abweichung von der Anordnung eines anderen Ev; denn in diesem Fall müßte Anklage und Verteidigung sich auf den Widerspruch des Mr gegen die überwiegende Auktorität eines anderen Evangelisten richten, und nicht auf den Mangel an Ordnung überhaupt, wie Johannes sich ausdrückt, und zwar, wie die Apologie des Papias deutlicher zeigt, an derjenigen Ordnung, welche man von einem Ohren- und Augenzeugen der ev Geschichte beanspruchen könnte. Ein solcher $a\grave{v}\tau\acute{o}\pi\tau\eta\varsigma$ $\varkappa a\grave{\iota}$ $a\grave{v}\tau\acute{\eta}\varkappa oo\varsigma$ war der Johannes, der mit seinen Schülern über das Buch des Mr sprach. Mag er selbst früher oder später ein Ev ge-

schrieben haben, oder nicht, seine Schüler waren gewohnt, ihn von Jesu Worten
und Taten erzählen zu hören. An dieser Darstellungsweise gemessen, erschien
ihnen das Buch des Mr als eine ungeordnete, die Zeitfolge der Ereignisse
verletzende Darstellung. Es sollte sich auch von selbst verstehen, daß ein
persönlicher Jünger Jesu, wenn er von der richtigen Aufeinanderfolge der Worte
und Taten Jesu redet, keine andere meinen kann, als die, welche in seinem
Gedächtnis haften geblieben ist. Ein alter wie ein moderner Literat würde,
wenn für ihn selbst und seine Leser ein Buch die Norm bildet, woran sie ein
anderes Buch messen, in gleichem Fall nicht verfehlen, dieses Buch zu citiren,
mag es sein eigenes oder eines Andern Werk sein. Der Mangel des Mrev,
welchen Johannes und Papias anerkennen, wird dadurch erklärt und entschuldigt, daß Mr kein Jünger Jesu, sondern ein Schüler des Pt gewesen sei,
also nicht Selbsterlebtes habe erzählen können, sondern an die Vorträge des Pt
gebunden gewesen sei, die ihrer Natur nach nicht darnach angetan waren,
ein zusammenhängendes und nach der Zeitfolge geordnetes Bild von der Lehrtätigkeit Jesu zu geben, sondern je nach Bedarf zum Zweck der Lehre oder
Erbauung immer nur einzelne unzusammenhängende Stücke darboten. Auch
ohne daß wir die frühere Stelle des papianischen Werks besitzen, auf welche
er sich mit ὡς ἔφην zurückbezieht, und an welcher er wahrscheinlich über die
Entstehung des Mrev in Rom gesprochen hatte (oben S. 20), erkennen wir,
daß Papias den Mr hier nicht als Missionsgehilfen, sondern als lernenden
Schüler im Verhältnis zu Pt vorstellt, wie er denn auch nicht von der Predigt
des Pt, sondern von dessen Lehrvorträgen spricht. Die Erinnerung, aus der
Mr schöpft, geht in dessen junge Jahre zurück. Er verdankt sie dem Verhältnis, in welchem er schon vor seinem Eintritt in die auswärtige Mission zu
Pt stand, einem Verhältnis, welches wir aus 1 Pt 5, 13, einer von Papias citirten
Stelle (oben S. 20), und aus AG 12, 12—17 erschließen, und welches auch in
der Erzählung des Clemens berücksichtigt wird (oben S. 203 f.). Papias sagt
nun aber nicht, wie man aus Irenäus, Clemens, Origenes und Eusebius vermittelst unfreundlicher Auslegung ihrer Aussagen (oben S. 180 u. A 11) herauslesen
könnte, daß Mr das von Pt mündlich gepredigte Ev wörtlich zu Papier gebracht habe. Als Schriftsteller trägt nach Papias Mr selbst die volle Verantwortung. Und er kann sie tragen, wenn man nur nicht unbillige Ansprüche
an ihn macht, sondern bedenkt, daß er kein Jünger Jesu, sondern nur Schüler
eines solchen war. Die Abhängigkeit des Mrev von den Vorträgen des Pt beschränkt Papias ausdrücklich auf Einiges in demselben. Wenn man das Urteil
οὐδὲν ἥμαρτε Μᾶρκος, οὕτως ἔνια γράψας, ὡς ἀπεμνημόνευσεν dahin gedeutet
hat, er solle gegen den Vorwurf verteidigt werden, daß er nur Einiges, nicht
Alles in seinem Buche berichtet habe, so hatte man nicht nur den Wortlauf
gegen sich, welcher den Ton auf οὕτως — ὡς, nicht auf ἔνια fallen läßt, sondern
auch die Vernunft. Zu einer Zeit, da Jo 20, 30; 21, 25 geschrieben wurde oder
noch nicht lange geschrieben war, und im Kreise des Papias, welcher unbe-

friedigt von dem, was die vorhandene ev Literatur ihm bot, unermüdlich nach
noch ungeschriebenen Überlieferungen forschte, wäre der Vorwurf der Unvollständigkeit eines einzelnen Ev an seiner eigenen Lächerlichkeit zu Grunde gegangen. Was Papias entschuldigt, ist die Art und Weise der Darstellung. Sie
ist nicht die des Ohren- und Augenzeugen, sondern die eines Apostelschülers,
welcher von Vorträgen eines Apostels und Urzeugen abhängig war und zwar
von Vorträgen, die einen ganz anderen Zweck verfolgten, als den einer rein
historischen Mitteilung. Hienach bemißt sich auch, was Papias in positiver
und negativer Form als das einzige Ziel bezeichnet, welches Mr im Auge gehabt habe. Ein gewissenloser Schriftsteller hätte in gleicher Lage der Versuchung erliegen können, den gehörten Erzählungen allerlei eigene Erfindungen
beizumischen, um die Geschichten interessanter oder anmutiger zu machen, oder
auch einzelne Züge zu verwischen, welche einen ungünstigen Eindruck machen
konnten. Mr tat weder das Eine noch das Andere, sondern gab die Erzählungen des Pt, natürlich soweit er sie überhaupt aufzeichnete, ohne Abzug
und erdichtete Zutat wieder. Beiläufig aber erfahren wir, daß man nach dem
Urteil des Papias an einigen Stücken des Mrev diesen engen Anschluß an
Erzählungen des Pt wahrnehmen könne. Es ist eine Beobachtung ganz gleicher
Art, wie die des Can. Mur. (oben S. 201), daß man hier oder dort an der
Darstellung des Mr erkennen könne, daß er ein Augenzeuge des von ihm Er-
zählten sei. So wenig Papias durch seine Behauptung, daß Mr kein Jünger
Jesu, sondern ein Schüler des Pt gewesen, jene Beobachtung und Behauptung
des Fragmentisten verneint, ebensowenig schließt er durch sein Urteil, daß die
Abhängigkeit des Mr von den Lehrvorträgen des Pt seiner Darstellung an manchen
Stellen anzumerken sei, die Beobachtung späterer Kritiker aus, daß Mr vielfach
von einer älteren ev Schrift abhängig sei. Im Licht der ausführlichen Erläuterung des Papias müssen wir auch das rätselhaft kurze Wort seines Lehrers
Johannes verstehen. Die Erinnerung, aus welcher Mr auch nach diesem geschöpft hat, kann gleichfalls nur eine Erinnerung an die Erzählungen des Pt
sein. Wenn Johannes das Lob der Genauigkeit auf alles das ausdehnt, was Mr
sich erinnerte von Pt gehört zu haben, und wenn Papias daraufhin in seinem
Schlußsatz sagt, Mr habe sich bemüht, nichts von dem, was er gehört, fortzulassen oder willkürlich zu verändern, so ist damit wiederum nicht gesagt, daß
das Buch des Mr nichts anderes, als solche Erinnerungen enthalte. Im Gegenteil deutet Johannes an, daß, wo den Mr diese Quelle seiner Erinnerungen im
Stich ließ, seine Darstellung allerdings die Genauigkeit vermissen lasse. Eben
darum fehlt bei ihm eine genaue Wiedergabe des Zusammenhangs der ev Geschichte. Daß Johannes nicht ausdrücklich sagt, in Erinnerung an wen oder
was Mr seine genauen Erzählungen geschrieben habe, wäre unbegreiflich, wenn
er nicht meinte, eben dies mit den Worten ἑρμηνευτὴς Πέτρου γενόμενος für
seine Schüler deutlich gemacht zu haben. Damit allein schon ist bereits entschieden, daß dies nicht sagen kann, Mr habe dem Pt auf seinen Missions-

wanderungen als Dragoman gedient, ein Misverständnis, welches zuerst und im
Altertum nur bei Hieronymus halblaut sich hervorwagt (A 12 a. E.). Es wäre
ferner unbegreiflich, daß Papias in seiner ziemlich umständlichen Erläuterung
der Worte seines Lehrers das so gemeinte Attribut des Mr mit keinem Wort
berührt, nichts sagt von der Sprache, in welcher Pt gelehrt, und von der
Sprache, in welche Mr mündlich oder schriftlich die Worte des Pt übersetzt
habe, sondern nur von dem innigen Zusammenhang zwischen den Erzählungen
des Pt und der Darstellung des Mr und von dem diesen erklärenden Schülerverhältnis zwischen Mr und Pt. Das Gleiche gilt von Allen, welche nach
Papias den Ausdruck des Johannes (ἑρμηνευτής, *interpres*) wiederholt haben:
Irenäus, Tertullian, Hieronymus (oben S. 180 und hier unten A 12). Ebenso
merkwürdig ist, daß Clemens, Origenes und auch Eusebius, dem wir das Zeugnis
des Johannes verdanken, nirgendwo von der Anstellung des Mr als Dragoman
des Pt ein Wort sagen, und insbesondere da, wo sie die Abhängigkeit des
Mrev von Pt aussprechen, das Wort ἑρμηνευτής vermeiden und dagegen überall
nur das Schülerverhältnis des Mr zu Pt betonen (A 12). Vor jenem Misverständnis
waren die Gelehrten des Altertums bewahrt, weil sie wußten, daß Pt ebenso
wie Pl, abgesehen von seiner Tätigkeit unter den Hebräern in Palästina, überall,
wohin er nach der älteren Überlieferung gekommen ist, in Palästina, Antiochien
und Rom, nur der griechischen Sprache bedurfte und, da er dieser mächtig war,
auch eines Dolmetschers nicht bedurfte. So ist es in der Tat (Bd I, 25—52.*81
und oben S. 94). Mochte Mr, welcher seit dem J. 44 im griechischen Sprachgebiet sich bewegt hatte, sich eine größere Gewandtheit des griechischen Ausdrucks angeeignet haben als Pt, wovon jedoch sein Ev im Vergleich mit dem
2 Pt keine Spur zeigt, jedenfalls ist die Vorstellung, daß Mr als Dolmetscher
aramäische Vorträge des Pt ins Griechische, oder gar griechische Predigten des
Pt ins Lateinische übersetzt habe, mit einiger Kenntnis der sprachgeschichtlichen
Verhältnisse der apostolischen Zeit unverträglich. Sie ist also auch aus diesem
Grunde dem Presbyter Johannes nicht zuzutrauen. Seinen Schülern gegenüber,
die nicht erst von ihm zu erfahren brauchten, welcher Sprache sich Pt in
Antiochien oder Rom bedient hatte, und in welchem persönlichen Verhältnis Mr
zu Pt gestanden hatte, konnte Johannes das Verhältnis, in welchem Mr als Schriftsteller zu Pt gestanden hatte, in den uneigentlichen Ausdruck kleiden: in und
mit der Abfassung seines Buchs wurde Mr ein Dolmetscher des Pt (A 15). Er
vermittelte denen, welche den Pt nicht von Jesus erzählen gehört hatten, diese
Erzählungen. Darin liegt die Stärke, aber auch die entschuldbare Schwäche
des Mrev.

Wichtiger noch als diese Beurteilung der Schrift des Mr durch einen Jünger
Jesu ist die Tatsache, daß um die Jahre 75—100 in der Provinz Asien ein
von Worten und Taten Jesu handelndes Buch des Petrusschülers Mr existirte,
welches die Aufmerksamkeit der dortigen Christen in Anspruch nahm. Dies
wird noch durch andere Tatsachen bestätigt. Unser 4. Ev, welches in derselben

Gegend entstanden ist und von aller Tradition dem Johannes von Ephesus zugeschrieben wird, zeugt deutlich davon, daß dem Vf unser Mrev bekannt war (§ 66). Ferner ist glaubwürdig überliefert, daß die Schule des Kerinth, welcher gleichzeitig mit dem greisen Johannes in Ephesus gelebt hat, mit Vorliebe das Mrev gebrauchte (A 16). Endlich ist selbstverständlich, daß Papias nicht daran zweifelte, das Buch des Mr, über welches er seinen Lehrer hatte sprechen hören, sei dasselbe, welches zur Zeit, da er schrieb, um 125 oder noch etwas später, in der kleinasiatischen Kirche gebraucht wurde. Das Zeugnis des Papias und die bedeutende Verbreitung, welche das Buch des Mr nach den angeführten Tatsachen schon vor dem Schluß des 1. Jahrhunderts unter den Christen in und um Ephesus gefunden hatte, schließen die Möglichkeit aus, daß es in der Zwischenzeit zwischen den Tagen des Johannes und der Aufzeichnung seines Urteils durch seinen Schüler Papias unvermerkt durch eine tiefer greifende Umarbeitung ein anderes geworden sei und in dieser veränderten Gestalt die bereits weit verbreitete ursprüngliche Ausgabe verdrängt habe. Das Urteil des Johannes betrifft also das Mrev des kirchlichen Kanons.

1. AG 12, 12 *Ἰωάννου τοῦ ἐπικαλουμένου Μάρκου* cf 12, 25; 15, 37 könnte bedeuten, daß Mr zur Zeit der Abfassung der AG und in den Kreisen, für welche die AG geschrieben ist, regelmäßig dieses römische Pränomen als Cognomen führte, während er zur Zeit der hier erzählten Ereignisse, insbesondere in Jerusalem nur Johannes genannt wurde. Es wäre AG 13, 5. 13 der jener frühen Zeit entsprechende hebräische Name beibehalten, dagegen Phlm 24; Kl 4, 10; 2 Tm 4, 11; 1 Pt 5, 13 der römische Name gebraucht, welcher ihm erst später beigelegt wurde und draußen unter den Heidenchristen allein üblich war. Da jedoch AG 12, 25 *ἐπικληθέντα* überwiegend bezeugt ist, wird das Präsens 12, 12; 15, 37 nicht zu pressen, sondern als Partic. imperf. anzusehen sein. Auch ist Marcus allzu bedeutungslos, um an eine nachträgliche Beilegung des Beinamens denken zu lassen, wie AG 4, 36. Johannes wird also wie Joseph Barsabas — Justus (AG 1, 23), Jesus — Justus (Kl 4, 11), Silas — Silvanus (Bd I, 23. 148), Saul — Paulus (Bd I, 50), von Haus aus neben dem hebr. einen lat. Namen geführt haben. Die Versuche, zwei Marcus im NT zu unterscheiden, sind heute kaum noch einer Widerlegung bedürftig cf Schanz Kommentar über Mr S. 2.

2. 1 Pt 5, 13 *Μᾶρκος ὁ υἱός μου* cf 1 Tm 1, 2; 2 Tm 1, 2; Tt 1, 4; Phlm 10; 1 Kr 4, 15. 17.

3. Adam. dial. c. Marc. (Orig. ed. Delarue I, 806; Caspari, Anecd. I, 8, geschrieben um 300—313 Ztschr. f. Kirchengesch. IX, 238) rechnet im Widerspruch gegen die Marcioniten den Marcus und den Lucas zu den 70 oder 72 Jüngern. Ebenso Epiph. haer. 20, 4 (neben Justus, Barnabas, Apelles, Rufus, Niger); besonders von Mr haer. 51, 6 mit der weiteren Ausschmückung, daß Mr einer der Jünger sei, welche nach Jo 6, 66 den Herrn verließen, später aber von Pt wieder bekehrt worden sei.

4. Hippol. refut. VII, 30 sagt, gegen Marcion polemisirend: *τούτους (τοὺς λόγους) οὔτε Παῦλος ὁ ἀπόστολος οὔτε Μᾶρκος ὁ κολοβοδάκτυλος ἀνήγγειλαν — τούτων γὰρ οὐδὲν ἐν τῷ κατὰ Μάρκον εὐαγγελίῳ γέγραπται — ἀλλὰ Ἐμπεδοκλῆς.* Hippolyt setzt voraus, daß das Mrev ebenso wie Pl eine Auktorität sei, auf welche Marcion sich stütze, hält also irrtümlich das dem Lc nächstverwandte Ev Marcions für eine Bearbeitung des Mr; und nicht Marcion, wie Wordsworth (NT latine I, 173) anzunehmen geneigt ist, hat einmal den Mr, um ihn als träge oder feige zu bezeichnen, *κολοβοδάκτυλος* genannt, sondern

Hippolyt gibt ihm diesen Titel ebenso wie dem Pl den Aposteltitel, um ihn zu ehren. Die Beiläufigkeit, womit das geschieht, setzt allgemeine Bekanntschaft mit der Geschichte voraus, aus welcher der Beiname erwachsen ist. Wir lesen sie in dem alten Prolog zu Mr (Wordsworth, NT latine sec. ed. S. Hieronymi I, 171; Corssen, Monarchianische Prologe, 1896 S. 9f.): *Marcus evangelista dei et Petri in baptismate filius atque in divino sermone discipulus, sacerdotium in Israhel agens, secundum carnem Levita, conversus ad fidem Christi evangelium in Italia scripsit . . .* (p. 172 f.). *Denique amputasse sibi post fidem pollicem dicitur, ut sacerdotio reprobus haberetur, sed tantum consentiens fidei praedestinatae* (Corssen S. 10. 16 *praedestinata*) *potuit electio, ut nec sic in opere verbi perderet, quod prius meruerat in genere; nam Alexandriae episcopus fuit.* Daß dies auf griechischer Grundlage ruht, ergibt sich daraus, daß wesentlich dasselbe sich auch in einer arabischen Hs. findet (Ztschr. d. deutsch. morgenl. Ges. VIII, 586; XIII, 475), sowie aus einer alten Vulgatahs. bei Wordsworth p. 171; in welcher die Sache sehr viel unglaubwürdiger dargestellt ist, aber dasselbe griechische Epitheton wie bei Hippolyt wiederkehrt: *Marcus, qui et colobodactilus est nominatus, ideo quod a cetera* (sic) *corporis proceritatem* (sic) *digitos minores habuisset.*

5. Die einzigen Worte, welche von dem Bericht des Can. Mur. über Mr erhalten sind (l. 1 *quibus tamen interfuit et ita posuit*), ergeben den oben ausgesprochenen Gedanken, wenn man [*ali*]*quibus* ergänzt (GK II, 5. 15—18. 140). Auch ohne daß man die l. 6 von Lc gebrauchten Worte *dominum tamen nec ipse vidit in carne* im Gegensatz zu Mr, statt zu Pl gesagt sein läßt (cf dagegen GK II, 30), ist anzunehmen, daß der Fragmentist die ältere Tradition, wonach Mr kein Jünger Jesu war, gekannt hat, und ist aus *tamen* zu schließen, daß er sie reproducirt und im Gegensatz dazu das *aliquibus tamen interfuit* behauptet hat.

6. Über den fliehenden Jüngling Mr 14, 51f. sind schon im Altertum verschiedene Meinungen laut geworden. Man wollte darin erkennen 1) den Apostel Johannes. So ohne jede Rechtfertigung Ambrosius (zu Ps 36 ed. Bened. I, 801) und Petrus Chrysologus (sermo 78. 150. 170 Migne 52 col. 421. 600. 645). Daß diese Ansicht auf griechischem Boden entstanden ist, ergibt sich schon aus der Bestreitung derselben durch einen Anonymus in der Catena patr. graec. ed. Possinus p. 327. Genauere Erwägung von Epiph. haer. 78, 13 zeigt aber auch, daß sie schon diesem bekannt war und als selbstverständlich richtig galt. Epiphanius hat es durch seine unklare Darstellung verschuldet, daß man ihn schon im Mittelalter, wie noch in der 1. Aufl. dieser Einleitung, so misverstanden hat, als ob er den Herrnbruder Jk für den fliehenden Jüngling gehalten habe. Er vergleicht vielmehr diesen Jk, der angeblich immer nur linnene Kleider getragen, in dieser Beziehung mit den Söhnen des Zebedäus, wofür er sich auf Mr 14, 51 beruft. Er setzt als bekannt voraus, daß einer dieser Brüder jener Jüngling gewesen sei cf Forsch VI, 231. Diese Ansicht kann nicht ursprüngliche Tradition sein; denn der Jüngling gehört offenbar nicht zum Apostelkreis. Sie kann aber auch nicht wohl so, wie sie lautet, durch falsche Exegese entstanden sein; denn die alte Überlieferung, daß Jo der jüngste unter den Aposteln gewesen sei (cf meine Acta Jo CXXVIII. CXXXIV; auch Theod. Mops. in ev. Jo ed. Chabot p. 3, 15) und die Kombination derselben mit dem Wort *νεανίσκος* reicht zur Erklärung nicht aus. Dagegen drängt sich die Vermutung auf, daß hier eine Verwechselung des Evangelisten Johannes Marcus mit dem Evangelisten und Apostel Johannes vorliegt, wie sie auch sonst vorgekommen ist s. unten A 7. Die ursprünglische Tradition, welche uns nur in der durch diese Verwechselung verschuldeten Trübung bei Epiphanius und Ambrosius vorliegt, ist identisch mit derjenigen, welche der Can. Mur. voraussetzt (s. vorhin A 5). Lehrreich ist hiefür auch, daß der cyprische Mönch Alexander im 6. Jahrhundert, der manche alte Bücher benutzt hat, in seinem Enkomium auf Barnabas (Act. SS. Jun. tom. II, 440 § 13) als alte Überlieferung mit-

teilt, Marcus sei der Mensch mit dem Wasserkrug (Mr 14, 13), und daß dagegen der Mönch Epiphanius (ed. Dressel p. 36) als Meinung mancher angibt, der Hausherr Mt 26, 18 sei der Apostel Jo. 2) Die Meinung, daß Jk der Gerechte, der Bruder des Herrn, der fliehende Jüngling sei, welche Theophylakt und Euthymius erwähnen (Migne tom. 123 col. 657; tom. 129 col. 693), beruht, wie man besonders bei Theophylakt sehen kann, lediglich auf dem vorhin erwähnten Misverständnis der unklaren Darstellung des Epiphanius. 3) Nach der Cat. in ev. sec. Marcum ed. Possinus p. 326 bemerkt Victor von Antiochien zu Mr 14, 51: ἴσως ἀπὸ τῆς οἰκίας ἐκείνης, ἐν ᾗ τὸ πάσχα ἔφαγον, καὶ οὐδὲν ξένον. Hieran knüpfte Casaubonus, Exerc. ad Baronii ann. (1663) p. 524 wieder an und bewies aus dem sonderbaren Aufzug des Jünglings, daß dieser sich vom nächtlichen Lager erhoben haben müsse, unter treffender Vergleichung von Dionys. Alex. bei Eus. h. e. VI, 40, 7 μένων ἐπὶ τῆς εὐνῆς, ἧς ἤμην γυμνὸς ἐν τῷ λινῷ ἐσθήματι, τὴν δὲ λοιπὴν ἐσθῆτα παρακειμένην αὐτοῖς ὤρεγον. Dazu cf Herodot II, 95 ἦν μὲν ἐν ἱματίῳ ἐνειλιξάμενος εὕδῃ ἢ σινδόνι.

7. Die verwickelte Tradition über das AG 12, 12 erwähnte Haus wurde einer eingehenden Untersuchung unterzogen in der Abhandlung über „die Dormitio S. Virginis und das Haus des Johannes Marcus" (N. kirchl. Ztschr. 1899 S. 377—429, auch als Sonderdruck Leipzig 1899 erschienen). Auf dem Terrain vor dem heutigen Zionstor, von welchem Kaiser Wilhelm II. ein Stück vom Sultan geschenkt bekommen und am 31. Oktober 1898 den deutschen Katholiken überwiesen hat, stand nach Epiph. de mens. et pond. 14 zur Zeit Hadrians eine kleine christliche Kirche, an deren Stelle wahrscheinlich um 340 eine größere Kirche' erbaut wurde, welche von Cyrill um 348 „die Kirche der Apostel in der Oberstadt" genannt wird (catech. XVI, 4), aber schon vom Ende desselben Jahrhunderts an gewöhnlich ἡ ἁγία Σιών hieß. Sie galt nach vielfachen Zeugnissen der Zeit um 380—420 als Stätte 1) der Abendmahlsstiftung (Mr 14, 14—25), als coenaculum, 2) der Geistesausgießung (AG 2, 2), 3) der Erscheinungen des Auferstandenen in Jerusalem (Jo 20, 19—28; Lc 24, 36 ff.), 4) der Versammlung in AG 1, 13 f., aber auch 5) als regelmäßiges Versammlungslokal der Urgemeinde unter ihrem ersten Bischof Jakobus. Erst um 525 bei dem Pilger Theodosius (Itin. Hieros. ed. Geyer p. 141, 7 ipsa fuit domus sancti Marci evangelistae) und einige Jahrzehnte später bei dem Mönch Alexander (Enkom. in Barn. § 12—13 s. vorige Anm.) finden wir die Identifikation der „heiligen Sion" mit dem Hause der Maria, der Mutter des Marcus (AG 12, 12), förmlich ausgesprochen, aber nicht als Vermutung, sondern als zweifellose Überlieferung. Erst nach der Eroberung Jerusalems durch die Perser im J. 614 tritt allmählich und anfangs sehr schüchtern bei den Patriarchen und Festpredigern von Jerusalem die Ansicht hervor, daß die „heilige Sion" vielmehr das Haus des Apostels Johannes sei, in welches dieser seine Adoptivmutter Maria, die Mutter Jesu aufgenommen hat (Jo 19, 26). Auch abgesehen von dem Widerstreit älterer Traditionen über den Wohnort und das Sterbehaus der Mutter Jesu, liegt am Tage, daß der Evangelist und Apostel Jo seit 614 den Evangelisten Jo Marcus und die Adoptivmutter des Apostels Jo die wirkliche Mutter des Jo Marcus aus der Stelle zu verdrängen begonnen haben.

8. Eus. h. e. II, 16 berichtet als Sage, daß Mr das Ev, welches er bereits schriftlich aufgezeichnet hatte und zwar nach II, 15 in Rom, in Ägypten mündlich gepredigt und als der Erste Kirchen in Alexandrien gegründet habe. Cf Hier. v. ill. 8. Auch in der Chronik zu Abrah. 2057 enthält Eus. sich dessen, ihn geradezu Bischof zu nennen, obwohl er die dortige Succession mit Mr beginnen läßt (Abrah. 2077; h. e. II, 24). Mehr sagt auch jener Theophilus bei Jo Malalas lib. X p. 252 ed. bonn. nicht, welcher doch vielleicht kein Anderer als der alte antiochenische Bischof und Apologet um 180 ist (cf Forsch II, 6 f.; III, 58 f.). Nach Eus. theoph. IV, 6 syr. ed. Lee, griechisch bei Mai, Nova bibl. IV, 1, 121 cf Hypothesis Victoris oder Cyrilli bei Combefis auct. noviss. I,

436; Cramer Cat. in Matth. et Marc. p. 265, sowie nach Epiph. haer. 51, 6, Niceta bei Combefis l. l. 431 u. a. hätte Pt den Mr von Rom nach Ägypten geschickt. Noch ungeschichtlicher klingt die Tradition, die ihn, ohne Rom zu berühren, nach Alexandrien kommen läßt (Acta Barnabae 26 ed. Tischend. 73; Acta Marci, Migne 115 col. 164 f.; die armenischen Bibeln cf Conybeare im Expositor 1895 Dec. p. 419).

9. Clem. hypot. zu 1 Pt 5, 13 (Forsch III, 82 f.; leider fehlt für dieses Stück die Hs. von Troyes): *Marcus, Petri sectator, praedicante Petro evangelium palam Romae coram quibusdam Caesareanis equitibus et multa Christi testimonia proferente, petitus ab eis, ut possent quae dicebantur memoriae commendare, scripsit ex his quae Petro dicta sunt evangelium quod secundum Marcum vocitatur.* Im unmittelbaren Anschluß an die oben S. 182 A 9 mitgeteilten Worte aus Eus. h. e. VI, 14, 5, d. h. also, wenn dort ἔλεγον als echter Text anzuerkennen ist, als eine von Clemens und nicht erst von Eusebius in *oratio obliqua* gefaßte Aussage der Presbyter des Clemens, folgt weiter: τὸ δὲ κατὰ Μᾶρκον (sc. εὐαγγέλιον) ταύτην ἐσχηκέναι τὴν οἰκονομίαν· τοῦ Πέτρου δημοσίᾳ ἐν Ῥώμῃ κηρύξαντος τὸν λόγον καὶ πνεύματι τὸ εὐαγγέλιον ἐξειπόντος, τοὺς παρόντας πολλοὺς ὄντας παρακαλέσαι τὸν Μᾶρκον, ὡσὰν ἀκολουθήσαντα αὐτῷ πόρρωθεν καὶ μεμνημένον τῶν λεχθέντων, ἀναγράψαι τὰ εἰρημένα, ποιήσαντα δὲ τὸ εὐαγγέλιον μεταδοῦναι τοῖς δεομένοις αὐτοῦ· ὅπερ ἐπιγνόντα τὸν Πέτρον προτρεπτικῶς (Vales. coni. προφανῶς) μήτε κωλῦσαι μήτε προτρέψασθαι. Das πόρρωθεν ist natürlich nicht räumlich, sondern zeitlich zu verstehen (Rufinus *olim.* Niceph. Call. ἐκ πολλοῦ). Es könnte πάλαι oder ἄνωθεν dafür stehen. Die Worte ποιήσαντα bis αὐτοῦ, welche Rufin fortließ, sind dem παρακαλέσαι subordinirt zu fassen und nicht als eine diesem koordinirte Aussage des Berichterstatters. Abgesehen von den oben S. 203 f. angegebenen logischen Gründen entscheidet gegen letztere Fassung, daß es heißen müßte τὸν δὲ Μᾶρκον oder τοῦτον δὲ ποιήσαντα und statt des Präsens τοῖς δεομένοις etwa τοῖς παρακαλέσασιν αὐτόν. Die Caesareani (Καισαριανοί Epict. diss. I, 19, 19; III, 24, 117; IV, 13, 22 oder Καισάρειοι Dio Cass. 60, 14, 1; 16, 2; 17, 5; 31, 2; 69, 7, 4), sind an sich keineswegs auch *equites* (cf dagegen Dio Cass. 78, 18, 2 οὐχ ὅτι δοῦλοι καὶ ἐξελεύθεροι καὶ Καισάρειοι, ἀλλὰ καὶ ἱππεῖς, βουλευταί τε καὶ γυναῖκες τῶν ἐπιφανεστάτων). Aber manche dieser Hofbedienten wurden in den Ritterstand erhoben. Man denkt an Phl 4, 22; Act. Pauli ed. Lipsius 105, 8 (Bd I, 389 A 1). Nach den Petrusakten hat es Pt mit viel vornehmerer Gesellschaft zu tun (ed. Lipsius 54, 33; 73, 33; 84, 15; 86, 2). Aber auch abgesehen hievon ist nicht daran zu denken, daß Clemens seine Erzählung aus den Petrusakten geschöpft habe, wie nahe diese Vermutung sonst liegen möchte. Clemens hat die Johannesakten, die den gleichen Vf wie die Petrusakten haben (Bd I, 449 A 7), in den Hypotyposen citirt (Forsch III, 87. 97), und die kühle Stellung, welche der Pt der Legende zu dem geschriebenen Evangelienbuch einnimmt (ed. Lipsius p. 66 f. GK II, 849), würde zu der Zurückhaltung des Pt gegenüber dem Unternehmen des Mr nach der Erzählung des Clemens passen. Aber in der Legende ist das Ev, welches die römischen Christen lesen, bereits vorhanden, als Pt nach Rom kommt, und in der ununterbrochen von der Ankunft des Pt in Rom bis zu seinem Tode fortlaufenden Erzählung ist von Entstehung eines Ev und der Person des Mr keine Rede.

10. Im Anschluß an die Erzählung vom Kampf des Pt mit Simon magus in Rom schreibt Eus. h. e. II, 15 (Forsch III, 72): Τοσοῦτο δ' ἐπέλαμψεν ταῖς τῶν ἀκροατῶν τοῦ Πέτρου διανοίαις εὐσεβείας φέγγος, ὡς μὴ τῇ εἰσάπαξ ἱκανῶς ἔχειν ἀρκεῖσθαι ἀκοῇ, μηδὲ τῇ ἀγράφῳ τοῦ θείου κηρύγματος διδασκαλίᾳ, παρακλήσεσι δὲ παντοίαις Μᾶρκον, οὗ τὸ εὐαγγέλιον φέρεται, ἀκόλουθον ὄντα Πέτρου λιπαρῆσαι, ὡς ἂν καὶ διὰ γραφῆς ὑπόμνημα τῆς διὰ λόγου παραδοθείσης αὐτοῖς καταλείψοι διδασκαλίας, μὴ πρότερόν τε ἀνεῖναι ἢ κατεργάσασθαι τὸν ἄνδρα, καὶ ταύτῃ αἰτίους γενέσθαι τῆς τοῦ λεγομένου κατὰ Μᾶρκον εὐαγγελίου γραφῆς. Γνόντα δὲ τὸ πραχθέν φασι τὸν ἀπόστολον ἀποκαλύψαντος αὐτῷ τοῦ πνεύματος ἡσθῆναι

τῇ τῶν ἀνδρῶν προθυμίᾳ κυρῶσαί τε τὴν γραφὴν εἰς ἔντευξιν ταῖς ἐκκλησίαις. Κλήμης ἐν ἕκτῳ τῶν ὑποτυπώσεων παρατέθειται τὴν ἱστορίαν· συνεπιμαρτυρεῖ δ'αὐτῷ καὶ ὁ Ἱεραπολίτης ἐπίσκοπος ὀνόματι Παπίας, τοῦ δὲ Μάρκου μνημονεύειν τὸν Πέτρον ἐν τῇ προτέρᾳ ἐπιστολῇ, ἣν καὶ συντάξαι φασὶν ἐπ' αὐτῆς Ῥώμης, σημαίνειν τε τοῦτ' αὐτόν, τὴν πόλιν τροπικώτερον Βαβυλῶνα προσειπόντα διὰ τούτων· „ἀσπάζεται ὑμᾶς ἡ ἐν Βαβυλῶνι συνεκλεκτὴ καὶ Μᾶρκος· ὁ υἱός μου." Rufinus übersetzt am Schluß Simile dat testimonium etiam Hieropolites episcopus nomine Papias, qui et hoc dicit, quod Petrus in prima epistola sua, quam de urbe Roma scripsit, meminerit Marci, in qua tropice Romam Babyloniam nominarit. Eusebius hat hier nicht sehr klar geschrieben. Wahrscheinlich aber hat Rufinus richtig verstanden, daß Alles, was hinter dem Namen des Papias folgt, von Eus. nicht aus Clemens, sondern aus Papias geschöpft ist (oben S. 20). Die Annahme einer großen Parenthese (Κλήμης — Παπίας), hinter welcher das begonnene Referat sich fortsetze, ist unveranlaßt und gegen den Stil des Eus. Papias berichtet als Überlieferung (φασί), daß der 1 Pt in Rom geschrieben sei, und erläutert oder rechtfertigt dies durch tropologische Erklärung von 1 Pt 5, 13. Außerdem aber bestätigt er durch sein Zeugnis auch die Erzählung des Clemens. Daß Eus. letztere nicht unverändert wiedergegeben hat, zeigt nicht nur die Vergleichung mit den eigenen Worten des Clemens (A 9), sondern wird von Eus. selbst dadurch ausgedrückt, daß er an dem Punkt, wo sein Bericht anfängt, über Clemens hinauszugehen (γνόντα δὲ τὸ πραχθέν ... ἀποκαλύψαντος κτλ.), eine Formel anwendet, die auf eine unsichere Überlieferung hinweist (φασί), und daß er den Clemens hinterdrein nicht für alle vorher mitgeteilten Einzelheiten verantwortlich macht (wie z. B. II, 23, 19; III, 19), sondern nur sagt, er habe die Geschichte in seine Hypotyposen aufgenommen. Die ungeschichtliche Darstellung des Eus. ist wiederholt und teilweise noch weiter übertrieben worden z. B. von Hier. v. ill. 8: Quod cum Petrus audisset, probavit et ecclesiis legendum sua auctoritate edidit; Alexander mon. im Enkóm. Barnabae c. 20 (Acta SS. Jun. II, 443). Noch bedeutender erscheint der Einfluß des Pt auf das Mrev und die kirchliche Einführung der Evv überhaupt im Papstbuch (ed. Duchesne I, 50. 118).

11. Rom als Abfassungsort des Mrev bezeugen Papias (s. vorige A); Clemens Al. (A 9); Eus. h. e. II, 15; Epiph. haer. 51, 6 (oben S. 182); Hier. v. ill. 8; Ephraim Syr. Expos. ev. conc. p. 286 cf Forsch I, 54 f.; Prol. lat. in ev. Marci (NT. lat. ed. Wordsworth I, 171 evangelium in Italia scripsit); Alexander mon. l. l. c. 20 p. 443. Sehr vereinsamt ist die Angabe des Chrysostomus (hom. 1 in Mt, Montf. VII, 7), daß Mr in Ägypten auf Bitten dortiger Hörer sein Ev geschrieben habe. Die Fabel, daß Mr sein Ev lateinisch geschrieben habe, findet sich zuerst bei Ephr. expos. ev. conc. p. 286, auch sonst bei den Syrern z. B. Wright Catal. p. 70 in einer Peschitahs. des 6. Jahrh., bei den Armeniern Forsch V, 149, auch in einigen griech. Minuskeln (Tischend. I, 410), spät erst bei den Occidentalen, verteidigt von Baronius a. 45 n. 41.

12. Als Zeuge für das Verhältnis des Mrev zur Predigt des Pt kommt nächst Papias zunächst in Betracht Just. dial. 106 καὶ τὸ εἰπεῖν μετωνομακέναι αὐτὸν Πέτρον, ἕνα τῶν ἀποστόλων, καὶ γεγράφθαι ἐν τοῖς ἀπομνημονεύμασιν αὐτοῦ γεγενημένον καὶ τοῦτο μετὰ τοῦ καὶ ἄλλους δύο ἀδελφούς, υἱοὺς Ζεβεδαίου ὄντας, μετωνομακέναι ὀνόματι τοῦ Βοανεργές, ὅ ἐστιν υἱοὶ βροντῆς κτλ. Das αὐτοῦ kann sich nach dem konstanten Sprachgebrauch Justins nicht auf Christus, sondern nur auf Pt beziehen cf GK I, 510 ff. und hier unten die Ausdrucksweise in Eus. dem. III, 6, 89. 95. Es liegt Mr 3, 16 f. zu Grunde. — Hieran schließt sich um 170 die Darstellung der Petrusakten, wonach Pt mit anderen Aposteln an der Abfassung des Evangelienbuchs beteiligt ist (oben S. 175). Es folgt Irenaeus III, 1, 1 (oben S. 180) cf III, 10, 6 quapropter et Marcus, interpres et sectator Petri, initium evangelicae conscriptionis fecit sic „Initium evangelii Jesu Christi" etc. Ferner Clem. Al. (oben S. 214); Tert. c. Marc. IV, 5: licet et Marcus quod edidit

(sc. evangelium) *Petri affirmetur, cujus interpres Marcus; nam et Lucae digestum Paulo adscribere solent.* — Orig. bei Eus. VI, 25, 5 (oben S. 180) δεύτερον δὲ τὸ κατὰ Μᾶρκον, ὡς Πέτρος ὑφηγήσατο αὐτῷ, ποιήσαντα. Aus dieser Anleitung machten Spätere wie Pseudoathan. synops. (Montfaucon II, 202) ein ὑπαγορεύειν, diktiren. — Ferner Victorin. Petab. (um 300) nach dem ursprünglichen Text seines Kommentars (Haußleiter, Th. Ltrtrbl. 1895 S. 194): *Marcus interpres Petri ea quae in munere docebat commemoratus conscripsit, sed non ordine.* Er hat also den Papias gelesen; denn die Kirchengeschichte des Eusebius war noch nicht geschrieben. — Eus. h. e. III, 24, 14 bezieht sich auf die früheren, teilweise ausgeschmückten Mitteilungen aus Clemens und Papias (II, 15 oben S. 214f.) zurück. Sehr bestimmt auch dem. ev. III, 5, 89 τούτου Μᾶρκος γνώριμος καὶ φοιτητὴς γεγονὼς ἀπομνημονεῦσαι λέγεται τὰς τοῦ Πέτρου περὶ τῶν πράξεων τοῦ Ἰησοῦ διαλέξεις cf § 91—94. 95: Μᾶρκος μὲν ταῦτα γράφει, Πέτρος δὲ ταῦτα περὶ ἑαυτοῦ μαρτυρεῖ· πάντα γὰρ τὰ παρὰ Μάρκῳ τῶν Πέτρου διαλέξεων εἶναι λέγεται ἀπομνημονεύματα. Ähnlich in Theophania syr. V, 40. Nur Andeutungen bei Epiph. haer. 51, 6; Chrysost. hom. 1 in Matth. — Hier. v. ill. 1 *Sed et evangelium juxta Marcum, qui auditor ejus et interpres fuit, hujus* (sc. Petri) *dicitur.* Es folgt die Angabe über die pseudopetrinischen Schriften, als deren erste das Ev des Pt genannt wird, cf v. ill. 8 *Marcus, discipulus et interpres Petri juxta quod Petrum referentem audierat, rogatus Romae a fratribus breve scripsit evangelium.* Das Weitere oben S. 215 A 10. Ferner ep. 57, 9; 120, 11 (von Pl: *habebat ergo Titum interpretem, sicut et beatus Petrus Marcum, cujus evangelium Petro narrante et illo scribente compositum est*). Über die schillernde Behandlung des Begriffs *interpres* an der letzteren Stelle cf GK I, 881 f. Sehr bezeichnend ist, daß an der einzigen Stelle, wo Eusebius den Ausdruck *Marcus evangelista, Petri interpres* gebraucht (Chron. ad a. Abr. 2057), nicht von seiner Tätigkeit in Begleitung des Pt die Rede ist, sondern gerade seine selbständige Tätigkeit in Ägypten berichtet wird. An Dolmetscherdienste, die er dem Pt geleistet hätte, denkt Eusebius gar nicht. Als Vf seines Ev ist Mr ein Dolmetscher des Pt geworden und auch dadurch, daß er als Stellvertreter des Pt in Ägypten predigte.

13. Was ich in einer noch etwas jugendlichen Abhandlung über Papias von Hierapolis (Theol. Stud. u. Krit. 1866 S. 649—696; 1867 S. 539—542) und gelegentlich anderwärts (Der Hirt des Hermas p. VI—X; Acta Joannis p. CLIV—CLXXII; Forsch II, 56; GK I, 155. 800; II, 33) über den „Presbyter" des Papias Namens Johannes behauptet und zu beweisen versucht habe, ist kürzlich in der Abhandlung über „Apostel und Apostelschüler in der Provinz Asien" (Forsch VI, 1—224, besonders S. 112—147) nochmals in größerem Zusammenhang und, wie ich hoffe, überzeugender dargelegt worden. Hier füge ich dem im Text (S. 205f.) Gesagten nur drei Bemerkungen hinzu: 1) Der bei Papias vorliegende Gebrauch von οἱ πρεσβύτεροι ist formell der gleiche, den wir auch bei Irenäus und Clemens, zuweilen auch bei Origenes und Hippolytus finden. Der Ausdruck, der an sich die Leute einer fernen Vergangenheit bezeichnen kann (Hb 11, 2 οἱ πρεσβύτεροι = 1, 1 οἱ πατέρες = Mt 5, 21 οἱ ἀρχαῖοι), erhält erst dadurch, daß der Redende die so bezeichneten Männer als seine persönlichen Lehrer charakterisirt, den Sinn: die der nächstvorangegangenen Generation angehörigen Lehrer. Das nachwachsende Geschlecht nennt sie die Alten oder die Väter, wenn ihre Reihen sich zu lichten beginnen, aber auch dann noch, wenn sie sämtlich einem jüngeren Geschlecht Platz gemacht haben. *In concreto* sind das selbstverständlich je nach der Zeitlage des Redenden ganz verschiedenartige Personen. 2) Daß die πρεσβύτεροι, von welchen Papias durch persönliche Mitteilung Manches gelernt haben will, persönliche Jünger Jesu gewesen sind, folgt nicht nur daraus, daß Papias seine Lehrer Aristion und Johannes ebenso wie die Apostel Andreas, Petrus, Thomas etc. Jünger des Herrn nennt, sondern ergibt sich für jedes gesunde Sprachgefühl auch unmittelbar aus der Satzbildung: εἰ δέ που καὶ παρηκολου-

ϑηκώς τις τοῖς πρεσβυτέροις ἔλϑοι, τοὺς τῶν πρεσβυτέρων ἀνέκρινον λόγους· τί Ἀνδρέας ἢ τί Πέτρος εἶπεν, ἢ τί Φίλιππος ἢ τί Θωμᾶς ἢ Ἰάκωβος ἢ τί Ἰωάννης ἢ Ματϑαῖος ἢ τις ἕτερος τῶν τοῦ κυρίου μαϑητῶν, ἅ τε Ἀριστίων καὶ ὁ πρεσβύτερος Ἰωάννης, οἱ
τοῦ κυρίου μαϑηταί, λέγουσιν. Die indirekten Fragsätze (τί εἶπεν) und der ihnen koordinirte Relativsatz (ἅ τε — λέγουσιν) exponiren das τοὺς τῶν πρεσβυτέρων λόγους. So
haben den Text die vollkommen sprachkundigen alten Übersetzer, der Syrer um 350,
Rufin um 400 und Hieronymus (v. ill. 18) verstanden. Der klassische Zeuge aber für
die Richtigkeit dieses Verständnisses ist Eusebius selbst, der dasselbe bestreitet. Um
darzutun, daß Papias kein persönlicher Schüler von Aposteln gewesen sei, schreibt er
(§ 7): „Papias bekennt die Worte der Apostel von deren Schülern empfangen zu haben,
behauptet aber ein Ohrenzeuge des Aristion und des Presbyters Johannes gewesen zu
sein." Er substituirt also τοὺς τῶν ἀποστόλων λόγους für das τοὺς τῶν πρεσβυτέρων λόγους
des Papias und ebenso ein auf τῶν ἀποστόλων zurückweisendes αὐτοῖς dem τοῖς πρεσβυτέροις des Papias. Dabei unterdrückt aber Eusebius die handgreifliche Tatsache, daß
Papias zuerst von solchen Traditionen gesprochen hat, die er von den Presbytern oder,
mit Eusebius zu reden, von den Aposteln unmittelbar erfahren hat (ὅσα ποτὲ παρὰ τῶν
πρεσβυτέρων καλῶς ἔμαϑον), ehe er sagt, daß er auch in solchen Fällen, wo er mit Leuten
zusammentraf, die gleich ihm Schüler der Presbyter (nach Eusebius „Apostel") gewesen
waren, nach den Worten der Presbyter (= Apostel) forschte. 3) Die Erwähnung eines
Presbyters und Jüngers Jesu Johannes zwischen Jakobus und Matthäus und nochmals
eines Presbyters und Jüngers Jesu Johannes hinter Aristion, worauf Eusebius seine in
sich widerspruchsvolle Auslegung gegründet hat, ist in der Tat auffällig. Die von
Renan (l'Antechrist, 1873 p. 562) hingeworfene, von Haußleiter (Th. Ltrtrbl. 1896 Sp.
467) scharfsinnig begründete Vermutung, daß die Worte ἢ τί Ἰωάννης in der Aufzählung von Aposteln schon vor der Zeit des Eusebius in den Text des Papias interpolirt worden seien, ist sehr gewagt und ist entbehrlich. Die Fragen, welche Papias
bei jeder gegebenen Gelegenheit an zureisende Apostelschüler zu richten pflegte, zerfallen in zwei auch durch die Satzform unterschiedene Klassen. Die Fragen τί εἶπεν
richtete er an solche Apostelschüler, die in Palästina gelebt und dort Gelegenheit gehabt hatten, Jünger Jesu zu hören, die Fragen ἅ τε λέγουσιν an solche, welche mit den
noch in der Provinz Asien lebenden Jüngern Jesu, Jo und Aristion in Verkehr standen.
Der Apostel Jo gehörte zu der einen wie der anderen Gruppe. Es bleibt ein stilistisches
Ungeschick des Papias.

14. Nachdem Eus. h. e. III, 39, 14 den Leser in bezug auf andere Überlieferungen
des Aristion und des Presbyters Johannes auf das Werk des Papias verwiesen hat, fährt
er fort: ἀναγκαίως νῦν προσϑήσομεν ταῖς προεκτεϑείσαις αὐτοῦ φωναῖς παράδοσιν, ἢν (v. l. ἢ)
περὶ Μάρκου τοῦ τὸ εὐαγγέλιον γεγραφότος ἐκτέϑειται διὰ τούτων· „καὶ τοῦτο ὁ πρεσβύτερος ἔλεγε· Μᾶρκος μὲν ἑρμηνευτὴς Πέτρου γενόμενος, ὅσα ἐμνημόνευσεν,
ἀκριβῶς ἔγραψεν, οὐ μέντοι τάξει τὰ ὑπὸ τοῦ Χριστοῦ ἢ λεχϑέντα ἢ πραχ-
ϑέντα. οὔτε γὰρ ἤκουσε τοῦ κυρίου οὔτε παρηκολούϑησεν αὐτῷ, ὕστερον δὲ ὡς ἔφην
Πέτρῳ, ὃς πρὸς τὰς χρείας ἐποιεῖτο τὰς διδασκαλίας, ἀλλ' οὐχ ὥσπερ σύνταξιν τῶν κυριακῶν
ποιούμενος λογίων (v. l. λόγων). ὥστε οὐδὲν ἥμαρτε Μᾶρκος, οὕτως ἔνια γράψας ὡς ἀπεμνη-
μόνευσεν· ἑνὸς γὰρ ἐποιήσατο πρόνοιαν, τοῦ μηδὲν ὧν ἤκουσε παραλιπεῖν ἢ ψεύσασϑαί τι
ἐν αὐτοῖς." Ταῦτα μὲν οὖν ἱστόρηται τῷ Παπίᾳ περὶ τοῦ Μάρκου. Nur die gesperrt gedruckten Worte sind Rede des Presbyters Jo, das weiter Folgende, was schon durch seine
breite Umständlichkeit von der änigmatischen Gedrungenheit des voranstehenden Satzes
absticht, ist Rede des Papias. Entscheidend dafür ist das ὡς ἔφην. Daß Eusebius in
seinem Citat aus dem Buch des Papias diese Worte mitabgeschrieben hat, obwohl er
die frühere Stelle des papianischen Werks, worauf sie zurückweisen, nicht gleichfalls
den Lesern seiner Kirchengeschichte mitteilt, zeugt nur für die Treue seiner Kopie.

Man braucht nicht einmal zu Hilfe zu nehmen, daß er II, 15 aller Wahrscheinlichkeit nach auf die frühere Stelle des Papias Bezug genommen hatte, auf die auch Papias sich hier zurückbezieht (oben S. 208). Undenkbar dagegen ist, daß Papias, der ja nicht ein Buch des Johannes vor sich hatte, sondern aus der Erinnerung an dessen mündliche Mitteilungen schöpfte, von den Äußerungen des Presbyters Jo über Mr ein Stück mitgeteilt haben sollte, welches durch ein eingeschaltetes ὡς ἔφην sich als Fragment eines Protokolls charakterisiren würde. Wie man angesichts der abschließenden Worte des Eusebius (nicht „so hat nach Papias der Presbyter Jo über Mr geurteilt", sondern „dies ist von Papias über Mr berichtet worden") behaupten mag, Eusebius habe Alles, was er aus Papias über Mr mitteilt, für Rede des Presbyters gehalten (Link, Theol. Stud. u. Krit. 1896 S. 414), ist mir unverständlich. — Das die Worte des Presbyters einleitende (καὶ τοῦτο ὁ πρεσβύτερος) ἔλεγε (nicht εἶπε oder ἔλεξε) beweist, daß Papias nicht einen stenographischen Bericht über eine eines Tages gehaltene Rede des Jo geben will, sondern aus der Erinnerung an die Gespräche mit seinem Lehrer Jo vollständig mitteilen will, was dieser bei gegebener Gelegenheit über Mr zu sagen pflegte. Dies ist hier um so sicherer der Sinn des Imperfekts, als keine lange Rede folgt und keine Situation geschildert wird cf Kühner Gr. II, 124; Blaß, Ntl Gr. S. 1, 187 f.; specieller hieher gehörig eine Bemerkung von Birt, Das antike Buchwesen S. 483; GK I, 872 und überhaupt die ganze dortige Ausführung S. 871—889, die sich vielfach an Klostermann, Das Mrev, 1867, die weitaus bedeutendste Arbeit über dieses Ev, S. 326 bis 336 anschließt.

15. Die richtige Fassung von ἑρμηνευτὴς Πέτρου γενόμενος vertraten Michaelis, Einl. S. 1052; Fritzsche, Ev. Marci p. XXVI; Thiersch, Versuch S. 181; Klostermann S. 329, denen ich mich anschloß GK I, 878—882. Die von Th. Mandel, Vorgeschichte der öffentl. Wirksamkeit Jesu 1892 S. 325—332 aufs neue gegen mich verfochtene ältere Ansicht, daß Mr in Rom Predigten des Pt als Dolmetscher ins Lateinische übersetzt habe, beruht auf Voraussetzungen, deren Unhaltbarkeit hier nicht im Vorbeigehen nachgewiesen werden kann. Gegenüber der weniger stürmischen Bestreitung, welche meine Ansicht durch A. Link, Theol. Stud. u. Krit. 1896 S. 405—436 erfahren hat, bemerke ich in Kürze Folgendes: 1) Da Jo mit seinem artikellosen ἑρμ. Π. γεν. nicht sagt, Mr sei der Dolmetscher des Pt, sondern er sei ein solcher geworden oder gewesen, so ist die Bemerkung (S. 410) wenig angebracht, daß Mr nicht so schlechthin des Pt Hermeneut im Sinne meiner Deutung genannt werden konnte, da keineswegs Alle nur durch Vermittlung des Mr die Erzählungen des Pt kennen gelernt haben. Die Aussage des Jo läßt für zehn andere Hermeneuten des Pt neben Mr Raum und auch dafür, daß in zahllosen Fällen Pt ohne Vermittlung irgend eines Hermeneuten öffentlich geredet hat. Man scheut sich fast, auf Stellen wie Eph 3, 7; Kl 1, 23. 25; Gl 4, 16 zu verweisen. 2) Wertvoller erscheint mir auch die Bemerkung S. 411 nicht, daß die fraglichen Worte durch meine Deutung „gänzlich unnütz und nichtssagend werden". Ohne sie schwebt das folgende ὅσα ἐμνημόνευσεν in der Luft, da kein Mensch erraten konnte, an was oder wen sich Mr bei einer Schriftstellerei erinnert haben soll. Er könnte ebensogut ein Jünger Jesu gewesen sein; der Mangel an τάξις bliebe unentschuldigt, und das neben die Anerkennung dieses Mangels gestellte Lob bliebe ungerechtfertigt. Selbst wenn man, wie auch Link wieder S. 414, unmöglicherweise die nachfolgende Erläuterung des Papias als Worte des Johannes auffaßt, bliebe der erste in sich abgeschlossene Satz des Jo ohne das richtig verstandene ἑρμ. Π. γεν. sinnlos. 3) Was ferner die Forderung anlangt, daß die fraglichen Worte, wie ich sie deute, hinter der Hauptaussage stehen müßten (S. 413), so muß ich darauf verzichten, mich hierüber mit einem Gelehrten zu verständigen, welcher mich (S. 413 A 1) dahin belehren zu sollen glaubt, daß AG 1, 24 (προσευξάμενοι εἶπαν) das Beten als die Handlung

bezeichnet sei, durch welche das Reden vermittelt war! Cf z. B. Blaß, Ntl. Gramm. S. 193. 4) Wenn ich GK I, 879 zu bedenken gab, ob der Jerusalemer Mr für den Galiläer Pt ein geeigneter Dolmetscher gewesen sei, so sollte damit natürlich jeder Sachverständige daran erinnert werden, daß unter der mit Nichtjuden viel stärker versetzten Bevölkerung Galiläas Kenntnis des Griechischen mindestens ebensosehr und wahrscheinlich viel mehr verbreitet war, als in Jerusalem und Judäa. Die hiegegen gerichtete Belehrung, daß die Unterschiede zwischen dem aramäischen Dialekt Galiläas und demjenigen Judäas geringfügig waren (Link 419), wirkt überraschend. 5) Die Deutung, wonach Mr auf den Missionsreisen des Pt diesen als Dragoman begleitet habe (S. 418. 426 ff.), ist mit dem Wenigen, was wir wissen, unverträglich. Pt ist, soviel wir wissen (oben S. 22—28), bis etwa zum J. 63 ein Prediger der Beschneidung im hl. Lande und dessen angrenzenden Gebieten gewesen und sicherlich nicht weiter als bis nach Antiochien und auch dahin nur besuchsweise gekommen; Mr dagegen ist vom J. 44 an, zuerst in der Begleitung des Pl und Barnabas, nachher des Barnabas allein, dann wieder des Pl als Missionsgehilfe tätig gewesen, und daß er vor dem J. 63, als Pt nach Rom kam, jemals längere Zeit in der Umgebung des Pt verweilt habe, ist äußerst unwahrscheinlich. Die Ausdrücke παρηκολουϑηκώς τινι (Papias bei Eus. III, 39, 15 im Verhältnis zu Jesus oder Pt cf 39, 4. 7; Just. dial. 103) oder ἀκολουϑήσας τινι (Clem. b. Eus. VI, 14, 6 oben S. 214) oder ἀκόλουϑός τινος (Eus. II, 15 oben S. 214) oder ἀκόλουϑος γενόμενός τινι (Epiph. haer. 51, 6) = sectator (Iren. III, 1, 1; 10, 6, Clem. lat. oben S. 214) bezeichnen nicht den Reisebegleiter, sondern den Schüler, welcher eine Zeit lang den Unterricht eines Lehrers genossen und in Lebensgemeinschaft mit demselben gestanden hat, und wird gelegentlich durch μαϑητής (Iren. III, 1, 1; Chrysost. hom. 1 in Matth.), ἀκουστής (Iren. V, 33, 4), γνώριμος καὶ φοιτητής γεγονώς (Eus. dem. III, 5, 89) u. dgl. ersetzt. Ein solcher aber wird, wenn er die Lehren seines Lehrers Andern mitteilt, dessen Hermeneut, weil durch ihn der abwesende oder dahingeschiedene Lehrer zu Solchen redet, welche jenen sonst nicht hören oder verstehen würden. Diese durch die eigentliche Bedeutung des Worts dargebotene Vorstellung (Xenoph. anab. II, 3, 17 ἔλεγε πρῶτος Τισσαφέρνης δι᾽ ἑρμηνέως) wird überall festgehalten, mag das Wort übertragen werden auf den die Lehre seines Lehrers weitertragenden Schüler oder auf den Dichter im Verhältnis zur Muse oder den Propheten im Verhältnis zur Pythia oder zu Apollo, oder auf Hermes den Boten und Dolmetscher der Götter oder, wie noch bei uns, auf den ausübenden Musiker, Schauspieler, Recitator im Verhältnis zum Dichter und Komponisten (GK I, 878 ff.). 6) Lehrreich ist allerdings, was Clem. strom. VII, 106 von den Sektenstiftern sagt, welche erst in nachapostolischer Zeit aufgetreten seien: καϑάπερ ὁ Βασιλείδης, κἂν Γλαυκίαν ἐπιγράφηται διδάσκαλον, ὡς αὐχοῦσιν αὐτοί, τὸν Πέτρου ἑρμηνέα· ὡσαύτως δὲ καὶ Οὐαλεντῖνον Θεοδᾷ διακηκοέναι φέρουσιν, γνώριμος δὲ οὗτος γεγόνει Παύλου. Über den Text s. Forsch III, 125. Wenn Link S. 432 mir gegenüber behauptet, daß nicht die Basilidianer, sondern Clemens den Glaukias den Dolmetscher des Pt nenne, so dürfte auch dies wieder ein Irrtum sein; denn neben dem κἂν ἐπιγράφηται, welches bereits ausdrückt, daß Basilides zur Empfehlung seiner Lehre den Glaukias als Lehrer für sich in Anspruch nehme, wäre ὡς αὐχοῦσιν αὐτοί völlig tautologisch, wenn es sich auf dasselbe Verhältnis bezöge. Es dient also zur Vorbereitung des folgenden τὸν Πέτρου ἑρμηνέα. Clemens unterläßt es auch nicht, durch αὐτοί, welches sonst sinnlos wäre, auszudrücken, daß zwar jene damit prahlen, er seinerseits aber keineswegs verbürgen wolle, daß jener Glaukias der Dolmetscher des Pt gewesen sei. Clemens hat auch den Mr nie so genannt (oben S. 214). Dem ἑρμηνεύς der Basilidianer in bezug auf Glaukias entspricht das Παύλου γνώριμος der Valentinianer in bezug auf Theodas (Forsch III, 122—126). Nun leuchtet aber ein, daß diese beiden angeblichen Apostelschüler als Träger der Geheimtradition in betracht kommen, und daß die etwaige Funktion eines Glaukias als Dragoman des Pt hiemit noch weniger in ein vernünftiges Verhältnis gebracht werden kann, als die angebliche Funktion des Mr als Dragoman mit dessen Abfassung eines Ev. Auch hier also ist ἑρμηνεύς uneigentlich gemeint. Es kann aber nicht zufällig sein, daß der Vermittler der Geheimtradition gerade zwischen Pt und Basilides, nicht der zwischen Pl und Valentin stehende Vermittler Theodas so genannt wird. In der Schule des Basilides wie in der des Valentinus gab es ein besonderes Ev (GK II, 748. 771). Einem Apostel ist keines von beiden zugeschrieben worden; aber auf einen Schüler des Pt und einen Schüler des Pl als Vermittler evangelischer Erzählungen glaubten beide Schulen sich ebensogut berufen zu können, wie die Kirche. Theodas entspricht dem Lucas, Glaukias entspricht dem Mr. Die Basilidianer, welche rühmten, daß ihr Glaukias nicht nur ein Dolmetscher, sondern der Dolmetscher des Pt sei, kannten die kirchliche Überlieferung von Mr und äfften sie überbietend nach.

16. Iren. III, 11, 7 *Qui autem Jesum separant a Christo, et impassibilem perseverasse Christum, passum vero Jesum dicunt, id quod secundum Marcum est praeferentes evangelium, cum amore veritatis legentes illud, corrigi possunt.* Bei Vergleichung von I, 26, 1 (cf III, 11, 1; Bd. I 363 f. A 4) kann nicht zweifelhaft sein, daß die Kerinthianer gemeint sind, und es leuchtet ein, warum sie das mit der Taufe beginnende Mrev bevorzugten. Die Verwirrungen, welche Epiph. haer. 28, 5; 30, 3 und der in diesem Fall von Epiphanius abhängige Philaster haer. 36 angerichtet haben, brauchen hier nicht noch einmal erörtert zu werden cf GK II, 730; Hümpel, De errore christolog. in epist. Jo (1897) p. 68 ff.

§ 52. Titel, Plan und Schluss des Marcusevangeliums.

Die Worte ἀρχὴ τοῦ εὐαγγελίου Ἰησοῦ Χριστοῦ (A 1), welche der Vf des nach Mr genannten Ev an die Spitze seines Buchs gestellt hat, haben es sich schon in sehr früher Zeit gefallen lassen müssen, als Subjekt oder Prädikat eines Satzes aufgefaßt zu werden, welcher in v. 2—3 oder unter der Annahme, daß v. 2 einen Zwischensatz bilde, in v. 3 oder über eine v. 2—3 umfassende Parenthese hinweg in v. 4 sein Ende fände. Schon die Mannigfaltigkeit der Konstruktionsversuche zeugt gegen dieselben. Ferner ist zwar das Griechisch dieses Ev nicht mustergiltig; aber als unwahrscheinlich muß doch gelten, daß ein Schriftsteller, welcher sonst keine Neigung zur Periodenbildung zeigt, ohne ersichtliche Nötigung sein Werk mit einem so vieldeutigen und in jedem Fall höchst ungefügen Satzgebilde eröffnet haben sollte. Entscheidend gegen alle diese Versuche ist der Umstand, daß ihnen die unhaltbare Voraussetzung zu Grunde liegt, εὐαγγέλιον könne die evangelische Geschichte bezeichnen, und zwar Geschichte nicht im Sinne von „Kunde oder Bericht" von den Tatsachen (*historia*), sondern von „berichteten Tatsachen" (*res gestae*). Als Anfang der ev Geschichte im letzteren Sinn, nämlich als Anfang der Tatsachen, welche das Ev d. h. die christliche Predigt zu berichten und zu verkündigen hat, könnte ja vielleicht Johannes der Täufer mit seiner Taufe und Predigt betrachtet werden (AG 10, 37; 13, 24 cf § 48), aber nimmermehr als Anfang der Verkündigung von jenen Tatsachen. Und eine andere Bedeutung als diese hat das Wort εὐαγγέλιον in apostolischer Zeit nicht gehabt. Es darf daher als sicher gelten, daß die fünf

ersten Worte des Ev für sich zu nehmen und als ein vom Vf seinem Buch vor-
gesetzter Titel zu betrachten sind; denn die Ansicht, daß Mr mit diesen Worten
sagen wollte: „Hiemit beginne ich das Ev Jesu Christi" schließt einen ganzen
Knäuel von Anachronismen in sich. Bekanntlich haben die Schreiber des Mittelalters unter den Griechen, Lateinern und Syrern bei dem Übergang von einer
zur andern der in einem Codex vereinigten Schriften den Schluß der einen und
den Anfang der folgenden Schrift durch ein dem üblichen Titel der Schrift vor-
gesetztes oder nachgesetztes $\grave{\epsilon}\tau\epsilon\lambda\acute{\epsilon}\sigma\vartheta\eta$ oder $\grave{\epsilon}\pi\lambda\eta\varrho\acute{\omega}\vartheta\eta$ (*explicit*) und $\ddot{\alpha}\varrho\chi\epsilon\tau\alpha\iota$
(*incipit*) bezeichnet (A 2). Daß ein solches $\ddot{\alpha}\varrho\chi\epsilon\tau\alpha\iota$ oder ein damit gleich-
bedeutendes $\dot{\alpha}\varrho\chi\acute{\eta}$ nicht vom Vf herrührt, bedarf keines Beweises. Abgesehen
davon, daß diese Formeln den ältesten vorhandenen Hss fremd sind, setzen sie
die Vereinigung der Einzelschrift mit andern Einzelschriften in einem Codex
voraus. Im vorliegenden Fall dagegen handelt es sich nicht um eine von den
Abschreibern so oder so gemodelte Bezeichnung des Buchanfangs, sondern um
einen nach aller Überlieferung der Schrift des Mr von jeher zugehörigen Bestandteil derselben. Daß aber ein Schriftsteller, indem er die Feder ergreift,
seinen Lesern gesagt haben sollte: „Hier fängt mein Buch an" oder „Jetzt beginne ich", wäre eine abgeschmackte Vermutung. Unmöglich ist dieselbe auch
darum, weil dann Mr sein Buch nicht nur e i n Ev, sondern d a s Ev Jesu Christi
genannt haben würde. Schon Ersteres wäre ein Anachronismus; denn erst seit
Anfang des 2. Jahrhunderts, und jedenfalls nicht in apostolischer Zeit ist der
Name $\epsilon\dot{\nu}\alpha\gamma\gamma\acute{\epsilon}\lambda\iota\sigma\nu$ auf eine Schrift oder auf mehrere Schriften übertragen worden
(oben S. 173 f.). Aber gesetzt auch, ein Einzelner wäre der allgemeinen Ent-
wicklung des kirchlichen Sprachgebrauchs vorangeeilt, oder Mr 1, 1 wäre erst
um 120 geschrieben, so würde doch der Schriftsteller durch die Bezeichnung
seiner eigenen Schrift als „d a s Ev" d. h. als das einzige, welches es gibt oder
geben darf, und nun gar als „das Ev Jesu Christi" einer unbegreiflichen An-
maßung sich schuldig gemacht haben. Nicht $\epsilon\dot{\nu}\alpha\gamma\gamma\acute{\epsilon}\lambda\iota\sigma\nu$ *I. Xρ.*, sondern $\dot{\alpha}\varrho\chi\grave{\eta}$
$\tau\sigma\tilde{\nu}$ $\epsilon\dot{\nu}\alpha\gamma\gamma\epsilon\lambda\acute{\iota}\sigma\nu$ $'I\eta\sigma\sigma\tilde{\nu}$ $X\varrho\iota\sigma\tau\sigma\tilde{\nu}$ ist der Titel, welchen Mr seinem Buch gegeben
hat; denn daß die Worte, wenn sie Titel sind, nicht auf irgend ein kleines oder
größeres Kapitel des Buchs, sondern auf das Ganze sich beziehen, ist wohl
selbstverständlich. Abgesehen davon, daß der Titel auf das zunächst Folgende
(1, 2—13) am allerwenigsten paßt, müßte man erwarten, daß das Ev in eine
Reihe von Kapiteln mit je einem besonderen Titel eingeteilt wäre, was nicht
der Fall ist. Der Buchtitel ist aber danach zu würdigen, daß er nicht etwa
wie *Bereschith* oder *Γένεσις κόσμου* als Titel des ersten atl Buchs von späteren
gelehrten Diaskeuasten oder unwissenden Schreibern herrührt, sondern daß er
vom Vf selbst dem Buch gegeben ist, wie die Titel der atl Prophetenbücher,
der Proverbien, der ntl Apokalypse, der Archäologie des Josephus, des anti-
häretischen Werks des Irenäus; wobei ganz gleichgiltig ist, ob der Vf im Titel
seinen Namen nennt oder nicht, oder ob ein im Titel genannter Eigenname den
wirklichen oder nur einen angeblichen Vf nennt oder auch nur nennen will.

Man muß annehmen, daß ein solcher Titel den Inhalt des Buchs, den Gegenstand, dessen Darstellung der Schriftsteller wenigstens beim Beginn seiner Arbeit beabsichtigt, wirklich ausdrückt, nur daß selbstverständlich das *a potiori fit denominatio* bei einem Titel, welcher den mannigfaltigen Inhalt einer größeren Schrift kurz bezeichnen soll, seine volle Anwendung finden muß. Mr will also in seinem Buch den Anfang des Ev Jesu Christi darstellen. Da er eine erzählende Schrift bietet, so kann ἀρχή nicht im Sinne von „Ursache, Prinzip, Wurzel" gemeint sein (Prov 1, 7; 8, 22; Sirach 29, 21; Kl 1, 18; Ap 3, 14), sondern nur in dem gebräuchlicheren Sinn „Anfang". Davon ist aber der Begriff des Ursprungs nicht zu trennen; denn wie sollte man den Anfang eines Dings beschreiben, ohne seinen Ursprung aufzuzeigen? Jede ἀρχή ist eine ἀρχὴ γενέσεως (Sap Sal 6, 23; 7, 5). Die Frage, wie das Ev Christi angefangen habe und somit auch, wie es entstanden sei, will Mr durch seine Erzählung beantworten. Eine gewisse Antwort darauf liegt schon in der von Mr hier gewählten Bezeichnung des Ev; denn Ev Jesu Christi heißt es hier wie überall im NT als die von Jesus in die Welt gebrachte, von ihm zuerst gepredigte und auch jetzt, nachdem sie nicht mehr von ihm selbst, sondern von seinen Boten verkündigt wird, den Stempel ihres Urhebers tragende Heilsbotschaft (oben S. 165 f.). Eine ausführlichere Antwort gleichen Sinnes lesen wir Hb 2, 3: Seinen Anfang hat das Ev damit genommen, daß Jesus, der Apostel Gottes (Hb 3, 1), es zuerst gepredigt hat; aber es hat durch die, welche die Predigt des großen Urevangelisten gehört haben, seinen Fortgang genommen, nachdem er aufgehört hat, unmittelbar zu den Menschen zu reden. Diese das ganze NT durchziehende Vorstellung findet einen sehr merkwürdigen Ausdruck AG 1, 1, wo alles Tun und Lehren Jesu, das im 3. Ev dargestellt war, als Anfang eines sich fortsetzenden Werks bezeichnet ist, und nach anderer Seite AG 10, 36 f.: Das Wort der guten Friedensbotschaft, welches Gott dem Volk Israel gesandt hat, hat seinen Anfang genommen nicht durch Johannes und mit dessen Predigt, sondern nach der Taufe und Predigt des Johannes durch Jesus Christus, den Urevangelisten (cf Eph 2, 17). Ganz dies ist der Gedanke des Mr. Ohne jede Erinnerung und Anknüpfung an den Vorläufer Jesu, welcher seinerseits wieder an die atl Offenbarung anknüpfte, ist die apostolische Predigt nie gewesen; auch eine geschichtliche Darstellung des Anfangs dieser Predigt konnte deren nicht entraten. Sie fehlt in keinem unserer Evv; Mr aber gibt diese Erinnerung 1, 2—8 und die Anknüpfung der Geschichte Jesu an die Wirksamkeit des Täufers 1, 9—13 in einer skizzenhaften Kürze, welche niemals die Gestalt der Überlieferung im Gemeindeunterricht oder in der Missionspredigt gewesen sein kann. Er tut es, weil er nicht das Vorspiel, sondern den Anfang des Ev Jesu zu schildern versprochen hat. Zur Sache selbst kommt er 1, 14 mit dem Satz: „Nach der Gefangensetzung des Johannes kam Jesus nach Galiläa, predigend das Evangelium Gottes (und also) sprechend: Weil die Zeit erfüllt und das Königreich Gottes nahegekommen ist, so ändert euere Gesinnung und glaubet an das Evangelium."

Diese programmatischen Sätze entsprechen dem Titel des Buchs und bestätigen die vorgetragene Deutung desselben. Die gute Botschaft Gottes den Menschen zu verkündigen, erscheint als der Lebensberuf Jesu, und er selbst fordert Glauben an diese Botschaft. Obgleich Jesus auch nach sonstiger Überlieferung das dem griechischen εὐαγγέλιον zu Grunde liegende Wort oder das diesem entsprechende Verbum im Anschluß an Jes 61, 1 gebraucht hat (Lc 4, 18; 7, 22; Mt 11, 5), so bleibt doch im Vergleich mit ähnlichen Sätzen der anderen Evv der Gebrauch von εὐαγγέλιον sowohl in der Beschreibung der Berufstätigkeit Jesu (v. 14), als in der Zusammenfassung des wesentlichen Inhalts seiner Predigt (v. 15), sowie die vergleichsweise häufige Wiederkehr dieses Wortes im weiteren Verlauf dieses Ev (A 3) ein Beweis dafür, daß Mr der im Titel ausgedrückten schriftstellerischen Absicht sich bewußt geblieben ist. Dies zeigt sich auch in den Einzelerzählungen, in welchen das Programm von 1, 14 f. ausgeführt wird. Im Vergleich mit der skizzenhaften Kürze des dem Programm vorangestellten Abschnitts, die an einzelnen Stellen (besonders 1, 13) in kaum verständliche Dunkelheit ausartet, zeichnen sich die Erzählungen von 1, 16 an durch malerische Anschaulichkeit und durch eine Fülle allenfalls entbehrlicher Einzelzüge aus (A 4). Auch wenn uns nicht die Vergleichung mit der Darstellung derselben Tatsachen in anderen Evv diese Beobachtung aufdrängte, müßte ein aufmerksamer Leser, der an Darstellungen anderer Stoffe, sei es im 4. Ev oder bei Josephus, die Erzählungsweise des Mr mißt, anerkennen, daß dieser nicht nur eine Vorliebe, sondern auch eine hervorragende Befähigung für lebendige und anschauliche Erzählung besitzt. Die Beschreibung der Mienen und Bewegungen der handelnden und redenden Personen, die beharrliche Anwendung der direkten Redeform in Mitteilung der vorgefallenen Reden und Gegenreden, die Häufung synonymer Ausdrücke in den Reden, die vollständige Wiederholung der in der wirklichen Rede wiederholten Worte, die Anwendung elliptischer, im lebendigen Gespräch, aber nicht in der Schriftsprache üblicher Wendungen gibt der Darstellung die Wirkung des Dramas. Wäre dies alles Kunst und nicht Natur, so müßte Mr jedenfalls auch das *artem arte celare* verstanden haben. Das ist aber wenig wahrscheinlich, wenn man daneben eine erhebliche Unbehilflichkeit des Ausdrucks bemerkt. Die Kleinmalerei drängt sich nirgendwo als absichtsvoll vor; sie ist eine zur anderen Natur gewordene Gewohnheit des Erzählers. Was er aber als Zweck verfolgt, ist die Anfangsgeschichte des Ev. In einem e r s t e n Abschnitt 1, 16—45 wird gezeigt, daß die Predigt, die Jesus als seinen wesentlichen Beruf bezeichnet (1, 38 f.), von Anfang an von Wundertaten begleitet war, welche die wirksame Macht seines Wortes bewiesen und wesentlich dazu beitrugen, in der Bevölkerung von ganz Galiläa die Überzeugung zu verbreiten, daß Jesus ein von Gott bevollmächtigter Lehrer und seine Predigt im Gegensatz zu dem herkömmlichen Lehrvortrag der Rabbinen eine neue machtvolle Lehre sei (1, 22. 27 f.). Jesus allein ist vorerst der Prediger; er bringt die Dämonen, die seine Würde ausschreien, zum Schweigen (1, 24 f. 34 cf 3, 11 f.) und verbietet den von ihm Ge-

heilten, ihr Erlebnis auszuposaunen (1, 44); aber wie er gleich zuerst sich darauf
bedacht zeigt, Gehilfen seiner Berufsarbeit zu gewinnen (1, 16—20), so kann er
es auch gar nicht hindern, daß die, welche seine Hilfe erfahren hatten, sofort
anfingen, unermüdliche Prediger seiner Taten zu werden (1, 45 cf 7, 36). Jedes
Wort dieses den 1. Abschnitt schließenden Satzes ist mit Bewußtsein gewählt:
das nicht völlig nichtssagende ἤρξατο (cf 5, 20, auch 1, 1), das sonst überall von
der Predigt des Ev gebrauchte κηρύσσειν (cf 1, 14. 38. 39; 3, 14; 5, 20; 6, 12;
13, 10; 14, 9 cf 1, 4. 7), das hinzutretende πολλά, welches darauf hinweist, daß
das einmal begonnene Predigen nicht so bald sein Ende finden sollte, und endlich
die Bezeichnung dessen, was der Geheilte überallhin verbreitete durch τὸν λόγον,
ohne weiteren Zusatz, was gleichfalls sonst vom Ev gesagt wird (2, 2; 4, 14—33).
Ein zweiter Abschnitt (2, 1—3, 6) zeigt, daß Jesus mit seiner durch Taten
bewährten Predigt, insbesondere mit seiner Verkündigung der Sündenvergebung
und mit seiner von finsterer Askese und ceremonialer Gesetzlichkeit freien Lebens-
und Lehrweise bei den bisherigen Religionslehrern immer wieder auf Widerstand stößt und deren tödlichen Haß sich zuzieht. Der dritte Abschnitt
(3, 7—6, 13) beginnt mit einer allgemeinen Schilderung, welche die Ausbreitung
der Kunde von Jesus über ganz Palästina und die angrenzenden Gebiete und
die dadurch veranlaßte Erweiterung des Kreises von Menschen, auf die Jesus
zu wirken hat, beschreibt (3, 7—12). Dadurch erscheint es motivirt, daß Jesus
aus der Zahl seiner Zuhörer nach freier Wahl 12 Männer aussondert mit der
Absicht, sie als Prediger auszusenden (3, 13—19). Der so eröffnete Abschnitt findet in der Erzählung von der ersten Aussendung dieser 12 einen
vorläufigen Abschluß (6, 7—13). Dabei scheint beachtenswert, daß der Name
Apostel, den Mr überhaupt nur einmal gebraucht (6, 30), in beiden Erzählungen vermieden wird; ferner, daß die hier berichtete Aussendung ausdrücklich als die erste ihrer Art, als Anfang der Aussendung von 12 Predigern
bezeichnet wird (6, 7). Endlich ist nicht zu übersehen, daß da, wo von ihren
Auswahl berichtet wird, zwar als letzter Zweck derselben ihre nachmalige Aussendung zur Predigt angegeben wird, welchem sie dann auch entsprochen haben
(6, 12), vorher aber als nächster Zweck, daß sie beständig in der Begleitung
Jesu sich befinden sollten (3, 14 ἵνα ὦσιν μετ᾽ αὐτοῦ καὶ ἵνα ἀποστέλλῃ αὐτοὺς
κηρύσσειν). Durch diesen Verkehr mit dem ersten Prediger des Ev sollen sie
für ihren zukünftigen Beruf als Prediger desselben erzogen werden. Jesus will
dadurch an ihnen das Wort wahrmachen, welches er bei Beginn seiner Predigt
in Galiläa Einigen von ihnen zugerufen hatte (1, 17). Was zwischen der Wahr
und der ersten Aussendung der Apostel berichtet wird, zeigt, wie Jesus die
Zwölf zu der für ihren Beruf erforderlichen Selbständigkeit des Urteils und der
Erkenntnis erzogen hat. Während seine Angehörigen, wahrscheinlich seine nächsten
Verwandten, eines Tages die Meinung äußern, er bringe sich durch den leiden-
schaftlichen Eifer, mit welchem er seinem Beruf sich hingibt, um den Verstand
und seine Gegner ihn für einen Besessenen erklären (3, 21 f. cf v. 30), erklärt er die

welche trotzdem seinem Worte lauschen, für seine wahren Verwandten (3, 31—35); und während er der Volksmenge das Geheimnis des Himmelreichs in rätselhafter Verhüllung predigt, deutet er den Jüngern, unter welchen die Zwölf in auffälligem Ausdruck als die zunächst Gemeinten hervorgehoben werden (4, 10), nicht nur die einzelnen Gleichnisse, die er dem Volk vorgetragen hat (4, 14—20. 34), sondern erklärt sie auch für die Bevorzugten, welchen jenes Geheimnis anvertraut ist (4, 11), das sie auch in der verhüllenden Form der Bildrede verstehen lernen (4, 13) und der Welt dereinst enthüllen sollen (4, 21—25). Von den Bildreden jenes Tages, auf deren große Zahl wiederholt hingewiesen wird (4, 2. 33), werden drei mitgeteilt, darunter eine, welche nur Mr überliefert hat (4, 26—29). Das erste Gleichnis erklärt die verschiedenartige Aufnahme, welche das Wort schlechthin, also das von Jesus gepredigte und von den Aposteln zu predigende Ev, bei den Menschen findet, aus der verschiedenartigen Herzensbeschaffenheit. Das zweite zeigt, daß das Gottesreich, nachdem es einmal durch Jesu Predigt in die Welt gebracht ist, auch ohne sein unmittelbares Eingreifen vermöge der ihm einwohnenden Triebkraft sich bis zum Tag der Ernte fortentwickeln wird. Das dritte Gleichnis zeigt, daß die Unscheinbarkeit des Anfangs dieses Reiches kein Recht gibt zu bezweifeln, daß es zuletzt die ganze Welt umspannen werde. In den folgenden Erzählungen 4, 35—6, 6 tritt die Beziehung auf die Apostel und deren zukünftigen Beruf zurück, wenn auch wiederholt auf ihre Anwesenheit oder ihre Beteiligung aufmerksam gemacht wird (5, 31. 37; 6, 1, nicht so Mt 9, 22—26; 13, 54). Erst die Aussendung und Instruktion der Zwölf (6, 7—11) erinnert den Leser wieder daran, daß das „Sein mit Jesus", welches jenen beschieden war (3, 14), während es Anderen versagt wird, ohne daß diesen darum die Verkündigung der erfahrenen Gnade verboten wäre (5, 18—20), wesentlich dazu dienen sollte, sie zu der berufsmäßigen Predigt des Ev vorzubereiten. Deutlicher tritt die Beziehung der Geschichte auf die Apostel und ihren künftigen Beruf in einem **vierten Abschnitt** (6, 14—10, 52) wieder hervor. Es ist nicht sowohl der volkstümliche Prediger und Prophet, als der Erzieher seiner Apostel, welcher uns hier vor Augen geführt wird. Jesus meidet den Hauptschauplatz seines bisherigen Wirkens, bricht immer wieder ab und wechselt fortwährend den Aufenthaltsort, wenn er sich einmal aus Mitleid in Verkehr mit der Volksmenge oder mit einzelnen Hilfsbedürftigen eingelassen hat (6, 34. 45; 8, 2. 10. 13). Er begibt sich bis an und über die Grenzen des jüdischen Gebiets hinaus (7, 24. 31; 8, 27), nicht um den Heiden zu predigen, sondern um der Berührung mit der Volksmenge und seinen Gegnern auszuweichen und ausschließlich den Jüngern sich widmen zu können, wie 9, 30 f. ausdrücklich erklärt wird. Bei den wunderbaren Speisungen wird 6, 37—39. 41; 8, 6 im Vergleich mit den parallelen Darstellungen besonders des Mt und des Jo die tätige Beteiligung der Apostel schärfer hervorgehoben; und durch 6, 52, wozu kein anderes Ev eine Parallele hat, sowie durch die im Vergleich mit Mt 16, 5—12 viel reicher ausgeführte und stärker betonte Darstellung in 8, 14—21 werden diese Erlebnisse ganz unter den

Gesichtspunkt einer praktischen Unterweisung der Jünger gestellt. Sie sollen nicht nur glauben lernen an die Wundermacht Jesu, sondern sollen auch lernen, Tausende von Hörern des Worts aus dem, was Jesus ihnen darreicht, zu sättigen. Die abergläubischen Urteile über Jesus, die sein bisheriges Wirken hervorrief, dienen das erste Mal, wo ihrer Erwähnung geschieht (6, 14 f.), zur Anknüpfung einer episodenartigen Erzählung vom Ende des Täufers (6, 17—29). Vergleicht man die große Kürze des Berichts 1, 2—8, so scheint diese sehr ausführliche Erzählung nicht um ihrer selbst willen dazustehen, sondern wie eine Weissagung auf das Ende des stärkeren Predigers (cf 9, 12 f.). Wo jene Urteile zum zweiten Mal, und zwar diesmal von den Jüngern auf eine Frage Jesu erwähnt werden (8, 27 f.), dienen sie dazu, die Selbständigkeit der Glaubenserkenntnis hervorzuheben, zu welcher Jesus seine Jünger durch Lehre und Taten erzogen hat. Aber langsam und mühselig schreitet diese Arbeit vorwärts. Wenn Jesus ihnen gegenüber auch nicht mehr zu klagen hat: „Glaubt ihr noch nicht" (4, 40 cf dagegen 9, 23 f.), so doch immer wieder über ihren Mangel an Einsicht (6, 52; 8, 17—21), an Verständnis seiner Wege (8, 33; 9, 32), an tatkräftiger Geistesgegenwart (9, 18 f. 28 f.) und an selbstloser Hingebung (9, 33—50; 10, 28—31. 35—45). Sie haben noch viel Anteil an der Herzenshärte, dem Unglauben und Aberglauben ihrer Volksgenossen (6, 49—52; 8, 11—15; 9, 19). Es ist jedoch nicht zu verkennen, daß der leitende Gedanke, welcher in den ersten Abschnitten des Buchs im Ganzen der Anlage, im Einzelnen der Ausführung und vor allem in der Auswahl der Stoffe sich überall bemerklich machte, im weiteren Verlauf des Buchs immer mehr zurücktritt. Zumal in dem fünften Abschnitt (11, 1—16, 8), welcher den Ausgang in Jerusalem darstellt, überwiegt das Interesse an dem Stoff, ohne welchen eine Geschichte des öffentlichen Wirkens Jesu nicht wohl erzählt werden konnte, den besonderen Gesichtspunkt, unter welchen Mr sie gestellt hatte. Man bemerkt einen gewissen, zuweilen in gleichem Ausdruck sich widerspiegelnden Parallelismus zwischen dem Wirken in Galiläa und dem in Jerusalem. Mit einem das Volk begeisternden Handeln (11, 1—10. 15—18) und Lehren (11, 18 = 1, 22 cf 11, 17; 12, 14. 35. 37. 38; 14, 49) beginnt Jesus, um dann auf Bildreden sich zurückzuziehen (12, 1), von denen nur ein Beispiel mitgeteilt wird. Es treten ihm auch hier Pharisäer im Bunde mit Herodianern entgegen (12, 13 = 3, 6). Es fehlt in diesen Kreisen auch hier nicht immer an Solchen, welche an Jesus und an welchen Jesus ein gewisses Wohlgefallen findet (12, 34 = 10, 21). Jesus widmet sich auch hier zuletzt der Belehrung seiner Jünger (13, 1 ff.), und es tritt darin eine Reihe von Sätzen über den Beruf der Apostel zur Predigt des Ev bedeutsam hervor (13, 9—13), die von Mt und Lc zum Teil in anderem Zusammenhang verwendet sind. Es wird auch wiederholt die Anwesenheit der Jünger oder der Eindruck, den etwas auf diese gemacht hat, hervorgehoben (11, 11. 14. 20 f.; 13, 1—5) und an ihre Aufgabe, das Wort Jesu weiterzutragen (13, 37), und an die Bestimmung des Ev für die ganze Welt (14, 9) erinnert. Aber bei alle dem vermißt man hier die

Herrschaft des schriftstellerischen Gedankens über den Stoff. Man darf annehmen, daß der Grundgedanke des Buchs am Schluß noch einmal deutlicher hervorgetreten sein würde. Aber das Buch ist unvollendet geblieben.

Zu den sichersten Ergebnissen der Kritik darf es gerechnet werden, daß die Worte ἐφοβοῦντο γάρ 16, 8 die letzten des Buches sind, die vom Vf selbst herrühren (A 5). Wie früh und wie allgemein man es unangenehm empfunden hat, daß Mr mit jenen Worten mitten in der kaum begonnenen Geschichte von der Auferstehung Jesu den Faden seiner Erzählung abgerissen und sein Buch ohne Schluß gelassen hat, beweist die Existenz und die Verbreitung zweier Anhänge, durch deren Anfügung man dem Mangel abzuhelfen gesucht hat. Der eine dieser Anhänge, welcher Mr 16, 9—20 des Textus receptus bildet — ich nenne ihn A —, ist als Schluß des Mrev zuerst sicher bezeugt durch Irenaeus (III, 10, 6; GK II, 924). Aber auch Tatians Diatessaron, in welchem der wesentliche Inhalt dieser Perikope verarbeitet war (A 5), setzt deren Zugehörigkeit zum Mrev voraus; denn es ist bis jetzt nicht nachgewiesen, daß Tatian irgend ein umfangreicheres Stück aus einer anderen Quelle als einem der kanonischen Evv geschöpft habe. Wahrscheinlich hat auch Justin das Stück gekannt (GK I, 515). Demnach muß dasselbe schon in der ersten Hälfte des 2. Jahrhunderts dem Mrev beigefügt worden sein. Während man bei Tertullian und Cyprian, bei Clemens Al. und Origenes, bei Cyrill von Jerusalem und Athanasius und bei manchen anderen Schriftstellern, die Anlaß gehabt hätten, die Perikope zu verwerten, keine Spur von ihr oder von einem Ersatz für dieselbe finden kann, ist sie doch seit Mitte des 4. Jahrhunderts immer weiter verbreitet worden. Während zur Zeit des Eusebius nur wenige griech. Hss sie enthielten (GK II, 913), findet sie sich in den vorhandenen vom 5. Jahrhundert an regelmäßig (codd. ACDE etc.), ferner in den verschiedenen syrischen Versionen mit Ausnahme des Syr. Sin., in der gotischen und der jüngeren ägyptischen (memphitischen) Übersetzung. Sie ist ferner bezeugt durch Chrysostomus, Epiphanius, Marcus Eremita, die apostol. Konstitutionen, für Alexandrien zuerst durch Didymus, für das lateinische Nordafrika zuerst durch Augustinus, für Italien, abgesehen von Justin und Tatian, welche gewissermaßen dahin zu rechnen sind, und einigen zweifelhaften Andeutungen (A 5), durch Ambrosius, durch lat. Evangelienhss, die Hieronymus vorfand, und durch Hieronymus selbst, welcher den Text A durch Aufnahme in seine Revision des lateinischen NT's dem Abendland gesichert hat. Daneben aber ist ein von diesem Textus receptus ganz unabhängiger viel kürzerer Schluß (B) ziemlich früh und weit verbreitet gewesen (A 6). Diesen bietet 1) als integrirenden Bestandteil des Mrev eine Hs des 5. Jahrhunderts, welche den ältesten, vielfach mit Cyprians Citaten übereinstimmenden Typus des lat. Evangelientextes darstellt, 2) ebenso eine griech. Hs des 8. oder 9. Jahrhunderts (*T*) und mehrere griech. Minuskeln und äthiopische Hss, nur daß hier außerdem noch, wie zur Auswahl, der Text A beigefügt ist. 3) Umgekehrt findet sich neben A, was als Text geboten ist,

15*

auch noch B als Randglosse in einer griech. Minuskel des 10. Jahrhunderts
(ev. 274) und ebenso in der jüngsten syrischen Version aus dem Anfang des
7. Jahrhunderts, für welche Thomas von Heraklea in Alexandrien griech. Hss
verglichen hatte. 4) Als zweifelhafte, hier und da verbreitete Zutaten bietet
eine griech. Unciale des 8. oder 9. Jahrhunderts (L) zuerst B, sodann A. Endlich 5) ist wahrscheinlich, daß der Schreiber des cod. Vat. nicht A, sondern
B gekannt hat, und auch eine koptische Hs weist auf eine Vorlage mit solchem
Text zurück (GK II, 912. 921). Eine dritte Recension (C), nämlich ein mit
16, 8 schließendes Mrev bieten 1) die beiden ältesten vorhandenen griech. Hss
(א B), 2) nach dem Zeugnis des Eusebius „beinah sämtliche" und zwar „die genauen" griechischen Hss seiner Zeit, was auch Hieronymus noch für seine Zeit
bestätigt (GK II, 919), 3) die eine der beiden ältesten Formen der syrischen
Übersetzung (Ss). Dazu kommt aber 4) das stumme Zeugnis der Schriftsteller,
die weder von A noch von B irgendwelche Kenntnis verraten, und 5) das indirekte Zeugnis der Recension B. Es ergibt sich nämlich aus den vorhin unter
1. 2. 4. 5 für den Text B angeführten Zeugnissen, daß in den Gegenden, in
denen B entstanden ist und verbreitet war, A erst nachträglich bekannt geworden ist. Es wäre auch kaum denkbar, daß man B erfunden hätte, wo man
A überliefert bekommen hatte. Der Text B läßt sich nicht höher als in das
4. Jahrhundert hinauf verfolgen und scheint in Ägypten entstanden zu sein, von
wo er in einzelne Hss des lateinischen Afrikas eindrang. Der Text A, außer
welchem Irenäus keinen andern gekannt hat, ist wahrscheinlich in dessen Heimat
Kleinasien vor der Mitte des 2. Jahrhunderts entstanden und hat sich von dort
nach Italien und Gallien verbreitet, ohne Widerstand zu finden, während er in
Palästina zwar bekannt wurde, aber von den Gelehrten abgelehnt wurde, und
auch in Syrien, wo sein Inhalt durch das Diatessaron eingebürgert war, um
seine Existenz zu kämpfen hatte. Beide Anhänge zeugen insofern von verständiger Erwägung, als sie dem Anfang des Buchs entsprechen. Ein Buch,
welches laut Titel den Anfang und Ursprung des Ev Christi darstellen sollte,
schließt passend mit der Aussage, welche in A und B den Schluß bildet, daß
die von dem Auferstandenen dazu ermächtigten Apostel überall in der Welt das
Ev gepredigt haben. B begnügt sich damit, eben dies in ziemlich modern
klingender Kirchensprache auszudrücken und bringt nur insofern die abgebrochene Erzählung zu einem gewissen Abschluß, als die Ausführung des den
Frauen durch den Engel erteilten Auftrags in Kürze berichtet wird. Der
scheinbare, aber doch nur formelle Widerspruch mit 16, 8 wurde teilweise durch
nachträgliche Umgestaltung von 16, 8 ausgeglichen (GK II, 920 f.), wurde aber
wenig empfunden, weil die Rücksicht auf 16, 7 (cf Lc 24, 9 f. 23; Jo 20, 18) über-
wog. Ganz anderer Art ist der Text A. Es ist vor allem leicht zu erkennen,
daß er aus verschiedenartigen Elementen zusammengesetzt ist. In v. 9—13 und
v. 19—20 liegt keine Erzählung vor, wie sie sonst in den Evv und besonders
bei Mr zu finden ist. Im Vergleich mit diesen Sätzen zeigt selbst die magere

Skizze, welche 1, 2—13 der Darstellung von Jesu Predigt vorangestellt ist, eine behagliche Breite der Schilderung, malerisches Detail, dramatische Lebendigkeit auch durch Anwendung der direkten Redeform (1, 7 f. 11). Hier dagegen wird gar nichts geschildert, kein einziges bei den Erscheinungen des Auferstandenen gefallenes Wort wiedergegeben, keine einzige Einzelhandlung berichtet. Es wird überhaupt nicht e r z ä h l t, sondern a u f g e z ä h l t, daß Jesus zuerst der Maria Magdalena und dann zwei namenlosen Männern auf einer ländlichen Wanderung erschienen sei, ohne daß deren Meldungen bei den Übrigen Glauben fanden (16, 9—13). Am Schluß aber (16, 19—20) wird mit drei Federstrichen die Himmelfahrt, die Erhöhung Jesu zur Mitherrschaft mit Gott und die gesamte Missionstätigkeit der Apostel skizzirt. Die Quellen dieser Angaben sind nicht verborgen. Aus Jo 20, 1—18 mit einer Einschaltung aus Lc 8, 2 ist 16, 9—11 geschöpft; aus Lc 24, 13—35 teilweise mit Anlehnung an den dortigen Ausdruck (Lc 24, 13 δύο ἐξ αὐτῶν . . . πορευόμενοι εἰς κώμην), aber mit Beseitigung aller Einzelheiten ist 16, 12—13 genommen. In v. 19 hört man die Sprache nicht der Evv, sondern des apostolischen Symbolums und in v. 20 die des apostolischen Lehrvortrags (Hb 2, 3 f.; Rm 10, 14 f.; 15, 18 f.; Kl 1, 6; 1 Tm 3, 16; AG 15, 12). Von diesen Sätzen (v. 9—13. 19—20) hebt sich das von ihnen eingerahmte Stück scharf ab. Es ist eine wirkliche Erzählung, der Hauptsache nach eine Ansprache des Auferstandenen an die Apostel mit einer kurzen Angabe der Situation, in welcher sie gesprochen wurde. Dieses Stück verrät ferner durch nichts Abhängigkeit von einem kanonischen Ev, fällt aber andrerseits auch nicht so wie v. 19—20 aus · dem klassischen Stil der Evv heraus. Hieronymus hat aus einer griechischen Hs Mr 16, 14 mit einem sehr originellen Zusatz lateinisch citirt (A 7). Da der Herr die Jünger wegen ihres Unglaubens und ihrer Herzenshärtigkeit schilt, entschuldigen sie sich mit den Worten: „Diese Welt der Ungerechtigkeit und des Unglaubens ist unter Satan (Satans Gewalt), welcher vermittelst der unreinen Geister nicht zuläßt, daß die wahre Kraft Gottes ergriffen werde. Darum offenbare schon jetzt deine Gerechtigkeit." Jeder sieht, daß dies nicht eine Schreiberglosse, sondern ein überliefertes Redestück ist, welches trefflich nicht nur in die Stimmung jener Tage (AG 1, 6), sondern auch in den Zusammenhang des gewöhnlichen Textes paßt. Während in diesem der Übergang vom Tadel des Unglaubens der Apostel zu dem Auftrag, in der ganzen Welt das Ev zu predigen, ganz unvermittelt eintritt, haben wir hier die vermißte Vermittelung. Indem die Apostel sich entschuldigen, bekennen sie auch ihre Schuld, so daß die Mahnung „seid nicht ungläubig, sondern gläubig" (Jo 20, 27), auch ohne daß sie ausgesprochen wäre, als halb schon erfüllt vorausgesetzt werden kann. Und der Bitte der Apostel, daß Jesus gleich jetzt seine Gerechtigkeit offenbare, d. h. sein Reich aufrichte und dadurch der Herrschaft Satans und seiner Geister in der Welt ein Ende mache, entsprechen die Verheißungen, mit denen er sie in die weite und arge Welt hinaus sendet (16, 17 f. cf Mr 6, 7. 13; 9, 1. 28 f.; Lc 9, 1 f.; 10, 17—20). Die von Hieronymus aufbewahrte, aber nicht in seine revidirte lat. Bibel aufgenommene Variante stellt den ursprünglichen Zusammenhang der Rede wieder her. Im Mrev aber ist sie nicht ursprünglich, von dem Vf des Textes A kann sie nicht herrühren; denn es wäre unbegreiflich, wie sie aus allen griechischen Hss, aus den syrischen und lateinischen Texten, welche A enthalten, verschwunden wäre. Daß Satan und seine Geister in der Welt Macht haben (Jo 12, 31; 16, 11; 2 Kor 4, 4; Eph. 6, 11 f.; 1 Pt 5, 8), daß die Welt im Argen liegt (1 Jo 5, 19), und daß die Apostel sich nach dem Reiche Christi und der zukünftigen Welt der Gerechtigkeit gesehnt haben (AG 1, 6; 2 Tm 4, 8), das sind doch nicht Gedanken, an welchen ein Bibelleser oder Abschreiber des 2. Jahrhunderts so heftigen Anstoß nehmen konnte, daß er sie zu tilgen für notwendig hielt, wenn er sie in seinem Ev vorfand, ganz zu schweigen von dem unglaublichen allseitigen Erfolg, mit dem dies geschehen wäre. Die von Hieronymus aufbewahrte ursprüngliche Gestalt dieser Erzählung muß aus der Quelle selbst, aus welcher der Vf des Textes A dieses Stück seiner Kompilation geschöpft hat, geflossen und, wahrscheinlich zuerst als Glosse, dann als Textbestandteil in die griech. Ev-Hs., in welcher Hieronymus sie fand, übergegangen sein. Diese Quelle ist aber, wenn nicht Alles trügt, seit einigen Jahren wieder entdeckt worden (A 8). In einem armenischen Evangelienbuch vom J. 989, welches nach viel älteren Hss geschrieben sein will, ist hinter Mr 16, 8 ein Raum für zwei Zeilen frei gelassen, und hierauf erst folgt Mr 16, 9—20 mit der rot geschriebenen Überschrift „Aristons des Presbyters". Da die syrische wie die von ihr abhängige armenische Übersetzung von Eus. h. e. III, 39, 4 den Namen Ἀριστίων durch *Ariston* wiedergegeben hat, und da dieser Aristion einer der Presbyter, der Lehrer des Papias war, aus deren Munde Papias manche nicht kanonisch gewordene Aussprüche Jesu und sonstige ev Traditionen empfangen und in seinem Werk niedergelegt hat, so kann nicht wohl bezweifelt werden, daß jene Notiz auf diesen Aristion, den Papias als einen persönlichen Jünger Jesu bezeichnet (oben S. 217), sich bezieht. Die Notiz ist insofern irreführend, als sie den Aristion als Vf des ganzen Textes A zu bezeichnen scheint oder formell wirklich bezeichnet. Abgesehen davon, daß, wie gezeigt, der Text A aus Stücken ganz verschiedenartigen Stils zusammengesetzt ist, und daß wir aus den Fragmenten des Papias und dem sie einrahmenden Bericht des Eusebius nicht den Eindruck empfangen, daß Aristion sich mit literarischen Arbeiten und mit Kompilationen aus den kanonischen Evv befaßt habe, so würde auch völlig unerklärlich bleiben, wie die ursprüngliche Gestalt der Erzählung aus allen Hss von A verschwinden konnte, um im 4. Jahrhundert plötzlich in einer griech. Hs in der Hand des Hieronymus wieder aufzutauchen. Die Sache muß sich also vielmehr so verhalten, daß uns in dem Mittelstück von A, in Mr 16, 14—18 eine jener Diegesen und Paradosen des Jüngers Aristion vorliegt, welche Papias in sein Werk aufgenommen hat (Eus. h. e. III, 39, 7. 14). Dies wird in auffälligster Weise bestätigt durch eine, wenngleich von junger Hand herrührende Randglosse zu Rufins Übersetzung von Eus. h. e.

III, 39, 9, welche den Namen des Aristion zu der von Eusebius aus Papias excerpirten Erzählung anmerkt, daß Justus mit Beinamen Barsabas (AG 1, 23) einst ein tödliches Gift getrunken habe, aber durch die Gnade des Herrn vor jeder schlimmen Folge bewahrt geblieben sei. Das ist ein tatsächlicher Beleg zu der Verheißung Mr 16, 18. Das verheißende Wort Jesu und die bestätigende Erzählung sind unabhängig von einander von verschiedenen Kennern des papianischen Werks auf denselben Aristion zurückgeführt. Aus dem Werk des Papias also hat der Vf von A das mittlere Hauptstück dieses Anhangs geschöpft und hat es mit den aus Lc und Jo geschöpften Stoffen zu einem leidlichen Ganzen verbunden. Daß die Meldungen der Magdalena und der beiden Wanderer keinen Glauben fanden (v. 11. 13), bereitet die Rüge des Herrn (v. 14) vor, und dem Gebot wie der Verheißung des Auferstandenen (v. 15—18) entspricht die Skizze der apostolischen Missionsarbeit (v. 20). Daß der Vf den Satz, den wir erst durch Hieronymus kennen lernen, fortließ, bedarf keiner besonderen Erklärung, da er überhaupt nicht abzuschreiben, sondern zu excerpiren und zu kompiliren hatte, um dem Mrev zu einem schicklichen Schluß zu verhelfen. Jener Satz mochte ihm gerade wegen seiner jeden Freund des Altertümlichen anziehenden Originalität für seinen in großen Umrissen gehaltenen Epilog zu eigenartig und dunkel vorkommen. Auch die letzten Ausführungen bestätigen die Vermutung, daß dem Mrev in Kleinasien, wo dasselbe früh große Beachtung gefunden hat (oben S. 210 f.), noch vor der Mitte des 2. Jahrhunderts A angehängt worden ist; denn Kenntnis der mündlichen Erzählungen des Aristion und des papianischen Werks, worin solche aufgezeichnet waren, ist in so früher Zeit außerhalb Kleinasiens nicht vorauszusetzen.

Daß A nicht vom Vf des Buchs herrührt, bedarf hienach kaum noch eines weiteren Beweises. Die Verteidiger dieser Annahme haben die nachträgliche Beseitigung dieses angeblichen Schlußabschnitts daraus zu erklären gesucht, daß man an den Widersprüchen zwischen seinem Inhalt und den übrigen Evv Anstoß genommen habe. Allerdings haben die gelehrten Harmonisten von Eusebius an auch mit diesen Unterschieden sich befaßt (GK II, 913—918). Aber was wollen diese Unterschiede besagen im Vergleich mit denjenigen, welche an anderen Stellen der ev Geschichte zwischen den Evv bestehen! Man hat solche vom 2. Jahrhundert an durch mehr oder weniger künstliche Auslegung, durch kleine Zusätze und Streichungen im Texte zu mildern oder zu beseitigen gesucht; aber daß man aus solchen Gründen einen Abschnitt solchen Umfangs und vollends diesen Abschnitt, an welchem ein Irenäus, Epiphanius, Chrysostomus, Ambrosius und Augustinus keinen Anstoß genommen haben, weggeschnitten und dadurch das Mrev an einer jedem Leser und Abschreiber auffälligen Stelle geradezu verstümmelt haben sollte, ist ebenso unglaublich, als daß der, welcher das verübt hätte, damit auf Jahrhunderte in weiten Kreisen durchgedrungen wäre. Daß in A nicht Mr zu uns redet, beweisen schon zwei sprachliche Erscheinungen. Statt des in der apostolischen Christenheit allein üblichen (ἡ) μία (τῶν) σαββάτων

(Mr 16, 2; Mt 28, 1; Lc 24, 1; Jo 20, 1. 19; AG 20, 7; 1 Kr. 16, 2) findet sich im NT nur Mr 16, 9 das griechischer Ausdrucksweise mehr angepaßte $\pi\varrho\acute{\omega}\tau\eta$ $\sigma\alpha\beta\beta\acute{\alpha}\tau ov$ (Bd I, 12). Mr 16, 19. 20 wird, was im ganzen übrigen Buch sonst nicht, auch bei Mt˙ nicht und nur selten bei Lc und Jo vorkommt, Jesus in der Erzählung zweimal „der Herr" genannt. Daß die ganze Darstellungsweise, jedenfalls in 16, 9 — 13. 19—20, derjenigen des Mr nicht entspricht, wurde schon bemerkt (oben S. 229). Daß Mr nicht, wie der Vf von A offenbar getan hat, Stücke der Evv des Lc und des Jo excerpirt haben kann, wird die Untersuchung dieser Evv zeigen. Sie sind jünger als das Mrev. Mr konnte aber auch, auf den Inhalt von A gesehen, die 16, 1 begonnene Erzählung und damit sein Buch nicht so schließen. Nachdem er eben erst 16, 7 die schon 14, 28 mitgeteilte Verheißung Jesu durch den Engel hat wiederholen lassen, konnte er nicht unterlassen, zu berichten, daß und wie der auferstandene Jesus den Aposteln in Galiläa erschienen sei. Der hierauf gespannte Leser hört in A den Namen Galiläa gar nicht. Cf dagegen Mt 28, 16 im Verhältnis zu Mt 26, 32; 28, 7. Mr konnte auch nicht unterlassen zu erzählen, daß und wie die Weiber den Schrecken, der ihnen anfangs den Mund verschloß (16, 8), soweit überwunden haben, daß sie den Auftrag des Engels (16, 7) ausführten, was in bezug auf die 16, 1 zuerst genannte Magdalena nach 16, 10 und nach aller sonstigen Tradition doch nicht zu bezweifeln ist.

Steht demnach fest, daß A ebensowenig, wie B, wovon bis heute Niemand den Mut gehabt hat, dies zu behaupten, vom Vf des Buchs herrührt, sondern daß A und B spätere Zutaten sind, so folgt, daß C der ursprüngliche Text ist. Diese Folgerung ergibt sich schon nach dem textkritischen Kanon, daß, wo einem kürzeren, zumal einem gut bezeugten kürzeren Text zwei sich gegenseitig ausschließende längere Texte gegenüberstehen, deren Entstehung aus dem kürzeren Text begreiflich ist, der kürzere als ursprünglich zu gelten hat (A 9). Der Kanon ist auf den vorliegenden Fall durchaus anwendbar, denn e r s t e n s liegt auf der Hand, daß ein mit den Worten $\dot{\epsilon}\varphi o\beta o\tilde{v}\tau o$ $\gamma\acute{\alpha}\varrho$ abbrechender Text, also C, dazu reizen mußte, dem so offensichtlich unvollständigen Buch zu einem passenden Schluß zu verhelfen. Die Entstehung von A und B ist also unter Voraussetzung der Ursprünglichkeit von C völlig begreiflich. Z w e i t e n s hat C eine glänzende direkte und indirekte Bezeugung für sich (oben S. 228). D r i t t e n s ist die Entstehung von C aus A oder B gleich unbegreiflich. Die Annahme, daß ursprünglich hinter C noch ein vom Vf herrührender Schluß gestanden habe, welcher aus der Überlieferung völlig verschwunden sei (A 8), ist als mutwillig abzuweisen schon darum, weil sie, wie gezeigt, unnötig ist, um den Tatbestand zu erklären. Diese Hypothese, die man kurz durch C + X ausdrücken kann, ist aber auch in allen möglichen Formen unwahrscheinlich. Wie wechselvoll die nachweisbaren Schicksale des ntl Textes gewesen sind, so ist doch bisher noch niemals durch alte Citate nachgewiesen oder durch innere Gründe wirklich wahrscheinlich gemacht, daß ein einziger vollständiger Satz des ursprünglichen Textes völlig aus dem kirchlich überlieferten Text, d. h. aus sämtlichen Hss des Originals und der alten Übersetzungen verschwunden sei, ebensowenig wie das Umgekehrte, daß ein einziger Satz des durch alle vorhandenen Zeugen überlieferten kirchlichen Textes nicht ursprünglich dem Text angehört habe (A 9). Hier aber handelt es sich auch nicht um einen kurzen Satz, sondern was fehlt, was also abhanden gekommen sein müßte, wenn es ursprünglich vorhanden war, muß ein Erzählungsstück von einigem Umfang gewesen sein (s. oben S. 232); und es handelt sich nicht um ein Stück, dessen Verschwinden unbemerkt bleiben konnte, weil auch ohne dasselbe ein verständlicher Zusammenhang blieb, sondern um den Schlußabschnitt, welchen der Leser nach dem, was vorangeht, mit Spannung erwarten mußte, und dessen Verlust das Buch in auffälliger Weise verstümmelt hätte. Am allerundenkbarsten wäre, daß Einer jenen angeblich echten Schluß (X) absichtlich weggeschnitten habe, weil er ihm misfiel, und daß es einem so verstümmelten Exemplar gelungen wäre, die vollständigen Exemplare gänzlich zu verdrängen. Es müßte die Verstümmelung in der allerersten Zeit nach Entstehung des Buchs und vor jeder Verbreitung desselben, also auch am Ort seiner Entstehung und, wenn der Vf nicht gerade im Moment der Vollendung seines Werks gestorben ist, in dessen Umgebung erfolgt sein. Eine absichtliche Beseitigung des X wäre ein unsinniges und aussichtsloses Unternehmen gewesen, wenn der Kritiker, der das wagte, nicht sofort für einen passenden Ersatz sorgte, d. h. wenn nicht der Verstümmler des Mrev zugleich der Vf von A, des am weitesten verbreiteten unechten Schlusses war. Ist aber X durch den Vf oder Redaktor von A beseitigt worden, woher stammen dann alle die in weiten Kreisen bis über das 4. Jahrhundert hinaus verbreiteten Exemplare, welche weder das ursprüngliche Schlußkapitel (X) noch das angeblich absichtsvoll an dessen Stelle gesetzte Schlußkapitel (A) enthielten und noch enthalten, also die sämtlichen Zeugen für die Textgestalten B und C? Es wäre ja denkbar, daß eine Recension C + X in verschiedenen Kreisen Anstoß erregte, und daß die Recension A schon früher, als wir nachweisen können, Freunde gehabt hat, ehe sie allgemein in den kirchlichen Gebrauch eingeführt wurde; aber es ist absurd anzunehmen, daß ganze Kirchenprovinzen sich von dieser neuen Recension zwar das Negative, nämlich die Verstümmelung ihres ursprünglichen Mrev, aber nicht das Positive, nämlich das neue Schlußkapitel angeeignet haben sollten. Die Absurdität wird nicht gemindert durch die Annahme (A 8), daß die absichtsvolle Beseitigung von X und die Anhängung von 16, 9—20 zwar in denselben Kreisen und aus gleichartigen Motiven geschehen sei, daß aber zwischen den beiden Taten ein Zeitraum von 20 oder mehr Jahren liege, während dessen das nur erst verstümmelte, noch nicht wieder ergänzte Ev sich weit verbreitete. Es bleibt undenkbar, daß ein kritischer Leser des ursprünglichen vollständigen Buchs sich mit Herstellung eines häßlich verstümmelten Torso begnügt haben sollte, und daß die Besitzer des schon im 1. Jahrhundert in Rom wie in Kleinasien und gewiß noch an manchen anderen Orten verbreiteten vollständigen Buchs das verstümmelte Buch gegen dieses eintauschten. Es wird also wohl dabei bleiben, daß das Mrev von Anfang an nur in der unvollständigen Gestalt C (1, 1—16, 8) verbreitet worden ist; und es fragt sich um die Entstehung dieser Abnormität. Man hat an eine zufällige Verstümmelung der Urschrift des Vf gedacht, welche vor jeder Vervielfältigung stattgefunden haben müßte. Aber warum hätte der Vf, wenn er das erlebt hat, den Schaden nicht wieder gut gemacht, ehe er die Vervielfältigung seines Buchs gestattete d. h. das Buch herausgab? Wahrscheinlicher ist, daß der Tod oder ein anderer zwingender Umstand ihm die Feder aus der Hand genommen hat. Starb er vor Vollendung der Arbeit, so haben die Freunde, für welche sie zunächst bestimmt war, es für Pflicht gehalten, das hinterlassene Werk ohne jede eigene Zutat zu vervielfältigen und herauszugeben. Aber auch dann, wenn Mr selbst, wie die Überlieferung zu bezeugen scheint (oben S. 204), sein Buch herausgegeben hat, wäre der unfertige Zustand, in dem dasselbe erschienen ist, nur dann unbegreiflich, wenn dem Buch wenige Zeilen fehlten, die der Vf und Herausgeber jeder Zeit hätte hinzufügen können. Der geringe Umfang des Buchs im Vergleich zu allen anderen Geschichtsbüchern des NTs läßt aber vermuten, daß Mr noch Manches hinzuzufügen gedachte (A 10). Die Erscheinungen des Auferstandenen brauchen es nicht allein gewesen zu sein; er kann zur Ausführung des im Buchtitel ausgedrückten Gedankens auch noch manchen Stoff geeignet gefunden haben, welchen wir in der AG verarbeitet finden (cf z. B. 1 Pt 1, 12 mit AG 2, 1—14). Hat er vor dem Tode des Pt a. 64 sein Ev zu schreiben begonnen, dasselbe aber erst nach dem Tode des Pl (a. 67) herausgegeben, so könnte man Ereignisse genug nennen, welche dem geistlichen Sohn des Pt und dem jüngeren Freund des Pl in der Todesstadt beider Apostel die Feder aus der Hand reißen mußten und ihn auch in der nächsten Folgezeit nicht so bald zu der erwünschten Vollendung seines Buchs kommen ließen. Hat er dann doch den Bitten um Herausgabe desselben nachgegeben, so hat er damit nichts Unerhörtes oder Unvernünftiges getan. Sehr möglich ist auch, daß er in den Monaten oder Jahren, während welcher er und Andere auf eine Vollendung der unterbrochenen Arbeit hofften, das unfertige Buch Freunden zu lesen gegeben hat, und diese es abschrieben und vervielfältigten, ohne daß Mr es hindern konnte (A 11). Jedenfalls aber bürgt der unfertige Zustand seines Buchs dafür, daß es so, wie es aus der Feder des Vf geflossen ist, auch in der Kirche fortgepflanzt worden ist. Jeder Versuch einer Umarbeitung hätte vor allem auch darauf gerichtet sein müssen, dem Buch einen Abschluß zu geben. An dem ungleichmäßigen und langsamen Erfolg, welchen die späteren Versuche in dieser Richtung gehabt haben, erkennt man, wie schwierig es war, die Gestalt eines Buches, das einmal einen Leserkreis in den Gemeinden gefunden hatte, nachträglich zu verändern. Zu einem anderen Ergebnis führt auch nicht die Annahme, daß nicht das ursprüngliche Werk des Mr, sondern nur eine spätere Bearbeitung desselben das Unglück gehabt habe, durch Zufall oder Absicht um den Schluß zu kommen;

denn wie hätte die unfertig gebliebene Neubearbeitung das fertige und bereits vielen lieb gewordene Originalwerk vollständig verdrängen können!

1. Ob Mr 1, 1 hinter Ἰησοῦ Χριστοῦ noch υἱοῦ θεοῦ zu lesen sei, kann hier auf sich beruhen. Schon Iren. III, 10, 6; 11, 8; 16. 3 scheint 1, 1 als Subjekt zu dem in v. 2 enthaltenen Prädikat gefaßt zu haben, als ob dastünde ἡ ἀρχὴ τοῦ εὐ. Ἰ. Χρ. ἐγένετο κατὰ τὸ γεγραμμένον ἐν τῷ Ἡσαΐᾳ. Dagegen deutet Origenes (in Jo. tom. I, 14; VI, 14), ohne sich über die grammatische Konstruktion deutlich auszusprechen, die Stelle so, als ob v. 1 mit ἐγένετο v. 4 das Prädikat und Ἰωάννης das Subjekt wäre. Diese bei den Neueren beliebte Konstruktion haben ℵ* durch καὶ ἐγένετο und Copt durch ἐγένετο δέ v. 4 geradezu ausschließen wollen. Den Grundirrtum der noch immer vorherrschenden Auslegungen teilt auch Bengel im Gnomon unter gleichzeitiger Ablehnung einer anderen noch falscheren Auffassung: *Initium tamen appellat Marcus non libri sui, sed rei gestae.* Im übrigen muß hier auf die Kommentare verwiesen werden.

2. Daß die Bezeichnung des Buchschlusses dazu dient, ein schriftstellerisches Ganze gegen eine in demselben Codex folgende andere Schrift abzugrenzen, bezeugt schon Hieron. ep. 28, 4: *ut solemus nos completis opusculis ad distinctionem rei alterius sequentis medium interponere „explicit“ aut „feliciter“ aut aliquid istiusmodi.* Das Gleiche gilt selbstverständlich von dem entsprechenden *incipit*. Es mag Zufall sein, daß diese Formeln in lat. Evangelienbüchern (z. B. im Vercell. saec. IV, Veron. und Bobb. saec. V cf Bianchini, Ev. quadr. I, 262 ff. 474; Old-lat. bib. texts ed. Wordsworth II, 23) früher auftreten als in griechischen. Der älteste griech. Evtext, worin sich Solches findet, ist der des griech.-lat. Cantabrigiensis (saec. VI ed. Scrivener p. 95 ευαγγελιον κατα Ματθαιον ετελεσθη. αρχεται ευαγγελιον κατα Ιωαννην. p. 262 επληρώθη. ἄρχεται). Daß dafür auch τέλος und ἀρχή namentlich in älterer Zeit üblich gewesen, müßte erst nachgewiesen werden. Cf in bezug auf τέλος GK II, 933. — Unpassend ist die, ich weiß nicht, von wem zuerst, angestellte Vergleichung von Hosea 1, 2. Abgesehen davon, daß der hebr. Text wahrscheinlich zu übersetzen ist: „als Jahve anfing mit Hosea zu reden“; so bildet das ἀρχὴ λόγου κυρίου πρὸς Ὡσηέ der LXX nicht den Anfang oder den Titel des Buchs, sondern folgt erst auf diesen (Hos 1, 1) und bezieht sich nur auf das nächstfolgende Stück des Buchs, etwa auf c. 1—2, oder auch nur auf den Spruch Hos 1, 2 selbst.

3. In den johanneischen Schriften finden wir εὐαγγέλιον und εὐαγγελίζεσθαι, abgesehen von Ap 10, 7; 14, 6, wo es nicht auf das gewöhnlich so genannte Ev bezogen ist, gar nicht, sondern nur einen Anklang daran in ἀγγελία 1 Jo 1, 5; 3, 11. Auch Lc, welcher am deutlichsten die Herkunft des Begriffs aus Jes 61, 1 erkennen läßt (Lc 4, 18 cf 7, 22; Mt 11, 5) und das Verbum ziemlich häufig sowohl Jesu in den Mund legt (4, 43; 7, 22; 16, 16), als von seiner Jünger Predigt (8, 1; 9, 6; 20, 1; AG 5, 42; 8, 35; 10, 36 etc), aber auch von anderen damit zusammenhängenden Verkündigungen (1, 19; 2, 10; 3, 18) gebraucht, hat das Subst. im Ev nicht, und auch in der AG nur im Munde des Pt (15, 7 cf Mr 1, 15) und im Munde des Pl mit einer für dessen Lehrweise charakteristischen Bestimmtheit (20, 24 cf 32). Mt gebraucht 4 mal εὐαγγέλιον, 2 mal in Worten Jesu (24, 14; 26, 13), 2 mal in bezug auf Jesus (4, 23; 9, 35) und zwar 3 mal mit dem ihm eigentümlichen Zusatz τῆς βασιλείας (denn Mr 1, 14 ist τοῦ θεοῦ statt τῆς βασιλείας sicher). Dagegen hat Mr in seinem viel kürzeren Ev das Wort 7 mal, unter den Evangelisten nur er in der dem Pl geläufigen Verbindung mit Ἰησοῦ Χριστοῦ (1, 1) oder τοῦ θεοῦ (1, 14), und unter den 5 Stellen, wo er das Wort ohne Beisatz Jesu in den Mund legt (1, 15; 8, 35. 10, 29; 13, 10; 14, 9), finden sich zwei, wo die Vergleichung mit anderweitigen Parallelen (Mr 8, 35 = Mt 10, 39; Mr 10, 29 = Mt 19, 29; Lc 18, 29) beweist, daß dies eine dem Mr eigentümliche Redeweise ist.

4. In der Erzählung finden wir bei Mr eine Menge, bei Mt, zum großen Teil aber auch bei Lc fehlender kleiner Züge, die zum Verständnis nicht unentbehrlich sind, aber die Situation schärfer zeichnen oder die Handlung malerischer darstellen: 1, 19 ($\delta\lambda\ell\gamma o\nu$). 20 (die Lohnarbeiter). 29 (umständliche Bezeichnung des Hauses und der Begleitung Jesu). 33 (die ganze Stadt belagert die Haustüre). 36; 2, 1^b—2. 16 ($\ell\delta\delta\nu\tau\epsilon\varsigma$ $\delta\tau\iota$ $\check\eta\sigma\vartheta\iota\epsilon\nu$). 18 (es war gerade ein Fasttag); 3, 9 f. 20 f. 34 (sich im Kreise· umschauend und die um ihn her sitzende Volksmenge anschauend cf v. 32); 4, 36. 38 ($\ell\nu$ $\tau\tilde\eta$ $\pi\varrho\acute\nu\mu\nu\eta$ $\ell\pi\ell$ $\tau\grave{o}$ $\pi\varrho o\sigma\varkappa\epsilon\varphi\acute\alpha\lambda\alpha\iota o\nu$); 5, 3—6. 13 (die Zahl der Schweine). 15 f. 26. 29—33. 40 (die Begleitung Jesu). 41 (der Wortlaut des Weckrufs). 42 (das Alter des Mädchens); 6, 13 (Ölsalbung). 20 f. 37 (Preis des Brodes). 38. 39 (das grüne Gras). 40; 7, 26; 8, 3^b. 14 (das eine Brod). 27 ($\ell\nu$ $\tau\tilde\eta$ $\delta\delta\tilde\omega$, so noch oft 9, 33; 10, 17. 32. 52); 9, 3. 14—16 (s. § 53). 17 f. 21—26. 28 ($\epsilon\ell\varsigma$ $o\tilde\iota\varkappa o\nu$). 33 ($\ell\nu$ $\tau\tilde\eta$ $o\ell\varkappa\ell\alpha$). 34. 35 ($\varkappa\alpha\vartheta\ell\sigma\alpha\varsigma$). 36 ($\ell\nu\alpha\gamma\varkappa\alpha\lambda\iota\sigma\acute\alpha\mu\epsilon\nu o\varsigma$, ebenso 10, 16); 10, 10. 32^a. 46. 49—51; 11, 4. 13 (zuerst was Jesus von ferne sieht, dann was er an Ort und Stelle bemerkt); 14, 7^b. 30 ($\delta\ell\varsigma$, $\tau\varrho\ell\varsigma$ cf 14, 72). 44 ($\varkappa\alpha\ell$ $\dot\alpha\pi\acute\alpha\gamma\epsilon\tau\epsilon$ $\dot\alpha\sigma\varphi\alpha$-$\lambda\tilde\omega\varsigma$). 51 f. 54 ($\check\epsilon\sigma\omega$ $\pi\varrho\grave{o}\varsigma$ $\tau\grave{o}$ $\varphi\tilde\omega\varsigma$); 15, 21. 24 ($\tau\ell\varsigma$ $\tau\ell$ $\check\alpha\varrho\eta$). 29 ($o\grave\nu\acute\alpha$). 44. Häufig wird bemerkt, daß Jesus sich im Kreise umschaut, Gegenstände betrachtet, Personen anschaut, nicht selten mit Angabe des Affekts: 3, 5. 34; 5, 30. 32; 10, 21. 23. 27; 11, 11. Auch der Affekt und Ton, in welchem Jesus redet und handelt, wird zuweilen nur von Mr angegeben: 1, 41; 3, 5; 10, 14. Unbefangen wird erzählt, daß Jesus etwas überhört, nach etwas fragt, was er nicht weiß, und etwas sucht, was nicht zu finden ist: 5, 30—32. 36; 6, 38; 11, 13 cf 13, 32, und daß die Verwandten und die Jünger respektlos oder im Ton des Vorwurfs von oder zu Jesus reden: 3, 21; 4. 38; 5, 31 (5, 40); 8, 32. Mr liebt es, die Zeit genau anzugeben, manchmal durch einen Zusatz zu dem unbestimmteren Ausdruck, welcher in der sonstigen Überlieferung vorliegt: 1, 32. 35; 16, 2 cf 1, 21; 2, 1; 4, 35; 6, 2. 35. 47. 48; 8, 2; 9, 2; 11, 11. 19. 20; 14, 12. 17; 15, 1. 25 (Stunde der Kreuzigung nur Mr). 33. 34. Er liebt den starken Ausdruck: $\ell\xi\acute\epsilon\sigma\tau\eta\sigma\alpha\nu$ $\epsilon\grave\vartheta\grave\nu\varsigma$ $\ell\varkappa\sigma\tau\acute\alpha\sigma\epsilon\iota$ $\mu\epsilon\gamma\acute\alpha\lambda\eta$ 5, 42; $\lambda\ell\alpha\nu$ $\ell\varkappa$ $\pi\epsilon\varrho\iota\sigma\sigma o\tilde\nu$ $\ell\nu$ $\ell\alpha\nu\tau o\tilde\iota\varsigma$ $\ell\xi\ell\sigma\tau\alpha\nu\tau o$ 6, 51 cf 7, 37; 10, 26; $\pi o\lambda\lambda o\ell$ $\pi\lambda o\acute\nu\sigma\iota o\iota$ $\pi o\lambda\lambda\grave\alpha$ — $\mu\ell\alpha$ $\chi\acute\eta\varrho\alpha$ $\lambda\epsilon\pi\tau\grave\alpha$ $\delta\acute\nu o$ 12, 41 f. (cf dagegen Lc 21, 1 f.). Das rein adverbielle $\pi o\lambda\lambda\acute\alpha$ 1, 45; 3, 12; 4, 2; 5, 10. 23. 38. 43; 6, 20. 34; 9. 26 hat nur er unter den Evangelisten; auch 7, 8. 13 gehört wohl dahin, während 5, 26; 8, 31; 9, 12; 15, 3 mit Mt 16, 21; 27, 19; Lc 9, 22; 22, 65 auf gleicher Linie stehen. Die Vergleichung mit den Parallelen zeigt, daß $\mu\acute o\nu o\nu\varsigma$ 9, 2; $\pi\acute\alpha\nu\tau\omega\nu$ 10, 44; $\check o\nu\tau\omega\varsigma$ 11, 32; $\pi o\lambda\acute\nu$ 12, 27 Verschärfungen eines Anderen genügenden einfacheren Ausdrucks sind. Ihm genügt nicht $\pi\acute\alpha\nu\tau\alpha$ $\check o\sigma\alpha$ $\epsilon\tilde\iota\chi\epsilon\nu$, er setzt $\check o\lambda o\nu$ $\tau\grave o\nu$ $\beta\ell o\nu$ $\alpha\grave\nu\tau\tilde\eta\varsigma$ hinzu 12, 44. Das übermäßig oft sich wiederholende $\varkappa\alpha\ell$ $\epsilon\grave\vartheta\acute\nu\varsigma$ (vielfach von den Schreibern in $\epsilon\grave\vartheta\acute\epsilon\omega\varsigma$ verbessert) und das gleichfalls sehr häufige $\pi\acute\alpha\lambda\iota\nu$ und $\varkappa\alpha\ell$ $\pi\acute\alpha\lambda\iota\nu$ ermüdet vielleicht den auf den Stil achtenden Leser, bezeugt aber andrerseits die Lebhaftigkeit des Erzählers. Einiges Richtige hierüber bei Mandel, Kephas der Evangelist S. 2—6. Mr scheint wie andere Erzähler aus dem Volk die Wiederholung des gleichen umständlichen Ausdrucks statt einer gleichbedeutenden Abkürzung innerhalb der Einzelerzählung eher zu lieben als zu meiden: 3, 1 und 3; 3, 31 und 32; 5, 9 und·15; 5, 30 und 31; 6, 14 und 16; 10, 47 und 48; 14, 13 und 72; 15, 37 und 39 ($\ell\xi\acute\epsilon\pi\nu\epsilon\nu\sigma\epsilon\nu$); 14, 28 und 16, 7. Auch innerhalb der Reden und Gespräche liebt er den Refrain und die Rekapitulation: 7, 8 (auch nach dem kürzeren Text) und 13; 7, 15 und 18—20; 10, 23 und 24; 12, 24 und 27 ($\pi\lambda\alpha\nu\tilde\alpha\sigma\vartheta\epsilon$); 12, 29—31 und 32—33. Es sind daher 9, 44. 46 nicht der Tautologie wegen aus dem Text zu verweisen. Die direkte Redeform wendet er an, auch wo unausgesprochene Gedanken (5, 28; 9, 10) oder wo Reden mehrerer Personen oder zu verschiedenen Zeiten gesprochene Worte wiedergegeben werden: 1, 37; 3, 11; 6, 14. 16, und auch da, wo andere Erzähler gar nicht nötig finden, die Worte überhaupt mitzuteilen: 6, 24; 10, 49. Mr scheut nicht die Ellipse: 3, 30 (so sprach er mit Rücksicht darauf) „daß sie sagten"; 9, 11 (wie verhält es sich

damit) „daß die Pharisäer sagen"? 9, 23 (wie magst du sagen) „wenn du kannst"? 9, 28 „daß wir ihn nicht austreiben konnten" (wie ist das zu erklären)? 14, 49 „aber (so mußte es kommen), damit die Schriften erfüllt würden". Der Eindruck der Naturwahrheit wird auch durch die häufige Beibehaltung des aramäischen Wortlauts gesteigert s. § 53.

5. Die ausführlichsten und gelehrtesten Verteidigungen der Echtheit von Mr 16, 9—20 lieferten B u r g o n, The last twelve verses of the gospel according to S. Marc. 1871; M a r t i n, Introduction à la critique textuelle du NT. Partie pratique, tome II, 1884. Unter den Bestreitungen der Echtheit seien hervorgehoben die im textkritischen Apparat von T i s c h e n d o r f, die von W e s t c o t t - H o r t, NT appendix 28—51; ferner die Untersuchung von K l o s t e r m a n n 1. 1. 298—309 und meine GK II, 910—938. In bezug auf die Bezeugung des mit 16, 8 schließenden Textes wäre noch nachzutragen, daß das um 150 entstandene Petrusev wahrscheinlich zu den Zeugen des mit 16, 8 abbrechenden Textes gehört cf meine Schrift über dasselbe (1893) S. 53. Die Abhängigkeit dieses Ev von Mr überhaupt und besonders auch in der Geschichte des Ostermorgens ist unleugbar. Ein $\tilde{\eta}\nu$, welches im Munde des Erzählers Mr 16, 4 allein richtig ist, wird im Ev Petri 12, 54 sinnlos den Weibern in den Mund gelegt; aus Mr 16, 5 entnimmt das Ptev 13, 55 den $\nu\varepsilon\alpha\nu\dot{\iota}\sigma\varkappa o\nu \ldots \pi\varepsilon\varrho\iota\beta\varepsilon\beta\lambda\eta\mu\acute{\varepsilon}\nu o\nu \ \sigma\tau o\lambda\acute{\eta}\nu \ \varkappa\tau\lambda.$, während es selbst 11, 44 denselben Engel $\ddot{\alpha}\nu\vartheta\varrho\omega\pi\acute{o}\varsigma \ \tau\iota\varsigma$ genannt hatte; aus Mr 16, 8 $\varphi o\beta\eta\vartheta\varepsilon\tilde{\iota}\sigma\alpha\iota \ \ddot{\varepsilon}\varphi\upsilon\gamma o\nu$. Damit aber schließt das Ptev die Erzählung vom Ostertag. Es wäre dieses Zusammentreffen mit dem ursprünglichen Schluß des Mrev doch ein sehr sonderbarer Zufall, wenn dem Pt auch 16, 9—20 vorgelegen hätte. Lods, L'év. de St. Pierre p. 64 vergleicht Ptev 7, 27 $\pi\varepsilon\nu\vartheta o\tilde{\upsilon}\nu\tau\varepsilon\varsigma \ \varkappa\alpha\dot{\iota} \ \varkappa\lambda\alpha\acute{\iota}o\nu\tau\varepsilon\varsigma$, Conybeare, Expositor 1895 Dec. p. 413 Ptev 14, 59 $\dot{\varepsilon}\varkappa\lambda\alpha\acute{\iota}o\mu\varepsilon\nu \ \varkappa\alpha\dot{\iota} \ \dot{\varepsilon}\lambda\upsilon\pi o\acute{\upsilon}\mu\varepsilon\vartheta\alpha$ mit Mr 16, 10: $\pi\varepsilon\nu\vartheta o\tilde{\upsilon}\sigma\iota\nu \ \varkappa\alpha\dot{\iota} \ \varkappa\lambda\alpha\acute{\iota}o\upsilon\sigma\iota\nu$. Aber die erste Stelle gehört einem anderen Geschichtszusammenhang an, die zweite ist nicht sonderlich ähnlich. Die Verbindung $\pi\varepsilon\nu\vartheta\varepsilon\tilde{\iota}\nu \ \varkappa\alpha\dot{\iota} \ \varkappa\lambda\alpha\acute{\iota}\varepsilon\iota\nu$ ist sehr gewöhnlich Jk 4, 9; Lc 6, 25; Ap 18, 11. 15. 19, und dazu Jo 16, 20, eine Weissagung, der es nicht an buchstäblicher Erfüllung fehlen sollte. Einer Vermutung von Harnack (Bruchst. des Ev und der Ap des Pt, 2. Aufl. S. 33) nachgehend, hat Rohrbach (Der Schluß des Mrev S. 27—33) zu beweisen versucht, daß das Ptev seinen Schlußteil aus dem verlorenen ursprünglichen Schluß des Mrev geschöpft habe. Aber gesetzt, es habe einen solchen gegeben, wie will man beweisen, was darin gestanden hat! Wir müssen wohl annehmen, daß Mr, wenn er sein Werk vollendet hätte, von einer Erscheinung des Auferstandenen in Galiläa erzählt haben würde, wie wahrscheinlich auch das Ptev 14, wo jedoch der Name Galiläa nicht vorkommt und ein Bericht von einer Erscheinung Christi nicht erhalten ist. Aber von einer Erscheinung in Galiläa erzählen auch Mt 28, 16—20 und Jo 21, und der Anschluß des Ptev an letzteres Kapitel ist offenbar. Daß dort Levi der Sohn des Alphäus genannt ist, beweist nur, daß der Vf das Mrev gekannt und hier wie an anderen Stellen ausgebeutet hat cf Mr 2, 14. — In bezug auf die Zeugen für Mr 16, 9—20 ist noch zu bemerken, daß die Verarbeitung der Perikope seitens Tatians (Forsch I, 218f. GK II, 554) noch weitere Bestätigung gefunden hat cf Neue kirchl. Ztschr. V, 106. Dagegen darf man nicht mit Harnack (Texte und Unters. XIII, 4, 51) Novat. trin. 8 anführen, wozu Gallandi Bibl. III², 292 unpassenderweise Mr 16, 15 citirt hatte, oder die von Harnack (l. l. XIII, 1) dem Papst Sixtus II. und dem J. 257/258 zugewiesene Schrift ad Novat. (Cypr. ed. Hartel app. p. 56); denn *evangelizate gentibus* in ungenauer Anführung von Mt 28, 19 stimmt auch mit Mr 16, 15 (*praedicate evangelium omni creaturae*) nicht genau. — Conybeare l. l. p. 402 weist nach, daß der Armenier Eznik in seinem Werk gegen die Häresien (ed. Venet. p. 89) Mr 16, 17—18 wörtlich nach der gewöhnlichen armenischen Übersetzung citire, ohne die Worte jedoch ausdrücklich dem Mr zuzuschreiben. Conybeare schließt hauptsächlich hieraus, daß Mr 16, 9—20 der armenischen

Übersetzung der Evv von jeher angehört habe, später aber beseitigt wurde, weil der Anhang den Armeniern von Anfang an als eine Arbeit des Presbyters Ariston (s. A 8) bekannt geworden sei und daher bei strengeren Grundsätzen über den Kanon nicht auf die Dauer als Bestandteil des Mrev habe geduldet werden sollen. Übrigens kann die Geschichte der armenischen Übersetzung dieser Perikope, über welche Martin 1. 1. 325 ff. anders berichtet und urteilt als Conybeare p. 403 f. 417 f., hier nicht weiter verfolgt werden. S. noch A 8.

6. In cod. Ψ (saec. VIII vel IX, Gregory proll. 445) und cod. L (saec. VIII, ed. Tischend. in Monum. sacra ined., 1846 p. 206) lautet der Text des kürzeren Anhangs: Πάντα δὲ τὰ παρηγγελμένα τοῖς περὶ τὸν Πέτρον συντόμως ἐξήγγειλαν· μετὰ δὲ ταῦτα καὶ αὐτὸς (ὁ + L) Ἰησοῦς (ἐφάνη + Ψ) ἀπὸ ἀνατολῆς καὶ μέχρι (ἄχρι L) δύσεως ἐξαπέστειλεν δι᾽ αὐτῶν τὸ ἱερὸν καὶ ἄφθαρτον κήρυγμα τῆς αἰωνίου σωτηρίας. In Ψ schließt sich dieses Stück, nur durch ein den Schluß einer kirchlichen Lektion anzeigendes τέλος getrennt, an 16, 8 und wird durch ein ἀμήν abgeschlossen. Hierauf folgt ἔστιν καὶ ταῦτα φερόμενα μετὰ τὸ „ἐφοβοῦντο γάρ“. ἀναστὰς δὲ κτλ. = 16, 9—20. Hierauf erst die Unterschrift εὐαγγέλιον κατὰ Μᾶρκον. In L ist schon der kürzere Anhang durch φέρεταί που καὶ ταῦτα vom Ev abgetrennt, sodann der längere Anhang vom kürzeren durch dieselben Worte wie in Ψ (nur δὲ καί). Darauf erst ἀμήν. εὐ. κ. M. — In dem lat. cod. k (Bobbiensis saec. V, Old-lat. bibl. texts II, 23) lautet der Text mit Einschluß von 16, 8: *Illae autem cum exirent a monumento, fugerunt. Tenebat enim illas tremor et pavor propter timorem. Omnia autem quaecumque praecepta erant et qui cum puero* (1. eis qui cum Petro) *erant, breviter exposuerunt. Posthaec et ipse Jesus adparuit et ab oriente usque usque* (sic) *in orientem* (1. occidentem) *misit per illos sanctam et incorruptam praedicationis* (1. — nem) *salutis aeternae. amen.* Weniger Wichtiges s. GK II, 920 ff.

7. Hieron. c. Pelag. II, 15 (Vallarsi II, 758 cf GK II, 919. 935): *In quibusdam exemplaribus et maxime in graecis codicibus juxta Marcum in fine ejus evangelii scribitur:* „*Postea quum accubuissent undecim, apparuit eis Jesus et exprobravit incredulitatem et duritiam cordis eorum, quia his, qui viderant eum resurgentem, non crediderunt. Et illi satisfaciebant dicentes: Saeculum istud iniquitatis et incredulitatis sub satana* (al. substantia) *est, quae* (1. qui) *non sinit per immundos spiritus veram dei apprehendi virtutem; idcirco jam nunc revela justitiam tuam.* .

8. Über das Ev von Etschmiadzin in künstlerischer Beziehung cf Strzygowski, Byzantinische Denkmäler I, Wien 1891. Die darin enthaltene Angabe „von Ariston dem Presbyter“ veröffentlichte und erörterte zuerst Conybeare im Expositor 1893 Oct. p. 241—254, nochmals 1895 Dec. p. 401—421. Cf meine Besprechung, Th. Ltrtrbl. 1893 Nr. 51. Resch, Außerkanon. Paralleltexte zu den Evv II, 450—456 wollte daraufhin den Ariston von Pella um 135 nicht nur als Vf des Mrschlusses, sondern auch als Redaktor des Evangelienkanons wahrscheinlich machen. Rohrbach (s. oben A 5), welcher die Herausgabe und Weiterverbreitung eines unvollendet gebliebenen Buchs für einen „Nonsens“ erklärt (S. 26) und daher die ehemalige Existenz eines ursprünglichen und echten Schlusses als eine ausgemachte Sache behandelt, läßt das Mrev unversehrt nach Kleinasien kommen, und ebenso an die doch wahrscheinlich anderswo zu suchende Geburtsstätte des Ptev (oben S. 237). Über dieses unversehrte Buch (C+X) sprach der Presbyter Johannes mit seinen Schülern (Eus. h. e. III, 39, 15). Einer dieser Schüler, Papias, schrieb einige Jahrzehnte später über ein Mrev, welches inzwischen seines Schlußkapitels (X) beraubt worden und mit einem unechten Anhang (A) versehen worden war, und zwar schrieb er darüber in der guten Meinung, dasselbe Buch in der Hand zu haben, über das er in jungen Jahren seinen Lehrer hatte urteilen hören. Papias hat also nichts davon bemerkt, daß inzwischen im Kreise seiner Mitschüler die Unzufriedenheit mit X zu dessen Beseitigung geführt hatte, daß das so verstümmelte Buch sich weit

über Kleinasien hinaus verbreitet hatte z. B. an die Orte, wo das Mtev und das Lcev entstand, und daß etwa um 110—120 wiederum in Kleinasien der unechte Schluß (A) angehängt worden, zugleich aber X in Jo 21 verarbeitet worden war. Und wir sollen uns nicht mehr darüber verwundern, daß um 130 der echte Mr (C+X) überall, wo er einst vorhanden war, in Rom, wo er selbst entstanden, in Syrien, wo wahrscheinlich das Ptev geschrieben ward, in Palästina, wo das Mtev entstand, ferner an dem unbekannten Entstehungsort des Lcev und in Kleinasien selbst, wo man sich mit dem X soviel zu schaffen gemacht hat, spurlos verschwunden war, und teils der Recension C, welche auch B voraussetzt, teils der Recension A Platz gemacht hatte. Der unechte Anhang (A) soll das Schlußstück eines von dem Presbyter Aristion herrührenden Kerygmas d. h. zu deutsch einer von diesem aufgezeichneten Predigt über das gesamte Leben Jesu von der Geburt bis zur Himmelfahrt sein. Wenn die Randglosse der oxforder Rufinushandschrift zu Eus. h. e. III, 39, 9 von junger Hand herrührt (Expositor 1895 Dec. p. 415), so muß sie doch auf einer älteren Angabe beruhen, die nur von einem Kenner des papianischen Werks herrühren kann. Die Behauptung Rohrbachs (S. 17), daß jeder Leser von Eus. III, 39 den Namen Aristion zu § 9 habe an den Rand setzen können, ist mehr kühn als einleuchtend. Wenn ein Solcher Vermutungen über die Herkunft der Erzählung von dem unschädlichen Gifttrunk des Justus Barsabas anstellte, konnte er nur an die eben dort erwähnten Töchter des Philippus oder an Philippus selbst als die Gewährsleute denken. Die Erwähnungen Aristions in § 7 und 14 liegen weit ab, und an der einzigen Stelle, wo Eusebius etwas Bestimmteres von seinen Mitteilungen sagt, sind es nicht Geschichten, die er erzählt, sondern Worte Jesu, die er überliefert hat (§ 14). Eine solche διήγησις λόγων τοῦ κυρίου ist Mr 16, 14—18, nicht aber 16, 9—13. 19—20. Was für die ursprüngliche Einheit des ganzen A geltend gemacht wird, nämlich die Vorbereitung des Hauptstücks v. 14—18 durch das ἠπίστησαν v. 11 und das οὐδὲ ἐκείνοις ἐπίστευσαν v. 13, beweist nur, daß der Vf von A mit einiger Überlegung verfahren ist. Diese hat ihn auch veranlaßt, durch dieselben Worte, welche sich als eine passende Einleitung zu v. 14 darstellen, über die von ihm in v. 9—11 excerpirte Erzählung Jo 20, 1—18 hinauszugehen, wo vom Unglauben der Jünger gegenüber der Botschaft der Magdalena nichts gesagt ist, und sich mit der gleichfalls von ihm excerpirten Erzählung Lc 24, 13—35, besonders mit deren Schluß in Widerspruch zu setzen. Daß diese Umgestaltung der Vorlagen an Jo 20, 8; Lc 24, 11. 22—24; Mt 28, 17 Anhaltspunkte fand, liegt auf der Hand. Daß aber in v. 9—13 eine excerpirende Kompilation vorliegt, wird unwiderleglich durch die in den Zusammenhang nicht passende Angabe aus Lc 8, 2 bewiesen. Gegenüber dem Urteil von Westcott-Hort NT append. p. 51, daß die Anfangsworte ἀναστὰς δὲ πρωΐ ohne Ἰησοῦς auf Entlehnung des Ganzen aus einem anderen Zusammenhang hinweisen, ist zu bemerken, daß die Fortlassung des Namens durch diese Hypothese nicht wesentlich begreiflicher wird. In analogen Fällen wie Jo 7, 53; Lc 21, 38 haben die Interpolatoren dem fremden Stoff zu Anfang einen selbstgeschaffenen Satz vorgesetzt, wodurch der Anschluß ermöglicht wurde. In unserem Fall hat der Kompilator sich an den Stil des Mr angeschlossen. Nachdem der Eigenname 16, 6 genannt war, folgen zur Bezeichnung Jesu αὐτόν, αὐτοῦ und wieder αὐτόν, dazwischen ein προάγει ohne Nomen oder Pronomen. Man könnte ebensogut 16, 14 wie 16, 9 ein Ἰησοῦς oder einen Ersatz dafür verlangen; aber erst 16, 19 tritt das moderne ὁ κύριος ein (oben S. 232). Mr selbst ist sehr sparsam im Gebrauch des Namens Jesus und seiner Aequivalente. Man vermißt ihn 1, 21b hinter 21a, und 1, 30—2, 4 hinter 1, 29 und in dem ganzen Abschnitt 3, 7—5, 21 bei allem Wechsel der redenden und handelnden Subjekte.

9. Beispiele für den textkritischen Kanon S. 232 sind: Jo 6, 47 πιστεύων, Zusätze εἰς ἐμέ und εἰς θεόν (Sc Ss); Jo 7, 39 πνεῦμα, Zusätze ἅγιον und δεδομένον, beide Zu-

sätze sogar schon in B; Jk 5, 7 πρόϊμον, Zusätze ὑετόν und καρπόν. — Ohne Frage sind viele Lesarten, welche im 2. und 3. Jahrhundert eine beträchtliche Verbreitung gefunden hatten, darunter auch solche von erheblicherer Bedeutung und größerem Umfang, vom 4. Jahrhundert an immer mehr verdrängt worden und aus der jüngeren Überlieferung zum Teil gänzlich verschwunden, und ebenso sind Interpolationen herrschend geworden, welche das 2. Jahrhundert noch nicht kannte. Aber wir sind auch noch stets in der Lage, unser Urteil, wie immer es in zweifelhaften Fällen lauten mag, auf vorhandene Urkunden zu stützen, z. B. in bezug auf Jo 4, 9b; 5, 3b. 4; 7, 53—8, 11. Cf Bd I, 378. 484 über Phl 1, 3; 1 Tm 3, 1. Wer Lc 3, 22 „ich habe dich heute gezeugt“ für ursprünglich hält, hat nicht zu klagen, daß das Echte aus der Überlieferung nach 300 verschwunden sei. Von eigentümlichen Lesarten, welche Marcion nicht erfunden, sondern vorgefunden hat, wie zu Lc 11, 2f.; Gl 4, 26 (GK II, 471. 502. 1015; Th. Ltrtbl. 1893 Sp. 465; Harris, Four lectures on the western text p. 96; Makar. hom. 6, 7 ed. Pritius p. 98), sind allerdings nur spärliche Spuren in den folgenden Jahrhunderten nachzuweisen, aber eben doch mannigfaltige Spuren, und an ihre Echtheit ist auch aus inneren Gründen nicht zu glauben. Nicht hieher gehörig sind die abweichenden Lesarten des cod. D und seiner Verwandten in der AG; denn sie gehören einer umfassenden Textrecension an, welcher eine andere gegenübersteht, die gleichfalls ursprünglich ist s. § 59.

10. Der Umfang der ntl Geschichtsbücher, nach antiken Stichen berechnet (GK I, 76; II, 395), beträgt: Mt 2480, Mr 1543, Lc 2714, Jo 1950, AG 2610 Stichen. Mr steht also hinter dem sonst kleinsten Jo um 407 St. zurück, was etwa dem Umfang der beiden Pt (403) oder der beiden Tm (420) entspricht, hinter Lc um 1171 St., was den Umfang des Rm (979) beträchtlich übersteigt.

11. Tertullian erzählt c. Marc. I, 1, daß die Originalschrift der zweiten Auflage seines Antimarcion von einem Freunde, der später von der Kirche abfiel, ihm abgeliehen, fehlerhaft abgeschrieben und veröffentlicht worden sei (exhibuit frequentiae). Der nachträgliche Abfall tut nichts zur Sache. Vorzeitige, dem Vf nicht erwünschte Veröffentlichung war nichts Seltenes (Cicero ad Attic. XIII, 21, 4). Vor allem aber muß man sich gegenwärtig halten, daß im Altertum der eigentlichen Editio durch die Buchhändler, welche für die Christen der ältesten Zeit kaum in Betracht kam, vielfach vorläufige Mitteilungen an Freunde teils zur Prüfung und Korrektur, teils als Geschenk oder zur Befriedigung der Neugier voranging cf Haenny, Schriftsteller u. Buchhändler in Rom, 1884 S. 9ff. 17ff.

§ 53. Vergleichung des Marcusevangeliums mit der Überlieferung.

Die Überlieferung sagt, daß der AG 12, 12. 25; 13, 5. 13; 15, 37—39: Kl 4, 10; Phlm 24; 2 Tm 4, 11 genannte Mr das Buch in Rom geschrieben habe, nachdem er etwa 20 Jahre lang im Dienst der Mission außerhalb Palästinas tätig gewesen war (§ 51). Sein ursprünglicher Name Johannes, sowie der Name seiner Mutter Maria und der seines Vetters Joseph mit dem aramäischen Beinamen Barnabas machen es überwiegend wahrscheinlich, daß die in Jerusalem ansässige Familie nicht zu den dortigen Hellenisten, sondern zu den Hebräern gehörte (AG 6, 1), wenn gleich die Herkunft des Barnabas aus Cypern (AG 4, 36) auf Beziehungen der Familie zur Diaspora in vorwiegend griechischem Sprachgebiet hinweist. Dem entspricht es, daß Mr mit sichtlicher Vorliebe den aramäischen Wortlaut der Rede Jesu und auch anderer Personen in griechischer Schrift wiedergibt, obwohl er solche Worte durchweg für seine Leser daneben noch ins Griechische übersetzen muß. Die Vergleichung mit den ausführlicheren Evv des Mt und Lc, von welchen das erste nach der Überlieferung zwar von einem Juden aramäisch geschrieben, aber uns nur in einer Übersetzung erhalten ist, das zweite aber einen Griechen zum Vf hat, verstärkt den Eindruck dieser Beobachtung (A 1). Dazu kommt, daß der griechische Ausdruck in einem Grade, wie der keines anderen Ev und kaum einer anderen Schrift des NTs, hebraï-sirende Färbung zeigt. Wenn Mr an groben, sei es absichtlichen oder unwill-kürlichen Verstößen gegen die Grammatik weniger aufzeigt, als die Ap, so übertrifft er diese doch an echten Semitismen (A 2). Mr zeigt sich nicht nur mit den Örtlichkeiten und Sitten des hl. Landes vertraut, sondern zeigt sich auch beflissen, die Leser, denen solche Kenntnis abgeht, mit denselben bekannt zu machen. Er malt wie kein anderer die gellende Totenklage (5, 38, wobei wohl auch an Instrumente zu denken ist cf 1 Kr 13, 1). Er weiß, daß das Fasten bei den Juden nicht mehr bloß eine freigewählte Betätigung religiösen Ernstes ist, sondern daß es bestimmte Fasttage gibt, welche die Eifrigen nicht leicht außer Acht lassen, und erklärt sehr umständlich, daß die mehrtägigen Hochzeitsfeierlichkeiten, welche eben deshalb auch mit den zwei wöchentlichen Fasttagen der Pharisäer (Lc 18, 12) zusammentreffen können, jede Verpflichtung zum Fasten ausschließen (2, 18—20). Was nach jüdischem Begriff „gemeine Hände" seien, erklärt er deutlich und benutzt die Gelegenheit, umständlich mit-zuteilen, daß die Pharisäer und die Juden überhaupt auf Händewaschen vor der Mahlzeit und entsprechende Reinigung aller Arten von Gefäßen ein Gewicht legen, und daß dies auf überlieferten Satzungen der Rabbinen beruhe (7, 2—4). Wie er die aramäischen Worte und Sätze seinen Lesern übersetzt (A 1), so er-klärt er jüdische Begriffe, auch wenn sie einen griechischen ($\pi\alpha\rho\alpha\sigma\varkappa\epsilon\upsilon\dot{\eta}$ 15, 42) oder doch einen formell gräcisirten Namen tragen ($\gamma\acute{\epsilon}\epsilon\nu\nu\alpha$ 9, 43, nicht mehr v. 45. 47). Dagegen scheinen die Leser mit Pilatus und dessen amtlicher Stellung ganz bekannt zu sein (15, 1 A 3), ebenso mit einem bestimmten blutigen Aufstand zur Zeit der Verwaltung des Pilatus (15, 7). Daß Mr mehr lateinische Kunstausdrücke gebraucht, als die anderen Evv, wird eben nur durch die Ver-gleichung bedeutsam; denn solche Wörter waren überall in den Provinzen und auch bei den Juden Palästinas verbreitet (A 4). Wenn Einer statt ihrer einen griechischen Ausdruck bevorzugte, so war das mehr eine Sache des Geschmacks, als ein Zeichen seiner Herkunft. Immerhin aber mußte es einem in Rom und für Einwohner Roms schreibenden Erzähler besonders naheliegen, die lateinischen Dinge mit lateinischen Namen zu benennen. Es wäre auch begreiflich, daß ein in Jerusalem geborener Jude, welcher wiederholt und andauernd in Rom sich aufgehalten und dort sein Buch geschrieben hat, in dieses griechische Buch einige Latinismen einfließen ließ, ohne darum der lateinischen Sprache mächtig geworden zu sein. Diejenigen Stellen aber, wo Mr griechische Bezeichnungen durch lateinische oder richtiger römische erklärt (12, 42; 15, 16 A 4), sind entscheidende Beweise dafür, daß das Buch für abendländische Leser berechnet ist. Noch bestimmtere Weisung gibt uns Mr 15, 21 (A 5). Wenn hier wie Mt 27, 32; Lc 23, 26 Simon der Kyrenäer als eine unbekannte, zufällig des Weges kommende Person eingeführt, dann aber hinzugefügt wird, daß dies der Vater des Alexander und des Rufus sei, so ist erstens unverkennbar, daß die Söhne Simons den Lesern ebenso bekannt waren, wie der Vater unbekannt; und zweitens, daß der dem Mr eigentümliche Zusatz keinen andern Zweck hat, als den Lesern die Geschichte durch Anknüpfung an Solches, was ihnen naheliegt, interessanter zu machen; denn für das Verständnis des Vorgangs ist es völlig gleichgiltig, ob Simon Söhne gehabt hat oder nicht, und vollends wie seine Söhne hießen. Nun wissen wir aber aus Rm 16, 13, daß im J. 58 ein Christ Namens Rufus mit seiner Mutter in Rom lebte, welche vor noch nicht langer Zeit aus dem Orient dahin übergesiedelt waren. Wer es für einen Zufall erklären mag, daß ein nach uralter Überlieferung um 64—70 in Rom und für römische Leser verfaßtes Ev ganz beiläufig bei seinen Lesern persönliche Bekanntschaft mit einem ehemals in Jerusalem ansässigen Brüderpaar Namens Alexander und Rufus voraussetzt, und daß nach einer Urkunde des J. 58 in der römischen Gemeinde damals ein aus dem Orient dorthin gezogener Christ Namens Rufus mit seiner Mutter lebte, der würde damit einen Geschmack bekunden, welchen man nicht bestreiten darf. Findet die Überlieferung von der Abfassung des Mrev in Rom an manchen Stellen des Buchs eine selbständige und starke Bestätigung, so muß es auch als wahrscheinlich gelten, daß die uns aus Rm 14 bekannte Richtung unter den römischen Christen, welche wir auch Hb 13, 9 berücksichtigt fanden (oben S. 135f. 146), den Mr bewogen hat, die Rede über Rein und Unrein 7, 1—23 in so überaus reicher Ausführung mitzuteilen und überhaupt den Gegensatz Jesu zu ceremonialer Gesetzlichkeit scharf hervortreten zu lassen (oben S. 224).

Ein Ich des Schriftstellers und ein für jeden Leser sofort verständlicher Hinweis auf seine Person findet sich im Mrev nicht. Sehr auffällig ist aber, daß Mr sowohl im Apostelverzeichnis 3, 17, als 5, 37 den Apostel Johannes τὸν ἀδελφὸν τοῦ Ἰακώβου nennt, anstatt ihn wie an anderen Stellen, wo er neben Jk genannt wird, entweder als den Bruder des Vorgenannten (αὐτοῦ Mr 1, 19; Mt 4, 21; 10, 2; 17, 1) oder gar nicht näher zu bezeichnen (Mr 1, 29; 9, 2; 14, 33; Lc 6, 14; 8, 51) oder beide Brüder die Söhne des Zebedäus zu nennen (Mr 10, 35; Lc 5, 10; Mt 20, 20; Jo 21, 2). Jene im NT unerhörte Bezeichnung erklärt sich nur aus dem Bedürfnis, einen Johannes von einem anderen Johannes zu unterscheiden, ebenso wie deren Umkehrung AG 12, 2 zur Unterscheidung eines Jakobus vom andern dient (AG 12, 2. 17 cf Ju 1). Einem Schriftsteller, welcher selbst Johannes hieß und den von ihm dargestellten Ereignissen nahe genug gestanden hat, mußte es naheliegen, seinen Namensvetter unter den Aposteln gelegentlich so gegensätzlich zu bezeichnen. Wenn in diesem Fall zweifelhaft bleiben mag, ob die ersten Leser bei den Worten „Johannes der Bruder des Jakobus" die Empfindung nachfühlten, aus welcher sie entstanden waren („Johannes, aber nicht der Erzähler mit dem Beinamen Marcus"), so werden sie jedenfalls besser, als spätere Leser verstanden haben, daß der Erzähler 14, 51 f. ein eigenes Erlebnis erzähle (A 6). Nachdem gesagt ist, daß sämtliche Begleiter Jesu, d. h. nach dem Zusammenhang von 14, 17. 26. 32. 47 die sämtlichen Apostel mit Ausnahme des Verräters, ihn im Stich gelassen haben und geflohen sind, wird von einem einzelnen jungen Mann erzählt, wie es diesem dabei erging. Schon die Bezeichnung desselben als $\nu\varepsilon\alpha\nu\iota\sigma\kappa\varsigma\ \tau\iota\varsigma$ hätte den Gedanken fernhalten sollen, daß dies einer der 3, 16—19 aufgezählten und teilweise charakterisirten Apostel sei. Es versteht sich auch von selbst, daß von diesen Keiner in der sonderbaren Bekleidung dieses Jünglings am Passamahl teilgenommen und Jesus zur Stadt hinaus nach Gethsemane begleitet haben kann. Endlich konnte von einem der Apostel hier nicht erst gesagt werden, was doch die Hauptaussage in 14, 51 ist, daß er Jesu als Begleiter gefolgt war ($\sigma\upsilon\nu\eta\kappa\omicron\lambda\omicron\acute{\upsilon}\vartheta\eta\sigma\varepsilon\nu$) oder während der vorher geschilderten Ereignisse folgte ($\sigma\upsilon\nu\eta\kappa\omicron\lambda\omicron\acute{\upsilon}\vartheta\varepsilon\iota$), sondern er hätte nur im Subjekt einer Aussage über seine Bekleidung oder sein Schicksal als Einer der bisherigen Begleiter bezeichnet werden können (cf 14, 37). Mag die $\sigma\iota\nu\delta\acute{\omega}\nu$, welche der Jüngling als einzige Umhüllung seines sonst nackten Leibes trug, ein Kleidungsstück (Jud 14, 12; 1 Makk 10, 64 v. l.) oder ein großes Tuch (Mt 27, 59) gewesen sein, jedenfalls hätte man es, seitdem Casaubonus dies nachgewiesen hatte (oben S. 213), nicht wieder in Frage stellen sollen, daß der Jüngling sich plötzlich vom nächtlichen Lager erhoben und, da er aus Neugier oder Teilnahme wissen wollte, wohin Jesus gehe und was ihm widerfahren werde, sich nicht Zeit gelassen hat, sich wieder anzukleiden, sondern im Nachtgewand oder in seine Bettdecke gehüllt Jesu und den Aposteln nachgeschlichen ist. Damit ist aber auch die schon im Altertum aufgetauchte Vermutung, daß der Jüngling ein Glied des Hauses war, in welchem Jesus das Passamahl gehalten, zur Gewißheit erhoben; denn in keinem anderen Hause Jerusalems konnte Einer, der sich bereits zur Nachtruhe niedergelegt hatte, den Augenblick erraten, in welchem Jesus aufbrechen werde, und durch den Aufbruch der Tischgesellschaft zu dem plötzlichen Entschluß gebracht werden, ihr so, wie er auf dem Bette gelegen, nachzugehen. Aber weshalb wird die Geschichte von Mr und nur von ihm erzählt? Daß sie die Gefährlichkeit der Lage oder gar die Wut und Wildheit der Häscher darstelle, ist nicht anzuerkennen; denn eine starke und gut bewaffnete Polizeimacht (14, 43. 48), die sich mit dem Rock, statt mit dem Mann, den sie verhaften wollte, begnügen muß, macht eher einen lächerlichen, als einen fürchterlichen Eindruck. Es ist eine Episode, welche nichts vorangehendes und nichts weiter folgendes erklärt, also nur darum erzählt ist, weil sie an sich für den Vf und nach dessen Urteil auch für die Leser von Interesse ist. Dieselbe Zurückhaltung aber, welche sich darin kundgibt, daß der Jüngling weder mit Namen noch nach seinem Verhältnis zu Jesus und den Aposteln näher bezeichnet wird, hat den Vf auch bewogen, nicht eigens zu sagen, was wir nur erschließen, daß der Jüngling ein Glied des Hauses war, in welchem Jesus zuletzt mit seinen Jüngern verweilt hat. Diese Zurückhaltung aber erklärt sich nur daraus, daß der Erzähler mit dem fliehenden Jüngling identisch ist. Es ist das eigene Vaterhaus, dessen großen Saal der Vf 14, 15 in auffälligstem Unterschied von Mt 26, 18 f.; Jo 13, 1 ff. umständlich beschreibt. Daß Lc, welcher 22, 12 diese Beschreibung beinah buchstäblich wiederholt, hier wie anderwärts nicht unabhängig von Mr schreibt, ist später (§ 61) zu zeigen. Aber nicht wiederholt hat Lc den Satz, mit welchem Mr 14, 17 die Geschichte des letzten Abends eröffnet: „Da es Abend geworden, kommt er mit den Zwölfen". Plötzlich in das Präsens übergehend, schildert Mr vom Standpunkt des Hauses, in welchem das Passa bereitet ist, das Herankommen und die Ankunft der angemeldeten Gäste (A 7). Mr gibt unwillkürlich den Eindruck wieder, den er selbst damals empfangen hat. Das Urteil des murat. Fragmentisten über Mr: *aliquibus tamen interfuit et ita posuit* trifft hier zu, und die richtig verstandene älteste Tradition widerspricht dem nicht (oben S. 201. 209). Das Ergebnis richtiger Auslegung von Mr 14, 17. 51 f. findet aber selbständige Bestätigung durch die Erzählung AG 12, 12—17. Das Haus, in welchem Mr aufgewachsen war, ist ein wohlhabendes Haus gewesen, in welchem die Dienerin nicht fehlt, und eine beträchtliche Anzahl von Christen sich versammeln kann. Daß sie mitten in der Nacht dort zum Gebet sich versammeln, könnte allenfalls daraus erklärt werden, daß man in der Sorge um den gefangenen Pt nicht müde wurde in gemeinsamem Gebet (AG 12, 5). Wenn aber Pt, der davon nichts wissen konnte, statt in die eigene Wohnung zu gehen, an der es ihm doch nicht gefehlt haben kann, das Haus der Maria aufsucht und zwar, wie der Erzähler AG 12, 12 deutlich genug zu verstehen gibt, weil er weiß, daß dort in jener Nacht eine größere Versammlung anzutreffen sei, so erklärt sich das am natürlichsten daraus, daß es die Passanacht war (12, 3 f.), und daß die Christen von Jerusalem es liebten, das Passamahl in dem Hause und Saale zu feiern, in welchem Jesus es zuletzt vor seinem Ende mit den Aposteln gehalten hatte. Die Auslegung von AG 12, 12—17 führt zu demselben Ergebnis, wie die Auslegung von Mr 14, 17. 51 f.: Das Haus des Mr ist der Ort des letzten Passamahls Jesu, und der Sohn dieses Hauses ist der Vf des Mrev. Mag die kirchliche Sage dieses Haus mit noch so vielen unechten Ruhmestiteln umsponnen haben (oben S. 201. 213), sie enthält einen Kern echter Überlieferung; denn es ist nicht denkbar, daß sie aus exegetischen Kombinationen, wie die hier vorgetragenen erwachsen sei. Der Hausherr (Mr 14, 14; Mt 26, 18) muß schon vor dem Tode Jesu ihm befreundet gewesen sein; Jesus ist ihm der Rabbi, dem er willig eine Gefälligkeit erweist, und Jesus ist sicher davor, nicht durch ihn oder einer seiner Hausgenossen vor der Zeit verraten zu werden. Die Neugier des heranwachsenden Sohnes, welche ihn trieb, den Passagästen des Hauses nachzuschleichen, ist wohl begreiflich; aber es ist auch verständlich, daß und wie er, da er in höherem Alter sein Ev schrieb, mit wenigen Federstrichen seiner eigenen Beteiligung an den großen Ereignissen, die er darzustellen hatte, Erwähnung getan hat. Es ist ein kleines Selbstporträt in der Ecke eines figurenreichen Gemäldes, wodurch der Maler, statt wie Andere durch ein Monogramm, seinem Werk das *ipse feci* aufgeprägt hat; und es ist keine Heldentat, sondern eine jugendliche Unbesonnenheit, welche er hier von sich berichtet hat.

Besäßen wir keine Überlieferung über die Person und die Verhältnisse des Vf, so würde der Leser nicht nur 14, 17. 51 f. den Eindruck gewinnen, daß in diesem Buch ein Augenzeuge erzähle. Die oben S. 223. 236 beschriebene Eigenart der Darstellung in den meisten Erzählungen fände hierin ihre natürlichste Erklärung. Ihr widersprechen aber andere Beobachtungen. Es bedarf kaum der Vergleichung von Mt 17, 14; Lc 9, 37, um zu erkennen, daß Mr 9, 14 nicht vom Standpunkt des Historikers, dem alle Gegenstände seiner Darstellung gleich nah und gleich fern liegen, auch nicht vom Standpunkt der Hauptperson allein, sondern nach der zweifellos ursprünglichen LA (ἐλθόντες .. εἶδον אBLΔ K Ss arm) vom Standpunkt Jesu und seiner drei vertrautesten Jünger erzählt wird. Da diese vier Männer vom Berge herabkommen und dem Platz sich nähern, wo die übrigen Apostel sich befinden, sehen sie zuerst einen großen Menschenhaufen, in dessen Mitte die Jünger, mit Schriftgelehrten disputirend, stehen. Als die Vier näher herankommen, werden sie von Einigen unter der Volksmenge, welche die Disputirenden umringt, bemerkt. Die Leute drehen sich um, lassen die Schriftgelehrten und die 9 Apostel stehen, und (Einige von ihnen) laufen auf Jesus zu, ihn zu begrüßen, unter ihnen auch der Vater eines Besessenen, welchen die Jünger nicht zu heilen vermocht hatten. Noch ehe Jesus bei den Schriftgelehrten und den zurückgebliebenen Aposteln angelangt ist, fragt er die Leute nach dem Gegenstand der lebhaften Verhandlung, läßt sich vom Vater erzählen und klagt im Weitergehen über die Mühseligkeit seiner Arbeit an diesem ungläubigen Geschlecht, läßt den Kranken zu sich bringen, und erst als Jesus anfängt, der Mittelpunkt der sich herandrängenden Volksmenge zu werden (v. 25), vollzieht er die Heilung. Der ursprüngliche Erzähler dieser Geschichte ist einer der drei Zeugen der Verklärung auf dem Berge: Pt, Jo oder Jk (Mr 9, 2; 2 Pt 1, 18). Nach der Überlieferung ist es Pt, dessen Erzählungen Mr in einigen Teilen seines Ev so genau wiedergegeben hat, daß man die Quelle, aus der er geschöpft, an der Darstellungsweise erkennen kann. Diese Eigenart hat die vulgäre Textüberlieferung und haben aus begreiflichen Gründen auch die alten Versionen mehrfach zu verwischen gesucht, wie 9, 14 auch 13, 3. Ist dort mit אBL der Singular ἐπηρώτα zu lesen, so erklärt sich diese Erscheinung am natürlichsten, wenn eine Erzählung des Pt zu Grunde liegt, welche etwa lautete: „Da fragte ich den Herrn vertraulich, und Jk, Jo und Andreas schlossen sich mir an." Es kann derselbe Pt sein, welcher schon vorher Jesus auf die Schönheit des Tempelbaus aufmerksam machte (13, 1 εἶς τῶν μαθητῶν αὐτοῦ cf 14, 47). Jedenfalls liegen hier Züge vor, welche bei Mt 24, 1—3; Lc 21, 5—7 fehlen und ihre natürliche Erklärung darin finden, daß Mr die Erzählung eines Beteiligten wiedergibt. Die gleiche Beobachtung drängt sich bei 11, 12—14. 20—25 (cf Mt 21, 18—22) auf. Die naive Umständlichkeit der Erzählung, die genaue Bezeichnung von Tag und Stunde der einzelnen Momente, in welche die Geschichte zerfällt, das Rabbi der Anrede wurden schon S. 236 erwähnt. Vor allem aber will beachtet sein, daß 11, 14 gesagt ist, was sehr selbstverständlich zu sein scheint: „es hörten ihn seine Jünger (so reden)", dann aber 11, 21: „und Pt, der sich (des am Morgen des vorigen Tages gesprochenen Wortes) erinnerte, spricht zu ihm: Rabbi" etc. — Eine wunderlichere Darstellung kann man sich nicht denken als die in 1, 29: „Sofort, nachdem sie die Synagoge verlassen, kamen sie in das Haus des Pt und des Andreas mit Jk und Jo" (A 8). Das nicht eigens bezeichnete Subjekt sind nach 1, 16—21 zweifellos Jesus, Pt, Jk, Jo und Andreas. Warum aber werden die vier Apostel doch wieder mit Namen genannt und zwei von ihnen als Begleiter der übrigen bezeichnet, als ob nicht auch sie schon im Subjekt inbegriffen wären? Warum genügt hier nicht der sonst so oft Jesus und seine jeweilige Begleitung umfassende Plural der Verba (1, 21; 6, 53; 9, 14) oder, wenn die Anwesenheit der Jünger ausdrücklich erwähnt werden sollte, weil 1, 21ᵇ—28 nur von Jesus die Rede war, warum genügt nicht ein Ausdruck wie 2, 15; 3, 7; 8, 27? Es liegt offenbar eine Erzählung des Pt etwa folgenden Wortlauts zu Grunde: „Unmittelbar aus der Synagoge begaben wir uns in unser Haus, und auch Jk und Jo begleiteten uns dahin, und meine Schwiegermutter lag am Fieber darnieder, und sofort sprachen wir mit ihm wegen der Kranken." Solch' eine Erzählung hat Mr in die Rede eines von Pt verschiedenen Schriftstellers übertragen, nicht eben geschickt, aber treu. „Unser Haus", nicht „mein Haus" wird Pt gesagt haben, weil es auch dem Bruder und der Schwiegermutter zur Wohnung diente und vielleicht der letzteren ursprünglich gehörte; denn die Heimat des Pt war Bethsaida, nicht Kapernaum. Mr übersetzt das $\dot{\eta}\mu\tilde{\omega}\nu$ in $\Sigma\dot{\iota}\mu\omega\nu o\varsigma$ $\varkappa\alpha\dot{\iota}$ $\dot{}A\nu\delta\varrho\acute{e}o\nu$, und indem er, wie Pt, den Jk und den Jo als Begleiter nennt, ergibt sich die Ungeschicktheit, daß man nun nicht deutlich hört, wer außer diesen in das Haus gekommen ist, namentlich ob Pt und Andreas mit dabei waren. Die in den ev Erzählungen unerhörte Bezeichnung des Jüngerkreises $\Sigma\dot{\iota}\mu\omega\nu$ $\varkappa\alpha\dot{\iota}$ $o\dot{\iota}$ $\mu\epsilon\tau'$ $\alpha\dot{\upsilon}\tauo\tilde{\upsilon}$ 1, 36 ist Umsetzung eines „Wir" aus dem Munde des Pt. Wenn der Ausdruck 3, 13 (A 7) zeigt, daß die Apostelwahl vom Standpunkt eines der Zwölf angeschaut und dargestellt wird, so wird auch das arge Ungeschick der Darstellung 3, 16 sehr viel begreiflicher, wenn wir annehmen, daß Worte des Pt zu Grunde liegen wie etwa: „er bestellte uns Zwölf und gab mir den Namen Petrus" (cf Klostermann 72). Man kann übrigens nicht sagen, daß Pt auffällig hervortrete. Er ist einer der vier zuerst zur Mitarbeit Berufenen (1, 16—20. 29; 13, 3) und einer der drei vertrautesten Jünger (5, 37; 9, 2; 14, 33). Seine Benennung als Kephas wird mit einem Wort abgemacht (3, 16 cf dagegen Mt 16, 18; Jo 1, 42). Sein großes Bekenntnis wird 8, 29 auf die denkbar kürzeste Form gebracht (cf dagegen Mt 16, 16—19;

Jo 6, 68 f. und auch Lc 9, 20). Er tritt im Anfang der Ostergeschichte 16, 7 jedenfalls nicht bedeutsamer hervor als Lc 24, 34; Jo 20, 2—9. Sein Name wird verschwiegen 7, 17, wo Mt 15, 15 ihn nennt, und 14, 47 (cf Mt 26, 51; Lc 22, 50), wenn er nämlich dort gemeint ist (Jo 18, 10). Was Mt 14, 28—31 von ihm erzählt ist, fehlt Mr 6, 50. In der Geschichte seiner Verleugnung jedoch tritt die scharf charakterisirende Zeichnung wieder hervor: er wärmt sich am Feuer, und der Feuerschein, der ihn beleuchtet, macht es der Magd, die ihn dort sieht und prüfend anschaut, möglich ihn zu erkennen. Seine Beteuerung, daß er Jesum nicht kenne, ist wortreicher wiedergegeben, als von Anderen. Der schärfer zugespitzten Fassung der warnenden Weissagung Jesu entsprechend wird von einem doppelten Hahnenschrei erzählt (14, 29—31. 54. 66. 72). Es wird nicht in der Art des Pt gelegen haben, wenn er von Jesus erzählte, sich als den Ersten der Apostel hinzustellen, als den Felsen, auf welchem Jesus das Haus seiner Gemeinde aufbauen wollte, als den obersten Hausverwalter in diesem Hause und als den Führer, welcher die Schar der Brüder stärken und ermutigen sollte (Mt 10, 2; 16, 16—19; Lc 22, 32; Jo 1, 43; 6, 69 f.; 21, 15—22). Dagegen konnte er die Leidensgeschichte nicht erzählen, ohne der unauslöschlichen Erinnerung an seine unrühmliche Beteiligung einen starken Ausdruck zu geben. Die Klage Jesu über die Fleischesschwachheit der Vertrautesten in der Stunde der Anfechtung hat Mr 14, 37 eine Lc 22, 46 völlig verwischte, aber auch Mt 26, 40 abgeschliffene Zuspitzung auf Pt. Nur bei Mr lesen wir, daß Jesus den Pt bei Namen ruft und ihm allein den Vorwurf macht, daß er nicht eine einzige Stunde zu wachen im Stande sei (A 9).

Der Jünger Johannes urteilte, daß Mr keine die Zeitfolge der Ereignisse widerspiegelnde Darstellung gebe (oben S. 207). Dem entspricht es, daß Mr nicht selten durch $\varkappa\alpha\acute{\iota}$ ein neues Erzählungsstück anreiht, auch wo das Vorangehende gar keinen bestimmten chronologischen Anknüpfungspunkt bietet: 1, 16. 40; 3, 13, wo allgemeine Schilderungen vorangehen, oder 3, 20, wo man sich auf einmal wieder, ohne daß dies erzählt würde, nach Kapernaum versetzt sieht, nachdem man eben erst auf dem Berge gewesen ist (3, 13), wo doch wohl noch Anderes geschehen sein wird, als die Apostelwahl. An anderen Stellen ist unmittelbare Aufeinanderfolge geradezu ausgeschlossen, so 1, 21 trotz des $\varepsilon\dot{\upsilon}\vartheta\acute{\upsilon}\varsigma$ hinter dem zweiten $\varkappa\alpha\acute{\iota}$, denn das 1, 16—20 Erzählte kann sich nicht an einem Sabbath zugetragen haben. In 4, 26, wo nicht mehr wie 4, 11. 21. 24 der Zuhörerkreis auf die Jünger beschränkt ist, sondern wieder wie 4, 1—9 das Volk angeredet wird (cf 4, 33 f.), wird hinter 4, 10 zurückgegangen. Zumal in der ersten Hälfte des Buchs, wo die leitende Idee am deutlichsten hervortritt (oben S. 223 f.), ist durchweg die sachliche Zusammengehörigkeit das die Einzelerzählungen verknüpfende Band, was nicht ausschließt, daß gelegentlich die Zeitfolge zu deutlichem Ausdruck kommt (1, 29. 32. 35; oder 4, 35; 5, 1. 21, oder 11, 12. 20 und 14, 12—16, 8). Wenn Papias in seiner Erläuterung des Urteils seines Lehrers Johannes über Mr daran erinnerte, daß Pt seine Berichte über

Jesus, von welchen Mr an manchen Stellen seines Buchs sich abhängig zeige, nach dem praktischen Zweck seiner Lehrvorträge, nach den Bedürfnissen seiner Hörer einrichten mußte, so ist damit auf eine gewisse Freiheit in der Wiedergabe der Worte Jesu hingewiesen. Die Rücksicht auf die Erbauung und das Streben nach Verdeutlichung schließt die peinlich genaue Wiederholung der vor Jahren unter ganz anderen Verhältnissen gesprochenen Worte Jesu aus. Das bewährt sich am Mrev. Vergleicht man Mr 8, 35; 10, 29 mit Mt 16, 25; 19, 29; Lc 9, 24; 18, 29, so kann man das zweimalige $\varkappa\alpha\grave{\iota}$ $\check{\varepsilon}\nu\varepsilon\varkappa\varepsilon\nu$ $\tau o\tilde{\upsilon}$ $\varepsilon\dot{\upsilon}\alpha\gamma\gamma\varepsilon\lambda\acute{\iota}o\upsilon$ nur als einen Zusatz zu dem ursprünglichen Wortlaut ansehen, hervorgerufen durch die Absicht, das, was Jesus in einen der damaligen Lage entsprechenden Ausdruck gefaßt hatte ($\check{\varepsilon}\nu\varepsilon\varkappa\varepsilon\nu$ $\dot{\varepsilon}\mu o\tilde{\upsilon}$), für jeden Christen der Zeit nach dem Hingang Jesu anwendbarer zu machen. Auch die Erwähnung der Worte Jesu neben seiner Person 8, 38 hat an den nächsten Parallelen Mt 10, 33; Lc 12, 9 keine Stütze. Beachtet man ferner die scharfe Unterscheidung zwischen diesseitiger und jenseitiger Belohnung 10, 30 f. mit Mt 19, 29, so meint man den Prediger zu hören, welcher einem möglichen Misverständnis wehren will. Vergleicht man Mr 9, 1 mit Mt 16, 28; Lc 9, 27, so ist nicht zu verkennen, daß das Wort Jesu von seiner Wiederkunft noch zu Lebzeiten einiger seiner Zeitgenossen (cf Mt 24, 30; Mr 13, 30; Lc 21, 32), welches nachweislich in apostolischer Zeit als ein deutungsbedürftiges Rätsel betrachtet worden ist (Jo 21, 22 f.), bei Mt in rätselhafter Schroffheit überliefert, bei Lc durch einen allgemeineren Gedanken ersetzt ist, bei Mr dagegen in einem diesen allgemeineren Gedanken lehrhaft näher bestimmenden Ausdruck vorliegt. Neben der unabgeschwächten Weissagung der Wiederkunft Jesu als Weltrichter (8, 38) kann das Wort vom Kommen des Gottesreiches in Kraft nicht genau dasselbe besagen, sondern weist auf Ereignisse hin, welche zwar die Macht des Gottesreiches in der Welt dartun, aber doch für die Gläubigen, die sie erleben, nur erst eine Bürgschaft dafür sind, daß auch das Wort von der persönlichen Wiederkunft Jesu sich erfüllen werde. Ist Mr 13, 14 der Grammatik zum Trotz zu lesen $\tau\grave{o}$ $\beta\delta\acute{\varepsilon}\lambda\upsilon\gamma\mu\alpha$ $\tau\tilde{\eta}\varsigma$ $\dot{\varepsilon}\varrho\eta\mu\acute{\omega}\sigma\varepsilon\omega\varsigma$ $\dot{\varepsilon}\sigma\tau\eta\varkappa\acute{o}\tau\alpha$ $\H{o}\pi o\upsilon$ $o\dot{\upsilon}$ $\delta\varepsilon\tilde{\iota}$, so liegt darin eine bestimmte Ausdeutung des Mt 24, 15 in seiner ursprünglichen Unbestimmtheit vorliegenden Wortes vor, welche in der apostolischen Zeit, hauptsächlich auf Grund der Ereignisse unter Kaiser Caligula sich entwickelt hat (Bd I, S 163. 168 ff.). Mr 2, 27 ist eine treffliche Begründung des folgenden, auch Mt 12, 8; Lc 6, 5 aufbewahrten Wortes Jesu; man kann Jo 7, 22—23 verwandte Gedanken finden; aber sollte es nicht doch die Deutung eines erzählenden Predigers sein? Die Unterscheidung des steinernen und des geistigen Tempels 14, 58 (cf dagegen Mt 26, 61; Jo 2, 19; AG 6, 14) macht ganz den Eindruck, daß hier die Deutung des predigenden Erzählers in die Erzählung selbst eingeflossen sei (A 10). Nach Allem, was wir wissen, ist es nicht die Sprache Jesu, sondern die seiner Gemeinde (Rm 8, 9; 1 Kr 3, 23; 2 Kr 10, 7), welche wir hören, wenn wir 9, 41 $\H{o}\tau\iota$ $X\varrho\iota\sigma\tau o\tilde{\upsilon}$ $\dot{\varepsilon}\sigma\tau\acute{\varepsilon}$ zu $\dot{\varepsilon}\nu$ $\tau\tilde{\wp}$ $\dot{o}\nu\acute{o}\mu\alpha\tau\acute{\iota}$ $\mu o\upsilon$ als Erläuterung hinzutreten sehen (cf Mt 10, 42). Es wäre an sich möglich, daß Mr alle diese Zutaten, welche den Sprachgebrauch der christlichen Gemeinde und die Deutungen ihrer Lehrer dem Herrn selbst in den Mund legen, aus eigenem Antrieb in die ihm zugekommene Überlieferung eingetragen hätte. Aber es widerspricht diese Annahme der peinlichen Genauigkeit und Gewissenhaftigkeit des Mr im Anschluß an die Erzählungen des Pt, welche die Zeitgenossen des Mr ihm nachrühmten, und von der wir selbst an nicht wenigen Stellen einen Eindruck empfangen. Unwahrscheinlich ist diese Annahme auch darum, weil Schriftsteller, welche, wie Mt und Jo, in der Gestaltung des Stoffs sich sichtlich viel freier bewegen, als der Apostelschüler Mr, derartige geschichtlich ungenaue Töne aus den Reden Jesu ausgeschlossen haben. Dem Missionsprediger und Gemeindelehrer Pt, welcher sich im Vollbesitz treuer Erinnerungen wußte, welcher 2 Pt 3, 2 nicht ängstlich zwischen den Geboten Jesu und deren lehrhafter Verkündigung durch die Apostel (Mt 28, 20) unterschied, sind solche Freiheiten am ersten zuzutrauen. Als Johannes das Buch des Mr kennen lernte, meinte er den verstorbenen Pt wieder wie in früheren Jahren von Jesu Worten und Taten reden zu hören; darum nannte er den Mr als Evangelisten einen Dolmetscher des Pt.

Dieses von Papias richtig gedeutete Zeugnis des Jüngers Johannes und die richtig gedeutete, von späteren Übertreibungen reingehaltene Tradition überhaupt schließt nicht aus, daß Mr bei Abfassung seines Ev auch noch andere Quellen und Hilfsmittel, als seine Erinnerung an die Erzählungen des Pt benutzt hat. Hier und da deutet er selbst an, daß er aus einer reichhaltigeren Erzählung Einzelnes heraushebe: 4, 2. 33 f.; 12, 1. 38. Er scheint eine längere Rede zu excerpiren, wenn er gegen seine Gewohnheit 6, 8 f. die Instruktion der Apostel in indirekter Redeform und, wie neu anhebend, 6, 10 f. nur einen einzigen Ausspruch in direkter Rede wiedergibt. Die kurze Versuchungsgeschichte mit ihren teilweise unverständlichen Einzelheiten (1, 13) stellt nicht die Form dar, in welcher derartige Ereignisse von Mund zu Mund sich fortpflanzen, sondern macht den Eindruck eines Excerptes aus einer schriftlichen Vorlage. Hierüber ist jedoch erst dann zu urteilen, nachdem andere Darstellungen verwandten Stoffes untersucht worden sind.

1. Über aramäische und hebräische Wörter im NT s. Bd I, 9—15. Mr hat solche 1) in Stücken, welche ihm eigentümlich sind, *Βοανηργες* 3, 17; *εφφαθα* 7, 34, 2) in Stücken, wozu Mt und Lc oder einer von beiden mehr oder weniger entsprechende Parallelen, aber in rein griechischem Ausdruck bieten: *Κανανιος* 3, 18 (so auch Mt 10, 4, *ζηλωτής* Lc 6, 15); *ταλιθα κουμ* 5, 41; *κορβαν* 7, 11 (*δῶρον* Mt 15, 5, aber das aram. Wort 27, 6); *Βαρτιμαιος* neben *υἱὸς Τιμαίου* 10, 46; *ραββουνι* 10, 51 (*κύριε* Mt 20, 33; Lc 18, 41); *ραββι* 9, 5 (*κύριε* Mt 17, 4, *ἐπιστάτα* Lc 9, 33); 11, 21 (Mt 21, 20 nichts); einmal 14, 45, wo auch Mt 26, 49 es hat; zweimal Mt 23, 8; 26, 25 ohne Parallele bei Mr; niemals bei Lc, dagegen 8mal bei Jo; *αββα* 14, 36; *αμην* 3, 28; 8, 12 (nicht Mt 12, 31. 39; 16, 4); 12, 43 (*ἀληθῶς* Lc 21, 3); 14, 25 (nicht Mt 26, 29; Lc 22, 18); ferner 3) in Stücken, wo auch die Parallelen den hebr. oder aram. Ausdruck bieten: *αμην* (s. unter Nr 2); *γεεννα* 9, 43—47; *Βεελζεβουλ* 3, 22; *σατανας* 3, 23. 26; 8, 33; *ωσαννα*

11, 9. 10 (ebenso Mt 21, 9; Jo 12, 13; nur nicht Lc 19, 38); *Γεϑσημανει* 14, 32 (Mt 26, 36, von Lc 22, 39; Jo 18, 1 vermieden); *Γολγοϑα* 15, 22 (Mt 27, 33; Jo 19, 17, nur die Übersetzung Lc 23, 33); *ελωϊ* etc. 15, 34 (Mt 27, 46 Bd I, 9, ohne Parallele bei Lc oder Jo). Die Stellen, wo Mt hebr. oder aram. Wörter und Namen hat, die bei Mr fehlen, haben bei Mr überhaupt keine Parallele (Mt 5, 22; 16, 17). Kaum dahin zu rechnen ist *Χαναναία* Mt 15, 22 cf Mr 7, 26.

2. Auf den hebraïsirenden Stil des Mr hat besonders entschieden Hitzig, Über Johannes Mr und seine Schriften, oder Welcher Johannes hat die Offenbarung verfaßt? (1843) S. 29—37. 65 ff. aufmerksam gemacht. Im NT ist sonst unerhört doppeltes *δύο*, sowie doppeltes *συμπόσια* und *πρασιαί* in distributivem Sinn 6, 7. 39. 40 (cf meinen Hirten des Hermas S. 490); auch die Schwurformel mit *εἰ* 8, 12, sonst nur in atl Citaten wie Hb 3, 11; 4, 3, vielleicht jedoch auch 1 Kr 15, 32. Pleonastischer Gebrauch von *αὐτοῦ, αὐτῆς κτλ.* neben dem Relativ 1, 7; 7, 25. Anwendung des die Erzählung weiterführenden *καί* anstatt syntaktischer Gliederung tritt bei Mr nicht ganz so stark auf wie etwa in 1 Makk, aber doch unvergleichlich stärker als in den andern Evv und der AG cf z. B. Mr 3, 13—19. In Bruders Konkordanz unter „*καί* in oratione historica" p. 456 ff. nimmt Mt 4 Kolumnen ein, Lc 6½, Jo 1³/₄, AG 2²/₅ und dagegen der kleine Mr 6½. Auch wo ein adversatives Verhältnis obwaltet, genügt ihm das *καί* 6, 19; 12, 12; *ἀλλά* gebraucht er fast nur nach negativen Sätzen.

3. Mit dem schlichten *Πιλάτῳ* 15, 1 cf Mt 27, 2 *Ποντίῳ Πιλάτῳ τῷ ἡγεμόνι*. Bei Lc 23, 1 ist die ebenso einfache Form durch 3, 1 cf 13, 1 vorbereitet. Der beträchtlich später schreibende Jo (18, 29) setzt überall Kenntnis der Haupttatsachen voraus, und vielleicht kannten dessen Leser den Pilatus schon aus einem Taufbekenntnis (1 Tm 6, 13; Bd I, 490 A 20 cf meine Schrift über das Apost. Symbolum S. 39—44 68 f.). Dem Herodes Antipas dagegen wird, wo er zuerst eingeführt wird, 6, 14, ein Titel gegeben, allerdings nicht der genaue des Tetrarchen (Lc 3, 1. 19; 9, 7; Mt 14, 1; AG 13, 1), sondern der Königstitel. Erwägt man aber, daß Mt trotz seiner Kenntnis des officiellen Titels (14, 1) in der Erzählung (14, 9 = Mr 6, 22 cf v. 23 *βασιλεία*, Jo 4, 46 *βασιλικός*) denselben König nennt, und daß auch Josephus den Archelaus, welcher gleichfalls den Königstitel von Rom nicht erhalten hat, gelegentlich König und seine Regierung ein *βασιλεύειν* nennt (cf Mt 2, 22 und § 56 A 4), so hat man offenbar einen volkstümlichen Sprachgebrauch der Palästinenser vor sich, welche auch in der Zwischenzeit zwischen dem Tode des alten Herodes (Mt 2, 1; Lc 1. 5) und der Ernennung des Herodes Agrippa I. zum König (AG 12, 1) nicht aufhörten, von „König, Königreich, königlichen Beamten" etc. zu reden. So auch Mr, obwohl er weiß, daß dieser Herodes nur einen Teil der Herrschaft seines Vaters geerbt (6, 21 *Γαλιλαίας*), also wohl auch, daß er nicht den vollen Titel desselben empfangen hatte. Dagegen liegt Mr 6, 17 wahrscheinlich wirkliche Unkenntnis der verwickelten Familienverhältnisse der Herodäer vor s. § 56 A 6. — Nur Mr 11, 13, nicht der für Palästinenser schreibende Mt (21, 19), bemerkt, daß es um die Passazeit keine frischen Feigen gibt. In Rom weiß man nicht, wann sie in Palästina reifen.

4. Über Lateinisches Bd I, 29 f., 45 ff. *κεντυρίων* Mr 15, 39. 44. 45, in den Parallelstellen und im NT überhaupt sonst nur *ἑκατόνταρχος* oder *—χης* (Mt 4 mal, Lc 3 mal, AG 14 mal, dagegen Ptev 4 mal *κεντυρίων*, so auch die syrischen Übersetzer, wo das Original das griech. Wort hat z. B. Sc Mt 8, 5—13; Lc 23, 47 und Ss Mt 27, 54). — *σπεκουλάτωρ* 6, 27, sonst nicht im NT, aber in Targum und Midrasch. Das Gleiche gilt von *λεγιών* 5, 9. 15 (auch Lc 8, 30; Mt 26, 53; Bd I, 47), *δηνάριον* 6, 37; 12, 15; 14, 5 (auch Mt 6 mal, Lc 3 mal, Jo 2 mal, Ap 2 mal), *ξέστης* 7, 4. 8, was nicht, wie Epiph. de mens. 55 (ed. Lagarde 199 f.) wollte, ein von den Römern angeeignetes griech. Wort, sondern aus dem lat. *sextarius* verunstaltet und als קסטיא und קסטיס auch den Juden

geläufig cf Krauss, Lehnwörter II, 293. 535, im NT nur Mr; ferner *φραγελλοῦν* 15, 15 = *flagellare* (auch Mt 27, 26 cf Jo 2, 15), *κῆνσος* 12, 14 (auch Mt 22, 17. 19 Bd I, 47) und *κοδράντης* 12, 42 (Mt 5, 26). Dagegen ist *κράββατος* (5 mal Mr, 5 mal Jo, 5 mal AG) nicht lat. *grabatus*, sondern umgekehrt (cf Lobeck ad Phryn. Mt 22, 17. 19 Bd I, 47), *κοδράντης* 12, 42 (Mt 5, 26), *πραιτώριον* 15, 16 (Mt 27, 27; Jo 18, 28. 33; 19, 9; AG 23, 35; Phl 1, 13). Schon die angeführten Parallelstellen beweisen, was oben S. 241 bemerkt wurde, daß das Vorkommen dieser lat. Wörter an sich nicht die Entstehung des Mrev im lateinischen Sprachgebiet beweisen kann. Sie waren sämtlich (auch *κεντυρίων* Krauss II, 529) sogar in die Landessprache Palästinas übergegangen. Es könnte auch bloße Geschmackssache sein, daß Lc 20, 22 das griech. *φόρος* vor dem lat. Fremdwort *census* und 22. 2 *δύο λεπτά* vor *quadrans* bevorzugt. Das Entscheidende liegt darin, daß Mr Griechisches durch Lateinisches erklärt: 12, 42 *λεπτὰ δύο, ὅ ἐστιν κοδράντης* und 15, 16 *ἔσω τῆς αὐλῆς, ὅ ἐστιν πραιτώριον*. Zu ersterem bildet es ein Gegenstück, daß Plutarch seinen griechischen Lesern (Vita Cicer. 29) von den Römern sagt, *τὸ λεπτότατον* (cf *τὸ λεπτόν*) *τοῦ χαλκοῦ νομίσματος κουαδράντην ἐκάλουν* (v. l. *καλοῦσιν* s. Blaß, Expos. Times X, 186). Ist *ἐκάλουν* echt, so wird doch dieses Imperfektum nicht, wie Blaß meint, daraus zu erklären sein, daß seit Trajan der Quadrans nicht mehr geprägt wurde, was überdies nur eine Vermutung von Mommsen ist; denn Plutarch schrieb unter Trajan, und selbst 20—30 Jahre nach Einführung der Markrechnung würde ein deutscher Geschichtschreiber sich durch eine im Imperfektum vorgetragene archäologische Belehrung über den Sinn von Thaler und Groschen, Gulden und Kreuzer lächerlich gemacht haben. Nur weil Plutarch von vergangenen Zeiten erzählt, gibt er seine Belehrung im Imperfektum (s. unten § 69 A 6). Die Erörterungen zwischen Blaß und Ramsay (Expos. Times X, 232. 287. 336) haben nur bestätigt, daß es einem Schriftsteller, der für Griechen schrieb, auch im Traum nicht einfallen konnte, den diesen geläufigen Ausdruck *δύο λεπτά* durch den ihnen jedenfalls viel weniger geläufigen *κοδράντης* zu erklären cf Ramsay l. l. 232. Ganz ebenso verhält es sich mit Mr 15, 16. Zur Bestätigung seiner jeder Stütze in der Überlieferung ermangelnden Behauptung, daß das Mrev Übersetzung eines aramäischen Buchs sei, erklärt Blaß l. l. *ὅ ἐστιν πραιτώριον* für eine falsche Übersetzung von *αὐλή*, welches dort nicht Palast, sondern Hofraum bezeichne. Letzteren Sinn hat das Wort doch nur 14, 66 („unten im Hof“ im Gegensatz zu der Verhandlung im Sitzungssaal „oben“, wo die vorangehende Erzählung spielt), aber nicht 14, 54 (Mt 26, 58). Das Synedrium versammelt sich nicht in dem „Hofraum des Hohenpriesters“ (Mt 26, 3), was überhaupt ein sonderbarer Ausdruck wäre, sondern in der aus mehreren Gebäuden, Flügeln, Hofräumen etc. bestehenden Residenz des Hohenpriesters. Im Gegensatz zu der Verhandlung des Pilatus mit Synedrium und Volk, welche auf der Straße v o r dessen Residenz stattfand (Mr 15, 1—15 cf Jo 18, 28 f.), wird 15, 16 gesagt, daß die Soldaten Jesum in d a s I n n e r e des Palastes führten, ohne daß damit gesagt wäre, ob die folgende Scene in einem geschlossenen Gebäude oder im Hofraum des Palastes sich zutrug. Der Gebrauch von *ἡ αὐλή* für den jeweiligen Wohnsitz des Regierenden ist allen griechisch Schreibenden geläufig gewesen (cf Forsch IV, 276, auch z. B. Epist. Aristeae bei Hody, Bibl. text. orig. p. XX in. XXXIV med., dafür XX l. 6 v. u. *ἡ ἄκρα* die Hofburg). Über *πραιτώριον* Bd I, 389 f. — Schwierig zu entscheiden ist, ob die auffälligen, vielfach von den Abschreibern geänderten Ausdrücke *συμβούλιον διδόναι* 3, 6 (B L etc.; Klostermann 62 f. = *edere*), *φαίνεται* 14, 64 (ob für *δοκεῖ* = zweideutigem *videtur*), *ῥαπίσμασιν αὐτὸν ἔλαβον* 14, 65 (*verberibus eum acceperunt*), *ἐπιβαλών* 14, 72, *ποιῆσαι τὸ ἱκανόν* 15, 15 (*satisfacere*) als Latinismen zu beurteilen sind, und welche Beweiskraft solchen für die geschichtliche und örtliche Bestimmung des Mrev zukomme.

5. Über Rufus Rm 16, 13 s. Bd I, 276. Eine vom NT unabhängige Überlieferung über ihn und seinen Bruder Alexander gibt es nicht. Epiph. haer. 78, 13 verwechselt

offenbar die namenlose Mutter des Rufus Rm 16, 13 mit der Maria Rm 16, 6, wo er *ἡμᾶς* gelesen haben wird, und identificirt diese, vielleicht nach älterer und richtiger Überlieferung mit einer der Frauen unter dem Kreuz Jo 19, 25 cf Forsch VI, 348. In den Akten des Andreas und Pt kommen Alexander und Rufus neben Matthias als Begleiter jener Apostel vor (Acta apost. apocr. ed. Lipsius et Bonnet II, 117, 5; 118, 9; 119, 13; Lipsius, Apokr. AGesch. I, 553. 617. 621; II, 2, 77. 79. 83; Papad. Kerameus, Catal. bibl. hierosol. II, 497 nr. 8). Andere Fabeleien bei Forbes Robinson, Coptic apocr. gospels p. 50.

6. Die Meinungen der Alten über den fliehenden Jüngling s. oben S. 212 f. Unter den Neueren hat die oben vorgetragene Kombination wohl zuerst Olshausen, Komm. zum NT II³, 474 vermutungsweise, dann in sorgfältigerer Ausführung Klostermann 281 f. 337 f. vertreten. Die LA *εἷς τις νεανίσκος* (AE etc. gegen ℵ BCDL Ss S¹, die ägyptischen und lateinischen Versionen, welche *καὶ νεανίσκος* [oder *νεαν. δέ*] *τις* haben) ist offenbar dem v. 47 conformirt in der falschen Meinung, daß hier ein Zweiter aus dem Kreise der Apostel hervorgehoben werde. Der noch schlechter bezeugte Zusatz *οἱ νεανίσκοι* hinter *αὐτόν* setzt voraus, daß der fliehende Jüngling nicht zu den Jüngern, sondern zum *δῆμος* gehört habe, cf den Anonymus in Catena in Mr. ed. Possinus p. 327.

7. Allerdings heißt *ἔρχεσθαι* nicht immer kommen, sondern zuweilen auch gehen Mt 16, 5. 24; Mr 10, 1; 11, 13 a (im Unterschied von 13 b), eine Bedeutung, welche namentlich in *ἀπέρχεσθαι*, *διέρχεσθαι*, zuweilen auch in *ἐξέρχεσθαι* durchschlägt z. B. Jo 4, 30 (sie gingen aus der Stadt hinaus und kamen auf ihn zu). Schwerlich aber wird man ein jeder Näherbestimmung ermangelndes *ἔρχεσθαι* nachweisen, welches die Bewegung nicht vom Standpunkt des Ziels, sondern des Ausgangspunktes beschreibt. Nach Mr 14, 16 konnte das Hingehen Jesu zum Hause, wenn der bisherige Standpunkt der Erzählung festgehalten werden sollte, nur durch *ἀπῆλθεν*, *ἐπορεύθη* oder dgl. ausgedrückt werden. Lehrreich ist der Vergleich von 3, 13, wo nicht gesagt ist: „Jesus rief sie und sie kamen" (cf etwa Lc 7, 8), sondern „sie gingen zu ihm hin", so daß man sieht, es ist nicht vom Standpunkt des Rufenden und auf den Erfolg seines Rufes Wartenden, sondern vom Standpunkt der gerufenen Jünger erzählt cf Klostermann 70.

8. Die Textänderungen 1, 29 (B *ἐξελθὼν ἦλθεν*, D bceq S¹ wesentlich ebenso) sind keine Verbesserungen, denn dadurch wäre die Anwesenheit des Pt und des Andreas geradezu ausgeschlossen. Eigentümlich Ss: „Und er ging aus der Synagoge und kam in das Haus des Simon Kepha — Andreas und Jk und Jo waren mit ihm — und die Schwiegermutter" etc.

9. Schon Eus. demonstr. III, 5, 89—95; ausführlicher Theoph. syr. V, 40, fand unter der Voraussetzung, daß Pt durch Mr rede, in dem Hinweggehen über den Inhalt von Mt 16, 17—19 und in der ausführlichen Darstellung der Verleugnung des Pt durch Mr einen Beweis für den von aller Selbstgefälligkeit freien Charakter des Apostels.

10. Zu den Beispielen ausdeutender Zusätze würde das *οὐδὲ ὁ υἱός* ohne *μόνος* hinter *ὁ πατήρ* Mr 13, 32 zu rechnen sein, wenn Mt 24, 36 jenes nicht zu lesen wäre; denn durch das *μονος* des Mt wäre ohnedies der Sohn mit Bewußtsein ausgeschlossen, nur eben nicht so deutlich wie durch Mr. Aber die äußeren und inneren Gründe entscheiden für die Echtheit von *οὐδὲ ὁ υἱός* auch bei Mt.

§ 54. Die Überlieferung über Matthaeus und sein Evangelium.

Als Vf des nach Mt genannten Ev ist nie ein Anderer als der Matthaeus angesehen worden, welcher in allen Apostelverzeichnissen des NT's die siebente

oder achte Stelle einnimmt (A 1). Nur Mt 10, 3 wird er als der Zöllner bezeichnet, und damit auf die Erzählung 9, 9—13 zurückgewiesen. Da genau
dieselbe Geschichte mit allen Nebenumständen Mr 2, 13 — 17; Lc 5, 27—32 von
einem Zöllner Levi erzählt wird, so daß an der Identität der zu Grunde liegenden Tatsache nicht zu zweifeln ist, so ist auch die Identität des Levi mit dem
Apostel Mt anzuerkennen. Allerdings gründet sich diese Annahme nur auf die
Glaubwürdigkeit des Mtev. Diese ist aber in diesem Punkt nicht zu beanstanden,
weil kein vernünftiges Motiv zu ersinnen ist, welches den Vf bewogen haben
könnte, den Apostel Mt, für welchen er sonst kein besonderes Interesse an den
Tag legt, da er ihn nie wieder in seinem Buch erwähnt, mit einem Mann anderen Namens zu identificiren, dessen Berufungsgeschichte in den beiden anderen
vorhandenen Berichten in keinerlei Beziehung zum Apostelkreis gestellt ist.
Während Mr und Lc ihn da, wo sie seine Berufung erzählen, mit dem Namen
nennen, welchen er damals gewöhnlich geführt haben wird, nennt Mt ihn schon
an dieser Stelle der Geschichte mit dem Namen, den er nach den 4 Apostelkatalogen als Apostel und Glied der christlichen Gemeinde regelmäßig geführt
hat. Ob Jesus ihm, wie Anderen seiner Jünger, einen neuen Namen gegeben,
und aus welchem Anlaß, wenn dem so ist, ihm dieser zweite Name *Matthaj*
(„Geschenk Jahves") gegeben worden ist, wissen wir nicht (A 1). Bei der Ver-
haßtheit der Zöllner mußte es einem Juden, welcher diese Berufsstellung aufgegeben hatte, doppelt willkommen sein, mit einem anderen Namen genannt zu
werden. Der Chalphaj, welcher nach Mr 2, 14 sein Vater war, ist schwerlich
derselbe mit dem Chalphaj, dessen Sohn Jk gleichfalls zu den Zwölfen gehörte;
denn wären Mt und dieser Jk Brüder gewesen, so würden sie nach Analogie des
Paares Pt-Andreas und der Söhne des Zebedäus in den Verzeichnissen als Brüder
bezeichnet sein, zumal Mt 10, 3; AG 1, 13, wo Mt und Jk beisammenstehen.
Als Zöllner zu Kapernaum im Gebiet des Herodes Antipas war Mt nicht
römischer Beamter, sondern entweder ein Beamter im Dienst des Landesfürsten
(cf Jo 4, 46; Lc 8, 3), oder der Angestellte eines Unternehmers, welcher die
Zölle der Stadt oder eines größeren Gebietes in Pacht genommen hatte. Als
solcher mußte er eine gewisse Fertigkeit im Gebrauch der Feder besitzen und
neben dem aramäischen Dialekt des Landes des Griechischen ohne Frage mächtig
sein. Die Aufforderung Jesu an ihn, sich ihm anzuschließen, kann schon
darum, weil sie ihn mitten in der Ausübung seiner Amtsgeschäfte traf, aber
auch nach dem Erfolg zu urteilen, nicht anders gemeint gewesen sein, als daß
er, wie ehedem die Fischer, seine bisherige Stellung aufgeben und sich Jesu als
dessen ständiger Begleiter und zukünftiger Mitarbeiter anschließen solle. Diese
Aufforderung aber setzt ebenso wie die sofortige Folgeleistung voraus, daß Mt
längst mit Jesus bekannt, von seiner Predigt ergriffen und von höchstem Vertrauen zu ihm erfüllt war. Er gehörte also seit einiger Zeit zu jenen Zöllnern
und Sündern, die sich in Galiläa vor Anderen zu Jesus hingezogen fühlten
(Mt 11, 19; Lc 7, 34; 15, 1). Einen größeren Kreis dieser seiner Standes-

und Gesinnungsgenossen lädt Mt zu einem Gastmahl in seinem Hause ein, um so die entscheidende Wendung seines Lebens mit Jesus und ihnen zu feiern (A 2). Genau läßt sich der Zeitpunkt, in dem Mt in die ständige Begleitung Jesu eintrat, nicht oder doch hier nicht im Vorbeigehn bestimmen. Soviel aber darf gesagt werden, daß nach den ntl Angaben Mt nicht, wie die 6 Ersten im Apostelkreis, in der Umgebung des Täufers als dessen Schüler gelebt hat, ehe er mit Jesus in Verbindung trat, daß er das ganze Stück ev Geschichte, welches nach Jo 1, 19—4, 54 (oder 5, 35) der Verhaftung des Täufers vorangegangen ist, nicht miterlebt hat, und daß auch nach der Verhaftung des Täufers und dem Anfang der großen Prophetenarbeit Jesu in Galiläa noch eine geraume Zeit verstrichen ist, ehe der Zöllner ein ständiger Jünger Jesu wurde. Längst hat Jesus Andere in seiner stetigen Begleitung. An demselben Tage, an welchem Mt erst berufen wird, finden wir Pt, Jo und Jk bereits als die Zuverlässigsten unter den Jüngern ausgezeichnet (Mr 5, 37 cf in bezug auf die Zeitfolge Mt 9, 11. 14. 18). Der Kampf mit den Pharisäern ist bereits in vollem Gang. Der Tag der Apostelwahl und der Bergpredigt sollte nicht lange mehr auf sich warten lassen. Das ist Alles, was das NT über diesen Apostel berichtet. Daß es so Weniges ist, und daß dadurch Mt als ein so spät berufener und so wenig bedeutender Apostel gekennzeichnet ist, gibt der Überlieferung, die ihn den Vf des ersten Ev nennt, ein besonderes Gewicht. Willkürliche Namenswahl würde einen Andreas oder Jk Zebedäi, einen Philippus oder Thomas vor Mt bevorzugt haben. Was außerhalb des NT's von Mt erzählt worden ist, ist so spät aufgezeichnet, so phantastisch erdichtet und zum Teil in folge von Verwechselungen der Namen Matthaeus und Matthias so verworren, daß ein geschichtlicher Gewinn nicht daraus zu ziehen ist (A 3). Auch dies zeigt, daß Mt kein Name war, welcher dazu reizen konnte, ihm ein in den Gemeinden umlaufendes Ev zuzuschreiben, dessen Ursprung man nicht kannte, oder dessen wirklichen Ursprung man verhüllen wollte. Daß der Vf selbst es nicht darauf angelegt hat, als der Apostel Mt erkannt zu werden oder für denselben zu gelten, liegt auf der Hand.

Die älteste und wichtigste Nachricht über die schriftstellerische Tätigkeit des Mt verdanken wir ebenso wie die älteste Nachricht über Mr als ev Schriftsteller dem Papias. Es ist aber nicht ein Urteil des Presbyters Johannes, sondern eine Mitteilung des Papias selbst, welche uns Eusebius aufbewahrt hat (A 4). Sie lautet: „Mt allerdings hat in hebräischer Sprache die Sprüche zusammengeschrieben, es übersetzte dieselben aber ein Jeder, sogut er dazu im Stande war." Noch deutlicher, als diese deutsche Übersetzung, zeigen die griechischen Worte des Papias, daß aller Nachdruck auf dem Gegensatz der Sprache, in welcher Mt geschrieben, und des dadurch notwendig gewordenen und nicht Jedem, der sich daran versuchte, gelingenden Übersetzens in eine andere Sprache liegt, und nicht etwa, wie man seit Schleiermacher (oben S. 189) so vielfach angenommen hat, auf dem Objekt der schriftstellerischen Tätigkeit des Mt. Es

wird auch nicht erst mitgeteilt, daß neben andern Männern auch der Apostel Mt
ein Buch geschrieben habe, sondern, ganz entsprechend der Art, wie der Presbyter Johannes über Mr sich geäußert hatte (oben S. 207 ff.), spricht hier Papias
unter der Voraussetzung, daß die Leser von Mt als Vf einer Schrift wissen
und diese Schrift kennen, und teilt ihnen mit, was vielleicht nicht Alle wissen,
daß Mt diese nicht in der Sprache des Papias und seiner Leser, sondern in
der diesen fremden hebräischen Sprache geschrieben habe. Daher konnte Papias
den Gegenstand der schriftlichen Darstellung des Mt auch so überaus kurz durch
$τὰ λόγια$ bezeichnen. Abzuweisen ist zunächst die Meinung, daß $τὰ λόγια$ der
Titel eines damals bekannten Werkes sei; denn abgesehen davon, daß ein
hebräisches Buch nicht wohl diesen griechischen Titel getragen haben kann,
würde ein Titel, welcher ins Griechische übersetzt $τὰ λόγια$ oder vielmehr, wenn
es ein Titel wäre, $λόγια$ ohne Artikel gelautet hätte, von einer unbegreiflichen
Rätselhaftigkeit gewesen sein. „Aussprüche", oder nach überwiegendem Sprachgebrauch, „göttliche Aussprüche" wäre ein ganz unvernünftiger Titel für ein
Buch, welches jedenfalls nicht eine Sammlung aller Wortoffenbarungen Gottes
oder einzelner Orakel gewesen ist, sondern sich mit Jesus beschäftigt hat.
Ferner könnte von einem Werk dieses Titels, das zur Zeit und in der Umgebung des Papias ohne Widerrede dem Apostel Mt zugeschrieben worden ist,
nicht leicht jede Spur aus der gesamten sonstigen Literatur verschwunden sein.
Papias sagt ja nicht etwa, daß der Vf der bekannten Logia der Apostel Mt sei,
sondern sagt von dem berühmten Apostel Mt, den er auch schon in seiner Vorrede als einen der Jünger Jesu genannt hatte, daß er hebräisch geschrieben
habe. Aber kein Schriftsteller des kirchlichen Altertums, auch diejenigen nicht,
welche sich recht eigens über die nichtkanonischen Evv und die verwandte
Literatur äußern, wie Irenäus, Origenes, Eusebius, Epiphanius, Hieronymus,
haben jemals von einem Buch dieses Titels, geschweige denn von einem solchen
Buch des Apostels Mt etwas gesagt. Dieses einstimmige Schweigen ist ein vollgiltiger Beweis dafür, daß diese Männer von einem solchen Buch auch niemals
etwas gehört oder gelesen haben. Es ist daher auch sehr unwahrscheinlich, daß
ein solches zur Zeit des Papias existirt habe. Andrerseits ist durch die tonlose
Stellung und den Mangel jeder verdeutlichenden Näherbestimmung des Objekts
$τὰ λόγια$ auch ausgeschlossen, daß Papias hiemit hat sagen wollen, Mt habe im
Unterschied von anderen Schriftstellern, welche auch von Taten Jesu erzählt
haben, sich darauf beschränkt, die Worte Jesu aufzuzeichnen. Es bleibt also
nur übrig, daß Papias, den Inhalt der Schrift des Mt als bekannt voraussetzend,
diesen in einer durch den Zusammenhang seiner Äußerung unmisverständlichen
Abkürzung ausgedrückt hat. Die $λόγια κυριακά$ waren es, deren Auslegung
das ganze Werk des Papias laut Titel gewidmet war. Nach den „vom Herrn
dem Glauben gegebenen und von der Wahrheit selbst herrührenden Geboten"
hatte er, wie er in der Vorrede sagt, von jeher geforscht, also nach den Worten,
nicht nach den Werken Jesu. Auch an den Büchern, welche von Jesu handelten,

interessirte ihn ganz überwiegend das, was sie an Worten Jesu enthielten. Das zeigt sein Kommentar zu dem Urteil des Johannes über Mr. Während Johannes als die Gegenstände, welche Mr nicht nach der genauen Zeitfolge behandelt habe, die „Worte oder Taten Christi“ genannt hatte, spricht Papias nur von den „Worten (λόγοι v. 1. λόγια) des Herrn“, von denen die Vorträge des Pt, aus welchen Mr schöpfte, keine geordnete Zusammenstellung darboten. Hienach sollte einleuchten, daß Papias, auch wo er den Gegenstand der schriftstellerischen Tätigkeit des Mt durch das eine Wort τὰ λόγια bezeichnet, eben nur denjenigen Bestandteil des Buchs nennt, auf welchen sein eigenes Interesse vornehmlich gerichtet war, ohne damit sagen zu wollen, daß Mt nicht auch Taten Jesu und die geschichtlichen Veranlassungen der sämtlichen von ihm aufgezeichneten Reden Jesu mitgeteilt habe. Die Vorstellung von einer Spruchsammlung des Mt oder gar von einem Werk unter dem wunderlichen Titel λόγια entbehrt also jeden Anhalts in den Worten des Papias. Es fehlt ihr aber auch die innere Wahrscheinlichkeit; denn weitaus die meisten uns überlieferten Worte Jesu sind in Gesprächen mit seinen Jüngern, in Disputationen mit seinen Gegnern gesprochen worden, und auch die längeren Reden sind nach der Überlieferung, ohne die wir überhaupt nichts wissen, aus bestimmten tatsächlichen Anlässen gehalten worden, ohne deren Kenntnis die Reden nicht verständlich sind, und ohne deren Mitteilung sie vernünftigerweise nicht fortgepflanzt werden konnten. Es sind Bilder, welche nie ohne Rahmen existirt haben können, in der Literatur so wenig als in der Wirklichkeit (A 4). Wenn Papias nun der Tatsache, daß Mt seinerseits in seinem Buch die Aussprüche hebräisch niedergeschrieben habe, die andere gegenüberstellt, daß darum ein ἑρμηνεύειν nötig war, welches ein Jeder nach seiner Befähigung ausübte, so ist kein Wort darüber zu verlieren, 1) daß ἑρμηνεύειν hier nur dolmetschen heißen kann und 2) daß es sich nur um ein Übersetzen in die griechische Sprache handeln kann, welche eben deshalb nicht ausdrücklich genannt zu werden brauchte, weil dies die Sprache des Papias und seiner Leser war. Die Hebräer bedurften keiner Übersetzung von hebräisch Geschriebenem, und christliche Leser oder Hörer, die weder des Hebräischen noch des Griechischen kundig gewesen wären, gab es im Gesichtskreis des phrygischen Bischofs nicht. Es ist 3) mehr zu beachten, als gewöhnlich geschehen ist, daß Papias von einem Übersetzen nicht der Schrift des Mt, sondern der darin enthaltenen Worte Jesu sagt. Nur unter der vorhin widerlegten Voraussetzung, daß τὰ λόγια der Titel eines Buchs gewesen sei, konnte man auf den Gedanken kommen, daß die Worte ἡρμήνευσε δ' αὐτὰ (sc. τὰ λόγια) ἕκαστος die Entstehung einer Vielheit schriftlicher Übersetzungen oder Bearbeitungen des hebräischen Mtev aussagen. Mit den Worten unverträglich wäre diese Fassung auch dann, wenn jene Voraussetzung ebenso richtig wäre wie sie handgreiflich falsch ist. Papias konnte die Tatsache, die man hier bezeugt finden wollte, nur etwa so ausdrücken: πολλοὶ δὲ τὴν τοῦ Ματθαίου συγγραφὴν ἡρμήνευσαν oder ἑρμηνεύειν ἐπεχείρησαν. Es ergäbe sich dann aber auch das unlösbare Rätsel, wie die vielen, sagen wir 5 oder 6 griechischen Übersetzungen des Mtev, von welchen Papias um 125 noch Kenntnis gehabt hätte, so bald aus dem Leben und dem Gedächtnis der Kirche verschwunden und durch die sechste oder siebente Übersetzung, welche allein in allen griechischen Hss erhalten ist und allen alten Versionen zu Grunde liegt, verdrängt worden sein sollten. Aller dieser geschichtlich, sprachlich oder logisch unerträglichen Dinge wird man ledig, wenn man einsieht, daß Papias von mündlicher Dolmetschung redet, und zwar von solcher Dolmetschung in den Versammlungen griechisch redender oder sprachlich gemischter Gemeinden. Es kann nicht oft genug daran erinnert werden, daß die mündliche Dolmetschung fremdsprachiger Bücher im Gottesdienst, wie bei den Juden, so auch in der christlichen Kirche des Altertums eine große Rolle gespielt hat (cf Bd I, 7. 15; GK I, 39—60). Den des Griechischen unkundigen Christen zu Jerusalem und Skythopolis wurde um 300 wie um 400 und sicherlich schon viel früher Alles, was im Gottesdienst an Schriftlektionen, Gebeten und Predigten griechisch vorgetragen wurde, mündlich ins Aramäische gedolmetscht. Bis zur Entstehung einer lateinischen Bibel haben die des Griechischen unkundigen Occidentalen nie anders als durch Vermittlung solcher Dolmetschung aus dem Griechischen ins Lateinische die Worte des Ev und der apostolischen Briefe vernommen. Das war die Lage der auf das Lateinische beschränkten Afrikaner noch zur Zeit Tertullians. Die Punier derselben Provinz zur Zeit Augustins und die Kelten Galliens sind über diesen Zustand überhaupt nicht hinausgekommen. Von hier aus betrachtet, ist die Aussage des Papias sehr durchsichtig. Das bei der Deutung seiner Worte auf eine Mehrheit griechischer Übersetzungen des Mtev unerträgliche ἕκαστος beschränkt sich dann nach der Natur der Sache auf diejenigen des Hebräischen wie des Griechischen einigermaßen kundigen Christen, welche den Inhalt des hebräischen Buchs Gemeinden zugänglich machen wollten, die des Hebräischen teilweise oder ausnahmslos unkundig waren. Sie mußten dolmetschen. Dazu waren, um bei der Umgebung des Papias stehen zu bleiben, Leute wie die Jünger Aristion und Johannes, wie Philippus und seine Töchter in Hierapolis gewiß einigermaßen im Stande; aber nicht jeder, der darum gebeten wurde, war gleich geschickt dazu, und wem es das eine Mal ordentlich geriet, dem mislang es ein anderes Mal. Es war ein lästiges Geschäft und eine mangelhafte Weise des Vortrags. Es wiederholten sich Zustände und Vorkommnisse, wie sie aus anderem Anlaß 1 Kr 14, 11—19. 26—28 geschildert sind. Nun begreift sich das distributive ἕκαστος (cf 1 Kr 14, 26): in jedem einzelnen der hundertfach wiederkehrenden Fälle fragte es sich, wie es dem jedesmal fungirenden Hermeneuten gelingen werde, durch sein Dolmetschen der Erbauung der Gemeinde zu dienen. Nun begreift sich auch, daß Papias nicht das Buch des Mt, sondern die darin enthaltenen Aussprüche Jesu als Gegenstand des Dolmetschens vorstellt. Man erfuhr durch hebräische Christen von einer großen Bergpredigt, welche im hebräischen Mt enthalten sei, während sie in dem damals in der Provinz Asien verbreiteten Mrev (oben S. 210 f.) fehlte. Sollte diese oder eine andere Rede den Gemeinden in Ephesus oder Hierapolis zu Gehör gebracht werden, so konnte das nicht anders geschehen, als so, daß ein hebräischer Christ sie dolmetschte. Es war niemals das Buch des Mt, sondern es waren immer nur einzelne Perikopen daraus und, worauf es dem Papias hauptsächlich ankam, ein einzelnes Stück der λόγια κυριακά, was so zur Dolmetschung gelangte. Wir lernen hier ein Stück aus der Geschichte des christlichen Kultus kennen, und zwar aus der Zeit, als es in Kleinasien noch keinen griechischen Mt, wohl aber manche hebräische Christen gab, in deren Händen sich ein hebräischer Mt befand. Papias beschreibt nicht den Gottesdienst, wie er während seiner jüngeren Jahre zu verlaufen pflegte; denn in einer solchen Beschreibung würde er das mit der Verlesung griechischer Schriftabschnitte wechselnde Dolmetschen hebräischer Perikopen durch das Imperfekt ἡρμήνευε ausgedrückt haben. Ebensowenig beschreibt er einen zur Zeit seines Schreibens fortbestehenden Zustand (ἑρμηνεύει), sondern bezeichnet dieses Dolmetschen durch den Aorist ἡρμήνευσε als etwas schlechthin Vergangenes. So geschah es ehemals; als Papias schrieb, war das nicht mehr nötig. Damit ist auch schon gesagt, wodurch dem früheren Zustand, von welchem Papias erzählt, damals, als er schrieb, ein Ende bereitet worden war. Daran ist ja nicht zu denken, daß man das hebr. Buch, welches man bereits durch vielfältige Dolmetschung kennen und doch auch wohl schätzen gelernt hatte, im Staub hätte liegen lassen, etwa darum, weil man an anderen Evv genügenden Ersatz hatte, oder weil die sprachkundigen Dolmetscher, die Emigranten aus Palästina, in Kleinasien ausgestorben waren. Dann hätte man eben keinen Mt mehr gehabt, und Papias würde kein Interesse mehr daran gehabt haben, von der Schriftstellerei des Mt etwas zu sagen. Aber er hat ein Interesse daran, weil es zur Zeit seines Schreibens ein griech. Ev gab, das für inhaltlich identisch mit dem hebr. Mt galt. Es muß also ebenso gekommen sein, wie anderwärts bei gleicher Sachlage. Wie aus der mündlichen Dolmetschung der hebr. Schriften in den palästinischen und anderen orientalischen Synagogen zuletzt die geschriebenen Targumim entstanden sind, und wie aus dem Dolmetschen der griech. Bibel in der afrikanischen Kirche, worein Tertullian uns einen Blick tun läßt, die lat. Bibel Cyprians entstanden ist, so ist der griech. Mt die reife Frucht des durch Papias bezeugten Dolmetschens des hebr. Mt in den griech. Gemeinden Kleinasiens und vielleicht auch anderer Gegenden. Daß zu der Zeit, da Papias schrieb, um 125 oder vielleicht noch etwas später, das griech. Mtev nicht nur existirte, sondern schon eine beträchtliche Verbreitung gefunden hatte, ist auch sonst gesichert. Um hier nur die auffälligsten Beweise zu nennen, so citirt der um 130 geschriebene Barnabasbrief einen uns durch Mt 22, 14 überlieferten Spruch als ein Wort heiliger Schrift, und in den um 110 geschriebenen Briefen des Ignatius und des Polykarp, eines Freundes des Papias (Iren. V, 33, 4), sowie in der wahrscheinlich gleichzeitigen Didache werden nicht wenige dem Mt eigentümliche Sätze wie ein Gemeingut der christlichen Gemeinden verwendet (A 5). Überallhin aber ist das griech. Ev, außer welchem wir keine zweite Quelle dieser Citate nachweisen können, als ein Werk des Apostels Mt gekommen (oben S. 173 ff. und unten A 5). Somit bestätigen die von anderen Punkten her sich ergebenden Data für die Geschichte des Mtev die oben gegebene Deutung des papianischen Zeugnisses. Dieses bleibt aber von unersetzlichem Wert; denn Papias hat nicht eine literargeschichtliche Nachricht, die ihm wer weiß woher zugekommen ist, weiter getragen, sondern er bezeugt einen längere Zeit in seiner heimatlichen Kirche bestandenen Zustand, einen im kirchlichen Leben lästig empfundenen Übelstand, welchen sich Niemand einbilden kann. Hat man in den jüngeren Jahren des Papias in den Gemeinden der Provinz Asien ein hebr. Ev, welches als Werk des Apostels Mt galt, in der beschriebenen Weise eine Zeit lang und nicht selten mündlich ins Griechische gedolmetscht, so ist e r s t e n s unanfechtbar, daß das Hebräische (oder Aramäische s. unten) die Originalsprache des fraglichen Buchs gewesen ist, und daß es damals keine griech. Übersetzung oder Bearbeitung desselben gegeben hat. Es ist z w e i t e n s die Überlieferung, daß Mt jenes hebr. Buch geschrieben habe, ebenso stark beglaubigt, wie die Überlieferung über Mr als Vf seines Ev; denn zu der Zeit, da persönliche Jünger Jesu und andere aus Palästina übergesiedelte „Hebräer" in den Gemeinden Kleinasiens verkehrten, ist das hebr. Buch als ein Werk des Apostels Mt vielfach gelesen und gedolmetscht, also auch hochgeschätzt worden. Eben hiemit ist d r i t t e n s gegeben, daß es kein unbekanntes Buch war, dessen mündliche Dolmetschung durch ein griech. Buch unter dem Namen des gleichen Vf überflüssig geworden schien. Die Übertragung des Namens Mt von dem hebr. auf das griech. Ev, welche unter den Augen des Papias und anderer Apostelschüler sich vollzogen hat, setzt voraus, daß in diesem Kreise das griech. Ev als ein vollgiltiger Ersatz des hebr. Buchs, als eine wesentlich treue Übersetzung von diesem beurteilt wurde. Ort und Zeit dieses Übergangs ist uns nicht mit dürren Worten erzählt. Da wir aber von keiner anderen griech. redenden Provinz außer Asien wissen, daß der hebr. Mt dorthin gelangt sei, und da wir durch Papias wissen, daß derselbe in den asiatischen Gemeinden eine Zeit lang mündlich gedolmetscht wurde, so ist die allein natürliche Annahme, daß eben dort die Verwandlung des hebr. Mt in den griech. sich vollzogen hat. Man wird mit dieser einem wirklichen Bedürfnis abhelfenden Arbeit auch nicht gewartet haben, bis kaum mehr ein Dolmetscher aufzutreiben war, der dazu befähigt war. Es darf demnach als sehr wahrscheinlich gelten, daß der griech. Mt noch vor dem letzten Ende des 1. Jahrhunderts, in Anbetracht der angeführten Zeugnisse können wir sagen, eher vor dem J. 90, als nach dem J. 100, in der Provinz Asien entstanden ist und von dort aus sich verbreitet hat. Daß der Name des Übersetzers dieses Buchs ebenso wie der Name aller alten Bibelübersetzer verschollen ist, bedarf keiner Erklärung (A 6). Zweierlei aber darf nicht außer Acht gelassen werden: Was

Papias von den Leuten sagt, welche den hebr. Mt mündlich dolmetschten, daß ihnen dies nicht immer in ganz befriedigender Weise gelang, wird auch von dem aus ihrem Kreise hervorgegangenen Mann gelten, welcher die griech. Übersetzung aufgezeichnet hat. Sodann müssen wir bedenken, daß in dessen Umgebung wenigstens ein griech. Ev, dasjenige des Mr, bereits verbreitet war (oben S. 210 f.), als er den griech. Text des Mt herstellte.

Die Kunde von der hebr. Abfassung des Mtev ist in der alten Kirche oft wieder in Erinnerung gebracht worden und hat niemals Widerspruch gefunden (A 7). Zur Verbreitung dieser Überlieferung hat ohne Frage das Werk des Papias und von 325 an die viel gelesene Kirchengeschichte des Eusebius beigetragen. Dies reicht aber nicht aus, den Papias allein dafür verantwortlich zu machen. Origenes, in dessen Schriften keine Spur von Kenntnis des papianischen Werks zu finden ist, spricht von der Originalsprache des Mtev ebenso zuversichtlich, wie Irenäus, welcher das Buch des Papias gelesen hat. Die Alexandriner haben auf anderem oder doch auch noch auf anderem Wege die Kunde empfangen. Der alexandrinische Lehrer Pantänus soll auf einer Reise zu den Indern, d. h. wahrscheinlich nach Südarabien, welche vor 180 fällt, bei dortigen Christen ein Ev in hebräischer Schrift und Sprache gefunden haben, welches diese eben dadurch als Hebräer charakterisirten Christen für ein Werk des Mt hielten und durch den Apostel Bartholomäus, auf dessen Predigt sie ihr Christentum zurückführten, empfangen haben wollten (A 7). Wie immer es um die Richtigkeit der Angaben und Ansichten dieser jüdischen Christen bestellt sein mag, die Überlieferung, daß Mt ein hebr. Ev geschrieben, haben sie besessen und jedenfalls nicht aus dem griechischen Werk des phrygischen Bischofs geschöpft. Pantänus aber hat dieselbe Tradition spätestens damals kennen gelernt und nach Alexandrien gebracht. Die Meinung, daß die gesamte Überlieferung von der hebr. Abfassung des Mtev auf einem Irrtum des Papias beruhe, welcher von dem aramäischen Ev gehört hätte, das von jüdischen Christen in Syrien und Palästina gebraucht wurde, ist nicht nur unverträglich mit richtiger Auffassung seines Zeugnisses über den hebr. Mt und unzulänglich zur Erklärung der Verbreitung der Überlieferung vom hebräischen Mt, sondern auch an sich geschichtlich unwahrscheinlich. Denn jene jüdischen Christen, die Nazaräer, haben ihr einziges Ev, das sogenannte Hebräerev, unseres Wissens nicht nach Mt genannt (GK II, 723), und die älteren Gelehrten: Clemens, Origenes und Eusebius, welche sich mit dem Hebräerev beschäftigt haben, sagen nichts davon, daß es mit dem Mtev nächstverwandt sei. Nur Leute, welche mit den Verhältnissen und den hl. Schriften der Judenchristen des fernen Ostens unbekannt waren, wie Irenäus (A 7), konnten leicht zu der Meinung kommen, daß die Ebjoniten, wie man sie unterschiedslos nannte, den hebr. Mt als einziges Ev in Gebrauch hätten. Die Überlieferung, daß Mt für die Hebräer hebräisch geschrieben habe, in Verbindung mit der Kunde von einem hebr. Ev, welches die Hebräer in Gebrauch hatten, und ungenaue Mitteilungen über eine gewisse Verwandtschaft zwischen dem griechischen Mt und dem Hebräerev erzeugten die Meinung, daß das Hebräerev das Original des griech. Mt sei. Hieronymus, welcher genau wußte, wie es sich wirklich damit verhielt, hat gelegentlich dieser Meinung Vorschub geleistet, um auch auf dem Gebiet der ev Literatur als der Wiederentdecker der *veritas hebraica* zu glänzen. Diese Unklarheiten und Irrtümer sind nicht die Wurzel der Überlieferung vom hebräischen Mt, sondern haben diese zur Voraussetzung. In der Tat besteht zwischen dem aramäischen Ev der Nazaräer und dem griechischen Mt ein sehr nahes Verwandtschaftsverhältnis. Wenn andrerseits als bewiesen gelten darf, daß weder das Hebräerev auf dem griechischen Mt, noch dieser auf jenem beruht (GK II, 704—723), so ist das Hebräerev ein neuer, vom Zeugnis des Papias völlig unabhängiger Beweis dafür, daß dem griechischen Mt ein hebräisches Original zu Grunde liegt, welches auch die Grundlage des Hebräerev bildet. Überall wo Hieronymus von dem hebr. Original des Mt als einem Buch in seiner Hand redet, meint er damit dieses aramäische Ev der Nazaräer (GK II, 648 ff. 681 f.). Unmöglich wäre es nicht, daß das Buch, welches jene Judenchristen in Südarabien dem Pantänus zeigten, gleichfalls ein Exemplar des Hebräerev war. Es ist aber ebenso möglich, daß in jenem fernen Winkel der Christenheit damals in der Tat Exemplare des ursprünglichen Mtev sich erhalten hatten. Wenn Eusebius in seinem Bericht hierüber (A 7) es ausdrücklich als bemerkenswert hervorhebt, daß bis zu jener Zeit des Pantänus um 180 der hebräische Mt sich noch erhalten habe, was er eben aus der von ihm hier mitgeteilten Erzählung schloß, so sieht man, daß der gelehrte Bischof von Cäsarea, der Inhaber der größten christlichen Bibliothek des 4. Jahrhunderts, zu seiner Zeit und in seiner Umgebung vergeblich nach dem hebr. Mt gesucht haben würde. Wenn Epiphanius erzählt, was er von Augenzeugen gehört hatte, daß Juden in Tiberias um 330 einen hebr. Mt, aber auch eine Übersetzung des Joev und der AG in Händen gehabt haben (A 7), und wenn er jenen hebr. Mt nicht für eine Übersetzung, sondern für das Original hält, so ist letzteres seine irrige Zutat zu der übrigens glaubwürdigen Erzählung, die er empfangen hatte. Es könnte auch hier, wie manchmal bei Hieronymus, das Hebräerev für den hebr. Urmatthäus genommen sein. Das ist aber wenig wahrscheinlich; denn erstens haben die Nazaräer, wie gesagt, ihr einziges Ev nicht nach Mt genannt, zweitens weist das gleichzeitige Vorhandensein eines hebr. Joev und einer hebr. AG vielmehr darauf hin, daß dieser hebr. Mt ebenso wie die beiden anderen Bücher eine Übersetzung aus dem Griechischen gewesen ist. Aus der mündlichen Dolmetschung des griechischen NT's, welche nach gleichzeitigen Nachrichten um 300 in den Gemeinden jener Gegenden üblich war, entstanden Übersetzungen in aramäischer Sprache. Wir besitzen große Stücke derselben in dem Evangeliarium Hierosolymitanum und den dazu gehörigen Fragmenten anderer ntl Bücher; es spricht nichts dagegen, daß um 330 einige Teile dieser Übersetzung, darunter die drei genannten Bücher bereits existirten. Daß diese Übersetzung sowohl des Mt als der übrigen ntl Schriften aus griechischem Original geflossen ist, unterliegt keinem Zweifel. Damit ist aufs neue bewiesen, daß zu Anfang des 4. Jahrhunderts in Palästina der hebr. Urmatthäus nicht mehr existirte; denn wer würde das Mtev aus der griechischen Übersetzung in die Landessprache übersetzt haben, wenn das in dieser Sprache abgefaßte Ev noch existirte! Das Gleiche gilt von den ältesten Gestalten der Evangelienübersetzung bei den Syrern des Ostens (Sc, Ss), welche auch im Mt auf dem griech. Text beruhen. Der hebr. Mt war untergegangen. Wo hätte er sich auch erhalten sollen? Die ihrer Muttersprache treugebliebenen Nazaräer hatten spätestens seit 150 ihr Hebräerev; andere Judenchristen in Palästina und Syrien hatten wahrscheinlich seit 170 ein eigenes griechisches Ev (GK II, 724—742). Die heidenchristlichen Gemeinden Kleinasiens und vielleicht noch anderer Gegenden, in welchen einst der hebr. Mt mühselig gedolmetscht worden war, erfreuten sich spätestens seit dem J. 100 einer griechischen Übersetzung desselben, welche als vollgiltiger Ersatz des Originals betrachtet wurde. Im ganzen Umkreis der uns einigermaßen bekannten Kirchen gab es seit der Mitte des 2. Jahrhunderts keine Gemeinden, die an der Erhaltung des hebr. Mt ein Interesse gehabt hätten. Der Untergang des Buchs tut der Deutlichkeit der Spuren seiner ehemaligen Existenz keinen Eintrag. Den Gelehrten, welche unser Mtev als ein ursprünglich griechisch geschriebenes Werk angesehen haben (A 8), ist es nicht gelungen, die einstimmige und bis ins erste Jahrhundert hinaufreichende gegenteilige Überlieferung als einen Irrtum zu erklären und dadurch zu entkräften. Auch die Annahme, daß Mt selbst sein Ev sowohl hebräisch als griechisch geschrieben habe, steht in unversöhnlichem Widerspruch mit dem richtig verstandenen und auf Erlebnissen eines großen kirchlichen Kreises beruhenden Zeugnis des Papias, und sie entbehrt jedes Anhalts in der Überlieferung. Daß sie auch am Text unseres Mtev scheitert, wird sich später zeigen (§ 56).

Was sich aus der Ursprache des Mtev von selbst ergibt, haben die Väter auch manchmal ausgesprochen, daß es nämlich für Hebräer, für nicht hellenisirte Juden in Palästina geschrieben war. Eine bestimmtere Überlieferung scheint nicht zu Grunde zu liegen, wenn die ersten Leser gelegentlich als bereits christgläubige Juden bezeichnet werden (A 7). Das könnte schon aus dem äußerlichen Grunde beanstandet werden, daß Jk und Ju, sowie Pt im 2 Pt an Judenchristen Palästinas und der angrenzenden Gebiete griechisch geschrieben haben. Mt wäre somit von einer sonst zu beobachtenden Regel abgewichen, wenn er einen ganz gleichartigen Leserkreis im Auge hatte, wie jene. Die Anwendung der ἑβραΐς διάλεκτος seitens des Mt scheint, ähnlich wie bei Pl (AG 22, 2), darauf hinzuweisen, daß Mt sich mit seiner Schrift an seine Volksgenossen und Landsleute überhaupt wandte und durch Abfassung seines Buchs in deren Volks- und Landessprache seine echt israelitische Gesinnung auch äußerlich bekunden und den Inhalt desselben ihnen innerlich so nahe wie möglich bringen wollte. Die Wahl der Sprache würde zu den Mitteln gehören, mit welchen er den apologetischen Zweck seines Buchs verfolgt. Das Mittel wäre allerdings übel gewählt gewesen, wenn Mt sich der hebr. Sprache im strengsten Sinn des Worts, der hl. Sprache des AT's oder des modernisirten Hebräisch der Rabbinen bedient hätte. Er hätte dann die Reden Jesu und die Gespräche, welche er mit Freund und Feind geführt hat, aus der aramäischen Volkssprache, in der sie gehalten worden waren, in eine Gelehrtensprache übersetzt, von welcher der größere Teil des Volks, und zumal die Armen, denen das Ev in erster Linie gebracht werden sollte, nur sehr wenig verstanden. Man darf diese Annahme kurzer Hand als geschichtlich unmöglich ablehnen. Die Sprache, in der Mt schrieb, kann nur die Sprache Jesu, „die Ursprache des Ev" (§ 1), die aramäische Volkssprache Palästinas gewesen sein (A 9).

Über die Abfassungszeit gibt es keine andere, durch ihr Alter und ihre Bestimmtheit sich empfehlende Überlieferung als die bereits S. 177 ff. erörterte Sie beschränkt sich darauf, daß Mt von den vier Evangelisten zuerst geschrieben hat, und auf das, was zwar Irenäus allein, dieser aber mit einer Bestimmtheit und Zuversicht, welche auf ältere Quellen zurückweist, versichert, daß Mt um 61—66 geschrieben hat (A 10).

1. Die Stelle des Matthaeus in den Katalogen ist nicht immer die gleiche, bei Mr 3, 18; Lc 6, 15: 6. Bartholomaeus, 7. Matthaeus, 8. Thomas; bei Mt 10, 3: 6. Bartholomaeus, 7. Thomas, 8. Matthaeus; in AG 1, 13: 6. Thomas, 7. Bartholomaeus, 8. Matthaeus. Darin, daß Mt allein im Katalog sich den Zöllner genannt und seinen Namen hinter den seines σύζυγος Thomas gestellt habe, erblickte Eus. demonstr. III, 5, 81—86; theophan. V, 38, griech. bei Mai. Nova p. bibl. IV, 1, 135 einen Beweis seiner Demut. Cf Orig. schol. in prov. (Tischend. Not. cod. Sin. p. 78. 119); Didascalia ed. Lagarde p. 44, 9 ff.; Epiph. haer. 51, 6; auch schon Barn. 5, 9. Nach dem Zeugnis des Syrers Ischodad aus dem 9. Jahrhundert (mitgeteilt von Goussen, Stud. bibl. I, 66 cf Harris, Fragm. of the comm. of Ephrem on the Diatessaron p. 101; Th. Ltrtrbl. 1895 S. 499) folgten im Diatessaron auf die überall vorangestellten 5 Apostel: 6. Bartholomaeus, 7. Thomas, 8. Matthaeus der Zöllner, 9. Jakobus Lebbaeus, Sohn des Alphaeus, 10. Simon Cananaeus, 11. Judas, Sohn des Jakobus, 12. Judas der Verräter. Ebenso Ss in Mt 10. 3 f., nur daß Jak. Alphaei nicht den Beinamen Lebbaeus führt. Tatian scheint Mt 10, 3 (oder Mr 3, 18) ein ό vor καὶ Λεββαῖος gefunden oder in dem Bestreben, die Kataloge zu harmonisiren, erfunden zu haben. Diese Kombination setzt die LA Ἰάκωβον statt Λευΐν Mr 2, 14 voraus, welche Tatian nach Ephr. expos. p. 58 mit D und den alten Lateinern teilt, und welche auch manchen Griechen bekannt war, wahrscheinlich auch dem Origenes vorlag (cf Forsch I, 130; Tischend. und Matthäi zu Mr 2, 14; 3. 18; Mt 10, 3. Leider fehlen Sc, Ss zu Mr 2, 14). Λευΐς, welches bei Orig. c. Cels. I, 62 Λεβής geschrieben ist, wurde irrigerweise mit Λεββαῖος identificirt. Da nun derselbe Zöllner, welcher Lc 5, 27 Levi, nach cod. D mit dem Zusatz τὸν τοῦ Ἀλφαίου hieß, Mr 2, 14 nach jenem Text Jakobus Alphaei Sohn genannt war, so ergab sich, daß auch der Apostel Jk Alphäi ein Zöllner gewesen. Daher fand Tatian es passend, die beiden Zöllner unter den Aposteln zusammenzustellen. Es kann nicht bezweifelt werden, daß Lc 5, 27. 29 Levi ohne Zusatz, Mr 2, 14 Levi, Alphaei Sohn (so aus Mr auch das Ptev 14, 60) ursprünglicher Text ist; ebenso, daß Mr 2, 13—17; Lc 5, 27—32 dieselbe Tatsache berichtet ist, wie Mt 9, 9—13. Da nun bei Mt dieser Zöllner den Namen Matthaeus trägt und Mt 10, 3 der Apostel ausdrücklich als der kurz vorher erwähnte Zöllner charakterisirt wird, so ergab sich für die kirchliche Auslegung die Identität von Levi und Mt eigentlich mit Not-

wendigkeit. Die Unterscheidung der beiden von Jesus unter ganz gleichen Umständen berufenen Zöllner findet sich trotzdem nicht nur bei dem Valentinianer Herakleon, welchen Clemens, wo er dies berichtet (strom. IV, 73), hierin ungerügt läßt, sondern auch bei Orig. c. Cels. I, 62, welcher ausdrücklich sagt, daß jener Levi nicht zur Zahl der Apostel gehörte, wogegen Praef. in epist. ad Rom. (Delarue IV, 460) nichts bedeutet, da die ganze Erörterung über die Namen der Apostel vom Übersetzer Rufinus herrührt. Cf auch Ephraim, expos. ev. conc. p. 287; Forsch I, 130. Diese Unterscheidung war allerdings vernünftiger als etwa die zwischen Pt und Kephas, sofern Mr 3, 18; Lc 6, 15; AG 1, 13 nicht auf die Identität Levis mit einem Apostel hinweist. Sie ergibt sich erst aus der Vergleichung mit Mt 9, 9, hätte aber von denen, welche die Glaubwürdigkeit des Mtev anerkannten, wie Origenes, nicht verkannt werden sollen. Für Vereinigung der Namen Levi und Matthai in einer Person können als ausreichende Analogie nicht die Fälle gelten, wo neben einem hebräischen Namen ein lateinischer (Johannes—Marcus, Saul—Paulus, Jesus—Justus) oder griechischer (Juda—Aristobulos, Jonathan—Jannai—Alexandros Bd I, 26) geführt wurde. Ganz analog ist auch noch nicht die Verbindung eines Vaternamens mit dem eigentlichen Eigennamen (Joseph Bar-Saba AG 1, 23; Simon Bar-Jochanan Jo 1, 42; 21, 15—17, wahrscheinlich auch Nathanael Bar-Tholmai Bd I, 23). Aber auch zwei selbständige hebräische Eigennamen finden wir in einer Person vereinigt wie Jos. ant. XVIII, 2, 2 Ἰωσῆφ ὁ καὶ Καϊάφας. Es wird in der Regel einer der beiden ein später empfangener Beiname sein, wie Joseph mit dem Beinamen Kabi (Jos. ant. XX, 8, 11), Simon Kepha, Joseph Barnaba. Eben dies wird für Levi—Matthaeus anzunehmen sein, und es ist nach Analogie von Simon— Kepha (Petrus), Joseph—Barnaba wahrscheinlich, daß derjenige Name, unter welchem der Mann in der Christenheit berühmt und noch zu Lebzeiten regelmäßig genannt wurde, der später hinzugekommene ist. Historisch genau hat Mr 2, 14 und ihm folgend Lc 5, 27. 29 angegeben, daß der Zöllner zur Zeit seiner Berufung Levi hieß, während Mt 9, 9 der Name, welchen derselbe als Apostel und in der Gemeinde regelmäßig führte, in die Berufungsgeschichte zurückgetragen ist. Dem entspricht es, daß Mr den Pt vor der Mitteilung seiner Umnennung (3, 16) überall nur Simon nennt (1, 16. 29. 36) und dagegen Mt 4, 18 der zweite Name sofort beigefügt und, abgesehen von den feierlichen Momenten 10, 2; 16, 16f., ausschließlich gebraucht wird. Daß uns nichts davon überliefert ist, daß oder aus welchem Anlaß Levi den Namen Mt bekommen hat, hängt damit zusammen, daß seine Person in der Überlieferung überhaupt völlig zurücktritt. Selbst von Jo und Jk erfahren wir nur durch Mr 3, 17, daß Jesus ihnen den Beinamen Boanerges gegeben, und eben nur dies, nicht Anlaß und Umstände. In bezug auf die Doppelnamigkeit verhält es sich ähnlich mit Nathanael. Dieser gehört nach Jo 1, 46—51 zu den ersten Jüngern und nach Jo 21, 2 auf die Dauer zu dem engsten Jüngerkreis, also sicherlich zu den Aposteln (cf Jo 6, 66ff.). Und doch fehlt er in allen Apostelkatalogen, wenn er nicht identisch ist mit dem Bartholmai, welcher bei Mt, Mr und Lc die 6. Stelle unter den Aposteln einnimmt, wie Nathanael nach richtiger Auslegung von Jo 1, 35—51 der 6. Jünger Jesu ist. Der Name Μαθθαῖος (so in den ältesten Hss אB und auch D statt des der griech. Regel entsprechenden Ματθαῖος der jüngeren) ist viel umstrittener Bildung und Bedeutung, jedenfalls aber zu schreiben מַתַּי oder מַתָּאי. In b. Sanhedr. 43ª (in den castigirten Ausgaben gestrichen, abgedruckt bei Laible-Dalman, Jesus Christus im Talmud S. 15*, übersetzt S. 66) heißt es: „Fünf Jünger hatte Jesus: Matthai (מתאי), Nakai, Nezer, Bunai, Thoda. Sie führten den Matthai vor Gericht. Er sprach zu dem Richter: Soll Matthai getötet werden? Es steht doch geschrieben: Wann (מָתַי) werde ich kommen und erscheinen vor dem Angesicht Gottes (Ps 42, 3)! Sie sagten zu ihm: Allerdings soll Matthai getötet werden; denn es steht geschrieben: Wann (מָמַי) wird er sterben und sein Name untergehen (Ps 41, 6).“ Nach zahlreichen Analogien (z. B.

Zακχαῖος = זכאי, Abkürzung von זכריה) ist מתאי wahrscheinlich Abkürzung von מַתַּנְיָה (2 Reg 24, 17; Nehem 11, 17. 22, *Ματθανίας*, Geschenk Jahves). Wie neben diesem das gleichbedeutende מַתִּתְיָה (Nehem 8, 4; 1 Chron 9, 31, *Ματθαθίας*) als besonderer Name üblich war, so neben der Abkürzung des ersteren (*Ματθαῖος*) die Abkürzung des letzteren (*Ματθίας* AG 1, 23, מַתְיָה Jastrow 861). Onom. ed. Lagarde 174, 79 *Ματθαῖος δεδωρημένος, Ματθίας δόμα θεοῦ.* Cf Dalman, Gr. des jüd. Aramäisch 142. Eine Erörterung verschiedener Ableitungen und Deutungen bei Grimm, Theol. Stud. u. Krit. 1870 S. 723—729, welcher seinerseits מתאי von dem ungebräuchlichen Singular מַת (Mann) herleiten wollte. Noch Anderes bei Schanz, Komm. zu Mt S. 1 f. Wie Ewald und Hitzig faßt auch Nöldeke, Gött. gel. Anz. 1884 S. 1023 den Namen als Abkürzung von אֲמִתַּי oder אֲמִתִּי.

2. Was Lc 5, 29 deutlicher sagt, daß der Zöllner zu Ehren Jesu und zur Feier des Tages in seinem Hause ein Gastmahl veranstaltet (cf Lc 14, 13. 16; Jo 12, 2), ist auch der Sinn von Mt 9, 10; Mr 2, 15; denn abgesehen von der Unwahrscheinlichkeit, daß Jesus in seiner eigenen Behausung eine große Tischgesellschaft um sich versammeln konnte, verbürgt das *τῷ Ἰησοῦ*, daß das bei Mt mit starker Betonung vorangestellte *αὐτοῦ* und das *αὐτόν* des Mr sich nicht auch schon auf Jesus, sondern auf den Zöllner, die Hauptperson des vorangehenden Satzes bezieht. Sehr kurz, aber doch unmisverständlich schreitet die Erzählung bei Mt wie Mr fort. Zuerst sitzt der Zöllner in seinem Amtslokal; auf den Ruf Jesu verläßt er dieses und schließt sich Jesu an; zuletzt sitzt er im Wohnhaus zu Tische. Nur diesen Gegensatz der Örtlichkeiten drückt Mt aus, während Mr mit seinem *αὐτοῦ* hinter *ἐν τῇ οἰκίᾳ* das an sich Selbstverständliche eigens ausspricht. Die anspruchsloseste Form der Erzählung gibt Mt.

3. Abgesehen von den auf das Mtev bezüglichen Nachrichten könnte als Überlieferung nur etwa die Angabe bei Clem. paed. II, 16 gelten: *Ματθαῖος μὲν οὖν ὁ ἀπόστολος σπερμάτων καὶ ἀκροδρύων καὶ λαχάνων ἄνευ κρεῶν μετελάμβανεν.* Aber es besteht der Verdacht, daß Clemens hier aus den „Paradosen des Matthias" oder dem „Ev des Matthias" schöpft, daß also *Ματθαῖος* in *Ματθίας* zu verbessern ist cf GK II, 751 bis 761. Die Verwechselung dieser beiden Namen ist in vielen Fällen ein absichtsloser Fehler z. B. im Verzeichnis „der 60 Bücher" GK II, 292 A 7 cf 753 A 1; 759 A 2. Aber absichtsvoll ist es geschehen, wenn in einer apokryphen Variation der Geschichte Lc 19, 1—10 der Name des Zakchaeus durch den des Oberzöllners *Matthias* ersetzt war Clem. strom. IV, 35 cf quis div. 13 GK II, 752, wie es auch bewußte Spielerei war, wenn man gerade auch dem nachgewählten Apostel Matthias, dessen Name mit dem des Evangelisten Matthaeus nach Ableitung, Bedeutung und Klang zum Verwechseln ähnlich war, ein Ev andichtete. Auf dem Gebiet der apokryphen Kindheitsevv hat der unveränderte Name des Matthaeus noch einmal herhalten müssen Ev. apocr. ed. ² Tischend. 51—112. Über die ihn betreffenden Legenden s. Lipsius, Apokr. AGesch. II, 2, 109—141 und an vielen Stellen. Über eine Abschrift des Mtev, angeblich von der Hand des Barnabas, worüber im 6. Jahrhundert viel geredet wurde, ebendort S. 291 ff.

4. Hinter den Mitteilungen aus Papias über Mr fährt Eus. h. e. III, 39, 16 fort: *περὶ δὲ τοῦ Ματθαίου ταῦτ᾽ εἴρηται* (sc. *τῷ Παπίᾳ*)· „*Ματθαῖος μὲν οὖν ἑβραΐδι διαλέκτῳ τὰ λόγια συνεγράψατο* (v. l. *συνετάξατο), ἡρμήνευσε δ᾽ αὐτὰ ὡς ἦν δυνατὸς* (v. l. *ἠδύνατο, ἦν δυνατόν) ἕκαστος".* Der Syrer übersetzt: „Über Matthaeus aber sagt er dies: Matthaeus schrieb in hebräischer Sprache ein Evangelium, es übersetzte dasselbe aber ein jeder (wörtl. „Mann für Mann"), sogut sie konnten." Rufinus: *Matthaeus quidem scripsit hebraeo sermone; interpretatus est autem ea, quae scripsit, unusquisque sicut potuit.* Indem Rufin *τὰ λόγια* unübersetzt läßt, bestätigt er das oben S. 255 f. über die Tonlosigkeit des Objekts Gesagte. Der Syrer dagegen bestätigt die Auffassung, wonach Papias von nichts anderem, als von dem zu seiner Zeit bereits verbreiteten Mtev redet. So

verstand ihn Irenäus, wenn er sein Wissen um die Ursprache des Mtev dem Papias
verdankt (oben S. 180 und unten A 7), ebenso Eusebius selbst, welcher an das Zeugnis
über „den Mr, der das Ev geschrieben hat,“ dies Zeugnis über Mt anschließt, ohne ein
Wort der Erläuterung nötig zu finden.   Auch die gelehrten Isagogiker setzten lange
als selbstverständlich voraus, daß Papias vom Mtev rede.   Michaelis Einl. 951 übersetzte wie Rufinus, Eichhorn I², 200. 458 wie der alte Syrer, Hug II³, 16: „Mt hat in
hebräischer Sprache seine Geschichte geschrieben“.   Erst Schleiermacher (s. oben S. 189)
betonte im J. 1832 τὰ λόγια und folgerte, daß Papias ein von unserem Mtev inhaltlich
ganz verschiedenes hebr. Buch bespreche.   Seitdem hat man nicht aufgehört, von den
Λόγια des Mt als einer verloren gegangenen Quelle unserer Evv zu reden.   Über den
Begriff der λόγια GK I, 857 ff.; II, 790 ff.   Daß λόγια κυριακά oder λόγοι Ἰησοῦ (cf
Amos 1, 1) allenfalls Titel eines Werks hätte sein können, welches eine Sammlung von
längeren Reden und kurzen Aussprüchen Jesu gewesen wäre, ist natürlich zuzugeben.
Erwägt man aber das oben S. 256 über die geschichtliche Einrahmung der Reden Jesu
Gesagte, so ist dies äußerst unwahrscheinlich.   Griechen haben Sammlungen von
Anekdoten, deren wesentlicher Gehalt in einem geistreichen Ausspruch besteht, wohl *a
potiori* ἀποφθέγματα genannt z. B. Plutarch seine verschiedenen Sammlungen (Moralia
p. 172—236; 240—242).   Die Juden nannten eine Anekdote dieser Art wohl eher מעשׂה
= πρᾶξις.   Aus den zahllosen Erörterungen des papianischen Zeugnisses über Mt (und
Mr) seien außer Schleiermachers berühmter Abhandlung (oben S. 198 A 12) und meinen
Bemühungen GK I, 889—897 nur noch genannt Weiffenbach, Das Papiasfragment über
Mr und Mt, 1878; Lipsius, Jahrb. f. protest. Theol. 1885 S. 174—176, welcher die Beziehung der Zeugnisse des Papias auf unsere Evv des Mr und Mt forderte.   Zu den
grundlosen Vorurteilen, unter welchen das richtige Verständnis der wenigen Worte des
Papias zu leiden gehabt hat, gehört auch dies, daß Papias ein Judenchrist gewesen sei.
So selbst Hofmann IX, 270.   Sein Name ist ein echt phrygischer und heidnischer
Forsch V, 94; VI, 109.   Daß er das Hebräerev in Händen gehabt habe, hätte man nicht
daraus folgern sollen, daß er nach Eus. h. e. III, 39, 16 seinem Werk die Erzählung von
der vor Jesus verklagten Sünderin einverleibt hat, welche auch im Hbev enthalten war,
wahrscheinlich dieselbe, welche später auch in Jo 8, 1—11 Aufnahme gefunden hat.   Da
Eusebius unmittelbar vorher sagt, daß Papias Stellen des 1 Jo und des 1 Pt citirt habe
(κέχρηται μαρτυρίαις ἀπὸ κτλ.), so ergibt sich aus der Form seiner Mitteilung über Papias
und das Hbev vielmehr, daß Papias dieses Buch nicht genannt, sondern nur einen
Stoff mitgeteilt hat, von welchem Eusebius, der das Hbev studirt hatte, aus eigener
Wissenschaft mitteilen konnte, daß er auch in diesem enthalten war.   Für Papias, wie
für die ganze Masse der asiatischen Christen war ein hebr. Buch ein verschlossenes Buch,
wenn sie nicht einen Hebräer an der Hand hatten, welcher es ihnen dolmetschen konnte.
Das einzige hebr. Buch, von welchem er nach den vorhandenen Nachrichten und Fragmenten etwas gesagt hat, ist das Buch des Mt.   Wenn er in der Vorrede bei Beschreibung der Studien, auf welchen sein Werk beruht, unter anderen Jüngern Jesu,
nach deren mündlichen Aussagen er sich zu erkundigen pflegte, auch den Mt nennt, und
wenn er dieses eifrige Forschen dadurch erklärt, daß er dabei von der Annahme ausging, er könne aus Büchern nicht soviel Nutzen ziehen, als aus den mündlichen Mitteilungen lebendiger Zeugen, so spricht er damit nicht eine Gleichgiltigkeit gegen alle
Bücher aus, die mit seinen Aussagen über Mr und Mt, über 1 Pt und 1 Jo und über
die Apokalypse unvereinbar wäre; er sagt auch nicht, wie er jetzt, da er selbst ein Schriftsteller geworden, über den Wert von Büchern urteile (ὑπελάμβανον schreibt er, nicht ὑπέλαβον
oder gar ὑπολαμβάνω), sondern wie er in jüngeren Jahren, zur Zeit jener Nachforschungen
dachte.   Das Mrev genügte nicht.   Das Buch des Mt war ihm unverständlich.   Dolmetscher waren nicht immer zur Hand und verstanden ihr Geschäft nicht immer zum besten.

5. Barn. 4, 14: $\pi\varrho o\sigma\acute{\varepsilon}\chi\omega\mu\varepsilon\nu$, $\mu\acute{\eta}\pi o\tau\varepsilon$ $\dot{\omega}\varsigma$ $\gamma\acute{\varepsilon}\gamma\varrho\alpha\pi\tau\alpha\iota$ „$\pi o\lambda\lambda o\grave{\iota}$ $\varkappa\lambda\eta\tau o\acute{\iota}$, $\dot{o}\lambda\acute{\iota}\gamma o\iota$ $\delta\grave{\varepsilon}$ $\dot{\varepsilon}\varkappa\lambda\varepsilon\varkappa\tau o\acute{\iota}$"
$\varepsilon\acute{v}\varrho\varepsilon\vartheta\tilde{\omega}\mu\varepsilon\nu$ cf GK I, 848. 924. Daß auch Barnabas das Mtev unter diesem Namen ge-
kannt hat, muß man aus Barn. 5, 9 schließen. Wenn dort behauptet wird, daß Christus
zur Bestätigung des Satzes Mt 9, 13 die allersündigsten Menschen zu seinen Aposteln
erwählt habe, so setzt dies zunächst die Erzählung Mt 9, 9 cf 10, 3 voraus, wo allein der
berufene Zöllner als der Apostel Mt bezeichnet ist. Die Verallgemeinerung aber dieser
Tatsache und die gleichzeitige Charakteristik der Apostel als derjenigen, welche nachmals das Ev Christi predigen sollten, bliebe unverständlich, wenn dem Vf nicht Mt als
ein hieran in erheblicher Weise beteiligter und überhaupt als ein hervorragender und
daher zum Typus der ganzen Klasse geeigneter Apostel bekannt war. Beides aber
gilt von Mt nur, sofern er als Vf eines Ev galt. Über die Zeit des Barnabas cf neuerdings Funk, Theol. Quartalschr. 1897 S. 617 ff., welcher ihn wieder der Zeit des Nerva
oder doch dem Ende des 1. Jahrh. zuweist, und A. Schlatter, Die Tage Trajans und
Hadrians, (1897) S. 1. 61—67, welcher mit neuer Begründung für das wahrscheinlich
richtige Datum a. 130/131 eintritt. In bezug auf Ignatius, Polykarp, Didache u. a. cf
GK I, 922—932. 840—848. Nestle, Marginalien und Materialien II, 72 macht auf eine
Stelle der syrisch erhaltenen Schrift des Pseudoeusebius über den Stern der Magier aufmerksam, wo es heißt: „Im zweiten Jahre des Kommens unseres Herrn, unter dem Konsulat von Cäsar und Capito (? a. 5 p. Chr.; Klein, Fasti cons. 17), im Monat Kanun II
(= Januar) kamen diese Magier von Osten und beteten unsern Herrn an. Und im Jahre
430 (1. Okt. 118—119), unter der Regierung Hadrians (a. 117—139), unter dem Konsulat des Severus und Fulgus (l. Fulvus = a. 120), und dem Episkopat des Xystus, Bischofs
der Stadt Rom (etwa a. 115—125), erhob sich diese Frage unter den Leuten, welche mit
der hl. Schrift bekannt sind, und durch die Bemühungen großer Männer an verschiedenen
Orten wurde diese Geschichte vorgesucht und gefunden, und in der Sprache derer geschrieben, welche dafür sorgten." Es überrascht die Genauigkeit der vierfachen Datirung.
Wenn wir die erste Ziffer 430 in 431 (1. Okt. 119—120 p. Chr.) ändern, stimmen alle 4
Daten überein, eine große Seltenheit in chronologischen Angaben dieser Art. Es wäre
also im J. 120 und zwar, wie die Datirung zeigt, zunächst in Rom die Frage lebhaft
verhandelt worden, in welchem Jahre die Magier nach Bethlehem gekommen seien. Man
wird an Erörterungen wie die über die Schatzung des Quirinius und an die erdichteten
Pilatusakten (Justin. apol. I, 34. 35) erinnert. Ist etwas an der merkwürdigen Angabe,
so hat man sich im J. 120 in Rom und „an verschiedenen Orten" mit Mt 2, natürlich
mit dem griechischen Text dieses Kapitels unseres Mtev in gelehrter Weise beschäftigt.
Dies paßt zu den vorhin angeführten Citaten.

6. Der griechische Übersetzer des Mt war dem Eusebius ein namenloser Jemand
(s. folgende A). Aus den Worten des Hier. v. ill. 3 läßt sich nicht mit Sicherheit
schließen, daß man damals bereits Vermutungen darüber angestellt hatte. In griech.
Minuskeln (Tischend. I, 212) werden als Übersetzer genannt: Johannes (was einen gewissen Anhalt in älteren Fabeleien hat, wie man sie in den Acta Timothei ed. Usener
p. 9 f. liest cf GK I, 943); ferner Bartholomaeus (was an die Erzählung von der Reise des
Pantänus zu den Indern Eus. V, 10, 3 anknüpft); endlich Jk, der Bruder des Herrn. So
auch die Synopsis unter dem Namen des Athanasius (ed. Montfaucon II, 202). Nach Epiph.
mon. ed. Dressel p. 44, welcher in Mt 10, 23 bezeugt findet, daß vor der Zerstörung
Jerusalems kein Apostel sich weit von Palästina entfernt habe, und welcher ebendort
die pseudoklementinische Idee von der Oberaufsicht des Jk über die Apostel vorträgt,
hätte Mt 30 Jahre (nach der Himmelfahrt) im Auftrag ($\varkappa\alpha\tau'$ $\dot{\varepsilon}\pi\iota\tau\varrho o\pi\acute{\eta}\nu$) dieses Jk, welcher
schon 2 Jahre vorher gestorben sei, sein Ev geschrieben.

7. Über hebr. Sprache des Mtev und Bestimmung desselben für Hebräer Iren.
III, 1, 1 (oben S. 180). Dazu ein Katenenfragment bei Stieren p. 842: $\tau\grave{o}$ $\varkappa\alpha\tau\grave{\alpha}$ $M\alpha\tau\vartheta\alpha\tilde{\iota}o\nu$

εὐαγγέλιον πρὸς Ἰουδαίους ἐγράφη· οὗτοι γὰρ ἐπεθύμουν πάνυ σφόδρα ἐκ σπέρματος Δαβὶδ Χριστόν, ὁ δὲ Ματθαῖος ἔτι μᾶλλον σφοδροτέραν ἔχων τὴν τοιαύτην ἐπιθυμίαν, παντοίως ἔσπευδε πληροφορίαν παρέχειν αὐτοῖς, ὡς εἴη ἐκ σπέρματος Δαβὶδ ὁ Χριστός· διὸ καὶ ἀπὸ τῆς γενέσεως αὐτοῦ ἤρξατο. Cf III. 9 die Excerpte aus Mt; III, 11, 8 über den Anfang des Buchs; III, 11, 7: *Ebionaei etenim eo quod est secundum Matthaeum solo utentes, ex illo ipso convincuntur, non recte praesumentes de domino.* Diese Angabe über das Ev der Ebjoniten, zu welcher I, 26, 2 noch hinzugefügt wird: *et apostolum Paulum recusant,* beruht auf ungenauer Kenntnis des Irenäus von den Verhältnissen der Judenchristen cf GK II, 664. — Eus. h. e. V, 10, 3 ὁ Πάνταινος καὶ εἰς Ἰνδοὺς ἐλθεῖν λέγεται, ἔνθα λόγος εὑρεῖν αὐτὸν προφθάσαν τὴν αὐτοῦ παρουσίαν τὸ κατὰ Ματθαῖον εὐαγγέλιον παρά τισιν αὐτόθι τὸν Χριστὸν ἐπεγνωκόσιν, οἷς Βαρθολομαῖον τῶν ἀποστόλων ἕνα κηρῦξαι αὐτοῖς τε Ἑβραίων γράμμασι τὴν τοῦ Ματθαίου καταλεῖψαι γραφήν, ἣν καὶ σώζεσθαι εἰς τὸν δηλούμενον χρόνον. Cf Forsch III, 168—170; GK II, 666. 680. — Während Irenäus den Mt für die Juden und zwar nach dem Fragment wenigstens in erster Linie für die noch nicht gläubigen Juden geschrieben sein läßt, sagt Origenes (bei Eus. h. e. VI, 25, 3 und tom. VI, 17 in Jo s. oben S. 180) „für die vom Judentum her gläubig Gewordenen" und „für die Gläubigen aus der Beschneidung", anderwärts jedoch auch er (tom. I, 6 in Jo) τοῖς προσδοκῶσι τὸν ἐξ Ἀβραὰμ καὶ Δαβὶδ Ἑβραίοις. — Eus. h. e. III, 24, 6 Ματθαῖος μὲν γὰρ πρότερον Ἑβραίοις κηρύξας, ὡς ἤμελλε καὶ ἐφ' ἑτέρους ἰέναι, πατρίῳ γλώττῃ γραφῇ παραδοὺς τὸ κατ' αὐτὸν εὐαγγέλιον, τὸ λεῖπον τῇ αὐτοῦ παρουσίᾳ τούτοις, ἀφ' ὧν ἐστέλλετο, διὰ τῆς γραφῆς ἀπεπλήρου. Woher Eusebius dies wissen will, kann Niemand sagen. Es geht über Iren. III, 1, 1 (oben S. 180) hinaus, wo zwar gesagt ist, daß Mt „unter den Hebräern" gepredigt und auch sein Ev geschrieben habe, aber durch nichts angedeutet ist, daß Mt jemals Palästina verlassen habe, wofür es auch keinerlei alte und glaubwürdige Überlieferung gibt. Die Judenchristen in „Indien" (s. vorher) glaubten nicht durch Mt selbst, sondern durch Bartholomäus sein Ev bekommen zu haben. — Eus. quaest. ad Marinum (Mai, N. patr. bibl. IV, 1, 257 cf Hieron. ad Hedibiam epist. 120, 4 zu Mt 28, 1) λέλεκται δὲ „ὀψὲ τοῦ σαββάτου" παρὰ τοῦ ἑρμηνεύσαντος τὴν γραφήν· ὁ μὲν γὰρ εὐαγγελιστὴς Ματθαῖος ἑβραΐδι γλώττῃ παρέδωκε τὸ εὐαγγέλιον, ὁ δὲ ἐπὶ τὴν Ἑλλήνων φωνὴν μεταβαλὼν αὐτὸ τὴν ἐπιφώσκουσαν ὥραν εἰς τὴν κυριακὴν ἡμέραν „ὀψὲ σαββάτων" προσεῖπεν. Nicht etwa den hier für den dunkeln Ausdruck verantwortlich gemachten griechischen Übersetzer, sondern den Apostel Jo nennt er gleich darauf ὁ διερμηνεύων in Rücksicht auf Jo 20, 1 im Vergleich mit Mt 28, 1, wie unmittelbar vorher ὥσπερ διερμηνεύων αὐτὸς ἑαυτὸν ὁ Ματθαῖος. — Eus. in Ps 78 (Montfaucon, Coll. nova patr. I, 463) ἀντὶ γὰρ τοῦ „φθέγξομαι προβλήματα ἀπ' ἀρχῆς" Ἑβραῖος ὢν ὁ Ματθαῖος οἰκείᾳ ἐκδόσει κέχρηται εἰπών· „ἐρεύξομαι κεκρυμμένα ἀπὸ καταβολῆς" (Mt 13, 35). Hier heißt οἰκεία ἔκδοσις natürlich nicht· eine besondere griech. Übersetzung wie die gleich danach citirten des Aquila und des Symmachus im Gegensatz zur LXX, sondern der dem Mt als Hebräer zugehörige, einheimische d. h. hebräische Text. Die Nachricht über die Polemik des Ebjoniten Symmachus gegen das Mtev Eus. h. e. VI, 17 cf GK II, 740f. trägt für uns nichts aus. Was als Aussage des Eusebius bei Mai l. l. 270 überliefert ist (καὶ δὴ συνόρα ἐν τούτοις ὕφος καὶ ἀκολουθίαν ἱστορικῆς διηγήσεως, ἣν ὁ Ματθαῖος ἐκτίθεται, Σύρος ἀνήρ, τελώνης τὸν βίον, τὴν φωνὴν Ἑβραῖος), wahrscheinlich aber dem Julius Africanus gehört (cf Spitta, Brief des Afric. an Aristides 70ff. 111), setzt die hebr. Abfassung des Mt voraus. Wiederholt wird diese Überlieferung von Cyrill. hieros. cat. 14, 15; Epiph. haer. 30, 3 (ἑβραϊστὶ καὶ ἑβραϊκοῖς γράμμασιν); 30, 6 (τὸ κατὰ Ματθαῖον εὐαγγέλιον ἑβραϊκὸν φύσει ὄν, angeblich neben einer hebr. Übersetzung des Joev und der AG in jüdischem Besitz in Tiberias noch um 330 vorhanden cf Forsch I, 345ff.; GK I, 411 A 1; II, 672); haer. 51, 5 (ἑβραϊκοῖς γράμμασι); Chrysost. . hom. 1, 3 in Mt; Hieron. v. ill. 3 (*evangelium Christi hebraeis litteris verbisque conpo-*

suit, quod quis postea in Graecum transtulerit, non satis certum est); praef. comm. in Mt (*qui evangelium in Judaea hebraeo sermone edidit*); Comm. in Oseam (Vall. VI, 123 *Matthaeum evangelium hebraeis litteris edidisse, quod non poterant legere, nisi hi qui ex Hebraeis erant*). Was Hier. hier und an vielen anderen Stellen unter der hebräischen Sprache des Mtev verstand, ergibt sich am einfachsten daraus, daß er das genau von ihm studirte, abgeschriebene, und sowohl ins Griechische als ins Lateinische übersetzte aramäische Ev der Nazaräer zeitweilig und gelegentlich für das Original des Mt gehalten und ausgegeben hat cf übrigens Bd I, 15 f. 18. Die häufige Hervorhebung der hebräischen Schriftzüge, in welchen Mt geschrieben, hat nur vollständige Ignoranz als Beweis für eine Abfassung in der althebräischen Sprache geltend machen können. Das Gleiche sagt Hieronymus von den aramäischen Stücken in Daniel und Esra, und sagt er wie Andere vom Hebräerev, über dessen Sprache nie ein Zweifel bestanden hat cf GK II, 661. 667. 718. — Zu den Syrern kam die Tradition vom hebr. Mt wohl hauptsächlich, wenn nicht ausschließlich, durch die ins Syrische übersetzte Kirchengeschichte des Eusebius, von welcher schon Ephraim vielfach, so auch in bezug auf Mt sich abhängig zeigt (Ev. concord. expos. 286). Auch ein anonymes syrisches Fragment, welches ich nach dem Excerpt bei Wright, Catal. of syr. mss. p. 1016 auf das Hebräerev glaubte beziehen zu sollen (GK II, 681), bezieht sich nach der vollständigeren Mitteilung von Barnes in der Academy 1893 p. 344 auf Mt und wiederholt nur das ἐν τοῖς Ἑβραίοις des Irenäus (s. oben S. 180). Der Syrer Ischodad im 9. Jahrhundert (bei Harris, Fragments of the comm. of Ephr. Syr. p. 16 cf Theol. Literaturbl. 1896 Sp. 2) bemerkt zu Mt 1, 20: „Andere (sagen), daß derjenige, welcher (dies) aus dem Hebräischen ins Syrische übersetzte, (den Ausdruck) änderte und anstatt (des Wortes) in ihr empfangen ist setzte geboren ist. Das Diatessaron aber sagt: derjenige nämlich, welcher in ihr geboren ist, ist vom hl. Geiste". Diese Exegeten gingen von der Voraussetzung aus, daß die syrische Übersetzung des Mtev nicht aus einem griech. Mt, sondern unmittelbar aus dem hebr. Urmatthaeus geflossen sei, eine Ansicht, welche in neueren Zeiten W. Cureton für den von ihm entdeckten Sc (Vorrede p. 76 ff.) und Minischalchi Erizzo für den von ihm herausgegebenen Sh (Evang. hieros. praef. p. 45) erneuert haben. Dagegen wußte Georg der Araberbischof (saec. VII) noch, daß der hebr. Mt zuerst ins Griechische übersetzt worden sei, und daß bei dieser Gelegenheit Fehler eingedrungen seien, welche der syrische Text mit dem griechischen teilt cf Georgs Gedichte und Briefe übersetzt von Ryssel S. 140.

8. Erasmus soll der Erste gewesen sein, welcher die Tradition von der hebr. Abfassung des Mtev beanstandete. Ihm folgten einige Katholiken wie der Cardinal Cajetan und die Vertreter sowohl der reformirten als der lutherischen Orthodoxie cf deren Bestreitung durch R. Simon, Hist. crit. du texte du NT, 1689, p. 47 ff. und die Excerpte bei Credner, Einl. I, 78 ff. Für Luthers geschichtlichen Geschmack und freien Geist ist bezeichnend, daß er an der hebr. Originalsprache des Mt festhielt. In den Verhandlungen über die Abendmahlsstiftung sprach er nach dem Bericht Gregor Casels vom J. 1525 (Kolde, Anal. Lutherana p. 72) das heute noch für hundert andere Rätsel giltige Wort: *Si haberemus hebraeum Matthaeum, facile expediremus!* In Simons Fußtapfen tretend verfocht Michaelis Einl. 946 ff. die ältere Tradition mit großer Gründlichkeit. Trotzdem haben Theologen der verschiedensten Richtung sie immer wieder abgelehnt z. B. Hug II², 16—63; Fritzsche, Comm. in ev. Matthaei 1826 p. XVII ff.; Harleß, Fabula de Matthaeo syrochaldaice conscripto (Erlanger Programm von 1841). Daß unser Mtev keine Übersetzung, sondern von Haus aus griechisch geschrieben sei, ist heute herrschende Meinung. Die von Bengel im Gnomon (Vorbemerkung zu Mt, ed. Stuttg. 1860 p. 2) hingeworfene Vermutung, daß Mt selbst sein Buch sowohl hebräisch als griechisch herausgegeben habe, haben einige wenige, darunter Männer wie Thiersch,

Versuch S. 192 ff. und Hofmann IX, 326, allen Ernstes sich angeeignet. Sehr merkwürdig ist der Selbstwiderspruch, in welchen sich Thiersch dabei verwickelt, wenn er S. 103 bei übrigens wesentlich richtiger Deutung des papianischen Zeugnisses (cf S. 222 f.) dieses dahin ergänzt, daß die mündliche Dolmetschung des hebr. Mtev solange stattgeunden habe, „bis er selbst (Mt) die griechische Schrift herausgab, welche in der ganzen Kirche als sein Ev gelesen wird", und wenn dann doch nach S. 197 Mt „gleichzeitig oder fast gleichzeitig" seine beiden Ausgaben den Gemeinden Palästinas übergeben haben soll, die griechische den Hellenisten, die hebräische den Hebräern. Dann wäre Dolmetschung des hebr. Mtev überall überflüssig gewesen, und nur durch eine sonderbare Verwechselung müßte statt des griech. Mt der hebr. in Kleinasien eingeführt worden sein.

9. Als ein mit den sprachgeschichtlichen Verhältnissen Jesu und der Apostel vertrauter Gelehrter, welcher sich für das Hebräische im engeren Sinn als die Ursprache des Mtev erklärt hat, ist eigentlich nur Franz Delitzsch zu nennen (The Hebrew NT, Leipzig 1883 p. 30), welcher früher selbst das Aramäische dafür gehalten hatte (Neue Untersuchungen über Entstehung und Anlage der kanon. Evv, 1853 I, 7. 45. 49. 50). Die langjährige und verdienstliche Arbeit, welche dieser bedeutende Hebraist auf die Herstellung einer hebr. Übersetzung des NT's verwendet hat, scheint ihn hauptsächlich zur Änderung seiner Ansicht geführt zu haben. Schon in seiner Schrift über den Br. an die Römer, in das Hebr. übersetzt und aus Talmud und Midrasch erläutert (1870) S. 16 f. zeigt er ein Schwanken selbst in bezug auf die Sprache des Hbev. Über andere Vertreter der Ansicht von der echt hebr. Sprache des Mtev s. GK II, 718 f.

10. Die Angabe von Gla, Die Originalsprache des Mtev, 1887 S. 177, daß Eusebius in der Chronik ad a. 41 die Abfassung des Mtev in das 8. Jahr nach der Himmelfahrt setze, ist in allen Teilen falsch. Zu a. Abrah. 2057 = a. 41 p. Chr. oder nach der Bearbeitung des Hieronymus zu a. Abrah. 2058 sagt Eusebius von Mt nichts und auch von Mr nur, daß dieser zum Zweck der Predigt nach Ägypten gegangen sei (ed. Schoene p. 152. 153). Über die Abfassung irgend eines Ev enthält die Chronik überhaupt kein Wort.

§ 55. Inhalt, Anordnung und Zweck des Matthaeusevangeliums.

Die Worte, mit welchen das Buch beginnt, sind eine Titelüberschrift. Man sollte denken, da sie an der Spitze eines Buches stehen, in dessen weiterem Verlauf kein anderer Titel folgt, so hätte man nie bezweifeln können, daß $\beta l\beta\lambda o\varsigma$ $\gamma\varepsilon\nu\acute{\varepsilon}\sigma\varepsilon\omega\varsigma$ $^{\prime}I\eta\sigma o\tilde{\upsilon}$ $X\varrho\iota\sigma\tau o\tilde{\upsilon}$ $\varkappa\tau\lambda.$ der Titel des ganzen Buches sei, wie $\mathring{\alpha}\varrho\chi\grave{\eta}$ $\tau o\tilde{\upsilon}$ $\varepsilon\mathring{\upsilon}\alpha\gamma\gamma\varepsilon\lambda\acute{\iota}o\upsilon$ $\varkappa\tau\lambda.$ sich als Titel des Mrev erwiesen hat. Wenn man den Titel bald auf 1, 1—17, bald auf 1, 1—25, bald auf 1, 1—2, 15, bald auf 1, 1—2, 23 bezogen hat, so zeigt schon diese Mannigfaltigkeit der Abgrenzung des Abschnitts, welchem der Titel gelten soll, daß der Vf an die Möglichkeit aller dieser Deutungen gar nicht gedacht hat; denn wie sollte er es dann unterlassen haben, die Grenze zwischen dem so überschriebenen ersten und dem folgenden zweiten Abschnitt durch einen neuen Titel oder sonst deutlich zu bezeichnen! Sprachlich möglich wäre die Übersetzung „Buch vom Ursprung Jesu Christi" und somit die Beziehung auf 1, 18—25, wo die $\gamma\acute{\varepsilon}\nu\varepsilon\sigma\iota\varsigma$ oder nach der wahrscheinlich ursprünglichen LA die $\gamma\acute{\varepsilon}\nu\nu\eta\sigma\iota\varsigma$ $\tau o\tilde{\upsilon}$ $X\varrho\iota\sigma\tau o\tilde{\upsilon}$ beschrieben wird (A 1), aber eben nur auf diesen zweiten Abschnitt des Buchs, nicht auf das ganze

Kapitel. Schon der fast wie eine Überschrift lautende Satz 1, 18ᵃ sagt ja deutlich, daß erst von dieser Stelle an von der Erzeugung und Geburt Jesu gehandelt werden soll, also nicht schon 1, 2—17 von derselben gehandelt worden ist, was sich freilich von selbst versteht, da kein Verständiger die Herzählung der Ahnen eines Menschen als eine Darstellung seiner $\gamma\acute{\epsilon}\nu\nu\eta\sigma\iota\varsigma$ oder auch $\gamma\acute{\epsilon}\nu\epsilon\sigma\iota\varsigma$ (cf Lc 1, 14) bezeichnen konnte. Der so verstandene Titel wäre also erst/ hinter 1, 17 am Platz, aber auch dort ebenso befremdlich wie überflüssig gewesen; denn es folgt dort nicht eine eigentliche Erzählung von dem Lebensanfang Jesu; es wird weder Ort noch Zeit der besprochenen Ereignisse angegeben, die Geburt wird nur in einem Nebensatz 1, 25 erwähnt, wie dies schon 1, 16 geschehen war, und Ort und Zeit der Geburt werden erst 2, 1 angegeben, weil dies beides für die dort beginnende Erzählung von Bedeutung ist. Als sprachlich unmöglich ist die Beziehung des Titels auf 1, 2—17 abzulehnen, bis jemand nachgewiesen hat, daß ein Grieche oder ein Hellenist jemals eine Ahnentafel $\beta\acute{\iota}\beta\lambda o\varsigma$ $\gamma\epsilon\nu\acute{\epsilon}\sigma\epsilon\omega\varsigma$ genannt hat (A 2). Dagegen war den griechischen Christen, für welche das griechische Mtev geschrieben ist, aus ihrem AT der Ausdruck bekannt; und es entsprach jedenfalls nicht der Absicht des Vf oder vielmehr des Übersetzers, wenn trotz der unverkennbaren Anlehnung an sehr bekannte Stellen des griechischen AT's das erste Wort seines Buchs vielleicht schon sehr früh dahin misverstanden worden ist, als ob es ein Titel der Genealogie oder der Geburtsgeschichte Jesu sein solle. Ein Misverständnis ist das jedenfalls, wenn der Ausdruck dem griechischen AT entlehnt ist; denn an keiner atl Stelle, wo dieser oder ein ähnlicher Ausdruck sich findet, wird damit eine Aufzählung der Ahnen der daneben genannten Person oder eine Erzählung von der Geburt derselben eingeleitet. Wenn genealogische Angaben folgen, betreffen sie nicht die Vorfahren, sondern die Nachkommen; an anderen Stellen sieht man, daß der etymologische Sinn des hebräischen Wortes „Erzeugungen eines Menschen" sich sprachgebräuchlich zu dem allgemeineren Begriff der mit ihm anhebenden Familiengeschichte und der Geschichte überhaupt umgebildet hat (A 2). Da nun von Nachkommen Jesu nicht die Rede sein konnte, so durfte der Übersetzer darauf rechnen, daß man den atl Ausdruck in dem von dorther bekannten Sinne nehme. Er betitelt seine Schrift als ein „Buch der Geschichte Jesu". Indem er aber zu dem Namen Jesus sofort den in der Gemeinde zum zweiten Eigennamen gewordenen Amtstitel Christus hinzufügt und den Träger desselben weiter als einen Sohn Davids, des Sohnes Abrahams, bezeichnet, spricht er die Absicht aus, die Geschichte Jesu so darzustellen, daß er daraus als der Messias und als die Erfüllung der dem Hause Davids und dem Geschlecht Abrahams gegebenen Verheißung erkannt werde. Wenn die Apposition zu $X\rho\iota\sigma\tau o\tilde{v}$ beweist, daß dies hier nicht wie Mr 1, 1 und sonst oft genug nur als ein dem Vf geläufiger Ausdruck seines christlichen Glaubens betrachtet werden darf, sondern den Gesichtspunkt anzeigt, unter welchem er die Geschichte Jesu darstellen will, so wird dies durch die von der Sprache der übrigen

Evv abweichende Anwendung von ὁ Χριστός seitens des Erzählers bestätigt (1, 17. 18 [A 1]; 11, 2). Zu einer genaueren Bestimmung des im Titel des Buchs ausgedrückten Gedankens führt erst die Untersuchung der Ausführung, welche er gefunden hat.

Als ein erster Abschnitt hebt sich 1, 2—2, 23 nicht nur dadurch ab, daß er ohne Parallele in den übrigen Evv ist. Die Stammtafel, welche Mt an die Spitze stellt, kann man kaum ärger misverstehen, als wenn man sie als einen Beweis für die davidische Abkunft und damit für das angeborene Recht Jesu auf den Thron Davids auffaßt. Daß David ein Israelit und somit ein Abkömmling Abrahams, und daß Serubabel ein Sprößling des davidischen Hauses gewesen sei, bedurfte für Niemand eines Beweises. Zwei Drittel der Tafel wären für den angeblichen Zweck überflüssig gewesen, und das letzte Drittel ist, wenn man die Länge der Zeit, die es decken soll, bedenkt, oder die viel größere Zahl der genealogischen Glieder bei Lc 3, 23—27 vergleicht, so offenkundig zu kurz, daß auch dieses letzte Stück dem angeblichen Zweck sehr wenig entsprochen haben würde. Diesen Zweck konnte sich überhaupt nicht leicht jemand setzen; denn daß der Zimmermann Joseph, als dessen Sohn Jesus Allen bekannt war (Mt 13, 55; Lc 3, 23; 4, 22; Jo 1, 46; 6, 42), und dessen Stammbaum Mt als denjenigen Jesu darbietet, ein Davidssohn sei, war nicht eine Sondermeinung der christlichen Gemeinde, welche aus dem Bekenntnis zu Jesus als dem Messias erwachsen sein könnte (Mt 1, 16. 20; Lc 1, 27), sondern war eine unter seinen Volks- und Zeitgenossen allgemein bekannte und anerkannte Tatsache. Wenn alles Volk den Josephssohn Jesus einen Davidssohn nannte und die Frage, ob er der eine erwartete Davidssohn sei, zu bejahen sich geneigt zeigte (Mt 9, 27; 15, 22; 20, 30. 31; 12, 23; 21, 9. 15), so verneinten die Gegner wohl diese Frage, bestritten aber nicht jene Voraussetzung. Nach dem Zeugnis der Evv, die uns doch die mannigfaltigsten Einwendungen vorführen, welche die Gegner gegen Jesus erhoben, haben diese auch in der größten Erbitterung niemals versucht, die davidische Abkunft Jesu d. h. Josephs anzufechten und dadurch dem ganzen Unternehmen Jesu den Boden zu entziehen. Unter den gehässigsten Schmähungen des Talmuds findet sich die Anerkennung, daß Jesus dem Königshause nahegestanden (A 3), und die allerdings nicht ausgebliebene Verdächtigung seiner Herkunft richtete sich nicht gegen die Abstammung Josephs von David, welche Mt darstellt, sondern gegen die Legitimität der Geburt Jesu. Er sollte ein Bastard sein, welchen die ihrem Ehemann untreu gewordene Maria von einem fremden Manne empfangen und geboren und für einen Sohn Josephs und somit Davids ausgegeben habe. Es ist also auch geschichtlich unmöglich, daß Mt 1, 2—17 den Zweck verfolgt haben sollte, die Abkunft Jesu von David und vollends von Abraham zu beweisen. Mt will hier überhaupt nichts beweisen, sondern will in denkbar kürzester Form, in Gestalt einer Stammtafel die ganze israelitische Geschichte vom Stammvater bis zum Messias am Auge des Lesers vorüberführen, um den Gedanken zum Ausdruck zu bringen, der schon im Buchtitel angedeutet war, daß der Jesus, welcher den Namen Messias empfangen hat (1, 16), der Zielpunkt der ganzen Geschichte seines Volks ist. Zu dem Ende begnügt er sich nicht mit einer Namenliste, gegen deren Vollständigkeit er vielmehr eine auffällige Gleichgiltigkeit zeigt (A 4), sondern gibt der Namenliste eine künstliche Anordnung, auf welche er 1, 17 noch ausdrücklicher, als in der Genealogie selbst, aufmerksam macht. Er teilt sie in je 3 Gruppen von 14 Gliedern, und bezeichnet deren Grenzsteine schon innerhalb der Liste dadurch, daß er David den König nennt (1, 6), und daß er die Deportation nach Babel zweimal als das Ereignis hervorhebt, welches die Reihe der regierenden von der Reihe der entthronten Davididen scheidet (1, 11. 12). Jenes ist der Höhepunkt, dies der Tiefpunkt der geschichtlichen Entwicklung von Abraham bis Christus. Daß die Namen ihm ein Abriß der Geschichte sind, zeigt Mt auch dadurch, daß er an zwei Punkten neben dem Stammhalter die Mehrheit seiner Brüder nennt. In 1, 2 kennzeichnet er auf diese Weise den Übergang von der Familiengeschichte zur Volksgeschichte, in 1, 11 den Wandel, welchen die Geschichte des davidischen Hauses dadurch erfahren hat, daß nicht mehr der Eine, welcher den Thron innehatte, die Einheit des Geschlechts darstellte und der Erbe der Verheißung war, sondern das ehemals königliche Geschlecht nur noch in einer Mehrheit von Familien fortexistirte, von welchen nicht im voraus zu sagen war, welche das Erbe antreten werde. Um diese Gedanken zum Ausdruck zu bringen und die Symmetrie der Geschichte, an welche er glaubte, auch äußerlich darzustellen, hat Mt offenbar absichtlich die drei Gruppen aus der gleichen Zahl von genealogischen Gliedern geformt (A 4). Daß ein Schriftsteller, welcher die Leser recht eigens zum Nachzählen der Glieder auffordert, aus bloßer Nachlässigkeit die drei Könige Ahasja, Joas, Amazja, die man 1, 8 hinter Joram vermißt, ausgelassen haben sollte, ist ebenso undenkbar, als daß er sich um eine Ziffer verrechnet haben sollte, wenn er 3 × 14, also 42 statt 41 Glieder gegeben haben will (1, 17). Weil ihm für die Periode von Abraham bis incl. David durch das AT 14 Glieder gegeben waren, hat er die beiden folgenden Reihen dieser ersten gleichgestaltet. Zu dem Ende stößt er jene drei Könige aus und gibt für die dritte Periode eine Namenliste, deren Unzulänglichkeit im Verhältnis zur Zeitdauer schon erwähnt wurde. Außerdem zeigt sich die Absicht des Vf in den für den Zweck einer bloßen Stammtafel sehr ungeeigneten Bemerkungen über Thamar, Rahab, Ruth und Bathseba 1, 3. 5. 6. Es werden nicht etwa die im AT und im NT gefeierten Ahnfrauen Sara (cf 1 Pt 3, 6; Gl 4, 23; Rm 9, 9; Hb 11, 11) und Rebekka (Rm 9, 10) zur Ausschmückung des Stammbaums verwendet, sondern auf lauter dunkle Flecken an demselben wird durch diese vier Frauennamen hingewiesen. Daß der erste Erbe des Thrones Davids einem Ehebruch entsprossen sei, wird fein, aber scharf dadurch ausgedrückt, daß seine Mutter nicht Bathseba, sondern das Weib des Uria genannt wird. Ruth war eine Moabiterin, also eine Heidin. Das Gleiche gilt von Rahab, welche nach einer Sage ohne Anhalt im AT als Mutter des Boas galt und aus Jos 2, 1 cf Jk 2, 25; Hb 11, 31 als Hure bekannt war. Der Name Thamars und ihrer Zwillingssöhne mußte jeden Leser, welcher sich überhaupt etwas dabei denken konnte, an den blutschänderischen Umgang derselben mit ihrem Schwiegervater erinnern (Gen 38, 13—30). Da die Absicht des Vf selbstverständlich nicht gewesen sein kann, die Ahnen des Messias und dadurch diesen selbst zu beschimpfen, so kann der Zweck dieser Angaben nur ein apologetischer sein. Gegenüber der jüdischen Verleumdung von dem Ehebruch Marias (A 3) weist Mt darauf hin, daß in der Vorgeschichte des davidischen Hauses und vor allem in der Geburtsgeschichte des ersten Davidssohnes wirklich solche schändliche Dinge vorliegen, wie man sie dem letzten Davidssohn verleumderischerweise nachsagt. Wenn sich der Jude durch jene Schandflecken in der Geschichte seines Volks und seines Königshauses nicht abhalten läßt, in derselben eine heilige Geschichte göttlicher Offenbarung zu erkennen, so sollte er sich auch nicht durch den bösen Schein, welchen feindseliger Haß auf den Lebensanfang Jesu geworfen hat, abhalten lassen, dem wahren Sachverhalt nachzuforschen und die Darlegung desselben geduldig anzuhören. Jesus ist nicht ein Bastard, sondern ein echter Davidssohn, denn das legitime Eheweib des Davididen Joseph hat ihn geboren. Daß es mit der Vaterschaft Josephs seine eigentümliche Bewandtnis habe, aus welcher jene jüdische Verdächtigung entstehen konnte, gibt Mt schon 1, 16 zu verstehen (A 5). Die hiedurch erforderlich gewordene Aufklärung wird 1, 18—25 gegeben. Als Geburtsgeschichte völlig ungenügend (s. oben S. 271), entspricht dieses Stück der in 1, 18ᵃ ausgesprochenen Absicht vorzüglich, nämlich zu zeigen, wie es mit der Erzeugung und Geburt des Messias bestellt gewesen sei. Erzeugt ward er, ehe Maria eines Mannes Weib geworden, aber geboren erst, nachdem sie die Gattin des Davidssohnes Joseph geworden war. Was diesem selbst als Folge eines fleischlichen Vergehens seiner Braut erschien und mit Recht unerträglich war, ehe er durch göttliche Offenbarung die Ursache erkannt hatte, war eine Wunderwirkung hl. Geistes; und was dem jüdischen Volk ein Ärgernis ist, weil es seinen Erwartungen widerspricht, entspricht doch mit allen seinen Umständen so buchstäblich der Weissagung vom Immanuel (Jes 7, 14), daß Mt kein Bedenken trägt, hier zum ersten Mal zu sagen, was er dann oft wiederholt: die Geschichte Jesu sei gerade auch in ihren einzelnen, den Juden meist sehr anstößigen Umständen so von Gott gestaltet worden, wie sie verlaufen ist, damit die Weissagung, in welcher Gott seinen Ratschluß lange zuvor ausgesprochen, ihre Erfüllung finde. Aus der Kongruenz der Geschichte Jesu mit der atl Weissagung soll man allem widersprechenden Schein zum Trotz erkennen, daß er der Christ ist (1, 22 A 6). Zu dem echt israelitischen Gepräge dieses Stücks, insbesondere zu der Beschreibung des zukünftigen Berufs Jesu als des Retters seines eigenen Volks (1, 21) bildet einen bedeutsamen Gegensatz die Erzählung von den Magiern 2, 1—12, einer Gegensatz, der auch innerhalb dieser Erzählung selbst scharf hervortritt

Während die heidnischen Astrologen, durch eine Beobachtung auf dem Gebiet ihrer dunkeln Wissenschaft angeregt und von religiösem Interesse beseelt, die weite Reise nach Palästina machen, um dem jüngst geborenen König der Juden zu huldigen, und nicht ruhen, bis sie ihn gefunden haben, begnügen sich die Hohenpriester und Schriftgelehrten mit der richtigen Antwort auf die Lehrfrage nach dem Geburtsort des Messias. Der damalige König der Juden aber läßt sich durch die Kunde, welche ihm die Fremden gebracht haben, und durch die bestimmtere Weisung, die ihm auf seine Anfrage das Synedrium gibt, zu nichts anderem anregen, als zu einem Mordplan gegen den der Weissagung gemäß in Bethlehem geborenen wahren König der Juden. Durch die Gottlosigkeit des Herodes und die Gleichgiltigkeit der Wächter über Israels Heiligtümern ist es geschehen, daß der König und Retter Israels, von Heiden freudig begrüßt, für sein eigenes Volk vergeblich geboren zu sein scheint. Dadurch ist es auch veranlaßt, daß Christus nicht an dem Ort, von wo er nach der Weissagung ausgehen sollte (2, 6), aufwächst, sondern zunächst außerhalb des „Landes Israels" (2, 20. 21 Bd I, 15) im heidnischen Ägypten eine Zuflucht findet. Auch dadurch scheint er seinem Volk entfremdet, und auch dies hat als ein Anknüpfungspunkt für jüdische Verdächtigung dienen müssen (A 3). Aber obgleich die Flucht nach Ägypten eine Folge jüdischer Versündigung ist, ist sie nichts destoweniger von Gott geordnet. Auch hierin sollte sich ein Prophetenwort erfüllen, diesmal aber nicht eine Weissagung auf den zukünftigen Messias, sondern eine geschichtliche Erinnerung Hoseas an den Auszug Israels aus Ägypten (2, 15). Daß das Kind Jesus nach Ägypten und nicht etwa nach Damaskus geflohen ist, ist dem Vf eine bedeutsame Fügung Gottes, woraus man erkennen soll, daß die Geschichte Israels in der Geschichte Jesu sich rekapitulirt, und daß Jesus durch seinen Aufenthalt in Ägypten ebensowenig wie einst Israel für seinen Beruf verdorben ist. Der Kindermord von Bethlehem ist einerseits ein beklagenswertes Unglück, welches Unschuldige trifft, andrerseits ein grauenhafter Frevel. Darum mag Mt auch nicht sagen, daß dies Schreckliche von Gott so gefügt sei, damit sein Wort erfüllt werde. Aber erfüllt hat sich auch hierin ein Stück der israelitischen Geschichte, welches Jeremia erlebt und zu ergreifendem Ausdruck gebracht hat (2, 17 f.). Nach dem Tode des Herodes kann das Kind Jesus in „das Land Israels" zurückkehren; aber nicht nach Judäa und nach Bethlehem, von wo nach der Weissagung (2, 6) und nach der Volkserwartung (Jo 7, 42) der Messias herkommen soll, sondern nach dem halbheidnischen Galiläa, von wo kein Prophet kommt (Jo 7, 52), und nach dem Städtchen Nazareth, welches im AT nie erwähnt wird und, wie es scheint, in der Umgegend verrufen war (Jo 1, 47). Auch dies wieder ist eine Folge der Gottlosigkeit, die auf dem jüdischen Königsthron erblich geworden war; aber auch dies ist von Gott so geordnet, damit, nicht ein einzelnes Wort eines einzelnen Propheten, sondern die prophetische Weissagung überhaupt in Jesus zur Erfüllung komme; denn von Nazareth, wo er heranwuchs und von wo aus er unter sein Volk trat, sollte Jesus den Namen „der Nazarener" bekommen, in welchem die ganze Abneigung des jüdischen Volks gegen ihn und seine Gemeinde sich auszusprechen pflegte (2, 23 cf 26, 71; Jo 1, 46 f.; AG 6, 14; 24, 5; 26, 9 und A 7). Damit ist schon auf die Geschichte des Mannes Jesus unter seinem Volk hingewiesen. Man erwartet, daß sie unter demselben apologetischen Gesichtspunkt dargestellt werde, von welchem jede Zeile des ersten Abschnitts Zeugnis gibt.

Zunächst aber folgt ein zweiter Abschnitt 3, 1—4, 11, welcher vorbereitende Ereignisse berichtet. Ähnlich wie Ex 2, 11 wird mit einem „in jenen Tagen" über Jahrzehnte hinweggegangen und die Gestalt des Täufers und Predigers Johannes eingeführt, des der Weissagung entsprechenden Wegbereiters des Herrn. An der kurzen Zusammenfassung seiner Predigt (3, 2) ist vor allem bemerkenswert, daß hier wie bei Mt gewöhnlich das Königreich Gottes, dessen Herannahen Johannes verkündigte, als das Königreich der Himmel bezeichnet wird (A 8). Ohne daß darum die Erde aufhörte, der Schauplatz desselben zu sein (cf 5, 4 al. 5; 6, 10; 13, 24. 38. 41), ist es doch damit als die vom Himmel her d. h. durch Taten Gottes herzustellende Herrschaft Gottes über die Welt charakterisirt. Damit tritt die Predigt des Täufers in einen Gegensatz zu der Erwartung eines Messiasreiches, welches ein Gewächs der Erde wäre. Das Volk in seiner Masse unterwirft sich dem Zeugnis des Täufers; auch Vertreter der beiden Parteien der Pharisäer und Sadducäer, die im großen und ganzen den beiden Ständen der Schriftgelehrten und Hohenpriester im Synedrium (2, 4) entsprechen, finden sich an der Taufstätte ein, aber gerade der Anblick dieser Spitzen des Volks veranlaßt den Täufer zu einer rücksichtslosen Strafpredigt, in welcher die Tätigkeit des kommenden Reichsgründers vorwiegend als diejenige des Richters an seinem eigenen Volk beschrieben und Gotte die Freiheit gewahrt wird, anstatt der unwürdigen Israeliten Nichtisraeliten in seine Gemeinde aufzunehmen. Auch Jesus findet sich an der Taufstätte ein, um sich der Taufe zu unterziehen, welche bei allen Andern ein Bekenntnis der Sünde (3, 6), bei ihm selbst aber nur eine Betätigung des Grundsatzes ist, daß er alle Rechtsordnung Gottes zu erfüllen habe (3, 15). Diese Selbsterniedrigung Jesu beantwortet Gott vom Himmel her durch Mitteilung seines Geistes, einen Vorgang des inneren Lebens, welcher sich für Jesus selbst in sichtbarer Erscheinung versinnlicht, sowie in der hörbaren Verkündigung, daß Jesus der geliebte oder einzige Gottessohn sei, den Gott zum Werkzeug seines bevorstehenden Werkes erkoren hat (3, 17 cf 21, 37). In welchem Sinn Jesus das ihm hiemit zuerkannte Amt ausrichten wird, zeigt die Versuchungsgeschichte (4, 1—11). Als ein demütig frommer Mensch und als ein schriftgläubiger Israelit überwindet er jede Versuchung, auf einem anderen als dem von Gott gewiesenen Weg des geduldigen Glaubens und des entsagenden Gehorsams die Weltherrschaft zu gewinnen, die ihm gebührt.

Ein dritter Abschnitt 4, 12—11, 1 beschreibt in allgemeinen Schilderungen und in Einzelbeispielen dasjenige öffentliche Wirken Jesu in Galiläa

welches der Verhaftung des Täufers gefolgt ist. Ohne daß die Verhaftung des
Täufers in irgend ein chronologisches Verhältnis zu den Erzählungen des 2. Abschnitts gestellt würde, und ohne daß die dem Vf wohlbekannte Geschichte
von der Gefangensetzung desselben (14, 3—5) erzählt würde, wird alles Folgende
an die Benachrichtigung Jesu von diesem Ereignis angeknüpft. Daß Jesus, der
sich in diesem Augenblick in Judäa aufgehalten zu haben scheint (cf Jo 5, 35),
sich daraufhin nach Galiläa begibt, ist ein abermaliges Zurückweichen (4, 12
ἀνεχώρησεν cf 2, 22), natürlich nicht in dem Sinne, als ob er der Gefahr des
gleichen Schicksals, welches den Täufer betroffen hatte, vorbeugen wollte; denn
Landesfürst Galiläas war derselbe Herodes Antipas, welcher dem Wirken des
Täufers ein Ende bereitet hatte. Für den gesalbten König, der in Bethlehem
geboren ist, scheint Judäa und die heilige Stadt (4, 5; 27, 53), die Stadt des
großen Königs (5, 35), der angemessene Ort des Auftretens (Jo 7, 3 f.). Es bedeutet einen Verzicht, daß Jesus in das verachtete Galiläa sich begibt. Dem
entsprechend wird auch seine dort beginnende Predigt 4, 17 in ganz den
gleichen Satz zusammengefaßt, wie 3, 2 diejenige des Täufers. Es ist nicht
der König, welcher die Ankündigung des Täufers wahrmacht, sondern der
Prophet, welcher das Werk des Täufers fortsetzt und zwar in Galiläa, wo der
Täufer nicht gewirkt hatte. Darin aber, daß er nicht Nazareth, wo er aufgewachsen, sondern Kapernaum, wohin er übergesiedelt, zum Standquartier erwählt,
um von dort aus Galiläa nach allen Richtungen zu durchstreifen, erblickt Mt
eine wunderbar buchstäbliche Erfüllung der Weissagung in Jes 8, 23—9, 1.
Nicht als Motiv für Jesus, sondern als Rechtfertigung dieses dem echten Juden
anstößigen Zugs in der Geschichte Jesu führt er dies aus (4, 14—16). Je zu-
sammenhangsloser die Geschichte von der Berufung der Fischer zu Menschen-
fischern dasteht (4, 18—22), um so sicherer ist, daß sie nur ein Moment unter
den einleitenden Stücken dieses Abschnittes bildet. Der Prophet Galiläas ist
vom Anfang an begleitet gewesen von Landsleuten, welche an seinem Beruf
teilnehmen sollen. Es folgt 4, 23—25 eine allgemeine Schilderung des damaligen
Wirkens Jesu in Galiläa, welche bis zu dem Höhepunkt geführt wird, wo Jesus
von Hilfesuchenden aus allen Teilen Palästinas und selbst des heidnischen Nachbar-
landes umringt ist. Außerdem wird dreierlei hervorgehoben: 1) das beständige
Umherziehen in ganz Galiläa, 2) das Lehren und Predigen und 3) das Heilen
aller möglichen Krankheiten. Es enthält also 4, 12—25 eine Skizze des gesamten Wirkens Jesu in Galiläa, welches nach v. 24 f. mindestens einige Monate in
Anspruch genommen haben muß. Die beabsichtigte Ausführung dieser Skizze
beginnt mit einem Beispiel des Lehrens (c. 5—7). Diese große Rede entspricht aber nicht der Erwartung, welche durch 4, 17. 23 erregt ist. Abgesehen
davon, daß die Bergrede nicht in einer Synagoge (4, 23), sondern unter freiem
Himmel gehalten wurde, ist sie auch nicht eine an das in Finsternis sitzende
Volk Galiläas gerichtete Predigt, sondern ein an die Jünger, die das Licht der
Welt sind (5, 14), gerichteter Lehrvortrag (5, 1 f.). Erst gegen Ende desselben

wendet sich Jesus an die Volksmenge (7, 24. 28 f.), vor deren Ohren er seinen Jüngern unter beständiger Bezugnahme auf ihren besonderen religiösen Stand, ihr inniges Verhältnis zu seiner Person und ihren besonderen Beruf an der Welt die vorangegangenen Belehrungen gegeben hat. Die Bergrede des Mt ist weder eine Bekehrungspredigt (4, 17), noch Evangelium vom Königreich (4, 23), sondern eine Darlegung des sittlichen Wohlverhaltens, durch welches die Jünger Jesu sich vor der Welt als seine Jünger und als Kinder Gottes erweisen sollen (5, 16 A 9). Warum Mt diese den Glauben an Jesus und sein Ev durchweg voraussetzende Belehrung der Jünger als Beispiel des Lehrens Jesu gewählt hat, muß sich aus der Ausführung des Themas (5, 16) ergeben. Er warnt sie zuerst vor dem Wahn, als ob der Beruf ihres Meisters darin bestehe, das AT und zwar, wie das Weitere zeigt, dieses nach seinem gebietenden Inhalt außer Geltung zu setzen. Sein Beruf ist es überhaupt nicht, irgend etwas, was von Gott und Rechts wegen gilt, abzuschaffen, sondern vielmehr die geheiligten Formen, die er vorfand, zu erfüllen, ihnen zu dem durch sie selbst erforderten Inhalt zu verhelfen (5, 17 cf 3, 15). Unerfüllt kann kein kleinster Teil des atl Gesetzes dahinfallen, solange diese Welt steht (18). Die gleiche Pietät gegenüber dem Gesetz in Wort und Tat, die er hiemit bekennt und selbst stets bewiesen hat, fordert Jesus von seinen Jüngern (19), und weit entfernt, der Zunft der Rabbinen und der Partei der Pharisäer den Ruhm der pünktlichen Gesetzesauslegung und Gesetzeserfüllung zu lassen, fordert Jesus von seinen Jüngern als Bedingung der Seligkeit eine tatsächliche Gerechtigkeit, welche die der Schriftgelehrten und Pharisäer weit übertrifft (20). Also nach der bejahenden Stellung Jesu zum Gesetz des AT's und nach seiner Verurteilung der rabbinischen Gesetzesauslegung und der pharisäischen Gesetzesbeobachtung wollen die guten Werke bemessen sein, durch welche seine Jünger ihre Gotteskindschaft erweisen sollen. Das hiedurch näher bestimmte Thema wird nun so ausgeführt, daß zunächst 5, 21—48 im Gegensatz zu der oberflächlichen, teilweise geradezu frivolen Gesetzesauslegung der Rabbinen an einer Reihe von Beispielen gezeigt wird, wie das israelitische Volks- und Staatsgesetz zu behandeln sei, damit man aus demselben den auf das sittliche Verhalten des Einzelnen gerichteten Willen des göttlichen Gesetzgebers erkenne. Hierauf wird 6, 1—18 im Gegensatz zu der pharisäischen Veräußerlichung der vornehmsten Betätigungen der Frömmigkeit die den Kindern Gottes geziemende Art der Mildtätigkeit, des Betens und des Fastens gezeigt. Rabbinische Gesetzesauslegung und pharisäische Frömmigkeit führt nicht über das Maß heidnischer Sittlichkeit und Frömmigkeit hinaus (5, 46 f.; 6, 7). Die Kinder des himmlischen Vaters dürfen auch im Verhältnis zu den irdischen Gütern nicht wie manche Pharisäer zu den Heiden herabsinken (6, 32); frei von begehrlicher Habsucht und ungläubiger Sorge, den beiden Hauptformen der Mammonsknechtschaft, sollen sie das Königreich und die Gerechtigkeit Gottes zum ersten und zuletzt einzigen Lebensziel haben (6, 19—34). Der schon in diesem Teil der Rede zurücktretende Gegensatz zu den Pharisäern tritt nur noch einmal 7, 5 hervor. Im übrigen bedarf der letzte Teil der Rede (c. 7) für unseren Zweck keiner genaueren Untersuchung. Es liegt am Tage, daß der apologetische und zugleich polemische Zweck des Mt ihn auch zur Wahl der Bergrede als Beispiel des Lehrens und, sofern diese ein Werk seiner eigenen Komposition ist, zu eben dieser Gestaltung derselben bewogen hat. Es folgen 8, 1—17 drei Beispiele der Heiltätigkeit. Auch abgesehen davon, daß von 8, 18 an eine Reihe von Erzählungsstücken folgt, welche nicht unter diesen Titel befaßt werden könnten, hat Mt durch das feierlich abschließende Citat 8, 17 dafür gesorgt, daß man 8, 1—17 als ein in sich abgerundetes Stück für sich nehme. Das erste Beispiel ist ein aussätziger Jude, welchen Jesus zur Beobachtung der gesetzlichen Vorschrift anhält. Das ist ein tatsächliches Zeugnis dafür, daß Jesus nicht ein Empörer gegen Moses Gesetz war (8, 1—4 cf 5, 17—20). Das zweite Beispiel ist ein Heide, welcher durch seinen andringenden Glauben die Juden beschämt und die Aussicht auf die Zukunft eröffnet, da an Stelle unwürdiger Juden Heiden aus aller Welt an den Gütern des Gottesreichs teilnehmen werden (8, 5—13). Diese beiden Erzählungen verhalten sich zu einander wie 1, 21 [b] zu 2, 1—12 oder wie 4, 23 ($\dot{\varepsilon}\nu\ \tau\tilde{\omega}\ \lambda\alpha\tilde{\omega}$) zu 4, 24 ($\ddot{o}\lambda\eta\nu\ \tau\dot{\eta}\nu\ \Sigma\upsilon\varrho\dot{\iota}\alpha\nu$). Das dritte Einzelbeispiel bildet die Einleitung zu einer Scene, in welcher wir Jesus bis in die sinkende Nacht mit massenhaften Heilungen beschäftigt sehen. Eben dies kennzeichnet ihn als den Knecht Gottes, welcher alle Krankheit seines Volks auch in dieser Form als seine eigene Last getragen hat (8, 14—17). Die sachlich betrachtet sehr bunte Reihe von Erzählungen, welche 8, 18—9, 34 folgt, ist Ausführung eines dritten Moments in dem Programm von 4, 12—25 (oben S. 277). Es ist das rastlose Wanderleben des Lehrers und Arztes, welches hier in einer langen Kette sehr kurzgefaßter, aber chronologisch unzerreißbar mit einander verknüpfter Geschichten veranschaulicht wird. Das Wort Jesu 8, 20 dient wie eine Überschrift für die ganze Bilderreihe. Wenn es auf den ersten Blick scheinen könnte, als ob der mit 4, 23 fast gleichlautende Satz 9, 35 mit jenem zusammen den Rahmen bilden solle, welcher das Dazwischenliegende einschließt, so zeigt sich doch sofort, daß an das unermüdliche Wandern durch alle Städte und Dörfer hier vor allem darum erinnert wird, um 9, 36 f. anzuschließen, wodurch die Aussendung der Apostel (10, 1 ff.) motivirt erscheint. Die eigene Tätigkeit Jesu reicht nicht aus; die Erntearbeit erfordert viele Arbeiter. Aus Erbarmen mit dem verwahrlosten Volk sendet Jesus die Apostel zu einer mit der seinigen gleichartigen Tätigkeit des Predigens und Heilens aus. Daß er schon früher 12 Jünger dazu erwählt hatte, und welches ihre Namen waren, erfährt der Leser erst hier. Daß ihnen eingeschärft wird, sich bei ihrer Predigtreise auf die jüdische Bevölkerung zu beschränken (10, 5 f. 23), entspricht dem Mitleid Jesu mit seinem Volk (9, 36) und dem apologetischen Zweck des Mt (cf 1, 21; 4, 23 $\dot{\varepsilon}\nu\ \tau\tilde{\omega}\ \lambda\alpha\tilde{\omega}$, auch 15, 31 a. E.). Übrigens ist 9, 36—10, 42 eine Ausführung des vierten Punktes des einleitenden Programms. Von Berufsgehilfen unterstützt (4, 18—22) wollte

Jesus sein Prophetenwerk in Galiläa treiben. Daß er selbst darum nicht aufhörte, wandernd zu predigen (11, 1), bildet den Abschluß des dritten Abschnitts.

Ein vierter Abschnitt 11, 2—20, 34 stellt den mannigfaltigen Eindruck dar, welchen das bis dahin geschilderte Wirken Jesu auf die verschiedenen Menschen und Menschenklassen machte, die davon berührt wurden; dies aber so, daß zugleich das dadurch veranlaßte und eigentümlich bestimmte Handeln und Reden Jesu dargestellt wird. Als ein Motto dieses ganzen Abschnitts kann das Wort 11, 6 gelten. Es ist begreiflich, daß Jesus den Menschen zu einem Skandalon wird, aber tiefere Erwägung eben dessen, was ihn anstößig macht, hilft über das Ärgernis hinweg. Wohl dem, welchem das gelingt! Selbst der große, alle anderen überragende Prophet im Gefängnis, welcher an originaler Größe hinter keinem Menschen zurücksteht, da er fest und furchtlos die große Epoche des hereinbrechenden Gottesreiches eingeleitet hat, kann sich in das Tun Jesu, von dem er hört, nicht finden. Die Werke, welche Mt als Werke des Messias bezeichnet, weil sie Jesum als Messias kennzeichnen (11, 2), vermag der Täufer nicht als Erfüllung seiner eigenen Ankündigung zu verstehen. Von dem frischen Eindruck, den seine Boten ihm zurückbringen, und von der Warnung, womit Jesus seine Antwort beschließt, hofft dieser, daß sie den ungeduldigen Freund vor dem Fall bewahren werden, und er bemüht sich, die schädliche Wirkung auf das Volk, welche die Anfrage des Johannes haben könnte, abzuwenden (11, 2—15). Die leichtfertige Menge weiß ohnehin die große Zeit nicht zu begreifen; in ihrer kindischen Launenhaftigkeit meistert sie die göttliche Weisheit, welche in ihren persönlichen Werkzeugen mannigfaltig sich offenbart, anders in Johannes, als in Jesus (16—19). Die am meisten durch die Taten Jesu ausgezeichneten Städte Galiläas zeigen einen ärgeren Stumpfsinn, als die heidnischen Städte, die durch ihre Sünden und ihren Untergang zum Sprichwort geworden sind (20—24). Aber statt sich durch solche Erfahrungen verstimmen zu lassen, preist Jesus seinen Vater, den weltregierenden Gott darum, daß er die durch ihn, den Sohn, geschehende Offenbarung seines Heilsrates also eingerichtet hat, daß die Unmündigen sie erkennen, die Wissenden aber sie verkennen. Er wird nicht müde, die mit hartem Joch Belasteten zu sich einzuladen (25—30). Die Wissenden und das Joch ihrer Satzungen Anderen Auflegenden sind die Pharisäer und Schriftgelehrten (cf 23, 4). Da diese Jesum wegen angeblicher Sabbathschändung angreifen, beweist er ihnen aus der hl. Geschichte, aus dem nach der Thora eingerichteten Tempelkultus und aus ihrer eigenen alltäglichen Praxis, daß nicht er das Gesetz übertritt, sondern daß sie das misverstandene Gesetz mit Unrecht gegen ihn geltend machen (12, 1—13). Vor den feindlichen Unternehmungen, welche jene daraufhin planen (14), zieht sich Jesus zurück, fährt aber fort, ein Wohltäter der Leidenden zu sein. Daß er sich dabei aller Prahlerei, wie im Kampf mit den Feinden aller Gewalttätigkeit enthält, veranlaßt den Mt, noch einmal, wie schon 8, 17, das Bild des stille wirkenden und doch durch die Macht des Geistes einen für alle Völker heilsamen Sieg gewinnenden Knechtes Jahves aus dem zweiten Jesajabuch als eine Weissagung hinzustellen, die sich in Jesus erfüllt hat und erfüllen wird (15—21). Wenn aber der Geist, kraft dessen er seine Heilungstaten vollbringt, von den Pharisäern als eine satanische Kraft gelästert wird, bleibt er die Antwort nicht schuldig, sondern deckt den Selbstwiderspruch in ihrer Anklage auf und warnt sie noch vor der äußersten Sünde, für die es keine Vergebung mehr gibt (22—37). Wenn sie daraufhin ein Zeichen von ihm fordern, das den Glauben überflüssig machen würde, stellt er ihnen das Jonaszeichen seiner Auferstehung in Aussicht, welches doch wieder nur den Glaubenden zu gute kommen wird. Die Masse seiner Volks- und Zeitgenossen sieht er trotz vorübergehender besserer Anwandlungen einem unheilbaren Zustand entgegengehen (38—45). Aber aus dieser dem Verderben anheimfallenden Generation löst sich eine um Jesus sich scharende Gemeinde; das sind nicht die Blutsverwandten, sondern die Hörer und Täter seiner Rede (46—50). Diese Unterscheidung kommt auch darin zum Ausdruck, daß Jesus der Volksmenge zur Strafe für ihre Nichtachtung der Wahrheit diese vollends durch die rätselhafte Form der Bildrede verhüllt, während er den Jüngern die Parabeln deutet und sie anleitet, auch in dieser Form die Wahrheit zu begreifen (13, 1—52). Zur Vervollständigung der 11, 2 beginnenden Reihe dient auch noch der Bericht über den Eindruck, welchen Jesus in seiner Heimatstadt machte — das Wort ἐσκανδαλίζοντο 13, 57 cf 11, 6 charakterisiert ihn —. und über die abergläubischen Äußerungen des Landesherrn aus Anlaß des Gerüchts von der Wundertätigkeit Jesu (14, 1—2). Zur Erklärung derselben wird von der Hinrichtung und von der Ursache der Gefangensetzung des Täufers, welche letztere schon 4, 12; 11, 2 als bekannt vorausgesetzt war, jetzt förmlich erzählt. Obwohl dies nur eine Episode ist, schließt sich doch hieran der weitere Verlauf der Erzählung, welche von 14, 13 bis 17, 21 ähnlich wie 8, 18—9, 34 die Zeitfolge innezuhalten scheint. Es wird ein beständiges Wechseln des Aufenthaltsortes berichtet, ein ἀναχωρεῖν 14, 13; 15, 21, auch wo Mt nicht gerade dieses Wort gebraucht. Jesus weicht der Berührung mit der Volksmenge und seinen Gegnern immer wieder aus und widmet sich der Erziehung der Jünger, wie dies ähnlich in dem entsprechenden Teil des Mrev (6, 14—9, 32) zu beobachten ist (oben S. 225 f.). Dies entspricht aber auch dem Plan des Mt, nur daß dieser die Scheidung zwischen der Jüngerschaft und dem Volk samt dessen geistlichen Führern viel schärfer hervorhebt. Dies war nicht erst in diesem Abschnitt von 11, 2 an, sondern bereits durch 5, 10—12; 10, 16—39 vorbereitet. Aber von c. 13 an berichtet Mt überhaupt nicht mehr, daß Jesus dem Volk von Galiläa gepredigt habe (cf Mt 14, 14 mit Mr 6, 34). Mt allein (15, 12—14, nicht Mr 7, 17 f.) erzählt, daß die Jünger Jesum darauf aufmerksam machen, wie seine scharfe Rede gegen die pharisäische Überschätzung der rabbinischen Satzungen den Pharisäern zum Ärgernis gereiche, sowie das scharfe Urteil, womit Jesus antwortet, daß jene ein fremdartiges, nicht von Gott in seinen Garten gepflanztes Gewächs seien, das keine Schonung verdient, endlich die Forderung an die Jünger, diese verblendeten Führer der blinden Menge ihrem unaufhaltsamen Schicksal zu überlassen. Nur Mt 16, 6. 11. 12 (nicht Lc 12, 1 cf Mr 8, 15) werden die Sadducäer mit eingeschlossen in die Warnung vor dem Sauerteig der Pharisäer und wird diese Warnung dreimal wiederholt und ausdrücklich gedeutet. Der unheilbare Riß, welchen Jesus durch sein Zeugniß von dem wahren Gesetz Gottes (15, 3. 6. 9 cf 23, 2 ff. 23; 5, 17—48; 12, 1—11; 19, 3—9) in sein Volk gebracht hat, wird nicht verdeckt. Andrerseits aber zeigt sich auch in diesem Abschnitt die apologetische Tendenz. Das Ringen des heidnischen Weibes mit dem schweigend seinen Weg verfolgenden Jesus wird ergreifend geschildert (15, 22 ff. cf dagegen Mr 7, 25 ff.). Der mitleidige Jesus erscheint härter als seine Jünger, welche durch eine kleine Inkonsequenz der Belästigung entledigt sein möchten. Nur bei Mt spricht Jesus den Grundsatz aus, daß sein Lebenswerk auf Israel sich beschränke (15, 24 cf 1, 21; 10, 5 f.); bis zur Grausamkeit gegen die Heidin bleibt er diesem Grundsatz treu, und erst nachdem diese das Vorrecht Israels voll anerkannt hat, gewährt er ihr Hilfe. Wenn er dann wieder in einer anderen Gegend — durch Mr 7, 31 wissen wir, daß es die halb heidnische Dekapolis war — mit vollen Händen die Gaben seiner Barmherzigkeit ausstreut, ist der Dank alles Volks eine Lobpreisung des „Gottes Israels" (15, 31). Die da sagen, daß Jesus ein Abtrünniger, ein Feind und eine Schande seines Volks und ein Lästerer des Gottes Israels sei, werden Lügen gestraft. In der Schilderung des Verkehrs Jesu mit seinen Jüngern tritt weniger als bei Mr die Langsamkeit in dem Fortschritt ihrer Erkenntnis hervor. Harte Urteile über sie wie Mr 6, 52; 8, 17 f. fehlen entweder ganz, oder sind weniger schroff ausgedrückt (Mt 16, 9). Dagegen ist das große Bekenntnis des Pt (16, 16) hier vorbereitet durch das Erlebnis des Pt auf dem See und das dadurch hervorgerufene Bekenntnis (14, 28—33). Das spätere Bekenntnis wird in volleren Tönen wiedergegeben und wird durch Jesus feierlich anerkannt, auf Gottes Offenbarung zurückgeführt (16, 17 cf 11, 25) und durch eine große Verheißung belohnt. Die Scheidung zwischen der Jüngerschaft und dem jüdischen Volk war längst ausgesprochen. Nun aber hören wir, daß die Jüngerschaft, welche bisher wie eine F a m i l i e um Jesus sich geschart hatte (10, 25; 12, 49 f. cf 9, 15), die neben anderen Kreisen in demselben Volke besteht, eine G e m e i n d e werden soll, welche neben der Gemeinde Israels bestehen und alle feindlichen Angriffe überdauern wird. Noch ist diese ἐκκλησία nicht vorhanden; in der Zukunft wird Jesus sie bauen, und er wird sie aufbauen auf dem Felsenmann, welcher im Namen der übrigen Jünger das rechte Bekenntnis gesprochen hat, und welcher in dem Hause dieser Gemeinde das Amt eines Hausverwalters und die davon unzertrennliche Macht zur Aufstellung von Regeln der Hausordnung ausüben soll (A 10). Was dem Pt als dem ersten Bekenner in erster Linie gesagt ist, gilt darum nicht weniger den Genossen seines Berufs, die nicht von ihm, sondern gleich ihm und neben ihm das gleiche Amt von Jesus empfangen haben (19, 28; 10, 1—5); und was das Recht anlangt,

Ordnungen in dem zukünftigen Hause Christi auf Erden aufzurichten, über deren
Beobachtung zu wachen und deren Übertretungen zu strafen, so steht es der
ganzen Gemeinde zu (18, 15—20), der Gemeinde nämlich, welche durch das
Bekenntnis zu Jesu als dem Christ von dem jüdischen Volk abgesondert ist.
Eben dieser Gedanke der Gemeinde unterscheidet den ganzen vierten Abschnitt
des Mtev von den sonst so ähnlichen Parallelabschnitten des Mrev. Während
dort die Jünger als die für ihren künftigen Beruf zu erziehenden Prediger des
Ev dargestellt werden, lehrt Mt sie als den Grundstock und die Leiter der
werdenden Gemeinde Jesu betrachten. Wenn aber an das Bekenntnis des Pt
mit der Antwort Jesu die erste ausdrückliche Ankündigung des Todes-
leidens in Jerusalem sich anschließt (16, 21), und wenn weiterhin die Belehrungen der Jünger über die zukünftigen Verhältnisse der Gemeinde durch
wiederholte Leidensankündigung unterbrochen werden (17, 12. 22 f.; 20, 17. 22.
28), so besteht zwischen beiden Gedankenreihen ein innerer Zusammenhang.
Eben dadurch, daß die Volksobrigkeit Jesum zum Tode verurteilt und ihn den
Heiden zur Ausführung ihres Urteils ausliefert (16, 21; 20, 18 f.), wird das
Gottesreich in seinem gewaltig andringenden Lauf (cf 11, 12) gehemmt, und tritt
zwischen den durch das Wort Jesu gestifteten Anfang und die Vollendung bei
seiner Parusie jene Zwischenzeit, in welcher das Himmelreich eine vorläufige
Verwirklichung hat an einer Gemeinde des christlichen Bekenntnisses, die keineswegs von fremdartigen Bestandteilen und von Sünden auch der besten Mitglieder
rein ist (13, 36—43. 48; 18, 7—35; 22, 11; 24, 12). Diese christliche Gemeinde und das jüdische Volk werden als zwei scharf geschiedene Körperschaften
vorgestellt. Die Belehrungen über die Gemeindezucht (18, 15—35), die Ehe (19,
3—12), das Verhältnis der Kinder zu Jesus und somit zu seiner Gemeinde (19,
13—14), über die Stellung zu den irdischen Gütern (19, 16 – 26), über den
göttlichen Lohn im Verhältnis zur menschlichen Arbeitsleistung (19, 27—30),
über Herrschen und Dienen (20, 20—28 cf 23, 8—12; 24, 45—51): dies alles
setzt eine irgendwie organisirte, jedenfalls aber vom jüdischen Volk abgesonderte
Gemeinde Jesu voraus, in welcher ein anderes Recht gilt, als unter den Juden.
Aber gleichgiltig verhalten sich diese beiden Kreise nicht zu einander. Die
12 Apostel sollen ihre Beziehung zu dem Volk der 12 Stämme nicht vergessen
(19, 28 cf 10, 23), und die Jünger überhaupt sollen nach dem Beispiel Jesu in
freier Liebe den Zusammenhang mit Israel pflegen. Das lehrt die nur Mt 17,
24—27 aufbewahrte tiefsinnige Erzählung. Innerlich losgerissen vom jüdischen
Kultus und als Söhne des „großen Königs“, der nicht in Jerusalem, sondern
im Himmel wohnt (cf 5, 34 f.), frei von jeder gesetzlichen Pflicht, sollen sie doch,
solange der Tempel steht, die Tempelsteuer zahlen, das heißt, den Kultuspflichten
des Israeliten nachkommen, wie Jesus es getan hat (3, 15; 5, 17—20. 23 f.;
23, 3. 23). Das eine Wort: „damit wir sie nicht ärgern“ enthält ein ganzes
Programm der Kirchenpolitik für die israelitische Gemeinde Jesu vor dem J. 70.
Jesus will unterschieden haben zwischen dem jüdischen Volk in seiner amtlichen

Vertretung, den Hohenpriestern und Rabbinen, den unverbesserlichen Pharisäern und dem blinden Haufen, der ihnen folgt (15, 12—14) auf der einen Seite und dem Hause Israels, dem Zwölfstämmevolk andrerseits, von welchem viele sich verirrt haben, die doch noch zur Herde zurückgebracht werden können (10, 6; 15, 24). Jene mögen sich ärgern, wenn sie es nicht lassen können (15, 12); diesen soll man sich hüten einen Anstoß zu geben, der sie von der Wahrheit fern halten könnte (17, 27 cf 11, 6). Wie eine Allegorie, weil ohne jeden pragmatischen Zusammenhang mit den vorher und nachher berichteten Ereignissen, erscheint die letzte Erzählung des vierten Abschnitts (20, 29—34). Außer den Blinden, welche in die Grube fallen (15, 14; 23, 16), gibt es auch solche Blinde in Israel, welche das Erbarmen des Davidssohnes anrufen und, durch ihn geheilt, seine Nachfolger werden. Die Örtlichkeiten der einzelnen Erzählungen dieses Abschnittes sind meist sehr ungenau angegeben (14, 13. 22; 15, 29; 16, 5; 17, 1. 22; 20, 17). Von dem Reiseweg nach Jerusalem gewinnt der Leser keine Vorstellung. Auch der Übergang von Galiläa nach Peräa 19, 1 bildet keinen Einschnitt in dem nach sachlichen Gesichtspunkten geordneten Lehrstoff.

Ein fünfter Abschnitt 21, 1—25, 46 schildert das Wirken Jesu in Jerusalem, durchweg mit dem gleichen Material, wie Mr. Doch fehlt es auch hier nicht an Solchem, was die Eigenart des Mtev ausdrückt. Der Prophet Galiläas (21, 11) ist es, der als König seinen Einzug in die Königsstadt hält, und prophetische Weissagung ist es, welche Jesus durch die von ihm gewählte Form des Einzugs zur Erfüllung bringt (21, 5), um zu bezeugen, daß er zwar auf keinen ihm zustehenden Anspruch verzichtet, aber Gewalt nicht anwenden will. Die Begeisterung des Volks, welche auch die Kinder ergreift, ist den Synedristen anstößiger als die Reinigung des Tempels und das harte Urteil, daß die verantwortlichen Wächter seiner Würde ihn zu einer Räuberhöhle haben werden lassen (21, 15 f.). Das Widerstreben der regierenden Kreise gegen das Zeugnis Jesu wird durch die Parabel 21, 28—32 noch schärfer beleuchtet, als durch die auch von Mr und Lc überlieferte Disputation, welche vorangeht. An die Parabel von den Weinbergspächtern schließt sich nur Mt 21, 43 die unmisverständliche Ankündigung, daß das Gottesreich von dem durch seine Obrigkeit geleiteten Judenvolk auf ein anderes Volk d. h. auf eine von jeder Nationalität unabhängige Gemeinde übergehen werde. Weiter folgt noch eine Parabel (22, 1—14; nur entfernt ähnlich ist Lc 14, 16—24), in welcher ein aus dem Rahmen des Bildes heraustretender Satz deutlich auf die Zerstörung Jerusalems als eine Strafe für die Ablehnung der Einladung zum Reiche Gottes seitens des jüdischen Volks hinweist (22, 7). Auf die Lehrvorträge, welche auch hier wie in Galiläa die Bewunderung der Menge erregen (21, 46; 22, 33), und die Disputationen, in welchen Jesus Pharisäer und Sadducäer besiegt, folgt (c. 23) eine umfassende, an das unentschiedene Volk und die Jüngerschaft zugleich gerichtete Strafpredigt wider die Schriftgelehrten und Pharisäer auf Moses Lehrstuhl, die nicht ruhen werden, bis sie die Versündigungen Israels und Jerusalems gegen die Träger aller Offenbarung Gottes zum Vollmaß gebracht haben. Die Verwerfung des Zeugnisses Jesu ist noch nicht der letzte Schritt auf diesem Wege. Die Verfolgung der Propheten, Weisen und Schriftgelehrten, welche Jesus seinem Volke senden wird, muß noch hinzukommen (23, 34). Aber die jetzt lebende Generation noch wird das Gericht über Jerusalem erleben, und der entscheidende Grund dafür liegt in der Ablehnung der wiederholten Versuche Jesu, die Bewohner Jerusalems vor dem drohenden Unwetter zu beschirmen. Mit einem Ausblick auf den Tag, da dieses unglückliche Volk Jesus als seinen Messias mit mehr Wahrheit, als am Sonntag vorher begrüßen wird, schließt diese Strafpredigt und die öffentliche Bezeugung Jesu überhaupt. Anknüpfend an das Wort vom Gericht über Jerusalem belehrt von da an Jesus seine Jünger über den Ausgang der Weltentwicklung überhaupt (c. 24 u. 25).

In dem sechsten Abschnitt (c. 26—28), der Geschichte des Leidens und der Auferstehung, ist dem Mt eigentümlich erstens eine scharfe Zeichnung des Verräters und seiner Geschichte. Dessen Verhandlung über den Preis des Verrats mit Angabe der Summe (26, 15), eine Wechselrede zwischen ihm und Jesus beim Mahle (26, 25), ein Wort Jesu an ihn bei der Verhaftung (26, 50), die Geschichte seines Endes (27, 3—10) hat nur Mt. Zweitens wird von Mt allein hervorgehoben, daß Jesus im Gehorsam gegen den in der Schrift ihm vorgezeichneten Willen Gottes auf jede Inanspruchnahme göttlicher Hilfe zur Abwehr der feindlichen Gewalt verzichtet (26, 52—54 cf 21, 5). Das Zeugnis der Unschuld Jesu, welches nach allen Berichten Pilatus mehrmals abgelegt hat, wird Mt 27, 19. 24 verstärkt durch die Erzählungen vom Traum seines Weibes und von seinem Händewaschen. Die Verantwortung für das vergossene Blut dieses von heidnischem Mund mehr als einmal so beurteilten Gerechten nimmt das ganze Volk, soweit es an den Verhandlungen teil nimmt, auf sich (27, 25). Die Wahl zwischen Barabba und Jesus würde zugespitzter erzählt sein, als irgendwo sonst, wenn doch vielleicht nach dem ursprünglichen Text des Mt Barabba gleichfalls den Namen Jesus geführt hat (A 11). Jedenfalls wird ausgedrückt, daß das Volk seinen Messias preisgegeben hat (27, 22), und daß es der Judenkönig ist, welchen die römischen Soldaten in jeder Weise verhöhnt haben (27, 27—30, einfacher Mr 15, 16—19). Zu der Erzählung vom Zerreißen des Tempelvorhangs, die auch Mr 15, 38 hat, fügt Mt 27, 51—53 das Erdbeben und die Öffnung der Gräber verstorbener Heiliger, welche nach der Auferstehung Jesu vielen in der „heiligen Stadt" erschienen sind. Auch das ist ein Zeugnis gegen das jüdische Volk. Aber es läßt sich nicht überzeugen. Die zwischen dem Synedrium und Pilatus verabredete Versiegelung und Bewachung des Grabes (27, 62—66) beruht noch auf einem ehrlichen Unglauben an die Weissagung Jesu von seiner Auferstehung. Da aber unverdächtige Zeugen dem Synedrium melden, daß das Grab ohne Menschenhand geöffnet worden sei, greift die oberste Behörde zur bewußten Lüge und verbreitet den Glauben, welcher noch zur Zeit, da der Vf schreibt, „bei den Juden" besteht, daß die Freunde Jesu seinen Leichnam gestohlen haben (28, 11—15). Aber der so Totgesagte erscheint seinen Freunden als der Lebendige in Jerusalem wie in Galiläa (28, 9. 17). Er, der weder Gottes noch des Teufels Macht zu Hilfe rufen wollte, um seine Feinde zu entwaffnen und die Weltherrschaft zu erringen (4, 8; 26, 53), redet als ein Herr Himmels und der Erde, und der Messias Israels, welcher sein Volk von den Sünden erretten wollte und diesem seinem nächsten Beruf treu geblieben ist bis zum Tode (1, 21; 10, 5 f. 23; 15, 24), gibt seinen Jüngern Auftrag, alle Völker ohne Unterschied durch Taufe und Lehre in seine Jüngerschaft zu verwandeln. Bei der durch die Ausführung dieses majestätsvollen Befehls stetig anwachsenden Gemeinde ist er unsichtbar gegenwärtig, bis der Weltlauf sein Ende erreicht, d. h. bis er sichtbar wiederkehrt (28, 18—20; 24, 3. 14). So endigt „das Buch der Geschichte Jesu Christi, des Sohnes Davids, des Sohnes Abrahams".

Sind die Grundgedanken desselben in Vorstehendem einigermaßen richtig wiedergegeben, so muß man bekennen, daß es ein überaus gedankenreiches, zweckvoll angelegtes und bis ins Kleinste planmäßig durchgeführtes Werk ist. In bezug auf Großartigkeit der Conception und Beherrschung eines gewaltigen Stoffs durch bedeutende Gedanken kommt in beiden Testamenten keine Schrift geschichtlichen Gegenstands dem Mtev gleich; in dieser Hinsicht wüßte ich auch aus der sonstigen Literatur des Altertums ihm nichts an die Seite zu stellen. Geht man von der berechtigten Voraussetzung aus, daß der Vf die Tatsachen, die er berichtet, für Wirklichkeit hält, und teilt man seine Überzeugung, daß Gott und nicht der sinnlose Zufall die Geschichte leitet, so gehört nur ein wenig geschichtliche Bildung dazu, um dieses in bezug auf die Mittel der Darstellung echt jüdische Buch zu würdigen. Für ein Geschichtswerk im Sinne der Griechen will es nicht gelten. Was man Geschichte erzählen nennt, versucht Mt kaum. Was bei ihm die Stelle einer Geburtsgeschichte einnimmt, ist gar keine Erzählung (oben S. 271. 274). Er berichtet die Aussendung der Apostel und stellt sie durch die Einleitung (9, 35—38) und durch Mitteilung einer langen Instruktionsrede als ein hochbedeutsames Ereignis hin. Aber er sagt nichts davon, daß und wie die Apostel ihren Auftrag ausgerichtet haben, und daß sie wieder zu Jesus zurückgekehrt sind. Wann und von wo Jesus in seine Vaterstadt gekommen, und wohin er sich von dort begeben habe (13, 54), scheint ihm völlig gleichgiltig zu sein. Es ist ihm offenbar nicht unbequem, ein Wort Jesu mitzuteilen, wonach Chorazin und Bethsaida Hauptschauplätze der Wundertätigkeit Jesu gewesen sind (11, 21), während er selbst diese beiden Städte an keiner Stelle seiner Geschichte Jesu erwähnt. Er schließt sein Buch nicht mit Worten, welche eine begonnene Erzählung abschließen, sondern mit einem Wort, das Jesus gesprochen hat. Die äußeren Umstände auch derjenigen Handlungen und Reden, welche ihm wichtig sind, werden mit großer Nachlässigkeit behandelt. Ohne Herbeiziehung anderweitiger Berichte kann kein Leser aus 5, 1; 7, 28 oder aus 9, 10—14 sich ein Bild von der Situation machen, oder auch Fragen beantworten, wie die, woran Jesus den Glauben der Träger 9, 2 „gesehen" habe; ob Jesus auf der Eselin oder auf dem Eselsfüllen oder abwechselnd auf beiden geritten habe 21, 7; oder warum die Kranken erst nach Sonnenuntergang das Haus des Petrus bestürmen (8, 16 cf Mr 1, 32 mit 1, 21). Jeden äußerlichen Pragmatismus verschmäht Mt. Wo er einmal eine Reihe von Ereignissen enge unter sich verkettet (8, 18—9, 34; 14, 13—17, 21), geschieht es aus Gründen der Disposition, welche mit der Chronologie nichts zu schaffen haben. Es waren Misverständnisse, welche Mt nicht verschuldet hat, wenn man sagte, Mt verlege die Bergpredigt in den Anfang des galiläischen Wirkens und dagegen die Apostelwahl in spätere Zeit; denn die letztere erzählt er überhaupt nicht (10, 1 ff.), die erstere aber teilt er ohne jede Anknüpfung an ein anderes Einzelereignis erst dann mit, nachdem er die Leser durch 4, 25 auf die Höhe des Wirkens Jesu in Galiläa geführt hat. Viel größeres Gewicht, als auf die Anschaulichkeit der Erzählungen und den äußeren Zusammenhang der Ereignisse, legt Mt auf die Reden Jesu. Wie Jesus das letzte Wort hat (28, 18—20), so läßt ihn Mt auch häufig lange das Wort behalten. Fünfmal schließt er längere Reden oder Redegruppen durch die Formel ab: *καὶ ἐγένετο ὅτε ἐτέλεσεν ὁ Ἰησοῦς τοὺς λόγους τούτους* (7, 28; 11, 1; 13, 53; 19, 1; 26, 1). Daß er sich in der Komposition dieser Reden einer großen Freiheit bedient hat, kann man auch ohne Vergleichung der Parallelen bei Mr und Lc erkennen. Was c. 10 als eine einheitliche, bei einem bestimmten Anlaß gehaltene und wohlgeordnete Rede uns geboten wird, kann nicht so bei dem angegebenen Anlaß gesprochen sein. Wenn es 10, 16 heißt, *ἰδοὺ ἀποστέλλω* (nicht *ἀποστελῶ*) *ὑμᾶς*, so kann das der Leser auf keine andere Sendung beziehen, als auf die 10, 5 berichtete, welche den Anlaß der Rede bildet, und doch sagt sich jeder Verständige, daß bei jener Predigtwanderung die Apostel gar nicht in die Lage kommen konnten, vor die Statthalter und Könige geführt zu werden und in Erwartung der Wiederkunft Jesu von Stadt zu Stadt zu fliehen (10, 16—23). Das Wort in 10, 38 setzt voraus, daß Jesus bereits von seinem Tod als Kreuzestod geredet hatte. Die Vergleichung von Mt 16, 21—27; Jo 16, 4 sowie der Parallelen Mr 13, 8—13; Lc 12, 2—9. 51—53; 21, 12—17 läßt keinen Zweifel darüber, daß Mt mit einer bei der ersten Aussendung der Apostel gehaltenen Ansprache andere Aussprüche über die zukünftige Berufstätigkeit derselben verbunden und daraus seine wohlgeordnete Rede zusammengesetzt hat. Ebenso verhält es sich mit der Bergpredigt c. 5—7. Die Vergleichung mit der Rede Lc 6, 12—49, deren Anfang und Schluß und deren sämtliche Elemente bei Mt sich wiederfinden, und zwar mit der einzigen Ausnahme von Lc 6, 31 = Mt 7, 12 genau in der gleichen Reihenfolge wie bei Mt, beweist, daß die gleiche geschichtliche Tatsache hier wie dort berichtet ist. Es besteht auch kein Grund zu bezweifeln, daß die für die großartige Anlage der Bergrede des Mt konstitutiven und für den apologetisch-polemischen Zweck des Mtev bedeutsamen Sätze 5, 16—48; 6, 1—9. 16—18 der Hauptsache nach der geschichtlichen

Bergpredigt angehören, während Lc die auf das Verhältnis zum AT und zum
Judentum bezüglichen Sätze fortgelassen und nur die obersten Grundsätze christlicher Sittlichkeit (6, 27—36) festgehalten hat. Andrerseits ist aber auch hier
die frei komponirende Tätigkeit des Mt unverkennbar. Das Vaterunser samt seiner
Einleitung und nachfolgender Nutzanwendung 6, 7—15 unterbricht die genaue
Symmetrie der drei Stücke vom Almosen, Gebet und Fasten. Dazu kommt, daß
die geschichtliche Veranlassung für die Mitteilung des Vaterunsers Lc 11, 1—4 sehr
glaubwürdig berichtet, und daß eine zweite Mitteilung desselben Gebets ohne Erinnerung an eine bereits vorangegangene erste äußerst unwahrscheinlich ist. Mt
hat es also seinem geschichtlichen Zusammenhang entnommen und der Bergrede einverleibt, wo es einen dem Grundgedanken derselben sehr angemessenen Platz einnimmt. Dieses Gebet, welches jeder Jude beten konnte, und welches auch bei
Lc den Gegensatz zu der Bitte um eine specifisch christliche Gebetsformel bildet,
zeigt einerseits, daß Jesus die Formen jüdischer Frömmigkeit nicht durch neue
Formen ersetzen, sondern mit echtem Inhalt erfüllen wollte. Andrerseits dient es
dazu, auf das zu heidnischem Misbrauch herabgesunkene Gebetswesen der Pharisäer
ein grelles Licht zu werfen. Ähnlich kann und wird es sich mit anderen Elementen der Bergpredigt des Mt verhalten. Während in c. 10 der geschichtliche
Grundstock einer großen Rede durch die anderswoher entlehnten Stoffe überwogen
wird, ist das Verhältnis bei der Bergpredigt c. 5—7, den Parabelreden c. 13,
der großen Strafpredigt gegen die Schriftgelehrten c. 23, und den eschatologischen
Reden c. 24—25 das umgekehrte. Daß aber auch in letzteren drei Redegruppen
die Hand des Vf frei mit dem geschichtlich Überlieferten geschaltet hat, wird
nicht nur durch die Analogie der Reden in c. 5—7 und c. 10 wahrscheinlich,
sondern auch durch Vergleichung der Parallelen gewiß cf z. B. Lc 11, 37—53;
13, 31—35 mit Mt 23, 23—39 oder Lc 17, 20—37 mit Mt 24, 26—28. 38—41.

Überblickt man das Ganze des Buchs in bezug auf Stoff und Darstellung,
Zweck und Mittel, so kann auch die Bestimmung desselben nicht zweideutig genannt werden. Es ist eine geschichtliche Apologie des Nazareners
und seiner Gemeinde gegenüber dem Judentum. Voraussetzung des
Buchs ist, daß das jüdische Volk, dem Jesus als ein Erretter von den Sünden
geschenkt war, ihn verkannt, sich an ihm geärgert, ihn als einen Empörer gegen
das Gesetz und dessen authentische Auslegung, als einen Pseudomessias und
Gotteslästerer ans Kreuz gebracht und dadurch erst recht zu einem σκάνδαλον
für sich gemacht hat (cf 1 Kr 1, 23 f.; 1 Pt 2, 7); daß dieses heiß und treu von
ihm geliebte Volk über sein Lebensende hinaus ihn mit gehässiger Verleumdung
schmäht (S. 274. 285) und bis zur Gegenwart durch lügnerische Ausstreuung
den „Juden" den Glauben an ihn erschwert (28, 15); und daß jetzt neben dem
mit seiner Obrigkeit sich identificirenden Judenvolk eine Gemeinde christlichen
Bekenntnisses als selbständige Körperschaft besteht (16, 18; 17, 24—27; 18,
17; 21, 41—43), welche ihrem Kern nach aus den verlorenen Schafen Israels
gesammelt ist (10, 6; 15, 24; 19, 28), aber von den Juden gehaßt und verfolgt

wird (5, 10—12; 10, 17—26; 23, 34—36), während sie ihre Tore den Heiden geöffnet hat und noch weiter offen halten wird (8, 10—12; 21, 43; 22, 8—10; 24, 14; 25, 32; 26, 13; 28, 19—20 cf 2, 1—12; 3, 9; 5, 13. 14; 13, 38). Dies alles wird nicht verschleiert oder entschuldigt, sondern scharf hervorgehoben und gerechtfertigt. Es wird anerkannt, daß ein starker Schein gegen Jesus und seine Gemeinde spricht. Der Davidssohn Joseph hat sich an dem Davidssohn gestoßen, welcher noch erst geboren werden sollte, der größte Prophet an dem Propheten Jesus, der erste Apostel an dem das Kreuz erwählenden Messias (1, 19; 11, 6; 16, 22 f.; 26, 31—35). Aber der echte Israelit braucht sich nicht an Jesus zu ärgern, und wer es getan hat, hat immer noch die Wahl zwischen dem Untergang des Judas (oben S. 285) und der Seligkeit des Petrus. Denn Jesus ist dennoch der Messias; gerade auch in denjenigen Zügen seiner Geschichte, welche dem zu widersprechen scheinen, entspricht sie der richtig verstandenen prophetischen Weissagung; alle Anklagen auf Gesetzesverletzung werden durch Wort und Tat Jesu widerlegt; und was an ihm in der Tat befremdlich und für den oberflächlich urteilenden Juden anstößig ist, seine Flucht nach Ägypten, sein Aufwachsen in Nazareth, seine Bevorzugung Galiläas, seine Kreuzigung: das alles ist durch die Sünde des jüdischen Volks herbeigeführt, deren Strafe nicht ausbleiben wird. Sein Blut kommt über das ganze „Volk und seine Kinder" (27, 25), und zwar noch über dieselbe Generation, welche dem Zeugnis Jesu nicht hat glauben wollen (12, 38—45; 23, 36—38; 24, 34). Ein Buch wie dieses kann nur von einem Juden für jüdische Leser geschrieben sein. Daß der Vf einmal, wo er von seiner Gegenwart redet, die nicht an Jesus gläubig gewordenen Juden Ἰουδαῖοι nennt (28, 15), während der Name Mr 7, 3 nur zur Bezeichnung der jüdischen Nationalität im Gegensatz zu Nichtjuden dient, entspricht dem Sprachgebrauch des Hebräers Pl (1 Th 2, 14; 2 Kr 11, 24; Rm 2, 17 cf Gl 1, 13 f.). Mt spricht überhaupt die Sprache der Christen jüdischer Herkunft. Auf der einen Seite bedient er sich jüdischer Begriffe, die keinem Heiden ohne weiteres verständlich sein konnten, (z. B. 5, 22; 16, 19; 18, 18). Er setzt bei seinen Lesern den Unterschied des galiläischen Dialekts vom judäischen als bekannt voraus (26, 73), was Mr 14, 70 nach dem echten Text nicht geschieht. Nirgendwo erläutert Mt wie Mr (oben S. 241) jüdische Dinge als etwas den Lesern Fremdes (A 12). Andrerseits hält er mit seinem christlichen Bekenntnis vom Titel an nicht zurück. Dieserhalb könnte das Buch für die judenchristlichen Gemeinden Palästinas geschrieben sein; es ist von diesen aufgenommen und nachmals zum Ev der Hebräer umgearbeitet worden. Aber wie die Wahl der Sprache (oben S. 262), so macht der scharf hervortretende apologetische und polemische Charakter des Buches es überwiegend wahrscheinlich, daß Mt sein Buch vor allem von noch nicht gläubigen Juden gelesen zu sehen wünschte. Mochten immerhin in der jüdischen Christenheit Leute genug sich finden, welche fast mehr Juden als Christen waren (AG 15, 5), und andere, welche für jüdische Verdächtigungen nicht unzugänglich waren; die Gemeinden Palästinas insgemein, wie wir sie aus den an sie gerichteten griechischen Sendschreiben, aus den Andeutungen der Apostelgeschichte und gelegentlichen Bemerkungen des Pl kennen, bedurften einer solchen Apologie Christi und der Existenzberechtigung seiner Gemeinde und eines so scharfen Angriffs auf die von sadducäischen Hohenpriestern und pharisäischen Rabbinen regierte und irregeleitete Judenschaft nicht. Für Judenchristen, welche jüdischen Einflüsterungen noch zugänglich waren oder wieder geworden waren, sowie für Juden, welche dem Ev noch widerstrebten, war das Buch geeignet. Für solche Leser wird es also wohl auch bestimmt gewesen sein (A 13).

1. Für den Text von 1, 18 ist vor allem zu beachten, daß Origenes (Scholion bei Migne 17 col. 289 cf Delarue III, 965) keine andere LA als γέννησις kannte und daraufhin den Unterschied von γένεσις 1, 1 erörterte; ferner daß Ss Sc S¹ 1, 18 ein anderes Wort als 1, 1 gebrauchen; endlich daß der wichtige D hier defekt ist. Übrigens ist wahrscheinlich mit Iren. III, 11, 8, Sc Ss etc. τοῦ δὲ Χριστοῦ ohne Ἰησοῦ zu lesen.

2. Die gewöhnliche Bezeichnung der Stammtafel γενεαλογία finden wir 1 Tm 1, 4; Tt 3, 9 cf γενεαλογεῖσθαι Hb 7, 6 cf v. 3; 1 Chr 5, 1. Die jüdischen Wörter יִחֻם oder יוֹחָם, יְחוּם, יְחוּסָא mit oder ohne סֵפֶר (Targ. jerusch. Gen 5, 1; 1 Chron 5, 1; 2 Chron 12, 15) oder מְגִלָּה (Talm. jer. Taanith 68ᵃ; bab. Jebam. 49ᵇ) würde kein Hellenist anders als durch γενεαλογία übersetzt haben. Die älteren syr. Übersetzer Ss Sc haben Mt 1, 1 כתבא דתולדתא, wie die atl Pesch. Gen 5, 1 (nur ספר für כתבא); erst S¹ hat γενέσεως Ἰησοῦ genauer durch דילידותה דישוע wiederzugeben gewagt. Die LXX haben nicht nur für ספר תולדת Gen 5, 1, sondern auch für אלא תולדות Gen 2, 4 αὕτη ἡ βίβλος γενέσεως, dafür Gen 6, 9; 10, 1 genauer αὗται αἱ γενέσεις, wie Aquila und Symmachus auch Gen 2, 4. Als Grundstelle für Mt 1. 1 muß aus sachlichen wie aus formellen Gründen, weil hier der hebr. Text, beide Targume, LXX und auch Aquila (βιβλίον γεννημάτων) übereinstimmen, Gen 5, 1 gelten. Es wird dort kurz die Erschaffung des ersten Menschen in Erinnerung gebracht, dann aber die Folge der Erzeugungen von Adam bis zu Noah aufgezählt. Außerdem wird nur noch Gen 25, 12. 19 die Geburt der in der Überschrift genannten Person auch nur erwähnt; überall sonst wird die Geschichte des betreffenden Mannes, ohne daß seiner eigenen Geburt gedacht würde, oder auch die Geschichte seiner Nachkommen als Tholedoth desselben überschrieben Gen 6, 9; 10, 1 (32); 11, 10. 27; 36, 1. 9; 37, 2; an keiner einzigen Stelle aber eine Aufzählung seiner Ahnen. Nach dem atl Sprachgebrauch, außer dem wir keinen anderen für βίβλος γενέσεως nachweisen können, könnte demnach Mt 1, 1 jedenfalls nicht Titel der Stammtafel sein, sondern viel eher Titel einer Geschichte Jesu, welche wie Mr und Jo seine Erzeugung und Geburt gar nicht berichtete. Möglich ist, daß dem Übersetzer dieser aus der LXX geschöpfte Ausdruck auch darum für griechische Leser weniger ungeeignet erschien, als uns, weil ihm dabei der weitere Sinn von γένεσις „das Dasein in seiner Bewegung, das Leben" (cf Jk 1, 23; 3, 6) vorschwebte.

3. Sanhedr. 43ᵃ הוא למלכות דקרוב (cod. Mon. add. הנוצרי) ישו „Jesus (der Nazaräer), welcher dem Königtum nahe oder verwandt war" cf Laible-Dalman, Jesus im Talmud S. 79 und 15*; Delitzsch, Jesus und Hillel, 2. Aufl., S. 13; Dérenbourg, Hist. et géogr. de la Pal. p. 349. Daß die Davididen, solange der Tempel stand, ihre Abkunft glaubten nachweisen zu können, zeigt das Verzeichnis der Tage, an welchen die verschiedenen Geschlechter das Brennholz für den Brandopferaltar zu liefern hatten in Mischna Taanith IV, 5 (cf Schürer II, 260): am 20. Tammus das Haus Davids. Im NT cf Lc 1, 5; 2, 36; Rm 11, 1; Phl 3, 5. Das große Interesse, welches die Juden und insbesondre die Priester für ihre Abkunft und deren Nachweisbarkeit hegten (Jos. c. Ap. I, 7; vita 1;

Jul. Afric. bei Eus. h. e. I, 7), wurde stets befriedigt durch Nachweis der Zwischenglieder zwischen einem letzten notorisch legitimen Glied des Geschlechts und demjenigen, dessen Legitimität zweifelhaft erschien cf Schürer II, 229. — Die Anklage, daß Jesus unehelicher Geburt, nämlich die Frucht eines ehebrecherischen Verhältnisses seiner Mutter Maria, der Ehegattin Josephs, mit einem Soldaten Panthera oder Pandera gewesen sei, erhebt der Jude, welchen der Heide Celsus um 170 in seiner Streitschrift gegen die Christen auftreten läßt (Orig. c. Celsum I, 28. 32 cf Eus. ecl. proph. III, 10 ed. Gaisford p. 111). Aber die Verzweigung dieser Fabel in der talmudischen Literatur beweist, daß sie ihrem Kern nach älter ist cf Laible-Dalman S. 9—39 und S. 5*—8*; Dérenbourg p. 203 f. 468 ff. Auch Just. dial. 23 ($\delta i\chi\alpha$ $\dot{\alpha}\mu\alpha\varrho\tau i\alpha s$). 78 (Josephs Verdacht $\dot{\varepsilon}\gamma\varkappa\nu\mu\rho\nu\varepsilon\tilde{\iota}\nu$ $\alpha\dot{\upsilon}\tau\dot{\eta}\nu$ $\dot{\alpha}\pi\dot{\sigma}$ $\sigma\nu\nu\sigma\nu\sigma i\alpha s$ $\dot{\alpha}\nu\delta\varrho\dot{\sigma}s$, $\tau\sigma\nu\tau\dot{\varepsilon}\sigma\tau\iota\nu$ $\dot{\alpha}\pi\dot{\sigma}$ $\pi\sigma\varrho\nu\varepsilon i\alpha s$) cf 35. 117 scheint sie zu berücksichtigen. Cf Forsch VI, 266—269. — Auch daß Jesus einen Teil seiner Jugend in Ägypten verlebt und dort Zauberkünste erlernt habe, mit welchen er in die Heimat zurückgekehrt das Volk betört habe, hat Celsus (Orig. c. Cels. I, 28. 38. 46) nicht seinem Juden angedichtet; es ist eine viel ältere jüdische Fabel cf Laible-Dalman S. 40—48 und S. 8* ff.; Dérenbourg 203 A 2; 361 A 1; 471.

4. Der Text von Mt 1, 1—15 steht abgesehen von geringfügigen Verschiedenheiten der Schreibung einzelner Namen fest. Wenn Sc (nicht ebenso Ss Sh S[1] S[3]) sowie D in der überhaupt willkürlich zurechtgemachten Genealogie, welche er zu Lc 3, 23 einschiebt, die fehlenden 3 Könige in v. 8 einschieben, ohne die Zahlen in Mt 1, 17 entsprechend zu ändern, so liegt die Interpolation am Tage. Wenn die Stammtafel des Mt von Haus aus griechisch und auf Grund der LXX entworfen wäre, würde der Ausfall der 3 Könige sich vielleicht als ein durch die Namensähnlichkeit von $^{\prime}O\chi\sigma\zeta i\alpha s$ (2 Reg 8, 24—29; 2 Chron 22, 1) und $^{\prime}O\zeta i\alpha s$ (Jes 1, 1; 2 Chron 26, 2) veranlaßter Irrtum erklären, zumal wenn man die schon in LXX daraus entstandenen Irrungen bemerkt (1 Chron 3, 11 $^{\prime}O\zeta i\alpha s$ falsch für Ahasja, 2 Chron 26, 1 $^{\prime}O\chi\sigma\zeta i\alpha s$ falsch für Usija). Aber die Voraussetzung trifft nicht zu s. § 56 A 11. Ist ferner wahrscheinlich, daß der Vf die Namen der Könige der Liste 1 Chron 3, 10 ff. entnommen hat, statt sie mühsam aus der Geschichtserzählung zusammenzulesen (cf was Africanus über die genealogischen Forschungen der Verwandten Jesu sagt bei Eus. h. e. I, 7, 14; Spitta, Brief des Afric. S. 102), so bot der dortige Text keinen Anlaß zur Verwirrung. Dort führt Usija den Namen עזריה, LXX $^{\prime}A\zeta\alpha\varrho i\alpha s$, welcher mit אחזיהו, LXX $^{\prime}O\zeta i\alpha s$ (irrtümlich für $^{\prime}O\chi\sigma\zeta i\alpha s$) keine sonderliche Ähnlichkeit hat. Es wird also Mt die drei Könige mit Absicht ausgestoßen haben, darunter Joas mit 40, Amazja mit 29 Regierungsjahren. Ein besonderer Grund, gerade diese auszustoßen, ist nicht zu suchen und zu finden, dagegen ist sehr begreiflich, daß Mt die durch Jes 1, 1; 6, 1; 7, 1; 36—39; Hosea 1, 1; Amos 1, 1 besonders berühmten Namen von Usija an nicht entbehren mochte. Daß außerdem auch Mt 1, 11 Jojakim vor Jechonja fehlt, kann nicht ohne Zusammenhang mit der anderen Tatsache sein, daß an der durch 1, 17 verbürgten Zahl von (3×14) 42 Gliedern eines fehlt. Die teilweise geistreichen Versuche, den Defekt als einen nur scheinbaren zu erweisen (z. B. Athanasius ed. Montfaucon I, 1266; Hilarius (?) im Florileg. Biblioth. Casin. II, 66; Hofmann, Weissag. u. Erf. II, 42) können hier nicht gewürdigt werden. Daß die Einschiebung des Namens Jojakim in v. 11 (so fand es schon Iren. III, 21, 9 cf ferner Sh und Randlesart des S[3], auch einige griech. Uncialen) den Schaden nicht bessert, ist klar. Die zweite Reihe erhält dadurch 15 Glieder, da Jechonja nach Analogie der ersten Reihe den Schluß der zweiten bildet, und der dritten Reihe fehlt noch immer ein Glied. Erkennt man den Fehler an und hält man es für undenkbar, daß der Vf der Tafel und des Satzes v. 17 sich verzählt haben sollte, so ist die natürlichste Annahme die, welche Hieronymus wenigstens zuerst deutlich ausgesprochen hat (zu Mt 1, 11 Vallarsi VII, 11 cf Eus. quaest. ad Steph. bei Mai, nova p. bibl. IV, 1, 243), daß $^{\prime}I\varepsilon\chi\sigma\nu i\alpha s$ v. 11 eine

fehlerhafte Wiedergabe des Namens יהויקים sei, während dieselbe Form v. 12 den יהויכין
bezeichne. Sogut die LXX diese beiden Namen in einem einzigen Satz durch Ἰωακείμ
wiedergibt (2 Reg 24, 6 cf 23, 36; 24, 1. 5 = Jojakim; 24, 8. 12. 15 Jojachin), was
einen Eusebius (l. l.) zu sehr unzutreffenden Bemerkungen veranlaßte, ebensogut kann
der griech. Übersetzer des Mtev den in seinem Original ausgedrückten Unterschied verwischt haben. Mt selbst wird den 11 Jahre regierenden Jojakim, Sohn des Josia, gemeint und durch καὶ τοὺς ἀδελφοὺς αὐτοῦ die übrigen Prinzen mit ihm zusammengefaßt
haben, seinen vor ihm 3 Monate regierenden Bruder Joahas, den später zur Regierung
gelangenden Bruder Zedekja, aber auch seinen nur 3 Monate regierenden Sohn Jojachin
oder Jechonja. Mit Namen nennt er den Letzteren erst v. 12; er nennt ihn aber als
den Stammhalter (1 Chron 3, 17). Über die verwickelten Verwandtschaftsverhältnisse
cf Köhler, Atl Gesch. II, 2, 301.

5. Neben dem gewöhnlichen Text von Mt 1, 16 (ich nenne ihn A) war noch ein
anderer (B) früh und weit verbreitet: 1) Die den Minuskeln 13. 69. 124. 346 zu Grunde
liegende alte Uncialhs enthielt wahrscheinlich den nur in 346 erhaltenen Text: Ἰακὼβ
δὲ ἐγέννησε τὸν Ἰωσήφ, ᾧ μνηστευθεῖσα παρθένος Μαριὰμ ἐγέννησεν Ἰησοῦν τὸν λεγόμενον
Χριστόν (A Collation of four important Mss. by Ferrar ed. Abbott 1877 p. 2 cf Gregory,
Proleg. p. 528; von der genannten Gruppe sind hier 13 und 69 defekt, 124 hat den
gewöhnlichen Text; Robinson Euthaliana p. 82 nennt noch min. 556 als Zeugen für vorstehenden Text). 2) Dieser griech. Text hat der altlat. Übersetzung der Evv zu Grunde
gelegen. Der cod. k, welcher als Zeuge der ältesten Gestalt derselben gilt, hat: *et
Jakob genuit Joseph, cui desponsata virgo Maria genuit Jesum Christum* (Old latin
bibl. texts ed. Wordsworth II, 24). Andere altlat. Hss zeigen mit einigen Varianten
wesentlich den gleichen Text (Wordsworth I, 5; III, 1; Bianchini, Ev. quadruplex I, 4. 5).
3) Der gleiche griech. Text bildet die Grundlage von Sc: „Jakob erzeugte den Joseph,
welchem verlobt war Maria die Jungfrau, welche Jesum Christum gebar“. 4) Dagegen
hat Ss: „Jakob erzeugte den Joseph; Joseph, welchem verlobt war Maria die Jungfrau,
erzeugte Jesum, welcher Christus genannt wird“. 5) Eine Mischung der Texte A und B
bietet die armenische Version (nach Robinson Euthaliana p. 82) „Jakob erzeugte den
Joseph, den Ehemann der Maria, *welchem verlobt seiend Maria die Jungfrau*, von
welcher geboren wurde Jesus, welcher Christus genannt wurde“. Nur vermöge einer
sehr zusammenhangslosen Betrachtung dieses Sachverhalts konnte man auf den Gedanken
geraten, daß Ss hier den ursprünglichen Text bewahrt habe, der in folge dogmatischer
Bedenklichkeit allmählich dem modificirten Text B (Nr 1—3) und schließlich dem Text
A habe weichen müssen. Dagegen ist zu bemerken: a) daß zunächst unter den Syrern Ss
nicht das ursprüngliche gibt, dessen orthodoxe Änderung wir in Sc zu finden hätten,
ergibt sich daraus, daß Sc einen alten, ziemlich weit verbreiteten griech. Text wiedergibt (s. vorhin unter Nr. 1. 2). Steht nun fest, daß Ss wie Sc auf ein griech. Original
zurückgehen, und daß diese beiden ältesten Gestalten der syrischen Version der getrennten Evv nicht von einander unabhängig, sondern zwei Recensionen einer einzigen
Version sind, so folgt auch, daß diejenige Recension, welche einem nachweisbaren alten
griech. Text genau entspricht, also in diesem Fall Sc, die Urgestalt der syrischen Übersetzung bewahrt hat, und daß dagegen diejenige Recension, welche von aller griechischen,
lateinischen und sonstigen Textüberlieferung abweicht, wie Ss in diesem Fall, durch
willkürliche Änderung aus Sc entstanden ist. b) Das Verhältnis des Textes A zum Texte
B mit Einschluß von Nr. 4 ist nicht das eines von dogmatischer Ängstlichkeit einge-
gebenen Textes zu einem naiv heterodoxen, sondern eher das umgekehrte. In A wird
Joseph der E h e m a n n Marias genannt, und wie es mit der Geburt Jesu sich verhalten
habe, ist nur angedeutet. Dagegen wird in B in doppelter Form das Verhältnis sicher
gestellt: Maria heißt J u n g f r a u und hat an Joseph nicht ihren Ehemann, sondern ist

seine Verlobte. Soweit erklärt sich der Text B nur als eine von dogmatischer Vorsicht eingegebene Emendation von A. Auch die Änderung des kühlen τὸν λεγόμενον Χριστόν in das einfach bekennende Χριστόν im ältesten lateinischen Text und in Sc liegt auf dieser Linie. c) Der singuläre Text von Ss kann nicht die Absicht ausdrücken, den Joseph als leiblichen Vater Jesu hinzustellen; denn wer diese Absicht hegte, konnte nicht gleichzeitig in demselben Satz soviel deutlicher als der katholische Text die Jungfräulichkeit der Maria aussprechen, das Bestehen eines ehelichen Verhältnisses zwischen Joseph und Maria ausschließen und in 1, 18—25 ebenso stark wie der katholische Text die Erzeugung Jesu durch Wirkung des hl. Geistes betonen. Auch sonst zeigt Ss weder in diesem, noch in irgend einem anderen Punkt eine besondere dogmatische Tendenz. Durch Vergleichung eines griech. Textes mit der ihm vorliegenden Gestalt der syrischen Übersetzung wird Ss arglos zu seinem sonderbar widerspruchsvollen Text gekommen sein. Ist Ἰησοῦν Χριστόν, wie die Übereinstimmung von Sc mit dem ältesten lat. Text beweist, im Texte B das ursprüngliche, so kann Ss sein Ἰησοῦν τὸν λεγόμενον Χριστόν nur durch Vergleichung mit einem hierin bereits dem Typus A assimilirten griech. Text des Typus B gewonnen haben, wie wir ihn in min. 346 vor uns haben. In diesem griech. Text fand er aber vor Ἰησοῦν ein ἐγέννησε, welches er nicht anders übersetzen mochte, wie überall in v. 2—15. Durch ungeschickte Verbindung des älteren syrischen Textes mit diesem griech. Text ergab sich die Notwendigkeit, für ἐγέννησε ein Subjekt zu schaffen und hinter dem Akkusativ Joseph einen Nominativ Joseph einzuschieben. Der katholische Text von 1, 16 kann ebensowenig aus der singulären Lesart des Ss als aus dem Text B überhaupt, wovon Ss nur eine vereinzelte Variante ist, entstanden sein cf Th. Ltrtrbl. 1895 Sp. 28 f. d) Der Eifer, mit welchem sich Manche auf die LA des Ss als ein Stück des Urevangeliums gestürzt haben, ohne nach rechts oder links zu blicken, erklärt sich aus dem alten Vorurteil, daß die auf Joseph hinauslaufende Genealogie Jesu nur von einem Mann angefertigt sein könne, welcher Joseph für den leiblichen Vater Jesu gehalten habe. Der angebliche Selbstwiderspruch zwischen der Genealogie und der nachfolgenden Erzählung findet sich aber ebenso bei Lc, also in den beiden einzigen noch vorhandenen altchristlichen Schriften, welche die davidische Abkunft Jesu durch eine Genealogie dargestellt haben. Daß in der christlichen Gemeinde jemals in anderem Sinne die davidische Abkunft Jesu dargestellt worden sei, ist eine Hypothese ohne Anhalt in der vorhandenen Literatur cf in bezug auf das Hbev GK II, 670 f. 686 f. 690 und über die ganze Frage meine Schrift über das apostol. Symbolum 2. Aufl. S. 54—68. Die Hoffnung, in alten Hss und Versionen Spuren davon zu finden, daß die Vf verlorener Evv, welche in unseren Evv des Mt und des Lc verarbeitet sein möchten, Joseph als den leiblichen Vater Jesu betrachtet hätten, sollte man endlich fahren lassen. Ein Schriftsteller, der selbst den spröden Stoff einer Genealogie bis ins Kleinste seinen auf das geschmähte Wunder der Geburt des Messias abzielenden Gedanken dienstbar zu machen wußte, wie Mt (oben S. 272 ff.), kann nicht gleichzeitig aus einer älteren Quelle Angaben herübergenommen haben, welche seiner Auffassung dieser Tatsache geradezu widersprachen. Jeder Text des Mtev, welcher solche enthielte, würde im voraus als ein gegen die Meinung des Vf geänderter verurteilt sein.

6. Die von Mt 9 mal gebrauchte Formel ἵνα oder ὅπως πληρωθῇ κτλ., wozu 2, 17; 26, 54; 27, 9 noch ähnliche hinzutreten, findet sich sonst nur noch Mr 14, 49 (in einer Parallele zu Mt 26, 54) und 7 mal bei Jo in bezug auf atl Weissagungen und auf prophetische Worte Jesu, niemals bei Pl und in beiden Büchern des Lc. Vergleichbar ist nur noch Jk 2, 23. Es kann die hierin sich aussprechende tiefsinnige Geschichtsbetrachtung hier nicht gegen unverständige Bemängelungen verteidigt werden. Für eine richtige Würdigung des Mtev in dieser Beziehung ist vor allem entscheidend, daß der Vf, welcher 1, 23; 2, 6; 12, 18 bis 21 die atl Texte mit souveräner Freiheit nach seinem Zweck gestaltet, nicht den ge-

ringsten Versuch macht, historische Aussagen, wie die 2, 15. 18; 8, 17 citirten, in Vorhersagungen zukünftiger Ereignisse zu verwandeln.

7. Jede Auslegung von Mt 2, 23 ist verwerflich, welche unberücksichtigt läßt, daß hier im Unterschied von 1, 22 f. (2, 5); 2, 15. 17; 3, 3; 4, 14; 8, 17; 12, 17; 13, 35 (15, 7); 21, 4 (22, 31. 43); 27, 9 erstens nicht ein einzelner Prophet, sondern die Propheten überhaupt genannt sind, und zweitens das citirende $\lambda\acute{e}\gamma o\nu\tau o\varsigma$, $\lambda\varepsilon\gamma\acute{o}\nu\tau\omega\nu$ fehlt. Dadurch ist ausgeschlossen, daß hier ein Citat aus einer kanonischen oder apokryphen Schrift vorliege. Es kann auch $\ddot{o}\tau\iota$ nicht eine Wiedergabe der gesamten prophetischen Weissagung von der Niedrigkeit und Verkennbarkeit des Messias in indirekter Redeform einleiten (so etwa Hofmann, Weiss. u. Erf. II, 63—66 in übrigens trefflicher Ausführung), oder gar eine Zusammenfassung von Stellen wie Jes 11, 1; Jerem 23, 5; 33, 15; Sach 3, 8; 6, 12; denn an keiner dieser Stellen ist geweissagt, daß der Messias einen mit $N\alpha\zeta\omega\varrho\alpha\tilde{\iota}o\varsigma$ auch nur ähnlichen Namen tragen werde, sondern er wird von den Propheten selbst bildlich ein נצר oder צמח genannt. Hinter der Berufung auf die Propheten insgesamt folgt ebensowenig wie 26, 56 und an allen sonst vergleichbaren Stellen (Mr 14, 49; Jo 17, 12; irgend welches genaue oder ungenaue Citat. Es ist also $\ddot{o}\tau\iota$, statt dessen $\gamma\acute{\alpha}\varrho$ deutlicher und besser griechisch wäre, hier wie Mt 26, 54; AG 1, 17 kausal zu fassen. Daß er auch in der Niederlassung Jesu in dem verheißungslosen Nazareth nicht ein zufälliges Ereignis, sondern eine Erfüllung der gesamten Weissagung der Propheten erblicke, rechtfertigt Mt durch die Erinnerung, daß das dort aufwachsende Kind dereinst von seinem Volk den Schimpfnamen der Nazarener bekommen sollte. Verkennbar und verkannt sollte der Verheißene auftreten. Die Härte des Ausdrucks, welche darin liegt, daß $\varkappa\lambda\eta\vartheta\acute{\eta}\sigma\varepsilon\tau\alpha\iota$ vom Standpunkt eines zur Zeit des Schriftstellers bereits vergangenen Moments aus verstanden werden soll ($=\ddot{\eta}\mu\varepsilon\lambda\lambda\varepsilon$ $\gamma\grave{\alpha}\varrho$ $N\alpha\zeta\omega\varrho\alpha\tilde{\iota}o\varsigma$ $\varkappa\lambda\eta\vartheta\tilde{\eta}\nu\alpha\iota$), findet man ähnlich Rm 4, 24, auch wohl Mt 17, 11 cf 12 und findet Anknüpfungspunkte in der besten Gräcität cf Kühner Gramm. II, 148 unter a. Die Übersetzung ist misverständlich und überhaupt dunkel, vielleicht in folge zu ängstlich genauer Wiedergabe des aramäischen Originals. Man könnte auch zweifeln, ob der Übersetzer selbst sein Original richtig verstanden hat.

8. Bei Mt findet sich $\dot{\eta}$ $\beta\alpha\sigma\iota\lambda\varepsilon\acute{\iota}\alpha$ $\tau\tilde{\omega}\nu$ $o\dot{v}\varrho\alpha\nu\tilde{\omega}\nu$ 33 oder 34 mal, sonst im NT nur noch Jo 3, 5 nach richtiger LA. Der Begriff ist echt jüdisch, in der Mischna sehr häufig (cf Schürer, Jahrb. f. prot. Th. 1876 S. 166 ff.), dort aber ganz verwaschen, des eschatologischen Charakters entkleidet. Die Wurzel liegt, kurz gesagt, in Dan 2, 34 f., 44 f., die authentische Deutung Jo 18, 36.

9. Am 25. April 1868 habe ich in Göttingen unter anderen die These öffentlich verteidigt: *Orationis montanae a Matthaeo evangelista traditae summa in c. 5, 16 proposita est* d. h. nicht in 5, 17; denn letzterer Satz deckt nur die Ausführung bis 5, 48, und auch wenn man 5, 17—20 als Thema faßt, gelingt es nicht, den ganzen Inhalt der Rede darunter zu befassen. Es ist auch nur ein Schein, als ob 7, 12 im Rückblick auf 5, 17 die Summa der ganzen Rede gezogen werde. Die Besorgnis, daß durch starke Betonung von 5, 16 sich ein Widerspruch mit 6, 1 ergebe, ist überflüssig, da derselbe dadurch nicht vergrößert wird, daß man in 5, 16 den Grundgedanken der Rede findet. In der Tat besteht gar kein Widerspruch. Fraglich kann nur sein, ob auch 6, 19—34 noch der Gegensatz zu den Pharisäern obwaltet cf 23, (14?) 25; Mr 12, 40; Lc 12, (1) 22—31. 34; 16, 13—31. Das $\dot{v}\pi o\varkappa\varrho\iota\tau\acute{\alpha}$ 7, 5 spricht dafür, daß dieser Gegensatz noch fortwirkt.

10. Eine Auslegung der in folge des praktisch kirchlichen Interesses, welches sie erregt, vielfach misdeuteten Stelle 16, 16—20 kann hier nicht vorgetragen werden. Ich beschränke mich auf Folgendes: 1) Der Versuch, an der Hand von Tatians Diatessaron zu beweisen, daß noch nach der Mitte des 2. Jahrhunderts 16, 18 f. in manchen oder

allen Hss des Mt gefehlt habe und somit hier eine junge katholische Interpolation vorliege, war eitel (Forsch I, 163 f. 243 f. 290 f. GK II, 546). Wie wesentlich die Aussagen
über die Kirche im Organismus des Mtev seien, ist oben gezeigt. 2) Es bedeutet ἡ
βασιλεία τῶν οὐρανῶν hier sowenig wie irgendwo das im Himmel befindliche Reich Gottes,
den jenseitigen Ort des erhöhten Christus und der auf die Auferstehung wartenden
Seligen (2 Tm 4, 18; Jo 14, 2), sondern das vom Himmel her auf Erden gegründete
Gottesreich. Zwischen dem Hades unten und dem Himmel droben ist das Reich Gottes
in der Mitte auf Erden. Dieses Reich ist aber hier nicht in seiner zukünftigen Vollendung nach der Parusie (16, 28), sondern in seiner vorläufigen, noch unvollendeten Gestalt vorgestellt. Eine solche Gestalt hat das seinem Wesen nach unsichtbare, durch
Gottes Wort (13, 18 ff. 37) und Geist (3, 11) in den Herzen gegründete Reich schon vor
seiner Vollendung an der Gemeinde Jesu. Dieser 13, 41 klar zu Tage liegende Gedanke ist hier durch den Zusammenhang der Gedanken erfordert. Die Schlüssel v. 19
gehören zum Hause v. 18; also ist das Haus identisch mit dem Reich cf 21, 42 u. 43
und auch 12, 25—29. 3) Der oder die Schlüssel sind Symbol des Hausverwalteramtes
cf Jes 22, 22 (Ap 3, 7 führt ihn der Hausherr selbst). Pt ist der (oberste) οἰκονόμος
über den Haushalt der Gemeinde cf Mt 24, 45—51; Lc 12, 42—48; 1 Kr 4, 1; 9, 17
und zur Sache Jo 21, 15—17. 4) Neben die hiedurch ausgesagte Regierungsgewalt stellt
19b die gesetzgeberische Gewalt; denn δέειν und λύειν entspricht dem rabbinischen אָסַר
„für verboten erklären" und הִתִּיר „für erlaubt erklären". Objekt sind in der Regel
Handlungen, über deren Zulässigkeit man verschiedener Meinung sein kann, niemals aber
geschehene Handlungen, begangene Sünden. Mit Jo 20, 23 hat Mt 16, 19 schlechthin nichts
zu schaffen.

11. Origenes (Gallandi XIV append. p. 81; comm. in Mt Delarue III, 642. 918)
fand „in sehr alten Hss" Mt 27, 16 ff. Jesus als eigentlichen Namen des Barabbas.
So Ss (Sc fehlt), arm. und der von den andern syrischen Versionen gänzlich unabhängige
Sh, auch einige griech. Minuskeln und Scholien. Tatian hat die LA wahrscheinlich nicht
gehabt, da Bar-Bahlul sie gerade als eine LA des „Ev der Getrennten" anführt (Forsch
I, 105 cf 108. 211). Auch für das Hbev läßt sie sich nicht nachweisen GK II, 697—700.
Immerhin ist die LA, die leicht anstößig befunden werden konnte und deshalb auch vom
Redaktor des Hbev beseitigt worden sein kann, früh und stark genug bezeugt, um die
oben S. 285 ausgesprochene Vermutung erlaubt erscheinen zu lassen.

12. Es würde Mt 22, 23 ähnlich wie Mr 12, 18; Lc 20, 27; AG 23, 8 eine Belehrung
der Leser über die Lehrsätze der Sadducäer vorliegen, wenn die LA der jüngeren Hss
οἱ λέγοντες echt wäre. Nach der ursprünglichen LA ohne οἱ ist vielmehr gesagt, daß die
Sadducäer mit Jesus über die Auferstehung, welche sie leugneten, disputirt und im Zusammenhang eines solchen Gesprächs ihm die verfängliche Frage nach dem 7 mal ver-
heirateten Weibe vorgelegt haben.

13. Unter den vielen Charakteristiken des Mtev hebe ich hervor Hofmann, Vermischte Aufsätze (1878, geschrieben 1856) S. 15—33 cf desselben NT IX, 297—317, und
Aberle, Theol. Quartalschr. 1859 S. 567—588 cf desselben Einl. ins NT, herausgegeben von
Schanz 1877 S. 20—32. Aberle hat schärfer als Andere den apologetischen und polemischen
Zweck des Mt hervorgekehrt, aber wenig Anklang gefunden mit seiner Annahme, daß
das Mtev Antwort auf ein Christum und seine Gemeinde verleumdendes Cirkularschreiben
des Synedriums sei, welches dem Justinus (dial. 17. 108. 117) und auch noch dem Origenes
(c. Cels. I, 38; VI, 27) vorgelegen habe. Aber von einem solchen Schreiben sagt weder
Mt (28, 15 ἐφημίσθη ὁ λόγος οὗτος), noch Justin noch Origenes. Erst Eusebius zu
Jes 18, 1 f. (Montfaucon, Coll. nova II, 424 f.) hat unter Berufung auf ältere Schriftsteller,
aber unter dem Einfluß des zu kommentirenden Textes und zum Zweck der gegensätzlichen Vergleichung der Apostel Christi, die auch Briefverfasser sind, mit den

„Aposteln" des jüdischen „Patriarchen" jene jüdischen Verleumdungen in die Form von officiellen Sendschreiben des Synedriums zu Jerusalem an die gesamte Judenschaft der Welt gefaßt. Das ist also nicht alte Überlieferung, sondern gelehrtes Machwerk. Wo im NT von jüdischen Verleumdungen und Anfeindungen des Christentums außerhalb Palästinas die Rede ist (Rm 3, 8 cf überhaupt den Rm und Bd I, 301; 1 Th 2, 15 f.; Gl 4, 29; Ap 2, 9; 3, 9 und in den Erzählungen der AG), fehlt jede Andeutung einer dahin zielenden Aktion des Synedriums, und AG 28, 21 f. ist ein Zeugnis dagegen. In Briefen wie den AG 9, 2 erwähnten müssen natürlich Verdächtigungen und Verurteilungen des Christentums enthalten gewesen sein. Es ist aber unwahrscheinlich, daß solche von Christen auch nur in Palästina gelesen worden sind. Daß die mündlich umlaufenden jüdischen Verleumdungen, auf welche Mt Bezug nimmt, teilweise auch zur Zeit Justins in Umlauf waren, ist richtig; aber gerade die aus der apologetischen Haltung von Mt 1 und 2 am deutlichsten hervortretenden sind bei Justin kaum angedeutet (s. oben S. 291 A 3). Den angeblichen Diebstahl der Jünger kennt Justin dial. 108 aus Mt 28, 13.

§ 56. Vergleichung des Matthaeusevangeliums mit der Überlieferung über dasselbe.

Die bisherige Untersuchung hat gezeigt, daß das Mtev, wie die Überlieferung sagt, für Juden und Judenchristen Palästinas geschrieben ist (oben S. 262. 289). Daß es trotzdem noch im ersten Jahrhundert auch in überwiegend heidnischen Gemeinden sich verbreitete, mündlich gedolmetscht und schließlich ins Griechische übersetzt wurde (oben S. 257 ff.), erklärt sich leicht aus dem Reichtum seines Inhalts, sowie aus der Abwesenheit aller solcher jüdischen Ideen, welche mit dem christlichen Bekenntnis überhaupt oder mit den anfänglich in den heidenchristlichen Gemeinden herrschenden Anschauungen unverträglich gewesen wären. Gegen dieses Ev, das Jesum als den dem Gesetz untergebenen „Diener der Beschneidung" und doch auch als den König Himmels und der Erde darstellt, der allen Völkern das Ev zuwendet, hätte ein Pl nichts einzuwenden gehabt (Gl 4, 4; Rm 15, 8). Erst als das geschichtlich treue Bild von Jesus und von der Lage seiner ersten Gemeinde erblaßt war, stellten sich in der heidnischen Christenheit kritische Bedenken gegen die Wahrheit der dem Mt eigentümlichen Geschichtsdarstellung und unkritische Umdeutungen derselben ein (A 1). Der Überlieferung, daß das Mtev um 61—66 geschrieben sei, widerspricht nichts. Läge „der heutige Tag" (27, 8; 28, 15) diesseits der Zerstörung Jerusalems und des Tempels, so sollte man denken, daß ein Schriftsteller, welcher dem Beweis aus der Kongruenz von Weissagung und Erfüllung einen so großen Wert für die Rechtfertigung Christi gegenüber dem Judentum beimißt, wie Mt, irgendwo und irgendwie angedeutet hätte, daß in jenem Gericht die Weissagung Jesu sich erfüllt habe (22, 7; 23, 35—24, 2; 26, 61; 27, 40). Mt macht nicht den geringsten Versuch, die Weissagung der Parusie von der Weissagung des Gerichts über Jerusalem und die jüdischen Zeitgenossen loszulösen (16, 28; 24, 3. 34; 26, 64 s. oben S. 248). Unausgeglichen stehen neben einander Aussagen, welche es so erscheinen lassen, als ob bis zur Parusie Christi die apostolische Predigt in Israel fortdauern und erst nach der Zerstörung Jerusalems die Zeit der Heidenmission kommen werde (10, 23; 22, 7—10; 23, 34—36), und andere Aussagen, nach denen die Vollendung der Predigt unter allen Völkern die Voraussetzung der Parusie bildet (24, 14 cf 5, 14; 8, 11; 12, 18—21; 13, 38; 24, 31; 25, 32; 26, 13; 28, 19). Weil zur Zeit des Mtev noch jeder Anfang der Erfüllung fehlte, bleibt unklar, wie die geweissagte Aufrichtung des abgöttischen Greuels im Tempel und die damit gegebene Verödung d. h. Entweihung des Tempels (24, 15) sich zu der gleichfalls geweissagten Zerstörung des Tempels und der Stadt (22, 7; 23, 38—24, 4) verhalten werde. Und für die Treue der Aufzeichnung gerade dieser Weissagung bürgt es, daß Mt nicht wie Mr 13, 14 (oben S. 248 f.) den Wortlaut nach dem späteren, aus der geschichtlichen Erfahrung geschöpften Verständnis der apostolischen Christenheit gestaltet hat (A 2). Es finden sich bei Mt auch in der Weissagung von Jerusalems Untergang nicht solche Züge, wie die, welche in der Darstellung des Lc (19, 41—44; 21, 20; 23, 28—30) als ein Widerschein der Erfüllungsgeschichte beurteilt werden können. — Man hat aus Mt 19, 1 die Vorstellung entnehmen wollen, daß Judäa für den Vf jenseits des Jordan liege, und daß somit das Buch oder dieses Stück desselben auf der östlichen Seite des Jordan geschrieben sei, etwa zu der Zeit, da die von Jerusalem geflüchteten Christen in Pella eine Zuflucht gefunden hatten. Dies würde uns um ein Weniges über die von Irenäus gezogene Zeitgrenze hinabführen; denn vor dem J. 66 hat diese Auswanderung sicherlich nicht stattgefunden (A 3). Aber daß ein bis dahin im Westjordanland lebender Jude in folge einer kürzlich erfolgten Verlegung seines Wohnsitzes auf die andere Seite des Flusses gegen den konstanten jüdischen Sprachgebrauch, dem er selbst an anderen Stellen seines Buchs folgt, mitten in einer Geschichtserzählung, deren Schauplatz bis dahin Galiläa gewesen war, mit πέραν τοῦ Ἰορδάνου das Westjordanland bezeichnet haben sollte, ist unglaublich. Der Wortlaut des Satzes verwehrt es nicht, sondern empfiehlt es, denselben dahin zu verstehen, daß Jesus diesmal durch Peräa, statt durch Samaria die Reise von Galiläa nach Judäa gemacht habe (A 4). Ebenso irrig war die Meinung, daß Mt 23, 35 Jesu eine Bezugnahme auf ein Ereignis des J. 67/68 in den Mund gelegt sei, und zwar nicht als Weissagung, sondern als geschichtliche Erinnerung (A 5). Wenn dies ein absichtsloser Irrtum wäre, würde man mit der Abfassung des Mtev einige Jahrzehnte unter a. 70 herabgehen müssen; als absichtsvolle Umgestaltung aber eines überlieferten Wortes Jesu (Lc 11, 51) wäre es eine unbegreifliche Mischung von Gedankenlosigkeit und Mutwillen. In der Tat liegt in der Angabe des Namens Barachias statt Jojada nur eines jener Versehen des Mt vor, welche der schriftgelehrte Redaktor des Hbev zu korrigiren für gut fand (A 5). Es gibt keine wissenschaftlichen Gründe zur Beanstandung der Überlieferung, wonach Mt sein Buch auf dem Boden Palästinas in einem der Jahre 61—66 geschrieben haben soll (A 6).

Auch daß er in der Landessprache Palästinas geschrieben hat, und daß unser griechisches Mtev eine erst nach geraumer Zeit entstandene Übersetzung aus dem Hebräischen, d. h. Aramäischen sei (oben S. 254—263), bewährt sich am Text. Bei Erörterung dieser Frage ist vor allem im Auge zu behalten, daß Jesus als Prediger des Volks und Lehrer seiner Jünger sowie in allem Verkehr mit seinen Volksgenossen sich der aramäischen Sprache bedient hat (§ 1), daß also Alles, was uns an Reden Jesu und an Worten der mit ihm verkehrenden Juden in griechischen Büchern aufbewahrt ist, uns nur in Übersetzung vorliegt. Und nicht wir erst sind in dieser Lage, sondern ebenso schon die Christen in Antiochien, Ephesus, Korinth und Rom in den Tagen des ungeschriebenen Ev (§ 48). Die Möglichkeit oder die Nötigung, ein Wort Jesu auf ein aramäisches Original zurückzuführen, um es ganz zu verstehen oder auch die Verschiedenheit der Gestalten, in welchen es überliefert ist, zu begreifen, entscheidet nicht darüber, ob die Schriften, in welchen es uns vorliegt, von Haus aus griechisch geschrieben waren oder aus dem Aramäischen übersetzt sind. Ein des Aramäischen unkundiger oder nur wenig kundiger Evangelist wie Lc hat, was er aus schriftlicher oder mündlicher Überlieferung schöpfte, in griechischer Form bereits überkommen, und die in seinem Berichte aufstoßenden Hebraïsmen und Aramaïsmen mögen bis zu einem gewissen Grade als Beweise für die Treue gelten, mit welcher er das Überlieferte wiedergegeben hat; sie beweisen aber nichts für seine eigene Sprachbildung und auch nichts für aramäische Abfassung einer von ihm benutzten Quelle; denn die mündliche Erzählung oder die Schrift, auf welche seine Darstellung als Quelle zurückgeht, kann direkt oder indirekt von einem jüdischen Christen herrühren, welcher Griechisch genug verstand, um in dieser Sprache mündlich oder schriftlich von Jesus berichten zu können, und welcher doch noch „Hebräer" genug war, um sich durch seine Sprache absichtlich oder absichtslos zu verraten. Auch ein Evangelist wie Mr, dessen Muttersprache das Aramäische war, welcher aber Jahrzehnte lang im Dienst der auswärtigen Mission gestanden hatte und schließlich Griechisch genug verstand, um sich in dieser Sprache als Schriftsteller zu versuchen, hatte die griechische Form nicht durchaus neu zu schaffen. Er war beeinflußt durch die Art, wie auf dem Missionsgebiet von Jesu Taten und Worten griechisch geredet zu werden pflegte. Dies gilt in erhöhtem Maße von einem Übersetzer, der ein aramäisches Buch wie das Mtev ins Griechische zu übertragen hatte, nachdem dasselbe Jahre lang mündlich gedolmetscht worden war, zumal wenn er zu einer Zeit arbeitete, als bereits griechische Evv vorhanden und in demselben Kreise verbreitet waren, welchem der Übersetzer angehörte. Das ist aber im vorliegenden Fall mindestens recht wahrscheinlich. Außer dem Mrev (oben S. 210 f.) können auch andere griechische Schriften evangelischen Inhalts, sei es das Lcev oder eine der Lc 1, 1 erwähnten, uns nicht erhaltenen Schriften in der Umgebung des griechischen Übersetzers des Mtev vorhanden gewesen sein. Es war unvermeidlich, daß außer der kirchlichen Sprache der griechischen Gemeinden auch die Jahre lang ausgeübte mündliche Dolmetschung des aramäischen Mtev, aus welcher zuletzt die schriftliche Übersetzung hervorging, und auch griechische Evv wie das des Mr den Übersetzer beeinflußten. Es ist ferner zu bedenken, daß in alter Zeit sehr verschieden übersetzt worden ist. Einen bereits als hl. Schrift verehrten Text konnte man geneigt sein, mit sklavischer Wörtlichkeit zu übersetzen. Die Septuaginta ist aus diesem Grunde eine im ganzen sehr wörtliche, die Eigenart der griechischen Sprache überall verletzende Übersetzung und sollte doch in dieser Beziehung durch Aquila noch um ein beträchtliches übertroffen werden (Bd I, 39). Die altlateinische Übersetzung, zunächst des NT's, welche erst entstand, als der Charakter des NT's als hl. Schrift in der Kirche längst anerkannt war, will eine wörtlich genaue sein, und die Verbesserer derselben haben in dieser Beziehung nicht viel zu ändern gefunden, sondern eher den sklavischen Anschluß an das Original gelockert und den lateinischen Ausdruck geglättet. Umgekehrt zeigt die Geschichte der Evangelienübersetzung bei den Syrern vom Diatessaron oder dem Syrus Sinaiticus bis zur Arbeit des Thomas von Heraklea eine stetige Fortentwicklung von großer Freiheit zu sklavischer Buchstäblichkeit, von leidlich guter Handhabung der eigenen Sprache zu immer ärgerer Mishandlung derselben im Interesse der größeren Treue. Als das griechische Mtev entstand (oben S. 259), konnte die Betrachtung des ihm zu Grunde liegenden Originals als einer hl. Schrift noch nicht sehr entwickelt sein. Der Übersetzer kann kein eigentlicher Hellenist gewesen sein, da er als solcher das Original nicht verstanden hätte, sondern nur einer jener Hebräer, welche wie Pl neben der Muttersprache der griechischen Sprache mächtig waren (Bd I, 34 ff.). Er muß unter Hebräern geboren oder aufgewachsen sein und wird daher an die mündliche Dolmetschung des hebräischen Originals ins Aramäische gewöhnt gewesen sein, wie sie in den Synagogen der Hebräer üblich war. Buchstäbliche Genauigkeit, wie sie dort nicht einmal dem AT gegenüber als Pflicht galt, konnte ihm der noch nicht durch ihr Alter geheiligten Schrift des Mt gegenüber nicht als erste und einzige Pflicht erscheinen. Endlich ist zu erinnern, daß Übersetzer im sprachlichen Ausdruck nicht immer stärkere Spuren ihrer Abhängigkeit von der Originalsprache zeigen, als selbständige Schriftsteller, die sich einer anderen Sprache als der Muttersprache bedienen müssen. Ein Deutscher, welcher für Engländer über deutsche Verhältnisse in englischer Sprache schreibt, wird viel weniger darauf bedacht sein, Germanismen zu vermeiden, als ein Deutscher, welcher ein Werk von Goethe oder Ranke ins Englische übersetzt.

Der Stil des Mt ist durchweg weniger hebraïsirend, als der des Mr und der Ap. Es fehlen die ganz ungriechischen Konstruktionen, und viel maßvoller wird das $\varkappa\alpha\iota$ in der Erzählung angewandt (A 7 und oben S. 250 A 2). Aber es fragt sich, ob die gleichfalls ermüdend häufige Anwendung gewisser Formeln und Konstruktionen, durch welche diese semitische Erzählungsform ersetzt wird, nicht aus dem Streben des Übersetzers sich erklärt, der eben diese vermeiden will (A 7). Bewiesen wird der Charakter des Mtev als einer Übersetzung aus semitischem Original erst durch andere Beobachtungen. Ein griechischer Originalschriftsteller kann 1, 21 nicht geschrieben haben; für den griechischen Leser, welcher die ety- mologische Bedeutung von יְשׁוּעַ nicht kennt, ist das logische Recht der hier ge- gebenen Begründung der Namenswahl unerkennbar und daher der ganze Satz einfach unverständlich. Die aramäisch redenden Juden, bei welchen der hebräische Eigenname Jesus sehr gebräuchlich war, und der Sinn des Stammworts schon aus dem liturgischen Gebrauch von Hoschanna allgemein bekannt sein mußte, verstanden den Satz sofort, auch wenn im aram. Mt dem $\sigma\acute{\omega}\zeta\epsilon\iota\nu$ des griech. Mt nicht das entsprechende hebr. Verbum, sondern das rein aram. פְּרַק entsprochen haben sollte (A 8). Der griech. Übersetzer hätte hier durch ein $\ddot{o}$ $\dot{\epsilon}\sigma\tau\iota\nu$ $\mu\epsilon\vartheta\epsilon\varrho\mu\eta\nu\epsilon\upsilon\acute{o}\mu\epsilon\nu\nu$ $\sigma\omega\tau\acute{\eta}\varrho$ oder $\sigma\omega\tau\eta\varrho\acute{\iota}\alpha$ $\varkappa\upsilon\varrho\acute{\iota}o\upsilon$ nachhelfen können oder sollen, woran sich $\alpha\dot{\upsilon}\tau\grave{o}\varsigma$ $\gamma\grave{\alpha}\varrho$ $\sigma\acute{\omega}\sigma\epsilon\iota$ verständlich angeschlossen hätte. Justinus (apol. I, 33) hat es so gemacht. Daß der griech. Mt dies unterlassen hat, be- weist für die Genauigkeit seiner Übersetzung, aber nicht für die Geschicklich- keit des Übersetzers. Ähnlich verhält es sich mit Mt 10, 25, wo der Zu- sammenhang zwischen dem Wortsinn des Namens Beelzebul und dem Bild vom $o\grave{\iota}\varkappa o\delta\epsilon\sigma\pi\acute{o}\tau\eta\varsigma$ und den $o\grave{\iota}\varkappa\iota\alpha\varkappa o\acute{\iota}$ (Bd I, 13), damit aber auch die Spitze der Rede dem griechischen Leser verborgen bleibt. Mr und dann wohl auch Lc würden eine Worterklärung nicht unterlassen haben, wenn sie den Spruch über- haupt mitgeteilt hätten. Eine bloße Sacherklärung wie sie Mt 12, 24 (cf Mr 3, 22; Lc 11, 15) gegeben wird, würde nicht genügt haben. Die Unterlassung einer Worterklärung von $\varkappa o\varrho\beta\alpha\nu\tilde{\alpha}\varsigma$ 27, 6 fällt um so mehr auf, als 15, 5 die grie- chische Übersetzung, welche Mr 7, 11 beizufügen nötig fand, an die Stelle des den griechischen Lesern unverständlichen hebr. und aram. Wortes gesetzt ist. Wenn in diesem und in anderen Fällen der griech. Mt viel weniger als Mr das Streben zeigt, die originale Sprachform festzuhalten, sondern vielmehr die Ab- sicht bemerkbar wird, einen den griechischen Lesern unmittelbar verständlichen und möglichst wenig fremdartigen Text darzubieten (A 9), so sind die unerklärt gelassenen hebr. und aram. Namen und Wörter wie $'I\eta\sigma o\tilde{\upsilon}\varsigma$ 1, 21; $B\epsilon\epsilon\lambda\zeta\epsilon\beta o\acute{\upsilon}\lambda$ 10, 26; $\dot{\varrho}\alpha\chi\acute{\alpha}$ 5, 22; $\varkappa o\varrho\beta\alpha\nu\tilde{\alpha}\varsigma$ 27, 6 Zeichen der Abhängigkeit von einem aram. Original und des Mangels an Mut zu freier Umgestaltung desselben. Eben hier- aus erklärt sich die Dunkelheit des Ausdrucks 2, 23 (oben S. 294 A 7), ferner der ungriechische Gebrauch des substantivirten und doch artikellosen $\pi\acute{\epsilon}\varrho\alpha\nu$ $\tauo\tilde{\upsilon}$ $'Io\varrho\delta\acute{\alpha}\nu o\upsilon$ als eines wie $\Gamma\alpha\lambda\iota\lambda\alpha\acute{\iota}\alpha\varsigma$ und $'Io\upsilon\delta\alpha\acute{\iota}\alpha\varsigma$ von $\dot{\alpha}\pi\acute{o}$ regierten Genetivs 4, 25 cf 4, 15, sowie die wörtliche, aber für keinen Griechen verständliche Übersetzung eines jüdischen Schulausdrucks durch $\delta\acute{\epsilon}\epsilon\iota\nu$ und $\lambda\acute{\upsilon}\epsilon\iota\nu$ 16, 19; 18, 18 oben S. 295 A 10. Hat der Vater des Pt nach Jo 1, 43; 21, 15—17 und dem Hbev Jochanan geheißen, so ist Bar-Jona Mt 16, 17 ein Fehler, welcher eher einem Übersetzer, als dem Vf. zuzutrauen ist (Bd I, 10); die Beibehaltung des aram. *Bar* ohne beige- gebene Übersetzung erscheint zwecklos und neben der griech. Form $\Pi\acute{\epsilon}\tau\varrho o\varsigma$ (cf da- gegen Jo 1, 42) inkonsequent und stilwidrig. *Kavavaĩos* 10, 4, welches unwissende Schreiber in *Kavavírns* änderten, und *Xavavaía* 15, 22 sind richtige Umschreibungen von קַנְאָנָא (Dalman 138) und כנעניתא, aber nützlicher für griechische Leser wäre die bei Lc und Josephus übliche Übersetzung des ersteren durch $\zeta\eta\lambda\omega\tau\eta\varsigma$ und für letzteres eine genaue Angabe wie bei Mr 7, 26 gewesen. Ein für Griechen schlechthin unverständlicher, also unmöglich auf griechischem Boden gewachsener Ausdruck wie $\dot{o}\psi\dot{\varepsilon}\ \sigma\alpha\beta\beta\dot{\alpha}\tau\omega\nu\ \varkappa\tau\lambda.$ 28, 1 muß als eine ungeschickte Übersetzung gelten (A 10). Dasselbe würden wir wahrscheinlich von vielen anderen Stellen, wo jetzt nur bescheidene Vermutungen am Platz sind, mit Bestimmtheit behaupten können, wenn wir Original und Übersetzung vergleichen könnten (A 11). Die nachgewiesenen Unterlassungen dessen, was einem Übersetzer obgelegen hätte, verlieren ihre Beweiskraft nicht dadurch, daß der Übersetzer anderwärts für das Verständnis seiner Leser besser Sorge getragen hat. Bei 27, 46 mußte er sich sagen, daß eine Übersetzuug der aram. Worte ebenso unerläßlich sei, wie 1, 23 eine Übersetzung des hebr. Namens Immanuel (A 9). Für die gleichzeitige Beibehaltung des Originallauts 27, 46, sowie für die entbehrliche Übersetzung des hebr. Namens 27, 33 konnte die Vertrautheit seiner Leser mit Mr 15, 22. 34 (cf Jo 19, 17) maßgebend sein. — Ein starker Beweis für den Übersetzungscharakter des Mtev liegt in der Form seiner atl Citate. Wenn der Hebräer Pl von seiner Kenntnis des hebräischen AT's einen sehr mäßigen Gebrauch macht, und wenn der gleichfalls sehr schriftgelehrte Vf des Hb sich durchweg an LXX anschließt, so wäre es unbegreiflich, daß ein für Griechen und Hellenisten von vornherein griechisch schreibender Evangelist, welcher an Schriftgelehrsamkeit hinter jenen Männern zurückstand (A 12), sich zwar vielfach an die LXX angelehnt, aber je nach Bedarf auch ganz unabhängig von LXX den hebr. Text übersetzt hätte. Man hat nach der Verschiedenheit, welche in dieser Beziehung obwaltet, zweierlei Elemente in unserem Mtev unterscheiden und dadurch den kompilatorischen Charakter desselben erweisen wollen. Da, wo der Redaktor auf eigene Hand des AT citirt, habe er die Citate ohne viel Rücksicht auf LXX aus dem hebräischen Grundtext geschöpft und frei übersetzt, und dagegen hätte er die in den Reden Jesu und anderer redend eingeführter Personen vorkommenden Citate aus einem ihm griechisch vorliegenden Buche geschöpft, in welchem sie sämtlich nach LXX angeführt waren (A 13). Unglaublich ist hieran schon die Verteilung der Rollen. Da Jesus aramäisch gesprochen hat, so ist ein Einfluß der LXX auf seine eigenen Anführungen aus dem AT äußerst unwahrscheinlich. Das Gleiche gilt von der mündlichen Tradition der Reden Jesu unter den Hebräern Palästinas und von der angeblichen Aufzeichnung dieser Reden durch Mt. Es müßte also derjenige, welcher die von Schleiermacher entdeckten, hebräisch oder aramäisch geschriebenen $\Lambda\dot{o}\gamma\iota\alpha$ ins Griechische übersetzte, alle Spuren der Unabhängigkeit seines Originals von LXX verwischt, alle dort citirten Stellen in der LXX nachgeschlagen und daraus abgeschrieben haben, wohingegen der Vf des Mtev, welcher von vornherein griechisch für Griechen schrieb, das Vorhandensein eines griechischen AT's ignorirt und überall mit seiner hebräischen Gelehrsamkeit geprunkt hätte. Der wirkliche Sachverhalt ist ein anderer und erklärt sich sehr einfach, wenn man anerkennt, was nicht nur überliefert, sondern bisher schon sattsam bewiesen ist, daß unser griechischer Mt eine nach Genauigkeit strebende Übersetzung einer einheitlichen aramäischen Originalschrift ist. Der Übersetzer war wie des Griechischen mächtig, so auch mit der in seiner Umgebung fleißig gelesenen LXX vertraut. Als Übersetzer eines aram. Buchs war ihm die LXX eines seiner Vorbilder. Er entlehnt ihr Ausdrücke, wo es nicht ganz leicht war, einen besseren eigenen zu schaffen (1, 1 oben S. 270). Sprüche, welche in der griech. Predigt des Ev und im kirchlichen Unterricht oft vorkommen mußten, zum Teil auch schon in griech. Evv seiner Umgebung zu lesen waren (z. B. 3, 3), gab er in der Form der LXX wieder, zumal wenn der in seinem Original ausgedrückte Sinn nicht darunter litt. An anderen Stellen mußte er sich sagen, daß die Substitution des LXXtextes den Sinn des Originals völlig verdunkeln und den Zweck des Citats vereiteln würde. In solchen Fällen übersetzte er, was ihm an atl Citaten in seinem Original vorlag, ganz ebenso wie den übrigen Inhalt des aram. Buchs. Daß ihm auch dabei Ausdrücke der LXX in die Feder flossen, war zumal bei Stellen, welche in christlichen Kreisen oft gelesen wurden, die unvermeidliche Folge seiner Vertrautheit mit der LXX und dem kirchlichen Sprachgebrauch seiner Umgebung. Daß er die Citate und Anspielungen regelmäßig in der LXX aufgesucht und im Blick auf sie übersetzt haben sollte, ist äußerst unwahrscheinlich. Er würde sonst auch wohl einige Versehen seiner Vorlage korrigirt haben, wie es der schriftgelehrtere Redaktor des Hbev wenigstens in einem Fall getan hat (A 12).

Es bleibt noch die Frage, ob die Überlieferung, welche den Apostel Mt einstimmig als Vf unseres Ev nennt, sich am Buche selbst bewährt oder nicht. Die Gelehrten, die dies verneint haben, begründen dieses Urteil teils aus dem Inhalt, welcher mit der Autorschaft eines der 12 Apostel unverträglich sei, teils aus der Abhängigkeit der Darstellung von anderen sei es noch vorhandenen sei es vorauszusetzenden älteren Schriften verwandten Inhalts. In letzterer Beziehung bedarf das Verhältnis, das in der Tat zwischen Mt und Mr besteht, einer besonderen Untersuchung (§ 57). Unter den Beweisen für die Abhängigkeit des Mt von verschiedenen Quellenschriften haben namentlich gewisse Wiederholungen gleicher oder ähnlicher Worte und Handlungen, die sogenannten Dubletten eine große Rolle gespielt. Zu einem überzeugenden Beweise für die, welche das zu Beweisende nicht im voraus glauben, hat man es nicht gebracht (A 14). Gesetzt aber, es wäre zu erweisen, was ich bestreite, daß die Originalschrift des Mt von unserem Mrev oder einer ähnlichen Schrift abhängig sei, so würde daraus nicht folgen, daß jene nicht von einem Apostel herrühre. Es wäre vor allem zu bedenken, daß Mt verhältnismäßig spät ein Jünger und Begleiter Jesu geworden ist. Es kann hier nicht bewiesen, sondern unter Voraussetzung der von mir angenommenen Folge der Ereignisse nur behauptet werden, daß Mt von alle dem, was Mr 1, 4—39; 2, 1—12; 3, 20—5, 20

(Mt 3, 1—4, 25; 8, 14—9, 8; 12, 22—13, 52, vielleicht — 13, 58) erzählt
wird, ebensowenig ein Augenzeuge war, als von dem, was Mt 1—2 oder Jo 1,
19—5, 47 erzählt wird. In bezug auf solche Stücke der Geschichte war Mt
ungünstiger gestellt, als Mr, wenn dieser aus Erzählungen des soviel früher in
ein Schülerverhältnis zu Jesus getretenen Pt schöpfen konnte, und es wäre nicht
einzusehen, warum ein Apostel Bedenken getragen haben sollte, die Aufzeichnungen eines Apostelschülers für solche Teile seines Buchs zu benutzen. Aber
auch für die Darstellung solcher Ereignisse, die einer miterlebt hat, wird ein
verständiger Schriftsteller gerne eine bereits vorhandene Aufzeichnung als Vorarbeit benutzen, gleichviel von wem sie herrührt. Er hat ja an seiner Erinnerung ein sicheres Mittel zur Beurteilung ihres Werts und zur Berichtigung ihrer
Fehler. Was aber, abgesehen von der unerweislichen Anlehnung des Mt an
ältere Quellenschriften, den Inhalt seines Buchs und seine Darstellungsweise anlangt, so kann es nicht Aufgabe dieses Lehrbuchs sein, die dogmatischen Vorurteile derjenigen zu bekämpfen, welche aus der Wunderbarkeit der in diesem
wie in allen anderen Evv berichteten Vorgänge schließen, daß keines dieser
Bücher einen Genossen des Lebens Jesu und einen Augenzeugen auch nur eines
Teils der hier dargestellten Geschichte zum Vf haben könne. Die Frage mußte
schon zu 2 Pt 1, 16—18 berührt werden, und sie kehrt in schärfster Zuspitzung
beim 4. Ev wieder. Wer an e i n e r wunderbaren Speisung schon mehr als genug
hat, muß die Speisung der 4000 (Mt 15, 32; Mr 8, 1) neben der Speisung der 5000
(Mt 14, 15—21; Mr 6, 34; Lc 9, 12; Jo 6, 5) für eine doppelte Form einer und
derselben sagenhaft ausgeschmückten Tatsache und das auf beide Ereignisse bezügliche Gespräch (Mt 16, 5—11, Mr 8, 14—21) für das Machwerk eines Kom-
pilators halten, welcher den bereits weit von der Wirklichkeit abgeirrten Überlieferungen kritiklos und überhaupt wehrlos gegenüberstand. Dieses Urteil träfe
gleichermaßen den Mr wie den Mt und schließlich alle ev Überlieferung. Durch
hypothetische Zurückführung der vorhandenen Evv auf verlorene Quellenschriften, deren Inhalt und Form man sich nach seinem Geschmack vorstellt,
wird man das große Dilemma, ob wir es in der ev Geschichte mit unbewußter und
bewußter Mythenbildung, oder mit Erinnerungen an erlebte Tatsachen zu tun
haben, weder lösen noch umgehen. Die mit der ev Literatur sich befassende
Kritik und Antikritik kann nur vorbereitende Dienste tun. Für diese wäre allerdings bedeutsam die Wahrnehmung, daß dem Mtev die Anschaulichkeit der Erzählung abgehe, welche den Augenzeugen charakterisire. Beobachtungen wie
die, welche bei der Untersuchung des Mrev auf den Bericht eines Augenzeugen
zurückführten (oben S. 245 ff.), lassen sich in der Tat am Mtev nicht machen.
Der theologische Gedanke, welcher hier Alles beherrscht und die Auswahl sowie
die Gestaltung des Stoffs bestimmt, läßt es nicht zu behaglicher Breite der Erzählung, zur Ausmalung der Scene, zur Zeichnung von Charakterköpfen kommen.
Aber e r s t e n s lag in dem Zweck der Schrift, wie er in § 55 entwickelt wurde,
wenig Veranlassung zu dem, was wir hier vermissen. Die römischen Christen,

für welche Mr schrieb, wollten von Jesus e r z ä h l e n hören, den sie nicht gesehen und doch lieb hatten (1 Pt 1, 8). Den Juden und Judenchristen, für welche Mt schrieb, sollte b e w i e s e n werden, daß Jesus trotz aller jüdischen Vorurteile, die gegen ihn sprechen, der Verheißene sei. Wenige charakteristische Handlungen und ausführliche Reden waren das für diesen Zweck geeignete Material. Z w e i t e n s muß man von der Wirklichkeit des Lebens wenig wissen, um Fragen dieser Art nach einer gemeingiltigen Schablone, statt nach der tatsächlichen Verschiedenheit der individuellen Neigung und Befähigung zu beurteilen. Beispiele für solche Verschiedenheit bei völliger Gleichheit des äußerlichen Verhältnisses zwischen Tatsache und Berichterstatter findet Jeder, der sie in seiner täglichen Umgebung sucht. D r i t t e n s kommt auch hiefür in Betracht, daß Erzählungen, welche im Vergleich zu denen des Mr den Eindruck einer unausgeführten Skizze machen, wie z. B. Mt 8, 18—9, 8 zum Teil von Mt nur nach fremdem Bericht wiedergegeben werden konnten. Es lag ferner im Zweck des ganzen Abschnitts 8, 18—9, 34, durch rasche Folge zeitlich verketteter Ereignisse und stets wechselnder Scenen ein Bild des rastlosen Berufslebens Jesu zu geben (A 15). Sollte es ein Zufall sein, daß Mt, nach jüdischer Weise den Tag vom Abend bis zum Abend rechnend, hiezu gerade den Tag wählt, in dessen Mitte seine eigene Berufung fällt? und daß ein Apostel als Beispiel des Lehrens Jesu die große Rede wählt, welche im Anschluß an die Apostelwahl gehalten wurde, vielleicht die erste längere Rede, welche der nicht lange vorher von der Zollbude zur Jüngerschaft berufene Mt aus dem Munde Jesu gehört hat? Die meisten Bedenken gegen apostolische Abfassung des Mtev beruhen entweder auf Verkennung seiner Anlage und Darstellungsweise, oder auf geschichtlichen Urteilen, welche ihrerseits der ausreichenden Begründung ermangeln, oder auf vorgefaßten Meinungen über die mutmaßlichen Anfänge evangelischer Schriftstellerei. Die Klagen über den Mangel an chronologischer Ordnung in Mt 3, 1—14, 12 oder über Widersprüche zwischen der Anordnung der Stoffe in diesem Teil des Buchs und den glaubwürdigeren Angaben des Mr oder Lc sind gegenstandslos, wenn oben S. 270—290 einigermaßen richtig Plan und Charakter des Buchs wiedergegeben ist. Die Forderung, daß ein den Ereignissen nahestehender Erzähler in allen Einzelheiten die Zeitfolge innehalten müsse, wird selbst von Lc, welcher dies 1, 3 ($\kappa\alpha\vartheta\varepsilon\xi\tilde{\eta}\varsigma$) verheißen zu haben scheint, weder im Ev noch in der AG erfüllt. Auf Mt, der gar nicht in erster Linie Erzähler, sondern ein apologetischer Prediger des von seinem Volk verkannten Nazareners in Israel ist, ist jene Forderung ganz unanwendbar. Die Freiheit, mit welcher Mt in der Gestaltung der größeren Reden verfährt (oben S. 287 f.), ist bei einem Apostel, zu dessen Beruf es nicht gehörte, Geschichten zu erzählen, wohl aber die Gebote Jesu Anderen zu verkündigen (Mt 28, 20 cf 2 Pt 3, 2), und welcher sich im Besitz seiner eigenen Erinnerungen sicher fühlte, viel begreiflicher, als bei einem jüngeren Zeitgenossen, welcher aus den Erzählungen der Ohrenzeugen oder aus Schriften, in denen jene Reden und deren einzelne Bestandteile nicht ohne geschichtliche Einrahmung verzeichnet stehen konnten, sein Werk zusammenzusetzen hatte. Daß die ersten Aufzeichnungen von Worten und Handlungen Jesu bloße Stoffsammlungen ohne anderen Zweck, als den, die Dinge vor der Vergessenheit zu bewahren, gewesen sein müssen, und daß darum ein so planmäßiges, ideenreiches und zweckvolles Buch wie das Mtev erst auf Grund absichtslos entworfener Stoffsammlungen habe entstehen können, sind Vorurteile. Unwissenheiten des Vf in bezug auf wichtige Tatsachen der ev Geschichte, vollends in bezug auf Ereignisse, bei welchen die Apostel anwesend waren, würden freilich beweisen, daß ein Apostel dies Buch nicht geschrieben habe. Aber abgesehen davon, daß in dieser Beziehung nichts wesentliches davon abhängt, ob ein Apostel, oder ob ein anderer palästinischer Christ um das J. 65 oder auch 75 das Buch geschrieben hat, so fehlt viel daran, daß solche Unwissenheiten dem Mt nachgewiesen wären (A 16). Die ältere Kritik, welche vielfach von der Voraussetzung der apostolischen Herkunft und wesentlichen Glaubwürdigkeit des 4. Ev ausging, schwebt insofern in der Luft, als das 4. Ev gleich starken Bedenken gegen seinen apostolischen Ursprung und die Geschichtlichkeit seines Inhalts unterliegt, wie das Mtev. Erst bei der Untersuchung des 4. Ev werden die wichtigeren Differenzpunkte zur Erörterung kommen. Auch die Frage, warum Mt wie Mr die Darstellung des öffentlichen Wirkens Jesu mit der Verhaftung des Täufers beginnen und sich dabei wesentlich auf Galiläa beschränken, muß, um Wiederholungen zu vermeiden, hinausgeschoben werden (§ 63).

1. Marcion hat bestritten, daß Jesus Mt 5, 17 gesprochen habe (Tert. c. Marc. IV, 7. 9. 12. 36; V, 14). Wenn nicht er selbst, dann haben seine Schüler nach ihm und zwar vor dem 4. Jahrh. an Stelle dieses angeblich von den Judaisten in das Ev eingeschwärzten Spruchs das gerade Gegenteil in ihr Ev aufgenommen (GK I, 609. 666—669). Wesentlich den gleichen Standpunkt nehmen noch Holsten (Die 3 urspr. Evv S. 61 ff.) und Holtzmann HK I², 5 gegenüber Mt 5, 17—19, letzterer auch gegenüber 23, 3; 24, 20 ein. Auch nach Weizsäcker, Unters. über d. ev. Gesch. 125 widerspricht 24, 20 „der ganzen ev Überlieferung über das Verhalten Jesu in Ansehung dieses Tages". Aber der Grundsatz, aus welchem Alles abfolgt, ist auch Lc 16, 17 aufbewahrt, und bei Mt, nur in noch allgemeinerer Fassung, auch 3, 15. Mit der Ausscheidung von 23, 3 ist nichts getan. solange 23, 23 ταῦτα ἔδει ποιῆσαι dasteht. Daß Jesus von seinen Jüngern Beobachtung des Ceremonialgesetzes vorausgesetzt und gefordert hat, daß also auch 24, 20 ganz der geschichtlichen Lage, in welcher Jesus mit seinen Jüngern sich bewegte, entspricht, gehört zu den Tatsachen, die nur eine von aller geschichtlichen Anschauung entblößte Dogmatik, gleichviel ob orthodox oder heterodox, bestreiten kann. Jesus hat nach Jo wie nach Mt und allen Synoptikern seinen Anklägern niemals zugestanden, daß er ein Jota oder Häkchen des Gesetzes aufgelöst habe, hat auch niemals für sich eine Sonderstellung über oder außer dem Gesetz beansprucht, sondern hat aus Gesetz und Propheten, aus den anerkannten Ordnungen des Tempelkultus und der eigenen Praxis seiner Gegner wiederholt bewiesen. daß seine im Vergleich mit dem Pharisäismus freiere Stellung zu den ceremonialen Ordnungen die dem Willen des göttlichen Gesetzgebers, der Idee dieser Ordnungen und den Vorbildern der atl Geschichte allein entsprechende Erfüllung des Gesetzes sei, und daß dagegen seine Gegner das Gesetz entleeren, außer Geltung setzen und umgehen (Mt 5, 20—48; 12, 1—13; 15, 1—20; 19, 3—12; 21, 30;

23, 1—33; Jo 5, 16—18. 42. 45; 7, 19—24). In Mt 9, 14—17 (cf 15, 2. 7—20) handelt es sich nicht um das Gesetz, welches kein anderes Fasten vorschreibt, als das des Versöhnungstages; und auch die fromme Sitte freiwilligen Fastens hat Jesus weder dort 9, 15, noch anderwärts (6, 16—18; 17, 21) geringschätzig beurteilt. Andrerseits hat Jesus auch niemals gelehrt. daß das dem Volke Israel (Mr 12, 29), seinen und seiner Schüler Vorfahren (Mt 5, 21 τοῖς ἀρχαίοις) gegebene Gesetz auf alle Völker ausgedehnt werden solle. Seine israelitischen Jünger aber sollen nicht wähnen, daß die Nähe des Himmelreichs und der damit gegebene Zusammenbruch der bisherigen Weltordnung von den Pflichten gegen die von Gott gestifteten national beschränkten Ordnungen des AT's entbinde. Die Frage nach der Stellung der Heidenchristen zum Gesetz hat Jesus nicht berührt. Nur von seinen eigenen Geboten will er, daß sie allen Völkern gebracht werden (28, 20). Die zukünftigen Lebensformen seiner aus Juden und Heiden gesammelten Gemeinde hat Jesus auch nach Mt nicht im einzelnen gesetzlich vorgeschrieben. Vielmehr ist es der Gemeinde und ihren Leitern überlassen, Regeln der Hausordnung je nach Bedarf aufzustellen (16, 19; 18, 18 oben S. 282 f.). Es fehlt nicht an Andeutungen davon, daß durch die geschichtliche Entwicklung selbst wesentliche Stücke des Gesetzes dahinfallen werden (17, 24—27 cf Jo 4, 21 oben S. 283); und in den beiden Gedanken, daß Jesus selbst es als seinen Beruf erkenne, dem Gesetz zu seiner Erfüllung zu verhelfen, und daß, solange die Welt steht, kein Bestandteil des Gesetzes unerfüllt vergehen könne, liegen die fruchtbaren Keime zu Gedanken, welche später entwickelt werden sollten. — Der Versuch von Hilgenfeld (oben S. 191), im Mtev eine aus dem aramäischen Urmt oder dem Hbev stammende jüdisch partikularistische und eiue von dem griechischen Bearbeiter herrührende universalistische Strömung zu unterscheiden und die Stücke auszuscheiden, die der Bearbeiter eingefügt habe, konnte nicht gelingen; denn auf den Gegensatz, welcher so erklärt werden soll, ist, wie S. 271 bis 286 gezeigt wurde, das ganze Buch aufgebaut. Der angebliche Bearbeiter spricht 1, 21 von dem Heilandsberuf Jesu, als ob er auf Israel beschränkt wäre, und der angeblich judaistische Vf der Bergpredigt bezeichnet 5, 13—16 ebenso wie der universalistische Bearbeiter 13, 38; 24, 14; 26, 13 die ganze Welt als den Wirkungsbereich der Jünger und des Ev. Wenn 7, 6 ein Verbot der Heidenmission vorläge, so würde Mt Jesum unter den Standpunkt nicht nur des AT's, sondern auch der Pharisäer (Mt 23, 15), und der engherzigsten Judenchristen herabgedrückt haben, welche nie daran gezweifelt haben, daß das Ev für die ganze Menschheit bestimmt sei, sondern nur darüber mit Pl und Anderen uneins waren, unter welchen Bedingungen dies zu geschehen habe. Diejenige Gruppe der Judenchristen, welche das Hbev, den angeblichen Urmt, in Gebrauch hatte, hat sogar die Heidenmission des Pl voll anerkannt (GK II, 669). Von jenen Bedingungen aber für die Aufnahme der Heiden ist bei Mt nirgendwo ausdrücklich die Rede. Nur über das Wann und das Wie des Übergangs des Ev von Israel zu den Heiden bleibt ein gewisses Dunkel gebreitet, was aber nur ein Beweis dafür ist, daß Mt die Worte Jesu mit ganz besonderer Treue von nachträglicher Deutung rein gehalten hat (oben S. 296). Jesus selbst weiß sich für die Zeit seines Erdenlebens an Israel gebunden (15, 24); es wäre eine Verletzung des diesem Volk zustehenden Vorrechts, wenn Jesus ihm sich entziehen und jetzt schon den Heiden sich zuwenden wollte (15, 26), ganz nach Rm 15, 8 und nach dem 4. Ev, welches Tod und Erhöhung Jesu als unerläßliche Voraussetzung der Ausdehnung seiner Wirksamkeit auf die Heiden hinstellt (3, 14—16; 10, 16—18; 11, 51 f.; 12, 20. 23. 32 und dagegen 7, 35). Daraus ergibt sich von selbst die gleiche Beschränkung auch seiner Apostel zunächst für die gleiche Zeit (Mt 10, 5 f.). Aber auch das entspricht den tatsächlichen Verhältnissen bis nach dem J. 60, wie sie auch Pl als berechtigt anerkannt hat (Gl 2, 7—10), sowie anderer Überlieferung der Worte Jesu (Lc 11, 49; 24, 47; AG 1, 8), daß die Apostel auch nach dem

Hingang Jesu zunächst in Israel predigen sollen (Mt 23, 34; 22, 4); und es hat weder der Verheißung 10, 23, noch der ihr zu Grunde liegenden Voraussetzung, daß die 12 Apostel bis zu dem dort gemeinten Zeitpunkt in Israel predigen werden, bis zur Zerstörung Jerusalems, an Erfüllung gefehlt. Erst als die Vorzeichen des Endes sich häuften, ist Pt nach Rom gezogen; die Anderen haben noch länger auf ihrem Posten ausgeharrt, und erst um das J. 70 und von da an finden wir einen Johannes und andere Männer des urapostolischen Kreises wie Philippus und Aristion in der Heidenkirche Kleinasiens tätig. Dem entspricht es, daß nach Mt 22, 7—9 erst nach der Zerstörung Jerusalems das Ev von Israel sich ab- und den Heiden sich zuwenden soll; und dem widerspricht nicht der Missionsbefehl 28, 19 cf Lc 24, 47 und alle verwandten Worte bei Mt. Denn erstens gehört auch Israel zu „allen Völkern“ (Bd I, 261 A 1). Zweitens bringt es die allegorische Sprache der Parabel (22, 1—14) mit sich, daß die Berufung Israels und die Berufung der Heiden als schlechthin gesonderte und einander ablösende Akte dargestellt werden. Drittens läßt Mt Jesum seine zukünftige Gemeinde als eine von der jüdischen Nation losgelöste, den Nichtisraeliten offenstehende Gemeinschaft darstellen, welche unmittelbar nach seiner Verwerfung durch die jüdische Obrigkeit selbständige Existenz gewinnt (21, 40—43 oben S. 282 ff.). Viertens befindet sich zur Zeit der Parusie nur ein Teil dieser Gemeinde in Judäa (24, 16); andere sind unter den Heidenvölkern der Erde zerstreut (24, 9. 31). Wer bei vollster Anerkennung des nächsten Anrechts Israels an seinen Messias immer wieder auf die Berufung der Heiden zum Heil und die universale Bedeutung Christi und seiner Gemeinde hingewiesen hat (2, 1—12; 3, 9; 4, 24; 5, 13—16; 8, 11—12; 10, 18; 12, 18—21; 13, 31—33. 38; 22, 7—14; 24, 14. 31; 25, 32; 26, 13; 28, 19), hat jedenfalls nicht scheel gesehen zu der vor dem Untergang Jerusalems und unabhängig von den 12 Aposteln der 12 Stämme Israels unternommenen Heidenmission. Er fand darin keinen Widerspruch gegen ein einziges von ihm berichtetes Gebot oder Verbot Jesu und auch keinen Abfall von dem Vorbild Jesu. Denn dieser hat den Glauben des Heiden und der Heidin bewundert (8, 10; 15, 28), hat beide seine Hilfe erfahren lassen, hat in beiden Fällen durch den großen Glauben, den er bei Heiden fand, sich nicht von Israel und seinem nächsten Beruf abziehen lassen und hat auch der Kanaanäerin nicht verhehlt, daß nach Sättigung der Kinder die Hunde an die Reihe kommen sollen. Von einem Widerspruch zwischen den beiden Erzählungen kann um so weniger die Rede sein, wenn man einsieht, was schon 1826 Fritzsche (comm. in Mt p. 311) gezeigt hat, daß 8, 7 $\dot{\varepsilon}\gamma\dot{\omega}$ $\dot{\varepsilon}\lambda\vartheta\dot{\omega}\nu$ $\vartheta\varepsilon\rho\alpha\pi\varepsilon\acute{\upsilon}\sigma\omega$ $\alpha\dot{\upsilon}\tau\acute{o}\nu$ als Frage zu fassen ist (cf zur Form 3, 14). Verwundert über die nur angedeutete Zumutung des Centurio und zögernd, ihr nachzugeben, fragt Jesus: Ich soll kommen und ihn heilen? Nur so wird das betonte $\dot{\varepsilon}\gamma\dot{\omega}$ und die zweite Äußerung des Centurio begreiflich. Er errät das Bedenken des Juden, sein, des Heiden, Haus zu betreten (cf Lc 7, 3 ff.), und durch das anfängliche Widerstreben Jesu wird sein Glaube zu ungeahnter Anspannung gereizt, durch welche Jesus sich diesmal wie 15, 28 überwinden läßt.

2. Während Colani, Jésus-Christ et les croyances messianiques de son temps, 1864 p. 201 ff. die ganze eschatologische Rede Mt 24; Mr 13 für eine Apokalypse aus späterer apostolischer Zeit erklärte, wollte Weizsäcker, Unters. d. ev Gesch. 124 ff. in Mt 24, 6 ff. und Mr 13, 7 ff. eine auch Barn. 4 berücksichtigte jüdische Apokalypse unter dem Namen Henoch aus der letzten Zeit vor der Zerstörung Jerusalems nachweisen, wie auch Lc 11, 49 = Mt 23, 34 auf Benutzung einer jüdischen Schrift zurückweise, woraus dann folgt, daß es mit der petrinischen Herkunft des Mrev nichts sei (127), und daß das Mtev allerdings nicht nur aus diesem Grunde erst bald nach dem J. 70 geschrieben sei (201 ff.). Ähnliche Vermutungen, welche sich in keinem Punkt durch stichhaltige Beweise stützen lassen, sprach Renan, L'Antéchrist, 3. éd. p. 289—300 aus.

3. Eus. h. e. III, 5, 3: Nach dem Tode des Bischofs Jk und der Vertreibung der

Apostel aus Judäa und vor dem Ausbruch des jüdischen Krieges sei die Gemeinde von Jerusalem gemäß einer den angesehenen Mitgliedern derselben zu Teil gewordenen Offenbarung (κατά τινα χρησμὸν τοῖς αὐτόθι δοκίμοις δι᾽ ἀποκαλύψεως ἐκδοθέντα) nach Pella in Peräa übergesiedelt. Epiphan. de mens. 15 ἡνίκα γὰρ ἔμελλεν ἡ πόλις ἁλίσκεσθαι ὑπὸ τῶν Ῥωμαίων καὶ ἐρημοῦσθαι, προεχρηματίσθησαν ὑπὸ ἀγγέλου πάντες οἱ μαθηταὶ μεταστῆναι ἀπὸ τῆς πόλεως, μελλούσης ἄρδην ἀπόλλυσθαι· οἵτινες μετανάσται γενόμενοι ᾤκησαν ἐν Πέλλῃ κτλ. cf haer. 29, 7; 30, 2. Wahrscheinlich gehen diese Berichte auf Hegesipp zurück cf Forsch VI, 269 f. Die Zeit wäre frühestens a. 66, spätestens 69. Daß viele Juden den Schrecken der Zelotenherrschaft und der Belagerung durch Flucht von Jerusalem sich entzogen, sagt auch Jos. bell. II, 20, 1; IV, 6, 3; ant. XX, 11, 1 und erzählt von alten und neuen Weissagungen, die den Untergang ankündigten bell. IV, 6, 3 a. E.; VI, 5, 3.

        4. Daß πέραν τοῦ Ἰορδάνου = עבר הירדן unter Umständen die Westseite des Jordans bezeichnen kann, wo nämlich durch den Zusammenhang einer Erzählung oder eine ausdrückliche Angabe deutlich ist, daß der Standort des Redenden im Osten des Jordans liegt (Deut 3, 25), versteht sich von selbst. Aber eben dies liegt Mt 19, 1 nicht vor. Es kann daher nur der unveränderliche technisch geographische Sinn obwalten, der in ntl Zeit völlig feststand, zumal wo daneben zwei andere Provinzen des hl Landes genannt sind cf Mischnah, Baba bathra III, 2; Schebiith IX, 2 יְהוּדָה וְעֵבֶר הַיַרְדֵּן וְהַגָּלִיל. So Plin. h. n. V, 14, 70 Peraea neben Galilaea und der reliqua Judaea, von welcher Peraea durch den Jordan getrennt ist. Bei Josephus regelmäßig ἡ Περαία bell. I, 30, 3; III, 3, 3, seltener ἡ πέραν τοῦ Ἰορδάνου ant. XII, 4, 9 a. E. So zweifellos das substantivirte Adverbiale Mt 4, 25 (4, 15) und das einfache Adverbiale überall in denjenigen Evv, welche weder auf der Ostseite noch der Westseite des Jordans geschrieben sind Mr 3, 8; 10, 1; Jo 1, 28; 3, 26; 10, 40. Die Meinung, daß Mt hier abweichend von diesem seinem eigenen Sprachgebrauch πέραν τοῦ Ἰορδάνου als Attribut zu τὰ ὅρια τῆς Ἰουδαίας gezogen haben wolle und dadurch seinen ostjordanischen Standort bekunde, ist auch darum verwerflich, weil er für seine palästinischen Leser nirgendwo derartige geographische Belehrungen über die Landschaften Palästinas nötig gefunden hat. Es kann auch nicht ein Teil des judäischen Gebiets als jenseits des Jordans gelegen bezeichnet sein, was den Artikel vor πέραν erfordern würde und ein unbegreiflicher Irrtum wäre, den man nicht durch Ptolem. geogr. V, 16, 9 hätte erklären sollen, da Ptolemäus den Begriff Peraea gar nicht kennt, sondern Palästina oder Judaea im weiteren Sinne (V, 9, 1) abgesehen von den Küstenstädten (§ 2) in die Landschaften Galiläa, Samaria, Judäa (inclus. Peräa) und Idumäa teilt. — Jedermann weiß, daß Ortsangaben mit εἰς durchaus nicht immer den Raum bezeichnen, in welchen hinein, sondern sehr oft den Ort, zu welchem hin die Bewegung stattfindet (Mt 16, 21; 17, 27; 20, 17; 21, 1); und jedermann könnte wissen, daß ἔρχεσθαι in solcher Verbindung nicht nur kommen, sondern auch hingehen heißt (Mt 16, 5). Mt sagt also: Jesus brach von Galiläa auf und reiste nach Judäa (wobei er von den beiden möglichen Wegen denjenigen) östlich vom Jordan (wählte). Mr 10, 1 meint dasselbe, drückt sich aber noch ungeschickter aus, indem er zunächst das Hauptziel der Reise nennt und mit diesem durch καί („und zwar zunächst") das nähere und minder wichtige Reiseziel verbindet.

        5. Nach einer Andeutung von Grotius zu Mt 23, 35 (I, 454) hat zuerst Hug, Einl. II³, 10 ff. (s. S. 10 A *), welchem Eichhorn, Einl. I², 552 und seither viele gefolgt sind, die Behauptung gewagt, der Vf oder Redaktor oder Übersetzer des Mtev habe aus dem hier gemeinten Zacharias, Sohn des Jojada (2 Chron 24, 20—22), wie er in der entsprechenden Stelle des Hbev richtig genannt war (Hieron. in Mt 23, 35 Vall. VII, 190 cf GK II, 695), einen Sohn des Barachias gemacht, um ihn mit dem nach Jos. bell. IV, 5, 4 von den Zeloten ermordeten Zacharias, Sohn des Baruch, zu identificiren. Das

wäre eine frivole Torheit des Bearbeiters, welcher sich sagen mußte, daß Jesus diese Tat höchstens habe weissagen können. Der Name des Vaters jenes Zacharias bei Josephus ist sehr unsicher überliefert. Niese schreibt *Βάρεις*, daneben ist überliefert: *Βαρισκαίου* und *Βαρούχου*, aber gar nicht *Βαραχίου*. Als Ort der Tat wird nur *ἐν μέσῳ τοῦ ἱεροῦ* angegeben. Die Ortsangabe Mt 23, 25 weist auf 2 Chron 24, 21 (LXX *ἐν αὐλῇ οἴκου κυρίου*). Der im letzten Geschichtsbuch des AT's erwähnte Märtyrertod eines Gerechten und Propheten entspricht der im ersten Buch des AT's berichteten Ermordüng Abels. Daß unser Mt ihn fälschlich Sohn des Berechja nennt, wird auf einer Verwechselung mit dem Jes 8, 2 (2 Chron 26, 5?) oder dem Sach 1, 1 gemeinten Zacharias beruhen. Die beiden letzteren sind im Talmud (Makkoth 24 b) in eine unklare Verbindung mit einander gebracht cf Fürst, Kanon des AT's S. 44; Hamburger, RE I, 887. Über die Fabel, welche den Zacharias Mt 23, 35 mit demjenigen in Lc 1, 5 ff. identificirte (Protev. Jacobi 23. 24), und über andere Konfusionen cf GK II, 695. 711 f. 776 f. Eingehenderes, aber teilweise Disputables gibt Berendts, Studien über Zachariasapokryphen u. Zachariaslegenden, 1895.

6. Was gegen die Abfassung des Mtev durch einen Apostel zu sprechen scheint, haben schon F. L. Sieffert, Über den Ursprung des ersten kanon. Ev 1832 und M. Schneckenburger unter dem gleichen Titel 1834 ziemlich vollständig gesagt. Irrungen in bezug auf die politische Geschichte in Punkten, in welchen sich diese mit der ev Geschichte berührt, würden nicht ausreichen, die Annahme eines größeren Abstands der Zeit oder des Orts zwischen den Ereignissen und dem Vf zu begründen. Die geschichtliche Glaubwürdigkeit der Erzählungen in Mt 2, 1—18; 17, 1—13 (cf Mr 9, 2—10; 2 Pt 1, 16—18); 17, 24—27; 27, 51—53; 28, 11—15 kann hier nicht untersucht werden. Muß es als undenkbar gelten, daß ein Christ in Palästina die jüdische Erklärung der Auferstehung Jesu (28, 15) und die jüdischen Verdächtigungen, gegen welche er c. 1 sich wendet, erfunden haben sollte, so wird es auch nicht gelingen, einen Mittelweg zu finden zwischen der jüdischen und der christlichen Beurteilung des Lebensanfangs und des Lebensausgangs Jesu. Wenn 2, 22 von Archelaus das Wort *βασιλεύει* gebraucht wird, obwohl dieser nur den Titel eines Ethnarchen und nur die Aussicht auf den Königstitel bewilligt · erhielt (Jos. ant. XVII, 11, 4; bell. II, 6, 3), so macht es Josephus, durch den wir eben dies wissen, trotzdem nicht anders (vita 1); dieser nennt ihn sogar *βασιλεύς* ant. XVIII, 4, 3 cf oben S. 250 A 3. Wenn Mt 14, 3 der Name Philippus echt wäre, so würde hier dieselbe Verwechselung mit einem anderen Bruder des Herodes Antipas, Namens Herodes, vorliegen, welche Mr 6, 17 in der Tat vorliegt (cf Schürer I, 362). Es ist aber äußerst unwahrscheinlich, daß die Hss (D und wichtige lat. Zeugen), welche Mr 6, 17 den Namen unbeanstandet gelassen haben, ihn Mt 14, 3 aus Gründen historischer Gelehrsamkeit getilgt haben sollten. Sie haben vielmehr das Ursprüngliche bewahrt, während die Masse der Hss und Versionen (auch Ss) den falschen Namen aus Mr 6, 17 hier Mt 14, 3, viele von ihnen auch Lc 3, 19 interpolirten. Nur den Mr trifft der Vorwurf, daß er in den verwickelten Familienverhältnissen und Schandgeschichten des herodäischen Hauses nicht ganz so bewandert war, wie Josephus. — Gegen die Authenticität von Mt 28, 19 und gegen die apostolische Abfassung des Mtev hat man geltend gemacht, daß nach AG 2, 38; 8, 16; 10, 48; 19, 5 cf 1 Kr 1, 13—15; 6, 11 in früher apostolischer Zeit auf den Namen oder im Namen Christi getauft worden sei, und nicht auf den Namen des Vaters, Sohnes und Geistes. Es ist aber an jenen Stellen ebensowenig wie Gl 3, 27 oder Rm 6, 3 (cf 1 Kr 10, 2; 12, 13) eine Formel angegeben, deren man sich bei der kirchlichen Taufe bediente. In der Didache finden wir neben der trinitarischen Formel (7, 1. 3) die Bezeichnung der Christen als *οἱ βαπτισθέντες εἰς ὄνομα κυρίου* (9, 5). Warum soll dieser letztere Ausdruck zur Zeit des Pl oder der AG ein Beweis gegen die Anwendung der trinitarischen Formel oder gegen deren Herkunft aus dem Munde Jesu sein? Man

beraubt sich durch diese willkürliche Annahme des Erklärungsgrundes für die trinitarischen Formeln im NT (2 Kr 13, 13; Ap 1, 4 f.). Daß Jesus von sich so objektiv als von dem Sohn schlechthin geredet hat (cf Mt 11, 27), ist gerade bei einer Formel dieser Art unbedenklich (cf Jo 17, 3).

7. Satzfolgen wie 19, 1—3 $\varkappa\alpha\grave{\iota}$ $\grave{\varepsilon}\gamma\acute{\varepsilon}\nu\varepsilon\tau o$, $\H{o}\tau\varepsilon$ . . . $\mu\varepsilon\tau\tilde{\eta}\varrho\varepsilon\nu$ . . . $\varkappa\alpha\grave{\iota}$ $\tilde{\eta}\lambda\vartheta\varepsilon\nu$ . . . $\varkappa\alpha\grave{\iota}$ $\tilde{\eta}\varkappa o\lambda o\acute{\upsilon}\vartheta\eta\sigma\alpha\nu$ . . . $\varkappa\alpha\grave{\iota}$ $\grave{\varepsilon}\vartheta\varepsilon\varrho\acute{\alpha}\pi\varepsilon\upsilon\sigma\varepsilon\nu$ . . . $\varkappa\alpha\grave{\iota}$ $\pi\varrho o\sigma\tilde{\eta}\lambda\vartheta o\nu$ sind bei Mt selten. Der Gebrauch von $\delta\acute{\varepsilon}$ ist (nach der Konkordanz) etwa gleich stark wie bei Lc und doppelt so häufig wie bei Mr, $\mu\grave{\varepsilon}\nu$ — $\delta\acute{\varepsilon}$ bei Mt beträchtlich häufiger als bei Lc, vollends als bei Mr. Sehr merkwürdig ist, daß die bei Jo so überaus häufige Anwendung des asyndetischen $\lambda\acute{\varepsilon}\gamma\varepsilon\iota$, $\lambda\acute{\varepsilon}\gamma o\upsilon\sigma\iota\nu$ in Mt 1—18 gar nicht vorkommt (denn 8, 7 ist $\varkappa\alpha\grave{\iota}$ $\lambda\acute{\varepsilon}\gamma\varepsilon\iota$; wie auch 8, 4. 20. 26; 9, 9, ganz überwiegend bezeugt) und dagegen in rascher Folge 19, 7. 8. 10. 20. 21 ($\H{\varepsilon}\varphi\eta$); 20, 7 (zweimal). 23. 33; 21, 31 (zweimal). 41; 22, 21. 43; dann noch 26, 25. 64; 27, 22. Das zeugt von Reflexion eines Übersetzers, welcher auf immer neue Mittel sinnt, die Eintönigkeit semitischer Erzählungsweise zu überwinden, und ein neues Mittel, das er gefunden, sofort reichlich anwendet. Unendlich häufig ist die Konstruktion und Wortfolge: $\grave{\varepsilon}\gamma\varepsilon\varrho\vartheta\varepsilon\grave{\iota}\varsigma$ $\delta\grave{\varepsilon}$ $\Ἰ\omega\sigma\acute{\eta}\varphi$ . . . $\grave{\varepsilon}\pi o\acute{\iota}\eta\sigma\varepsilon\nu$ 1, 24; 2, 3; 8, 8. 10. 14. 18 etc. (cf Gersdorf, Beiträge zur Sprachcharakteristik S. 90 f.), auch ohne namentliche Nennung des Subjekts 2, 10—12. 22; 4, 12. 18; 5, 1, und in anderem Casus $\varkappa\alpha\tau\alpha\beta\acute{\alpha}\nu\tau\iota$ $\delta\grave{\varepsilon}$ $\alpha\mathring{\upsilon}\tau\tilde{\omega}$ . . . $\mathring{\eta}\varkappa o\lambda o\acute{\upsilon}\vartheta\eta\sigma\alpha\nu$ $\alpha\mathring{\upsilon}\tau\tilde{\omega}$ 8, 1. 23, $\varepsilon\mathring{\iota}\sigma\varepsilon\lambda\vartheta\acute{o}\nu\tau o\varsigma$ $\delta\grave{\varepsilon}$ $\alpha\mathring{\upsilon}\tau o\tilde{\upsilon}$ . . . $\pi\varrho o\sigma\tilde{\eta}\lambda\vartheta\varepsilon\nu$ $\alpha\mathring{\upsilon}\tau\tilde{\omega}$ 8, 5. 28. Nicht selten sind Genetivi absoluti mit folgendem $\mathring{\iota}\delta o\acute{\upsilon}$ 1, 20; 2, 1. 13. 19; 9, 10. 18. 32; 12, 46; 17, 5; 28, 11, wobei zu bemerken ist, daß die Formel streckenweise sich häuft und dann wieder ausbleibt. Die gewöhnlichste Form zur Weiterführung der Erzählung ist $\tau\acute{o}\tau\varepsilon$, im ganzen bei Mt etwa 90 mal, sehr oft in der angegebenen Weise, welche dem Mr gänzlich fremd, auch bei Lc und Jo nicht genau so wiederzufinden ist; denn Lc 11, 26; 14, 21; 21, 10; 24, 15 heißt $\tau\acute{o}\tau\varepsilon$ „in diesem Moment", unmittelbar nachdem das vorher Gesagte geschehen war, also tatsächlich = „hierauf", ebenso $\tau\acute{o}\tau\varepsilon$ $o\mathring{\upsilon}\nu$ Jo 19, 1. 16; 20, 8, während Mt es zwar auch manchmal zur Bezeichnung der unmittelbaren Zeitfolge gebraucht 2, 7. 16; 3, 15; 4, 1. 5. 10. 11; 9, 6. 14, aber auch häufig zum unbestimmten Ausdruck der ungefähren Gleichzeitigkeit, wo gar kein das Folgende vorbereitendes Einzelereignis vorangeht 3, 5. 13; 12, 22; 15, 1; 20, 20; 23, 1; 26, 3. 14, so daß es von einem $\grave{\varepsilon}\nu$ $\grave{\varepsilon}\varkappa\varepsilon\acute{\iota}\nu\omega$ $\tau\tilde{\omega}$ $\varkappa\alpha\iota\varrho\tilde{\omega}$ (11, 25; 12, 1; 14, 1) sich nicht merklich unterscheidet. Letztere im NT sonst nicht vorkommende Formel (cf jedoch AG 12, 1) ist wiederum bei Mt selbst auf einen engen Bezirk beschränkt. Ob dem $\tau\acute{o}\tau\varepsilon$, und $\grave{\alpha}\pi\grave{o}$ $\tau\acute{o}\tau\varepsilon$ (4, 17; 16, 21; 26, 16; im NT sonst nur noch Lc 16, 16) nicht doch, wie in LXX z. B. Esra 5, 16 aramäisches אֱדַיִן mit und ohne מִן zu Grunde liegt, mögen die Semitisten entscheiden. Cf dagegen die Bemerkung von Dalman S. 166 und die Lexika unter אדיין, עדיין. — Die genannten Participialkonstruktionen geben dem Stil im Vergleich zu dem des Mr ein gefälligeres Aussehen, können aber auch gegen die Meinung des Originals die Vorstellung eines engeren zeitlichen und geschichtlichen Zusammenhangs erwecken. Wenn z. B. 8, 5. 14; 12, 9 die Erzählung so wie 19, 1—3 in lauter selbständigen, durch $\varkappa\alpha\acute{\iota}$ mit einander verbundenen Sätzen fortschritte, würde nicht der Schein entstehen, daß das später erzählte Ereignis unmittelbar an das zuletzt vorher erzählte sich anschließe oder auch nur auf denselben Tag falle. Eine Bemühung um leidlich guten griechischen Ausdruck zeigt sich auch vielfach in den atl Citaten s. A 13. Cf auch A 9.

8. Über Hoschanna und den Stamm ישׁע s. Bd I, 14. Delitzsch übersetzt Mt 1, 21 יֵשׁוּעַ כִּי הוּא יוֹשִׁיעַ. Cf die Erläuterung der Namensänderung Hoschea — Jehoschua Num 13, 16 in Sota 34b (יה יושיעך), auch im Midrasch z. St. übersetzt von Wünsche S. 418. Cf noch andere Stellen bei Jastrow 601b. 751b. Daß im Talmud Jesus von Nazaret regelmäßig in der verstümmelten Form ישׁו, andere Träger desselben Namens immer ישׁוע ge-

schrieben werden, dient dazu, dieses καλὸν ὄνομα (Jk 2, 7), dessen Wortsinn jeder Jude verstand, zu verunstalten.

9. Mt hat sich mit dem griech. Ausdruck begnügt, wo Mr diesen dem gleichfalls mitgeteilten aram. Urlaut als Übersetzung beigefügt hat: Mt 15, 5 cf Mr 7, 11; Mt 26, 39 cf Mr 14, 36. Keine Parallele bei Mt hat Mr 7, 34, und nur eine unvollständige Mr 5, 41 an Mt 9, 25. Dahin gehört es auch, daß Mt 4, 1. 5. 8. 11; 13, 39; 25, 41 ὁ διάβολος, 4, 3 ὁ πειράζων, 13, 19. 38 ὁ πονηρός gebraucht, wo Mr in den Parallelen, soweit solche vorhanden sind, σατανᾶς hat 1, 13; 4, 15. Inkonsequenterweise hat Letzteres auch Mt 12, 26; 16, 23. Griech. Deutung war in diesem Fall unnötig; dagegen hat Mt 27, 33. 46 ebenso wie Mr 15, 22. 34 notwendige griechische Deutungen, welche er in seinem Original nicht vorgefunden haben kann, beigefügt. Auch die Deutung 1, 23 könnte Zutat des griech. Übersetzers sein, doch kann Entsprechendes auch im aram. Original gestanden haben, da Immanuel ein hebr. Name war, dessen aram. Deutung nicht schlechthin tautologisch lautete. Zu erwähnen ist hier noch der Name Jerusalems. Wie Strabo p. 759—762; Ptolemaeus V, 16, 8; VIII. 20, 18; Josephus, Tacitus u. A. gebrauchen Mr (10 mal, auch 11, 1) und Jo (12 mal) nur (τὰ) Ἱεροσόλυμα, nie Ἱερουσαλήμ. Die letztere echtnationale Form, welche dem Aristoteles (bei Jos. c. Apion. I, 22, 7) als ein ὄνομα πάτυ σκολιόν· erschien, wendet Pl Gl 4, 25. 26 in gehobener theologischer Rede an, neben der hellenisirten Form in der einfachen Erzählung Gl 1, 17. 18; 2, 1. Ähnlich verhält sich's mit dem Gebrauch von -λημ in der Ap neben -λυμα im Joev. Lc hat in Reden Jesu und anderer Personen stets -λημ (13, 33. 34; 23, 28; 24, 18. 47; auch 18. 31 sicher), ebenso in der AG mit Ausnahme der in Cäsarea vor heidnischem Publikum gehaltenen Reden des Pl 25, 15. 24; 26, 4. 10. 20. Dabei ist zu bemerken, daß der Name bei Mr niemals, bei Jo nur einmal (4, 21) in einer Rede Jesu vorkommt, und daß dem Lc wie dem Pl -λημ viel geläufiger als -λυμα ist, Letzteres bei Lc nur 4 mal, dagegen 26- oder 27 mal -λημ, übrigens in regellosem Wechsel cf Lc 2, 22. 43; 19, 11. 28. Dagegen hat Mt durchweg Ἱεροσόλυμα (11 mal, darunter 5, 35; 20, 18 Worte Jesu), nur 23. 37 = Lc 13, 34 Ἱερουσαλήμ. Wer diese Ausnahme auf eine nur hier, nicht aber 5, 35; 20, 18 von Mt benutzte Quelle zurückführt, sollte auch den Gl unter zwei Schriftsteller verteilen und müßte den Wechsel in beiden Büchern des Lc auf gleichartige Ursachen zurückführen. Der wirkliche Grund des Wechsels auch bei Mt ist doch leicht einzusehen. Dem feierlichen Ausspruch 23, 37 entsprach an sich -λήμ besser; es wäre ferner in dieser Anrede an das personificirte Jerusalem (ἡ αποκτείνουσα . . . τὰ τέκνα σου) das (τὰ) Ἱεροσόλυμα stilistisch sehr unbequem gewesen. Die stilwidrige Behandlung dieser griech. Form als Singul. femin. 2, 3 (neben Plur. neutr. 2, 1), vielleicht auch 3, 5 (wo jedoch πᾶσα unechte Zutat ist), wird der Übersetzer nicht ohne Not haben wiederholen wollen. Er hätte wie Lc überall in der Rede Jesu -λήμ anwenden können. Aber die griech. Form deklinirt sich besser (5, 35) und dicht hinter 20, 17 wäre 20, 18 -λημ gesucht gewesen. Und endlich welcher Übersetzer ist in solchen Dingen konsequent?

10. Zu ὀψὲ σαββάτων Mt 28, 1 citirte Lightfoot, Opp. II, 389 שבא בפוקי und ähnliche Formen cf מיצאי שבתות Levy, Neuhebr. WB IV, 507; Dalman S. 197: „am Ausgang des Sabbaths", was nicht recht befriedigt; denn der Sabbath beginnt und schließt mit Sonnenuntergang (cf Lc 23, 54), hier aber ist, wie die zweite Zeitbestimmung τῇ ἐπιφωσκούσῃ εἰς μίαν σαββάτων (sc. ὥρᾳ) zeigt, das Ende der Nacht vom Sabbath auf Sonntag, die Zeit kurz vor Sonnenaufgang gemeint cf Jo 20, 1 πρωΐ σκοτίας ἔτι οὔσης; Mr 1, 35 πρωΐ ἔννυχα λίαν, gleichfalls ein Sonntagmorgen, nachdem 1, 32 vom Schluß des Sabbaths berichtet war. Schon Eus. quaest. ad Mar. bei Mai, Nova p. bibl. IV, 1. 255 ff. hat sich eingehend mit dem Problem beschäftigt und den Übersetzer des Mt für die Dunkelheit des Ausdrucks verantwortlich gemacht. Hieron. ep. 120, 4 ad Hedib.,

welcher den Eusebius großenteils ausschreibt, tadelt den Übersetzer des Mt geradezu, daß er *vespere* ($\dot{o}\psi\acute{e}$) statt *sero* (tarde) geschrieben.

11. Den Spuren hebräischer oder aramäischer Originalsprache im Mtev und den Evv überhaupt sind schon Michaelis, Einl. 982—1003; Eichhorn, Einl. I², 510—530 nachgegangen. Cf die Literatur Bd I, 8f. Es gehört bessere Kenntnis der aramäischen Dialekte dazu, als ich besitze, und mehr Umsicht, als Andere bewiesen haben, um auf diesem Gebiete sichere Schritte zu tun. Nur beispielsweise und ohne Anspruch auf Neuheit der Beobachtung sei noch Folgendes angeführt: 1) 3, 15 $\pi\tilde{a}\sigma a\nu$ $\delta\iota\varkappa a\iota o\sigma\acute{v}\nu\eta\nu$ kann nichts anderes heißen als $\pi\tilde{a}\nu$ $\delta\iota\varkappa a\acute{\iota}\omega\mu a$, jede Rechtsordnung, Satzung. Da nun LXX ohne konstante Unterscheidung צדקה und משפט sowohl durch $\delta\iota\varkappa a\iota o\sigma\acute{v}\nu\eta$ (welches außerdem auch für צדק, אמת, aram. זכו Dan. 6, 23 etc. steht), als durch $\delta\iota\varkappa a\acute{\iota}\omega\mu a$ (dies außerdem auch für חק, מצוה etc.) übersetzt, so wird Mt 3, 15 משפט oder vielmehr eines der aram. Äquivalente desselben zu Grunde liegen. Als solche sind zu nennen: דינא Targ. Onk. Ex 21, 1. 31; Num 15, 16; Deut 7, 11. 12; ferner Targ. 1 Sam 8, 3; Jes. 42, 1. 2 (LXX und Mt 12, 18. 20 $\varkappa\varrho\acute{\iota}\sigma\iota s$), נימוסא oder נמוסא ($\nu\acute{o}\mu os$) 1 Sam 2, 13; 8, 9. 11; Ez 20, 25; חלכתא Onk. Ex 21, 9. 2) Da $\delta\iota\varkappa a\iota o\sigma\acute{v}\nu\eta$ in LXX nicht ganz selten אמת vertritt (Redpaths Konkordanz hat 7 Belege), diesem aber aram. קשוט, קושטא entspricht, so erklärt sich das ungriechische und auch begrifflich fremdartige $\dot{e}\nu$ $\dot{o}\delta\tilde{\omega}$ $\delta\iota\varkappa a\iota o\sigma\acute{v}\nu\eta s$ 21, 32 als wörtliche Übersetzung von באורח קשוט Onk. Gen. 24, 48 (LXX $\dot{e}\nu$ $\dot{o}\delta\tilde{\omega}$ $\dot{a}\lambda\eta\vartheta\epsilon\acute{\iota}a s$) cf jedoch auch Prov 8, 20 Grundtext, Targ. und LXX. 3) Da צדקה und צדקתא wie auch syr. זדקתא die Bedeutung Mildtätigkeit, Almosen angenommen hat, wodurch schon LXX veranlaßt wurde, ersteres 9 oder 10mal durch $\dot{e}\lambda\epsilon\eta\mu o\sigma\acute{v}\nu\eta$ zu übersetzen (cf auch Clem. strom. VII, 69 $\dot{\eta}$ $\ddot{e}\xi\iota s$ $\dot{\eta}$ $\pi a\varrho$' $\dot{\eta}\mu\tilde{\iota}\nu$ $\mu\epsilon\tau a\delta o\tau\iota\varkappa\dot{\eta}$ $\delta\iota\varkappa a\iota o\sigma\acute{v}\nu\eta$ $\lambda\acute{e}\gamma\epsilon\tau a\iota$ und AG 10, 2 mit 10, 35), so ist immer wieder zu bedenken, ob dem $\delta\iota\varkappa a\iota o\sigma\acute{v}\nu\eta\nu$ 6, 1, wenn es echter Text ist, nicht jenes aram. Wort im Sinn von $\dot{e}\lambda\epsilon\eta\mu o\sigma\acute{v}\nu\eta\nu$ zu Grunde liege, und ob die sehr alten Varianten dieses Spruchs nicht schließlich bis in die Zeit zurückgehen, da der aram. Mt noch mündlich so und anders gedolmetscht wurde: א* B D Ss (auch dieser mit deutlicher Unterscheidung von 6, 2) $\tau\dot{\eta}\nu$ $\delta\iota\varkappa a\iota o\sigma\acute{v}\nu\eta\nu$ $\dot{v}\mu\tilde{\omega}\nu$, Sc „eure Gabe"; cf Ephr in epist. Pauli p. 74 *dona vestra*, א a $\tau\dot{\eta}\nu$ $\delta\acute{o}\sigma\iota\nu$ $\dot{v}\mu\tilde{\omega}\nu$, S¹ wie die meisten Griechen $\tau\dot{\eta}\nu$ $\dot{e}\lambda\epsilon\eta\mu o\sigma\acute{v}\nu\eta\nu$ $\dot{v}\mu\tilde{\omega}\nu$. 4) Bei den Aramäern heißt עַבְדָּא der Knecht, עוֹבָדָא (עֲבִידָא, עֲבִידְתָא fem.), syr. עֲבָדָא das Werk, die Handlung. Daher hat der syr. Übersetzer von Clem. I Cor. 39 oder einer seiner Abschreiber $\ddot{e}\varrho\gamma\omega\nu$ statt $\pi a\acute{\iota}\delta\omega\nu$ ausgedrückt (Lightfoot, S. Clement I, 138; II, 119). Lagarde in seinem Agathangelos (Abh. der gött. Ak. 1889, XXXV, 128) erinnert zu der Variante Mt 11, 19 $\ddot{e}\varrho\gamma\omega\nu$ neben Lc 7, 35 $\tau\acute{e}\varkappa\nu\omega\nu$ an Orig. hom. 14, 5 in Jerem. (Delarue III, 211: ein früherer Ausleger habe unter der Mutter Jerem 15, 10 die Weisheit verstanden, $\tau\grave{a}$ $\delta\grave{e}$ $\tau\acute{e}\varkappa\nu a$ $\tau\tilde{\eta}s$ $\sigma o\varphi\acute{\iota}a s$ $\varkappa a\grave{\iota}$ $\dot{e}\nu$ $\tau\tilde{\omega}$ $\epsilon\dot{v}a\gamma\gamma\epsilon\lambda\acute{\iota}\omega$ $\dot{a}\nu a\gamma\acute{e}\gamma\varrho a\pi\tau a\iota$ „$\varkappa a\grave{\iota}$ $\dot{a}\pi o\sigma\tau\acute{e}\lambda\lambda\epsilon\iota$ $\dot{\eta}$ $\sigma o\varphi\acute{\iota}a$ $\tau\grave{a}$ $\tau\acute{e}\varkappa\nu a$ $a\dot{v}\tau\tilde{\eta}s$" cf Lc 11, 49). Ist Mt 11, 19 $\ddot{e}\varrho\gamma\omega\nu$ sicherlich festzuhalten, so ist doch andrerseits eine zwischen $\ddot{e}\varrho\gamma\omega\nu$ und $\tau\acute{e}\varkappa\nu\omega\nu$ schwankende Überlieferung auf dem Gebiet der Ursprache des Ev sehr unwahrscheinlich. Der Gewährsmann des Lc, welcher auch Lc 11, 49 die Weisheit als Person faßte, übersetzte frei, aber richtig; denn den Gegensatz zu den launenhaften Kindern jener Generation bilden die Kinder der göttlichen Weisheit. Statt des genaueren $\pi a\tilde{\iota}\delta\epsilon s$ (Knechte cf Mt 14, 2; Lc 1, 54; 12, 45) wählte er wohl in Erinnerung an Reden der Weisheit wie Prov 1, 8; 2, 1; 31, 2; Sirach 2, 1 $\tau\acute{e}\varkappa\nu a$. Er hätte ebensogut $\upsilon\acute{\iota}o\acute{\iota}$ sagen können (cf Jo 12, 36 mit Eph 5, 8). Der griech. Mt übersetzte die zweideutige Form unrichtig mit $\ddot{e}\varrho\gamma\omega\nu$, durch den Rückblick auf 11, 2. 5 dazu veranlaßt. 5) Hat das Hbev die ursprüngliche Form der 4. Bitte des Vaterunsers, wie sie von den aramäisch redenden Christen von jeher gebetet worden ist, bewahrt (lat. *panem nostrum crastinum da nobis hodie* GK II, 693. 709 f., neuerdings aufs neue bestätigt Anecd. Maredsol. III, 2, 262), so haben wir Mt 6, 11 die wesentlich richtige Übersetzung davon; $\dot{e}\pi\iota o\acute{v}\sigma\iota o s$ ist von $\dot{\eta}$ $\dot{e}\pi\iota o\tilde{v}\sigma a$ sc. $\dot{\eta}\mu\acute{e}\varrho a$ abge-

leitet. Aber natürlich ist der Ausdruck bei Mt nicht; denn den richtigen Gegensatz zu σήμερον bildet αὔριον, nicht ἡ ἐπιοῦσα. Letzteres bezeichnet den jedesmal folgenden Tag (AG 16, 11; 20, 15; 21, 18 cf 7, 26; 23, 11), vom Standpunkt irgend eines vorher erwähnten Tages aus geredet, wird daher passend Lc 11, 3 angewandt im Gegensatz zu τὸ καθ᾽ ἡμέραν, unpassend von Mt, welcher statt τὸν ἐπιούσιον besser τὸν τῆς αὔριον oder εἰς τὴν αὔριον geschrieben hätte, wobei zu bemerken ist, daß die Griechen ein rechtes oder recht gebräuchliches Wort für *crastinus* ebensowenig haben wie wir Deutschen (cf jedoch Pape unter αὔριος und Heyne, D. WB II, 867. „morgend"). Der Ausdruck des griech. Mt erklärt sich nur daraus, daß er seine Übersetzung unter dem Einfluß nicht gerade des Lcev, wohl aber der Kirchensprache derjenigen Gegenden gemacht hat, in welchen man das Vaterunser so zu beten pflegte, wie es Lc aufbewahrt hat. Wir haben also hier einen starken Beweis dafür, daß unser griech. Mt a) eine Übersetzung b) eine in der griechischen Heidenkirche entstandene Übersetzung, c) eine zwar nicht immer glückliche, aber der Absicht nach sehr treue Übersetzung ist. Er hat nicht Überlieferungen einer späteren Zeit oder anderer Gegenden an die Stelle seines Originals gesetzt, sondern das Vaterunser übersetzt, wie es die Judenchristen in Jerusalem, Kokaba, Beröa um 60—65 und noch gegen 400 zu beten pflegten. 6) Der Spruch Mt 5, 34—37 ergibt keinen anderen Sinn als: „Anstatt allerlei Eidschwüre zu gebrauchen, laßt eure Rede bestehen in einem doppelten Ja oder einem doppelten Nein." Es wäre zu vergleichen das doppelte ἀμήν Jesu selbst im 4. Ev und das ναί, ἀμήν Ap 1, 7 cf 22, 20. Daß Christen sich einer so verschärften Bejahung und Verneinung bedient haben, würde weniger auffallen, als daß sie trotz der Bergpredigt Eide geleistet und wie Pl auch andere starke Beteuerungsformeln angewandt haben; aber schwer denkbar ist, daß Jesus eben da, wo er jedes περισσόν in der Bezeugung der Wahrheit für eine Folge des Bösen und daher der Gottessöhne unwürdig erklärt, eine an sich überflüssige Verdoppelung des Ja und des Nein empfohlen haben sollte. Vergleicht man den Spruch Jk 5, 12, der doch nicht unabhängig von dem Spruch Mt 5, 37 sein kann, wenn dieser wirklich von Jesus herrührt, und andere mit Jk 5, 12 gleichlautende Anführungen des Wortes Jesu (Just. apol. I, 16; Clem. strom. V, 99 [al. 100]; VII, 67; Clem. homil. 19, 2; Epiph. haer. 19, 6), so muß man der Fassung ἔστω ὑμῶν τὸ ναὶ ναί, καὶ τὸ οὔ οὔ den Vorzug geben. Dies erscheint um so sicherer, als dies einer echt jüdischen Redeweise entspricht. Jesus hatte Lev 19, 12 citirt; zu Lev 19, 36 macht der Talmud (Baba mezia 49a) die exegetisch unmögliche Bemerkung: „daß dein Ja sei ein wahrhaftiges (Ja) und dein Nein ein wahrhaftiges (Nein)." Cf Midrasch zu Ruth 3, 18 (übersetzt von Wünsche S. 53); mehrere verwandte Stellen bei Levy I, 465; Jastrow 348. 365 unter הין, הן = „ja". Jesus wird אין gesprochen haben cf Levy I, 67; Dalman 176. Dazu kommt der Pharisäer Pl, welcher 2 Kr 1, 17—20 voraussetzt, daß das Ja ein wirkliches Ja und nicht zugleich ein Nein sein solle. Das Original von Mt 5, 37 braucht nicht schlechthin identisch mit dem Original von Jk 5, 12 zu sein; das ὁ λόγος ὑμῶν weist auf eine Form wie: „es sei euer Ja-sagen ein Ja" etc. Es mag Jk 5, 12 auf die Verbreitung der unkanonischen Form des Spruchs von Einfluß gewesen sein (GK I, 323 A 2). Es ist aber auch hier mit der Möglichkeit zu rechnen, daß bis zu Justin und darüber hinaus von oft gebrauchten Sprüchen im kirchlichen Gebrauch sich Formen erhalten haben, welche aus der Zeit der mündlichen Dolmetschung des Mt herstammen. 7) Für den Gebrauch der Participien im NT ist überhaupt zu bedenken, daß diese Formen im Aram. wie Hebr. völlig zeitlos sind. Ein merkwürdiges Beispiel ist Mt 5, 10, wo nach dem Zusammenhang unmöglich diejenigen selig gepriesen sein können, welche eine Verfolgung überstanden haben, also δεδιωγμένοι für διωκόμενοι steht. Polykarp (getauft a. 69), welcher Letzteres schreibt (ad Phil. 2), könnte in seiner Jugend noch einen Dolmetscher gehört haben, welcher seine Sache besser machte, als der griech. Mt. Vielleicht liegt 9, 18 dem

ἄρτι ἐτελεύτησεν ein Part. zu Grunde, welches der Gewährsmann des Lc (8, 42) besser
durch das Imperf. ἀπέθνησκεν übersetzt hat cf Mr 5, 23. Es wäre auf ζητοῦντες statt
ζητήσαντες 2, 20, auf den unsicheren Wechsel von παραδούς und παραδιδούς 10, 4; 26,
25. 46; 27, 3. 4 und andrerseits darauf hinzuweisen, daß in den wahrscheinlich vom Übersetzer selbst geschaffenen Participialkonstruktionen (oben A 7) nichts Ungewöhnliches
sich findet. Nicht durch Unkenntnis des Griechischen, sondern durch sein aram. Original
wurde der Übersetzer zuweilen zu unklarem oder inkorrektem Ausdruck verleitet. 8) Es
ist auch noch genauer zu untersuchen, ob die eine oder andere der Verdoppelungen,
welche dem Mt eigentümlich sind (8, 28; 20, 30; 21, 2—7 cf Mr 5, 2; 10, 46; 11, 2), aus
der Zweideutigkeit nicht vokalisirter aramäischer Flexionsformen zu erklären ist, welche
den Späteren ein besonderes Zeichen zur Bezeichnung des Plurals, das sog. Ribbui, notwendig erscheinen ließ.

12. Ein Fehler des Evangelisten liegt nicht vor in Mt 2, 23 (s. oben S. 294 A 7). Das
Hbev oder wie Hier. v. ill. 3 und anderwärts es nennt, das *ipsum hebraïcum* des Mtev
hat gleichfalls die Worte *quoniam Nazaraeus vocabitur* enthalten und, wie man aus dem
Schweigen des Hier. an der Stelle, wo er dies bezeugt, schließen muß, dieses angebliche
Citat auch nicht mit einer anderen Formel eingeleitet. Für die gelehrte, aber falsche
Vermutung hebräischer Christen, durch welche Hieronymus sich belehren ließ (comm.
in Jes 11, 1 Vallarsi IV, 155 cf comm. in Mt 2, 23 Vall. VII, 17), daß nämlich hier
ein Citat aus Jes 11, 1 vorliege, ist der etwa 250 Jahre früher arbeitende Redaktor des
Hbev nicht verantwortlich zu machen. — Ein Fehler liegt Mt 13, 35 vor, indem Ps 78, 2
(nach der Überschrift ein Psalm Asaphs) als τὸ ῥηθὲν διὰ Ἡσαΐου τοῦ προφήτου citirt
wird. Für die Echtheit des Ἡσαΐου (in Tischend. ed. VIII an falsche Stelle gesetzt)
zeugt außer א* min. 1. 13. 124 (diese beiden zur Ferrärgruppe gehörig) 33. 253, ferner
manchen Hss, die Eusebius (Montf. Coll. n. I, 462) und Hieronymus (zu Mt 13, 35 Vall.
VII, 94) gesehen haben, vor allem die Anstößigkeit, welche um so peinlicher empfunden
wurde, als Porphyrius daraus die Unkundigkeit des Mt bewiesen hatte (nach dem
Zeugnis des jetzt in diesem Stück als echt erwiesenen Breviar. in psalmos unter dem
Namen des Hier. s. Anecd. Maredsol. III, 2, 60). Wenn Eus. l. l. behauptet, in den genauen Hss, und Hier. zu Mt, in der *vulgata editio* fehle der Name Jesaja, so beweist
das nur für das hohe Alter der Emendation, welches ohnehin durch die starke Bezeugung (auch Ss, Sc, ferner Clem. hom. 18, 15) gesichert ist. Die Vermutung des Hier.
zu Mt, daß ursprünglich Asaph geschrieben stand, was dann ein frühzeitiger Abschreiber
in den bekannteren Prophetennamen Jesaja verwandelt hätte, welche falsche Verbesserung
kluge Leute schließlich durch Tilgung des Namens wieder beseitigt haben sollten, ist
wertlos, aber immer noch besser, als die dreiste Behauptung im Breviar. p. 59 f., daß in
allen alten Hss des Mt *in Asaph propheta* geschrieben stehe, was törichte Menschen
beseitigt haben sollen. Da Hier. an keiner Stelle sich zur Feststellung des ursprünglichen Textes von Mt 13, 35 auf das Hbev beruft, so ist anzunehmen, daß der Fehler
auch in diesem enthalten war, und auch deshalb der sachlich unrichtige Text für ursprünglich zu halten. Das Gleiche gilt von Mt 27, 9, wo man Sacharja statt Jeremia
citirt zu finden erwartet. Hätte im Hbev der erstere Name gestanden, so wäre nicht
nur das Schweigen derjenigen Kenner des Hbev, die sich mit dem Problem in Mt 27, 9
beschäftigt haben, nämlich des Origenes (comm. in Mt lat., Delarue III, 916), Eus. demonstr.
X, 4, 13; Hier. in Mt p. 228; Breviar. p. 60 f., schwer erklärlich, sondern vor allem die
Entstehung eines apokryphen hebr. oder aram. Jeremiabuchs, worin das im kanonischen
Jeremia nicht nachzuweisende Citat wörtlich zu finden war. Weil das Citat Mt 27, 9
auch im Hbev dem Jeremia zugeschrieben war, haben die Nazaräer jenes apokryphe
Buch oder Büchlein erdichtet, welches sie dem Hieronymus vorzeigten cf Hieron. zu Mt
27, 9 und GK II, 696 f. Korrektur eines auf mangelhafter Kunde des AT's beruhenden

Fehlers hat das Hbev nachweislich nur zu Mt 23, 35 angebracht s. oben S. 308 A 5; GK II, 711 f.

13. Eusebius zu Ps 78 (oben S. 268) erklärte die von LXX abweichenden Citate des Mt aus der Benutzung des hebr. AT's seitens des Hebräers Mt. Hieronymus urteilte, daß Mt wie Jo in ihren Evv unabhängig von LXX nach dem hebr. Grundtext citiren (comm. in Osee 11, 1; in Isaiam 6, 9; 9, 1; Prol. in Pentat. Vall. IV, 97. 128; VI, 123; IX, 3), und berief sich hiefür auf das angebliche hebr. Original des Mtev in der Bibliothek zu Cäsarea d. h. auf das Hbev (v. ill. 3 cf GK II, 697 f.). Die S. 301 im Text bestrittene Ansicht entwickelte zuerst Bleek, Beiträge zur Evangelienkritik 1846, S. 57 f. Seitdem ist der Gegenstand immer wieder ohne überzeugendes Ergebnis behandelt worden. Am gründlichsten hat die Materialien zusammengestellt Anger, Ratio qua loci VTi in ev. Mt laudantur, quid valeat ad illustrandam hujus ev. originem, Part. I—III, leipziger Programme von 1861. 1862. Die von Böhl (Forschungen nach einer Volksbibel zur Zeit Jesu, 1873 cf desselben atl Citate im NT, 1878) verfochtene Hypothese, daß es zur Zeit Jesu eine auf der griechischen LXX beruhende aramäische Übersetzung des AT's gegeben habe, welche Jesus und die Apostel (die letzteren neben der griechischen LXX) benutzt hätten, würde Alles verwirrt haben, wenn irgend Jemand sie gebilligt hätte. Die Vergleichung der Citate des Mt mit LXX ist dadurch erschwert, daß die von christlichen Händen geschriebenen Hss der letzteren, besonders der cod. Alex. vielfach den atl Text nach der Form, in welcher er im NT citirt ist, geändert haben. In der folgenden Zusammenstellung ist durchweg die LXX nach Swete d. h. der cod. Vatic. zu Grunde gelegt. Ich bezeichne mit H den masoretischen Text, mit T das Targum, mit einem Stern die auch in anderen Evv enthaltenen Citate. 1) Mt 1, 23 = Jes 7, 14. Da עלמה von LXX gewöhnlich genauer durch $\nu\varepsilon\tilde{\alpha}\nu\iota\varsigma$ (Ex 2, 8; Ps 68, 25; Cant 1, 3 etc.), nur hier und Gen 24, 43 durch $\pi\alpha\varrho\vartheta\acute{\varepsilon}\nu\sigma\varsigma$ übersetzt ist, welches sonst meist als Übersetzung von בתולה dient, so ist Berücksichtigung der LXX seitens des griech. Mt wahrscheinlich. Da aber $\pi\alpha\varrho\vartheta\acute{\varepsilon}\nu\sigma\varsigma$ dem Zweck der Anführung genauer entspricht, als $\nu\varepsilon\tilde{\alpha}\nu\iota\varsigma$, und diese Stelle wahrscheinlich nicht zum ersten Mal durch Mt auf die Geburt Jesu bezogen worden ist, so wird der Übersetzer des aram. Mt nicht nötig gehabt haben, erst die LXX aufzuschlagen, um zu dieser Übereinstimmung mit LXX zu kommen. Übrigens hält er sich frei von LXX ($\acute{\varepsilon}\xi\varepsilon\iota$ statt $\lambda\acute{\eta}\mu\psi\varepsilon\tau\alpha\iota$) wie von H. Statt eines letzterem entsprechenden $\varkappa\alpha\lambda\acute{\varepsilon}\sigma\varepsilon\iota$ und des $\varkappa\alpha\lambda\acute{\varepsilon}\sigma\varepsilon\iota\varsigma$ der LXX, sagt er $\varkappa\alpha\lambda\acute{\varepsilon}\sigma\sigma\upsilon\sigma\iota\nu$, weil weder Joseph noch Maria ihrem Kinde diesen Namen gegeben haben. Man wird d. h. die an Jesus als den Christ gläubigen Menschen werden ihn nach Jes 7, 14 in der gehobenen Sprache des Gemeindegottesdienstes Immanuel nennen cf Mt 28, 20; Rm 8, 31—34; GK I, 671. Diese Freiheit der Behandlung des atl Textes nach der ntl Geschichte ist eher dem Vf der Erzählung als einem Übersetzer zuzutrauen und mindestens ebensogut einem aramäisch schreibenden Apostel, der an ziemlich freie Dolmetschung des hebräischen Textes von Jugend auf gewöhnt war, als einem griechisch schreibenden Nichtapostel. Letzterer würde nicht ohne sachliche Nötigung von LXX abweichend $\acute{\varepsilon}\xi\varepsilon\iota$ geschrieben haben. Ist das Citat von Mt sicherlich als Bestandteil der Rede des Engels eingeführt, welche ohne dies der überzeugenden Kraft entbehren würde, so ist es doch in der Tat der Evangelist, welcher in dieser Form seine Meinung ausspricht. 2) Mt 2, 6 = Micha 5, 1. Daß das Citat den Synedristen in den Mund gelegt ist, unterscheidet dasselbe durchaus nicht von den seitens des Mt selbst beigebrachten Citaten, da kein Leser daran denken konnte, hier ein Stück des Protokolls einer Synedriumssitzung vor sich zu haben, jeder vielmehr sehen mußte, daß Mt in dieser Form seinerseits die Kongruenz zwischen Weissagung und Erfüllung nachweisen will. Obwohl LXX hier ziemlich genau und auch für den Zweck des Mt angemessen übersetzt, zeigt Mt keinerlei Abhängigkeit von LXX; denn die Worte, worin er mit LXX übereinstimmt

καὶ σὺ B. und ἐξελεύσεται, entsprechen ebenso genau und z. B. genauer als T dem H, und ἐκ σοῦ (γάρ) stimmt mit HT gegen LXX. Das ἐν τοῖς ἡγεμόσιν setzt statt באלפי (H, באלפיא T, χιλιάσιν LXX) ein באלופי voraus, welches LXX Gen 36, 13—43; Ex 15, 15 etc. regelmäßig durch ἡγεμόνες wiedergibt. Übrigens ist das Citat völlig frei, dem Zweck des Citats entsprechend gestaltet, unter anderem auch dadurch, daß in Anlehnung an Micha 5, 3 (ποιμανεῖ) eine Reminiscenz an 2 Sam 5, 2; 1 Chron 11, 2 eingeflochten wird. Eine Erinnerung an LXX mag darin gefunden werden, daß Mt wie LXX dort für נגיד ἡγούμενος schreibt. 3) Mt 2, 15 = Hosea 11, 1 genau nach H, da LXX καὶ ἐξ Αἰγύπτου μετεκάλεσα τὰ τέκνα αὐτοῦ (auch T hat einen Plural) die Stelle ganz unbrauchbar gemacht hätte. 4) Mt 2, 18 = Jerem 31, 15. Die Beibehaltung des hebr. Ῥαμά als Ortsnamens und die Wahl der dem H wenig genau entsprechenden Worte κλανθμὸς καὶ ὀδυρμός beweist, daß der Übersetzer des Mt sich an LXX anlehnt; übrigens zeigt er bewußtes Festhalten an seinem mit H gegen LXX übereinstimmenden Original, indem er durch πολύς תמרורים zwar sehr frei, aber doch wirklich wiedergibt, indem er Ῥαχὴλ κλαίουσα richtig als Apposition zum Vorigen zieht und durch Einschiebung eines καί vor οὐκ ἤθελεν die Verbindung von Rahel als Subjekt mit diesem verhindert, und indem er das richtige παρακληθῆναι statt des in LXX allein echten παύσασθαι schreibt. 5) Mt 2, 23 liegt gar kein Citat vor s. oben S. 294. 6) *Mt 3, 3 = Jes 40, 3, wörtlich ebenso Mr 1, 3; Lc 3, 4, abgekürzt und teilweise abweichend (εὐθύνατε für ἑτοιμάσατε) Jo 1, 23, nur hier im Munde des Täufers, überall sonst im Munde der Evangelisten. Mit LXX stimmen sie überein in sämtlichen Vokabeln, in der Weglassung von בערבה und in der Konstruktion jedenfalls in bezug auf φωνὴ βοῶντος (statt βοῶσα, T „eine Stimme, welche ruft“). Wahrscheinlich aber hat LXX auch bereits ἐν τῇ ἐρήμῳ gegen H mit βοῶντος statt mit dem Folgenden verbunden und deshalb das gegen diese Verbindung zeugende בערבה fortgelassen. Nur darin weichen die Evv (Jo kommt nicht in betracht) von LXX wie von H ab, daß sie am Schluß αὐτοῦ statt τοῦ θεοῦ ἡμῶν setzen. Aus der apologetischen Tendenz des Mt läßt es sich am leichtesten erklären, daß er es vermeiden wollte, den kommenden Christus geradezu als „unsern Gott“ ankündigen zu lassen. Übrigens besteht kein solcher Unterschied zwischen H und dem Citat in den Evv, daß man bei dem Vf des aram. Mtev oder in der Urgemeinde, welche den Spruch auf den Täufer anzuwenden pflegte, abgesehen von den Hellenisten, welche reichlich in ihr vorhanden waren (Bd I, 28 f.), irgendwelche Kenntnis der LXX voraussetzen müßte. 7) *Mt 4, 4 = Deut 8, 3, abgekürzt Lc 4, 4, im ganzen nach LXX, nur zeigt sich Mt, wenn bei ihm ἐν ἄρτῳ echt ist, ebensowohl von LXX als H unabhängig. 8) *Mt 4, 6 = Ps 91, 11 f., vollständiger citirt Lc 4, 10 f., nach LXX. 9) *Mt 4, 7 = Deut 6, 16, ebenso Lc 4, 12, nach LXX. 10) *Mt 4, 10 = Deut 6, 13, mit den gleichen Worten, nur vielleicht in der Wortstellung anders citirt Lc 4, 8, von LXX und H abweichend durch προσκυνήσεις statt φοβηθήσῃ und durch den Zusatz μόνῳ. Ersteres ist eine dem Anlaß des Citats, letzteres eine dem Zusammenhang der atl Stelle entsprechende christliche Änderung. Übrigens können die Citate Nr. 7—10 im aram. Mt aus dem H ins Aramäische übersetzt gestanden haben, ohne daß der griech. Übersetzer sich eine Abweichung von seinem Original erlaubt hat. Selbst das im H Deut 8, 3 nicht enthaltene ῥήματι Mt 4, 4 kann als eine selbstverständlich richtige Erläuterung von Mt selbst eingefügt gewesen sein. Auch beide Targume haben ein *memra.* 11) Mt 4, 15 f. = Jes 8, 23; 9, 1, ein so frei gestaltetes Citat, daß schon darum ein engerer Anschluß an LXX beinah unmöglich war; außerdem wegen Unverständlichkeit der LXX und ihrer starken Abweichung von H. 12) Mt 5, 5 (al. 4) = Ps 37, 11 ebensosehr mit H als LXX (diese ohne τήν vor γῆν). — 13) *Mt 5, 21. 27 cf 19, 18; Mr 10, 19; Lc 18, 20 = Ex 20, 13; Deut 5, 17. Mt befolgt an beiden Stellen die Ordnung des H, während Mr und Lc den Ehebruch vor den Mord stellen wie Philo de decal. § 24 f.; Paulus Rm 13, 9; Jk 2, 11 und die alten Väter Theoph. ad Autol. II, 35; III, 9 (Forsch II, 145); Clem. strom. VI, 146 f. Bei dem Schwanken der Ordnung in den Hss der LXX ist anzunehmen, daß alle genannten Schriftsteller den zu ihrer Zeit verbreiteten LXX text befolgen; um so bemerkenswerter ist die vom griech. Übersetzer des Mt unverändert gelassene Ordnung des H. 14) Mt 5, 33, freie Wiedergabe von Stellen wie Lev 19, 12; Deut 23, 22—24 ohne Anlehnung an LXX, z. B. ἐπιορκεῖν hat LXX in keinem ursprünglich hebr. Buch. 15) Mt 5, 38 = Ex 21, 24; Lev 24, 20 nach LXX, aber ebenso nach H und gegen beide mit einem καί. 16) *Mt 5, 43, vollständiger 19, 19; 22, 39; Mr 12, 31; Lc 10, 27 = Lev 19, 18 ohne Abweichung von H und LXX. 17) Mt 8, 17 = Jes 53, 4 völlig abweichend von der hier sehr frei verfahrenden und für den Zweck des Citats unbrauchbaren LXX, nach H, jedoch nicht sklavisch genau übersetzt. 18) Mt 9, 13 und 12, 7 = Hosea 6, 6 genau nach H und deutlicher als LXX, wenn in dieser ἔλεος θέλω ἢ θυσίαν echter Text ist. 19) Mt 10, 36 nach dem Zusammenhang offenbar aus Micha 7, 6, trefflich aus H übersetzt, ohne jede Berührung mit LXX (ἐχθροὶ πάντες ἀνδρὸς οἱ ἐν τῷ οἴκῳ αὐτοῦ). 20) *Mt 11, 10 = Mal 3, 1 frei gestaltet, zum Teil in Erinnerung an Ex 23, 20 (daher ἐγώ, die Einschiebung eines πρὸ προσώπου σου in der ersten Satzhälfte und Verwandlung der ersten Person in Anrede). Kein Wort beweist Berücksichtigung der LXX, welche Mal 3, 1 wenig glücklich übersetzt. Auch abgesehen von den Einmischungen aus Ex 23, 20 ist Mt frei verfahren: ὅς statt καί, Zusetzung von σοῦ zu ὁδόν. Um so bemerkenswerter die Übereinstimmung von Mr 1, 2; Lc 7, 27. Doch ist wahrscheinlich bei Mr und sicher bei Lc ἐγώ unecht, ebenso ἔμπροσθέν σου sicher bei Mr, vielleicht auch bei Lc zu streichen. 21) Mt 11, 29b καὶ εὑρήσετε ἀνάπαυσιν ταῖς ψυχαῖς ὑμῶν, genau nach H Jerem 6, 16, wogegen LXX ἁγνισμόν oder ἁγιασμόν statt ἀνάπαυσιν. 22) Mt 12, 18—21 = Jes 42, 1—4, ein teils nach H, teils nach LXX, teils ganz frei gestaltetes Citat. Für v. 18—19 war LXX unannehmbar wegen Einschiebung der Namen Jakob und Israel, wegen zweimaliger Verkennung der relativen Konstruktion und wegen der Ungenauigkeit oder Undeutlichkeit einzelner Ausdrücke (προσεδέξατο, ἀνήσει, ἔξω). In v. 20—21 nähert sich Mt immer mehr der LXX. Mt stimmt mit T, welches die Stelle auf den Messias deutet, überein in dem fut. θήσω (gegen H LXX), einigermaßen auch in ἀπαγγελεῖ (T „er wird enthüllen", LXX ἐξοίσει wörtlich nach H). Die starke Abweichung von H, LXX, T in v. 20b ἕως — κρίσιν erklärt sich daraus, daß der in v. 20 ausgestoßene Schlußsatz von Jes 42, 3, worin gleichfalls von משפט die Rede ist, mit dem zweiten Satz von Jes 42, 4 zusammengeflossen ist. Dorthin weist ἐκβάλῃ, welches nicht dem ישים Jes 42, 4, sondern dem יוציא Jes 42, 3 entspricht, und auch εἰς νῖκος entspricht eher dem dortigen לאמת, als dem בארץ Jes 42, 4. Wahrscheinlich hat Mt in Erinnerung an die anklingende Stelle Hab 1, 4 לנצח anstatt לאמת in sein Citat aufgenommen, hat dies aber wohl nicht im Sinn von εἰς τέλος (LXX), auch wohl nicht im Sinne von לאמת (so Ges. Thes. 905) genommen, sondern in dem Sinn von „Sieg", den das Wort im Aram. und Syr. gewöhnlich hat. Jedenfalls würde dies vom griech. Übersetzer des aram. Mt gelten, wenn er in seinem Original לנצח oder לנצחנא vorfand. Er ist dann auch hierin einer Übersetzungsmanier der LXX gefolgt cf 2 Sam 2, 26; Amos 1, 11; 8, 7. Da LXX εἰς νῖκος stets nur so verwendet und auch Pl ohne Vorgang in LXX den Ausdruck ebenso gebraucht (cf 1 Kr 15, 54 mit Jes 25, 8 und dazu Hofmann II, 2, 391), so ist kaum zu bezweifeln, daß der griech. Mt eben jenes לנצח oder לנצחנא in seiner Vorlage fand. Dies war dann weder ein griech. Ev, noch der hebr. Text von Jes 42, sondern ein aram. Buch, dessen Vf die atl Citate sehr frei gestaltet hat. 23) Mt 13, 14 f. = Jes 6, 9 f. genau nach LXX, zwar nicht in Gedanken, aber in der Form stark abweichend von H. Nur freie Verwendung einiger Worte ohne förmliches Citat Mr 4, 12. 24) Mt 13, 35 = Ps 78, 2. Da die zweite Hälfte eine von LXX unabhängige Übersetzung ist, und die erste Hälfte, worin Mt mit LXX übereinstimmt, kaum anders übersetzt werden

konnte, so ist fraglich, ob LXX überhaupt berücksichtigt ist. Die unrichtige Quellenangabe (s. oben S. 314) beweist, daß der Vf aus dem Gedächtnis citirt, und erschwerte
dem Übersetzer ein Aufsuchen in LXX. Die Wiedergabe des kollektiven Singulars
משל durch $\pi \alpha \varrho \alpha \beta o \lambda \alpha \iota \varsigma$ lag so nahe, daß diese Übereinstimmung mit LXX nicht aus Abhängigkeit von ihr erklärt zu werden braucht. Schon im aram. Mt kann mit Rücksicht
auf den Anlaß des Citats ein Plural gestanden haben. 25) *Mt 15, 4 = Ex 20, 12 und
21, 17, das Ganze Mr 7, 10, das erste Stück auch Mt 19, 19; Mr 10, 19; Lc 18, 20. Die einzigen
möglichen Abweichungen von H und zugleich von LXX, die Tilgung eines einfachen
oder doppelten $\sigma o \tilde{v}$ und $\alpha \dot{v} \tau o \tilde{v}$ und die Vertauschung des in LXX wahrscheinlich echten
$\tau \varepsilon \lambda \varepsilon v \tau \acute{\eta} \sigma \varepsilon \iota$ mit $\tau \varepsilon \lambda \varepsilon v \tau \acute{\alpha} \tau \omega$ hat Mt sich gestattet, Mr gibt an beiden Stellen doppeltes $\sigma o \tilde{v}$,
sonst wie Mt. 26) *Mt 15, 8 f. = Jes 29, 13, ebenso Mr 7, 6 auch in den kleinen Ab-
weichungen von LXX mit Mt ($\tau o \tilde{\iota} \varsigma \chi \varepsilon \acute{\iota} \lambda \varepsilon \sigma \acute{\iota} v \mu \varepsilon \tau \iota \mu \tilde{\alpha}$ statt $\dot{\varepsilon} v \tau o \tilde{\iota} \varsigma \chi \varepsilon \acute{\iota} \lambda \varepsilon \sigma \iota v \alpha \dot{v} \tau \tilde{\omega} v \tau \iota \mu \tilde{\omega} \sigma \iota v \mu \varepsilon$), nur
vielleicht mit Voranstellung des $o \tilde{v} \tau o \varsigma$ wie Clem. I Cor. 15, 2. Trotz des unverkennbaren
Anschlusses an LXX, besonders in der sehr freien Übersetzung $\mu \acute{\alpha} \tau \eta v \delta \dot{\varepsilon} \sigma \acute{\varepsilon} \beta o v \tau \alpha \acute{\iota} \mu \varepsilon$,
ist das Citat doch nicht aus LXX abgeschrieben, sondern vorne gekürzt und am Schluß
durch Umstellung von $\delta \iota \delta \alpha \sigma \varkappa \alpha \lambda \acute{\iota} \alpha \varsigma$ und $\dot{\varepsilon} v \tau \acute{\alpha} \lambda \mu \alpha \tau \alpha$ und Weglassung des $\varkappa \alpha \acute{\iota}$ dazwischen
dem Anlaß des Citats konformirt; denn die Lehren der Rabbinen bestehen in Menschen-
geboten. Damit hält sich das Citat aber zugleich näher an H („ihr mich Fürchten, ihre
Gottesfurcht ist erlerntes Menschengebot"), als an LXX, welcher Pl bei ähnlichem Anlaß Kl 2, 22 sich enger angeschlossen hat. 27) *Mt 19, 4 = Gen 1, 27, abgesehen von
dem frei gebildeten Subjekt ebenso Mr 10, 6, wörtlich nach LXX, aber auch dem H
genau entsprechend. 28) *Mt 19, 5 = Gen 2, 24, ebenso Mr 10, 7, beinah genau nach
LXX (cf Eph 5, 31; 1 Kr. 6, 16), von H besonders durch den Zusatz $o \acute{\iota} \delta \acute{v} o$ abweichend.
Da aber dieser sachgemäße Zusatz auch im Pentat. Samarit., T Jeruschalmi und bei
Hieron. sich findet, so besteht kein Grund zu bezweifeln, daß Mt denselben in seiner
hebr. Bibel gefunden. und in seinem aram. Ev wiedergegeben habe. Auch hier (cf Nr 25)
hat Mt gegen H und LXX ein doppeltes $\alpha \dot{v} \tau o \tilde{v}$ entbehrlich gefunden, welches Mr beibehielt. 29) *Mt 21, 5 = Sach 9, 9, die Einleitung nach Jes 62, 11, auch sonst sehr
frei gestaltet, anders wieder Jo 12, 15. Die Worte $\iota \delta o \grave{v} - \dot{\varepsilon} \pi \iota \beta \varepsilon \beta \eta \varkappa \acute{\omega} \varsigma$ sämtlich aus LXX,
unter Weglassung der zum Anlaß wenig passenden Worte $\delta \acute{\iota} \varkappa \alpha \iota o \varsigma \varkappa \alpha \grave{\iota} \sigma \acute{\omega} \zeta \omega v \alpha \dot{v} \tau \acute{o} \varsigma$. Dagegen entspricht $\dot{\varepsilon} \pi \grave{\iota} \ddot{o} v o v - \dot{v} \pi o \zeta v \gamma \acute{\iota} o v$ viel genauer als LXX dem H. 30) *Mt 21, 13 =
Jes 56, 7, daran angeschlossen eine Reminiscenz an Jerem 7, 11. Wesentlich ebenso
Mr 11, 17; Lc 19, 46. Nur Mt unterdrückt das für den Zweck des Citats unwesentliche
und seine jüdischen Leser hier leicht von der Hauptsache ablenkende $\pi \tilde{\alpha} \sigma \iota v \tau o \tilde{\iota} \varsigma \ddot{\varepsilon} \vartheta v \varepsilon \sigma \iota v$,
welches dem Mr und Lc für ihre Leser willkommen sein mußte. Übrigens entspricht
das Citat des Mt und des Mr ebenso genau dem H als der LXX. 31) Mt 21, 16 = Ps
8, 3 genau nach LXX; das dem H, oder doch dem ursprünglichen Sinn der Psalmstelle
weniger entsprechende $\alpha \tilde{\iota} v o v$ entsprach um so mehr dem Anlaß. Sprach Jesus und
schrieb der aram. Mt wie T z. St. עוליא für hebr. עו, so ergab das zugleich einen zwar
spielenden, aber gewiß nicht unbeabsichtigten Anklang an das אוישנא in v. 15 (Bd. I, 14),
welchen der griech. Übersetzer nicht leicht nachbilden konnte. Die von ihm angeeignete
LXX genügte dem Bedürfnis. 32) *Mt 21, 42 = Ps 118, 22 f., ebenso Mr 12, 10 genau
nach LXX, aber auch ohne sachlich bedeutsame Abweichung von H. 33) *Mt 22, 24 =
Deut 25, 5 sehr frei behandelt, wahrscheinlich unter gleichzeitiger Erinnerung an Gen
38, 8. Das dem H entsprechende $\dot{\varepsilon} \pi \iota \gamma \alpha \mu \beta \varrho \varepsilon \acute{v} \sigma \varepsilon \iota$, welches Aquila Deut 25, 5, LXX zwar
nicht hier, aber Gen 38, 8 und nur hier als Übersetzung von יבם gebraucht, beweist
nicht einmal sicher, daß der griech. Mt unter dem Einfluß der LXX steht. In den
freieren Reproduktionen Mr 12, 19; Lc 20, 26 fehlt das seltene Wort. 34) *Mt 22, 32 =
Ex 3, 6, wesentlich ebenso Mr 12, 26, freier behandelt Lc 20, 37. Der dem Sinn des
H entsprechende dreimalige Artikel vor $\vartheta \varepsilon \acute{o} \varsigma$ steht in LXX nur vor dem hier ausge-

stoßenen *ϑεὸς τοῦ πατρός σου*. Das *εἰμί* des Mt und der LXX fehlt bei Mr, was die Rede mehr hebräisch oder aramäisch lautend macht. 35) *Mt 22, 37 = Deut 6, 5, im Vergleich mit LXX genauer nach H erstens durch *ἐν* statt *ἐξ*, zweitens durch *καρδία* statt *διάνοια*. Dagegen ist das *διάνοια* des Mt statt *δύναμις* oder *ἰσχύς* eine ungenaue Übersetzung des dritten Substantivs. Sie wird dem griech. Übersetzer des Mt zur Last fallen, welcher das aus LXX oder aus Mr 12, 30; Lc 10, 27 ihm geläufige Wort nicht entbehren mochte. Übrigens zeigen Mr und Lc sich als secundäre Schriftsteller, indem sie mit dem Text des Mt noch eine Übersetzung des von LXX genauer als von Mt übersetzten dritten Substantivs verbinden und dadurch vier Substantive gewinnen. 36) *Mt 22, 44 = Ps 110, 1, auch Mr 12, 36; Lc 20, 42. Genau nach LXX nur Lc; denn Mr hat nach BD Ss wie Mt *ὑποκάτω* für *ὑποπόδιον*, was aus einer Erinnerung an Ps 8, 7 geflossen sein mag. Nur Mt hat gegen LXX, aber entsprechend seiner Wiedergabe des Jahvenamens (cf Mt 1, 20. 22; 3, 3) *κύριος* ohne Artikel. 37) *Mt 23, 39 = Ps 118, 26 ohne Citationsformel, aber genau nach LXX, aber auch entsprechend dem H. 38) *Mt 24, 15 = Dan 12, 11, ebenso Mr 13, 14 *τὸ βδέλυγμα τῆς ἐρημώσεως*, dagegen LXX und Theodotion an der zunächst in betracht kommenden Stelle Dan 9, 27 (ohne *τό*) *βδέλυγμα ἐρημώσεων*. 39) *Mt 26, 31 = Sach 13, 7, völlig abweichend von LXX (nach cod. ℵ B *πατάξατε τοὺς ποιμένας καὶ ἐκσπάσατε τὰ πρόβατα*) und, was die zweite Satzhälfte anlangt, viel besser nach H übersetzt. In der ersten Hälfte *πατάξω* statt des durch H erforderten, aber schwerer verständlichen *πάταξον*, am Schluß *τῆς ποίμνης* zugesetzt (cf Ps 74, 1; 100, 3; Ez 34, 31), um den Gegensatz zwischen Hirt und Herde deutlicher auszudrücken. Abgesehen von dieser Zutat und einer geringen Umstellung Mr 14, 27 ganz wie Mt. Die Abhängigkeit des Barn. 5, 12 von Mt hätte man nicht verkennen sollen. 40) Mt 27, 9 = Sach 11, 13 wegen gleichzeitiger Erinnerung an Jerem 18, 1 f. und auch wohl Jerem 19, 1—15 auf Jeremia statt auf Sacharja zurückgeführt (s. oben 314 A 12), das am freiesten gestaltete Citat bei Mt cf im einzelnen Anger I, 39 ff.; Hofmann, Weissagung u. Erf. II, 127 f. Während in der Erzählung Mt 26, 15 (nicht so Mr 14, 11; Lc 22, 5) ein deutlicher Anklang an Sach 11, 12 LXX vorliegt, zeigt sich das Citat Mt 27, 9 von LXX Sach 11, 13 völlig unabhängig. 41) *Mt 27, 46 = Ps 22, 2, hier wie Mr 15, 34 im aram. Wortlaut angeführt mit griech. Übersetzung, letztere in beiden Evv an LXX anklingend, aber nicht genau anschließend. Es ist wahrscheinlicher, daß der griech. Übersetzer, als daß Mt selbst in dem übrigens aram. Citat *ηλει* statt des aram. *ελαϊ* oder wie Mr *ελωϊ* geschrieben hat cf Bd I, 9 f. 42) Mt 27, 35 (ohne den unechten Zusatz aus Jo 19, 24) und 27, 43 finden sich nur Anklänge an Ps 22, 9. 19, welche wiederum die Vertrautheit des Übersetzers mit LXX, besonders mit so sehr von den Christen beachteten Stücken wie Ps 22 bekunden. Solche finden sich noch vielfach z. B. 11, 5 *πτωχοὶ εὐαγγελίζονται* cf Jes 61, 1 oder Mt 18, 16 cf Deut 19, 15. Die Namen der berühmteren Personen des AT's gibt Mt durchweg in der Form der LXX; es finden sich aber Abweichungen, welche bei einem auf LXX angewiesenen griech. Originalschriftsteller befremden müßten. Vergleicht man die Namen Mt 1, 3—12 mit LXX, besonders mit den Stellen, wo dieselben Namen in Listen vorliegen: Ruth 4, 18—22; 1 Chron 2, 5—12; 3, 10—19, und sieht man von einigen Varianten des auch in dieser Beziehung manchmal nach dem NT korrigirten cod. Al. ab, so hat Mt gegen LXX: *Εσρωμ* (LXX *Εσρων, Εσερων, Αρσων*, Gen 46. 9 *Ασρων*), *Βοες* (*Βοος*), *Ραχαβ* (רחב, LXX Jos 2, 1. 3; Jk 2, 25; Hb 11, 31 *Ρααβ*), *Ιωβηδ* (*Ωβηδ*), *Σολομων* (*Σαλωμων*), *Ασαφ* (*Ασα*). — Diese ganze Übersicht Nr. 1—42 vergegenwärtigt einen sehr verwickelten Tatbestand. In den meisten Fällen ist einiger Einfluß der LXX, in sehr vielen aber auch ein von LXX unabhängiges Verhältnis zu H unverkennbar. Die Grade des Einflusses der LXX sind verschieden und die Grenzen zwischen den beiden Arten der Anführung sind fließend. Eben darum sind sie auch nicht auf zwei verschiedene Quellen unseres Ev oder auf zwei verschiedene an dessen

Herstellung tätig gewesene Hände zu verteilen. Will man die von Bleek aufgestellte Unterscheidung zwischen Citaten, durch welche Mt die Übereinstimmung zwischen Weissagung und Erfüllung nachweist (Klasse I), und Citaten innerhalb der Reden Jesu und anderer redend eingeführter Personen (Klasse II) festhalten, so ergibt sich etwa folgende Verteilung. In Klasse I, wozu auch Nr. 1. 2 der vorstehenden Übersicht gehören, werden a) überwiegend oder ausschließlich nach H angeführt die Citate in Mt 2, 5. 15; 4, 15 f.; 8, 17; 13, 35; 27, 9, b) überwiegend oder ausschließlich nach LXX 1, 23; 2, 18; 3, 3; 21, 5, c) ziemlich gleichmäßig von H und LXX abhängig 12, 18—21. In Klasse II sind a) überwiegend oder ausschließlich nach H angeführt die Citate in 5, 21—27 (s. unter Nr. 13); 9, 13 = 12, 7; 10, 36; 11, 10; 11, 29; 22, 37; 26, 31; 27, 46; b) überwiegend oder ausschließlich nach LXX 4, 4. 6. 7; 13, 14 f.; 15, 8; 19, 5 (?); 21, 13. 16. 42; 22, 44; 23, 39; 24, 15; c) unentschieden oder ziemlich gleichmäßig von H und LXX abhängig 4, 10; 5, 5. 33. 38. 43; 15, 4; 19, 4; 22, 24. 32. Dazu kommen die unter Nr. 42 zusammengestellten Beweise der Anlehnung des griech. Mt an LXX, welche durch die Anzeichen der Unabhängigkeit von LXX durchbrochen werden. Der gesamte Tatbestand erklärt sich am einfachsten bei der durch die Tradition dargebotenen und durch eine Reihe davon unabhängiger Beobachtungen (oben S. 299 ff. 311 ff.) bestätigten Voraussetzung, daß unser Mt Übersetzung einer aram. Schrift ist, in welcher letzteren die atl Citate und Anspielungen in oft sehr freier aram. Form gegeben waren, während der griech. Übersetzer teils durch sein überall zu Tage tretendes Streben nach Genauigkeit, teils durch seine Erinnerung an LXX, besonders an die von den Christen seiner Umgebung häufiger angewandten oder auch bereits in griechischen Evv, die ihm bekannt waren, griechisch angeführten Sprüche, in seiner Wiedergabe bestimmt war. Er entzog sich mehr oder weniger dem Einfluß der ihm vertrauten LXX erstens da, wo durch Anlehnung an diese der in freier Gestaltung der Citate ausgedrückte Gedanke des aram. Mt verwischt (Nr 1 καλέσουσιν, Nr. 2. 10. 11. 19. 20. 22. 29. 36) oder der Zweck des Citats überhaupt vereitelt worden wäre (s. Nr. 3. 4. 17. 39); zweitens da, wo er wegen mangelnder oder undeutlicher oder fehlerhafter Quellenangabe die citirte Stelle nicht leicht hätte auffinden können, auch wenn er sie aufgesucht hätte (Nr 21. 24. 40). Hier und da scheint er auch den durch LXX oder auch ein griech. Ev ihm dargebotenen Ausdruck in ein besseres Griechisch haben verwandeln zu wollen: (Nr 18. 25. und 28 [Tilgung entbehrlicher Pronomina]. 26 [Tilgung eines hebraisirenden ἐν und Konstruktion]). An einigen Stellen zeigt die Übersetzung auch in den Citaten noch Spuren ihrer Herkunft aus einem aramäischen Original (Nr 22. 31), und dagegen spricht nicht das Citat Mt 27, 46 oben S. 301 und Bd I, 9 f.

14. In bezug auf Dubletten ist zunächst zu bemerken, daß Mt refrainartige Wiederholung der gleichen Formel liebt: das 5 malige καὶ ἐγένετο ὅτε ἐτέλεσεν ὁ Ἰησοῦς τοὺς λόγους τούτους 7, 28; 11, 1; 13, 53; 19, 1; 26, 1; das 5- oder 6 malige ἠκούσατε ὅτι ἐρρέθη τοῖς ἀρχαίοις 5, 21. 27 (31). 33. 38. 43; die Einrahmung der Makarismen durch den gleichen Begründungssatz 5, 3. 10; die Wiederholung des Spruchs 19, 30 und 20, 16 zu Anfang und Schluß der Parabel (Mr 10, 31; Lc 13, 30 je einmal, Lc aber in ganz anderem Zusammenhang); auch 24, 42 und 25, 13 cf noch oben S. 293 A 6. Ferner ist Wiederholung derselben sei es aus dem AT oder aus dem volkstümlichen Spruchschatz geschöpften sei es selbstgeschaffenen Sentenz an sich kein Zeichen ungeschichtlicher Wiedergabe der wirklichen Rede. Wie Pl in zeitlich auseinanderliegenden Briefen solche Sprüche wiederholt gebraucht (Gl 5, 9 = 1 Kr 5, 6; 1 Kr 1, 31 = 2 Kr 10, 17; 1 Kr 9, 9. 14 = 1 Tm 5, 18; 1 Kr 6, 9 f. = Gl 5, 19—21), kann auch Jesus Citate wie das Mt 9, 13 und 12, 7 (ohne Parallele) oder Sprichwörter wie Lc 14. 11; 18, 14 und in anderem Zusammenhang Mt 23, 12 nicht nur 3 mal, sondern 20 mal gebraucht haben. Dasselbe gilt von Mt 13, 12 (= Mr 4, 25) und 25, 29, von Mt 17, 20 und 21, 21 (= Mr 11, 23,

nur verwandt Lc 17, 6), und dasselbe würde gelten von Mt 20, 16b und 22, 14, wenn nicht 20, 16b mit א B L Z und den ägyptischen Versionen zu streichen wäre. Was die Erzählungsstücke anlangt, so ist nichts weniger als unwahrscheinlich, daß Mt 12, 38—40 (= Lc 11, 29—30) ein von 16, 1—4 (= Mr 8, 11—12) verschiedenes Ereignis erzählt ist; die Zeichenforderung ist auch nach sonstiger Überlieferung mehrmals vorgekommen (Jo 2, 18; 6, 30 cf 7, 3 f.; Mr 15, 29 f.; Mt 27, 42 f.; 1 Kr 1, 22); die Fordernden sind in beiden Fällen nach Mt nicht die Gleichen, die Forderung das zweite Mal durch ἐκ τοῦ οὐρανοῦ verschärft, und die Antwort, zu welcher die eben hieran anknüpfenden, durchaus unerfindlichen und auch wegen ihrer nur entfernten Ähnlichkeit mit Lc 12, 54—56 sicherlich echten Sätze v. 2b. 3 gehören, ist nur in dem kurzen Satz v. 4 identisch mit 12, 39. Sachlich ähnlich lautet die Antwort auch in dem ähnlichen Fall Jo 2, 19, und formell ähnlich insofern, als Jesus sich beide Male der Form des Rätselspruchs (Maschal) bedient. Gerade solche Sprüche pflegen wiederholt zu werden. Wer Mr 8, 11—12 für geschichtlich getreuer hält, als Mt 16, 1—4, kann immerhin annehmen, daß Mt entsprechend seiner sonstigen Freiheit in der Wiedergabe der Reden Jesu (oben S. 287 f.) und seiner Neigung zum Refrain die spätere Antwort der früheren assimilirt hat. Die Differenz der beiden Fälle ist durch Lc einerseits und Mr andrerseits verbürgt. Von Verdoppelung eines einzigen Ereignisses in folge kritikloser Benutzung verschiedener Quellen ist um so weniger zu reden, als Mt 16, 1—4 von den vorhandenen Parallelen bei Mr 8, 11—12; Lc 12, 54—56, nach welchen allein wir uns ein Bild von der möglicherweise hier von Mt benutzten Quelle machen könnten, sehr stark abweicht. Ganz anders verhält es sich mit Mt 9, 32—34 und 12, 22—24. Der Darstellungsweise des Mt würde es entsprechen, daß er zum Schluß eines großen Abschnitts 9, 33b—34 an einen Einzelfall Stimmungsäußerungen angeschlossen hätte, wie sie in folge derartiger Vorgänge hin und wieder laut wurden (cf 7, 28 f. = Mr 1, 22), so daß der Einzelfall 9, 32 von dem 12, 22 verschieden wäre. Da aber der Einzelfall von 12, 22 bei Lc 11, 14 ohne die denselben von Mt 9, 32 unterscheidenden Züge erzählt ist, so ist die Identität beider Fälle wahrscheinlicher. Da jeder historisch chronologische Zusammenhang zwischen Mt 9, 34 und 12, 22 durch 9, 35 und die Übergänge in 11. 2. 25; 12, 1. 15—21 ausgeschlossen ist, so brauchte Mt kein Bedenken zu tragen, die Heilung, welche er am Schluß jener tagesgeschichtlichen Skizze (s. A 15) dem Stil und Zweck dieser entsprechend flüchtig gezeichnet hatte, weil sie eben den Schluß jenes Tages gebildet hat, in einem anderen Zusammenhang, wo es galt, dieselbe Tatsache für die Schilderung des Kampfes zwischen Jesus und den Pharisäern zu verwenden, noch einmal, nun aber genauer und ausführlicher zu erzählen. Sind die großen Reden Mt 5—7 und 10 zum Teil freie Kompositionen des Vf (oben S. 287 f.), so ist wahrscheinlich 5, 29 f. mit 18, 8 f.; 5, 32 mit 19, 9; 10, 38 f. mit 16, 24 f. historisch identisch. Vergleicht man ferner die zu der in 10, 5 gegebenen geschichtlichen Lage nicht passenden Sätze 10, 17—22 (oben S. 287) mit Mr 13, 9—13 und Lc 21, 12—19, wo sie in geschichtlich wahrscheinlichem Zusammenhang sich finden, so kann nicht wohl bezweifelt werden, daß Mt, als er an die für jene Sätze historisch angemessene Stelle kam (24, 9—13), mit vollem Bewußtsein gekürzt hat, um nicht zu Vieles zu wiederholen. Von einem unbewußten, auf mechanischer Quellenbenutzung beruhenden Verfahren zeigt sich nirgendwo eine Spur; ein solches wäre auch unverträglich mit der in allen Teilen des Buchs wahrzunehmenden schriftstellerischen Überlegung und der Einheitlichkeit gerade dieses Ev. Was am ersten noch den Verdacht erregen könnte, eine auf Unkenntnis der Tatsachen und Abhängigkeit von zwei varianten Erzählungen beruhende Verdoppelung eines einfachen Factums zu sein, die Speisung der 4000 neben der Speisung der 5000, ist durch die gleiche Erscheinung bei Mr und die von Mt und Mr berichtete, beide Speisungen berücksichtigende Rede Jesu gegen diesen Verdacht gesichert (oben S. 303).

15. Über die Stellung von 8, 18—9, 34 im Plan des Ev s. oben S. 279. Cf Hofmann, Zwei Tage des Menschensohnes, Ztschr. f. Prot. u. Kirche Bd. XXII (1851) S. 331 ff. Die Glaubwürdigkeit der ausdrücklichen und genauen Zeit- und Ortsangaben in diesem Abschnitt des Mt vorausgesetzt, ist die Reihe der Ereignisse eine festgeschlossene, die man aus Mr und Lc verlängern, aber nicht korrigiren kann. An demselben Tage, auf welchen die Reden und Gespräche Mt 12, 23—50 fallen, hat Jesus nach Mt 13, 1 die Parabelreden gehalten. Die Ortsveränderung 13, 53, an welche 13, 54 ganz lose sich anschließt, ist nach Mr 4, 35 dieselbe abendliche Überfahrt, mit der Mt 8, 18 einen neuen Abschnitt anfängt, und den auch Lc 8, 22 an nichts Vorangehendes anschließt. Auch die Verbindung von Mr 2, 1—22; Lc 5, 17—39 (= Mt 9, 1—17) mit dem, was dort vorangeht und nachfolgt, ist eine so völlig lose, daß gegen die Geschichtlichkeit der Verkettung der Ereignisse bei Mt nichts spricht. Er gibt also 8, 18—9, 34 einen vom Abend bis wieder zum Abend sich erstreckenden Bericht von einem einzigen Tage.

16. Über einzelne angebliche Unwissenheiten des Mt s. bereits oben S. 309 A 6. Anderes, was man ihm nachgesagt hat, beruht auf Misverstand seiner Darstellung. Mt soll nicht gewußt haben, was wir auch nur durch Lc 1, 26; 2, 4 wissen, daß Joseph und Maria vor der Geburt Jesu in Nazareth gewohnt haben. Mt 1, 18—24 wird aber überhaupt kein Ort der dort berichteten Ereignisse angegeben, und auch der Ort der 1, 25 zuerst erwähnten Geburt wird nicht dort, sondern erst 2, 1 genannt, weil dies für die Fragen und Antworten 2, 2. 4—5 grundlegend ist. So redet allerdings kein Erzähler, weder der stümperhafte Vf eines Curriculum vitae, welches den Examinatoren vorgelegt oder einer andächtigen Trauerversammlung vorgetragen werden soll, noch auch ein Meister der biographischen Kunst. Was daraus folgt ist aber nur, daß Mt keine gute oder schlechte Lebensbeschreibung Jesu für Solche, die sie nicht kennen, liefern wollte. Daß die hl. Familie schon vor der Geburt Jesu eine nahe Beziehung zu Nazareth gehabt hat, erkennt der mit den Tatsachen unbekannte Leser erst 2, 23. Die Wahl Nazareths unter den vielen Ortschaften Galiläas als Wohnsitz setzt dies voraus; denn der Engel veranlaßt nur die Rückkehr von Ägypten in das „Land Israels"; die Reflexion Josephs auf die politische Lage motivirt die Wahl Galiläas statt Judäas; die Wahl Nazareths bleibt unmotivirt. Der Nachweis einer Erfüllung prophetischer Weissagung ist kein Ersatz dafür; denn den göttlichen Ratschluß, welcher sich durch die Niederlassung in Nazareth verwirklicht, verkündigt kein Engel (cf 1, 22 f. oben S. 315 A 13 unter nr. 1) oder Mensch dem Joseph, sondern nur Mt seinen Lesern.

§ 57. Das Verhältnis des Marcus zu Matthaeus.

Die älteste Überlieferung über den Ursprung der Evv, welche sich bis dahin als eine zuverlässige Führerin bewährt hat, will auch bei der Frage nach dem Verhältnis der Evv zu einander zuerst gehört sein. Nach der Überlieferung hat Mt vor Mr, jedoch wenig früher als dieser geschrieben (oben S. 177 ff.). Wenn Einer von beiden das Werk des Andern benutzt hat, kann es nur Mr gewesen sein, welcher den Mt benutzt hat, aber nicht die griechische Übersetzung des Mt, die erst geraume Zeit nach Abfassung des Mrev entstanden ist (S. 259), sondern das aramäische Original. Von allen Vermutungen, welche über das Verhältnis des Mr zu Mt aufgestellt worden sind, entspricht der Überlieferung nur diejenige des H. Grotius (oben S. 196 A 4). Für den Jerusalemer Mr mußte das in seiner Muttersprache geschriebene Mtev von hohem Interesse sein, wenn er seiner habhaft werden konnte; und es wäre unverständlich, daß er es ungelesen und unbenutzt gelassen haben sollte, wenn es ihm bekannt wurde, ehe er sein eigenes Buch zu schreiben anfing. Liegt zwischen dem ersten Aufenthalt des Mr in Rom, von dem wir durch Kl 4, 10; Phlm 24 wissen, und dem zweiten, welcher durch 1 Pt 5, 13 und die Traditionen vom Ursprung seines Ev bezeugt ist (oben S. 200 ff.), die Reise nach Kleinasien, welche er zur Zeit von Kl 4, 10 beabsichtigte, so steht nichts der Annahme im Wege, daß Mr diese orientalische Reise bis in seine Vaterstadt ausgedehnt hat; und es ist sehr wahrscheinlich, daß er von Jerusalem oder irgend einem anderen Punkt Palästinas aus im Herbst 63 oder im Frühjahr 64 in der Begleitung des Pt nach Rom zurückgekehrt ist. Da wir über die Abfassungszeit des Mtev durch Überlieferung nichts weiter wissen, als daß es vor dem Mrev geschrieben wurde, welches Mr frühestens im J. 64 zu schreiben angefangen hat, und daß Mt das seinige in einem der Jahre 61—66 geschrieben ·hat, da ferner bisher aus beiden Evv nichts beigebracht worden ist, was eine Abfassung des Mtev nach 61—63 und eine Abfassung des Mrev vor oder nach 64—70 bewiese, so ist auch nichts dagegen zu sagen, daß Mr bei seiner orientalischen Reise um 62—63 in Palästina das kürzlich geschriebene Mtev kennen gelernt, mit nach Rom gebracht und bald darauf bei der Ausarbeitung seines Ev benutzt hat. Diese Vermutung würde zu einer an Gewißheit grenzenden Wahrscheinlichkeit erhoben, wenn sich herausstellen sollte, daß Mr von einer älteren Schrift abhängig sei, welche unserem Mtev auch nur ähnlich scheint. Mindestens ebenso wahrscheinlich ist aber auch, daß der griechische Übersetzer des Mtev das inzwischen entstandene Mrev gekannt und neben anderen Hilfsmitteln bei seiner schwierigen Arbeit benutzt hat (oben S. 298 f.). Nach der Tradition ergibt sich aus der Zeitfolge der Entstehung der hier in betracht kommenden Bücher (aram. Mt — Mr — griech. Mt) als möglich und wahrscheinlich ein wechselseitiges Abhängigkeitsverhältnis zwischen unserem Mt und unserem Mr. Mr kann den aramäischen Mt benutzt haben, und der griechische Übersetzer des Mt kann den Mr benutzt haben. Ersteres Verhältnis müßte sich hauptsächlich in Spuren materieller Abhängigkeit, letzteres in Spuren formaler Abhängigkeit zeigen.

Vor dem Eintritt in die Erörterung von Einzelheiten, über die man lange genug gestritten hat und endlos streiten kann, dürfte es angebracht sein, einige allgemeine Sätze aufzustellen, welche teils schon bewiesen, teils selbstverständlich sind: 1) Weder die Überlieferung über das Verhältnis des Mr zu Pt, noch der besondere Anlaß und Zweck des Mrev schließen die Benutzung einer älteren Schrift durch Mr aus (oben S. 208 f. 249). 2) Ein völliges Ignoriren früherer Schriften über denselben Gegenstand seitens des späteren Schriftstellers ist bei dem regen Verkehr, welcher in apostolischer Zeit alle Teile der Kirche mit einander verband, und bei der Schwierigkeit des Unternehmens, aus nur mündlicher Überlieferung eine einigermaßen geordnete und widerspruchslose Geschichte

Jesu herzustellen, von vornherein unwahrscheinlich, zumal bei einem Apostel-schüler wie Mr, und vollends, wenn ihm etwas davon zu Ohren gekommen war, daß kürzlich ein Apostel ein umfangreiches Buch über Jesu Taten und Reden geschrieben hatte. 3) Es werden immer nur wenige sein, welche die weit-reichende Übereinstimmung zwischen Mt und Mr in bezug auf einzelne Er-zählungsstücke und ganze Reihen von solchen (A 1) aus der Gleichförmigkeit der mündlichen Überlieferung, von welcher beide Schriftsteller abhingen, glauben erklären zu können. Die Vergleichung des Mt mit Lc beweist, daß über wichtigste Stücke der ev Geschichte stark abweichende Traditionen innerhalb der apostolischen Christenheit neben einander bestanden haben. Das Vaterunser, welches im 2. Jahrhundert in den verschiedensten Teilen der Christenheit, bei den aramäisch redenden Judenchristen, wie in den marcionitischen Gemeinden und in der katholischen Kirche regelmäßig gebetet wurde, also sicherlich schon in apostolischer Zeit häufig zur Anwendung kam, liegt gleichwohl Mt 6, 9 ff. und Lc 11, 2 ff. in zwei stark abweichenden Gestalten vor. Die Stiftung des Abend-mahls, an welche die Gemeinde durch jede Abendmahlsfeier erinnert wurde, ist Mt 26, 26 ff.; 1 Kr 11, 23 ff. und nach dem gereinigten Text Lc 22, 17—20 sehr verschieden erzählt. Vergleicht man ferner Mt 1, 1—17 mit Lc 3, 23—38 oder Mt 5—7 mit Lc 6, 20—49 oder Mt 26, 57—68 mit Lc 22, 54. 63—71, so kann von einer in der ganzen apostolischen Christenheit verbreiteten stereotypen Überlieferung auch nur in bezug auf die wichtigsten Tatsachen der ev Geschichte nicht die Rede sein. Die Übereinstimmung aber zwischen Mt und Mr erheischt um so mehr eine Erklärung durch die Annahme eines literarischen Abhängig-keitsverhältnisses, als beide Bücher unter ganz verschiedenen Verhältnissen und für ganz verschiedenartige Leser geschrieben sind. In dieser Beziehung ist der Abstand zwischen Mt und Mr unendlich größer als der zwischen Mr und Lc und kaum geringer als zwischen Mt und Lc. 4) Solange nicht bewiesen ist, daß ein direktes Abhängigkeitsverhältnis zwischen zwei vorhandenen Schriften nicht bestehen kann, ist es willkürlich oder unwissenschaftlich, auffallende Über-einstimmungen zwischen ihnen aus gemeinsamer Abhängigkeit beider von nicht vorhandenen und unbezeugten Schriften zu erklären. Ist aber eines dieser Evv vom anderen abhängig, so muß eine geschichtliche Betrachtung des Ver-hältnisses es von vornherein als unglaublich ansehen, daß ein für Juden und Judenchristen Palästinas geschriebenes und bis in das Kleinste nach Inhalt und Form auf diese berechnetes Ev von einem für Christen außerhalb Palästinas geschriebenen Ev abhängen sollte. 5) Aus dem Fehlen bedeutender Stücke in einem Ev ist nicht zu schließen, daß dem Vf kein anderes Ev vorgelegen habe, welches diese Stücke enthält; denn keines dieser Bücher gibt Anlaß zu dem Vorurteil, daß ihre Vf die Absicht verfolgt haben, alles an sich Denkwürdige oder alles ihnen als glaubwürdig Geltende aufzuzeichnen. Mr wie Mt geben Be-weise vom Gegenteil. Wenn es sich aus dem schon im Titel des Buchs aus-gesprochenen Plan des Mr erklärt, daß er vom Wirken des Täufers, von der

Taufe und Versuchung Jesu nur eine Skizze gibt, welche nicht die ursprüngliche Form der mündlichen oder schriftlichen Überlieferung dieser Tatsachen
sein kann (oben S. 222), so erklärt sich aus demselben Grunde auch der Mangel
einer Erzählung von der Herkunft, Geburt und Kindheit Jesu. Die Schlußfolgerung, daß Mr die Erzählung in Mt 1—2 nicht gelesen habe, ist ebenso unstatthaft, als daß er sie zwar gekannt, aber als unglaubwürdig verworfen habe,
oder vollends die Meinung, daß die in Mt 1—2 und Lc 1—2 niedergelegten
Überlieferungen oder Dichtungen sämtlich erst nach der Zeit, in welcher Mr
schrieb, entstanden seien. Es ist widersinnig zu denken, daß mehr als 30 Jahre
nach dem Tode Jesu verstrichen seien, ehe man in der Christenheit anfing, nach
seiner Herkunft, Geburt und Kindheit zu fragen und davon zu erzählen. Wenn
Mr diese Erzählungen unberücksichtigt lassen konnte, obwohl er von ihnen gewußt haben muß, so kann er sie auch trotz seiner Kenntnis von Mt 1—2 bei
Seite gelassen haben. Die Bergpredigt, welche Mt 5—7 und Lc 6, 20—49 in
zwei sehr verschiedenen Recensionen vorliegt, muß schon darum wie auch wegen
ihrer aus beiden Recensionen ersichtlichen Bedeutung als ein wichtiges Stück
der ev Überlieferung gelten. Mr aber konnte sie nicht als Beispiel der Mr 1, 14 f.
charakterisirten Predigt Jesu gebrauchen, denn sie paßt nicht zu dieser
Charakteristik. Sie ist nicht Evangelium (oben S. 277 f.). In der Gestalt, in
welcher sie bei Mt vorliegt, konnte Mr sie überhaupt nicht gebrauchen. Sätze
wie die in Mt 5, 17—20, welche dort eine sehr bedeutende Stellung einnehmen,
hätten unter den römischen Christen, wie wir sie aus dem Rm kennen (Bd I,
299 ff.), nur Verwirrung anrichten können. Mindestens hätten sie eines Kommentars bedurft und zwar eines ganz anderen, als des in der Rede Jesu Mt 5,
21—48 liegenden, um für die römischen Christen, für welche Mr schrieb, verständlich und zuträglich zu sein. So mußte Mr urteilen, wenn anders das Urteil des Pl über sein Wirken als Missionar in Rom zutreffend gewesen ist (Kl 4,
11; Bd I, 319 A 4). Der Mangel einer Bergpredigt bei Mr spricht also nicht
dagegen, daß Mr den Mt gelesen hat. 6) Dagegen spricht auch nicht der
Mangel an τάξις im Mrev, welcher bereits in der Umgebung des Johannes zu
Ephesus besprochen wurde. Wenn schon wir erkennen müssen, daß Mt in den
meisten Teilen seines Buchs darauf verzichtet, die Zeitfolge der Ereignisse
wiederzugeben, so mußte das erst recht einem Mr offenbar sein, wenn er aus
Erzählungen eines Augenzeugen die geschichtliche Stellung vieler Stücke kannte,
welche Mt dem geschichtlichen Zusammenhang entnommen und mit sachlich Ver-
wandtem verbunden hat (oben S. 286 ff.). Als Leitfaden für die Anordnung des
Geschichtsstoffs war das Mtev für ihn ungeeignet. Wenn er diesem sich im
ganzen anschloß, konnte das Ergebnis nur das sein, welches Johannes in die
Worte οὐ μέντοι τάξει gefaßt hat.

Treten wir nach diesen Vorbemerkungen an die Vergleichung der beiden
Evv heran, so ist vor allem der Gesamteindruck zu würdigen. Das Mtev stellt
sich dar als ein Werk von großem Entwurf und aus einem Guß, das Mrev als

eine aus vielen Stücken sorgsam zusammengesetzte Mosaikarbeit. Bei Mt bemerken wir ein freies Schalten und Walten mit einem gewaltigen Stoff, dessen Gestaltung von der ersten bis zur letzten Zeile von dem theologischen Gedanken und von dem apologetischen Zweck des Vf bestimmt ist, während die künstlerische Aufgabe des Erzählers vielfach vernachlässigt und das, was uns als Pflicht eines genauen Geschichtschreibers erscheint, gar nicht angestrebt wird. Bei Mr bemerken wir wohl auch den Versuch, einem leitenden Gedanken nachzugehen, aber abgesehen davon, daß dieser ein viel unbestimmterer und farbloserer ist, als der Grundgedanke des Mt, versagt ihm die Kraft bei der Durchführung. Der Stoff erstickt den Gedanken. Dagegen zeigt sich Mr trotz mancher Unbehilflichkeit des Ausdrucks als Meister in anschaulicher Erzählung, in Zeichnung der Situation, in genauer Wiedergabe geringfügiger Kleinigkeiten, welche in der Erinnerung desjenigen Augenzeugen, der für solche Dinge Sinn hat, untrennbar mit der Hauptsache des Ereignisses verbunden sind. Ist dies richtig, so folgt, daß die größere Ursprünglichkeit auf seiten des Mt ist. Während das, was man an Mt als Erzähler vermißt, der aus seinem ganzen Buch gleichmäßig hervorleuchtenden Eigenart des Vf entspricht, würde sein Verfahren unverständlich, wenn er die meist schärfer gezeichneten und in den Einzelheiten genaueren Erzählungen des Mr vor sich gehabt und verwischt oder sonst verdorben hätte, ohne daß doch die Absicht einer Korrektur oder der Zweck einer nennenswerten Kürzung der Grund davon sein könnte. Das Streben nach tunlicher Kürze der Darstellung kann den Mt, wenn ihm das kurze Mrev vorgelegen hätte, bei der Abfassung seines viel ausführlicheren Ev nicht geleitet haben. Den Charakter von Excerpten wie die Sätze Mr 16, 9—13 tragen die Erzählungen des Mt auch nicht an sich, sondern machen den Eindruck unausgeführter Skizzen. Dann wird auch die überall zu beobachtende Regel Platz greifen, daß die unausgeführte Skizze früher ist, als die ausgeführte Zeichnung und das farbenreiche Gemälde. Nichts ist natürlicher, als daß Mr in solche Erzählungen, die er sowohl bei Mt fand, als auch oftmals von Pt hatte erzählen hören, solche Züge aufnahm, welche die Bilder genauer, farbenreicher und anschaulicher machten. Auch zu erläuternden Zusätzen mußte gerade eine Schrift von der Darstellungsweise des Mt (oben S. 286 f.) jeden nachfolgenden Darsteller reizen, wenn jene ihm vorlag. Daß eine solche dem Mr vorlag, und daß er an eine solche gebunden war, hat namentlich Klostermann unwiderleglich bewiesen. Durch das ganze Mrev hindurch ziehen sich die Belege dafür, daß Mr bei aller Selbständigkeit der auf der Augenzeugenschaft seines Gewährsmannes beruhenden Detailkenntnis eine schriftliche Vorlage hatte, welche er bald excerpirt, bald glossirt (A 2). An einzelnen Stellen sagt uns dies sein nur aus dieser Voraussetzung erklärlicher Ausdruck unmittelbar. Weil dem Mr ein Bericht vorlag, nach welchem Jesus an einem Tage im Tempel drei Parabeln hinter einander vorgetragen hatte (Mt 21, 28—31. 33—41; 22, 1—14), schreibt er 12, 1: „Er fing an, in Parabeln zu ihnen zu reden", obwohl er nur eine einzige Parabel mitzuteilen beabsichtigt, und Mr sagt dies an der Stelle, wo die parallele Darstellung des Mt (21, 33) durch die Worte: „Höret eine andere Parabel" den Leser ausdrücklich darauf hinweist, daß diese Parabel nur ein Glied in einer Kette solcher Reden bildet (cf Mt 21, 45; 22, 1). Ferner gehört dieses Vorkommnis einem großen Zusammenhang an (Mr 11, 27—12, 37 = Mt 21, 23—22, 46; A 1), in welchem abgesehen von den mit Bewußtsein von Mr ausgestoßenen zwei Parabeln keine erheblichen Abweichungen zwischen Mt und Mr bestehen. Es ist also nicht irgend ein mit unserem Mt nur ähnliches Buch, sondern was die Sachen und die Anordnung anlangt, unser Mtev selbst, welches Mr vor sich hatte. Wenn aber Mr in diesem wie in den meisten ähnlichen Fällen im Ausdruck sich ungeschickter als Mt zeigt, so erklärt sich dies daraus, daß Mr den aramäischen Mt in Händen hatte, während die vielfachen Übereinstimmungen zwischen Mt und Mr in der Wahl der Worte sich daraus erklären, daß der griechische Übersetzer des Mt das Mrev kannte und, wo er in diesem einen geeigneten Ausdruck fand, sich an dasselbe anschloß, ohne jedoch sein Streben nach gefälligerer Ausdrucksweise zu verleugnen (A 3). Es ist ganz gegen die Gewohnheit des Mr, Reden Jesu und anderer Personen in indirekter Redeform zu geben. Auch solche Reden, welche tatsächlich Zusammenfassungen wiederholter und viel ausführlicherer Äußerungen sind (Mr 1, 15; 6, 14—16; 10, 33 f.), kleidet er in direkte Redeform. Wenn er 6, 7—8 davon abweicht, dann v. 9 unvermerkt in direkte Redeform übergeht, um schließlich v. 10—11 einen einzelnen Ausspruch mit besonderer Einleitung ($\varkappa\alpha\grave{\iota}\ \check{\varepsilon}\lambda\varepsilon\gamma\varepsilon\nu\ \alpha\mathring{v}\tauo\tilde{\iota}\varsigma$) selbständig hinzustellen, so erklärt sich dies inkonsequente Verfahren daraus, daß er die ihm vorliegende ausführliche Rede Mt 10, 5 ff. anfangs kurz zusammenzufassen, dann doch Einzelnes daraus genauer zu excerpiren für gut fand. Das Gleiche gilt von Mr 1, 4. 7—8 im Verhältnis zu Mt 3, 2. 7—12 und von mehreren anderen Stellen, wo ein durch den Zusammenhang der Rede bei Mr nicht motivirtes $\varkappa\alpha\grave{\iota}\ \check{\varepsilon}\lambda\varepsilon\gamma\varepsilon\nu\ \alpha\mathring{v}\tauo\tilde{\iota}\varsigma$ die Rede Jesu unterbricht (2, 27; 7, 9 cf 1, 7 A 2). — Besondere Beachtung verdient die Benutzung des AT's. Es darf kein großes Gewicht darauf gelegt werden, daß Mr wenigstens einmal (14, 49) das bei Mt so häufige und für dessen Zweck so bedeutsame $\tilde{\iota}\nu\alpha\ \pi\lambda\eta\varrho\omega\vartheta\tilde{\omega}\sigma\iota\nu\ \alpha\mathring{\iota}\ \gamma\varrho\alpha\varphi\alpha\acute{\iota}$ gibt; denn Mr spricht dort nicht einen eigenen Gedanken aus, sondern läßt Jesus so reden, welcher auch nach Mt 26, 56 cf 54 bei derselben Gelegenheit ähnlich geredet hat, und dessen Stellung zur atl Weissagung dieser Redeweise entspricht. Dagegen ist bedeutsam, daß Mr keine atl Stelle citirt, die nicht auch Mt citirt hätte (A 4). Mr selbst citirt überhaupt nur ein einziges Mal (1, 2 f.) das AT. Was sonst an atl Worten in seinem Buch vorkommt, ist den redend auftretenden Personen, vor allem dem Herrn in den Mund gelegt, und zwar immer in dem gleichen Zusammenhang, in welchem auch der an direkten und indirekten Citaten so viel reichhaltigere Mt dieselben atl Worte bietet. Daraus folgt nicht nur wiederum, daß Mt und Mr in einem innigen Verhältnis zu einander stehen, welches nicht anders als durch Abhängigkeit des Einen vom Andern erklärt werden kann, sondern auch daß Mr der abhängige ist. Der Arme borgt bei dem Reichen, nicht umgekehrt. Dies müßte im vorliegenden Fall fraglich erscheinen, wenn es der griechische Mt wäre, aus welchem Mr schöpfte; denn die vielen, meist sachlich geringfügigen Abweichungen des Mr von Mt in den Citaten, welche keineswegs immer Verbesserungen sind, müßten als sonderbare Launen erscheinen. Auch in dieser Beziehung erweist sich die Überlieferung, nach welcher Mr nur den aramäischen Mt vor sich gehabt haben kann, als Faden der Ariadne. Auch die atl Worte bot dem Mr seine Vorlage in aramäischer Form, also in seiner Muttersprache. Es machte ihm ebensowenig Schwierigkeit, diese Citate ins Griechische zu übersetzen, als die Worte *Abba, Rabboni, Talitha kumi* etc. (A 5). Andrerseits ist begreiflich und selbstverständlich, daß dem Mr, nachdem er zwei Jahrzehnte lang in den griechischen Gemeinden verkehrt hatte, welche die LXX daraufhin zu studiren pflegten, „ob sich dies so verhalte" (AG 17, 11), der Wortlaut der LXX, zumal an den in christlichen Kreisen oft citirten Stellen, sehr geläufig war, und daß er sich in seinem für griechisch redende Christen geschriebenen Buch nach Tunlichkeit an die LXX anlehnte. Ob er es zu dem Ende nötig gefunden hat, ein einziges Mal die LXX aufzurollen, kann man bezweifeln. Mr befand sich gegenüber dem aramäischen Mt mit Einschluß der darin enthaltenen Schriftcitate in wesentlich der gleichen Lage, wie 15 oder 25 Jahre später der griechische Übersetzer des ganzen Mtev (oben S. 302). Daß beide im Wortlaut der Citate manchmal ganz oder beinah ganz zusammentreffen, erklärt sich befriedigend aus der bei Mr wie beim griechischen Mt gleichmäßig anzunehmenden Abhängigkeit von demselben aramäischen Original, von der LXX und von der Kirchensprache ihrer Zeit. Daß sie aber in manchen sachlich meist gleichgiltigen Kleinigkeiten von einander abweichen, erklärt sich ebenso einfach daraus, daß Mr den griechischen Mt noch nicht kannte, und daß der griechische Mt als Übersetzer zunächst an sein Original gebunden war und im übrigen auf die Form, in welcher Mr die Citate gegeben hatte, noch weniger als auf die LXX und die Kirchensprache Rücksicht zu nehmen verpflichtet war (A 6). Die Abhängigkeit des Mr von dem aramäischen Mt bewährt sich auch an dem Verhältnis ihrer beiderseitigen Citate zum hebräischen Text. Während wir durch die griechische Verkleidung hindurch, in welcher das Werk des Mt vor uns steht, erkennen, daß der Vf aus dem hebr. AT geschöpft, aber die dorther genommenen Citate überaus frei behandelt hat, und daß der griechische Übersetzer des Mt trotz vielfacher Anlehnung an LXX dieses Verhältnis zum hebr. AT an vielen entscheidenden Stellen festgehalten hat (oben S. 315 ff.), steht Mr viel mehr unter der Herrschaft der LXX und gibt nur da eine von dieser unabhängige Übersetzung, wo es auch Mt tut. Er verdankt dieselbe nicht einer selbsterworbenen Kenntnis des hebr. Grundtextes, von welcher er nirgendwo eine unzweideutige Probe gibt, sondern seiner Kenntnis des Mtev und zwar dieses in seiner aramäischen Urgestalt. Von entscheidender Beweiskraft hiefür sind die Citate Mr 1, 2 f. und 14, 27 (A 6). An der ersteren Stelle führt Mr

eine Kombination von Mal 3, 1 und Jes 40, 3 als einen einzigen zusammenhängenden Ausspruch des Jesaja an. Weder die Textverbesserungen, noch die
entschuldigenden Deutungen des allein glaubwürdigen Textes, durch welche
man schon in der alten Kirche den Evangelisten gegen die Rüge des Neuplatonikers Porphyrius schützen wollte, vermochten die Tatsache aus der
Welt zu schaffen, daß Mr sich gleich im Eingang seines Buchs und bei dem
einzigen Citat, welches er als Schriftsteller im eigenen Namen beibringt, in der
Quellenangabe geirrt hat. Das wäre vermieden worden, wenn er unmittelbar aus
dem AT geschöpft hätte. Es könnte hier ein einfacher Gedächtnisfehler vorliegen,
wenn Mr frei aus dem Gedächtnis citirt hätte. Da aber beide Stücke, aus welchen
das kombinirte Citat zusammengesetzt ist, deutliche Spuren der Abhängigkeit
des Mr von Mt zeigen (A 6), so ist auch die fehlerhafte Zurückführung der
ganzen Stellenkombination auf Jesaja aus derselben Abhängigkeit des Mr von
Mt zu erklären. Bei diesem fand Mr beide Stellen auf den Täufer angewandt,
aber nur die eine richtig dem Jesaja zugeschrieben (Mt 3, 3), die andere ohne
Angabe eines Prophetennamens als Schriftwort angeführt (Mt 11, 10). Da letztere
überdies von Mt sehr frei gestaltet und darum vielleicht nicht sofort in der
hebräischen oder griechischen Bibel wiederzufinden war, so nahm Mr, welcher
sie mit dem Wort des Jesaja kombiniren wollte, auch sie für ein Wort dieses
Propheten.

1. Im ersten Teil beider Evv sind es mehr einzelne Sätze (Mr 1, 3. 5 = Mt 3, 3. 5)
und kleine Erzählungen (Mr 1, 16—20 = Mt 4, 18—22; Mr 1, 40—44 = Mt 8, 1—4),
im weiteren Verlauf sind es ganze Reihen von Perikopen (Mr 10, 1—11, 17 = Mt 19,
1—21, 13, nur durch die Parabel Mt 20, 1—16 unterbrochen; Mr 11, 27—12, 37 = Mt 21,
23—22, 46, nur durch die Parabeln Mt 21, 28—32; 22, 1—13 unterbrochen; Mr 14, 1—15,
47 = Mt 26, 1—27, 61, nur durch Mt 26, 52—54; 27, 3—10. 51$^\mathrm{b}$—53 unterbrochen), in welchen
die sachliche und wörtliche Übereinstimmung hervortritt. Auf einzelne seltene Worte
oder Wortformen ist weniger Gewicht zu legen, als manchmal geschehen ist. Erstens
tritt jeder hierauf gestützten Beweisführung für literarische Abhängigkeit die Tatsache
in den Weg, daß keinerlei Textverderbnisse in den Evv häufiger vorkommen, als Assimilirungen eines Ev an das andere. So ist z. B. ἀφέωνται Lc 5, 20. 23 zweifellos echt,
dagegen in den Parallelen Mt 9, 2. 5 überwiegend bezeugt ἀφίονται oder ἀφίενται, während
uns Mr 2, 5. 9 die äußere Bezeugung im Ungewissen läßt. Jene dorische Form des
Ind. Perf. (Kühner-Blaß Gr. I, 2, 201) ist Lc 7, 47. 48; Jo 20, 23; 1 Jo 2, 12 gesichert,
also überhaupt gebräuchlich gewesen. Sächlich angemessen ist nicht an diesen Stellen,
wohl aber Mt 9, 2. 5 und Parall. auch ἀφίονται (gegen Schmiedel-Winer § 14, 6). Zweitens
ist Manches für den Kenner nicht auffällig, was dafür ausgegeben worden ist, wie ἀπεκατεστάϑη Mt 12, 13; Lc 6, 10; Mr 3, 5 cf ἀπεκατέστη Mr 8, 25. Außer den Belegen bei
Schmiedel § 12, 7 A 12 cf noch Ign. Smyrn. 11, 2. Vollends verkehrt war es, ἀπεκρίνατο
(statt ἀπεκρίϑη) Mt 27, 12; Mr 14, 61; Lc 23, 9 als Beweis anzuführen; denn an diesen
3 Stellen handelt es sich um 3 verschiedene Ereignisse, während an den wirklichen
Parallelstellen Mt 26, 63; Mr 14, 61; Lc 22, 66 oder Mt 27, 12; Mr 15, 5; Lc 23, 3
Sache und Ausdruck sehr verschieden sind cf Veit II, 125. Übrigens ist Mt 27, 12
wahrscheinlich ἀπεκρίνετο neben ἀπεκρίϑη 27, 14 (= Mr 15, 5) zu lesen. Das attische
ἀπεκρίνατο ist nur Lc 3, 16; AG 3, 12 sicher überliefert, dagegen Mr 14, 61; Lc 23, 9

(allerdings nur L *-νετο*, aber richtig cf Blaß, Ntl. Gr. S. 44); Jo 5, 17. 19 und vollends Jo 12, 23 unsicher. Drittens ist jeder auf solche Erscheinungen gegründete Beweis für die Abhängigkeit eines Vf vom andern in bezug auf Mr und Mt hinfällig, wenn Mr den aram. Mt und der griech. Übersetzer des Mt den Mr kannte.

2. Mr 1, 2—13 macht nicht den Eindruck einer frei entworfenen Skizze, sondern eines Excerpts. Man pflegt aber nicht mündliche Überlieferungen, sondern Bücher zu excerpiren. Die Materialien fand Mr in Mt 3, 1—6; 3, 13—4, 11, wozu noch Mt 11, 10 (s. unten A 6) hinzukommt. Spuren eigentümlicher Überlieferung oder Auffassung zeigt Mr nur darin, daß er Jesus allein als Empfänger der göttlichen Kundgebung bei der Taufe darstellt (v. 10 f.) und in der Erwähnung der Tiere (v. 13). Daß aber die Erzählung, die er hier excerpirte, mit Mt 4, 1—11 ganz oder wesentlich identisch war, muß man daraus schließen, daß bei Mr das Dienen der Engel den Schluß der Erzählung bildet. Verständlich ist das nur bei Mt, wo dieses διακονεῖν (Aufwartung bei Tisch, Versorgung mit allem, was der Leib bedarf cf 8, 15; 25, 45; 27, 55) dem Anfang der Erzählung 4, 2—4 entspricht. — Mr 1, 16—20 = Mt 4, 18—22. Die Fortlassung von ὀλίγον, wodurch Mr 1, 19 die Situation veranschaulicht, und von μετὰ τῶν μισϑωτῶν, wodurch Mr 1, 20 der sofortige Entschluß der Brüder begreiflicher gemacht und gewissermaßen gegen den Schein der Pietätslosigkeit verwahrt wird, wäre bei Mt, welcher im ganzen hier etwas weitläufiger als Mr schreibt (Mt 89 Wörter, Mr 82 Wörter), jedenfalls nicht aus dem Streben nach Kürze, aber auch sonst nicht zu erklären. Es ist Mr, welcher diese Lichter aufgesetzt hat. — Mr 1, 40—45 = Mt 8, 1—4. Der Hauptunterschied besteht darin, daß Mr das Verbot an den Geheilten als ein sehr eindringliches darstellt, um die unaufhaltsame Verbreitung des Gerüchts von Jesu Wundertaten in Gegensatz dazu zu stellen (v. 43. 45). Für Mt wäre dieser Gedanke ganz annehmbar und zu 12, 15—21 als Beispiel sehr angebracht gewesen. Er hat der Erzählung durch die Stellung, die er ihr anweist, eine ganz andere Bedeutung (oben S. 279) und in dem εἰς μαρτύριον αὐτοῖς dieser seiner Auffassung einen charakteristischen Ausdruck gegeben. Indem Mr, der weder hier noch sonst sich bemüht zeigt, Jesus gegen den Vorwurf der Gesetzesauflösung zu verteidigen, dies beibehält, erweist er sich als der abhängige Schriftsteller. — Mr 2, 1—12 = Mt 9, 1—8. Was Mr mehr hat, dient durchweg der Erläuterung der unanschaulichen Erzählung des Mt. Das unverständliche ἰδών Mt 9, 2 wird durch die Erzählung Mr 2, 4 verständlich, und mit Rücksicht auf diese wird schon v. 1. 2 die Situation genau beschrieben. Passender wäre hier auch schon die Anwesenheit der Schriftgelehrten erwähnt, wie es Lc 5, 17 in der Einleitung geschieht. Weil Mr die Erzählung des Mt vor sich hat, erwähnt er ihr Dabeisitzen erst an dem Punkt der Erzählung (v. 6), wo Mt ihre Anwesenheit vorausgesetzt, aber ausdrücklich zu berichten unterlassen hatte. Die für den in jüdischen Gedankenkreisen nicht heimischen Leser dunkle Anklage οὗτος βλασφημεῖ Mt 9, 3 und ebenso, wie Jesus die Gedanken der Ankläger „gesehen" habe, wird Mr 2, 6—8 umständlich erklärt. — Mr 2, 27 zeigt die Trennung zweier aus dem gleichen Anlaß gesprochener Worte Jesu durch καὶ ἔλεγεν αὐτοῖς, daß dem Mr eine Erzählung vorlag, in welcher die beiden Aussprüche entweder durch Anderes getrennt oder doch anders geordnet waren, d. h. Mr excerpirt Mt 12, 1—8 mit Übergehung der zwischen jenen beiden Aussprüchen stehenden Sätze 12, 5—7. — An sich wäre denkbar, daß Mt, welcher 8, 18—9, 34 seinem Plane nach eine möglichst rasche Folge wechselnder Scenen haben wollte (oben S. 279. 304), dadurch veranlaßt worden wäre, weitläufige Erzählungen des Mr, wenn diese ihm vorlagen, durch Beseitigung von Entbehrlichem ins Kurze zu ziehen z. B. Mr 4, 36—41 (108 Wörter) = Mt 8, 23—27 (76 Wörter), wo auch Lc 8, 23—25 (von καὶ ἀνήχϑησαν v. 22 an 69 Wörter) stark gekürzt hat. Aber beweisen läßt sich das nicht. Das auffällige οἱ ἄνϑρωποι Mt 8, 27 kann jedenfalls nicht aus Mr 4, 41 abgeleitet werden, wo deutlich von den Jüngern die Rede

ist. Es können auch nicht die Insassen der anderen Schiffe gemeint sein, welche Mr 4, 36 erwähnt sind; denn in diesem Falle würde nicht gerade Mt die Schiffe fortgelassen haben. Auch nicht die Leute überhaupt, nachdem sich das Gerücht von der Tat verbreitet hatte, was Mt anders auszudrücken pflegt (9, 8. 33; 12, 23; 14, 13; 15, 31; 22, 33); endlich auch nicht andere Leute, welche außer den Jüngern noch in demselben Schiff sich befanden; denn die Hilfe von Schiffern brauchten die geübten Fischer nicht, und was sollte hier die fremde Gesellschaft, da Jesus sich vom Volk zurückziehen wollte und jeden zur Begleitung nicht ganz Geeigneten abgewiesen hatte (8, 20), um mit den Jüngern allein hinüberzufahren (v. 23)? Es sind hier wie in dem ähnlichen Fall 14, 33 die Jünger gemeint; sie werden aber hier sowenig wie dort als solche bezeichnet. Mt, der überhaupt ἄνθρωπος eigentümlich gebraucht (z. B. nur Mt wie die Hebräer אִישׁ mit Apposition 13, 45. 52; 18, 23; 20, 1; 21, 33; 22, 2), gebraucht es auch da, wo Jünger gemeint sind, und zwar nicht nur im Gegensatz zu Gott (7, 9 cf 9, 8, wo zunächst Jesus gemeint ist), sondern auch, wo dieser Gegensatz nicht obwaltet (10, 35. 36). Ohne daß Jesus dadurch aus der Klasse der Menschen ausgeschlossen würde, ist das Wort doch hier mit Absicht gewählt im Gegensatz zu der Ahnung einer höheren Herkunft Jesu, welche hier in Form der Frage, 14, 33 in Form eines Bekenntnisses sich äußert. — Mr 6, 14—32 = Mt 14, 1—13. Daß Mr 6, 14—16 nicht natürlich erzählt, sondern eine überkommene Erzählung durch Glossen erläutert, in v. 14 durch φανερὸν — αὐτοῦ, sodann durch v. 15 (cf 8, 28), und daß er in folge dieser Glossen mit v. 16 in veränderter Form zum Anfang der überkommenen Erzählung zurückkehren muß, liegt auf der Hand und muß auch von dem für stilistische Formen Unempfindlichen aus der Vergleichung mit Lc 9, 7—9 erkannt werden. Ebenso klar ist aber auch, daß nicht die glatte Darstellung des Lc die Grundlage des schwerfälligen Berichts des Mr bildet, zumal bei Lc alles in Mr 6, 17 ff. weiter sich Anschließende nicht im gleichen Zusammenhang, sondern nur teilweise und in abgekürztester Form Lc 3, 18—20 zu finden ist. Dagegen finden wir den von Mr glossirten Urtext Mt 14, 1 ff. Fand Mr in Mt 14, 3 den Bruder des Herodes nicht mit Namen genannt, so ist das fehlerhafte Φιλίππου Mr 6, 17 eine Zutat des Mr (oben S. 250 A 3; 309). Man kann nicht umgekehrt die Tilgung des Namens als eine Korrektur des aus Mr schöpfenden Mt ansehen; denn ein kritischer Leser und Bearbeiter des Mrev, welcher auf Grund genauerer Geschichtskenntnis den Fehler bemerkte, würde nicht einfach den falschen Namen gestrichen, sondern den richtigen an die Stelle gesetzt haben, wie das der Redaktor des Hbev zu Mt 23, 35 getan hat (oben S. 308 A 5). Auch hier aber ist Mr nicht nur Excerptor. Die lebhafte, anschauliche und in jeder Hinsicht reichere Ausführung im Vergleich mit Mt kann nicht derselbe Mr, der sich eben noch so ängstlich an seine schriftliche Vorlage gebunden zeigte, aus seiner frei waltenden künstlerischen Phantasie geschöpft haben, sondern nur aus Erzählungen Solcher, welche den Ereignissen näher standen, wobei außer an Pt auch an Lc 8, 3; Jo 4, 46; AG 13, 1 zu denken ist. Durch Pt wird er auch gewußt haben, was aus Mt nicht zu sehen war, daß die Speisung der 5000 an die Rückkehr der Apostel von ihrer Predigtreise sich angeschlossen hat. Die Verfechter der Priorität des Mr vor Mt haben mit seltener Einstimmigkeit in Mt 14, 12—13 im Vergleich mit Mr 6, 30—33 einen Hauptbeweis der Abhängigkeit des Mt von Mr gefunden. In seiner Gedankenlosigkeit habe Mt nicht bemerkt, daß 14, 3—11 eine hinter 14, 1 f. zurückgreifende Episode sei, und lasse an deren Schluß die fortlaufende Erzählung sich anschließen; und er mache aus den von der Predigtwanderung zurückkehrenden Aposteln (Mr 6, 30; Lc 9, 10) die Jünger des Johannes, welche Jesu den Tod ihres Meisters melden, weil nach ihm die Apostel längst von ihrer Wanderung zurückgekehrt waren, indem er sie schon von 12, 1 an bei Jesus anwesend sein lasse. Dagegen wäre zu bemerken: 1) Zu der Vertauschung der Jünger Jesu mit denen des Täufers konnte Mr den Mt nicht verleiten, da Mr 6, 29 die Jünger des Johannes für den Blödesten deutlich von den als Apostel bezeichneten Jüngern Jesu 6, 30 unterschieden sind. Es läge also nicht eine Konfusion, sondern eine mutwillige Umgestaltung vor, wenn Mt das $\dot{\alpha}\pi\dot{\eta}\gamma\gamma\varepsilon\iota\lambda\alpha\nu$ aus Mr 6, 30 zum Prädikat des $\mu\alpha\vartheta\eta\tau\alpha\acute{\iota}$ in Mr 6, 29 gemacht hätte. 2) Ein Anlaß hiezu konnte für Mt nicht darin liegen, daß er die Aussendung der Apostel bereits c. 10 berichtet hatte; denn von ihrer Rückkehr hatte er nichts gesagt, und er konnte sie hier gelegentlich erwähnen, um Weiteres daran anzuschließen; denn durch die ganze Anlage von Mt 5, 1—14, 12 (oben S. 277 ff. 287) hatte er es dem Leser verwehrt, in der Aufeinanderfolge der Erzählungen ein Spiegelbild der Zeitfolge der Ereignisse zu finden. Dieserhalb kann 12, 22—24 mit 9, 32—34 identisch sein s. oben S. 321 und es kann 13, 54—58 vor 5—7 fallen. Wäre dem Mt trotzdem eine bloße Wiederholung von Mr 6, 30—33 unbequem erschienen, so konnte er diese Angaben streichen und durch eine allgemeine Zeitbestimmung wie 3, 1; 12, 1; 14, 1 ersetzen. 3) Liegt in Mt 5, 1—14, 12 überhaupt keine fortlaufende Erzählung vor, sondern eine Reihe von Erzählungsstücken, welche nur ausnahmsweise zeitlich verknüpft sind (8, 1; 8, 18—9, 34; 12, 46; 13, 1 oben S. 287. 304), so ist es als Misachtung der Eigenart des Mtev zu bezeichnen, wenn man aus dem Anschluß von 14, 12 die Vorstellung folgert, daß das 14, 12 ff. Berichtete auf die Äußerungen des Herodes in 14, 2 gefolgt sei, was dann mit dem unmittelbaren Anschluß derselben Ereignisse an die Hinrichtung des Täufers unverträglich wäre. 4) Was die Sache anlangt, ist nichts wahrscheinlicher, als daß jene abergläubischen Vorstellungen den Herodes in der allernächsten Zeit nach seiner elenden Tat heimgesucht haben. In den Zeitraum weniger Wochen kann alles das fallen, was Mt 14, 1—36 und auch was Mr 6, 14—56, teilweise über Mt hinausgehend, erzählt ist. — Mr 7, 1—23 = Mt 15, 1—20. Der glatt dahinfließende Bericht des Mt, welcher Kenntnis jüdischer Sitten voraussetzt, kann nicht von dem des Mr abhängen, welcher durch Glossen, die dem außerpalästinischen und nichtjüdischen Leser jüdische Sitten und Begriffe erklären sollen, durchbrochen und dadurch gleich im Eingang sehr unbehilflich geworden ist. Auch hier wieder wie 2, 27; 6, 10 cf 1, 7 zeigt die Unterbrechung der Rede durch $\varkappa\alpha\grave{\iota}\ \ddot{\varepsilon}\lambda\varepsilon\gamma\varepsilon\nu\ \alpha\dot{v}\tauo\tilde{\iota}\varsigma$ 7, 9, daß Mr aus einem Buche schöpft, in welchem die einzelnen Teile der betreffenden Rede anders geordnet oder vollständiger mitgeteilt waren. Ersteres ist Mt 15, 3—9 der Fall. Mr hat es passender gefunden, das Strafurteil des Jesaja über den äußerlichen Gottesdienst, welches unmittelbar auf die Streitfrage Bezug hat, voranzustellen und dann erst den von Mt vorangestellten Nachweis folgen zu lassen, daß die Pharisäer auch in anderen Beziehungen die rabbinischen Satzungen überschätzen, indem sie dieselben sogar über Gottes unzweideutiges Gebot stellen.

3. Von der Richtigkeit obiger Bemerkungen über Mt 21, 23—22, 46 = Mr 11, 27—12, 37 kann sich Jeder aus irgend einer Synopse überzeugen. Man beachte, wie Mt das unaufhörliche $\varkappa\alpha\acute{\iota}$ in Mr 11, 27. 28. 31. 33; 12, 2. 12. 13. 23. 28. 35. 38 auf ein erträgliches Maß beschränkt, ferner die glattere Satzbildung Mt 21, 26 cf Mr 11, 32, das treffende $\pi\alpha\gamma\iota\delta\varepsilon\acute{v}\varepsilon\iota\nu$ Mt 22, 15 statt $\dot{\alpha}\gamma\varrho\varepsilon\acute{v}\varepsilon\iota\nu$ Mr 12, 13. Dieselbe Erwägung, welche den Mr bestimmte, die gegen die Pharisäer gerichteten Parabeln zu reduciren, bewog ihn auch, Mt 21, 40—44 zusammenzuziehen; dadurch entbehrt aber Mr 12, 10 des natürlichen Anschlusses.

4. Mr 15, 28 ist anerkanntermaßen eine Interpolation cf Lc 22, 37. — Mr 9, 48 (nach den jüngeren Zeugen auch 9, 44) ist Jes 66, 24 nicht sowohl citirt als frei verwertet, nur mit solchen Abweichungen von LXX, welche durch die Einfügung in die Rede Jesu geboten waren. Als eigenes Citat des Mr ist auch 12, 29 nicht zu betrachten, wo Deut 6, 4 genau nach LXX vor die auch Mt 22, 37 citirten Worte aus Deut 6, 5 vorgesetzt ist, oder Mr 11, 17, wo das Mt 21, 13 abgekürzte Citat aus Jes 56, 7 nach LXX vervollständigt ist (oben S. 318 Nr. 30).

5. Über die aramäischen Worte bei Mr s. oben S. 249 A 1. Über Mr 15, 34 = Mt 27,

46 = Ps 22, 2 cf Bd I, 9 f. und oben S. 319 Nr. 41. Diesen kurzen Stoßseufzer des Gekreuzigten kann Mr ebenso wie die anderen von ihm aramäisch gegebenen Worte Jesu aus mündlichen Erzählungen gekannt haben, ehe er ihn bei Mt 27, 46 las. In der Übersetzung schließt er sich mit ὁ ϑεός μου näher an LXX an, als Mt mit ϑεέ μου, weicht aber mit εἰς τί von LXX und dem griech. Mt (ἱνατί) ab.

6. Einzelne Citate bedürfen genauerer Erörterung unter Berücksichtigung der Liste oben S. 315 ff. 1) Mr 14, 27 = Mt 26, 31 = Sach 13, 7 cf oben S. 319 Nr. 39. Hier ist Unabhängigkeit des Mr von LXX zweifellos. Andrerseits gibt er auch keine irgend genaue Übersetzung des Hebr. Also folgt Mr einer Schrift, in welcher der hebr. Text zwar zu Grunde gelegt, aber sehr frei behandelt war, d. h. dem Mt. Aber auch hier sieht man, daß Mr nicht den griech. Mt vor sich gehabt hat; denn was sollte ihn bewogen haben, die Worte καὶ διασκορπισϑήσονται τὰ πρόβατα (τῆς ποίμνης) umzustellen in τὰ πρόβατα διασκορπισϑήσονται! Gegen semitische Wortstellung zeigt Mr sonst keinerlei Abneigung; im Vergleich mit dem griech. Mt ist er durchweg der weniger elegante Stilist. Es liegt also ein Zufall vor, der sich nur daraus erklärt, daß dem Mr wie dem griech. Mt das gleiche aram. Original vorlag. Während Mr die im Griechischen natürliche Wortstellung wählt, hat der Übersetzer des Mt die Wortstellung des Originals beibehalten. Im übrigen besteht keine Übereinstimmung, welche zu der Annahme nötigen könnte, daß Mr den griech. Mt vor sich gehabt habe. Das Wort πατάσσω ist gewöhnlich und überdies durch LXX dargeboten, ποιμήν und πρόβατα waren unvermeidlich und διασκορπισϑήσονται in ähnlicher Verbindung gebräuchlich cf Jerem 23, 1. 2; Jo 11, 52; AG 5, 37. Es bedarf nicht der Annahme, daß der griech. Mt unter dem Einfluß von Mr 14, 27 stehend übersetzt habe. 2) Mr 1, 2 = Mt 11, 10 = Lc 7, 27 = Mal 3, 1. Daß die von LXX unabhängige und überhaupt sehr kühne Umgestaltung des Spruchs (s. oben S. 317 Nr. 20) auf einen des Hebräischen kundigen Urheber zurückgeht, kann nicht bezweifelt werden. Ist aber Mr 1, 2 nach B D etc. ἐγώ und nach allen guten Zeugen ἔμπροσϑέν σου zu streichen, so kann Mr nicht der Vorgänger des Mt sein, welcher dieses ἐγώ aus Ex 23, 20 geschöpft und durch Beimischung dieser Stelle zu seinem zweimaligen „vor dir her" gekommen ist. Es kann aber auch Mr nicht vom griech. Mt abhängig sein; denn warum hätte er das ἐγώ gestrichen? Las er dagegen im aram. Mt etwa, was wir im Targum Mal 3, 1 lesen הא אנא שלח, so konnte er das Pronomen, wie es im Targum dort der Fall ist (= hebr. הנני), für ein tonloses halten, welches im Griechischen unausgedrückt bleibt. Fand er ferner in seiner Vorlage, wenn dies ein aram. Buch war, ohne Frage in beiden Satzhälften ein קדם mit oder ohne ל davor (= hebr. לפניך), so lag es sehr nahe, das zweite fortzulassen. Dagegen hat der griech. Mt auch hier sich als einen zugleich auf Genauigkeit und auf eine gewisse Eleganz bedachten Übersetzer bewiesen. Er läßt das אנא (in der Grundstelle Ex 23, 20 hebr. אנכי) nicht unübersetzt, übersetzt aber das doppelte לקדם das eine Mal durch πρὸ προσώπου σου, das andere Mal durch das synonyme ἔμπροσϑέν σου, um die Eintönigkeit zu vermeiden. 3) Mr 1, 3 = Jes 40, 3 = Mt 3, 3; Lc 3, 4 oben S. 316 Nr. 6. Da die drei Synoptiker im Unterschied von dem abgekürzten Citat bei Jo 1, 23 kein Wort haben, das nicht in LXX enthalten war, so könnte an sich Jeder gleich gut für den Vorgänger der beiden andern gelten. Es könnte sogar Lc diesen Vorzug zu verdienen scheinen, da er, wie Lc 3, 5—6 zeigt, die LXX aufgeschlagen und dorther seine Verlängerung des Citats geschöpft hat. Ist nun aus sonstigen Gründen an eine Priorität des Lc nicht zu denken, so kann auch Mr sie nicht beanspruchen; denn erstens zeigt er sich hier durch die fehlerhafte Zusammenfassung der Citate aus Mal 3, 1 und Jes 40, 3 als den von Mt abhängigen Schriftsteller (oben S. 329), und zweitens ist bei ihm die apologetische Rücksicht unwahrscheinlich, welche den Mt bestimmte, den Jesus, welchen er vorwiegend als den in die Gestalt des demütigen Knechtes Gottes und in das Kleid

eines Propheten gehüllten König darstellen wollte, nicht von vornherein als den Gott Israels hinzustellen und darum das τοῦ ϑεοῦ ἡμῶν am Schluß in αὐτοῦ zu verkürzen. Außerdem sind schon S. 319 unter Nr. 35. 36 zwei Citate nachgewiesen, an welchen sich die Abhängigkeit des Mr von Mt wahrscheinlich machen läßt. Ohne Bedeutung für diese Frage sind die dort unter Nr. 13. 26. 27. 28. 32—34. 38 und die vorhin A 4 erörterten Citate.

§ 58. Die Überlieferung über Lucas und sein Werk.

Der Lucas, welchem das kirchliche Altertum einstimmig die Abfassung des 3. Ev und der AG zugeschrieben hat (A 1), wird von Pl erst in den Briefen aus der ersten und zweiten römischen Gefangenschaft erwähnt. Wenn er Kl 4, 14 als der „liebe Arzt" charakterisirt, Phlm 24 aber unter den dort aufgezählten Mitarbeitern des Pl als der Letzte genannt wird, so darf man annehmen, daß er irgendwie an der Missionsarbeit in Rom sich beteiligte, daneben aber auch seinem ärztlichen Beruf nachging, welcher ihm leicht den Weg in manches Haus und zu manchem Herzen eröffnen konnte, die Anderen versperrt blieben. Möglich auch, daß er dem oft schwer leidenden Apostel selbst als Arzt wertvolle Dienste leistete. Während der an diesen beiden Stellen neben ihm genannte Demas sich um a. 66 aus unlauteren Gründen von dem zum zweiten Mal in Haft geratenen und diesmal in beständiger Lebensgefahr schwebenden Pl zurückgezogen hatte, hielt Lc treu bei ihm aus (2 Tm 4, 10 f.). Aus dem Zusammenhang von Kl 4, 10—14 ergibt sich nur noch, daß er ein geborener Heide war (A 2). Weiteres über die Lebensgeschichte des Lc entnahm man von jeher dem ihm zugeschriebenen zweiteiligen Werk unter der Voraussetzung, daß er wirklich der Vf desselben sei, und daß das in der AG wiederholt auftretende Wir das Ich des Lc 1, 3; AG 1, 1 von sich redenden Vf einschließe. Nach der ursprünglichen Recension der AG (§ 59) tritt dieses Wir zum ersten Mal AG 11, 27 ein (A 3). Da die Erzählung an dieser Stelle hinter das erste Jahr gemeinsamen Wirkens des Pl und Barnabas in Antiochien (a. 43/44) und hinter den Regierungsantritt des Kaisers Claudius (Januar 41) zurückgreift (s. Abschnitt XI), so ist der Erzähler spätestens im J. 40 ein Mitglied der antiochenischen Gemeinde gewesen; er verdankt also auch seine Bekehrung nicht dem erst im J. 43 nach Antiochien gekommenen Pl. Dies ist aber auch von Lc nicht bezeugt. Ferner tritt die Überlieferung, daß Lc ein Antiochener gewesen sei, sofort mit einer Bestimmtheit auf, welche es äußerst unwahrscheinlich macht, daß sie ein Ergebnis gelehrter Erwägung von AG 11, 27 sein sollte (A 4), ganz abgesehen davon, daß wir von den ältesten Zeugen dieser Überlieferung, Eusebius und wahrscheinlich schon 100 Jahre früher Julius Africanus, nicht nachweisen können, daß sie jenen Text von AG 11, 27 auch nur gekannt haben. Dazu kommt eine gleichfalls alte Überlieferung, wonach ein reicher Antiochener Namens Theophilus in apostolischer Zeit Christ geworden sein soll, der später ausdrücklich, aber gewiß nicht gegen den ursprünglichen Sinn der Sage mit dem Theophilus Lc 1, 3 ; AG 1, 1 identificirt worden ist (A 5). Was sonst noch von Lc gesagt und erzählt worden ist, macht den Eindruck der unsicheren Vermutung oder der Folgerung aus den teils misverstandenen, teils übertriebenen Andeutungen des Prologs des Ev und der Wirstücke der AG (A 6). Auch über Zeit und Ort der Abfassung beider Bücher hat die alte Kirche keine Überlieferung, sondern nur Vermutungen gehabt (A 7). Nur das Eine scheint auf ältester Erinnerung zu beruhen, daß Lc später als Mt und Mr und früher als Johannes, also etwa zwischen 67 und 90 geschrieben habe (oben S. 176—183).

1. Über Lc als Vf des 3. Ev, als welchen ihn auch Marcion gekannt hat, s. oben S. 175 f. Als ebenso selbstverständlich gilt den Ersten, welche überhaupt die AG förmlich citiren oder besprechen, daß Lc diese geschrieben habe: Iren. III, 13, 3 hinter Auszügen aus AG 1—15 (III, 12, 11 *ex sermonibus et actibus apostolorum*, III, 13, 3 *ex actibus apostolorum*) bezeichnet diese als *Lucae de apostolis testificatio*, ähnlich III, 15, 1 als die seinem Ev folgende *testificatio*. C. Murat. l. 34 *acta autem omnium apostolorum sub uno libro scripta sunt. Lucas optime Theophile* etc. Clem. strom. V, 83 καθὸ καὶ ὁ Λουκᾶς ἐν ταῖς πράξεσι τῶν ἀποστόλων ἀπομνημονεύει τὸν Παῦλον λέγοντα (AG 17, 22); hypot. lat. in 1 Pt 5, 13: *sicut Lucas quoque et actus apostolorum stylo exsecutus agnoscitur et Pauli ad Hebraeos interpretatus epistolam.* Tert. jej. 10 nach Citaten aus der AG *in eodem commentario Lucae.* Daß die AG selten ausdrücklich dem Lc zugeschrieben wird, auch von denen, welche ihre Verwerfung seitens Marcions erwähnen (Tert. c. Marc. V, 1. 2; praescr. 22; Pseudotert. haer. 16, indirekt auch Iren. III, 14, 4—15, 1), und daß sie regelmäßig nur als αἱ πράξεις mit und ohne τῶν ἀποστόλων, lat. *acta* (so stets Tertullian und auch Cyprian GK II, 52 N. 1) oder *actus*, gleichfalls mit und ohne *apostolorum* citirt wird, beweist, daß von keiner Seite je eine andere Meinung über den Vf geäußert worden war. Über die angebliche Behauptung des Clemens Al. (bei Maximus zu Dionys. Areop. ed. Corderius II, 242), daß der Dialog des Jason und des Papiskus nicht den Ariston von Pella, sondern den Lc zum Vf habe, meine ich Forsch III, 74 für Jeden, der weiß, was ἀναγράφειν im Unterschied von γράφειν und συγγράφειν heißt (cf z. B. Eus. h. e. III, 4, 11), genug gesagt zu haben. Nach der notwendigen Emendation Grabe's (Ἰάσωνος, ὃν [statt ἦν] Κλήμης . . . τὸν ἅγιον Λουκᾶν φησὶν ἀναγράψαι) hat Clemens nur gesagt, der Jason des Dialogs sei derselbe, welchen Lc AG 17, 5 erwähnt hat. An diese Stelle und nicht an AG 21, 16 (ℵ copt. Ἰάσονι) wird Clemens gedacht haben. — In einer homil. II in ascens. et init. actor., welche Montfaucon (Opp. Chrysost. III, 757 ff.) als nur teilweise echt unter die Spuria gestellt hat, heißt es p. 764, die Einen hätten den Clemens Rom., Andere den Barnabas, wieder Andere den Evangelisten Lc für den Vf der AG erklärt. Der Prediger selbst entscheidet sich für Lc (cf auch III, 774). Dies wiederholt wörtlich Photius in Quaest. 123 ad Amphil. (Migne 101 col. 716), welche ebenso wie quaest. 124 nur ein Excerpt aus jener Predigt ist. Offenbar hat der extemporirende Prediger in folge unsicherer Erinnerung oder nachlässiger Lesung von Eus. h. e. VI, 14, 2; 25, 14 die Überlieferung über den Vf des Hb mit derjenigen über den Vf der AG verwechselt, was um so leichter geschehen konnte, als bei Mitteilung der ersteren von Clem. Al. und Origenes auch an die Abfassung der AG durch Lc erinnert worden ist (oben S. 120 f. A 5. 7).

2. Aus Kl 4, 10—14 folgt, daß Lc nicht nur als Heide geboren, sondern auch unbeschnitten geblieben war cf Bd I, 319. Dies ist auch die Meinung der Alten gewesen. Wenn Hier. quaest. hebr. in Gen. (ed. Lagarde 64) schreibt *licet plerique tradant Lucam*

evangelistam ut proselytum hebraeas literas ignorasse, will er damit schwerlich sagen, daß er sich zuerst vom Heidentum zum Judentum, und später erst von diesem zum Christentum bekehrt habe, sondern nur daß er im Unterschied von den übrigen ntl Schriftstellern, welche Hebräer waren, vom Heidentum her Christ geworden. Cf Just. dial. 122. Wenn er dem Lc anderwärts nur eine bessere Kenntnis des Griechischen als des Hebräischen, also doch auch einige Kenntnis des letzteren zuschreibt (zu Jes 6 u. 28 Vall. IV, 97. 578), so geschieht das wohl nur in Rücksicht auf solche Namenerklärungen wie AG 1, 19; 4, 36.

3. Hinter dem gewöhnlichen Text von AG 11, 27 bietet D und wesentlich ebenso mehrere lat. Zeugen, darunter Augustin: ἦν δὲ (oder καὶ ἦν) πολλὴ ἀγαλλίασις. συνεστραμμένων δὲ ἡμῶν, ἔφη εἷς ἐξ αὐτῶν ὀνόματι Ἄγαβος σημαίνων διὰ τοῦ πνεύματος κτλ. S. Blaß Ed. min. und übrigens § 59.

4. Von Timotheus als Bischof von Ephesus, Titus als Bischof von Kreta (III, 4. 6), von der Verteilung der Länder unter die Apostel (III, 1), der Abfassung des Hirten durch den Rm 16, 14 erwähnten Hermas (III, 3, 6) redet Eusebius deutlich als von unsicheren Überlieferungen. Anderes, wie die Identität der römischen Bischöfe Linus und Clemens mit den gleichnamigen Personen im NT wird durch Anführung der ntl Stellen gestützt (III, 2; 4, 9 f. 15 cf über Dionysius vom Areopag III, 4, 11). Dagegen III, 4, 7 Λουκᾶς δὲ τὸ μὲν γένος ὢν τῶν ἀπ' Ἀντιοχείας, τὴν ἐπιστήμην δὲ ἰατρός κτλ. Es ist wahrscheinlich nicht Eusebius, sondern Africanus (cf Spitta, Brief des Afr. an Aristides S. 70. 111), welcher, selber ein Arzt, von dem Arzt Lc schreibt (Mai, Nova p. bibl. IV, 1, 270): ὁ δὲ Λουκᾶς τὸ μὲν γένος ἀπὸ τῆς βοωμένης Ἀντιοχείας ἦν, ἐν ᾗ δὴ οἱ πάντες λογιώτατοι τοὺς Ἴωνας προγόνους αὐχοῦσιν· οὐ μὴν ἀλλὰ πρὸς τῷ κατὰ φύσιν ἑλληνικῷ τῶν ἀνδρῶν ἐπήγετό τι πλέον ὁ Λουκᾶς ἐν λόγοις, ἅτε ἰατρικῆς ἔμπειρος ὢν ἐπιστήμης. Von Eusebius hängt der echte Euthalius ab (Zacagni 410 cf 529), schwerlich aber der alte Prolog (NT ed. Wordsworth I, 269) *Lucas Syrus natione Antiochensis, arte medicus, discipulus apostolorum, postea Paulum secutus* etc. Hierin und auch in anderen Angaben stimmt Hier. praef. comm. in Mt (Vall. VII, 3) mit diesem Prolog genauer überein, als v. ill. 7 und anderwärts. Cf den ähnlichen Prolog zur AG im cod. Fuldensis ed. Ranke p. 332 und anderwärts. — Schon Orig. IV, 686 zu Rm 16, 21 erwähnt die Ansicht, ohne sie zu billigen, daß Lucas der dort genannte Lucius sei, was schon dadurch ausgeschlossen ist, daß Pl jenen ebenso wie Jason und Sosipatros als Juden bezeichnet (Bd I, 296 A 22). Die Ansicht hat sich auch in der Form behauptet, daß der angeblich im Rm erwähnte Lucas d. h. Lucius Bischof von Laodicea in Syrien geworden sei (Doroth. über die 70 Jünger Chron. pasch. ed. bonn. II, 126). Erst moderne Gelehrte (Wetstein NT II, 532; Bengel, Gnomon zu Lc 1, 1. 3 ed. Stuttg. 1860 p. 204. 205) wollten den Lucas mit dem Lucius von Kyrene AG 13, 1 identificiren und daraus die Tradition von Lc als Antiochener erklären. Aber 1) hat im Altertum Niemand dort den Lc gefunden; auch die Textüberlieferung zu AG 13, 1 zeigt keine Spur von dieser Identifikation; sie kann also nicht Ursache jener sehr alten Tradition sein. 2) Aus einer Stelle, wo ein in Antiochien lebender Lucius als Kyrenäer bezeichnet wird, konnte nicht die Meinung entstehen, daß Lucas ein geborener Antiochener oder gar Syrer gewesen sei. 3) Lucas hat mit Lucius oder, wie die Griechen letzteren Namen gewöhnlich schrieben, Λεύκιος nichts zu schaffen, sondern ist ein Kurzname für Lucanus (allenfalls auch Lucilius, Lucillus, Lucinus, Lucinius, sicherlich aber nicht für Lucianus). Es könnte auf echter Überlieferung beruhen, daß in der altlat. Bibel neben dem ganz griech. *cata Lucan* (Ev. Palat. ed. Tischend. 232) nicht selten *secundum Lucanum* vorkommt (Cod. Vindobon. ed. Belsheim, 1885, p. 1 ff.; Verc., Ambrosian., Corbei. bei Bianchini, Ev. quadrupl. II, 2. 208; Old-lat. bibl. texts II, 85; auch bei Priscillian ed. Schepps 47, 4 und auf einem Sarkophag des 5. Jahrh. zu Arles cf Schultze, Greifswalder

Stud. S. 157). Ich finde einen Lucanus bei Cypr. ep. 77, 3; 78, 1; 79, einen Lucas bei August. ep. 179, 1. Einen älteren Träger dieser Namensform als den Evangelisten kenne ich nicht. Cf C. I. G. nr. 4700k (unter Add. vol. III, 1189) und 4759 aus Ägypten. Bei Eus. h. e. IV, 2, 3 ist $\Lambda ov\varkappa ov\tilde{\alpha}s$ überliefert; aber Rufinus Luca(s), Syr. Lukia.

5. Clem. recogn. X, 71 heißt es in der Beschreibung des großen Erfolgs, welchen die Predigt des Pt in Antiochien erzielte: *ita ut omni aviditatis desiderio Theophilus, qui erat cunctis potentibus in civitate sublimior, domus suae ingentem basilicam ecclesiae nomine consecraret, in qua Petro apostolo constituta est ab omni populo cathedra* etc. An diesem Faden weiterspinnend haben Spätere den Theophilus des Lc zu einem Bischof von Antiochien gemacht (Pseudohippol. hinter const. ap. ed. Lagarde p. 284 cf min. 293 bei Tischend. NT I, 738) und ihn schließlich mit dem bekannten Bischof und Apologeten um 180 identificirt, cf Cotelier zu recogn. X, 71. Hiefür ist aber der Vf der Recognitionen nicht verantwortlich zu machen. Es kann seine farbenreiche Erzählung auch nicht mit der dürren und viel jüngeren Notiz const. ap. VII, 46 verglichen werden, daß nach Zakchäus (Lc 19, 2) und Cornelius (AG 10, 1) ein Theophilus von den Aposteln als dritter Bischof von Cäsarea eingesetzt worden sei. Neben dem NT ist die Kirchengeschichte des Eusebius Hauptquelle von Const. ap. VII, 46, und dieser Theophilus von Cäsarea identisch mit dem um 190 Eus. h. e. V, 22. Ob der Theophilus, welcher im 7. Brief des Seneca an Pl neben diesem als Adressat genannt wird (ed. Hase III, 478), derjenige des Lc sein soll, ist nicht zu erkennen. Ohne die Geschichtlichkeit der Person geradezu zu bestreiten, deutete Orig. hom. 1 in Luc. den Namen Theophilus auf Jeden, der von Gott geliebt wird, nicht einmal sprachlich richtig; Salvianus ep. 9, 18 läßt den Lc gar seine beiden Bücher *ad amorem dei* adressiren. Ein Redner unter dem Namen des Chrysostomus (Montfaucon III, 765f. s. oben S. 335 A 1) schließt wohl nur aus der Titulatur Lc 1, 3 $\varkappa\varrho\acute{\alpha}\tau\iota\sigma\tau\varepsilon$, was zur Zeit des Lc soviel bedeutet habe, wie später $\lambda\alpha\mu$-$\pi\varrho\acute{o}\tau\alpha\tau\varepsilon$, daß Theophilus ein kaiserlicher Statthalter gewesen und wie Sergius Paulus (AG 13, 7) in solchem Amt stehend Christ geworden sei. Dazu ist zu bemerken, daß die Präfekten von Ägypten bis c. 160 den Titel $\varkappa\varrho\acute{\alpha}\tau\iota\sigma\tau os$, von da an den Titel $\lambda\alpha\mu\pi\varrho\acute{o}\tau\alpha\tau os$ führten, ohne daß aus letzterem auf senatorischen Rang zu schließen wäre cf Wilcken im Hermes 1885 S. 469f., 1893 S. 237; Berl. ägypt. Urkunden I, 373; II, 373.

6. Über Lc als den Bruder 2 Kr 8, 18 und sein Ev als dasjenige des Pl s. oben S. 172. Den Widerspruch dieses exegetischen Fündleins gegen die viel ältere Überlieferung von der Abfassung des Lcev nach Mr, also nach dem Tode des Pl empfand man nicht. Doch könnte, wenn Lc eine Zeit lang in Philippi als Evangelist im ntl Sinn dieses Wortes tätig war, er in bezug hierauf in der Tat 2 Kr 8, 18 gemeint sein; denn in Macedonien und in der Zwischenzeit zwischen dem Wirstück AG 16, 10ff. und dem Wirstück 20, 5ff. (§ 60) ist der 2 Kr geschrieben. — Schon Iren. III, 14, 1 übertreibt ein wenig, wenn er aus AG 16, 8ff. (er läßt nämlich schon 16, 8 das Wir eintreten) im Gegensatz zu 15, 39 sowie aus 2 Tm 4, 11 schließt, daß Lc untrennbar mit Pl verbunden gewesen sei, was dann weiter dahin übertrieben wurde, daß er in der ganzen AG nur Selbsterlebtes berichte (Eus. h. e. III, 4, 7; Hieron. v. ill. 7; daß dies von C. Mur. l. 34f. noch nicht gilt s. GK II, 54 cf dort II, 28). Daß Lc auch zu andern Aposteln in einem Schülerverhältnis gestanden (Iren. III, 10, 1; 14, 2), schloß man um so leichter aus Lc 1, 2, wenn man, wie wahrscheinlich schon Justin (dial. 103 oben S. 175), deutlich aber Eus. h. e. III, 4, 7; Epiph. haer. 51, 7 und der falsche Euthalius (Zacagni 421) das $\pi\alpha\varrho\eta\varkappa o\lambda ov\vartheta\eta\varkappa\acute{o}\tau\iota$ $\mathring{\alpha}\nu\omega\vartheta\varepsilon\nu$ $\pi\tilde{\alpha}\sigma\iota\nu$ Lc 1, 3 auf die Begleitung der Autopten seitens des Lc als Schülers oder Reisegefährten bezog, was sprachlich nicht unmöglich (oben S. 219), aber durch den Zusammenhang ausgeschlossen ist. Wie Mr (oben S. 211 A 3) wurde auch Lc im 4. Jahrh. für einen der 70 oder 72 Jünger (Lc 10, 1) erklärt (Adam. dial. c. Marc. Orig. ed. Delarue III, 806; Epiph. haer. 51, 11; anakeph.

ed. Pet. 138). Sehr viel später wurde er mit dem namenlosen Genossen des Kleopas (Lc 24, 13—18) identificirt (cf Forsch VI, 350). In den alten Paulusakten (ed. Lipsius p. 104) wird Lc anstatt Crescens (2 Tm 4, 10) nach Gallien geschickt, woraus die konfuse Darstellung bei Epiph. haer. 51, 11 sich erklärt. Naheliegend war es, seine Tätigkeit als Evangelist als ein höheres Gegenbild seiner ärztlichen Tätigkeit zu betrachten Eus. h. e. III, 4, 7; Hier. epist. 53, 8; Paulin. Nol. carm. 27, 424; Prol. lat. in Act. apost. nach cod. Fuld. ed. Ranke p. 333. Auf den Evangelisten unter den Schülern des Pl wandte man 1 Kr 9, 9; 1 Tm 5, 18 (cf Aug. doctr. christ. II, 10, 15) um so leichter an, als ihm von altersher der *bos* als Symbol beigelegt war (oben S. 182 A 7 cf Prol. in evang. NT lat. ed. Wordsworth I, 271); immerhin geschmackvoller, als wenn Baron. ad a. 58 n. 34 die Vermutung hinwarf, daß man ihm in Rücksicht auf seinen Namen und in Erinnerung an den *bos Luca* oder *Lucanus* d. h. den Elephanten jenes Symbol beigelegt habe. Es scheint auf eine griechische Legende zurückzugehen, daß Lc ehelos geblieben, daß er später als Mt und Mr in Achaia sein Ev geschrieben und in Bithynien 74 Jahr alt gestorben sei cf Prol. in Lc, Wordsworth p. 269; Prol. in Act. l. l. 332, hier aber 84 Jahr alt; Niceph. Call. II, 43: 80 Jahr alt gestorben, nach diesem aber in Hellas, nachdem er schon früher dort geweilt und in dem siebentorigen Theben, also in Böotien, zuerst mit Paulus zusammengetroffen war. Ein Blick auf AG 16, 7—10 und die Vergleichung der lat. Prologe lehrt, daß Böotien aus Bithynien entstanden ist. Die beiden Ortsangaben der lat. Prologe kombinirend sagt Hieronymus, welcher v. ill. 7 noch nichts davon verrät, in der Praef. comm. in Mt (Vall. VII, 3) *in Achaiae Boeotiaeque* (v. l. Bithyniaeque) *partibus volumen condidit*; cf Paulin. carm. 19, 83 *Creta Titum sumpsit, medicum Boeotia Lucam.* Im J. 357 wurden die Gebeine des Andreas und des Lc aus Achaia, sowie die des Timotheus von Ephesus nach Konstantinopel gebracht (Hier. v. ill. 7; contra Vigilant. ed. Vall. II, 391; Chron. a. 2372; Philost. h. e. III, 2; Theod. lector II, 61; Niceph. Call. II, 43). — Der Ursprung der Sage von Lc als Maler ist noch nicht aufgeklärt, auch nicht durch E. v. Dobschütz, Christusbilder II, 267**—280**. Nach Theodorus lector I, 1, falls dies nicht die Zutat des Veranstalters der Excerptensammlung ist (v. Dobschütz 271**), hat schon Kaiserin Eudokia um 440 ein angeblich von Lc gemaltes Marienbild von Jerusalem nach Konstantinopel geschickt. Cf J. A. Schmid, De imagin. Mariae a Luca pictis, Helmstedt 1714, A 2. Da schon Nilus ep. IV, 61 ἱστορίαι von malerischen Darstellungen gebraucht, und ἱστορεῖν von den Byzantinern = ζωγραφεῖν gebraucht wird, werden die Worte Theodors (τὴν εἰκόνα τῆς θεοτόκου, ἣν ὁ ἀπόστολος Λουκᾶς καθιστόρησεν) allerdings nicht anders zu verstehen sein. Ob nicht aber die ganze Fabel schließlich auf ein altes Misverständnis des Worts καθιστορεῖν zurückgeht? Zwar nicht Lucas, aber Leucius hat wiederholt von gleichzeitigen Porträts Christi und des Apostels Johannes berichtet (καθιστόρησεν?) und derselbe hat auch Fabeln über Maria gebracht cf meine Acta Jo. p. 214, 7; 215, 13; 223 f.

7. Während Iren. III, 1, 1 oben S. 180 von den 3 andern Evv Ort und Zeit mehr oder weniger genau angibt, weiß er von Lc nur, daß ihm die zeitlich dritte Stelle zukommt. Vielleicht hat schon Clemens (oben S. 178) oder dessen Lehrer aus dem Schluß der AG entnommen, daß diese und somit auch das Ev gleich nach Ablauf jener 2 Jahre AG 28, 30 geschrieben sei. Eben dies behauptet von der AG der echte Euthalius (Zacagni 531). Hier. v. ill. 7 schließt, daß die AG in Rom, und sagt damit indirekt, daß sie gleich nach jenen 2 Jahren geschrieben sei, während er anderwärts nach anderen Quellen ohne Zeitangabe und mit ungenauer Ortsangabe Achaia und Böotien (als ob Böotien nicht zu Achaia gehörte) als Geburtsstätte des Lcev nennt (A 6). Das „böotische Attika" nennt eine griechische Minuskel, Rom zwei andere. Auch Macedonien wurde als Geburtsstätte der Schriften des Lc angesehen (Doctr. ap. syr. bei Cureton, Ancient

docum. p. 32; ein Araber bei Tischendorf NT I, 738), eine Ansicht, die sich leicht aus der alten Deutung von 2 Kr 8, 18 erklärt s. vorhin A 6. Wahrscheinlich hat Ephraim (ev. concord. expos. p. 286) Antiochien als Abfassungsort des Ev genannt cf Forsch I, 54 f. Die ebendort belegte spätere syrische Tradition nennt Alexandrien; sie ist auf griechischem Boden erwachsen, denn sie findet sich nach Tischend. 1. 1. in 7 griech. Minuskeln. Daher ist wahrscheinlich, daß sie aus const. ap. VII, 46 entstand, wo neben Mr, als dem Ordinator des ersten Bischofs von Alexandrien Annianus, Lc als der des zweiten dortigen Bischofs Abilius genannt ist. Da es ein Apostel nicht sein durfte, stellte man aus purer Verlegenheit neben den einen Evangelisten den andern. Kurz, man wußte nichts. In einem jüngeren liturgischen Stück bei Grenfell and Hunt, Greek Papyri, Series II p. 170 wird Lc als Apostel und Erzbischof von Alexandrien sogar vor den Apostel und Erzbischof Mr gestellt.

§ 59. Die zwiefache Textrecension der Apostelgeschichte.

Während die bis hieher vorgetragenen Untersuchungen geführt werden konnten, ohne daß die Fragen der Textkritik anders als gelegentlich behandelt wurden, hängt die Untersuchung der beiden Bücher des Lc in wesentlichen Punkten z. B. in bezug auf das Selbstzeugnis der AG in beträchtlichem Maße von der Frage ab, in welchen Urkunden wir die ursprüngliche Gestalt des Textes besitzen. Nach einigen älteren, ziemlich erfolglosen Versuchen ähnlicher Richtung hat neuerdings Fr. Blaß (A 1) mit großer Energie zu beweisen unternommen, daß zunächst in der AG zwei in bezug auf den Erzählungstoff und die stilistische Form charakteristisch verschiedene Recensionen zu unterscheiden seien, welche beide in höchstes Altertum hinaufreichen, und von welchen keine auf den gewöhnlichen Wegen der Textüberlieferung, d. h. durch zusammenhangslose Interpolationen, Emendationen, Glossen und Schreibfehler, aus der andern entstanden sein könne. Vielmehr sollen beide von der Hand des Vf herrühren. Lc, welcher die AG gleich nach den 2 Jahren von AG 28, 30 in Rom geschrieben habe, habe den ersten Entwurf des Buchs einer Umarbeitung unterzogen, ehe er es dem Theophilus überreichte. Die erste Ausarbeitung (Recension β oder Editio Romana) blieb in den Händen des Lc und seiner römischen Umgebung und verbreitete sich naturgemäß vorwiegend im Abendland, die zweite Ausarbeitung oder verbesserte Auflage (Recension α oder Editio Antiochena) im Morgenland. Während Blaß diese Hypothese anfangs ausdrücklich auf die AG beschränkt haben wollte (Stud. u. Krit. 1894 S. 118), hat er sie später, schwerlich zum Vorteil der Sache, auf das Lcev ausgedehnt. Dieses sollte schon während der Gefangenschaft des Pl in Cäsarea dort entstanden und nachmals von Lc in Rom umgearbeitet und neu herausgegeben worden sein, so daß also in bezug auf das Ev umgekehrt wie in bezug auf die AG die Rec. β die verbesserte zweite Auflage und Rec. α der erste Entwurf wäre. Beschränken wir uns vorerst auf die AG. Es ist vor allem die Vorstellung fernzuhalten, als ob uns β in einer griechischen Hs, etwa in dem cod. Bezae

Cantabrigiensis (D), von welchem die Beobachtungen zunächst ausgegangen sind, oder auch nur in einer vollständig erhaltenen Übersetzung vorläge. Es stehen uns aber ausreichende Materialien zu Gebote (A 3), um zu behaupten, daß eine von dem später vorherrschend gewordenen Text der AG (α) stofflich und sprachlich durchweg stark abweichende Textform (β) Jahrhunderte lang in verschiedenen Kirchengebieten die vorherrschende war. So im Abendland von Irenäus bis zu Hieronymus. Die Fragmente der altlateinischen Version und die Citate eines Cyprianus reichen aus, zu beweisen, daß diese Version wenigstens in ihrer ursprünglichen um 200—240 entstandenen Form aus einem griechischen Text geflossen ist, welcher sich so, wie vorhin angegeben, zu dem Text unserer ältesten griechischen Hss ($\aleph$ ABC etc.) verhält. Es mag sein, daß letzterer Text schon damals und lange vor Hieronymus in manchem Exemplar im Abendland existirte; wir können es aber nicht beweisen und wissen dagegen, daß Occidentalen, die auf ihre lat. Version beschränkt waren, wie der römische Ausleger der Plbriefe um 370, den man Ambrosiaster nennt, den Text α als einen von den Griechen interpolirten verworfen haben (A 3. 5). Einen erheblichen Einfluß auf die lateinischen Texte des Abendlandes hat der Text α, soviel wir wissen, erst nach dieser Zeit geübt. Der im 6. Jahrh. geschriebene griechisch-lateinische cod. D ist das Ergebnis sehr complicirter Entwicklungen, Mischungen, Verderbnisse, aber er enthält in seinem griechischen Teil bedeutende Elemente derjenigen Gestalt der AG, welche Irenäus und der namenlose erste *interpres latinus* in Händen hatten. Die alexandrinischen Gelehrten Clemens und Origenes gebrauchten, wie es scheint, einen mit α wesentlich identischen Text (A 2); aber es muß in Ägypten zu ihrer Zeit daneben β verbreitet und beliebt gewesen sein, wenn man es begreifen soll, daß die mutmaßlich älteste, vielleicht zu Lebzeiten des Origenes entstandene ägyptische Version, die sahidische, zwar nicht alle, aber doch sehr erhebliche Elemente von β in sich aufgenommen hat. Die jüngere ägyptische Version, die koptische im engeren Sinn, hat diese Elemente ausgestoßen. Es mag schon damals aus α und β gemischte Texte in Agypten gegeben haben. Einen solchen fand noch im J. 616 der Syrer Thomas von Heraklea im Antoniuskloster zu Alexandrien und entlehnte demselben nicht wenige zu β zu rechnende LAen, indem er sie teils in den Text seiner Revision der Philoxeniana aufnahm, teils als beachtenswerte Varianten an den Rand schrieb. Dadurch wurden die gelehrten Syrer des Mittelalters nachträglich mit Fragmenten eines Textes bekannt, welcher — wir wissen nicht, in wie reiner Gestalt — der ältesten syrischen Übersetzung der AG zu Grunde gelegen hatte. Inzwischen aber hatte auch dort Rec. α in der Kirche den Sieg gewonnen und nur zerstreute und den Meisten heute verborgene Spuren in der syrischen Kirchenbibel, der Peschittha, weisen auf die ursprüngliche Textform der syrischen AG zurück (A 3). Überall, wo wir Spuren von β finden, im Abendland, in Ägypten, in Syrien, erscheint β als das Frühere, α als das Spätere. Mit einem geschichtlichen Geschmack, auf welchen diese Tatsache keinen Eindruck macht muß man nicht streiten. Wir besitzen β nicht; aber die Beweise seiner frühzeitigen Existenz in den verschiedensten Teilen der Kirche verpflichten uns, diesen Text zu suchen; und man sollte dem Philologen, welcher Fleiß und Scharfsinn genug aufgewandt hat, ihn nach Möglichkeit herzustellen, dankbar sein. Die Schwierigkeit besteht vor allem darin, daß β uns abgesehen von einigen Bruchstücken nur in Texten vorliegt, welche stark mit α gemischt sind oder gar überwiegend α repräsentiren. Da auch α jedenfalls in sehr hohes Altertum hinaufreicht, so wissen wir nicht, wie früh hier und dort die Mischung von α und β begonnen hat. Ferner ist zu bedenken, daß β, welcher möglicherweise dem Irenäus und dem ersten syrischen und auch noch dem ersten lateinischen Übersetzer unvermischt vorlag, bis zu den Zeiten dieser Zeugen doch vermöge einer inneren Entwicklung, ohne Einfluß von α mancherlei Veränderungen erlitten haben kann und vermutlich erfahren hat. Nicht alles von α Abweichende, was wir eben deshalb und wegen seiner Gleichartigkeit mit β diesem zurechnen müssen, muß darum sofort als urspünglicher Bestandteil von β beurteilt werden. Es liegt in der Natur der Sache und ist durch zahlreiche Beispiele belegt, daß die stärksten Veränderungen der ntl Texte in allerfrühester Zeit, im 2. Jahrhundert entstanden sind. Hat es eine Recension β gegeben, so kann die Frage nach der Entstehung und dem Verhältnis von α und β nicht ohne Eingehen auf Einzelheiten beantwortet werden. An sich wäre denkbar, 1) daß β eine plötzlich oder allmählich vollzogene Umgestaltung von α wäre, welche etwa um 120—150 im Abendland entstanden wäre und, nachdem sie dort eine gewisse Konsistenz und Auktorität erlangt hatte, sich sowohl nach Syrien als nach Ägypten verbreitet hätte. Es könnte 2) β die ursprüngliche Textgestalt sein, welche durch ein bewußtes Verfahren mehr oder weniger gelehrter Diaskeuasten in die von manchem Entbehrlichen entlastete, besser stilisirte Form α umgegossen worden wäre. Diese revidirte AG, welche sich den Gelehrten und den Kirchenvorstehern empfehlen mußte, hätte sich unter deren Schutz allmählich verbreitet und zuletzt β beinah völlig verdrängt. Es können aber 3) α und β auch beide ursprünglich sein, wenn nämlich der Vf, wie Blaß annimmt, sein Werk zweimal herausgegeben hat, was im Altertum sehr häufig geschehen ist (A 4). Für die erste Möglichkeit spricht die unleugbare Tatsache, daß Texte, an deren apokryphem Charakter nicht zu zweifeln ist, wie z. B. Mr 16, 9—20 oder die apokryphen Zutaten hinter Mt 20, 28, schon im 2. und 3. Jahrhundert von Lyon bis Edessa sich verbreitet haben (oben S. 240 A 9). Die zweite Annahme ließe sich empfehlen durch die ebenso zweifellose Tatsache, daß teils aus dogmatischen, teils aus stilistischen, teils aus liturgischen Gründen von früh an am ntl Text Änderungen vorgenommen worden sind, welche an manchen Stellen den ursprünglichen Wortlaut ganz oder beinah ganz aus der Kirche verbannt haben (A 5). Nur müßte man in diesem wie in jedem andern Fall die anzunehmende Umarbeitung unabhängig denken von dem Mythus einer Kanonisirung der ntl Schriften im Zusammenhang mit der ebenso mythischen Entstehung der katholischen Kirche um 170. Denn zur katholischen Kirche gehörten auch Rom, Lyon und Karthago, welche nach wie vor an β festhielten und bis ins 4. Jahrh. hinein von α wenig wußten, teilweise nichts wissen wollten. Man müßte sich auch erinnern, daß Origenes zwar die Verwilderung der ntl Texte beklagte und als der Erste an Abhilfe dachte, aber nicht dazu gekommen ist, der Textkritiker des NT's zu werden (GK I, 74 A). Hier aber würde es sich nach der zweiten Annahme um eine durchgängige, planvolle, ebensosehr auf die Sachen als auf den Stil gerichtete Revision handeln, und zwar eine solche, welche lange vor Origenes stattgefunden haben müßte. Aber auch die zuerst erwähnte Annahme einer allmählichen oder plötzlichen Entstehung von β auf Grund von α verträgt sich nicht mit dem Tatbestand. Denn es würde sich nicht um einzelne interessante Rede- oder Erzählungsstücke handeln, wodurch man das Buch hätte bereichern mögen, oder um einzelne durch solche Einschübe veranlaßte Ungeschicktheiten der Darstellung, sondern um eine systematische Umarbeitung, die in stofflicher Hinsicht keine wesentliche Bereicherung und in stilistischer Hinsicht vorwiegend eine Verschlechterung wäre. Es bleibt nur die dritte Möglichkeit. Der entscheidende Beweis für die wesentliche Richtigkeit der Hypothese von Blaß liegt e r s t e n s darin, daß das Tatsächliche, was β über α hinaus bietet, ebensowenig wegen seiner Anstößigkeit zur Tilgung, als durch seine Bedeutsamkeit zur Eintragung reizen konnte; z w e i t e n s darin, daß α und β sich trotz aller stofflichen Verschiedenheit niemals in der Sache widersprechen; und d r i t t e n s darin, daß beide Formen durchweg den Stil zeigen, welcher der in beiden Recensionen gleichlautenden Masse des Buchs eigentümlich ist.

Wenige Beispiele mögen dies erläutern. Es wurde bereits oben S. 334 bemerkt, daß die Überlieferung von Lc als einem Antiochener mit dem Text β AG 11, 27 übereinstimmt, aber nicht wohl aus diesem Texte entstanden sein kann. Noch weniger kann β eine aus jener Tradition erwachsene Glosse sein. Ein Ausleger oder Abschreiber, welcher die Zugehörigkeit des Lc zur antiochenischen Gemeinde zu einer Stelle der AG anmerken oder in deren Text eintragen wollte, würde dazu eine andere Stelle, etwa 13, 1 ausgesucht und dort ein $\varkappa\alpha\grave{\iota}\ \grave{\epsilon}\gamma\grave{\omega}$ $\varLambda o\nu\varkappa\tilde{\alpha}\varsigma\ \mathrm{'}A\nu\tau\iota o\chi\epsilon\acute{\nu}\varsigma$ eingetragen haben (§ 60 A 11). Die Worte, welche β hinter 11, 27 bietet: „und es war ein großer Jubel. Da w i r aber versammelt waren, sprach Einer von ihnen mit Namen Agabus" etc. lauten doch wahrlich nicht wie ein absichtsvoller Zusatz, welcher den Zweck verfolgt, auf die Person des Erzählers als ein Mitglied jener Versammlung hinzuweisen, sondern wie der unwillkürliche Abdruck der Erinnerung an die gehobene Stimmung, in welche die junge Gemeinde durch den Besuch und die Verkündigungen der judäischen Propheten versetzt wurde. Ihre Ursprünglichkeit ist auch durch den echt lucanischen Charakter des Wortausdrucks sicher verbürgt (A 6). Aber auch α kann nicht durch einen Korrektor aus β hergestellt sein; denn die Korrektoren, welche das wiederholte, unvorbereitete Auftauchen und Verschwinden des Wir

von 16, 10 an unbeanstandet gelassen haben, konnten an dem hiesigen Wir keinen
Anstoß nehmen; und die Beschreibung der freudigen Stimmung in den· christlichen Vereinigungen ist in der AG nichts Seltenes (2, 46; 15, 3; 16, 34), jedenfalls späteren Lesern nichts Anstößiges. Es bleibt nur übrig, daß der Vf selbst
bei Revision seines ersten Entwurfs (β) die Beschreibung der Versammlung,
welcher er selbst beigewohnt hatte, nicht nur entbehrlich, sondern inmitten der
mit wenigen grossen Strichen hingeworfenen Zeichnung der Zustände der antiochenischen Gemeinde während der ersten Jahre ihres Bestandes (11, 19—30) sogar
stilwidrig fand. So entstand α aus β. — In c. 12 bietet β eine ganze Reihe
von Zusätzen, welche teils für einen Korrektor ohne andere Kenntnis als die,
welche ihm der Text α bot, ganz unerfindlich waren, wie die 7 Stufen, die von
der Burg Antonia zur Straße hinabführten (12, 10), teils so harmlos und entbehrlich sind, daß sie nicht dem Bedürfnis der Erläuterung entsprungen sein können
(A 7). Andrerseits enthalten sie auch nichts Anstößiges, was die Beseitigung
durch einen Korrektor begreiflich machen könnte. Da sie ferner weder in sachlicher noch in stilistischer Beziehung mit α in Widerspruch stehen, so ergibt sich
wiederum, daß der Vf bei einer Revision seines Buchs entbehrliche Weitläufigkeiten beseitigt hat. Man hat AG 18, 22 α vielfach so verstanden, als ob Pl
nach seinem ersten kurzen Besuch von Ephesus und seiner Landung in Cäsarea
Jerusalem besucht habe. Aber auch abgesehen davon, daß man sich wundern
müßte, nicht das Geringste über diesen Besuch Jerusalems zu erfahren, ist diese
Deutung als reine Eintragung zu verwerfen (A 8). Lc sagt nur, daß Pl in
Cäsarea ans Land gestiegen, die dortige Gemeinde begrüßt habe und darauf nach
Antiochien gereist sei. Es wird nicht erklärt, warum Pl, wenn unter dem Reiseziel Syrien (v. 18) eigentlich Palästina gemeint ist (cf 20, 3), in Cäsarea um-
kehrt, oder wenn Antiochien, wo er einen nicht ganz kurzen Aufenthalt nahm
(v. 23), das Ziel dieser Reise war, warum er überhaupt nach Cäsarea und nicht
sofort nach Seleucia gefahren und von dort nach Antiochien gereist ist. Ähnlich
flüchtige Reiseberichte finden wir auch sonst z. B. 20, 1—4 (A 9), und es fehlt
dem hiesigen, formell betrachtet, nichts; aber der auf die Sache gerichtete Leser
bleibt unbefriedigt. Erst durch β erfahren wir, daß Pl wirklich schon bei der
Abreise von Korinth beabsichtigte, nach Jerusalem zu reisen und dort das
bevorstehende Fest mitzufeiern, und daß er mit der Wichtigkeit dieser Reise
die Flüchtigkeit seines ersten Besuchs in Ephesus rechtfertigte (v. 21). Nachträglich aber erfahren wir 19, 1, daß Pl an der Ausführung dieser seiner Absicht durch eine Mahnung des Geistes, nach Ephesus zurückzukehren (statt von
Cäsarea vollends nach Jerusalem zu reisen), gehindert worden sei. Der Zweck
der Reise nach Jerusalem erinnert an 20, 16, aber kein Wort in 18, 21 verrät
eine Entlehnung von dorther. Die Vereitelung der selbsterdachten Pläne durch
Abmahnungen des Geistes fand sich ähnlich schon 16, 6 f., nach β auch 17, 15
(Bd. I, 154 A 7; Harris, Four lect. 47) und nochmals 20, 3. Vergleichbar ist
auch der beinah umgekehrte Fall, daß Pl durch Prophetenstimmen sich nicht

abhalten läßt, seine letzte Reise nach Jerusalem fortzusetzen (20, 23 ; 21, 4. 11—14). Aber der Ausdruck in 19, 1 ist wieder ganz originell (A 8 a. E.). Ist ferner nicht daran zu zweifeln, daß diese Kundgebung des Geistes in Cäsarea stattfand, so kann es doch nicht Zufall sein, daß Pl sich eben dort in einem Kreise befand, in welchem die Prophetie gepflegt wurde (21, 9), und daß er an einer anderen Stelle, wo gleichfalls nur β von solchen Kundgebungen des Geistes berichtet (17, 15), in Begleitung eines Propheten reiste. Der Zuruf des Geistes an Pl: „Kehre um nach Asien" d. h. „reise nicht weiter nach Jerusalem", ist wie in allen analogen Fällen, zumal da, wo direkte Redeform angewandt ist (13, 2; 21, 11, cf dagegen β 20, 3), als eine Prophetenstimme aus der Gemeinde, aus der Umgebung des Pl zu denken (Bd I, 148. 163. 170 A 6; 475). Es werden die prophetisch begabten Töchter des Philippus (21, 9) gewesen sein, die so „durch den Geist zu Pl sprachen" (cf 21, 4) oder, was dasselbe ist, durch welche der Geist also zu Pl sprach (cf 13, 2; 21, 11); wie es der Prophet Silas war, dessen der Geist 16, 6—7 und nach β auch 17, 15 sich als seines Organs bediente. Ist es denkbar, daß ein Glossator, der keine andere Quelle als den Text α und sein Tintenfaß besaß, diese Vorgänge gerade an zwei solchen Stellen eingeführt hätte, wo wir ihre Voraussetzung und Möglichkeit geschichtlich nachweisen können? und daß ein solcher, wenn er wie unsereiner durch Kombination die Voraussetzung ermittelt hätte, die Namen des Silas und der Prophetinnen von Cäsarea verschwiegen hätte? Es kann nur der Vf sein, der hier wie anderwärts aus einer reichen ihm zu Gebote stehenden Kenntnis der Dinge bei seinem ersten Entwurf (β) Manches vorgebracht hat, was er dann bei der Revision (α) als entbehrlich und teilweise sogar misverständlich beseitigte. Die Anknüpfung an die Episode 18, 24—28 und die Wiederaufnahme des in 18, 23 abgebrochenen Reiseberichts in 19, 1 nach α stellt im Vergleich mit β eine stilistische Besserung dar. Wer aber je an eine eigene Arbeit mit der Absicht, unnötige Breite und sonstige Ungeschicktheiten zu beseitigen, die feilende Hand gelegt hat, wird auch erfahren haben, daß dabei leicht etwas von der ursprünglichen Frische verloren geht, und daß nicht Alles, was so gemeint war, eine wirkliche Verbesserung ist. — AG 20, 12 ist in α ohne Gewinn ein schönes, in β freilich nur unvollkommen ausgeführtes Bild zerstört. Pl verläßt das Haus, in welchem er bis zu Tagesanbruch vor versammelter Gemeinde geredet hat. Der Berichterstatter mit dem größeren Teil der Reisegesellschaft begibt sich zum Hafen und besteigt dort das Schiff, während Pl erst etwas später auf dem Landweg nachfolgen will. Das letzte, was Lc bei der Abfahrt zurückblickend sah, waren die Christen von Troas, die ihm und seinen Genossen Abschiedsgrüße zuriefen und zuwinkten, und in deren Mitte Pl mit dem Jüngling an der Hand, den er ins Leben zurückgerufen hatte (A 10). — Den gewöhnlichen Text von 21, 16 glaubte man so verstehen zu dürfen, daß das Haus des Mnason, in welchem Pl mit seiner großen Reisebegleitung (A 9) gastliche Aufnahme fand, in Jerusalem zu suchen sei. Sonderbar freilich, daß erst v. 17 von der Ankunft in Jerusalem berichtet wird, und nicht minder, daß Christen von Cäsarea den Pl und seine Genossen bis nach Jerusalem begleitet haben sollen, um ihm dort in Mnasons Hause gastliche Aufnahme zu erwirken, während doch in der großen Gemeinde von Jerusalem, wo Pl jetzt wie früher freundlichste Aufnahme fand (21, 17 cf 15, 4), gewiß mehrere Häuser von selbst zu seiner Aufnahme bereit gewesen wären und sich gerne in die Beherbergung der zahlreichen Ankömmlinge geteilt haben würden. Alle diese Sonderbarkeiten verschwinden nach β. In einem Dorf auf dem Wege von Cäsarea nach Jerusalem wohnt jener Mnason. Bis dahin begleiten Christen von Cäsarea den Pl und seine Gefährten und sorgen dafür, daß sie das einzige Nachtquartier, dessen sie zwischen Cäsarea und Jerusalem bedürfen, bei einem guten alten Christen finden, vielleicht dem einzigen wohlhabenderen Christen in einer kleinen Gemeinde in Samarien oder im Saron (AG 8, 4—17; 9, 31—43; 15, 4). Auch α will nicht anders verstanden sein; die Kürzung hat aber eine gewisse Undeutlichkeit zur Folge gehabt. — Eigentümlich liegen die Textverhältnisse in AG 15, einem Kapitel, welches begreiflicherweise von frühster Zeit an viel beachtet wurde. Schon in 15, 1—5 finden sich bei Zeugen, denen wir zum großen Teil unsere Kenntnis von β verdanken, Abweichungen von α, welche Bedenken gegen ihre ursprüngliche Zugehörigkeit zu β erregen (A 11). Vollends für 15, 20. 29, wovon 21, 25 nicht zu trennen ist, sind Texte überliefert, welche sich zu α, wenn anders dieser durch unsere ältesten Hss und durch die breite Masse der Citate und Versionen richtig überliefert ist, ausschließend verhalten, also jedenfalls nicht von demselben Vf herrühren können, dem wir α verdanken. Es fragt sich in bezug auf das Dekret 15, 29 hauptsächlich. aber nicht ausschließlich um folgende Eigentümlichkeiten: A) die Auslassung von $\varkappa\alpha\grave{\iota}$ $\pi\nu\iota\varkappa\tau\tilde{\omega}\nu$ oder $\varkappa\alpha\grave{\iota}$ $\tauο\tilde{\upsilon}$ $\pi\nu\iota\varkappa\tauο\tilde{\upsilon}$, B) den beberühmten Spruch $\varkappa\alpha\grave{\iota}$ $\ddot{ο}\sigma\alpha$ $\mu\grave{\eta}$ $\vartheta\acute{ε}\lambdaο\upsilon\sigma\iota\nu$ ($\vartheta\acute{ε}\lambdaε\tauε$) $\dot{ε}\alpha\upsilon\tauο\tilde{\iota}\varsigma$ $\gammaε\nu\acute{ε}\sigma\vartheta\alpha\iota$, $\dot{ε}\tau\acute{ε}ρο\iota\varsigma$ ($\dot{ε}\tau\acute{ε}ρ\omega$) $\mu\grave{\eta}$ $\piο\iotaε\tilde{\iota}\nu$ ($\piο\iotaε\tilde{\iota}\tauε$), welcher vielfach hinter den 4 oder 3 Stücken der Enthaltung überliefert ist, C) einen Zusatz $\varphiερ\acute{ο}\muε\nuο\iota$ $\dot{ε}\nu$ ($\tau\tilde{\omega}$) $\dot{α}\gamma\acute{\iota}\omega$ $\pi\nuε\acute{\upsilon}\mu\alpha\tau\iota$ hinter $ε\mathring{\upsilon}$ $\pi ρ\acute{α}\xiε\tauε$ (A 12). Sicher ist zunächst A eine Verstümmelung; denn wäre $\varkappa\alpha\grave{\iota}$ $\pi\nu\iota\varkappa\tau\tilde{\omega}\nu$ eine unechte Zutat, so würden die Interpolatoren dies vor allem in das Dekret selbst 15, 29, demnächst in 15, 20 und am allerwenigsten in 21, 25 eingetragen haben. Nun ist aber dieses vierte Stück gerade für 21, 25 am besten bezeugt, und da nicht daran zu denken ist, daß der Vf bei einer beiläufigen Rückbeziehung auf das Dekret (21, 25) dieses vollständiger mitgeteilt haben sollte, als da, wo er die Urkunde selbst (15, 29) und die Rede des Antragstellers mitteilt (15, 20), so ist $\varkappa\alpha\grave{\iota}$ $\pi\nu\iota\varkappa\tau\tilde{\omega}\nu$ überall echt. Während es im Morgenland stets festgehalten wurde, ist es im Abendland schon vor Irenäus und Tertullian aus dem verbreitetsten kirchlichen Text verschwunden. Daß es aber auch dort dem Text ursprünglich angehört hat, beweist die kirchliche Sitte, sich des Fleisches erstickter oder verendeter Tiere zu enthalten, welche derselbe Tertullian bezeugt, der dieses Stück nicht mehr in seinem Text gehabt hat (A 12). Es ist aber A nicht ein zufällig entstandener Defekt, sondern hängt zusammen mit einer auch in anderen Teilen der Kirche sich zeigenden und in verschiedener Weise sich äußernden Tendenz. Erst nach Beseitigung des „Erstickten" war es möglich, das „Blut" auf Menschenblut zu deuten und hier, wie schon Tertullian, ein Verbot des Menschenmordes zu finden. Dem entsprechend deutete man den Genuß von Opferfleisch direkt auf den eigentlichen Götzendienst (A 13) und verengerte den Begriff der Unzucht zu dem des‑Ehebruchs. So hatte man die drei Todsünden: *idololatria, moechia, homicidium*. Aus der apostolischen, auf gewisse durch die Zeitverhältnisse bedeutsam gewordene Seiten der Lebenssitte beschränkten Verordnung war ein elementarer Moralkatechismus geworden. In derselben Richtung liegt die ebenso wie A auf den Occident beschränkt gebliebene Variante C, welche gleichfalls schon Irenaeus (dieser ‑zugleich mit AB) und Tertullian (dieser zugleich mit A) als einzigen Text bieten. Zwar hat auch im Orient der weltlich klingende Schluß des Schreibens ($εὖ$ $πράξετε.$ $ἔρρωσθε$ d. h. „so wird es euch gut gehn. Lebt wohl") Änderungen ins Moralische und Religiöse erfahren, indem man das erste Stück desselben als eine allgemeine Anweisung zum Guthandeln auffaßte und das zweite gelegentlich christlich ergänzte (A 14). Entschiedener aber ging man im Occident vor, indem man das nicht näher bestimmte allgemeine Wohlverhalten im Sinne von Phl 3, 15 auf die treibende Kraft des hl. Geistes zurückführte (D Iren. Tert.), womit zugleich für eine Weiterbildung der kirchlichen Sitte Raum geschaffen war, und indem man das weltliche *Valete* tilgte (A 14). Wie weit C sich im Occident verbreitet hat, läßt sich nicht ermitteln, in den Orient ist es nicht gedrungen. Dagegen ist dort die Heimat von B zu suchen. Während Tertullian dies noch nicht kennt, haben, wenn nicht Alles trügt, schon die Apologeten Aristides von Athen um 140 und Theophilus von Antiochien um 180 diesen *locus communis* als Bestandteil des Aposteldekrets gekannt, und nur B (ohne AC) ist 15, 20 und 29 durch Origenes, die sahidische Version, den Neoplatoniker Porphyrius und durch griechische Minuskeln und zu 15, 29 durch Thomas Herakl. bezeugt (A 12). Die Unechtheit des Spruchs ergibt sich schon daraus, daß bei der allgemeinen Tendenz, das Dekret zu einem Moralkatechismus für‑ die „von den Heiden zu Gott sich Bekehrenden" (15, 19) zu machen, die Tilgung desselben, zumal auch in den Kreisen, wo jene Tendenz den Text schon stark beeinflußt hatte (Tertullian), ganz unbegreiflich wäre, wogegen die Einfügung dieses „einfachen, wahren und lieblichen, ohne Zweifel den Christen geltenden Gesetzes", wie die Didaskalia (Ed. syr. p. 2, 7) es nennt, gerade aus jener Tendenz sich vollkommen erklärt. Einen bestimmten Anlaß dazu‑bot den Griechen des Orients die bei ihnen hochangesehene Didache, welche in ihrem ersten „für die Heiden" bestimmten und den Täuflingen vorzutragenden Teil (c. 1—6 cf 7, 1) jenes Gebot unmittelbar neben dem Gebot der Gottes‑ und Nächstenliebe an die Spitze stellt (1, 2) und zum Schluß (6, 3) an Speiseverbote erinnert, von welchen jedoch nur das die Götzenopfer betreffende unbedingt gelten soll. Da diese Schrift eine Lehre der Apostel sein sollte, schien es um

so eher erlaubt, von dort aus das in anderen Teilen obsolet gewordene Aposteldekret (§ 62) zu bereichern. Diese Herkunft des Einschiebsels verrät sich auch
dadurch, daß es zum Teil nicht einmal der Satzform des Textes, in den es eingeschoben wurde, ordentlich angepaßt worden ist (A 15). Im Orient um
110—140 in den Text geraten, hat sich B bald auch, aber keineswegs mit allgemeiner Wirkung, im Abendland verbreitet. Wir finden B nicht bei Tertullian,
wohl aber bei Irenaeus, Cyprian und sehr viel jüngeren Lateinern, sowie in D,
aber nur bei Irenaeus und in D nachweislich verschmolzen mit den beiden
abendländischen Textvarianten A und C. Daß der Vf der AG nicht Urheber
dieses *Mixtum compositum* und auch nicht eines einzelnen der drei Elemente
dieses Textes sein kann, die sämtlich auf eine geschichtswidrige Umdeutung
hinauslaufen, dürfte bewiesen sein. A und C kann man nur darum, weil im
Gebiet ihrer Entstehung und Verbreitung die Recension β vorherrschte, als Ent-
artungen von deren ursprünglichem Text ansehen; B kann ebensogut zuerst in
ein Exemplar von α eingetragen und von dort in Abschriften von α wie von β
eingedrungen sein.

Wenn an diesem wichtigen Punkte wie an manchen minder wichtigen Solches,
was Blaß für ein Element des ursprünglichen Textes erklärt, sich als eine nur
in frühe Zeit hinaufreichende Entartung desselben erweist, so tut das der wesentlichen Richtigkeit seiner Hypothese keinen Eintrag. Dagegen erscheint deren
Anwendung auf das Lcev undurchführbar. Der Text, welchen uns Blaß als die
römische, von Lc selbst hergestellte zweite Ausgabe des Ev darbietet, ist im
wesentlichen ein kühner Versuch, den Text, welchen man den abendländischen
nennt, herzustellen (A 16). Die so verschieden beantwortete Frage nach dem
textkritischen Wert dieser Textformation — denn eine Recension möchte ich
sie nicht nennen — betrifft aber keineswegs nur das 3. Ev, sondern auch die
übrigen Evv und die Plbriefe. Sie liegt nur in bezug auf die Evv insofern
anders, wie in bezug auf die Briefe und die AG, als wir an Tatians Diatessaron
eine zwar noch lange nicht vollständig wiederhergestellte, aber doch inhaltreiche
Urkunde besitzen, welche, zusammengehalten mit den occidentalischen Zeugen,
uns über das Alter vieler Elemente jener Textformation Gewißheit gibt und ihre
Verbreitung von der Rhone bis zum Tigris begreiflich macht. Dazu kommt für
das Lcev und nur für dieses Ev noch das um 145 in Rom redigirte Ev Marcions,
welches wir zwar auch noch sehr unvollkommen, aber jetzt doch viel genauer
als früher kennen (GK I, 585—718; II, 409—529). Kein Wunder, daß uns
der Abstand des sogen. abendländischen Textes, welchen ich auch hier β nenne,
von dem durch unsere ältesten Hss und die breite Masse der griechischen Zeugen
dargebotenen Text (α) deutlicher vor Augen tritt, als in den übrigen Evv und
vollends in den Briefen. Aber die Frage ist überall wesentlich die gleiche.
Es werden noch manche Studien über β im weitesten Sinn dieses Zeichens angestellt werden müssen, ehe eine Einigung der Urteilsfähigen erzielt ist. Es fehlt
noch an sicheren Ergebnissen, welche in einem Lehrbuch Platz finden könnten.

Wer sich aber gegenwärtig hält, daß unsere ältesten Hss (אB) etwa 200 Jahre jünger sind als Marcion, Tatian und Irenäus, und wer sich einigen Sinn für den Unterschied naiver Ursprünglichkeit und einer aus liturgischen, dogmatischen und stilistischen Rücksichten hergestellten Regelmäßigkeit bewahrt hat, wird sich auch jetzt schon etwa zu folgenden Sätzen bekennen müssen: 1) In β ist, was Sachen und Ausdrucksformen anlangt, sehr viel Ursprüngliches bewahrt, was von Anfang an zu Änderungen aus den vorher angedeuteten Gründen reizte und durch die gelehrten Textrecensenten vom Ausgang des 3. Jahrhunderts an (Lucian, Hesychius, Pamphilus) beseitigt worden ist. 2) In β ist während des ganzen Zeitraums, während dessen die ntl Texte ohne systematische Bearbeitung geblieben und ohne regelmäßige kirchliche und gelehrte Kontrole fortgepflanzt worden sind, eine Menge von willkürlichen Zutaten und von Formveränderungen eingedrungen, und zwar in stärkerem Maße in den naiveren Zeiten vor 150—200, als später, und viel mehr, als in den übrigen Büchern, in den Evv; denn erstens verleitete die Erinnerung an die parallelen Texte zu Bereicherungen jedes Ev aus den Parallelen, und zweitens gab es in bezug auf Worte und Taten Jesu Nachrichten, welche nicht in die 4 Evv Aufnahme gefunden hatten, aber doch bis zum Anfang des 2. Jahrhunderts in lebendiger Überlieferung und von da an in Schriften wie den 5 Büchern des Papias fortlebten. 3) Die schwierige Aufgabe des Kritikers von heute ist freilich nur annähernd, aber jedenfalls nur dann zu lösen, wenn man sich gleich fern hält von abergläubischer Verehrung unserer sogen. besten Hss, welche mit Verachtung der viel älteren Überlieferung gepaart ist, wie von einer krankhaften Vorliebe für alle interessanten Gebilde und Auswüchse der wildgewachsenen Überlieferung des 2. und 3. Jahrhunderts, womit sich die falsche Vorstellung verbinden müßte, daß die gelehrten Textrecensenten um 300 und später lediglich Textverderber gewesen sind, welche zwar nicht in bezug auf Orthodoxie, aber in Sachen des Geschmacks mit den aufgeklärten Verbesserern unserer Kirchenlieder im Zeitalter des Rationalismus sich vergleichen ließen. Unter Anwendung dieser Grundsätze erkennt man in β, als dessen am deutlichsten zu uns redender Zeuge auch hier D zu gelten hat, im Lcev wie anderwärts 1) eine Anzahl apokrypher Zutaten (A 17), 2) eine Menge von Wortvertauschungen und Umstellungen, welche zum Teil auf sehr trivialen Erwägungen beruhen (A 18), 3) aber auch eine Anzahl meist inhaltlich wichtiger Texte von unerfindlicher Ursprünglichkeit, die in der Überlieferung vom 3. und 4. Jahrhundert an mit Unrecht zurückgedrängt worden sind (A 19). Dieses komplicirte Verhältnis besteht aber zwischen β und α durch alle Evv hindurch und ist aus den angegebenen Gründen im Lcev nur deutlicher als in den übrigen. Es stellt aber dieses Verhältnis im Lcev nicht wie in der AG einen Parallelismus gleichberechtigter Texte dar, sondern durchweg stehen wir mit der Frage, was Lc geschrieben hat oder geschrieben haben kann, vor einem Entweder — Oder. Dieses Urteil über die Texte des Lcev schwächt das Urteil über die doppelte Textformation der AG nicht ab. Dieses ist aber von Wichtigkeit für die Frage nach der Entstehung des lucanischen Werks. Um dessen Selbstzeugnis zu erheben, haben wir die Texte α und β der AG als gleichwertig zu behandeln. Ob der Vf, welcher den zweiten Teil seines Werks zweimal herausgegeben hat, das ist, wofür er sich ausgibt, oder ob er ein kompilirender und dichtender Schriftsteller einer etwas späteren Zeit ist, bleibt von der hier erörterten Frage unabhängig.

1. Nach Semler, Wetstenii libelli ad crisin NTi, 1766 p. 8 hat schon J o. C l e r i c u s unter dem Pseudonym Critobulus Hierapolitanus (in welcher Schrift?) angenommen, daß Lc die AG zweimal herausgegeben habe, und hat Hemsterhuis (wo?) eine ähnliche Ansicht über noch andere Schriften des NT's geäußert. Es ist hier ferner zu nennen Acta apost. ad codicis Cantabrig. fidem ita rec. B o r n e m a n n, ut nunc demum divini libri primordia eluceant. Pars 1. Großenhain und London 1848. Im Winter 1885/86 habe ich im neutestamentlichen Seminar zu Erlangen die Preisaufgabe gestellt: „Untersuchung der sachlich bedeutsamen Eigentümlichkeiten des cod. D in der AG" und dabei gefordert, daß die Verbreitung dieser Varianten bei Lateinern, Griechen, Ägyptern (sahid.) und Syrern, soweit dies nach Tischendorfs Apparat für einen Studenten möglich war, berücksichtigt werde. Nach meinen damaligen Aufzeichnungen war das Ziel, zu dem ich hoffte die Untersuchung gelangen zu sehen, und welchem der Bearbeiter Fr. Gleiß, jetzt Pastor zu Westerland auf Sylt, sich einigermaßen genähert hat: (Diese Recension stellt dar) „entweder das Koncept des Vf vor der Publikation, oder das Handexemplar des Vf mit nachträglichen Randbemerkungen desselben". Weiter war ich selbst noch nicht gekommen, war aber nicht überrascht, als F r. B l a ß, ohne meine Ansicht zu kennen, mit seiner bestimmter gefaßten und gründlicher durchgearbeiteten Hypothese in folgenden Publikationen hervortrat: Die Textüberlieferung in der AG (Theol. Stud. u. Krit. 1894 S. 86—119); Acta apostolorum sive Lucae ad Theophilum liber alter, Ed. philol. Göttingen 1895; Über die verschiedenen Textesformen in den Schriften des Lc (N. kirchl. Ztschr. 1895 S. 712—725 cf ebendort 1896 S. 964—971); De duplici forma actorum Lucae (Hermathena 1895, IX, 121—143 gegen Chase in Critical Review 1894 p. 300 ff.); Th. Stud. u. Krit. 1896 S. 436—471; Acta ap. secundum formam quae videtur Romanam, Lips. 1896; Ev. sec. Lc secundum f. R. Lips. 1897 mit umfangreicher Vorrede; neuerdings wieder Th. Stud. u. Krit. 1900, 1. Heft. Für diese Ansicht sprachen sich in der Hauptsache aus E. N e s t l e (Christl. Welt 1895 Nr. 13—15 cf desselben Philologica sacra 1896; Th. Stud. u. Krit. 1896 S. 102—113), Z ö c k l e r (Greifswalder Studien 1895 S. 129—142); B e l s e r, Die Selbstverteidigung des Pl im Gl (Bibl. Stud. ed. Bardenhewer Bd. I, 3, 189); Beiträge zur Erkl. der AG auf Grund der LAen des cod. D und seiner Genossen 1897. Gegen Blaß schrieben unter anderen P. Corssen in Gött. gel. Anz. 1896 S. 425 ff. und B. Weiß, Der cod. D in der AG 1897.

2. Cf Griesbach Symbol. crit. II, 457—468. Über den neuerdings auch für Origenes bezeugten Zusatz zu AG 15, 20 s. A 11.

3. Eine Übersicht über die Quellen der Recension β scheint erforderlich: I. An g r i e c h i s c h e n Zeugen kommen in Betracht 1) der griech.-lat. cod. D saec. VI, am besten bisher zu benutzen nach Bezae cod. Cantabrigiensis ed. Scrivener, Cambridge 1864, jetzt in der phototypischen Ausgabe, 2 voll. Cantabrig. 1899. Cf auch die Collation in NTi Supplementum ed. Nestle 1896. Zur Beurteilung cf D. Schulz, Disputatio de cod. D, 1827; Credner, Beitr. zur Einl. (1832) I, 452—518; Rendel Harris, Cod. Bezae Cantabr. 1891 (Texts and Stud. II, 1); desselben Four lectures on the Western Text 1894; Chase, The syriac element in the text of Cod. Bezae 1893; ferner die Literatur in A 1. Es fehlt in D der griech. Text von AG 8, 29—10, 14; 21, 2—10; 21, 15—18;

22, 10—20; 22, 29—28, 31, womit sich die Defekte des lat. Textes nicht völlig decken, da dieser auf der Vorderseite des Blattes, zur Rechten des auf die Rückseite des vorangehenden Blattes geschriebenen griech. Textes steht. Daneben sind nur hier und da von Bedeutung 2) cod. E Laudianus Oxon., saec. VI, griech.-lat., ed. Tischendorf 1870 in Monum. s. IX; 3) cod. min. 137 saec. XI (al. XIII) in Mailand, für die letzten 4 Kapitel von Blaß neu verglichen cf Acta ed. minor p. XXI, vollständig von Mercati für Hilgenfeld, Actus apost. gr. et lat. 1899 p. IX. Vermutlich steckt in den Minuskeln noch manches unentdeckte Material, ebenso in griech. Schriftstellern. Zu letzteren gehört vor allen Irenäus, obwohl er fast nur durch eine lat. Übersetzung zu uns redet, gewissermaßen auch Tertullian, da er das NT noch nicht in lat. Übersetzung, sondern im Original las. Spuren der Rec. β, vielleicht durch Abhängigkeit von einem älteren Kommentar vermittelt, haben Harris, Four lect. p. 91—96, und Conybeare, On the western text of the Acts as evidenced by Chrysostom, in Americ. Journ. of philol. XVII, 2 nachgewiesen. Eine Spur des Textes β enthält die Vita Polyc. per Pionium c. 2 (aus dem 4. Jahrh. s. Gött. gel. Anz. 1882 S. 289 ff.); denn, wenn dort die Reise von AG 18, 23; 19, 1 durch Galatien nach Asien gemeint ist (cf Lightfoot, Ign. Pol. I¹, 447), so werden die Worte $\mu\acute{\epsilon}\lambda\lambda\omega\nu$ $\lambda o\iota\pi\grave{o}\nu$ $\grave{a}\pi\iota\acute{\epsilon}\nu a\iota$ $\epsilon\grave{i}\varsigma$ $\mathrm{'I}\epsilon\varrho o\sigma\acute{o}\lambda\nu\mu a$ auf ungenauer Erinnerung an β 19, 1 beruhen. II. Die lat. Zeugen gehen sämtlich zurück auf die altlat. Übersetzung. Diese scheint ziemlich rein erhalten zu sein 1) in den Fragmenten eines pariser Palimpsests (AG 3, 2—4, 18; 5, 23—8, 2; 9, 4—23; 14, 5—23; 17, 34—18, 19; 23, 8—24; 26, 20—27, 13), zuletzt herausgegeben von Berger, Le palimpseste de Fleury, Paris 1889, bei Tischend. als reg. bezeichnet; 2) in den Citaten bei Cyprian (cf Corssen, Der cypr. Text der Acta ap. 1892), Einzelnes auch bei Augustinus, Ambrosiaster (s. unten A 5 und oben Bd. I, 391 f.), Lucifer etc. Gemischte Texte bieten 3) der sogen. Gigas in Stockholm (ed. Belsheim, AG und Ap aus dem Gigas, Christiania 1879); 4) cod. Paris. 321, besonders für c. 1—13 wichtig, teilweise ed. Berger in Notices et extraits des mss. XXXV, 1, 169—208, von Blaß (ed. min. p. XXV) vollständig kollationirt, cf Haußleiter, Th. Ltrtrbl. 1896 Nr. 9; Blaß, Th. Stud. 1896 S. 436 ff., beide auch über 5) cod. Wernigerodensis Zᵃ 81, von Blaß kollationirt; 6) ein provenzalisches NT ed. Clédat, Paris 1887. — III. Die sogenannte sahidische Übersetzung beinah vollständig (1, 1—24, 19; 27, 27—38) bei Woide-Ford, Append. cod. Alex. 1799 p. 106—167; die Lücke teilweise ausgefüllt durch Amélineau, Ztschr. f. äg. Sprache 1886 p. 112—114 und durch andere noch nicht edirte Fragmente s. Scrivener-Miller, Introd. to the crit. II⁴, 135 f. — IV. Es ist aus dem, zu großen Teilen in einer armenischen Katene erhaltenen Kommentar Ephräms zur AG und einigen Stellen seines Kommentars zu den Plbriefen erwiesen, daß die älteste syrische Version der AG in entscheidenden Punkten mit cod. D zusammentrifft (Harris, Four lectures p. 22—51). Die spätere Peschittha hat ebenso wie in den Plbriefen manche Reste dieser ältesten syr. Version beibehalten (GK II, 556—564). Sie sind nur erst sehr unvollständig ans Licht gezogen. Thomas von Heraklea, welcher im J. 616 im Kloster des hl. Antonius zu Alexandrien die im J. 508 entstandene sogen. philoxenianische Version des NT's neubearbeitet und dazu für die AG und die kath. Briefe eine (für die Evv 2 oder 3) griechische Hs desselben Klosters benutzt hat, hat jedenfalls aus dieser Hs eine beträchtliche Zahl von LAen geschöpft und ins Syrische übersetzt, die mit β wesentlich übereinstimmen. Er hat sie teils in den Text aufgenommen, aber durch Sternchen kenntlich gemacht, teils neben die im Text gegebene LA an den Rand gestellt. Wahrscheinlich bedeutet dies, daß beiderlei LAen der älteren Philoxeniana fremd waren. Doch bedarf diese Frage erneuter Untersuchung cf z. B. Gwynn, Hermathena (1890) VII, 294 f. 301. Ich bezeichne im folgenden diese syr. LAen der Kürze wegen durch S³, wie sonst den ganzen Text des Thomas.

4. Blaß, Ed. mai. p. 32; ed. min. p. VI führt als Beispiele von den Verfassern

doppelt herausgegebener Schriften an: Demosth. Philipp. III, Appolod. chron., Longin. nom. Attica, Cicero's Academ., dazu eine Bemerkung des Galenus (ed. Kühn XVII, 1, 79) über seine Randbemerkungen zu seinen eigenen Schriften. Zöckler, Greifswalder Stud. S. 132 f. fügt hinzu: Die 3 Ausgaben von Tert. c. Marc. I (auch adv. Judaeos), doppelte Ausgabe von Lactant. inst., Eus. de mart. Pal. und Anderes aus dem Mittelalter. Cf auch was Sedulius (ed. Huemer p. 172) über dreifache, von den Verfassern selbst herrührende Ausgaben von Schriften des Origenes und des Juristen Hermogenianus sagt.

5. Ambrosiaster zu Gl 2, 1 ff. (Ambrosii opp. ed. Bened. II app. p. 214) citirt das Dekret anscheinend sachlich vollständig *non molestari eos, qui a gentibus credebant, sed ut ab his tantum observarent, id est a sanguine et fornicatione et idololatria.* Darauf polemisirt er gegen die *sophistae Graecorum,* welche meinen, diese Stücke aus eigener Vernunft und Kraft halten zu können. Er lehnt sodann die Deutung von *a sanguine* auf *homicidium* ab und will dies nach Gen 9, 4 richtig verstanden haben *a sanguine edendo cum carne.* Darauf p. 215 *Denique tria haec mandata ab apostolis et senioribus data reperiuntur, quae ignorant leges Romanae, id est ut abstineant se ab idololatria et sanguine, sicut Noë. et fornicatione. Quae sophistae Graecorum non intelligentes, scientes tamen a sanguine abstinendum, adulterarunt scripturam, quartum mandatum addentes „et a suffocatis observandum“, quod puto nunc Dei nutu intellecturi sunt, quia jam supra dictum erat, quod addiderunt.* Über Benutzung der Recension β durch Ambrosiaster s. Bd I, 391 f., über seine Stellung zum griech. Text s. GK I, 34, über seine ziemlich sichere Identität mit dem Proselyten Isaak Th. Ltrtrbl. 1899 nr. 27 im Anschluß an G. Morins grundlegende Untersuchung. — Auch unbefangener urteilende Griechen wie Origenes (in Os.; tom. XXXII, 32 in Jo, Delarue III, 438; IV, 455) und selbst ein Epiphanius (ancor. 31) haben anerkannt, daß nicht nur stilistische, sondern auch dogmatische Bedenken der Orthodoxen den kirchlichen Bibeltext vielfach alterirt haben.

6. AG 11, 27 β zeigt den Sprachcharakter des Lc. Abgesehen von Ju 24 und einem Citat Hb 1, 9 finden wir ἀγαλλίασις nur Lc 1, 14. 44; AG 2, 46. Auch das Verbum gebraucht er Lc 1, 47; 10, 21; AG 16, 34. Er allein hat nach klassischem Brauch συστρέφειν = „zusammenraffen“ AG 28, 3, συστροφή 19, 40; 23, 12 „Zusammenrottung“. Textkritisch unsicher und in anderer Bedeutung συστρέφεσθαι (= συναναστρέφεσθαι) Mt 17, 22; AG 10, 41 cod. D. Das Wort schildert malerisch, wie Alles um die Propheten sich schart und drängt.

7. Das ἐν τῇ Ἰουδαίᾳ 12, 1 β ist nicht, als ob τῆς davor stünde, eine Näherbestimmung von τῆς ἐκκλησίας, welche einem späteren Leser hätte notwendig erscheinen können, sondern bezeichnet den Schauplatz der Erzählung 12, 1—20 im Gegensatz zu Antiochien, dem Schauplatz von 11, 19—30. Οἱ ἀπὸ τῆς ἐκκλησίας ist gut griechisch (Kühner Gr. II, 396) = Kirchenglieder (cf 15, 5a) = οἱ πιστοί v. 3 β, ganz ohne Rücksicht auf einen bestimmten Ort und eine Ortsgemeinde. Daß es sich um solche in Jerusalem und Judäa und nicht etwa in Antiochien handele, ergab sich aus dem Personal und den sonstigen Angaben der Erzählung deutlich genug. Ein Leser, welcher v. 3 ein ausgesprochenes Subjekt zu ἀρεστόν ἐστιν vermißte, würde wie einige Übersetzer (z. B. Lucifer) τοῦτο eingeschoben haben. Der Text β ἡ ἐπιχείρησις αὐτοῦ ἐπὶ τοὺς πιστούς ist im Ausdruck viel zu originell, um als Glosse gelten zu können. Im NT kommt ἐπιχείρησις sonst nicht vor, und ἐπιχειρεῖν nur Lc 1, 1; AG 9, 29; 19, 13. Das feminine Subjekt hinter dem neutralen Prädikat (Mt 6, 34; 2 Kr 2, 6) sieht auch nicht nach einem Glossator aus. Ein solcher würde v. 5 das Bedürfnis, ἐτηρεῖτο ἐν τῇ φυλακῇ durch Angabe der bewachenden Leute zu ergänzen, durch Worte aus v. 4 befriedigt haben. Das ὑπὸ τῆς σπείρης τοῦ βασιλέως geht über v. 4 hinaus, bezeichnet auch nicht die 4×4 mit der persönlichen Überwachung des Pt beauftragten Soldaten, sondern die ganze Kohorte (cf 10, 1; 21, 31; 27, 1), die dem Gebäude, wahrscheinlich der Antonia als

Besatzung diente, und welche die verschiedenen Wachposten (v. 10) in beständigem Wechsel zu stellen hatte. Was β v. 10 zwischen ἐξελθόντες und προῆλθον bietet: κατέβησαν τοὺς ἑπτὰ βαθμοὺς καί kann nur einer geschrieben haben, der die Örtlichkeit kannte. Aus 21, 35. 40, wo von Treppen die Rede ist, welche die Antonia nicht mit der Straße, sondern direkt mit dem Tempelplatz verbanden, konnte Niemand auf diese 7 Stufen raten und diese daraufhin als dem Leser bekannt mit dem Artikel einführen. Auch die 7 und 8 Stufen an den Tempeltoren bei Ez 40, 22. 26. 31, worin Hieronymus große Geheimnisse fand (Anecd. Maredsol. III, 2, 18. 111 cf Orig. fragm. zu Jo 11, 18 ed. Brooke II. 290), erklären nichts. Sehr erklärlich dagegen ist, daß Lc, welcher die offenbar in Jerusalem entstandene und wahrscheinlich von ihm in einer älteren Schrift vorgefundene Erzählung das erste Mal an dieser Stelle unverändert aufgenommen hatte, bei nochmaliger Durchsicht die entbehrlichen und für auswärtige Leser ungeeigneten Worte beseitigte.

8. Neuerdings hat Belser (Bibl. Stud. I, 3, 141 ff.; ausführlicher Beiträge S. 8. 89 ff.) nicht nur die früher vorherrschende Deutung von 18, 22 α aufrecht erhalten, sondern sie auch in β eingetragen. Pl soll von Cäsarea nach Jerusalem gereist sein und, nachdem er von Antiochien aus Galatien und Phrygien durchwandert hat, nach 19, 1 β noch einmal sich mit dem Gedanken getragen haben, nach Jerusalem zurückzukehren, statt seinem Versprechen gemäß endlich nach Ephesus zu gehen. Der Geist aber wehrt ihm, diesen sonderbaren Plan auszuführen und zwingt ihn, sein Versprechen zu halten. Was zunächst α anlangt, so kann 1) das nackte ἀναβάς v. 22 nicht eine Reise von Cäsarea nach Jerusalem bezeichnen. Die 18 Stellen des NT's (3 Lc, 7 AG), wo ἀναβαίνειν εἰς Ἱερ. vorkommt, beweisen, daß diese Näherbestimmung unentbehrlich ist, sogut wie εἰς Ἀντιόχειαν 14, 26; 15, 30; 18, 22. Ein absolutes ἀναβαίνειν Jo 7, 10 neben 3 maligem ἀναβ. εἰς τὴν ἑορτήν oder Jo 12, 20, wo Jerusalem der Schauplatz bereits der vorangehenden Ereignisse und überdies der Festbesuch als Zweck genannt ist, lassen sich nicht vergleichen; denn nach α ist Jerusalem in AG 18 überhaupt noch nicht als Reiseziel genannt (v. 18 Syrien; v. 21 nur, daß Pl vor seiner dauernden Niederlassung noch einmal verreisen muß). Es heißt ἀναβαίνειν hier entweder „ans Land steigen" (cf Mt 3, 16?), oder vom Hafen in die Stadt, also vom Strand landeinwärts d. h. nach griech. Anschauung hinaufgehen. 2) Die Gemeinde von Jerusalem heißt nirgendwo schlechtweg ἡ ἐκκλησία cf vielmehr 8, 1; 11, 22. Über 12, 1 s. A 7. Auch 8, 3 hinter 8, 1 beweist nichts, abgesehen davon, daß in dem Moment von 8, 1—3 die Ortsgemeinde von Jerusalem (5, 11) noch wesentlich identisch war mit der Christenheit, die Pl verfolgt hat (cf AG 9, 1. 31; 1 Kr 15, 9; Gl 1, 22 f.). Es kann also nur die Gemeinde des Orts gemeint sein, welcher genannt ist (11, 26; 15, 3 Antiochien; 15, 4 Jerusalem), hier also die von Cäsarea. Es ist nicht einzusehen, warum die damals schon so lange bestandene Gemeinde von Cäsarea nicht ebensogut wie die viel jüngeren AG 14, 23; 15, 41; 16, 5; 1 Th 1, 1; Rm 16, 1. 4 ἐκκλησία heißen dürfte. Was aber 19, 1 β anlangt, so ist undenkbar, daß Pl, nachdem er angeblich eben erst Jerusalem besucht und die große Reise von da über Antiochien und durch Kleinasien bis in die Nähe von Ephesus gemacht hat, plötzlich den Entschluß faßt, wieder nach Jerusalem zu reisen und somit, beinah am Ziel einer Monate in Anspruch nehmenden Reise angelangt, wieder an deren Ausgangspunkt zurückzukehren. Gerade dies wäre ein ὑποστρέφειν und dagegen die Weiterreise nach Ephesus nur Vollendung einer beinah schon vollendeten Reise. Der Text β lautet eher umgekehrt. Und welches sollten τὰ ἀνωτερικὰ μέρη sein, die Pl, nachdem er das Galaterland und Phrygien bereits durchwandert hat (v. 23), noch zu durchwandern gehabt hätte, um nach Ephesus zu gelangen? Er ist ja nach 18, 23 bereits an der Grenze von Asien im engsten Sinne (nach dem Sprachgebrauch des Lc Bd I, 133) angelangt und wenige Tagereisen von Ephesus entfernt, und die kurze Reise da-

hin führt durch.ή κάτω Ἀσία (cf Forsch VI Index unter Ἀσία). Es ist also nicht zu bezweifeln, daß Lc 19, 1 β hinter 18, 23 zurückgreift oder vielmehr 18, 23 vorgreifend die Reise des Pl soweit beschrieben hat, daß sich hieran sofort 19, 1 ἔρχεται εἰς Ἔφεσον anschließen könnte. Schon 18, 24 greift Lc hinter den v. 23 erreichten Moment zurück; denn nicht erst, nachdem Pl über Cäsarea und Antiochien nach Phrygien gekommen und also in der Nähe von Ephesus eingetroffen war, hat sich das 18, 24—28 Erzählte zugetragen, sondern es füllt dies einen großen Teil der Zwischenzeit zwischen dem ersten Besuch des Pl in Ephesus (v. 19—21) und dessen Rückkehr dorthin (19, 1). Nach dieser Episode und vor Wiederaufnahme der 18, 23 abgebrochenen Reisebeschreibung (19, 1; διελϑών = 18, 23 διερχόμενος) und vor Erzählung von der Niederlassung des Pl in Ephesus wird 19, 1ᵃ rückgreifend erklärt, wie es kam, daß Pl seine Absicht, auf dieser Reise Jerusalem zu besuchen, nicht ausgeführt hat. Nach der Randlesart des Thomas, von welcher D nur durch das mattere ὑποστρέφειν abweicht, lautet 19, 1: ϑέλοντος δὲ τοῦ Παύλου κατὰ τὴν ἰδίαν βουλὴν πορεύεσϑαι εἰς Ἱεροσόλυμα, εἶπεν αὐτῷ τὸ πνεῦμα· „ὑπόστρεφε εἰς τὴν Ἀσίαν.“

9. Über AG 20, 3 oben im Text und Harris, Four lect. 49. Über 20, 4 f. teilweise schon Bd I, 150 A 2. Durch ℵ B copt vulg (wesentlich auch sah) ist α rein überliefert: συνείπετο δὲ αὐτῷ Σώπατρος . . . καὶ Τιμόϑεος, Ἀσιανοὶ δὲ Τυχικὸς καὶ Τρόφιμος· οὗτοι δὲ προελϑόντες ἔμενον ἡμᾶς ἐν Τρωάδι. Da v. 3 den Moment vergegenwärtigt, in welchem Pl in Korinth den Beschluß faßte, über Macedonien statt auf dem Seewege nach Syrien zu reisen, und da συνείπετο, nicht συνείποντο für α feststeht, so ist zunächst nur von Sopatros gesagt, daß er den Pl von Korinth aus auf dieser Reise begleitete. Dazu stimmt es, daß unseres Wissens von den Genannten außer Timotheus nur Sopatros zur Zeit des Aufenthalts des Pl in Korinth bei diesem anwesend war (Rm 16, 21; Bd I, 150. 153. 296 A 22). Timotheus kann vor Pl und Sopatros von Korinth nach Macedonien und vollends bis Troas vorausgereist sein, und diesem werden sich die Übrigen, unter welchen sich zwei Leute aus Thessalonich, Aristarch und Secundus, befanden, unterwegs etwa in Thessalonich angeschlossen haben, so daß Θεσσαλονικέων δέ in bezug auf sie tatsächlich soviel heißt, wie „von Thessalonich an“. Der Erzähler selbst schließt sich erst in Philippi an. Reisebegleiter des Pl sollten alle Genannten sein, und daher konnte das συνείπετο an der Spitze zeugmatisch auf sie alle mitbezogen werden. Nur so verstehe ich die Sonderstellung, welche dem Sopatros angewiesen wird, und das erläuternde, ein Misverständnis abwehrende οὗτοι δὲ κτλ. Wenn sich dies nicht auf die sämtlichen Genannten außer Sopatros beziehen soll, so weiß man nicht, welche von ihnen hiedurch von Anderen unterschieden sein sollen. Der Text β ist jedenfalls in D und d in verschiedener Weise verstümmelt und in S³ nicht unvermischt erhalten. Statt mit Blaß ein unbezeugtes προήρχοντο einzurücken, dürfte mit d (comitari [verschrieben aus comitati]eum) und S³ συνείποντο αὐτῷ aufzunehmen sein. Das Auge des Schreibers D irrte von αὐτοῦ zu αὐτῷ ab. Also: μέλλοντος οὖν ἐξιέναι αὐτοῦ συνείποντο αὐτῷ μέχρι τῆς Ἀσίας Σώπατρος . . . καὶ Τιμόϑεος, Ἐφέσιοι δὲ Τυχικὸς καὶ Τρόφιμος, οὗτοι προελϑόντες ἔμενον αὐτὸν ἐν Τρωάδι. Gemeint war dieser Text auch nicht anders als α. Erst die Einmischung von ἄχρι (oder μέχρι) τῆς Ἀσίας, welches nur in β echt ist, in α (AEHLP), hat den unerträglichen Text. rec. geschaffen. Weil Lc von dem, was in Asien, nämlich in Troas und Milet sich zugetragen, Näheres berichten wollte, ließ er nach β die Reise des Pl und seiner Begleiter zunächst nur „bis Asien“ gehen, ohne damit sagen zu wollen, daß sie dort geendigt habe (cf Rm 5, 14). Da er ferner über die Reise bis Troas rasch hingehen wollte, so vermied er nicht ängstlich die Ungenauigkeit des Ausdrucks, welche es so erscheinen läßt, als ob die ganze Gesellschaft von Korinth bis Troas vereinigt gewesen und geblieben sei, während er doch nachträglich bemerken muß, daß sie wenigstens teilweise vor Pl in Troas eingetroffen ist. Man begreift, daß Lc bei einer

Revision diese Unebenheiten zu glätten für gut fand; aber nicht, wie Einer, der α vor sich hatte, daraus β herstellen mochte.

10. AG 20, 12 hat nach D ἀσπαζομένων δὲ αὐτῶν ἤγαγεν (nicht ἤγαγον, wie d) τὸν νεανίσκον ζῶντα. Dies ἤγαγεν findet sich auch in 3 min. und. wie scheint, im arm., welcher vielfach Spuren der ältesten syr. Version bewahrt hat cf Robinson, Euthaliana 76—92. Danach ist es Pl, welcher den Jüngling führt. Der Gerettete weicht ihm nicht von der Hand. Dann werden die Grüße nicht dem Pl oder doch nicht diesem allein, sondern vor allem den vor Pl abreisenden „Wir" gelten. Daß diese vor Pl abreisen (προελθόντες nach α), hat doch auch β trotz des dafür gebrauchten κατελθόντες durch ὡς μέλλων αὐτὸς πεζεύειν ausgedrückt. Von dem Text des β sind hier nur Trümmer erhalten. Vielleicht stecken solche in Pesch., wo man für οὕτως ἐξῆλθεν v. 11 liest: „und dann ging er hinaus, um zu Land zu reisen", und v. 13: „wir aber bestiegen das Schiff und fuhren bis nahe bei (?) Thesos (für Assos), weil wir von dort Pl aufnehmen sollten; denn so hatte er befohlen, als er zu Land auszog."

11. In bezug auf AG 15, 1—5 kann ich als Text β nicht gelten lassen 1) den Zusatz hinter Ἰουδαίας v. 1 τῶν πεπιστευκότων ἀπὸ τῆς αἱρέσεως τῶν Φαρισαίων und den Wegfall der entsprechenden Worte v. 5, denn abgesehen davon, daß kein Zeuge (DS³ min. 8. 137) diesen Text unvermischt und vollständig bietet und kein lat. Zeuge dafür eintritt (s. auch Iren. III, 12, 14), erscheint es unglaublich, daß Lc diese Charakteristik der Friedensstörer von ihrer natürlichen Stelle v. 1 nachträglich in v. 5 versetzt haben sollte. 2) Der ungewöhnliche Ausdruck in α v. 1 περιτμηθῆτε τῷ ἔθει τῷ Μωϋσέως sowie die Vergleichung von v. 5 oder 21, 21 veranlaßte in DS³ sah die Änderung καὶ τῷ ἔ. Μ. περιπατῆτε. Dies ist aber nicht für β charakteristisch, findet sich wörtlich ebenso, nur mit noch weiteren Zusätzen Didasc. syr. p. 102, 26, wo in der Hauptsache (zu v. 2. 5. 20. 29 s. A 12) nicht β, sondern α vorausgesetzt ist. Vollends die auf Didasc. beruhende weitere Umgestaltung in const. ap. VI, 12 durfte Blaß nicht gegen seine eigenen Hauptzeugen in den Text nehmen. Aber auch der für β besser bezeugte Text erweist sich schon durch den aus α beibehaltenen, aber zu περιπατεῖν nicht passenden Singular als Interpolation cf dagegen 6, 14; 21, 21. 3) Eine viel weitere Verbreitung hat in β und nur bei solchen Zeugen, die auch sonst vielfach β darstellen, der Zusatz v. 2 ἔλεγεν γὰρ ὁ Παῦλος μένειν (al. αὐτούς, al. ἕκαστον) οὕτως καθὼς ἐπίστευσαν διισχυριζόμενος. Gegen die Ursprünglichkeit spricht a) daß kein einziger Zeuge vorher die entsprechende Konstruktion hat, welche Blaß erst schaffen mußte, b) daß hier die Sprache des Pl (1 Kr. 7, 17. 20. 24. 40) wie kaum irgendwo in der AG nachklingt. Andrerseits ist zuzugestehn, daß διισχυρίζεσθαι im NT nur Lc 22, 59; AG 12, 15 sich findet. 4) An sich könnte das weiter Folgende v. 2 οἱ δὲ ἐληλυθότες ἀπὸ Ἱερουσαλὴμ παρήγγειλαν αὐτοῖς (αὐ. D. τότε S³) τῷ Παύλῳ καὶ Βαρνάβᾳ καί τισιν ἄλλοις ἀναβαίνειν πρός .... ὅπως κριθῶσιν ἐπ᾽ αὐτῶν in β echt sein. Auch in α können nur die fremden Ankömmlinge Subjekt zu ἔταξαν sein, da im anderen Fall ein anderes Subjekt (etwa die Gemeinde) genannt sein müßte. Es entspräche β dem richtigen Text Gl 2, 5 ohne οἷς οὐδέ und dem z. B. von Hieronymus vertretenen richtigen Verständis, wonach die Reise des Pl nach Jerusalem eine zeitweilige Nachgibigkeit gegen die Judaisten bedeutet. Es wäre auch begreiflich. daß Lc in α den schroffen Ausdruck gemildert hätte. Aber Alles wird dadurch wieder zweifelhaft, daß die entsprechenden Worte v. 5 οἱ δὲ παραγγείλαντες αὐτοῖς ἀναβαίνειν πρὸς τοὺς πρεσβυτέρους mit der dort echten, auch in D daneben beibehaltenen Charakteristik der Leute als Pharisäer (s. vorhin unter 1) unverträglich sind.

12. Von den oben S. 345 mit *ABC* bezeichneten Varianten finden sich I. zu 15, 20 (wo *C* keine Stelle finden konnte) *A* und *B* in D; Iren. III, 12, 14 jetzt auch griechisch überliefert in einer Athoshs (v. d. Goltz, Eine textkrit. Arbeit des 10. bzw. 6. Jahrh. 1899 S. 41). Nach dem Bibeltext derselben Hs hätte auch Origenes und nach der

Randglosse auch Porphyrius hier *A* und *B* gelesen (cf Th. Ltrtrbl. 1899 Sp. 181). Da aber dieselbe Hs 15, 29 und 21, 25 das τοῦ πνικτοῦ hat, und die Glosse zu 15, 29 wohl von Irenäus, nicht aber von Porphyrius die Ausstoßung dieser Worte bezeugt, so sind Origenes und Porphyrius, ebenso wie sahid. und 11 min. bei Tschd. nur für *B*, nicht auch für *A* zu 15, 20 anzuführen. Andrerseits hat Gigas nur *A*. Andere Ungenauigkeiten bei Didasc. p. 104, 12; Methodius ed. Bonwetsch 296, der sich mit const. ap. VI, 12 berührt, kommen nicht in Betracht. — II. Zu 15, 29 finden wir *AB* und *C* vereinigt bei Iren. (jetzt auch griech. bei v. d. Goltz S. 43) und D, nur *A* und *B* bei Cypr. test. III, 119 (vielleicht unvollständig citirt); nur *AC* bei Tert. pud. 12 (abweichend von den vorgenannten Zeugen durch die Stellung *a fornicationibus* [diesen Plural auch d *stupris*] *et sanguine*); nur *A* bei Ambrosiaster (s. A 5), Pacianus, paraen. c. 4, dem Hieron. als gewöhnlicher lat. Text bekannt (Vall. VII, 478 „*ab idolothytis et sanguine et fornicatione*", *sive ut in nonnullis exemplaribus scriptum est „et a suffocatis*"); nur *B* haben S³ sah, 9 min. bei Tschd. und die zuerst von Blaß verglichenen lat. Bibeln pw. Dazu kommt als Zeugnis für *B* der Brief eines Pelagianers um 415 bei Caspari, Briefe. Abh. etc. 1890 S. 18 c. 4 cf p. 9 (s. noch Anderes GK I, 367 A 1; II, 589 A 6), wahrscheinlich auch Theoph. ad Autol. II, 34 und der lat. Theophilus I, 31; II, 4 cf Forsch II, 140 f., und ziemlich sicher Aristides apol. 15, 5 cf Seeberg Forsch V, 213. 397. Von vielen Anderen, welche den Spruch so oder ähnlich citiren, z. B. Aphraates ed. Wright 498; Ephraim, Comm. in epist. Pauli p. 9. 26, läßt sich das nicht wahrscheinlich machen. Ganz zweifelhaft ist, ob Marcion den Spruch überhaupt gekannt hat (GK II, 462). Tertullian kannte ihn (c. Marc. IV, 16 ed. Öhler p. 198), aber, wie pud. 12 zeigt, nicht als Bestandteil des Aposteldekrets. Die älteste christliche Schrift, worin er sich findet, ist die Didache, in dieser aber steht er 1, 2 weit entfernt von der Stelle, wo sie sich mit dem Aposteldekret berührt 6. 3. Ebenso in der Didascalia (syr. p. 2, 8 = lat. ed. Hauler 2, 12), während das Dekret nach gewöhnlichem Text erst viel später folgt (syr. 104, 23; lat. 45, 1). — III. Zu 21, 25 findet sich nur in D und Gigas der Defekt *A*. — Aus Tert. apol. 9 kann man nicht schließen, daß er in dieser früheren Schrift im Unterschied von der späteren de pud. 12 einen Text mit καὶ πνικτῶν gehabt habe. Er citirt apol. 9 überhaupt keinen Text, sondern erwähnt die christliche Sitte, sich jedes Genusses von Tierblut zu enthalten, in folge wovon sie auch kein Fleisch von erstickten oder verendeten Tieren genießen (*qui propterea suffocatis quoque et morticinis abstinemus*). Ist diese Sitte auch in Africa so allgemein gewesen, wie Tertullian hier es darstellt, so setzt dies voraus, daß dort das unverstümmelte Dekret bekannt gewesen ist und gegolten hat. Was Tertullian selbst anlangt, besteht zwischen apol. 9 und pudic. 12 nur der Unterschied, daß er dort die Deutung des Blutes im Dekret auf Tierblut als die selbstverständliche und einzige voraussetzt, und nur den Schluß zieht, daß es den Christen vollends unmöglich sei, Menschenblut zu trinken; und daß er dagegen pud. 12, ohne die Deutung auf Tierblut auszuschließen, die Deutung auf Menschenblut und zwar auf mörderisches Blutvergießen (*homicidium*) bevorzugt.

13. Tert. pud. 12 übersetzt εἰδωλοθύτων noch genau *sacrificiis*, deutet es aber als *idololatria*. Die lat. Bibel bei Cypr. übersetzt bereits *ab idololatriis*. Auf den ursprünglichen Sinn und die Geschichte des Aposteldekrets kann hier nicht näher eingegangen werden s. jedoch § 62. Was unter φαγεῖν εἰδωλόθυτα zu verstehen sei, sieht man aus 1 Kr 8—10. Es handelt sich um eine nur indirekte Beteiligung am Götzendienst, eine gefährliche Annäherung an denselben. Das Gebot lautet φεύγετε ἀπὸ τῆς εἰδωλολατρείας 1 Kr 10, 14, nicht, wie in bezug auf die πορνεία 1 Kr 6, 18, τὴν εἰδωλολατρείαν. Nur um die Gewissen zu schärfen, wird gelegentlich gesagt, auch schon der Genuß des Opferfleisches, die Beteiligung an Festlichkeiten und Schmäusen mit götzendienerischem Hintergrund, sei ein Götzendienst cf Didache 6, 3 mit Kl 3, 5.

14. In der Didascalia syr. p. 104, 23 lautet der Schluß: „Und ihr sollt euch enthalten von den notwendigen (Dingen), von den Opfern und vom Blut und vom Erstickten und von der Unzucht. Und von diesen (Dingen) bewahrt eure Seelen, und ihr werdet (sollt) Gutes tun (= εὖ πράξετε) und ihr werdet gesund sein“ (ἔρρωσϑε). Die LA πράξατε (CDHL, Didasc. lat. *bene agite*) oder πράξητε ·(E) drückt dieselbe Auffassung aus, aber auch das Fut. πράξετε konnte wie im Dekalog imperativisch gefaßt werden, und *bene* (Iren. Pacian) oder *recte* (Tert.) *agetis* war nicht anders gemeint. Das ἔρρωσϑε fehlt bei Iren. und Tert., was schwerlich zufällig ist, da wenigstens Iren. das Schreiben sonst vollständig mitteilt. D, der es enthält, wird auch hier einen gemischten Text haben. Cf noch Clem. Al. paed. II, 56 ohne ἔρρωσϑε, S[1]: „seid stark in dem Herrn“.

15. Didache 1, 2 πάντα δὲ ὅσα· ἐὰν ϑελήσῃς μὴ γίνεσϑαί σοι, καὶ σὺ ἄλλῳ μὴ ποίει D 15, 20, wo von den Heidenchristen in dritter Person die Rede ist, gleichwohl καὶ ὅσα μὴ ϑέλουσιν ἑαυτοῖς γίνεσϑαι (geschr. γειν.), ἑτέροις μὴ π ο ι ε ῖ τ ε (d *faciatis*, Iren. *faciant*), und dagegen 15, 29, wo die Anrede wegen des Folgenden möglich wäre, hat D ϑέλετε ἑαυτοῖς ... ποιεῖν, d Iren. lat. Cypr. *vultis fieri vobis* ... *faciatis* oder *feceritis,* Iren. graec., Origenes und Porphyrius, (v. d. Goltz S. 41) hier wie 15, 20 καὶ ὅσα ἄν μὴ ϑέλωσιν αὐτοῖς γενέσϑαι, ἄλλοις μὴ ποιεῖν. Auch der Singular ἑτέρῳ 15, 29 (D d Cypr.; Pseudoaug. sermo 265 ed. Bass. XVI, 1367; der pelag. Brief s. A 12 *alii* und *nullo alii*), welchen andere Griechen und Lateiner neben ἑαυτοῖς, *vobis* und ποιεῖτε unpassend fanden, ist ein Nachklang an die Form der Didache ἄλλῳ.

16. Lc 1, 26 gibt Blaß statt der bestimmten Zeitangabe nur nach lat. Zeugen ἐν αὐτῷ δὲ τῷ καιρῷ. Warum dann nicht AG 5, 1 nach E dieselbe Formel und AG 3, 1 nach D ἐν δὲ ταῖς ἡμέραις ταύταις? Erstere Formel ist aber solenne Einleitung den Perikopen in den Lektionarien cf Scholz, NT II, 455 ff.; sie findet sich auch in dem Ev. Hierosol. zahllos häufig in der halbgriechischen Form קירוסא (= καιρῷ) וביתה, meist außerhalb der Konstruktion stehend, und selbst da, wo die im Text selbst enthaltenen und beibehaltenen Zeitangaben sie überflüssig machen (Mt 4, 1. 17; 23, 1; Jo 7, 1. 37 ed. Lagarde p. 282, 1. 19; 302, 18; 370, 15; 371, 21), aber auch mit dem Text verschmolzen, wo dieser keine Zeitbestimmung enthält (Jo 8, 1 p. 372, 7; in reinem Syrisch Mt 15, 21 p. 292, 25 „in dieser Zeit aber kam Jesus“). An andern Stellen wie Mt 3, 1 p. 281, 10. 19 verdrängt die aus dem Perikopensystem herrührende Formel die im Text enthaltene Zeitangabe. AG 3, 1; 5, 1 waren Anfänge kirchlicher Perikopen (Scrivener, Introd. I[4], 80 und die RandLA von cod. 104 bei Tschd. zu AG 3, 1). Wenn das spätere griechische System an Mariä Verkündigung Lc 1, 24—38 hat (Scrivener p. 88; Ev. hierosol. ed. Lagarde p. 273. 329), so ist doch 1, 26 der natürlichere Anfang Daß schon Iren. III, 10, 2 oder doch dessen lat. Übersetzer 1, 26 die liturgische Formel hatte, mag für die Geschichte des Lektionswesens wichtig sein, kann aber die Herkunft der LA nicht zweifelhaft machen. Cod. D, der hier nicht mit den Lateinern geht, steht dagegen an anderen Stellen unter dem Einfluß eines Perikopensystems cf die Einleitung von Scrivener p. LI. — Lc 2, 5 hat Bl. nicht nur mit D Ss die Worte διὰ τὸ εἶναι κτλ. hinter v. 5 gestellt, sondern auch durch Aufnahme von αὐτούς für αὐτόν dem Lc selbst trotz Lc 1, 36 die im 2. Jahrhundert aufgekommene Fabel von der davidischen Herkunft der Maria aufgebürdet. Als einziger direkter Zeuge dient der lat. Palat. (ed. Tschd. p. 245 *quod essent de domo* etc.). Da jedoch dieser die gewöhnliche Stellung der Sätze hat, wonach Maria bis dahin noch gar nicht genannt ist, so ist *essent* offenbar Schreibfehler für *esset*. Die Syrer aber, welche hier lasen „weil sie beide vom Hause Davids waren“, hängen von Tatian ab, der sich diese Eintragung erlaubt hat (Forsch I, 88. 118. 265; GK II, 561; dazu noch Ephr. comm. in ep. Paul. p. 260; Th. Ltrtrbl. 1893 S. 471; 1895 S. 19); ebenso eine niederländische Harmonie des Mittelalters, welche das-

selbe zu Lc 1. 27 bietet (Academy 24. März 1894). Diese Interpolation forderte die Umstellung der Sätze; da diese aber auch als stilistische Verbesserung erdacht sein kann, und da sie in D ohne die Interpolation zu finden ist, so mag Tatian die Umstellung schon in seinem Lc gefunden haben.

17. Außer Streit steht, daß D in das Schema der Genealogie Lc 3, 23 ff. die Namen aus Mt 1, 10—16 eingetragen hat cf Kompilationen wie die im Cod. Fuld. ed. Ranke p. 33. — Eine große harmonistische Interpolation aus Mr 1, 45 hat D Lc 5, 14; eine liturgische Glosse an der Spitze einer Perikope Lc 16, 19 s. Tschd. z. St. und auch zu 16, 1. — Nur D hat hinter Lc 6, 4 Folgendes: $τῇ$ $αὐτῇ$ $ἡμέρᾳ$ $ϑεασάμενός$ $τινα$ $ἐργαζό$-$μενον$ $τῷ$ $σαββάτῳ$ $εἶπεν$ $αὐτῷ$· „$ἄνϑρωπε$, $εἰ$ $μὲν$ $οἶδας$, $τί$ $ποιεῖς$, $μακάριος$ $εἶ$, $εἰ$ $δὲ$ $μὴ$ $οἶδας$, $ἐπικατάρατος$ $καὶ$ $παραβάτης$ $εἶ$ $τοῦ$ $νόμου$". Darauf folgt 6, 6 in folgender Umgestaltung $καὶ$ $εἰσελϑόντος$ $αὐτοῦ$ $πάλιν$ $εἰς$ $τὴν$ $συναγωγὴν$ $σαββάτῳ$, $ἐν$ $ᾗ$ $ἦν$ $ἄνϑρωπος$ $κτλ$. Dagegen folgt v. 5 erst hinter v. 10. Daß dies alles willkürliche Änderungen sind, ergibt sich 1) daraus, daß das Verschwinden der geistreichen Anekdote, an welcher kein Heidenchrist Anstoß nehmen konnte, aus der gesamten Überlieferung außer D unbegreiflich wäre. Es sollte 2) nicht bestritten werden, daß die Lehre v. 5 weder aus dieser Anekdote, noch aus der folgenden Sabbathgeschichte v. 6—10, sondern nur aus derjenigen v. 1—4 zu folgern war, als deren Schlußsatz wir sie Mt 12, 8; Mr 2, 28 und nach allen Zeugen außer D auch Lc 6, 5 lesen. 3) Die Anekdote verrät schon durch das hinter $τῇ$ $αὐτῇ$ $ἡμέρᾳ$. da dies nach 6, 1 ein Sabbath ist. unerträgliche $τῷ$ $σαββάτῳ$, daß letztere Zeitangabe der Anekdote von Haus aus angehört, erstere aber zum behuf der Einfügung derselben in den hiesigen Zusammenhang zugedichtet ist. 4) Auch die ungeschickte Stellung, welche $σαββάτῳ$ v. 6 durch D erhalten hat, verrät den Interpolator. Da die Perikope Jo 7, 53—8, 11, welche unter den vorhandenen Hss an demselben D den ältesten Zeugen hat, unter anderem auch bei Papias zu lesen war, und da der wesentliche Kern von Mr 16, 9—20, auch in D enthalten, sicherlich aus dem Werk des Papias stammt (oben S. 230 f.), so wird die apokryphe Sabbathgeschichte wahrscheinlich aus derselben Quelle stammen. Sie kann geschichtlich wahr sein; Jesus kann gesagt haben, daß der, welcher wie die Priester im Tempel (Mt 12, 5 cf Jo 7, 19—23) in dem Bewußtsein, eine höhere Pflicht zu erfüllen, den Buchstaben des Sabbathgebotes breche, gut handle. Die Verbindlichkeit des recht verstandenen Gesetzes hat er damit nicht bestritten.

18. Während die in A 17 erörterten Zusätze dem D eigentümlich sind, teilt er mit vielen Lateinern, teilweise auch Syrern eine Menge von Wortvertauschungen und umstellungen, welche ebensowenig als wirkliche Verbesserungen, etwa gar des seine erste Auflage revidirenden Vf, wie als die ursprüngliche Form, aus welcher der Text $α$ entstanden sein könnte, sich begreifen lassen. Beispiele: Nach $α$ 1, 63 staunen Alle darüber, daß der stumme Zacharias trotz des allgemeinen Widerspruchs dem Kinde denselben Namen Johannes zuschreibt, welchen Elisabeth genannt hatte. Viel staunenswerter erschien, daß er plötzlich wieder reden kann. Daher versetzt $β$ das $καὶ$ $ἐϑαύμασαν$ $πάντες$ hinter $ἐλύϑη$ $ἡ$ $γλῶσσα$ $αὐτοῦ$. In $β$ folgt aber darauf noch: „es wurde aber sein Mund geöffnet", dann erst „er redete, Gott preisend". Woran aber sollen, ehe er seinen Mund auftat und sprach, die Leute erkannt haben, daß seine Zunge gelöst war? Es war eine notwendige Verbesserung dieser lächerlichen „Verbesserung", wenn Ss und auf diesen einen Zeugen hin auch Blaß das Staunen vollends hinter das Reden versetzten. Aber wie will man dann die viel stärker bezeugte LA von D abg[1] erklären? — Über die spießbürgerliche Änderung 12, 38, welche schon Marcion vorfand, D aber und die Meisten mit dem echten Text vermischt darbieten, s. GK I, 682 f. II, 476. — In der Erwägung, daß eine Mutter in der Regel nicht in der Lage ist, ihr neugeborenes Kind sofort selbst zu bedienen, hat eine einzige lat. Hs 2. 7 die Plurale *obvolverunt . . . collocaverunt* ge-

schrieben. — Die auffällige Kürze der Einführungsformeln in α 23, 42f. und die in den Evv unerhörte Anrede mit bloßem Ἰησοῦ (cf jedoch Mr 1, 24; 10, 47; Lc 8, 28 [auch hier von D getilgt]; 17, 13; 18, 38 [om AE etc.]) mußte zu Korrekturen reizen. Aber schon die große Mannigfaltigkeit der Varianten, von welchen einzelne sehr alt sein mögen, spricht gegen alle. Besonders das τῷ ἐπιπλήσσοντι neben αὐτῷ in D charakterisirt sich eben dadurch als eine Glosse zu diesem. Ein Prediger, welcher die beiden Schächer einander gegenüberstellte, mochte den reumütigen im Rückblick auf ἐπιτιμῶν v. 40 so bezeichnen; und einem solchen sind alle Varianten von D an dieser Stelle zuzutrauen z. B. ἔλευσις (auch 21, 7 D), θάρσει (auch 8, 48 von Anderen eingetragen). — Der teilweise eigenartige, aber auch je nach dem Gegenstand und wohl auch nach den benutzten Quellen sehr mannigfaltige Ausdruck des Lc reizte frühe dazu, ihn teils nach den anderen Evv, teils nach dem gemeinen Sprachgebrauch zu ändern. Darin sind D und seine Trabanten besonders weit gegangen. Daß die dadurch entstandenen Varianten aber nicht durch eine systematische Umarbeitung sei es von β in α sei es von α in β bewirkt worden sind, sondern durch sporadische Änderungen in β, beweist die Inkonsequenz von β. Das πλησθῆναι (das Verbum 13mal Lc, 9mal AG, nur 3mal sonst) vom Ablauf eines Zeitraums 1, 23. 57; 2, 6. 21. 22 (sonst nicht im NT) hat D 3mal beibehalten, aber 2, 6 τελεσθῆναι (cf Ap 20, 3—5), 2, 21 συντελεσθῆναι (cf Lc 4, 2; AG 21, 27). — καλεῖν ὄνομα 1, 13. 31; 2, 21 (Mt 1, 21—25) hat D nur 2, 21 durch das bessere ὀνομάζειν ὄν. ersetzt (cf AG 19, 13; Eph 1, 21), und dagegen letzteres 6, 13 durch das in Sachen der Apostelwahl geläufigere καλεῖν und 6, 14 durch das für einen Beinamen geeignetere ἐπονομάζειν ersetzt. — Für das nur lucanische ἐπιστάτης hat D 5, 5 διδάσκαλε, 8, 24 κύριε, dagegen 8, 45 (eine min. om.); 9, 33 (die sonst mit D und Marcion harmonirende min. 157 διδάσκαλε); 9, 49 (viele διδάσκαλε); 17, 13 hat D es stehen lassen. — Für ἦχος (nur Lc 4, 37; AG 2, 2, auch κατηχεῖν unter den Evv nur Lc 1, 4; AG 18, 25; 21, 21. 24) hat D 4, 37 ἀκοή wie Mt Mr überall, Lc nie in diesem Sinn. — Für αἶνος 18, 43 (cf αἰνεῖν 4mal Lc, 3mal AG, sonst nur noch 2mal im NT) das gewöhnliche δόξα, für ἄτοπον 23, 41 (sonst nur noch AG 25, 5; 28, 6; ganz anders 2 Th 3, 2) das triviale πονηρόν.

19. Als echte Texte, welche D und seine Trabanten bewahrt haben, nenne ich 1) 3, 22 υἱός μου εἶ σύ, ἐγὼ σήμερον γεγέννηκά σε. So D und eine große Zahl von Lateinern. Augustin, welcher in dem Werk de cons. evv. durchaus die Vulg. zu Grunde legt (Burkitt. The old Latin and the Itala, 1896), spricht II, 19, 31 nur von den älteren griech. Hss., welche den gewöhnlichen Text haben. In der lat. Bibel war β jedenfalls vorherrschend und ursprünglich. Daß die Syrer dies nicht haben, erklärt sich aus ihrer Abhängigkeit von Tatian, welcher natürlich nur eine Form der Himmelsstimme gebrauchen konnte. dazu aber nicht Lc 3, 22, sondern Mt 3, 17 wählte (Forsch I, 124). Steht fest, daß das Ebjonitenev (um 170) eine Kompilation aus den kanonischen Evv ist, und besonders den Lc ausgebeutet hat, auch in der Taufgeschichte (ἐν εἴδει), so kann auch nicht wohl bezweifelt werden, daß von den 3 Himmelsstimmen, welche dieses Ev hier enthält, die erste aus Mr 1, 11, die zweite aus Lc 3, 22 (in der Form β), die dritte aus Mt 3, 17 genommen ist (GK II, 726. 732f.). Als sicher muß ferner gelten, daß Justin dial. 88. 103, welchem dieser Text sichtlich unbequem war, ihn bei Lc gelesen hat (GK I, 541). Da nach dem kirchlichen Bekenntnis Jesus schon vermöge seines wunderbaren Eintritts in menschliches Leben Gottes Sohn ist; da ferner Ps 2, 7 schon Hb 1, 5 auf dieses Ereignis gedeutet wird und dies zu Lc 1, 32. 35 besser zu passen scheint; da ferner die Abweichung von Mt und Mr anstößig sein mußte; da endlich von vielen Häretikern der Taufe Jesu ein übermäßiges Gewicht beigelegt wurde, so mußte β dem kirchlichen Bewußtsein, zumal bei denjenigen, die wie Justin außer der wunderbaren Erzeugung des Menschen Jesus noch eine vorzeitliche Erzeugung des Logos lehrten, immer unerträg-

licher werden. Die Entstehung und weite Verbreitung von β auf Grund von α in der
Kirche des 2. Jahrhunderts erscheint unbegreiflich, dagegen die allmähliche Verdrängung
von β durch α beinah unvermeidlich. Daß ein und derselbe Lc in zwei Ausgaben
seines Ev zwischen den beiden sich ausschließenden Traditionen gewechselt haben sollte,
ist undenkbar. Nichts aber spricht dagegen, daß β von Lc selbst herrührt. Wenn
Ps 2, 7 in AG 13, 32—34 auf die Auferstehung, Hb 1, 5 f. auf die Menschwerdung bezogen wird, so konnte es auch auf die Taufe bezogen werden. Es verträgt sich Lc 3,
22 β ebensogut mit Lc 1, 35, wie AG 2, 36 mit Lc 2, 11; 4, 18; AG 10, 36. 38 oder
wie Rm 1, 4 mit Rm 1, 3; 8, 3. Gott hat Jesus als seinen Sohn erzeugt, da er geboren wurde, und abermals in dem uneigentlichen Sinn der Psalmstelle, da er ihn bei
der Taufe mit dem Geist seines Amtes ausrüstete, zu seinem erwählten Christ machte
(Lc 23, 35; Jo 1, 34 nach א Ss Sc u. a.). — 2) Von den Worten 9, 54 „wie auch Elias
tat“, und v. 55 „wisset ihr nicht, welches Geistes ihr seid“, sind aus Furcht vor mar-
cionitischer Verwertung teils die ersteren (Sc, von den Lateinern e vg), teils die letzteren
(AC), teils beide (א B L Ss) getilgt. Schon dieser Tatbestand beweist, daß hier nicht
unbegreiflicherweise ein von Marcion erfundener antinomistischer Text die weiteste Verbreitung in der katholischen Kirche gefunden hat (D, die meisten Lat, S¹ S³, Chrysost. etc.), sondern daß Marcion diesen vorgefunden und Lc ihn geschrieben hat (GK
II, 468). — 3) Sehr verwickelt ist die Geschichte des Textes 22, 17—20. I. Den Text α
findet man mit einigen Varianten in א A B C L etc. und demgemäß bei Tschd. wie im
Text. rec. — II. Als β betrachte ich den Text der beiden wichtigsten altlat. Hss b e
(k ist hier nicht vorhanden). In diesem folgt hinter v. 16 sofort v. 19ª $\varkappa\alpha i\ \lambda\alpha\beta\grave{\omega}\nu\ \ddot{\alpha}\varrho\tau o\nu$
— $\tau\grave{o}\ \sigma\tilde{\omega}\mu\acute{\alpha}\ \mu o\nu$, sodann v. 17. 18 wie bei Tschd. Es fehlt also 19b—20 ($\tau\grave{o}\ \acute{\upsilon}\pi\grave{\varepsilon}\varrho\ \acute{\upsilon}\mu\tilde{\omega}\nu$
$\delta\iota\delta\acute{o}\mu\varepsilon\nu o\nu$ — $\tau\grave{o}\ \acute{\upsilon}\pi\grave{\varepsilon}\varrho\ \acute{\upsilon}\mu\tilde{\omega}\nu\ \acute{\varepsilon}\varkappa\chi\upsilon\nu\nu\acute{o}\mu\varepsilon\nu o\nu$). Wie sich hiezu Marcions Text verhielt, ist
noch nicht ganz sicher ausgemacht. Jedenfalls hat er nichts von v. 16. 18. 19b (hierüber
nicht ganz genau GK II, 490), ferner den Kelch hinter dem Brode, d. h. gleich hinter
19a und nur einen Kelch. Er stimmt also in entscheidenden Punkten mit II gegen I.
Der Satz vom Kelch enthielt aber das Wort $\delta\iota\alpha\vartheta\acute{\eta}\varkappa\eta$, war also nicht wie in II = v. 17
von I, sondern wahrscheinlich nach 1 Kr 11, 25 geformt, wie einigermaßen auch in
I v. 20. In anderer Weise lassen auch Ss Sc (über S¹ = Peschittha ist zur Zeit noch
nichts Sicheres zu sagen) II als ihre Grundlage erkennen, welche sie in verschiedener
Weise aus den Parallelen interpolirt haben. Dabei ist zu bedenken, daß sie unter dem
Einfluß Tatians stehen, welcher in seiner Harmonie begreiflicherweise einen aus den
verschiedenen Berichten der Evv, wahrscheinlich auch aus 1 Kr 11 gemischten Text
gehabt hat (Forsch I, 204; GK II, 551 ff.). Daß die Syrer an dieser Stelle vielfach
herumgebessert haben, beweist schon die Tatsache, daß $\gamma\acute{\varepsilon}\nu\nu\eta\mu\alpha$ von Sc Ss S¹ durch
drei verschiedene Wörter wiedergegeben ist. Darin stimmen Sc Ss mit II, daß sie die Ordnung
v. 16. 19. 17. 18. 21, somit nur einen Kelch haben. Aber v. 19 f. lautet bei ihnen: „und
er nahm ein Brod und danksagte über dasselbe und brach es und‘ gab es ihnen und
sprach: Das ist mein Leib, der für euch (Ss + gegeben wird); so tuet zu meinem Gedächtnis. Und (Ss + nachdem sie gespeist hatten) er nahm einen Kelch und danksagte
über ihn und sprach: Nehmet dies, teilet es unter euch (Ss + dies ist mein Blut des
neuen Testaments). Ich sage euch, daß ich von jetzt an nicht trinken werde von diesem
Gewächs des Weinstocks (Ss von dieser Frucht), bis das Reich Gottes kommt“ (folgt
v. 21). Jeder sieht, daß Alles, was Ss über Sc hinaus hat, Interpolation ist; kein Syrer,
welcher 1 Kr 11 und die anderen Evv oder das Diatessaron (cf Aphraates p. 221) in
seiner Bibel hatte, konnte daran Anstoß nehmen. Bietet also Sc den relativ oder absolut ursprünglichen syrischen Text der „getrennten“ Evv, so unterscheidet sich dieser
von II nur durch Aufnahme von v. 19b. Dieser Zusatz stammt aber nicht aus einem
griech. Text des Lc, sondern, da $\delta\iota\delta\acute{o}\mu\varepsilon\nu o\nu$ fehlt, aus 1 Kr 11, 24. — III. D und 4 altlat.

Hss haben v. 16—19a (bis τὸ σῶμά μου) in der Ordnung von I, aber ohne v. 19b—20. Dieser Text III kann weder an sich, noch im Verhältnis zu II ursprünglich sein. Denn 1) der altertümliche Charakter der lat. Zeugen für II (b e) im Vergleich mit den lat. Zeugen für III (a ff² i l) sowie die wesentliche Übereinstimmung jener mit dem ältesten syr. Text (s. vorhin) beweist, daß II in der lat. Bibel die ursprünglichere Form ist, aus welcher III später entstand. Diese Änderung erklärt sich aus Berücksichtigung des auch im Abendland allmählich zur Herrschaft gekommenen Textes I. Dessen A n o r d n u n g eignete man sich um so leichter an, als dadurch ein scheinbar passender *Parallelismus membrorum* zwischen v. 15—16 und 17—18 hergestellt wurde; dagegen behielt man den W o r t l a u t des alten abendländischen und zugleich syrischen Textes II selbst bis auf Kleinigkeiten wie die Weglassung des zweiten καί v. 17. 2) III kann auch darum nicht ursprünglich sein, weil hiedurch der einzige Kelch, welchen II und III haben, vor das Brod gestellt ist. Dies widerspricht aber aller Tradition, sowohl des NT's (1 Kr 11, 24 f. cf 10, 3 f.; Mt 26, 26 f.; Mr 14, 22 f.; auch Marcion und Tatian GK II, 490. 509; Forsch I, 204) als der liturgischen Praxis. Dagegen kann man die Vorausstellung des Kelchs vor das Brod 1 Kr 10, 16 f. oder gar vor den Tisch d. h. vor die ganze Mahlzeit v. 21 nicht als gegenteiliges Zeugnis anrufen; denn ein Widerspruch des Pl mit sich selbst in so engem Umkreis ist undenkbar. Auch die Didache kennt die Ordnung Speise und Trank (Did. 10, 3 cf 1 Kr 10, 3 f.), und die Gebete Did. 9, 2 f. zuerst über den Kelch, dann über das Brod, gehören nicht zur Eucharistie im engeren Sinn, sondern zu der einleitenden Agape (Forsch III, 293 ff.). Es bleibt demnach nur die Frage, ob I oder II von Lc geschrieben sei. Für II entscheidet 1) das Alter seiner Bezeugung, 2) daß die Entstehung von II aus I ebenso unbegreiflich, wie die Entstehung von I aus II begreiflich ist. An den teils aus Mt und Mr, teils aus 1 Kr 11 bekannten Worten v. 19b. 20 konnte kein Christ alter und neuer Zeit Anstoß nehmen. Dagegen mußte Jeder daran Anstoß nehmen, daß der Kelch von Lc nicht mit dem Blute gleichgesetzt und durch nichts in seiner sakramentalen Bedeutung gekennzeichnet war. Da nun das Ev des Lc in früher Zeit für das Ev des Pl gehalten wurde (oben S. 172 A 7), so lag nichts näher, als seinen dürftigen Text aus 1 Kr 11 zu ergänzen. Da man aber nach einem sehr wirksamen Kanon altkirchlicher Textkritik nicht gerne etwas einmal Überliefertes und dem kirchlichen Geschmack Zusagendes fahren lassen mochte (cf Eusebius bei Mai. Nova p. bibl. IV, 1, 255), so versetzte man den ursprünglichen Bericht von einem durch nichts als Sakrament charakterisirten Kelch, nachdem man ihn an seiner richtigen Stelle durch eine Interpolation verdrängt hatte, vor die ganze Stiftung des Sakraments gleich hinter v. 16. Neben dem Passaessen v. 15 f. stand nun ganz passend ein Kelchtrinken, welches ebensowenig wie jenes zum Sakrament, wohl aber wie jenes als ein vorbereitendes Moment zur Geschichte der Stiftung des Sakraments gehörte. 3) Daß I auf so künstlichem Wege aus II erwachsen ist, verrät sich auch dadurch, daß τὸ ὑπὲρ ὑμῶν ἐκχυννόμενον v. 20 sachlich zu τί ποτήριον und sprachlich zu τῷ αἵματι als Apposition nicht paßt. Einem Lc ist weder ein so arger, durch nichts notwendig gemachter Solöcismus zuzutrauen, noch der Ungedanke, daß der Kelch, den Jesus den Jüngern reicht, zu ihrem Besten ausgegossen oder verschüttet werde. Die Echtheit von II scheint mir nach alle dem zweifellos. Die allerdings auffällige Eigentümlichkeit des lucanischen Berichts erklärt sich aus der Bestimmung dieses Ev. — An diesen Beispielen aus der Textgeschichte des Lcev muß ich mir genügen lassen, und füge nur noch die Behauptung hinzu, daß auch an anderen wichtigen Stellen noch erst festzustellen ist, was innerhalb der durch β bezeichneten Gruppe occidentalischer und orientalischer Zeugen das Ursprüngliche ist, ehe man darüber entscheiden kann, was überhaupt das Ursprüngliche ist. Meines Erachtens hat D uns erhalten, was Lc geschrieben hat, auch noch 22, 43 f.; 24, 51, dagegen falsche Zutaten 23. 38. 53; Auslassungen 23, 34, falsche Änderungen 11, 53

§ 60. Vorrede, Anlage und Zweck des lucanischen Geschichtswerks.

Einen vom Vf herrührenden Titel wie die Evv des Mt und des Mr hat das dritte Ev ebensowenig als das vierte und die AG, und es läßt sich nicht wahrscheinlich machen, daß Lc, wie ich den Vf zu nennen mir erlaube, seinen beiden Büchern einen gemeinsamen oder jedem derselben einen besondern Titel gegeben habe, welcher später abhanden gekommen wäre (A 1). Ein Titel war umsoweniger Bedürfnis, wenn Lc sein Werk nicht durch den Buchhandel dem leselustigen Publikum, und auch nicht, wie Jo die Ap, geradezu der Gemeinde zur gottesdienstlichen Lesung darbot, sondern zunächst für einen Einzelnen bestimmt hatte. Dafür spricht aber die Widmungszuschrift, die er seinem Werk vorangestellt hat. Lc allein unter den ntl Geschichtserzählern folgt hierin einer unter den Griechen und Römern jener Zeit sehr verbreiteten Sitte. Wenn die Widmung schon damals oft nur ein höflicher Ausdruck der persönlichen Hochachtung oder auch kriechender Bettelei, ohne näheren Zusammenhang mit dem Inhalt und Zweck der Schrift war, so sehen wir doch aus mancher Widmung selbst, daß der Vf sein Buch dem Freund und Gönner widmete, der ihm zur Abfassung des Buchs die Anregung gegeben, oder von dessen Interesse für den Gegenstand des Werks oder die Person des Vf er einen Gewinn für die Verbreitung seiner Arbeit in weiteren Kreisen erwartete, oder welcher ihm als ein geeigneter Typus der Klasse von Lesern erschien, die er seinem Buch wünschte (A 2). Daß es sich mit der Widmung des lucanischen Werks an Theophilus nicht anders verhält, ergibt sich aus der eigenartigen Zweckbestimmung desselben, auf welche die Widmungszuschrift hinausläuft. Die Anrede *κράτιστε Θεόφιλε* zeigt nicht nur, daß Theophilus ein Mann höheren Standes war (A 3), sondern auch, daß er zu jener Zeit kein Glied der christlichen Gemeinde war; denn es ist in der christlichen Literatur der zwei ersten Jahrhunderte unerhört, daß ein Christ den Mitchristen mit einem weltlichen Titel und vollends mit einem so hohen, ungefähr unserem „Ew. Excellenz" entsprechenden Titel angeredet habe (A 3). Theophilus ist ein für das Christentum interessirter Heide. Das Wort *κατηχήθης* kann nicht dahin gedeutet werden, daß er ein „Katechumenos" in dem technischen Sinn dieses Ausdrucks war, d. h. daß er damals an dem auf die Taufe vorbereitenden kirchlichen Unterricht teilnahm; denn erstens ist dieser technische Gebrauch von *κατηχεῖν, κατηχεῖσθαι* erst in späterer Zeit, insbesondere auch nicht bei Lc sonst nachzuweisen, und zweitens würde der Aorist besagen, daß der Empfang dieses Unterrichts, also auch die Taufe, womit er abschloß, bereits hinter Theophilus lag. Dies aber ist nicht nur, wie gesagt, mit der von Lc ihm gegebenen Titulatur unverträglich, sondern vor allem auch mit der Angabe des Zwecks, welchen Lc durch seine Geschichtsdarstellung bei ihm zu erzielen hofft. Durch diese erst soll Theophilus zu der Erkenntnis, zu der gründlichen Einsicht und Überzeugung von „der Zuverlässigkeit der Reden, von welchen er Kunde bekommen hat", geführt werden (v. 4 A 4). Sind unter den λόγοι, um deren Zuverlässigkeit es sich handelt, selbstverständlich solche Worte, Reden oder Lehren zu verstehen, welche sich auf die πράγματα bezogen, die Lc in geschichtlichem Zusammenhang darzustellen sich anschickt, so liegt auch auf der Hand, daß Einer, der durch kirchlichen Unterricht und Taufe ein Glied der Gemeinde geworden war, nicht erst von der Zuverlässigkeit jener λόγοι überzeugt zu werden brauchte. Auch der Sprachgebrauch des Lc macht es zweifellos, daß die Kunde, welche Theophilus bisher von den Tatsachen der Christentumsgeschichte und den hierauf fußenden christlichen Lehren empfangen hatte, dem prüfenden Verstand nicht die genügende Sicherheit gewährte (A 4). Andrerseits ist die Tatsache der Widmung an sich sowie deren Ton ein Beweis dafür, daß Theophilus nicht nur von Neugier getrieben mit den christlichen Kreisen und mit Lc in Verbindung getreten war, sondern zum christlichen Glauben hinneigte und nur noch nicht alle Bedenken überwunden hatte. Darin, daß Lc ihm auch sein zweites Buch widmete, darf man einen Beweis dafür finden, daß das erste gute Aufnahme gefunden hatte, und aus dem Fehlen der höflichen Titulatur AG 1, 1 ist vielleicht zu schließen, daß Theophilus inzwischen aus einem vornehmen Herrn ein Bruder geworden war. Treffend hat schon ein griechischer Prediger (oben S. 337 A 5) ihn mit dem Prokonsul Sergius Paulus AG 13, 6—12 verglichen. Die sociale Stellung des Mannes läßt es besonders natürlich erscheinen, daß Lc wirklich, wie er sagt, zunächst für ihn geschrieben hat (σοὶ γράψαι); dieselbe verbürgte aber auch, daß das Werk, wenn es seinen nächsten Zweck erreichte, auch weitere Verbreitung finde.

Aus der Zweckangabe ergibt sich von selbst, daß Lc in v. 1—2 nicht den Beweggrund angeben wollte, welcher ihn zu dem Entschluß geführt hatte, dieses Werk zu schreiben; denn abgesehen davon, daß der Inhalt von v. 1—2 hiefür ganz ungeeignet wäre (A 5), versteht sich von selbst, daß ein ausreichender und überhaupt ein vernünftiger Grund zu einer schriftstellerischen Arbeit immer nur in dem Zweck liegen kann, welchen man durch dieselbe und nur auf diesem Wege meint erreichen zu können. Die Absicht von v. 1—2 kann also nur die sein, das Unternehmen des Lc durch Berufung auf Andere zu rechtfertigen, die vor ihm Ähnliches unternommen haben, ohne rücksichtlich ihrer geschichtlichen Stellung mehr dazu berechtigt oder besser gestellt gewesen zu sein, wie Lc. In der Struktur des Satzes (ἐπειδήπερ πολλοὶ ἐπεχείρησαν — ἔδοξε κἀμοί) ist unmittelbar ausgedrückt, daß Lc sich mit jenen früheren Schriftstellern ganz auf gleiche Linie stellt, um zu zeigen, daß sein Unternehmen kein unerhörtes oder gar anmaßliches sei. Diesen Zweck aber würde er mit den denkbar ungeeignetsten Mitteln verfolgt haben, wenn in ἐπεχείρησαν, wie Origenes meinte (A 6), ein Tadel über die Vorgänger ausgedrückt wäre. Nur als ein für Leute, wie jene vielen und Lc selbst es waren, schwieriges Unternehmen ist die hier in Rede stehende Schriftstellerei charakterisirt. Doch könnte zugleich angedeutet sein, daß jene vielen, oder doch der Eine oder Andere von ihnen mit ihrer Unternehmung nicht völlig zum Ziel gekommen sind. Übrigens aber zeigt das „auch ich" (v. 3), daß Alles, was Lc zur Charakteristik seiner Vorgänger sagt, ganz ebenso von ihm selbst gilt. Dahingegen gilt Alles, was er v. 3—4 außer dem ἔδοξε κἀμοὶ γράψαι von seiner eigenen Arbeit aussagt: die Bestimmung für Theophilus, der Zweck, welchen er bei diesem erzielen will, die Forschungen, auf welchen seine Arbeit beruht, und die Art seiner Darstellung, lediglich von Lc; und da dies lauter Dinge sind, die in der Charakteristik der älteren Schriftsteller und ihrer Arbeiten noch nicht berührt werden, so ist anzunehmen, daß Lc hier in bewußtem Gegensatz zu den früheren Schriftstellern das Eigentümliche seines Verfahrens beschreiben will. Ohne daß ausdrücklich angegeben würde, was jenen früheren Schriften mangele, ist damit, daß Lc dem Theophilus nicht eine von jenen zur Lesung empfiehlt, sondern eine eigene Schrift verfaßt, auch bereits gesagt, daß keine derselben dem Lc für seinen besonderen Zweck genügte.

„Jene vielen, sagt Lc, haben es unternommen eine Erzählung herzustellen in bezug auf die zum Abschluß gekommenen Tatsachen unter uns." Im Gegensatz zu dem Theophilus, welcher noch außerhalb der Gemeinde steht, faßt Lc hier wie in v. 2 sich nicht nur mit jenen früheren Schriftstellern, sondern mit dem größeren Kreise gleichgestellter und gleichgestimmter Menschen zusammen, zu welchem er wie jene gehört. Es ist die christliche Gemeinde und zwar zunächst diejenige der Gegenwart im Unterschied von den Augenzeugen der ev Geschichte (v. 2 cf Jo 1, 14), von welchen vielleicht Manche nicht mehr unter den Lebenden weilen. Hält man sich an die allein nachweisbare Bedeutung von πληροφορεῖν mit sachlichem Objekt (A 6), so ist entweder gesagt, daß die fraglichen Tatsachen in der christlichen Gemeinde der Gegenwart ihren Abschluß gefunden haben, zum Austrag gekommen sind, oder es ist τὰ ἐν ἡμῖν πράγματα, statt dessen es auch τὰ καθ᾽ ἡμᾶς oder τὰ παρ᾽ ἡμῖν oder τὰ ἡμέτερα πράγματα heißen könnte, eine die fraglichen Tatsachen von allen anderen Geschichtstatsachen unterscheidende Charakteristik, und von den so näherbestimmten Tatsachen wird gesagt, daß sie in der Gegenwart des Schriftstellers zu einem gewissen Abschluß gelangt sind. Letztere Fassung empfiehlt sich nicht nur wegen der Stellung des ἐν ἡμῖν erst hinter πεπληροφορημένων, sondern auch darum, weil im andern Fall der Gegenstand der in Rede stehenden Geschichtschreibung sehr undeutlich bezeichnet wäre. Also von den christlichen Tatsachen, der Christentumsgeschichte haben jene vielen eine erzählende Darstellung zu geben versucht und will Lc ein Gleiches versuchen; denn es unterliegt keiner Frage, daß eben diese πράγματα das zu παρέδοσαν v. 2, zu παρηκολουθηκότι πᾶσιν und γράψαι v. 3 zu ergänzende Objekt sind. Die Norm, wonach die früheren Schriftsteller, aber ebenso auch Lc sich zu richten hatten, und somit auch die Hauptquelle, aus welcher sie wie er zu schöpfen hatten, waren die Mitteilungen derer, welche von Anfang an Augenzeugen (jener πράγ-

$\mu\alpha\tau\alpha$) und Diener des Wortes waren (A 7). Hieraus folgt zunächst, daß die Schriftsteller, mit welchen sich Lc auf gleiche Linie stellt, nicht von Anfang an $\alpha\dot{v}\tau\acute{o}\pi\tau\alpha\iota$ $\varkappa\alpha\grave{\iota}$ $\dot{v}\pi\eta\varrho\acute{e}\tau\alpha\iota$ $\tau o\tilde{v}$ $\lambda\acute{o}\gamma o\upsilon$ waren, sofort aber auch, daß sie von einem späteren Zeitpunkt an das Eine wie das Andere geworden und gewesen sind. Nur aus diesem Gegensatz, welcher doch anderwärts unausgesprochen bleibt (1 Jo 1, 1—4; 4, 14; Jo 1, 14; 1 Pt 5, 1; 2 Pt 1, 16), begreift sich das $\dot{\alpha}\pi'$ $\dot{\alpha}\varrho\chi\tilde{\eta}\varsigma$, denn die Güte eines Zeugen und der Wert seines Zeugnisses hängt ja keineswegs davon ab, ob er einen zusammenhängenden Geschichtsverlauf von seinem Anfang an miterlebt hat. Der Hauptmann unter dem Kreuz, ein Mitglied des Synedriums wie Nikodemus, ein Lazarus von Bethanien, ein Reisebegleiter des Pl wären für die von ihnen miterlebten Teile der Christentumsgeschichte die eigentlich klassischen Zeugen. Aber die Träger der Überlieferung, diejenigen, welchen die christliche Gemeinde ihre Kenntnis der christlichen Geschichtstatsachen und ihren darauf fußenden Glauben verdankt, sind andere Leute, als jene. Wenn auch kein Einziger von ihnen alles Einzelne miterlebt haben kann, was Lc darstellen will, so sind sie doch in ihrer Gesamtheit Zeugen des Gesamtverlaufs der in Rede stehenden Ereignisse und haben einen Beruf gehabt, welcher es ihnen zur Pflicht machte, ihr Wissen um jene Tatsachen Anderen mitzuteilen. In bezug auf das zweite Attribut, den Dienst am Wort, ergibt sich als Sinn des $\dot{\alpha}\pi'$ $\dot{\alpha}\varrho\chi\tilde{\eta}\varsigma$ von selbst der Anfang der christlichen Predigt nach der Auferstehung Jesu, und man könnte den Sinn desselben in bezug auf die Augenzeugenschaft nach AG 1, 22; 10, 37; Jo 15, 27 cf 6, 64; 16, 4 bestimmen wollen. Aber erstens hat Lc zur Bezeichnung der Berufsstellung der Urzeugen einen Ausdruck gewählt, welcher sich nicht auf die Apostel beschränken läßt, sondern abgesehen von dem $\dot{\alpha}\pi'$ $\dot{\alpha}\varrho\chi\tilde{\eta}\varsigma$ alle an der $\delta\iota\alpha\varkappa o\nu\acute{\iota}\alpha$ $\tau o\tilde{v}$ $\lambda\acute{o}\gamma o\upsilon$ mittätigen Personen umfaßt (AG 6, 4; 13, 5; 20, 24; 26, 16; 1 Kr 3, 5; 4, 1; Kl 1, 7. 25; 1 Tm 1, 12; 5, 17; 2 Tm 2, 15; 4, 2. 5). Wird dieser Kreis durch $\dot{\alpha}\pi'$ $\dot{\alpha}\varrho\chi\tilde{\eta}\varsigma$ auf diejenigen beschränkt, welche wenn nicht vom Tage des Pfingstfestes, so doch seit den ersten Jahren der ev Predigt in diesem Werk tätig gewesen sind, so wird er doch über die Apostel hinaus ausgedehnt auf Leute wie Philippus (AG 8, 4 ff.), die Brüder Jesu (AG 1, 14; 1 Kr 9, 5; 15, 7) und andere $\dot{\alpha}\varrho\chi\alpha\tilde{\iota}o\iota$ $\mu\alpha\vartheta\eta\tau\alpha\acute{\iota}$ (AG 21, 16). Dies will aber zweitens auch bei $\dot{\alpha}\pi'$ $\dot{\alpha}\varrho\chi\tilde{\eta}\varsigma$ $\alpha\dot{v}\tau\acute{o}\pi\tau\alpha\iota$ bedacht sein. Die Beschränkung auf die Apostel würde es nicht möglich machen, den Ausdruck in gleichmäßiger Buchstäblichkeit auf den gleichen Zeitpunkt für sie alle zu beziehen, da ein Mt sehr viel später als ein Pt und Jo in die Begleitung Jesu eingetreten ist, und da die noch später fallende Apostelwahl für wichtige Stücke der ev Geschichte von dem Gebiet, für welche das Zeugnis der Autopten gelten soll, ausschließen würde. Zumal Lc, der schon 1, 3 wie in der Ausführung seines Plans den Anfang der darzustellenden Geschichte sehr hoch hinaufrückt, kann weder die Apostelwahl noch die Tauftätigkeit des Johannes als den Anfang der Christentumsgeschichte betrachten, bis zu welchem hinauf die Gemeinde eine auf dem Zeugnis von Augenzeugen beruhende Kunde empfangen hat. Auch der Inhalt von Lc 1, 5—2, 52 muß inbegriffen sein. Wir wissen nicht, wie lange Maria gelebt hat, welche nach dem im AG 1, 14 vorgestellten Moment im NT nicht mehr genannt und außerhalb der Geschichtsbücher überhaupt nur noch Gl 4, 4 ohne Namen erwähnt wird. Aber zu den „Dienern des Worts" gehörten auch die Brüder Jesu, und sie sind darum, weil sie bis zum Ende Jesu eine kritische Stellung zu ihm einnahmen, nicht weniger Autopten seiner Jugendgeschichte gewesen (Bd I, 75). Fragt man nun, in welcher Art dieser ganze Kreis von Urzeugen der Christentumsgeschichte der nachwachsenden Gemeinde die Tatsachen überliefert hat ($\pi\alpha\varrho\acute{\epsilon}\delta o\sigma\alpha\nu$ $\acute{\eta}\mu\tilde{\imath}\nu$), so ergibt sich aus dem Zusammenhang des Prologs noch deutlicher als aus dem Sprachgebrauch (A 8), daß wir nur an mündliche Erzählungen zu denken haben. Denn e r s t e n s haben die „Diener des Worts" als solche nicht den Beruf Bücher zu schreiben, sondern das ungeschriebene Ev zu verkündigen (§ 48). Z w e i t e n s könnte das $\pi\alpha\varrho\acute{\epsilon}\delta o\sigma\alpha\nu$ $\acute{\eta}\mu\tilde{\imath}\nu$ nur dann von Abfassung eines Ev oder mehrerer solcher verstanden werden, wenn entweder die Gesamtheit der Augenzeugen und Diener des Worts ein gemeinsames Ev oder jeder Einzelne von ihnen je ein besonderes Ev herausgegeben hätte, was doch beides gleich absurd wäre. Nur an der mündlichen Mitteilung der Tatsachen können alle jene Autopten, wenn auch in mannigfaltigster Weise, beteiligt gedacht werden. D r i t t e n s könnte die Tätigkeit der Schriftsteller, welchen Lc sich anreiht, nicht ein $\grave{\alpha}\nu\alpha\tau\acute{\alpha}\xi\alpha\sigma\vartheta\alpha\iota$ $\delta\iota\acute{\eta}\gamma\eta\sigma\iota\nu$ heißen, wenn ihnen die Tatsachen, die sie darstellen wollten, in mehreren Schriften der Urzeugen, also in Form schriftlicher Erzählungen ($\delta\iota\eta\gamma\acute{\eta}\sigma\epsilon\iota\varsigma$), die nicht jeder Anordnung entbehren konnten, vorgelegen hätten, so daß ihre Arbeit in einer so oder anders gearteten Umgestaltung der in jenen Büchern vorgefundenen Anordnung und Darstellung der Stoffe bestanden hätte. Der Ausdruck in v. 1 besagt, daß die vielen Vorgänger des Lc die Tatsachen, welche bis dahin je nach Bedarf bezeugt und im einzelnen erzählt worden waren, gesammelt und ihrerseits erst in den Zusammenhang einer fortlaufenden Erzählung gebracht haben. V i e r t e n s konnte Lc, wenn er bei v. 2 an schriftliche Aufzeichnungen der Urzeugen dachte, sich nicht damit begnügen, sein Unternehmen durch Berufung auf den Vorgang der vielen zu rechtfertigen, welche, ohne Autopten zu sein, Ähnliches wie er selbst unternommen hatten, sondern mußte zeigen, daß und warum die Schriften der Urzeugen die Schriften der von ihrem Zeugnis abhängigen Männer einer zweiten Generation nicht überflüssig machen. Die Voraussetzung der ganzen Rechtfertigung seines Unternehmens ist, daß die Urzeugen der Christentumsgeschichte auch die zunächst berufenen Geschichtschreiber wären, daß dieselben aber diese Aufgabe nicht in Angriff genommen haben, so daß nun andere, anscheinend viel weniger dazu geeignete Leute sich daran wagen müssen. Wir sehen also, daß sich im Gesichtskreis des Lc kein von einem Apostel und persönlichen Jünger Jesu geschriebenes Ev befand. Was aber die vielen Schriften ev Inhalts anlangt, von denen er einige Kenntnis gehabt hat, so hat uns die bisherige Untersuchung wenigstens eine Schrift kennen gelehrt, auf welche seine Beschreibung vollkommen paßt, das ist das Mrev. Es rührt von einem Manne her, der nicht zu den anfänglichen Augenzeugen und Dienern des Worts gehörte, aber doch im weiteren Verlauf der Geschichte des Christentums beides geworden ist. Er war daher für den wichtigsten Teil dieser Geschichte auf die Überlieferung jener Urzeugen, insbesondre des Pt angewiesen. Deren Erzählungen waren ihm die Norm, an welche er sich zu halten, und somit auch eine Hauptquelle, aus welcher er zu schöpfen hatte. Hauptquelle, sage ich; denn mehr sagt auch Lc nicht von seinen Vorgängern, wenn wir ihn richtig dahin verstanden haben, daß jene vielen im Verlauf der Geschichte, die es darzustellen gilt, allerdings Autopten geworden sind, so daß sie nicht in bezug auf Alles von der Überlieferung der Autopten von Anfang an abhängig waren. Die Beziehung der Beschreibung des Lc auf das Mtev ist dadurch nicht ausgeschlossen, daß dieser vielfach an das aramäische Mtev sich angeschlossen hat. Denn dieses Verhältnis braucht dem Lc nicht bekannt gewesen zu sein, und ein aramäisches Buch lag, solange es nicht in einer griechischen Übersetzung verbreitet war, außerhalb des Bereichs des Griechen Lc, auch wenn er von seiner Existenz gehört hatte, und jedenfalls außerhalb des Gesichtskreises des Theophilus. Man kann auch nicht wegen der Bezeichnung der Objekte der Geschichtschreibung als $\pi\varepsilon\pi\lambda\eta\varrho o\varphi o\varrho\eta\mu\acute{\varepsilon}\nu\alpha$ die Anwendbarkeit der Beschreibung auf das Mrev beanstanden. Denn erstens konnte Lc dieselben vom Standpunkt seiner Gegenwart so bezeichnen, ohne daß sie seinen Vorgängern schon in derselben Abgeschlossenheit wie ihm vorgelegen hatten. Zweitens sagt Lc nicht, daß seine Vorgänger diese ganze Christentumsgeschichte dargestellt haben, sondern daß sie es unternommen haben, eine hierauf bezügliche Erzählung herzustellen. Erinnern wir uns, daß das Werk des Mr einerseits unvollendet geblieben ist, andrerseits aber wahrscheinlich bis in die Geschichte der apostolischen Predigt hinabgeführt werden sollte (oben S. 234), so scheint dem Lc bei den Sätzen 1, 1—2 gerade das Werk des Mr vor allen anderen als Typus seiner Beschreibung vorgeschwebt zu haben.

Da ein Mr und noch manche Andere, deren Namen wir nicht kennen, sich als Schriftsteller auf dem Gebiet der Christentumsgeschichte versucht haben, so hat auch Lc die in seinem Vorwort sich widerspiegelnden Bedenken überwunden und hat sich entschlossen, auf Grund sorgfältiger, bis zu deren Anfang hinauf ausgedehnter Erforschung der sämtlichen in Betracht kommenden Tatsachen dieselben der Reihe nach zu dem bereits erörterten Zweck für Theophilus schriftlich darzustellen (A 9). Der von Lc gewählte Ausdruck läßt es nicht so erscheinen, als ob er erst dann, als er den Entschluß gefaßt hatte, sein Werk zu schreiben, und nur in Ausführung dieses Entschlusses die Forschungen angestellt habe, auf welchen seine Darstellung beruht. Vielmehr als Einer, der bereits aus anderen Gründen und im eigenen Interesse den fraglichen Tatsachen als Forscher nachgegangen war und sie von ihrem Anfang an sorgfältig untersucht hatte, hat er nun, da es galt, dem Theophilus einen wahrscheinlich von diesem erbetenen Dienst zu leisten, den Entschluß gefaßt, sie auch dem entsprechend darzustellen. Da Lc bereits v. 2 indirekt auch von sich selbst gesagt hat, daß er nicht zu den Autopten und Wortdienern von Anfang an gehöre, sondern in bezug auf die seinem Eintritt in die Stellung eines Autopten und Wortdieners vorangehenden Tatsachen nur nach den mündlichen Überlieferungen jener zu berichten in der Lage sei, so müssen auch seine Forschungen auf die mündliche Überlieferung sich bezogen und an deren Träger sich gehalten haben. Unmittelbar liegt darin nicht, daß er die Urzeugen selbst in bezug auf alle Einzelheiten hat befragen können; denn das „Wir", in welches er sich bereits zweimal v. 1 und 2 mit Andern zusammengefaßt, bezeichnet nicht bloß die Schriftsteller, denen er sich anreiht, sondern die christliche Gemeinde, welche den Urzeugen die Mitteilung ihrer eigenen Vorgeschichte und Entstehungsgeschichte verdankt. Der Empfang dieser Tradition seitens des Lc könnte daher ein durch Zwischenglieder zwischen ihm und den Urzeugen vermittelter sein. Sind aber die Nachforschungen, auf welche Lc sich beruft, so umfassend und so sorgfältig gewesen, wie er versichert, so muß er sich darum bemüht haben, das Zeugnis der zuverlässigsten und ursprünglichsten Inhaber der Tradition zu erholen, soweit ihm dieselben erreichbar waren. Ist der Vf schon im J. 40 ein Mitglied der antiochenischen Gemeinde gewesen (oben S. 334), ist er überhaupt identisch mit dem Erzähler in den Wirstücken der AG und zugleich mit dem Lc der Plbriefe, so hat er reichlich Gelegenheit gehabt, unmittelbar aus dem Munde hervorragender Urzeugen der christlichen Tradition Nachrichten zu schöpfen. Daß er auch die Schriften seiner Vorgänger zu Rate gezogen, sagt er nicht, aber ebensowenig verneint er es. Aus dem καθὼς παρέδοσαν ἡμῖν, sofern es auch von Lc gilt, folgt nur, daß jene Urzeugen allein ihm eine maßgebende Auktorität in Sachen der christlichen Geschichtsüberlieferung waren. Damit ist aber nicht gesagt, daß er nicht die eine oder andere der früheren Schriften, deren Vf im allgemeinen aus denselben Quellen, wie er selbst, im einzelnen aber aus Quellen, die für Lc versiegt oder niemals zugänglich gewesen waren, geschöpft hatten, als eine dankenswerte Vorarbeit benutzt haben sollte. Ein Mann von der literarischen Bildung, welche schon die stilistische Form der Widmungszuschrift bekundet, kann sich gegen die Schriften verwandten Inhalts, die er kannte, nicht gleichgiltig verhalten haben (cf § 61), wenn auch seine eigenen Forschungen an den Quellen der mündlichen Tradition, ferner sein besonderer Zweck und die nach jenen wie nach diesem geartete Darstellungsweise ihn von seinen Vorgängern unabhängig gemacht haben mögen. Da seine Vorstudien beim Anfang der darzustellenden Tatsachen eingesetzt hatten (ἄνωθεν), sollte es selbstverständlich auch seine Darstellung tun. Vergleicht man Lc 1, 5—4, 15 mit Mr 1, 1—15, so sieht man, was gemeint ist. Es war dies eines der Mittel, wodurch bei einem Mann wie Theophilus der Eindruck der Zuverlässigkeit der Christentumsgeschichte hervorgerufen werden sollte. Ein zweites Mittel ist durch καθεξῆς angedeutet.

Da es sich um geschichtliche Tatsachen handelt, versteht sich von selbst, daß
die Reihenfolge, in welcher sie zur Darstellung gebracht werden sollen, im allgemeinen der Zeitfolge entsprechen muß. Aber abgesehen davon, daß fraglich
bleibt, in wieweit Lc bei aller Akribie seiner Nachforschungen die Zeitfolge im
einzelnen zu ermitteln im Stande war, ist hiedurch nicht die chronologische Genauigkeit als ein Hauptgesichtspunkt der Darstellung bezeichnet, sondern im
Gegensatz zu zusammenhangslosen Einzelerzählungen, wie Theophilus sie bisher
gehört hatte, eine zusammenhängende Geschichtsdarstellung verheißen, in welcher
das Frühere das Spätere vorbereitet und verständlich macht.

Es bleibt noch die Frage, bis zu welchem Punkt Lc seine Erzählung ausdehnen wollte, oder auf welches und was für ein Werk die Widmungszuschrift
sich bezieht. Die frühzeitige Verbindung des Lcev mit den übrigen Evv, welche
auch noch unter der Herrschaft der Codexform gewöhnlich ein Corpus für sich
bildeten (GK I, 61 ff.), und die damit gegebene Trennung des Lcev von der
AG entschuldigt es nicht ausreichend, daß man die Zusammengehörigkeit dieser
beiden Bücher als Teile eines einheitlich entworfenen Werks und somit auch
die Beziehung des Prologs auf beide Bücher so manchmal verkannt hat (A 10).
Der Prolog selbst bezeugt, daß das hiemit eingeleitete Werk nicht auf das Lcev
sich beschränken sollte. Handelte es sich um nichts anderes, als eine Geschichte
Jesu bis zur Himmelfahrt, so bliebe schon die Benennung des Gegenstandes der Darstellung durch τὰ πεπληροφορημένα ἐν ἡμῖν πράγματα unerklärlich. Warum hätte
Lc nicht so wie AG 1, 1 oder so wie Johannes in seinem Zeugnis über Mr (oben
S. 217 A 14) oder durch das ihm so geläufige τὰ περὶ τοῦ Ἰησοῦ (oben S. 165 A 2)
den Gegenstand der ev Geschichtsschreibung überhaupt und damit auch der seinigen
benannt? Gilt ihm als solcher die Christentumsgeschichte überhaupt und zwar diese
als eine solche, welche jetzt zu einem gewissen Abschluß gediehen ist, so versteht
sich auch von selbst, daß er sie in diesem Umfang darzustellen beabsichtigt. Wie er
von vorne an (ἄνωθεν) beginnen will, so will er sie bis zu ihrem jetzt vorliegenden
Abschluß darstellen. Dieser Geschichtsverlauf ist aber mit der Verheißung des Geistes
und dem Gebot der Völkerbekehrung (Lc 24, 44—49) in keiner Weise abgeschlossen, und wenn doch ein Christ hiemit τὰ ἐν ἡμῖν πράγματα als wesentlich vollendet angesehen hätte, so wäre gar kein Anlaß denkbar, sie ausdrücklich als vollendet zu bezeichnen, wenn damit nichts weiter gesagt sein sollte,
als daß sie eben geschehen seien. Ferner fanden wir v. 2 angedeutet, daß Lc
ebenso, wie der Eine und Andere seiner Vorgänger z. B. Mr, im Verlauf der
darzustellenden Ereignisse ein Augenzeuge derselben und ein Diener des Worts
geworden sei. Dann muß er, da er selbst nach seinem eigenen Zeugnis wie
nach der Überlieferung nicht zum Kreise der persönlichen Jünger Jesu gehört
hat, unter die darzustellenden Ereignisse auch die Zeit der Apostel mitbefaßt
haben, in welcher zu den anfänglichen Augenzeugen und Wortdienern Andere
hinzutraten, die beides erst später geworden sind. Man erwartet auch, daß im
weiteren Verlauf des Werks wenigstens angedeutet werde, daß und an welchem

Punkte der Erzähler zur Darstellung selbsterlebter Ereignisse übergehe. Wenn uns von Lc nichts anderes als das 3. Ev. erhalten wäre, würden wir auf Grund des Prologs mit Sicherheit schließen, daß uns nur ein erster Teil seines Werks erhalten sei. Nun aber besitzen wir die AG, die dem Lc ebenso einstimmig zugeschrieben worden ist, als das Ev; und die AG führt sich als ein gleichfalls dem Theophilus gewidmetes Buch und zwar als ein zweites Buch eines größeren Werkes ein, in dessen erstem Buch das Handeln und Lehren Jesu dargestellt sei. Damit noch nicht genug, wird das im ersten Buch dargestellte Handeln und Lehren Jesu als Anfang eines sich nach seinem Hingang fortsetzenden Werks bezeichnet (AG 1, 1 A 10). Hier haben wir die authentische Auslegung jenes πεπληροφορημένων von Lc 1, 1. Ist Alles, was Jesus vor seiner Himmelfahrt getan und gelehrt hat, ein Anfang, welcher seine Fortsetzung und Vollendung erheischt, so ist auch das Ev nicht ohne die AG geplant, und diese beiden Bücher zusammen bilden das Werk, welches durch Lc 1, 1—4 eingeleitet ist. So erst findet auch der in dem ἀπ' ἀρχῆς liegende vorbereitende Hinweis seine' Bestätigung. Dem Ich des Prologs und in AG 1, 1 entspricht das Wir in AG 11, 27 f. (oben S. 336 A 3); 16, 10—17; 20, 5 (oder 20, 6) — 21, 18; 27, 1—28, 16. Der Vf gibt sich zu erkennen als einen Autopten von Ereignissen, welche er als Geschichtschreiber darstellt. Während er im Eingang beider Bücher, wo er als Schriftsteller seinem ersten Leser gegenübertritt, unbedenklich das Ich anwendet, unterlässt er dies da, wo er im Verlauf der Erzählung als mithandelnde Person auftritt, führt sich aber auch nicht mit seinem Namen wie eine vom Schriftsteller möglicherweise verschiedene Person ein, sondern wählt durch Anwendung des ein Ich einschließenden Wir einen Mittelweg zwischen zwei Tendenzen antiker Geschichtschreibung in bezug auf selbsterlebte Geschichte, nämlich zwischen dem Streben nach Objektivität der Darstellung, welche durch Einmischung der Person des Erzählers in die von ihm erzählte Handlung getrübt schien, und dem Wunsch, auszudrücken, dass man nicht nach Hörensagen, sondern auf Grund eigener Erfahrung berichte (A 11). Der Vf gehört nach 11, 27 f. nicht zu den um das J. 40 (s. Abschn. XI) von Judäa nach Antiochien gekommenen Propheten, sondern zu der dortigen Gemeinde und, da er offenbar kein Jude ist, zu jenen Hellenen, die schon vor der Ankunft des Pl und auch wohl des Barnabas in Antiochien durch die von Jerusalem geflüchteten Cyprier und Cyrenäer bekehrt worden waren (AG 11, 20 f.) Da die Erzählung vor dem zweiten Eintritt des Wir AG 16, 10 sehr summarisch gehalten ist, läßt sich nicht genau der Zeitpunkt bestimmen, seit welchem er in die Begleitung des Pl eingetreten ist. Er befindet sich als Vierter in Gesellschaft des Pl, des Silas und des Timotheus, als diese auf der zweiten Missionsreise in Troas angelangt waren, bei der Überfahrt nach Macedonien und während des Aufenthalts in Philippi (A 12). Da das Wir erst da wieder eintritt, wo Pl um die Passazeit des J. 58 eine Reise von Philippi nach Jerusalem antritt (20, 5 A 13), so scheint Lc während der dazwischenliegenden 5—6 Jahre in Philippi geblieben

zu sein, um sodann den Pl bis Jerusalem zu begleiten (20, 7. 13—15; 21, 1—18).
Hat er schon damals das Interesse für die christliche Tradition gehabt,
welches er nach dem Prolog nicht erst neuerdings gewonnen hat, so wird er
die Gelegenheit nicht ungenützt gelassen haben, die ihm der Verkehr mit
Jüngern der ersten Zeit (AG 21, 16), mit einem Jakobus (21, 18) und anderen
Autopten von Anfang bot, dasselbe zu befriedigen. Da er sich im Herbst 60
dem Pl auf seiner Reise nach Rom anschloß (27, 1—28, 16), so ist wahrscheinlich, daß er während des ganzen 2¼ jährigen unfreiwilligen Aufenthalts des Pl
in Cäsarea in dessen Nähe, in Palästina geblieben ist. Ist der Vf Lc, so ver-
längert sich für uns seine Lebensgeschichte noch um ein beträchtliches Stück.
Während der ersten wie während der zweiten römischen Gefangenschaft finden
wir ihn in der Umgebung des Pl (Kl 4, 14; Phlm 24; 2 Tm 4, 11). Er scheint
von seiner Ankunft in Rom im Frühjahr 61 bis über das J. 66 hinaus in Rom
geblieben zu sein. Auch in bezug auf den Dienst am Wort bestätigt sich die
Andeutung des Prologs. Nicht nur Pl nennt den Lc unter seinen Mitarbeitern
(Phlm 24), auch der Vf der AG kennzeichnet sich selbst 16, 10. 13. 17 als
Einen, der mit und neben Pl, Silas und Timotheus an der Predigt des Ev in
Philippi sich beteiligt hat. Ist er dort Jahre lang geblieben (s. vorhin), so
wird er neben dem ärztlichen Beruf dem eines Evangelisten obgelegen haben,
und es wäre nicht ausgeschlossen, daß die alte Überlieferung, welche 2 Kor 8, 18
den Lc wiederzufinden meinte, doch einen tatsächlichen Grund hätte (oben S. 337 A 6).

Ist demnach die AG ein integrirender Teil des durch Lc 1, 1—4 eingeleiteten Geschichtswerks, so ist damit doch keineswegs gesagt, daß Lc mit AG 28, 31
das beabsichtigte Ende seines Werkes erreicht habe. Gewiß ist es ein bedeutsamer Punkt in der Geschichte des Christentums, zu welchem wir am Schluß
des 2. Buchs gelangt sind. Rom, ein seit Jahren ersehntes Ziel seiner Pläne
(AG 19, 21; 23, 11; 25, 11. 21. 25; 27, 24; 28, 14—16 cf Rm 1, 10—15; 15,
22—29), hat Pl nach Überwindung immer neu sich auftürmender Hindernisse
endlich erreicht, und der verhaftete Apostel kann in der Hauptstadt des Reichs
ungehindert predigen. Aber von diesem zweijährigen Predigen wird nichts
Einzelnes berichtet; es wird viel weniger davon gesagt, als von der dreiwöchent-
lichen Predigt in Thessalonich 17, 1—9. Der Leser, welchen Lc von 19, 21
an in gespannte Erwartung dieses Zieles versetzt hat, wird bitter enttäuscht
nicht nur durch die Dürftigkeit der Federstriche in 28, 30 f., sondern vor allem
dadurch, daß er nichts von der bereits 25, 10 f.; 27, 24 in Aussicht gestellten
gerichtlichen Erledigung der Sache des Pl erfährt. Ein ungeschickterer Schluß
des Werks als dieser wäre kaum zu ersinnen. Er wird nicht durch die
alte, aber unerweisliche Annahme entschuldigt, daß Lc unmittelbar nach Ablauf
der 2 Jahre sein Buch geschrieben oder vollendet habe (oben S. 338 A 7); denn
indem er διετίαν ὅλην schreibt, bezeugt er auch, daß ihm eine Tatsache bekannt
ist, welche dem dort geschilderten zweijährigen Zustand ein Ende gemacht hat,
und indem er von dieser Lage und Tätigkeit des Pl in Imperfekten redet, statt

zu sagen, daß sie seit bereits zwei Jahren und bis zum Moment seines Schreibens andauere, spricht er deutlich aus, daß in folge jener ihm bekannten Wendung im Schicksal des Pl dessen Wohnen in einem Mietsquartier und das gleichzeitige ungehinderte Predigen ein Ende gefunden hat (Bd I, 439 f.). Lc kann also frühestens zur Zeit des Phl, im Sommer 63, diese Zeilen geschrieben haben (Bd I, 382 ff.). Warum aber berichtet er nicht, was jenem Biennium ein Ende bereitet, und welches die dermalige Lage der Dinge ist? Um dies zu erklären, phantasirt man, daß Theophilus sich seit längerer Zeit bei Lc und Pl in Rom aufgehalten habe und daher mit den Tatsachen, welche Lc hier verschweigt, obwohl er seinerseits Bekanntschaft mit denselben bekundet, hinlänglich vertraut gewesen sei. Dann war auch 28, 30 f. überflüssig und jedenfalls die Form dieser Sätze so unnatürlich wie möglich. Nach einer sehr verbreiteten Sitte (A 10) wäre gerade am Schluß des ganzen Werks der geeignete Ort gewesen, mit einer nochmaligen Anrede an Theophilus zu erklären, warum der Vf hier abzubrechen und so sonderbar zu schließen für angemessen erachte (cf 2 Tm 1, 18). Alles Befremdliche schwindet, wenn Lc zwar an einem bedeutungsvollen Abschnitt der Christentumsgeschichte angelangt war, und daher schicklicherweise das zweite Buch seines Werkes hier schloß, zugleich aber beabsichtigte, in einem dritten Buch das Werk weiterzuführen oder zu vollenden. Wie er am Schluß des Ev im Anschluß an die Ostergeschichte die Erzählung in kurzer Skizze bis zum letzten Abschied des Auferstandenen und zur ersten Zeit nach der Himmelfahrt fortgeführt hat (Lc 24, 44 – 53 A 14), um am Anfang des 2. Buchs noch einmal in ausführlicherer Darstellung (AG 1, 1—26) auf die Zeit zwischen der Auferstehung und dem Ende des Wartens auf „die Verheißung des Vaters" zurückzugreifen und dort erst zu erzählen (AG 2, 1—47), worin diese Wartezeit ihren Abschluß gefunden habe, gerade so fügt er der bis dahin sehr ausführlich verlaufenden Erzählung in AG 28, 30—31 noch eine kurze Skizze der auf die zuletzt berichteten Ereignisse folgenden Sachlage hinzu, um in einem dritten Buche hieran wieder anknüpfend die Geschichte weiterzuführen. Nur darin ist diese Vergleichung unzutreffend, daß Pl für die AG bei weitem nicht das ist, was Jesus sowohl tatsächlich als nach AG 1, 1 für das Ev ist. Den Titel πράξεις τῶν ἀποστόλων können wir nicht auf den Vf zurückführen, aber von höchstem Alter ist er, da er der einzige überlieferte ist (A 15), und er gibt den Eindruck richtig wieder, welchen jeder Leser der AG von der Absicht des Vf empfängt. Er will von AG 1, 1 an die Fortsetzung des durch Jesus begonnenen Handelns und Lehrens durch die Apostel und die apostolische Gemeinde darstellen. Von AG 13 an ist die AG lediglich eine Geschichte der Heidenmission unter Führung des Pl. Von den übrigen Aposteln, von der Geschichte der Muttergemeinde hören wir nur da beiläufig ein Weniges, wo Pl und die Heidenmission mit Jerusalem in Berührung kommen (AG 15. 21), erfahren aber nichts von der Missionspredigt der älteren Apostel und der Brüder Jesu (AG 12, 17; Gl 2, 9; 1 Kor 9, 5; 2 Pt 1, 16). Daß dieses Schweigen des

Lc nicht aus Geringschätzung jener Autopten und Wortdiener von Anfang zu erklären ist, bedarf keines Beweises. Lc erweist sich vielmehr als einen echten Geschichtschreiber, indem er c. 13—28 die Geschichte der Heidenmission einseitig verfolgt, und zeigt damit, daß er durch jenes $\varkappa\alpha\vartheta\varepsilon\xi\tilde{\eta}\varsigma$ Lc 1, 3 sich nicht verpflichtet zu haben meinte, eine annalistische Chronik oder einen tagebuchartigen Geschichtskalender zu schreiben. Aber unbegreiflich bleibt dieses einseitige Fortspinnen eines einzigen der bereits angesponnenen Fäden, wenn Lc nicht die Absicht hatte, in einem dritten Buch auf die Geschichte der Urapostel zurückzugreifen und sie weiterzuführen. Die Forderung eines dritten Buchs ergibt sich auch vom Standpunkt des Prologs. Wollte Lc die Christentumsgeschichte bis zu ihrem dermalen vorliegenden Abschluß darstellen (oben S. 363. 368 f.), so entspricht das Werk, solange es auf die uns vorliegenden zwei Bücher beschränkt blieb, durchaus nicht der im Prolog angedeuteten Absicht. Man hat sinnige Betrachtungen angestellt über den schönen Gegensatz zwischen den Botschaften der Engel im Heiligtum zu Jerusalem und im Frauengemach zu Nazareth (Lc 1, 11. 28) und der unverhohlenen Predigt des Ev in der Welthauptstadt (AG 28, 31). Aber abgesehen davon, daß längst, ehe Pl dorthin kam, in Rom Ev gepredigt und eine große Gemeinde entstanden war, und abgesehen davon, daß die magere Skizze in AG 28, 30 f. kein geeignetes Seitenstück zu den hochpoetischen Erzählungen Lc 1, 5—56 bildet, so ist ja mit dem Schluß der AG ein Abschluß nicht einmal der Geschichte des Pl oder der Heidenmission, geschweige denn der Christentumsgeschichte erreicht. Ein Schriftsteller, welcher Lc 24, 47 und AG 1, 8 geschrieben, und der Lc, welcher bei dem gefangenen Pl weilte, als dieser 2 Tm 4, 7. 17 schrieb, konnte die christliche Predigt nicht in einem früheren Moment als wesentlich abgeschlossen betrachten, als in welchem Pl sie so betrachtete; und wer die Weissagung Jesu vom Gericht über Jerusalem als einem Erlebnis der Zeitgenossen Jesu so ausführlich und wiederholt mitgeteilt hatte (Lc 21, 32 cf 19, 41—44; 21, 20—24; 23, 28—31), konnte überhaupt vor dem J. 70 nicht von der Christentumsgeschichte als einer auch nur vorläufig abgeschlossenen reden. Lag aber die Zeit des 2 Tm, der Tod des Pt und des Pl, sowie der Untergang Jerusalems hinter dem Vf (§ 62), so hatte er reichen Stoff für ein drittes Buch. Daß er schon bei Beginn des 2. Buches oder doch bei der Revision des vollendeten 2. Buches die Beifügung eines $\tau\varrho\iota\tau o\varsigma\ \lambda\acute{o}\gamma o\varsigma$ beabsichtigte, drückt er auch selbst AG 1, 1 aus; denn einem Schriftsteller, welcher fähig war, die stilistisch tadellose Periode Lc 1, 1—4 zu schreiben, ist nicht zuzutrauen, daß er da, wo er nicht älteren, hebraïsirenden oder sonst schlecht geschriebenen Quellen folgt, sondern an der Spitze eines Buchs seinen Gedanken frei zum Ausdruck bringt, $\tau\grave{o}\nu\ \mu\grave{e}\nu\ \pi\varrho\tilde{\omega}\tau o\nu$ statt des richtigen $\tau\grave{o}\nu\ \mu\grave{e}\nu\ \pi\varrho\acute{o}\tau\varepsilon\varrho o\nu\ \lambda\acute{o}\gamma o\nu$ geschrieben haben sollte, wenn das Ev ein erstes von nur zwei und nicht vielmehr von einer größeren Zahl von Büchern sein sollte (A 16). Es ist schmerzlich, sich zu vergegenwärtigen, was alles uns dadurch entgangen ist, daß das dritte Buch des Lc entweder nie geschrieben wurde oder, was wenig wahrscheinlich ist, sofort wieder verloren ging. Dadurch war freie Bahn geschaffen für die Dichterlinge des 2. Jahrhunderts, welche mit Vorliebe die von Lc seinem 3. Buch vorbehaltenen Stoffe bearbeiteten. Anlehnung an das 2. Buch des Lc, Nachäffung seiner schriftstellerischen Formen finden wir in Allem, was von der apokryphen apostelgeschichtlichen Literatur uns erhalten ist; aber es findet sich kein Blatt darunter, welches sich mit irgend einem Kapitel unserer AG auch nur entfernt vergleichen ließe (A 17).

Schon vor jeder Untersuchung der einzelnen Stoffe, die Lc verarbeitet, der Quellen, die er benutzt hat, und der Glaubwürdigkeit, welche seinen Berichten zukommt, läßt sich erkennen, daß ihm die in der Widmungszuschrift ausgesprochenen und angedeuteten Absichten während der Arbeit bewußt geblieben sind. Er schreibt nicht wie Mt eine durch den Widerspruch eines national beschränkten Kreises notwendig gewordene Apologie Christi und seiner Gemeinde. Er stellt auch nicht, wie Mr, die ihm durch häufiges Anhören und Wiedererzählen eingeprägten Erzählungsstücke unter einen einseitigen Gesichtspunkt, sondern er will als ein griechischer Historiker die Geschichte des Christentums von seinen Anfängen bis zu dem dermalen erreichten Abschluß darstellen, und zwar so, daß ein gebildeter Heide, welcher von den Tatsachen, die in der christlichen Gemeinde als die Wurzeln ihres Glaubens überliefert werden, mancherlei gehört, ein Interesse dafür gewonnen und mit einzelnen Christen wie dem Vf in ein freundliches Verhältnis getreten ist, durch eine auf gründlichen Nachforschungen beruhende, zusammenhängende Darstellung der ganzen Entwicklung des Christentums den Eindruck der Zuverlässigkeit jener christlichen Überlieferungen empfange. Ein Erstes, was sich bei der Vergleichung mit den übrigen Evv aufdrängt, ist das Streben, überall eine Entwicklung des Späteren aus dem Früheren nachzuweisen. Von Johannes als dem Vorläufer Jesu muß Theophilus, wenn das $\pi\epsilon\varrho\grave{\iota}\ \grave{\tilde{\omega}}\nu\ \varkappa\alpha\tau\eta\chi\acute{\eta}\vartheta\eta\varsigma$ (Lc 1, 4) etwas bedeutet, etwas gehört haben, vielleicht aber nicht mehr, als Mr 1, 2—8 oder Mt 3, 1—12 von ihm zu lesen ist. Lc erzählt von den schon vor der Geburt des Täufers auf seine künftige Bedeutung hinweisenden Kundgebungen, von den bei seiner Geburt laut gewordenen Hoffnungen, von seinem Einsiedlerleben (1, 80), von seiner Berufung zum Propheten (3, 2 cf Jerem 1, 4). Das Außergewöhnliche der Umstände, unter welchen er ins Leben trat, erleichtert nicht nur der Mutter Jesu (1, 36 f.), sondern auch dem Leser den Glauben an das größere Wunder der Geburt Jesu. Die verwandtschaftlichen und freundschaftlichen Beziehungen der Familien Jesu und des Johannes und der Austausch der an die Kinder geknüpften Hoffnungen lassen das spätere Verhältnis der beiden Männer begreiflicher erscheinen. Hatte Theophilus ohne Frage gehört, daß der Christus der Christianer Jesus der Nazarener genannt wurde, und vielleicht auch, daß er in Bethlehem geboren sei, so wird ihm erklärt, durch welche Fügung der Umstände es gekommen ist, daß die in Nazareth wohnhaften Eltern kurz vor der Geburt Jesu nach Bethlehem gewandert sind (2, 1—5; 1, 26 f.). Der kurzen Andeutung der Entwicklung des Kindes Johannes zu dem Manne, der er nachmals war (1, 80), entspricht die Erzählung von dem 12 jährigen Jesus, welche durch die Sätze, die sie einrahmen (2, 40. 51—52), als ein anschaulicher Tatbeweis für die überaus glückliche, aber durchaus natürliche, echt menschliche Entwicklung des Kindes Jesu charakterisirt ist. Wenn das Streben nach „pragmatischer" Behandlung des Geschichtsstoffes im allgemeinen die Innehaltung der chronologischen Folge mit sich bringt, so zeigt sich doch von Anfang an, daß diese nicht auf Kosten des angestrebten „Pragmatismus" beobachtet wird. Die Lebensgeschichte des Johannes wird 1, 80 bis zu dem erst 3, 2 wiederaufgenommenen Moment fortgeführt, während 2, 1 auf einen weit zurückliegenden Moment, wenige Monate nach dem Zeitpunkt von 1, 57—79, zurückgegriffen wird. Die Geschichte des öffentlichen Wirkens des Täufers wird 3, 19—20 sofort bis zu deren Ende fortgeführt, welches von ihrem Anfang 3, 2 mindestens durch einige Monate getrennt sein muß, sodann aber 3, 21 bei dem Übergang zur Geschichte des Mannes Jesus auf ein Ereignis lange vor der Verhaftung des Täufers zurückgegriffen, und erst hier, statt zu 1, 27, die Abstammung Jesu genealogisch dargestellt. Der Gegensatz der vom Himmel her verkündigten Gottessohnschaft und der von den Menschen angenommenen und äußerlich zu Recht bestehenden Josephssohnschaft Jesu (3, 22—23) ist dem Vf wichtiger als eine mechanische Ordnung der Stoffe nach der Zeitfolge. Daß Johannes im Gefängnis lag, als Jesus die von 4, 14 an beschriebene Tätigkeit in Galiläa eröffnete, und als Johannes ihm durch zwei seiner Schüler die berühmte Frage vorlegte (7, 19), wird nicht eigens gesagt (cf dagegen Mt 4, 12; 11, 2; Mr 1, 14). Der Leser kann dies auch nicht aus der Folge der Ereignisse in 3, 18—23 erschließen; und wenn er es täte, würde fraglich bleiben, ob er damit in bezug auf alle hinter 3, 23 folgende Erzählungen den Sinn des Schriftstellers träfe. Sogut Lc 3, 21 hinter den Moment von 3, 20 zurückgreift, und sogut die Versuchungsgeschichte (4, 1—13), wie die Anknüpfung an die Taufgeschichte erkennen läßt und alle sonstige Überlieferung bestätigt, der Verhaftung des Täufers vorangeht, kann dies auch von mehr als einer Erzählung hinter 4, 13 gelten. Die Geschichte des Johannes sollte mit 3, 20 abgetan sein; und nicht einmal seine Hinrichtung wird später erzählt, sondern 9, 7—9 nur als bekannt vorausgesetzt. Wie wenig eine genaue Wiedergabe der Zeitfolge aller Einzelereignisse in der Absicht des Lc liegt, zeigt sich überall. In der Darstellung der galiläischen Wirksamkeit Jesu stellt er, nach einer allgemeinen Schilderung (4, 14—15), den Besuch der Vaterstadt voran, obwohl er dem Leser nicht verbirgt, daß Jesus schon vorher in Kapernaum viel Großes getan hat (4, 23). Darauf gibt er eine aus mehreren zeitlich verknüpften Stücken bestehende Beschreibung des Wirkens in Kapernaum, der am meisten von Jesus durch seine Taten ausgezeichneten Stadt Galiläas (4, 31—42 cf 4, 23; 7, 1; 10, 15), und zeigt schließlich, daß darüber die anderen Städte Palästinas nicht verabsäumt wurden (4, 43 f.). Die Sachordnung, welche hier die äußerliche Zeitfolge durchbricht, beruht nicht wie bei Mt auf Gedanken

dogmatischer Art, sondern auf geschichtlicher Betrachtung. Nach der best-
bezeugten und auch wegen ihrer Unerfindlichkeit als echt zu beurteilenden LA
τῆς Ἰουδαίας 4, 44 (A 18) kann kein Zweifel darüber aufkommen, daß eine
erste Schilderung des Wirkens in Galiläa mit 4, 43 abgeschlossen ist, und zwar
mit der Erklärung Jesu, daß er von Berufs wegen auch den anderen Städten,
also den sämtlichen Städten des Volkes und Landes, dem sein Beruf galt,
predigen müsse. Ist schon hiedurch eine Beschränkung auf Galiläa schlechthin
verboten, so sagt Lc mit dem für wer weiß wie viele folgende Einzelerzählungen
giltigen allgemeinen Satz 4, 44, daß Jesus seinem Wort gemäß nicht auf
Kapernaum oder Nazareth oder auch nur Galiläa sich beschränkt, sondern in
den Synagogen Judäas, d. h. des ganzen hl. Landes gepredigt habe (A 18).
Die allgemeine Schilderung von 4, 14 f. ist also in v. 43 f. nicht wiederholt,
sondern durch eine ganz andere, viel umfassendere und insofern gegensätzliche
ersetzt. Der auf Lc allein angewiesene Leser weiß daher nicht, in welchem
Teile Palästinas er die teils summarisch zusammengefaßten (8, 1. 4; 9, 6; 10, 1),
teils im einzelnen erwähnten, aber nicht benannten, oder doch nicht geographisch
näher bestimmten Orte (5, 12; 7, 11. 37; 10, 38; 13, 10) suchen soll, zumal wenn
er gelegentlich wieder alle Dörfer Palästinas zusammengefaßt findet (5, 17).
Wer nicht anderwärtsher weiß, wo Nain liegt (7, 11), kann es in Judäa suchen
und dagegen das Dorf 10, 38, von dem wir durch Jo 11, 1. 18 den Namen und
die Lage bei Jerusalem kennen, in Galiläa. Hier und da vorkommende Angaben
welche uns auch über die Lage der einzelnen Ortschaften einen Wink geben
(8, 27 cf v. 26; 9, 51. 52, 56; 13, 22), sind meist nicht von großer Tragweite;
denn weitaus die meisten Erzählungen sind ohne jede Zeitbestimmung angereiht
(5, 1. 12. 17; 8, 4. 19. 22; 9, 1. 7; 11, 1. 14 etc.). Selbst daß das später Erzählte
auch ein zeitlich Späteres sei, wird selten bemerkt (5, 27; 8, 1; 9, 28; 10, 1).
Durch Redewendungen wie „an einem der Tage" (5, 17; 8, 22; 20, 1), welche
man in den übrigen Evv vergeblich sucht, sowie durch die Seltenheit der bestimmteren relativen Zeitangaben (6, 1; 7, 1. 11; 9, 28. 37; 10, 21; 13, 1: 31)
beweist Lc, daß seine Forschungen ihn nicht in den Stand gesetzt haben, ein
tagebuchartiges Bild von der ev Geschichte zu gewinnen, und daß er sich dessen
bewußt war. Während er im Unterschied von den anderen Evv ein Interesse
daran zeigt, die Lebensgeschichte Jesu mit chronologischen Angaben auszustatten
(1, 36; 2, 21. 22. 42; 3, 23) und sie mit den Tatsachen der Welt- und Volksgeschichte auch chronologisch zu verknüpfen (1, 5; 2, 1 f.; 3, 1 f., AG 11, 28;
18, 2. 12), verzichtet er auf den Schein eines für ihn unerreichbaren Wissens
um den zeitlichen Verlauf des öffentlichen Wirkens Jesu im einzelnen. Selbst
in bezug auf die letzten Tage in Jerusalem spricht er diesen Verzicht förmlich
aus, indem er zwischen den diesen Abschnitt einrahmenden allgemeinen Schilderungen 19, 47 f.; 21, 37 f. nicht nur dieselbe asyndetische Aufreihung der Einzelereignisse, sondern auch jenes ἐν μιᾷ τῶν ἡμερῶν 20, 1 anwendet, wie vorher.
Es ist daher auch als ein bloßer Schein zu beurteilen, daß wir 9, 51—19, 46

den Bericht über eine Reise von Galiläa nach Jerusalem vor uns haben. Vielleicht lassen sich die verstreuten auf eine solche Reise bezüglichen Angaben zwar nicht sämtlich, aber doch großenteils in derselben Folge, in der Lc sie darbietet, auch geschichtlich aneinanderreihen (A 19). Aber Absicht des Vf ist es nicht, so verstanden zu werden. Denn erstens sind diese zerstreuten Angaben in keine erkennbare Beziehung zu einander gesetzt. Von einem Stationenverzeichnis wie in den Reiseberichten der AG (13—28) ist nichts zu finden. Nicht einmal die Durchwanderung Peräas (Mt 19, 1; Mr 10, 1) wird erwähnt. Zweitens bedient sich Lc innerhalb dieses Teils derselben asyndetischen Anreihung der einzelnen Stücke wie vorher (z. B. 11, 1. 14. 29; 12, 13. 22. 54; 13, 6, 10; 14, 1; 15, 1; 16, 1; 17, 1. 20; 18, 1. 9. 15. 18), so daß der Leser nicht weiß, wann und wo das Einzelne sich zugetragen. Wenn wir wissen, daß das Lc 10, 38—42 Erzählte in einem Dorf dicht bei Jerusalem geschehen ist, so verdanken wir das nicht dem Lc; es wäre aber auch eine Misdeutung seiner Darstellung, wenn wir ihr entnehmen wollten, daß jenes ungenannte Dorf (Bethanien) auf dem Wege von Galiläa nach Jerusalem liege und zwar weiter von Jerusalem entfernt, als die 13, 22; 17, 11; 18, 31. 35 angedeuteten Örtlichkeiten. Drittens zeigt sich gleich bei der ersten, besonders feierlich lautenden Angabe über die letzte Reise nach Jerusalem (9, 51), daß diese Angabe keinen tieferen Einschnitt machen soll. Was vorangeht und was folgt, steht im engsten sachlichen Zusammenhang mit einander. So verhält es sich aber durchweg. Während die zerstreuten Angaben über Ortsveränderungen zusammenhangslos dastehen und durch ihre Dürftigkeit uns keine deutliche Vorstellung von der Reise nach Jerusalem ermöglichen, zeigt sich überall ein davon unabhängiger inhaltlicher Zusammenhang der einzelnen Stücke. Viertens läßt sich gerade von den genaueren Ortsangaben 9, 51; 13, 22; 17, 11 leicht erkennen, daß sie zu besserem Verständnis der zunächst mit denselben verknüpften Vorgänge dienen, also nicht den Zweck verfolgen, das Gerippe einer Reisebeschreibung zu bilden. Wenn in der Leidensgeschichte und in den meisten Teilen der AG die chronologische Folge deutlicher hervortritt und strenger innegehalten wird, so wird das erstens darin seinen Grund haben, daß in bezug hierauf dem Lc genauere Kenntnis durch Überlieferung und eigene Erinnerung zur Verfügung stand; zweitens aber darin, daß man wohl einzelne Taten, Lehrreden und Gespräche aus der Zeit des Wanderns Jesu in Galiläa ohne Kenntnis ihrer Folge darstellen kann, aber nicht die Geschichte des Leidens und der Auferstehung oder den Gang der Mission von Antiochien bis Rom. Aber auch die AG gibt nicht eine annalistische Darstellung. Mit 9, 1 wird auf 8, 3 zurückgegriffen, und es kann der Inhalt von 9, 1—17 vor den von 8, 5—40 fallen. Mit 11, 19 wird wiederum auf 8, 1—4 zurückgegriffen und 11, 22 kann zeitlich vor c. 10 fallen. Eine hinter den bereits erreichten Zeitpunkt zurückgreifende Episode bringt c. 12, und wahrscheinlich verhält es sich mit 11, 27 nicht anders (Abschn. XI). Wie es in dieser Hinsicht mit 18, 23; 19, 1 bestellt ist, wurde bereits S. 352 A 8 gezeigt.

In dem beabsichtigten 3. Buch mußte Lc bei AG 12, 17 wiedereinsetzen, wenn er die Geschichte der Apostel bis zu ihrem Abschluß darstellen wollte (oben S. 371f.). Aber gerade dadurch beweist Lc ebenso, wie durch die vorsichtige Zurückhaltung in bezug auf chronologische Angaben im Ev, daß er sich der Aufgabe eines Geschichtschreibers bewusst war.

Ein weiteres Mittel, um dem Theophilus einen Eindruck von der Zuverlässigkeit der christlichen Geschichtsüberlieferung zu verschaffen, ist die mannigfaltige Anknüpfung derselben an die politische Geschichte. Kein ntl Schriftsteller außer Lc nennt einen römischen Kaiser mit Namen. Lc nennt Augustus, Tiberius und Claudius (2, 1; 3, 1; AG 11, 28; 18, 2), und indem er sagt, daß eine in der Gemeinde von Antiochien im voraus geweissagte Hungersnot unter Claudius eingetreten sei (AG 11, 28), sagt er auch, daß die Weissagung schon unter dessen Vorgänger Caligula ausgesprochen wurde (Abschn. XI). Die Verfügungen des Augustus (Lc 2, 1) und des Claudius (AG 18, 2) greifen in die Christentumsgeschichte ein. Diese schwebt nicht im luftigen Reiche frommer Dichtung. Sie läßt sich chronologisch an ein bestimmtes Jahr der Regierung des Tiberius anhängen (Lc 3, 1), und durch Aufzählung der sämtlichen Machthaber in dem ganzen Gebiet, in welchem die ev Geschichte gespielt hat (Lc 3, 1—2), und welches nach dem Untergang Jerusalems von Agrippa II. beherrscht wurde (Schürer I, 498), wird der Eindruck der irdischen Wirklichkeit verstärkt. Quirinius als Statthalter Syriens (Lc 2, 2) und Gallio als Statthalter Achaias (AG 18, 12) sind dem Leser als solche bekannt; denn zu chronologischer Bestimmung dient die Erwähnung der Statthalterschaft beider, was man von Sergius Paulus (13, 7) nicht sagen kann. Bemerkenswert ist überhaupt die im Vergleich zu den anderen Evv auffallend große Zahl von Personennamen nicht nur der politischen Machthaber und der in der Erzählung selbst hervortretenden, sondern auch vieler ganz nebensächlicher Personen (A 20). Man erkennt den Forscher, welcher sich emsig nach den Äußerlichkeiten der Geschichte erkundigt hat, und den Erzähler, welcher sich bemüht, die Gestalten aus dem Halbdunkel einer unbestimmten Überlieferung in die helle Beleuchtung der Wirklichkeit zu rücken.

In mannigfaltiger Weise kommt die Absicht zum Ausdruck, einen noch außerhalb der Gemeinde stehenden, aber dem Christentum sich zuneigenden Heiden vollends für dasselbe zu gewinnen. Eine gewisse Zurückhaltung war durch diese Bestimmung des Werks dem christlichen Geschichtschreiber auferlegt. Er durfte nicht überall die volltönende Sprache der Kirche reden, sondern mußte in bezug auf den Stoff einen so zu sagen exoterischen, in bezug auf die Darstellung einen gewissermaßen weltlichen Ton innehalten. Insofern allerdings redet Lc im Unterschied von Mt und Mr die Sprache der Gemeinde, als er zuerst seinerseits als Erzähler nicht selten Jesum ὁ κύριος nennt (A 21). Darin zeigt sich jedoch nur, daß Lc nicht zu den Autopten der ev Geschichte gehört, die mit Jesus in alltäglichem Verkehr gestanden hatten, sondern zu den durch die Predigt jener gewonnenen Gliedern der Gemeinde, welche Jesum als ihren Herrn bekannte. Dagegen lässt er Jesum von den mit ihm persönlich verkehrenden Leuten ohne Umschweife mit Ἰησοῦ anrufen (oben S. 358) und gebraucht statt des hebräischen Rabbi, welches er gänzlich meidet, und neben dem sehr reichlich angewandten διδάσκαλε und dem vergleichsweise mäßig angewandten κύριε, von allen Evv allein ῀6mal das ganz unkirchliche ἐπιστάτα (5, 5; 8, 24. 45; 9, 33. 49; 17, 13). Die auffällig magere Darstellung der Abendmahlsstiftung, welche so frühe zu starken Interpolationen in Lc 22, 16—20 den Anlaß gegeben hat (oben S. 359 f.), erklärt sich nur daraus, daß dieser Bericht für einen Nichtchristen bestimmt ist. Das Begleitwort bei der Darreichung des Brodes „Dies ist mein Leib" konnte einem solchen nur als eine tiefsinnige Bildrede erscheinen. Das Einzige, was Jesus nach dem echten Text des Lc bei der Darreichung des Kelches gesprochen hat, ohne von seinem Blut zu reden, ließ an kein Mysterium denken. Die heidnischen Verleumdungen, welche sich an die christliche Abendmahlslehre hängten, sind sehr alt. Schon Plinius in seinem Bericht an Trajan berücksichtigt sie als etwas allgemein Vorausgesetztes, was sich bei der gerichtlichen Untersuchung nicht bestätigt habe. Obwohl wir nicht nachweisen können, daß diese Verleumdungen schon zur Zeit der Abfassung des Lcev umliefen, so wäre erlaubt, dies anzunehmen. Aber auch ohne dies ist vollkommen begreiflich, dass Lc dieses höchste Mysterium des christlichen Gottesdienstes nicht vor den Augen eines Nichteingeweihten enthüllen und nicht durch ein misverständliches Reden vom Essen des Leibes und Trinken des Blutes Jesu dem Argwohn des noch außerhalb der Gemeinde Stehenden aussetzen mochte. Lc zeigt sich auch in dieser Wahrung des Mysteriums als einen Griechen, der für Griechen schreibt. Dies zeigt sich aber in den verschiedensten anderen Richtungen. — Ohne daß irgendwo der israelitische Charakter der Anfangsgeschichte des Christentums verwischt würde (A 22), wird doch von Anfang an die universale Bedeutung Jesu stark hervorgekehrt. Es ist eine Verfügung des nichts davon ahnenden Kaisers, also eine Fügung des weltregierenden Gottes, welche die Geburt Jesu gerade in der Davidsstadt zur Folge hat (2, 1). Engel verkündigen die Ehre Gottes, der durch seinen Gesalbten Friede auf der ganzen Erde unter den Menschen, die guten Willens sind, schafft (2, 14). Der in echt israelitischen Gedanken und Formen sich bewegende Symeon weissagt dem Kinde eine erlösende und aufklärende Wirkung auf alle Völker (2, 31 f.). Das von jeher auf den Täufer gedeutete Wort des Jesaja wird nur hier 3, 4—6 bis zu der Stelle fortgeführt, wo das Heil, welches Johannes ankündigte, als ein Heil für alles Fleisch bezeichnet wird (3, 6 cf Jo 17, 2). Der Stammbaum des Davids- und Gottessohnes wird über Abraham hinaus bis auf Adam und Gott selbst zurückgeführt. Die Geschichte nicht Israels allein, sondern der Menschheit führt Jesus zum Ziele, und die in der Schöpfung begründete Gottessohnschaft des Menschen gipfelt in der Gottessohnschaft Jesu (3, 23 oder vielmehr 22—38 cf AG 17, 28. 31). Die so vorbereitete Erzählung 4, 1—13 zeigt, daß Jesus als der zweite Adam die Versuchung überwindet, welcher der erste Adam erlegen ist. Mit sichtlicher Liebe wird von dem glaubensstarken Heiden (7, 2—10), von dem dankbaren und dem barmherzigen Samariter (10, 33; 17, 16) erzählt. Ohne daß Pilatus im geringsten günstiger dargestellt würde als in den anderen Evv (cf 13, 1; 23, 25; AG 2, 23; 4, 27), wird doch hier viel stärker als von Mt und Mr das dreimalige Zeugnis dieses Heiden von der Unschuld Jesu hervorgehoben (23, 4. 14. 15. 22; AG 3, 13). Dazu kommt das Zeugnis des heidnischen Hauptmanns 23, 47, welches hier geschichtlich wahrscheinlicher lautet als Mt 27, 54; Mr 15, 39. Wie die begreiflichen Bedenken der älteren Apostel, sich den Samaritern und sodann den Heiden zuzuwenden, durch göttliche Veranstaltung überwunden wurden, wird AG 8, 5—11, 18; und wie die Gesetzesfreiheit der Heidenchristen von den Heidenmissionaren verfochten und von den Uraposteln und der Muttergemeinde anerkannt wurde, wird AG 15 ausführlich beschrieben. Das Gebot Jesu, allen Völkern auf Erden zu predigen (Lc 24, 47; AG 1, 8; 9, 15 cf 2, 39; 3, 25), wird hier nicht verdunkelt durch misverständliche und hartklingende Worte wie Mt 10, 5; 15, 21—28; Mr 7, 24—30. Es wird nicht selten bei Heiden (Lc 7, 2—5; AG 10, 2—4. 35; 13, 7) wie bei Juden (Lc 1, 6; 2, 25. 36 f.; 19, 8; 23, 50 cf AG 17, 11) die praktische Frömmigkeit, Ehrbarkeit und Mildtätigkeit als eine Vorstufe höherer Begnadigung hervorgehoben, und die humane Gesinnung auch Solcher, die dem Ev nicht näher treten, anerkannt (AG 19, 31; 27, 3. 43; 28, 2. 7). Auch ohne Worte wird die Gewissenhaftigkeit des Beamten in einzelnen Personen dargestellt (AG 18, 12—17; 19, 35—41; 24, 27—26, 32 im Unterschied von 24, 24—27). Andrerseits hat Lc mit unvergleichlich kräftigeren Farben wie irgend ein anderer Ev Jesus als den Freund und Heiland der am tiefsten Gesunkenen und am weitesten Verirrten geschildert und die bußfertige Demut als den Weg zum Heil empfohlen (Lc 5, 8. 29—32; 7, 29. 34. 37—50; 15, 1—33; 18, 9—14; 19, 7—10; 23, 39—43). Der Heide, welcher die Gleichnisse in c. 15 las, mußte sie auf seinesgleichen im Gegensatz zu den Juden beziehen. Einen solchen mochte es in Staunen setzen, mußte es aber ansprechen, daß der große Asket und gewaltige Prophet Johannes eine beinah triviale Moral gepredigt hatte (3, 10—14), und daß Jesus von finsterer Askese sich frei gezeigt (5, 33—39; 7, 34; 13, 26), ein warmes Mitgefühl mit allem menschlichen Leid, auch dem selbstverschuldeten, an den Tag gelegt (7, 13; 13, 15 f.; 19, 41—44; 23, 28 cf v. 34), allem engherzigen und gewalttätigen Fanatismus gewehrt (9, 49 f. 54 f.; 22, 50 f.) und stets durch Wort und Tat eine über die ceremonialen Bedenken des Judentums und die Schranken der Nation hinwegsehende Menschenliebe gepredigt habe (6, 6—11. 27—36; 10, 25—37; 11, 41—46; 13, 10—17; 14, 1—6; 17, 11—19; 19, 7—10). Es fehlen nicht einmal Anweisungen zu feinem und edlem Benehmen in gesellschaftlicher Beziehung (7, 44—46; 10, 5—11; 14, 7—10. 12—14; 20, 46 f. cf 12, 37, aber auch 17, 7—10). Man meint in der Auswahl und Gestaltung der Stoffe einen Geistesverwandten des Mannes zu erkennen, der Phl 4, 8 geschrieben hat (A 23).

Keine sittliche Aufgabe aber wird so reichlich und mannigfaltig beleuchtet als die, welche die Worte Armut und Reichtum bezeichnen. Außer den Stücken vom reichen Jüngling, vom Scherflein der Witwe und einigen Sprüchen von der Wohltätigkeit, welche ähnlich auch bei Mt oder Mr oder bei beiden zu lesen sind (Lc 6, 30—36; 12, 33; 18, 18—30; 21, 1—4), bietet Lc allein, was wir 6, 24; 11, 41; 12, 13—21; 14, 12—14. 16 – 24 (mit Mt 22, 2—10 in dieser Beziehung nicht zu vergleichen); 16, 1—31; 19, 2—10 lesen. Das dem Antiochener geläufige aramäische Wort Mamona (Bd I, 12) hat nur bei Lc 16, 9. 11 das Attribut der Ungerechtigkeit bei sich; und 19, 8 zeigt an einem Beispiel, mit wieviel Unrecht mancher Reichtum erworben wird. Nach der rechtlichen Seite will Jesus mit den Besitzverhältnissen nichts zu schaffen haben (12, 13—15), um so mehr mit der sittlichen Behandlung des irdischen Besitzes, zumal des reichlich vorhandenen. Das in Anbetracht der Unsicherheit menschlichen Lebens doppelt törichte Vertrauen auf den nur in den Dienst des eigenen Wohllebens gestellten Reichtum (12, 16—21), die mit Herzlosigkeit gegen den armen und schwer leidenden Bruder vor der Haustür gepaarte Versunkenheit des Reichen in üppiges Leben (16, 19—31), der nur durch Gottes Kraft zu brechende Zauberbann, welchen großer Reichtum auch auf den edelgesinnten und nach ewigen Zielen strebenden Menschen ausübt (18, 18—30), alles dies hat durch Lc für alle Zeiten seine unvergleichlich treffende Darstellung gefunden. „Wehe den Reichen", die in diesem Leben gesättigt sind, einem heiteren Lebensgenuß sich hingeben und höflicher Behandlung von allen Seiten sicher sind (6, 24—26). Aber durch Gottes Kraft ist es auch ihnen möglich (18, 27 cf 3, 8), nicht nur zu der Einsicht zu kommen, daß des Menschen Leben nicht im Reichtum beruht (12, 15), und daß aller Besitz ein geringes, nur für kurze Zeit geliehenes, dem Besitzer fremd bleibendes Gut sei.(16, 9—12), sondern auch frei zu werden von der Mammonsknechtschaft (16, 13). Die Verwendung des Geldes im Dienst der Nächstenliebe ist eine Probe der Gesinnung, welche zum Reiche Gottes führt (18, 22; 16, 9); sie heiligt auch das irdische Leben (11, 41). Diese Mildtätigkeit findet sich nicht unter den Werken, deren der Pharisäer sich rühmt (18, 12 cf 11, 42; 16, 14; 20, 47), wohl aber bei dem reichen Oberzöllner (19, 8) wie bei der blutarmen Witwe (21, 1—4). Sie ist auch eine Betätigung der Liebe zu Jesus (8, 3 cf 23, 50—53). In großartiger Weise ist sie geübt worden in der ersten Gemeinde (AG 2, 44 f.; 4, 32—37; 6, 1—6; 9, 36—39). Sie war auch ein Band der Gemeinschaft zwischen der Heidenkirche und der Muttergemeinde (11, 28—30; 12, 25; 24, 17). Sie wird an dem Heiden Cornelius gerühmt (10, 2—4. 31. 35 cf Lc 7, 5). Die Geldliebe, der es auch in der ersten Gemeinde nicht an einem abschreckenden Beispiel gefehlt hat (AG 5, 1—11), war den ersten Predigern des Ev fremd (8, 20; 20, 31—34). Sie waren auch ohne Geld reich in Gott (AG 3, 6 cf Lc 12, 21) und bewährten das Wort ihres Meisters: „Geben ist seliger als nehmen" (AG 20, 35). Anstatt in dieser durch beide Bücher des Paulusschülers Lc sich hindurchziehenden

Moral einen Bodensatz von Ebjonitismus zu wittern (A 24), hätte man anerkennen
sollen, daß Lc auch in dieser Hinsicht die Bestimmung seines Werks für Theophilus im Auge behalten hat, der ein Heide höheren Standes und nach unver-
ächtlicher Überlieferung Besitzer eines prachtvollen Hauses in Antiochien war
(oben S. 337 A 5), an dessen Portal wohl auch zuweilen ein Lazarus lungerte. —
Für Leser wie die, als deren Typus Lc den Theophilus gewählt hatte, war es
auch von Wichtigkeit, nachgewiesen zu bekommen, daß Christus und das Christentum in keinem feindlichen Gegensatz zur Staatsordnung stehen.
Zu der Anerkennung der Steuerpflicht seitens Jesu (20, 20—26) bilden einen
scharfen Gegensatz die lügnerischen Anklagen des Synedriums gegen Jesus als
einen Steuerverweigerer und Empörer gegen die Reichsordnung, die kein Ev annähernd so weitläufig wie Lc berichtet hat (23, 2. 5. 14) und auf welche nur er
schon vorher hingewiesen hat (20, 20). Aber die Grundlosigkeit gerade dieser
Anklagen verbürgt die dreimalige, auch auf das Zeugnis des Landesfürsten gegründete Anerkennung seiner Schuldlosigkeit seitens des Pilatus (23, 4. 14—15.
22). Nur die Charakterschwäche dieses zwischen Gewalttätigkeit (13, 1) und
falscher Nachgibigkeit gegen die Juden schwankenden römischen Beamten brachte
es fertig, den nach seinem eigenen und anderer Heiden Urteil (23, 47) gerechten
Jesus dem Fanatismus der Juden zu opfern und statt seiner einem Raubmörder
Amnestie zu gewähren (23, 25). Aber selbst unter den „Gesetzlosen, unter die
er gerechnet wurde" (22, 37), unter den Verbrechern, zwischen denen er gekreuzigt
wurde, fand Jesus einen Bekenner seiner bürgerlichen Unbescholtenheit und
seines zukünftigen Königtums (23, 39—43). Persönliches Interesse der jüdischen
Machthaber (AG 4, 1—7. 13; 5, 28) brachte zuerst obrigkeitliche Bedrohung,
dann Gefängnis und Geißelung über die Apostel. Falsches Zeugnis und ein
tumultuarisches, dem geltenden Recht widersprechendes (Jo 18, 31) Verfahren
ließ das erste Märtyrerblut fließen (AG 6, 11—14; 7, 54—60). In dem Streben,
sich den Juden als einen Schirmherrn ihrer Religion zu empfehlen, wurde der
bigotte Agrippa I., der bald darauf mit heidnischer Selbstvergötterung endigte,
zum Mörder des Jakobus Zebedäi, und nur durch ein Wunder entging Pt seinen
Händen (c. 12). Pl ist ein um das andere Mal als Verkündiger einer mit der
römischen Staatsordnung unverträglichen Lehre verklagt und ungerecht behandelt worden (16, 21—23. 35—39; 17, 7—9; 18, 13). Auch sein Widerspruch gegen den heidnischen Götterdienst (19, 26 ff.) und seine angebliche
Feindschaft gegen das Judentum und seinen Kultus (21, 28; 24, 1—9) brachte
ihn mehrmals in Gefahr und zuletzt in lange Gefangenschaft. Wiederholt gewährte ihm die Berufung auf sein römisches Bürgerrecht Schutz gegen
schlimmere Mishandlung und nötigte die Beamten sich wegen ihrer Übergriffe
zu entschuldigen (16, 37—38) oder durch ungenaue Berichterstattung sich
herauszureden (22, 24—29; 23, 25—30). Unwürdige Abhängigkeit von seinem
jüdischen Weib und dem jüdischen Volk veranlaßte den niedrig geborenen
und gesinnten Prokurator Felix, auf dessen weltbekannte Sittenlosigkeit und

Ungerechtigkeit Lc deutlich genug hinweist (24, 25 cf Schürer I, 478 f.), zu einer ungerechtfertigten Verschleppung der Sache des Pl (24, 24—26). Wo dagegen Pl es mit rechtschaffenen Beamten vornehmerer Herkunft und edlerer Bildung zu tun hatte, wie Gallio (18, 12—17) und Porcius Festus (25, 1—26, 32), fand er unparteiische Behandlung und Schutz gegen jüdischen Fanatismus. Einige Asiarchen in Ephesus, Vertreter des Kaiserkultus, schenken ihm sogar ihre Gunst (19, 31), und während König Agrippa II. mit vornehmer Ironie sich schier geneigt erklärt, das christliche Bekenntnis anzunehmen (26, 28), hat der „verständige" Prokonsul von Cypern, der Namensvetter des Apostels, wirklich einen tiefen, wir wissen nicht, ob bleibenden Eindruck von der Wahrheit des Ev empfangen (13, 7—12). — Nach Allem, was an erfreulichen Erfahrungen und göttlichen Weisungen und Behütungen vorangegangen ist, kann der Leser des 2. Buchs nichts anderes erwarten, als daß ihm ein 3. Buch von neuen Siegen der guten Sache des Ev in Rom und im römischen Reich erzählen werde. Ohne Bedrängnis geht es nicht ab (14, 22); auch in dieser Beziehung entspricht den Prophetenstimmen des Anfangs (Lc 2, 34) die geschichtliche Aussage am Schluß (AG 28, 22) mit buchstäblicher Genauigkeit. Es bleibt nicht bei Worten des Widerspruchs; auch Märtyrerblut wird vergossen werden, wie es von Anfang an geflossen ist; aber der rechte Diener des Worts läßt sich dadurch nicht im Lauf hemmen und nicht das Herz brechen (20, 24; 21, 13), sondern faßt auf jeder Station, die er erreicht, neuen Mut (28, 15). Es ist oft bemerkt worden, daß ein Ton der Freude die AG durchziehe; aber das Ev hat vollen Anteil daran (A 25). Das Werk war auch dadurch geeignet, auf einen gebildeten Griechen von lebhaftem Interesse einen gewinnenden Eindruck zu machen. — Ist hiemit die Planmäßigkeit und zugleich die Einheitlichkeit des ganzen Werkes ausreichend erwiesen, so ergibt sich letztere auch aus der Übereinstimmung in bezug auf den Rohstoff und die Form der Darstellung. Wenn Lc 3, 2 die Vorstellung auszudrücken scheint, daß zur Zeit der Prokuratur des Pilatus Hannas fungirender Hohepriester neben Kajaphas und im Vergleich mit diesem die einflußreichere Persönlichkeit gewesen sei, so finden wir das Gleiche AG 4, 6. Die $\dot{\alpha}\pi o\gamma\varrho\alpha\varphi\acute{\eta}$ von Lc 2, 1—3 treffen wir wieder AG 5, 37 unter dem gleichen Namen; und es macht keinen Unterschied, daß sie hier als die eine berühmte und somit als die einzige ihrer Art bezeichnet ist, während Lc 2, 2 gesagt wird, daß sie eine erste gewesen sei; denn dies braucht nicht mehr zu bedeuten, als daß vorher eine solche in Palästina niemals stattgefunden habe. Den Aufstand des Judas zu erwähnen, war Lc 2, 2 kein Anlaß. Aber sowohl Lc 6, 15 als AG 1, 13 zeigt Lc Kenntnis von der damals entstandenen Zelotenpartei, und nur er von den Evv gebraucht in beiden Büchern den gleichen griechischen Namen für dieselbe (A 26). Wenn nur Lc 23, 6—12. 15 von einer Beteiligung des Tetrarchen Herodes an dem Proceß Jesu erzählt und dabei hervorhebt, daß sich dieser Jesu gegenüber mit seinem Feinde Pilatus befreundet habe, so ist dadurch AG 4, 27 vorbereitet, eine ohne jene Geschichte unverständliche

Stelle. Auch sonst stimmen die Bezugnahmen auf die ev Geschichte in der AG durchweg zu den Erzählungen des Ev (AG 3, 13 f. = Lc 23, 16; AG 10, 41 = Lc 24, 41 f.). Obwohl Lc die Wirksamkeit Jesu keineswegs auf Galiläa beschränkt vorstellt (s. oben S. 375 und § 63), so betont er doch in beiden Büchern, daß die ganze Bewegung in Galiläa ihren Anfang genommen und von dort aus ganz Judäa d. h. Palästina ergriffen habe (Lc 23, 5; AG 10, 37 cf Lc 4, 14; 22, 59; 23, 49; AG 1, 11; 2, 7; 13, 31). Die beiden Apostelverzeichnisse (Lc 6, 14—16; AG 1, 13) sind nicht ganz gleich geordnet, weichen aber darin gleichmässig von Mt und Mr ab, daß sie einen Judas Jakobi nennen, welcher bei Mt und Mr unter diesem Namen überhaupt nicht vorkommt (cf dagegen Jo 14, 22), und daß sie diesen hinter den Simon stellen, welchen nur Lc an beiden Stellen mit dem griechischen Parteinamen als Zeloten bezeichnet. Lc allein hat deutlich gesagt, daß Jesus den Zwölfen den Namen Apostel gegeben habe (6, 13); aber gerade Lc lehrt in mannigfaltiger Weise, daß Jesus die Aufgabe der ev Predigt nicht auf diese berufsmäßigen Prediger beschränkt haben wollte. Wie schon die Engel (1, 19; 2, 10) und der Täufer (3, 18) Prediger des Ev gewesen sind, so sollen die Apostel keinem, der im Namen Jesu wirkt, ohne zu ihrem Kreise zu gehören, dies wehren (9, 49 f). Jesus selbst gebietet auch Anderen, das Reich Gottes zu verkündigen (9, 60) und sendet „andere Siebzig“ in alle Städte und Ortschaften als Vorboten seiner Predigt vor sich her, welche dann jauchzend über ihre Erfolge zu ihm zurückkehren (10, 1—20 A 27). Damit wird es doch wohl zusammenhängen, daß Lc 1, 2, wo ein Anderer auf die Gefahr einer Ungenauigkeit kurzweg οἱ ἀπόστολοι gesagt haben würde, einen Ausdruck gebraucht, welcher auch Nichtapostel umfaßt und auch an diejenigen denken läßt, die erst im Verlauf der von Lc darzustellenden Geschichte Diener des Worts geworden sind. Durch alles dies ist es vorbereitet, daß nun in der Tat von Männern, welche nicht zum Kreise der Apostel gehörten und überhaupt keinen besonderen Auftrag zur Predigt hatten, entscheidende Schritte auf dem Wege der Mission getan worden sind, so daß sie zu Vorläufern der Apostel wurden, wie jene 70 Vorboten des Herrn waren (AG 8, 5—40; 11, 19—21 cf 6, 5; 21, 8), und daß neben dem Apostolat der Zwölfe, deren Zahl vervollständigt wird (AG 1, 15—26), ein neuer Apostolat entsteht, welcher das Ev rasch über die Schranken hinausführt, in welchen die Zwölf durch ihren nächsten Beruf festgehalten wurden (AG 9, 3—30; 13, 2 ff.; 14, 4. 14). — In bezug auf Sprache und Stil zeigt das Werk des Lc eine große Mannigfaltigkeit; die Verschiedenheiten verteilen sich aber nicht auf die beiden Bücher, aus denen es besteht, sondern finden sich ebenso innerhalb des Ev als der AG. Da sie sich, wie es scheint, teils aus der Verschiedenheit der Gegenstände, teils aus dem Sprachcharakter der benutzten Quellen erklären, so ist es angemessen, im Zusammenhang der folgenden Untersuchungen, (§ 61. 62) darüber zu reden. Nur das bedarf kaum noch eines umständlichen Beweises, daß trotz aller Stilverschiedenheiten zwischen einzelnen Teilen des

Werks eine große Menge eigentümlicher Redewendungen und Wörter sich durch
beide Bücher hindurchzieht, so daß auch nach dieser Seite die Einheit des
Werks gesichert ist (A 28).

Alle Erörterungen über den Zweck der AG., welche dieses zweite Buch
des lucanischen Werks allein ins Auge fassen, indem sie die Verbindung desselben
mit dem ersten für eine ziemlich äußerliche erklären, haben vor allem den richtig
verstandenen Prolog und außerdem einen beträchtlichen Teil der bisher vorgetragenen teils alten teils neuen Beobachtungen gegen sich. Insbesondre die
Annahme der Baurschen Schule, daß der Vf der AG darauf ausgegangen sei,
die unversöhnten und unversöhnlichen Gegensätze in der apostolischen Kirche
durch eine die Wirklichkeit umbildende Darstellung und durch bewusste Erfindungen auszugleichen, erscheint mir einer umständlichen Widerlegung nicht
mehr bedürftig (A 29). Man kann nur wünschen, daß diejenigen, welche die
Unhaltbarkeit dieser Annahme im ganzen erkannt haben, die Reste des alten
Sauerteigs ausfegen, die in ihnen haften geblieben sind. Was im einzelnen
an den Gründen dieser Auffassung der AG der Widerlegung bedürftig ist, wird
in § 62. 63 zur Sprache kommen. Was aber daran wahr ist, erklärt sich aus
dem ausgesprochenen Zweck des ganzen Werks. Eine mitten im heißen Kampf
entstandene und unter Schmerzen geborene Streitschrift, wie der Gl, redet
selbstverständlich eine andere Sprache, als ein Geschichtswerk, welches vielleicht 20 Jahre später dieselben Tatsachen wie jene darzustellen die Aufgabe
hat. Lc würde nur seine Unfähigkeit für den Beruf eines Geschichtschreibers
des Christentums an den Tag gelegt haben, wenn er die gereizten Stimmungen
der Streitenden in die Darstellung des großen Kampfs um die Gesetzesfreiheit
und Selbständigkeit der Heidenkirche hineingetragen hätte. Zumal in einem für
den noch außerhalb der Gemeinde stehenden Theophilus bestimmten Werk wäre
dies eine dem Zweck eines solchen Werkes widerstreitende Torheit gewesen.
Lc verbirgt gelegentlich nicht, daß gute Christen mit einem Pl in Streit geraten
konnten (AG 15, 37—39), und er enthält sich des Urteils darüber, auf wessen
Seite die größere Hälfte der Schuld lag. Aber in dem großen Hauptkampf
der Zeit läßt er die Gegner des Pl, deren Herkunft aus dem Pharisäismus
nur er uns berichtet (AG 15, 5), eine so scharfe und deutliche Verurteilung durch
alle Auktoritäten der Kirche erfahren (15, 10. 19. 24), wie sie in den Briefen
des Pl nicht zu lesen ist. Das *tradere sine ira et studio* hat Lc besser verstanden als der Römer, welcher dies als seine Absicht aussprach (Tac. ann. I, 1).

1. Zeller, Die AG nach Inhalt und Ursprung krit. unters., 1854, S. 460. 516 erklärt es für nahezu unzweifelhaft, daß „die Überschrift" des ganzen zweiteiligen Werks
„den Namen des Vf" d. h. denjenigen des angeblichen Vf „Lucas" enthalten habe, spricht
sich aber über Form und Inhalt des Titels im übrigen nicht aus. Blaß, Acta ap. ed. mai.
1895 p. 2 fordert für die AG einen Titel wie Λουκᾶ Ἀντιοχέως πρὸς Θεόφιλον λόγος β΄,
also wohl auch für das Ev den gleichen Titel mit λόγος α΄. Ist es denn denkbar, daß
Lc einem Werk so großen Gegenstandes einen so inhaltslosen Titel gegeben haben sollte

welcher verdiente, verloren zu gehen? Hat er aber einen besseren gewählt, warum ist dieser nicht ebenso wie die Titel des Mt, Mr und der Ap erhalten geblieben? Im Altertum war der Buchtitel nicht in dem Maße wie später, zumal seit Erfindung des Buchdrucks, ein wesentlicher und unveränderlicher Bestandteil des Buchs. Schon daß der *titulus* oder *index* außen an der geschlossenen Rolle angeheftet wurde (Birt, Das antike Buchwesen S. 66), gab ihm eine viel unsicherere Stellung. Unsere Unwissenheit darüber, welchen Titel Josephus seinem *Bellum jud.* gegeben hat oder gegeben haben wollte, rührt nicht daher, daß der ursprüngliche Titel abhanden gekommen wäre. Josephus selbst citirt das Werk sehr verschieden ant. I, 11 4; XIII, 3, 3; 5, 9; 10, 6; vita 74, ebenso die alten Schriftsteller und die Hss des Josephus selbst cf Niese ed. mai. VI praef. § 1 und p. 3. Bekannt ist die Korrespondenz zwischen Augustin und Hieronymus über den 10—12 Jahre nach Erscheinen des Buchs des viris ill. noch schwankenden Titel desselben (Hier. ep. 67, 2; 112, 3 Vall. I, 403. 738). Am wenigsten eines förmlichen Titels von vornherein bedürftig war eine Schrift, welche unbeschadet der Hoffnung auf weitere Verbreitung vom Vf als Privatschrift gedacht und herausgegeben war. Die hierin dem Werk des Lc gleichartige Schrift eines anderen Antiocheners erhielt in der Überlieferung den inhaltlosen Titel Θεοφίλου πρὸς Αὐτόλυκον α′ β′ γ′.

2. Cf meine Vorlesung „Der Geschichtschreiber und sein Stoff im NT" Ztschr. f. kirchl. Wiss. 1888 S. 581—596, besonders S. 590 f. Josephus schrieb seine Archäologie auf Zureden von Geschichtsfreunden, unter anderen des Epaphroditus (ant. I prooem. 1 in dritter Person genannt), dem das vollendete Werk in den Schlußworten des Anhangs (vita 76 κράτιστε ἀνδρῶν Ἐπαφρόδιτε) gewidmet ist, ebenso wie die beiden Bücher gegen Apion I, 1; II, 1. Am Schluß c. Ap. II, 41 wird die Bestimmung der Schrift auf diejenigen ausgedehnt, welche in gleicher Weise wie Epaphroditus die Wahrheit über das Judentum erfahren wollen. Cf die Widmungszuschriften und Vorreden des Irenäus, besonders I praef. § 2—3; III praef. 1; Melito bei Eus. h. e. IV, 26, 13; Artemidor. oneirokrit. IV in. in bezug auf die einem κράτιστος Cassius Maximus gewidmeten ll. I—III.

3. *Κράτιστος* Titel des Statthalters von Palästina AG 23, 26; 24, 3; 26, 25, der Prokonsuln der großen Provinzen (C. I. Gr. nr. 1072. 1073; Wood, Discoveries at Ephesus, Inscr. of the Odeum nr. 3. 4; Dioscorides, mat. med. I prooem. ed. Sprengel p. 4) und anderer hoher Beamter (Berl. ägypt. Urk. Bd. I, 373; II, 373 im Index unter δικαιοδότης, διοικητής, ἔπαρχος, ἐπιστράτηγος, ἐπίτροπος und oben S. 337 A 5), aber auch sonst vornehmer Herren cf A 2. Josephus wechselt in der Anrede an seinen Epaphroditus zwischen κράτιστε ἀνδρῶν, vita 76; c. Apion. I, 1, τιμιώτατέ μοι II, 1 (cf ant. XX, 1, 2) und dem bloßen Ἐπαφρόδιτε II, 41. In christlicher Literatur finden wir κράτιστε Διόγνητε in der Epist. ad Diognetum, gerichtet an einen Heiden, nach der älteren Meinung an den Lehrer Marc Aurels; sodann κράτιστε Θεόφιλε im Dialog des Methodius de resurr. 33. 54 (Bonwetsch p. 122. 166) als Anrede an den Schiedsrichter im Wortgefecht. Die Christen alter Zeit reden sich entweder mit dem bloßen Namen an 1 Tm 6, 20; Iren. ep. ad Florinum bei Eus. h. e. V, 20, oder mit christlichen Attributen wie ἀδελφέ Phlm 20, γνήσιε σύζυγε Phl 4, 3, Ὀνησίμῳ τῷ ἀδελφῷ Melito bei Eus. h. e. IV, 26, 13, ἀγαπητέ Iren. I praef. § 2 und in den Vorreden aller folgenden Bücher, ἀγαπητέ μου ἀδελφὲ Θεόφιλε Hippol. de Antichr. 1. Am Anfang des 3. Jahrhunderts stellen sich weltliche Titulaturen wie κύριε und dgl. auch bei den Christen ein: Alex. Hieros. bei Eus. h. e. VI, 11, 6; Pseudopetr. ad Jac. Grußzuschrift und Schluß; Afric. ad Orig. (Delarue I, 10), während Origenes in der Antwort p. 12 den altchristlichen Stil anwendet.

4. Da Lc κατηχεῖσθαι (AG 21, 21. 24) und ἦχος (Ev 4, 37) mit περί τινος konstruirt, so besteht kein Grund, 1, 4 anders zu konstruiren als τὴν ἀσφάλειαν τῶν λόγων περὶ ὧν

κατηχήϑης und dieses Verb anders zu verstehen als von einer Kunde, einem Gerücht,
das einem zu Ohren gekommen ist cf Philo leg. ad Caj. 30. Das Wort bezeichnet an
sich durchaus nicht einen förmlichen Unterricht, sondern ein Hören und Hörenlassen
von Solchem, was der Hörende vorher nicht gewußt hat cf Jos. vita 65. Auch AG 18,
25 bezeichnet es, da Apollos damals die kirchliche Taufe noch nicht empfangen hatte
und überhaupt mit der organisirten Kirche noch nicht in Berührung gekommen war,
nicht wie Gl 6, 6; 1 Kr 14, 19 cf Rm 2, 18 den innergemeindlichen Unterricht, sondern
ein nicht näher bestimmtes Bekanntwerden mit dem Christentum, wozu die Einführung
in die kirchliche Erkenntnis des Christentums durch Aquila, ein ἀκριβέστερον ἐκτίϑεσϑαι
AG 18, 26 den Gegensatz bildet. Eben dies ist das Verhältnis der Mitteilungen des Lc
an Theophilus zu der bisherigen Kenntnis desselben. An Stellen wie Lc 1, 4; AG 18,
25 mag sich der spätere Gebrauch des Worts von dem auf die Bekehrung abzielenden,
auf die Taufe vorbereitenden Unterricht, den wir zuerst II Clem. 17, 1; Acta Theclae
39 finden, angelehnt haben. Eus. eclogae proph. ed. Gaisford p. 3 verwendet Lc 1, 4 in
diesem dem NT noch fremden Sinn.

5. Lagarde (Psalterium Hieronymi, 1874 p. 165) fand die Motivirung in Lc 1, 1 so
ungeschickt, daß er hauptsächlich hierauf glaubte die Vermutung gründen zu können,
Lc ahme hier die Vorrede des Arztes Dioskorides (um 40—70 p. Chr.) zu dessen Schrift
περὶ ὕλης ἰατρικῆς nach, worin dieser zeigen will, daß trotz der vielen alten und neuen
Schriftsteller über den gleichen Gegenstand seine Schrift nicht überflüssig sei, weil die
Einen ihr Werk nicht vollendet, die Anderen das Meiste aus bloßem Hörensagen, nicht
aus eigener Erfahrung geschöpft haben (ed. Sprengel I, 1 f.). Es mag ja sein, daß Lc
diese Schrift seines Fach- und Zeitgenossen gelesen hat; aber die Ähnlichkeit der beiden
Widmungszuschriften ist gering. Wörter wie αὐτοψία, ἀκριβής und dessen Derivate sind
nicht auffällig genug, um eine Vertrautheit des Lc gerade mit Dioskorides zu beweisen.
Richtig dagegen ist, daß Lc sich in seinem ganzen Werk in auffälligster Weise mit dem
Sprachgebrauch der medicinischen Schriftsteller von Hippokrates bis zu Galenus berührt,
wie Hobart glänzend bewiesen hat (s. A 28 und § 62 A 5). So auch im Prolog. Hippokrates
und Galenus verbinden das echt medicinische, im NT nur Lc 1, 1; AG 9, 29; 19, 13
vorkommende ἐπιχειρεῖν auch mit γράφειν, und Gal. ganz wie AG 9, 29 mit ἀνελεῖν
(Hobart 87. 210), einem 21 mal bei Lc, sonst nur 3 mal im NT vorkommenden Verb,
wozu auch noch ἀναίρεσις AG 8, 1 kommt. Aus Gal. gibt Hobart 87—90. 229. 250 f.
nicht weniger als 11 Beispiele von αὐτόπτης γενόμενος, γίνεσϑαι, γενέσϑαι, 2 Beispiele von
ἀκριβῶς παρακολουϑεῖν, zahlreiche Beispiele von διήγησις sowohl von medicinischen Abhandlungen als historischen Berichten. Hobart 251 vergleicht eine Dedikation des Gal.
(ed. Kühn XIV, 210 τοῦτόν σοι τὸν περὶ τῆς ϑηριακῆς λόγον ἀκριβῶς ἐξετάσας
ἅπαντα, ἄριστε Πίσων, σπουδαίως ἐποίησα) mit dem Prolog des Lc, cf auch AG 1, 1.
Zur Satzanlage cf Jos. bell. I prooem. 1 ἐπειδή . . . ἀναγράφουσιν, . . . προυϑέμην ἐγὼ
. . . ἀφηγήσασϑαι, § 6 ἐπειδήπερ καὶ Ἰουδαίων πολλοὶ κτλ., vor allem aber AG 15, 24 f.
ἐπειδὴ ἠκούσαμεν . . . ἔδοξεν ἡμῖν.

6. Orig. hom. 1 in Lc (Delarue III, 933 cf den griech. Text GK II, 627), welchem
Eus. h. e. III, 24. 15 und Athan. ep. fest. 39 (GK II, 210) hierin ebenso wie in der
Misdeutung des ἐπεχείρησαν gefolgt sind, faßte πεπληροφορημένων als Steigerung über
πεπιστευμένων, ohne die Übertragung des Worts von der Person des Lc (πεπληροφόρητο
καὶ οὐδὲν ἐδίσταξε) auf die Dinge, von welchen er fest überzeugt war, zu rechtfertigen.
Diese ist eben nicht zu rechtfertigen. Auch bei πιστεύεσϑαι, παραδίδοσϑαι, ἐπιτρέπεσϑαι
u. dgl. findet sich nur die umgekehrte Übertragung der passiven Konstruktion von der
Sache, die anvertraut, überliefert, aufgetragen wird etc., auf die Person, der etwas
anvertraut, aufgetragen oder erlaubt, welche mit etwas betraut wird etc. (z. B. Rm 6,
17; Bd I, 265 A 7). Noch unmöglicher ist die Fassung, welche wohl zuerst Lessing

(ed. Maltzahn XI, 2, 135) vortrug und durch Annahme eines Hebraïsmus rechtfertigen wollte. Danach hätte Lc die Tatsachen der ev Geschichte darum, weil in ihnen atl Weissagungen ihre Erfüllung gefunden haben, „in Erfüllung gegangene Dinge“ genannt, anstatt von den Weissagungen zu sagen, daß sie durch diese Tatsachen erfüllt worden seien. Erstens schreibt Lc im Prolog nicht hebraïsirend. Zweitens gebraucht er von der Erfüllung der Weissagung regelmäßig das gewöhnliche $\pi\lambda\eta\varrho o\tilde{v}\nu$ (1, 20; 4, 21; 24, 44; AG 1; 16; 3, 18; 13, 27), zuweilen $\tau\varepsilon\lambda\varepsilon\tilde{\iota}\nu$ (18, 31; 22, 37; AG 13, 29), einmal $\pi\lambda\eta\sigma\vartheta\tilde{\eta}\nu\alpha\iota$ (Lc 21, 22). Drittens ist der Gedanke, daß in der ev Geschichte die atl Weissagung sich erfüllt habe, gerade für das Lcev am wenigsten grundlegend. Viertens wäre der Ausdruck, auch abgesehen von der unlogischen Vertauschung der sich erfüllenden Weissagungen mit den die Weissagungen zur Erfüllung bringenden Tatsachen, im Eingang des Buchs, wo von prophetischer Weissagung noch nichts gesagt war, jedem Leser, vollends dem Heiden Theophilus schlechthin unverständlich gewesen. Ist abzusehen von $\pi\lambda\eta\varrho o\varphi o\varrho\varepsilon\tilde{\iota}\nu$ mit persönlichem Objekt (resp. $\pi\lambda\eta\varrho o\varphi o\varrho\varepsilon\tilde{\iota}\sigma\vartheta\alpha\iota$ mit persönlichem Subjekt, Rm 4, 21; 14, 5; Kl 4, 12; Kohel 8, 11; Berl. ägypt. Urk. nr. 665; daher $\pi\lambda\eta\varrho o\varphi o\varrho\acute{\iota}\alpha$), so bleibt nur übrig, $\pi\lambda\eta\varrho o\varphi o\varrho\varepsilon\tilde{\iota}\nu$ mit sachlichem Objekt auch hier wie 2 Tm 4, 5 (= AG 12, 25; 14, 26); 2 Tm 4, 17 (= Kl 1, 25; Rm 15, 19), auch Herm. mand. 9, 2 als ein volltönendes Synonymon für $\pi\lambda\eta\varrho o\tilde{v}\nu$ zu fassen (Lc 7, 1 „nachdem er ausgeredet hatte“; AG 13, 25; 19, 21; 2 Kr 10, 6; Ap 3, 2). Lc liebt solche Bildungen: $\tau\varepsilon\lambda\varepsilon\sigma\varphi o\varrho\varepsilon\tilde{\iota}\nu$ Lc 8, 14; $\tau\varrho o\pi o\varphi o\varrho\varepsilon\tilde{\iota}\nu$ AG 13, 18; $\varepsilon\dot{v}\varphi o\varrho\varepsilon\tilde{\iota}\nu$ Lc 12, 16 hat nur er, und $\varkappa\alpha\varrho\pi o\varphi o\varrho\varepsilon\tilde{\iota}\nu$ Lc 8, 15 hat auch er. Es heißt $\pi\lambda\eta\varrho o\varphi o\varrho\varepsilon\tilde{\iota}\nu$ wie $\pi\lambda\eta\varrho o\tilde{v}\nu$ in solcher Verbindung überall „vollständig durchführen, zur Vollendung bringen“ und nicht, wie Wuttig, Das joh. Ev und seine Abfassungszeit, 1897 S. 60 versichert, „vervollständigen“ im Sinne von „ergänzen“. Und selbst wenn dies richtig wäre, wäre es als eine handgreifliche Verwechselung zu bezeichnen, daß Wuttig S. 61 dafür substituirt „vervollständigend hinzufügen“; denn Objekt von $\pi\lambda\eta\varrho o\tilde{v}\nu$ oder $\pi\lambda\eta\varrho o\varphi o\varrho\varepsilon\tilde{\iota}\nu$ sind ja die ohne dieses Handeln oder Geschehen unvollständigen Dinge (Dienst, Beruf, Lebenslauf, Rede, Predigt des Ev u. dgl.), niemals aber diejenigen Dinge, Worte, Handlungen etc., die zu dem Vorhandenen zum Zweck seiner Vervollständigung hinzugefügt werden. Der Wunsch Wuttigs, hiedurch den Gedanken zu gewinnen, daß die Überlieferungen, welche Lc wie die $\pi o\lambda\lambda o\acute{\iota}$ schriftstellerisch bearbeitet haben, zu den früher bereits im 4. Ev schriftlich fixirten Tatsachen „vervollständigend hinzugefügt worden“ seien, ist auf alle Fälle unerfüllbar; denn nicht von den längst geschehenen Tatsachen, die hier als Objekt der schriftstellerischen Bearbeitung seitens der Vielen und indirekt auch des Lc erwähnt sind, sondern nur etwa von den diese Tatsachen betreffenden mündlichen Erzählungen der Autopten und schriftlichen Aufzeichnungen ihrer Schüler könnte gesagt werden, daß sie zu einem bereits vorhandenen Ev der Autopten oder eines Autopten ergänzend hinzutreten. Von einem solchen bereits vorhandenen schriftlichen Ev der Autopten sagt Lc ebensowenig etwas, wie von einer Vervollständigung desselben durch mündliche Erzählungen derselben Autopten und durch Schriften der $\pi o\lambda\lambda o\acute{\iota}$.

7. Das die Charakteristik der Urzeugen abschließende $\gamma\varepsilon\nu\acute{o}\mu\varepsilon\nu o\iota$ nötigt dazu, mit diesem das adverbiale $\dot{\alpha}\pi^\prime\ \dot{\alpha}\varrho\chi\tilde{\eta}\varsigma$ zu verbinden und schließt die Möglichkeit aus, dieses nur zu $\alpha\dot{v}\tau\acute{o}\pi\tau\alpha\iota$ und nicht auch zu $\dot{v}\pi\eta\varrho\acute{\varepsilon}\tau\alpha\iota$ zu ziehen.

8. Die Wörter $\pi\alpha\varrho\alpha\delta\iota\delta\acute{o}\nu\alpha\iota$ und $\pi\alpha\varrho\acute{\alpha}\delta o\sigma\iota\varsigma$ sagen an sich nicht, ob die Mitteilung in mündlicher oder schriftlicher Form geschieht. Es gilt als Aufgabe der Geschichtschreibung, Tatsachen der Nachwelt zu überliefern (cf Polyb. II, 35, 5 $\varepsilon\dot{\iota}\varsigma\ \mu\nu\acute{\eta}\mu\eta\nu\ \check{\alpha}\gamma\varepsilon\iota\nu$ $\varkappa\alpha\grave{\iota}\ \pi\alpha\varrho\acute{\alpha}\delta o\sigma\iota\nu\ \tau o\tilde{\iota}\varsigma\ \dot{\varepsilon}\pi\iota\gamma\iota\nu o\mu\acute{\varepsilon}\nu o\iota\varsigma$). Von dem Historiker sagt Jos. c. Apion. I, 10 $\delta\varepsilon\tilde{\iota}$ $\tau\grave{o}\nu\ \check{\alpha}\lambda\lambda o\iota\varsigma\ \pi\alpha\varrho\acute{\alpha}\delta o\sigma\iota\nu\ \pi\varrho\acute{\alpha}\xi\varepsilon\omega\nu\ \dot{\alpha}\lambda\eta\vartheta\iota\nu\tilde{\omega}\nu\ \dot{v}\pi\iota\sigma\chi\nu o\acute{v}\mu\varepsilon\nu o\nu\ \alpha\dot{v}\tau\grave{o}\nu\ \dot{\varepsilon}\pi\acute{\iota}\sigma\tau\alpha\sigma\vartheta\alpha\iota\ \tau\alpha\tilde{v}\tau\alpha\ \pi\varrho\acute{o}\tau\varepsilon\varrho o\nu$ $\dot{\alpha}\varkappa\varrho\iota\beta\tilde{\omega}\varsigma\ \mathring{\eta}\ \pi\alpha\varrho\eta\varkappa o\lambda o\upsilon\vartheta\eta\varkappa\acute{o}\tau\alpha\ \tau o\tilde{\iota}\varsigma\ \gamma\varepsilon\gamma o\nu\acute{o}\sigma\iota\nu\ \mathring{\eta}\ \pi\alpha\varrho\grave{\alpha}\ \tau\tilde{\omega}\nu\ \varepsilon\dot{\iota}\delta\acute{o}\tau\omega\nu\ \pi\upsilon\nu\vartheta\alpha\nu\acute{o}\mu\varepsilon\nu o\nu$. Cf Eus. h. e. II, 25, 2; Dioskor. mat. med. in den Vorreden zu lib. II. III. IV, nur lib. V dafür

ἀποδιδόναι. Es kann daher auch von der gesetzgeberischen Tätigkeit des Moses, der
als Urheber des geschriebenen Gesetzes gilt (Lc 20, 28; Jo 5, 45—47; Rm 10, 5), ebensowohl *παραδιδόναι* (AG 6, 14), als *διδόναι* (Jo 1, 17; 7, 19) gebraucht werden. Es ist
aber doch zur Ergänzung des oben S. 365 aus dem Zusammenhang des Prologs Entnommenen zu bemerken: 1) Auf jüdischem Boden bildet *παραδιδόναι*, *παράδοσις* קַבָּל,
קַבָּלָה als mündlich fortgepflanzte Lehre und Satzung einen Gegensatz zum geschriebenen
Gesetz (Mt 15, 2. 3. 6; Mr 7, 3—13; Gl 1, 14; Kl 2, 8. 22). Man „hört“ solche Überlieferung (Mt 5, 21; Jo 12, 34). 2) Auch wo das Wort von apostolischer Lehre und
Anweisung gebraucht wird, ist diese überall eine mündliche (1 Kr 11, 2. 23; 15, 3;
Rm 6, 17; 2 Th 3, 6 oben S. 163. 171 f.), wo nicht ausdrücklich bemerkt wird, daß sie
daneben auch in schriftlicher Form gegeben sei (2 Th 2, 15). 3) Auch abgesehen von
dem dogmatischen Gegensatz von heiliger Schrift und minder gut verbürgter Tradition,
welcher mit einiger Modifikation aus dem Judentum in die Kirche übergegangen ist,
ist die durch *παραδιδόναι* zunächst gegebene Vorstellung immer so sehr die der mündlichen Mitteilung, daß z. B. Clem. ecl. proph. 27 schreiben konnte: *οὐκ ἔγραφον δὲ οἱ
πρεσβύτεροι μήτε ἀπασχολεῖν βουλόμενοι τὴν διδασκαλικὴν τῆς παραδόσεως φροντίδα τῇ
περὶ τὸ γράφειν ἄλλῃ φροντίδι, μηδὲ μὴν κτλ.*

9. Das Misverständnis des *παρηκολουθηκότι πᾶσιν* seitens der Alten (oben S. 337),
als ob Lc ein begleitender Schüler aller Apostel gewesen sei, bedarf keiner Widerlegung.
Ebenso unmöglich ist aber auch, was bei richtiger Ergänzung von *πράγμασι* sprachlich
möglich wäre, daß Lc die sämtlichen darzustellenden Ereignisse als miterlebender Zeuge
begleitet habe (cf Jos. c. Ap. I, 10 s. A 8, oder was Philo de decal. 18 von dem falschen
Zeugen sagt, daß er rede *ὡς παρηκολουθηκὼς ἅπασιν*); denn dann wäre Lc ein Autopt
von Anfang gewesen, was er entschieden von sich ablehnt. Es bedeutet *παρακολουθεῖν*
aber auch ein Nachgehen und Verfolgen mit dem forschenden und begreifenden Verstand (Epict. diss. I, 5, 5; 6, 13. 18; 9, 4; 26, 13 u. 14) sowie mit der geschichtlichen
Forschung und Darstellung (Polyb. I, 12, 7; III, 32, 2). Dazu allein paßt auch *ἀκριβῶς*.
Joseph. c. Ap. I, 23 versteht unter *μετὰ πάσης ἀκριβείας τοῖς ἡμετέροις γράμμασι παρακολουθεῖν* ein verständnisvolles Studium der atl Schriften. Lc würde aber *παρακολουθήσαντι* oder *—σαντα* geschrieben haben, wenn die Forschungen ebenso, wie die schriftstellerische Verarbeitung derselben ein Gegenstand seines auf Theophilus abzielenden
Beschlusses gewesen wären cf AG 15, 25.

10. Unter den Alten hat namentlich Augustin cons. evv. IV, 8, 9 die Beziehung
des Prologs auf beide Bücher des Lc behauptet. Unter den Gründen hiegegen ist
wohl der unbegreiflichste der, daß dann die AG nicht wieder mit einer Anrede an Theophilus beginnen würde, welche zur Koordinirung beider Buchanfänge auffordere. So
etwa Overbeck, Einl. zu der Bearbeitung von de Wettes Komm. zur AG p. XXI Anm.
Erstens enthält AG 1, 1 keinen zweiten, geschweige denn einen selbständigen Prolog,
sondern lediglich einen Rückblick auf die erste Hälfte des Werks und eine Anknüpfung
des zweiten Buchs an das erste. Zweitens ist es geradezu die Regel, daß an der
Spitze der aufeinanderfolgenden Bücher eines größeren Werks entweder eine kurze Bezugnahme auf die Widmungszuschrift des ersten Buchs oder ein neues Proömium steht,
ohne daß dadurch das Proömium des ersten Buchs den Charakter einer Einleitung in
das ganze Werk verlöre. Beispiele aus der Zeit von a. 60—200 sind Dioskorides, materia medica lib. I—V; Joseph. c. Apion. I und II; Artemidor. oneirokr. I—III, einem
Anderen gewidmet als IV—V; Iren. I—V. Sehr häufig findet sich außerdem noch am
Schluß der einzelnen Bücher oder des ganzen Werks eine Anrede: Diosk. V p. 828;
Jos. c. Ap. II, 41; Artemid. I, 82; III, 66; IV, 84; Iren. I, 31, 3; IV, 41, 4. Cf auch
meine Studien zu Justin Ztschr. f. Kirchengesch. VIII, 45 f. Drittens sagt Lc AG 1, 1
nicht, daß er *ἐν ἑτέρῳ* (*βιβλίῳ*, *συγγράμματι*, allenfalls auch *λόγῳ*) oder *ἐν ἑτέροις* die ev

Geschichte dargestellt habe, sondern nennt das Ev ὁ πρῶτος λόγος, zu welchem die AG als ὁ δεύτερος λόγος hinzutritt. Cf Birt, Das antike Buchwesen S. 28: „Ein größeres Werk setzt sich aus mehreren λόγοι zusammen". Natürlich können auch selbständige Schriften je ein λόγος heißen; aber solche lassen sich nicht als „das erste" und „das zweite Buch" zählen und benennen. Mag ihm schon beim Niederschreiben von Lc 1, 1—4 festgestanden haben, daß er seinen Plan nur in einem mehrteiligen Werk ausführen könne, oder nicht, jedenfalls ist er sich beim Niederschreiben von AG 1, 1 bewußt, daß er seinen Plan nur erst zu einem Teil durchgeführt hat und daher das Folgende als einen zweiten Teil eines größeren Ganzen zum ersten hinzufügt. Eben dieses Bewußtsein spricht er durch die Bezeichnung des Gegenstandes des ersten Buchs durch περὶ πάντων ὧν ἤρξατο ὁ Ἰησοῦς ποιεῖν τε καὶ διδάσκειν aus. Und dies ist ein vierter Beweis für die Tragweite des Prologs. Unrichtig war es gewiß, wenn man im Blick auf einzelne Stellen wie AG 9, 4 oder auf die Betrachtung aller ev Predigt als Ev Christi und Wort des Herrn (oben S. 165 f.) hierin den Gedanken finden wollte, daß Jesus als das eigentliche Subjekt alles Handelns, Leidens und Lehrens der Apostel vorgestellt werde. Ebensowenig ist aber auch, zumal an dieser Stelle, wo Lc als reflektirender Schriftsteller redet, ein völlig müßiger Gebrauch von ἤρξατο anzunehmen. Das gesamte Handeln und Lehren Jesu, wie es im Ev dargestellt war, ist doch nur der Anfang einer weiterhin sich fortsetzenden Thätigkeit (cf Hb 2, 3). Dieses ἤρξατο entspricht gegensätzlich den πεπληροφορημένα πράγματα Lc 1, 1, welche den Gegenstand der ganzen schriftstellerischen Arbeit des Lc bilden sollten. So verknüpfen sich die aus AG 1, 1 zu entnehmenden Beweise mit denjenigen, welche die Vorrede des Ev darbietet (oben S. 368 f.).

11. Xenophon in der Anabasis redet, wie Cäsar im gallischen Krieg und wie Mt in seinem Ev, von sich stets nur als einer dritten Person unter dem Namen Xenophon (anab. I, 8, 15; II, 5, 40; III, 1, 4. 10. 47. Der einzige Abschnitt, worin ein Wir vorkommt VII, 8, 25, gilt für unecht). In den Memorabilien dagegen begegnet uns von Anfang an das Ich des Schriftstellers (I, 1, 1; 3, 1; 4, 2), aber im Bericht über einen Dialog, worin er selbst auftritt I, 3, 8—13 Ξενοφῶν. Thucydides tritt von vornherein mit seinem Namen und zugleich mit einem Ich vor die Leser und läßt dieses Ich überall wiederkehren, wo er über sich als Erzähler und die Herkunft seiner Kenntnis der Sachen reflektirt (I, 20, 1; 22, 1; II, 48, 3; V, 26, 4). Wo er aber von sich als Feldherrn zu reden hat, nennt er sich beharrlich in 3. Person „Thucydides" und bemerkt nur bei der ersten Einführung dieses Namens, daß der Feldherr mit dem Vf identisch sei (IV, 104, 4). Auch Polybius kennt beide Formen, hält aber den Unterschied nicht streng fest. Abgesehn davon, daß er häufig neben dem Ich ein damit gleichbedeutendes Wir anwendet (I, 1, 1. 3 f.; II, 40, 5; III, 5, 8; 48, 12), gebraucht er das Ich zuweilen auch von sich als mithandelnder Person (XXXIX, 6) und spricht sich über die absichtliche Abwechselung zwischen „Polybius" und „ich oder wir" aus (XXXVII, 1 f.). Josephus sagt in der Vorrede des bell. § 1 „ich Josephus, der Sohn des Matthias, Priester von Jerusalem" und bedient sich überall, wo er als Schriftsteller von sich redet, des Ich oder Wir (bell. V, 4, 1; 5, 4; 5, 7; VII, 11, 5; ant. I prooem.; X, 11, 7; XII, 5, 2; XVI, 7, 1). In demselben Werk aber führt er sich wie eine fremde Person als „Josephus" ein, wo er als handelnde Person in der Geschichte auftritt, zuerst II, 20, 4 und von da an beharrlich. Nur in der Selbstbiographie spricht er durchweg von sich als Ich, ohne jemals den Namen beizufügen. Porphyrius dagegen in der Vita Plotini schreibt c. 4—6 ἐγὼ Πορφύριος, ἐμοῦ Πορφυρίου, προσῆλθον ὁ Π. — Über die Nachbildungen des lucanischen Wir s. A 17.

12. AG 16, 17, nach Rec. β auch 16, 10 steht das Wir auch da, wo Pl davon ausgenommen ist; es faßt also das Ich des Erzählers mit dem seit 15, 40 als Begleiter genannten Silas und dem 16, 1—3 eingeführten Timotheus zusammen. Daß das in dem

Wir steckende Ich, welches keinen Namen führt, mit keinem der vorher und nachher stets in dritter Person und mit ihrem Namen genannten Männer Silas und Timotheus identisch sein kann, ist selbstverständlich. Was Silas anlangt, ist besonders deutlich die Folge: Pl und wir (16, 17), Pl (16, 18), Pl und Silas (16, 19). Timotheus ist durch 20, 4—6 nach beiden Recensionen (oben S. 353 A 9) ausgeschlossen. Zu denen, welche dem Pl und den in dem Wir mit ihm zusammengefaßten Personen nach Troas vorausreisten, gehört Timotheus.

13. Über den Text von AG 20, 3 ff. s. oben 353 A 9 und Bd I, 150. Danach sind die genannten Reisebegleiter mit Ausnahme des Sopatros, der von Korinth an den Pl begleitet hatte, und dem Erzähler, der sich ihm von Philippi an anschloß, schon vor dem Passafest von Macedonien nach Troas vorangereist. Übrigens ist das Intermittiren des Wir nicht zu überschätzen. Wo Solches zu erzählen war, wobei Pl allein oder dieser mit Silas der Handelnde oder Leidende war (16, 18—40), fehlt das Wir, ohne daß daraus ein *Alibi* des Erzählers oder des Timotheus folgte. Der Erzähler befindet sich nach 21, 18 in der Versammlung bei Jakobus; nur der Inhalt der weiteren Erzählung bietet keinen Anlaß, das Wir wieder eintreten zu lassen. Nicht anders verhält es sich mit 20, 16—38, wo ein nur von Pl gefaßter Beschluß und ein zwischen ihm und den Presbytern von Ephesus spielender Vorgang berichtet wird. Es konnte das Wir schon 20, 36 ($\dot{\eta}\mu\tilde{\iota}\nu$ statt $\alpha\dot{v}\tau o\tilde{\iota}\varsigma$) eintreten, aber mit Sicherheit läßt sich aus dem Eintritt des Wir erst wieder 21, 1 nicht schließen, daß ein Teil der Begleitung des Pl, darunter der Erzähler, im Schiff geblieben, während Pl mit anderen Begleitern ans Land gestiegen war. Doch ist dies möglich. Da die Presbyter den Pl (in einem Kahn) zum Schiff und sicherlich auch auf das Schiff geleiteten (20, 38), konnte auch der im Schiff gebliebene Teil der Reisegesellschaft an dem Abschied von den Presbytern beteiligt sein (21, 1). Wenn Iren. III, 14, 1 (GK II, 54 A 2) den Lc, wie es scheint, gleich nach der Trennung des Pl von Barnabas, also von Antiochien aus den Apostel begleiten läßt, so wäre das bei der flüchtigen Art der Erzählung AG 15, 40—16, 8 durch das Fehlen des Wir nicht schlechthin ausgeschlossen. Es kann aber auch Lc von Antiochien aus dem Pl nach Troas nachgereist sein, wie Agathopus dem Ignatius (Ign. Phld. 11; Sm. 10 vgl. mein Werk über Ignatius 263 f.).

14. Ganz abgesehen von der Entscheidung über den Text von Lc 24, 51 und von den harmonistischen Schwierigkeiten, welche die Vergleichung von Lc 24, 44—53 mit AG 1, 1—14 bereitet, ist durch AG 1, 2 verbürgt, daß der Vf sich bewußt ist, in Lc 24, 51 die $\dot{\alpha}\nu\dot{\alpha}\lambda\eta\psi\iota\varsigma$ bereits einmal berichtet zu haben.

15. Über den Titel $\pi\varrho\dot{\alpha}\xi\varepsilon\iota\varsigma$ $\tau\tilde{\omega}\nu$ $\dot{\alpha}\pi o\sigma\tau\dot{o}\lambda\omega\nu$ s. oben S. 335. Auch die Kopten und Syrer haben das griechische Wort in ihre Übersetzungen aufgenommen, letztere jedoch daneben auch ein syrisches Äquivalent gebraucht (GK I, 377 f., über andere Variationen II, 52 A 2). Außer Betracht muß bleiben der juristische Gebrauch von $\pi\varrho\tilde{\alpha}\xi\iota\varsigma$ als Übersetzung von *actio*, „Proceß, Verhandlung einer Behörde, Synode" u. dgl., auch der Gebrauch von *actum, acta*, wo die Griechen es unübersetzt sich aneignen (Just. apol. I, 35. 48; Acta Theclae 38). Es kann nur wie bei Polybius Geschichtstatsachen bedeuten (cf Raphelii annot. in NT ed. Hemsterhuis 1747, II, 2). Ich kenne aber kein älteres Geschichtswerk, in dessen Titel das Wort gebraucht wäre. Der Titel der apokryphen $\pi\varrho\dot{\alpha}\xi\varepsilon\iota\varsigma$ $\Pi\alpha\dot{v}\lambda o\upsilon$, $\Pi\dot{\varepsilon}\tau\varrho o\upsilon$ $\varkappa\tau\lambda.$ ist Imitation der kanonischen AG (s. A 17). Dagegen erinnert man sich leicht an das junghebräische מעשה (Mischna, Meg. IV, 8; Chag. II, 1; auch im Titel des aramäischen Buchs Tobia ed. Neubauer 1878 p. 3. 17). Eine Anlehnung an diesen Sprachgebrauch würde für höchstes Alter des Titels der AG sprechen.

16. Josephus an der Spitze des zweiten und letzten Buchs c. Apion. $\delta\iota\dot{\alpha}$ $\mu\dot{\varepsilon}\nu$ $o\tilde{v}\nu$ $\tau o\tilde{v}$ $\pi\varrho o\tau\dot{\varepsilon}\varrho o\upsilon$ $\beta\iota\beta\lambda\dot{\iota}o\upsilon$ $\varkappa\tau\lambda.$ Philo, quod omn. probus liber 1 im Rückblick auf das verlorene Seitenstück zu dieser Schrift: $\dot{o}$ $\mu\dot{\varepsilon}\nu$ $\pi\varrho\dot{o}\tau\varepsilon\varrho o\varsigma$ $\lambda\dot{o}\gamma o\varsigma$ $\tilde{\eta}\nu$ $\dot{\eta}\mu\tilde{\iota}\nu$, $\tilde{\omega}$ $\Theta\varepsilon\dot{o}\delta o\tau\varepsilon$, $\pi\varepsilon\varrho\dot{\iota}$ $\tau o\tilde{v}$ $\varkappa\tau\lambda.$

Auch vita Mos. II, I richtig so, da zur Zeit ein 3. Buch noch nicht vorgesehen war. Dies ist eine Zugabe (III, 1 τρίτον δὲ προσαποδοτέον). So der echte Euthalius (Zacagni 410) von Lc: δύο βίβλους συνεγράψατο, μίαν μὲν καὶ προτέραν τὴν τοῦ εὐαγγελίου, δευτέραν δὲ ταύτην κτλ. So Origenes regelmäßig bei Citaten aus dem 1 Kr, 1 Tm etc. in Mt tom. XIV. 22; XV, 27; XVII, 29. Der nachlässige Gebrauch von πρῶτος für πρότερος ist bei Lc nicht einmal in der Erzählung, wo er von seinen Quellen abhängig sein könnte, nachzuweisen. AG 12, 10 „eine erste Wache und eine zweite" ist nicht zu vergleichen; auch nicht das adverb. πρῶτον Lc 14, 28. 31. Auf das πρῶτον AG 1, 1 im Unterschied von πρότερον machte Bunsen, Anal. Antenic. I. 130 f. aufmerksam.

17. Der nicht talentlose, wie wir jetzt wissen, einem Zweig der valentinianischen Schule angehörige Vf der Akten des Johannes und des Pt hat sich in den ersteren, wie Lc in der AG, durch ein Wir als miterlebenden Zeugen der von ihm erdichteten Geschichte des Johannes eingeführt, sich daneben aber auch gelegentlich mit einem Ich und wenigstens einmal mit dem Namen Leucius Charinus bezeichnet cf meine Acta Jo. LXVIII. LXX. XCVII; GK II. 860. In den Petrusakten hat derselbe Vf die AG deutlich nachgeahmt und ausgebeutet GK II, 854 f. Daß der Vf sich für den Lucius AG 13, 1 oder gar für Lucas habe ausgeben wollen, ist wenig wahrscheinlich. Ebenso die Vermutung von James, Apocr. anecd. II, p. XI, daß der murator. Fragmentist die Erzählungen des Leucius für ein Werk des Lucas gehalten und l. 37 durch *semote* auf dieses Werk als eine nichtkanonische, privat gebliebene Schrift des Vf der kanonischen AG hingewiesen habe. Enger noch als Leucius hat der katholische Vf der Paulusakten und der, wie wir neuerdings gelernt haben (cf C. Schmidt, Neue heidelb. Jahrbb. VII, 117 ff.; N. kirchl. Ztschr. VIII, 933), dazu gehörigen Theklaakten an die AG sich angeschlossen GK 1, 783; II, 889. Der viel jüngere Biograph des Apostels Johannes, Prochorus, hat seinen eigenen Namen aus AG 6, 5 und vieles Andere aus der AG geschöpft (Acta Jo. LIV), und noch der Mönch Epiphanius (ed. Dressel p. 45) in seinem Leben des Andreas ahmt den Prolog des Lc nach.

18. Lc 4, 44 ist τῆς Ἰουδαίας durch א B C L Q (saec. V), R (saec. VI), Ss S³, copt und eine große Zahl von Minuskeln, was Alter und Verbreitung betrifft, glänzend bezeugt, so daß das ganz vereinzelt bezeugte τῆς Ἰουδαίας 1, 26 (א*) nicht zu vergleichen ist. Dazu kommt, daß nach dem ganzen Zusammenhang seit 4, 14 Niemand an Γαλιλαίας, Jedermann dagegen an Ἰουδαίας Anstoß nehmen mußte. Auch die vereinzelt bezeugten Varianten τῶν Ἰουδαίων (cf 7, 3), τοῖς Ἰουδαίοις (der jüdischen Bevölkerung Galiläas im Gegensatz zu den vielen Nichtjuden in diesem Lande) und αὐτῶν (nach 4, 15) beweisen, daß hier etwas Anstößiges, also τῆς Ἰουδαίας, ursprünglich stand. Leider ist Marcions Text nicht überliefert GK II, 478. Wenn aber Marcion nach der Angabe eines anonymen Syrers seinen Christus zuerst zwischen Jerusalem und Jericho erscheinen ließ (Mus. brit. Add. 17 215 fol. 30 cf Academy 1893, Oct. 21), so ist es zwar noch nicht gelungen, dies mit den Angaben Tertullians in Einklang zu bringen (Th. Ltrtrbl. 1896 Sp. 19), zeugt aber dafür, daß Marcion, welcher den Anfang seines Ev in willkürlichster Umstellung aus Lc 3, 1; 4, 31—35 (oder 39?); 4, 16—43 (oder 44?) gestaltet hat, in diesem Zusammenhang Ἰουδαίας vorgefunden hat. Hat Lc dies geschrieben, so hat er das Wort sicherlich nicht in dem engeren Sinn genommen, in welchem es einen ausschließenden Gegensatz zu Galiläa bildet (5, 17; 24, 8). sondern, wie 1, 5; 6, 17; 23, 5; AG 10, 37, in dem weiteren, wonach es Galiläa einschließt (cf Bd I, 133). Das entspricht dem Zusammenhang; denn nachdem von Galiläa überhaupt (4, 14), von Nazareth (4, 16—30), von der „galiläischen Stadt Kapernaum" (4, 31—42) geredet war, bedeutet ταῖς ἑτέραις πόλεσιν (4, 43) ohne Zusatz die sämtlichen anderen zum Berufskreis Jesu gehörigen Städte außer den bereits genannten, nicht zum wenigsten also Jerusalem (2, 38; 13, 33 f.), aber auch alle anderen jüdischen Städte des hl. Landes (cf Mt 10, 23).

Dieserhalb könnte 5, 12 eine Stadt in Südpalästina gemeint sein, wie Tatian vielleicht nicht ohne Einfluß des ursprünglichen Textes von Lc 4, 44 annahm (Forsch I, 251 f. GK II, 545), sogut wie 10, 38 ein bei Jerusalem gelegenes Dorf nicht ausdrücklich als dort gelegen bezeichnet ist.

19. Eine Kette durch Zeit und Ort verbundener Stücke scheint 9, 18—10, 42 vorzuliegen. Zeitliche Anknüpfung ist 9, 28. 37; 10, 1. 21 geradezu, einigermaßen auch 10, 17 ausgesprochen und 10, 25 vielleicht durch $\varkappa\alpha\grave{\imath}$ $\mathit{i}\delta o\acute{v}$ angedeutet. Durch 9, 22. 31 ist die Reise nach Jerusalem 9, 51 vorbereitet. Man scheint 9, 57 dasselbe $\pi o\varrho\varepsilon\acute{v}\varepsilon\sigma\vartheta\alpha\iota$ verstehen zu sollen, wie 9, 56. Das Gleiche scheint auch von 10, 1. 38 zu gelten. Dürfen wir annehmen, daß Lc Cäsarea Philippi als Ort des 9, 18—27 Erzählten (Mr 8, 27—38) und Bethanien als den Namen des 10, 38 gemeinten Dorfes sowie dessen Lage (Jo 11, 1. 18) kannte, so hätten wir hier eine Reise von dem höchsten Norden Palästinas bis nach Jerusalem vor uns, und es läge nahe anzunehmen, daß Jesus durch sein Wandern auf dem Wege von Jericho nach Bethanien und Jerusalem auf den Stoff der Parabel 10, 30 ff. geführt worden sei. Aber Lc selbst will von diesen Kombinationen nichts wissen. Er nennt weder Cäsarea noch Bethanien; er würde auch die Stadt 9, 52 nicht als eine samaritische bezeichnen, wenn dies nicht für das Verständnis des Vorgangs wesentlich wäre. Dies gilt aber auch von der Angabe Jerusalems als des Reiseziels, wie die Vergleichung von 9, 51 und 53 zeigt. Zwischen 10, 1—16 und 10, 17 muß eine beträchtliche Reihe von Tagen oder Wochen liegen, und wir hören nichts von einer Fortbewegung Jesu. Das $\mathring{\alpha}\nu\acute{\varepsilon}\sigma\tau\eta$ 10, 25 scheint vorauszusetzen, daß Jesus von einer sitzend zuhörenden Menge umgeben ist (Mr 3, 34), während Jesus unmittelbar vorher mit den Jüngern allein ist (Lc 10, 23). Der Faden eines äußerlichen Geschichtszusammenhangs reißt überall, wo man ihn anfaßt. Dagegen ist der innere Zusammenhang zunächst zwischen 9, 49 f. und 9, 54—56 handgreiflich· Alles von 9, 22 an zeigt, wie die Jünger mit Einschluß der Vertrautesten im Gegensatz zu ihrer natürlichen Denkweise zu derjenigen Gesinnung erst erzogen werden müssen, welche der Leidensausgang des Meisters erfordert. Aber mit 10, 24 ist ein Abschluß erreicht, und es beginnt eine neue Reihe, die wiederum durch Verwandtschaft der Sachen, nicht durch Zeit und Ort verknüpft sind. Sind wir durch 10, 38 in die Umgebung Jerusalems versetzt, so kann sich darüber hinaus der angebliche Reisebericht nicht fortsetzen. Jesus befindet sich 13, 1 jedenfalls nicht in Jerusalem und 13, 22—35 erst auf dem Wege nach Jerusalem, und zwar noch ziemlich weit davon entfernt, nämlich im Gebiet des Herodes Antipas (13, 31—33), also entweder in Galiläa oder in Peräa. Und wiederum sieht man aus 13, 33—35, daß 13, 22 Jerusalem nicht genannt war, um einen Reisebericht zu beginnen oder fortzusetzen, sondern um ein in dem dort vorgestellten Moment (13, 31) gesprochenes Wort verständlich zu machen. Die Begebenheiten in 14, 1—17, 10 sind zeitlich und örtlich wieder völlig unbestimmt, auch die Angabe über ein Wandern 14, 25. Auch 17, 11 wird die Örtlichkeit nur darum genannt, weil ohne dies 17, 12—19 nicht verständlich wäre. Erst in 18, 31. 35; 19, 1. 11. 28. 41. 45 haben wir eine stetig fortschreitende Bewegung. Trotzdem ist sehr möglich, daß wir die zerstreuten Angaben über eine Reise oder, wie wir nach 9, 51 sagen dürfen, über die letzte Reise von Galiläa nach Jerusalem kombiniren dürfen. Da eine samaritische Stadt Jesu das Quartier versagt (9, 52), werden wir das Dorf 9, 56 als ein jüdisches anzusehen und anzunehmen haben, daß Jesus die Absicht, durch Samaria nach Jerusalem zu reisen, aufgab und den Weg durch Peräa wählte (Mr 10, 1; Mt 19, 1 oben S. 308 A 4). Hieran läßt sich 17, 11 anschließen. Daß dort nicht von einer Reise mitten durch Samarien und Galiläa die Rede ist, welche wegen der Ordnung der Landschaften von Judäa nach der Nordgrenze Galiläas gerichtet gewesen sein müßte, versteht sich auch darum von selbst, weil die LAen $\delta\iota\grave{\alpha}$ $\mu\acute{\varepsilon}\sigma\eta\varsigma$ oder $\delta\iota\grave{\alpha}$ $\tau\tilde{\eta}\varsigma$, welche dies ausdrücken würden, sogut wie gar nicht bezeugt sind. Wahrscheinlich ist $\mu\acute{\varepsilon}\sigma o\nu$ ohne Präposition (D cf 8, 7; 10, 3) das Ursprüng-

lichste, was durch ἀναμέσον (Ferrargruppe) nicht übel, weniger gut durch διὰ μέσου (A X etc.), sehr schlecht durch διὰ μέσον (א B L) ersetzt wurde. Mitten zwischen Samarien und Galiläa, auf der Grenze hin zog Jesus, natürlich von Westen nach Osten, um in der Gegend von Skythopolis über den Jordan nach Peräa und weiter nach Jerusalem zu reisen. So kam es, daß in einem der Grenzdörfer 9 jüdische mit einem samaritischen Aussätzigen Jesu begegneten. Hieran könnte sich 13, 22—35, obwohl Lc dies vorangestellt hat, anschließen, wenn der Schauplatz Peräa ist (s. vorhin). In 18, 31, 35; 19, 11. 28. 41. 45 wird man über Jericho zum Tempel in Jerusalem geführt, ohne jemals wieder in Raum und Zeit zurückversetzt zu werden.

20. Von den bei Mt oder Mr vorkommenden Personennamen fehlen bei Lc nur Archelaus Mt 2, 22, Bartimai Mr 10, 46 und die Namen der Brüder Jesu. Dagegen hat Lc allein, abgesehen von der Genealogie und atl Namen: Zacharias und Elisabeth mit sehr genauen Angaben 1, 5 cf 36; Augustus und Quirinius 2, 1. 2; Symeon und Hanna 2, 25. 36 (mit genauen Angaben); Tiberius und Lysanias 3, 1; Hannas 3, 2; AG 4, 6 (auch Jo 18, 13); den Pharisäer Simon 7, 40; Johanna und Chuza 8, 3 cf 24, 10; Susanna 8, 3; Maria und Martha 10, 39 (auch Jo 11); Zachaeus 19, 1; Kleopas 24, 18. Selbst in der Parabel findet sich ein Eigenname (16, 20). Auch in der AG ist zu bemerken, daß eine Menge von Personen, die entweder gar keine oder eine untergeordnete Rolle spielen und, nach der Analogie zu urteilen, von Mt und Mr gar nicht genannt sein würden, mit Namen genannt werden: 4, 6; 5, 1; 6, 5 (sämtliche Siebenmänner, von welchen nur 2 wieder vorkommen); 9, 10. 11. 33. 36; 10, 1. 32 (der Hauswirt des Pt); 11, 28 cf 21, 10; 12, 12. 13 (die Magd); 20; 13, 1 (drei unberühmte Männer mit genauesten Angaben). 6—8; 17, 6; 18, 7. 8. 17; 19, 9. 14. 22. 24. 29. 33; 20, 4. 9; 21, 16; 24, 1. 24; 27, 1; 28, 7.

21. Die Stellen, wo Lc als Erzähler von Jesus als ὁ κύριος redet, sind teilweise gerade in dieser Beziehung nicht ganz sicheren Textes. Ich halte es für echt 7, 13 (nicht 7, 31); 10, 1; 11, 39; 12, 42; 13, 15; 17, 5. 6; 18, 6; 19, 8; 22, 31. 61 (2mal); (24, 3?), also 12—13mal. Bei Jo nur 4mal (4, 1; 6, 23; 11, 2; 20, 20). Aber an der einzigen wirklich vergleichbaren Stelle Jo 4, 1 ist vielleicht ὁ Ἰησοῦς zu lesen; 20, 20 ist vom Standpunkt der Jünger geredet; 6, 23; 11, 2 sind außerhalb der Erzählung stehende Bemerkungen des Ev. Mt und Mr kennen diesen Sprachgebrauch gar nicht. Über Mr 16, 19 s. oben S. 232. In bezug auf die Zurückhaltung des Lc im Bericht über das Abendmahl cf meine Schrift über Brod und Wein im Abendmahl, 1892 S. 14 f.

22. Der israelitische Ton tritt besonders stark c. 1—2 hervor (1, 6. 32 f. 54 f. 68—79; 2, 4. 11. 21—24. 25. 31 f. 34. 37 f. 41 f.). Aber auch der Mann Jesus liebt sein Volk (13, 16; 19, 9) und empfindet eben darum doppelten Schmerz über dessen Sünde und Unglück (10, 31 ff.; 13. 34; 17, 18; 19, 41—44; 23, 28—31). Er bekennt sich nicht nur zu der weissagenden und lehrhaften Bedeutung des AT's 4, 4—12. 17—21; 10, 25—28; 13, 28; 16, 16. 29—31; 18, 19 f.; 20, 37. 41—44; 22, 37; 24, 27. 44—46, sondern auch zur Unverbrüchlichkeit des Gesetzes 16, 17. Er ist auch selbst dem Gesetz, dem er als Kind unterstellt ward (2, 21—24), untertan und der frommen Sitte, in der er erzogen wurde (2, 41 f.), treu geblieben (4, 16. 31; 22. 7—16). Selbst gegen die peinlich genaue Gesetzeserfüllung der Pharisäer hat er nichts einzuwenden, wenn sie nur mit der Erfüllung der sittlichen Grundgebote verbunden ist (11, 42 cf 5, 34 ff.). In bezug auf den Sabbath nimmt er die gleiche liberal-konservative Stellung ein, wie nach den anderen Evv (6, 1—11; 13. 10—17; 14, 1—6) s. oben S. 305. Auch seine Jünger leben nach dem Gesetz (23, 56). Seine Gemeinde hält sich zum Tempel und ist von Eifer um das Gesetz erfüllt (24, 53; AG 2, 46; 5, 12. 42; 21, 20). Die Bedeutung Israels ist mit der Verwerfung des Messias und der apostolischen Predigt nicht erloschen. Die Zeiten der Heiden gehen vorüber (Lc 21, 24). Das Volk, welches zu erlösen Jesu nächster

Beruf war (1, 54. 68—79; 2, 34. 38; 24, 21; AG 2, 39; 3, 25), wird ihn einst erkennen und wiedereingesetzt werden (13, 35; 22, 30; AG 3, 20f.). Die Zeit kann und soll kein Mensch wissen (AG 1, 6f.). Aber die Sache steht fest.

23. Cf E. Curtius, Sitzungsb. der berl. Ak. 1893 S. 928f. zu Phl 4, 8 und ähnlichen Sätzen des Pl; dazu Herder, Vom Erlöser der Menschen, 1796 S. 218: „Man könnte ihn (Lc) den Evangelisten der Philanthropie nennen, wenn dies Wort nicht entweihet wäre. Einem Manne, der mit Pl viele Reisen unter Griechen und Römern getan hatte und seine Schrift einem Theophilus zueignete, ziemte ein solches Ev."

24. Über die angeblich ebjonitische Lehre von der Verdienstlichkeit oder Gottgefälligkeit der äußeren Armut s. Bd I, 106. Durch den sprachgelehrten Scherz des Origenes (princ. IV, 22; c. Cels. II, 1 cf Eus. h. e. III, 27, 6) sollte man sich doch nicht immer wieder zu der wunderlichen Meinung verleiten lassen, daß man die Ebjoniten wegen ihrer ärmlichen Denkweise so genannt habe, oder daß sie sich selbst wegen ihrer äußeren Armut so genannt haben (Epiph. haer. 30, 17).

25. Kein Ev hebt so oft hervor, daß Jesus ein Gegenstand der Freude, des Wohlgefallens, der begeisterten Bewunderung gewesen sei: 2, 10. 20. 47. 52; 4, 22; 5, 26; 7, 16. 35; 9, 43; 11, 27; 13, 17; 17, 15; 18, 43; 19, 37 ff. 48; 21, 38; 23, 8; 24, 52 cf 1, 14. 46 ff. 68; 2, 29 ff.; 10, 17 ff.; 15, 7. 10. 23. 32. Nur wenige dieser Stellen haben in den anderen Evv irgendwelche Parallele.

26. Für $\zeta\eta\lambda\omega\tau\eta\varsigma$ Lc 6, 15; AG 1, 13 haben Mt 10, 4; Mr 3, 18 den hebr. Ausdruck. Jos. gibt der Partei da, wo er von ihrer Entstehung erzählt (bell. II, 8, 1; ant. XVIII, 1, 1 u. 6), überhaupt keinen Namen, gebraucht aber anderwärts $\zeta\eta\lambda\omega\tau\alpha\acute{\iota}$ dafür bell. IV, 5, 1; 6, 1. Für $\dot{\eta}\ \dot{\alpha}\pi o\gamma\varrho\alpha\varphi\acute{\eta}$ und $\dot{\alpha}\pi o\gamma\varrho\acute{\alpha}\varphi\varepsilon\sigma\vartheta\alpha\iota$ des Lc hat Jos. verschiedene Ausdrücke $\dot{\alpha}\pi o\tau\iota\mu\tilde{\alpha}\nu$, $\dot{\alpha}\pi o\tau\iota\mu\tilde{\alpha}\sigma\vartheta\alpha\iota$, $\dot{\alpha}\pi o\delta\acute{\iota}\delta o\sigma\vartheta\alpha\iota$, $\alpha\acute{\iota}\ \dot{\alpha}\pi o\tau\iota\mu\acute{\eta}\sigma\varepsilon\iota\varsigma$, auch $\alpha\acute{\iota}\ \dot{\alpha}\pi o\gamma\varrho\alpha\varphi\alpha\acute{\iota}$ Ant. XVII, 13, 5; XVIII, 1, 1; 2, 1; bell. VII, 8, 1, aber niemals $\dot{\eta}\ \dot{\alpha}\pi o\gamma\varrho\alpha\varphi\acute{\eta}$.

27. Die Zahl 70 oder (nach BD, Tatian, den alten Syrern und Lateinern s. Forsch I, 148) 72 Jünger 10, 1 ist zu der Zahl der 70 Heidenvölker, ihrer Sprachen und Engel, welche die Juden zählten (Schürer II, 343; III, 198) ebensowenig in Beziehung zu setzen, als zu den 70 Mitgliedern des Synedriums oder den 70 Übersetzern des AT's oder irgend welcher anderen 70zahl. Diese 70 werden nicht zu den Heiden gesandt, und durch nichts weist Lc auf ihre typische Bedeutung in dieser Richtung hin. Lc und Theophilus sind keine Juden, die durch die Zahl 70 ohne weitere Worte einen solchen Gedanken ausdrücken und verstehen konnten. Deutlich dagegen ist der Gegensatz der 70 zu den 12 (Lc 9, 1) ausgedrückt, und, wie oben S. 383 gezeigt, durch 9, 49f. 60 (cf auch 8, 39) die Übertragung der Predigtaufgabe auf Nichtapostel vorbereitet. Nach einer alten, schon von Clem. strom. III, 25 gläubig hingenommenen, wahrscheinlich aus dem Ev des Philippus stammenden Überlieferung wäre es Philippus gewesen, an welchen Lc 9, 60 gerichtet wurde, und zwar, da dort ein Nichtapostel gemeint sein muß, der Evangelist Philippus cf Forsch VI, 26. 158f.

28. Über die sprachliche Einheit des lucanischen Werks cf Zeller S. 415—425. 442—446; 498ff.; Lekebusch, Komposition und Entstehung der AG, 1854 S. 37—81; Klostermann, Vind. Lucanae seu de itinerarii in libro actorum asservati auctore, 1866 p. 46—63; Hobart, The medical language of St. Luke, a proof from internal evidence, that the gospel according to St. Luke and the acts of the apostles were written by the same person, and that the writer was a medical man, Dublin 1882; Vogel, Zur Charakteristik des Lucas nach Sprache und Stil, eine philologische Laienstudie, 2. Aufl. 1899. Über Einzelnes s. oben S. 351 A 6. 7; 357 A 18; 385f. A 4—6; unten § 61 A 10—12. 26; § 62 A 5.

29. M. Schneckenburger, Über den Zweck der AG. 1841, machte den ersten bedeutenden Versuch in der durch diesen Titel bezeichneten Richtung. Ohne Rücksicht

auf den Prolog, welcher nur auf das Ev sich bezieht, und auf die Widmung an Theophilus wird aus AG 13—28 der Zweck des ganzen zweiten Buchs, welches der Plschüler Lc nach dem Tode des Pl und vor dem Untergang Jerusalems in Rom geschrieben hat, ermittelt: eine apologetische Schilderung der apostolischen Wirksamkeit des Pl gegenüber allen aus den Plbriefen bekannten Anschuldigungen und Misdeutungen der Judaisten, wozu eine durchgängige Parallelisirung des Pl mit Pt ein Hauptmittel ist. Die irenische Tendenz des Lc wird gegenüber dem schon damals von Schrader und Baur erhobenen Vorwurf vielfältiger bewußter Geschichtsfälschung als eine mit der Wahrhaftigkeit und der Sachkenntnis des Lc verträgliche verteidigt. An Schneckenburger anknüpfend, der auf halbem Wege stehen geblieben sei, zugleich aber eigene frühere Ansätze weiterentwickelnd, zeigte Baur (Paulus I², 7—16; Christent. u. Kirche der 3 ersten Jahrh.² S. 50. 125 ff. und vielfach sonst), daß die AG eine gegen die Mitte des 2. Jahrh. dem Plschüler Lc mit einer gewissen Zurückhaltung angedichtete Tendenzschrift sei, in der ein Vertreter des abgeblaßten Paulinismus jener Zeit zum Zweck der Ausgleichung mit dem angeblich damals noch mächtigen Judenchristentum und der Herbeiführung einer katholischen Union die gesamte Geschichte der apostolischen Kirche in der willkürlichsten Weise umgedichtet habe. Diese Auffassung hat E. Zeller (1854, Titel oben S. 384 A 1), die Abfassungszeit um 110—130 ansetzend (S. 466—481), so gründlich durchgeführt, daß nach Baurs Urteil diese Ansicht einfach als „die kritische" jeder wesentlich abweichenden als „der unkritischen" gegenüberstand. Einen verwandten Standpunkt vertritt auch noch Overbeck (1870, Titel oben S. 388 A 10). Die Absicht soll zwar nicht im Sinne der Tübinger eine conciliatorische, vor allem auf die Judenchristen berechnete sein, aber doch eine apologetische vom Standpunkt des dem echten Paulinismus entfremdeten, in der Kirche zur Zeit Trajans (98—117) fast alleinherrschenden Heidenchristentums. Neben der Schärfe eines „nationalen Antijudaismus" wird besonders der „politische Nebenzweck" hervorgehoben, das Christentum als mit der römischen Staatsordnung verträglich darzustellen, woraus sich dann ergibt, daß die AG „nicht wohl an eine andere Adresse gerichtet sein kann, als an die außerhalb der Gemeinde stehenden Heiden" (p. XXXIII). Im Gegensatz zu den einseitigen Bemühungen um Ermittlung der Quellen der AG hat neuerdings J. Weiß, Über die Absicht und den literar. Charakter der AG, 1897, unter hoher Anerkennung von Overbecks Leistung eine Untersuchung geführt mit dem Ergebnis: Die AG sei „eine Apologie der christlichen Religion vor Heiden gegen die Anklage der Juden, welche zeigt, wie es gekommen, daß das Judentum durch das Christentum in seiner Weltmission abgelöst ist". Was an dieser von Overbeck und J. Weiß vertretenen Bestimmung der AG für ein heidnisches Publikum richtig ist, brauchte man nicht durch die Mittel höchst fragwürdiger Auslegungen und abgequälter Folgerungen zu erzielen. Es ergibt sich von selbst aus dem Prolog und der Widmung an den Heiden Theophilus (oben S. 377—382). Von den gegen die „Tendenzkritik" gerichteten Arbeiten seien hervorgehoben E. Lekebusch, Komposition und Entstehung der AG, 1854; A. Klostermann, Vindiciae Lucanae, 1866; C. Schmidt, Die AG unter dem Hauptgesichtspunkt ihrer Glaubwürdigkeit I, 1882 (unvollendet). Lesenswert ist noch heute der schlichte Aufsatz Hofmanns, Das Geschichtswerk des Lc (Vermischte Aufs., 1878 S. 153—176).

§ 61. Die von Lucas benutzten Quellen.

Der Wortlaut der Widmungszuschrift könnte die Vorstellung erwecken, daß Lc den gesamten Stoff, den er verarbeitet, teils seiner eigenen Erinnerung an Selbsterlebtes, teils den mündlichen Mitteilungen älterer Christen und insbesondere der Jünger Jesu verdanke. Bei einem Mann, welcher sich der Aufgabe des Geschichtsforschers und Geschichtschreibers bewußt zeigt, ist jedoch wenig wahrscheinlich, daß er sich hierauf beschränkt und daß er die umfangreiche Literatur seines Gegenstandes, von der er selbst redet, gänzlich unberücksichtigt gelassen haben sollte. Man sollte ferner erwarten, daß er Urkunden, deren er habhaft werden konnte, benutzt habe; und da es ihm darum zu tun war, die Christentumsgeschichte mit der Weltgeschichte zu verknüpfen, könnte es uns nicht befremden, wenn er etwa vorhandene Darstellungen der Zeitgeschichte zu Rate gezogen hätte. Um mit diesem letzten zu beginnen, so hat man geglaubt beweisen zu können, daß Lc den Werken des Josephus viele Tatsachen entnommen und in stilistischer Hinsicht sich an ihn als sein Muster angelehnt habe (A 1). Letzteres ist von vornherein unwahrscheinlich. Ein Grieche, welcher die Periode Lc 1, 1—4 schreiben konnte, wird nicht bei einem Juden in die Schule gegangen sein, der nach seinem eigenen Geständnis zeitlebens gemauschelt hat und seine griechischen Schriften nicht ohne Beihilfe von Sprachmeistern veröffentlichen konnte (A 2). Unwahrscheinlich ist die Annahme einer Abhängigkeit des Lc von Josephus auch aus chronologischen Gründen. Das Werk über den jüdischen Krieg ist noch vor dem J. 79, aber nicht lange vorher, in seiner griechischen Umarbeitung erschienen (Schürer I, 61), die Archäologie 93 oder 94, die Vita entweder gleichzeitig als Anhang der Archäologie oder nach anderer Meinung erst nach 100, die Bücher gegen Apion nach 94. Da es sich aber keineswegs um den jüdischen Krieg allein, sondern ebensosehr und noch mehr um die späteren Arbeiten des Jos. handelt, so könnte man das Werk des Lc frühstens um 100 ansetzen. Dagegen spricht aber erstens die einstimmige, bis heute durch triftige Gründe noch nicht angefochtene Überlieferung von Lc, dem Freund des Pl und dem hinter dem Wir der AG stehenden Augenzeugen, als dem Vf des Ev und der AG. Ist dieser schon um 40 ein Glied der Gemeinde von Antiochien gewesen, so ist, auch wenn er damals nur 20 jährig gewesen ist, sehr unwahrscheinlich, daß er erst um 100 unter Benutzung neuerdings erst erschienener Schriften seines jüngeren Zeitgenossen Jos. (geb. 37) das wahrlich nicht greisenhafte große Werk ausgeführt und mit der Absicht einer Weiterführung desselben sich getragen haben sollte (oben S. 370 ff.). Zweitens aber liegen in diesem Werke selbst, abgesehen von den Bestätigungen, welche die Überlieferung über den Vf daraus empfängt, starke Beweise dafür vor, daß es nicht wohl später als um 80 geschrieben sein kann (§ 62). Eine Benutzung selbst der ältesten Schrift des Jos. wird dadurch sehr unwahrscheinlich, eine solche der späteren aber ist ausgeschlossen, und in dem Fall, daß zwischen beiden Schriftstellern auffällige Übereinstimmungen obwalten sollten, könnte nur Jos. das etwa 10—20 Jahre vor Veröffentlichung der Archäologie erschienene Werk des Lc benutzt haben, nicht umgekehrt. Eine Abhängigkeit des christlichen Geschichtschreibers von dem jüdischen müßte sich vor allem in

den die politischen Verhältnisse betreffenden Angaben zeigen. Gerade hier aber
wird das Gegenteil offenbar. Lc (2, 1—3; AG 5, 37) kennt wie Jos. eine um
den Anfang u. Z. in Palästina durchgeführte „Schatzung“, welche als die
erste und auf lange hin einzige ihrer Art den blutigen Aufstand Judas des
Galiläers veranlaßt hat (A 3). Damit ist aber auch die Übereinstimmung erschöpft. Lc führt die Schatzung auf eine für die ganze Welt d. h. selbstverständlich die unter römischer Herrschaft stehende Welt geltende Anordnung des
Augustus zurück; Jos. spricht im jüdischen Krieg und an den Stellen der Arch.,
wo er ausführlicher die Sache behandelt, nur von einer den ehemaligen Land-
besitz des Archelaus, also nicht einmal ganz Palästina betreffenden Maßregel
(ant. XVIII, 1, 1; 2, 1; bell. VII, 8, 1 cf II, 8, 1; 17, 8). Nur an einer einzigen
Stelle, wo die Sache vorläufig erwähnt wird (ant. XVII, 13, 5), wird sie auf
Syrien erstreckt. Dies hängt aber mit einer erst in der Archäologie zu Tage
tretenden Vorstellung zusammen. Im jüdischen Krieg erscheint Quirinius durchaus nicht als Statthalter von Syrien, sondern als ein hoher Beamter, der nach
der Absetzung des Archelaus mit dem außerordentlichen Auftrag, das nun
in unmittelbar römische Verwaltung übergehende Gebiet des Archelaus zu or-
ganisiren, dorthin geschickt wird. Wo dagegen in der Archäologie Quirinius
genannt wird, wird zweimal die sehr ungenaue oder vielmehr einfach unrichtige
Behauptung vorgetragen, daß das Land des Archelaus damals zur Provinz Syrien
geschlagen worden sei (XVII, 13, 5; XVIII, 1, 1). Aber Statthalter von Syrien
hat Jos. den Quirinius auch hier nicht und überhaupt niemals genannt. Der Leser
des jüd. Kriegs konnte gar nicht auf den Gedanken kommen, daß er es jemals
gewesen sei, und den unklaren Andeutungen der Archäologie konnte es Niemand
entnehmen. Es ist also eine zweite von Jos. unabhängige Angabe des Lc, daß
jene Schatzung zur Zeit der syrischen Statthalterschaft des Quirinius stattgefunden
habe. Lc als Antiochener zeigt hier bessere Kenntnis als Jos.: denn P. Sul-
picius Quirinius, welcher a. 12 v. Chr. Consul war, ist in der Tat in der Zeit
zwischen Herbst 4 bis 1 v. Chr. Statthalter von Syrien gewesen. Eine Inschrift, die nach langer Beanstandung ihrer Echtheit durch einen Fund des
J. 1880 als echt erwiesen ist, lehrt, daß ein gewisser Q. Aemilius Secundus auf
Befehl des kaiserlichen Statthalters von Syrien Quirinius in der syrischen Stadt
Apamea einen Census vorgenommen habe (A 4). Ein dritter Punkt, in welchem
Lc eine von Jos. unabhängige und der geschichtlichen Wahrheit jedenfalls viel
näherkommende Kenntnis der Sache beweist, ist die Zeitbestimmung. Jos.,
welcher über die 4 Jahrzehnte zwischen dem Tode des Herodes (4 v. Chr.)
und seiner eigenen Geburt (37 n. Chr.) äußerst dürftig unterrichtet ist (Schürer
I, 65), verlegt die Schatzung des Quirinius und den Aufstand des Judas in das
Jahr nach der Absetzung des Archelaus (6/7 n. Chr.). Daß der aus Gamala
in Gaulanitis gebürtige und nicht nach seiner Heimat, sondern wegen seines in
Galiläa spielenden Aufstandes „der Galiläer“ genannte Judas (AG 5, 37; Jos.
bell. II, 8, 1; 17, 8; ant. XVIII, 1, 6) in jenem Jahr, in welchem Galiläa gar

keine politische Veränderung erfuhr, ebendort die Fahne des Aufruhrs erhoben haben sollte, ist undenkbar. Der Irrtum des Josephus wird daran offenbar, daß er außerdem noch von einem im Todesjahr des Herodes (4 v. Chr.) stattgehabten Aufstand eines gewissen Judas in Galiläa berichtet (bell. II, 4, 1; ant. XVII, 10, 5), welcher kein anderer ist, als der vorerwähnte, und daß er eine in das J. 4 v. Chr. fallende kurze Hohepriesterschaft des Joazar, der sich um die Beschwichtigung des Aufstandes bemühte, im J. 6/7 n. Chr. ohne Erklärung sich wiederholen läßt (ant. XVII, 6, 4; 9, 1; 13, 1; bell. II, 1, 2 einerseits und ant. XVIII, 1, 1; 2, 1 andrerseits). Diese Doppelseherei des Jos. haben die modernen Historiker noch überboten, indem sie außer der historischen Statthalterschaft des Quirinius (c. 4—1 v. Chr.) dem Jos. zu lieb noch eine zweite syrische Statthalterschaft des Quirinius für das J. 6/7 n. Chr. annahmen, obwohl Jos. überhaupt nicht sagt, daß Quirinius jemals Statthalter Syriens gewesen sei. Der Aufstand des Judas und die Entstehung der Zelotenpartei (Lc 6, 15; AG 1, 13; 5, 37), die Absetzung des wenige Monate vorher eingesetzten Hohenpriesters Joazar und die von Quirinius vorgenommene Schatzung fallen in das erste Jahr nach dem Tode des Herodes (März 4—3 v. Chr.). Jos., welcher diese Tatsachen und Personen in das J. 6/7 n. Chr. verlegt, teilweise aber auch deren Doppelgänger im J. 4/3 v. Chr. auftreten läßt, irrt sich um ein Jahrzehnt und bekundet außerdem eine bedenkliche Urteilslosigkeit. Hat Lc sich geirrt, so teilt er jedenfalls nicht die Irrtümer des Jos. und ist auch in chronologischer Hinsicht von Jos. unabhängig. Der Leser, welcher aus Lc 1, 36 weiß, daß die Geburt Jesu der Geburt des Täufers innerhalb weniger Monate gefolgt ist, kann es nicht anders verstehen, als daß die Ereignisse in Lc 2, 1—39 noch in die 1, 5 erwähnte Regierungszeit des ersten Herodes fallen (A 5), zumal 2, 1 keine damit streitende Zeitbestimmung vorliegt und erst 3, 1 eine neue, sehr umständliche chronologische Angabe eintritt. Dieser unvermeidliche Eindruck wird dadurch vollends bestätigt, daß wir aus Mt 2, 1—22 wissen, daß nach der Überlieferung der palästinischen Christen um 60—70 Jesus kurz vor dem Tode des ersten Herodes geboren ist. Wenn also Lc die Geburt Jesu mit der Schatzung unter der syrischen Statthalterschaft des Quirinius gleichsetzt (2, 2), so hat er nicht in unbewußtem Widerspruch gegen die christliche Überlieferung die Geburt Jesu kurz nach statt kurz vor den Tod des Herodes gelegt, sondern er hat die Statthalterschaft des Quirinius samt der von diesem vorgenommenen Schatzung und dem Aufstand des Judas kurz vor statt kurz nach dem Tode des Herodes angesetzt, hierin also mindestens um einige Monate, vielleicht um 1—2 Jahre sich geirrt. Denn nicht nur durch Jos., sondern auch durch Münzen steht fest, daß nicht Quirinius, sondern Varus in den letzten Jahren des Herodes und über dessen Tod hinaus d. h. mindestens vom Herbst 6 bis in den Sommer 4 v. Chr. Statthalter Syriens war (Schürer I, 259 f.). Nach dem Ergebnis der Erörterung dieses einen, zugleich für die Charakteristik der beiden Historiker bedeutsamen Beispiels darf ich es mir versagen, die übrigen in Vergleichung gezogenen Berichte des Lc und des Josephus im einzelnen durchzunehmen. Keine einzige richtige oder ungenaue oder zweifelhafte geschichtliche Angabe des Lc findet ihre Erklärung durch die Hypothese, daß er den Jos. gelesen habe. Dagegen zeigt er vielfach eine von Jos. nachweislich unabhängige Kenntnis zeitgeschichtlicher Ereignisse und mehr oder weniger hervorragender, nicht zur Gemeinde gehöriger Personen. Die Tödtung der opfernden Galiläer im Tempel (Lc 13, 1), die Verfeindung und Versöhnung des Pilatus mit Antipas (Lc 23, 12), die Namen der vornehmen Priester Alexander und (wenn nicht Jonathan echte LA ist cf Jos. ant. XVIII, 4, 3) Johannes (AG 4, 6), die große Gestalt Gamaliels (AG 5, 34; 22, 3), welchen Jos. nur als Vater seines Sohnes erwähnt (bell. IV, 3, 9; vita 38. 60), den Samariter Simon (AG 8, 9), die herodäischen Beamten Chuza (Lc 8, 3) und Blastus (AG 12, 20 cf auch 13, 1), den Chiliarchen Claudius Lysias (AG 23, 26), die Hauptleute Cornelius und Julius (10, 1; 27, 1), den Rhetor Tertullus (24, 1) konnte Lc nicht dem Jos. entnehmen. Wo er sich mit ihm berührt, stoßen wir auf Spuren selbständiger und abweichender Überlieferung (A 6). Eher als eine Abhängigkeit des Lc von Jos. wäre das umgekehrte Verhältnis denkbar, sofern es sich um die Archäologie und die Vita handelt, welche erheblich jünger sind als das Werk des Lc nach jedem annehmbaren Ansatz; und daß nicht Jeder, welcher die Übereinstimmungen zwischen Jos. und Lc auffällig fand, diese Möglichkeit ernstlich erwogen hat, finde ich nicht eben rühmlich. Hier ist nicht der Ort, diese Frage erschöpfend zu beantworten (A 7). Es genügt festzustellen, daß Lc weder in historischen Dingen noch im griechischen Stil den Jos. zum Lehrmeister gehabt haben kann.

Als Urkunden bieten sich auf den ersten Blick dar die Genealogie Lc 3, 23—38, das Schreiben der Apostel und Presbyter von Jerusalem AG 15, 23—29 und der Brief des Lysias 23, 26—30. Ist jenes Schreiben wirklich von Jerusalem abgeschickt und so feierlich, wie Lc es darstellt, nach Antiochien überbracht und auch anderen Gemeinden mitgeteilt worden (16, 4), so ist nicht anzunehmen, daß diese bedeutsame Urkunde sofort wieder verloren gegangen sei. War Lc zur Zeit der Ankunft derselben in Antiochien ein Glied der dortigen Gemeinde (oben S. 334), so hat er sie vorlesen hören; es spricht aber auch nichts dagegen, daß er bei Abfassung seines Werks eine Abschrift zur Hand hatte. Der Stil trägt nicht den Stempel des Lc, und auch die weltlich klingende Eingangs- und Schlußformel empfiehlt nicht die Annahme, daß der Vf das Schreiben aus der Phantasie oder aus einer unbestimmten Erinnerung heraus geschaffen habe (A 8). Von dem Brief 23, 26—30 wäre dies wahrscheinlicher, ist aber nicht zu beweisen. Bei den Verhandlungen vor Felix (24, 1—23) und vor Festus (25, 1—12) kann der Rapport des Lysias kaum ungelesen geblieben sein und zwar, wenn er lateinisch abgefaßt war, wohl nicht ohne griechische Übersetzung. Die Lage des Pl in Cäsarea (24, 23) und die freundlichen Beziehungen, welche sich überall zwischen ihm und den militärischen Personen, deren Obhut er anvertraut war, gebildet haben (27, 3; 28, 16. 30 f.; Phl 1, 13), würden selbst das begreiflich machen, daß Pl und seine Freunde sich eine Abschrift jenes kurzen, aber für seinen Proceß grundlegenden Berichts verschafft hätten. Gegen freie Erfindung des Wortlauts, die an sich der Art antiker Geschichtschreibung wohl entsprechen würde, spricht erstens, daß Lc den bis dahin namenlosen (21, 31—23, 22) und nachher (24, 7 Rec. β; 24, 22) nur Lysias genannten Chiliarchen sich hier ohne stilistische Nötigung Claudius Lysias nennen läßt, und zweitens, daß der Bericht desselben von den vorher berichteten Tatsachen sehr merklich abweicht. Ein Erfinder des nur halbwahren Berichts würde auf den Versuch des Chiliarchen, das Recht zu verdunkeln und seine Verfehlung zu vertuschen, eigens aufmerksam gemacht haben. — Die Genealogie 3, 23—38 drückt durch ihre Anknüpfung und ihren Schluß eigentümliche Gedanken des Lc aus (oben S. 378); aber von da aus erklärt sich nicht ihr nicht nur von Mt 1, sondern auch vom AT, soweit dieses als Quelle dienen konnte, unabhängiger Bestand. Da persönliche Nachforschungen des Lc über den Inhalt von v. 24—31 unmöglich waren, und da Überlieferungen wie die hier vorausgesetzten nicht anders als schriftlich fortexistiren können, so muß Lc eine ältere Aufzeichnung benutzt haben. Wir wissen, daß die Anverwandten Jesu und deren Nachkommen sich mit diesen Dingen beschäftigt haben (A 9).

Da Lc nicht wenige Versuche christlicher Geschichtschreibung gekannt hat, und da seine Charakteristik derselben auf das Mrev vollkommen zutrifft (oben S. 366), so liegt die Annahme sehr nahe, daß er dieses benutzt habe. Er kannte den Vf und dessen Verhältnis zu Pt, einem hervorragenden Autopten. Er hat sich um a. 62 gleichzeitig mit Mr in Rom aufgehalten (Kl 4, 10. 14) und vielleicht noch einmal um a. 66 (2 Tm 4, 11), also um die Zeit, in welcher Mr sein Buch geschrieben hat. Die Vergleichung der beiden Evv ergibt für die verschiedenen Teile ein sehr verschiedenes Bild. Was die Anreihung der einzelnen Stücke anlangt, so ist aus Mr 1, 1—13 = Lc 3, 1—4, 13 nicht viel zu folgern, da die Reihenfolge: Predigt und Taufe des Johannes, Taufe und Versuchung Jesu in der Natur der Dinge begründet ist, überdies auch Mr hier nur eine dürftige Skizze gibt. Sehen wir hievon ab, so tritt uns ein erster bemerkenswerter Parallelismus in Lc 4, 31—6, 19 = Mr 1, 21—3, 19 entgegen, ein zweiter Lc 8, 4—9, 17 = Mr 4, 1—6, 44, ein dritter Lc 9, 18—50 = Mr 8, 27—9, 40, ein vierter Lc 18, 15—43 = Mr 10, 13—52, ein fünfter Lc 19, 29—24, 8 = Mr 11, 1—16, 8. Der Parallelismus ist innerhalb dieser 5 Reihen kein vollständiger. Die 1. Reihe unterbricht Lc 5, 1—11 durch eine Erzählung, welche mit Mr 1, 16—20 eine entfernte Ähnlichkeit hat. In die 2. Reihe schiebt Lc 8, 19—21 ein Stück ein, welches Mr 3, 31—35 hat, und stößt das aus, was Mr 4, 26—29. 30—32 und 6, 1—6 hat. Das erste dieser Stücke hat Lc überhaupt nicht; das zweite hat er 13, 18—19 mit einer ihm eigentümlichen Erzählung enge verknüpft; für das dritte Stück hat er schon 4, 16—30 eine reichhaltigere Erzählung gegeben. Aus der 4. Reihe hat Lc zwischen 18, 34 und 35 ausgestoßen, was Mr 10, 35—45

gibt, und nur einen dürftigen Ersatz dafür finden wir Lc 22, 24—27. In
der 5. Reihe fehlt bei Lc die Verfluchung des Feigenbaums Mr 11, 12—14.
20—25, die Frage nach dem größten Gebot Mr 12, 28—34, die Salbung in
Bethanien Mr 14, 3—9. Für das dritte dieser Stücke ist Lc 7, 36—50 ein
Ersatz, für das zweite Lc 10, 25—37, für das erste gewissermaßen Lc 13,
6—9 (cf § 63); auch für einen einzelnen Spruch darin Mr 11, 23 (Mt 21,
21; 17, 20) bietet Lc 17, 6 einen ähnlichen. Da diese Äquivalente für
Solches, was Mr bietet, Lc aber wegläßt, sämtlich dem Lc eigentümlich sind,
so liegt am Tage, daß Lc mit Bewußtsein Einzelnes ausstösst, aber auf Ersatz
bedacht ist. Andrerseits hat Lc in die letzte Parallelreihe eine Anzahl kleinerer
ihm eigentümlicher Stücke eingeschoben (19, 41—44 [21, 20—24]; 22, 35—38;
23, 6—12. 39—43). In allen 5 Reihen aber ist ausnahmslos die Folge des
Mr innegehalten. Dies allein schon fordert zur Erklärung die Abhängigkeit
eines Ev vom andern, zumal die Folge in vielen Fällen nicht Wiedergabe der
wirklichen Aufeinanderfolge ist. Bemerkt dies der aufmerksame Leser des
Mrev schon an diesem (oben S. 247 f.), so zeigt Lc ein klares Bewußtsein
darum. Wenn er einmal einen von Mr unbestimmt gelassenen Sabbath nach
dem jüdischen Kalender näher bestimmt (6, 1), und von diesem einen anderen
Sabbath ausdrücklich unterscheidet (6, 6), während ein harmloser Leser von
Mr 3, 1 (cf Mt 12, 9) zu der Vorstellung kommen konnte, daß die von Lc auf
zwei verschiedene Sabbathe verteilten Handlungen am gleichen Tage geschehen
seien; und wenn Lc auch sonst gelegentlich genaue Angaben über die Zeitfolge
macht (z. B. 6, 1. 6; 7, 11), so beweist dies, daß Lc sich um genauere
Feststellung bemüht hat. Daß er dies aber in vielen Fällen entweder gar nicht
oder vergeblich getan hat, beweist die Anwendung von Formeln wie die 5, 12.
17; 8, 4. 22; 9, 18; 20, 1 in den mit Mr parallelen Abschnitten, wie in anderen
Teilen seines Ev (5, 1; 10, 38; 11, 1. 29; 13, 10; 14, 1). Wenn er trotz dieses
förmlichen Verzichts auf ein unerreichbares chronologisches Wissen in jenen 5
Reihen genau die gleiche Folge wie Mr bietet, so kann dieses Zusammentreffen
ebensowenig auf einer stereotypen mündlichen Überlieferung, als auf Zufall beruhen. Ist aber einer der beiden Evv vom anderen abhängig, so kommt die
Priorität dem Mr zu. Abgesehen von der Tradition, nach welcher Mr früher
als Lc schrieb (oben S. 177 ff.), und den aus dem Werk des Lc sich ergebenden
Beweisen für dessen Abfassung nach dem J. 70 (§ 62), ergibt sich dies auch aus
der Vergleichung der Parallelen im einzelnen. Wortverbindungen wie κηρύσσων
βάπτισμα μετανοίας εἰς ἄφεσιν ἁμαρτιῶν bei Mr 1, 4 hinter einem καθὼς γέγραπται
ἐν τῷ Ἡσαΐᾳ τῷ προφήτῃ, bei Lc 3, 3 vor einem ὡς γέγραπται ἐν βίβλῳ λόγων
Ἡσαΐου τοῦ προφήτου entstehen nicht unabhängig von einander. Lc aber zeigt
sich als der den unbehiflichen Ausdruck des Mr glättende Stilist in der Gestaltung
der Citationsformel (A 10). Dies ist aber überall das Verhältnis. Nicht als ob
Lc es sich zur Aufgabe gemacht hätte, die ihm vorliegenden Berichte ihres
hebräisirenden Charakters durchaus zu entkleiden und ein stilistisch einheitliches

Geschichtswerk in der Sprache des Polybius oder in den Satzformen seines eigenen Vorworts herzustellen. In dieser Beziehung ist das Werk des Lc so buntscheckig wie nur möglich. Die Erzählungen und die psalmartigen Reden in Lc 1. 2 lauten wie ein Stück aus dem AT, und die Reden des Pl auf dem Areopag (17, 22—31) und vor den vornehmen Herren und Damen in Cäsarea (24, 10—21; 26, 2—23) sind den Reden des Rhetors Tertullus (24, 2—8) und des Prokurators Festus (25, 14—21) in Sprache und Stil ähnlicher als den Reden in AG 1—10. Nicht nur innerhalb der Erzählungen, welche Lc wahrscheinlich oder nachweislich älteren Quellen entnommen hat, sondern auch in anknüpfenden Sätzen und zusammenfassenden Bemerkungen, die sein eigenes Werk sind, gebraucht er einige wenige hebraïsirende Wendungen (A 11). Er zeigt einen Sinn für den dem heiligen Gegenstand entsprechenden Stil und will den Ton, in welchem die Autopten und Wortsdiener von Anfang davon zu erzählen pflegten, nicht durch einen weltförmigen Ton verdrängen. Aber er mildert doch die semitische Färbung, beseitigt unnötige Härten und strebt nach lichtvollerer Darstellung. Die ärgsten Hebraïsmen und die aramäischen Wörter des Mr, aber auch solche Sonderbarkeiten, wie dessen $\varepsilon\mathring{v}\vartheta\mathring{v}\varsigma$, beseitigt Lc (A 12), ebenso die aus den persönlichen Verhältnissen des Mr und der Bestimmung des Mrev für römische Leser zu erklärenden Besonderheiten desselben (Mr 12, 42; 14, 17. 51 f.; 15, 21 s. oben S. 241 f. cf Lc 21, 2; 22, 14. 53; 23, 26); so auch die Unebenheiten der Darstellung, welche aus der allzu genauen Wiedergabe der Erzählungen des Pt seitens des Mr herrühren (Mr 1, 29 = Lc 4, 38; Mr 3, 26 = Lc 6, 14; Mr 9, 14 f. = Lc 9, 37 f.; Mr 13, 1—3 = Lc 21, 5). Auch andere Weitläufigkeiten und Unbehilflichkeiten des Mr vermeidet Lc (z. B. Mr 1, 32 = Lc 4, 40), und in zahllosen Fällen wählt er einen gefälligeren oder bezeichnenderen Ausdruck (A 13). Da diese Wörter und Wendungen zum Teil Hapaxlegomena im NT sind, zum Teil in anderen Teilen des lucanischen Werks und nur in diesem ebenso gebraucht werden, so sind sie als Eigentum des Lc zu betrachten und nicht aus einer Quelle abzuleiten, welche Lc und Mr gemeinsam benutzt hätten. Letztere Annahme, ebenso wie die andere, daß Mr den Lc vor sich gehabt habe, würde uns vor die unglaubliche Tatsache stellen, daß Mr absichtlich und regelmäßig den besseren Ausdruck des Lc oder der gemeinsamen Quelle durch einen ungeschickteren ersetzt hätte. Also ergibt sich aus der Vergleichung des Stils, daß Lc in den genannten 5 Abschnitten seines Ev das Mrev als eine Vorarbeit benutzt hat. Während die stilistische Umarbeitung dieser Vorlage durch Lc eine ziemlich durchgreifende ist, ist von einer sachlichen Veränderung der Stücke, die er aufgenommen und die er nicht an anderen Stellen seines Werks durch ähnliche und teilweise reichere Erzählungen ersetzt hat (oben S. 401), wenig zu merken. Nur in einem bedeutsamen Punkt weicht Lc mit vollem Bewußtsein von Mr ab. Während Mr 1, 14 wie Mt 4, 12 den Anfang der galiläischen Predigt Jesu an die Verhaftung des Täufers anknüpft und sie so an die Versuchungsgeschichte anschließt, daß der Leser verstehen konnte, die Verhaftung des Täufers sei der Versuchung unmittelbar gefolgt, zerstört Lc diese Verkettung. Einerseits schließt er, und zwar er allein unter den Synoptikern, den Anfang des galiläischen Wirkens Jesu enge und ausdrücklich an die Taufe Jesu an (4, 15 ἐν τῇ δυνάμει τοῦ πνεύματος cf 3, 22; 4, 1) und charakterisirt die Reise nach Galiläa, welche das Wirken daselbst einleitete, ausdrücklich als . eine Rückkehr (4, 14 ὑπέστρεψεν cf 4, 1) von derjenigen Reise, welche Jesum zu den Orten der Taufe und der Versuchung geführt hatte. Andrerseits hat er diese Reise von der Verhaftung des Täufers, welche er episodenartig als ein späteres Ereignis vorweggenommen hat (3, 19—20), völlig losgelöst (oben S. 374). Die an die Taufe und Versuchung sich anschließende Reise nach Galiläa bei Lc ist eine andere, als die an die Verhaftung des Täufers sich anschließende Reise nach Galiläa bei Mr. Die anscheinende Zeitfolge des Mr hat Lc durch eine andere ersetzt, man muß annehmen, auf Grund seiner Nachforschungen und eingedenk jenes καθεξῆς 1, 3. Daran kann es nichts ändern, daß Lc nun doch zunächst und zumeist Solches folgen läßt, was nach Mr und Mt der Verhaftung des Täufers gefolgt und in Galiläa geschehen ist; denn es zeigte sich auch, daß er auf eine chronologische Aneinanderreihung der einzelnen Stücke durchweg und gleich hinter 4, 14—15 mit Bewußtsein verzichtet (S. 374 f.), und daß er die zwischen der Taufe und Versuchung Jesu und der letzten Reise Jesu nach Jerusalem verlaufende Tätigkeit Jesu keineswegs auf Galiläa beschränkt denkt (4, 44; 10, 38—42 oben S. 391 A 18). Es darf gleich hier bemerkt werden, daß Lc auf Grund seiner Forschungen entscheidende Schritte auf dem Wege von Mr zu Jo getan hat. Er ist kein Abschreiber seiner schriftlichen Vorlagen und begnügt sich nicht mit stilistischer Umarbeitung derselben, sondern ist ein Geschichtschreiber, der sie verarbeitet. Es ist anzunehmen, daß er außer Mr noch andere Versuche ev Geschichtschreibung benutzt und sie ähnlich verarbeitet habe.

Hat sich aus dem Vorwort des Lc ergeben, daß ihm keine von einem Apostel und Jünger Jesu herrührende ev Schrift zugänglich war (oben S. 365), so ist auch unwahrscheinlich, daß er das Mtev benutzt haben sollte; denn dieses ist niemals einem Apostelschüler, sondern von Anfang an dem Apostel. Mt zugeschrieben worden (oben S. 173 ff.). Das Gleiche würde gelten von einer „apostolischen Grundschrift" oder den „Logia", wenn diese Bücher jemals existirt hätten; denn wer an deren Existenz glaubt, muß auf diese die Tradition übertragen, welche er dem Mtev entzieht. Eines jener mythischen Bücher, aus welchen Mt geschöpft haben soll, müßte als ein Werk des Apostels Mt gegolten haben, wenn es begreiflich bleiben soll, daß man das griechische Mtev sofort und für immer diesem Apostel zuschrieb. Ferner hat sich die Überlieferung als richtig erwiesen, daß das Mtev Übersetzung eines aramäischen Buchs sei, dessen Inhalt eine geraume Zeit lang nur durch mündliche Dolmetschung den seiner Sprache Unkundigen zugänglich gemacht werden konnte. Das Gleiche würde von den „Logia" gelten. Es ist aber unwahrscheinlich, daß der Grieche Lc im Stande war, ein aramäisches Buch zu lesen. Er verrät in seinen atl Citaten

keinerlei Kenntnis des Grundtextes oder eines **Targum**. Die vier Übersetzungen
aramäischer Namen (AG 1, 19; 4, 36; 9, 36; 13, 8) sind nicht alle unanfechtbar;
und wenn sie es wären, könnte Lc sie sich von Anderen haben geben lassen,
ohne auch nur eine oberflächliche Kenntnis der Sprache zu besitzen. Einzelne
aramäische Wörter mag er teils als Antiochener von Haus aus gekannt, teils
samt einigen hebräischen *Termini* im kirchlichen Gemeinleben kennen gelernt
haben (A 14). Andrerseits ist, wenn der griechische Mt schwerlich vor a. 80
entstanden ist (oben S. 259), chronologisch unwahrscheinlich, daß Lc diesen gelesen haben sollte, ehe er sein Ev schrieb (§ 62). Die Vergleichung dieser
beiden Evv läßt das Unwahrscheinliche als unmöglich erscheinen. Wer Mt 1—2
gelesen hatte, zumal in einer Schrift, welche als Werk eines Apostels galt,
konnte nicht Lc 1—2 so schreiben, wie dieser Abschnitt geschrieben ist d. h.
fast ohne Anklang an die Darstellung des Mt (cf nur etwa Lc 1, 31[b] mit
Mt 1, 21[a]) bei vielfachem Zusammentreffen in der Sache und ohne jedes Anzeichen einer bewußten Berichtigung oder Verbesserung, wo der spätere Vf nach
Form oder Inhalt Besseres glaubte bieten zu können. Zumal für einen Geschichtschreiber, als welchen sich Lc auch im Verhältnis zu Mr erwiesen hat,
war es unmöglich, so achtlos an bedeutenden Stoffen wie in Mt 2 vorüberzugehen
und dieselben durch Lc 2, 39 formell auszuschließen. Eine Evangelienharmonie
mag den Inhalt der Anfangskapitel beider Evv mit Einschluß von Lc 3, 23—38,
sogut es geht, mit einander auszugleichen versuchen, eine synoptische Darstellung
ist unmöglich. Erst von Mt 3, 1 = Lc 3, 1 an ist eine solche streckenweise
möglich. Aber der aus der Vergleichung der Eingangskapitel sich ergebende
und durch die Andeutungen des lucanischen Prologs bestätigte Beweis dafür,
daß Lc unser Mtev nicht als Quelle benutzt hat, ist so stark, daß nur noch
davon ernstlich geredet werden könnte, ob Lc und Mt aus denselben Quellen geschöpft haben. Lc hat schriftliche Quellen benutzt; das nachgewiesene Verhältnis zu Mr läßt vermuten, daß Lc noch andere ähnliche Schriften benutzt habe.
Daß aber darunter auch solche waren, die früher oder später auch Mt ausgebeutet
hätte, ist im voraus nicht wahrscheinlich; denn die Untersuchung des Mtev bot
uns keinen Anlaß zu der Annahme, daß dessen Vf überhaupt schriftliche Quellen
benutzt habe (S. 302 f.). Auszuscheiden sind von der hierauf gerichteten Untersuchung erstens jene 5 Abschnitte des Lc, von welchen sich herausgestellt hat,
daß Lc sie mit gewissen Veränderungen aus Mr herübergenommen hat (S. 400 f.);
denn die gleichzeitig vorliegenden Übereinstimmungen des Lc mit Mt sind sämtlich durch Mr vermittelt und erklären sich aus dem S. 322 ff. dargelegten Verhältnis zwischen Mr und Mt und dem S. 400 ff. nachgewiesenen Verhältnis des
Lc zu Mr. Es findet sich darin kein Satz, welcher außerdem noch ein direktes
Verhältnis des Lc zu Mt oder einer von diesem benutzten Quelle begründen
könnte (A 15). Zweitens entziehen sich der vergleichenden Kritik folgende dem
Lc eigentümliche Stücke, von denen ich die, für welche ein entfernt ähnliches
Stück bei Mt nachzuweisen ist, in Klammern setze: 1, 1—3, 2. 10—15. 23—38

(4, 16—30; 5, 1—10); 7, 11—17. 36—50; 8, 1—3; 9, 51—56. 61—62; 10, 1—20 (wenige Sprüche ausgenommen); 10, 29—42 (11, 1—4); 11, 5—8. 27—28. 37—41; 12, 13—21 (32—57); 13, 1—17. 31—33; 14, 1—16, 31 (abgesehen von 14, 11. 17; 15, 4—7); 17, 7—22; 18, 1—14; 19, 1—27. 41—44 (21, 20—24); 23, 5—12. 27—31. 39—43; 24, (1—11) 12—53. Was übrig bleibt, ist nicht allzuviel, nämlich abgesehen von versprengten kurzen Sätzen nur noch folgende Stücke (die Parallelen des Mt in Klammern): 3, 7—9. 17 (3, 7—12); 4, 1—13 (4, 1—11); 6, 20—49 (5—7); 7, 1—10 (8, 5—10. 13): 7, 18—35 (11, 2—19); 9, 57—60 (8, 19—22); 10, 13—15. 21—24 (11, 20—27; 13, 16—17); 11, 24—26. 29—36 (12, 38—45; 5, 15; 6, 22—23); 11, 42—52 (23, 4—35); 12, 2—12 (10, 17—33); 12, 22—31 (6, 25—33); 12, 41—48 (24, 45—51); 12, 54—56 (16, 2—3?); 12, 57—59 (5, 25—26); 13, 24—30 (7, 13—14. 21—23; 8, 11—12); 13, 34—35 (23, 37—39); 17, 23—37 (24, 23—28. 37—42); 19, 12—28 (25, 14—30). Eine sichere Vergleichung dieser Parallelen würde mehr als andere kritische Untersuchungen einen bis aufs Kleinste gesicherten Text beider Evv, besonders aber des Lc voraussetzen; denn nichts hat so sehr zur Entartung des Textes der Evv beigetragen als die Neigung, ein Ev nach den Parallelstellen der andern zu ergänzen und zu verbessern und zwar ganz überwiegend den Text des Mr und des Lc nach Mt. Der Textus receptus läßt die Evv einander sehr viel ähnlicher erscheinen als jeder einigermaßen kritisch gereinigte Text; noch größer würde die Verschiedenheit sein, wenn die Aufgaben der Textkritik weiter gefördert wären als heute. Unter den angeführten Parallelen finden sich wenige Erzählungsstücke und dagegen viele Reden, welche jedoch meist nicht ohne geschichtliche Einfassung mitgeteilt sind. Was die ersteren anlangt, so ist von einer gemeinsamen schriftlichen Vorlage, aus welcher durch die bearbeitende Hand der Vf die verschiedenen Erzählungen Lc 7, 1—10 und Mt 8, 5—10. 13 entstanden sein sollten, keine glaubwürdige Vorstellung zu gewinnen. Was Lc mehr hat (v. 3—5), trägt den Stempel echter Überlieferung, und das Streben nach Kürze, welches in einigen Teilen des Mtev spürbar ist (oben S. 304. 326), kann es nicht verursacht haben, daß seine Darstellung hier den Charakter des Excerpts zeigt; denn durch Einschaltung eines wahrscheinlich bei anderer Gelegenheit gesprochenen Wortes Jesu (Mt 8, 11—12 cf Lc 13, 28—29) hat Mt die Geschichte erweitert. Mag Lc, was sehr glaublich ist, hier eine ältere Darstellung benutzt haben, so gehen doch schließlich seine Abweichungen von Mt auf solche Variationen eines geschichtlichen Stoffes zurück, wie sie jeder Zeit sich einstellen, wo Geschehenes und Erlebtes von Verschiedenen öfter mündlich erzählt wird, auch wenn Augenzeugen unter den Erzählern sind. Die Versuchungsgeschichte wird von Mt und Lc sehr gleichartig erzählt; aber die verschiedene Ordnung der zweiten und dritten Versuchung findet ihre natürliche Erklärung darin, daß diejenigen, welche Jesus davon hatten erzählen hören (A 16), das Gehörte aus der Erinnerung in verschiedener Weise wiedererzählten. Undenkbar erscheint es, daß Lc, wenn er Mt 4, 1—11 oder eine andere hierin mit Mt übereinstimmende Schrift vor sich hatte, absichtlich die Umstellung vorgenommen haben sollte; denn eine Verbesserung kann man es doch nicht nennen, daß Jesus nach Lc am Schluß auf der Zinne des Tempels statt auf einem Berg in der Wüste steht. Unter den Reden und Sprüchen, welche nur Mt und Lc mit einander gemein haben, finden sich solche von auffallendem Gleichlaut, aber auch andere von stark abweichender Form bei wesentlich gleichartigem Gedankengehalt und Gedankengang. Das beste Beispiel der ersten Art ist die Donnerrede des Täufers (Lc 3, 7—9 cf ferner 10, 21—22; 13, 34—35), das der zweiten Art die Bergpredigt (6, 20—49 cf 13, 24—30). Jenes sind leicht behältliche Elemente der Überlieferung, die auch ohne Hilfe der Schrift ein festes Gepräge erhalten konnten. Andrerseits konnten Reden wie die Lc 3, 7—9; Mt 3, 7—10 nicht aufgezeichnet werden, ohne daß wenigstens angegeben wurde, wen Johannes als Schlangenbrut angeredet habe. Hierüber aber berichten Mt und Lc sehr verschieden. Die Bergpredigt des Lc (6, 20—49) ist ebensowenig als ein Excerpt aus derjenigen des Mt (5—7) zu begreifen, wie diese als eine Umarbeitung jener. Möchte Lc die für Mt so wichtigen Sätze 5, 17—43 als für seinen Zweck ungeeignet ausgestoßen haben, wenn er sie in einer Quelle vorfand, und mag Mt noch mehr einem anderen Geschichtszusammenhang angehörige Stücke seiner Bergrede einverleibt haben, als wir jetzt nachweisen können (oben S. 287 f.); das, worin beide Relationen parallel laufen, zeigt eine Verschiedenheit des Ausdrucks, welche aus dem Bedürfnis stilistischer oder sachlicher Umgestaltung nicht zu erklären, und dagegen bei einer von vielen gehörten Rede die natürliche Form der mündlichen Wiedergabe ist. Daß Lc diese und andere Reden in einer oder mehreren Aufzeichnungen jener vielen (1, 1) vorgefunden hat, ist mehr als wahrscheinlich. Nach Analogie seiner Benutzung des **Mrev** ist man auch zu der Annahme berechtigt, daß die größere Eleganz des Ausdrucks z. B. Lc 6, 47—49 = Mt 7, 24—27 auf Rechnung des Lc kommt. Viel weiter aber als zu solchen Annahmen wird man mit der Ermittelung der Quellen, welche Lc im Ev außer Mr benutzt hat, überhaupt nicht kommen. (A 17).

Stücke wie Lc 1—2, welche in ihren erzählenden Teilen und den eingelegten Psalmen nur mit den schönsten Stücken der Samuelisbücher an poetischer Anmut und echt israelitischem Geist sich vergleichen lassen, konnte der Grieche Lc nicht schaffen. Nur auf dem Boden Palästinas, wo auch poetisch veranlagte und prophetisch begabte Männer und Frauen an den Anfängen und der Fortentwicklung des Christentums beteiligt waren (1, 41. 46—55. 67—71; 2, 25. 36; AG 2, 17; 11, 27 f.; 15, 32; 21, 9 f.), können sie entstanden sein. Zweimal (2, 19. 51 cf 1, 66) weist Lc darauf hin, daß Maria bedeutsame Worte aus der Kindheit und Knabenzeit ihres Sohnes im Gedächtnis bewahrt und sinnend erwogen habe. Nur von Maria, nicht von Joseph, der doch damals noch lebte, wird das gesagt. Sie ist dadurch als Trägerin der Traditionen in c. 1—2 gekennzeichnet. Wer diese zuerst aufgezeichnet, und wann dies geschehen ist, wissen wir nicht. Auch die übrigen dem Lc eigentümlichen Erzählungsstücke kann kein Verständiger als Dichtungen des Lc oder auch nur als außerhalb Palästinas und erst in einer zweiten oder dritten Generation entstandene Sagen ansehen. Sie haben sich, wie kaum etwas Anderes aus der gesamten ev Literatur, dem christlichen Volk eingeprägt, weil sie von unerfindlicher Originalität sind. Die eigentlich geschichtlichen Stücke sind durch Ortsangaben (7, 11; 17, 11; 19, 1; 24, 13), durch Personnamen (7, 40; 8, 3; 10, 38 f.; 19, 2; 24, 18), durch schwer zu erfindende Charakterzüge (10, 40; 13, 32; 19, 3 f.), durch Verflechtung mit sonst unbekannten Tagesereignissen (13, 1. 4; 23, 12), durcht echt israelitische Färbung (11, 27; 13, 11. 14. 16; 14, 15; 19, 9; 23, 28—31. 42 f.; 24, 21) gegen den Verdacht späterer Erfindung gesichert. Ähnliches gilt von den Parabeln und den verwandten Erzählungen Jesu selbst (10, 30—37; 12, 16—21; 13, 6—9; 14, 16—24; 15, 1—16, 31; 18, 1—14). Wenn Lc einmal in klarem Widerspruch gegen die ihm vorliegende Erzählung Mr 10, 46 erzählt, daß Jesus nicht beim Auszug aus Jericho, sondern bei seiner Annäherung an diese Stadt einen Blinden geheilt habe (18, 35), so muß Lc, je geringfügiger der Umstand ist, um so sicherer eine Nachricht gehabt haben, von der er nicht abweichen mochte. Aus 19, 1—10 sieht man, daß ihm über die Ereignisse jenes Tages selbständige Überlieferung zur Verfügung stand. Ob er sie aus dem Munde des Zakchäus oder aus einem Buch geschöpft hat, kann Niemand erraten (A 18). Wenn Lc allein zwei Erzählungen über Herodes Antipas bringt (13, 31—33; 23, 6—12. 15), wenn er auf die zweite derselben bereits 9, 9 durch einen ihm eigentümlichen Zusatz vorbereitet und AG 4, 27 auf dieselbe zurückweist, so muß man sich erinnern, daß die Frau eines Beamten dieses Fürsten nach Lc 8, 3 (cf Jo 4, 46?) zu den Begleiterinnen Jesu gehörte, und daß nach AG 13, 1 ein Milchbruder oder Jugendgenosse desselben Fürsten ein Lehrer der Gemeinde zu Antiochien zu der Zeit war, als der Erzähler in der AG nach 11, 27 f. (oben S. 334) derselben Gemeinde angehörte. Aber solche nachweisliche Quellen mündlicher Erkundigung, aus welchen Lc forschend geschöpft haben kann, schließen nicht aus, daß er außer dem Mrev noch eine andere der vielen Erzählungsschriften, die er 1, 1 erwähnt, oder mehrere solche in seinem Ev benutzt hat. Ein beliebtes Mittel der Quellenscheidung, das der Sprachvergleichung, hat uns Lc selbst beinah gänzlich aus der Hand genommen, indem er, wie sein Verhältnis zu Mr und auch die Vergleichung mit Mt zeigt, seine Vorlagen stilistisch stark umgearbeitet hat (oben S. 402 und unten A 9—12). Wenn eine Erzählung etwas mehr als die andere entweder echt jüdische Anschauungen und Redewendungen oder elegante griechische Ausdrucksweise zeigt, so überwiegt doch die Gleichheit (A 19).

Anders als in bezug auf den Inhalt seines ersten Buchs war der Vf in bezug auf einen großen Teil des in der AG Berichteten·gestellt, wenn anders der Prolog (S. 363 ff.) richtig gedeutet worden ist. Er hat nicht Weniges von dem, was er hier zu berichten hatte, miterlebt und er hat durch Einführung eines Wir darauf aufmerksam gemacht, wo und wann dies der Fall gewesen ist (oben

S. 369 f.). Aus den Wirstücken aber heben sich zwei größere Abschnitte 20, 5—21, 17 und 27, 1—28, 16 als eigenartig hervor. Während 11, 27 (oben S. 336 A 3); 16, 10—17 das Wir fast nur dazu zu dienen scheint, die Anwesenheit des Erzählers bemerklich zu machen, ohne daß die Erzählung darum einen anderen Charakter annähme als in c. 13—15. 18—19, haben wir dort zwei zusammenhängende Reiseberichte, die sich von allen übrigen, nach der Natur ihres Stoffes sonst vergleichbaren Abschnitten der AG scharf abheben. Die Reise von Antiochien nach Philippi, von da nach Thessalonich und von Beröa über Athen nach Korinth (15, 40—16, 12; 16, 40—18, 1) ist so flüchtig behandelt, daß wir über den eingeschlagenen Weg, die berührten Orte, die Dauer der Aufenthalte und die Jahreszeit großenteils nur Vermutungen aufstellen können (Bd I, 145—154). Nur über die Erlebnisse in den Städten Philippi, Thessalonich, Athen und Korinth finden wir eingehendere Mitteilungen, über die Reise selbst so gut wie gar keine. Wesentlich anders verhält es sich auch nicht mit der ersten Missionsreise AG 13—14. Andere Reisen wie die von 11, 30 bis 12, 25; 18, 18—19, 1; 20, 1—4 werden vollends mit wenigen Worten abgetan. Dagegen haben wir 29, 5—21, 17 und 27, 1—28, 16 ein förmliches Reisetagebuch vor uns, voll genauer Angaben über die Jahreszeit (20, 6. 16; 27, 9. 12), über die einzelnen Stationen, auch diejenigen, wo sich nichts Besonderes zugetragen (20, 13—15; 21, 1—8; 27, 3—8. 16; 28, 12—15), über die Dauer der Teilfahrten und der Aufenthalte, über Schiffswechsel, Herkunft, Bestimmung und Namen der benutzten Schiffe (21, 2; 27, 2. 6; 28, 11), über den Wechsel zwischen See- und Landreise (20, 13; 21, 7), über die Witterungsverhältnisse und die kleinsten Umstände der Seefahrt. Nicht einmal die Zeitangaben lassen sich aus dem Bedürfnis des Geschichtschreibers erklären. Wenn der Leser durch 20, 6. 16 ein Interesse daran gewonnen hat, ob es dem Pl gelingen werde, Jerusalem vor oder zu dem Pfingstfest zu erreichen, so wird er enttäuscht. Am Ziel der Reise erfährt er nichts Deutliches über den Zeitpunkt, und durch die Tagesangaben vorher sieht er sich nicht in den Stand gesetzt, die Dauer der Reise von Philippi bis Jerusalem nachzurechnen, da die Dauer der Aufenthalte in Milet und Cäsarea 20, 15—21, 1. 8—15 und der Fahrt von Rhodus bis Tyrus 21, 1—3, sowie der Landreise von Tyrus nach Ptolemaïs und von Cäsarea nach Jerusalem nicht in Tageszahlen angegeben ist. Gewiß wird der Leser durch die Ausführlichkeit beider Berichte in eine angemessene Stimmung versetzt. Er empfängt einen lebhaften Eindruck von dem Walten der göttlichen Vorsehung über dem Leben des noch zu großen Dingen bestimmten Apostels. Aber die größere Menge der erwähnten Einzelheiten trägt hiefür nichts aus. Sie steht in einem Misverhältnis zu dem Wesentlichen der darzustellenden Geschichtsentwicklung, wie es in keinem anderen Teil des luc. Werks wahrzunehmen ist. Lc zeigt auch sonst ein Interesse an kleinen Umständen, Eigennamen und dgl., die an sich entbehrlich waren (9, 25; 12, 13. 20; 3, 1; 21, 29. 37 f.; 22, 2; 23, 16. 19; 23, 31 f.; 24, 1, 11), und es wäre will-

kürlich, aus dem Verschwinden des Wir in 20, 16—38; 21, 19—26, 32 zu
schließen, daß der Erzähler den dort berichteten Ereignissen wesentlich ferner
gestanden habe, als den Ereignissen in den Wirstücken; denn es handelt sich
in den Abschnitten, wo das Wir intermittirt, allemal um ein Tun und Leiden
des Pl, welches kein Anderer in dem vollen Sinne miterlebt haben kann, wie
eine gemeinsame Reise von Philippi nach Jerusalem und wieder von Cäsarea
nach Rom (cf oben S. 369. 390 A 13). Schon in bezug auf die Versammlung bei
Jakobus, welcher der Erzähler beigewohnt hat (21, 18), mußte das Wir verschwinden, weil Pl allein mit den Presbytern von Jerusalem zu verhandeln hatte.
Es ist bis heute nichts Beweiskräftiges dagegen vorgebracht worden, daß in dem
ganzen Abschnitt 20, 4—28, 31 ein den Ereignissen stets nahegebliebener Berichterstatter zu uns rede. Aber es bleibt die angegebene Eigentümlichkeit der
beiden Reiseberichte, welchen vielleicht noch 16, 10—18 als Bruchstück eines
dritten beizuzählen ist. Sie können nicht erst bei Abfassung des Werks von
Lc neu entworfen sein; er muß sie vorgefunden und mit alle dem Detail, welches
an sich für ihn und seine Leser entbehrlich war, in sein Werk herübergenommen
haben. Man kann darüber verschiedener Meinung sein, wieviel Veränderungen
an Form und Inhalt Lc mit diesen Reiseberichten vorgenommen, und ob er
Stücke anderweitiger Erinnerung oder eigener Erfindung eingeschoben hat; aber
gerade das, was diesen Berichten einen sie vom übrigen Buch unterscheidenden
Charakter verleiht, ist über solche Vermutungen erhaben. Wiederholte fach-
männische Prüfung von c. 27 hat erwiesen, daß dieser Bericht zwar nicht von
einem Seemann, aber nur von einem Reisegefährten des Pl und von einem mit
offenem Sinn für die Natur und die Vorgänge einer Seefahrt begabten Manne
geschrieben sein könne (A 20). Wenn wir ohne Anhalt in der Überlieferung
unter den Gefährten des Pl Einen auszusuchen hätten, welcher am ersten als
Vf der Reiseberichte gelten könnte, würde man auf den Arzt Lc zu raten die
meiste Veranlassung haben. Ist er zugleich der Vf des ganzen Werkes, so hat
er eben eigene tagebuchartige, während jener Reisen niedergeschriebene Aufzeichnungen in sein Werk aufgenommen. Das beste Gedächtnis prägt sich alle
Wechsel der Witterung und die Manipulationen der Schiffsleute während einer
Monate langen Seereise nicht für Jahrzehnte ein, und was an derartigen Dingen
im Gedächtnis haften geblieben ist, wird kein Geschichtschreiber bloß darum,
weil er es nicht vergessen hat, in ein großes Werk aufnehmen. Daß der Vf
diese Berichte in so unverhältnismäßiger Ausführlichkeit in sein Werk aufnahm,
ist am ersten begreiflich, wenn er selbst sie vor Jahren aufgezeichnet hatte.
Außer dem Zweck, welchen er durch Einführung des Wir schon an früheren
Stellen seines Werks erreichte, nämlich auf seine Augenzeugenschaft aufmerksam
zu machen, erzielte er dadurch eine Frische der Darstellung, die durch nichts
zu ersetzen war. Daß es aber gerade Reiseberichte und nur solche sind, welche
er in dieser Art seinem Werk einverleibt, erklärt sich aus der alten Erfahrung,
daß Leute, die für gewöhnlich kein Tagebuch führen, dies auf Reisen mit großer

Pünktlichkeit tun. Wie trocken und dürftig solche Aufzeichnungen sein mögen, für den, welcher später die Geschichte von Reisen, die er mitgemacht, erzählen soll, sind sie, je weiter diese zurückliegen, um so wertvollere Urkunden.

Ein Weiteres, was auf der Hand liegt, ist die auf den ersten Blick befremdliche Tatsache, daß Lc diejenigen Urkunden der von ihm dargestellten Geschichte, welche für uns die wichtigsten sind, die Briefe des Pl, nicht als Quellen benutzt hat (A 21). Wenn Luther urteilte, die AG möchte wohl „eine Glosse über die Episteln S. Pauli heißen" (Vorrede von 1534), so wollte er sagen, daß sie geschichtliche Beispiele zur Lehre des Pl biete. Sie verdient den Namen auch aus dem anderen Grunde, daß sie dem Leser der Plbriefe einen geschichtlichen Leitfaden in die Hand gibt, ohne welchen auch die Verächter der AG sich in den Briefen nicht zurechtfinden würden. Wenn es sonst denkbar wäre, daß Lc niemals von Briefen des Pl gehört habe, so würde man in dem völligen Schweigen der AG von solchen Briefen (A 22) und in dem Mangel an formalen Berührungen der AG mit den Briefen, wo diese von den gleichen Tatsachen handeln, nur Bestätigungen für jenes aus anderen Gründen unglaubliche Nichtwissen des Lc finden können. Sachliche Berührungen zwischen einer alten Darstellung der Missionsarbeit des Pl und Briefen, welche Pl während dieser Arbeit geschrieben hat, sind selbstverständlich; sie hätten nur ausbleiben können, wenn entweder die Briefe lauter Fälschungen oder die Erzählungen reine Erfindungen wären. Da weder das Eine noch das Andere vernünftigerweise angenommen werden kann, so ist nicht zu verwundern, daß die Briefe und die AG in viel Tatsächlichem zusammentreffen. Von um so größerer Bedeutung für die Kritik der AG ist, daß ihre Erzählung sich in bezug auf den Umfang und die Form von dem geschichtlichen Inhalt der Briefe durchweg unabhängig zeigt. Es besteht hier ein ebensolches Verhältnis wie zwischen Lc 1—2 und Mt 1—2 (S. 404). Vor allem nämlich wäre nicht zu begreifen, daß ein Schriftsteller, welcher die Briefe des Pl zum Zweck seiner Belehrung in geschichtlichen Dingen gelesen hatte und als Quellen benutzen wollte, zumal ein solcher, welcher um Stoff verlegen war, an der Fülle von interessantem Geschichtsstoff in diesen Briefen achtlos vorübergegangen wäre. Selbst bei einem Manne, welcher gewissenlos genug war, seine theologische oder kirchliche Ansicht und Absicht höher zu stellen, als die durch so alte Urkunden bezeugte geschichtliche Wahrheit, würde dies Verfahren unerklärlich bleiben; denn was er in anderer Beleuchtung zeigen wollte, als in welcher Pl es gezeigt hatte, mußte und durfte er darum nicht einfach übergehen, sondern konnte es seiner geschichtswidrigen Absicht entsprechend umbilden. Was zunächst die ev Geschichte anlangt, so hat Lc, wenn oben S. 359 f. über den Text von Lc 22, 17—20 richtig geurteilt ist, 1 Kr 11, 23—25 nicht berücksichtigt. Sollte es sich mit dem Text anders verhalten, so würde die Übereinstimmung zwischen Lc und Pl, neben welcher die Verschiedenheiten nicht zu übersehen sind, sich sehr einfach daraus erklären, daß Lc der antiochenischen Gemeinde zu der Zeit angehörte, als Pl in derselben als

Lehrer tätig war (oben S. 334), und daher aus derselben Quelle mündlicher Überlieferung wie dieser seine Vorstellung von der Stiftung des Abendmahls geschöpft hat. Dem entspricht es auch, daß Lc 10, 7 mit 1 Tim 5, 18 ($\mu\iota\sigma\vartheta o\tilde{v}$) gegen Mt 10, 10 ($\tau\varrho o\varphi\tilde{\eta}\varsigma$) übereinstimmt. Von dem für uns so wichtigen Bericht 1 Kr 15, 5—7 macht Lc keinerlei Gebrauch. Für die Erscheinung vor mehr als 500 Brüdern und vor Jakobus wäre in den 40 Tagen AG 1, 3 Platz genug gewesen. Eine Neigung, die ausschließliche Auktorität der 12 Apostel zu betonen (s. dagegen S. 383) oder den Jk herabzusetzen, kann Niemand bei Lc nachweisen. Wenn er die dem Pt allein zu teil gewordene Erscheinung erwähnt, ohne sie zu erzählen (Lc 24, 34 = 1 Kr 15, 5), und wenn er von einer Erscheinung im Kreise der Apostel am Osterabend und von einer andern am Schluß der 40 Tage berichtet (24, 36; AG 1, 4 ff.) und in diesen Punkten mit 1 Kr 15, 5^b. 7^b zusammenzutreffen scheint, so ändert dies nichts an der handgreiflichen Unabhängigkeit des Lc von Pl. Von den autobiographischen Mitteilungen des Pl macht Lc keinen Gebrauch. Die Herkunft aus dem Stamm Benjamin (Phl 3, 5) würde AG 22, 3 mindestens ebenso sehr am Platz gewesen sein, wie die Bemerkung Lc 2, 36 (cf auch AG 13, 21). Die AG schweigt von dem „Tierkampf" zu Ephesus (1 Kr 15, 32), woraus die Paulusakten eine abenteuerliche Geschichte gemacht haben (GK II, 880), von den 5×39 Geißelhieben, welche Pl von den Juden erhalten hat, von den 3 Schiffbrüchen, welche der Zeit vor der Fahrt nach Rom angehören, von gefahrvollen Flußübergängen, von räuberischen Anfällen (2 Kr 11, 23—26). Wenn Lc wie Pl von einer einmaligen Steinigung erzählt (AG 14, 19 = 2 Kr 11, 25 cf 2 Tim 3, 11), wenn er von den drei Züchtigungen mit Ruten wenigstens eine und ebenso von den vielen Gefängnishaften aus der Zeit vor der großen Gefangenschaft nur eine berichtet (AG 16, 22—40; 2 Kr 11, 23. 25), so sieht man, daß die AG nichts weniger als eine vollständige Geschichte des Pl gibt, daß aber ihre Mitteilungen auf selbständiger und zuverlässiger Kunde beruhen. Was die Geschichte des Pl vor, bei und kurz nach seiner Bekehrung anlangt, so befremdet, daß ein Kenner der Briefe, welcher nach 1 Kr 9, 1; 15, 8 cf Gl 1, 12. 16; 2 Kr 4, 6 sich seine Vorstellung von dem Ereignis bei Damaskus gebildet hätte, die Tatsache, daß Pl die Gestalt Jesu gesehen hat, so wie AG 9, 4—7; 22, 6—11; 26, 12—19 geschieht, verdunkelt und nur so indirekt wie AG 9, 17. 27; 22, 14. 15 cf 9, 7^b bezeugt haben sollte. Es wäre auch nicht abzusehen, warum Lc die Reise nach Arabien überging, welche Gl 1, 17 als eine nur vorübergehende Abwesenheit von Damaskus erwähnt wird, welche also in den $\dot\eta\mu\acute\varepsilon\varrho\alpha\iota$ $\iota\kappa\alpha\nu\alpha\acute\iota$ AG 9, 23 bequem Platz gefunden hätte; ferner warum er die Beteiligung des Ethnarchen des Aretas an der Gefährdung des Pl (2 Kr 11, 32), welche durchaus nicht ausschließt, daß die Nachstellung von den Juden ausging (AG 9, 23 cf Abschn. XI), gänzlich übergeht und die persönliche Berührung des Pl mit Pt und Jk (Gl 1, 18 f.) durch die farblose Bemerkung ersetzt, daß Pl mit den Aposteln verkehrt habe (AG 9, 27 f.), und die genaue Angabe, daß der damalige Aufenthalt in Jerusalem 15 Tage gedauert habe, durch eine flüchtige Skizze, welche es dem Leser überläßt, sich diesen Aufenthalt als einen 10 tägigen oder mehrmonatlichen vorzustellen. In dem aber, worin Lc und Pl zusammentreffen, zeigt sich keine irgend auffällige Übereinstimmung des Ausdrucks (A 23). In der Darstellung der ersten Missionsreise (13, 2—14, 28) berührt sich Lc, abgesehen von der schon erwähnten Steinigung zu Lystra, mit 2 Tim 3, 11 und mit verschiedenen Andeutungen und Voraussetzungen des Gl (Bd I, 126—130). Aber ebensowenig wie wir ohne die lebensvolle Erzählung der AG aus den Andeutungen des Gl, z. B. aus dem Hinweis auf das Ereignis AG 14, 11—18 in Gl 4, 14 f. (Bd I, 128) eine bestimmte Vorstellung gewinnen könnten, kann Lc daraus seine mit einer Fülle von Einzelheiten ausgestattete Darstellung geschöpft haben. Die deutlichste Angabe des Pl, daß nämlich eine Krankheit seinen Aufenthalt in den lykaonischen Städten veranlaßt hatte (Gl 4, 13 Bd I, 118. 129), sucht man in der AG vergeblich. Kurz das Verhältnis ist dasjenige, wie es zwischen einer sachkundigen und wahrheitsgemäßen Geschichtsdarstellung und Urkunden, welche der Geschichtschreiber nicht zur Hand gehabt hat, zu bestehen pflegt. So auch in bezug auf die zweite Missionsreise (AG 15, 40—18, 17). Silas ist der ältere der beiden Gehilfen, wie er von Pl stets dem Timotheus vorangestellt wird (1 Th 1, 1; 2 Th 1, 1; 2 Kor 1, 19), aber Lc gibt ihm nie, wie Pl überall, seinen römischen Namen Silvanus (Bd I, 23. 148). Daß Tim. einer jüdischen Mutter, aber eines heidnischen Vaters Sohn war (AG 16, 1), wird durch das, was 2 Tm 1, 5 gesagt und nicht gesagt wird, bestätigt (Bd I, 414 A 4), aber den Namen Eunike verschweigt Lc. Die Andeutungen über die Ordination des Tim. in 1 Tm 1, 18; 4, 14; 2 Tim 1, 6 (1 Tm 6, 12) stimmen zu AG 16, 2 (Bd I, 414 A 5; 467); aber es fehlt jeder Anklang. Daß Tim. beschnitten wurde (16, 3), wissen wir auch aus Phl 3, 3 (Bd I, 381 A 7), und daß dies in der Heimat des Tim., in der Provinz Galatien geschehen ist, wird durch Gl 5, 11 bestätigt (Bd I, 129 f.). Wenn dies aber unsere klugen Exegeten trotzdem, daß sie die „Glosse zu St. Pauli Briefen" in Händen haben, übersehen oder nicht gelten lassen, wie sollte Lc aus so versteckten Andeutungen seine konkreten Geschichten gesogen haben! Die Namen der bei der Gründung der Gemeinde zu Philippi hervorgetretenen Personen Phl 4, 2—3 (Bd I, 376 f.), die Geldsendungen der Philipper Phl 4, 15—16, die Andeutungen des 1 und 2 Th über die Umstände, unter welchen es in Thessalonich zur Gründung einer Gemeinde kam, sind in der AG nicht verwertet. Nur daß Pl von Philippi aus, nach dort erfahrener schimpflicher Behandlung nach Thessalonich gekommen (1 Th 2, 2), wird durch die AG direkt bestätigt. Mit 1 Th 2, 17—3, 6 setzt sich Lc ohne allen erdenklichen Grund in Widerspruch, wenn er durch 17, 15 f.; 18, 5 im Leser die Vorstellung erweckt, daß Pl in Athen ohne seine beiden Gehilfen geblieben sei und erst in Korinth sich wieder mit ihnen vereinigt habe (Bd I, 147. 151). In bezug auf die Geschichte der korinthischen Gemeinde besteht zwar keinerlei Widerspruch zwischen Pl und der AG (Bd I, 190 ff.), aber die denkbar größte gegenseitige Unabhängigkeit.

Was wir aus 1 Kr 1, 1. 14; 16, 19 über Sosthenes, Crispus, Aquila und Priscilla erfahren, läßt nichts von dem ahnen, was AG 18, 1—17 von diesen Personen erzählt wird. Die Namen Chloë, Cajus (denn AG 19, 29; 20, 4 ist nicht der Korinther gemeint), Stephanas, Achaïkus und Fortunatus (1 Kr 1, 11. 14—16; 16, 15—17) kommen in der AG nicht vor. Die Charakteristik des Apollos AG 18, 24—28 erläutert vorzüglich, was aus 1 Kr 1, 12—4, 6; 16, 12 in bezug auf diesen Mann zu erschließen ist; aber kein Wort verrät, daß Lc die Urteile des Pl über ihn und die Folgen seines Wirkens gelesen hat. Es entspricht dem Charakter der AG als einer Darstellung des Gangs der Mission und zwar von c. 13 an der Missionsarbeit des Pl, daß wir von der innern Entwicklung der einzelnen Gemeinden und daher auch von den heißen Kämpfen, deren Urkunden der 1 und 2 Kr sind, von der Reise des Pl von Ephesus nach Korinth (Bd I, 195), von den wichtigen Reisen des Titus 2 Kr 2, 13; 7, 6—16; 8, 6—24; 12, 17 f., von dem Aufenthalt des Pt in Antiochien (Gl 2, 11) durch die AG nichts erfahren. Aber auch da, wo die Entwicklung der Mission zu innerkirchlichen Verhandlungen führte, welche Lc nicht übergehen wollte, verrät keine Silbe eine Rücksichtnahme auf die Darstellung derselben Sache durch Pl. Es ist hier nicht zu erörtern, ob die Geschichtlichkeit von AG 15, 1—33 neben Gl 2, 1—10 aufrechtzuerhalten sei, sondern nur zu zeigen, daß Lc diesen Abschnitt entweder niemals gelesen oder wenigstens bei Abfassung seiner Erzählung nicht im Gedächtnis gehabt hat. Der Beweis liegt auch hier in der Weglassung von Momenten, für deren absichtliche Unterdrückung kein glaubhaftes Motiv zu ersinnen ist, und in dem Mangel aller Spuren von formaler Nachahmung oder bewußter Verneinung der Darstellung des Pl. Daß Pl in folge einer Offenbarung die Reise nach Jerusalem gemacht (Gl 2, 1), hatte völlig Raum neben der Darstellung AG 15, 2 und würde zu dem Ton der AG vorzüglich passen, die so häufig ein Ineinandergreifen menschlichen Überlegens und Handelns und göttlicher Winke berichtet (cf 16, 6—10; 20, 16 mit 20, 22; 19, 21 und 25, 10 mit 23, 11 und 27, 24 und oben S. 343 f.). Den Titus unter den $\tau\iota\nu\grave{\epsilon}\varsigma$ $\check{\alpha}\lambda\lambda\omicron\iota$ 15, 2 verschwinden zu lassen, konnte Lc durch Gl 2, 3 nicht veranlaßt werden. Daß die Forderung der Beschneidung aller Heidenchristen in Jerusalem wie in Antiochien gestellt wurde, erzählt er selbst 15, 5; und sollte er, wie einige Neuere, den Pl dahin misverstanden haben, daß Titus wirklich aus Nachgibigkeit gegen die Judaisten beschnitten worden sei, so hätte ihm dies nach 16, 3 nicht unerträglich sein können. Daß die Heidenmissionare die Verpflichtung anerkannt haben, für die Armen von Jerusalem zu sorgen (Gl 2, 10), konnte ihm nicht misfallen cf 11, 29 f.; 12, 25; 24, 17; und hatte er die Absicht, daneben noch andere Verabredungen zu erwähnen, welche Pl nicht genannt hatte, so brauchte er nur das $\mu\acute{o}\nu\omicron\nu$ Gl 2, 10 zu streichen. Die feierlichen Worte, in welche Pl Gl 2, 7—9 die ihm von Pt, Johannes und Jk zu Teil gewordene Anerkennung der Berechtigung und der Selbständigkeit seines apostolischen Wirkens gefaßt hat, konnte kein Schriftsteller sich entgehen lassen, welcher den Gl mit der

Absicht gelesen hatte, aus dieser Quelle ersten Rangs sich über die Vorgänge zu unterrichten. Über das Aposteldekret s. oben S. 345 f. und unten § 62.

Die unleugbare Tatsache, daß Lc nicht das Bedürfnis gefühlt hat, die Plbriefe als Quelle zu benutzen und überhaupt irgendwie zu berücksichtigen, ist entscheidend für sein Verhältnis zu den Tatsachen in AG 13—28. Mag der Vf ein Freund des Pl oder ein Schriftsteller um 100—120 gewesen sein, in beiden Fällen ist gleich undenkbar, daß ein für Pl so lebhaft interessirter Christ wie der Vf der AG, von Briefen des Pl nichts gehört und, wenn ihm solche in die Hände kamen, sie nicht gelesen haben sollte. Sie haben schon auf die Zeitgenossen über den Kreis ihrer ersten Empfänger hinaus tiefen Eindruck gemacht und Aufsehen erregt (2 Kr 10, 10; 2 Pt 3, 15 f. oben S. 97 ff.). Vom Ausgang des 1. Jahrhunderts an sind es in steigendem Maße die Briefe des Pl, welche sein Bild in dem Gedächtnis der Nachgeborenen frisch erhalten haben (A 24). Das Verhältnis der AG zu den Plbriefen beweist nicht nur, daß sie vor dem Ende des 1. Jahrhunderts geschrieben ist (§ 62), sondern auch daß ihr Vf dem Apostel nahe genug gestanden hat und lange genug mit ihm verbunden gewesen ist, um auf ein Studium seiner Briefe zum Zweck der Bereicherung seiner Geschichtskenntnis verzichten zu können. Während bei jeder anderen Annahme in bezug auf den Vf des luc. Werks dessen Verhältnis zu den Plbriefen eine unbegreifliche Anomalie bleibt, erscheint dieses Verhältnis sehr natürlich, wenn Lc (oder Timotheus oder Titus) der Vf ist. Ein Mann wie Lc bedurfte zur Abfassung von AG 13 — 28 und auch von AG 6, 8—8, 3; 9, 1—30 keiner anderen Quellen als der Erinnerung teils an die Erzählungen des Pl, teils an miterlebte Ereignisse. Es liegt in der Natur der in Rede stehenden Ereignisse und wird durch die Briefe reichlich bestätigt, daß Pl nicht selten auf seine früheren Erlebnisse auch gesprächsweise zu reden gekommen ist (1 Kr 9, 1—6; 15, 3. 8. 32; 2 Kr 1, 8 —10; 11, 22—12, 9; Gl 1, 11—2, 14; Eph 3, 8; Phl 3, 3—7; 4, 3. 15—16; 1 Tm 1, 12—16; 2, 7; 2 Tm 1, 3; 3, 10—11; 4, 16 —17; Rm 15, 16—32; 16, 7). Zumal in Zeiten unfreiwilliger Muße, während welcher Lc in seiner Nähe war, zur Zeit der zweiten Gefangenschaft in Rom (2 Tim 4, 11), wie während der Wintermonate auf Malta, vielleicht auch während der zweijährigen Haft zu Cäsarea (oben S. 370), läßt sich kaum ein natürlicherer Gegenstand der Gespräche des Apostels mit seinen Freunden denken, als die Erlebnisse der arbeitsvolleren Jahre. Nach der Rückkehr von den Missionsreisen und bei manchen anderen Anlässen konnte es nicht ausbleiben, daß Pl und seine Gefährten sogar vor versammelter Gemeinde von ihren Erlebnissen in zusammenhängender und viele Einzelheiten hervorhebender Erzählung berichteten (AG 14, 27; 15, 3. 12. 26; 21, 19 καϑ' ἓν ἕκαστον, Gl 2, 3. 7—9). Daß Hörer solcher Erzählungen oder daß Lc nach solchen Gesprächen sich Aufzeichnungen gemacht haben, ist ebenso möglich, als daß ein Timotheus oder Silvanus während der Reisen eine Art Tagebuch geführt haben, wie der Vf der Wirstücke; aber beweisen läßt sich von alledem nichts. Wie in AG 13—28, so lassen sich überhaupt in der AG

keine solche Unebenheiten der Darstellung nachweisen, welche ihre natürliche
Erklärung in der Benutzung und zwar in der mangelhaften Verarbeitung verschiedener Quellen finden würden. Es mag befremden, daß 21, 10 Agabus wie
eine unbekannte Person eingeführt wird, obwohl er bereits 11, 28 ganz ähnlich
eingeführt war. Nun finden sich aber beide Angaben, nämlich auch die frühere
nach Recension β in einem Wirstück (oben S. 336 A 3). Es ist also anzunehmen,
daß der Vf bei 21, 10 die frühere kurze Erwähnung entweder selbst nicht mehr
im Gedächtnis hatte oder nicht voraussetzen mochte, daß der Leser der früheren
Angabe sich noch erinnere. Wo er Solches voraussetzen konnte, wie betreffs
des Philippus 21, 8, fehlt auch nicht die Bezugnahme auf 6, 5 und 8, 5—40.
Der Übergang von dem Namen Saul zu Paulus 13, 9 läßt sich nicht daraus erklären, daß Lc eben hier von einer Quelle, in welcher der Apostel den ersteren
Namen trug, zu einer andern übergegangen sei, in welcher er seinen römischen
Namen führte. Die neue Quelle kann doch nicht mitten in der Erzählung von
dem Aufenthalt in Paphos einsetzen. Mit 13, 1 oder allenfalls mit 12, 25 beginnt ein Neues, der Name Saul aber findet sich auch 12, 25; 13, 1. 2. 7 (A 25).
Den Übergang vom Einen zum Andern macht Lc aus ähnlichen Gründen, wie
im Ev von Simon zu Petrus (oben S. 60 A 9). Als Apostel der Heiden hat
Pl stets diesen römischen Namen getragen; es war daher angemessen, ihm denselben in der Erzählung von dem Moment an zu geben, in welchem er nicht
mehr in den Synagogen (13, 5; 9, 20—22. 29) und als Lehrer in gemischten
Gemeinden (13, 1; 11, 25—30), sondern im heidnischen Hause als Prediger auf-
trat und zwar im Kampf mit dem ungläubigen Judentum (13, 8—12).

Hat Lc die AG 6, 8—8, 3; 9, 1—30; 11, 19—30; 12, 25—28, 31 berichteten
Ereignisse teils miterlebt, teils so reichlich Gelegenheit gehabt, die beteiligten
Personen davon erzählen zu hören, daß er ein Bedürfnis nach schriftlichen
Quellen und literarischen Hilfsmitteln für diese Teile seines Werks allem Anschein nach gar nicht empfunden hat, so fragt es sich, ob er überhaupt für sein
zweites Buch auf frühere schriftliche Darstellungen angewiesen war. War er
mehrere Tage ein Gast des Philippus (21, 8—12) und hat er sich während der
2 Jahre der cäsareensischen Haft des Pl auch nur zeitweilig in dessen Nähe
aufgehalten, so hatte er an Philippus einen klassischen Zeugen für 8, 4—40;
aber auch für 6, 1—8, 3 und 10, 1—11, 18. Der auf der Mitte des Weges
zwischen Cäsarea und Jerusalem wohnende Mnason, ein Jünger seit der Anfangszeit (21, 16 oben S. 345), kann ihm erzählt haben, was er 9, 31—43 wiedererzählt. War Lc ein Mitglied der antiochenischen Gemeinde, als Barnabas von
Jerusalem kommend in Antiochien sich niederließ, so hat er Jahre lang Gelegenheit gehabt, aus dem Munde dieses Mannes von der Geschichte der Urgemeinde
erzählen zu hören; und daß Barnabas Anlaß dazu hatte, liegt auf der Hand.
Es wäre ferner ein sonderbarer Zufall, wenn unter jenen Männern aus Cypern
und Cyrene, welche im J. 35 von Jerusalem nach Antiochien geflüchtet waren
und dort zuerst den Hellenen das Ev verkündigten, nicht auch Solche sich ge-

funden hätten, die am ersten christlichen Pfingstfest getauft worden waren (11, 19 f. cf 2, 10. 41). Es fehlte also auch für die AG 2—5 dargestellten Ereignisse nicht an Autopten und Wortsdienern von Anfang, von welchen Lc unmittelbare Kunde empfangen konnte. Es ist möglich, daß einer von diesen, oder daß Barnabas in ziemlich früher Zeit seine Erinnerungen an jene ersten Jahre der Kirche aufgezeichnet hat. War es die Absicht des Mr, sein Werk bis in die Apostelzeit hinein auszudehnen (oben S. 366), so kann er Vorarbeiten für den nicht zur Ausführung gekommenen Teil seines Buchs hinterlassen haben, welche in die Hände des Lc gelangten. Aber beweisen läßt sich weder das Eine noch das Andere. Der in AG 1—12 mehr als in AG 13—28 hebraïsirende Stil (A 26) erklärt sich auch ohne die Annahme schriftlicher Vorlagen, welche in diesem Stil geschrieben waren, wenn die Erzähler, die Lc hatte erzählen hören, jüdische Christen aus Palästina und in Palästina gewesen sind, und wenn Lc Geschmack genug besaß, diesen Erzählungen ihre natürliche Farbe zu lassen (oben S. 402). Nicht nur unerweislich, sondern auch äußerst unwahrscheinlich ist die Annahme, daß eine Geschichte der ersten Apostelzeit in hebräischer oder aramäischer Sprache geschrieben sein sollte (A 27); denn für die „Hebräer“ war ein solches Buch am wenigsten Bedürfnis, und die Gründe, durch welche Mt sich bestimmen ließ, aramäisch zu schreiben (oben S. 262), konnten hier nicht Platz greifen. Der Grieche Lc würde keinenfalls im Stande gewesen sein, von einem solchen Buch Gebrauch zu machen. Von den mannigfaltigen Versuchen, verschiedene Quellen in der AG zu unterscheiden, hat keiner es zu einem erheblichen Grade von Wahrscheinlichkeit gebracht (A 28). Sie laufen meist darauf hinaus, den Vf des luc. Werks, der sich als einen literarisch gebildeten Mann und als einen verständig überlegenden, planvoll verfahrenden Schriftsteller erweist, zu einem elenden Stümper zu machen. Sie vermögen die Überlieferung über Lc als Vf nicht zu erklären und die aus dem Werk selbst sich ergebenden Beweise für die Richtigkeit dieser Überlieferung nicht zu entkräften.

1. M. Krenkel, Josephus und Lucas, 1894, S. 1 ff. berichtet ausführlich über die Vorarbeiten. Die Methode ist nicht zu rühmen. In dem Abschnitt „über Josephus' Einfluß auf Lc' Sprache“ S. 283 ff. wird die willkürliche Einschränkung der Vergleichung auf LXX (mit Ausschluß so sehr hieher gehöriger Bücher wie I. II Mak), Josephus und Lc tabellarisch dargestellt. Was soll es aber bedeuten, wenn in einem Verzeichnis, welches die diesen 3 Schriftengruppen gemeinsamen Vokabeln darbietet, Wörter wie $\alpha i\sigma\vartheta\acute{\alpha}\nu o\mu\alpha\iota$, $\gamma\tilde{\eta}\rho\alpha\varsigma$, $\delta\tilde{\eta}\mu o\varsigma$, oder im Verzeichnis der bei Jos. fehlenden Vokabeln des Lc und der LXX $\delta o\rho\varkappa\acute{\alpha}\varsigma$, $\delta o\chi\acute{\eta}$, $\dot{\varepsilon}\rho\varepsilon\acute{\iota}\delta\omega$, $\sigma\tau\varepsilon\tilde{\iota}\rho o\varsigma$ aufgeführt werden; überdies das erste mit Unrecht cf bell. IV, 3, 5 mit AG 9, 36. Das allein hieher gehörige Verzeichnis (S. 304—309) derjenigen Wörter des Lc und des Jos., welche in LXX fehlen, könnte nur dann etwas bedeuten, wenn 1) gewöhnlichste Wörter ausgeschieden wären, die meistens seit Homer in aller Literatur vorkommen, wie $\ddot{\alpha}\gamma\nu\omega\sigma\tau o\varsigma$, $\dot{\alpha}\nu\alpha\tau\rho\acute{\varepsilon}\varphi\omega$, $\dot{\varepsilon}\varkappa\varepsilon\tilde{\iota}\sigma\varepsilon$, $\mu\acute{o}\gamma\iota\varsigma$, $\pi\alpha\rho\alpha\iota\nu\acute{\varepsilon}\omega$, $\pi\lambda o\tilde{\nu}\varsigma$ $\varkappa\tau\lambda$. Dazu gehört auch $\alpha\dot{\nu}\tau\acute{o}\pi\tau\eta\varsigma$ Lc 1, 2, worauf Krenkel S. 55. 56. 305 Gewicht legt, während es doch von Herodot IV, 16; Polybius I, 4, 7; III, 4, 13 und öfter, gewöhnlich mit $\gamma\acute{\iota}\nu\varepsilon\sigma\vartheta\alpha\iota$ gebraucht wird, wie bei Lc. Letztere Stelle

(διὰ τὸ τῶν πλείστων μὴ μόνον αὐτόπτης, ἀλλ' ὧν μὲν συνεργός, ὧν δὲ καὶ χειριστὴς γεγονέναι) kann ebensogut wie Jos. c. Ap. I, 10 mit Lc verglichen werden s. noch oben S. 386 A 5. Es wären 2) auszuscheiden alle Wörter, welche LXX ihrer Zeitlage oder ihres Gegenstands wegen nicht gebrauchen konnten wie ἀνθύπατος, κολωνία, νεωκόρος, ῥήτωρ, Σεβαστός, σικάριος, στρατοπεδάρχης. Es müßten 3) alle nachweislich nicht von Jos. abhängigen Schriftsteller herangezogen werden, welche nach Inhalt und Form Vergleichungspunkte bieten: die atl Apokryphen, besonders die erzählenden, Philo, die anderen ntl Schriften, die Historiker von Polybius bis Herodian, auch die medicinischen Schriftsteller, welche Lc gelesen haben könnte s. oben S. 386. 394 A 5. 28. Vor allem ist Polybius zu vergleichen, aus dem schon G. Raphelius, Annotat. in s. script. ex Xenophonte, Polybio etc., 1747, tom. I, 431—602; II, 1—209 Vieles gesammelt hat. Sollte sich bei einer so ausgedehnten Untersuchung eine sonderliche Verwandtschaft in bezug auf Sprache und Stil zwischen Jos. und Lc herausstellen, so würde sich das sehr natürlich daraus erklären, daß beide gewissermaßen jüdische Geschichte schreiben und Zeitgenossen sind.

2. Jos. ant. XX, 12 (cf auch prooem. § 2) über seine mangelhafte Beherrschung des Griechischen, c. Ap. I, 9 über seine stilistischen Mitarbeiter cf Bd I, 44. Dagegen über die Stilprobe Lc 1, 1—4 cf die Urteile von Blaß, Ntl. Gr. S. 274; Vogel S. 18.

3. Meine ausführliche Erörterung über die syrische Statthalterschaft des Quirinius N. kirchl. Ztschr. 1893 S. 633—654 kann ich hier nicht vollständig excerpiren. Die ohne Rücksicht hierauf geführten Untersuchungen von Ramsay in der Schrift: „Was Christ born at Bethlehem". 1898 haben noch nicht zu einem ganz durchsichtigen Ergebnis geführt. Cf auch Grenfell and Hunt, The Oxyrhynchos Papyri II (1899) p. 207 ff. Beachtung verdient auch die Darstellung des Origenes tom. XVII, 25 in Matth., welche wahrscheinlich auf Philo zurückgeht cf Forsch VI, 304 f. — Ohne jeden Versuch einer Kritik des Jos. hat Krenkel 64—75 die Frage behandelt. Der vergebliche Versuch zu beweisen, daß πᾶσα oder ὅλη ἡ οἰκουμένη Lc 2, 1; AG 11, 28 cf Mt 24, 14; Ap 3, 10; 12, 9; 16, 14 bei Lc Judäa bezeichnen könne, kann auf sich beruhen bleiben, da Krenkel selbst nicht urteilt, daß Lc es in diesem Sinne gebrauche. Alle angeführten Beispiele beweisen, daß es einer beschränkenden Näherbestimmung bedarf, um ἡ οἰκουμένη (Lc 4, 5; AG 17, 6. 31; 19, 27; 24, 5) anders als von der ganzen Erde zu verstehen, wie ἡ ὑπ' αὐτοῦ βασιλευομένη Jos. ant. XI, 6, 5 (in nachträglicher Ermäßigung des hyperbolischen Ausdrucks XI, 6, 2) oder ἧς ἐπῆρχεν ant. XIX, 1, 2 oder ἧς ἐβουλήθη sc. κρατῆσαι ant. XI, 6, 6. Nur das ist eine allgemein übliche Beschränkung, daß man die civilisirten und von den Römern beherrschten Teile der Welt als die eigentliche Welt zu betrachten und die Welt schlechthin zu nennen pflegte (Philo leg. ad Caj. 2), nur wo es der Zusammenhang erheischte, genauer ἡ καθ' ἡμᾶς οἰκουμένη Ptolem. geogr. II, 1, 1. cf § 2; Jos. bell. II, 16, 4 (Niese 378) im Gegensatz zu einer ἑτέρα oder ἄλλη οἰκουμένη bell. II, 16, 4 (363), ant. IV, 6, 8. Cf die bei uns aussterbende Unterscheidung der alten und der neuen d. h. der später entdeckten Welt. Die Beschränkung auf die von den Römern beherrschte Welt ist Lc 2, 1 durch die Aussage selbst gegeben, auch AG 11, 28 durch den Namen des Kaisers angedeutet. Dieselbe Hyperbolie des Ausdrucks finden wir bei Pl Kl 1, 6; Rm 10, 18; 1 Tm 3, 16; 2 Tm 4, 17. Was aber die angebliche Ungeschichtlichkeit der Angabe AG 11, 28 anlangt, so ist erstens zu bedenken, daß wenn in den Jahren 41—43 und wiederum 51 in Rom Hungersnot, Teuerung herrschte (Dio Cass. 60, 11; Tac. ann. 12, 43 cf Anger, De temp. in Actis ratione 42), wiederholt Miswachs in Ägypten eingetreten sein muß, der auch in anderen Ländern die Preise steigerte. Dazu kommen die Nachrichten über Palästina (Jos. ant. III, 15, 3; XX, 2, 5; 5, 2) und Griechenland (Eus. chron. a. Abr. 2064 cf ad 2057). Eine metrische Inschrift von Apollonia in der Provinz Galatien (Le Bas-Waddington, Asie min.

nr. 1192 = C. I. G. 3973), vielleicht aus dem J. 57 n. Chr. (Ramsay, Stud. Oxon. IV, 1896 p. 52 ff.), sagt: ὅτε βούβρωστις κατὰ γαῖαν σαρκοβόρος δεινή τε, φόνον βρείϑουσα ἄλυκτον, κόσμον ἐπέσχεϑε πάντα. Ist die Datirung der Inschrift zweifelhaft, weil die angewandte Ära fraglich ist, so zeigt doch der Text, wie gebildete Leute der Kaiserzeit von solchen Calamitäten zu reden pflegten. Die nörgelnde Kritik kann auch nicht die Tatsache beseitigen, daß Lc den beanstandeten Ausdruck nur in seiner Wiedergabe der Weissagung des Agabus gebraucht und seinerseits nur die kurze Bemerkung beifügt, daß diese unter Claudius in Erfüllung gegangen sei, ohne Einzelheiten anzuführen, aus welchen ersichtlich wäre, inwieweit die Ereignisse dem Wortlaut der Weissagung entsprochen haben. Theophilus und jeder Zeitgenosse wußte das besser wie Overbeck und Krenkel. Die ganze Befangenheit der Behandlung des Problems durch Krenkel wird S. 281 offenbar, wo die schon öfter bemerkte Parallele zwischen des Josephus (vita 3) und des Pl (AG 27. 28) Romfahrt gar nicht näher beschrieben und die Abhängigkeit der AG von Jos. in diesem Stück damit abgelehnt wird, daß in AG 27. 28 ein Augenzeuge berichte. Beide Schriftsteller treffen in folgenden Punkten überein: 1) Gefahrvolle Seefahrt von Palästina nach Italien, 2) Schlimmste Gefahr im Adriatischen Meer und bei Nacht (AG 27, 27), 3) Untergang des Schiffs (AG 27, 27. 41—44), 4) Übergang von einem Schiff auf ein anderes während der Reise (AG 27, 6 auf ein alexandrinisches, Jos. auf ein kyrenäisches), 5) Landung in Puteoli. Unerheblich ist der Unterschied, daß Paulus im Herbst 60, Josephus im Herbst 64 reiste. Auch alles Andere, wie die verschiedene Stärke der Schiffsbesatzung, der Aufenthalt des Pl auf Malta und dgl. hebt die Ähnlichkeit nicht auf.

    4. C. I. L. V, 1 nr. 136*; de Rossi, Bull. di arch. christ. 1880 p. 174 und Tav. IX; Mommsen, Ephem. epigr. IV (1881) S. 537—542, dazu meine S. 417 A 3 citirte Abh. S. 647 f.

    5. Daß Lc 1, 5 kein anderer Herodes, als der im März 4 v. Chr. gestorbene Herodes d. Große gemeint sei (Mt 2, 1—19), bedarf kaum des Beweises. Der AG 12, 1—23 ebenso genannte Agrippa I. (a. 37—44 n. Chr.) und Agrippa II. (AG 25, 13 a. 50—93 oder —100) sind selbstverständlich ausgeschlossen. Es ist aber auch nicht daran zu denken, daß Lc den Archelaus, welcher a. 4 v. Chr. — 6 n. Chr. unter dem Titel eines Ethnarchen einen Teil Palästinas beherrschte, „König Herodes" genannt haben sollte. Denn erstens gebraucht Lc für die Herrscher dieses Hauses überall die genauen Titel 3, 1. 19; 9, 7; AG 12, 1; 25, 13 (cf dagegen oben S. 250 A 3); zweitens nennt weder Jos., noch das NT (Mt 2, 22) den Archelaus statt dessen Herodes (Schürer I, 375).

    6. Die bemerkenswerteren Berührungen zwischen Jos. und der AG in bezug auf Einzelereignisse sind folgende: 1) Theudas AG 5, 36; ant. XX, 5, 1. Es kann hier nicht untersucht werden, ob wirklich hier wie dort derselbe Mann gemeint ist, oder etwa, wie Wieseler Chronol. Synopse 103 f.; Beiträge 101 f. zu zeigen suchte, der Theudas des Lc mit dem Matthias bei Jos. ant. XVII, 6; bell. I, 33 identisch ist. Mag Lc die Rede des Gamaliel selbst geschaffen oder einer älteren Schrift entnommen haben, jedenfalls ist er der Meinung gewesen, daß der Aufstand des Theudas lange Zeit vor jener Rede und auch noch vor dem Aufstand des Judas und der einen berühmten Schatzung erfolgt sei, welche er Lc 2, 2 in die Jahre 4—1 v. Chr. gesetzt hat (oben S. 397 ff.). Nach Jos. soll der Aufstand des Theudas durch den Prokurator Fadus um 45 n. Chr. niedergeschlagen worden sein, also erheblich später als da Gamaliel seine Rede hielt und 40—50 Jahre später als der Aufstand des Judas. Der Bericht des Jos. ist nicht ohne weiteres gläubig hinzunehmen. Jos. war damals ein 7—9 jähriges Kind, und äußerst dürftig sind seine Nachrichten in dem ganzen umgebenden Geschichtsgebiet; die Erzählung über Theudas ist ein sonderbar isolirter Nachtrag zu der XX, 1 geschilderten Amtstätigkeit des Fadus, durch die große Episode XX, 2, 1—4, 4 davon getrennt. Hat Jos. Recht, Lc aber Un-

recht, so hat jedenfalls Lc nicht durch Jos. zu seinem ein halbes Jahrh. betragenden
chronologischen Irrtum verleitet werden können. Es ist nicht zu glauben, was uns
Krenkel 163 ff. wieder glauben machen will, daß Lc aus einer Erwähnung der Söhne
jenes Judas in dem bei Jos. folgenden Paragraphen (XX, 5, 2), diese mit ihrem Vater
verwechselnd, geschlossen habe, der Aufstand des Judas sei dem des Theudas gefolgt.
Daß Jos. wenige Zeilen vorher die große Hungersnot erwähnt, von welcher Lc weiß,
daß sie unter Claudius stattfand (AG 11, 28), müßte Lc ebenso übersehen oder vergessen
haben, wie die Namen der Prokuratoren Cuspius Fadus, Tiberius Alexander, Cumanus
und des Kaisers Claudius in ant. XX, 5, 1—2. Auch die Darstellung der Sache
stimmt nur insofern überein, daß es wahrscheinlich bleibt, Jos. und Lc meinen die
gleiche Tatsache. Nach Jos. ist Theudas ein Gaukler, der sich für einen Propheten
ausgab, führt seinen Anhang gegen den Jordan und verheißt, durch ein Wunder
die Überschreitung des Flusses zu erleichtern, wird durch eine Reiterschaar,
die seinen Anhang teils niedermacht, teils gefangen nimmt, gefangen, enthauptet
und sein Kopf nach Jerusalem geschickt. Man sieht, wieviel außer dem Namen
des Fadus dem Lc fehlt. Die Zahl der Anhänger (400) hat Lc auch nicht aus
ὁ πλεῖστος ὄχλος des Jos. gewinnen können, und nur ganz gewöhnliche Wörter (Lc
ἀνῃρέϑη, Jos. ἀνεῖλεν, Lc ἐπείϑοντο, Jos. ἔπειϑε) haben beide Berichte mit einander
gemein. 2) Ende des Königs Agrippa I. AG 12, 19—23; Jos. ant. XIX, 1, 2. Jos.
nennt ihn vorher und nachher Agrippa, hier nur den König, Lc Herodes. Nach Jos.
ist Anlaß ein mehrtägiges Festspiel zu Ehren der Errettung des Kaisers, zu welchem
die Vornehmen der Gegend zusammenströmen, nach Lc die Anwesenheit einer Menge
von Tyriern und Sidoniern, die wegen ihrer Abhängigkeit von der Getreidezufuhr aus
dem Land des Königs durch Vermittlung des Oberstkämmerers Blastus den gegen sie
erzürnten König um Frieden bitten. Nach Jos. zeigt sich der König am zweiten Tag
der Festspiele im Theater, nach Lc hält er an einem für die Verhandlung mit den
Tyriern festgesetzten Tage an diese vor allem Volk eine Rede. Während Jos. das
Prachtkleid des Königs und die Wirkung der Morgensonne darauf umständlich beschreibt (vgl. dagegen Lc v. 21) und die Schmeichler des Hofes in wohlgesetzter Rede
eine Apotheose des Königs vornehmen läßt, erzielt Lc mit den 5 Worten, in welche er
das Volk ausbrechen läßt, eine größere Wirkung. Dem kraftvollen Schluß des Lc v.
23 entspricht bei Jos. folgende Erzählung: Agrippa erblickt plötzlich eine auf einem
Seil sitzende Eule und erkennt in ihr einen Boten (ἄγγελον) des Todes auf Grund eines
früheren Erlebnisses mit einer Eule in Rom (ant. XVIII, 6, 7). Von heftigen Schmerzen
im Unterleib ergriffen, hält er eine sehr philosophische Rede an seine Freunde, wird in
den Palast getragen, wird gerührt durch die Teilnahme des Volks und stirbt 5 Tage
später. Daß jeder von beiden Erzählern eine von dem anderen unabhängige Tradition
unter den Füßen hat, sieht Jeder, und es gehört nur wenig geschichtlicher Geschmack
dazu, um zu erkennen, daß Lc den Ton, in welchem die miterlebenden Zeitgenossen
von der Sache erzählt haben, besser getroffen hat, als Jos. Der „Engel des Herrn“,
welchen der geborene Heide Lc handeln läßt, paßt besser in die Geschichte vom Tod
eines jüdischen Königs auf dem Boden Palästinas, als die Reden von der sterblichen
Natur und dem Schicksal, welche der Jude Jos. den König halten läßt. Wenn Jos. die
Eule in anderem Sinn einen ἄγγελος nennt, scheint er Kenntnis der volkstümlichen Erzählung der jüdischen Zeitgenossen zu verraten. Christliche Hände haben die Eule des
Jos. vollends wieder zu dem gemacht, was sie ursprünglich war, zu einem wirklichen
Engel cf Eus. h. II, 10, 6. — 3) Der Ägypter AG 21, 38; Jos. ant. XX, 8, 6; bell. II, 13, 5.
Es könnte Lc seine kurze, in schwer zu erfindender Weise mit einer ganz anderen Hand-
lung verwobene Notiz den ausführlicheren Darstellungen des Jos. entnommen haben. Es
fehlt aber an jedem verräterischen Anzeichen. Daß der Anhang des Ägypters aus

Sicariern bestanden habe, war aus Jos. nicht zu entnehmen, welcher deren Tätigkeit ganz anders beschreibt (ant. XX, 13, 3; bell. II, 8, 10) und sie mit dem Ägypter in keine Verbindung setzt. Die Zahl 4000 bei Lc stimmt weder mit den 400 + 200 ant. XX, 8, 6, noch mit den 30 000 bell. II, 13, 5. Die sonstige Übereinstimmung aber in der Sache beweist nichts für Abhängigkeit eines Schriftstellers vom andern. Lc kann es den Kritikern nicht recht machen. Weicht er von Jos. ab, so irrt oder fabelt er; stimmt er mit Jos. überein, so schreibt er ab, und was er davon oder dazu tut, ist Willkür oder Misverständnis; Jos. aber ist immer unfehlbar.

7. Die Frage, ob Jos. vor Vollendung seiner Archäologie und Abfassung seiner Vita das Werk des Lc gelesen hat, läßt sich nicht behandeln ohne eine umfassende Erörterung der Stellung, die Jos. zu dem religiösen Leben seines Volks, zu der Messiaserwartung und zu der christlichen Bewegung einnahm. Verstanden hat er davon ebensowenig wie der mit Talenten und Geldmitteln ausgestattete, weltmännisch gewordene und um sein Herz gekommene Jude unsrer Zeit. Aber gewußt hat er zehnmal soviel davon, als er sagt. Das berühmte Zeugnis von Christo ist ihm angedichtet, und die Aussage über Jakobus, den Bruder des sogenannten Christus, unterliegt dem gleichen Verdacht cf Forsch VI, 301—305. Auszugehen wäre von dem Kapitel über Johannes ant. XVIII, 5, 2, welches Grätz (Gesch. d. Juden III³, 294) für eine Fälschung erklärt, während Ranke (Weltgesch. III¹, 1, 161; 2, 39) es statt der ev Berichte als Hauptquelle benutzt. Es ist eine Episode, die in ihrem Anfang und Schluß auf die populäre Geschichtsbetrachtung gewisser Juden Rücksicht nimmt. Daß Antipas von Johannes eine politische Umwälzung befürchtet, während dieser das Volk doch nur zu Tugend, gegenseitiger Gerechtigkeit und Frömmigkeit ermahnt hat, ist sinnlos, weil die Predigt von der Nähe des Gottesreichs und dem Feuer des Gerichts unterschlagen ist. Wenn Jos. den Johannes lehren läßt, man solle sich der Taufe bedienen „nicht zum Zweck der Abbitte gewisser Vergehungen“, so lehnt er die christliche Überlieferung förmlich ab, welche ihn ein βάπτισμα μετανοίας εἰς ἄφεσιν ἁμαρτιῶν˙ predigen läßt (Lc 3, 3; Mr 1, 4 f.). Hätte Jos. Lc 3, 10—14 gelesen, so würde · sich die sonderbar nüchterne Moral erklären, welche er dem Täufer in den Mund legt. Die Abweichung der Angaben über Quirinius in der Archäologie von der früheren Darstellung im Bell. (oben S. 397) ließe sich daraus erklären, daß Jos. inzwischen Lc 2, 2 gelesen hatte. Auch die beiden bedeutenderen Parallelen zwischen Jos. und der AG finden sich nur in der Arch., nicht im Bell. s. A 6. Die Erzählung (vita 2) von dem 14jährigen Josephus, den die Hohenpriester in Fragen der Schriftgelehrsamkeit zu Rate ziehen, sieht aus wie eine häßliche Nachäffung der unvergleichlichen Erzählung Lc 2, 41—52. Mit dem Geschmack, welcher das umgekehrte Verhältnis für möglich hält, möchte ich nicht streiten.

8. Über das weltliche χαίρειν AG 15, 23, und in dem beinah gleichzeitigen Jk 1, 1 s. Bd I, 86 A 7. Dazu paßt ἔρρωσο 15, 29 (23, 30 wahrscheinlich unecht, das Verbum fehlt im NT). Abgesehen von den durch den Gegenstand gebotenen Ausdrücken enthält das kleine Schriftstück folgende Wörter, welche Lc oder das NT überhaupt sonst nicht hat (diese letzteren mit * bezeichnet): ἀνασκευάζειν*, διαστέλλεσθαι (nur der Jerusalemer Mr 5 mal), ἐπάναγκες*, εὖ πράττειν*, οἱ ἀγαπητοὶ ἡμῶν ohne ἀδελφοί, das appositionelle ἀδελφοί* hinter πρεσβύτεροι nach dem unzweifelhaften Text. Hiegegen kommt kaum in Betracht das noch 8 oder 9mal in der AG gebrauchte, aber nirgends mit γίνεσθαι verbundene ὁμοθυμαδόν, das auch Lc 2, 51, aber wesentlich anders gebrauchte διατηρεῖν und das ἐπειδὴ ἠκούσαμεν — ἔδοξεν ἡμῖν v. 24 f. cf Lc 1, 1—3.

9. Julius Africanus bei Eus. h. e. I, 7, 7—15. Die δεσπόσυνοι schöpften teils aus Familientraditionen, teils aus den Büchern der Chronik cf Spitta über diesen Brief S. 100 ff.

10. Lc fand sowohl den doppelten Artikel beim Namen und Titel des Jesaja Mr 1, 2
hart, als das nackte „im Jesaja“ (cf Rm 9, 25; 11, 2). Man liest wohl „den Jesaja“
(AG 8, 28. 30 cf 15, 21), wie „den Homer“, aber man läßt sich „das Buch des Propheten
Jesaja“ geben (Lc 4, 17), und wenn man aus diesem und anderen Büchern etwas anführt, verweist man auf das Buch (Lc 3, 4; 20, 42; AG 1, 20; 7, 42). Dem minder
kundigen Theophilus wird bei dem ersten Citat auch bemerklich gemacht, daß das Buch
eine Aufzeichnung von Reden des genannten Propheten sei (Lc 3, 4).

11. Innerhalb der gewiß nicht von Lc geschaffenen, aber nur bei ihm sich findenden
Erzählungen haben wir auch abgesehen von Lc 1—2 so ungriechische Wendungen wie
$\acute{o}$ $o\grave{\iota}\varkappa o\nu\acute{o}\mu o\varsigma$ $\tau\tilde{\eta}\varsigma$ $\mathring{a}\delta\iota\varkappa\acute{\iota}a\varsigma$ 16, 8; $\acute{o}$ $\mu a\mu\omega\nu\tilde{a}\varsigma$ $\tau\tilde{\eta}\varsigma$ $\mathring{a}\delta$. 16, 9 (anders v. 11); $\acute{o}$ $\varkappa\varrho\iota\tau\grave{\eta}\varsigma$ $\tau\tilde{\eta}\varsigma$ $\mathring{a}\delta$.
18, 6; $\grave{\epsilon}\nu$ $\tau o\tilde{\iota}\varsigma$ $\mathring{\omega}\sigma\acute{\iota}\nu$, $\epsilon\grave{\iota}\varsigma$ $\tau\grave{a}$ $\mathring{\omega}\tau a$ Lc 4, 21; 9, 44; AG 11, 22; $\iota\delta o\acute{\upsilon}$ oder $\varkappa a\grave{\iota}$ $\iota\delta o\acute{\upsilon}$ (abgesehen
von einem Citat) 56 mal im Ev, 23 mal in AG, vielfach da, wo es in den Parallelen bei
Mr (bei diesem überhaupt nur 8—10 mal), manchmal aber auch bei Mt fehlt, Lc 5, 12
(= Mt 8, 2, nicht Mr 1, 40); 5, 18 (= Mt 9, 2, nicht Mr 2, 3); 6, 23 (nicht Mt 5, 12);
9, 30 (= Mt 17, 3, nicht Mr 9, 4); 9, 38. 39 (nicht Mt 17, 15; Mr 9, 15). Stellen ohne
Parallelen: 7, 12. 37; 10, 19. 25; 11, 41; 13, 7. 11 etc. Auffällig ist das häufige $\varkappa a\grave{\iota}$ $\grave{\epsilon}\gamma\acute{\epsilon}$-
$\nu\epsilon\tau o$ oder $\grave{\epsilon}\gamma\acute{\epsilon}\nu\epsilon\tau o$ $\delta\acute{\epsilon}$ (vielfach mit einem $\grave{\epsilon}\nu$ $\tau\tilde{\wp}$ c. inf., oder einem $\acute{\omega}\varsigma$ $\mathring{\eta}\varkappa o\upsilon\sigma\epsilon\nu$ u. dgl.
oder einer Zeitangabe) und zwar in mannigfaltiger Konstruktion: a) Anschluß des Haupt-
verbums ohne $\varkappa a\acute{\iota}$ 1, 8. 23. 41. 59; 2, 1. 15. 46; 7, 11; 8, 40; 9, 18. 33. 37; 11, 1. 14.
27; 17, 14; 18, 35; 19, 29; 20, 1; b) mit $\varkappa a\acute{\iota}$ 5, 1. 12. 17; 8, 1. 22; 9, 51; 10, 38; 17,
11; 24, 4. 15; c) im acc. c. inf. 3, 21; 6, 1. 6. 12; 16, 22. Von diesen Konstruktionen
findet sich nur die dritte, am ersten noch gemeingriechische, und zwar sehr oft in der
AG (4, 5; 9, 3. 32. 37. 43; 14, 1; 16, 16; 19, 1; 21, 1. 5; 22, 6. 17; 27, 44; 28, 8. 17,
ob auch 11, 26?). Am meisten hebraïsirend ist b, zumal in solchen Verbindungen wie
Lc 14, 1 $\varkappa a\grave{\iota}$ $\grave{\epsilon}\gamma\acute{\epsilon}\nu\epsilon\tau o$ $\grave{\epsilon}\nu$ $\tau\tilde{\wp}$ $\grave{\epsilon}\lambda\vartheta\epsilon\tilde{\iota}\nu$ $a\grave{\upsilon}\tau\acute{o}\nu \ldots \varkappa a\grave{\iota}$ $a\grave{\upsilon}\tau o\grave{\iota}$ $\mathring{\eta}\sigma a\nu \ldots \varkappa a\grave{\iota}$ $\iota\delta o\acute{\upsilon}$ cf 6, 1—2; 24, 4.
Mr und Mt vermeiden sie gänzlich; Mt gebraucht nur a, nämlich 7, 28; 9, 10 (wo $\iota\delta o\acute{\upsilon}$
ohne $\varkappa a\acute{\iota}$ zu lesen); 11, 1; 13, 53; 19, 1; 26, 1; Mr zweimal 1, 9; 4, 4, daneben aber
zweimal 2, 15. 23 die Konstruktion b.

12. Über $\epsilon\grave{\upsilon}\vartheta\acute{\upsilon}\varsigma$ bei Mr oben S. 236. Von $\epsilon\grave{\upsilon}\vartheta\acute{\epsilon}\omega\varsigma$ macht Lc überall einen angemessenen Gebrauch, ebenso von $\pi a\varrho a\chi\varrho\tilde{\eta}\mu a$, welches außer bei Lc (Ev 10 mal, AG 6 mal)
nur noch Mt 21, 19 f. Ein starker Hebraïsmus Mr 6, 39 ist Lc 9, 14 getilgt, ebenso
die aramäischen Wörter und Namen Mr 3, 16. 18; 5, 41; 9, 5; 10, 46. 51; 11, 10; 12,
43; 14, 32. 36. 45; 15, 22. 34. Teilweise dafür Übersetzungen: $\zeta\eta\lambda\omega\tau\acute{\eta}\varsigma$ Lc 6, 15 (AG
1, 13); $\acute{\eta}$ $\pi a\tilde{\iota}\varsigma$, $\grave{\epsilon}\gamma\epsilon\acute{\iota}\varrho o\upsilon$ 8, 54; $\grave{\epsilon}\pi\iota\sigma\tau\acute{a}\tau a$ 9, 33 (5, 5; 8, 45; 9, 49; 17, 13 ohne Parallele;
8, 24 für $\delta\iota\delta\acute{a}\sigma\varkappa a\lambda\epsilon$); $\varkappa\acute{\upsilon}\varrho\iota\epsilon$ 18, 41 (für $\varrho a\beta\beta o\upsilon\nu\acute{\iota}$), $\mathring{a}\lambda\eta\vartheta\tilde{\omega}\varsigma$ 21, 3 (für $\mathring{a}\mu\acute{\eta}\nu$, letzteres getilgt 22, 18, überhaupt nur 6 oder 7 mal im Ev). Anderes ist einfach gestrichen 19, 38;
22, 40. 42. 47; 23, 33. Lc hat an hebr. Wörtern: $\mathring{a}\mu\acute{\eta}\nu$ 4, 24; 12, 37 etc. (immer nur
im Munde Jesu mit $\lambda\acute{\epsilon}\gamma\omega$ $\grave{\upsilon}\mu\tilde{\iota}\nu$, daher nicht in der AG), $B\epsilon\epsilon\lambda\zeta\epsilon\beta o\acute{\upsilon}\lambda$ 11, 15—19 (mit Erklärung), $\gamma\acute{\epsilon}\epsilon\nu\nu a$ 12, 5 (dagegen 16, 23 $\mathring{a}\delta\eta\varsigma$), $\pi\acute{a}\sigma\chi a$ 2, 41 ($\acute{\eta}$ $\grave{\epsilon}o\varrho\tau\grave{\eta}$ $\tauo\tilde{\upsilon}$ π., wie bei Mt
und Mr); 22, 1 (mit umständlicher Erklärung) cf AG 12, 3—4; 22, 7—15; $\sigma\acute{a}\beta\beta a\tau o\nu$ u.
$\sigma\acute{a}\beta\beta a\tau a$, oft im Sinn von Woche 18, 12; 24, 1; AG 17, 2; 20, 7 Bd I, 152 A 5; $\sigma a\tau a\nu\tilde{a}\varsigma$
5 mal Ev, 2 mal AG (daneben $\delta\iota\acute{a}\beta o\lambda o\varsigma$ 4—6 mal Ev, 2 mal AG); indeklinabeles $\sigma\acute{\iota}\varkappa\epsilon\varrho a$
Lc 1, 15 (Jes 24, 9 nom., Num 6, 3 gen., Deut 14. 26 cod. AF dat., Lev 10, 9 acc.).
Die syrischen Wörter $\mu a\mu\omega\nu\tilde{a}\varsigma$ 16, 9—13 und $\beta\acute{a}\tau o\varsigma$ 16, 6 (richtiger $\beta\acute{a}\delta o\upsilon\varsigma$ $\aleph$ LX Epiph.
mens. 22, 4. 10, woraus auch $\varkappa\acute{a}\delta o\upsilon\varsigma$ D entstand) sind wahrscheinlich den Antiochenern
Lc und Theophilus geläufig gewesen cf Bd I, 12; über das Syrische in und bei An-
tiochien Forsch I, 40 ff.

13. Mr. 1, 23; 5, 2 $\mathring{a}\nu\vartheta\varrho$. $\grave{\epsilon}\nu$ $\pi\nu\epsilon\acute{\upsilon}\mu a\tau\iota$ $\mathring{a}\varkappa a\vartheta\acute{a}\varrho\tau\wp$ ist Lc 4, 33; 8, 27 verbessert;
zweimaliges $\grave{\epsilon}\xi$ $a\grave{\upsilon}\tauo\tilde{\upsilon}$ hinter $\grave{\epsilon}\xi\epsilon\lambda\vartheta\epsilon\tilde{\iota}\nu$ Mr 1, 25 f. in $\mathring{a}\pi$ $a\grave{\upsilon}\tauo\tilde{\upsilon}$ verändert 4, 35 (cf 4, 41;
5, 8; 8, 29. 33. 35. 38. 46; AG 16, 18; 19, 12); $\acute{\eta}$ $\mathring{a}\varkappa o\grave{\eta}$ $a\grave{\upsilon}\tauo\tilde{\upsilon}$ Mr 1, 28 ersetzt durch

ἦχος περὶ αὐτοῦ Lc 4, 37; zweimaliges κράβατος Mr 2, 4. 11 durch κλινίδιον Lc 5, 19. 24, ganz fortgelassen 5, 23 (Mr 2, 9), umschrieben 5, 25 (Mr 2, 12), während das Wort AG 5, 15 (neben κλινάρια); 9, 33 geduldet wird. Anstatt minder gewählter Wörter und Wendungen in den Parallelstellen des Mr gebraucht Lc folgende (die sonst im NT nicht vorkommenden mit *): παράδοξα* 5, 26; δοχή 5, 29 (auch 14, 13); ὑγιαίνοντες 5, 31 (auch 7, 10; 15, 27); ἰκμάς* 8, 6; δέχεσθαι 8, 13; ἀποδέχεσθαι 8, 40; 9, 11 (3 oder 4 mal in AG ähnlich); τελεσφορεῖν* 8, 14; δοκεῖ ἔχειν 8, 18; συντυχεῖν τινι* 8, 19; λίμνη 8, 22. 23 (auch 5, 1. 2; 8, 33, überall statt θάλασσα bei Mt, Mr, Jo vom See Genezareth); διηγεῖσθαι 8, 39; 9, 10 (AG 9, 27; 12, 17, διήγησις Lc, 1, 1); προσαναλώσασα ὅλον τὸν βίον 8, 43; διαπορεῖν 9, 7 (AG 5, 24; 10, 17, med. 2, 12); βρέφη für παιδία 18, 15 (1, 41. 44; 2, 12. 16; AG 7, 19); ἐξεκρέμετο αὐτοῦ ἀκούων* 19, 48; ἀναθήμασι* κεκόσμηται 21, 5; προμελετᾶν* 21, 14; ἀπολογεῖσθαι* 21, 14 (12, 11; 6 mal in AG). Über medicinische Ausdrücke s. § 62. Lc meidet nicht ganz lateinische Bezeichnungen wie ἀσσάριον 12, 6, δηνάριον 7, 41; 10, 35, λεγιών 8, 30, Καῖσαρ (Ev 6 mal, AG 10 mal), welche auch in den anderen Evv vorkommen, vermeidet aber κεντυρίων (Mr, dafür Lc ἑκατόνταρχος 7, 2. 6; 23, 47; AG 13—14 mal), κουστωδία (Mt cf dagegen AG 12, 4), κῆνσος (Mt Mr, dafür φόρος Lc 20, 22; 23, 2), κοδράντης (Mt Mr, dafür Lc 21, 2 δύο λεπτά, was Mr 12, 42 auf einen *quadrans* reducirt, oben S. 251), ξέστης (Mr), σπεκουλάτωρ (Mr), τίτλος (Jo), φραγελλοῦν (Mt Mr) s. oben S. 251. Lc 20, 24 ist wahrscheinlich νόμισμα für δηνάριον zu lesen. Auch πραιτώριον nicht als Appellativ in der Leidensgeschichte (Mt Mr Jo), sondern nur AG 23, 35. In der AG kommen *colonia* (16, 12) und *sicarii* (21, 38) hinzu. Im übrigen gebraucht Lc für alles Römische (Beamten, Heerwesen u. dgl.) die griechischen Ausdrücke: ἀνθύπατος, ἡγεμών, ἡγεμονεύειν, ἡγεμονία, στρατόπεδον, στρατοπεδάρχης, στρατεύεσθαι (στρατιά Lc 2, 13; AG 7, 42 auf die Geisterwelt übertragen), χιλίαρχος (so nur noch Jo 18, 12, unbestimmter Mr 6, 21; Ap 6, 15), σπεῖρα (Kohorte AG 10, 1; 27, 1; dies auch Mt, Mr, Jo), τετράδιον στρατιωτῶν (AG 12, 4), δεξιολάβος (AG 23, 23), παρεμβολή (nur noch Hb und Ap). Auch für jüdische Beamte und Behörden gebraucht nur Lc die griech. Titel στρατηγός (22, 4. 52; AG 4, 1; 5, 24. 26), γερουσία (AG 5, 21), νομικός (6 mal, nur noch Mt 22, 35); νομοδιδάσκαλος (Lc 5, 17; AG 5, 34).

14. Die hebr. und aram. Wörter bei Lc s. A 12. Über *Akeldama* Bd I, 20, über *Barnabas* Bd I, 22. Zweifellos richtig ist nur Tabitha 9, 36 übersetzt cf Jos. bell. IV, 3, 5. Schon textkritisch dunkel ist 13, 8. Ferner hat Klostermann, Probleme im Apostelt. S. 18 wenigstens mir sehr wahrscheinlich gemacht, daß μεγάλη AG 8, 10 ursprünglich מגלא oder מגלי („der Offenbarende") sei, also ein Misverständnis des Lc vorliege.

15. Es finden sich in den Parallelen zwischen Mt Mr Lc einige wenige Worte, worin Lc dem Mt näher zu stehen scheint, als dem Mr. Aber die wichtigeren sind textkritisch verdächtig z. B. ὡς ἡ ἄλλη Lc 6, 10 (om ℵ B L, alte Lat. und copt) = Mt 12, 13, fehlt Mr 3, 5, es ist eben nur früher und daher allgemeiner aus Mt in Lc eingetragen, als das gleichfalls nur bei Mt echte ὑγιής davor. Anderes würde sich daraus erklären, daß der ungefüge Ausdruck des Mr sowohl den Übersetzer des Mt als den Lc zu gleicher Änderung veranlaßte, wobei der erstere auch geradezu unter dem Einfluß des letzteren gestanden haben kann cf S. 298. 313.

16. Daß Mt 4, 1—11; Lc 4, 1—13 auf eine Mitteilung Jesu an die Jünger zurückgehe, liegt in der Natur des Ereignisses, welches keinen anderen Zeugen hatte, und wird bestätigt durch Mt 12, 29; Mr 3, 27; Lc 11, 21 f., auch durch Lc 10, 18, wenn man dies Wort richtig versteht.

17. F e i n e, Eine vorkanonische Überlieferung des Lc, 1891, hat an der Hand der dem Lcev eigentümlichen Stoffe eine diesem eigentümliche judenchristliche d. h. aus der palästinischen Christenheit vor dem J. 70 hervorgegangene „Quellenschrift" konstruirt, welche zu seinen, nach gelehrtem Herkommen angenommenen, sonstigen Quellen,

nämlich 1) Mr, 2) „synoptische Grundschrift" (nach B. Weiß), 3) „Redenquelle" (Logia) noch als vierte hinzukommt. Lc soll aber diese vierte Quelle schon mit der dritten verschmolzen gefunden haben. Eine mit dieser 4. Quelle nahe verwandte, irgendwie auch „vielleicht" (S. 236. 244) mit ihr zu einem Ganzen verbundene Schrift soll in AG 1, 1—8, 24; 9, 31—11, 23; 12, 1—24 wesentlich unverändert erhalten sein.

18. Von Nebenpersonen der ev Geschichte, welche in den Evv einen Eigennamen tragen (Jaïr, Bartimai, Simon von Cyrene, Alexander, Rufus, Nikodemus, Lazarus), ist überall anzunehmen, daß sie in apostolischer Zeit als Glieder der Kirche in weiteren oder engeren Kreisen bekannt waren, so auch der reiche und zwerghafte Oberzöllner von Jericho. Nach Clem. hom. III, 64—71; recogn. III, 65—68 cf hom. II, 1; XVII. 1, 6; recogn. II, 1 wäre er Bischof von Cäsarea geworden. Unter den 15 judenchristlichen Bischöfen von Jerusalem aus der Zeit vor 132—135 befindet sich als der vierte ein Zakchaeus (Eus. h. e. IV, 5, 3) oder nach Epiph. haer. 66, 20 Zacharias, was aber nur die volle hebräische Form für den aramäischen Kurznamen ist cf Dalman, Aram. Gr. 142 A 3. Mehr hierüber Forsch VI, 291 f. 300 f.

19. Reiner von Semitismen als in anderen dem Lc eigentümlichen Stücken ist die Darstellung 10, 30—37. Aber auch in 15—16; 18, 1—14 zeigt sich neben echtjüdischen Wendungen und Vorstellungen (15, 18. 21. 24. 32; 16, 8. 9 [A 11]. 22; 18, 6) ein im ganzen recht gefälliger Stil. Von Himmel und Hölle redet man anders (16, 22 f.; 23, 43) als von Reiseabenteuern und Wirtshäusern (10, 30—35).

20. J. Smith, The voyage and shipwreck of St. Paul, 1848, 3. ed. 1866; A. Breusing, Direktor der Seefahrtschule in Bremen, Die Nautik der Alten, 1886 S. 142—205. In der Einl. p. XIII sagt Breusing: „Das wertvollste uns aus dem Altertum erhaltene nautische Dokument ist die Beschreibung der Seereise und des Schiffbruchs des Apostels Paulus. Jeder Seemann sieht auf den ersten Blick, daß sie nur von einem Augenzeugen verfaßt sein kann." Th. Mommsen (Sitzungsber. d. berl. Ak. 1895 S. 503) hat durch die höhnische Bemerkung, daß Lc „von dem adriatischen Meer bei Kreta und von den Barbaren auf Malta redet", seinen Ruhm nicht vermehrt. Während schon Strabo p. 123. 317 Ἀδρίας als gemeinsamen Namen des eigentlichen adriatischen und des jonischen Meeres kennt, umfaßt der Name bei Ptolemaeus (III, 4, 1 cf Pausan. VIII, 54, 2) außerdem auch noch das sicilische (oder ausonische) Meer; und wie Strabo p. 123 das sicilische Meer bis zur Westspitze von Kreta und zum Peloponnes sich ausdehnen läßt, so sagt Ptolem. III, 17, 1, Kreta werde im Westen vom adriatischen Meer begrenzt. Lc, welcher der Zeit nach zwischen Strabo und Ptolemäus in der Mitte steht, hat zwar ebensowenig wie Jos. vita 3 Anlaß zu einer genauen geographischen Angabe über die Ausdehnung des Begriffs, scheint aber ebenso wie Ptolemäus und Josephus alles Meer zwischen Kreta und Sicilien zum Hadrias zu rechnen (AG 27, 27); denn während der 14 Tage (27, 27. 33), seit man zuletzt Land gesehen, nämlich die Insel *Kauda* (27, 16 B vg, auch S¹, nicht *Klauda*, heute Gavdos oder Gozzo) an der südwestlichen Küste Kretas, bis kurz vor der Strandung auf Malta soll das Schiff im adriatischen Meer herumgetrieben sein. Eher noch als Mommsens Spott ließe sich die Behauptung hören, daß Lc auch noch Malta zum adriatischen Meere rechne, worauf W. Falkoner (Dissertat. on St. Paul's voyage and on the apostle's shipwrek on the island Melite, 1817, 2. ed. by Th. Falconer 1870) die Hypothese gründete, daß Melite, heute Meleda, an der illyrischen Küste gemeint sei. Diese Folgerung wäre jedenfalls unrichtig (cf Breusing S. 150). Prokop (bell. Vand. I, 14) läßt die Inseln Gaulos und Malta die Grenze zwischen dem adriatischen und dem tyrrhenischen Meer bilden. Ganz die gleiche Anschauung läßt sich jedoch bei Lc nicht nachweisen. Es wäre eine pedantische Forderung, daß er hätte bemerken sollen, während des letzten der 14 Tage habe das Schiff den Längengrad des Kaps Pachynos überschritten und somit bei der Landung auf Malta sich nicht mehr im M. Adriaticum (Siculum), sondern, um mit

Ptolemaeus (III, 4, 1 cf IV, 3, 47) zu reden, im M. Africanum befunden. Was aber die βάρβαροι auf Malta (AG 28, 1. 4) anlangt, so sieht man nicht, woher Mommsen wissen will, daß auf dieser so lange zu Karthago gehörigen Insel mit dem punischen Namen Melita und in dieser alten phönicischen Kolonie (Movers, Die Phönizier II, 2, 347—358 cf die Inschriften bei Schröder, Die phön. Sprache S. 232—235) die punische Sprache im J. 60 ausgestorben gewesen sei, während sie doch in weiten Gebieten des gegenüberliegenden Festlands bis ins 5. Jahrh. hinein die herrschende Sprache geblieben ist (GK 1, 40—42; Movers in Ersch und Grubers Enc. Sect. III, Bd 24 S. 433f.). Von den 12 vorhandenen Münzen, welche in der Zeit von der römischen Annexion (218 v. Chr.) bis zu Augustus auf Malta geprägt wurden (A Mayr, Die antiken Münzen der Inseln Malta, Gozzo und Pantelleria, München 1894, besonders S. 18f.), sind Nr. 1—4 punisch, 5—10 griech.-lat., 12 lat. Und es sind gleichzeitig punische und griechische Münzen geprägt worden. Was Lc sagt, ist lediglich dies, daß die Fischer, Schiffer oder Ackerbauer, auf welche die Gestrandeten zunächst stießen, kein Griechisch verstanden. Bei der nahen Verwandtschaft des Punischen mit dem Althebräischen ist sehr möglich, daß Pl die Worte der Barbaren (28, 4) unmittelbar verstanden hat. Der Gutsbesitzer Publius, bei dem die Gestrandeten oder doch ein Teil derselben und darunter die 3 Christen der Gesellschaft 3 Tage lang gastliche Aufnahme fanden, und die meisten Bewohner der Stadt, in der sie die folgenden 3 Monate verlebt haben werden (28, 11), mögen teils lateinisch, teils griechisch, teils beides gesprochen und verstanden haben. Seine Sachkenntnis beweist Lc auch durch den Titel ὁ πρῶτος τῆς νήσου 28, 7, welcher gerade für Malta bezeugt ist C. I. G. nr. 5754 = Kaibel I. G. Siciliae nr. 601: ἱππεὺς Ῥωμαίων, πρῶτος Μελιταίων καὶ πάτρων, C. I. L. X nr. 7495 *municipii Melitensium primus omnium*, nach den Add. zu dieser Inschrift p. 994 aus dem 1. oder 2. Jahrhundert.

21. Das literarische Verhältnis der AG zu den Plbriefen ist von den Kritikern, welche durch ihre spätere Ansetzung der AG und durch die Annahme einer bewußten Umgestaltung der Geschichte des Pl dazu verpflichtet waren, nicht genauer untersucht worden. Zeller spricht S. 518f. sehr beiläufig von „den paul. Briefen" und besonders vom Gl als Quellen der AG. Overbeck p. LIX behauptet anmerkungsweise, als ob das nicht für jede kritische Würdigung der AG eine Frage von grundlegender Bedeutung wäre, daß der Vf die echten Briefe des Pl selbstverständlich gekannt habe, daß dies auch 9, 19—30; 15, 1—33; 18, 24—28 zu Tage trete, zugleich aber, daß diese Briefe „zu den Quellen der AG nicht gehören". Zur Erklärung dieser „charakteristischen Tatsache" aber geschieht nichts. — Jacobsen, Quellen der AG 1885 S. 8ff. läßt dagegen den Vf der AG schon in c. 1—12 die wichtigsten Angaben und Erzählungen aus Andeutungen der Plbriefe herausgesponnen haben. Umgekehrt glaubt Steck, Gl 1888 S. 78—151 wahrscheinlich machen zu können, daß der Vf der 4 „Hauptbriefe" die AG, vielleicht sogar das Lcev (S. 191—211) voraussetze und ausbeute.

22. Die LA ἐπιστολήν für ἐντολήν (AG 17, 15 E S[1] „und als sie von ihm schieden, empfingen sie von ihm einen Brief an Silas und Timotheus") ist unglaubwürdig und würde sich auf einen verlorenen Brief beziehen.

23. In der Schilderung seines Zustands vor der Bekehrung weist Pl auf den Pharisäismus Phl 3, 5f.; Gl 1, 14; Lc berührt dies erst viel später und in anderem Zusammenhang AG 23, 6; 26, 5. An das kühne Bild 1 Kr 15, 8 erinnert bei Lc nichts. Daß Pl neben dem häufiger gebrauchten διώκειν (1 Kr 15, 9; Gl 1, 13. 23; Phl 3, 6; 1 Tm 1, 13) zweimal (Gl 1, 13. 23) und Lc einmal (AG 9, 21) πορθεῖν gebraucht, will doch nichts besagen; auch Philo c. Flacc. 8 nennt die Judenhetze in Alexandrien ein πορθεῖν Ἰουδαίους. In der Schilderung der Flucht aus Damaskus sind bis auf die unvermeidliche Stadtmauer und das auch sonst dem Lc geläufige χαλᾶν (Lc 5, 4. 5; AG 27,

17. 30) sämtliche Ausdrücke in AG 9, 24f. und 2 Kr 11, 32 verschieden. Pl: ἐφρούρει τὴν πόλιν .. πιάσαι με .. διὰ θυρίδος ἐν σαργάνῃ .. διὰ τοῦ τείχους, Lc: παρετηροῦντο τὰς πύλας ἡμέρας τε καὶ νυκτός, ὅπως αὐτὸν ἀνέλωσιν, λαβόντες δὲ ... νυκτὸς διὰ τοῦ τείχους καθῆκαν αὐτὸν χαλάσαντες ἐν σπυρίδι.

24. Clemens Rom. hat noch eigene Kunde vom Lebensgang des Pl (I Cor. 5; Bd I, 447), verweist aber c. 47 die Korinther bereits auf den 1 Kr und zwar als auf den ersten Brief in der Sammlung der Plbriefe cf GK I, 812f. Für Ignatius (Eph. 12, 2; Rom 4, 3) und Polykarp (Phil. 3, 2; 11, 3) ist Pl durchaus der Vf seiner Briefe (Bd I, 379 A 3; GK I, 811—822), obwohl ihnen die AG nicht unbekannt war (GK I, 923). Marcion hält sich ausschließlich an die Briefe und will von der AG nichts wissen. Die Schulen des Basilides und Valentinus haben die Briefe sich sehr zu nutze gemacht, während wir eine Benutzung der AG bei ihnen nicht sicher nachweisen können (GK II, 751—763. 773). In den Akten des Pl mit Einschluß der Theklaakten sowie in den gnostischen Petrusakten finden wir die Briefe des Pl etwa gleich stark wie die AG berücksichtigt oder nachgebildet (GK II, 854f. 887—889. 903—909; I, 783. 787—789).

25. Ich habe oben S. 415 für 12, 25—13, 9 den Text α vorausgesetzt. S³ und p bieten 12, 25 hinter Σαῦλος noch ὁ ἐπικαλούμενος Παῦλος, letzterer allein auch noch 13, 1. 2, aber nicht 13, 7 Παῦλος statt Σαῦλος. Ist nach 11, 25. 30 wahrscheinlich auch in Antiochien anfangs Σ. gebraucht worden, so ist das schwachbezeugte Π. in 13, 1. 2 unwahrscheinlich, und der Wiedereintritt von Σ. 13, 7 nicht genügend motivirt, der Zusatz aber 12, 25 ziemlich überflüssig. Über den Doppelnamen Bd I, 50. Sehr möglich ist, daß die eigenen Begleiter des Pl, Barnabas und Marcus bis dahin mit ihm aramäisch sprachen und ihn daher Σ. nannten, von dem Moment aber, wo sie sich der griechischen Sprache bedienen mußten, Π. sagten.

26. Hebraïsirende Ausdrücke in AG 1—12: διὰ χειρὸς (χειρῶν) 2, 23; 5, 12; 7, 25; 11, 30 cf ἐν oder σὺν χειρί 7, 35, aber auch 14, 3; 15, 23; 19, 11; ἐκ χειρός 12, 11; Lc 1, 71. 74, aber auch 24, 7; ἦν χεὶρ κυρίου μετ᾽ αὐτῶν 11, 21, nur noch Lc 1, 66 cf jedoch auch AG 4, 28. 30; 13, 11; διὰ στόματος 1, 16; 3, 18. 21; 4, 25 (Lc 1, 70), aber auch 15, 7 cf 22, 14; Lc 11, 54; 19, 22; 21, 71; ἀνοίξας τὸ στόμα 8, 35; 10, 34 (8, 32 Citat) cf 18, 14; ἠκούσθη εἰς τὰ ὦτα 11, 22 cf Lc 1, 44; Mt 10, 27; Jk 5, 4; ἰδού 16mal in c. 1—12, nur 7mal in c. 13—28 s. oben S. 421 A 11.

27. E. Nestle hat wiederholt die Abweichungen des cod. D und seiner Genossen von dem gewöhnlichen Text auch in der AG als abweichende Übersetzungen des gleichen hebräischen (oder aramäischen) Originals oder als Nachwirkungen von Varianten in diesem Original zu erklären versucht (Christl. Welt 1895, Separatabdr. S. 6; Th. Stud. u. Krit. 1896 S. 102f.; Philol. sacra, 1896, S. 39ff.). Das wäre denkbar, wenn man, wie D. Schultz, De cod. Cantabrig., 1827 p. 16, den Text D als ein jüngeres, von einer syrischen Übersetzung der AG abhängiges Gebilde ansehen dürfte, ist aber unverträglich mit der Ansicht, daß die beiden Texte α und β vom Vf herrühren, und daß insbesondere β dessen ursprünglichen Entwurf darstelle. Denn es ist als sprachgeschichtlich unglaublich zu bezeichnen, daß ein wirklicher Grieche, wie der antiochenische Arzt Lc, der Vf des Prologs und der Vf oder Redaktor des ganzen luc. Werks, ein hebräisches Buch habe lesen können. Auf 1000 Juden (Syrer, Kopten), welche damals Griechisch lesen, schreiben, reden konnten, kann höchstens ein Grieche gekommen sein, welcher eine analoge Kenntnis des Hebräischen oder Aramäischen sich erworben hatte. Und ich bekenne, daß ich diese *rara avis* bisher vergeblich suche. Ein paar Wörter und Redensarten lernte man gelegentlich von den Eingeborenen (Forsch I, 41); ihre Sprache ordentlich zu erlernen, fiel keinem gebildeten Griechen oder Römer ein (Bd I, 25 ff.). Abgesehen von Fällen, wo ein griechischer Geistlicher in ausschließlich syrisches Sprachgebiet verschlagen wurde (Forsch I, 43), ist dies erst dann anders geworden, als Christen,

wie Origenes und Hieronymus, in theologischem Interesse Hebräisch lernten. Auch Aquila würde dahin gehören, wenn er wirklich ein geborener Heide und Grieche war.

28. Schwanbeck, Über die Quellen der Schriften des Lc, I. (einz.) Bd: der AG, 1847; Zeller S. 489—524; Jacobsen, Quellen der AG, 1885; Sorof, Entstehung der AG, 1890; Spitta, Die AG, ihre Quellen und deren geschichtl. Wert, 1891; Gercke, Hermes 1894, S. 373—392: Der $\delta\varepsilon\acute{v}\tau\varepsilon\varrho o\varsigma$ $\lambda\acute{o}\gamma o\varsigma$ des Lc und die AG; Feine s. oben A 17; Jüngst, Quellen der AG 1895. Vgl. die Übersicht von Zöckler, Greifswalder Stud. 1895 S. 107—145: Die AG als Gegenstand höherer und niederer Kritik. Es wäre ein vergebliches Unternehmen, die einzelnen Hypothesen der Genannten zu würdigen. Nur als Beispiel für die Vorstellung vom Redaktor des Ganzen diene, wie Spitta sich seine Tätigkeit beim Niederschreiben von AG 2, 1 denkt (S. 23. 51). In Quelle A war die Ausgießung des Geistes durch die Worte $\varkappa a\grave{\iota}$ $\grave{\varepsilon}\nu$ $\tau\tilde{\omega}$ $\sigma\nu\mu\pi\lambda\eta\varrho o\tilde{v}\sigma\vartheta a\iota$, wozu der gütige Leser $a\grave{v}\tauo\acute{v}\varsigma$ oder $\tau\grave{o}\nu$ $\grave{a}\varrho\iota\vartheta\mu\acute{o}\nu$ sc. $\tau\tilde{\omega}\nu$ $\grave{a}\pi o\sigma\tau\acute{o}\lambda\omega\nu$ ergänzen sollte, an die Apostelwahl angeschlossen. In dem Moment, da das Apostelkollegium komplet wurde, wurden Alle vom hl. Geist erfüllt. In Quelle B begann die Geschichte mit den Worten: „Am Pfingsttag aber waren Alle beisammen". Der Redaktor aber misverstand die Quelle A und schuf nun aus A und B die angeblich monströse Wortverbindung von 2, 1. Das einzige denkbare Motiv für die Beibehaltung des von ihm misverstandenen, allerdings auch in A völlig unverständlichen $\sigma\nu\mu\pi\lambda\eta\varrho o\tilde{v}\sigma\vartheta a\iota$ wäre eine kindische Vorliebe des Redaktors für dieses sonst nur Lc 8, 23; 9, 51 zu findende Wort, welches hier ähnlich ungenau gebraucht wird, wie Lc 9, 51. Denn auch dort wird nicht von der Wartezeit bis zur Hinaufnahme, von welcher das eigentlich gilt, sondern von der Zeit, in welcher die Hinaufnahme sich vollzieht, gesagt, daß sie sich erfülle. Es ist dieselbe ganz gewöhnliche Verschiebung der Vorstellung, wie in $\pi\varepsilon\pi\lambda\acute{\eta}\varrho\omega\tau a\iota$ $\acute{o}$ $\varkappa a\iota\varrho\acute{o}\varsigma$ Mr 1, 15; Jo 7, 8 und in anderen ähnlichen Verbindungen, cf Lc 9, 31; Jo 3, 29. Von einem Zeitpunkt oder Ereignis, welche den Abschluß einer Zeit der in ihnen sich erfüllenden Erwartung bilden, wird eben darum gesagt, daß sie sich erfüllen.

§ 62. Verfasser und Abfassungszeit des lucanischen Werks.

Steht fest, daß die Wirstücke AG 16, 10—18; 20, 5—21, 18; 27, 1—28, 16 entweder ganz so, wie sie uns vorliegen, oder doch ihrem Kern nach von einem Reisegefährten des Pl aufgezeichnet sind (oben S. 407 f.), so erscheint es als Mutwille, dem Vf dieser Stücke einen anderen Namen zu geben, als den durch die Überlieferung dargebotenen Namen Lc, sei es Timotheus oder Silas (Silvanus) oder Titus (A 1). Die beiden ersteren Namen sind schon dadurch ausgeschlossen, daß beide AG 15, 22—18, 5 also unmittelbar vor und hinter dem ersten größeren Wirstück, Timotheus auch wieder 19, 22 und nochmals 20, 4 unmittelbar vor dem Wiedereintritt des Wir in dritter Person mit ihrem Namen eingeführt werden. Der durch nichts angedeutete Übergang aus dem objektiven „Silas oder Timotheus" in das durch die Anwendung des Wir ausgedrückte Ich für eine dieser Personen und vollends die Entgegensetzung einer ersten Gruppe von Männern, unter welchen Timotheus aufgezählt ist, und einer zweiten Gruppe, zu welcher außer Pl der in erster Person redende Erzähler gehört (AG 20, 4—6), wäre nicht eine unglaubliche Ungeschicktheit der Darstellung oder eine zwecklose Geheimtuerei, sondern geradezu sinnlos (oben S. 389 f. A 11—13). Ist ferner das Wir 11, 27 ursprünglich (oben S. 336 A 3; 351 A 6), so sind auch dadurch Silas und Timotheus ausgeschlossen. Ersterer war zu jener Zeit nicht in Antiochien, sondern in Jerusalem ansässig (15, 22), Timotheus aber war damals noch kein Christ; denn erst lange nach jener Zeit ist das Ev in dessen Heimat gekommen (14, 6; 16, 1). Silas wird überdies in keinem der in Rom geschriebenen Briefe des Pl als ein in dessen Umgebung Lebender erwähnt; der Berichterstatter aber in AG 27, 1—28, 16 ist mit Pl nach Rom gekommen, ist also auch, wenn man nicht einen sonderbaren Zufall annehmen will, ebenso wie Aristarch (AG 27, 2), dem wir Kl 4, 10; Phlm 24 wieder begegnen, unter den Kl 1, 1; 4, 7—14; Phlm 1. 23 f. genannten Personen zu suchen. Was Titus anlangt, so könnte dieser, da ihn Pl nach seiner ersten Missionsreise von Antiochien mit zum Apostelkonzil nahm (Gl 2, 1), hinter dem Wir AG 11, 27 verborgen sein, und es würden, da Titus in der AG niemals genannt wird, die Ungeschicktheiten in Wegfall kommen, welche die Annahme des Silas oder des Timotheus als Vf der Wirstücke mit sich bringt. Aber auch Titus kann dies nicht gewesen sein, da jede Spur davon fehlt, daß er mit Pl nach Rom gekommen und während der ersten Gefangenschaft des Pl bei diesem in Rom gewesen sei. Es wurde schon S. 409 bemerkt, daß man, wenn wir ohne jeden Anhalt an alter Überlieferung darauf angewiesen wären, unter den Freunden des Pl, die in Rom zu seiner Umgebung gehörten, den Vf des Reiseberichts AG 27 vermutungsweise zu suchen, am meisten Anlaß hätte, auf den Arzt Lc zu raten. Nun aber nennt eben diesen eine alte und einstimmige Überlieferung als Vf des ganzen Werks d. h. als das Lc 1, 1—4; AG 1, 1 hervortretende, aber auch in den Wirstücken der AG mit Pl und anderen Gefährten desselben sich zusammenfassende Ich. Diese Überlieferung bleibt unerklärlich, wenn nicht triftige Gründe wenigstens zu der Annahme vorhanden waren, daß Lc der Vf der Wirstücke sei. Denn daß Lc der Vf des ganzen Werks sei, und daß dieser die Reiseberichte eines Titus oder irgend eines anderen Dritten streckenweise sich angeeignet haben sollte, ohne auch nur das für seine Feder unpassende Wir in die dritte Person zu verwandeln, ist undenkbar. Absichtslose Ungeschicktheit kann dies bei einem Mann von der Bildung des Vf beider Bücher überhaupt nicht sein (A 2). Eine trügerische Absicht aber könnte wenigstens Lc, ein dem Pl und den in den Wirstücken dargestellten Ereignissen so nahestehender Mann, durch die Entlehnung der tagebuchartigen Aufzeichnungen eines anderen Plschülers und durch die Beibehaltung des darin angewandten Wir nicht verfolgt haben. Dieser bedurfte keiner geborgten Maske; er war selbst Auktorität genug. Man müßte schon annehmen, daß ein späterer, den Ereignissen fernstehender Schriftsteller sich durch Beibehaltung des Wir, das er in einer seiner Vorlagen vorfand, den Schein der Augenzeugenschaft geben wollte. In der Tat ist das von Solchen angenommen worden, welche den Lc als Vf der Wirstücke, aber nicht als denjenigen des ganzen luc. Werks gelten ließen (A 3). Aber auch diese Annahme ist in sich unglaubwürdig und ist ungenügend, die Überlieferung zu erklären. Wer das

Originalwerk nicht kannte, bemerkte die Entlehnung einiger Stücke desselben gar nicht und konnte dadurch nicht zu der Ansicht verleitet werden, daß der Lc, welcher als Vf jenes Originalwerks bekannt sein mochte, der Vf des viel jüngeren kompilatorischen Werks sei. Das Gleiche gilt aber auch von jedem Leser, welcher das Originalwerk kannte und von Lc als Vf desselben wußte; denn ein solcher erkannte das Plagiat und konnte ein großes aus zwei Büchern bestehendes Geschichtswerk nicht wegen der wenigen Kapitel, die es mit dem ganz andersartigen Werk des Lc gemein hatte, mit diesem verwechseln. Die Absicht einer solchen Täuschung ist aber auch dem Vf des luc. Werks nicht zuzutrauen; denn die Mittel, die er in diesem Fall angewandt hätte, um für Lc, den Freund des Pl, zu gelten, wären von einer lächerlichen Unzulänglichkeit. In der Vorrede hätte er sich mit der Andeutung begnügt, daß er im weiteren Verlauf der von ihm darzustellenden Geschichte ein Augenzeuge derselben und ein Predigtgehilfe geworden sei, und zwar mit einer so zarten Andeutung, daß moderne Leser und gelehrte Ausleger bestreiten konnten, daß der Vf dort von sich bezeuge, was wir (S. 363 f. 369) dort von ihm bezeugt fanden. Wo er aber zu den Ereignissen kommt, als deren Augenzeuge er vom Leser angesehen werden wollte, ohne es gewesen zu sein, hätte er sich hinter ein offenbar mehrere Personen zusammenfassendes Wir versteckt, ohne auf die bestimmte Person hinzuweisen, für welche er gehalten sein wollte, und ohne zu erzählen, wie er ein Begleiter des Pl geworden sei. Warum wählte er nicht eine der unzweideutigen Formen, deren sich die Historiker der klassischen Zeit oder Polybius oder Josephus oder Porphyrius bedient haben, soweit es ihnen darum zu tun war, den Leser über ihre Person und ihr persönliches Verhältnis zu den von ihnen berichteten Tatsachen aufzuklären (oben S. 389 A 11)? Wer diese Absicht hegte, konnte auch bei großer Beschränktheit nicht unterlassen, zweckdienliche Mittel anzuwenden; und vollends die trügerische Absicht, für Lc zu gelten, müßte sich nach allen Analogien durch dreiste Anwendung unmisverständlicher Selbstbezeichnungen verraten (A 4). Die anspruchslose Art des Selbstzeugnisses, welches der Vf durch die Andeutungen des Prologs und durch die diesen Andeutungen entsprechende Selbsteinführung seiner Person in AG 11, 27 und von 16, 10 an ablegt, verbürgt dessen Wahrheit. Besteht kein vernünftiger Grund, dem Lc die Reiseberichte abzusprechen, so ist er auch der Vf des ganzen Werks. Die Last des Beweises hat derjenige zu tragen, der dies bestreitet, nicht derjenige, der keinen Grund findet, der Übereinstimmung der Tradition mit dem Selbstzeugnis des Buchs zu mistrauen. Es fehlt dem letzteren Urteil aber auch nicht an anderweitigen Bestätigungen aus dem Inhalt und der Darstellungsform des ganzen Werks. Den Beweis aus der Gleichartigkeit der Sprache in den Wirstücken und in den übrigen Teilen des Werks (oben S. 383. 394 A 28) sucht man teils durch die Annahme größerer vom Redaktor des Ganzen herrührender Interpolationen in dem Abschnitt 20, 5—28, 31, teils durch die Annahme einer durchgängigen stilistischen Umarbeitung der benutzten Quellen seitens des Redaktors, also nicht durch Gegenbeweise, sondern durch Hypothesen zu entkräften. Von diesen beiden Hypothesen wird die erste niemals strenge bewiesen werden; der zweiten aber widerspricht die Tatsache, daß Lc in seinem Werk den verschiedensten Stilarten Raum gegeben hat (oben S. 402). Die stilistische Umarbeitung, welcher er die von Mr ihm dargebotenen Erzählungsstücke unterzogen hat, war durch den unbehilflichen und insbesondere den stark hebraïsirenden Ausdruck des Mr veranlaßt. Daß aber der Reisebericht eines Begleiters des Pl in einem ähnlich verbesserungsbedürftigen Stil wie das Mrev geschrieben gewesen sein sollte, ist sehr unwahrscheinlich. W. K. Hobart (A 5) hat für Jeden, dem überhaupt etwas zu beweisen ist, bewiesen, daß der Vf des luc. Werks ein mit der Kunstsprache der griechischen Medicin vertrauter Mann, ein griechischer Arzt gewesen ist. Als zufällig ist schon das nicht zu beurteilen, daß Lc allein das von Jesus gebrauchte Sprichwort „Arzt, heile dich selbst" aufbewahrt hat (4, 23); daß nur er von allen 4 Evv, die sämtlich von der Verwundung des Malchus erzählen, auch dessen Heilung durch Jesus berichtet (22, 51) und daß er, der die aus Mr entlehnten Erzählungen vielfach von entbehrlichen Weitläufigkeiten gereinigt hat, in der Schilderung der ärztlichen Tätigkeit Jesu zum Teil weitläufiger und malerischer schreibt, als Mr. Die Angehörigen der Fieberkranken befragen den Arzt um sein Urteil; er tritt an das Bett heran, beugt sich über sie und bedroht das Fieber, wie sonst die bösen Geister (4, 38 f. = Mr 1, 30 f.). Dem Arzt leuchtet es nicht ein, daß Jesus nach der Auferweckung des Mädchens zuerst den Anwesenden verboten habe, die Kunde von der Tat zu verbreiten, und dann erst die ärztliche Anweisung gegeben habe, dem Kind etwas zu essen zu geben (Mr 5, 43). Er kehrt die Ordnung um (Lc 8, 55 f.). Wie Lc in Heilungsgeschichten, die er allein gibt, häufig die Dauer der vorangegangenen Krankheit angibt (13, 11; AG 3, 2; 4, 22; 9, 33; 14, 8; nur Lc 8, 43 mit Mt, Mr), so fügt er eine solche Bemerkung 8, 27. 29 in die ältere Erzählung (Mr 5, 2) ein, zugleich mit der anderen, daß der Besessene keine Kleider auf dem Leibe duldete, was ärztlicher Erfahrung entspricht (Hobart p. 14). Lc allein bezeichnet eine geheilte Hand genauer als die rechte (6, 6), erwähnt die Auflegung der Hände als Mittel der Heilung (4, 40), wo Mt 8, 16; Mr 1, 34 dies unterlassen. Lc allein beschreibt mit starken Worten die leibliche Seite des Gebetskampfs Jesu (22, 43 f.). Er erspart sich und seinen Berufsgenossen nicht die beschämende Tatsache, daß die gläubige Berührung des Gewandes Jesu Heilung brachte, wo die kostspieligen und langjährigen Kuren der Ärzte nichts ausgerichtet hatten (8, 43 A 6). Noch wichtiger ist, daß Lc durchweg die ungenauen, volkstümlichen Bezeichnungen der Krankheitserscheinungen und der damit zusammenhängenden Dinge vermeidet und dagegen die technischen Ausdrücke der medicinischen Schriftsteller anwendet. Dazu kommt, daß Lc auch für andere Dinge und Verhältnisse vielfach Worte gebraucht, welche einem Arzt von seiner Berufstätigkeit her geläufig sein mußten und daher auch in den Schriften der griechischen Ärzte ungewöhnlich häufig vorkommen (A 5).

Der aus diesen Beobachtungen sich ergebende Beweis für die Abfassung des
ganzen Werks durch den Arzt Lc wird dadurch vollständig, daß die genannten
Erscheinungen erstens in den denjenigen Abschnitten des Lcev sich zeigen,
welche bei Mt und Mr Parallelen haben, zweitens aber auch in den übrigen
Teilen des ganzen Werks sich wiederholen oder doch ihre Analogien finden,
und daß sie drittens in Wörtern und Redewendungen bestehen, welche im NT
entweder nur bei Lc oder doch bei diesem häufiger als in allen übrigen Schriften des
NT's zusammen vorkommen. Sie lassen sich also nicht daraus erklären, daß eine
vom Vf des Ganzen benutzte Quellenschrift einen gebildeten Arzt zum Vf hatte,
sondern gerade der Bearbeiter der älteren Darstellungen eines Mr und gewiß
noch anderer uns unbekannter Schriftsteller, der Vf des Ganzen, muß ein
literarisch gebildeter Arzt gewesen sein.

Eine vollständige Widerlegung alles dessen, was man gegen die Abfassung
des Werks durch einen Freund des Pl geltend gemacht hat, könnte nur durch
einen vollständigen historischen Kommentar geleistet werden. Während die
Theologen auf Schritt und Tritt den Lc mit Vorwürfen wegen seiner Unkenntnis der geschichtlichen Verhältnisse und Personen, die er berührt, verfolgt haben,
ist namentlich die AG von Historikern und Altertumsforschern ersten Rangs,
welche sich eingehender mit ihr beschäftigt haben, durchweg als ein bedeutendes und überwiegend glaubwürdiges Geschichtswerk beurteilt worden (A 7).
Während die gesamte apokryphe Literatur des 2. Jahrhunderts (Evv des Jakobus,
Thomas, Petrus, Acta Pilati, Pauli [incl. Theclae], Petri, Joannis etc.) in bezug
auf das christliche und noch mehr in bezug auf das nicht-christliche Personal
und die politischen Verhältnisse in Palästina und draußen im Reich neben handgreiflichen Entlehnungen aus dem NT fast nur phantastische Erfindungen bietet, hält
sich die Erzählung des Lc überall im Rahmen der auch sonst nachweisbaren geschichtlichen Tatsachen. Von der jüdischen Geschichte der Zeit von 4 v. Chr. bis
60 n. Chr. zeigt Lc eine von Josephus unabhängige und, was die früheren Jahrzehnte dieser Periode anlangt, teilweise bessere Kunde als dieser (oben S. 397 ff. 417),
so z. B. in bezug auf die amtliche Stellung und Zeit des Quirinius (oben S. 397).
Es ist möglich, aber durch Berufung auf den widersprechenden Bericht des
Josephus keineswegs erwiesen, daß die Angabe über Theudas (AG 5, 36) einen
starken chronologischen Irrtum enthält (oben S. 418 A 6); aber Lc hat die Rede,
worin dieser Irrtum sich finden würde, sicherlich nicht erfunden, sondern einer
älteren Quelle entlehnt, zu deren Kritik in bezug auf einen solchen Nebenpunkt
ihm die Mittel gefehlt haben mögen. Das, worauf es ihm als Geschichtschreiber
des Christentums dort ankommt, die zuwartende Stellung des Pharisäismus im
Unterschied vom Sadducäismus gegenüber dem Christentum vor dem Tode des
Stephanus darzustellen, aus welcher allein das Eindringen des Pharisäismus in
die christliche Gemeinde sich erklärt (15, 5), und ohne welche auch die Entwicklung des Pl nicht geschichtlich zu begreifen ist, ist geschichtlich unanfechtbar; und der ganze Fortschritt in der Erkenntnis der jüdischen Parteiverhält-

nisse, der an die Namen Geiger und Wellhausen geknüpft ist, beruht nicht auf gründlicherem Studium des Talmuds oder des Josephus, sondern auf besserer Würdigung der Worte ἡ οὖσα αἵρεσις τῶν Σαδδουκαίων AG 5, 17. Besser noch als mit den jüdischen Verhältnissen ist Lc mit den Zuständen und Personen in den Provinzen und Städten, welche der Schauplatz der Wirksamkeit des Pl waren, vertraut. Die Prokonsuln Sergius Paulus und Gallio (13, 7; 18, 12) gehören der Geschichte an, und soweit sich die Zeit der Amtsführung des Einen auf Cypern, des Andern in Achaia ermitteln läßt, ergibt sich kein Widerspruch gegen die wahrscheinliche Chronologie des Pl (Abschn. XI). Die Untersuchung der paulinischen Briefe hat reichliche Gelegenheit geboten, die Angaben der AG aus Inschriften und Schriftstellern zu bestätigen z. B. in bezug auf die Politarchen von Thessalonich und die Bevölkerung von Philippi (Bd I, 152. 376). Es besteht in dieser Hinsicht kein Unterschied zwischen den Wirstücken und anderen Teilen der AG. Der Versuch, die Geschichte vom Aufstand der Silberschmiede (AG 19, 23 ff.) auf Misverständnis eines Amtstitels zurückzuführen, ist mislungen (A 8). Wir können nicht im einzelnen nachweisen, inwieweit Lc sich beim Niederschreiben längerer Reden des Pt und des Pl der Freiheit antiker Geschichtschreibung bedient hat, nach Kenntnis der Personen und Verhältnisse die Form frei zu schaffen, oder inwieweit er aus Berichten von Ohrenzeugen (z. B. AG 17, 34; 25, 23 cf 24, 23) schöpfen konnte. Aber man muß nur die elenden Tiraden vergleichen, welche Josephus seinen Helden in den Mund legt, um zu erkennen, daß Lc nicht nur ein Mann von viel tieferer Bildung als Josephus war, sondern es auch mit der Pflicht historischer Treue sehr viel ernster genommen hat, als jener. Der stärkste Beweis für die ausgezeichnete Sachkenntnis des Lc liegt darin, daß er, ohne die Briefe des Pl als Quellen zu Rate gezogen zu haben (oben S. 410 ff.), sich in den großen Grundzügen wie in einer Fülle von kleinen Angaben im besten Einklang mit diesen befindet. Außer dem, was bereits an hundert Stellen des I. Bandes gelegentlich bemerkt wurde, möge hier noch Einiges hervorgehoben werden. Wenn die AG den Berufsgang des Pl nicht nur durch Gesichte und Offenbarungen (9, 3—9; 13, 2; 16, 6—10; 18, 9; 20, 23; 21, 11; 22, 17—21; 23, 11; 27, 23), durch auffallende Heilungen (14, 8—10; 19, 11—17) und ähnliche Wundertaten (13, 11; 16, 18; 20, 9 f.; 28, 3—6), sondern auch durch Naturereignisse wunderbarster Art (16, 26—30) ausgezeichnet sein läßt, so entspricht das alles dem Selbstzeugnis des Pl. Abgesehen von der Offenbarung Christi, welcher er seinen Glauben und seinen Beruf verdankt (Gl 1, 12—16; 1 Kr 9, 1; 15, 8), von unvergeßlichen Visionen späterer Zeit (2 Kr 12, 1—4; Gl 2, 1) und von seinem Anteil an den Wundergaben des Geistes (1 Kr 14, 18), beruft er sich auf Zeichen, Prodigien (τέρατα) und Krafttaten, welche ihn in der Ausübung seines Berufs als Apostel legitimirt haben (2 Kr 12, 11—12; Rm 15, 19) und, wenn es sein muß, zur Strafe der Missetäter wieder legitimiren werden (1 Kr 5, 3—5; 2 Kr 10, 4; 13, 2—10). Es zeugt nicht von Nachdenken, wenn man die angeführten Briefe des Pl als echt anerkennt, zugleich aber wegen der Wunder in der AG die betreffenden Erzählungen oder das ganze Buch, worin sie stehen, einem Freunde des Pl und einem Augenzeugen einzelner Ereignisse dieser Art glaubt absprechen zu sollen. Wie diese Ereignisse und das durch dieselben sehr wesentlich bestimmte Bewußtsein des Pl und seiner Umgebung zu begreifen seien, geht die literarhistorische Kritik nichts an. Unter den „Aposteln im Superlativ", im Gegensatz zu welchen Pl von den Zeichen und Wundern, die durch ihn geschehen sind, redet (2 Kr 12, 11 f.), sind nicht die Urapostel, sondern die Petrusleute zu verstehen, welche den Pl im Vergleich mit Pt nicht als vollen Apostel wollten gelten lassen (Bd I, 218 f.). Indem aber Pl in solchem Gegensatz jene Wunderzeichen τὰ σημεῖα τοῦ ἀποστόλου nennt, behauptet er auch in dieser Beziehung seine Ebenbürtigkeit mit den älteren Aposteln und besonders mit Pt (cf auch 1 Kr 9, 1—5; 15, 5—11). Diese Vergleichung ist ihm aber nicht neuerdings erst durch den Gegensatz zu den Petrusleuten aufgedrängt worden, sondern nach Gl 2, 7—9 ist schon auf dem Apostelkonvent eine solche Vergleichung gerade zwischen Pt und Pl angestellt worden, und hat die Beobachtung, daß Gott sich zu Pl ganz ebenso wie zu Pt tatsächlich und tatkräftig bekannt habe, einen tiefen Eindruck gemacht. Das war schon damals das Ergebnis der Erzählungen der Heidenmissionare in Jerusalem (Gl 2, 2; AG, 15, 3. 12 σημεῖα καὶ τέρατα cf 21, 19). Es war daher sehr unveranlaßt, aus einem gewissen Parallelismus, welcher nach der AG zwischen den wunderbaren Taten und Erlebnissen des Pt und des Pl besteht, einen Verdacht gegen die Geschichtlichkeit der Erzählungen zu schöpfen (A 9). Wenn Lc durch die Auswahl der Stoffe, die ihm in größerer Fülle zu Gebote standen, dieses Verhältnis zum Ausdruck gebracht hat, so hat er sich nur durch einen Gedanken des Pl oder vielmehr durch eine erhebende Erfahrung der apostolischen Christenheit leiten lassen. Schon in der Darstellung der leitenden Gedanken des ganzen Werks (S. 378 ff.) ist mehrfach darauf hingewiesen worden, daß Gedanken, welche wir im NT sonst nur bei Pl finden, den Vf beherrschen. Die Behauptung, daß er das Verhalten des Pl zum gesetzlichen Judenchristentum auf Kosten der geschichtlichen Wahrheit und im Widerspruch mit den Grundsätzen des Pl als ein nachgibiges dargestellt habe, ist unerweislich. Die Beschneidung des Timotheus, welche das stärkste Beispiel geschichtswidriger Erdichtung wäre, wenn sie nicht geschehen ist, bezeugt Pl selbst (Bd I, 381. 130). Der Pl der AG, welcher der Beobachtung des mosaischen Gesetzes alle rechtfertigende Kraft für Juden wie Heiden abspricht und diese dem Glauben an Christus zuspricht (13, 38 f. cf Lc 15, 1—32; 18, 9—14; 7, 36—50), welcher nicht duldet, daß man den Heidenchristen das mosaische Gesetz aufdränge, dagegen aber selbst gerne jüdische Feste in Jerusalem feiert (20, 16 cf 20, 6, nach β auch 18, 21), welcher nichts dagegen einwendet, daß jüdisch geborene Christen jüdische Gelübde übernehmen (18, 18), und selbst gegebenen Falles an derartigen Akten sich beteiligt (21, 26), ist kein anderer als der Pl der Briefe; denn dieser hat nie gefordert, daß die jüdischen Christen auf die Beobachtung des Gesetzes verzichten. Selbst in gemischten Gemeinden sollen sie, soweit nicht höhere Zwecke Anderes gebieten, ihr Judentum als etwas religiös Indifferentes beibehalten (1 Kr 7, 18 f.; Gl 5, 6; 6, 15; Rm 14, 5 f. Bd I, 300). Er konnte daher dem falschen Gerücht entgegentreten, daß er die Juden der Diaspora zum Abfall vom Gesetz dränge (AG 21, 21). Seine eigene Emancipation vom Gesetz will er aufgefaßt haben als einen im Interesse seines Berufs geleisteten Verzicht auf sein gutes Recht und auf die ihm natürliche jüdische Lebensweise (1 Kr 9, 21 cf Gl 4, 12). Ebenso bestimmt behauptet er aber auch, daß er trotz seiner inneren Freiheit vom Gesetz in Rücksicht auf die Juden, mit welchen sein Beruf ihn zusammengeführt, der gesetzlichen Lebensform sich bedient habe (1 Kr 9, 20). Das sogenannte Aposteldekret kann schon darum nicht als eine dem Bericht des Pl Gl 2, 1—10 widersprechende und aus der kirchlichen Sitte einer späteren Zeit geschöpfte Dichtung betrachtet werden, weil es schon am Ende des 1. Jahrhunderts in bezug auf einige seiner Bestimmungen obsolet geworden war und von da an nirgendwo unbedingte Giltigkeit gehabt hat (A 10). Nur der Gehorsam gegen den Buchstaben dieser apostolischen Verordnung hat bis ins Mittelalter, ja bis in unser Jahrhundert hinein hier und dort zu buchstäblicher Erfüllung aller ihrer Satzungen Veranlassung gegeben. Gegen die Geschichtlichkeit des Dekrets spricht es nicht, daß Pl in seiner kurzen Darlegung Gl 2, 1—10 die Enthaltung von den 4 Stücken, welche ja nicht der einzige und keineswegs der hauptsächliche Inhalt des Dekrets ist, nicht erwähnt. Denn e r s t e n s betraf diese Bestimmung nicht das Verhältnis des Pl zu den Uraposteln und der Muttergemeinde, womit allein Pl dort es zu tun hat. Es wurde nicht den Heidenmissionaren aufgetragen, diese Stücke den Heidenchristen einzuschärfen, sondern die Muttergemeinde wandte sich direkt und durch ihre eigenen Abgesandten an die Heidenchristen. Die Bestimmung betraf z w e i t e n s auch nicht den Verkehr der Heidenchristen mit den Judenchristen, wovon AG 15 keine Silbe zu lesen ist. Der Judenchrist, welcher gesetzlich leben wollte, konnte auch mit solchen Heidenchristen, welche die 4 Enthaltungen übten, keinen geselligen und gottesdienstlichen Verkehr pflegen, ohne sich fortwährend levitische Unreinheit zuzuziehen. Es war d r i t t e n s keine Koncession an die Judaisten; denn nicht als eine partielle Beobachtung des Gesetzes im Gegensatz zu einer totalen wollte die Empfehlung der vierfachen Enthaltung verstanden sein, sondern in ausschließendem Gegensatz zum Joch des Gesetzes, welches an den Rabbinen bereits s e i n e Prediger hat (15, 19—21 cf v. 10). Es war v i e r t e n s auch kein Kompromiß zwischen den Heidenmissionaren und den Judaisten, sondern jene werden in ihrem bisherigen Wirken unbedingt anerkannt (v. 25 f.), diese dagegen unbedingt verurteilt (v. 10. 19. 24). Es war f ü n f t e n s nicht ein neues Gebot, dessen Beobachtung als Bedingung der Anerkennung des Christentums aufgestellt worden wäre. Es wird der christliche Charakter der Heidenchristen ebenso unbedingt und von vornherein anerkannt, wie derjenige ihrer Missionare (v. 8—11.

14. 19. 23), und nicht die Anerkennung dieses ihres Charakters, sondern das Wohlbefinden der Heidenchristen wird von der vierfachen Enthaltung abhängig gemacht (v. 29). Es wird ferner überhaupt nicht von Gebieten und Fordern geredet, sondern von einer brieflichen Mitteilung (v. 20 ἐπιστεῖλαι cf 21, 25), und diese wird ebenso wie die mündlichen Mitteilungen der Überbringer von den Empfängern als ein ermutigender Zuspruch mit Freuden aufgenommen (v. 31 f. etwa im Sinn von 1 Pt 5, 12). Auch darum ist nicht daran zu denken, daß diese Enthaltungen den Heidenchristen Antiochiens bis dahin fremd geblieben, von Pl bis dahin nicht gefordert worden wären und ihnen nun erst als eine neue Last auferlegt würden. Sie sollen nur fortfahren, sich jener Dinge zu enthalten (v. 29 διατηροῦντες), so wird es ihnen wohlgehen. Daß die Missionare, auf die Beschlüsse von Jerusalem gestützt, nun sofort auch den viel jüngeren Heidengemeinden Lykaoniens jene vierfache Enthaltung einschärften (16, 4), ist begreiflich, ändert aber nichts daran, daß die Hauptsache an dem Dekrete die Anerkennung der bisherigen Gesetzesfreiheit der Heidenchristen war, und daß die gleichzeitige Anempfehlung jener vier Stücke eine Bestätigung der in den Gemeinden Antiochiens und Ciliciens in der Bildung begriffenen christlichen Sitte war. Sie pflanzte sich weiter fort im Umkreis der Heidenmission. Die Mehrheit der Korinther setzte sich durch ihre Behandlung der Götzenopferfrage ebenso wie durch ihre laxe Beurteilung der Unzucht in Widerspruch mit der allgemeinen christlichen Sitte (1 Kr 10, 32 Bd I, 211 A 7). Allmählich aber kamen die von Anfang an weniger wichtigen Stücke (Blut und Ersticktes) tatsächlich in Wegfall; in folge davon misdeutete und veränderte man den von Lc aufbewahrten Text des Dekrets (oben S. 354 f.). Lc würde die Urkunde nicht in sein Werk, zumal nicht in ein für den noch außerhalb der Kirche stehenden Theophilus bestimmtes Buch aufgenommen haben, wenn das Dekret zu seiner Zeit bereits eine durch die Fortentwicklung der christlichen Sitte teilweise antiquirte Satzung gewesen wäre, wie zur Zeit der Apokalypse und der Didache (A 10).

Das luc. Werk wird daher einige Zeit vor dem Ausgang des 1. Jahrhunderts geschrieben sein. Dies ergab sich bereits früher daraus, daß der Vf von den Plbriefen völlig unabhängig schreibt (S. 410 ff.), sowie daraus, daß er von einem apostolischen Ev und insbesondre von unserem griechischen Mtev keine Kenntnis besitzt (S. 365. 403 f.). Haben sich ferner die Gründe für die Abfassung des ganzen Werks durch Lc als ebenso stark, wie die Gegengründe als schwach erwiesen, und ist Lc schon um das J. 40 ein Mitglied der antiochenischen Gemeinde gewesen (oben S. 334), so ist eine Abfassung nach dem J. 80 unwahrscheinlich. Andrerseits kann das Werk auch nicht wohl vor dem J. 70 entstanden sein. Die Benutzung des frühstens um 67 herausgegebenen Mrev führt uns bereits dicht an 70 heran. Die Absicht des Lc, sein Werk in einem dritten Buch zum Abschluß zu bringen (oben S. 370 ff.), setzt voraus, daß seit dem Zeitpunkt, in welchem die Erzählung AG 28, 30 f. abbricht, also seit Frühjahr 63 noch ein beträchtliches Stück der Geschichte des Christentums verlaufen war. Die Anschauung von der Christentumsgeschichte als einer zu einem gewissen Abschluß gediehenen Entwicklung konnte ein Christ seiner Zeit nicht leicht haben, ehe das von Jesus geweissagte Gericht über Jerusalem und den Tempel erfolgt war (oben S. 372), zumal Lc nicht, der wie kein anderer Evangelist bestimmteste dahin lautende Weissagungen Jesu berichtet hatte. Abgesehen von Lc 13, 34—35; 21, 6 (Mt 23, 36—24, 2; Mr 13, 2 cf Mt 22, 7; 26, 61; 27, 40; Mr 14, 58; Jo 2, 19; AG 6, 14) hat Lc allein die ergreifenden Erzählungen 19, 41—44; 23, 27—31, ferner die unmisverständliche Parabel 19, 11—27 und den verschärfenden Zusatz 20, 18 (Mt 21, 44 ist unecht), endlich den Redeabschnitt 21, 20—24, der zwar mit Mt 24, 15—20; Mr 13, 14—18 in manchen Worten zusammentrifft und im Zusammenhang der großen Weissagungsrede die gleiche Stelle einnimmt, wie jene Stücke bei Mt und Mr, aber ganz anderen Inhalts ist. Nach Mt und Mr hat Jesus dort nicht von einer grauenvollen Zerstörung des Tempels, geschweige denn von einer Belagerung, Eroberung und Zerstörung Jerusalems geredet, sondern von der durch Daniel geweissagten Aufrichtung eines abgöttischen Greuels im Tempel, wodurch der wahre Gottesdienst verdrängt, der Tempel entweiht und somit verödet wird, und von einer damit zusammenhängenden letzten und größten Verfolgung der Gemeinde, welcher die Wiederkunft Christi ein Ende machen wird (oben S. 297 und Bd I, 162 ff. 168 ff.). Von alle dem hat Lc nichts und bietet statt dessen eine Weissagung von der Belagerung Jerusalems durch feindliche Kriegsheere (21, 20 cf 19, 43), von der Flucht der Frommen aus Jerusalem und Judäa (21, 21 ff.), von der Tötung des einen, der Gefangennahme und Wegführung des andern Teils der Bevölkerung Jerusalems und von einer andauernden Niedertretung Jerusalems durch die Heiden (21, 24 cf 19, 44; 23, 28 f.). Nur vermöge eines argen Misverständnisses der Weissagung bei Mt und Mr hat man sagen können, Lc sage nur deutlicher, was dort in mysteriöser Prophetensprache angedeutet sei. Es fragt sich vielmehr, warum Lc jene Weissagung von dem entweihenden Greuel an heiliger Stätte, die er aus Mr und aus der prophetischen Lehre in den paulinischen Gemeinden kannte, durch diese Weissagung ganz anderen Inhalts verdrängt hat, und warum er überhaupt die Weissagung vom Gericht über Jerusalem in so viel deutlicherer und mannigfaltigerer Gestalt in sein Ev aufgenommen hat, als Mt und Mr. Die erstere Frage beantwortet sich aus der Bestimmung seines Buchs für einen noch außerhalb der Gemeinde stehenden Mann, welchem die Voraussetzungen für das Verständnis jener Weissagung fehlten. Lc richtet sich nach den Grundsätzen seines Lehrers (1 Kr 2, 6—16). Die zweite Frage ist nicht danach zu beantworten, ob es wahrscheinlich, oder gar ob es möglich sei, daß Jesus die Ereignisse des J. 70 noch deutlicher, als an den angeführten Stellen der andern Evv, nämlich so anschaulich wie Lc 19, 43 f.; 21, 20—24 geschildert habe. Hat Jesus nach aller Überlieferung die Zerstörung Jerusalems und des Tempels als ein vor dem Aussterben seiner Zeitgenossenschaft eintretendes Ereignis geweissagt, so erscheint es als Vermessenheit, ihm die Fähigkeit abzusprechen, dieses Ereignis mit der Anschaulichkeit zu schildern, welche wir ebensowohl Lc 19, 43 f., als 21, 20—24 finden. Die Frage ist nur, ob Jesus an derselben Stelle der von allen drei Synoptikern berichteten Weissagungsrede das Mt 24, 15—28; Mr 13, 14—23 oder das Lc 21, 20—24 Berichtete wirklich gesprochen hat. Sind die gegen die Geschichtlichkeit der Berichte des Mr und des Mt in diesem Punkt vorgebrachten Gründe ohne Gewicht (oben S. 297. 308 f.), so ist eben damit auch bewiesen, daß die Abweichung von der geschichtlichen Genauigkeit auf seiten des später schreibenden Lc liegt. Nehmen wir hinzu, daß schon Mr an dem gleichen Punkt die bei Mt in ursprünglicherer Form erhaltene Weissagung nach dem späteren Verständnis der Gemeinde zugespitzt und auch sonst umgeformt hat (oben S. 248), so kann nicht wohl zweifelhaft sein, daß Lc durch die inzwischen eingetretene Zerstörung Jerusalems veranlaßt wurde, die hierauf be-züglichen Weissagungen Jesu umständlicher und vollständiger mitzuteilen, als die vor dem J. 70 schreibenden Evangelisten, und 21, 20—24 eine solche an die Stelle derjenigen, die er bei Mr vorgefunden, zu setzen. Die Erzählungen 19, 11—27. 41—44; 23, 27—31 sehen nicht danach aus, erst nach dem J. 70 entstanden oder gar von Lc erdichtet zu sein. In bezug auf diese ist nur das ein Zeichen der Zeit, daß Lc sie aus der Schatzkammer der Tradition hervorgeholt hat. Dagegen ist die Umgestaltung der ursprünglichen Weissagung in 21, 20—24 an sich eine Folge der Ereignisse um das J. 70. Ob Lc selbst diese Umgestaltung vorgenommen hat, oder ob sich darin die Eindrücke der Christen Palästinas widerspiegeln, welche diese Ereignisse miterlebt haben, wage ich nicht zu entscheiden. Wahrscheinlicher ist das Letztere. Diese Leute konnten den Untergang Jerusalems nicht herankommen und sich vollziehen sehen, ohne die Ereignisse ihrer Zeit im Licht der Weissagung Jesu zu betrachten und mit gespannter Erwartung zu verfolgen. Es ist kaum anders vorzustellen, als daß die in ihrem Kreise laut werdenden Prophetenstimmen, welche die Flucht von Jerusalem nach Pella veranlaßt haben sollen (oben S. 307 f. A 3), an die Mt 24, 15—28; Mr 13, 14—23 aufbewahrte Weissagung Jesu sich angelehnt und diese ihrer Zeitlage angepaßt haben. Indem Lc sich diese Gestalt derselben aneignete und überhaupt die Weissagung vom Gericht über Jerusalem in reichstem Maße aufnahm, dagegen aber die auf Daniel fußende, dem Theophilus unverständliche Weissagung vom βδέλυγμα ἐρημώσεως fortließ, diente er zugleich seinem apologetischen Zweck. Wenn er dazu gekommen wäre, sein drittes Buch zu schreiben, würden wir gewiß darin lesen, wie genau die Weissagungen Jesu über Jerusalem 40 Jahre nach ihrer Verkündigung sich erfüllt haben. Nach alle dem darf mit ziemlicher Sicherheit behauptet werden, daß Lc sein Werk um 75 geschrieben hat (A 11). — Über den Ort der Abfassung etwas wissen zu wollen, scheint mir unerlaubt. Die Legende, auf welcher die Überlieferung, daß Lc in Griechenland sein Werk geschrieben habe und im Alter von 74 oder 84 Jahren in Böotien oder Bithynien gestorben sei, zu beruhen scheint, müßte man vollständig vor sich haben, um beurteilen zu können, ob ihr geschichtliche Tatsachen zu Grunde liegen (A 12).

1. Als Vf des Reiseberichts, zugleich aber auch des ganzen luc. Werks wollte den Timotheus Mayerhoff, Einl. in die petrin. Schriften, 1835, S. 13—30 erweisen. Nach der Angabe von Ulrich, Stud. u. Krit. 1837 S. 369 ff. hat Schleiermacher in seinen Vorlesungen den Tim. als Vf des Reiseberichts, nicht aber der AG angesehen, worin ihm sodann Bleek u. a. folgten. In den gedruckten Vorl. Schleiermachers (WW., Zur Theol. III, 344—379) ist das nicht zu finden. — Auf Silas als Vf des Itinerars oder vielmehr der Memoiren, welche in AG 15, 1—28, 31 ziemlich unverändert aufgenommen seien, riet Schwanbeck (Titel oben S. 426 A 28) und ließ diese Memoiren S. 265—309 abdrucken, woran sich S. 309—320 Fragmente einer Biographie des Barnabas aus AG 4, 36—15, 4 anschließen. — Den Titus brachte nach Anderen Krenkel, Pl der Apostel der Heiden 1869 S. 214 in Vorschlag.

2. Beispiele mechanischer Beibehaltung eines nur in der benutzten Quellenschrift berechtigten „ich" oder „wir" seitens späterer Bearbeiter gibt Schwanbeck S. 189 ff. nach Stenzel, Gesch. Deutschl. unter den fränk. Kaisern II, 10 ff. aus der Annalenliteratur des Mittelalters. Man erinnerte auch an den Wechsel der ersten und dritten Person in Esra-Nehemia und an ähnliche Erscheinungen im Buch Tobit (König, Atl Einl. 276 ff.; Schürer III, 176) und an ein sonderbares Wir am Schluß der Diamartyria Jacobi (Lagarde, Clementina p. 6, 1). Ein eigentümliches Mittelding zwischen gedankenlosem und trügerischem Verfahren zeigt gelegentlich Hieronymus cf Forsch II, 88 f. 278 f.

3. Nach Baur Pl I, 17 hätte der Vf der AG es sich nur „gerne gefallen lassen", für den Lc gehalten zu werden, dessen Reisebericht er sich angeeignet und mit welchem er sich dadurch identificirt hatte. Nach Zeller 456. 460. 516 hätte er, weniger schüchtern, durch einen den Namen des Lc enthaltenden Buchtitel, der das spätere Wir verständlich machte, das Seinige getan, die Leser über seine Person zu täuschen (s. oben S. 384 A 1). Absichtsvolle Pseudonymie nimmt auch Overbeck XLV an.

4. Protev. Jakobi c. 25, 1 ἐγὼ δὲ Ἰάκωβος ὁ γράψας ταύτην τὴν ἱστορίαν; Ev. Thomae c. 1 nach beiden griech. Recensionen; Ev. Petri 14, 59 f. ἡμεῖς δὲ οἱ δώδεκα μαθηταὶ . . . ἐγὼ δὲ Σίμων Πέτρος καὶ Ἀνδρέας ὁ ἀδελφός μου. Clem. hom. I, 1. Cf GK II, 725 (Ev der Zwölf frg. 2). 772. 775. 856—860 (über Leucius als Vf von Apostelgeschichten). Cf auch die Beispiele aus der Profanliteratur oben S. 389 A. 11.

5. Hobart (Titel oben S. 394 A 28) hat mit staunenswertem Fleiß aus den Schriften des Hippokrates (um 430 v. Chr.), Dioskorides (Zeitgenosse des Lc), Aretaeus und Galenus (beide um 160 n. Chr.) Parallelen zu Lc gesammelt, nach sachlichen Gesichtspunkten geordnet und mit einem guten Index p. 299—305 ausgestattet. Hier kann nur Einiges ausgehoben werden, teils zur Ergänzung, teils zur Begründung des oben S. 429 Gesagten: I. Dem Sprachgebrauch der medicinischen Schriftsteller entsprechende Bezeichnungen der körperlichen Vorgänge, Krankheitserscheinungen, Heilung und dgl. 1) in den Teilen des Lcev, welche bei Mr und Mt mehr oder weniger genaue Parallelen haben. Im voraus sei bemerkt, daß Lc die bei den Medicinern nicht üblichen Namen für Krankheit μαλακία (Mt, LXX, Test. XII patr.), βάσανος, βασανίζεσθαι (Mt 4, 24; 8, 6, von Lucian Soloec. 6 verspottet) meidet, und daß von den auf Erzeugung etc. bezüglichen Ausdrücken des Lc ἔχειν ἐν γαστρί (21, 23), συλλαμβάνειν mit (1, 31 cf 2, 21) und ohne ἐν γαστρί (1, 24. 36), ἔγκυος, στεῖρα, ἄτεκνος, welche sämtlich wie auch σπαργανοῦν den Medicinern geläufig sind, nur der erste auch Mt 1, 18; 24, 19; Mr 13, 17 sich findet. Specifisch medicinische Ausdrücke, welche in den Parallelen fehlen, sind z. B. ῥίψαν . . . μηδὲν βλάψαν 4, 35 (cf Mr 16, 18); συνεχομένη πυρετῷ μεγάλῳ 4, 38 (cf πυρετοῖς καὶ δυσεντερίῳ συνεχόμενον AG 28, 8); das Verbum, 6mal Lc (8, 37; 12, 50 von einer beengenden Stimmung), 3mal AG, einmal Mt 4, 24 mit βασάνοις (s. vorher), gehört ebenso wie die Unterscheidung von „großem" und kleinem Fieber und der Pluralis πυρετοί der medicinischen Kunstsprache an. Selbst die Verbindung von πυρετὸς καὶ δυσεντερία ist ganz

gewöhnlich (Hobart 3 f. 52 f.). Lc hat jedoch die vulgäre Form δυσεντέριον bevorzugt (Lobeck ad Phryn. 518). Statt παραλυτικός (Mt und Mr je 5 mal) gebraucht Lc ebenso wie jene vier Mediciner konstant παραλελυμένος 5, 18. 24 (v. l.); AG 8, 7; 9, 33. Statt des poetischen Ausdrucks Mr 5, 29 gebraucht Lc 8, 44 den in allen Teilen echt medicinischen ἔστη ἡ ῥύσις τοῦ αἵματος. · Für das παραχρῆμα dabei (10 mal Lc, 6 oder 7 mal AG, sonst nur noch Mt 21, 19 f.) zur Bezeichnung sofortiger heilender oder verderblicher Wirkung führt Hobart 97 f. aus einer einzigen Schrift des Hippokrates 16, aus Galenus 27, aus Dioskorides 7 Beispiele an. Ähnlich verhält sichs mit ἐξαίφνης Lc 9, 39 (cf 2, 13; AG 9, 3; 22, 6; sonst nur noch Mr 13, 36); auch ἐπίβλεψαι ἐπὶ τὸν υἱόν μου 9, 38 (Galenus ἐπιβλέπειν τι oder εἴς τι) und ἀποχωρεῖ (vom Weichen der Krankheit) lehnt sich an med. Sprachgebrauch an. 2) In den dem Lc eigentümlichen Stücken finden sich folgende, im NT sonst nicht oder kaum vorkommende, dem medicinischen Sprachgebrauch entsprechend gebrauchte Wörter 10, 30—35 ἡμιθανής (in ganz ähnlichem Zusammenhang bei Galen. ed. Kühn VI, 850; VII, 602), καταδέειν, τραῦμα (τραυματίζειν Lc 20, 12; AG 19, 16, dagegen πληγή Ap 13, 12. 14, was Lc 10, 30; 12, 48; AG 16, 23. 33 Schläge bedeutet), ἐπιμελεῖσθαι (cf ἐπιμελείας τυχεῖν AG 27, 3, ganz anders 1 Tm 3, 5), ἐπιχέειν ἔλαιον καὶ οἶνον, Lc 16, 20—25 ἕλκος (auch Ap 16, 2), ἑλκοῦσθαι, ὀδυνᾶσθαι (Lc 2, 48; AG 20, 38 von seelischem Schmerz); Lc 22, 44 ἀγωνία, ἱδρώς, θρόμβοι αἵματος, καταβαίνειν. Ferner ὀχλεῖν, ἐνοχλεῖν, παρενοχλεῖν Lc 6, 18; AG 5, 16; 15, 19; ἀνάπηρος (oder ἀνάπειρος) Lc 14, 13. 21 sowie das oppos. ὁλοκληρία AG 3, 16; ἀποψύχειν, ἐκψύχειν, καταψύχειν, ἀνάψυξις Lc 16, 24; 21, 16; AG 3, 20; 5, 5. 10; 12, 23; πνοή AG 17, 25 cf 2, 2; ἐμπνέειν AG 9, 1; ἐκπνέειν Lc 23, 46 (dies auch Mr 15, 37. 39); ζωογονεῖν 17, 33; AG 7, 19; ἀπέπεσαν . . . λεπίδες AG 9, 18 (Hobart 39 f.), ἔκστασις AG 10, 10; 11, 5; 22, 17 (dagegen Lc 5, 26; AG 3, 10 wie Mr 5, 42; 16, 8 im Sinn von Staunen); εἰς μανίαν περιτρέπειν AG 26, 24 (die Medic. τρέπειν, aber auch περιτροπή); κραιπάλη Lc 21, 34; χρώς AG 19, 12 im weiteren Sinn (nach Galenus jonisch, aber von allen Medic. gebraucht); προσδοκᾶν (Lc 6 mal, AG 5 mal, sonst nur noch in 2 Parallelen bei Mt und 3 mal 2 Pt 3, 12—14, auch προσδοκία nur Lc 21, 26; AG 12, 11) ist AG 28, 6 ganz nach Art des Galenus und dicht neben einem specifisch medicinischen μηδὲν ἄτοπον gebraucht (Hobart 162. 289) cf auch οὐδὲν ἄτοπον Lc 23, 41, τὶ ἄτοπον AG 25, 5 (ἄτοπος überhaupt sonst nur noch 2 Th 3, 2). Auch πιμπρᾶσθαι, καταπίπτειν, θηρίον = ἔχιδνα AG 28, 3—6; ἀπαλλάσσεσθαι 19, 12 (mit νόσοι als Subjekt); καταφερόμενος ὕπνῳ βαθεῖ 20, 9 sind medic. Ausdrücke. Endlich cf ἄσιτοι διατελεῖτε AG 27, 33 mit Gal. ἄσιτος διετέλεσεν, ἄδιψοι διατελοῦσιν, bei Hippokr. wie bei Lc ein διατελεῖν bis zu 14 Tagen Hobart 278. — II. Beachtenswert ist auch die Anwendung von Wörtern, welche in der Heilkunde üblich waren, auf andere Gebiete. Wenn die zu chirurgischen Zwecken dienende Nadel regelmäßig nicht ῥαφίς, sondern βελόνη und das geborhte Loch von den Ärzten nicht τρύπημα oder τρυμαλία, sondern τρῆμα genannt zu werden pflegt, und wenn man bei Galen liest τοῦ κατὰ τὴν βελόνην τρήματος oder τοῦ διατρήματος τῆς βελόνης (Hobart 60 f.), so charakterisirt Lc 18, 25 im Vergleich mit Mt 19, 24; Mr 10, 25 (an allen 3 Stellen nach Tischd.'s Text) den Vf als Arzt. Wenn Galenus ausdrücklich über den ihm selbst wie schon dem Hippokrates geläufigen Gebrauch von ἀρχαί zur Bezeichnung der Enden (πέρατα) des Verbandzeugs (οἱ ἐπίδεσμοι, oft auch ὀθόνια und ὀθόνη) reflektirt, so ist klar, daß AG 10, 11; 11, 5 von einem Arzt geschrieben ist. Aus der Fülle von eigentümlichen Worten und Redensarten des Lc, zu welchen Hobart sonst noch Parallelen beibringt, hebe ich hervor ἀναδιδόναι ἐπιστολήν AG 23, 33 und οὐκ ἄσημος πόλις 21, 39 (beides Hippokr.), ἄσιτος, ἀσιτία, τὰ σιτία AG 7, 12 aus Gen 42, 2 (LXX σῖτος), ἀτενίζειν, ἰκμάς, κατακλείειν Lc 3, 20; AG 26, 10 (Galen. auch mit ἐν εἱρκτῇ), πλήμμυρα, ῥῆγμα, προσρήγνυμι, συμπίπτειν (Lc 6, 48 f. Wörter, welche weder Mt 7, 25—27, noch sonst im NT vorkommen), συκάμινος neben συκομορέα Lc 17, 6; 19, 4, nach Dioskorides im gewöhnlichen Sprachgebrauch oft verwechselt. Selbstverständlich kommt solchen Wörtern und

Redewendungen, die nur auch bei den Medicinern gebräuchlich sind (cf auch oben
S. 386 A 5; 416 f. A 1) nicht an und für sich, sondern nur im Zusammenhalt mit den
vorher angeführten Beispielen einige Beweiskraft zu.

6. Daß Lc als Arzt 8, 43 wenigstens nach dem Text von Tischd. die für die Ärzte
wenig schmeichelhafte Darstellung Mr 5, 26 gemildert habe, ist eine unwürdige In-
sinuation. Auch Mr sagt nicht, daß der Zustand der Kranken in folge der ärztlichen
Behandlung, sondern daß er trotz derselben sich immer mehr verschlimmerte, was ja
bei zwölfjähriger Dauer eines derartigen Leidens ebenso selbstverständlich ist, wie das
Andere, daß vergebliche Behandlung durch immer wieder andere Ärzte eine schwere
Plage war. Lc hat hier nur wie sonst (oben S. 402) Weitläufigkeiten des Mr vermieden.
Auch wenn man mit BD Ss sah arm Lc 8, 43 $\iota\alpha\tau\varrho o\tilde{\iota}\varsigma — \beta\iota o\nu$ streicht, bleibt die Sache
die gleiche; denn daß „Niemand“ hier soviel heißt wie „kein Arzt“, verstand sich von
selbst.

7. Ranke, Weltgesch. III[1], 1, 170—193 erzählt ganz nach der AG, spricht S. 187
in bezug auf AG 21 von dem „einfachen Bericht der Urkunde“ und zum Schluß S. 191
von der ganzen AG als einer Erzählung, welche „gute Kunde mit einfacher Darstellung
verbindet“. — E. Curtius (Bd I, 50 A 18) hat uns zwar nicht, wie Maaß, Orpheus,
1895 S. 8 urteilt, das Verständnis von AG 17 erst erschlossen, sondern mit seiner Verlegung des Schauplatzes vom Areshügel auf den Marktplatz einen Fehlgriff getan. Es
will aber doch etwas bedeuten, wenn ein Kenner Athens wie Curtius S. 925 urteilt, daß
in AG 17 „ein wohl unterrichteter Zeuge wahrheitsgetreu den Vorgang schildert. Es ist
in den 16 Versen des Textes eine solche Fülle von geschichtlichem Material enthalten,
es ist Alles so prägnant und eigenartig, so lebensvoll und charakteristisch, es ist nichts
Redensartliches und Schablonenhaftes darin, wie es der Fall sein müßte, wenn Jemand
eine erdichtete Erzählung vorträgt. Es ist unmöglich, eine Tendenz nachzuweisen,
welche eine absichtliche Erfindung irgend wahrscheinlich machen könnte. Man muß in
Athen zu Hause sein, um den Bericht recht zu verstehen.“ Die Altarinschrift (17, 23),
welche Leute, die sich eines solchen Verhältnisses zu Athen nicht rühmen können, be-
krittelt haben, hat der geborene Athener (Forsch III, 162) Clemens' strom. V, 83 und
Origenes, der Athen gesehen hat, tom. X, 5 in Jo unbedenklich citirt. Zur Zeit des
Didymus (Mai, Nova p. bibl. IV, 2, 139) war eine solche nicht mehr zu finden, sondern
nur ähnliche mit pluralischer Widmung. Vergleicht man damit Hieron. ad Tit. (Vall.
VII, 707), so erkennt man sofort, daß Hieron. dort einerseits seinen Lehrer Didymus
ausschreibt, andrerseits einen anderen Griechen, welcher den Wortlaut der Inschrift
mitgeteilt hatte, aller Wahrscheinlichkeit nach den Origenes (cf Forsch II, 88 f. 275 ff.;
GK II, 426 ff.). Daß aber Hieron. in folge seiner Verschmelzung zweier Vorlagen den
Text kontaminirt hat, zeigt die Vergleichung mit Oekumenius (Migne 118, 237), welcher
aus derselben Quelle wie Hieron., also wahrscheinlich aus Origenes, den Text geschöpft
hat: $\vartheta\varepsilon o\tilde{\iota}\varsigma\ \text{'}A\sigma\iota\alpha\varsigma\ \varkappa\alpha\grave{\iota}\ E\dot{\upsilon}\varrho\dot{\omega}\pi\eta\varsigma\ \varkappa\alpha\grave{\iota}\ \Lambda\iota\beta\dot{\upsilon}\eta\varsigma,\ \vartheta\varepsilon\tilde{\omega}\ \dot{\alpha}\gamma\nu\dot{\omega}\sigma\tau\omega\ \varkappa\alpha\grave{\iota}\ \xi\acute{\varepsilon}\nu\omega$, was Hieron. unter
dem Druck der Bemerkung des Didymus in *diis ignotis et peregrinis* änderte. Die
Inschrift, welche zur Zeit des Clemens und des Origenes noch in Athen zu sehen war,
ist vor der Zeit des Didymus († 395) und des Hieronymus verschwunden, vielleicht
während der Reaktion unter Julian, cf Luc. Philopatris 8. — Unter den hervorragenden
Altertumsforschern, welche den hohen geschichtlichen Wert der AG zu würdigen wissen,
ist vor allem auch W. M. Ramsay in seinen oft citirten Werken zu nennen. Eine unerfreuliche Ausnahme macht Th. Mommsen s. oben S. 423 f. A 20.

8. Hicks im Expositor 1890 p. 401 ff. hat einen Demetrius, welcher in einer Inschrift
von Ephesus (Anc. greek Inscr. of the british Mus. nr. 578 l. 6) zu den $\nu\varepsilon\omega\pi o\iota\acute{\eta}\sigma\alpha\nu\tau\varepsilon\varsigma$
oder $\nu\varepsilon\omega\pi o\iota o\acute{\iota}$ gerechnet zu sein scheint (von dem Titel ist nur der Buchstabe N er-
halten), mit dem $\varDelta\eta\mu\acute{\eta}\tau\varrho\iota o\varsigma\ \dot{\alpha}\varrho\gamma\upsilon\varrho o\varkappa\acute{o}\pi o\varsigma,\ \pi o\iota\tilde{\omega}\nu\ \nu\alpha o\grave{\upsilon}\varsigma\ \dot{\alpha}\varrho\gamma\upsilon\varrho o\tilde{\upsilon}\varsigma\ \text{'}A\varrho\tau\acute{\varepsilon}\mu\iota\delta o\varsigma$ AG 19, 24

identificirt und daraufhin den Vf der AG bezichtigt, jenen Titel misdeutend, aus einem Tempelbeamten einen Silberschmied gemacht und die Anfertigung silberner Nachbildungen des Artemistempels erfunden zu haben. Mir scheint die Widerlegung von Ramsay, Church in the Rom. Emp.[2] p. 112ff. ausreichend.

9. Als Parallelismen zwischen Pt und Pl kommen in betracht: Heilung des Lahmen 3, 1—10 = 14, 8—10; einigermaßen auch 3, 12; 10, 26 = 14, 11—18; 28, 6; magische Massenheilungen 5, 15f. = 19, 11f.; der Magier 8, 18—24 = 13, 8—11; Wirkung der Handauflegung 8, 17—19 = 19, 6; Totenerweckung 9, 36—41 = 20, 7—12; wunderbare Befreiung aus dem Gefängnis 12, 3—12 (5, 18—21) = 16, 23—40. Man weiß nicht, ob man mehr die Kunst in der Symmetrie des Aufbaus oder das Talent in der Erfindung immer wieder neuer, grundverschiedener Scenen bewundern sollte, wenn dies alles nicht vielmehr treue Wiedergabe von Erinnerungen und Überlieferungen wäre.

10. Schon Ap 2, 14. 20 finden wir von den 4 Stücken des Aposteldekrets nur $\varphi\alpha\gamma\varepsilon\tilde{\iota}\nu$ $\varepsilon\dot{\iota}\delta\omega\lambda\dot{o}\vartheta\nu\tau\alpha$ $\varkappa\alpha\dot{\iota}$ $\pi o\varrho\nu\varepsilon\tilde{\upsilon}\sigma\alpha\iota$ genannt; und wenn Christus 2, 24f. versichert, daß er dem treu gebliebenen Teil der Gemeinde von Thyatira keine weitere Last auflege, und lediglich fordert, daß sie festhalten, was sie haben, so können unter $\ddot{\alpha}\lambda\lambda o$ $\beta\dot{\alpha}\varrho o\varsigma$ nach Sprachgebrauch und Zusammenhang nicht Rügen oder Strafen, sondern nur lästige Verpflichtungen verstanden werden, und unter dem, was die treuen Christen bisher gehabt und gehalten haben, vor allem die Enthaltung von jenen zwei Stücken. Diese wird aber im Gegensatz zu weiteren Verpflichtungen, natürlich zu solchen verwandter Art gestellt; denn daß Christus auch Enthaltung von Lüge, Diebstahl, Mord u. dgl. fordert, versteht sich von selbst. Es wird der wahrscheinlich durch die Nikolaiten, die Prediger einer unsittlichen Freiheit (2 Pt 2, 19 oben S. 102), genährten Besorgnis entgegengetreten, als sollten den Heidenchristen noch weitere beengende Vorschriften gegeben werden. Die gestellte Forderung setzt das Aposteldekret voraus, und die ausdrückliche Ablehnung weiterer Forderungen in bezug auf die äußere Lebensführung setzt voraus, daß schon vor der Zeit der Ap in den asiatischen Gemeinden die beiden anderen Stücke des Aposteldekrets nicht mehr festgehalten wurden. In Didache c. 6 ist noch deutlicher Bezug genommen auf andere die Nahrungsmittel betreffende Gebote der Apostel an die Heiden außer der Enthaltung vom Götzenopferfleisch; diese anderen Gebote waren dem Vf aus der AG bekannt, aber auf ihrer Beobachtung wird nicht mehr bestanden cf GK II, 933f. Eine weitere Folge davon, daß die Verbote des Bluts und des Erstickten im Leben nicht mehr durchführbar waren und tatsächlich nicht mehr beobachtet wurden, waren die Umdeutungen und Textänderungen s. oben S. 345ff. Auf eine erschöpfende Erörterung des Dekrets muß ich hier verzichten. Nur das sei bemerkt, daß $\mu\eta\delta\dot{\varepsilon}\nu$ $\pi\lambda\dot{\varepsilon}o\nu$ $\beta\dot{\alpha}\varrho o\varsigma$ 15, 28 ebenso wie $o\dot{\upsilon}\varkappa$ $\ddot{\alpha}\lambda\lambda o$ $\beta\dot{\alpha}\varrho o\varsigma$ Ap 2, 24 nur bedeuten kann: „keine weitere Last außer derjenigen Verpflichtung, die ihr bereits tragt und zwar gerne tragt, so daß sie eben keine Last ist". Das $\pi\lambda\dot{\eta}\nu$ führt an beiden Stellen nicht = $\ddot{\eta}$ hinter $\pi\lambda\dot{\varepsilon}o\nu$ eine Ausnahme von der negativen Regel ein, womit gesagt wäre, daß die dahinter folgende Forderung in der Tat ein $\dot{\varepsilon}\pi\iota\beta\dot{o}\lambda\lambda\varepsilon\iota\nu$ $\beta\dot{\alpha}\varrho o\varsigma$ Ap 2, 24, ein $\dot{\varepsilon}\pi\iota\vartheta\varepsilon\tilde{\iota}\nu\alpha\iota$ $\zeta\upsilon\gamma\dot{o}\nu$ (AG 15, 10), ein $\pi\alpha\varrho\varepsilon\nu o\chi\lambda\varepsilon\tilde{\iota}\nu$ (15, 19) sei, sondern $\pi\lambda\dot{\eta}\nu$ führt wie gewöhnlich eine nur entfernter zu dem in Rede stehenden Gegensatz gehörige Tatsache ein, welche durch das Voranstehende nicht ausgeschlossen sein soll, gleichviel ob ein selbständiger Satz (Mt 18, 7; Lc 22, 21. 22. 42; Phl 4, 14; Ap 2, 25 „doch, jedoch"), oder ein abhängiger Nebensatz (AG 20, 23) oder ein einzelnes Substantiv folgt (AG 27, 22 das Schiff ist keine Seele).

11. Ungeeignet zur Zeitbestimmung ist AG 8, 25 $\alpha\ddot{\upsilon}\tau\eta$ $\dot{\varepsilon}\sigma\tau\iota\nu$ $\ddot{\varepsilon}\varrho\eta\mu o\varsigma$, worin Hug Einl. I[3], 23 unter der irrigen Voraussetzung, daß dies eine Zwischenbemerkung des Vf sei, während es zur Rede des Engels gehört, und ferner daß sich dies auf die Stadt Gaza beziehe, sowie unter stillschweigender Eintragung eines $\nu\tilde{\upsilon}\nu$ einen Hinweis auf die Zerstörung Gazas durch die Juden im J. 66 (Jos. bell. II, 18, 1) finden wollte. Wenn

die zweite Voraussetzuug richtig wäre, würde der Ausdruck viel eher an die Zeit vor der Neugründung von Gaza a. 62 v. Chr. und an Strabo p. 759 (μένουσα ἔρημος s. dazu Schürer II, 87) erinnern. Offenbar aber bezieht sich die Notiz nicht auf die Stadt, welche für Philippus gar keine Bedeutung hat, sondern auf die Straße von Jerusalem nach Gaza, auf die er sich begeben, und wo er dem einsam reisenden Eunuchen begegnen soll; jedoch nicht in dem Sinn, daß unter mehreren Straßen, die von Jerus. nach Gaza führen, diejenige bezeichnet wäre, welche durch eine wenig bewohnte Gegend führt (so Robinson, Palästina II, 644. 748; Overbeck zu AG 8, 26), was sprachlich unmöglich ist. Von der einen Hauptstraße, wahrscheinlich der über Eleutheropolis, wird dies ausdrücklich bemerkt, um dem Philippus zu sagen, daß er diesmal nicht als Missionar von Stadt zu Stadt ziehen und dem Volk predigen, sondern darauf gefaßt sein soll, daß ihm auf der einsamen Straße etwas begegnen werde, was er nicht erwartet. Hofmanns Urteil (IX, 265), der Vf würde zu einer Zeit, wo ganz Palästina durch den jüdischen Krieg öde geworden war, nicht im Präsens von der Einsamkeit dieser Straße reden, würde auch dann, wenn Lc und nicht vielmehr der Engel als der Redende anzusehen wäre, unzutreffend sein; denn daran, daß ganz Palästina nach dem J. 70 eine menschenleere Wüste gewesen sei, ist ja nicht zu denken. Auch die Bemerkung (Hofmann IX, 261), daß Lc nach dem J. 70, solange nach dem Tode Agrippas I. († 44), keinen Anlaß mehr gehabt haben würde, des Lysanias von Abilene zu gedenken (3, 1), leuchtet nicht ein. Auch Agrippa II., zu dessen Regierungszeit (c. 50—100) Lc jedenfalls geschrieben hat, hatte dieses Gebiet a. 53 erhalten (Jos. ant. XX. 7, 1; bell. II, 12, 8), und nicht nur Josephus nennt dasselbe bei dieser Gelegenheit nach dem ehemaligen Besitzer, sondern auch noch Ptolem. V, 15, 22.

12. Die Meinungen der Alten über den Abfassungsort oben S. 338 f. A 7. Für Rom ist bis in neueste Zeiten geltend gemacht worden, daß unbedeutende Orte in dessen Nähe wie *Forum Appii* und *Tres tabernae* 28, 15 als bekannt vorausgesetzt seien. Es würde zur Erklärung genügen, daß Theophilus einmal eine Reise nach Rom. gemacht hat. Es werden in den Reiseberichten Troas, Samothrace, Neapolis, Kenchreae, Assos, Mitylene, Chios, Samos, Trogylia (cod. D), Kos, Patara, Myra, Adramyttion, Knidos Salmone (16, 11; 18, 18; 20, 13—15; 21, 1; 27, 2—7) nicht anders eingeführt wie die berühmten Städte Korinth, Ephesus, Antiochien, Alexandrien, Jerusalem, Rom oder wie jene unbedeutenden Stationen an der Via Appia. Ein gleichmäßiges Verfahren läßt sich in dieser Beziehung nicht konstatiren. Die palästinischen Städte Nazareth, Juda (Jutta?), Bethlehem, Kapernaum, Nain, Arimathia und deren Lage werden als unbekannt eingeführt (Lc 1, 26. 39; 2, 4; 4, 31; 7, 11; 23, 51), die Lage des Gadarenerlandes (8, 26), die Entfernung des Ölbergs und des Dorfs Emmaus von Jerusalem, Lyddas von Joppe wird angegeben (Lc 24. 13; AG 1, 12; 9, 38), dagegen Jericho (Lc 18. 35), Gaza, Asdod, Lydda, Joppe, Antipatris, Cäsarea, Ptolemaïs, Tyrus, Damaskus (AG 8, 26. 40; 9, 2. 32. 38. 40; 20, 3. 7; 23, 31) ebenso wie Jerusalem und Antiochien als bekannt eingeführt. Immerhin mag man aus jenen Näherbestimmungen schließen, daß Theophilus nicht in Palästina zu Hause war, und aus AG 16, 12; 17, 19. 21, Bemerkungen, welche für das Verständnis der Ereignisse von Bedeutung sind, daß Lc bei Theophilus nicht die gleiche Kenntnis der Verhältnisse in Macedonien und Griechenland voraussetzt, als er selbst besaß. — Für Abfassung in Ephesus oder doch Kleinasien sind Köstlin, Urspr. der synopt. Evv S. 294 ff. und Overbeck S. LXVIII ff. eingetreten.

§ 63. Rückblick und Vorblick.

Von den drei geschichtlichen Werken, welche bis dahin untersucht wurden, ist das erste uns nur in einer zwar wesentlich treuen, aber nicht in allen Teilen glücklichen Übersetzung erhalten; das zweite ist unvollendet geblieben; das dritte, welches auf drei Bücher angelegt war, ist nicht über das zweite Buch hinausgeführt worden. Die Lage der Christenheit in den Jahren 60—80 und die praktischen Bedürfnisse, welchen die drei Schriftsteller innerhalb dieses Zeitraumes durch ihre Arbeit genügen wollten, waren nicht danach angetan, harmonische Kunstwerke hervorzubringen, und auch nicht solche Werke, die unserem Bedürfnis nach geschichtlicher Aufklärung ein Genüge tun könnten. Auch Lc, der nach nationaler Anlage, Bildung und Absicht von den dreien uns Kindern des Abendlands und der Neuzeit am nächsten steht, hätte in bezug auf sein Werk nicht sagen können: τοῦ συγγραφέως ἔργον ἕν· ὡς ἐπράχϑη εἰπεῖν (Lucian, hist. conscr. 39). Der Zweck religiöser Belehrung und Einwirkung ist ihnen allen gemein. Die nachapostolische Kirche hat das Wesen dieser Bücher richtig durch das Wort εὐαγγέλιον, εὐαγγέλια ausgedrückt, und zwar mit größerem Recht in bezug auf die drei ersten, als in bezug auf das vierte Ev. Denn während dieses an längst bestehende Christengemeinden sich wendet, schließen sich die drei ersten, jedes in seiner Art, an die Missionspredigt an, welche ursprünglich τὸ εὐαγγέλιον hieß. Mt wendet sich fast mehr an die ungläubigen Juden, als an seine christgläubigen Volksgenossen; Lc will einen zum Christentum hinneigenden Heiden vollends für den Glauben und die Kirche gewinnen. Auch Mr verleugnet als Schriftsteller nicht, daß er ein Missionsgehilfe war; er hat zunächst Neubekehrte im Auge (oben S. 203 ff.). Damit war für alle drei ein enger Anschluß an die Grundform der historischen Mitteilungen in der Missionspredigt gegeben, welche das auf die Verhaftung des Täufers folgende und erst von da an ununterbrochen fortlaufende öffentliche Wirken Jesu bis zu Tod und Auferstehung umfaßten und, wie es bei volkstümlicher Behandlung verwickelter Geschichtsentwicklungen zu geschehen pflegt, Zwischenstufen überspringend, den großen Gang der Ereignisse so darstellten, daß die Bewegung in Galiläa begonnen, in Judäa aber geendigt habe (AG 10, 37—42; 13, 23—31 cf 1, 21 f., oben S. 160 f. 165 A 1; 167 ff. 170 f. A 5; 222). Dadurch war nicht ausgeschlossen, daß der einzelne Ev je nach seiner besonderen Absicht über dieses Schema hinausgriff. Mt und Lc taten dies aus verschiedenen Gründen mit ihren „Vorgeschichten", während diese für Mr durch seine ausgesprochene Absicht ausgeschlossen waren. Daraus aber, daß alle drei das Schema zu Grunde gelegt und im allgemeinen sich innerhalb desselben gehalten haben, ist jedenfalls nicht zu schließen, daß dieses sich mit den Schranken ihrer Kenntnis deckte, woraus dann sofort folgen würde, daß die bis hieher gewonnenen Ergebnisse über die Vf und die Entstehung der 3 ersten Evv ebensoviele Irrtümer darstellen. Gesteigert würde die Sicherheit dieser vernichtenden Schlußfolgerung für denjenigen, welcher sich von der Echtheit und Glaubwürdigkeit des 4. Ev überzeugt hält (A 1). Aber eben die Voraussetzung solcher Schlußfolgerung, daß nämlich die Sachkenntnis des Mt, Mr, Lc sich in ihrem Umfang mit dem Stoff ihrer Darstellung decke, hat sich bereits vielfach als ein Irrtum herausgestellt (oben S. 162

208. 286. 324 f.). Der Hauptunterschied zwischen dem 4. Ev und den 3 anderen, welchen man vom 2. Jahrhundert an bis heute zur Kritik bald des Jo, bald der „Synoptiker" verwendet hat, besteht bekanntlich darin, daß diese nur ein einmaliges Auftreten Jesu in Jerusalem während seiner letzten Lebenstage darstellen, Jo dagegen ihn 5 mal in Jerusalem auftreten (2, 13; 5, 1; 7, 14; 10, 22; 12, 12), auch eine Zeit lang in der judäischen Landschaft wirken (3, 22—4, 3) und mindestens 3 Passafeste nach seiner Taufe erleben läßt (2, 13; 6, 4; 12, 1 ff.). Die auf den synoptischen Bericht gegründete und manchmal an Lc 4, 19 angelehnte Vorstellung von einer nur einjährigen Lehrwirksamkeit Jesu, die sich in der alten Kirche trotz Kenntnis und Anerkennung des 4. Ev vielfach behauptet hat, wäre auch abgesehen vom 4. Ev haltlos. Keiner der Synoptiker bietet eine chronologische Angabe über das erste Auftreten Jesu, welche zu dieser Einschränkung Anlaß geben könnte. Ferner hat Jesus nach Mt 12, 1; Mr 2, 23; Lc 6, 1 mitten in dem galiläischen Wirken und lange vor seinem Ende den Anfang einer Erntezeit erlebt. Schriftstellern, welche nirgendwo Beweise blödsinniger Gedankenlosigkeit gegeben haben, und dagegen sich mit den jüdischen Sitten und den natürlichen Verhältnissen in Palästina so wohl vertraut zeigen, wie Mt und Mr und auch Lc, ist doch nicht zuzutrauen, daß sie sich diese Scene im Herbst oder Winter vorgestellt haben. Sie wußten, daß der Anfang der Ernte mit der Passazeit zusammenfiel, daß also von da bis zu dem Todespassa mindestens noch ein volles Jahr verstrichen sei. Überdies wird Lc die Tradition, welche er 6, 1 durch σαββάτῳ δευτεροπρώτῳ wiedergibt, auch verstanden haben, und zwar dahin, daß es der zweite Sabbath, vom ersten Sabbath des jüdischen „Kirchenjahrs" an gerechnet, gewesen sei, welcher immer auf einen der Tage vom 8.—14. Nisan, also unmittelbar vor das Passa fällt. Es kann hier nicht bewiesen werden, daß es sich dabei um dasselbe Passa handelt, wie Jo 6, 4. Derselbe Lc müßte sich 3, 23 sehr sonderbar ausgedrückt haben, wenn er nicht von einer Reihe von Jahren gewußt hätte, die zwischen der Taufe und dem Tode Jesu verlaufen sind. Von einem Menschen, welcher am Schluß desselben Jahres, in dem er anfängt zu wirken, auch damit aufhört, sagt kein Verständiger: „er war, als er anfing, etwa 30 Jahr alt". Derselbe Lc hat, wenn er die von ihm aufgenommenen Reden Jesu verstanden hat, aus diesen selbst entnehmen müssen, wenn er es nicht anderswoher wußte, daß das vom Propheten in Aussicht gestellte Gnadenjahr der Heilsanerbietung an Israel (4, 19) in der Wirklichkeit der Geschichte eine Reihe von Jahren angedauert hat. Auf die Gefahr, wegen altmodischer Auslegung verspottet zu werden, muß ich behaupten, daß nach Lc 13, 6—9 Jesus bereits geraume Zeit vor seinem Ende, wahrscheinlich in dem letzten Sommer oder Herbst seines Lebens auf einen Zeitraum von drei Jahren zurückblickte, während dessen Gott immer wieder vergeblich nach Früchten der vom Täufer begonnenen und von Jesus fortgesetzten Predigt des Heils gesucht hat, und zwar in erster Linie an Jerusalem, dem unfruchtbaren Feigenbaum im Weinberg Israels (A 2). Es wird auch nicht gelingen, das nahe dabei stehende Wort

Lc 13, 34, welches auch Mt 23, 37 aufbewahrt ist, anders zu deuten, als daß Jesus selbst gar manchmal sich vergeblich bemüht hat, die Bevölkerung Jerusalems durch sein Zeugnis, welches sie jedesmal abgelehnt hat, vor dem ihr drohenden Gericht zu schützen (A 3). Nicht als der einzige, sondern als der letzte Versuch ist das von den „Synoptikern" allein geschilderte Auftreten Jesu in Jerusalem auch durch das Wort gekennzeichnet, das er bei seinem Ritt vom Ölberg herab über die Stadt sprach (Lc 19, 42): „wenn doch auch du (wie die galiläischen Jünger) wenigstens an diesem Tage (bei dieser letzten Gelegenheit, welche dir geboten wird) erkenntest, was zum Frieden führt"! Ohne die Voraussetzung früherer und nicht ganz flüchtiger Besuche Jerusalems wäre Mt 26, 55; Mr 14, 49 ($\varkappa\alpha\vartheta'$ $\dot{\eta}\mu\acute{\epsilon}\varrho\alpha\nu$ cf Jo 18, 20) sonderbar geredet; und es bliebe unverständlich, woher die nahen freundschaftlichen Beziehungen Jesu zu mehreren Personen in und bei Jerusalem herrühren sollten, welche Mt 21, 3. 17; 26, 6. 18; 27, 57; Mr 11, 3. 11; 14, 3. 14 (oben S. 243 f.); 15, 43; Lc 19, 31; 23, 50 f. vorausgesetzt sind. Am deutlichsten zeigt Lc, daß er von der Vorstellung völlig frei ist, welche man auf die Darstellung aller drei „Synoptiker" glaubte gründen zu können. Wir sahen (S. 402 f.), daß und wie er den durch die Berichte des Mt und des Mr begünstigten Schein beseitigt, als ob alles Wirken Jesu in Galiläa der Verhaftung des Täufers erst gefolgt sei. Er löst die Reise von Judäa nach Galiläa, welche den Anfang dieses und alles öffentlichen Wirkens Jesu einleitet, aus der Verbindung mit dem Ende der Wirksamkeit des Johannes und knüpft dagegen diese Reise unmittelbar an die Taufe und Versuchung Jesu an (Lc 3, 22; 4, 1. 14; Jo 1, 29—2, 11). Er sagt ausdrücklich und zwar an einer frühen Stelle seines Buchs (4, 43 f.), daß Jesus nicht nur in Galiläa, sondern in den Synagogen des ganzen hl. Landes gepredigt habe (oben S. 375. 391). Er berichtet 10, 38—42 von einem Aufenthalt Jesu im Hause der Geschwister von Bethanien bei Jerusalem, welcher nicht den letzten Lebenstagen Jesu angehören kann.

Warum aber erzählt Lc, und erzählen Mt und Mr nicht förmlich und ausführlich, was sie nachgewiesenermaßen wissen? Wem die Antwort nicht genügt, welche in dem besonderen Zweck eines jeden dieser Evv und in der ihnen gemeinsamen Anlehnung an das Grundschema der Missionspredigt liegt, der gebe eine bessere Antwort, erkläre uns aber auch, warum Mt und Lc uns nichts von den vielen und großen Wundertaten erzählen, die in Chorazin und Bethsaida geschehen und Mt 11, 21; Lc 10, 13 vor den Taten in Kapernaum genannt sind, und von der dem Pt zu Teil gewordenen Erscheinung des Auferstandenen (Lc 24, 34) und von den früheren Beziehungen der vier Fischer von Kapernaum zu Jesus, ohne welche die Erzählung Mt 4, 18—22; Mr 1, 16—20 geschichtlich unbegreiflich ist. Die hiemit in Erinnerung gebrachten Tatsachen finden jedenfalls keine befriedigende Erklärung in einer der bisher zu Tage geförderten Konstruktionen einer Geschichte der Evangelienliteratur, welche ebenso mit dem Selbstzeugnis der Evv, wie mit der in das erste Jahrhundert hinaufreichenden Überlieferung über ihre Entstehung sich in Widerspruch setzen und diese Überlieferung wie jenes Selbstzeugnis als ein ungelöstes Rätsel stehen lassen. Nur wenn man wahrscheinlich machen könnte, daß die Männer, welche hinter den Namen Mt, Mr und Lc verborgen sind, zu einer Zeit geschrieben haben, da die Augenzeugen der ev Geschichte ausgestorben waren, und daß die Forschungen, auf welche einer dieser Schriftsteller (Lc 1, 3) sich beruft, sich auf das Durchlesen zweier oder dreier älterer Schriften beschränkt haben: erst dann könnte ich glauben, daß das Hinweggehen der 3 ersten Evv über wichtigste Ereignisse, die sie andrerseits deutlich genug bezeugen, aus ihrer Abhängigkeit von verlorenen Quellenschriften zu erklären sei. Aber das Problem wäre damit nicht gelöst, sondern lediglich zurückverlegt. Es würde wiederkehren in der Frage: Warum haben jene älteren Schriftsteller, deren Schriften wir nicht besitzen, von ihrem reichen Wissen einen so beschränkten Gebrauch gemacht? Ob die Untersuchung des 4. Ev den bisher gewonnenen Ergebnissen entspricht oder widerspricht, muß sich zeigen.

1. P. E w a l d·, welcher als „das Hauptproblem der Evangelienfrage" die Einseitigkeit der Stoffwahl in den synoptischen Evv betrachtet, stellt in der so betitelten Schrift (1890) S. 52 f. zusammen, was man bisher in den syn. Evv an johanneischem Material nachgewiesen, und vermehrt dies besonders durch den Hinweis auf Lc 22, 24 ff. 35 ff. im Vergleich mit Jo 13 ff.

2. Im wesentlichen, aber nicht im einzelnen richtig schon Ephraim, ev. conc. expos. p. 166 f. 183 f. 213; opp. ed. Rom. I, 562 cf Forsch I, 68. 261; Bengel, Gnomon ad Lc 13, 7; Wieseler, Chronol. Synopse 202; Beiträge 165. Gegen meine Lehrmeister in der Exegese: J. Stockmeyer, Erklärung ausgewählter Gleichnisse (ed. C. Stockmeyer 1897) S. 251—260 und Hofmann, NT VIII, 351 ff., welche diese Deutung ablehnen, muß ich Folgendes bemerken: 1) Daß der Baum im W e i n b e r g gepflanzt ist, daß der W e i n - b e r g ausdrücklich als Eigentum des Besitzers des Baums bezeichnet und der Garten- arbeiter eigens $\dot{\alpha}\mu\pi\varepsilon\lambda o\nu\varrho\gamma\acute{o}s$ genannt wird, obwohl er es in der Parabel nur mit dem Feigenbaum zu tun hat: das alles kann unmöglich nur den Gedanken ausdrücken, daß der Baum auf einem gut bearbeiteten Boden und in geschützter Lage stand (so Stock- meyer S. 254). Der Weinberg, welcher im Gleichnis so bedeutsam hervortritt, ist fest- stehendes Bild der israelitischen Volksgemeinde (Jes 5, 1—7; 27, 2—6; Mt 21, 33—46; Lc 20, 9—16). Dann kann der Feigenbaum darin nicht wiederum Israel, sondern nur Jerusalem sein. 2) Dies bestätigt die Erzählung Mt 21, 18—22; Mr 11, 12—14. 19—24, welche nach dem Zusammenhang der Geschichte nur auf Jerusalem gedeutet werden kann. Es kann nicht zufällig sein, daß Lc jene Erzählung nicht, dagegen aber wie einen Ersatz dafür diese Parabel hat cf oben S. 401. 3) Daß Lc selbst an Jerusalem dachte, zeigt die Anfügung der Parabel an 13, 1—5, wo von zwei zur Buße mahnenden Unglücksfällen in Jerusalem die Rede ist. Da 13, 6 jede chronologische Angabe fehlt, wird die Anknüpfung sachlich veranlaßt sein. Von Jerusalem ist gleich wieder 13, 22. 33—35 die Rede. 4) Da der Weinbergsbesitzer Gott vorstellt, und der Gartenarbeiter am Ende der 3 Jahre für den Baum ein gutes Wort einlegt, so könnte man geneigt sein, die 3 Jahre als Bezeichnung der Jahrhunderte zu nehmen, während welcher Gott sein Volk gar manchmal Frucht suchend heimgesucht hat (Lc 20, 10 ff.). Aber e r s t e n s handelt es sich nicht um Israel, sondern um Jerusalem. Wenngleich diese Stadt an der Vergeblichkeit jener Heimsuchungen durch die Propheten sonderlich schuldig ist (Lc 13, 33 f.), so betrafen jene Heimsuchungen doch nicht Jerusalem, sondern das ganze Volk. Z w e i t e n s läßt Lc gleich nachher Jesus von seinen wiederholten eigenen Bemühungen um

Jerusalem reden (13, 34 A 3). Drittens erscheint das Maß von gerade 3 Jahren wunderlich gewählt. Die Erklärung aus Lev 19, 23 ff.; Jud 9, 27; Jos. ant. IV, 8, 19 (Hofmann VIII, 352) befriedigt nicht. Andrerseits kann man die 3 Jahre nicht ohne weiteres mit 3 Jahren öffentlichen Wirkens Jesu identificiren oder gar einen dreimaligen, durch je ein Jahr getrennten Besuch Jerusalems seitens Jesu angezeigt finden. Letzteres hat in v. 7 keinen Anhalt; denn der Besitzer sagt nur, daß jetzt bereits 3 Jahre verstrichen sind, seit er, wer weiß wie oft, nachgesehen hat, ob der Baum nicht endlich Früchte tragen werde, wobei zu bedenken ist, daß der Feigenbaum zu sehr verschiedenen Jahreszeiten Früchte trägt cf Winer, Realw. I, 367. Ersteres würde dazu führen, die 3 Jahre von dem Passa Jo 2, 13 an zu zählen; sie würden bei richtigem Verhältnis des 4. Ev. mit dem Passa Jo 12, 1 ff. ihr Ende erreichen. Wir würden durch die Parabel unmittelbar vor das letzte Passa, etwa in die Zeit von Lc 18, 31—19, 28 oder 19, 41—44 oder Jo 11, 55 versetzt. Durch die Umgebung, in welche Lc die Parabel gestellt hat (cf auch 13, 31—33), muß der Leser vielmehr die Vorstellung gewinnen, daß bis zum Ende noch eine geraume Zeit verstreichen werde. Unerträglich wäre, daß dem 4. Jahre, welches nach Analogie der 3 Jahre schlichter Ausdruck des wirklichen Zeitmaßes sein müßte, in der Wirklichkeit die etwa 40jährige Zeit bis zum Gericht über Jerusalem entsprechen würde. Nicht für das nächste Jahr, sondern als ein Erlebnis seiner Zeitgenossenschaft hat Jesus dieses Gericht angekündigt. Der Ausgangspunkt der Jahreszählung muß also ein anderer sein, und zwar der Lc 3, 1—6 angezeigte. Auch nach Lc hat Jesus das Auftreten des Täufers als den Anfang der neuen Offenbarungsepoche hingestellt (16, 16 cf 3, 18; 7, 27—35; 20, 3—7; AG 1, 5. 22). Auch durch diesen hat Gott nach Früchten gefragt und mit dem Abhauen der unfruchtbaren Bäume gedroht (3, 8 f.), aber ohne Erfolg bei den Führern des Volks (7, 30; 20, 4—7; Mt 21, 24—32), deren Hauptsitz Jerusalem war. Das doppelte Zeugnis des Täufers und Jesu haben die Obersten in Jerusalem verworfen (Jo 3, 11; 5, 33—36). Dem Zeugnis des Täufers eine besondere Beziehung zu Jerusalem zu geben, war um so mehr berechtigt, als dieser niemals in Galiläa, sondern stets in der Nähe Jerusalems gewirkt hatte (Mt 3, 1. 5; Mr 1, 5; Lc 3, 3; Jo 1, 28; 3, 23—4, 1; 10, 40). Mindestens mehrere Monate, vielleicht ein volles Jahr vor dem ersten Festbesuch Jesu in Jerusalem (Jo 2, 13) ist Johannes aufgetreten. Demnach kann Jesus diese Parabel gesprochen haben um die Zeit seines vorletzten Passas, das er nicht besuchte (Jo 6, 4), oder, was ich für wahrscheinlicher halte, um die Zeit des folgenden Laubhüttenfestes, als er bereits ein späteres Fest als den Zeitpunkt der Entscheidung ins Auge gefaßt hatte (Jo 7, 8). Noch ist alle Hoffnung nicht geschwunden; Jesus bittet noch um eine Gnadenfrist für Jerusalem: das jetzt beginnende oder bereits begonnene 4. Jahr möge Gott mit dem unfruchtbaren Feigenbaum noch Geduld haben. Ganz anders redet und handelt Jesus, als auch dies Jahr abgelaufen war (Lc 19, 41—44; Mr 11, 12—14).

3. Während ein D. Strauß, Leb. Jesu krit. (1835) 1, 444 cf Leb. Jesu f. das Volk S. 247 f. unbefangen genug war, anzuerkennen, daß Mt 23, 37 = Lc 13, 34 ein mehrmaliges Wirken Jesu in Jerusalem voraussetze, wollte Steinmeyer, Apologet. Beitr. IV, 219 das ποσάκις auf die zahlreichen Ladungen zur Buße deuten, welche „die Gnade Gottes" durch die Propheten und schließlich auch durch Jesus an Jerusalem gerichtet hat. Aber das redende Ich ist eben nicht die „Gnade Gottes" oder, wie Andere träumten, „die Weisheit Gottes", sondern Jesus selbst und er allein. Noch unmöglicher ist die beliebte Deutung auf die bisherigen Bekehrungsversuche an dem jüdischen Volk überhaupt; denn 1) Kinder (Söhne, Töchter, Tochter) Jerusalems oder Zions sind Jes 1, 8; 3, 16; 4, 4; 37, 22; Sach 9, 9; Ps 149, 2; Lc 19, 44; 23, 28; Mt 21, 5; Jo 12, 15 die Einwohner dieser Stadt, und die durch eine weitläufige Allegorie begründete theologische Redeweise des Pl (Gl 4, 25) Jesu in den Mund zu legen, ist um so unerlaubter, als nach

dem Zusammenhang von Lc 13, 31—35 gerade ein Gegensatz zwischen Jerusalem und anderen Teilen des hl. Landes obwaltet, und auch Mt 23, 37 zunächst die Stadt zweimal mit ihrem Namen angerufen und singularisch angeredet ist, und erst, nachdem inzwischen von ihren Kindern geredet war, mit $\dot\eta\vartheta\epsilon\lambda\dot\eta\sigma\alpha\tau\epsilon$ die pluralische Anrede eintritt. So offenbar hier das Du mit dem Ihr identisch ist, ist auch Jerusalem, wie doch niemals das jüdische Volk genannt worden ist, mit seinen Kindern identisch, d. h. die Stadt mit ihrer Bevölkerung. Vor allem aber 2) heißt $\pi o\sigma\dot\alpha\varkappa\iota\varsigma$ nicht „wie lange, seit wievielen Monaten oder Jahren“ sondern „wie oftmals“.

X. Die Schriften des Johannes.

§ 64. Die Überlieferung.

Wer aus einem Labyrinth den Ausweg gefunden hat, pflegt aufzuatmen und gestärkten Mutes die Wege anzutreten, welche weiterhin zu gehen ihm obliegt. Das ist die natürliche Stimmung des Forschers, welcher von der Untersuchung der ältesten geschichtlichen Literatur der apostolischen Christenheit herkommend sich den jüngsten Schriften des NT's zuwendet, die den Namen des Johannes tragen, und zunächst dem Ev dieses Namens, welches als das vierte den drei anderen angereiht worden ist. Während dort der ungeübte Blick durch die Beobachtung einer Menge nahezu identischer Stoffe und Formen beirrt wird, deren Gleichheit ein ebensogroßes Rätsel ist, wie die danebenbestehenden Verschiedenheiten, tritt uns im 4. Ev ein durchaus eigenartiges Gebilde entgegen, welches nicht einmal den Schein erweckt, der den älteren Evv anhaftet, nur wieder eine Abwandlung der gemeinsamen Grundform zu sein. Damit ist auch gegeben, daß die Spuren seines Daseins und seiner Wirkung in der Kirche sofort viel deutlicher sind (A 1). Lesen wir bei einem Clemens Rom. oder Polykarp ein Wort Jesu, welches ähnlich lautend bei Mt, aber auch bei Mr oder Lc zu finden ist, so bleibt die Frage, ob es aus dem einen oder dem anderen dieser Evv, oder vielleicht aus einem verlorenen Ev, oder auch aus mündlicher Überlieferung geschöpft sei. Was Johannes geprägt hat, läßt sich nicht verkennen und verwechseln. Dazu kommt, daß die Überlieferung über die Entstehung der joh. Schriften nach Zeit und Raum viel näher an die Tatsache heranrückt, als die Überlieferung über die Entstehung der übrigen Geschichtsbücher. Wir haben über Mt und Lc keine Nachricht, welche nachweislich aus der Heimat dieser Bücher und von Schülern der Vf herrührt. Wo diese Bücher entstanden seien, können wir nur aus ihrem Inhalt erraten oder an der Hand

spät auftauchender Traditionen vermuten. Sehr viel günstiger steht es in dieser
Beziehung auch nicht mit Mr. Die joh. Schriften sind in der Provinz Asien
entstanden; so meldet uns nicht nur die Tradition. Die Ap sagt es selbst unmisverständlich, und der Inhalt des Ev und der Briefe bestätigt in dieser Beziehung die Tradition durchaus. In derselben Provinz aber finden wir bis tief
ins 2. Jahrhundert hinein persönliche Schüler desselben Jo von Ephesus, dem
diese Schriften zugeschrieben sind, auf den Bischofsstühlen, den Papias in Hierapolis, den Polykarp in Smyrna und neben diesen noch andere Namenlose, welche
Irenäus, der persönliche Schüler Polykarps, mit Papias und Polykarp zusammenfaßt und „die Alten" (οἱ πρεσβύτεροι, seniores) nennt. Durch das ungewöhnlich hohe Alter des Johannes, welcher den Anfang der Regierung Trajans
(98—117) noch erlebt hat, also um 100 gestorben ist, und des Polykarp, welcher
am 23. Februar 155 im höchsten Alter, 86 Jahre nach seiner Taufe starb, also
im J. 69 getauft worden ist, ist uns eine lückenlose Kette in die Hand gegeben,
welche von Jesus bis zu Irenäus, von a. 30 bis a. 180 reicht und doch nur die
genannten zwei Zwischenglieder zwischen Jesus und Irenäus aufweist, den Jo
von Ephesus und den Polykarp von Smyrna. Es hat selbstverständlich noch
viele andere Ketten gegeben, welche den Irenäus und seine Zeitgenossen mit den
Vertretern der apostolischen Generation in Kleinasien (Philippus in Hierapolis,
Aristion oben S. 205 f.) verbinden; und sie werden ohne Zweifel zumeist aus
mehr Gliedern zusammengesetzt gewesen sein, als die eine viergliedrige, die wir
biographisch nachweisen können (A 2).

Die ersten unzweideutigen Spuren vom Einfluß des 4. Ev auf die kirchliche
Denk- und Redeweise finden wir in den Briefen des Ignatius (um 110). Wie
handgreiflich sie sind, kann man daraus entnehmen, daß nicht selten eben diese
Abhängigkeit des Ignatius von Jo als ein Beweis gegen die Echtheit und das
Alter der ign. Briefe geltend gemacht worden ist. Die Anklänge an Stellen
des 4. Ev bei Clemens R. (c. 96), im Hirten des Hermas (c. 100), in der Didache
(c. 110), im sog. 2. Clemensbrief (c. 120), im Brief des Barnabas (c. 130),
im Protev des Jk, in den Fragmenten des Basilides geben dem Streitsüchtigen
die Möglichkeit, überall nur eine Präexistenz johanneischer Gedanken und Ausdrucksformen anzuerkennen, während in den meisten dieser Fälle Bekanntschaft
mit dem 4. Ev die natürlichere Erklärung darbietet (GK I, 767. 906—912. 915).
Dagegen ist bewiesen, daß Valentinus, welcher sein System vor 140 erdacht
haben muß, seine Äonentafel unter dem beherrschenden Einfluß des joh. Prologs
entworfen hat (GK I, 736—739), und daß seine ganze Schule das 4. Ev mit
Vorliebe und zwar als das Werk eines Apostels verwertet hat. Eines ihrer
Häupter, Herakleon, hat um 160 einen Kommentar über dasselbe geschrieben,
von welchem uns Origenes bedeutende Bruchstücke aufbewahrt hat (GK I,
732—739; II, 956—960). In dem Ev Marcions standen Jo 13, 4—15. 34
15, 19, vielleicht auch einige Elemente aus Jo 6, 33 ff., und es läßt sich nicht
beweisen, daß nicht schon Marcion selbst um 145, zu dessen Denkweise diese

Stücke vorzüglich paßten, sondern erst seine Schüler sie seinem Ev einverleibt haben (GK 1, 663 ff. 675—680). Auch andere Verfertiger neuer Evv und apokrypher Apostelgeschichten, wie der unbekannte Vf des Petrusev um 150 und der angebliche Johannesschüler Leucius in den Akten des Johannes und des Petrus um 160—170, haben nicht Weniges aus dem 4. Ev sich angeeignet. Leucius hat unter anderem seinen Petrus auf Grund von Jo 21, 25 und 1 Jo 1, 1—4 seine Grundsätze über den beschränkten Wert des geschriebenen Ev's entwickeln lassen (Forsch VI, 195 f.). Justinus, der um 150—160 seine uns erhaltenen Schriften verfaßte, hat das 4. Ev als eines der von Aposteln und Apostelschülern verfaßten Evv gekannt, welche zu seiner Zeit im Gemeindegottesdienst gelesen zu werden pflegten (GK I, 516—533). Da Justinus um 130—135 in Ephesus gelebt hat und dort Christ geworden ist, so wird auch sein Wissen um die Evv und deren Geltung in der Kirche in diese Zeit und diese Gegend zurückgehen. Der zuerst um 165—170 in der Provinz Asien entbrannte Streit um die Osterfeier beruht von Anfang an auf der gleichmäßig anerkannten Auktorität des 4. wie der 3 ersten Evv. Die montanistische Bewegung, die im J. 157 (oder 156) ausbrach, ist ohne die joh. Reden vom Parakleten nicht zu verstehen. Als um 170 eine Partei, welcher Epiphanius im 4. Jahrh. den törichten Namen Aloger gegeben hat, im Gegensatz zum Montanismus die Schriften des Jo für Werke des Ketzers Kerinth erklärte, faßte sie ihr Urteil in den Satz: „sie seien nicht wert in der Kirche zu sein“ (Epiph. haer. 51, 3). Sie versuchten nicht zu beweisen, daß diese Schriften erst nach den Lebzeiten des Jo in die Kirche eingedrungen seien, sondern indem sie ihre Abfassung einem Zeitgenossen des Jo zuschrieben, erkannten sie auch an, daß sie seit dem Ausgang des 1. Jahrhunderts „in der Kirche“ vorhanden seien. Die asiatischen „Senioren“ des Irenäus berufen sich ebensogut auf joh. als auf synoptische Worte Jesu (Iren. V, 36, 2; GK I, 782). Der wahrscheinlich dort spätestens um 150 dem Mrev beigefügte Anhang beruht unter anderem auf Jo 20, andrerseits aber auf dem Werk des Papias (oben S. 227—231). In den Fragmenten des letzteren fehlt es nicht an Spuren seiner Vertrautheit mit dem 4. Ev (A 3). In einem nur lateinisch erhaltenen Fragment, an dessen Echtheit übrigens zu zweifeln kein Grund vorliegt, hat Papias ausdrücklich bezeugt, daß Jo noch zu seinen Lebzeiten sein Ev den Gemeinden übergeben habe (A 4). Daß Eusebius uns dies Zeugnis des Papias nicht aufbewahrt hat, erklärt sich aus seiner anscheinenden Trivialität. In der Tat hat es guten Sinn, sofern das Anhangskapitel und besonders Jo 21, 24 f. bei oberflächlicher Betrachtung den Schein erwecken konnte, als ob das 4. Ev ein von Freunden des Vf herausgegebenes *Opus posthumum* sei. Wir haben zwei alte Erzählungen über die Entstehung des 4. Ev. Die eine, nur in indirekter Redeform und wahrscheinlich in starker Verkürzung uns aufbewahrte, fand Eusebius bei Clemens Alex., der sie seinerseits ebenso wie die ähnlichen Angaben über Mr auf seine Lehrer (οἱ πρεσβύτεροι) zurückgeführt hatte (A 5). Sie besagt, daß Jo als der letzte unter den Evangelisten in der Erwägung, daß die leibliche Seite (der ev Geschichte) in den (damals vorhandenen) Evv dargelegt sei, auf Zureden seiner Freunde und getrieben vom Geiste Gottes ein geistliches Ev angefertigt habe. Die andere mehr die Art der Legende an sich tragende Erzählung bietet uns, offenbar gleichfalls sehr abgekürzt, der Kanon des Muratori (A 6). Danach antwortet Jo seinen Mitjüngern und den Bischöfen, die ihn (zur Abfassung eines Ev) ermuntern, zunächst mit dem Vorschlag, drei Tage gemeinsam mit ihm zu fasten und auf eine Offenbarung zu warten. Gleich in der nächstfolgenden Nacht wird dem Apostel Andreas offenbart, daß Jo in seinem eigenen Namen Alles niederschreiben, die sämtlichen anderen (dort befindlichen Jünger) aber dessen Niederschrift revidiren sollen. Stammt diese Darstellung, wie es scheint, aus den um 160—170 in Kleinasien geschriebenen Acta Joannis des Leucius (A 6), so mag manches Ähnliche, aber doch darüber Hinausgehende, was spätere Schriftsteller über die Entstehung des Joev zu berichten wissen, großenteils aus demselben, trotz seines gnostisirenden Charakters viel gelesenen Buch des Leucius herrühren. Gemeinsam ist den meisten dieser Berichte, daß die Bischöfe Asiens als Abgesandte ihrer Gemeinden es sind, welche den Jo zum Schreiben drängen, und daß die sich regenden Häresien das Bedürfnis eines neuen Ev fühlbar gemacht haben. Die Einen nennen keine bestimmten Häresien (Cat. in Jo, A 4), Andere nennen Kerinth und Ebjon (Epiph. haer. 51, 2. 12; Hier. v. ill. 9); daneben wird auch anachronistisch genug Valentinus (Victorinus zu Ap 11, 1) oder statt aller anderen Marcion genannt (Argum. in Jo s. A 4). Schon Irenäus aber, bei welchem sonst nichts von dieser legendarischen Erzählung zu finden ist, glaubt zu wissen, daß Jo sein Ev im bewußten Gegensatz gegen die Lehre seines Zeitgenossen Kerinth und die noch ältere gnostische Lehre des Nikolaus geschrieben habe (A 7).

Einstimmig ist alle alte und überhaupt beachtenswerte Tradition darin, daß Jo sein Ev später als Mt, Mr und Lc, daß er es in hohem Alter und während seines Aufenthalts in der Provinz Asien oder genauer in Ephesus geschrieben habe (A 8). Vielfach verbindet sich damit die, wie gesagt, schon durch die Lehrer des Clemens vertretene Tradition, daß Jo unter Berücksichtigung der älteren 3 Evv das seinige geschrieben habe (A 8 a. E.). Diese findet eine Stütze daran, daß der Jo von Ephesus, welchem das Ev zugeschrieben wurde, in der Tat über das Mrev sich geäußert hat, und daß zu dessen Lebzeiten und in seiner Umgebung das Original des Mtev in den Gemeindegottesdiensten mündlich gedolmetscht und zuletzt durch eine schriftliche Übersetzung ersetzt worden ist (oben S. 205—211. 254—260). Einig ist ferner die kirchliche Überlieferung bis über die Mitte des 3. Jahrhunderts darin, daß der Evangelist Jo zugleich der Vf der Ap und der johanneischen Briefe und kein anderer, als der Apostel Jo, der Sohn des Zebedäus, sei. Als Evangelist wird Jo von Kirchenlehrern wie von Häretikern nicht selten ein Jünger des Herrn, aber von denselben, die so reden, zuweilen auch Apostel genannt (A 9). Die erstere Bezeichnung war die natürlichere, da die Abfassung eines Ev an sich nicht zum Beruf eines Apostels

gehört, und da es für die Bedeutung und die Glaubwürdigkeit eines Ev sehr
wesentlich ist, daß der Vf ein Autopt der ev Geschichte, keineswegs aber, daß
er ein Apostel gewesen ist. Es war auch sonst kein Bedürfnis, den Jo häufiger
als einen der 12 Apostel zu bezeichnen, da der Johannes mit Beinamen Marcus
in der heidenchristlichen Kirche nur unter letzterem Namen berühmt geworden
war, und da die Kirche bis zu Dionysius von Alexandrien überhaupt nur von
einem berühmten Jo der apostolischen Zeit, dem Sohn des Zebedäus, dem
Jünger und Apostel, dem Pfleger der asiatischen Gemeinden während der letzten
Jahrzehnte des 1. Jahrhunderts, dem Lehrer des Polykarp und des Papias, gewußt hat (oben S. 205 f.). Alle in unserem NT enthaltenen Schriften unter dem
Namen Jo wurden von den sämtlichen Kirchenlehrern bis nach dem Tode des
Origenes ohne jedes Schwanken und jede Begründung einem und demselben Vf
zugeschrieben, und wenn einmal ausdrücklich die Identität des Vf der einen
und der anderen joh. Schrift hervorgehoben wird, so geschieht es entweder, um
an die mannigfaltigen Gaben zu erinnern, welche die Gemeinde dem einen Jo
verdankt, und um die Würdetitel auf ihn zu häufen, oder um besondere Beziehungen zwischen Ev und Ap, oder zwischen Ev und Briefen nachzuweisen.
Es geschieht aber niemals, um die Identität des Vf erst zu beweisen, als ob
sich dieselbe nicht von selbst verstünde (A. 10). Auf diesem Standpunkt hielten
sich auch die Aloger. Ihr Widerspruch galt „den Büchern des Jo" schlechthin (A 11). Naturgemäß richtete sich ihre Polemik hauptsächlich, wenn auch
nicht ausschließlich, gegen die beiden Hauptwerke dieses Namens, das Ev und
die Ap, zumal die Montanisten, in Gegensatz zu welchen sie zu ihrem Urteil
gelangt waren, in den Reden des 4. Ev vom Parakleten und in den Gesichten
der Ap Stützpunkte für ihre Anschauung gesucht hatten. So schrieb wiederum
Hippolyt im Gegensatz zu den Alogern seine Apologie „für das Ev nach Jo
und die Ap". Aber es muß festgehalten werden, daß die Kritik der Aloger
sich gegen alle Schriften unter dem Namen Jo richtete; und daß sie den Jo,
dessen Maske Kerinth angelegt haben sollte, für einen der Apostel hielten. Der
Versuch, auf Grund einer als ein Werk des Apostels Jo anerkannten Schrift
eine andere den gleichen Namen tragende Schrift demselben abzusprechen und
sie einem anderen Jo zuzuschreiben, ist erst sehr viel später gemacht worden.
Um 170 kam niemand auf diesen Gedanken, weil man nur von einem Jo der
Apostelzeit wußte; und auch als um 210 Cajus in Rom das Verwerfungsurteil
der Aloger in bezug auf die Ap sich aneignete, in bezug auf das Ev aber ablehnte, unterschied er nicht einen Apostel Jo, welcher das Ev geschrieben, und
einen anderen Jo, dessen Werk die Ap sei, sondern blieb bei dem Urteil stehen:
nicht Jo, sondern Kerinth hat unter der Maske „eines großen Apostels" die Ap
geschrieben (A 11 a. E.). Die Geschichte der an der Ap und später auch an
den kleineren Briefen geübten Kritik bildet ein wichtiges Kapitel in der Geschichte des Kanons, sie gehört aber nicht unmittelbar in die Untersuchung der
diese Bücher betreffenden Überlieferung; denn diese Kritik ist von Anfang an

eine bewußte Verneinung aller Überlieferung. Ebendamit aber ist sie ein indirektes Zeugnis für die einzige vorhandene Überlieferung über diese Bücher als Werke des Apostels Jo.

Justinus, der, wie schon bemerkt, um 130—135 in Ephesus Christ geworden ist, stellt neben Jesaja, Ezechiel und die Vf der Genesis und des Psalters den Christen Jo, einen der Apostel Christi, als Empfänger einer Offenbarung und prophetischen Verkündiger der 1000jährigen Königsherrschaft Christi und der Christen und der hierauf folgenden allgemeinen Auferstehung (A 12). Die Senioren des Irenäus, „welche den Jo von Angesicht zu Angesicht gesehen haben", haben sich mit der Zahl 666 Ap 13, 18 beschäftigt, haben auch sonst Stellen des Buchs ausgelegt und dadurch ihre eschatologischen Anschauungen normiren lassen (A 13). Einer dieser Schüler des Jo von Ephesus, Papias hat nach dem Zeugnis derer, welche sein Werk in Händen hatten, die „Glaubwürdigkeit" ($\tau\grave{o}$ $\mathring{\alpha}\xi\iota\acute{o}\pi\iota\sigma\tau o\nu$) der Ap bezeugt, zu einzelnen Stellen derselben erläuternde Bemerkungen gemacht und vor allem den Glauben an das Millenium aus der Ap geschöpft. Der Valentinianer Marcus, welcher um 150 in Kleinasien sein Wesen trieb, hat an den Mysterien der Ap sich genährt. Melito von Sardes um 170 hat über die Ap ein Buch geschrieben. Kurz, wir haben eine ungewöhnlich große Zahl von Zeugen dafür, daß die Ap während der Jahre 100—180 in den asiatischen Gemeinden, welche die ersten Empfänger des Buchs waren (Ap 1, 4. 11), als ein Werk des Jo von Ephesus, welchen man spätestens von 130 an allgemein als einen der 12 Apostel ansah, in hohem Ansehen stand. Als ein Werk des Apostels und Evangelisten Jo finden wir die Ap um 170—220 in allen Teilen der griechisch und lateinisch redenden Kirche verbreitet und anerkannt. Es ist aber bemerkenswert, daß die Spuren der Verbreitung der Ap außerhalb der Provinz Asien nicht so hoch hinaufreichen, wie die Spuren der Verbreitung des Joev. Abgesehen von Papias ist in der Zeit vor Justinus der Vf des Barnabasbriefs um 130 der einzige Schriftsteller, welcher sich mit der Ap vertraut zeigt (GK I, 954 f.). Daß Clemens von Rom, Ignatius, Polykarp, sowie der Vf der Predigt unter dem Namen des Clemens (II Cor.) keine deutlichen Anklänge an die Ap darbieten, könnte Zufall sein. Wenn aber eine große Apokalypse, wie der Hirt des Hermas um 100 und der Vf der Apostellehre wahrscheinlich um 110, in einer ausführlichen Belehrung über das Ende des Weltlaufs (c. 16) keinerlei Berührung mit der Ap aufweisen, so ist das ein starker Beweis dafür, daß die Ap damals noch nicht an die Entstehungsorte dieser beiden Schriften, nach Rom und (wahrscheinlich) Alexandrien gekommen war oder doch noch nicht eine Bedeutung für jene großen Gemeinden gewonnen hatte Dies stimmt zu der Überlieferung über die Entstehungszeit der Ap. In einem Zusammenhang, in welchem Irenaeus immer wieder auf die asiatischen Senioren, die Schüler des Jo sich beruft (V, 5, 1; 30, 1; 33, 3. 4; 36, 1—3), spricht er ohne jedes Schwanken aus, daß die Ap kurz vor seiner eigenen Lebenszeit gegen Ende der Regierungszeit Domitians († 18. Sept. 96) „geschaut worden" sei

(A 14). Eine so bestimmte und so wenig durch Exegese der Ap zu gewinnende Zeitangabe würde von großem Gewicht sein, auch wenn sie uns bei einem Schriftsteller späterer Zeit begegnete, und wenn uns nicht Irenäus dafür bürgte, daß dies die in den Kreisen der persönlichen Schüler des Apokalyptikers feststehende Ansicht war. Sie findet ihre Bestätigung, abgesehen von den in der Ap selbst vorliegenden Zeichen ihrer Abfassungszeit, in der vorher bemerkten Tatsache, daß der Einfluß der Ap auf die Kirche außerhalb Kleinasiens noch nicht in der Literatur um 90—120, sondern erst nach dieser Zeit spürbar wird, ferner in allen den Traditionen, welche das Exil des Jo auf Patmos in dessen hohes Greisenalter verlegen oder die Ap als die jüngste oder eine der jüngsten Schriften des NT's charakterisiren. Was dagegen an anderweitigen Ansichten über die Abfassungszeit der Ap in der kirchlichen Literatur verlautet, tritt so spät auf und ist mit so deutlichen Anzeichen der Konfusion behaftet, daß es den Namen der Überlieferung nicht verdient (A 8. 10. 14).

Von den drei Briefen, welche in der Überlieferung den Namen des Jo tragen, entbehrt der größere der Grußüberschrift und jeder genaueren Selbstbezeichnung des Vf in seinem Verlauf. Der Vf der beiden kleineren nennt sich an der Stelle, welche fast überall der Eigenname des Briefschreibers einnimmt, statt mit seinem Namen mit dem zum Eigennamen gewordenen Titel ὁ πρεσβύτερος. Trotzdem ist, abgesehen von den Alogern, welche auch diese Briefe dem Jo absprachen und dem Kerinth zuschrieben (oben S. 451 und A 11), keiner dieser Briefe jemals einem Vf anderen Namens als Jo zugeschrieben worden. Daraus folgt, daß diese Tradition aus dem Kreise stammt, in welchem diese Briefe entstanden sind und von wo aus sie sich in der Kirche verbreitet haben. Es ist Papias, der Schüler „des Presbyters mit Namen Jo" (oben S. 216 f.), welcher nach dem Zeugnis des Eusebius Stellen des 1 Jo angeführt oder sich angeeignet hat; von dessen Genossen Polykarp können wir selbst dies nachweisen (A 15). Bei beiden Schülern des Jo finden wir aber auch Spuren ihrer Vertrautheit mit den kleineren Briefen. Es liegt in der Natur der Sache, daß diese kleinsten Schriftstücke unseres NT's selten citirt werden. Ihre Geschichte zu verdunkeln, hat auch nicht wenig beigetragen die weit verbreitete Sitte der Alten, auch da, wo eine Mehrheit von Briefen desselben Vf oder ·der gleichen Adresse vorhanden und anerkannt war, von dem Brief des Pt oder Jo oder von dem Brief des Pl an die Korinther oder die Thessalonicher zu reden (A 16). Es würden der 2 Jo und der 3 Jo bei ihrem geringen Umfang sich überhaupt nicht über den Kreis ihrer ersten Empfänger hinaus verbreitet haben und auf uns gekommen sein, wenn sie nicht von Anfang an dem 1 Jo angehängt worden wären und an dieser größeren und an bedeutendem Lehrgehalt reichen Schrift einen Anhalt gehabt hätten. Ohne solche Verbindung mit einer umfangreicheren Schrift oder Aufnahme in eine Sammlung oder Einfügung in ein Geschichtswerk werden solche Zettel vom Winde verweht. Nun aber finden wir den 2 und den 3 Jo am Ausgang des 2. Jahrhunderts in Alexandrien, Rom und Gallien. Nur ihr Verhältnis zum Kanon war schon damals und blieb lange ein unsicheres. Die syrische Kirche, die anfangs überhaupt keinen der katholischen Briefe in ihrem NT hatte, hat später bei der Redaktion der Peschittha nur die drei größeren: Jk, 1 Pt, 1 Jo erhalten, erst sehr viel später die vier kleineren. In Rom befanden sich zur Zeit des muratorischen Fragments 2 und 3 Jo ebensogut wie der Ju „in der katholischen Kirche" d. h. in dem damals noch griechischen NT der römischen Gemeinde, aber man vermißte an ihnen ein deutliches Selbstzeugnis ihrer Herkunft vom Apostel Jo, welches man für den 1 Jo in der angenommenen Beziehung von 1 Jo 1, 1—4 auf das Joev zu finden meinte. Daß ὁ πρεσβύτερος ein Name des Apostels Jo gewesen sei, wußte man vielleicht in Rom nicht (A 17). Die Folge dieser Unsicherheit wird es gewesen sein, daß 2 und 3 Jo wahrscheinlich in die älteste lateinische Bibel keine Aufnahme fanden, und daß noch um die Mitte des 4. Jahrhunderts der Versuch, diese Briefe in die lateinische Kirche einzuführen, in Afrika auf Widerstand stieß. In Alexandrien, wo Clemens den 2 Jo ohne jede Andeutung eines Zweifels seiner Herkunft vom Apostel Jo, wahrscheinlich aber auch ebenso den 3 Jo kommentirt hat, tauchten doch bald danach ähnliche Bedenken auf wie in Rom, oder man hielt es doch für angezeigt, den Ausschluß der kleineren Briefe aus dem Kanon anderer Kirchen zu berücksichtigen. „Nicht Alle halten den 2 und 3 Jo für echt", sagt Origenes, ohne diesen Bedenken ein Gewicht beizulegen. Immerhin aber hatten sie den Erfolg, daß Origenes und Dionysius von Alexandrien nur den 1 Jo als einen katholischen bezeichneten, und daß Eusebius den 2 und 3 Jo zu den Antilegomena rechnete. Es ist aber bemerkenswert, daß Dionysius bei seinen Bemühungen um die Auffindung eines zweiten Jo der apostolischen Zeit, welchem man die Ap zuschreiben könnte, gar nicht auf den Gedanken kam, die angefochtenen kleineren Briefe diesem zweiten Jo zuzuschreiben. Auch Eusebius, welcher in dem Presbyter Jo des Papias den gesuchten Nothelfer entdeckt zu haben meinte, empfahl diese Entdeckung nur denjenigen, welche dem Apostel Jo die Ap nicht zuschreiben mochten. In bezug auf 2 und 3 Jo begnügt er sich mit Andeutung der Möglichkeit, daß irgend ein anderer Jo als der Evangelist sie geschrieben habe. Erst Hieronymus behauptet geradezu, daß Manche den vom Apostel zu unterscheidenden Presbyter Jo für den Vf des 2 und 3 Jo halten. Er ist aber in den beiden Kapiteln, wo er dies behauptet, nur ein gewissenloser Abschreiber des Eusebius (A 18).

Über die Veranlassung und die Entstehungszeit der joh. Briefe gibt es keine Überlieferung. Es war nur eine sehr anfechtbare Auslegung von 1 Jo 1, 1—4 und die Beziehung dieser Stelle auf das Joev, welche zu der Annahme der Abfassung dieses Briefs nach dem Ev führte. Auch die beiläufig zu Tage tretenden Angaben, daß der 1 Jo später als die Ap, oder daß die Ap später als das Ev geschrieben sei oder auch umgekehrt (A 8. 11), haben nicht den Wert chronologischer Überlieferungen. Als solche können nur gelten 1) die Nachricht, daß Jo um 93—96 auf Patmos die Ap geschrieben und 2) daß Jo in hohem Alter in Ephesus sein Ev verfaßt habe.

Die Nachrichten über die **Person** des Apostels und Schriftstellers Jo zerfallen in vier Klassen: 1) Die ausdrücklichen Angaben des NT's über den Apostel Jo, 2) diejenigen Angaben des NT's, welche auf denselben Jo zu beziehen sind unter der Voraussetzung, daß er der Vf der ihm zugeschriebenen Schriften ist, 3) die aus dem Kreise der Apostelschüler in Asien stammenden Nachrichten über den Jo von Ephesus, 4) die legendarischen Erzählungen. Da Jo, wo er mit seinem Bruder Jk zusammengenannt wird, regelmäßig die zweite Stelle einnimmt, so darf man annehmen, daß er der jüngere der beiden Söhne des Zebedäus war. Sehr beharrlich und wahrscheinlich viel älter, als wir urkundlich beweisen können, ist die Überlieferung, daß er von allen Aposteln der jüngste gewesen sei (A 19). Das Elternhaus zu Kapernaum ist kein ärmliches gewesen. Der Vater betrieb die Fischerei mit seinen Söhnen und mehreren Lohnarbeitern (Mr 1, 20). Während der Name des Vaters nur darum öfter genannt wird, weil die Söhne zur Unterscheidung von den vielen Inhabern ihrer sehr gebräuchlichen Namen gewöhnlich die Söhne des Zebedäus genannt wurden, tritt die Mutter bedeutsam hervor. Ihren Namen Salome gewinnen wir nur durch die Vergleichung von Mt 27, 56 mit Mr 15, 40 cf 16, 1. Sie gehörte zu den Frauen, welche sich Jesu und den Aposteln auf ihren Predigtwanderungen sowie auf der letzten Reise nach Jerusalem angeschlossen und aus ihren eigenen Mitteln die Kosten des Unterhalts der großen Reisegesellschaft bestritten haben (Mr 15, 41; Lc 8, 3). Sie wird auch unter den Frauen genannt, welche Spezereien zur Einbalsamirung des bereits ins Grab gelegten Jesus gekauft haben (Mr 16, 1 cf Lc 23, 55—24, 1). Durch alles dies wird bestätigt, daß das Haus des Zebedäus, was Wohlhabenheit und gesellschaftliche Stellung anlangt, eher mit dem des herodäischen Finanzbeamten Chuza (Lc 8, 3), wenn nicht gar des Joseph von Arimathia, als mit demjenigen Josephs und der Maria (Lc 2, 24 cf 2, 7) sich vergleichen ließ. Eine nahe verwandtschaftliche Beziehung hat aber zwischen diesen Häusern bestanden. Muß es als äußerst unwahrscheinlich gelten, daß zwei Schwestern den gleichen Namen Maria geführt haben, und ist demnach anzunehmen, daß Jo 19, 25 nicht 3, sondern 4 Frauen genannt sind, so liegt es auch sehr nahe, diese 4 Frauen mit den Frauen bei Mt 27, 56; Mr 15, 40 f. und die bei Jo namenlos gelassene Schwester der Mutter Jesu mit Salome zu identificiren (A 20). Die Söhne des Zebedäus wären demnach leibliche Vettern Jesu und, wenn anders Maria und Salome mit der Priestertochter Elisabeth blutsverwandt waren (Lc 1, 36), ebenso wie Jesus auch mit Jo dem Täufer verwandt. Während die Brüder Jesu auf die Dauer eine mindestens abwartende Haltung beobachteten (Jo 7, 3), sind diese seine Vettern nach der Verhaftung des Täufers für immer in die Gesellschaft Jesu eingetreten (Mr 1, 19; Mt 4, 21; Lc 5, 9) und, nachdem er sie in die Zahl der Zwölf aufgenommen, wiederholt von ihm neben Pt als seine Vertrautesten ausgezeichnet worden (Mr 5, 37; 9, 2; 14, 33; Mt 17, 1; 26, 37; Lc 8, 51; 9, 28), gelegentlich auch Jo allein neben Pt mit besonderem Auftrag bedacht (Lc 22, 8). Der Anlaß, aus welchem Jesus den Brüdern den Namen

„Donnerssöhne" gegeben (Mr 3, 17 Bd I, 10), ist uns nicht überliefert; aber was wir Mr 9, 38—40; Lc 9, 49—55 (oben S. 392 A 19) von ihnen lesen, zeugt von einem glühenden Eifer für die Ehre ihres Meisters und von leidenschaftlichem Zorn über jede diesem widerfahrende Kränkung. Damit ist aber der hochfliegende Ehrgeiz verbunden, welcher sie und ihre Mutter für sie um die nächsten Plätze am Thron des Davidssohnes im Reich der Herrlichkeit bitten ließ (A 21). Sie werden wegen der einen wie der anderen Aufwallung ungeläuterten Eifers von Jesus ernst zurechtgewiesen; aber sowenig der Herr ihnen darum sein Vertrauen entzogen hat, haben sie und ihre Mutter darum in der treuen Anhänglichkeit an Jesus sich erschüttern lassen. Die Weissagung Jesu, daß sie gleich ihm werden leiden müssen (Mr 10, 38 f.; Mt 20, 22 f.), hat sich an Jk um Ostern 44 erfüllt (AG 12, 2). Seine Hinrichtung durch Herodes Agrippa I. ist das Einzige, was die AG von ihm meldet. Dagegen tritt Jo von Anfang an neben Pt als eine leitende Persönlichkeit in der Christenheit Palästinas hervor (AG 3, 1—4, 23; 8, 14—25). Doch ist überall, wo sie vereint auftreten, Pt der Wortführer (AG 3, 4. 12; 4, 8; 5, 29; 8, 20) und vielfach, ohne daß Jo erwähnt würde, der unbestrittene Leiter der Urgemeinde. Daß aber Jo auch nach dem Tode seines Bruders und nachdem Jk, der Bruder Jesu, das Haupt der Muttergemeinde geworden war, neben Pt und diesem Jk in der jüdischen Christenheit ein hervorragendes Ansehen genoß, sehen wir aus Gl 2, 9.

Das aus diesen ausdrücklichen Angaben uns entgegentretende Lebensbild des Jo wird wesentlich ergänzt durch das, was sich aus den demselben zugeschriebenen Schriften ergibt, wenn es mit der weiter unten gegebenen Deutung ihres Selbstzeugnisses seine Richtigkeit hat. Dadurch wird zunächst verständlich, wie die Söhne des Zebedäus nach der Verhaftung des Täufers der kurzen Aufforderung Jesu, ihr Gewerbe aufzugeben und als zukünftige Gehilfen seiner Berufsarbeit sich ihm anzuschliessen, sofort und unbedingt Folge leisten mochten (Mr 1, 20; Mt 4, 22; Lc 5, 11). Beide sind Jünger ihres Verwandten Jo gewesen und haben, als Jesus nicht lange nach seiner Taufe noch einmal an die Taufstätte zurückkehrte, auf Anregung ihres bisherigen Meisters sich an Jesus angeschlossen und haben mit Pt und Andreas, Philippus und Nathanael (Bartholomäus) den ersten Jüngerkreis um Jesus gebildet. Von da aus begreift es sich, daß in allen 4 Apostelkatalogen des NT's die ersten Fünf und mit Ausnahme von AG 1, 13, wo als sechster Thomas zwischen Philippus und Bartholomäus eingeschoben ist, alle sechs die vordersten Plätze einnehmen. Sie sind seit diesem Moment mit Jesus verbunden gewesen, sowohl in ihrer Vaterstadt Kapernaum, wo Jesus mit seiner Familie sich niedergelassen hatte (Jo 2, 12), als auf einer Festreise nach Jerusalem und während eines längeren Aufenthalts in Judäa (Jo 2, 13—4, 2). Als Jesus hiernach mit Rücksicht auf die noch andauernde Wirksamkeit des Täufers seine Tätigkeit abbrach und sich mit dem Entschluß, die weitere Entwicklung abzuwarten, nach Galiläa und in die Stille des Privatlebens zurückzog (Jo 4, 1—3. 43 ff.), haben seine Jünger diesen Rück-

zug mitgemacht, und es ist nicht anders zu denken, als daß sie eine Zeit lang
wiederum ihren gewöhnlichen Beschäftigungen nachgegangen sind, bis Jesus in
der Gefangensetzung des Täufers (cf Jo 5, 35) das Signal zum Wiederbeginn
seines Werks erkannte und seine Jünger zur Mitarbeit aufrief. Ist der namenlose Jünger in Jo 13, 23—26; (18, 15 f.) 19, 26. 27. 35; 20, 2—10; 21, 7. 20—25
der Apostel Jo, so wird uns zunächst bestätigt, daß dieser zu den Vertrautesten
Jesu im Apostelkreis gehörte. Daß er Beziehungen zu dem Hohenpriester
Kajaphas hatte und der Dienerschaft in dessen Hause bekannt war, wenn nämlich Jo 18, 15 f. auf ihn und nicht auf seinen Bruder Jk sich bezieht (s. § 65),
ist eine überraschend neue Nachricht, erscheint aber, mag Jo oder Jk gemeint
sein, weniger befremdlich, wenn wir uns erinnern, daß die Frau des Zebedäus
eine Priesterstochter und die Familie zwar nicht vornehmeren Standes und höherer
Bildung war (AG 4, 13), aber doch dem wohlhabenden Mittelstand angehörte.
Auch durch AG 4, 13 wird bestätigt, daß der Apostel Jo ebenso wie Pt von
der Lebenszeit Jesu her dem Einen oder Andern aus dem hohepriesterlichen
Kreise von Angesicht bekannt war. Daß er mit seiner Mutter Salome sich in
den letzten Augenblicken vor dem Hinscheiden Jesu und gleich nach demselben
einmal bis unter das Kreuz herangewagt hat (Jo 19, 25 ff. 35), läßt sich aus
Mt 27, 55 f.; Mr 15, 40 f.; Lc 23, 49 weder bestätigen noch widerlegen. Doch
ist zu beachten, daß Mr unter den Frauen, welche um dieselbe Zeit von ferne
zum Kreuz hinblickten, gerade auch Salome nennt, und daß Lc neben den
Frauen auch die männlichen Freunde Jesu nennt. War Jo ein naher Verwandter Jesu und seine Familie außerdem in vergleichsweise günstiger ökono-
mischer Lage, so versteht man, daß Jesus ihm die Fürsorge für seine Mutter
anvertraute, und daß Jo diese in sein Hauswesen aufnahm (19, 26 f.) Die Beiträge zu seiner Lebensgeschichte, welche sich aus Jo 21 ergeben, sind später
zu erörtern (§ 66). — Aus den 3 Briefen sehen wir, daß Jo zur Zeit ihrer
Abfassung eine lehrende und leitende Stellung in einem Kreise christlicher
Gemeinden einnahm, welche ihrem wesentlichen Bestand nach nicht durch seine
Predigt ins Leben gerufen waren, und zwar heidenchristlicher Gemeinden. Die
Ap lehrt uns, daß es die Gemeinden der Provinz Asien waren, in welchen er
diese Stelle einnahm.

Was in den Kreisen der Schüler des Jo in Asien über die letzte Periode
seines Lebens überliefert wurde, ist, soweit es die Entstehung seiner Schriften
anlangt, bereits S. 448 ff. festgestellt worden. Es ist aber noch einiges Weitere
für die Kritik dieser Schriften von Belang. Polykarp, welcher im J. 69 Christ
geworden ist, d. h. die Taufe empfangen hat, ist nach dem Zeugnis seines
Schülers Irenäus „von Aposteln zum Jünger gemacht", also nicht als unmündiges
Kind getauft, sondern etwa im Knabenalter von Aposteln bekehrt und daraufhin
getauft worden (A 22). Wiederholt nennt Irenäus eine Mehrheit von Aposteln
und außerdem noch andere persönliche Jünger Jesu, mit welchen Polykarp in
seiner Jugend andauernden Verkehr gehabt hat. Wir haben an Männer wie

Philippus und Aristion zu denken (oben S. 216 f.). Als den einen Hauptlehrer aber Polykarps wie auch des Papias und der übrigen asiatischen Senioren nennt Irenäus immer wieder den Jo. Dessen Aufenthalt in der Provinz Asien muß demnach spätestens im J. 69 begonnen haben. Zur Zeit des 2 Tim, im J. 66, wirkte er offenbar noch nicht in jenen Gegenden. Es ist begreiflich, daß nach dem Tode des Pl wie des Pt Männer, welche bis zum Ausbruch des jüdischen Krieges in Palästina auf ihren Posten ausgeharrt (cf Mt 10, 23, oben S. 297), nun die Zeit gekommen sahen, da sie ihren von Anfang an über Israel hinausgreifenden Beruf auch in dieser Ausdehnung ausüben sollten, wie es Pt nicht lange vorher für kurze Zeit unternommen hatte (S. 18 f.), und daß sie die, nach den Zuständen des 2. Jahrhunderts zu urteilen, besonders zahlreichen und starken Gemeinden der Provinz Asien zum Standort ihres Wirkens als Apostel d. h. als Missionare und als Leiter der bestehenden Kirche wählten, zumal dort, wie wir aus den letzten Briefen des Pl erkennen, mit dem Weizen auch das Unkraut üppig wucherte. Für die Zeit zwischen 66 und 69 als Zeitpunkt der Niederlassung von Aposteln und anderen Jüngern Jesu in Asien spricht auch die Überlieferung, daß erst nach dem Tode des Jk und kurz vor Ausbruch des jüdischen Krieges die Apostel Palästina und die Muttergemeinde Jerusalem verlassen haben (A 23). — Da Irenäus das Joev im Gegensatz zu der Lehre Kerinths geschrieben sein läßt, und da die Aloger den Kerinth für den Vf der joh. Schriften erklärten (oben S. 449), so ist es von Wichtigkeit, daß sich Irenäus auf Zeugen berufen kann, welche aus dem Munde Polykarps die bekannte Erzählung von der Begegnung des Jo mit Kerinth in einer öffentlichen Badeanstalt zu Ephesus gehört haben (A 24). Leicht erkennt man in diesem Jo von Ephesus den Donnerssohn von ehedem und den Vf der Briefe wieder. Nach dem Zusammenhang bei Irenäus scheint Polykarp die Anekdote in Rom bei Gelegenheit seines dortigen Besuchs zu Ostern 154 erzählt zu haben. Ebendamals aber hat er sich in bezug auf eine zwischen seiner heimatlichen und der römischen Kirche bestehende Verschiedenheit der kirchlichen Sitte darauf berufen, daß er selbst mit Jo und den übrigen Aposteln das christliche Passa stets ebenso gefeiert habe, wie man es jetzt in Asien, nicht aber in Rom feiere, nämlich so, daß man der Passafeier, welche wesentlich in einer jährlich wiederkehrenden Hochfeier des Abendmahls bestand, ein Fasten vorangehen ließ (A 25). Eine andere Verschiedenheit, welche um 165—170 einen lebhaften Streit innerhalb der asiatischen Kirche und um 190 einen noch gefährlicheren, zuletzt die gesamte Kirche in Mitleidenschaft ziehenden Streit zwischen der asiatischen und der römischen Kirche entzündete, ist zwischen Polykarp von Smyrna und Anicet von Rom im J. 154 noch nicht zur Sprache gekommen. Da aber die Mehrheit der asiatischen Bischöfe sich in diesen späteren Kämpfen auf den Jo von Ephesus und den Philippus von Hierapolis, ferner auf Polykarp und alle namhaften Bischöfe der Vergangenheit als Auktoritäten für ihre quartadecimanische Praxis beriefen, so unterliegt es keinem Zweifel, daß Jo und die übrigen nach a. 66

von Palästina nach Kleinasien übergesiedelten Männer des Apostelkreises Quartadecimaner gewesen sind, d. h. sie feierten das christliche Passa in der vorhin
angegebenen Weise alljährlich zur Zeit des jüdischen Passas, am 14. Nisan,
gleichviel auf welchen Wochentag dieser fiel.

In bezug auf andere den Jo betreffende Traditionen ist schwerer zu entscheiden, welches Maß von Glaubwürdigkeit ihnen zukomme. Es finden sich
darunter solche, welche wie echte Geschichte lauten (A 26), und es wäre töricht,
Alles, was nur jener Leucius Charinus um 160 auf asiatischem Boden von Jo
erzählt hat, für lauter Erfindungen zu erklären. Er mußte sich mit dieser seiner
Dichtung viel enger an die vorhandene Überlieferung anschließen, als in den
wahrscheinlich gleichfalls von ihm verfaßten Petrusakten. Deren Schauplatz
war das ferne Rom, und 30—40 Jahre weiter zurück lag das Ende des Pt.
Über Jo dichtete Leucius wenige Jahre nach dem Hinscheiden des letzten
Schülers des Jo. Es kommt für uns besonders seine Schilderung vom Lebensende des Jo in Betracht. Nach alter echter Überlieferung ist der Jo von
Ephesus im höchsten Greisenalter zu Anfang der Regierung Trajans also um
100 friedlichen Todes zu Ephesus gestorben und begraben worden (A 27).
Wenn an diesem Ende außer dem hohen Alter des Jo irgend etwas Auffälliges
gewesen wäre, würde das Schweigen des Irenäus und der anderen in Prosa zu
uns redenden Zeugen unbegreiflich sein. Auch Leucius hat die Sache nicht
wesentlich anders dargestellt (A 28). Eines Sonntags nach dem Gottesdienst
begibt Jo sich, von wenigen vertrauten Schülern begleitet, vor die Tore der
Stadt, läßt sich ein tiefes Grab graben, legt die Oberkleider ab, die ihm als
Bette dienen sollen, betet noch einmal, steigt dann ins Grab, grüßt die anwesenden Brüder und gibt seinen Geist auf. Er stirbt nach der Dichtung allerdings nicht so, wie man es nach den echten Überlieferungen von dem zuletzt
altersschwachen Greis erwarten sollte, an Entkräftung; aber er stirbt doch
wirklich und ruht in seinem Grabe zu Ephesus ganz ebenso wie Philippus und
seine Töchter in den ihrigen zu Hierapolis und, um mit Polykrates von Ephesus
um 190 zu reden, die anderen „großen Himmelslichter Asiens, welche am Tage
der Wiederkunft des Herrn auferstehen werden" (Eus. V, 24, 2—5). Erst vom
4. Jahrhundert an hat der Volksglaube, an Jo 21, 23 wiederanknüpfend, ihn in
seiner Grabesruhe zu stören angefangen und immer phantastischere Wunder von
dem unsterblichen Jünger und seinem Grabe erzählt (A 28).

1. Über die äußere Bezeugung des 4. Ev cf E. Luthardt, Der joh. Ursprung des
4. Ev, 1874; E. Abbot, The authorship of the fourth gospel. External evidences. 1880;
GK I, 17f. 150—192. 220—262. 516—534. 675—680. 732—739. 767. 778. 780. 784ff. 901—915.
934; II, 32—52. 733. 850f. 909f. 956—961. 967—973. Über die Benutzung des Joev im
Petrusev cf meine Schrift über dasselbe, 1893 S. 49f.

2. Über Apostel und Apostelschüler in der Provinz Asien ist ausführlich gehandelt
Forsch VI, 1—224, dort auch nochmals über die Lebensgeschichte des Irenäus, die
Chronologie Justins und andere hier einschlagende Sachen und Fragen.

3. Über Spuren des 4. Ev bei Papias GK I, 902. Dazu kommt, was Conybeare im Guardian vom 18. Juli 1894 aus den Solutiones in IV evv. des Armeniers Vardan Vardapet (saec. XII) nach der Hs zu S. Lazzaro Nr. 51 fol. 3 mitteilt: *Und als die Türen geschlossen waren, erschien er den Elfen und den Andern, die mit ihnen waren* (cf Lc 24, 33; Jo 20, 19; ein Zusammenhang mit dem Folgenden ist nicht ersichtlich). *Aber die Aloë, welche sie brachten* (Jo 19, 39), *war gemischt, wie man sagt, halb aus Öl, halb aus Honig. Es ist aber gewiss, dass Aloë eine Art von Weihrauch ist, wie berichtet wird von dem Geographen und von Papias; dass* (oder „denn") *es gibt 15 Arten von Aloë in Indien, und 4 derselben sind kostbare Arten; nämlich Nikré* (? Ingré), *Andrataratz* (? Sangrataratz), *Jerravor, Dzakotkén. Daher* (? von diesen 4 kostbaren Arten) *war, was Joseph und Nikodemus zum Begräbnis spendeten; denn sie waren reich* (Jo 19, 38 f. cf Mt 27, 57 πλούσιος). Der „Geograph" ist Moses von Khorene, in dessen Geographie c. 41 von den 4 Arten der Aloë zu lesen ist. Dies also stammt nicht aus Papias. Ebenso wenig die populäre Misdeutung der Aloë als einer Mischung aus Öl und Honig; denn gerade im Gegensatz zu dieser werden der Geograph und Papias citirt. Es bleibt für Papias die Behauptung, daß Aloë eine Art Weihrauch sei. Also hat dieser Jo 19, 38 f. zum Gegenstand einer seiner ἐξηγήσεις gemacht. Dazu ist zu bemerken, daß die Bekanntschaft der Armenier mit dem Werk des Papias auch sonst gesichert ist cf Forsch VI, 128—130. 155.

4. Nach Card. Thomasii opp. ed. Vezzosi I, 344 und Pitra, Analecta II, 160 findet sich in einer lat. Bibel des 9. Jahrh., dem Cod. Regin. 14 in der Vaticana, folgendes Argumentum zum Joev: *Evangelium Johannis manifestatum et datum est ecclesiis ab Johanne adhuc in corpore constituto, sicut Papias nomine Hierapolitanus, discipulus Johannis carus, in exotericis id est in extremis quinque libris retulit. Descripsit vero evangelium dictante Johanne recte. Verum Marcion haereticus, cum ab eo fuisset improbatus, eo quod contraria sentiebat, abjectus est a Johanne. Is vero scripta vel epistolas ad eum pertulerat a fratribus, qui in Ponto fuerunt.* Nur bis *retulit*, hat man ein Recht, diese Angaben auf das Werk des Papias zurückzuführen. Das weiter Folgende hat der Vf des Prologs aus anderen Quellen geschöpft. Cf auch den Prolog bei Wordsworth, NT lat. sec. Hieron. I, 490 und gegen oberflächliche Kritik des Argumentum Forsch VI, 127. Die Sage von Papias als dem Schreiber, welchem Jo sein Ev diktirt habe, findet sich auch griechisch im Proöm. der Catena in Jo ed. Corderius, 1630, und auf Prochorus übertragen in dessen Acta Jo p. 154 ff. meiner Ausg. cf GK I, 898 f.

5. Clem. Al. bei Eus. h. e. VI, 14, 7 (hinter den oben S. 182 A 9 und S. 214 A 9 citirten Worten und beherrscht von dem ἔλεγον sc. οἱ πρεσβύτεροι): τὸν μέντοι Ἰωάννην ἔσχατον συνιδόντα, ὅτι τὰ σωματικὰ ἐν τοῖς εὐαγγελίοις δεδήλωται, προτραπέντα ὑπὸ τῶν γνωρίμων, πνεύματι θεοφορηθέντα, πνευματικὸν ποιῆσαι εὐαγγέλιον.

6. Can. Mur. l. 9—16; GK II, 5. 32—40; Acta Jo p. CXXVI—CXXXI. Die Herkunft dieser Erzählung aus den Acta Jo des Leucius (GK II, 38) ist noch wahrscheinlicher geworden, seitdem sich herausgestellt hat, daß der Can. Mur. sich auch mit den von demselben Vf geschriebenen Acta Petri nahe berührt GK II, 844. Ebendort S. 37 f. die beachtenswerteren patristischen Angaben. Dazu noch GK I, 898 f. und vorhin A 4. 5. Über das Verhältnis der Erzählungen des Leucius und des Clemens Forsch VI, 201—204.

7. Iren. III, 11, 1 *Hanc fidem annuntians Joannes, domini discipulus, volens per evangelii annuntiationem auferre eum, qui a Cerintho inseminatus erat hominibus, errorem et multo prius ab his qui dicuntur Nicolaitae, qui sunt vulsio eius, quae falso cognominatur scientia, ut confunderet eos . . . . sic inchoavit in ea, quae est secundum evangelium doctrina: „In principio erat verbum"* etc. Cf Bd I 363 A 4.

8. Über Jo als den zuletzt schreibenden Evangelisten oben S. 177 f. 180—183. Damit war schon gegeben, daß er im hohen Alter geschrieben. Nachdem er sein ganzes Leben

hindurch nur mündlich gepredigt, ist er schließlich auch zum Schreiben gekommen (Eus. h. e. III, 24, 7). Sehr bestimmt drückt sich Epiph. haer. 51, 12 aus: διὸ ὕστερον ἀναγκάζει τὸ ἅγιον πνεῦμα τὸν Ἰωάννην, παραιτούμενον εὐαγγελίσασθαι δι᾽ εὐλάβειαν καὶ ταπεινοφροσύνην, ἐπὶ τῇ γηραλέᾳ αὐτοῦ ἡλικίᾳ μετὰ ἔτη ἐνενήκοντα τῆς ἑαυτοῦ ζωῆς, μετὰ τὴν ἀπὸ τῆς Πάτμου ἐπάνοδον, τὴν ἐπὶ Κλαυδίου γενομένην Καίσαρος· καὶ μετὰ ἱκανὰ ἔτη τοῦ διατρῖψαι αὐτὸν ἐπὶ (Dindorf ἀπὸ) τῆς Ἀσίας ἀναγκάζεται ἐκθέσθαι τὸ εὐαγγέλιον. Cf 51, 2 ὁ ἅγιος Ἰωάννης μεθ᾽ ἡλικίαν γηραλέαν ἐπιτρέπεται κτλ. Über die chronologische Bestimmung des Exils auf Patmos s. unten A 14. Über die sonderbaren Angaben haer. 51, 33 s. Forsch V, 35—43. Daß Jo nach seiner Rückkehr von Patmos, also erst nach Abfassung der Ap sein Ev geschrieben habe, sagt keiner der älteren Väter (Irenäus, Clemens, Origenes, Eusebius), wohl aber außer Epiphanius noch eine ganze Reihe anderer Zeugen: eine in Ephesus gehaltene Rede unter dem Namen des Chrysostomus (Montfaucon VIII, 2, 131), welche Suidas s. v. Ἰωάννης (ed. Bernhardy I, 2, 1023) als ein echtes Werk des Chrysostomus angesehen und ausgeschrieben hat; ferner der alte lat. Prolog zum Joev (NT lat. ed. Wordsworth I, 486), zwei dem Augustin zugeschriebene Traktate (Mai, Nova p. bibl. I, 1, 381; Aug. opp. ed. Bass. IV, 382), ferner indirekt die syrisch erhaltene „Gesch. des Jo" (Wright, Apocr. Acts I, 60—64), sofern sie nach einem Exil, dessen Ort sie nicht angibt, den Jo in Ephesus sein Ev schreiben läßt, und Prochorus in seinem Leben des Jo, sofern er erzählt, daß Jo ihm das Ev zwar noch auf Patmos, am Schluß des dortigen Exils in 2 Tagen und 6 Stunden diktirt, sodann aber unter Zurücklassung einer gleichfalls von Prochorus auf Pergament geschriebenen Abschrift für die Kirchen von Patmos die auf Papier geschriebene Originalschrift mit nach Ephesus gebracht habe cf Acta Jo meiner Ausg. p. 154—158. XLIII—L. Es mußte, wie dort näher nachgewiesen ist, Verwirrung in die Tradition kommen in den Zeiten und Kreisen, in welchen die Ap, diese Urkunde des Exils auf Patmos, dem Jo abgesprochen und aus dem NT ferngehalten wurde. An die Stelle der auf Patmos geschriebenen Ap setzte Prochorus das Ev, und erst durch handgreifliche Interpolation wurde in das Buch des Prochorus nachträglich doch noch eine Erzählung von der Entstehung auch der Ap auf Patmos eingetragen (l. l. 184). Ein Nachklang der ursprünglichen Erzählung des Prochorus ist es, wenn min. 145 (Tischd. NT I, 967 cf Anderes bei Matthaei, Ev Jo, 1786 p. 356) und die Synopsis „des Athanasius" (Athan. ed. Montf. II, 202) den Jo das Ev auf Patmos schreiben oder diktiren, in Ephesus aber herausgeben lassen, und wenn das Chron. pasch. ed. bonn. I, 11 u. 411 von dem angeblich in Ephesus noch erhaltenen ἰδιόχειρον des Joev fabelt (Acta Jo p. LIX). Die Quelle aber der Tradition von der Abfassung des Joev in Ephesus nach der Rückkehr von Patmos kann kaum eine andere als die Legende des Leucius sein (Acta Jo p. CXXVI ff.). Sonderliches Vertrauen verdient sie nicht; denn Irenäus, welcher über die Abfassungszeit des Mt, des Mr (III, 1. 1) und der Ap (V, 30, 3) sehr bestimmte Angaben bietet, würde sich nicht mit der unbestimmteren Angabe in bezug auf das 4. Ev begnügt haben, daß Jo dasselbe später als Mt, Mr, Lc und daß er es während seines Aufenthalts zu Ephesus geschrieben habe (III, 1, 1), wenn ihm das Werk des Papias oder die mündliche Tradition der asiatischen Senioren bestimmtere Kunde vermittelt hätte. In bezug auf Ephesus als Geburtsstätte des Ev stimmt mit Irenäus nicht nur Leucius, wenn über diesen vorhin Richtiges gesagt ist, und die syrische Geschichte des Jo, sondern die allgemeine Überlieferung überein (s. in bezug auf die Syrer meine Acta Jo p. CXXVIII; Forsch I, 54 f.). Auch wo nur von Asien geredet wird, ist Ephesus gemeint. Die Fabeleien jener syr. Legende und der Acta Timothei bedürfen im übrigen keiner Erörterung (GK I, 943; II, 38; Acta Jo p. CXXXVIII). Doch ist zu beachten, daß diese apokryphen Darstellungen, sofern sie den Jo bei Abfassung seines Ev alle drei synoptischen Ev in Händen gehabt und berücksichtigt haben lassen, auf sehr alter, bis auf die Lehrer des Clemens zurückgehender (oben A 5) und von verständigen Leuten wie Eusebius (h. e. III, 24, 7—13) und Theodor von Mopsuestia (Comm. in NT ed. Fritzsche p. 19 f.) wiederholter Tradition fußen.

9. Von Marcion und Justinus fehlen uns die ausdrücklichen Zeugnisse dafür, daß sie das 4. Ev dem Apostel Jo zugeschrieben haben cf jedoch oben S. 175 f. und in bezug auf Justinus als Zeugen für den Aposteltitel des christlichen Schriftstellers Jo unten A 12. Der Valentinianer Ptolemäus nennt den Evangelisten bald Ἰω. ὁ μαθητὴς τοῦ κυρίου (Iren. I, 8, 5) bald ἀπόστολος (Ep. ad Floram bei Epiph. haer. 33, 3 cf GK I, 732 f. II, 956 ff.). Ebenso bezeichnet der Valentinianer Herakleon (Orig. tom. VI, 2 in Jo) ihn zuerst im Gegensatz zum Täufer als ὁ μαθητής und rechnet ihn gleich darauf zu οἱ ἀπόστολοι. Auch die orientalischen Valentinianer bei Clem. Al. epit. e Theodoto § 7. 41 nennen den Vf des Prologs Apostel. Irenäus regelmäßig, wo er von Jo als Vf des Ev redet, „Jünger des Herrn" (III, 1, 1; 11, 1. 3 extr.), aber auch sonst ebenso: V, 33, 3; II, 22, 5 (hier aber sofort auch *non solum Joannem, sed et alios apostolos viderunt*); III, 3, 4 (ebenso zuerst μαθ. τ. κυρίου, dann ihn mitbegreifend οἱ ἀπόστολοι); epist. ad Victorem bei Eus. V, 24, 16 „Jo der Jünger des Herrn und die übrigen Apostel". — Can. Mur. lin. 9 *quarti* (l. quartum) *evangeliorum Johannis ex discipulis*. Es wird dann die Verhandlung des Jo mit seinen *condiscipuli* und *episcopi* über Abfassung eines Ev berichtet (oben A 6) und aus diesem Kreise, offenbar aus den *condiscipuli* des Jo, *Andreas ex apostolis* hervorgehoben. Auch Jo ist ein Apostel, sogut wie Andreas; der einzige Christ apostolischer Zeit, Namens Jo, von welchem der Fragmentist weiß (cf lin. 27. 49. 57. 69. 71), ist schon vor Pl ein Inhaber des Apostelamtes gewesen (lin. 48) cf GK I, 154 f. II, 32 ff. 48 f. 88 f., im allgemeinen Forsch VI, 72—78.

10. Irenäus, Clemens, Tertullian, Can. Mur., Hippolytus, Origenes citiren durchweg das Ev, die Briefe (resp. den 1 Jo) und die Ap als Werke des einen Jo, ohne diesen einer näheren Charakteristik bedürftig zu finden (GK I. 202 ff.). Nur zur Erläuterung von Aussagen der einen Schrift aus der anderen oder zur Verherrlichung des Jo dient es, wenn gelegentlich an die Identität des Vf dieser verschiedenen Schriften erinnert wird. So Iren. III, 16, 5 im Anschluß an ein Citat aus Jo 20, 31: *propter quod et in epistola sua sic testificatus est nobis*; es folgt 1 Jo 2, 18 ff. Ebenso läßt Can. Mur. lin. 26—34 auf die Erörterung des 4. Ev das hierauf bezogene Zeugnis seiner Briefe d. h. 1 Jo 1, 1—4 folgen, und zwar als ein später als das Ev geschriebenes. Hippolytus c. Noet. 15 erklärt den Logosnamen Jo 1, 1. 14 aus Ap 19, 11—13 als einer späteren Aussage desselben Jo (ὑποβὰς ἐν τῇ ἀποκαλύψει ἔφη). Ohne diese Anschauung von der chronologischen Folge auszudrücken, macht es Orig tom. II, 5 in Jo ebenso (ὁ αὐτὸς δὲ Ἰωάννης ἐν τῇ ἀποκαλύψει κτλ.). Tert. de fuga 9; scorpiace 12 setzt voraus, daß die Ap vor dem 1 Jo geschrieben sei cf GK I, 207. Häufig werden dem Jo mit Rücksicht auf seine verschiedenen Schriften mehrere entsprechende Titel zugleich gegeben z. B. Hippol. de Antichr. 36 redet den Apokalyptiker an: ὦ μακάριε Ἰωάννη, ἀπόστολε καὶ μαθητὰ τοῦ κυρίου, Clem. paed. II, 119 in bezug auf Ap 21 φωνὴ ἀποστολική, quis dives 42 Ἰω. ὁ ἀπόστολος von dem Exulanten auf Patmos; strom. III, 106 ὁ προφήτης von dem Vf der Ap; Orig. tom. II, 5 in Jo: ὁ ἀπόστολος καὶ ὁ εὐαγγελιστής, ἤδη δὲ καὶ διὰ τῆς ἀποκαλύψεως καὶ προφήτης. Anderes s. GK 1, 206 A 2; Forsch VI, 210 A 2.

11. Über die Aloger und die weiter sich anschließenden kritischen Versuche des Cajus von Rom s. GK I, 220—262; II, 967—991; Prot. RE. I³, 386. Ehe Epiphanius den Alogern diesen Namen gab, hießen sie ἡ αἵρεσις, ἡ ἀποβάλλουσα Ἰωάννου τὰς βίβλους (Epiph. haer. 51, 3). Da diese und ähnliche Bezeichnungen bei Epiphanius immer wiederkehren (ed. Dindorf II, 452, 9. 19—21; 453, 6; 501, 30), und Epiphanius, über den Sinn des Ausdrucks reflektirend bekennt, nicht sicher zu wissen, ob darunter nur Ev und Ap oder auch die Briefe zu verstehen seien (τάχα δὲ καὶ τὰς ἐπιστολάς § 34 cf § 35), so darf als sicher gelten, daß Hippolytus, dessen Schrift gegen die 32 Häresien sowohl dem

Epiphanius als dem Philaster (haer. 30) als Quelle diente, diesen Ausdruck gebraucht hatte. Da aber Hippolytus, nach den von ihm abhängigen Berichterstattern zu urteilen, und nach dem Titel seiner Schrift ὑπὲρ τοῦ κατὰ Ἰωάννην εὐαγγελίου καὶ ἀποκαλύψεως nur die gegen diese beiden Hauptschriften gerichteten kritischen Argumente der Aloger erörtert hat, so wird auch er den Ausdruck „die Bücher des Jo“ nicht geschaffen, sondern in Schriften der Gegner vorgefunden haben. Die Aloger selbst haben gesagt: „die Bücher des Jo sind nicht von Jo, sondern von Kerinth, und sie sind nicht wert, in der Kirche zu sein“ (Dindorf p. 452, 9. 20 f.), und „es stimmen seine Bücher nicht mit den übrigen Aposteln“ (p. 453, 6). Durch letzteren Ausdruck bezeugen sie, daß der Jo, um dessen Bücher es sich handelt, ein Apostel war. Epiphanius bemerkt p. 452, 16 ganz richtig, daß „sie wissen, daß er (der angebliche Jo) zur Zahl der Apostel gehörte“. Im einzelnen bezeichnen sie die Bücher genau genug: τὸ εὐαγγέλιον τὸ εἰς ὄνομα Ἰωάννου ψεύδεται p. 474, 18; oder λέγουσι τὸ κατὰ Ἰωάννην εὐαγγέλιον ἀδιάθετον εἶναι p. 475, 7; auch ὁ Ἰωάννης (d. h. der für Jo sich ausgebende Vf des 4. Ev) ψεύδεται p. 479, 6; τί με ὠφελεῖ ἡ ἀποκάλυψις Ἰωάννου p. 499, 7. Daß sie bei ihrer Verwerfung der „Bücher des Jo“ die Briefe nicht ignoriren konnten, ergibt sich schon daraus, daß dieselben in der Heimat und Zeit der Aloger unter dem Namen des Jo bekannt waren (unten A 15). Es findet aber auch seine Bestätigung im Can. Mur. l. 26 ff.; denn nachdem dort gegenüber der Behauptung der Aloger, daß das 4. Ev mit den 3 andern in Widerspruch stehe, die Harmonie der 4 Evv behauptet ist, wird das zuversichtliche Selbstzeugnis in 1 Jo 1, 1—4 als ein wohlberechtigtes und keineswegs verwunderliches in Schutz genommen. Die Aloger werden, ähnlich wie später Dionysius in bezug auf die Ap (Eus. h. e. VII, 25, 6—11), die nachdrückliche Selbstbezeugung in 1 Jo 1, 1—4 als einen Verdachtsgrund gegen die Echtheit des 1 Jo geltend gemacht haben (GK II, 45—52. 136). — Cajus bei Eus. h. e. III, 28, 2 sagt vom Vf der Ap: Κήρινθος, ὁ δι’ ἀποκαλύψεων ὡς ὑπὸ ἀποστόλου μεγάλου γεγραμμένων τερατολογίας ἡμῖν ὡς δι’ ἀγγέλων αὐτῷ δεδειγμένας ψευδόμενος κτλ.

12. Just. dial. 81 καὶ ἐπειδὴ (so codd., lies ἔτι δή, al. ἔτι δέ, al. ἔπειτα) καὶ παρ’ ἡμῖν ἀνήρ τις, ᾧ ὄνομα Ἰωάννης, εἷς τῶν ἀποστόλων τοῦ Χριστοῦ, ἐν ἀποκαλύψει γενομένῃ αὐτῷ χίλια ἔτη ποιήσειν ἐν Ἱερουσαλὴμ τοὺς τῷ ἡμετέρῳ Χριστῷ πιστεύσαντας προεφήτευσε, καὶ μετὰ ταῦτα τὴν καθολικὴν καὶ συνελόντι φάναι αἰωνίαν ὁμοθυμαδὸν ἅμα πάντων ἀνάστασιν γενήσεσθαι καὶ κρίσιν. Cf Ap 20, 4—15; GK I, 560 f.

13. Die asiatischen Senioren bei Iren. IV, 30, 4; V, 30, 1; 36, 1. Über die Zahl des Antichrists V, 30, 1 s. Ztschr. f. kirchl. Wiss. 1885 S. 561 ff., über die älteren Zeugnisse für die Ap überhaupt GK I, 201—208 (Epist. Lugd. bei Eus. h. e. V, 1; Irenaeus, Can. Murat., Hippolytus, Acta mart. Scillit., Passio Perpetuae, Tertullian, Clemens und die Gemeinde von Alexandrien, Theophilus Ant., die Montanisten, Melito von Sardes); 560—562 (Justinus s. vorhin A 12); 759—761 (die Valentinianer); 794 f. (die Senioren des Irenäus, Sibyll. um 150); 950—957 (Papias nach Andreas in Ap ed. Sylburg p. 2. 52 und Eus. III, 39, 12; Barnabas). In bezug auf Leucius Forsch VI, 197—201.

14. Iren. V, 30, 3 (griechisch ziemlich frei bei Eus. h. e. V, 8, 6; in Klammern füge ich die Varianten der lat. Version bei): ἡμεῖς οὖν (μενοῦν) οὐκ ἀποκινδυνεύομεν περὶ τοῦ ὀνόματος τοῦ Ἀντιχρίστου ἀποφαινόμενοι βεβαιωτικῶς (ἀποκινδυνεύσομεν ἐν τούτῳ, οὐδὲ βεβαιωτικῶς ἀποφανούμεθα, ὅτι τοῦτο ἕξει τὸ ὄνομα). εἰ γὰρ ἔδει (εἰδότες ὅτι εἰ ἔδει) ἀναφανδὸν τῷ νῦν καιρῷ κηρύττεσθαι τοὔνομα αὐτοῦ, δι’ ἐκείνου ἂν ἐρρέθη τοῦ καὶ τὴν ἀποκάλυψιν ἑωρακότος. οὐδὲ γὰρ πρὸ πολλοῦ χρόνου ἑωράθη (lat. visum est), ἀλλὰ σχεδὸν ἐπὶ τῆς ἡμετέρας γενεᾶς, πρὸς τῷ τέλει τῆς Δομετιανοῦ ἀρχῆς. Nach Wetstein (NT II, 746), dessen Auslegung sich E. Böhmer, Über Vf und Abfassungszeit der Ap, 1855 S. 31 angeeignet hat, sollte Irenäus damit gesagt haben, daß Jo noch gegen Ende der Regierung Domitians auf Erden zu sehen oder am Leben gewesen sei. Aber nicht bis gegen Ende

der Regierung Domitians, sondern bis zu den Zeiten Trajans hat Jo nach Iren. II, 22, 5; III, 3, 4 in Ephesus gelebt. Es bedarf auch keines Beweises, daß ἑωρά'ϑη nicht anders als ἑωρακότος zu verstehen ist. Nach Dionysius Barsalibi in seinem Kommentar über die Ap, welcher Schriften des Hippolytus in Händen hatte, die wir nicht besitzen, hätte Hippolytus ebenso wie Irenaeus über die Abfassungszeit der Ap gedacht cf J. Gwynn, Hermathena VII (1889) p. 146. Aus den vorhandenen Schriften des Hippolytus läßt sich das nicht bestätigen. Er sagt de Antichr. 36 nur, daß Rom, also wohl der Kaiser, die Verbannung nach Patmos veranlaßt habe. Auch Orig. tom. XVI, 6 in Mt wagt nicht einen bestimmten Kaiser zu nennen, da Ap 1, 9 keiner genannt sei cf Forsch VI, 199 f. In der Legende von dem durch Jo geretteten Jüngling (Clem. quis dives 42) ist zwar auch kein Kaiser genannt, aber sicherlich Domitian gemeint; denn erstens wird Jo darin als ein hochbetagter Greis vorgestellt und zweitens die Rückkehr aus dem Exil an den Tod des Tyrannen (d. h. des Kaisers, der ihn verbannt hatte) geknüpft. Das setzt den Wandel der Dinge beim Übergang der Regierung von Domitian auf Nerva voraus cf Dio Cass. 68, 1 f.; Victorinus zu Ap 10, 11 (s. gleich nachher); Lact. de mort. persec. 3; Eus. h. e. III, 20, 10. Ausdrücklich in die Zeit Domitians wird das Exil auf Patmos und die Abfassung der Ap gesetzt von Victorin. in apoc. (Migne 5 col. 333); Eus. h. e. III, 18, 1 f.; 20, 11; 23, 1; Chron. ad a. 2109 und 2113 (nur in bezug auf die Ap, deren Echtheit er anzweifelte, zurückhaltend); Hieron. v. ill. 9; c. Jovin. I, 26; Pseudochrys. in der oben S. 461 erwähnten Rede. Victorinus von Pettau um 300 bemerkt l. l. zu Ap 10, 11: *Hoc dicit propterea quod, quando haec Joannes vidit, erat in insula Pathmos in metallo damnatus a Domitiano Caesare. Ibi ergo vidit apocalypsin. Et cum jam senior putaret, se per passionem accepturum receptionem, interfecto Domitiano judicia eius soluta sunt; et Joannes de metallo dimissus sic postea tradidit hanc eandem, quam acceperat a deo, apocalypsin.* Die Herausgabe der Ap nach der Rückkehr von Patmos ist das abermalige Weissagen in Ap 10, 11. Offenbar folgt Victorin hier einer älteren Erzählung. Ganz verlassen von alter Tradition und gesundem Verstand erscheint dagegen Epiphanius, wenn er haer. 51, 12. 33 das Exil, die Abfassung der Ap und die Rückkehr von Patmos in die Regierungszeit des Claudius (41—54) setzt und zugleich (51, 12) den Jo „nach der Rückkehr von Patmos" 90 Jahr alt sein Ev schreiben läßt. Allerdings sucht er den Widerspruch zwischen dieser Altersangabe und dem Namen des Kaisers, unter welchem Jo auf Patmos gewesen und von dort zurückgekehrt sein soll, einigermaßen auszugleichen, indem er eine beträchtliche Reihe von Jahren des Aufenthalts in Ephesus zwischen die Rückkehr von Patmos und die Abfassung des Ev einschiebt oder einzuschieben scheint (oben S. 460 f. A 8). Aber der Widerspruch ist nur schlecht verhüllt, da kein Verständiger ein Ereignis, welches nach der Altersangabe für Jo und der alten Tradition etwa 40 Jahre nach dem Tode des Claudius stattgefunden hat, durch die Worte „nach der Rückkehr von Patmos, welche unter Claudius erfolgte" chronologisch bestimmen wird. Noch wertloser ist die ganz beiläufig und wie selbstverständlich zum Vorschein kommende Ansicht des Can. Mur. lin. 48, daß Jo, der im Vergleich zu Pl ältere Apostel (Gl 1, 17), auch die Sendschreiben an die 7 Gemeinden Asiens früher geschrieben habe, als Pl seine Briefe an 7 Gemeinden cf GK II, 70. — Die mehrerwähnte syrische Geschichte des Jo, welche von einer Ap nichts weiß und Patmos nicht nennt, läßt den Jo durch Nero in die Verbannung schicken und wieder freilassen (Wright I, 60 ff.). Prochorus verlegt das Patmosexil in die Zeit Trajans oder nach anderer LA Hadrians (meine Acta Jo p. 45. 46. 173. XXII. CXXV). Dem Kaiser, unter welchem Jo die Freiheit wiedererhält, gibt er überhaupt keinen Namen (p. 151). Ein indirektes Zeugnis für die durch Irenäus vertretene Tradition liegt in der mehrfach zu Tage tretenden Ansicht, daß die Ap die letzte oder eine der letzten Schriften des Jo und des NT's sei. So Hippolytus, wenn er die Ap später als das Joev geschrieben denkt (oben S. 462 A 10). Auch die Verwendung von Ap 22, 18f. zum Ausdruck des Gedankens, daß es ein Frevel sei, den heiligen Urkunden der ntl Offenbarung etwas als gleichwertig hinzuzufügen, scheint vorauszusetzen, daß die Ap die letzte apostolische Schrift sei cf Anonym. c. Montan. bei Eus. h. e. V, 16, 3; Iren. IV, 33, 8; V, 30, 1; Tert. c. Hermog. 22; GK I, 112ff.

15. Papias als Zeuge für 1 Jo nach Eus. h. e. III, 39, 16 s. oben S. 36 A 1. Es ist sehr bezeichnend, daß die schon dem Ephraim bekannte, also spätestens um 360 entstandene syr. Übersetzung des Eusebius (cf Th. Ltrbl. 1893 Sp. 472) diese Stelle sehr frei so wiedergibt: „Es gebraucht aber dieser Papias als zum Zeugnis (Stücke) von den Briefen des Johannes und des Petrus". Damit sind nicht etwa mehrere Briefe des Jo und mehrere des Pt gemeint, sondern der Syrer, der nur je einen Brief des Jo und des Pt kannte oder anerkannte, faßt diese beiden in einen Plural zusammen. Die Bezeichnung Christi als αὐτὴ ἡ ἀλήθεια in der Vorrede des Papias (Eus. h. e. III, 39, 3 cf ἡ αὐτοαλήθεια bei Orig. tom. VI, 3 in Jo) erinnert sehr an 3 Jo 12. Polykarp (ad Phil. 7 πᾶς γὰρ ὃς ἂν μὴ ὁμολογῇ Ἰησοῦν Χριστὸν ἐν σαρκὶ ἐληλυθέναι, ἀντίχριστός ἐστιν) berührt sich mit 2 Jo 7 fast deutlicher als mit 1 Jo 4, 2f. Cf hierüber, sowie über die Anklänge an die joh. Briefe bei Barnabas GK I, 905f.

16. Über die S. 453 erwähnte Citationsweise s. die Beispiele GK I, 210f. Selbst bei einem Gelehrten wie Origenes ist nichts gewöhnlicher als diese Nachlässigkeit. Um neue Beispiele zu nennen cf tom I, 22 in Jo κατὰ τὸν Παῦλον . . . ἐν τῇ πρὸς Κορινθίους, ebenso I, 34; ferner II, 4 ἐν τῇ πρὸς Θεσσαλονικεῖς. So auch I, 38 ἐν τῇ Ἰωάννου ἐπιστολῇ (= 1 Jo 2, 1) neben I, 22 ἐν τῇ καθολικῇ ἐπιστολῇ ὁ Ἰωάννης. Ambros. in Ps 36 (ed. Bened. I, 777); Hieron. ad Eph 6, 5 Vall. VII, 667.

17. Über die joh. Briefe im Can. Mur. lin. 28—34. 68 s. GK II, 48—52. 88—95; über die sonstige Bezeugung der Briefe I, 209—220. 374f. 739. 759. 905f.

18. Orig. über 2 und 3 Jo bei Eus. h. e. VI, 25, 10 (GK I, 211); ebendort VII, 25, 11 Dionysius über dieselben, Eusebius selbst h. e. III, 24, 17; 25, 3. An letzterer Stelle nennt er am Schluß der Antilegomena ἡ ὀνομαζομένη δευτέρα καὶ τρίτη Ἰωάννου, εἴτε τοῦ εὐαγγελιστοῦ τυγχάνουσαι εἴτε καὶ ἑτέρου ὁμωνύμου ἐκείνῳ. Offenbar denkt Eusebius dabei an den von ihm entdeckten Presbyter Jo. So hat ihn ein späterer Excerptor verstanden (Texte u. Unters. V, 2, 170). Wo aber Eusebius selbst seine Entdeckung des Presbyters Jo mitteilt (III, 39, 5—6), macht er von derselben nur Gebrauch in bezug auf die Ap, wie auch das doppelte Johannesgrab zu Ephesus von ihm und vor ihm von Dionysius (Eus. VII, 25, 16) nur für die Hypothese eines zweiten Jo als Vf der Ap, nicht als Vf der kleineren Briefe verwertet wird. Hieronymus v. ill. 9 schweigt von der sehr deutlich vorgetragenen Hypothese des Eusebius über den Presbyter Jo als Vf der Ap und verwertet dagegen die ihm durch Eusebius dargebotenen Materialien und die bloße Andeutung bei Eus. III, 25, 3 zu der flunkerhaften Angabe über die Briefe (v. ill. 9 nach Besprechung des 1 Jo): *reliquae autem duo . . . Johannis presbyteri asseruntur, cuius et hodie alterum sepulcrum apud Ephesum ostenditur; et nonnulli putant, duas memorias eiusdem Johannis evangelistae esse* etc. Später v. ill. 18 folgert er nach Eus. h. e. III, 39, 4—6 aus der Vorrede des Papias, daß ein vom Apostel Jo verschiedener Presbyter Jo der Lehrer des Papias gewesen sei und fährt fort: *Hoc autem dicimus propter superiorem opinionem* (d. h. v. ill. 9), *qua a plerisque rettulimus traditum, duas posteriores epistulas Johannis non apostoli esse, sed presbyteri.* Nicht einmal sich selbst weiß Hieronymus genau zu citiren. Cf v. Sychowski, Hieron. als Literarhist. S. 91. 107.

19. Jk steht vor seinem Bruder Jo 3mal bei Mt, 9mal bei Mr, 3mal bei Lc, Jo vor Jk nur Lc 8, 51; 9, 28; AG 1, 13. — Der Gebrauch von οἱ (υἱοὶ oder τοῦ) Ζεβεδαίου ohne Eigennamen findet sich nur Mt 20, 20; 26, 37; 27, 56; Jo 21, 2, neben den Namen der Söhne Mt 4, 21; 10, 2; Mr 1, 19; 3, 17; 10, 35; Lc 5, 10. Über Jo als

den jüngsten aller Apostel cf meine Acta Jo p. CXXXIV f., dazu Theod. Mops. comm. in Jo, syr. ed. Chabot p. 3, 16.

20. Cf die Abhandlung über Brüder und Vettern Jesu Forsch VI, 225—363, besonders S. 338—341.

21. Mr 10, 35 läßt die Söhne des Zebedäus selbst die Bitte vortragen. Es lautet sehr glaubwürdig, daß nach Mt 20, 20 ihre Mutter mit ihnen vor Jesus tritt und sie das Wort führt. Mr und noch mehr Lc, der dies nicht berichtet, legte dem Leser, welcher die Geschichte kennt, durch die Reihenfolge der Erzählungen Mr 9, 33—40; Lc 9, 46—55 die Vermutung nahe, daß die Brüder an dem Rangstreit in hervorragendem Maße beteiligt waren. Nach Lc 22, 24—34 cf Jo 13, 4—17 hat sich der Streit bei dem letzten Mahl erneuert und scheint auch Pt daran beteiligt gewesen zu sein.

22. Iren. III, 3, 4. Über diese Stelle und das gesamte Zeugnis des Irenäus über das Verhältnis Polykarps zu Jo cf Forsch IV, 259 f.; VI, 72—78. 96—109.

23. Eus. h. e. III, 5, 2 f.; Epiph. de mens. 15; haer. 29, 7; 30, 2 (oben S. 307 f. A 3) cf Theod. Mops. ed. Swete I, 115 f.

24. Iren. III, 3, 4 (griech. bei Eus. IV, 14, 6): καὶ εἰσὶν οἱ ἀκηκόοτες αὐτοῦ (d. h. Polykarps), ὅτι Ἰωάννης ὁ τοῦ κυρίου μαθητής, ἐν τῇ Ἐφέσῳ πορευθεὶς λούσασθαι καὶ ἰδὼν ἔσω Κήρινθον, ἐξήλατο τοῦ βαλανείου μὴ λουσάμενος, ἀλλ' ἐπειπών· „φύγωμεν, μὴ καὶ τὸ βαλανεῖον συμπέσῃ ἔνδον ὄντος Κηρίνθου τοῦ τῆς ἀληθείας ἐχθροῦ." Diese so genau auf zur Zeit des Irenäus noch lebende Ohrenzeugen zurückgeführte Erzählung Polykarps kann durch die sehr ähnliche Erzählung bei Epiph. haer. 30, 24, worin Ebjon die Stelle Kerinths einnimmt, nicht verdächtigt werden (GK II, 757). Geht letztere aller Wahrscheinlichkeit nach auf Leucius zurück, der früher als Irenäus geschrieben hat, so ist sie eine bedeutsame Bestätigung der Geschichtlichkeit von Polykarps Erzählung. Der mit der Schule Valentins mindestens verwandte (Bd I, 449 A 7) und daher auch der Lehre Kerinths nicht allzusehr abgeneigte, dagegen aber antijudaistische Leucius hat dem Kerinth, welchen er daneben wahrscheinlich als „Merinth" beibehalten hat, den Namen Ebjon substituirt cf meine Acta Jo p. CXXXVIII. Die Anekdote ist an sich unerfindbar. Welcher Legendendichter wird einen Apostel eine öffentliche Badeanstalt besuchen lassen! Bei Epiph. l. l. kann man lesen, wie anstößig diese profane Geschichte dem frommen Geschmack war. Aber nicht einmal erfunden konnte sie 50—60 Jahre nach dem Tode des Jo werden, wenn nicht die Tatsache feststand, daß Kerinth zu Lebzeiten des Jo als Irrlehrer in Ephesus hervorgetreten war.

25. Polykarps Stellung in der Passafrage kennen wir durch Iren. ep. ad Vict. bei Eus. h. e. V, 24, 16 (Forsch IV, 283—303, wo ich alte Irrtümer widerlegt und den wirklichen Sachverhalt zum ersten Mal klargelegt zu haben meine); cf ferner Polycr. ep. ad Vict. bei Eus. h. e. V, 24, 1—8.

26. Von den nicht näher auf ihre Quellen zurückzuführenden Erzählungen über Jo ist besonders vertrauenerweckend die bei Clemens quis div. 42, mit den Worten beginnend ἄκουσον μῦθον, οὐ μῦθον ἀλλὰ ὄντα λόγον περὶ Ἰωάννου τοῦ ἀποστόλου παραδεδομένον καὶ μνήμῃ πεφυλαγμένον, von Herder in der Legende „der gerettete Jüngling" nicht übel wiedergegeben cf Acta Jo p. CXL ff.; Forsch VI, 16—18. 199; ferner was Hieron. zu Gal. 6, 10 (Vall. VII, 528 f. jedenfalls nach einem der p. 370 genannten Griechen, wahrscheinlich nach Origenes) von dem altersschwachen Jo berichtet, welcher, von seinen Schülern in die Versammlung getragen, nichts weiter mehr hervorbringen konnte, als immer wieder das eine Wort *Filioli, diligite alterutrum*. Auch der mit dem Rebhuhn spielende Jo, obwohl von Leucius geschaffen, hat nichts Gemachtes (Acta Jo p. CXXXVI. 190). Die von Apollonius (bei Eus. V, 18, 14) im J. 197 bezeugte Auferweckung eines Toten zu Ephesus durch Jo ist vielleicht identisch mit der anziehenden Erzählung Acta p. 188 f.

27. Der zweimal von Irenaeus gebrauchte Ausdruck von dem Lebensausgang des Jo von Ephesus *παρέμεινε αὐτοῖς μέχρι τῶν Τραϊανοῦ χρόνων* II, 22, 5; III, 3, 4 zumal in Vergleich mit der ähnlichen Aussage über Polykarp (gleichfalls III, 3, 4) läßt keine andere Vorstellung als die eines natürlichen Todes aufkommen. Wenn um dieselbe Zeit Polykrates (Eus. III, 31, 3; V, 24, 3) schreibt *ἔτι δὲ καὶ Ἰωάννης ὁ ἐπὶ τὸ στῆθος τοῦ κυρίου ἀναπεσών, ὃς ἐγενήθη ἱερεὺς τὸ πέταλον πεφορεκὼς καὶ μάρτυς καὶ διδάσκαλος, οὗτος ἐν Ἐφέσῳ κεκοίμηται*, so charakterisirt er den Jo **erstens** nach Jo 13, 25 als den Evangelisten, **zweitens** als Hohenpriester (wie Epiph. haer. 29, 4; 78, 14 den Herrnbruder Jk, eine wahrscheinlich im Anschluß an die priesterliche Herkunft der Maria und der Salome entstandene Vorstellung s. oben S. 455), **drittens** als Zeugen und Lehrer, was beides er sowohl in den sämtlichen Schriften seines Namens, wie durch seine mündliche Verkündigung gewesen ist (Jo 1, 14; 19, 35; 21, 24; 1 Jo 1, 1—4; 4, 14; Ap 1, 2 cf Forsch VI, 208—214). Daß Polykrates *μάρτυς* im Sinn von Märtyrer gemeint haben sollte, wie gleich darauf von Polykarp und Thraseas, ist auch darum unwahrscheinlich, weil er dann wie dort das die Todesart bezeichnende *μάρτυς* hinter die anderen Titel gestellt haben würde. Er müßte sonst etwa in der Verbannung nach Patmos Ap 1, 9 ein Martyrium erblickt haben. Das Wort an die Söhne des Zebedäus Mr 10, 38f.; Mt 20, 22f., welches sich nur an Jk buchstäblich erfüllt hat, gab früh Anlaß zu zurechtlegenden Deutungen, falls ein lat. Fragment unter Polykarps Namen echt wäre, schon diesem (Patr. ap. II, 171 mit der notwendigen Emendation Acta Jo p. CXIX), jedenfalls aber dem Origenes und vielen Späteren, andrerseits aber auch zur Erdichtung der Legende von der Eintauchung des Jo in siedendes Öl und dem Trinken eines Giftbechers (Acta p. CXVI—CXXII). Dies Alles und vor allem das Schweigen des Irenäus, der das Werk des Papias in Händen gehabt hat, wäre unbegreiflich oder vielmehr unmöglich, wenn, wie man oft behauptet hat, Papias gemeldet hätte, daß der Apostel Jo von den Juden getötet worden sei. An einer Stelle der Chronik des Georgios Hamartolos um 860, wo dieser nach allen anderen Hss den friedlichen Tod des Jo bezeugt (*ἐν εἰρήνῃ ἀνεπαύσατο*), hat eine einzige Hs das gerade Umgekehrte: *μαρτυρίου κατηξίωται* und schließt hieran weiter, Papias sage im zweiten Buch seines Werks (von Jo) *ὅτι ὑπὸ Ἰουδαίων ἀνῃρέθη*, wodurch sich an ihm wie an seinem Bruder Jk·das Wort Mr 10, 39 erfüllt habe (Georg. Hamart. ed. Muralt p. 336; praef. XVII f.; Nolte, Tüb. th. Quartalschr. 1862 S. 466 f.). Wesentlich dasselbe hat de Boor, Texte und Unt. V, 2, 170 aus einer Excerptensammlung in folgender Form edirt: *Παπίας ἐν τῷ δευτέρῳ λόγῳ λέγει ὅτι Ἰωάννης ὁ θεολόγος καὶ Ἰάκωβος ὁ ἀδελφὸς αὐτοῦ ὑπὸ Ἰουδαίων ἀνῃρέθησαν.* Daß jene Hs des Georgios an dieser Stelle interpolirt ist, ist ebenso zweifellos, als daß im 2. Buch des Papias etwas gestanden haben muß, was den beiden Excerpten zu Grunde liegt cf de Boor S. 177 ff. Den Wortlaut besitzen wir nicht. Der Interpolator des Georgios hat gleich darauf eine Stelle aus Orig. tom. XVI, 6 in Mt äußerst ungenau und geradezu unrichtig wiedergegeben. Der zweite Excerptor zeigt schon durch *ὁ θεολόγος*, daß er nicht die Worte des Papias wiedergibt. Als Aussage des Papias wird übrig bleiben, was beiden gemeinsam ist: *Ἰωάννης ὑπὸ Ἰουδαίων ἀνῃρέθη.* Aber wer ist der Jo, von welchem Papias redet? Doch sicherlich nicht sein Lehrer, der Presbyter Jo von Ephesus, oder ein von diesem zu unterscheidender Apostel Jo, welcher dann möglicherweise in Palästina Märtyrer geworden und niemals nach Ephesus gekommen wäre. Denn erstens kennt Papias nur einen einzigen Jo der apostolischen Generation (oben S. 205 f.), und zweitens würde in diesen beiden Fällen das Schweigen des Irenäus und alles Reden derjenigen Zeugen, von welchen Irenäus nur der deutlichste ist, unbegreiflich werden. Es muß sich also um einen andern Jo handeln, nämlich den Täufer: Commodianus apol. 222 (Judaei) *Johannem decollant, jugulant Zachariam ad aras*; Pseudocypr. adv. Jud. 2 *Joannem interimebant Christum demonstrantem.* Noch viel misverständlicher und

doch ebenso zweifellos in bezug auf den Täufer sagt dasselbe Theoph. lat. in evv (Forsch II, 56 Text u. Anm.). Wer es für unwahrscheinlich hält, daß byzantinische Excerptoren eine auf den Täufer bezügliche Aussage des Papias auf den Apostel übertragen haben, lese, was Conybeare im Guardian 1894, 18. Juli mitteilt: Jener Vardapet (oben S. 460 A 3) nennt Polykarp einen „Schüler Jo des Täufers" unter Berufung auf den viel älteren Ananias Sharkuni, welcher denselben richtig einen „Schüler des Evangelisten Jo" genannt hatte. Cf übrigens Acta Jo CXVIII und ausführlicher Forsch VI, 147—151.

28. Das Schlußkapitel der Johannesakten des Leucius ist uns in dem, was die syr. und die dem 5. Jahrhundert zugeschriebene armen. Version mit den griech. Texten gemein haben, erhalten und wird nicht nur durch das Schweigen derer, welche das Buch in Händen gehabt, sondern gelegentlich auch durch deren ausdrückliche Angaben bestätigt z. B. Epiph. haer. 79, 5 cf Acta XCIV—CXII. 238—250, auch p. 235; Acta ap. apocr. ed. Lipsius et Bonnet II, 1, 215. Augustin ist der älteste Zeuge für den Aberglauben, daß Jo in seinem Grabe noch immer atme und dadurch die Erddecke emporhebe cf meine Acta 205. XCVIII. CVIII. Ebendort CLIV—CLXXII über die verschiedenen Plätze, wo man später ihn begraben glaubte, und die damit zusammenhängenden Bauten.

§ 65. Das Selbstzeugnis des vierten Evangeliums.

Jo, wie ich den Vf der unter diesem Namen uns überlieferten Schriften zu nennen mir erlaube, hat seinem Ev weder wie Mt und Mr einen Titel gegeben, noch wie Lc eine Vorrede oder eine die Stelle der Vorrede vertretende Widmungszuschrift voraufgeschickt, worin der Vf in Anrede an den oder die ersten Leser seines Buchs sich über die Voraussetzungen und den Zweck seiner literarischen Arbeit ausspricht; denn, was man den Prolog nennt (Jo 1, 1—18), ist eine Einleitung ganz anderer Art. Dagegen spricht sich Jo an zwei späteren Stellen seines Buchs (19, 35; 20, 31) in Anrede an die Leser über den Zweck seiner schriftstellerischen Tätigkeit und an der ersten derselben auch über sein, des Berichterstatters, Verhältnis zu den von ihm berichteten Tatsachen aus. Ein die Leser anredendes Ihr mitten in einer erzählenden Schrift, welche übrigens nicht die Form eines Sendschreibens an sich trägt, auch nicht durch eine voraufgeschickte Widmungszuschrift eine gewisse Ähnlichkeit mit einem Sendschreiben erhalten hat, ist etwas Unerhörtes in der Literatur (A 1). Das ist die Sprache des Predigers vor versammelter Gemeinde. Dazu stimmt es, daß an beiden Stellen als Zweck der schriftlichen Erzählung eine Einwirkung auf das religiöse Leben der Leser angegeben wird. Die Erzählung ist ein Mittel zu demjenigen Zweck, welchen der Prediger verfolgt; sie selbst ist also eine an einen bestimmten Hörerkreis oder vielmehr, da sie in schriftlicher Form vorgetragen wird, Leserkreis gerichtete Predigt. Damit ist auch schon gesichert, daß der Leserkreis, für welchen Jo sein Buch geschrieben hat, aus Christen besteht, denen er bekannt und die ihm bekannt sind. Ihre Zugehörigkeit zur Kirche kann nicht darum in Zweifel gezogen werden, weil der christliche Glaube als das Ziel hingestellt wird, dem die Leser durch das Zeugnis des Jo erst zugeführt werden sollen. Denn es ist eine Eigentümlichkeit des 4. Ev.

häufig von einem relativen Nichtglauben und einem Gläubigwerden der bereits
im allgemeinen gläubig Gewordenen und Gewesenen zu reden (A 2). Überdies
zeigt der Ausdruck, zumal 20, 31, deutlich genug, daß es sich nicht um ein
erstes Gläubigwerden, sondern um eine Stärkung bereits vorhandenen Glaubens
und um eine Steigerung der mit dem lebendigen Glauben gegebenen Seligkeit
handelt. Der Gesamtcharakter des Buchs spricht dagegen, daß es eine
geschriebene Bekehrungspredigt an noch Ungläubige habe sein wollen. Das
unbestimmte und unbekannte „Publikum", in dessen Hände das Buch geraten
mag, und vollends ein heidnisches oder jüdisches Publikum solcher Art mit Ihr
anzureden, wäre eine beispiellose Geschmacklosigkeit. Nehmen wir die Überlieferung (oben S. 450. 460 f.) zu Hilfe, so dürfen wir den nächsten Eindruck von
19, 35; 20, 31 dahin näher bestimmen: Jo sieht im Geist die Gemeinde von
Ephesus oder die sämtlichen Christen von Asien um sich versammelt und redet
sie an bedeutsamen Stellen seines Buchs geradezu an. Dem zweimaligen Ihr
würde in schriftlicher wie mündlicher Rede unter gewöhnlichen Umständen ein
Ich des Redenden entsprechen. Es fehlt ein solches aber nicht nur 19, 35;
20, 31, sondern im ganzen Buch; und es fragt sich, welchen Ersatz dafür der
seinen Lesern bekannte Vf gewählt hat.

Sehen wir von dem Nachtrag c. 21 (§ 66) vorläufig ab, so stoßen wir im
Prolog zwar nicht auf ein Ich, aber doch auf ein dreimaliges Wir, welches ein
Ich, das Ich des Vf einschließt (1, 14. 16). Indem Jo das Dasein des fleischgewordenen Logos auf Erden mit der sichtbaren Erscheinung der Herrlichkeit
Jahves bei dem Auszug aus Ägypten und der Niederlassung derselben auf und
in der Stiftshütte vergleicht, rechnet er sich zunächst zu dem Kreis von Menschen,
in deren Mitte der Logos im Fleisch als in einem Zelt gewohnt hat, und sodann zu den Menschen, welche die aus der Hülle des Fleisches hervorleuchtende
Herrlichkeit des Logos damals, als er so unter ihnen wohnte, angeschaut haben,
und endlich zu den Menschen, welche — offenbar in der gleichen Vergangenheit — allesamt aus der Fülle, welche diese eine Persönlichkeit in sich barg,
eine Gnade um die andere empfangen haben (A 3). Der dreifache Aorist dieser
Aussagen, das Subjekt der ersten und das Objekt der zweiten schließen jede
Zweideutigkeit aus. Jo rechnet sich nicht nur zu den Zeit- und Volksgenossen
Jesu, die ihn hier und da einmal handeln gesehen und reden gehört haben,
sondern ebenso deutlich wie 1 Jo 1, 1—4; 4, 14 zu dem Kreis „der Autopten
von Anfang", der an Jesus gläubigen und in beständiger Lebensgemeinschaft
mit ihm gestandenen Jünger; denn nicht denjenigen, die einzelne wunderbare
Taten Jesu mit angesehen oder gar nur von ihnen gehört haben (2, 23 ff.; 6, 2. 14. 26.
36; 12, 37 ff.; 15, 24), sondern den an ihn gläubigen Jüngern hat er seine Herrlichkeit offenbart (2, 11 cf 1, 51; 11, 40) In deren Kreise sollen wir den Vf
suchen. Namenlos treten zunächst die beiden Schüler des Jo auf, die bald
nach der Taufe Jesu als die Ersten diesem sich angeschlossen haben (1, 35—39).
Erst nachträglich, aber sehr umständlich wird Einer von ihnen als Andreas,

Bruder des Pt, bezeichnet, weil von ihm etwas diesen seinen Bruder Betreffendes
erzählt werden soll (v. 40 f.). Der nachdenkende Leser fragt: wer ist der
Andere von den beiden ersten Jüngern Jesu? Man sollte denken, gerade
diesem Evangelisten, der allein von der ersten Bildung eines Jüngerkreises
um Jesus erzählt, und welcher von mehr Jüngern, als die andern Evv, Indi-
viduelles berichtet (A 4), müßten die beiden ersten Jünger gleich wichtig sein.
Die Verwunderung steigert sich bei v. 41. Nach dem mehr noch durch seine
Originalität als durch gute Bezeugung gesicherten Text ist mit merkwürdigem
Nachdruck gesagt, daß Andreas als der Erste seinen eigenen Bruder findet,
damit aber zugleich, daß der Andere der beiden Jünger, welcher namenlos
gelassen ist, später als Andreas gleichfalls seinen Bruder findet, der wiederum
namenlos bleibt (A 5). Zwischen den Zeilen zwar, aber doch für Jeden,
der Griechisch lesen kann, unmisverständlich ist hier zu lesen, daß damals
außer dem Brüderpaar Andreas und Pt noch ein zweites Brüderpaar aus der
Jüngerschaft des Täufers in diejenige Jesu übergetreten ist. Je auffälliger
dieses Verschweigen der Namen des zweiten Brüderpaars und die ganze nur
andeutende Darstellung eines dem Vf offenbar wichtigen Ereignisses ist, um so
gebieterischer haben wir nach den Gründen zu fragen. Das von Jo genannte
Brüderpaar Pt und Andreas findet sich in allen 4 Apostelkatalogen mit dem
anderen Brüderpaar Jo und Jk verbunden und an die Spitze der ganzen Reihe
gestellt. Es ist schon mehr als Vermutung, daß das in der Berufungsgeschichte
des Jo neben Pt und Andreas gestellte Brüderpaar eben dasselbe ist, welches
in den Katalogen ausnahmslos in gleicher Verbindung vorkommt. Zugleich erklärt sich nun, warum diese 4 überall voranstehen. Sie sind die Ersten unter
den Aposteln, die Jünger Jesu geworden sind. Hiezu kommt bestätigend
hinzu, daß auch Philippus, wie bei Jo, so in allen vier Katalogen die 5. Stelle
einnimmt, und der bei Jo an 6. Stelle folgende Nathanael, wenn anders er mit
Bartholomaeus identisch ist, in den Katalogen des Mt, Mr und Lc gleichfalls
an 6. Stelle, nur AG 1, 13 an 7. Stelle folgt (A 6). Der Beweis für die Identität
des namenlosen Brüderpaars in 1, 35—41 mit Jo und Jk findet einen vorläufigen Abschluß in der weiteren Tatsache, daß eben diese beiden, nach aller
sonstigen Überlieferung neben Pt Jesu nächststehenden, durch ihre Stellung in
den Apostelkatalogen und ihre Rolle in der AG ausgezeichneten Apostel (oben
S. 456 f.) im 4. Ev niemals mit Namen genannt werden, ebensowenig, abgesehen
von dem Nachtrag 21, 2, ihr Vater Zebedäus, und selbst ihre Mutter Salome
muß sich, wie oben S. 455 gezeigt, ohne Namen an der Bezeichnung als Schwester
der Mutter Jesu genügen lassen. Wie erklärt sich diese Namenlosigkeit der
ganzen Jesu so nahestehenden Familie, dieses Schweigen über zwei Apostel
ersten Rangs in einem Ev, welches mehr Persönlichkeiten des Apostelkreises
charakteristisch hervortreten läßt, als irgend ein anderes? Die Namenlosigkeit
des einen Brüderpaars in 1, 35—41 kann noch weniger außer Zusammenhang
mit dem Verschweigen der Namen Jk und Jo im ganzen Ev gedacht werden,

als das Auftreten der namenlosen Brüder unter den 4 ersten Jüngern mit dem
Vorkommen der Brüder Jk und Jo unter den 4 ersten Aposteln in allen Katalogen.
Will man nicht eine Häufung sonderbarer Zufälle annehmen und die angeführten
Erscheinungen als sinnlose Rätsel stehen lassen, so muß man als das Ergebnis
rein exegetischer Untersuchung gelten lassen, daß der Eine der beiden Jünger
1, 35 ff., welcher keinen Namen empfängt, entweder Jk oder Jo ist, und daß
dem entsprechend der gleichfalls namenlose Bruder desselben, welcher sich durch
jenen ebenso finden und zu Jesus führen läßt, wie Pt durch Andreas, entweder
Jo oder Jk ist. Ein glaubwürdiger Grund aber für diese Anonymität des Jk
und des Jo und der ganzen Familie im 4. Ev ist nicht zu ersinnen außer
demjenigen, welcher sich auch bei den anderen Evv und dem Vf der AG in
verschiedener Weise geltend gemacht hat, daß nämlich die Vf dieser Bücher
eine Scheu empfanden, inmitten der ihnen und ihren Lesern heiligen Geschichte
ihre eigene Person mit einem Ich oder mit ihrem nackten Namen auftreten zu
lassen (A 7). Es ist der Vf, der sich und seinen Bruder hier namenlos einführt.
Der Vf ist oder will sein entweder der namenlose Genosse des Andreas in
1, 35—39 oder der gar nicht ausdrücklich erwähnte Bruder dieses Namenlosen, von dessen Auffindung durch diesen er uns zwischen den Zeilen von
v. 41 lesen läßt. Diese Alternative wird aber durch die Art der Erzählung
in v. 35—39 entschieden. Während von der Auffindung des Bruders durch
den Genossen des Andreas gar nichts berichtet wird, haben wir in v. 35—39
entweder eine Schilderung von Selbsterlebtem oder die kunstvolle Nachbildung
einer solchen (A 8). Der Erzähler will also der Namenlose sein, welcher zugleich mit Andreas auf den Wink seines bisherigen Lehrers Jesu nachgefolgt
ist und, nachdem er in stundenlangem Gespräch mit Jesus zu der Überzeugung
gelangt ist, in ihm den Messias gefunden zu haben, ebenso wie Andreas, aber
etwas später wie dieser, seinen eigenen Bruder zu dem neugewonnenen Lehrer
führt. Noch leichter erledigt sich die andere Alternative, ob der Erzähler Jo
oder Jk sein will. Nicht nur alle Tradition nennt den Vf Jo; es ist auch unmöglich, daß der im J. 44 hingerichtete Jk (AG 12, 2) der Vf dieses jedenfalls viel später geschriebenen Ev sein sollte; und es ist auch das undenkbar,
daß ein Schriftsteller späterer Zeit sich für diesen so früh gestorbenen und in
der Zeit nach dem Tode Jesu so wenig hervortretenden Jk sollte ausgegeben
haben, und zwar ohne jeden Erfolg. Der Vf will also Jo, der Sohn des Zebedäus, sein. — Da die 6 Männer, von deren erster Berührung mit Jesus 1, 35—51
erzählt ist, sich ihm auf der Reise nach Galiläa anschließen (1, 43) und Zeugen
seiner Wundertaten sein sollen (1, 50 f.), so versteht sich von selbst, daß eben sie
überall gemeint oder wenigstens mitgemeint sind, wo im weiteren Verlauf von
den Jüngern Jesu die Rede ist (2, 2. 11. 12. 17. 22; 3, 22; 4, 2. 8. 27—38).
Der Name wird ausgedehnt auch auf alle die, welche durch ihren Glauben an
Jesus und wenigstens zeitweiligen Anschluß an ihn sich von der ab- und zu-
strömenden Volksmenge abheben (4, 1; 6, 60—66; 7, 3; 8, 31; 9, 27 f.; 19, 38);

wo aber „die Jünger" als Reisegefährten, als regelmäßiges Gefolge oder als
Tischgenossen Jesu erwähnt werden, kommt zu mannigfaltigem Ausdruck, daß
darunter diejenigen zu verstehen sind, welche Jesus von Anfang an zur Mitarbeit
an seinem Werk bestimmt, auch schon herangezogen und in irgend einem
von Jo zeitlich nicht näher bestimmten Augenblick, zwölf an der Zahl, zu Aposteln
erwählt hat (A 9). Wo Einzelne dieses Kreises mit Namen genannt werden,
sind es immer nur Solche, welche nach den sonstigen Nachrichten zum Kreise
der Zwölf gehörten, nämlich Andreas (6, 8; 12, 22), Petrus (6, 8. 68; 13, 6—9.
24. 36—38; 18, 10. 11. 15—18. 25—27; 20, 2—7), Philippus (6, 5—7; 12, 22;
14, 8), Thomas (11, 16; 14, 5; 20, 24—29), Judas der Verräter (6, 71; 12, 4;
13, 2. 11. 26—30; 18, 2—9) und der andere Judas (14, 22). Während Philippus
und Petrus, wo sie wieder auftreten, als aus c. 1 bekannt vorausgesetzt, Judas
und Thomas dagegen als bisher unbekannte Personen eingeführt werden, wird
Andreas 6, 8 zwar auch wie eine neue Figur eingeführt, aber doch so charakterisirt, daß der Leser an 1, 40 zurückerinnert wird, wie bei der dritten Erwähnung
des Philippus 12, 21 an 1, 44. Auf 1, 35—39. 41 und auf das namenlose
Brüderpaar, das wir dort fanden, wird nirgendwo der Blick wieder zurück-
gelenkt. Erst 13, 23—25 wird aus dem engeren Jüngerkreis wieder ein Namenloser hervorgehoben und sodann wieder 19, 26—35 und 20, 2—10 mit unmis-
verständlichem Rückblick auf 13, 23. Einer der mit Jesu zu Tisch liegenden
Jünger hat den Platz zur Rechten des Herrn, was dadurch erläutert wird, daß
Jesus eine besondere Zuneigung zu ihm hatte. Die hieraus erklärliche Zutrau-
lichkeit des Jüngers zeigt sich darin, daß er sich aus der niederen, von Mund
und Ohr des Herrn entfernteren Lage emporhebt und an die Brust Jesu anlehnt, um ihm leise die Frage nach der Person des Verräters zuzuflüstern. Wer
ist dieser Jünger, den Jesus einer besonderen Liebe gewürdigt hat, die sich
von seiner Liebe zu allen Menschen und besonders zu seinen Jüngern (13, 1;
15, 9. 13) nicht sowohl durch ihre Größe oder Stärke unterscheidet, als vielmehr dadurch, daß sie eine der einzelnen Person in ihrer Eigenart zugewandte
Zuneigung war (A 10)? Die alte Kirche hat von jeher geantwortet: Dieser
namenlose Jünger ist der Ev, und dieser ist der Apostel Jo (A 11). Es ist in
der Tat schwer zu begreifen, wie man unter Anerkennung der Identität des Ev
mit dem Jünger an der Brust Jesu die Identität desselben mit dem Apostel Jo
hat bestreiten mögen. Nach Mt 26, 20; Mr 14, 17. 20; Lc 22, 14. 30 hat außer
den 12 Aposteln Niemand an dem letzten Mahle Jesu teilgenommen, und Jo
selbst läßt keinen Zweifel darüber, daß es die von Jesus zu besonderem Dienst
und zwar zum Dienst der Predigt auserwählten Apostel sind, die am letzten
Abend mit ihm zu Tische saßen, und daß die einzige Person, welche eine
Ausnahmestellung in dieser Tischgenossenschaft einnimmt, nicht ein zum weiteren
Jüngerkreis gehöriger Verehrer Jesu, sondern der Apostel Judas ist (A 9).
Angesichts der völligen Einstimmigkeit der Evv in diesem Punkt würde jede
Angabe, welche auf die Anwesenheit noch anderer Tischgenossen hinzuweisen

schiene, von vornherein als Erfindung, und jeder Versuch, dem 4. Ev selbst eine dem noch deutlicheren Zeugnis des Mt, Mr und Lc widersprechende Vorstellung zu entlocken, als eine Verhöhnung des Textes zu beurteilen sein (A 12). Die Namenlosigkeit des an Jesu Brust sich anlehnenden Jüngers ist nur ebenso wie die Namenlosigkeit des Genossen des Andreas in 1, 35 ff. daraus zu erklären, daß der Vf hier wie dort von sich selbst redet, und was dort nur aus der anscheinenden Identität der beiden Brüderpaare an der Spitze der Jüngerschaft mit den beiden Brüderpaaren an der Spitze aller Apostelkataloge zu erschließen war, daß der Erzähler wie sein Bruder ein Apostel war, das ergibt sich unmittelbar aus der Situation in c. 13—17. Blieb dort nur die Wahl, ob Jo oder Jk der Erzähler sei, die aber in Rücksicht auf die Zeit, vor welcher das 4. Ev nicht geschrieben sein kann, und auf die einstimmige Tradition zu Gunsten des Jo entschieden wurde, so gilt beides auch für den namenlosen Erzähler in 13, 23 ff. Dazu kommt, daß wir den von Jesus seiner besonderen Freundschaft gewürdigten Apostel vernünftigerweise nur unter den drei Vertrautesten Jesu (oben S. 455) suchen können. Ist Jk durch die angegebenen Gründe und Pt, weil er Jo 13, 24 und sonst noch oft genug neben dem namenlosen Jünger steht, ausgeschlossen, so bleibt nur der Apostel Jo übrig. Dies wird auch dadurch bestätigt, daß dieser Namenlose Jo 13, 23 f.; 20, 2—10 und, wie sich zeigen wird, auch 21, 1—7. 20—25, vielleicht auch 18, 15—18 mit Pt ein Paar bildet, wie nach anderweitiger Tradition der Apostel Jo (Lc 22, 8; AG 3, 1 ff.; 4, 13 ff.; 8, 14 ff. cf Gl 2, 9) und zwar in der Zeit vor dem Tode des Jk Zebedäi, des Dritten unter den Jesu nächststehenden Aposteln. Während nun 19, 26; 20, 2 durch unzweideutige Rückbeziehung auf 13, 23 gesichert ist, daß auch der unter dem Kreuz stehende und der zum Grabe eilende Jünger der Apostel Jo sein soll, wird 18, 15 nach der überwiegend bezeugten LA ($\ddot{\alpha}\lambda\lambda o\varsigma\ \mu\alpha\vartheta\eta\tau\acute{\eta}\varsigma$ ohne Artikel) ein vorläufig nicht näher bezeichneter Jünger neben Pt namenlos eingeführt. Wenn es formell zulässig ist, hierunter einen Anderen, als den Apostel Jo zu verstehen, so zeigt doch die Analogie von 13, 23, wo der Apostel gleichfalls ohne jede Rücksicht auf die frühere Selbsteinführung 1, 35 ff. zunächst als ein Beliebiger aus dem Kreise der Jünger eingeführt und darauf erst nach seinem besonderen Verhältnis zu Jesus charakterisirt wird, daß das, was an sich möglich wäre, mindestens nicht geboten ist. Jedenfalls muß der Namenlose 18, 15 dem Apostelkreis angehören; denn er folgt Jesu mit Pt von dem Ort der Gefangennahme zum Palast des Hohenpriesters. In Gethsemane aber sind ebenso wie bei dem letzten Mahle nur die Apostel, und unter diesen besonders nahe Pt, Jo und Jk mit Jesus vereinigt gewesen. Bedenkt man ferner, daß Jo so wenig bedeutsam hervortretende Personen wie Malchus (18, 10), Maria das Weib des Klopas (19, 25), Joseph von Arimathia (19, 38) mit Namen nennt und nirgendwo sonst außer den Stellen, an denen wir die Person des Vf selbst gefunden haben, einen einzelnen Apostel ohne Namen redend oder handelnd einführt, so ist auch die Namenlosigkeit des anderen

Jüngers d. h. wie gezeigt Apostels 18, 15 nur nach der Analogie der bisher erörterten gleichartigen Stellen zu beurteilen. Es ist einer der beiden Apostel gemeint, welche der Vf grundsätzlich und ausnahmslos nur im Gewand der Namenlosigkeit auftreten läßt, also entweder Jo oder Jk. Die Gründe aber, welche in allen anderen Fällen für Jo und gegen Jk entscheiden, greifen hier nicht Platz. Was 18, 15—16 erzählt wird, charakterisirt sich durch nichts als ein eigenes Erlebnis des Vf. Der Apostel Jo könnte den einfachen Vorgang aus dem Munde seines Bruders Jk oder des Pt erfahren haben. Wir haben auch nicht, wie in bezug auf 13, 23 (19, 26; 20, 2), eine uralte, schon in Jo 21, 24 bezeugte Überlieferung, daß der Namenlose 18, 15 mit dem Erzähler identisch sei. Der Namenlose 18, 15 könnte also vom Vf verschieden, er könnte der Apostel Jk Zebedäisohn sein; und es läßt sich nichts Entscheidendes dagegen einwenden, wenn Jemand diese Annahme bevorzugt und daraus den in 18, 15 auffälligen Mangel einer Bezugnahme auf 13, 23, woran erst 19, 26; 20, 2 wieder angeknüpft wird, sich erklären will. Dagegen kann auch nicht die Erwägung entscheiden, daß derselbe Apostel, der von allen allein den Mut gefunden hat, bis unter das Kreuz vorzudringen, also der Ev und Apostel Jo, auch wohl derjenige sein werde, der sich in den Palast des Hohenpriesters gewagt hat (A 13). Die in diesem einzigen Fall gebotene Zurückhaltung in bezug auf die Entscheidung der Frage, welcher der beiden Söhne des Zebedäus gemeint sei, tut der Entschiedenheit keinen Eintrag, mit welcher auf Grund der übrigen Stellen zu urteilen ist: der Vf ist oder will sein der Apostel Jo. Wenn er es nicht ist, so hat er jedenfalls der Absicht, für denselben zu gelten, den denkbar stärksten Ausdruck gegeben und zwar an der einzigen Stelle, wo er innerhalb der Erzählung sich im Geist in den Kreis seiner Leser versetzt und diese anredet: 19, 35. Den Schluß der Erzählung vom Kreuzestod Jesu bildet der doppelte Umstand, daß die Soldaten, da sie sahen, daß Jesus bereits verschieden war, ihm nicht, wie den beiden mit ihm Gekreuzigten, die Beine zerschlugen, und daß Einer von ihnen ihm seine Lanze in die Seite stach, in folge wovon Blut und Wasser aus der Wunde hervortrat. Daß Letzteres ein, gleichviel wie bedeutsamer, Nebenumstand sein soll, ergibt sich daraus, daß die beiden Citate, welche die Erfüllung weissagender Schriftworte durch die erzählten Ereignisse nachweisen sollen (v. 36 f.), sich nur auf das Nichtzerbrechen der Beine und den Lanzenstich, in keiner Weise aber auf das Heraustreten von Blut und Wasser beziehen. Aber immerhin ist es der ganze Inhalt von v. 32 – 34, worauf sich die Bemerkung bezieht, welche der Vf zwischen die Erzählung und den Nachweis der dadurch erfüllten Weissagungen zwischeneinschiebt: καὶ ὁ ἑωρακὼς μεμαρτύρηκεν κτλ. Da nicht gesagt ist, daß irgend ein Augenzeuge des Vorgangs denselben Anderen erzählt habe, sondern „der, welcher es gesehen hat," also der bestimmte, bereits erwähnte und bekannte Zuschauer Subjekt der Aussage ist, so kann darunter, da an die Frauen v. 25 oder gar an die Soldaten v. 32 aus grammatischen und sachlichen Gründen nicht zu denken ist, nur der

einzige Jesu befreundete Mann verstanden werden, welcher nach v. 26 f. während
der letzten Augenblicke vor dem Verscheiden Jesu dicht unter dem Kreuze gestanden hat, der von Jesus sonderlich geliebte Jünger, der 13, 23 schon ebenso
wie 19, 26 charakterisirte Apostel. Die hier angeredeten Leser werden den ihnen
wohlbekannten Vf (oben S. 468) auch schon bei 1, 35 ff., 13, 23 f. (18, 15 f.)
wiedererkannt haben; sie erfuhren jedenfalls nicht erst durch 19, 35, wer der Vf
sei. Dagegen findet der dem Vf fernstehende Leser von heute erst hier deutlich, was wir jenen früheren Stellen nur durch Schlußfolgerungen entnehmen
konnten, daß der Erzähler der Kreuzigungsgeschichte und der Vf des Ev mit
dem von Jesus besonders geliebten Apostel identisch sei. Denn auf das in der vor-
anstehenden schriftlichen Erzählung abgelegte Zeugnis bezieht sich $\mu\varepsilon\mu\alpha\varrho\tau\acute{\nu}\varrho\eta\varkappa\varepsilon\nu$.
Es mag ja sein, daß der Augenzeuge schon vor Aufzeichnung dieser Erzählungen
mehr als einmal mündlich dasselbe bezeugt hat, und daß er dies mit dem soeben schriftlich niedergelegten Zeugnis in Gedanken zusammenfaßt. Unmöglich
aber können die Worte von irgend welchen an irgendwen gerichteten mündlichen
Bezeugungen verstanden werden. Das Perfektum schließt nicht aus, daß das
unmittelbar vorher abgelegte schriftliche Zeugnis in erster Linie oder auch ausschließlich gemeint sei (cf 1, 34; 4, 18; 6, 65; 14, 29; 15, 15; 20, 31), und die
folgenden Präsentia ($\dot{\varepsilon}\sigma\tau\acute{\iota}\nu$, $\lambda\acute{\varepsilon}\gamma\varepsilon\iota$) sowie die Angabe, daß das fragliche Zeugen
und Reden den Zweck habe, die angeredeten Leser zum Glauben zu be-
wegen (cf 20, 31), beweisen, daß es sich um das eben jetzt in der voranstehenden
Erzählung vor den Lesern des Buchs abgelegte Zeugnis handelt. Nicht, wie
gesagt, zu dem Zweck, welchem 19, 35 bei unsereinem nebenher dienen mag,
d. h. um sich den Lesern erst hier gegen Ende seines Buchs zu erkennen zu
geben, was ja viel früher und viel einfacher hätte geschehen können, hat der
Vf 19, 35 geschrieben, sondern um seinen ersten Lesern fühlbar zu machen,
daß er gerade auch von den unmittelbar vorher berichteten Tatsachen als ein
Augenzeuge berichtet habe. Eben dieser Gedanke wird durch den zweiten und
dritten, durch je ein $\varkappa\alpha\acute{\iota}$ angeschlossenen Satz verstärkt. Nach dem regelmäßigen
Gebrauch von $\dot{\alpha}\lambda\eta\vartheta\iota\nu\acute{o}\varsigma$ bei Jo, der hier um so mehr festzuhalten ist, als gleich
daneben $\dot{\alpha}\lambda\eta\vartheta\acute{\eta}\varsigma$ gebraucht ist, besagt das zweite Sätzchen, das Zeugnis des Erzählers sei ein dieses Namens wertes, ein Zeugnis im vollen Sinn des Wortes.
Im weiteren Sinn mag ja jede den Tatsachen entsprechende Aussage ein Zeugnis
heißen, aber der volle und ursprüngliche Sinn des Wortes ist doch nur da gewahrt, wo einer bezeugt, was er gesehen, gehört und überhaupt erlebt hat (A 14).
Darüber hinaus geht der dritte Satz, welcher besagt, daß der hier redende
Zeuge, was ja aus seiner Anwesenheit bei dem Ereignis noch keineswegs folgen
würde, Wahres aussagt, und daß er diesen wahrheitsgemäßen Bericht nur zu
dem Ende gibt, damit auch die Leser, wie der Berichterstatter, zum Glauben
gelangen. Dies wird aber nicht unmittelbar mit $\varkappa\alpha\grave{\iota}$ $\dot{\alpha}\lambda\eta\vartheta\tilde{\eta}$ $\lambda\acute{\varepsilon}\gamma\varepsilon\iota$ $\varkappa\tau\lambda.$ ausgesprochen, sondern durch die vielumstrittenen Worte $\varkappa\dot{\alpha}\varkappa\varepsilon\tilde{\iota}\nu o\varsigma$ $o\tilde{\iota}\delta\varepsilon\nu$ $\ddot{o}\tau\iota$ $\dot{\alpha}.$ $\lambda.$ eingeleitet. Die Behauptung, daß der Ev hier in einem Atemzug seinen eigenen

Bericht als den eines Augenzeugen geltend mache und doch sich, den Schriftsteller, von jenem Augenzeugen als einem Abwesenden und Verstorbenen unterscheide, wäre auch dann, wenn die vorangehenden Sätze vorhin nicht richtig
aufgefaßt wären, sinnwidrig (A 15). Auf alle Fälle liegt die Tatsache vor, daß
der Vf, statt hier ein dem Ihr der Anrede formell besser entsprechendes Ich
oder ein das Ich einschließendes Wir (1, 14; 1 Jo 1, 1 ff.; AG 16, 10 ff.) anzuwenden, dem in der Erzählung bisher beobachteten Verfahren treu bleibt und
fortfährt, von sich in dritter Person zu reden ($\lambda\acute{\varepsilon}\gamma\varepsilon\iota$, A 7). Dadurch hätte
er es ermöglicht, von sich, dem Vf oder „Schreiber dieses", ebensowohl $\dot{\varepsilon}\varkappa\varepsilon\tilde{\iota}\nu o\varsigma$
als $o\tilde{\upsilon}\tau o\varsigma$ oder $a\dot{\upsilon}\tau\acute{o}\varsigma$ oder $\dot{o}$ $\tau o\iota o\tilde{\upsilon}\tau o\varsigma$ zu gebrauchen, welches dann einem stark
betonten Ich in einer Rede, worin der Redende in erster Person von sich spricht,
entsprechen würde (9, 37 cf 4, 26; 2 Kr 12, 3). Aber ein Grund zu der
demonstrativen Betonung, also irgendwie gegensätzlichen Hervorhebung des Subjekts von $o\tilde{\iota}\delta a$ ist nicht zu erkennen, wenn es identisch ist mit dem Subjekt
von $\mu\varepsilon\mu a\varrho\tau\acute{\upsilon}\varrho\eta\varkappa\varepsilon\nu$ und $\lambda\acute{\varepsilon}\gamma\varepsilon\iota$. Der Gedanke aber, daß der Vf selbst der vollen
Wahrheit seines Berichts oder seiner Aussage über seine Augenzeugenschaft
sich bewußt sei, wäre nicht so, sondern etwa durch $a\dot{\upsilon}\tau\grave{o}\varsigma$ $o\tilde{\iota}\delta\varepsilon\nu$ oder ($a\dot{\upsilon}\tau\grave{o}\varsigma$)
$\dot{\varepsilon}a\upsilon\tau\tilde{\omega}$ $\sigma\acute{\upsilon}\nu o\iota\delta\varepsilon\nu$ auszudrücken gewesen. Auch abgesehen davon aber wäre nicht
verständlich, welchen Wert diese Berufung auf das eigene Gewissen des Vf für
die Leser haben sollte. In 5, 31 f.; 8, 13—18 cf 10, 25. 37 f.; 14, 11 hatten sie
gelesen, daß der truglöseste Mund die Unzulänglichkeit seines eigenen Selbstzeugnisses bekannt hatte. Sie hätten es daher nicht verstehen und nicht ertragen können, daß der Jünger sich hier über den Meister erhoben und sich so
stolz auf sein eigenes Bewußtsein als den entscheidenden Zeugen für die Wahrheit seiner Aussage berufen hätte. Also aus sachlichen wie aus sprachlichen
Gründen ergibt sich, daß der $\dot{\varepsilon}\varkappa\varepsilon\tilde{\iota}\nu o\varsigma$, auf dessen Wissen der Vf sich beruft,
ein Anderer und ein Höherer ist, als er selbst. Eine leere Phrase aber wäre
dies, wenn der Andere, den er damit als Zeugen über die Wahrheit seiner
Aussage anruft, ein gestorbener Mensch wäre, welcher als solcher sich weder
bejahend noch verneinend äußern kann. Auch Gott kann nicht gemeint sein;
denn dafür würde $\dot{o}$ $\vartheta\varepsilon\grave{o}\varsigma$ $o\tilde{\iota}\delta\varepsilon\nu$ der allein natürliche Ausdruck sein. Dagegen
entspricht es dem Sprachgebrauch des Jo, mit $\dot{\varepsilon}\varkappa\varepsilon\tilde{\iota}\nu o\varsigma$ auf Christus hinzuweisen
(A 16). Hier erscheint dies noch natürlicher als im 1 Jo; denn erstens ist Jo hier
am Ende des Erdenlebens des Herrn angelangt, dieser ist das Alles beherrschende
Subjekt aller voranstehenden Erzählungen gewesen. Den, welcher dort am
Kreuz starb, weiß Jo und wissen seine Leser lebendig in der oberen Welt und
können nicht zweifeln, daß Er, der schon in seinen Fleischestagen (Jo 1, 42. 47 f.;
2, 25; 4, 17 f.; 6, 64—71) eine so wunderbar tiefgreifende Kenntnis der Menschenherzen bewiesen hat, nun von dem himmlischen Thron aus, zu welchem das Kreuz
nur die Vorstufe war, erst recht die verborgensten Gedanken und Werke seiner
Knechte auf Erden erkennt, prüft und richtet (Ap 2, 2. 9. 18. 23). Zweitens
hat sich Jo, wie die Anrede der Leser zeigt, im Geist in die Gemeindever-

sammlung versetzt. In dieser aber wußten die Christen jener Zeit allezeit Christus unsichtbar nah (Mt 18, 20; 1 Kr 5, 4; Ap 2, 1). Ein an diesen gerichtetes „Du weißt, daß ich die Wahrheit sage" (cf Jo 21, 15—17) wandelt sich in der Ansprache an die versammelte Gemeinde naturgemäß in die jedem Mitglied verständliche Versicherung: „Er, der Einzige, der über das Kreuz hinaus zum Himmel Erhöhte, der weiß, daß sein Zeuge auf Erden die Wahrheit sagt, und daß er sie nicht aus Selbstgefälligkeit, um sich als den allein Getreuen unter den Aposteln hinzustellen, hier so bezeugt, sondern nur zu dem Zweck, daß die Leser denselben unerschütterlichen Glauben fassen, dessen er selber sich erfreut." Eine solche Versicherung hat den Wert eines Eides. Das ist der Gipfel, in welchen das gesamte Selbstzeugnis des Ev hinausläuft. Warum Jo dasselbe so auf die Spitze treibt, und warum er es gerade an dieser Stelle in die eideskräftige Anrufung Christi als des obersten Zeugen und Richters auslaufen läßt, ist hier noch nicht zu erörtern. — Durch die Darlegung des wirklichen Sachverhalts sind auch die Versuche bereits widerlegt, das Selbstzeugnis des 4. Ev auf eine andere Persönlichkeit als die des Apostels Jo umzudeuten (A 17). Es hat dabei vielfach die Meinung mitgewirkt, daß der Vf in einer sonderlich geheimnisvollen Weise auf seine Person hinweise, was dann Andere wieder dahin deuteten, daß er zwischen der Behauptung seiner Identität mit dem Jesu nahestehenden Jünger und dem bösen Gewissen, damit etwas Unwahres zu behaupten, haltlos hin und her schwanke. Sofern letztere Beobachtung auf Jo 19, 35 gestützt wird, müßte sie auch dann, wenn die vorhin vorgetragene Auslegung dieser Stelle das Rechte verfehlte, an ihrer eigenen Haltlosigkeit zu Grunde gehen; denn es ist undenkbar, daß den Vf in demselben Augenblick, in welchem er, abgesehen von dem allgemein gehaltenen Selbstzeugnis 1, 14, zum ersten Mal rückhaltlos seinen Bericht als den eines Augenzeugen charakterisirt, Mut und Verstand zugleich in dem Maße verlassen haben sollte, daß er nicht mehr im Stande war, in verständlicher Sprache seinen Lesern entweder zu sagen, daß er selbst dieser Augenzeuge sei, oder daß er eine von diesem verschiedene Person sei, die ihre Kunde direkt oder indirekt erst von dem Augenzeugen empfangen habe. War letzteres das wirkliche Verhältnis des Vf zu dem Apostel Jo, so erscheint die Behauptung 1, 14 als ein schwächlicher Versuch, die Leser über den wahren Sachverhalt zu täuschen, und 19, 35 als das stotternde Geständnis eines falschen Zeugen, der seine Rolle nicht mehr durchzuführen vermag. Gesetzt aber, dieser Widerspruch zwischen 1, 14 und 19, 35 ließe sich dadurch beseitigen, daß man durch exegetische Künste aus 1, 14 das Zeugnis eines Augenzeugen beseitigte und in 19, 35 das offene Bekenntnis eines von dem Augenzeugen verschiedenen Vf über sein wirkliches Verhältnis zu dem Augenzeugen hineinlegte, so bliebe die konsequent festgehaltene Anonymität in bezug auf den Apostel Jo und dessen ganze Familie in 1, 35 ff.; 13, 23 ff.; 18, 15 ff.; 19, 26 f. 35; 20, 2—8 ein unlösbares Rätsel oder vielmehr eine sinn- und zwecklose Spielerei. War der Vf den Lesern, wie deren zweimalige Anrede beweist, ebenso bekannt, wie der Vf eines

Briefs seinem Adressaten bekannt zu sein pflegt, so ist die Vermeidung des Ich und des Wir in der Erzählung sowie die beharrliche Unterdrückung seines Namens und der Namen seiner nächsten Angehörigen noch weniger, wie das Verfahren des Mr, als eine zwecklose Geheimtuerei zu betrachten, sondern als ein Ausdruck des in christlicher wie nichtchristlicher Geschichtsliteratur jener Zeiten überall, wenn auch in mannigfaltigen Formen, sich äußernden Gefühls für das Schickliche. Daher kann es sich nur darum fragen, ob das für die ersten Leser sofort, aber auch für den heutigen Leser bei einigem Nachdenken unmisverständliche Selbstzeugnis des Ev Glauben verdient oder nicht. Das Zeugnis der nachapostolischen Kirche über den Ursprung des Buchs (§ 64) bestätigt dessen Selbstzeugnis und deckt sich doch nicht so völlig mit demselben, daß es als ein bloßes Echo des Selbstzeugnisses beurteilt werden dürfte; denn über Zeit und Ort der Abfassung, worüber die altkirchliche Überlieferung sehr Bestimmtes zu sagen weiß, läßt sich aus Jo 1—20 kein deutliches Zeugnis erheben, als dessen Nachklang die Überlieferung von der Entstehung des 4. Ev in Ephesus in spätapostolischer Zeit betrachtet werden könnte.

1. Über Anrede der Person, welcher eine Schrift gewidmet ist, auch außerhalb der Widmungszuschrift s. oben S. 385. 388 A 2. 10. Über Just. dial. 8. 141 cf Ztschr. f. Kirchengesch. VIII, 45 f. In der Regel finden solche Anreden auch in solchen Schriften, an deren Spitze eine Widmung steht, doch nur am Schluß des Ganzen oder beim Übergang von einem Buch eines größeren Werks zum andern statt, so daß 20, 31 weniger auffällig wäre, als 19, 35. Die Anrede 20, 31 ist sogar in solchen Schriften, deren Proömium nicht die Form der Dedikationsepistel hat, nicht ohne Beispiel (Jos. vita 76 cf ant. I prooem. 2). Dagegen ist die Anrede 19, 35 ein in historischer Literatur unerhörtes Vorkommnis. Vergleichbar sind natürlich nicht solche Erzählungen wie die Berichte über den Tod Polykarps oder die Märtyrer von Lyon, welche durchaus die Form von Sendschreiben haben (Patr. ap. ed. maior II, 132. 162; Eus. h. e. V, 1, 3); eher schon die Passio Perpetuae (ed. Robinson p. 62, 13), welche, zum Teil in johanneischen Formen, die Absicht ausspricht, in der Gemeindeversammlung gelesen zu werden (p. 61. 94). Bei anderen Schriften, wie den pseudocyprianischen ad Novatianum und de aleatoribus, ergibt sich aus Anreden wie *fratres dilectissimi*, daß sie nicht Abhandlungen, sondern entweder Predigten oder Sendschreiben sind.

2. Von bereits Gläubigen wird doch gesagt, daß sie in folge neuer Erfahrung gläubig wurden 2, 11. 22; 20, 8 oder glauben sollen 11, 15. 40. 42; 13, 19; 14, 1. 11. 29; 20, 24—29; oder es wird ihnen der rechte Glaube abgesprochen cf 3, 2 mit 3, 11 f., oder 8, 30 f. mit 8, 45—47; auch 4, 41 f. 48—53. Es ist ferner zu beachten, daß 19, 35; 20, 31 wahrscheinlich mit א * B πιστεύητε (glaubet), nicht πιστεύσητε (gläubig werdet) zu lesen ist, und daß ein Schriftsteller, welcher 10, 38 ἵνα γνῶτε καὶ γινώσκητε schreibt, dieses Unterschiedes sich bewußt ist.

3. Die Vergleichung des im Fleisch erschienenen Logos mit der Herrlichkeitserscheinung Gottes Ex 13, 21 f.; 33, 9 f.; 40, 34—38 ist nicht durch das Wort ἐσκήνωσεν allein verbürgt, welches nicht LXX (diese wohl κατασκηνοῦν Num 35, 34; 1 Reg 6, 13), wohl aber Aquila Ex 24, 16; 25, 8 von der Schekhina gebraucht, sondern durch das Beieinander der Begriffe σκηνοῦν und δόξα, sowie die Entgegensetzung der חסד ואמת und des durch Mose gegebenen Gesetzes (v. 14. 16. 17 cf Ex 34, 6. 29—35), ferner durch Jo 2, 21; Ap 21, 3; Ez 37, 27; Joel 4, 17 etc. Übrigens mag der bildliche Gebrauch

von σκῆνος 2 Kr 5, 1. 4 und σκήνωμα 2 Pt 1, 13f. für Leib die hiesige Anwendung von σκηνοῦν mitveranlaßt und den ersten Lesern das Verständnis erleichtert haben. Der Jüngerkreis ist durch ἐσκήνωσεν ἐν ἡμῖν als die Gemeinde bezeichnet, in deren Mitte die Herrlichkeit des Logos im Fleisch als in einer Stiftshütte wohnte. Das hinzutretende πάντες v. 16 bedeutet aber nicht eine Erweiterung dieses Kreises auf die später zum Glauben Gelangten, unter denen der Logos nicht sichtbar gewohnt hat, in welchem Fall nicht der Aorist festgehalten worden wäre, sondern erklärt sich aus dem Gegensatz der Vielen, welche empfingen, und des Einen, aus dessen Fülle Alle als aus einer einzigen Quelle schöpften.

4. Mt 4, 18—22; 9, 9; 10, 2—4; Mr 1, 16—20; 2, 14; 3, 13—19; Lc 5, 2—11. 27; 6, 13—16 wird nicht, wie Jo 1, 35—51 (al. 52 wegen Teilung des v. 39), von der Bildung eines Jüngerkreises, sondern von Berufung bereits an Jesus Gläubiger zur Nachfolge und Mitarbeit berichtet (oben S. 277). Die Synoptiker geben nur von Pt, den Söhnen des Zebedäus und dem Verräter Judas Züge zu einem Charakterbild; von dem Zöllner unter den Aposteln, dessen Berufung berichtet wird (oben S. 253f.), läßt sich das ebensowenig als von Andreas sagen. Bei Jo treten Pt (1, 40—42; 6, 68; 13, 6—10. 36—38; 18, 10—27; 20, 2—10; 21, 2—22) und der Verräter (6, 70f.; 12, 4—6; 13, 2. 11. 18—30; 81, 2f.) mindestens ebenso bedeutsam hervor wie bei den Synoptikern. Nur Jo aber berichtet Äußerungen des Philippus (1, 43f.; 6, 5—7; 12, 21f.; 14, 8—10), des Thomas (11, 16; 14, 4f.; 20, 24—29 cf 21, 2); des Andreas (1, 40f.; 6, 8 cf 12, 22), des Judas Jakobi (14, 22), und zwar durchweg sehr charakteristische Äußerungen cf Luthardt, Das joh. Ev I², 78—119. Der phlegmatische Charakter des Philippus, welcher es veranlaßt, daß er allein von den ersten Jüngern zum Anschluß eigens von Jesus aufgefordert werden muß (1, 43), spiegelt sich in dem schwerfälligen Bekenntnis (1, 45), zumal im Gegensatz zu dem kurzen εὑρήκαμεν τὸν Μεσσίαν des Andreas (1, 41), welches keinen geringeren Jubel ausdrückt, als das εὕρηκα des Archimedes. Philippus stellt eine bedenkliche Rechnung an, während Andreas sofort die vorhandenen Mittel ausfindig macht (6, 5—9). Er wagt es nicht, den Wunsch der Hellenen Jesu vorzutragen, bis er sich mit dem mutigeren Andreas besprochen hat, und dieser, wie die Voranstellung des Andreas zeigt, sich bereit zeigt, in ihrer beider Namen die Bitte an Jesus zu richten (12, 21). Auch noch 14, 8—10 erscheint Philippus vor den Andern als der Bedenkliche. Zu diesem Charakterbild würde es vorzüglich stimmen, daß, wie Clem. strom. III, 25 wahrscheinlich nach dem Ev des Philippus angibt, das Wort Mt 8, 22; Lc 9, 60 an Philippus gerichtet gewesen wäre, wenn damit der Apostel und nicht der Evangelist Philippus gemeint wäre cf GK II, 766; Forsch VI, 26. 158f. 161. Das Charakterbild des Thomas, dessen Namen nur Jo übersetzt (11, 16; 20, 24 cf 21, 2), spricht für sich selbst. Es gehört hieher auch, daß nur Jo charakteristische Äußerungen der Brüder Jesu berichtet (7, 3—10), deren Stellung zu Jesus bei den Synoptikern sehr im Dunkel bleibt (Mt 12, 46—50; 13, 55; Mr 3, 21 (?). 31—35; 6, 3; Lc 8, 19—20; AG 1, 14), und daß er ebenso wie Lc (1, 26—2, 51) das in den übrigen Evv ganz farblose Bild der Mutter Jesu durch bedeutsame Mitteilungen charakterisirt (2, 3—5; 19, 25—27 cf 2, 12; 6, 42). Bemerkenswert aber ist, daß er sie überall nur „seine Mutter“, nur einmal „die Mutter Jesu“ (2, 1), niemals aber mit ihrem Namen nennt, welchen Mt 5mal, Lc (incl. AG 1, 14) 13mal, Mr wenigstens einmal gebraucht. Auch seine Adoptivmutter läßt Jo an der Anonymität seiner ganzen Familie teilnehmen.

5. Jo 1, 41 haben πρῶτον A B M Tb X P, einer der späteren Korrektoren des ℵ, S¹ S³ und einige min., darunter 2 der Ferrargruppe (69. 346, dagegen nicht 124); πρῶτος ℵ* L Γ Δ Λ und die Masse der übrigen. So auch Sh. Übrigens ist aus den älteren Versionen hier nicht viel zu gewinnen. Sc Ss verwischen das Eigentümliche „und Einer von diesen Jüngern des Jo: Andreas war sein Name, der Bruder des Simon

(Kepha † Sc). Und dieser Andreas sah den Simon Kepha an jenem Tage (so Ss, nur „Simon Kepha“ Sc) und sprach zu ihm“ etc. Diejenigen, welche $\pi\varrho\tilde{\omega}\tau\sigma\varsigma$ in $\pi\varrho\tilde{\omega}\tau\sigma\nu$ korrigirten (א c aus א *), wollten das sicherlich nicht adverbiell, sondern als Akkusativ verstanden haben; denn diese Handlung als das Erste zu bezeichnen, was Andreas vor allem anderen tat (cf. Mt 5, 24; 7, 5; Jo 2, 10; 7, 51; Rm 1, 8), wäre sinnlos in einem Zusammenhang, wo von weiterem Handeln des Andreas nichts berichtet und ein näheres Zeitverhältnis von v. 40 f. zu v. 35—39 gar nicht ausgedrückt ist. Aber auch der Akkusativ (cf Mt 17, 27), welcher besagen würde, daß Andreas als Ersten von denen, die er gefunden hat, oder die überhaupt gefunden worden sind, den Pt gefunden habe, ist unmöglich; denn erstens wäre die Voraussetzung, daß Andreas die Aufgabe gehabt und später erfüllt habe, Menschen zu suchen, im Zusammenhang ohne jeden Anhalt, und vollends die Meinung von Delff, Gesch. des Rabbi Jesus 1889 S. 80, daß nicht Jesus, sondern Andreas Subjekt von $\varepsilon\dot{\upsilon}\varrho\acute{\iota}\sigma\varkappa\varepsilon\iota\ \Phi\acute{\iota}\lambda\iota\pi\pi\sigma\nu$ v. 43 sei, verdient keine Widerlegung. Zweitens aber kommt so $\tau\grave{\sigma}\nu\ \emph{ἴδιον}$, statt dessen $\alpha\dot{\upsilon}\tau\sigma\upsilon$ allein angemessen wäre, nicht zu seinem Recht. Es ist also $\pi\varrho\tilde{\omega}\tau\sigma\varsigma$ zu lesen. Dies findet aber seinen Gegensatz natürlich nicht in Philippus, welcher später den Nathanael findet (v. 45), wovon der Leser bei v. 41 nichts weiß, und worauf er bei v. 45 nicht aufmerksam gemacht wird, sondern in dem Anderen der beiden bereits eingeführten Männer Als der Erste der beiden Johannesjünger, die sich an Jesus angeschlossen, findet Andreas seinen Bruder (cf Jo 20, 4. 8; Mt 22, 25; Rm 10, 19). So erst erklärt sich das stark betonte und ebenso wie $\pi\varrho\tilde{\omega}\tau\sigma\varsigma$ hier (cf auch 20, 4) und wie $\emph{ἴδιος}$ überall (besonders in Verbindung mit $\emph{ἕκαστος}$ Jo 16, 32; AG 2, 8; 1 Kr 15, 23. 38) gegensätzlich oder distributiv gemeinte $\tau\grave{\sigma}\nu\ \emph{ἴδιον}$. Jeder von den Beiden findet seinen Bruder, aber Andreas findet als der Erste den seinigen.

6. Über Nathanael = Bartholomaeus s. schon oben S. 264, und Bd I, 23; über die Variationen des Katalogs S. 263 A 1. Späth (Ztschr. f. wiss. Th. 1868 S. 168 ff. 309 ff. wollte zeigen, daß Nathanael ein Pseudonym für den Vf sei, der doch andrerseits für den Apostel Jo gelten wolle. Abgesehen von 21, 2, wo Nathanael neben den Söhnen des Zebedäus steht, würde der Vf durch Anwendung dieses Namens dem Leser es ganz unmöglich gemacht haben, ihn mit dem namenlosen Jünger 13, 23 ff. etc. zu identificiren und vollends in ihm den Apostel mit dem ganz andern Namen Jo zu erkennen. Der Name Nathanael, welchen nach dem AT, dem Talmud (Bd I, 23) und Josephus (ant. VI, 8, 1; XX, 1, 2) Hebräer der verschiedensten Zeiten geführt haben, soll eine ganz unhebräische Erfindung des Ev, eine gräcisirte (!) Form von Elnathan oder Jonathan sein (S. 324. 329 f.). Hilgenfeld hielt dem gegenüber (l. l. S. 450 cf auch NT extra can. IV², 119) an seiner Vermutung fest, daß Nathanael = Matthias AG 1, 23 sein solle. Die apost. Kirchenordnung, welche Nathanael unter die 12 Apostel rechnet, entspricht hierin richtiger Auslegung, während ihre Unterscheidung von Nathanael und Bartholomäus eine ebenso mutwillige Dichtung ist, als die Unterscheidung von Petrus und Kephas und ihr ganzer Katalog (NT extra can. IV, 111).

7. Über die Formen der Selbsteinführung der Vf in den Evv, der AG und der sonstigen Literatur s. oben S. 369. 389 A 11. Daß Mt ebensowenig wie Xenophon oder Thucydides, Polybius oder Josephus seinen Namen unterdrückt, wird völlig dadurch aufgewogen, daß er, im Unterschied von jenen sowie von den übrigen Geschichtschreibern des NT's durch nichts die Identität des Vf mit dem 9, 9; 10, 3 erwähnten Mt ausdrückt, oder auch nur andeutet, und daß er überhaupt keinerlei Ersatz für das in seinem ganzen Buch fehlende Ich des Vf schafft. Daß Jo im Prolog von sich in erster Person (des Plurals), innerhalb der Erzählung aber von sich in dritter Person redet, ist durchaus nicht auffällig. Josephus und viele Andere haben es ebenso gemacht (oben S. 389). Das Eigentümliche des Jo besteht nur in dem Zwiefachen, daß er inmitten der Erzählung die Leser anredet (19, 35 cf 20, 31 oben S. 478 A 1), und daß er auch an dieser Stelle,

wo dem Ihr der Anrede gegenüber ein Ich oder Wir die natürlichere und stilistisch
korrektere Form der Selbstbezeichnung wäre, in der dritten Person verharrt ($\mu\epsilon\mu\alpha\varrho$-
$\tau\acute{\upsilon}\varrho\eta\varkappa\epsilon\nu$, $\lambda\acute{\epsilon}\gamma\epsilon\iota$). Es ist das aber keine ärgere Stilwidrigkeit, als wenn unsereiner einen
Brief unterschreibt: „Es grüßt Dich von Herzen Dein alter Freund X". oder wenn in
Eingaben an den vorgesetzten Minister dieser mit „Ew. Excellenz" und „Sie" angeredet
wird, gleichwohl aber der Vf der Eingabe beharrlich von sich als dem „gehorsamst
Unterzeichneten", unter Vermeidung jedes Ich redet, oder wenn ein volkstümlicher Schrift-
steller schreibt: „Wisse, lieber Leser, daß Schreiber dieses ein Enkel des Helden seiner
Erzählung ist." Auch im Altertum fehlt es natürlich nicht an Beispielen gleichartiger
Inkoncinnität. Mit dem genaueren $\grave{\epsilon}\gamma\grave{\omega}$ $T\acute{\epsilon}\varrho\tau\iota\sigma$ $\acute{o}$ $\gamma\varrho\acute{\alpha}\psi\alpha\varsigma$ (Rm 16, 22) cf Mart. Polyc.
20, 2 $E\grave{\upsilon}\acute{\alpha}\varrho\epsilon\sigma\tau\sigma\varsigma$ $\acute{o}$ $\gamma\varrho\acute{\alpha}\psi\alpha\varsigma$ ohne $\grave{\epsilon}\gamma\acute{\omega}$ (also in dritter Person neben $\acute{\upsilon}\mu\tilde{\alpha}\varsigma$ . . $\tilde{\eta}\mu\tilde{\iota}\nu$); auch
das dem Stil der antiken Grußüberschrift widersprechende $\chi\acute{\alpha}\varrho\iota\varsigma$ $\acute{\upsilon}\mu\tilde{\iota}\nu$ 1 Th 1, 1 etc.,
oder das $\grave{\epsilon}\gamma\acute{\omega}$ neben dem gleichbedeutenden $\acute{o}$ $\pi\varrho\epsilon\sigma\beta\acute{\upsilon}\tau\epsilon\varrho\sigma\varsigma$ 2 Jo 1; 3 Jo 1; oder Inschriften
wie die bei Hogarth, Devia Cypria p. 114 nr. 36: „Apollonius hat seinem Vater und seiner
Mutter nach e u r e n eigenen Geboten diese Säule gesetzt."

8. Zu den am meisten malerischen Stellen gehört 1, 35—39. Der Täufer steht da
mit seinen zwei Schülern; dann fällt sein Blick auf Jesus (35 f., viel farbloser v. 29). Das
kurze Wort findet Beachtung und wird in Tat umgesetzt (v. 37). Anfangs nicht auf die
ihm Nachgehenden achtend, dreht Jesus sich um (da er ihre Schritte hört) und läßt
seinen Blick betrachtend auf ihnen ruhen. In direkter Redeform folgt Frage, Antwort
und Gegenrede. Der hebräische Laut der Anrede wird festgehalten. Die unvergeßliche
Stunde der ersten Begegnung mit Jesus wird genau angemerkt. Den Inhalt des mehr-
stündigen Gesprächs soll der Leser dem $\epsilon\acute{\upsilon}\varrho\acute{\eta}\varkappa\alpha\mu\epsilon\nu$ des Andreas entnehmen.

9. Neben $\mu\alpha\vartheta\eta\tau\alpha\acute{\iota}$ im weiteren Sinne 4, 1 sofort wieder $\acute{o}\iota$ μ. im engeren Sinn 4, 2,
was dann selbstverständlich für 3, 22—4, 38 gilt. Sie sind die von Jesus zur Mitarbeit
Herangezogenen und damit Beauftragten ($\grave{\alpha}\pi\acute{\epsilon}\sigma\tau\alpha\lambda\varkappa\alpha$ 4, 38 cf 13, 20; 17, 18; 20, 21), seine
$\grave{\alpha}\pi\acute{\sigma}\sigma\tau\sigma\lambda\sigma\iota$ 13, 16. Die Zahl der Körbe 6, 13 bezeugt ihre Zahl, und wo es sich um die
Abgrenzung dieses von Anfang bis zu Ende ihm anhangenden Gefolges gegen den
größeren Kreis der nur vorübergehend ihn begleitenden Jünger handelt, wird diese Zahl
dreimal nachdrücklich wiederholt 6, 67. 70. 71, sonst nur noch 20, 24. Es ist aber bezeichnend, daß der Apostel Jo ebenso wie der Apostel Mt (10, 2) und der eines Apostels
Erzählungen wiedergebende Mr (6, 30) nur einmal den Titel $\grave{\alpha}\pi\acute{\sigma}\sigma\tau\sigma\lambda\sigma\varsigma$ gebraucht (13, 16),
während der Nichtapostel Lc ihn im Ev 6 mal, in AG etwa 30 mal anwendet. Die Ein-
setzung in ihr Amt, welche Jo ebensowenig wie der Apostel Mt erzählt, bezeichnet Jo,
wie sonst nur noch Lc, als $\grave{\epsilon}\varkappa\lambda\acute{\epsilon}\gamma\epsilon\sigma\vartheta\alpha\iota$ 6, 70; 13. 18; 15, 16. 19 und gebraucht dieses
Wort niemals von einem auf andere Menschen bezogenen Handeln Jesu (auch $\grave{\epsilon}\varkappa\lambda\epsilon\varkappa\tau\acute{o}\varsigma$
1, 34 א* Sc Ss etc. nur einmal vom Messias). Es ist daher als ein Gewaltstreich zu
verurteilen, daß F. v. Üchtritz, Studien eines Laien über das Ev nach Jo, 1876 S. 222,
dem Wort 13, 18 einen anderen Sinn gab, als 6, 70. zumal 13, 10 f. 18—21 der gleiche
Gegensatz obwaltet wie 6, 70 f. zwischen der Gesamtheit der Anwesenden, die Jesus erwählt hat, und dem einen Mitglied dieses Kreises, welches eine betrübende Ausnahme
bildet, ein Gegensatz, der auch 17, 12 wieder hervortritt. Wozu Jesus sämtliche Anwesende erwählt hat, sagt 6, 67—71 die dreimal wiederholte 12 zahl, in c. 13 aber der
Name $\grave{\alpha}\pi\acute{\sigma}\sigma\tau\sigma\lambda\sigma\varsigma$ 13, 16 und die durch den Abfall des Apostels Judas notwendig gewordene Bestätigung der übrigen Jünger in ihrer Sendung 13, 20 d. h. ihrem Apostolat.
Auch aus dem Zusammenhang von 15, 16. 18 ergibt sich, daß $\grave{\epsilon}\varkappa\lambda\acute{\epsilon}\gamma\epsilon\sigma\vartheta\alpha\iota$ nicht die Aufnahme in die Zahl der gläubigen Verehrer bedeutet, welche kein Ev auf ein $\grave{\epsilon}\varkappa\lambda\acute{\epsilon}\gamma\epsilon\sigma\vartheta\alpha\iota$
Jesu zurückführt, sondern die Apostelwahl. Sie sind die berufenen Prediger 15, 20. 26 f.

10. Mit $\grave{\alpha}\gamma\alpha\pi\tilde{\alpha}\nu$ (13, 23; 19, 26 cf 21, 7. 20) wechselt $\varphi\iota\lambda\epsilon\tilde{\iota}\nu$ (20, 2), wie in bezug
auf das ähnliche Verhältnis zu den Geschwistern von Bethanien (11, 3. 5. 26). Letzteres

Wort ist nicht auf persönliche Freundschaft beschränkt (cf dagegen 16, 27; 21, 15—17; 1 Kr 16, 22), aber doch der bezeichnendere Ausdruck für eine solche.

11. Polykrates bei Eus. h. e. V, 24, 3 Ἰωάννης ὁ ἐπὶ τὸ στῆθος τοῦ κυρίου ἀναπεσών. Ebenso Iren. III, 1, 1; Orig. bei Eus. VI, 25, 9; Hieron. praef. comm. in Mt (Vall. VII, 3). Bei Späteren ὁ ἐπιστήθιος cf Routh, rel. s. I², 42. Der erste Exeget, welcher förmlich ausspricht und durch Berufung auf Jo 21, 24 begründet, was die Anderen voraussetzen, daß nämlich der Namenlose in 13, 23 der Ev und Apostel Jo sei, ist Origenes in Jo tom. XXXII, 13.

12. Wenn das Hebräerev Jk den Bruder des Herrn, wie es scheint, am letzten Mahle teilnehmen läßt (GK II, 700), so gehört das schon wegen des chronologischen Widerspruchs der ganzen Erzählung mit 1 Kr 15, 7 in das Reich der Fabel. Man kann daraus ebensowenig schließen, daß der Redaktor dieses Ev den Jk für einen Apostel gehalten hat, als daß ein Nichtapostel an dem Mahl teilgenommen habe cf Forsch VI, 277 f. Noch weniger als der Herrnbruder Jk, kann, wie Delff l. l. 83 wollte, der Herr des Hauses, in dem das letzte Mahl stattfand, welcher dann weiter noch mit dem fliehenden Jüngling identificirt wird, als Tischgenosse gedacht werden; denn so gewiß eine freundschaftliche Beziehung zwischen Jesus und diesem Hause bestanden haben muß, so darf man sich dieselbe schon wegen der Frage der Jünger (Mt 26, 17; Mr 14, 12; Lc 22, 19) und wegen der Art, wie die zwei Jünger das Haus finden sollen (Mr 14, 13), nicht zu innig denken. Es ist eine hiemit sowie mit den positiven Angaben Mt 21, 17; 24, 1—3; 26, 6; Mr 11, 11. 15. 19. 27; 14, 3. 13. 16; Lc 21, 37; 22, 10 unverträgliche Phantasie Delffs S. 89. 94, daß dieses Haus die regelmäßige Herberge Jesu gewesen sei. Die Bekleidung des Jünglings Mr 14, 51 und die dortige Unterscheidung desselben von der Begleitung Jesu schließt auch aus, daß er am Mahle teilgenommen habe. Über den wirklichen Sachverhalt s. oben S. 243 f. Jesus läßt dem Hausherrn auch nicht sagen, daß er mit ihm und seiner Familie, sondern daß er mit seinen Jüngern in seinem Hause das Passa halten wolle (Mt 26, 18; Mr 14, 14; Lc 22, 11). Jesus bildet mit den Zwölfen eine Haus- und Tischgenossenschaft (Mt 10, 25; Jo 12, 6) von mehr als ausreichender Größe für das Passamahl cf Ex 12, 4. Wenn nach Jos. bell. VI, 9, 3 die Zahl der Teilnehmer nicht unter 10 betragen durfte (so auch Targ. jerusch. zu Ex 12, 4), zuweilen aber bis zu 20 stieg, so legt doch Josephus seiner Berechnung der Festbesucher die Zahl 10 als die dem Durchschnitt nächststehende zu Grunde.

13. Hier ist zu nennen P. Cassel, Das Ev der Söhne Zebedäi, 1870, und von demselben: Die Hochzeit von Cana, 1883 S. 49—64. Cassel fand in 1, 35 ff. diese beiden Brüder angedeutet und erkannte in 13, 23; 19, 26; 20, 2 den Jo, dessen Name durch ὃν ἠγάπα ὁ Ἰησοῦς einigermaßen übersetzt sei, dagegen 18, 15 den Jk. Indem aber Cassel, dem bis dahin nicht zu widersprechen wäre (s. oben S. 473 f.), den Zeugen und Berichterstatter in 19, 35 ohne Gründe, die auch nicht zu finden wären, von dem Augenzeugen des Todes Jesu in 19, 26 f. unterscheidet, gelangt er zu der Behauptung, der ἑωρακώς, μεμαρτυρηκώς, der auch durch ἐκεῖνος bezeichnet werde (19, 35), sei Jk, dieser also und nicht Jo sei der Erzähler in c. 1—20, der eigentliche Vf des somit vor a. 44 geschriebenen Ev (S. 49 f.), welches sein jüngerer Bruder Jo in erheblich späterer Zeit, nach dem Tode des Pt, um c. 21 vermehrt, übrigens aber wesentlich unverändert herausgegeben hat (S. 52—55). Die Worte 21, 24 οἴδαμεν — ἐστίν (von Cassel S. 55 sehr ungenau citirt) sollen eine unechte Glosse aus 19, 35 sein. Dies wird jedoch in der zweiten Schrift S. 57 nicht festgehalten.

14. Überall bei Jo wird die sinnliche Wahrnehmung oder doch eine mit dieser vergleichbare und mit deren Namen zu bezeichnende Erfahrung als Voraussetzung des μαρτυρεῖν hingestellt: 1, 34; 3, 11. 32 (5, 37); 8, 14; 12, 17 (12, 41); 15, 27; 1 Jo 1, 1—4; 4, 14; Ap 1, 2 cf oben S. 15 A 9.

15. Die griechischen Ausleger haben sich durch die auffällige Ausdrucksweise 19, 35 nicht darin beirren lassen, daß der Ev selbst das einzige Subjekt aller Verba dieses Satzes sei (Chrys. hom. 85 in Jo. Montf. VIII, 507). Es ist schwerlich aus der Rücksicht auf eine andere Deutung des *ἐκεῖνος* zu erklären, wenn Cyrillus Al. (Migne 73 col. 677) bemerkt: *οὐχ ἕτερόν τινα σημαίνων*. Dies blieb herrschende Meinung. Auch Baur benutzte die Stelle nicht dazu, um seine Ansicht zu begründen, daß der Vf zwar im ganzen Ev die Absicht verfolge, vom Leser als der Lieblingsjünger Jesu und der Apostel und Apokalyptiker Jo erkannt zu werden, doch aber sich dessen enthalte, sich selbst geradezu dafür auszugeben. Es sei 19, 35 ebenso wie 1, 14 nur von einem geistigen Schauen die Rede (Krit. Unters. über die kan. Evv 1847 S. 364—389). Erst sein Schüler Köstlin (Theol. Jahrbb. 1851 S. 206—211) gründete hauptsächlich auf diese Stelle und besonders auf das *ἐκεῖνος* die Ansicht, daß der Vf von Jo 1—20 überhaupt noch nicht sich mit dem Apostel Jo identificire, was erst der Vf von 21, 24 für ihn tue, sondern sich, den Schriftsteller, deutlich von dem Apostel als seiner Hauptauktorität unterscheide. Dies griff Hilgenfeld auf, der jedoch mehr im Sinne Baurs daneben die Absicht des Vf, für den Apostel zu gelten, festhielt und anstatt, wie Köstlin, 19, 35 für einen widerspruchslosen Ausdruck des sich vom Apostel deutlich unterscheidenden Vf zu erklären, gerade in der Unnatürlichkeit des Ausdrucks einen Beweis dafür fand, daß der Vf, welcher auch 21, 24 geschrieben und somit sein Buch für ein Werk des Apostels ausgegeben, an der entscheidenden Stelle seine Verschiedenheit von diesem unwillkürlich verraten habe (Die Evv nach ihrer Entstehung u. geschichtl. Bedeutung 1854 S. 341; Der Paschastreit der alten Kirche 1860 S. 151 f. 403; Einl. 731). Die dadurch veranlaßten Verhandlungen über *ἐκεῖνος* bei Jo zwischen G. Steitz (Th. Stud. u. Krit. 1859 S. 497—506; 1861 S. 267—310) und A. Buttmann (l. l. 1860 S. 505 ff., Ztschr. f. wiss. Th. 1862 S. 204 ff.) haben in exegetischer Beziehung nicht zur Klarheit verholfen. Es hat auch wenig Interesse, die zwischen Köstlins und Hilgenfelds Auffassung hin und her schwankenden Auslassungen Anderer zu verfolgen. Das Präsens *λέγει* mit der hieran sich anschließenden Zweckbeziehung auf die angeredeten Leser läßt keinen Zweifel daran aufkommen, daß der *λέγων* der jetzt zu den Lesern redende Vf ist, und nicht etwa ein verstorbener Gewährsmann, von welchem der Vf direkt oder indirekt Stoff und Geist seines Berichts empfangen haben will. Denn ein solcher Gewährsmann redet eben in der Gegenwart nicht zu den Lesern. Wenn der Vf ihn allenfalls in lebhafter Vergegenwärtigung als einen heute noch zu hörenden Zeugen citiren könnte (cf 1, 15), so könnte er ihn doch nicht als einen die Leser anredenden und ihre religiöse Förderung bezweckenden Zeugen citiren. Mußte aber jeder Leser als Subjekt von *λέγει* den Vf erkennen, so bürdet man dem Vf nicht eine unklar schillernde, sondern eine sinnlose Ausdrucksweise auf, indem man annimmt, er wolle das weder durch ein Pronomen noch irgendwie sonst (etwa *ὅτι ὁ γράψας ἀληθῆ λέγει*) von den vorangehenden Aussagen sich abhebende Subjekt von *λέγει* von dem Subjekt des *μεμαρτύρηκεν*, also von dem *ἑωρακώς* und der nochmals durch *αὐτοῦ* bezeichneten Person unterschieden haben. Fraglich kann nur sein, ob auch *ἐκεῖνος* dasselbe Subjekt bezeichnet s. A 16.

16. Das „*ἐκεῖνος*" *κατ' ἐξοχήν* (Schol. zu Arist. Nub. 195 ed. Dindorf I, 196 mit dem „*αὐτὸς ἔφα*" der Pythagoräer verglichen) tritt schon Jo 7, 11; 19, 21 (9, 12. 28) im Munde der fern oder feindlich zu Jesus Stehenden hervor; in christlichem Munde 2 Tm 1, 13, wo im vorangehenden Satz zu *συναπεθάνομεν κτλ*. Christus auch nicht genannt, sondern nur zu suppliren ist; als festgeprägter Ausdruck 1 Jo 2, 6; 3, 3. 5. 7. 16; 4, 17. — Das *ὁ θεὸς οἶδεν* 1 Kr 11, 11. 31 (12, 2. 3) ist formell und die Beteuerungsformeln 1 Th 2, 5. 10; Gl 1, 20; 2 Kr 1, 23; 12, 19; Rm 1, 9; 9, 1; Phl 1, 8 (1 Tm 5, 21; 2 Tm 4, 1) als sachverwandt zu vergleichen, vor allem aber 3 Jo 12: Zu dem Zeugnis der Gemeinde kommt hinzu dasjenige der „Wahrheit selbst" d. h. Christi (Jo 14, 6;

Papias bei Eus. h. e. III, 39, 3). Für die Wahrheit aber seines eigenen Zeugnisses beruft sich Jo dort nicht auf sein Selbstbewußtsein, sondern auf das Wissen des Briefempfängers. Gerhard (Harmonia ev. ad l. ed. Jen. 1617 p. 874) erwähnt Solche, welche das ἐκεῖνος auf Longinus, den Soldaten, der die Lanze in Jesu Seite stach, gedeutet, und (p. 883) Andere, die es unter Berufung auf Rm 9, 1 so, wie oben und bereits Ztschr. f. kirchl. Wiss. 1888 S. 594 von mir geschehen ist, auf Christus bezogen haben. Neuerdings vertritt wesentlich die gleiche Auffassung H. Dechent in Th. Stud. u. Krit. 1899 S. 446 ff.

17. Der „Presbyter Jo", welcher sein Dasein den kritischen Nöten und Künsten des Eusebius verdankt (oben S. 216 f.), sollte anfangs einen geeigneten Vf der Ap abgeben, nebenbei auch einen Vf der kleineren Briefe des Jo. In neuerer Zeit ist ihm wiederholt auch das Ev zugeschrieben worden. Am ausführlichsten ist diese Hypothese entwickelt worden von dem Romanschriftsteller und dramatischen Dichter Fr. v. Üchtritz (den Titel des gleich nach dem Tode des Vf [†1875] erschienenen Werks s. oben S. 481 A 9) und ohne jede Rücksicht auf diesen an Sinnigkeit der Betrachtung und Feinheit der Behandlung ihm weit überlegenen Vorgänger von dem Philosophen H. Delff (Gesch. des Rabbi Jesus von Naz. 1889 S. 67—111; Das 4. Ev ein authentischer Bericht über Jesus 1890; Neue Beiträge zur Kritik u. Erklärung des 4. Ev, 1890; Th. Stud. u. Krit. 1892 S. 72—104). Beide stimmen darin überein, daß der namenlose Jünger (1, 35 ff.; 13, 23 ff.; 18, 15 f.; 19, 26 ff.; 20, 2) der Vf des Ev, aber nicht der Apostel Jo, sondern jener Presbyter Jo von Ephesus sei. Üchtritz macht einige unzureichende Anstrengungen (S. 220 ff.), Delff hält es für überflüssig, die Möglichkeit der Teilnahme eines Nichtapostels an dem letzten Mahle Jesu gegenüber dem klaren Widerspruch der Synoptiker und des 4. Ev selbst (oben S. 472. 481 f. A 9. 12) als möglich zu erweisen oder gar wahrscheinlich zu machen. Unerklärt lassen beide das merkwürdige Schweigen des 4. Ev über zwei von den drei Jesu nächststehenden Aposteln und über die ganze Familie des Zebedäus (oben S. 470 f.). Beide meinen aber beweisen zu können, daß der Vf, der unter lauter Galiläern in die Jüngerschaft Jesu eingetreten ist (1, 35—51 cf 7, 52; Mr 14, 70; AG 2, 7 in bezug auf sämtliche Jünger in Jerusalem), kein Galiläer, sondern ein Jerusalemer gewesen sei und nicht zu dem regelmäßigen Gefolge Jesu gehört habe. Daß dies an dem unzerreißbaren Zusammenhang von c. 1 mit c. 2—4 scheitert, wurde bereits (S. 471 f.) gezeigt. Auch die Annahme von Interpolationen, durch welche Delff seine Hypothese zu schützen versucht hat (Schrift von 1889 S. 97 ff., Schrift von 1890 S. 11—16 werden, wenn man die durchweg fehlerhaften Verszahlen nach der Rekonstruktion des Textes in der 2. Schrift S. 30—94 berichtigt, ausgeschieden: 1, 1—5. 9—18; 2, 1—11. 17. 21—22; 4, 44. 46—54; 6, 1—29. 37—40. 44b. 54b. 59; 7, 59 [45—53 vor 37. 38. 40—44 gestellt]; 12, 16. 33. 38—41; 13, 20; 20, 11—18; dazu noch 19, 35—37 im J. 1890 beigefügt), hilft nicht, solange 1, 51 stehen bleibt, wonach auch ohne das textkritisch unsichere ἀπάρτι die sämtlichen neugewonnenen Jünger von da an Zeugen der Wunderoffenbarung Jesu sein sollen, und 15, 27 cf 16, 4, wonach die sämtlichen Tischgenossen ständige Begleiter Jesu gewesen sind. Aus 19, 27 folgern Üchtritz S. 287 und Delff (1889) S. 82, daß Jo ein eigenes Haus besessen, und daß dies in Jerusalem gestanden habe (über weitere Phantasien von Delff s. oben S. 482 A 12). Man würde mit gleichem Recht aus Jo 16, 32 schließen, daß die sämtlichen Apostel Hausbesitzer in Jerusalem gewesen seien und sich in derselben Nacht noch, in der Jesus dies sprach, aus der Nähe Jesu in ihre 11 dortigen Wohnhäuser geflüchtet haben. Cf zum Ausdruck Lc 18, 28; AG 21, 6; Jos. bell. I, 33, 8. Ferner ist ἀπ’ ἐκείνης τῆς ὥρας (Mt 15, 28; 17, 18) nicht gleich ἐν ἐκ. τ. ὥρᾳ Jo 4, 53; Lc 7, 21 oder αὐτῇ τῇ ὥρᾳ Lc 2, 38; 10, 21; 12, 12. Gemeint ist nur, daß von dem Moment des Wortes Jesu an Jo an der nunmehr gleichsam verwaisten Mutter Jesu Sohnespflichten erfüllt hat, was während des Festbesuchs in Jerusalem in anderer, wegen Mangels an Nach-

richten nicht näher zu bestimmender Weise sich gezeigt haben muß, als nachdem beide
an ihren Wohnsitz Kapernaum (Jo 2, 12) zurückgekehrt waren, von wo Maria mit den
andern galiläischen Frauen der Umgebung Jesu (Lc 23, 49. 55), mit ihren Söhnen und den
Aposteln wenige Wochen darauf wieder nach Jerusalem gekommen ist (AG 1, 14; 2, 7),
um wie die Apostel und die Brüder Jesu fortan dort zu wohnen. Die Erwägung, daß
Jesus dem Apostel Jo, welcher eine an Jesus gläubige Mutter gehabt habe, nicht wohl
seine Mutter so habe überweisen können (Üchtritz S. 204 f.), beruht auf dem Misverständnis, daß es sich darum gehandelt habe, dem Jo zu einer Mutter, statt der Maria
zu einem ihren Schmerz ermessenden und im Sinne Jesu ihrer sich annehmenden Sohne
zu verhelfen. Die leiblichen Söhne der Maria waren dazu jedenfalls damals noch nicht
die rechten Leute (Bd I, 75; II, 74; Forsch VI, 336 f. A 1). Eine Stütze zu weiteren
Phantasien fand Delff in 18, 15. 16, wonach Jo ein Verwandter des Hannas gewesen
sei (soll heißen des Kajaphas, denn nur diesen bezeichnet Jo als Hohenpriester). Aber
daß γνωστός in der Bibel, wie zuweilen γνωτός bei den Dichtern von Homer an, regelmäßig oder gar ausschließlich den Vertrauten im Sinn des Verwandten bezeichne, wird
dadurch nicht wahrer, daß man es wiederholt (z. B. Cremer, Wörterb. 7. Aufl. S. 223;
Baljon, Woordenboek I, 447). Lc 23, 49 ist offenbar nicht daran zu denken, und Lc
2, 44 wäre es, so verstanden, ein nutzloser Pleonasmus; denn daß συγγενής den ferneren,
γνωστός den näheren Verwandten bezeichne, ist angesichts Lc 1, 61 (cf 1, 36) eine grundlose Behauptung. Wie AG 10, 24, wo die Wortverbindung ἀναγκαίους φίλους beweist,
daß hierunter nicht Verwandte, sondern vertraute Freunde zu verstehen sind (cf die Belege bei Wetstein), sind auch Lc 2, 44 Verwandte und Bekannte zusammengestellt. Auch
aus LXX läßt sich kein Beweis für γνωστός = „Verwandter" führen. Nehem 5, 10 ist
es freie Übersetzung für נער = Diener; 2 Reg 10, 11 sind, wie schon die Stellung
zwischen den *optimates* und *sacerdotes* (Vulg.) und das „und" beweist, womit diese drei
Klassen an das Haus Ahabs und die königlichen Prinzen (cf v. 6—8) angeschlossen
werden, nicht Verwandte, sondern zum Hof gehörige Freunde gemeint. Eine andre Bedeutung erhellt auch nicht aus Ps 31, 12; 55, 14; 88, 9. 18. — Eine noch bestimmtere
Bezeugung der Zugehörigkeit des Ev zu der hohenpriesterlichen Aristokratie fand Delff
bei Polykrates von Ephesus um 195 (Eus. h. e. V, 24, 3 oben S. 467 A 27). Da dieser
den in Ephesus begrabenen Jo wohl als Ev, aber nicht als Apostel charakterisirt, soll
er in Wiederspruch mit der Überzeugung seines Zeitgenossen und Landmannes Irenäus,
seiner noch älteren Landsleute, der Aloger und des Leucius Charinus, sowie aller sonstigen
Häretiker und Kirchenlehrer vor und nach seiner Zeit (oben S. 450 f.) gewußt haben,
daß jener Jo kein Apostel gewesen sei. Mit den Worten aber ὃς ἐγενήθη ἱερεὺς τὸ πέταλον
πεφορεκώς soll er bezeugt haben, daß dieser einmal, ohne regierender Hoherpriester gewesen zu sein, als Stellvertreter des behinderten eigentlichen Hohenpriesters am Versöhnungstag in der vollen Amtstracht eines Hohenpriesters fungirt habe (Schr. von 1889
S. 93; zweite Schrift S. 9) oder, wie es unter Ablehnung dieser Ansicht später heißt
(Th. Stud. u. Krit. 1892 S. 93), daß Jo „ein Priester von höchstem hohenpriesterlichen
Rang gewesen sei". Die aristokratische Zurückhaltung, welche dieser vornehme Herr,
der an der Brust des Herrn gelegen hatte, auch der Gemeinde Jesu gegenüber beobachtet haben soll, mag man danach bemessen, daß er möglicherweise mit dem Jo AG
4, 6 (l. vielmehr Ἰωναθας) identisch ist (Delff, 1889 S. 95). Er soll sein Ev noch vor
der Zerstörung Jerusalems für seine Standesgenossen dortselbst geschrieben haben (1892
S. 83—90). Die zweimalige Anrede der Leser würde sich dann wohl daraus erklären,
daß er die AG 4, 6 bezeichneten Herren in seinen Salon eingeladen und ihnen nach Art
der Literaten jener Zeit sein Elaborat vorgelesen hat, ehe er es für das größere Publikum
herausgab. Immerhin hat man es bei Delff mit einem ernsthaften Versuch zu tun, durch
Exegese und Kritik das Selbstzeugnis des 4. Ev zu entkräften. Von den Ausflüchten,

womit Renan, Weizsäcker, Harnack u. a. das gleiche Ziel erreichen zu können meinten, läßt sich das nicht behaupten cf Forsch VI, 186—190.

§ 66. Der Nachtrag.

Keine geschichtliche Schrift des NT's und wenige Geschichtswerke des Altertums haben einen so deutlichen Abschluß wie das 4. Ev an 20, 30 f. Im Rückblick auf den gesamten Inhalt des hier sein Ende erreichenden Buchs und im Gegensatz zu den vielen angesichts seiner Jünger verrichteten Wunderzeichen Jesu, welche in diesem Buch nicht zur Darstellung gekommen sind, wird als Zweck der darin berichteten $\sigma\eta\mu\varepsilon\tilde{\iota}\alpha$ und eben damit des ganzen Buches ausgesprochen, daß die hier zum zweiten und letzten Mal angeredeten Leser (cf 19, 35 und oben S. 478 A 1. 2) den Glauben an Jesus als den Christ, den Sohn Gottes, haben und in solchem Glauben das Leben genießen, welches in dessen Namen beschlossen ist. Wenn man die hiesige Unterscheidung der in dem Buch dargestellten und der nicht in dasselbe aufgenommenen Tatbezeugungen Jesu auf die Erscheinungen des Auferstandenen (20, 14—29) beschränken wollte, was durch nichts angedeutet und schon darum äußerst unwahrscheinlich ist, weil die Bezeichnung als $\sigma\eta\mu\varepsilon\tilde{\iota}\alpha$ für diese Erscheinungen viel weniger geeignet erscheint, als für die durch 1, 51 angekündigten und das Gerippe der gesamten Darstellung bildenden $\check{\varepsilon}\varrho\gamma\alpha$ und $\sigma\eta\mu\varepsilon\tilde{\iota}\alpha$ (2, 11. 23; 3, 2; 4, 45. 54; 5, 20. 36; 6, 26. 30; 7, 21. 31; 9, 16; 10, 32—38. 41; 11, 47; 12, 11. 18. 37; 15, 24), würde c. 21 erst recht als ein Nachtrag zu dem bereits vollendeten Buch sich darstellen; denn dort wird gleichfalls von einem $\sigma\eta\mu\varepsilon\tilde{\iota}o\nu$ berichtet, welches Jesus vor seinen Jüngern getan hat, und dieses wird 21, 1. 14 als eine dritte Offenbarung des Auferstandenen an die beiden 20, 19—29 berichteten angereiht und hat selbstverständlich vollen Anteil an dem Zweck jener Berichte. Die allein angemessene Stellung von 20, 30 f. würde also hinter 21, 14 oder vielmehr 21, 23 sein, wenn zur Zeit der Niederschrift der abschließenden Sätze dieses Kapitel bereits beabsichtigt gewesen wäre. Dazu kommen deutliche Anzeichen, daß es mit der Abfassung von c. 21 seine eigentümliche Bewandtnis hat. Zwar im allgemeinen trägt dieses Kapitel den Stempel der eigentümlichen Darstellungsweise des 4. Ev (A 1), und es ist schon darum nicht daran zu denken, daß wir es wie etwa Mr 16, 9—20 (oben S. 227 ff.) als einen von unberufener Hand beigefügten Anhang zu betrachten oder auch nur einen Teil desselben wie andere Stücke, deren Stil ihren fremdartigen Ursprung beweist (Jo 8, 1—11 s. § 69 A 3), als Interpolation auszuscheiden hätten. Es unterscheidet sich aber von derartigen Stücken rücksichtlich des Verhältnisses zu der Masse des Buchs vor allem auch dadurch, daß die Abwesenheit jener Stücke von den Büchern, in deren Text sie eingedrungen sind, bis in das Mittelalter hinein an der Hand vorhandener Urkunden und patristischer Nachrichten sich nachweisen läßt, und daß dagegen das 4. Ev unseres Wissens niemals ohne c. 21 verbreitet worden ist; und daß auch der Text dieses Kapitels nicht an-

nähernd so wie derjenige der genannten Interpolationen in der Überlieferung
schwankt (A 2). Da nun das Buch, wie die Anrede der Leser beweist (oben
S. 468), von vornherein für eine Gemeinde oder für einen mit dem Vf verbundenen
Kreis von Gemeinden bestimmt war, eine Bestimmung, die nur durch Vorlesung in den Gemeindeversammlungen verwirklicht werden konnte, so folgt, daß
c. 21 dem Buche beigefügt worden ist, ehe es über diesen engen Kreis hinaus
sich verbreitet hatte. Denn war dies einmal geschehen, so konnte keine Macht
der Erde verhindern, daß Exemplare ohne c. 21 gelesen und vervielfältigt wurden.
Was man diesem Urteil entgegenhalten könnte, wäre nur die phantastische und
keiner Widerlegung werte Vorstellung von der Bildung des Evangelienkanons
durch eine Behörde, welche Recht und Macht über die ganze Christenheit gehabt hätte, alle bereits verbreiteten Abschriften eines Ev einzuziehen und zu
vernichten, und an deren Stelle die kanonische Recension desselben Ev einzuführen. Es ist also c. 21 nicht ein von der Entstehungsgeschichte des Ev unabhängig zu denkender A n h a n g, sondern ein sehr bald nach Abfassung des
Ev und in der örtlichen Nähe von dessen Ursprungsort beigefügter N a c h t r a g. Nur
soviel Zwischenzeit ist zwischen der Abfassung von c. 1—20 und c. 21 anzunehmen, daß
das Bedürfnis einer Ergänzung, welches der Vf beim Niederschreiben von 20, 30 f.
noch nicht empfand, sich geltend machen und Befriedigung heischen konnte.
Andrerseits kann c. 21 nicht ebenso direkt wie c. 1—20 aus der Feder des Vf
geflossen sein. Es zeigt die Darstellung einige Abweichungen, die nicht sowohl
stilistischer Natur sind, als vielmehr auf eine verschiedene Stellung des Dar-
stellers zu dem von Jesus sonderlich geliebten Jünger und dessen Familie hinweisen. Während diese in c. 1—20 in allen ihren Gliedern durch den Schleier
der Anonymität verhüllt bleibt (oben S. 470 ff.), werden hier Jo und Jk gleich im
Eingang zwar nicht mit diesen ihren Namen, aber doch wie in den andern Evv
zuweilen (Mt 20, 20; 26, 37; 27, 56 cf Mr 10, 35; Lc 5, 10) als die Söhne des
Zebedäus deutlich bezeichnet (21, 2). Es erscheint das um so mehr als ein un-
willkürlicher Ausdruck der dem Vf dieser Erzählung natürlichen Betrachtungsweise, als im Verlauf der Erzählung Jo doch wieder wie 19, 26; 20, 2 ohne jede
Namensbezeichnung durch eine Rückbeziehung auf 13, 23 charakterisirt wird.
Während dies aber 19, 26; 20, 2 in der denkbar schlichtesten Weise geschieht,
nur um keinen Zweifel an der Identität der Person aufkommen zu lassen, geschieht das hier mit großer Nachdrücklichkeit. Schon das ἐκεῖνος 21, 7, welches
an den Parallelstellen fehlt, und vollends die ausführliche Erinnerung an die Erzählung von 13, 23—25 in 21, 20 zeigt, daß hier die Hand eines Andern die
Feder führt und zwar eines Solchen, welcher nicht mehr durch die Scheu davor
gebunden ist, daß er den Schein des Selbstrühmens auf sich laden könnte. Noch
deutlicher wird 21, 24, daß ein Anderer oder vielmehr mehrere Andere über
den Apostel und Ev Jo als einen Dritten reden: „Dieser (d. h. der Jünger, von
welchem v. 20—23 erzählt ist) ist der Jünger, welcher in bezug auf dieses
(diese Dinge) Zeugnis gibt und dieses geschrieben hat; und wir wissen, daß

wahr sein Zeugnis ist." Das Wir schließt seinem Begriff nach ein Ich ein und schließt das Er aus. Man kann sich dafür, daß das Ich des Buchverfassers in dem hiesigen Wir beschlossen sei, während dasselbe gleichzeitig in der dritten Person ὁ μαρτυρῶν, ὁ γράψας verhüllt wäre, nicht auf 1, 14 einerseits und 19, 35 andrerseits berufen. Während Jo im Prolog, also außerhalb der Erzählung, ein Wir anwendet, das erforderlichen Falls auch in ein Ich hätte übergehen können, wie das Wir 21, 24 ungezwungen in das Ich von οἶμαι 21, 25 übergeht (A 3), beharrt er innerhalb der Erzählung bei der Selbstbezeichnung in dritter Person auch da, wo die Anrede der Leser die Anwendung der ersten Person natürlicher würde erscheinen lassen (19, 35). Allerdings befinden wir uns 21, 24 nicht mehr innerhalb der Erzählung, sondern wie im Prolog außerhalb derselben, und es wäre deshalb nicht unmöglich, daß hier ein den Vf des Buchs einschließendes Wir vorläge. Daß aber ein Schrifsteller innerhalb eines einzigen kurzen Satzes zwischen dem Er und einem in dem Wir beschlossenen Ich zur Bezeichnung seiner selbst geschwankt und gewechselt haben sollte, ist eine unglaubliche Annahme. Eine solche Ungeheuerlichkeit findet sich weder 1, 14—16 noch 19, 35, also auch nicht 21, 24. Ausgeschlossen ist dies auch dadurch, daß der Vf gerade dieses Ev am wenigsten daran denken konnte, für seine Wahrhaftigkeit sein Selbstzeugnis in die Wagschale zu werfen (oben S. 476). Also andere Männer, die ihn kennen, bezeugen den Lesern dieses Buches auf Grund ausreichender Erfahrung, daß der darin zu ihnen redende Zeuge ein glaubwürdiger Zeuge sei. Dies erscheint aber, ähnlich wie die Berufung auf das Wissen des Herrn um die Wahrhaftigkeit und den frommen Zweck des Vf in 19, 35 nur als ein ergänzender Zusatz zu der Hauptaussage, die dahin lautet, daß der von Jesus durch sonderliche Liebe ausgezeichnete Jünger derjenige sei, welcher das Vorstehende bezeuge und geschrieben habe. Daß die 21, 1—23 berichteten Dinge in dem Objekt der Bezeugung (περὶ τούτων) und der schriftstellerischen Darstellung (ταῦτα) inbegriffen sind, bedarf keines Beweises. Fraglich kann nur sein, ob das Objekt von μαρτυρῶν und γράψας auf den Inhalt des Nachtrags beschränkt werden soll. Dies ist aber sehr unwahrscheinlich. E r s t e n s ist c. 21 zwar durch die abschließenden Sätze 20, 30 f. für uns als Nachtrag gekennzeichnet, kennzeichnet aber sich selbst durchaus nicht als eine selbständige Erzählung. Ganz ebenso wie 3, 22; 5, 1; 6, 1 wird 21, 1 eine Einzelerzählung an die voranstehenden angeschlossen, wahrscheinlich sogar ohne Ἰησοῦς, und ganz ebenso wie 4, 46. 54 auf 2, 1—11 zurückgewiesen wird, weist 21, 1. 14 auf 20, 19—29 zurück. Es will c. 21 ein zwar nachträglich angefügter, aber gliedlich zugehöriger Teil des Ganzen sein. Die ausschließliche Beziehung von 21, 24 auf 21, 1—23 müßte ausgedrückt sein und konnte, da v. 1—23 ein einziges ununterbrochen fortlaufendes Ereignis darstellt, durch περὶ τούτου und τοῦτο ausgedrückt werden cf μετὰ τοῦτο 2, 12 im Unterschied von μετὰ ταῦτα 3, 22. Z w e i t e n s würde, wenn v. 24 sich nur auf den Nachtrag bezöge, jedem Leser, der dies verstanden hätte, sich die Frage aufgedrängt haben, wer dann

der Vf von c. 1—20 sein sollte; und wenn es ein Bedürfnis war, die Leser
zu vergewissern, daß c. 21 den von Jesus geliebten Jünger zum Vf habe, so
war es doch noch viel wichtiger, ihnen über den Vf von c. 1—20 Gewißheit
zu geben. Wäre dies unterlassen, weil es als selbstverständlich galt, so müßte
doch in v. 24 eben dies irgendwie angedeutet sein, was ja sehr einfach durch
ein *καὶ περὶ τούτου* und *καὶ τοῦτο* geschehen konnte. Auch dieser Nachtrag,
wie bekanntlich das ganze Buch, hat jenen Jünger zum Vf. Drittens wird
v. 25 auf eine Vielheit von Büchern hingewiesen, die geschrieben werden
müßten, wenn alles Denkwürdige aus der Geschichte Jesu im einzelnen sollte
dargestellt werden. Den Gegensatz bilden ebenso wie 20, 30 die im 4. Ev
dargestellten Taten Jesu und dieses eine Buch selbst, an welchem man sich soll
genügen lassen. Also ist der Blick des Mannes, welcher in v. 24 f. zugleich im
Namen einer Mehrheit von Seinesgleichen redet, auf das ganze, hier seinen endgiltigen Abschluß erreichende Buch gerichtet. Es bezieht sich 21, 24 auf
1, 1—21, 23.

Diesem Ergebnis könnte die Tatsache entgegengehalten werden, daß nicht
erst in v. 24 f., sondern schon von 21, 2 an die Spuren einer vom Vf des ganzen
Buchs verschiedenen Hand sich bemerklich machen (S. 487). Daraus ist allerdings zu folgern, daß der ganze Nachtrag von den in v. 24 f. deutlich hervortretenden Freunden des Jo beigefügt worden ist. Dies scheint sich aber nicht
damit zu vertragen, daß ebenda v. 24 Jo selbst als Vf des Nachtrags sogut
wie des übrigen Buchs bezeichnet wird; oder wenn diese Verfasserschaft in bezug auf c. 21 eine durch fremde Hände vermittelte ist, so scheint das Gleiche
von dem ganzen Ev zu gelten. Letztere Folgerung wäre jedenfalls abzuweisen;
denn aus c. 1—20 ist gezeigt worden (§ 65), daß der Apostel Jo dort nicht als
ein hinter dem Vf stehender Gewährsmann, sondern als der eigentliche Vf des
Buchs vorgestellt und dargestellt ist, und gerade an der Verschiedenheit der Art,
wie in c. 21 über Jo geredet wird, von der Art, wie dies in c. 1—20 geschieht,
stellte sich heraus, daß in c. 21 nicht mehr derselbe Mann die Feder geführt
hat, wie in c. 1—20. In bezug auf c. 1—20 stimmt also das Zeugnis von 21, 24
(*ὁ γράψας ταῦτα*) buchstäblich mit dem Ergebnis der exegetischen Untersuchung
von c. 1—20 überein. Nicht ebenso in bezug auf 21, 1—23. Die Anwendung
des *ὁ γράψας ταῦτα* auf diesen Nachtrag ist aber an sich nicht auffällig. Sogut
ein Briefschreiber oder Schriftsteller, der wie Pl regelmäßig sich eines Sekretärs
bedient, dem er diktirt, darum nicht weniger wie ein Anderer, der eigenhändig
schreibt, von sich sagt, daß er einen Brief geschrieben habe, konnte Pt sagen,
er habe den kleinasiatischen Christen einen kurzen Brief geschrieben, obwohl
er diesen Brief dem Silvanus nicht in die Feder diktirt, sondern ihm nach
vorangegangener Besprechung die ganze Ausführung überlassen hat (1 Pt 5, 12
oben S. 10). Ebendies oder doch sehr ähnlich muß das Verhältnis zwischen
dem durch 21, 24 als Vf auch des Nachtrags bezeugten Jo und den in v. 24 f.
deutlich von ihm sich unterscheidenden Männern in bezug auf 21, 1—23 ge-

wesen sein, wenn sowohl die Beobachtungen, welche in dieser Erzählung auf eine von Jo verschiedene Hand hinweisen, als das Zeugnis von 21, 24 zu ihrem Recht kommen sollen. Mit Genehmigung des Jo oder geradezu im Auftrag desselben haben Leute, die ihm nahestanden, aufgezeichnet, was er ihnen gewiß mehr als einmal, aber gewiß noch einmal, ehe sie die Feder ansetzten, erzählt hat. Waren sie sich bewußt, nichts Eigenes hinzugetan und von den Mitteilungen des Jo nichts unterschlagen zu haben, so konnten sie sagen, Jo sei der Vf dieser Erzählung. Es ist aber auch nicht abzusehen, warum sie ängstlich hätten unterscheiden sollen, daß die Autorschaft des Jo in bezug auf c. 1—20 eine noch unmittelbarere, als in bezug auf 21, 1—23 war. Eine tadelnswerte Ungenauigkeit, welche man schwerlich gegen den Verdacht absichtlicher Täuschung schützen könnte, läge nur dann vor, wenn der Apostel c. 1—20 als sein Werk hinterlassen hätte, und die Vf von c. 21 ohne Willen und Wissen des verstorbenen Jo den Nachtrag beigefügt hätten. Diese Annahme aber ist nicht nur wegen der anscheinenden Unbefangenheit des Zeugnisses von 21, 24 und des naiven Tons von v. 25 abzuweisen, sondern widerspricht vor allem auch dem Wortlaut von v. 24.

Jo ist nicht nur und nicht zuerst als $\acute{o}$ $\gamma\varrho\acute{a}\psi\alpha\varsigma$ $\tau\alpha\~{v}\tau\alpha$, sondern auch und zwar zuerst als $\acute{o}$ $\mu\alpha\varrho\tau\upsilon\varrho\~{\omega}\nu$ $\pi\varepsilon\varrho\grave{\iota}$ $\tauο\acute{v}\tau\omega\nu$ bezeichnet, wobei außer der Ordnung der Worte auch der Wechsel des Tempus gewürdigt sein will. Wäre hier unter $\mu\alpha\varrho\tau\upsilon\varrho\varepsilon\~{\iota}\nu$ wie unter $\mu\varepsilon\mu\alpha\varrho\tau\acute{v}\varrho\eta\varkappa\varepsilon\nu$ 19, 35 dasjenige Zeugnis zu verstehen, welches Jo in und mit der Abfassung des ganzen Buchs samt seinem Nachtrag abgelegt hat, so wäre die allein angemessene Stellung die hinter $\gamma\varrho\acute{a}\psi\alpha\varsigma$ $\tau\alpha\~{v}\tau\alpha$. Auch dann noch wäre $\mu\alpha\varrho\tau\upsilon\varrho\~{\omega}\nu$ statt $\mu\alpha\varrho\tau\upsilon\varrho\acute{\eta}\sigma\alpha\varsigma$ oder $\mu\varepsilon\mu\alpha\varrho\tau\upsilon\varrho\eta\varkappa\acute{\omega}\varsigma$ unnatürlich, jedoch allenfalls dadurch zu rechtfertigen, daß die Tätigkeit des Schreibens ein schlechthin vergangenes Ereignis, dagegen die Tätigkeit des Zeugens vermittelst des seinen Vf überlebenden Buchs eine ebensolang andauernde ist, als das Buch gelesen wird (cf Jo 5, 46 mit 5, 39). Aber gerade wenn diese Vorstellung zum Ausdruck gebracht werden sollte, mußte $\mu\alpha\varrho\tau\upsilon\varrho\~{\omega}\nu$ hinter $\gamma\varrho\acute{a}\psi\alpha\varsigma$ stehen, weil die fortdauernde Zeugentätigkeit erst eine Folge des ehemaligen Schreibens wäre. Nimmt man hinzu, daß nach der wahrscheinlich echten LA ($\acute{o}$ $\gamma\varrho\acute{a}\psi\alpha\varsigma$ s. A 2) „der Schreiber“ und „der Zeuge“ als zwei gegeneinander selbständige, möglicherweise auf zwei verschiedene Personen zu verteilende Begriffe auftreten, so ist nicht zu bezweifeln, daß die Zeugentätigkeit des Jo von seiner schriftstellerischen Tätigkeit unabhängig ist. Jene dauert noch an zu der Zeit, als 21, 24 geschrieben wurde, daher das Praes. $\acute{o}$ $\mu\alpha\varrho\tau\upsilon\varrho\~{\omega}\nu$, diese gehört der Vergangenheit an, daher der Aor. $\acute{o}$ $\gamma\varrho\acute{a}\psi\alpha\varsigma$. Hieraus folgt, daß Jo noch lebt. Denn daß jenes Präsens in lebendiger Vergegenwärtigung des ehemaligen mündlichen Zeugnisses gewählt (cf Jo 1, 15 $\mu\alpha\varrho\tau\upsilon\varrho\varepsilon\~{\iota}$ und auch $\varkappa\acute{\varepsilon}\varkappa\varrho\alpha\gamma\varepsilon\nu$), oder daß das Part. praes., wie bei Jo nicht selten (z. B. 1, 29), ein zeitloses sein sollte, ist neben dem Part. aor. stilistisch unmöglich, da nach dem Tode des Jo das mündliche Zeugen ganz ebenso wie die Abfassung des Ev der Vergangen-

heit angehört. Daß Jo noch lebte, als der Nachtrag angefügt wurde, ergibt
sich mit noch größerer Sicherheit aus 21, 20—23. Es ist zwar nicht richtig,
in diesen Sätzen den hauptsächlichen oder gar ausschließlichen Zweck des Nachtrags zu finden. Was vorangeht, hat selbständige Bedeutung und war auch
ohne v. 20—23 nicht nur an sich des Erzählens wert, sondern auch eine wirkliche Ergänzung des Buchs. Wie die Apostel insgesamt in dem Beruf, für
den sie durch die Erschütterung ihres Glaubens (16, 32; 20, 9) unfähig geworden zu sein schienen, durch 20, 21—23 aufs neue bestätigt worden sind, so
insbesondere Pt, welcher abgesehen von dem Verräter am auffälligsten den Versuchungen der Leidensstunde erlegen war (13, 38; 18, 17—27), durch 21, 3—17,
und zwar nach den beiden Seiten des apostolischen Amtes, zuerst sofern es
dessen Aufgabe ist, durch die Predigt Menschen für das Reich Gottes und Christi
zu gewinnen (v. 3—11), sodann sofern es ein Amt der Gemeindeleitung ist
(v. 15—17 A 4). Aber diese Bestätigung läuft doch hinaus auf Weissagungen
über das persönliche Schicksal des Pt und mittelbar des Jo, deren richtige Auffassung seitens der Leser dem Erzähler sichtlich sehr am Herzen liegt. Die
erste Weissagung stellt dem Pt in Aussicht, daß er im Gegensatz zu der Jugend-
zeit, die bereits hinter ihm liegt, deren rasch zufahrende und vordringliche Art
ihm aber noch immer manchmal zu schaffen macht (13, 6—10. 36—38; 18,
10—11. 17. 25. 27) und auch soeben wieder, wenn auch in ungefährlicher Weise,
zum Vorschein gekommen ist (21, 7), in seinem höheren Alter wie ein hilfloser
Greis seine Hände nach einer Stütze oder nach einer leitenden Hand werde ausstrecken, von Anderen sich werde ankleiden und sogar wider seinen Willen
werde schleppen lassen müssen, wohin er lieber nicht kommen möchte. Wenn
schon hiemit gesagt war, daß er am Ende seines Lebens der Gewalt feindseliger
Menschen werde preisgegeben sein, so konnte er die sofort sich anschließende
Aufforderung Jesu, ihm nachzufolgen, unmöglich nur dahin verstehen, daß er
den Herrn einige Schritte weit begleiten solle, bis dieser, wie bei den früheren
Erscheinungen des Auferstandenen, seinen Blicken entschwinden würde. Gewiß
schickt Pt sich an, das Gebot sofort buchstäblich zu befolgen; aber er konnte
es nicht tun, ohne auch in diesem wie in den anderen Geboten und Handlungen
jenes Tages tieferen, symbolischen und weissagenden Sinn zu suchen. Im Zusammenhang mit der Weissagung von v. 18 und in Erinnerung an das Gespräch
von 13, 36—38 mußte er, wenn nicht sofort, dann doch bald bei späterem Nachdenken verstehen, daß er nach einem längeren Leben dem Herrn durch einen
gewaltsamen Tod in die unsichtbare Welt folgen werde (A 4). Daß Pt die
hiesigen Worte und die von 13, 36 wirklich so verstanden hat (2 Pt 1. 14),
haben wir bereits S. 54 ff. gesehn. Mehr jedoch konnte weder Pt selbst noch
irgend Jemand, der von diesen Worten Jesu hörte, denselben entnehmen. Der
Erzähler aber gibt dem ersten, unmittelbar als Weissagung erkennbaren Wort
(v. 18) in v. 19ᵃ eine Deutung, zu deren Findung alles Nachdenken über deren
Wortlaut allein nicht hätte führen können. Jesus soll damit angedeutet haben,

durch was für einen Tod d. h. durch welche Todesart Pt Gott verherrlichen werde. Da der Wortlaut der Weissagung selbst nicht einmal eine gewaltsame Tötung des Pt, geschweige denn eine bestimmte Todesart wie Enthauptung, Erdrosselung oder Kreuzigung ausdrückt, so kann die vom Vf des Nachtrags gegebene Deutung erst auf Grund des erfolgten Todes des Pt entstanden sein. Die Vergleichung des in jeder Hinsicht vergleichbaren Falles von 12, 33 cf 18, 32 und die ausdrücklichen Bemerkungen des Ev in zwei mindestens ähnlichen Fällen, daß den Jüngern erst nach Eintritt der Erfüllung der Sinn der weissagenden Worte und der symbolischen Handlungen Jesu aufgegangen sei (2, 22; 12, 16 cf 6, 61 f.; 7, 39; 13, 7. 19; 14, 20. 26. 29; 16, 4. 12 f.; 18, 9; 20, 8 f.), schließen jeden Zweifel aus. Nachdem Pt im J. 64 in Rom gekreuzigt worden war (oben S. 22 ff.), erinnerte man sich wieder der bis dahin rätselhaft gebliebenen Worte Jesu an Pt, welche dem Pt selbst unvergeßlich geblieben waren (2 Pt 1, 14). Nun konnte man erst recht nicht daran denken, daß Jesus Jo 13, 36; 21, 19 [b] nur die triviale Wahrheit sollte ausgesprochen haben, Pt werde einmal wie alle Menschen und so auch Jesus sterbend diese Welt verlassen. Da Pt als Märtyrer gestorben war, so hatte Jesus ihm schon mit jenem Wort von der Nachfolge in Aussicht gestellt, daß er wie Jesus selbst um Gottes und der Wahrheit willen, also als Märtyrer sterben werde; und da Pt wie Jesus gekreuzigt worden war, so mußte man auch die weissagende Schilderung des alternden Pt in 21, 18, insbesondere das Ausstrecken der Hände und Arme als eine weissagende Andeutung dieser bestimmten Todesart auffassen (A 4). Seit dem Tode des Pt lag Alles, was Jesus diesem in mannigfaltiger Weise geweissagt hatte von seinem gesegneten Wirken als Menschenfischer und als Hirt der Herde, von der Geduld, die er werde lernen müssen, von seinem Märtyrertod und der besonderen Art seines Sterbens, als erfüllte Weissagung klar vor den Augen der Christenheit. Von da an war es aber auch fast unvermeidlich, daß Alle, die von der 21, 15—22 erzählten Geschichte Kenntnis hatten, das Wort Jesu in bezug auf Jo dem entsprechend zu deuten versuchten. Wenn Jesus dem Pt, welcher dem Jo die gleiche Aufforderung, die ihm zu teil geworden war, zuwenden wollte, zur Antwort gab: „Wenn ich will, daß er bleibe, bis ich komme, was geht das dich an“, und wenn er hierauf die Aufforderung an Pt mit gegensätzlichem Nachdruck wiederholte: „Folge du mir nach“, so schien in der Tat dies nicht anders verstanden werden zu können, als dahin: Jo werde nicht wie Pt in dem Sinne, welchen für diesen das Wort Jesu durch die Erfüllung gefunden hat, Jesu nachfolgen, er werde also nicht als Märtyrer sterben; und es schien wenigstens als möglich in Aussicht gestellt zu sein, daß Jo überhaupt nicht sterben, sondern am Leben bleiben werde, bis der Herr wiederkomme, womit für die Seinigen, die das erleben, das Sterben ausgeschlossen sein wird. Worte Jesu wie die Mt 16, 28; Mr 9, 1; Lc 9, 27 gaben ein Recht dazu. Zumal wenn Jo den Tod des Pt und anderer Apostel um eine ansehnliche Reihe von Jahren überlebte, lag es sehr nahe, in dem langen Leben dieses Jüngers einen Beweis dafür

zu finden, daß es ihm beschieden sein solle, die Parusie zu erleben. In der
Tat machte sich diese Deutung geltend und verbreitete sich, und zwar in Form
des bestimmten Urteils: dieser Jünger stirbt nicht (v. 23). Diesem Urteil tritt
aber der Erzähler mit Entschiedenheit entgegen, und indem er dies sein letztes
Wort über diesen Vorgang und überhaupt sein letztes Wort vor dem auf das
ganze Buch bezüglichen Abschluß (v. 24 f.) sein läßt, gibt er zu verstehen,
daß er die Geschichte v. 20—22 vor allem auch zu dem Zweck erzählt, um
der aufgekommenen falschen Deutung derselben entgegenzutreten. Daraus folgt
wiederum, wie oft auch man dies verkannt und sogar bestritten hat, daß c. 21
geschrieben worden ist, während Jo noch lebte. War Jo in Ephesus gestorben
und begraben, so war eben damit die Meinung, daß er einer Weissagung Jesu
gemäß nicht sterben, sondern die Parusie erleben werde, schlagend und endgiltig
widerlegt. Sollte trotzdem der Aberglaube sich gebildet haben, sein Tod sei
nur ein Schein, er sei, wie von Nero gefabelt wurde, heimlich entflohen und
werde wieder zum Vorschein kommen, wenn der Herr erscheine, so war dem
gegenüber Alles, was der Vf bietet, die Erzählung des Vorgangs, welcher den
Aberglauben erzeugt hatte, die Erinnerung daran, daß Jesus dem Jo nicht geradezu die Unsterblichkeit verheißen habe, und die Wiederholung der misdeuteten hypothetischen Aussage Jesu völlig wirkungslos. Man hätte einem
solchen Aberglauben nur durch Berufung auf die Augenzeugen seines Todes
und vor allem durch den Hinweis auf das Grab vor der Stadt wirksam entgegentreten können. Sollte aber zur Zeit der Abfassung des Nachtrags der
Aberglaube sich bereits zu der Behauptung verstiegen haben, daß der scheinbar gestorbene und wirklich begrabene Jo im Grabe noch weiteratme, oder daß
das Grab durch ein Wunder geleert und Jo ihm entstiegen sei, so wäre auch
solchen μῦθοι γραώδεις gegenüber v. 20—23 ein kindisches Gerede gewesen.
Wenn Spott und Tadel dagegen nicht helfen wollten, hätten nur Spaten und
Schaufel gegen solche Unvernunft helfen können. Aber es bedarf dieser hypothetischen Erwägungen nicht, da feststeht, daß vom Tode des Jo um 100 bis
zu Polykrates um 190 und lange darüber hinaus kein Mensch in Ephesus daran
gezweifelt hat, daß Jo wirklich gestorben sei und wie andere Menschen im
Grabe ruhe (oben S. 459). Man ist auf den Gedanken gekommen, v. 20—23
sei nicht dazu bestimmt, die Fabel von der Unsterblichkeit des Jo, sondern
die nach dem Tode des Jo auftretende Behauptung zu widerlegen, daß Jesus
mit seiner Weissagung sich geirrt habe. Wer aber sollte eine solche Behauptung
gewagt haben? Die größte Versuchung zu derartigen Behauptungen hätte darin
gelegen, daß Jesus die Weissagung von seiner Parusie mit der Weissagung von
dem Gericht über Jerusalem beinah unlösbar verbunden hatte (Mt 23, 36—24, 35),
und daß doch nach der Zerstörung Jerusalems Jahrzehnt um Jahrzehnt ver-
ging, ohne daß der Herr kam. Aber es fehlt jede Spur davon, daß die Gemeinde der Jahre 70—170 in dem Glauben an die Parusie oder gar in dem Vertrauen zu der Wahrhaftigkeit oder Unfehlbarkeit Jesu irre geworden wäre. Wie

man schon vor a. 70 die Dehnbarkeit der anscheinend auf die Parusie bezüglichen chronologischen Andeutungen Jesu sogar in der Wiedergabe dieser Weissagungen selbst zum Ausdruck gebracht hat (oben S. 248 cf S. 435 f.), so hat man auch in den Jahrzehnten nach a. 70 im Vertrauen auf die Wahrhaftigkeit Jesu und die Gewißheit seiner Verheißung seines Kommens gewartet. Allerdings gab es vor wie nach a. 70 zaghafte Seelen, welche im Glauben an die Verheißung wie in allem Glauben schwankend wurden, denen darum durch Gründe und ermunternden Zuspruch der Glaube gestärkt werden mußte (Jk 5, 7—11; 2 Tm 2, 11—13; Hb 3, 6—4, 11; 10, 35—12, 29); es gab auch Spötter, die alle Weissagung Jesu verhöhnten (2 Pt 3, 3—13). Hier aber handelt es sich nicht um frivolen Spott oder um eine allgemeine Glaubensschwäche, sondern um eine unter den Brüdern, in der Gemeinde der Gläubigen verbreitete irrige Deutung eines einzelnen Wortes Jesu und eine darauf gegründete irrige Erwartung in bezug auf die Person des Jo, welche beide nur bis zum Tod des Jo sich behaupten konnten. Sie nach diesem Ereignis noch bestreiten zu wollen, wäre töricht gewesen; aber noch törichter, ein ungünstiges Urteil über Jesus und seine Weissagung zu bekämpfen, ohne auch nur zu sagen, daß in der Gemeinde so unfromme Urteile laut geworden seien, und daß sie durch den Widerspruch zwischen der Weissagung Jesu und dem Tode des Jo entstanden seien. Das Allertörichtste aber wäre gewesen, solche Urteile mit den Mitteln zu bestreiten, welche der Vf anwendet. Ein ungünstiges Urteil über Jesus, welches sich auf den angeblichen Widerspruch zwischen einem Wort Jesu und dem wirklichen späteren Verlauf der Dinge gründete, konnte ein Mann von einigem Verstand nur auf dreierlei Weise widerlegen. Er mußte entweder schlechtweg leugnen, daß Jesus gesagt habe, was man ihm als eine falsche Weissagung anrechnete; oder er mußte, wenn Jesus das Wort wirklich gesprochen hatte, das man als eine Weissagung deutete, die nicht in Erfüllung gegangen sei, diese Deutung als eine irrige erweisen, was nur durch eine bestimmte andere Deutung geschehen konnte; oder er mußte, wenn auch dies nicht tunlich war, nachweisen, daß die unleugbare und unzweideutige Weissagung in Tatsachen zur Erfüllung gekommen sei, welche man von gegnerischer Seite nicht richtig gewürdigt habe (A 5). Von alle dem tut der Vf nichts. Er leugnet nicht, daß Jesus das Wort gesprochen habe, um dessen Sinn oder Erfüllung es sich handelte; er nennt auch keine Tatsache, worin es sich erfüllt habe; er stellt aber auch nicht einer irrigen Deutung des fraglichen Wortes Jesu eine andere entgegen, bei welcher man sich beruhigen konnte. Er hält der weitverbreiteten Deutung des Ausspruchs nur das Eine entgegen, daß sie dem Wortlaut desselben nicht entspreche. Sie wich nämlich in zwiefacher Weise davon ab, indem sie erstens das „Bleiben, bis der Herr kommt" ohne weiteres als ein „Nicht sterben" auffaßte, und zweitens den hypothetischen Charakter des Ausspruchs übersah und eine unbedingte Versicherung daraus machte. Wie töricht diese Entgegnung gewesen wäre, wenn Jo bereits vor 10 oder 30 Jahren gestorben war, so natürlich und treffend war

sie, wenn sie während der Zeit zwischen dem Tode des Pt und dem Tode des
Jo geschrieben wurde. Wie die Kreuzigung des Pt erst nachträglich die beiden
diesen betreffenden Worte Jesu (v. 18. 19) deutlich und sicher verstehen gelehrt
hatte, und man mit anderen bedeutungsvollen oder rätselhaften Worten und Handlungen Jesu ähnliche Erfahrungen gemacht hatte (2, 19. 22; 12, 14—16. 32 f.),
so wollte der Vf von c. 21 und der hinter ihm stehende Jo, daß man sich in
bezug auf das diesen betreffende Wort Jesu eines abschließenden Urteils enthalte, bis der Herr durch Taten sein Wort eingelöst habe. Verschiedene Möglichkeiten waren denkbar. Es konnte wirklich und dem nächsten Wortsinn gemäß geschehen, was Jesus doch nur hypothetisch in Aussicht gestellt hatte; es
konnte der Herr wiederkommen, ehe Jo starb. Es konnte aber auch Jo vor der
Parusie sterben. In diesem Falle war die Gemeinde darauf angewiesen, entweder sich
dabei zu beruhigen, daß Jesus lediglich zum Zweck der Zurückweisung des Pt
und zur Wahrung der Freiheit seines Handelns von einer Möglichkeit gesprochen
habe, die nicht wirklich werden sollte; oder sie mußte, wie sie es in bezug auf
Mt 16, 28 und ähnliche Worte gelernt hat, das Wort vom Kommen Jesu nachträglich in einem dehnbaren Sinn auffassen und in diesem Fall auf ein einzelnes
der mit der Parusie verknüpften Endereignisse, auf das Gericht über Jerusalem
beziehen, so daß Jesus geweissagt hatte, Pt werde vor dem J. 70, Jo erst nach
demselben sterben.

Das Ergebnis der rein exegetischen Betrachtung von c. 21, insbesondere
von v. 18—23 und von v. 24, ist also dieses: 1) Der Nachtrag c. 21 ist
einige Zeit nach dem Tode des Pt, aber noch zu Lebzeiten des Jo geschrieben
worden. 2) Nicht Jo selbst hat denselben geschrieben, sondern Leute seiner
Umgebung haben mit seiner Genehmigung, ja im Auftrag und nach den mündlichen Angaben des Jo diese Erzählung aufgezeichnet und dem vollendeten
Ev als eine fortan untrennbar mit demselben verbundene Ergänzung beigefügt.
3) Diese Männer bezeugen, daß Jo der Vf des ganzen Buches sei, und dehnen
dieses ihr Zeugnis auch auf den Nachtrag aus, ohne ausdrücklich zu sagen, aber
auch ohne im geringsten zu verheimlichen, daß die Autorschaft des Jo in bezug
auf c. 21 eine so, wie in Satz 2 angegeben wurde, vermittelte sei. Der Satz
3 stimmt überein mit dem Selbstzeugnis von c. 1—20 (§ 65) und der gesamten
Überlieferung (§ 64), ist aber gegenüber den gegen dieses dreifache Zeugnis erhobenen Bedenken noch auf seine Glaubwürdigkeit zu prüfen (§ 69). Der Satz 2
läßt sich nicht durch eine sichere, vom Text des Nachtrags unabhängige Überlieferung bestätigen. Die Erzählungen der Lehrer des Clemens Al. und des Can.
Mur., auch die Art, wie Spätere von dem Schreiber fabeln, dessen Jo sich bei
Abfassung des Ev bedient habe (S. 449 f. 460 A 4—6), mögen als Nachklänge
der Tatsache gelten, daß das 4. Ev nicht ohne Mitwirkung von Freunden des
Jo vollendet und herausgegeben worden ist. Aber der Satz 2 bedarf auch keiner
Bestätigung durch anderweitige Überlieferung, da derselbe aus 21, 24 mit völliger
Sicherheit sich ergibt und durch Beobachtungen an 21, 1—23 bestätigt wird

(oben S. 486 f.). Daß Satz 2 nicht deutlicher aus der Überlieferung hervorleuchtet, erklärt sich befriedigend daraus, daß der Nachtrag selbst in dem Satz, welcher die Aufzeichnung desselben durch Freunde des Jo unverhohlen zu erkennen gibt, doch zugleich den Jo als den eigentlichen Vf auch des Nachtrags bezeichnet, sowie daraus, daß Satz 1 in der Überlieferung feststand. Irenäus nennt den Jo nicht nur den Vf, sondern auch den Herausgeber seines Ev (A 6), und Papias bezeugt noch nachdrücklicher und mit unverkennbarer Beziehung auf c. 21, daß das Ev von dem noch im Leben stehenden Jo veröffentlicht und den Gemeinden gegeben worden sei (A 2). Dazu kommt die Tatsache, daß das Ev überall und stets nur mit c. 21 fortgepflanzt und verbreitet worden ist, was unbegreiflich wäre, wenn c. 21 demselben beigefügt worden wäre, nachdem der Vf von c. 1—20 dieses von Anfang an für die Gemeinde bestimmte Buch bereits der Öffentlichkeit übergeben hatte und gestorben war. In diesem Fall müßte uns die Textüberlieferung die gleichen oder ähnliche Erscheinungen darbieten, wie in bezug auf Mr 16, 9—20. Da endlich 21, 18—23, wie gezeigt, sinnlos wird, sowie man eine Aufzeichnung dieser Erzählung nach dem Tode des von Jesus sonderlich geliebten Jüngers annimmt, so ist es als eine alle kritischen Bedenken überragende Tatsache zu bezeichnen, daß c. 21 und somit das ganze Ev vor dem Tode des langlebigen Jüngers Jesu, des Jo von Ephesus, also vor dem J. 100 geschrieben und in Umlauf gesetzt worden ist.

1. Eberhardt, Ev Jo c. 21, 1897 gibt S. 7—19 eine Übersicht über die bisherigen Beurteilungen dieses Kapitels, S. 73—78 sowie in der dazwischenliegenden Auslegung allerlei über den Sprachcharakter von c. 21 verglichen mit c. 1—20. — Worte und Redewendungen. welche sonst nur oder fast nur bei Jo zu finden sind (A = c. 1—20, B = c. 21): φανεροῦν ἑαυτόν, φανεροῦσθαι B 1. 14 (3 mal, A 6 mal, sonst nur noch Mr 4, 22 und zwar ohne Beziehung auf Jesus und 2 mal im unechten Anhang Mr 16, 12. 14); ἡ θάλασσα ἡ Τιβεριάς B 1 (ähnlich nur noch 6, 1), ἐκ τῶν μαθητῶν αὐτοῦ δύο B 2 (ganz so 1, 35 cf 9, 16; 12, 42); ὀψάριον B 9. 10. 13 (nur noch 6, 9. 11, dafür in den Parallelen ἰχθύς); das asyndetische λέγει αὐτοῖς, αὐτῷ, mit und ohne ausgesprochenes Subjekt B 3 (2 mal). 6. 10. 12. 15. 16 (3 mal). 17 (2 mal). 22 (nur bei Jo sehr häufig, zuweilen bei Mt oben S. 310 A 7); auch λέγει οὖν B 5. 7 (A 7, 6; 12, 4); ferner überhaupt ein überreicher Gebrauch von οὖν (B 8 oder 9 mal, im ganzen Mr nur 7 mal sicher, dagegen in A häufiger als in Mt Mr Lc AG zusammen). ἀμήν, ἀμήν B 18 (sonst nur A); Wechsel zwischen ἀγαπᾶν und φιλεῖν B 15—17 (cf A 19, 26 mit 20, 2). Cf den ganzen Satz B 19 mit 12, 33; ferner τοῦτο ἤδη τρίτον B 14 und πάλιν δεύτερον B 16 mit 4, 54, ὡς ἀπὸ πηχῶν διακοσίων B 8 mit 11, 18; auch B 4ᵇ mit 20, 14. Auch in B wird Jesus wie in A regelmäßig mit dem Eigennamen bezeichnet (13 oder 14 mal) und innerhalb der Erzählung nur im Rückblick auf eine Äußerung der Jünger und von deren Standpunkt aus ὁ κύριος (21, 12 cf v. 7). Letzteres auch in A nur 4, 1 (?); 6, 23; 11, 2 und, ganz wie 21, 12, noch 20, 18. 20. Cf dagegen Mr 16, 19 und oben S. 232. Ferner Simon Petrus B 5 mal, A 12 mal; als Sohn des Johannes nur B 15—17 und A 1, 43; Thomas genannt Zwilling B 2, sonst nur A 11, 16; 20, 24. Nur B 2 und A 1, 46 ff. wird Nathanael erwähnt, aber erst hier, was den Zusammenhang von 2, 1 mit 1, 46 ff. begreifen hilft, seine Herkunft aus Kana angegeben, und zwar in einer Form, welche sowohl wegen des entbehrlichen Zusatzes τῆς Γαλιλαίας (cf 2, 1; 4, 46) als rücksichtlich des ἀπό (1, 45. 46; 11, 1; 12, 21;

19; 38, sonst nur Mt 27, 57; Mr 15, 43; Lc 23, 51) echt johanneisch ist. Das einmalige
παιδία als Anrede B 5 (cf 1 Jo 2, 14. 18) neben einmaligem τεκνία A 13, 33 bedeutet nichts,
eher schon ἀρνίον B 15 (Ap 29mal statt ἀμνός, A 1, 29) und προβάτιον B 16. 17 statt
πρόβατον (A 10, 1—28). Aber der Wechsel zwischen Lamm und Schaf ist eben nur
Wechsel, wie der zwischen ἀγαπᾶν und φιλεῖν, und die Diminutivformen sollen auf die
Schutz- und Pflegebedürftigkeit der dem Hirten anbefohlenen Herde hinweisen. Für den
Gebrauch von οἱ ἀδελφοί B 23, statt dessen οἱ μαθηταί (so Ss) misverständlich gewesen
wäre, weil das von den Aposteln verstanden worden wäre, während es die Glieder der
Gemeinde bezeichnet, wäre in A gar keine Gelegenheit gewesen außer etwa im Prolog,
wo aber kein nötigender Anlaß dazu vorlag; nicht zu vergleichen ist natürlich 20, 17,
sondern 1 Jo 3, 14. 16; 3 Jo 3. 5. 10. Das πρωΐας γινομένης oder γενομένης 21, 4 (cf
Mt 27, 1) wäre 18, 28; 20, 1 wenig am Platz gewesen, weil dort nicht vorangeht, daß
etwas in der Nacht vorher geschehen sei. Stilistisch aber ist ὀψία ἐγένετο 6, 16 ganz
gleichartig.

2. Zu dem Zeugnis der sämtlichen griechischen Hss und aller alten Versionen
(auch Ss, während Sc defekt ist), kommt die oben S. 449. 460 A 4 erwähnte Aussage
des Papias, die einen verständlichen Sinn nur gibt, wenn das 4. Ev bereits mit dem
Nachtrag ausgestattet war, welcher durch 21, 24 den Schein erwecken konnte, als ob
nicht Jo selbst, sondern Andere nach seinem Tode das Ev herausgegeben hätten. Es
ist auch bemerkenswert, daß Tatian im Diatessaron den wesentlichen Inhalt von Jo 21
verarbeitet hat (Forsch I, 218), und daß er nach dem übereinstimmenden Zeugnis des
arabischen und des lateinischen Diatessarons sein Werk mit Jo 21, 25 geschlossen, wie
mit Jo 1, 1 eröffnet hat (GK II, 554). Was oben S. 486 a. E. von dem ganzen Kapitel gesagt ist, gilt auch von v. 25, welchen Tischendorf aus dem Text verstoßen hat. Die
frühere Meinung, daß derselbe in dem ehemals Usher gehörigen cod. 63 zu Dublin fehle,
ist schon durch Scrivener, gründlicher durch Gwynn (Hermathena vol. VIII, nr. 19, 1893
p. 1—7) widerlegt worden. Derselbe hat ebendort p. 7—17 gezeigt, auf wie schwachen
Füßen das Urteil Tischendorfs, dem schon Tregelles als Augenzeuge widersprochen hatte,
beruht, daß v. 25 und die Buchunterschrift im א nicht von der ersten Hand, sondern
von der Hand des gleichzeitigen Korrektors geschrieben sei. Namentlich die Schreibung
κατὰ Ἰωάννην statt Ἰωάνην, welche letztere dem Korrektor (אa) eigentümlich ist, ist entscheidend. Es gibt also kein handschriftliches Zeugnis gegen v. 25. Auch ein Scholiast,
welcher ihn für eine allmählich in den Text geratene Randglosse erklärt (bei Wetstein
NT I, 964 und Matthaei, Ev Jo p. 354; nach dem cod. Vatic. Regin. 9 fol. 197b bei
Mai, N. patr. bibl. VII, 1, 407 wäre dies Theodorus Mops.), bezeugt, daß v. 25 in allen
Hss sich finde. Wenn es sich aber auch anders verhielte, müßte jeder Kritiker urteilen,
daß die naive Hyperbolie des Ausdrucks pedantische Schreiber zur Tilgung verleitet
habe. Wie Tatian im Diatessaron, so haben auch die wahrscheinlich noch etwas älteren
Petrusakten v. 25 berücksichtigt; denn wenn das, was Pt dort (ed. Lipsius p. 67, 2;
griechisch durch Isidor von Pelusium aufbewahrt cf GK II, 848 A 2; 849 A 2; 851)
zugleich im Namen der anderen Apostel und besonders der Söhne des Zebedäus sagt:
ἃ ἐχωρήσαμεν ἐγράψαμεν zunächst auf 1 Jo 1, 1—4 beruht, so zeigt doch der dort nicht
vorliegende Ausdruck ἐχωρήσαμεν, welcher sofort in χωρητικῶς (capaciter) wiederaufgenommen wird, daß zugleich Jo 21, 25 berücksichtigt ist. Der Vf der Petrusakten
hat ebenso wie Origenes (in Jo tom. XIII. 5. 6; XIX, 10; XX, 34 cf Eus. h. e. VI, 25)
und wie Isidor, welcher durch jüdische Polemik gegen Jo 21, 25 auf die Stelle der
Petrusakten geführt wurde, und noch Bengel jenes χωρῆσαι von dem geistigen Begreifen
verstanden cf Forsch VI, 195 f. Es ist auch eine Fabel, daß Theodor Mops. v. 24 oder
v. 25 oder gar das ganze Kapitel für unecht erklärt habe. Woher Mill (NT, 1707,
Proleg. p. XXIX) seine von Eberhardt S. 8 sonderbar misdeutete Notiz über Theodor

geschöpft hat, weiß ich nicht. Nach dem Syrer Ischodad um 850 (cod. Sachau 311 fol. 163 cf Goussen, Stud. theol. I p. III) hätte Theodor Jo 5, 4 und 21, 25 aus dem Text beseitigt haben wollen. Dies wiederholt Barhebraeus (in ev. Jo ed. Schwartz p. 24), bezeichnet aber statt des Theodor unbestimmte Leute ($\varphi\alpha\sigma\acute{\iota}\nu$ $\tau\iota\nu\varepsilon\varsigma$) als Urheber dieses Urteils. Nach der syrischen Übersetzung von Theodors Kommentar zu Jo, deren Schluß mir Prof. L. Abel aus dem berliner cod. Sachau 217 fol. 280ᵃ abschriftlich mitgeteilt hat, fügt Theodor dem vollständig mitgeteilten Text von 21, 24 u. 25 nichts weiter hinzu, als dies: „Dies sind Sätze (ܡܐܡܪܐ), welche nicht von Johannes sind, sondern irgend einem Anderen (gehören). Und hier machen wir den Schluß des 7. Buchs, in welchem diese Schrift (der Kommentar über Jo) ihr Ende fand und vollendet wurde." Hieraus folgt, daß Theodor die Abfassung von 21, 1—23 durch Jo durchaus nicht beanstandet, sondern lediglich als guter Exeget aus dem Plural $o\check{\iota}\delta\alpha\mu\varepsilon\nu$ geschlossen hat, daß v. 24 und somit auch v. 25 von der Hand nicht des Jo selbst, sondern eines Unbekannten geschrieben seien. In dem pariser cod. 308, auf dem die Druckausgabe beruht (Theodori Mops. in ev. Jo. comment. versio syr. ed. Chabot, Paris 1897) lautet der Schlußsatz (p. 412) wörtlich so: „Diese Sätze aber von $\check{\varepsilon}\sigma\tau\iota\nu$ $\delta\grave{\varepsilon}$ $\varkappa\alpha\acute{\iota}$ an und bis hieher, sagt der Ausleger, daß sie nicht von Jo sind, sondern einem Anderen, wer immer es sei (angehören)." Der Schreiber dieser Hs vergißt seine Rolle, indem er von Theodor, der bei den Syrern den Ehrentitel „der Ausleger" führt, als von einer anderen Person redet, wahrscheinlich, um die Verantwortung für diese kritische Bemerkung ganz von sich abzulehnen. Zugleich aber beschränkt er die Kritik ausdrücklich auf v. 25, während Theodor nach dem ursprünglichen Text der berliner Hs sie auf v. 24 und 25 bezogen haben wollte. — Auch die Textüberlieferung von v. 24—25 zeigt keine größeren Schwankungen als andere zweifellos ursprüngliche Stücke. Ein $\varkappa\alpha\acute{\iota}$ vor $\mu\alpha\varrho\tau\upsilon\varrho\tilde{\omega}\nu$ (B Orig. in Jo XXXII, 13 ed. Brooke II, 188 und Cyrill) könnte echt, und es könnte das mit dem folgenden $\varkappa\alpha\acute{\iota}$, das Origenes jedoch wegläßt, korrelat sein. Nur dürfte man dann nicht $\acute{o}$ vor dem zweiten $\varkappa\alpha\acute{\iota}$ (ℵᵃ Cyrill etc.) oder hinter demselben (B D) lesen. Wahrscheinlich jedoch hat B, welcher teils Origenes, teils D und gute lat. Zeugen auf seiner Seite hat, das Ursprüngliche: $\acute{o}$ $\varkappa\alpha\grave{\iota}$ $\mu\alpha\varrho\tau\upsilon\varrho\tilde{\omega}\nu$ π. τ. $\varkappa\alpha\grave{\iota}$ $\acute{o}$ $\gamma\varrho\acute{\alpha}\psi\alpha\varsigma$ $\tau\alpha\tilde{\upsilon}\tau\alpha$. Aus Ss („welcher gezeugt hat über dieses und geschrieben hat dieses") kann man nicht auf eine LA $\mu\alpha\varrho\tau\upsilon\varrho\acute{\eta}\sigma\alpha\varsigma$ schließen. Ebensowenig textkritischen Wert hat die freie Übersetzung des Ss in v. 25 („und viele andere [Dinge] tat Jesus, welche, wenn sie eins für eins geschrieben würden, würde die Welt ihnen nicht genügen [gewachsen sein]") Sie zeugt von dem Streben, die durch $\tau\grave{\alpha}$ $\gamma\varrho\alpha\varphi\acute{o}\mu\varepsilon\nu\alpha$ $\beta\iota\beta\lambda\acute{\iota}\alpha$ verbürgte eigentliche, räumlich sinnliche Vorstellung durch die, wie gezeigt, uralte Umdeutung zu verdrängen Zweifelhaft kann nur sein, ob das harte, aber eben darum höchst beachtenswerte $\check{o}\sigma\alpha$ statt $\check{\alpha}$ vor $\dot{\varepsilon}\pi o\acute{\iota}\eta\sigma\varepsilon\nu$ und ob $\chi\omega\varrho\acute{\eta}\sigma\varepsilon\iota\nu$ oder $\chi\omega\varrho\tilde{\eta}\sigma\alpha\iota$ zu lesen sei.

3. Da von den Männern, welche 21, 24 die Abfassung des Buchs durch den von Jesus geliebten Jünger bezeugen und diesem ein Zeugnis seiner Wahrhaftigkeit ausstellen, natürlich nur Einer die Feder geführt hat, so kann der Übergang von $o\check{\iota}\delta\alpha\mu\varepsilon\nu$ in den Singular $o\check{\iota}\mu\alpha\iota$ nicht befremden, zumal Letzteres wie $o\check{\iota}\delta\alpha$, $o\mathring{\upsilon}\varkappa$ $o\check{\iota}\delta$' $\check{o}\pi\omega\varsigma$, opino u. dgl. beinah zu einer Interjektion geworden ist. Für das Zeugnis v. 24 steht der ganze Kreis derer ein, in deren Namen der Schreiber dieser Zeilen redet; für das sehr subjektive Urteil v. 25 sie alle verantwortlich zu machen, wäre unnatürlich gewesen.

4. Die symbolische und zugleich Segen verheißende Bedeutung des Fischzugs konnt wenigstens solchen Lesern, welche die Überlieferungen in Mt 4, 19; 13, 47; Mr 1, 17 Lc 5, 10 kannten, und, wenn hier wie dort wirkliche Worte und Handlungen Jesu be richtet sind, am wenigsten dem Pt verborgen bleiben. Der Jünger Jo, welcher Augen zeuge des früheren Fischzugs des Pt gewesen war, erkennt an dem diesmaligen Fisch zug den Herrn (v. 7). Dagegen die Zahl 153 v. 11 entzieht sich ebenso sehr, wie di

Zahl 200 (v. 8) und die Zahlen in 1, 39; 2, 6. 20; 4, 6. 18; 5, 2; 6, 7. 9. 19; 11, 18;
12, 5 jeder vernünftigen allegorischen oder kabbalistischen Deutung, wie sie oft genug
versucht worden ist z. B. von Theophil. lat. Forsch II, 84 = August. tract. 122 in Jo;
von Ammonius (Cramers Catenae II, 408); Severus Antioch. (Cat. in Jo ed. Corderius
p. 438); Hieron. ad Ez 47, 12 (Vall. V, 595) unter Berufung auf die ἁλιευτικά des Dichters
Oppianus: *CLIII esse genera piscium*, was dann Hilgenfeld, Einl. 717 weiter auf die aus
den Heidenvölkern zu gewinnenden Menschen deutet, als ob Jo von verschiedenen Arten
von Fischen etwas sagte, oder den Pt vorwiegend als Heidenapostel hätte vorstellen können.
Volkmar, Mose Prophetie S. 62 fand, daß der Name Simon Bar Jona Kepha, hebräisch
(jedoch כֵּפָא statt כֵּיפָא) geschrieben und auf seinen Zifferwert zurückgeführt, 153 ergebe.
Schade nur, daß der Vf von Jo 21, 15—17 ebenso wie der von 1, 42 den Vater des Pt
nicht Jona, sondern Jochanan nennt. Die symbolische Bedeutung des Fischzugs ist
Mt 4, 19; Mr 1, 17 auf Pt und Andreas, Lc 5, 10 auf Pt allein bezogen. In Jo 21, 6
ergeht der Befehl an die 7 Jünger von v. 2 (cf jedoch auch Lc 5, 4 χαλάσατε neben
ἐπανάγαγε und 5, 5 χαλάσω), aber Pt steht doch durchaus im Vordergrund 21, 3. 7. 11,
so daß auch die weissagende Bedeutung des Vorgangs diesem in erster Linie galt.
Auch die sinnbildliche Bedeutung des dreimaligen Auftrags v. 15—17 konnte nach Mt
16, 17—19 (woran der Leser des 4. Ev durch 1, 42 erinnert wird); Lc 22, 32; Jo 10, 9
(wo Menschen vorgestellt sind, die durch Vermittlung Jesu das Hirtenamt in der Gemeinde bekommen) für Pt sowenig wie für uns zweifelhaft sein. Mehr mit dem Gebot in v. 6, als mit dem in v. 15—17 vergleicht sich dasjenige in v. 19, sofern es sich
auf ein eigentlich benanntes äußeres Handeln bezieht, welches sofort erfolgen soll und
wirklich erfolgt. Dadurch aber ist hier so wenig wie v. 6 die tiefere, weissagende Bedeutung ausgeschlossen. So gewiß Pt durch die dreimalige Frage v. 15—17 an seine
dreimalige Verleugnung erinnert werden mußte (13, 38; 18, 17. 25. 27), so gewiß auch
durch das ἀκολούθει μοι an das Gespräch 13, 36f., zumal nachdem die Weissagung in
v. 18 ihn auf sein zukünftiges Leben bis ins Greisenalter hingewiesen hatte. Vollends
der Leser, welchem der Erzähler diese Weissagung durch v. 19a auf den Tod des Pt
gedeutet hatte, konnte das ἀκολούθει μοι unbeschadet seines nächsten, eigentlichen
Sinnes nicht anders als von der Nachfolge in den Tod und die unsichtbare Welt verstehen. Daß aber auch Pt diese Bedeutung sofort mehr oder weniger bestimmt erfaßt
hat, zeigt v. 20f. Nur wenn er in der Nachfolge Jesu, um die es sich diesmal handelte,
einen symbolischen Ausdruck der Nachfolge erkannte, von welcher Jesus 13, 36f. mit
ihm geredet hatte, nämlich eine Begleitung und Nachfolge in die jenseitige Welt, wodurch für ihn die Zeit der schmerzlichen Trennung von Jesus abgekürzt wurde, konnte
er hierin einen Vorzug und eine Ehre erblicken, deren er auch den Jesu so nahestehenden
Mitjünger Jo teilhaftig gemacht haben wollte. Denn daß dies der Sinn der Frage des
Pt in bezug auf Jo v. 21 ist, und daß Pt in der früher von ihm begehrten, jetzt aber
ihm gebotenen und damit geweissagten Nachfolge Jesu nicht etwa eine Strafe erblickte,
die er in Misgunst gegen seinen Nebenbuhler auch diesem gönnte, bedarf keines Beweises. In einem Ev, welches Worte wie die 12, 26; 13, 36—14, 6; 16, 16—22 enthält,
und in einer Periode der Christentumsgeschichte, in welcher Worte wie Phl 1, 20—23;
Ap 14, 13; Ign. Rom. 2—7 geschrieben wurden, wäre letztere Meinung eine Blasphemie
und eine Absurdität gewesen, für welche selbst das Verständnis gefehlt haben würde.
Wie Pt durch den ersten Fischzug zu demütigster Selbsterniedrigung geführt worden
ist (Lc 5, 8), so auch durch den zweiten; und was an Resten falschen Ehrgeizes in ihm
vorhanden sein mochte, mußte durch dies Gespräch v. 15—17, das ihn gleichzeitig in
seine leitende Stellung wieder einsetzte und doch schmerzlich an seine Schwäche erinnerte (v. 15 πλέον τούτων, v. 17 ἐλυπήθη), sowie durch die der Rüge nicht ermangelnde
Weissagung v. 18 wenigstens für diesen Augenblick völlig erstickt sein. — Die Deutung

von v. 18 in v. 19ᵃ ist nicht nur formell, sondern auch materiell mit 12, 33 gleichartig. Wie jenes Wort von der Erhöhung von der Erde (12, 32) nach dem Zusammenhang zunächst den Gedanken der Entrückung von der Erde zum Himmel ausdrückt (12, 23. 34—36 cf 3, 14; 6, 62; 8, 21—28) und erst auf Grund der geschehenen Kreuzigung Jesu als eine weissagende Andeutung dieser bestimmten Todesart, bei welcher der Sterbende vom Erdboden emporgehoben wird, erkannt wurde (12, 33; 18, 32), so sagte 21, 18 dem Pt und, solange dieser lebte, dem Leser nichts Deutliches über dessen Lebensende, und Pt selbst ist nur durch Kombination dazu gekommen, unter anderem hierauf die Erwartung eines gewaltsamen Todes zu gründen (oben S. 54 f.). Da er im Dienst der Wahrheit bis ins Alter tätig blieb, wird er wie Pl Phl 1, 20; 2, 17; 2 Tm 4, 6 hiemit die Hoffnung verbunden haben, daß sein gewaltsames Sterben ein Märtyrertod sein und somit zur Verherrlichung Gottes ausschlagen werde. Darüber aber geht Jo 21, 19 hinaus; denn ποίῳ θανάτῳ weist hier wie 12, 33; 18, 32 auf eine bestimmte Todesart und zwar hier wie dort auf die gleiche Todesart, die Kreuzigung; denn auch wenn wir nicht die geschichtliche Kunde von der Kreuzigung des Pt besäßen, würden wir, wenn einmal eine bestimmte Todesart in v. 18 angedeutet sein soll, nur an die Kreuzigung denken können. Der Vergleichungspunkt liegt in dem Ausstrecken der Hände, dem Ausbreiten der Arme, cf Epict. diss. III, 26, 21 (in der Anrede an den, welcher fürchtet arm zu werden) δέδοικας μὴ οὐ σχῇς . . . ἄλλον τὸν ὑποδήσοντα, ἄλλον τὸν ἐνδύσοντα, ἄλλους τοὺς τρίψοντας, ἄλλους τοὺς ἀκολουθήσοντας, ἵν’ ἐν τῷ βαλανείῳ ἐκδυσάμενος καὶ ἐκτείνας σεαυτὸν ὡς οἱ ἐσταυρωμένοι τρίβῃ ἔνθεν καὶ ἔνθεν.

5. Lehrreich ist die Vergleichung der nicht einmal in hypothetischer Form ausgesprochenen Weissagung über das Martyrium der Söhne des Zebedäus Mr 10, 38 f.; Mt 20, 22 f. und der Versuche, dieselben mit der Lebensgeschichte des Jo in Einklang zu bringen cf oben S. 467 und Acta Jo 199, 20—200, 5; 201, 4; 207, 2; 237, 27; Act. ap. apocr. ed. Lipsius et Bonnet II, 156, 13 ff.

6. Iren. III, 1, 1 s. den Text oben S. 180 A 7. Wenn schon an sich der von Jo gebrauchte Ausdruck (καὶ αὐτὸς ἐξέδωκε τὸ εὐαγγέλιον) im Unterschied von dem vorher über Lc Gesagten und noch deutlicher als die von Mt und Mr gebrauchten Ausdrücke nicht nur die Abfassung, sondern die förmliche Veröffentlichung des Ev durch Jo behauptet, so ist vollends durch den Zusammenhang bewiesen, daß dem Irenäus jeder Gedanke an eine nur mittelbare Herkunft des 4. Ev von Jo fern lag. Von Aposteln stammt nach Irenäus das vierfaltige Ev, das zweite und dritte von Pt und Pl durch Vermittlung des Mr und des Lc, das erste und vierte unmittelbar von Mt und Jo. Auch die Legende, welche von einer gewissen Mitwirkung Anderer bei der Abfassung des 4. Ev zu erzählen weiß, betont doch, daß Jo das ganze Buch selbst geschrieben habe (C. Murat. l. 13 ff. *revelatum Andreae ex apostolis, ut recognoscentibus cunctis Joannes suo nomine cuncta describeret*).

§ 67. Verhältnis des vierten Evangeliums zu den älteren Evangelien

Ist das 4. Ev für eine christliche Gemeinde oder für einen Kreis solcher geschrieben worden, was von Mt und Lc gar nicht, von Mr nur mit Einschränkung gesagt werden kann, so entspricht dieser seiner Bestimmung die sofort sich aufdrängende Beobachtung, daß Jo bei seinen Lesern ein beträchtliches Maß von Kenntnis der ev Geschichte voraussetzt. Es fragt sich, ob sie dieselbe dem ungeschriebenen Ev ihrer Missionare (§ 48), oder Büchern verdanken, die in ihrem Kreise verbreitet waren. Die Überlieferung, welche den Jo sein Ev in seinem höheren Alter und später als Mt, Mr und Lc die ihrigen schreiben läßt (S. 450), empfiehlt schon dadurch letztere Annahme. Dazu kommt die Erzählung der Lehrer des Clemens Al., daß Jo mit bewußter Rücksicht auf die drei älteren Evv und mit der Absicht, dieselben in theologischer Hinsicht zu ergänzen, geschrieben habe (S. 460 A 5). Es ist ferner erwiesen, daß in der Umgebung des Jo zu Ephesus das Mrev ein Gegenstand lebhafter Erörterungen gewesen ist (S. 207 ff.), und daß eben dort das aramäische Mtev eine Zeit lang im Gemeindegottesdienst mündlich gedolmetscht wurde, bis dies durch die Entstehung des griechischen Mtev überflüssig geworden war (S. 256 ff.). Die Überlieferung gibt uns keinen sicheren Anhalt zur Bestimmung des Zeitverhältnisses dieser Tatsachen zur Abfassung des 4. Ev; sie läßt aber die Möglichkeit offen, daß unser Mrev in Ephesus schon ein vielgelesenes Buch war, daß das aramäische Mtev dort mündlich gedolmetscht wurde, und daß selbst dessen griechische Übersetzung bereits entstanden war, ehe Jo schrieb. Auch das Werk des Lc kann damals dort bekannt gewesen sein (S. 436). Da ferner die bisherige Untersuchung keine der Vermutungen über verlorene Quellenschriften, welche dem Mt und dem Mr zu Grunde gelegen, bestätigt hat, und da von einer weiteren Verbreitung der dem Lc bekannt gewesenen älteren Versuche, abgesehen von Mr, keine Spur zu finden ist, so sind wir zunächst auf unsere Evv des Mt, Mr und Lc als die Schriften angewiesen, aus denen die Leser des Joev diejenige Kenntnis der ev Geschichte geschöpft haben könnten, welche Jo bei ihnen voraussetzt (A 1).

Kein Ev verzichtet von vornherein so offenbar wie das 4. darauf, Lesern, die mit seinem Gegenstand noch unbekannt wären, eine aus sich selbst verständliche Geschichte darzubieten. Ohne etwas vorauszuschicken, was den Leser mit der Person und der Berufstätigkeit Jo des Täufers bekannt macht (A 2), beginnt das Ev 1, 19 mit dem Bericht von einer officiellen Gesandtschaft der Judenschaft von Jerusalem an den Täufer, welche zur Voraussetzung hat, daß Jo seit geraumer Zeit eine bedeutende Wirksamkeit ausgeübt hatte, und zwar, wie wir beiläufig erfahren (1, 25. 26), als Wassertäufer. Woher Jo die Kenntnis von der bereits aufgetretenen Person des Messias besitzt, welche er aus Anlaß einer gleichzeitig von Pharisäern (A 2) an ihn gerichteten Frage bekundet, erfährt der Leser erst aus der folgenden Erzählung, worin Jo auf den zu ihm herankommenden Jesus ein früher in dessen Abwesenheit über denselben ausgesprochenes Zeugnis anwendet und die schon dadurch und damals bezeugte Erkenntnis der hohen Würde Jesu aus einem bestimmten Erlebnis erklärt (1, 29—34). Selbst wenn uns nicht sehr charakteristische Worte an die Taufgeschichte nach Mt 3, 13 ff.; Mr 1, 9 ff.; Lc 3, 21 f. erinnerten, würde die zweimalige Erinnerung des Täufers an seinen Beruf, mit Wasser zu taufen (v. 31. 33), die sonst im hiesigen Zusammenhang zwecklos wäre, jedem Leser zu verstehen geben, daß Jo eben bei Gelegenheit eines von ihm vollzogenen Taufaktes das ihm im voraus von Gott angekündigte Wahrzeichen des Geisttäufers, das sichtbare Herabkommen des

Geistes vom Himmel sinnlich wahrgenommen habe, und zwar in Gestalt einer Taube, die auf Jesus sich herabließ. Wir schließen daraus, daß die Taufe Jesu durch Jo nicht nur der Scene von v. 29—34, sondern auch dem Zeugnis von v. 26 f. und dem davon zu unterscheidenden noch früheren Zeugnis, auf welches der Täufer sich v. 30 zurückbezieht, vorangegangen ist. Nachdem Jesus einige Zeit vor den 1, 19 ff. berichteten Ereignissen von Jo getauft worden ist, kommt er noch einmal, ehe er nach Galiläa zurückkehrt (1, 43), wo er doch zu Hause ist (1, 45), an die Taufstätte zu Bethanien. Wer Mt 4, 13—17 oder Mr 1, 9—11 oder Lc 3, 21—22; 4, 1—14 gelesen hat, erkennt als das Intermezzo zwischen der Taufe Jesu und seiner Rückkehr an den Jordan leicht die 40 tägige Versuchung. Ohne Kenntnis nicht nur des Grundrisses, sondern auch vieler Einzelheiten (A 3) der synoptischen Berichte vom Wirken des Täufers und von der Taufe Jesu ist die ganze Darstellung Jo 1, 19—34 unverständlich. Es ist daher auch undenkbar, daß der Vf so geschrieben haben sollte, ohne der Voraussetzung, daß die Leser eine solche Kenntnis besitzen, sich bewußt und sicher zu sein, Besonders auffällig zeigt sich dies 3, 24. Kein Verständiger konnte Lesern, welche die Tatsache, daß dem Wirken des Täufers durch Gefangensetzung ein Ende gemacht wurde, noch nicht kannten, in dieser Form diese Tatsache mitteilen, die er weder vorher noch nachher erzählt (cf dagegen Mt 4, 12; 11, 2; 14, 3; Mr 1, 14; 6, 17, vor allem aber den eigentlichen Historiker Lc 3, 19 f.; 7, 18). Bekanntschaft der Leser mit der Tatsache genügt aber noch nicht, den Satz begreiflich zu machen; denn daß ein Mann, welcher nach v. 23 und v. 25—4, 1 eine öffentliche Tätigkeit als Täufer und Prediger ausübt und von Jüngern umgeben ist, nicht gleichzeitig im Gefängnis liegt, aus dem er nicht wieder befreit werden sollte, ist so selbstverständlich, daß es nicht um seiner selbst willen gesagt werden konnte, am wenigsten in Form einer Erläuterung der Aussage von seiner fortgesetzten öffentlichen Wirksamkeit. Begreiflich ist die Bemerkung nur dann, wenn Jo bei seinen Lesern eine Vorstellung vom dem Verhältnis der öffentlichen Wirksamkeit Jesu zu der Gefangensetzung des Täufers voraussetzt, womit seine Erzählung unverträglich zu sein schien. Eine solche Vorstellung war zwar nicht durch Lc (oben S. 402 f., 442 f.), um so unvermeidlicher aber durch Mr 1, 14 und Mt 4, 12 geboten; denn diese beiden Evv lassen das gesamte öffentliche Wirken Jesu, das sie schildern, der Verhaftung des Täufers folgen. Christen, welche durch Mr oder Mt in ihrer Vorstellung vom Gang der ev Geschichte bestimmt waren, mochten Jo 1, 19—3, 21 mit der Empfindung lesen, daß ihnen bisher viel Denkwürdiges unbekannt geblieben sei; bei 3, 22—4, 2 dagegen, wo ihnen von einem gleichzeitigen Wirken Jesu und des Täufers erzählt wurde, konnte, ja mußte ihnen das Neue wie ein Widerspruch gegen die ihnen geläufige Vorstellung vom Gang der Geschichte erscheinen. Solchen Lesern sollte 3, 24 zur Orientirung, vielleicht auch zur Beruhigung dienen. Ihnen sagt der Ev: „ihr müßt nämlich wissen, daß, was ich hier erzähle, der Gefangensetzung des Täufers vorangeht, nach welcher das euch bekannte, ununterbrochen bis zum Ende fortlaufende und vorwiegend auf Galiläa beschränkte Wirken Jesu erst begonnen hat." Diese orientirende Bemerkung tritt genau an dem Punkte ein, wo sie für Kenner des Mr oder Mt ein Bedürfnis war, sie bezieht sich aber auf den gesamten Inhalt von 1, 19—4, 54; denn Jesus bricht seine begonnene Arbeit ab und zieht sich von Judäa nach Galiläa zurück, um die Wirksamkeit des Täufers nicht zu schädigen, solange Gott diesem zu wirken gestattet, und um auch den Schein einer Konkurrenz auszuschließen (3, 25—4, 3). Leser, wie Jo sie voraussetzt, d. h. Kenner der synoptischen Tradition und übrigens Leute von schlichtem Verstand, konnten nicht auf den Gedanken kommen, daß diese mit Rücksicht auf das fortdauernde Wirken des Täufers unternommene Reise Jesu von Judäa nach Galiläa identisch sein könne mit der Reise, welche Jesum nach der Verhaftung des Täufers von Judäa nach Galiläa geführt hat (Mt 4, 12; Mr 1, 14). Diese unmögliche Kombination war um so mehr ausgeschlossen, da nach den Synoptikern jene Reise eine die gesamte Bevölkerung Galiläas aufregende Prophetentätigkeit Jesu eröffnet hat, und dagegen Jo nichts davon merken läßt, daß Jesus nun in Galiläa die Tätigkeit wiederaufgenommen habe, welche er in Judäa abgebrochen hatte. Er berichtet 4, 43—54 nichts von Taufen oder Lehren Jesu, auch nichts von einer Tätigkeit als Wunderarzt, sondern nur von einer einzigen, Jesu wider Willen abgerungenen Heilungstat (4, 48) und charakterisirt sie durch zweimalige Parallelisirung mit dem Wunder von Kana (4, 46. 54) als eine ebenso vereinzelte, vor Anbruch der Entscheidungsstunde (2, 4) erfolgte Offenbarung der Herrlichkeit Jesu, wie jene, als eine Ausnahme von der damals von Jesus befolgten Regel der Zurückhaltung. Diese Regel läßt Jo Jesum gerade in bezug auf den diesmaligen Aufenthalt in Galiläa förmlich aufstellen; denn er motivirt diese Reise nach Galiläa durch einen, gleichviel wann getanen Ausspruch Jesu, dem keine Sophistik der Exegeten einen andern Sinn abgewinnen kann, als diesen: Jesus begab sich diesmal nach Galiläa, weil er der Überzeugung war und dieselbe auch gelegentlich aussprach, daß er in seiner Heimat Galiläa vor einer Anerkennung sicher sein werde, wie sie ihm in Judäa und selbst auf der flüchtigen Durchreise in Samaria zu Teil geworden war (A 4). Er wollte also nicht den Schauplatz seiner Tätigkeit von Judäa nach Galiläa verlegen, wodurch dem Übelstand, der den Abbruch in Judäa veranlaßt hatte (3, 26; 4, 1), durchaus nicht wäre abgeholfen worden, sondern er wollte in der Stille bleiben, solange Gott den Täufer in Freiheit und an der Arbeit ließ. Diese Wartezeit hatte ein Ende gefunden, als Jesus bei Gelegenheit eines Festes in Jerusalem war (5, 1); denn nun sprach er von Jo als von einer Leuchte, welche nicht mehr brennt und leuchtet (5, 35). Leser, wie sie 3, 24 vorausgesetzt sind, wußten, daß, wenn der Erzähler Jesum hierauf wieder in Galiläa auftreten ließ (6, 1 ff.), er sie damit in die Zeit versetzte, die der Verhaftung des Täufers gefolgt ist, und in welcher sich die älteren Darstellungen fast ausschließlich bewegten. Gleich die erste Einzelerzählung (6, 3—13), die Jo folgen läßt, bestärkte die Leser in dieser

Erwartung; denn sie war ein bekanntes Stück der älteren Tradition (Mt 14, 13 ff.; Mr 6, 31 ff.; Lc 9, 10 ff.), und zwar das erste, worin Jo in allem wesentlichen genau dasselbe bot, was man von dorther kannte. Hier tritt nun aber die allgemeine Voraussetzung des 4. Ev erst recht deutlich hervor. Er versetzt seine Leser sofort auf einen Höhepunkt des galiläischen Wirkens Jesu, von welchem bis dahin nicht nur nichts erzählt war, für welches vielmehr vor 5, 1 und somit auch vor 6, 1 kein Raum gelassen war. Jesus ist in Galiläa, wie die Imperfekta 6, 2 schildern, in folge zahlreicher Heilungstaten stetig von einer großen Volksmenge begleitet. Der Enthusiasmus der Bevölkerung ist bis zu einer gefährlichen Höhe gestiegen (6, 14 f.). Längst sind, wie man ganz beiläufig erfährt (6, 67—71), die 12 Apostel erwählt. Eine schroffe Rede Jesu bewirkt eine Krisis in dem weiteren Jüngerkreis; die auf dem Gipfel angelangte Bewegung beginnt eben jetzt rückläufig zu werden (6, 60—66) und beharrt von da an in dieser Richtung, so daß die Brüder Jesu ein halbes Jahr später (cf 7, 2—9 mit 6, 4) im Hinblick auf die Abnahme seiner Popularität in Galiläa ihn auffordern können, endlich in Judäa, wo er angeblich eine so große Jüngerschaft gewonnen habe (7, 3 cf 2, 23; 3, 26; 4, 1. 45), vor aller Welt sich zu offenbaren. Es ist ein mindestens 6 monatlicher Zeitraum, welcher zwischen dem Moment von 5, 1 und 6, 4 verläuft (A 5), und dieser ist nach der eigenen Darstellung des Jo durch eine die ganze Bevölkerung Galiläas in Aufregung versetzende Wirksamkeit ausgefüllt gewesen, nämlich durch die ganze Masse der Ereignisse, welche nach Mt 4, 12—14, 12; Mr 1, 14—6, 30; Lc 4, 14—9, 10 zwischen der Verhaftung und der Hinrichtung des Täufers sich zugetragen haben. Dazu kommt aber noch ein zweites Halbjahr von dem Passa, welches nach 6, 4 den Ereignissen in 6, 3—71 bald gefolgt ist, bis zu dem Hüttenfest 7, 2, worüber Jo mit dem einzigen Satz 7, 1 hinweggeht. Es ist auch dieses Halbjahr nicht eine Zeit der Zurückgezogenheit, wie die, welche mit 4, 43 begann (A 4); denn nicht daß Jesus seine in großem Stil begonnene Arbeit wieder aufgegeben habe, sondern daß er in Galiläa statt in Judäa und Jerusalem seine Werke tue, rücken seine Brüder am Schluß dieses Halbjahrs ihm auf. Es handelt sich also um mindestens ein volles Jahr großartiger Prophetentätigkeit, worüber Jo abgesehen von der einen zusammenhängenden Erzählung 6, 3—71 und den allgemeinen Andeutungen 6, 2; 7, 1 schweigend hinweggeht, obwohl er nicht nur Kenntnis der übergangenen Ereignisse bekundet, sondern auch deren Bedeutung erkennen läßt. Niemand wird dieses Verfahren mit demjenigen der Syn. vergleichen wollen, die gleichfalls einzelne Taten Jesu, die ihnen bekannt sind, gelegentlich berühren, aber doch zu erzählen unterlassen (Mt 11, 21; 23, 37 oben S. 442 ff.). Das Verfahren des Jo an dem ersten Punkt, wo er die große Straße der syn. Erzählung kreuzt (6, 1—7, 2), erklärt sich nur daraus, daß er seine Leser über alle jene Ereignisse während des großen „Gnadenjahrs" von Galiläa (Lc 4, 19 S. 443) ausreichend unterrichtet wußte. Wo er aber ein Einzelereignis, das in den älteren Evv gleichfalls erzählt war, dem Leser vollständig wieder vorzuführen sich veranlaßt sah (6, 3—13), um hiemit innig zusammenhängende Ereignisse und Reden, welche er neu mitzuteilen hatte, anschließen zu können (6, 14 f. 23. 26—71), da zeigt er auch wieder wie in der Geschichte der Beziehungen zwischen Jesus und dem Täufer (oben S. 501 f.) durch allerlei Einzelheiten, die nicht aus einer dichterischen oder lehrhaften Idee erklärt werden können, daß er über selbständige Kenntnis des Sachverhalts verfügt (A 6).

Eine neue Seite des zwischen Jo und den Syn. bestehenden Verhältnisses zeigt sich bei Jo 11, 2. 3. Da 10, 40 auf 1, 28 zurückweist, wo Bethanien (nicht Bethabara) am Ostufer des Jordans als die anfängliche Taufstätte des Jo genannt war, so könnte es natürlich erscheinen, daß das unmittelbar darauf zu erwähnende andere Bethanien in der Nähe Jerusalems (11, 1. 18) zur Unterscheidung von jenem näher bezeichnet würde. Aber auch abgesehen davon, daß 10, 40—42 der Name jenes peräischen Bethanien nicht wieder genannt ist, wie sonderbar wäre diese Näherbestimmung! Statt das hier neu eingeführte Bethanien nach seiner Lage bei Jerusalem zu bezeichnen (v. 18), nennt Jo es „das Dorf der Maria und ihrer Schwester Martha". Daß diese beiden Frauen Schwestern des Lazarus sind, erfährt der Leser erst v. 2, und selbst wenn er das vorher erraten könnte, müßte es ihn befremden, daß der Wohnort, nach welchem Lazarus genannt wird, nicht nach ihm, sondern nach Maria und Martha genannt wird. Eine angemessene Bezeichnung zum Zweck der geographischen Unterscheidung des einen Bethanien vom anderen wäre freilich das Eine sowenig wie das Andere. Verständlich wird die Rede erst dadurch, daß die Leser ein „Dorf der Schwestern Maria und Martha" bereits kannten. Dann war es für sie von Interesse zu erfahren, was sie noch nicht wußten, daß das Bethanien, wo Lazarus wohnte und krank lag, eben jenes ihnen bereits bekannte Dorf der Maria und Martha sei. Die ersten Leser waren sichtlich in der gleichen Lage, wie wir heute noch. Sie kannten, wie wir aus Lc 10, 38—42 ein Dorf, wo zwei Schwestern Maria und Martha ein Haus besaßen; daß es Bethanien hieß, und daß es dasjenige Bethanien war, wo auch ein gewisser Lazarus wohnte, erfuhren sie wie wir erst durch Jo 11, 1. Ehe jedoch Jo seine Leser mit dem Verwandtschaftsverhältnis zwischen dem ihnen bisher unbekannten Lazarus (11, 1 τὶς) und Maria und Martha bekannt macht (v. 2ᵇ), erregt er von einer anderen Seite das Interesse für die in der folgenden Erzählung hervortretenden Personen, indem er Maria als das Weib bezeichnet, welches den Herrn mit Öl gesalbt und seine Füße mit ihren Haaren getrocknet hat. Die Handlung soll 12, 1—8 in ihrem geschichtlichen Zusammenhang ausführlich genug erzählt werden. Der Leser, der das nicht im voraus wissen kann, müßte, wenn er es nicht anderswoher besser weiß, 11, 2 dahin misverstehen, daß die Salbung schon vor dem Moment von 11, 2 stattgefunden habe, so gut wie er 7, 50; 18, 14. 26; 19, 39 als Rückbeziehungen auf früher Geschehenes und an früheren Stellen des Buches, nämlich 3, 2; 11, 50; 18, 10 Erzähltes verstehen soll. Hier aber, wo es, wie 12, 1—8 zeigt, nicht die Absicht des Erzählers ist, so verstanden zu werden, nimmt er gleichwohl auf eine

Salbung Jesu mit Öl seitens eines Weibes ganz ebenso Bezug, als ob er selbst sie bereits erzählt hätte. Er setzt also voraus, daß seine Leser die Geschichte anderwärtsher kennen und zwar im Detail, und was er ihnen neu mitteilt, ist, daß die eben erwähnte Maria dieses Weib gewesen sei. Die Leser kannten also wie wir entweder aus Mt 26, 6—13; Mr 14, 3—9 oder aus Lc 7, 36—50 eine Salbungsgeschichte, wie Jo sie als ihnen bekannt voraussetzt, nämlich eine Erzählung der Handlung ohne den Namen des Weibes. Vergleicht man nun Jo 12, 1—8, so wird deutlich, daß Jo nicht Lc 7, 36 ff., sondern Mr 14, 3—9 = Mt 26, 6—13 im Auge hat, und zwar berührt er sich hier wieder in der Sache wie im Ausdruck so nahe gerade mit Mr, daß eine bewußte Erinnerung an diesen anzunehmen das Nächstliegende ist (A. 7). Wie in der Speisungsgeschichte läßt Jo auch hier einen einzelnen Apostel sagen, was Mt und Mr die Jünger insgemein sagen lassen. Er scheut sich aber auch nicht, das bedeutsamste Wort Jesu in einer stark abweichenden Form zu berichten (v. 7) und zwar in einer solchen, welche frühe genug frommen Lesern anstößig erschien, weil das Wort so, wie es Jo berichtet, eine Weissagung zu sein schien, die sich nicht erfüllt hat (A. 7).

Zwei Dinge scheinen bis dahin teils bewiesen, teils sehr wahrscheinlich gemacht zu sein: 1) Jo setzt bei seinen Lesern eine umfassende Kenntnis der ev Geschichte voraus nicht nur in bezug auf die großen Grundzüge und die religiös bedeutsamen Haupttatsachen, welche in der Missionspredigt vorkommen mußten, sondern auch in bezug auf manche Einzelerzählungen, die hier und dort mündlich erzählt werden mochten, aber nicht Bestandteile einer in gleicher Abgrenzung allgemein verbreiteten Tradition sein konnten. 2) Er besitzt nicht nur selbst Kenntnis der syn. Evv, insbesondere des Mr, allem Anschein nach auch des Lc, sondern setzt dieselbe Kenntnis bei seinen Lesern voraus; denn überall berücksichtigt er jene Darstellungen, teils daran als an Bekanntes anknüpfend, teils dort Erzähltes, was er nicht wiederholt, als geschehen voraussetzend, teils mögliche Misverständnisse der dortigen Darstellung abwehrend, teils dort verwischte Einzelheiten neu mitteilend, teils kleine, dort untergelaufene Ungenauigkeiten berichtigend, im großen und ganzen aber sowohl durch das, was er wiedererzählt, als durch das, was er nicht berichtet, dagegen als geschehen und bekannt voraussetzt, die syn. Darstellung bestätigend. Ist schon hiedurch erwiesen, daß das Hinweggehen des Jo über an sich wichtige syn. Stoffe weder ein Beweis seiner Unbekanntschaft mit denselben, noch seiner Misbilligung derselben ist, so will dies noch weiter verfolgt werden. Wie der Leser durch 1, 19—34; 3, 24; 6, 1—21; 11, 1 f.; 12, 1—8 immer wieder an die Syn. erinnert wird, ohne irgendwo zu einer wesentlich anderen Vorstellung von den Ereignissen angeleitet zu werden, und wie er in seiner mitgebrachten Vorstellung von allerwichtigsten Tatsachen, wie von der ganzen Tauftätigkeit des Jo, der Taufe Jesu durch ihn, der Gefangensetzung des Täufers, der massenhaften Heilungen in Galiläa, der Apostelwahl gerade dadurch bestärkt wird, daß Jo keine neue und abweichende Darstellung ~~dieser Tatsachen~~ unternimmt, die er doch als geschehen voraussetzt und gelegentlich berührt, ~~so verhält es sich~~ mit vielen anderen Stücken, deren Berücksichtigung durch Jo minder ~~deutlich~~ hervortritt, doch nicht anders. Ohne daß hier schon über den Zweck des 4. Ev etwas behauptet werden soll, ist die offenkundige, vom Vf selbst 20, 30 (21, 25) nachdrücklich genug hervorgehobene Tatsache zu betonen, daß er aus einer Fülle ihm zu Gebote stehender Stoffe nur eine Auswahl gibt. Er verzichtet in einem Maße wie kein anderer Ev auf jede Vollständigkeit und damit auf jeden äußerlichen Pragmatismus der Geschichte. Wie dies in bezug auf das Gnadenjahr Galiläas handgreiflich ist, so auch in bezug auf die Anfänge der Geschichte Jesu. Sowenig der merkwürdig gewählte Anfang der Erzählung 1, 19 die Erzählungen Mt 3, 1—4, 11; Mr 1, 2—13; Lc 3, 1—4, 13 ausschließen oder auch nur in ihrer Bedeutung herabsetzen soll, da er sie vielmehr voraussetzt (S. 501), ebensowenig sind die Erzählungen in Mt 1—2; Lc 1—2 durch diesen Anfang ausgeschlossen oder herabgesetzt. Unmittelbar vor der Aussage von der Fleischwerdung des Logos, der auf Grund derselben der einzige Sohn Gottes genannt wird (1, 14), wird von den Menschen, denen Christus Recht und Möglichkeit erworben hat, Gottes Kinder zu werden, und welche jetzt an den Namen Christi gläubig sind, sehr umständlich gesagt, wie sie Gottes Kinder geworden sind. Ein mit den Traditionen in Mt 1 und Lc 1 unbekannter Leser würde es vielleicht nicht weiter, als zur Verwunderung darüber bringen, warum der einfache Gedanke, daß man ein Kind Gottes nicht durch die natürliche Geburt als Mensch, sondern durch eine bildlich als Erzeugung oder Geburt zu bezeichnende Wirkung Gottes werde (cf 3, 3—8), durch eine dreifache negative und eine einfache positive Aussage umschrieben sei, besonders aber, daß der Wille des Mannes als Faktor der Erzeugung und Geburt zum Gotteskind ausgeschlossen sei, während doch zu der natürlichen Geburt das Weib sogut wie der Mann gehört, und überdies der Plural αἱμάτων an Mann und Weib zugleich erinnert hat. Leser dagegen, welche wie die von Jo Angeredeten der christlichen Gemeinde angehörten und mit den Traditionen über den Lebensanfang Jesu vertraut waren, fanden sofort die Lösung des Rätsels darin, daß Jo die Entstehung der Gotteskinder nach dem Musterbild der Entstehung des einzigen Gottessohnes, der dies in vollem Sinn und von seiner Fleischwerdung an ist, geschildert habe. Wie unvermeidlich für christliche Leser die Erinnerung an die Erzeugung und Geburt Jesu ohne Mischung von zweier Menschen Blut und ohne Mitwirkung eines Fleischestriebes und eines Manneswillens war, zeigt die Textgeschichte. Dann ist auch nicht zu bezweifeln, daß Jo so verstanden sein wollte, wie er nur von Lesern verstanden werden konnte, welche ebenso wie er selbst die Traditionen in Mt 1 und Lc 1 kannten und daran glaubten (A 8). — Nachdem Jo in 1, 19—11, 57 abgesehen von 6, 1—13 und gelegentlichen Hinweisungen auf Solches, was den Lesern anderswoher bekannt war, ihnen lauter neue Stoffe dargeboten hatte, konnte er von den letzten Tagen Jesu nur entweder ganz schweigen, oder vielfach bereits Bekanntes wiedererzählen; denn wie die älteren Evv, so mußte die Missionspredigt und alle mündliche Überlieferung von diesen Tagen, von Allem, was mit dem Tode und der Auferstehung Jesu zusammenhing, reichliche Mitteilungen enthalten. Gleichwohl behauptet auch hier das 4. Ev seinen eklektischen Charakter und verbirgt denselben nicht. Hier aber war es dem halbwegs verständigen Leser vollends unmöglich, aus dem Schweigen des Jo über an sich wichtige und in der Überlieferung fortlebende Tatsachen zu schließen, daß sie nicht geschehen seien oder von Jo nicht anerkannt würden. Nachdem der Leser durch 12, 1. 12 erfahren hat, daß zwischen dem Einzug in Jerusalem und dem Tode Jesu eine Reihe von Tagen gelegen hat, hört er nur von einem einzigen Vorgang 12, 20—36, welcher in diese Tage fällt, und liest ferner noch eine kurze Rede Jesu 12, 44—50, von der nicht einmal gesagt ist, wann und wo sie gehalten worden. Daß Jesus gerade auch in diesen letzten Tagen dem Volk sich keineswegs entzogen, sondern vielmehr lehrend oder handelnd sich demselben bezeugt hat, bildet die unerläßliche Voraussetzung von 12, 35 f. Daß nach all' den Kämpfen zwischen Jesus und der jüdischen Obrigkeit zu Jerusalem, von welchen gerade Jo von 2, 18 an eingehend berichtet hatte, auch bei seinem letzten Besuch Jerusalems derartige Reibungen nicht gefehlt haben können, sagt sich jedes Kind. Wenn Jo von alle dem schweigt und für überflüssig hält, auch nur durch ein paar allgemeine Bemerkungen wie Lc 21, 37 f. den Lesern eine Vorstellung von dem Leben, Wohnen, Handeln und Reden Jesu während dieser bedeutungsvollen Tage zu geben, so erklärt sich das nur daraus, daß er sie gerade hierüber ausreichend unterrichet weiß (Mr 11; 12—13, 37; Mt 21, 12—25, 46; Lc 19, 47—21, 38). Einen Gegensatz zu der Lückenhaftigkeit dieses Teils der Geschichte bilden die ausführlichen Mitteilungen über das letzte Zusammensein Jesu mit den Aposteln (13, 1—17, 26). Aber auch diese Erzählung ist geradezu sinnlos für Leser, welche die Geschichte jenes letzten Abends nicht wenigstens ihren Grundzügen nach kannten. Solche würden erst im Verlauf der Erzählung allmählich bemerkt haben, daß es der letzte Abend und die Nacht vor der Verhaftung sei (13, 32 $\varepsilon\dot{v}\vartheta\dot{v}\varsigma$; 13, 38; 14, 25—31; 16, 32; 18, 1 ff.). Ohne Angabe von Ort und Zeit (13, 1 A. 9) wird erzählt, was bei Gelegenheit einer Mahlzeit, die Jesus mit den Aposteln hielt, in diesem Kreise sich zugetragen habe. Daß der Verrat des Judas, auf welchen schon 6, 64. 70 f.; 12, 4 und jetzt wieder 13, 2. 18—30 (14, 22); 17, 12 als auf eine bekannte Tatsache Bezug genommen wird, auf einer Verabredung mit der Obrigkeit beruhte, wird weder hier noch irgendwo sonst, auch nicht 18, 2, wo der Fortgang der Erzählung dies als Voraussetzung fordert, erzählt, ist somit als bekannt vorausgesetzt. Wenn nach aller Überlieferung von 1 Kr 11, 23 an Jesus bei Gelegenheit seines letzten Mahles das christliche Abendmahl gestiftet hat (S. 168 nr. 7), so konnte es keinem christlichen Schriftsteller in den Sinn kommen, durch Verschweigen dieser für den Kultus so wichtigen Tatsache, sie aus dem Bewußtsein der Gemeinde, für die er schreibt

(S. 468), zu verbannen, und zwar um so weniger, je später er schrieb und je fester in folge dessen die auf dieser Handlung Jesu beruhende Abendmahlsfeier in der Sitte der Gemeinde eingewurzelt war. Nur in Rücksicht auf die in dieser Beziehung ausreichende Geschichtskunde der Leser konnte Jo dies übergehen und überhaupt c. 13—17 schreiben, wie er dies geschrieben hat. Das gleiche gilt von c. 18—20. Daß der Gebetskampf in Gethsemane und der Kuß des Judas 18, 1—11 nicht erzählt, dagegen eine Reihe anderer bei den Syn. fehlender Züge in das Bild eingetragen werden (die Namen des Pt und des Malchus, die Mitwirkung der Kohorte, die Wechselrede zwischen Jesus und den Häschern), entspricht dem Verfahren in den bisher besprochenen Stücken, welche förmliche Parallelen bei den Syn. haben. Hier aber drängt sich besonders deutlich die Beobachtung auf, daß Jo bedeutsame Tatsachen, auf die er durch seinen strecken-weise mit den Syn. parallelen Gang geführt wird, nicht wegläßt, ohne in anderem Zusammenhang einen gewissen Ersatz dafür zu bieten, eine Beob-achtung, welche ähnlich an Lc im Verhältnis zu Mr zu machen war (S. 401). Das Gebetsringen im Garten (Mt 26, 37—45; Mr 14, 33—41; Lc 22, 41—46; Hb 5, 7 oben S. 156, 168), das Jo übergeht, hat wesentlich den gleichen Inhalt mit dem Ereignis, welches Jo allein 12, 27 berichtet. Es fehlt die Abend-mahlsstiftung; dafür bietet uns Jo 6, 26—65 eine Rede, welche die ersten Leser nur als eine Weissagung auffassen konnten und aufgefaßt haben, welche in der kirchlichen Abendmahlsfeier ihre Erfüllung finde (A 10). Das große Bekenntnis des Pt (Mt 16, 16; Mr 8, 29; Lc 9, 20) ist durch ein gleichwertiges, aber nach Form und Zusammenhang verschiedenes (Jo 6, 69) ersetzt. Die fehlende Geburts-geschichte findet einen gewissen Ersatz in 1, 13 f. (oben S. 507), die fehlende Taufgeschichte in 1, 32—34. In allen diesen Fällen handelt es sich um selb-ständige Erzählungen des Jo. Über den Verdacht, diese und noch andere Geschichten (A 11) aus dem durch die Syn. ihm dargebotenen Stoff dichtend und umformend geschaffen zu haben, sollte Jo erhaben sein, welcher einerseits durch c. 3, 1—5, 47; c. 7—11. 13—17 bewiesen hat, daß er über einen reichen, von den Syn. in keiner Weise verarbeiteten Stoff verfügte und ihn auch zu gestalten wußte, und welcher andrerseits kein Bedenken zeigt, ohne wesent-liche Umgestaltung wiederzuerzählen, was die Syn. bereits erzählt hatten (6, 1—13; 12, 1—18; 18, 1 ff.). In der Leidensgeschichte war dies unvermeid-lich. Hier zeigt sich aber auch wieder die bewußte Berücksichtigung der Syn. Läßt man den Text der alten Hss, dessen Änderungen sehr begreiflich und darum verwerflich sind (A 12), gelten, so unterscheidet Jo 18, 13—28 eine Ver-handlung in der Wohnung des Hannas und eine spätere in der Wohnung des Kajaphas. Daß er erstere ausdrücklich als die zuerst stattgefundene bezeichnet (18, 13 πρῶτον), und daß er von dem Verlauf der letzteren kein Wort sagt, sondern zwischen der Überführung von Hannas zu Kajaphas (v. 24) und der Über-führung von Kajaphas zu Pilatus (v. 28) nur die zweite und dritte Verleugnung des Pt berichtet, wäre beides gleich unbegreiflich bei einem Vf, welcher ohne

Rücksicht auf andere, den Lesern bekannte Darstellungen die Geschichte zu erzählen hätte. Denn daß das zuerst Berichtete und enge an die Geschichte der Verhaftung Angeschlossene auch das zuerst Geschehene sei, ist doch gar zu selbstverständlich; und daß die Verhandlung bei Kajaphas, dessen Stellung als des regierenden Hohenpriesters v. 13 f. 24 wie schon 11, 49—51 stark betont wird, an sich wichtiger gewesen sein muß, als die Verhandlung bei Hannas, dem Jo keinerlei amtliche Stellung zuschreibt, dessen Beteiligung an der Sache er nur aus seiner Verwandtschaft mit dem regierenden Hohenpriester erklärt (v. 13), sagt sich Jeder. Wenn Jo trotzdem jenes eigens ausspricht und dagegen über dieses kein Wort verliert, so erklärt sich das nur aus Berücksichtigung einer anderen Darstellung, welche jenes zu sagen notwendig, und dieses zu übergehen erlaubt erscheinen ließ. Mr 14, 53—65 und 15, 1, sowie Lc 22, 54 und 22, 66—71 wird unterschieden eine nächtliche Verhandlung in der Wohnung des nicht genannten Hohenpriesters und eine in der Morgenfrühe abgehaltene Sitzung des Synedriums; diese Berichte weichen aber darin von einander ab, daß Mr in jene, Lc in diese das entscheidende Verhör und die Verurteilung verlegt. Mt, welcher allein den Hohenpriester, zu dem Jesus sofort geführt wurde, Kajaphas nennt, unterscheidet zwar auch die nächtliche Verhandlung bei diesem (26, 57—68) von der förmlichen Synedriumssitzung am Morgen (27, 1) und verlegt wie Mr in jene das entscheidende Verhör und das Todesurteil, läßt aber doch, hierin dem Lc sich nähernd, auch in der förmlichen Sitzung des Gerichtshofs einen auf die Hinrichtung Jesu bezüglichen Beschluß fassen (27, 1). Man sieht, daß die Überlieferung in bezug auf die Verteilung der Akte unsicher war. Klarheit in die Sache zu bringen, war der Jünger berufen, welcher im Haus und Hof des Hohenpriesters bekannt war und in folge dessen nicht nur wie Pt in den Hof, sondern auch in das Innere der in Betracht kommenden Wohnräume dringen konnte, und da Jo nur von Pt erzählt, daß er im Hof geblieben sei, wirklich dahin vorgedrungen ist und eine genauere Vorstellung vom Hergang gewonnen hat, als es selbst dem Pt möglich war, zumal dieser übergenug mit sich zu tun und die Besinnung verloren hatte (A 12). Daher konnte Jo, mag er selbst oder sein Bruder Jk der Jünger in 18, 15—16 gewesen sein (oben S. 474), den nur von Mt deutlich ausgesprochenen, wahrscheinlich aber auch von Mr und Lc geteilten Irrtum berichtigen, daß Jesus nach der Verhaftung sofort zu Kajaphas geführt worden sei: Nicht zu diesem, sondern vorher und zuerst zu Hannas (v. 13). Mit dem hiedurch verneinten Irrtum hing der andere zusammen, welchen Mt und Mr ausgesprochen, aber schon Lc berichtigt hatte, daß in jenem nächtlichen Verhör wie in einer förmlichen Gerichtssitzung Zeugen verhört und das Todesurteil gefällt worden sei. Hierin tritt Jo auf die Seite des Lc; denn was er von der Verhandlung in der Wohnung des Hannas erzählt, ist nur ein vorläufiges Verhör Jesu ohne jedes Ergebnis und ohne den Charakter eines zum Schlußurteil drängenden Gerichtsverfahrens. Ein solches ist aber die unerläßliche Voraussetzung des Auftretens der Synedristen vor Pilatus (Jo 18, 30; 19, 7;

Mt 20, 18; Mr 10, 33; AG 13, 27). Es hat nicht bei Hannas in der Nacht, sondern bei Kajaphas in der Morgenfrühe stattgefunden. Jo weiß das, berichtet auch von der Überführung zu Kajaphas (v. 24. 28), unterläßt aber eine Erzählung der dortigen Vorgänge, weil er oder sein Bruder der Sitzung des Synedriums selbstverständlich nicht beigewohnt hat und daher auch nichts Anderes, als das aus Mr oder Lc oder Mt, oder aus allen drei Evv den Lesern schon Bekannte darüber hätte berichten können. Während Jo hier ein deutliches Bewußtsein um die Gestalt der älteren Tradition und die bestimmte Absicht bekundet, mit Rücksicht auf jene Darstellung die seinige einzurichten, mag es unabsichtlich geschehen sein, daß er 18, 40 durch $\pi\acute{\alpha}\lambda\iota\nu$ auf vorangegangene Beteiligung der Volksmenge durch lautes Geschrei Bezug nimmt, wovon er selbst doch nichts erzählt hatte. Das ist kaum anders, wie als ein Nachklang von Mr 15, 8. 11. 13 zu verstehen, wie überhaupt die ganz unvermittelte Einführung des Barabbas bei Jo nur durch die Annahme, daß die Geschichte den Lesern bekannt war, aber nicht wohl ganz übergangen werden konnte, erklärlich wird. Ähnlich verhält es sich mit 20, 2. Nachdem nichts weiter berichtet ist, als daß Maria Magd. zum Grabe gekommen sei und gesehen habe, daß der Stein vom Grab weggenommen war, sagt sie doch zu Pt und Jo, daß man den Herrn aus dem Grabe weggenommen habe, was Niemand wissen konnte, der nicht von der Leerheit des Grabes sich überzeugt hatte; und sie spricht ihre Unwissenheit über den gegenwärtigen Ort des Leichnams nicht wie v. 13 durch $o\mathring{v}\varkappa$ $o\tilde{\iota}\delta\alpha$, sondern durch $o\mathring{v}\varkappa$ $o\tilde{\iota}\delta\alpha\mu\varepsilon\nu$ aus. Es ist also vorausgesetzt, daß Andere außer ihr wesentlich das Gleiche wie sie selbst erlebt und mit ihr die Frage, wohin der Leichnam geraten sein möge, besprochen haben. Doch müssen diese Anderen mehr als sie gesehen, nämlich das Grab selbst besichtigt und leer gefunden haben. Kurz, es ist hier die Erzählung Mr 16, 1—5 (Mt 28, 1. 5—6; Lc 24, 1—10) einerseits vorausgesetzt, andrerseits aber gegenüber der die Unterschiede verwischenden dortigen Darstellung gesagt, daß Maria Magd. allein zum Grab gekommen und nicht ins Grab eingetreten, dagegen aber mit den anderen Frauen, welche hinein gegangen, inzwischen gesprochen hat. Für das, was Jo hier und anderwärts an Kunst der geschichtlichen Darstellung vermissen läßt, werden wir reichlich entschädigt durch die gerade dadurch um so deutlicher zu Tage tretenden Beweise seiner Anlehnung an die syn. Tradition, besonders aber an Mr.

Von hier aus ist auch die vielumstrittene Frage zu beantworten, wie sich die Ansicht des Jo von der Chronologie der Leidensgeschichte d. h. von dem zeitlichen Verhältnis des letzten Mahles und der Kreuzigung zu der jüdischen Passafeier jenes Jahres zu derjenigen der Syn. verhalte. Schon in den Streitigkeiten um den rechten Zeitpunkt der christlichen Passafeier, welche zuerst um 165—170 innerhalb der kleinasiatischen Kirche, sodann von 190 an zwischen Ephesus und Rom geführt wurden (A 13), bildete diese Frage einen Hauptstreitpunkt. Die Kirchen und Bischöfe der Provinz Asien mit ganz vereinzelten

Ausnahmen, wie Claudius Apollinaris von Hierapolis um 170, waren damals längst und blieben auch während des 3. Jahrhunderts Quartadecimaner ($\tau\varepsilon\sigma\sigma\alpha\varrho\varepsilon\sigma$-$\kappa\alpha\iota\delta\varepsilon\kappa\alpha\tilde{\iota}\tau\alpha\iota$) d. h. sie feierten das in einer Hochfeier der Eucharistie mit vorangehendem Fasten bestehende christliche Passa am Tage und auch zu der Tageszeit des jüdischen Passamahles, am Abend des 14. Nisan. Hiefür beriefen sie sich auf das Beispiel der großen Heiligen ihrer Landeskirche, des Apostels Jo zu Ephesus, des Philippus zu Hierapolis, sowie der Bischöfe und Märtyrer der nachapostolischen Zeit; aber auch auf „das Evangelium" und zwar besonders auf Mt, nach welchem Christus am Vorabend seines Todes das jüdische Passamahl an dem hiefür durch das Gesetz vorgeschriebenen Abend des 14. Nisan gehalten und bei dieser Gelegenheit das christliche Passa oder die Eucharistie gestiftet und gefeiert habe. Da sie behaupteten, hiebei „das Ev" d. h. die 4 Evv und überhaupt die ganze hl. Schrift auf ihrer Seite zu haben, so müssen sie der Ansicht gewesen sein, daß Jo in diesem Punkt mit Mt übereinstimme. Auch ihre Gegner gingen von der Voraussetzung aus, daß die Evv unter allen Umständen mit einander übereinstimmen müssen und wirklich übereinstimmen, behaupteten aber unter Berufung auf Jo, besonders auf Jo 18, 28, daß Jesus sein letztes Mahl, welches gar kein jüdisches Passamahl gewesen sei, am Abend des 13. Nisan gehalten und am 14. Nisan als das wahre Passalamm gestorben sei. Wie die ursprünglichen Vertreter der einen und der anderen Praxis und exegetischen Theorie ihren gemeinsamen Grundsatz, daß die 4 Evv mit einander in Einklang stehen, im Einzelnen an den Texten durchgeführt haben, läßt sich aus der nur in dürftigen Bruchstücken uns vorliegenden Literatur nicht mit Sicherheit entnehmen. Die Auffassung der johanneischen Darstellung, welche die Gegner der Quartadecimaner (Apollinaris, Clemens, Hippolytus) als zweifellos hinstellten, ist auch in neuerer Zeit die vorherrschende geworden. Die tübinger Kritiker haben auf dieselbe einen Hauptbeweis gegen die Echtheit des 4. Ev gegründet: Das antiquartadecimanische 4. Ev könne nicht von dem nach glaubwürdiger Tradition quartadecimanisch gesinnten Apostel Jo herrühren; es sei vielmehr unter anderem auch zu dem Zweck geschrieben und dem Apostel angedichtet, um der antiquartadecimanischen Osterpraxis Vorschub zu leisten (A 14). Dies waren Übergriffe, die kurzer Hand abzuweisen sind. Erstens müßte man dem Vf zugleich den Verstand absprechen, wenn man ihm eine solche Absicht zuschreibt. Denn er läßt den Charakter des letzten Mahles Jesu völlig unbestimmt (13, 2) und schweigt von der Abendmahlsstiftung, berührt also den Hauptstreitpunkt in der Osterfrage des 2. Jahrhunderts gar nicht, und belehrt den Leser nirgendwo ausdrücklich über das Zeitverhältnis der einzelnen Akte der Passion zu den einzelnen Momenten der jüdischen Passafeier, sondern läßt nur beiläufig eine bestimmte, wie viele meinen, den Syn. widersprechende Ansicht von diesem Verhältnis erkennen. Wer den kühnen Gedanken gefaßt hätte, eine bis dahin alleinherrschende Ansicht von dem wichtigsten Stück der ev Geschichte und die darauf gegründete Osterpraxis der Kirche Asiens umzustoßen

konnte dies nur durch eine rücksichtslose Verneinung des bis dahin Geltenden
und eine entschiedene an der rechten Stelle, gleich im Eingang der Leidensgeschichte anzubringende Behauptung des Gegenteils zu tun versuchen; und
dies umsomehr, je später er schrieb, je tiefer also die von ihm bekämpfte Anschauung durch Literatur und kirchlichen Brauch Wurzel geschlagen hatte. Die
Anwendung der völlig unzulänglichen Mittel, welche Jo zu diesem Zweck angewandt haben soll, hätte sich durch gründlichen Miserfolg im nächsten Umkreis
der Entstehung des 4. Ev gestraft; denn abgesehen von der vereinzelten Erscheinung des Apollinaris blieb die asiatische Kirche bis ins 4. Jahrhundert
quartadecimanisch. Zweitens fehlt jedes Recht zu der Annahme, daß der
Apostel Jo, wenn er in Ephesus als Quartadecimaner Ostern feierte, dabei schon
von denselben Erwägungen und Beweggründen geleitet wurde, welche die in ihrer
altherkömmlichen Feier angegriffenen Quartadecimaner in den Streitigkeiten um
165—200 geltend machten. Daß die Idee von Christus als dem Passalamm
seiner Gemeinde von der angeblichen Meinung des Jo, Jesus sei am 14. Nisan,
ehe er das Passamahl halten konnte, gestorben, völlig unabhängig ist, beweist
Pl; denn er spricht jene Idee jedenfalls deutlicher als das 4. Ev aus (1 Kr 5, 7),
obwohl er weiß, daß Jesus in der Nacht seiner Verhaftung das jüdische Passa
gehalten und bei dieser Gelegenheit das Abendmahl gestiftet hat (oben S. 168
unter nr. 7). Wie jene das ganze NT durchziehende Idee keineswegs auf das
angebliche Zusammenfallen der Todesstunde Jesu mit der Zeit der Schlachtung
der Passalämmer sich gründet, sondern mit der Anschauung der ntl Erlösung
als des Gegenbilds der Erlösung aus Ägypten gegeben war und nur einen natürlichen Anknüpfungspunkt fand an der Tatsache, daß Jesus um die Zeit des
jüdischen Passas und nicht etwa an einem Hüttenfest (Jo 7, 2—10) gestorben
ist, so ist auch die quartadecimanische Feier unabhängig von dem chronologischen
Detail der Passion, z. B. von der Tatsache, welche die späteren Quartadecimaner geltend machten, daß Jesus am 14. Nisan das Passa gehalten und das
Abendmahl gestiftet habe; denn die kirchliche Abendmahlsfeier und das christliche Passa, welches eben die hohe Jahresfeier der Eucharistie ist, ist nicht
eine Erinnerungsfeier an die Stiftung des Abendmahls, sondern die dem jüdischen
Passamahl antitypisch entsprechende Feier der gesamten durch Christus voll-
brachten Erlösung seiner Gemeinde. Ebenso ist aber auch die den Quartadeci-
manern entgegengesetzte abendländische Osterfeier unabhängig von den exegetischen
Urteilen eines Apollinaris und Clemens über einzelne Stellen des 4. Ev; denn
Irenäus, Tertullian, Origenes sind Anhänger der abendländischen Feier, ohne
doch deshalb zu leugnen, daß Jesus am Vorabend seines Todes zu gesetzlicher
Zeit das Passamahl gehalten habe und somit erst am 15. Nisan gestorben sei
(A 15). Die quartadecimanische Osterfeier kann schon durch Pl oder seine
Schüler (Timotheus, Epaphras u. a.) in Asien eingeführt worden sein, und Jo
kann sich dieser Feier, die er in Ephesus vorfand, bei jeder beliebigen Ansicht
von dem chronologischen Detail der Passionsgeschichte angeschlossen haben;

denn daß Jesus um die Zeit eines jüdischen Passafestes sein letztes Mahl mit den Jüngern gehalten, den Tod erduldet und auferstanden sei und auch durch diese von ihm selbst erwählte Zeit seiner Erlösertaten sich als das ntl Passalamm und sein Werk als das Gegenbild der Erlösung Israels aus Ägypten dargestellt habe, war eine von dem chronologischen Detail unabhängige und feststehende Tatsache. Wenn Jo von dem Todestag Jesu eine andere Ansicht hegte, als Pl und die Gemeinden von Antiochien bis Korinth, als die Syn. und die verschiedenen Kreise, deren Überlieferung diese wiedergeben, konnte ihm eine solche Sonderansicht um so weniger ein Anlaß werden, sich der kirchlichen Sitte in der Provinz Asien zu widersetzen, als er selbst in Palästina wie alle seine Genossen nach dem Gesetz gelebt, also jährlich das jüdische Passa gefeiert hatte, welches Christen nicht feiern konnten, ohne es in das christliche Passamahl, die Eucharistie, auslaufen zu lassen. Die quartadecimanische Praxis des Jo in Ephesus beweist also nichts für eine bestimmte Ansicht dieses Jo von dem Zeitverhältnis der einzelnen Momente der Passionsgeschichte zu den einzelnen Tagen des jüdischen Passafestes und somit auch nichts dagegen, daß er der Vf des 4. Ev ist, selbst wenn dieses eine von der Meinung der späteren Quartadecimaner abweichende chronologische Ansicht aussprechen sollte. Die heute noch vorherrschende Meinung, daß Letzteres der Fall sei, hat Manche, die von der Abfassung des 4. Ev durch den Apostel Jo oder doch durch einen Augenzeugen der Passionsgeschichte überzeugt waren, teils zu Urteilen über die Syn. veranlaßt, wodurch diesen jeder nähere Zusammenhang mit augenzeugenschaftlicher Kunde abgesprochen würde, teils zu kühnen Vermutungen über den wirklichen Sachverhalt, wodurch der angebliche Widerspruch zwischen Jo und den Syn. ausgeglichen werden sollte (A 15). Es hätte nie bestritten werden sollen, daß alle drei Syn. ohne jedes Anzeichen von Unsicherheit berichten, Jesus habe zur gesetzlichen Zeit, am Abend des 14. Nisan das jüdische Passamahl gehalten, sei am 15. Nisan, der ein Freitag war, gekreuzigt worden und am 17. Nisan, der auf einen Sonntag fiel, auferstanden (A 16). Nach den obigen Untersuchungen (§ 48—63) bezeugt dies der Apostel Mt, der hauptsächlich aus mündlichen Erzählungen des Pt schöpfende Mr, in dessen Elternhaus überdies Jesus sein letztes Mahl gehalten hat, und Lc, der etwa seit a. 40 ein Glied der antiochenischen Gemeinde war, aber auch reichlich Gelegenheit gehabt und benutzt hat, bei Mitgliedern der Urgemeinde sich nach den Einzelheiten der ev Geschichte zu erkundigen. Aber auch wenn diese Ergebnisse der Untersuchung der 3 ersten Evv weniger sicher wären, als mir scheint, hätten wir es nicht mit der Meinung dreier einzelner Schriftsteller zu tun, sondern mit drei Vertretern eines breiten, vor dem J. 80 von Palästina bis Rom ausgebreiteten und mannigfach verzweigten Stromes der Überlieferung. Dazu kommt Pl, welcher im J. 57 die gleiche Ansicht kundgibt (S. 168 nr. 7) und versichert, daß er den Korinthern bei Gründung ihrer Gemeinde (a. 52—54) die Stiftungsgeschichte des Abendmahls, in deren Bericht seine Ansicht deutlich zu Tage tritt, ganz ebenso mitgeteilt habe, wie er selbst sie vom Herrn her überliefert bekommen habe (S. 171 A 6). Er hat also diese Ansicht nicht nur in der Gemeinde zu Antiochien a. 43—49, sondern auch in der von Damaskus a. 35—38 herrschend gefunden. Hienach erscheint es unmöglich, daß ein Augenzeuge der Passionsgeschichte über die Frage, ob das letzte Mahl Jesu, bei welchem das Abendmahl gestiftet wurde, ein Passamahl gewesen, ob Jesus am 14. oder 15. Nisan gestorben sei, eine von der seit a. 35 allgemein herrschenden und unvermeidlich bei jeder Erzählung der Hauptmomente der Leidensgeschichte, bei jeder Belehrung über Stiftung und Sinn des Abendmahls zur Sprache kommenden Überlieferung abweichende Sonderansicht gehabt haben sollte. Ein Schriftsteller, welcher eine solche Ansicht aussprüche, zugleich aber behauptete, bei dem letzten Mahle an der Seite Jesu gelegen und unter dem Kreuz gestanden zu haben, wäre eben damit der Unwahrheit sowohl dieser Behauptung als jener Ansicht überführt. Nicht wegen seiner Eigenschaft als Quartadecimaner, sondern wegen seiner Eigenschaft als der Jesu so nahestehende Jünger könnte der Apostel Jo nicht der Vf des 4. Ev sein, wenn dieses die Chronologie der Leidensgeschichte um einen Tag zurückgeschoben und dadurch den Charakter wesentlicher Momente dieses wichtigsten Stücks der ev Geschichte verändert hätte. Aber ist dem wirklich so?

Diese Frage kann nicht richtig beantwortet werden, wenn man verkennt, was S. 501 ff. bewiesen wurde, daß Jo für Christen schrieb, welche mit der durch die Syn. vertretenen Überlieferung und namentlich mit dem Mrev wohlvertraut waren, daß er darum durchweg auf jene als eine von den Lesern geglaubte und auch in allem wesentlichen glaubwürdige Geschichte Rücksicht nimmt, daß er wichtigste Teile derselben teils stillschweigend übergeht, ohne dadurch ihre Wichtigkeit oder Wahrheit in Zweifel zu ziehen, teils beiläufig als geschehen und bekannt voraussetzt (z. B. 6, 2. 70), und daß er da, wo er die dortige Darstellung irreführend (z. B. 3, 24) oder wirklich ungenau und irrig findet, sein besseres Wissen unbefangen an die Stelle der ungenauen syn. Darstellung setzt (z. B. 12, 7), oder jene geradezu korrigirt (z. B. 18, 13). Danach sollte selbstverständlich sein, daß Jo die syn. Darstellung oder vielmehr die allgemeine urchristliche Überlieferung über den Charakter des letzten Mahles und über das Zeitverhältnis des Todes Jesu zu der jüdischen Passafeier, wenn er sie für irrig hielt, nur entweder ausdrücklich, unzweideutig und an der geeigneten Stelle oder gar nicht korrigiren und durch eine andere ersetzen konnte. Einem Augenzeugen konnte der Mut dazu nicht fehlen, und ein pseudonymer Dichter, welcher durch seine Erfindung die bisher geglaubte Geschichte und die darauf gegründete kirchliche Praxis bekämpfen oder korrigieren wollte (s. S. 512 f.), mußte sich den Mut dazu nehmen. Von alle dem finden wir aber im 4. Ev nichts. Man merkt dem Vf überhaupt nicht das Interesse an, über das Verhältnis der letzten Ereignisse zum jüdischen Passafest zu belehren, sondern er erklärt nur einige Vorgänge aus diesem Verhältnis. Einiges Gewicht dagegen legt er darauf, daß Jesus an einem Freitag gestorben und an einem Sonntag auferstanden ist

33*

(19, 14. 31. 42; 20, 1. 19. 26), offenbar darum, weil hierauf die christliche Wochenordnung beruhte (Ap 1, 10; 1 Kr 16, 2; AG 20, 7). Hierin aber stimmt Jo mit den Syn. völlig überein. Der aufmerksame Leser ist schon durch 7, 8 (cf v. 1—6) darauf vorbereitet, daß Jesus nicht am Hüttenfest, sondern an einem bestimmten späteren Fest seinen Lauf vollenden will. Durch 11, 45—53 ist er auf die Nähe des Todes, durch 11, 54—57 auf die Nähe des Passas hingewiesen. Nach dem Passa wird 12, 1 der Zeitpunkt seiner Ankunft in Bethanien berechnet (A 17). Da aber nur ein einziger der 6 noch bevorstehenden Tageswechsel erwähnt wird (12, 12), so ist der Leser außer Stande, die Ereignisse von 12, 20—18, 27 auf bestimmte Tage zu verteilen, und wird, wenn er wie die Leser des 4. Ev eine bestimmte Anschauung vom Gang der letzten Ereignisse mitbringt, durch nichts in derselben gestört, am wenigsten durch 13, 1. Bei richtiger Auffassung dieser Stelle (A 9) konnte er daraus höchstens dies entnehmen, daß alles 13, 2—20, 29 Erzählte in die im Laufe des 14. Nisan beginnende Passazeit falle, und wenn er bald genug bemerken mußte, daß 13, 2—18, 27 von dem letzten Abend und der Nacht vor dem Tode Jesu handele, so konnte er nur in der mitgebrachten Meinung bestärkt werden, daß das Mahl 13, 2 ff. ein Passamahl gewesen sei, zumal das artikellose δεῖπνον γινομένου 13, 2 ein Appell an das mitgebrachte Wissen des Lesers um die Geschichte des letzten Abends war und nicht die leiseste Andeutung von der Absicht des Vf enthielt, den Leser über Zeit und Art dieses Mahles eines Bessern zu belehren. Leser, wie sie Jo voraussetzt, konnten auch aus 13, 29 nicht schließen, daß das Fest noch bevorstehe, und nicht schon mit 13, 2 begonnen habe. Erst 18, 28 konnte sie beirren und hat, soviel wir wissen, zwar nicht die Schüler des Vf und die Kirche der Provinz Asien, wohl aber einige Gelehrte seit der Mitte des 2. Jahrhunderts zu der Meinung gebracht, welcher zu widersprechen heute beinahe für unschicklich gilt, daß nach Jo am Morgen des Todestages das Passamahl noch bevorgestanden (A 18). Mehr aber als der befremdliche Ausdruck φαγεῖν τι πάσχα hätte die gelehrten Leser, welche sich in die Lage der ersten Leser zu versetzen verstehen, befremden müssen, daß Jo an dieser späten Stelle seine Buchs und in einer ganz beiläufigen Bemerkung, die sich weder auf das letzte Mahl, noch auf das Handeln und Leiden Jesu am Tage seines Todes bezieht sondern nur den Umstand erklären soll, daß die Synedristen das Prätorium nicht betreten wollten, diejenige Anschauung, in welcher er seine Leser in der ganzen bisherigen Bericht 12, 1—18, 27 durch nichts gestört hatte, über den Haufen zu werfen versucht haben sollte. Glaublicher als dies wäre doch noch, daß in φάγωσιν ein alter Schreibfehler für ἄγωσιν vorläge, was dann selbstverständlich von der ganzen Feier des eben begonnenen 7tägigen Festes zu verstehen wäre. Es bedarf aber solcher Gewaltmittel nicht, da der Sprachgebrauch wonach „das Passa essen" eine nachlässige und volkstümliche Bezeichnung für die gesamte mit der Schlachtung der Passalämmer beginnende 7tägige oder eigentlich $7\frac{1}{2}$tägige Feier ist, ausreichend gesichert ist (A 18); und es bleibt wahrscheinlich, daß die Synedristen besonders an die sogenannte Chagiga, das Opfermahl des 15. Nisan dachten, welches nicht wie das Passamahl nach Sonnenuntergang, sondern im Lauf des Tages gehalten wurde. *Cum vulgo loquitur evangelista*, sagte mit Recht der alte Lightfoot (Opp. II, 670). Das Pochen auf ein einziges Nebensätzchen, vielleicht nur auf einen einzigen Buchstaben darin, ohne Rücksicht auf die Gesamtdarstellung des Buchs und deren deutliches Verhältnis zu den älteren Darstellungen ist nicht Genauigkeit der Auslegung der Quellen, sondern ein Verstoß gegen die Gebote geschichtlicher Auslegung. Das Verhältnis des 4. Ev zu den Syn. entspricht dem kurzgefaßten und daher allerdings der genaueren Ausführung bedürftigen Urteil des Jo von Ephesus über Mr: $\dot{\alpha}\varkappa\varrho\iota\beta\tilde{\omega}\varsigma\ \ddot{\epsilon}\gamma\varrho\alpha\psi\epsilon\nu$, $o\dot{v}\ \mu\acute{\epsilon}\nu\tau o\iota\ \tau\acute{\alpha}\xi\epsilon\iota$ und dem darauf gegründeten Urteil des Papias $o\dot{v}\delta\grave{\epsilon}\nu\ \ddot{\eta}\mu\alpha\varrho\tau\epsilon\nu\ M\tilde{\alpha}\varrho\varkappa o\varsigma$. Diese letzte Untersuchung bestätigt aber auch die in § 48—63 gewonnenen Urteile über die Entstehung der 3 ersten Evv.

1. Über das Verhältnis des Jo zu den Synoptikern cf Hug, Einl. II³, 191—205; Baur, Krit. Unters. über die kanon. Evv., 1847, S. 239—280; Holtzmann, Ztschr. f. wiss. Th. 1869 S. 62—85; 155—178; 446—456. Jede Bezugnahme des Jo auf die Syn. muß Wuttig (Titel oben S. 387) S. 52—59 bestreiten, da er vielmehr umgekehrt den Lc sein Ev zur Ergänzung des 4. Ev schreiben läßt S. 59—69; 96—102.

2. Daß Jo 1, 6—8. 15 keinen Ersatz für eine geschichtliche Orientirung bietet, wie sie Mt 3, 1—6; Mr 1, 2—8, vollends aber Lc 1, 5—25. 39—80; 3, 1—20 gegeben wird, liegt auf der Hand; ebenso, daß die hinter der Frage der Gesandtschaft liegende Vermutung, Jo wolle für den Messias gelten Jo 1, 20. 25 cf 3, 28; Lc 3, 15, nicht sobald auftauchen konnte. Ist v. 24 zweifellos $\dot{\alpha}\pi\epsilon\sigma\tau\alpha\lambda\mu\acute{\epsilon}\nu o\iota$ ohne Artikel zu lesen, so ist auch zu übersetzen: „und es waren Pharisäer gesandt“, denn $\dot{\epsilon}\varkappa\ \tau\tilde{\omega}\nu\ \Phi\alpha\varrho$. ist hier wie 16, 17 (ähnlich auch 7, 40; 9, 40; Ap 2, 10; 3, 9; 11, 9) nach hebräischer und syrischer Art (Blaß, Ntl Gr. S. 96; Nöldeke, Syr. Gr. § 249 c) = *des Pharisiens*. Neben der aus Priestern und Leviten, also gewiß nicht aus Pharisäern, wohl eher aus Anhängern der sadducäischen Partei bestehenden officiellen Gesandtschaft (cf 5, 33), hatten sich auch Sendlinge der pharisäischen Partei eingefunden. Auch der Ton ihrer Frage beweist, wie schon Origenes, freilich nicht ohne Beimischung von Irrigem, eingesehen hat (tom. VI, 5 in Jo), daß es sich um ganz andere Leute handelt, als v. 19—23. — Daß im 4. Ev der Täufer niemals $o\ \beta\alpha\pi\tau\iota\sigma\tau\acute{\eta}\varsigma$ genannt wird (Mt 6mal, Mr 3mal, Lc 3- oder 4mal, auch Josephus), während doch sein Taufen überall als seine charakteristische Berufstätigkeit erwähnt wird (1, 25. 26. 28. 31. 33; 3, 23; 4, 1; 10, 40), mag damit zusammenhängen, daß im 4. Ev der Apostel Jo niemals genannt wird und daher eine Unterscheidung des Täufers vom Apostel kein Bedürfnis war. — Aus dem verkehrten Bemühen, das frühere Zeugnis, auf welches sich der Täufer v. 30 (= v. 15) zurückbezieht, vorher berichtet zu finden, erklären sich die Varianten zu v. 27. Jenes in v. 30 wieder in Erinnerung gebrachte Zeugnis fällt vor den Anfang der Erzählung v. 19 ff., und da es die hohe Erkenntnis voraussetzt, welche der Täufer erst durch das Herabkommen des Geistes auf Jesus gewonnen hat (v. 31—34), so fällt erst recht diese sinnenfällige Offenbarung d. h. die Taufe Jesu vor v. 19—27. Dies ist ohnehin durch v. 26 verbürgt; denn das betonte $\ddot{o}\nu\ \dot{v}\mu\epsilon\iota\varsigma\ o\dot{v}\varkappa\ o\ddot{\iota}\delta\alpha\tau\epsilon$ schließt ein $\ddot{o}\nu\ \dot{\epsilon}\gamma\grave{\omega}\ o\ddot{\iota}\delta\alpha$ in sich, ohne welches auch das zuversichtliche $\mu\acute{\epsilon}\sigma o\varsigma\ \dot{v}\mu\tilde{\omega}\nu\ \sigma\tau\acute{\eta}\varkappa\epsilon\iota$ unverständlich wäre. Die als eine bekannte Vorstellung eingeführte Bezeichnung des Messias als $o\ \beta\alpha\pi\tau\acute{\iota}\zeta\omega\nu\ \dot{\epsilon}\nu\ \pi\nu\epsilon\acute{v}\mu\alpha\tau\iota\ \dot{\alpha}\gamma\acute{\iota}\dot{\omega}$ v. 33 setzt beim Täufer Bekanntschaft mit dieser Vorstellung und bei den

Lesern des 4. Ev mit Mr 1, 8 (Mt 3, 11; Lc 3, 16) voraus. Ebenso konnten nur Leser, welche Mr 1, 11 (Mt 3, 17; Lc 3, 22) kannten, verstehen, wie der Täufer auf Grund des v. 32—33 berichteten Erlebnisses bisher bezeugt haben will, was er v. 34 als Inhalt seines Zeugnisses angibt. Ist dort ohne Zweifel mit ℵ* Sc Ss e ἐκλεκτός statt des vulgären υἱός zu lesen, so entspricht dies dem richtig verstandenen ἐν ᾧ εὐδόκησα („welchen ich erkoren habe") der Synoptiker cf Lc 9, 35; 23, 35. Jo aber beweist hiedurch, ähnlich wie Pt (oben S. 57 ff.), eine von dem Wortlaut der Syn. unabhängige Kunde.

3. Die Weglassung des Artikels vor φυλακήν 3, 24 vielleicht schon bei Origenes und Eusebius zeigt, daß man sich in die Bestimmtheit, mit welcher Jo von der Tatsache redet, nicht finden konnte.

4. Die richtige, eigentlich selbstverständliche Auffassung von 4, 44 hat namentlich Hofmann, Weissagung u. Erfüllung II, 86 geltend gemacht. Sicher ist: 1) Im hiesigen Zusammenhang, wo nur die Landschaften Judäa und Galiläa und als Durchgangsgebiet Samaria genannt sind (3, 22; 4, 3. 4. 43—45. 47. 54), kann die ἰδία πατρίς Jesu nur Galiläa, nicht das gar nicht genannte Nazareth oder gar Judäa sein. 2) Die Bemerkung, die auch schon 4, 3 am Platz gewesen wäre, wird doch 4, 44 passend eingefügt, weil der überraschend große und ungesuchte Erfolg in Sychar, welcher einen Anderen von seinem nächsten Beruf und von dem eben erst gefaßten Entschluß, vorläufig von öffentlichem Wirken zurückzutreten (4, 1—3), hätte abwendig machen können, Jesum nicht dazu verleitet hat, sondern unter gleichzeitiger Erwägung der Erfahrungswahrheit, daß gerade in der eigenen Heimat ein Prophet nicht sonderlich hochgeschätzt zu werden pflegt, ihn zu baldigem Aufbruch von Sychar und zu sofortiger Weiterreise in seine galiläische Heimat bewogen hat. Ob Jesus bei dieser Gelegenheit das Wort vom Propheten gesprochen hat, oder ob Jo durch die Erinnerung daran, daß Jesus bei anderer Gelegenheit diese sprichwörtliche Rede einmal gebraucht hat (Mt 13, 57; Mr 6, 4; Lc 4, 24), die Erwägungen deuten will, mit welchen Jesus nach Galiläa weiterreiste, wird sich wohl nicht entscheiden lassen. 3) αὐτὸς Ἰησοῦς (ohne Artikel wie 2, 24) heißt nicht wie Ἰησοῦς αὐτός 4, 2 „Jesus selbst" im Gegensatz zu seinen Jüngern oder anderen Leuten, von denen man eher denken möchte, daß sie so geurteilt haben, sondern ganz wie 2, 24 „er seinerseits" dachte und sprach so, im Gegensatz dazu, daß von anderer Seite anders gedacht und verfahren wurde, und zwar in diesem Fall, daß der Erfolg der Absicht Jesu nicht völlig entsprach. 4) Die Forderung, daß dann v. 45 statt οὖν ein δέ stehen müßte, ist abzulehnen; denn auf alle Fälle bringt v. 45 nicht eine Folge und Wirkung von v. 44 oder v. 43. Die freundliche Aufnahme, die Jesus bei den Galiläern erfuhr, war weder eine Folge der Erfahrungswahrheit in v. 44, noch des Umstandes, daß er dieselbe ausgesprochen hatte, noch seiner Reise nach Galiläa (v. 43), oder gar seiner nicht erzählten Tätigkeit in Galiläa, sondern der Wundertätigkeit in Jerusalem. Es dient also οὖν, eine Partikel, welche Jo maßlos häufig gebraucht (etwa 210 mal, alle drei Syn. zusammen nur etwa 110 mal), hier wie oft bei Jo, zumal hinter einer Zwischenbemerkung lediglich zur Wiederaufnahme oder auch nur Weiterführung der Erzählung cf 3, 25; 4, 5. 9 (sicher echt); 11, 3. 6. 14. Der Gegensatz zwischen der Ansicht und Absicht, mit welcher Jesus nach Galiläa ging (4, 1—3. 43—44), und der Aufnahme, die er fand, ist ebensowenig wie überall da, wo Jo Gegensätzliches durch καί verknüpft (z. B. 1, 10. 11), formell ausgedrückt. Daß aber Jesus an seiner Ansicht und Absicht festhielt, ist durch v. 48 und durch das Schweigen des Ev über eine öffentliche Wirksamkeit, in welche Jesus sich hätte hineinziehen lassen, verbürgt.

5. Es ist hier nicht der Ort, die ev Geschichte zu ordnen, aber doch kurz das Schema derselben nach Jo zu zeichnen. Liest man 5, 1 mit ℵ C etc. ἡ ἑορτή, so sollte nicht zweifelhaft sein, daß darunter das Hüttenfest zu verstehen ist; denn 7, 2 wird der an sich genügende Ausdruck ἡ ἑορτὴ τῶν Ἰουδαίων durch die Apposition ἡ σκηνοπηγία

erklärt (6, 4 läßt sich nicht vergleichen), was dem schon im AT sich anbahnenden, in den Talmuden üblichen Gebrauch von חג in dem engeren Sinn von Hüttenfest (s. Levy, Jastrow, Dalman s. v.) und der hervorragenden Volkstümlichkeit dieses Festes entspricht. Nur die Verwechselung der Bedeutung, welche das jüdische Passa durch die Leidensgeschichte für die Christenheit und ihren Kultus gewonnen hat, mit der Schätzung dieses und der anderen Feste seitens der Juden konnte die Kirchenväter von Irenäus an und manche moderne Exegeten zu dem Irrtum verleiten, daß „das Judenfest“ schlechtweg das Passa sei. Ist das Hüttenfest gemeint, so liegen zwischen dem December (4, 35) und dem Hüttenfest (5, 1) etwa 9 Monate, in welche ein ebenso wie alles Andere, was in diese Zeit fällt, mit Schweigen übergangenes Passa fällt. Wir hätten also außer den 3 erwähnten Passafesten 2, 13—23; 6, 4; 11, 55—20, 29 noch ein viertes zwischen 4, 35 und 5, 1 und zwischen dem ersten Passa 2, 13 und dem vierten 11, 55 einen Zeitraum von 3 Jahren. Bevorzugt man die LA ἑορτή ohne Artikel (ABD etc.), so könnte man aus formellen Gründen gleich gut jedes beliebige Fest, also auch das Purimfest verstehen, welches auf den December (4, 35) folgte und dem Passa (6, 4) um einen Monat voranging. Dies ist aber sachlich unmöglich, wenigstens unter der Voraussetzung, daß Jo Geschichte erzählt. In den einen Monat zwischen Purim und Passa, von welchem noch die Rückreise von Jerusalem nach Galiläa und die Tage, welche zur Zeit der Speisung noch bis zum Passa zu verstreichen hatten (6, 4), abzuziehen sind, also in einen Zeitraum von etwa 3 Wochen kann man die große galiläische Wirksamkeit, für welche Jo vor c. 5 keinen Raum läßt und welche er in c. 6 voraussetzt, d. h. den Inhalt von Mt 4, 12—14, 12 unmöglich einzwängen. Man müßte also bei der LA ἑορτή an Passa, Pfingsten oder Laubhütten denken. Nicht nur bei der dritten dieser Annahmen, welche bei der LA ἡ ἑορτή sich von selbst ergibt, sondern auch bei der ersten oder zweiten Annahme fiele in das Schema des Jo außer den drei genannten Passafesten ein viertes und zwar ein zwischen 4, 35 und 6, 4 fallendes Passa. Der ganze Verlauf wäre also der gleiche wie bei der LA ἡ ἑορτή, und es bestünde zwischen den verschiedenen Möglichkeiten nur der Unterschied, daß je nachdem der Abstand zwischen 4, 35 und 5, 1 oder der zwischen 5, 1 und 6, 4 von verschiedener Größe wäre, während der Abstand zwischen 4, 35 und 6, 4 und die Ausdehnung der ganzen ev Geschichte in allen Fällen sich gleich bliebe.

6. Übereinstimmungen zwischen Jo 6, 3—13 und Mt 14, 13—21; Mr 6, 34—44; Lc 9, 11—17 sind abgesehen von der allgemeinen Gleichheit des Vorgangs und der Situation: 1) die Zahl der 5 Brode und 2 Fische, 2) die 12 Körbe mit Brocken, 3) die 5000 Männer (nur Mt schließt die Frauen und die Kinder ausdrücklich aus), 4) die 200 Denare (nur Mr 6, 37 und Jo 6, 7). Eigentümlichkeiten des Jo 1) das Gespräch zwischen Jesus, Philippus und Andreas (wovon die Synopt. nur ein abgeblaßtes Bild geben, nur Mr ein etwas lebhafteres, so daß man nach Jo zu Mr 6, 37 den Namen Philippus, zu Mr 6, 38 den Namen Andreas setzen kann, wie denn auch sonst zu bemerken ist, daß Jo sich am nächsten mit Mr berührt: zweimaliges ἀναπίπτειν Jo, einmaliges Mr, malerische Schilderung des grasbedeckten Bodens bei Mr durch χλωρός, bei Jo durch πολύς), 2) das παιδάριον v. 9, 3) das Attribut der Brode κρίθινοι v. 9. 13 und die Bezeichnung der Fische als ὀψάρια v. 9. 11.

7. Daß Jo 12, 2—8 und somit auch 11, 2 die gleiche Tatsache gemeint ist, wie Mt 26, 6—13; Mr 14, 3—9 und nicht die Geschichte Lc 7, 36—50, ist durch den Ort (Bethanien), die Nähe des Passas, den Charakter der Salbenden, die wesentliche Identität einerseits und Verschiedenheit andrerseits der durch die Handlung veranlaßten Reden gesichert. Ebenso unleugbar aber ist, daß Jo 12, 3 durch die Angabe, daß Maria die Füße Jesu gesalbt und diese mit ihren Haaren getrocknet habe, von Mt 26, 7 (ἐπὶ τὴν κεφαλήν) und Mr 14, 3 (κατὰ τῆς κεφαλῆς), welche vom Salben gerade der Füße und vom Trocknen mit den Haaren nichts sagen, abweicht, obwohl das Eine das Andere

nicht ausschließt und das unbestimmte τὸν κύριον 11, 2 beides zusammenfassen könnte, und daß Jo dagegen hierin mit Lc 7, 38 sich berührt. Sogar das Wort des Lc ἐκμάσσειν kehrt Jo 11, 2; 12, 3 wieder. Die Frage, ob Lc eine geschichtliche, also von der Salbung in Bethanien verschiedene Tatsache berichte, oder ob dieselbe Tatsache in den beiden grundverschiedenen Gestalten überliefert worden ist, welche wir bei Mt, Mr, Jo einerseits und bei Lc andrerseits vorfinden, kann hier nicht erledigt werden. Wenn für letztere Annahme zu sprechen scheint, daß der Gastgeber bei Lc wie bei Mt und Mr Simon heißt, und daß Lc mit Rücksicht auf seine eigentümliche Salbungsgeschichte die ihm aus Mr bekannte Salbung in Bethanien übergangen hat (oben S. 401), so ist doch andrerseits die Möglichkeit nicht ausgeschlossen, daß zwei verschiedene, aber in einigen Punkten übereinstimmende Ereignisse in der mündlichen Tradition einander mehr als billig assimilirt worden und dadurch Ähnlichkeiten entstanden sind, welche den Verdacht des kritisch gestimmten Forschers erregen. Doch betrifft diese Frage mehr die ἀσφάλεια der von Lc benutzten Überlieferungen als das Verhältnis des Jo zu den Syn. Mit Mr, nicht mit Mt, trifft Jo zusammen 1) in der Schätzung der Salbe zu 300 Denaren (v. 5 = Mr 14, 5 mit ἐπάνω davor, Mt 26, 9 nur πολλοῦ), 2) in dem beinah völligen Gleichklang der teilweise seltenen Worte λαβοῦσα λίτραν μύρου νάρδου πιστικῆς πολυτίμου = Mr ἔχουσα ἀλάβαστρον μύρου νάρδου πιστικῆς πολυτελοῦς (dagegen Mt wahrscheinlich ἔχουσα ἀλ. μύρου βαρυτίμου). Fast identisch mit Mt v. 11 ist Jo v. 8; nur Mr v. 7 schiebt ein καὶ ὅταν θέλητε δύνασθε (al. add. αὐτοῖς oder αὐτούς oder αὐτοῖς πάντοτε) εὖ ποιῆσαι. Die wichtigeren Abweichungen des Jo, abgesehen von den vorhin schon erwähnten in bezug auf die Handlung der Maria selbst, sind folgende: 1) Während durch den Anschluß der Geschichte bei Mt und Mr der bei genauer Beachtung der Worte allerdings verschwindende Schein entstehen konnte, als ob dieselbe zwei Tage vor dem Passa sich zugetragen habe (Mt 26, 2. 6; Mr 14, 1. 3), sagt Jo 12, 1, Jesus sei 6 Tage vor dem Passa angekommen, so daß das ihm zu Ehren veranstaltete Mahl entweder an demselben oder dem nächsten Tage, jedenfalls aber am Tage vor dem Einzug (12, 12) zu denken ist. Es ist das ebensowenig wie 3, 24 eine Korrektur der Syn., vielmehr Beseitigung eines Misverständnisses, welches aus der die Zeitfolge nicht genau wiedergebenden Darstellung jener leicht entstehen konnte. 2) Jo nennt nicht den Gastgeber Simon, sagt aber auch nicht, wer das Mahl veranstaltet und, was damit gegeben ist, in wessen Haus es stattfand. Daß er es sich nicht im Hause der Geschwister denkt, ergibt sich daraus, daß es dann überflüssig gewesen wäre zu bemerken, daß Martha bei der Aufwartung behilflich war, und vollends, daß Lazarus einer der Tischgäste war. 3) Nur Jo erwähnt das Maß oder Gewicht des Nardenöls (v. 3 cf 19, 39). 4) Jo läßt den Judas wesentlich dasselbe sagen, was nach Mt v. 8 die Jünger insgemein, nach Mr v. 4, dem also auch hierin Jo näher steht, Einige aus dem Jüngerkreis sagen. Das Verhältnis ist genau dasselbe wie Jo 6, 5—9 s. oben A 6. Das Geschäft des Harmonisten ist hier leicht genug. Die Erläuterung der Rede des Judas v. 6 cf 13, 29 erscheint um so mehr als ein Ausfluß selbständiger Kunde, als Jo die Bezahlung des Verräters seitens des Synedriums, welche doch dadurch verständlicher wird, gar nicht berichtet. 5) Ohne Zweifel ist v. 7 zu lesen ἵνα εἰς τὴν ἡμέραν τοῦ ἐνταφιασμοῦ μου τηρήσῃ αὐτό, eine LA, welche in Rücksicht darauf, daß diese Maria an dem Begräbnis Jesu gar nicht beteiligt war, und daß auch diejenigen Weiber, welche Jesum salben wollten, nicht dazu gekommen sind (Mr 16, 1; Lc 23, 56; 24, 1), leicht durch τετήρηκεν ohne ἵνα verdrängt wurde, ohne daß doch dadurch wirkliche Übereinstimmung mit Mt v. 12; Mr v. 8 hergestellt wurde. Nach dem echten Text von v. 7 will Jesus eine Wirkung des Wortes des Judas auf das zukünftige Verhalten der Maria und des Jüngerkreises abwehren. Er setzt voraus, daß Maria den in dem Ölglas zurückgebliebenen Rest der Narde gerne zur Salbung seines Leibes verwenden werde, wenn er als Leiche ins Grab gelegt werde. Zugleich kündigt er damit an, daß dies bald geschehen werde. Gemeinsam ist dem Jo mit Mt und Mr nur die Erinnerung an das bevorstehende Begräbnis Jesu. Im übrigen korrigirt Jo hier die Syn.

8. Die LA zu Jo 1, 13 ὅς . . . ἐγεννήθη (s. Tischend.; Westcott-Hort app. 74), abhängig gedacht von αὐτοῦ, ist bis jetzt nur bei abendländischen Zeugen nachgewiesen, sofern man auch Justin diesen zuzählen darf (Ss ist defekt), ist aber nicht erst auf lat. Boden entstanden; denn Irenäus, welcher III, 16, 2; 19, 2; 21, 5 die Stelle beharrlich auf die Menschwerdung Christi bezieht, und Tertullian, welcher die Valentinianer, die den gewöhnlichen Text hatten, der Fälschung beschuldigt (de carne Chr. 19 cf c. 24), hatten nur eine griechische Bibel, und von Justin ist kaum zu bezweifeln, daß er gleichfalls ὅς . . ἐγεννήθη las GK I, 518 f. Zur Sache cf meine Schrift über das ap. Symb. S. 62 f. — Leser, wie sie 1, 13 voraussetzt, konnten auch nicht durch die Äußerung des Philippus am ersten Tag seiner Bekanntschaft mit Jesus (1, 46) oder gar durch 6, 42 zu der Meinung verleitet werden, daß Jesus ein Sohn Josephs sei; denn sie wußten, daß die Juden trotz ihrer gegenteiligen Meinung die wahre Herkunft Jesu überhaupt nicht (7, 27—29; 8, 14), Philippus aber und die anderen Jünger nur spät erkannt haben (14, 8—11; 16, 27—30). Sie bedurften auch nicht einer pedantischen Belehrung darüber, daß Jesus in der Tat die Eigenschaften der Abkunft von David und der Herkunft aus Bethlehem besaß, welche von Leuten aus dem Volk, die ihn nur als Galiläer kannten, gelegentlich wenigstens in Zweifel gezogen wurden (7, 41 f. cf 1, 45. 46; 7, 52). Andernfalls wäre es eine unverzeihliche Unvorsichtigkeit und nur ein Mittel zur Vereitelung des 20, 31 angegebenen Zwecks gewesen, daß der Ev diese kritischen Bemerkungen unwiderlegt ließ und auch nicht leugnete, was freilich nicht zu leugnen war, daß jene Postulate in der Tat in der Schrift (7, 42), in Gesetz und Propheten (1, 45) begründet seien.

9. Daß der Inhalt von c. 13—17 um die Zeit des Passas sich zugetragen, wußte der Leser, da Jo bis dahin überall die Reihenfolge der Ereignisse streng innegehalten hat, bereits durch 12, 1. 12. 20, und er wurde durch 13, 1. 29 hierüber nicht genauer belehrt, sondern nur durch beiläufige, anderem Zweck dienende Bemerkungen wieder daran erinnert. In bezug auf 13, 1—4 kann hier nur Folgendes bemerkt werden: 1) Da v. 1 einen grammatisch vollständigen Satz bildet, und da die von dem zweimaligen εἰδώς ὅτι v. 1 und v. 3 abhängigen Objektssätze sehr verschiedenen Inhalts sind, so ist es unstatthaft, eine Art von logischem Anakoluth anzunehmen, das zweite εἰδώς für eine Wiederaufnahme des ersten zu halten und vermöge dieser Fiktionen die Zeitangabe von v. 1 auf die Fußwaschung von v. 4 ff. zu beziehen. 2) In v. 1 ist von der Fußwaschung gar noch nicht die Rede. Wenn das rechte ἀγαπᾶν immer eine in Taten sich erweisende Gesinnung ausdrückt (1 Jo 3, 18), und das Wort gelegentlich wie φιλεῖν die bestimmte Liebesäußerung des Küssens bezeichnet (Ign. ad Polyc. 2, 3; bei demselben von der Feier des Liebes- und Abendmahls ad Smyrn. 7, 1 und ἀγάπη selbst Ju 12; 2 Pt 2, 13 oben S. 71), so kann doch hier ἠγάπησεν nichts anderes bedeuten, als ἀγαπήσας vorher, d. h. nur die hingebende, natürlich in Worten und Taten sich äußernde Liebe Jesu zu den Seinigen. Die Übersetzung „einen Liebesbeweis geben", womit dann doch die Fußwaschung gemeint wäre, ist nicht nur an sich unerlaubt und mit der Korrelation zwischen ἀγαπήσας und ἠγάπησεν unvereinbar, sondern auch mit εἰς τέλος unverträglich; denn mag man dies im Sinne von „bis zu Ende" (Mt 10, 22; 24, 13) oder im Sinn von „schließlich" und „endgiltig" (1 Th 2, 16; Lc 18, 5) nehmen, Jesus hat den Jüngern weder bis zu Ende, noch endgiltig die Füße gewaschen, und die Fußwaschung ist auch nicht die letzte oder gar die endgiltige Erweisung der Liebe Jesu zu den Seinigen. Der größte Liebesbeweis stand noch bevor (15, 13; 19, 17—37), und es sollte nach der Auferstehung und der Erhöhung nicht an solchen fehlen; sie fehlten auch nicht zwischen der Fußwaschung und der Hingabe des Lebens. Abgesehen davon, daß alles Reden 13, 18—17, 26

Beweis großer Liebe war, cf besonders 18, 8; 19, 26f., wohingegen die Fußwaschung gar nicht als Beweis der Liebe, sondern als Beispiel demütiger Dienstleistung hingestellt wird (13, 12—17). Die Worte $\dot{\alpha}\gamma\alpha\pi\dot{\eta}\sigma\alpha\varsigma$ $\alpha\dot{v}\tauo\acute{v}\varsigma$ dienen als eine Überschrift von c. 13—17 oder auch c. 13—20 und besagen nur dies, daß Jesus seinen in der Welt befindlichen und auch fernerhin darin verbleibenden Angehörigen seine schon immer ihnen zugewandte Liebe bis zum Ende bewahrt habe. Anstatt, wie andere Menschen in ähnlicher Lage, angesichts des nahen und schrecklichen Todes mit sich selbst beschäftigt zu sein und etwa Hilfe oder Trost von den Seinigen zu begehren, war er beständig darauf bedacht, ihnen liebevoll zu dienen und zu helfen. 3) Zu diesem Satz, in welchem $\varepsilon\iota\varsigma$ $\tau\acute{\varepsilon}\lambda o\varsigma$ nur gleich $\dot{\varepsilon}\omega\varsigma$ $\tau\acute{\varepsilon}\lambda ov\varsigma$ sein kann, paßt schon wegen dieser Zeitbestimmung die andere Zeitbestimmung $\pi\varrho\grave{o}$ $\tau\tilde{\eta}\varsigma$ $\dot{\varepsilon}o\varrho\tau\tilde{\eta}\varsigma$ $\tauo\tilde{v}$ $\pi\acute{\alpha}\sigma\chi\alpha$ schlechterdings nicht, diese gehört also zu $\varepsilon\iota\delta\acute{\omega}\varsigma$, wie schon Ss erkannt hat. Die gewaltigen Ereignisse, welche den ganzen Jüngerkreis erschüttern und aller Fassung berauben sollten (14, 1; 16, 20—33), haben Jesum nicht erschüttert, weil sie ihn nicht überrascht haben. „Als einer, der vor dem Passafest wußte, daß die Stunde seines Hingangs aus der Welt zu Gott gekommen sei, bewahrte Jesus den Seinigen . . . bis ans Ende seine Liebe." Wie das Bewußtsein der ihm verliehenen Herrschermacht den Hintergrund der demütigen Fußwaschung bildet (v. 3 ff.), so erklärt das den Ereignissen voraneilende Bewußtsein des bevorstehenden Heimgangs die Ruhe und Klarheit, mit welcher Jesus in das Leiden eintrat, und die liebevolle Hingebung, mit welcher er bis zum letzten Atemzug nicht um sich, sondern um die Seinigen sich bemüht zeigt: ein echt johanneischer Gedanke (18, 4; 19, 28 cf 6, 64; 7, 8; 9, 4f.; 11, 9f.; 12, 7. 23—36; in der Anwendung auf die Jünger 13, 19; 14, 29; 16, 4). Die Voranstellung der Zeitbestimmung bedarf ebensowenig der Rechtfertigung, wenn sie zu $\varepsilon\iota\delta\acute{\omega}\varsigma$, als wenn sie zu $\dot{\eta}\gamma\acute{\alpha}\pi\eta\sigma\varepsilon\nu$ gehört, gibt derselben aber den Nachdruck, der beabsichtigt ist (cf 1, 1. 48): „schon vor dem Fest und nicht erst an demselben", d. h. schon ehe die Ereignisse eintraten (13, 19), nicht erst bei und durch deren Eintritt hat Jesus dies erkannt. Daß die im Folgenden erzählten Ereignisse in die Passazeit fielen, ist dabei als bekannt vorausgesetzt und indirekt bezeugt. 4) Selbst wenn in v. 1 von der Fußwaschung die Rede wäre, könnte $\pi\varrho\grave{o}$ τ. $\dot{\varepsilon}$. τ. π. nicht Zeitbestimmung hiezu sein. Denn sollte dies heißen „kurz oder unmittelbar vor Anbruch des Festes" (Xen. Cyrop. V, 5, 39 $\pi\varrho\grave{o}$ $\delta\varepsilon\acute{\iota}\pi\nu ov$), so würden wir in die letzten Stunden vor der Schlachtung der Passalämmer, also wohl an den Vormittag oder Mittag des 14. Nisan versetzt; während schon der Ausdruck $\delta\varepsilon\acute{\iota}\pi\nu ov$ v. 4 cf 30 uns an den Abend versetzt. Nimmt man die gewöhnliche Bedeutung von $\pi\varrho\acute{o}$ im Gegensatz zu $\mu\varepsilon\tau\grave{\alpha}$ $\tau\grave{\eta}\nu$ $\dot{\varepsilon}$. oder $\dot{\varepsilon}\nu$ $\tau\tilde{\eta}$ $\dot{\varepsilon}$. an, so wäre dem Leser überlassen, sich irgend einen Moment während der ganzen Zeit von dem zuletzt angegebenen Zeitpunkt an (12, 1. 12) bis zum Nachmittag des 14. Nisan zu wählen. Es wäre also Tag und Stunde der Fußwaschung sehr unbestimmt gelassen. Das Unglaublichste aber ist, daß Jo, welcher das Mahl, von dem er berichtet, gar nicht als das letzte Mahl Jesu bezeichnet und welcher von den durch die Syn. berichteten Vorgängen während des letzten Mahles sehr Wichtiges (Abendmahlsstiftung u. dgl.) gar nicht berichtet, durch diese in sich, wie gezeigt, sinnlose Zeitbestimmung der Fußwaschung die Syn. korrigirt haben soll, welche die Fußwaschung gar nicht berichten. Man traut dem Ev, der jedenfalls nicht geistloser war, als Einige seiner Ausleger, den Gedanken zu: „Jesus hat sein letztes Mahl mit den Jüngern nicht am Passafest gehalten, sondern er hat vor dem Passafest bei Gelegenheit eines nicht näher bezeichneten Mahles ($\delta\varepsilon\acute{\iota}\pi\nu ov$ v. 2 ohne Artikel) den Jüngern die Füße gewaschen", was doch nur ebenso thöricht wäre, wie der Satz: „Luther hat nicht erst am 10. December 1520 die Bannbulle verbrannt, sondern hat vielmehr schon am 31. Oktober 1517 die 95 Thesen angeschlagen." 5) Da $\delta\varepsilon\acute{\iota}\pi\nu ov$ $\gamma\acute{\iota}\nu\varepsilon\tau\alpha\iota$ nichts anderes heißt, als „eine Mahlzeit findet statt", nicht „wird bereitet" oder „beginnt" (cf 2, 1; 10, 22; Mt 26, 2), so besagt die LA δεῖπνον γινομένου (א* BLX Orig. tom. XXXII, 2), welche zu v. 4 besser paßt, „bei stattfindender Mahlzeit“, δεῖπνον γενομένου (אa A D etc.) „nach stattgehabter Mahlzeit“. Die Entscheidung über diese Variante ist für den Harmonisten wichtig genug; für die vorliegende Frage ist wichtiger, daß Jo gar nicht erst nötig findet, eigens zu sagen, daß eine Abendmahlzeit veranstaltet worden sei, bei deren Gelegenheit die folgenden Ereignisse sich zugetragen haben (cf dagegen 12, 2; Mr 6, 21; Lc 14, 16), und daß er auch nicht das betreffende Mahl positiv oder negativ näher charakterisirt. Nachdem er die Leser durch v. 1 darauf vorbereitet hat, daß er von hier ab erzählen werde, was sich am Passafest zugetragen habe (s. unter Nr. 3), war er sicher, dahin verstanden zu werden, daß das sofort erwähnte Mahl eben dasjenige sei, von welchem die Leser wußten, daß es den Anfang der Passafeier bildete, und daß es das letzte Mahl Jesu gewesen sei.

10. Die Bezeichnung der σάρξ statt des σῶμα Christi als der himmlischen Materie im Abendmahl bei Ignatius, Justinus und Irenäus sowie die Anschauung vom Abendmahl als φάρμακον ἀθανασίας beruht ganz auf Jo 6 cf Ign. Eph. 19, 2; Smyrn. 7, 1; Rm 7, 3; Philad. 4; Just. apol. I, 66; Iren. IV, 18, 5; V, 2, 2 f.; Clem. quis div. 23; m. Ignatius v. Ant. S. 605; ob auch Marcion in Betracht kommt s. GK. I, 677; II, 472. Gemeinden, welche das Abendmahl εὐχαριστία und eine Jahresfeier, deren Hauptstück die Eucharistie war, Passa nannten, wurden schon durch 6, 4, eine sonst belanglose Zwischenbemerkung, und durch 6, 11. 23 zu solchem Verständnis angeleitet.

11. Die Meinung, daß Jo 4, 46—54 eine Umgestaltung von Mt 8, 5—10; Lc 7, 2—10 sei, ist unhaltbar. Der Nerv der syn. Erzählung liegt darin, daß der Hauptmann ein Heide ist, welcher durch seinen Glauben Israel beschämt. Der königliche Beamte des Jo dagegen wird von Jesus als Repräsentant der wegen ihrer Wundersucht tadelnswerten Bevölkerung Galiläas betrachtet (v. 48), ist also als Jude gedacht und ist in den Lc 8, 3; AG 13, 1 angedeuteten Kreisen der Beamten des „Königs“ Herodes Antipas (Mt 14, 9; Mr 6, 14) zu suchen. Der Gedanke der syn. Erzählung würde in den Zusammenhang des Jo ganz gut passen: Judäer (3, 22—4, 2), Samariter (4, 3—43), ein Heide würden eine Stufenleiter bilden, und allgemeine Gründe kann Jo gegen die Anerkennung des starken Glaubens eines Heiden nicht gehabt haben cf 10, 16; 11, 52; 12, 20. 32; 17, 2. 20. — Schwieriger ist über das Verhältnis von Jo 2, 13—22 zu der sehr ähnlichen Erzählung Mt 21, 12—16; Mr 11, 15—18; Lc 19, 45 f. zu urteilen. Möglich ist, 1) daß die Synoptiker, welche überhaupt nur von einem einzigen Besuch Jerusalems erzählen, in diesen Bericht Tatsachen mit aufgenommen haben, welche einem früheren Besuch angehören, und daß Jo durch die Zurückverlegung die ältere Darstellung stillschweigend berichtigte. Möglich ist auch, 2) daß Jesus zweimal Ähnliches bei dem ersten und dem letzten Besuch Jerusalems getan hat. Da Jo die spätere Handlung mit Allem, was in den folgenden Tagen ihr folgte, hinter 12, 19 übergehen wollte, erzählte er die erste. Gegen Ersteres spricht die Genauigkeit der Darstellung des Mr in der Verteilung der Tatsachen auf verschiedene Tage (11, 11—15). Ein Grund, warum Jo die Korrektur stillschweigend statt ausdrücklich vorgenommen hätte, läßt sich aus seinem sonstigen Verfahren nicht herleiten. Ferner ist das Wort, womit Jesus die Handlung begleitet, der verschiedenen Zeit entsprechend ein verschiedenes. Bei seinem ersten Tempelbesuch nach der Taufe fühlt sich Jesus, wie schon als Knabe (Lc 2, 49), als der Sohn in seines Vaters Haus, übt Hausrecht und tadelt den Misbrauch der heiligen Räume zu Handelsgeschäften (Jo 2, 16 cf Lc 2, 49). Drei Jahre später (Mt 21, 13; Lc 19, 46) spricht der Prophet, welchen Jerusalem wie seine Vorgänger morden wird (Lc 13, 33 f.), in Worten der Propheten von der Bestimmung des Tempels (Jes 56, 7), welchen die Juden zu einer Räuberhöhle gemacht haben, in der sie sich und ihren Raub sicher wissen vor dem Arm der göttlichen Gerechtigkeit (Jer 7, 2—11). Beide Male wird er nach seiner Legi-

timation gefragt; aber das erste Mal antwortet er mit einem Rätselwort, das weder Feind noch Freund verstanden (Jo 2, 18—22), das andere Mal mit einer unmisverständlichen Gegenfrage (Mt 21, 24 ff.). Nimmt man dazu die Menge kleiner Eigentümlichkeiten des Jo auch in dem, was beiden Erzählungen gemeinsam ist (das κέρμα der κερματισταί, die Geißel aus Stricken, die Anrede an die Taubenverkäufer, die bange Ahnung der Jünger), so steht man vor der Wahl, ob hier ein Dichter — man weiß nicht, warum — mit wunderbarer Kunst aus verbrauchtem Material ein neues, der angenommenen Situation höchst angemessenes Bild geschaffen hat, oder ob ein Augenzeuge die damals empfangenen Eindrücke treu wiedergibt, ohne damit die Geschichtlichkeit des von den Syn. erzählten ähnlichen, aber späteren Vorgangs anfechten zu wollen.

12. Ss (p. 303 f. s. auch den Ergänzungsband p. 138) und aller Wahrscheinlichkeit nach schon Tatian (Th. Ltrtrbl. 1895 S. 20 f.) hat Jo 18, 24 gleich hinter v. 13 und v. 16—18 zwischen v. 23 und 25 gestellt. Die Randlesart von S³ (also eine von Thomas benutzte alex. Hs) und Cyrillus Al. stellen wenigstens v. 24 hinter v. 13, ebenso eine jüngere Hand in Sh (ed. Lagarde p. 393 Note), wo aber die Worte ἦν—Καϊάφα fehlen; min. 225 hat v. 24 hinter πρῶτον v. 13a gestellt. Ursache der Änderung ist 1) die Not der Harmonisten wegen des Widerspruchs mit Mt 26, 57, welcher durch diese Änderung darauf beschränkt wurde, daß Mt ein ganz untergeordnetes Moment übergangen hatte; 2) das damit zusammenhängende Befremden darüber, daß nach Jo bei Kajaphas gar nichts geschehen zu sein schien; 3) die Erwägung, daß ὁ ἀρχιερεύς v. 19. 22 nach 11, 49—51; 18, 13 f. 24 nur Kajaphas, nicht Hannas sein könne. Dann schien aber auch der Schauplatz der Handlung nur die Wohnung des Kajaphas sein zu können. Die Erwägung unter Nr. 3 ist richtig, aber die Schlußfolgerung ist falsch. Da Jo überall die hohepriesterliche Würde des Kajaphas so stark betont und dagegen den Hannas niemals als Hohenpriester bezeichnet (Lc 3, 2) oder auch nur sagt, daß er das Amt früher verwaltet hatte, sondern die Zuführung Jesu zu ihm lediglich durch seine Verwandtschaft mit dem Hohenpriester Kajaphas motivirt, so ist unbestreitbar v. 19. 22 und auch v. 10 15. 16. 26 Kajaphas gemeint. Dadurch ist aber nicht im mindesten ausgeschlossen, was Jo erzählt, daß man den Gefangenen zunächst zu dem alten Herrn Hannas führte, und dort ein vorläufiges Verhör anstellte, an welchem sich nach Mt 26, 57. 59; Mr 14, 53. 55 zahlreiche Synedristen beteiligten. Daß dabei der fungirende Hohepriester in der Wohnung seines Schwiegervaters an Jesus einige Fragen richtete (Jo 18, 19), bedarf ebensowenig einer Rechtfertigung, als daß man später zum Zweck der förmlichen Gerichtssitzung, welche im voraus auf eine bestimmte Stunde des frühesten Morgens und für ein bestimmtes Lokal anberaumt gewesen sein wird, sich mit dem Gefangenen in die Wohnung des regierenden Hohenpriesters begab (v. 24). Die alte Annahme, daß Hannas und Kajaphas verschiedene, einen Hof einschließende Flügel eines einzigen größeren Palastes bewohnten, empfiehlt sich immer wieder nicht nur bei Vergleichung von Jo 18, 25—27 (zwischen v. 24 und 28) und Lc 22, 61, sondern auch wegen 18, 15. Um zu Hannas zu kommen, oder um in der Nähe des dorthin gebrachten Jesus zu sein, mußte man in die αὐλὴ τοῦ ἀρχιερέως (Jo 18, 15; Mr 14, 54 oben S. 251), in den aus mehreren Gebäuden, Flügeln und Hofräumen bestehenden Palast des jeweiligen Hohenpriesters, d. h. nach Jo des Kajaphas eindringen. Diese Annahme macht es doppelt erklärlich, daß die Überlieferung der sonst bestunterrichteten Kreise in bezug auf die Verteilung der einzelnen Akte auf die verschiedenen Örtlichkeiten und Versammlungen eine unsichere war. In der αὐλή oder οἰκία τοῦ ἀρχιερέως (Lc 22, 54) spielte Alles.

13. Über die Osterstreitigkeiten, schon S. 449. 458 f. vorläufig berührt, cf E. Schürer, De controversiis paschalibus 1869, in deutscher Bearbeitung Ztschr. f. hist. Th. 1870 S. 182—284. wo die frühere Literatur verzeichnet ist; dazu noch GK I, 180—192; Forsch IV, 283—308.

14. Wenn die tübinger Kritiker (Baur, Krit. Unters. 273 ff.; Hilgenfeld, Pascha-streit 159 f. 222 f.) den Jo von der Idee erfüllt dachten, daß Jesus das ntl Passalamm sei, welches darum auch am 14. Nisan gestorben sein müsse, so ist, abgesehen von dem oben S. 513 f. Gesagten, zu bemerken, daß die Idee von Christus als dem Passalamm allerdings Jo 1, 29. 36 vom Täufer angedeutet zu sein scheint, aber ohne deutliche Be-ziehung auf die Leidensgeschichte, und daß mindestens fraglich ist, ob 19, 36 an die gesetzlichen Bestimmungen Ex 12, 46; Num 9, 12 und nicht vielmehr an Ps 34, 21 er-innert sein soll.

15. Wie Irenäus, Tertullian und Origenes sich mit den chronologischen Andeutungen des 4. Ev, besonders mit 18, 28 abgefunden haben, wissen wir leider nicht cf GK I, 190 f. A 1. Sehr eigentümlich hatte Tatian sich geholfen, indem er Jo 13, 1—20 auf einen vor dem gesetzlichen Tag des Passamahls fallenden Tag verlegte, darauf Lc 22, 7—16; Jo 13, 21 ff. etc. folgen liess GK II, 551, sodann aber wahrscheinlich, wie auch noch Ss 18, 28 übersetzt, „damit sie sich nicht verunreinigten, während sie die Azyma aßen“ (Th. Ltrtrbl. 1895 Sp. 21). Also nicht an dem noch bevorstehenden Passamahl, sondern an der ungestörten Fortsetzung des 7 tägigen Essens der Azyma fürchteten sie nach Tatian durch eine Verunreinigung gehindert zu werden. Ganz ähnlich haben Maimonides und Bartenora bei Surenhus zu Pesachim IX, 5 einen Satz der Mischna, welcher nur vom Passalamm handelt, auf das 7 tägige Essen des Ungesäuerten bezogen.

16. Es ist hier nicht möglich und auch kaum nötig, die verschiedenen Versuche auch nur aufzuzählen, welche von Eusebius an (cf dessen Schrift de pasch. bei Mai, N. Patr. bibl. IV, 1, 214 ff.) gemacht worden sind, unter der Voraussetzung, daß Jo den Tod Jesu mit Recht auf den 14. Nisan ansetze, entweder die synoptische Darstellung, wonach Jesus am 14. Nisan das Passamahl gehalten und am 15. gestorben sei, als un-glaubwürdig zu erweisen, oder unter Annahme von gewissen Ungenauigkeiten des Aus-drucks den Kern derselben, vor allem die Tatsache, daß das letzte Mahl Jesu, obwohl am 13. gehalten, doch ein Passamahl gewesen sei, als geschichtlich und mit Jo vereinbar darzustellen. Eine ausreichende Übersicht über die einschlagende Literatur kenne ich nicht. Wichtigeres aus der älteren Literatur findet man in den Kommentaren, bei Winer RW II, 202 f., bei Schürer (s. den Titel unten A 18) S. 8 f; über neuere Auf-stellungen s. R. Schäfer, Das Herrenmahl nach Ursprung und Bedeutung 1897 S. 53—99. Aufsehen erregte Chwolson, Das letzte Passamahl Christi und der Tag seines Todes nach den in Übereinstimmung gebrachten Berichten der Syn. und des Jo (Mém. de l'Acad. de St. Pétersbourg, Série VII, Tome XLI Nr. 1, auch separat erschienen Peters-burg 1892); dazu von demselben ein Aufsatz in Monatsschr. f. Gesch. u. Wiss. des Judent. 1893, auch separat Breslau 1893. Cf die Besprechung von E. Riggenbach, Th. Ltrbl. 1894 nr. 51. Chwolson bestreitet, was doch angesichts der Übereinstimmung von Josephus und allen drei Syn. unbestreitbar scheint (A 18 unter Nr. 2 und 3), daß auch schon der 14. Nisan zum Fest der Azyma gerechnet werden konnte. Es soll daher Mt 26, 17, wovon dann Mr 14, 12; Lc 22, 7 abhängen müßten, einen Unsinn enthalten, welcher nur durch Konjektur zu beseitigen wäre. Im aramäischen Mt habe gestanden: „Der erste Tag der Azyma näherte sich, und es näherten sich (קרב וקרבי) die Jünger Jesu zu ihm.“ Es fiel ו קרב vor קרבו durch Versehen aus, und man schob, um wieder einen Sinn hinein-zubringen, vor das erste Wort יומא die Präposition ב. Die Ausgleichung aber des so korrigirten syn. Berichts wird durch die Hypothese bewirkt, das in jenem Jahre, in welchem der 14. Nisan ein Freitag gewesen, die Schlachtung der Passalämmer schon am Abend des 13. stattgefunden habe, um eine Verletzung des Sabbaths zu verhüten, welche im anderen Fall unvermeidlich gewesen sein soll, weil angeblich damals noch nicht, wie zur Zeit des Josephus und der Mischna (s. A 17), die Schlachtung vor, sondern erst nach Sonnenuntergang stattfand, so daß sie bereits in den Sabbath ·d. 15. Nisan hineingefallen

sein würde. Die Abhaltung des Passamahls habe nun, nachdem die Schlachtung schon am Abend des 13. stattgefunden, entweder an dem gleichen Abend oder erst am Abend des 14. gehalten werden können. Ersteres hätten Jesus und die Pharisäer, letzteres die sadducäischen Hohenpriester getan. — Nach J. Lichtenstein (Aus dessen hebr. Kommentar zum NT, 1895, Schr. des Instit. Jud. zu Leipzig Nr. 43 S. 24—29) wäre die gleiche Differenz zwischen der Majorität unter Führung der Hohenpriester und einer Minderheit, der sich Jesus anschloß, dadurch entstanden, daß die Sadducäer ihrer Meinung zu lieb, wonach Lev 23, 11 vom Sonntag zu verstehen sei, durch falsche Bezeugung des Neumonds es durchgesetzt hätten, daß in diesem Jahr der erste Passatag auf den Sabbath fiel.

17. Soll 12, 1 wie es scheint eine genaue Zeitbestimmung sein, welche natürlich nicht mit Hilgenfeld, Der Paschastreit der alten Kirche S. 221 f. nach der eigentümlichen Kalendersprache der Römer, sondern nach gewöhnlicher jüdischer Ausdrucksweise (2 Makk 15, 36; Jos. bell. II, 8, 9; Winer § 61, 4 a. E.; Wieseler, Beiträge 264) zu verstehen und ohne Frage vom Anfang der Passafeier d. h. von der Schlachtung der Passalämmer am 14. Nisan Nachmittags 3—5 Uhr (Jos. bell. VI, 9, 3 cf Pesachim V, 3) rückwärts zu berechnen ist, so ist Jesus am Nachmittag des 8. Nisan in Bethanien angekommen. Ist nun Jesus nach den Syn. am Freitag d. 15. gestorben, so war auch der 8. Nisan ein Freitag. Wäre dagegen, wie man den Jo glaubt verstehen zu müssen, Jesus am 14. gestorben und dieser 14. also ein Freitag gewesen, so wäre der 8., an welchem Jesus in Bethanien ankam, ein Sabbath. Das ist aber unmöglich, weil Jesus am Sabbath nicht reisen konnte. Man müßte schon zu der unwahrscheinlichen Annahme greifen, daß Jesus am 7. Nisan bis in die Nähe von Bethanien gekommen wäre, so daß er am 8. nur noch einen Sabbatherweg zu wandern hatte. Aber warum hätte er seine Reise so ungeschickt eingerichtet, daß er ganz kurz vor dem Ziel, so nahe bei dem befreundeten Hause, in welchem er während der letzten Lebenstage seine regelmäßige Herberge gefunden hat, für sich und seine große Begleitung Quartier suchen mußte? Er brauchte ja nur 15—20 Minuten früher aufzubrechen oder den Marsch ein wenig zu beschleunigen, um dies zu vermeiden. Ist also der Tag der Ankunft in Bethanien, nach Jo 12, 1 der 8. Nisan, kein Sabbath gewesen, so ist auch nach Jo der 15. Nisan nicht ein Sabbath oder, anders ausgedrückt, der Sabbath, an welchem Jesus im Grabe ruhte (Jo 19, 31. 42; 20, 1), nicht der 15. Nisan gewesen. Da aber außer der synoptischen und der angeblich johanneischen Chronologie noch ein drittes, völlig unbezeugtes Verhältnis des Wochenkalenders zum Monatskalender jenes Jahres anzunehmen, ein unerlaubter Mutwille wäre, so folgt, daß Jo mit den Synoptikern in dieser Beziehung völlig übereinstimmt. Da 12, 2 nicht gesagt wird, was überhaupt nicht erzählenswert, sondern etwa in der Art von 13, 2 beiläufig zu erwähnen gewesen wäre, daß Jesus und die Jünger nach vollbrachter Wanderung eine Mahlzeit zu sich genommen, sondern daß man ihm zu Ehren ein festliches Mahl veranstaltet habe (oben S. 520 A 7), so wird dieses Mahl nicht unmittelbar nach der Ankunft am Freitag d. 8., sondern am Sabbath d. 9. stattgefunden haben (cf Lc 14, 1). Kam Jesus am Nachmittag des 8. bei guter Zeit, wo man ohnedies mit der Speisezubereitung für den kommenden Sabbath beschäftigt war, in Bethanien an, so konnten die Vorbereitungen zu dem Festmahl des folgenden Tages noch vor Sonnenuntergang und somit vor Sabbathsanbruch getroffen werden. Der Einzug fand dann am Sonntag d. 10. statt. Die Zeitangabe 12, 12 kann, da v. 10. 11 keinen bestimmten Anhalt gibt, nur den Tag nach dem Tage der Salbung bezeichnen. Dem steht durchaus nicht im Wege, daß 12, 2 eine Bestimmung des Zeitverhältnisses zu 12, 1 unterblieben ist. Eine solche unterbleibt z. B. auch 1, 41 im Verhältnis zu 1, 39, und doch wird 1, 43 mit τῇ ἐπαύριον fortgefahren. Jo schreibt kein Tagebuch, in welchem kein Tag übergangen werden kann, namentlich auch nicht in der Leidensgeschichte, sondern will nur bemerkt haben, daß Jesus am Tage nach der stillen Vor-

feier seines Begräbnisses in Bethanien unter dem seinen Feinden schrecklichen Jubel alles Volks seinen Einzug in Jerusalem gehalten habe (12, 12—19). — Einen Anhalt hat die vorherrschende Meinung an 19, 14 zu finden gemeint, indem man annnahm, παρασκευή τοῦ πάσχα entspreche dem jüdischen ערב הפסח, was eigentlich Abend d. h. Vorabend des Passas heißt, aber neben ארבעה עשר gewöhnliche Bezeichnung des ganzen 14. Nisan ist (z. B. Pesachim IV, 6), wie ערב שבת Bezeichnung des Vortags vor Sabbath, des Freitags ist. Jo hätte demnach den Fall vergegenwärtigt, daß der 14. Nisan, der *ereb happesach*, auf einen Freitag, einen *ereb schabbath* falle (Pesachim V, 1). Aber daß παρασκευή jemals als Äquivalent für ערב gebraucht und wie dieses einer genetivischen Näherbestimmung wie σαββάτου oder τοῦ πάσχα bedürftig angesehen worden wäre, müßte doch erst nachgewiesen werden. Im NT und der kirchlichen Literatur ist es stets wie das aram. עֲרוּבְתָּא ein in sich vollständiger Name des 6. Wochentags, des Freitags. Wo einmal eine Näherbestimmung sich findet, ist es nicht der Name des folgenden Tages im Genetiv (Jos. ant. XVI, 6, 2 ἐν σάββασιν ἢ τῇ πρὸ αὐτῆς παρασκευῇ). Ohne jede Näherbestimmung wird παρασκευή vom Todestag Jesu gebraucht Mr 15, 42; Mt 27, 62; Lc 23, 54; Jo 19, 31. 42, also auch Jo 19, 14. Auf die Wochentage der Kreuzigung, der Grabesruhe und der Auferstehung legt Jo großes Gewicht, demnächst darauf, daß dieser ganze Komplex von Tatsachen in die Passazeit fällt (oben S. 513. 515 f.). Beides verbindet er, wo er Tag und Stunde des Todesurteils angibt 19, 14: „Es war Freitag in der Passazeit, gegen 6 Uhr Morgens." Zugleich dienen diese Angaben zur Vorbereitung des Folgenden. Weil der folgende Tag ein in diese Festzeit fallender Sabbath war, war er von besonderer Heiligkeit und mußte daher noch peinlicher als an anderen Sabbathen (5, 9; 7, 23; 9, 14) jede Entweihung verhütet werden (19, 31. 42). — Wenn bab. Sanhedrin 43a. 67ª dreimal gesagt wird, daß Jesus „am ʽreb happesach" gekreuzigt worden sei, fol. 43ª nach der Florentiner Hs bei Dalman hinter Laible's Jesus im Talmud S. 15* „am ereb schabbath und am ereb happesach", so ist daraus nichts für das Verständnis des 4. Ev zu gewinnen. Die Rabbinen schöpften ihre Kunde der ev Geschichte meist aus unsicherem Hörensagen und der bereits getrübten christlichen Tradition cf GK II, 673 ff. Sollte die Angabe aus der hebräischen oder aramäischen Übersetzung des Joev stammen, welche Juden zu Skythopolis im 4. Jahrhundert lasen (Epiph. haer. 30, 6), so müßte diese Jo 19, 14 wenig glücklich gewesen sein. Sh hat 19, 14. 31. 42 עורבתא, S¹ 19, 14. 31 ערובתא, dagegen 19, 42 ganz frei „weil der Sabbath angebrochen war". So auch Ss nur mit anderem Verb, zu 19, 14. 31 fehlt Ss und zu allen drei Stellen Sc.

18. Die oben wieder einmal kurz vorgetragene Auffassung hat besonders eifrig S c h ü r e r in der Festschrift „Über φαγεῖν τὸ πάσχα" (Gießen 1883) bestritten, neuerdings wieder J. v a n B e b b e r, Zur Chronol. des Lebens Jesu, 1898, S. 5—81 mit teilweise neuen Gründen verteidigt. Ich muß mich auf das Notwendigste beschränken. Πάσχα bezeichnet wie im AT so auch im NT: 1) das Passalamm als Objekt von θύειν, φαγεῖν u. dgl. Ex 12, 21; Deut 16, 6 f.; 2 Chr 30, 15. 18; Mt 26, 17; Mr 14, 12—14; Lc 22, 7. 11. 15; 1 Kr 5, 7; 2) die Feier des 14. Nisan, d. h. das Passamahl mit vorangehender Schlachtung, und zwar unterschieden von dem an diese Feier sich anschließenden 7 tägigen Fest der ἄζυμα, in der Regel als Objekt von ποιεῖν Exod 12, 48; Lev 23, 5 f.; Deut 16, 1; Philo, de septen. 18. 19; Jos. ant. II, 14, 6; III, 10, 5; bell. VI, 9, 3; Mt 26, 18; Mr 14, 1; Hb 11, 28. Bei ἑτοιμάζειν τὸ π. Mt 26, 19; Mr 14, 16; Lc 22, 8. 13 kann man zwischen diesen Bedeutungen wählen oder schwanken. 3) Der Name der ἄζυμα wird aber auch auf das vorangehende Passa ausgedehnt Jos. ant. IX, 13, 2. 3 (Niese § 263. 271); bell. II, 12, 1; IV, 7, 2, so daß nun 8 Tage der Azyma gerechnet (Jos. ant. II, 15, 1) und der 14. Nisan als erster Tag der Azyma (Mt 26, 17; Mr 14, 12) oder noch ungenauer als der Tag der Azyma schlechthin (Jos. bell. V, 3, 1; Lc 22, 7) bezeichnet werden konnte. 4) Ebenso wird aber auch umgekehrt der Name πάσχα auf die Tage der

Azyma ausgedehnt und beide Namen als völlig synonym behandelt Jos. bell. II, 1, 3;
VI, 9, 3 (wo der unkundige Leser wenigstens nicht erraten kann, daß das „Passa" genannte Fest nur ein Teil des vorher genannten Festes der Azyma ist); ant. XIV, 2, 1;
XVII, 9, 3; XVIII, 2, 2; Lc 22, 1 cf AG 12, 3 mit 12, 4. Dieser erweiterte Gebrauch
von πάσχα liegt offenbar vor Jo 2, 23; 18, 39, vielleicht auch 19, 14; und eine Unterscheidung des eigentlichen Passa von dem Azymafest ist jedenfalls auch Jo 2, 13; 6, 4;
11, 55; 12, 1; 13, 1; Lc 2, 41 nicht beabsichtigt. 5) Auch den Rabbinen war dieser
Sprachgebrauch ganz geläufig. Der Mischnatraktat פסחים handelt von dem ganzen
7 tägigen Fest, welches dort als einheitliches Ganzes המועד (I, 3) oder הפסח (II, 2—7)
heißt. Letzterer Name hat den ursprünglichen Namen חג המצות völlig verdrängt. Man
war sich aber des Unterschieds vom ursprünglichen Sprachgebrauch bewußt. Pesachim
IX, 5 heißt es: „Was (ist der Unterschied) zwischen dem Passa Ägyptens und dem Passa
der Generationen (d. h. der jährlichen Passafeier)? Das Passa Ägyptens: sein Nehmen
(fand statt) vom 10. (Nisan) an (Ex 12, 3), und erforderlich war die Sprengung mit einem
Ysopwedel an die Schwelle und die beiden Thürpfosten (Ex 12, 22), und es ward g e
g e s s e n in Eile in e i n e r N a c h t (בלילה אחד), das Passa der Generationen aber ist üblich
(נוהג, Brauch) a l l e s i e b e n (Tage)". Hieraus folgt nicht nur wieder, daß auch die gelehrten Rabbinen die Feier des eigentlichen Passa und der Azyma unter dem Namen
פסח zusammenfaßten, sondern auch, daß sie die 7 tägige Feier als ein „Passaessen" betrachteten; denn zu nichts anderem als zu dem „in e i n e r e i n z i g e n Nacht" bildet das
„alle 7 Tage" den Gegensatz, und da dem „Essen" des Passas bei der Urfeier kein anderes
Verbum gegenübertritt, so ist eben jenes wieder zu ergänzen. Denselben Sprachgebrauch
finden wir schon 2 Chron 30, 21 f.: „Und es hielten die Kinder Israel . . . das Fest der
Azyma 7 Tage in großer Freude . . .; und sie aßen das Fest 7 Tage Schelamimopfer
opfernd und Jahveh, den Gott ihrer Väter, preisend". Wenn Bleek, Beiträge zur
Evangelienkritik 1846 S. 111 die bescheidene Vermutung und Schürer S. 12 die zuversichtliche Behauptung aufstellte, daß statt des durch die Masor. und zwar ohne Keri,
durch Targum, Peschittha und Hieron. bezeugten ויאכלו mit LXX (συνετέλεσαν) ויכלו als
ursprünglicher Text zu gelten habe, so haben sie erstens versäumt nachzuweisen, daß
כָּלָה (vollenden) mit einem Objekt wie חג, מועד u. dgl. irgendwo im AT das Feiern eines
Festes bedeute, und zweitens nicht gewürdigt, daß die genannten Zeugen für die LA
„sie aßen" für den Sprachgebrauch der Juden Palästinas, zu denen auch Jo gehört, unvergleichlich bessere Zeugen sind, als die alexandrinischen Übersetzer. Wäre also diese
LA eine spätere Korrektur des Ursprünglichen, was LXX bewahrt hätte, so wäre um
so sicherer bewiesen, daß den Juden der Ausdruck „das 7 tägige Fest (d. h. das vor
ihnen a potiori so genannte Passa) essen" viel geläufiger war, als der überhaupt sonst
nicht nachgewiesene Ausdruck „ein Fest 7 Tage lang vollenden d. h. feiern". Der Ausdruck φαγεῖν τὸ πάσχα im weiteren Sinne ist um nichts sonderbarer als derjenige des
Josephus ϑύομεν ἑορτὴν πάσχα καλοῦντες ant. II, 14, 6; XVII, 9, 3 in. und dem entsprechend ϑυσία für die ganze Feier des 14. Nisan oder auch der 7 Tage bell. VI, 9, 3.
Der Unterschied ist nur der, daß letztere Ausdrucksweise klassischem Sprachgebrauch
entspricht (ϑύειν τὰ Λύκαια Xen. anab. I, 2, 10; τοὺς γάμους Philostr. vita Apoll. VII,
s. Bebber S. 55 und die Lexika), φαγεῖν τὸ πάσχα dagegen jüdischem Sprachgebrauch
welchem Jo überall näher steht, als Josephus. Den Juden ist eine sehr weitgehend
Übertragung des Begriffs „essen" eigentümlich z. B. „die Jahre des Messias essen" bab
Sanhedrin. 98 b; die Häuser der Witwen aufessen Mr 12, 40, den Tod schmecken Jo 8, 5
u. dgl. cf Bebber S. 55, und es lag sehr nahe, gerade von der Passafeier im weitere
Sinn so zu reden, weil die Handlung, nach welcher die ganze Feier ungenauerweis
genannt wurde, eine Mahlzeit war, weil ferner die Opfermahlzeiten der folgenden Tag
sowie das Essen von ungesäuertem Brod für dieses Fest charakteristisch waren. Dagege

ist für die Feier des 14. Nisan nicht φαγεῖν, sondern ποιεῖν τὸ πάσχα der stehende Kunstausdruck Ex 12, 48; Num 9, 2. 5. 6. 10. 12—14; Deut 16, 1; Mt 26, 18; Hb 11, 28. Gerade bei dem Passa ist das Essen nur ein Moment neben dem ϑύειν und wird durchweg erst dann erwähnt, wenn zuvor entweder das allgemeinere ποιεῖν oder ϑύειν gebraucht oder schon vom Passa die Rede war Num 9, 11; 2 Chron 30, 18; Mt 26, 17 (cf v. 1. 5); Mr 14, 12b (cf v. 1. 2. 12a); Lc 22, 11. 15 (cf v. 1. 7. 8). Der vollständige Ausdruck φαγεῖν τὸ πάσχα kommt in LXX mit Einschluß der Apokryphen überhaupt nur einmal vor: 2 Chron 30, 18 (ἔφαγον τὸ φασέκ, hier nach dem Zusammenhang von 30, 1—22 wahrscheinlich in dem weitesten Sinn), bei Philo und Josephus meines Wissens niemals, im NT (abgesehen von Jo 18, 28) 5 mal von der Teilnahme am Passamahl. Es ist aber sehr unwahrscheinlich, daß die Juden, d. h. die Hohenpriester und deren Diener (18, 35; 19, 6), deren Entschuldigungsrede vor Pilatus Jo 18, 28 wiedergegeben ist, nur das abendliche Passamahl und nicht auch die vorangehende Schlachtung, die gleichfalls am Morgen des 14. Nisan noch bevorstand, als das betrachtet haben sollten, woran sie durch eine Verunreinigung nicht gehindert sein wollten. 6) Von geringerer Bedeutung ist die Frage, ob, um von 2 Chron 35, 7—9 cf 3 Esra 1, 8f. zu schweigen, Deut 16, 2 die Rinder für die Schelamim mit den Schafen oder Ziegen für das Passamahl unter den Begriff פסח zusammengefaßt sind. Unzulässig ist es jedenfalls hier, wo es sich nicht um den Sprachgebrauch zur Zeit des Josia oder des Mose, sondern zur Zeit des Jo handelt, mit Schürer S. 14 zu sagen, „die Sache stehe einfach so, daß nach dem Deuteronomiker zum eigentlichen Passa nicht nur Kleinvieh, sondern auch Rinder verwendet werden können". Denn für die Juden zur Zeit Jesu, die von der modernen Pentateuchkritik nichts wußten, war diese Auffassung von Deut 16, 2 angesichts von Ex 12, 3—5 „einfach" unmöglich. In dem Bericht über die jüdischen Deutungen verwechselt Schürer S. 17f. fortwährend die Art, wie die Rabbinen das Textwort פסח verstehen, und wie sie in ihrer nach Genauigkeit strebenden Auslegung ihrerseits dasselbe Wort gebrauchen. Abgesehen von einer nur hypothetischen Erwägung der Möglichkeit, daß es nach dieser Stelle auch gestattet wäre, Rinder zum eigentlichen Passa zu verwenden, mit der man natürlich nicht Ernst machte, sind alle angeführten Ausleger darin einig, daß das Textwort פסח die Tiere für das Passaopfer- und -mahl und die Tiere für die Chagiga zusammenfasse; um dies aber auszusprechen, müssen sie natürlich des genaueren Ausdrucks sich bedienen und sagen: „Kleinvieh für das Passa, Rinder für die Chagiga".

§ 68. Zweck und Mittel, Eigenart und Leserkreis des vierten Evangeliums.

Wie Lc in der Widmungszuschrift, so spricht sich Jo am Schluß seines Buchs deutlich genug über den Zweck desselben aus, zugleich aber auch über die Mittel, durch welche er denselben zu erreichen bestrebt war (20, 30f. cf 19, 35). Beides ist jedoch, wie es in der Kürze eines Schlußsatzes nicht anders sein konnte, auf einen so allgemeinen Ausdruck gebracht, daß man nicht auf den Versuch verzichten kann, aus dem Buche selbst nähere Bestimmungen zu gewinnen, insbesondere auch aus den angewandten Mitteln auf den Zweck zu schließen. Jo hat aus einer großen Fülle von σημεῖα, die Jesus angesichts seiner Jünger getan hat, einige wenige dargestellt, um die angeredeten Leser dazu anzuleiten, daß sie glauben, Jesus sei der Christ, der Sohn Gottes, und daß sie, solches glaubend, in dem Namen dieses Jesus Christus Leben haben.

Daß es nicht seine Absicht war, Juden oder Heiden wie durch eine geschriebene Missionspredigt zum Glauben der Christen zu bekehren, wurde schon gezeigt (S. 468 f.). Es sind bereits Glaubende, Bekenner des Namens Christi (cf 1, 12), eine dem Vf bekannte und nahestehende Gemeinde oder ein Kreis solcher Gemeinden, welche in dem Glauben, den sie bereits haben, gefördert und bestärkt werden sollen, wie Jesus selbst bemüht gewesen ist, seine Jünger und auch Solche, die einen gewissen Glauben an ihn gewonnen hatten, ohne darum schon des Jüngernamens wert zu sein (8, 30 f. cf 2, 23; 7, 31; 10, 38; 11, 45; 12, 11), durch immer neue Selbstbezeugung in dem Glauben zu befestigen, welchen sie gleich bei der ersten Berührung mit ihm bekannt hatten (1, 41. 45. 49), damit ihr Glaube eine unerschütterliche Festigkeit gewinne, und diesen so zu vertiefen, daß er zu einer selbständigen, auf Erfahrung beruhenden Erkenntnis der in Jesus offenbar gewordenen Wahrheit sich entwickele (2, 11; 4, 39—42; 6, 45 f. 69; 8, 32; 10, 38; 11, 15. 42; 13, 19; 14, 1—11; 16, 30—33; 17, 8; 20, 8. 24—29). Dadurch erst werden die Glaubenden in voller Wahrheit Jünger Jesu (8, 31 cf 13, 35; 15, 8) und gewinnen sie die Freiheit, den Frieden, die Freude, mit einem Wort das Leben, welche von dem eigentlichen Sohne Gottes auf die, welche durch ihn Kinder Gottes werden (1, 12), überströmen (8, 32. 35 f.; 10, 28; 14, 27; 15, 11; 16, 33; 17, 2 f. 8. 13. 18; 20, 29). Mehr als ein Jünger Jesu, welcher durch dessen Vermittlung zu Gott gelangt, kann kein Mensch werden (6, 46; 13, 16; 14, 6; 15, 5. 8). Aber eben damit ist ein Ziel bezeichnet, dem die Glaubenden nur stufenweise sich nähern. Jesus selbst und der Geist, welchen er senden will, wollen sie auf diesem Wege weiterbringen (14, 26; 16, 12 ff.; 17, 26); aber auch die Apostel haben an dieser Lehraufgabe berufsmäßigen Anteil (15, 27). Jo will an den Gläubigen, für die er schreibt, durch sein Zeugnis dieser Aufgabe nachkommen, damit sie der gleichen beseligenden Erfahrung wie er selbst teilhaftig werden (19, 35; 20, 31 cf 1, 16; 1 Jo 1, 3 f.). Diese Bestimmung des Ev für Glaubende, die in der angegebenen Weise gefördert werden sollen, gibt dem Buch den esoterischen Charakter, durch welchen es sich von den Syn., am meisten von Lc unterscheidet. Die ausführliche Mitteilung aus den Reden des letzten Abends ist nicht einmal das bedeutsamste Zeichen dafür, daß Jo Gläubige belehren will. Bezeichnender noch ist, daß er als Gegenstand seiner Darstellung eine Auswahl aus solchen Zeichen, welche Jesus vor den Augen seiner Jünger getan hat, angibt (20, 30). Daß diese seine ständigen Begleiter Augenzeugen seiner gesamten Wundertätigkeit gewesen, ist ja selbstverständlich. Um so sicherer ist der Sinn dieser Bemerkung, daß Jo die σημεῖα vorwiegend unter den Gesichtspunkt einer Selbstoffenbarung Jesu vor den Jüngern und für die Jünger gestellt haben will; dies natürlich unbeschadet der Bedeutung, welche dieselben σημεῖα, besonders auch die, welche nicht erzählt, sondern nur summarisch erwähnt werden, für alle Miterlebenden und für den Gang der Geschichte haben (2, 23; 3, 2; 4, 45 5, 20. 36; 6, 2. 14; 7, 21. 31; 10, 25—38; 11, 47; 12, 10. 37; 15, 24). Der

Betonung ihrer Bedeutung für die Jünger in 20, 30 entspricht das Buch in seinem ganzen Verlauf von 1, 14 an. Die ersten Äußerungen Jesu, von welchen es berichtet, sind wunderbare Beweise seines tief in die Menschenherzen hinein und über die Schranken sinnlicher Wahrnehmung hinaus reichenden Wissens, wodurch er seine ersten Jünger gewonnen hat (1, 42—49), und als eine Überschrift für alles Folgende steht die Verheißung an Nathanael und den ganzen Kreis der ersten 6 Jünger da, daß sie in der Gemeinschaft mit Jesus größere Dinge erleben und aus einer Fülle von Taten erkennen sollen, daß der im Himmel waltende Gott dem Menschensohn auf Erden alle die Engelkräfte, wodurch er selbst die Welt beherrscht, als Diener zur Verfügung stellt (1, 50 f.). Von dem ersten Beispiel dieser Erlebnisse, dessen Zeugen außer den Jüngern auch noch andere Menschen, z. B. die gewiß nicht teilnamlos gebliebene Mutter Jesu, gewesen sind, wird doch nur dies als Erfolg angegeben, daß die Jünger in folge dieser Offenbarung der Herrlichkeit Jesu Glauben an ihn schöpften d. h. in ihrem Glauben gefördert wurden (2, 11). Wenn bei dem zweiten und dritten Wunder, die erzählt werden (4, 46—54; 5, 1—18), die Jünger nicht erwähnt werden, so ist es doch im ersteren Fall ein bereits Glaubender, welcher durch eine Rüge Jesu zu einer Steigerung seines Glaubens geführt wird. Deutlich wird wieder 6, 5 ff. geschildert, wie der Glaube der Glaubenden auf die Probe gestellt und gekräftigt wird. Während die Menge Zeichen sieht und doch nicht sieht (6, 14. 26. 30. 36), sollen die Jünger durch das Wunder der Speisung und das Wandeln Jesu auf dem Wasser fähig werden, die Rede des folgenden Tages nicht nur zu ertragen, sondern auch an ihrem verheißungsvollen Inhalt sich zu freudigem Bekenntnis aufzurichten, was denn auch bei den Zwölfen mit der einen traurigen Ausnahme erreicht wird, während andere Jünger, die keine rechten Jünger sind, sich von Jesus abwenden (6, 60—71). Die Heilung des Blinden ist von vornherein als eine Belehrung der Jünger eingeführt (9, 1—5), und auch an dem Geheilten ist wahrzunehmen, wie aufrichtiger Sinn unter dem Eindruck der Taten Jesu von Stufe zu Stufe geführt wird. Zuerst ist ihm der Herr ein Mensch Namens Jesus (9, 11), sodann ein Prophet (v. 17) und gewiß kein Sünder, sondern von Gott (v. 25. 30—33), zuletzt der Herr, vor dem er glaubend und anbetend niedersinkt (v. 35—38). Die Erweckung des Lazarus erscheint wohl als ein für den Ausgang der Geschichte Jesu wichtiges Ereignis (11, 45—53; 12, 9—11. 17—19), vor allem aber wird geschildert, was diese Tat mit ihren näheren Umständen für den Glauben der Jünger (11, 15, überhaupt v. 4—16), der Jüngerinnen (11, 3. 20—40) und den weiteren Kreis der Empfänglichen (v. 42. 45) zu bedeuten gehabt hat. Wo der Herr ist, welcher Auferstehung und Leben in Person ist, da müssen Krankheit, Tod und Grab ihre Schrecken verlieren (11, 4. 11. 23—27; 12, 1. 2. 9). Wer die Toten lebendig macht, kann selbst nicht im Tode bleiben. Aber es ist nicht sowohl die Verherrlichung Christi an sich, als die Überführung zweier einzelner Seelen von der Lebendigkeit des Totgewesenen, was c. 20 geschildert wird. Hiemit hängt es zu-

34*

sammen, daß uns Jo wie kein anderer Ev Charakterbilder aus dem engeren und weiteren Jüngerkreis gibt (oben S. 470. 479). Er erzählt Bekehrungsgeschichten von ganz individuellem Gepräge, oft mit wenigen Strichen, zuweilen aber auch in breiterer Darstellung. Der echte Israelit Nathanael, der mit Spott auf den Lippen herantritt, dann aber, da er sich im Herzen erkannt sieht, seinen Mund in begeistertem Bekenntnis überströmen läßt, um nie wieder von Jesus zu lassen (1, 45—50 cf 21, 2); der bedächtige, schwerfällig redende, langsam begreifende Philippus (1, 43—45; 6, 5—7; 12, 21 f.; 14, 8—10, oben S. 479); der schwermütige, jedem leichtgläubigen Optimismus abgeneigte Thomas (11, 16; 14, 5; 20, 24—29); der Nikodemus, welcher anfangs lichtscheu bei Nacht zu Jesus schleicht, dann im Synedrium den Mut zeigt, allein von allen seinen Standesgenossen eine gerechte Behandlung für Jesus zu fordern, und zuletzt, da die Treuesten den Herrn verleugnet und verlassen hatten, zu dem Gekreuzigten sich bekennt (3, 1—21; 7, 50—52; 19, 39); die trotz ihrer sündhaften Vergangenheit und ihres anfangs mutwilligen Tons zu ernstem Glauben gelangende Samariterin (4, 7—42); auch der durch eigene Sünde in scheinbar unheilbare Krankheit geratene Gichtbrüchige (5, 5—15) und der ohne eigene Schuld Blindgeborene (c. 9); die verschiedenen Schwestern von Bethanien (11, 1—12, 8), die durch hingebende Liebe den Mangel an Glaubenserkenntnis ersetzende Maria von Magdala (20, 1 bis 18): das sind unvergleichlich gezeichnete und ohne alle ausdrückliche Nutzanwendung lehrhafte Bilder göttlicher Führung und menschlicher Entwicklung aus der Finsternis zum Licht und von Glauben zu Glauben. Es ist nicht der allem Volk predigende Herold des Ev, sondern der den einzelnen ihm befohlenen Menschenseelen nachgehende Seelsorger, der sie gezeichnet hat, damit die an Jesus bereits glaubenden Leser völliger glauben und wahrhaft Jünger werden.

Es muß auffallen, daß sowohl 20, 30 als in dem Rückblick auf die ganze öffentliche Bezeugung Jesu 12, 37 ausschließlich von den Taten Jesu als der Form seiner Selbstbezeugung und als dem Inhalt dieses Buchs gesagt wird, während doch die Reden nicht nur einen breiten Raum einnehmen, sondern auch in mannigfaltigster Weise als hochwichtig betont werden. Mag man Worte wie die 1, 48; 4, 16 (29), oder Weissagungen wie 2, 19; 6, 70; 12, 32 f. (18, 32) zu den σημεῖα rechnen und sich dafür auf 1, 50 f. berufen, so versteht doch der Vf das Wort nur von den Wundertaten (2, 11). Wir sehen also aus 20, 30 f., daß er die Taten jedenfalls nicht als einen nun einmal üblich gewordenen Schmuck des Erlösers oder als Veranlassung zu tiefsinnigen Reden, die selbst das Wichtigere wären, ansieht. Es werden auch nur an einige Taten längere Reden angeknüpft, nämlich 5, 17—47; 7, 19 ff. an 5, 1—16 und 6, 26—71 an 6, 3—15, während andere nicht minder auffällige Taten wie 2, 1—11; 9, 1—38; 11, bis 44 für sich selber sprechen müssen. Das tun aber nicht nur die wenigen, die förmlich erzählt, sondern auch die vielen, die summarisch erwähnt werden. Diese Werke, wie Jo sie oft ohne jede Näherbestimmung nennt (A 1), unterscheiden Jesum von dem Täufer, dem Zeugen durch Wasser und Wort (10, 41

Sie sind, da Jesus sie nur in Abhängigkeit von Gott, in Gemeinschaft mit Gott und vermittelst der ihm zur Verfügung gestellten Engelkräfte tut (5, 19. 30; 11, 41 f.; 1, 51), ein Wirken Gottes selbst (14, 10) oder eine Teilnahme Jesu an dem Wirken Gottes (5, 17—23; 9, 3 f.). Sofern aber Gott eben durch Jesus und durch keinen Andern diese Taten geschehen läßt (15, 24; 10, 41; 7, 31), sind sie ein Zeugnis Gottes selbst über Jesus (5, 36 f.; 10, 25. 37 f.; 14, 11), welches den Unglauben unentschuldbar macht (12, 37; 15, 24). Wenn Jo die Wundertaten regelmäßig und sehr viel häufiger, als die andern Evv mit dem alttestamentlichen und jüdischen Wort σημεῖα benennt (A 1), so will er sie damit weder sämtlich als Symbole, noch als Weissagungen bezeichnen. Der Begriff ist ein weiterer. Die σημεῖα sind Ereignisse, die über sich selbst hinausweisen auf die Ursache, deren Wirkungen, auf die Person, deren Handlungen, auf die unsichtbaren Vorgänge, deren Sinnbilder, auf die zukünftigen Ereignisse, deren weissagende Vorspiele sie sind. Das an sich selbst unsichtbare Gesamtwirken Gottes, an welchem Jesus zum Zweck der Vollendung desselben mittätig beteiligt wird, kommt in diesen auffälligen Handlungen Jesu zu sichtbarer Darstellung (9, 3 f. cf 4, 34; 5, 36). Die Heilung des Blinden, vor welcher Jesus dies ausspricht, gestaltet er selbst zu einem Symbol, zu einer tatsächlichen Allegorie und deutet sie hinterher (9, 39—40). So wird ihm die wunderbare Speisung zum weissagenden Bild einer noch wunderbareren Speisung (6, 27 ff.). Die Krankenheilungen sind Vorboten nachfolgender Totenerweckungen, und die noch während des irdischen Wirkens Jesu stattfindenden Erweckungen Verstorbener sind beides zugleich: Sinnbilder der Erweckung aus geistlichem Tode zu geistlichem Leben durch das Wort Jesu und Vorspiele der allgemeinen Auferweckung der leiblich Toten durch Jesus am letzten Tage (5, 20—26; 6, 39; 11, 23—27). Mit dieser hohen Schätzung der Wundertaten vertragen sich sehr wohl andere Worte, die ihren Wert herabzusetzen scheinen. Damit der Glaube an Jesus und die durch ihn vermittelten zunächst unsichtbaren Güter überhaupt in den Menschen Wurzel schlagen können, bedurfte es eines dem Glauben vorangehenden Schauens Jesu in seiner Selbstbezeugung durch Taten, welche ihn als den von Gott gesandten „Retter der Welt" (4, 42) charakterisiren, also eines ϑεωρεῖν, ϑεᾶσϑαι, ὁρᾶν (1, 14. 32—34. 39. 46. 51; 2, 11; 4, 19; 6, 36. 40; 12, 45; 14, 9; 20, 6. 8. 20. 27). Denen aber, welchen es nicht an Gelegenheit dazu gefehlt hat, und welche dennoch ein Zeichen fordern, um der Tat und Arbeit des Glaubens (6, 26—31) überhoben zu sein, wird es versagt (2, 18; 6, 30). Mit denen, welche um der Zeichen willen einen gewissen Glauben gewonnen haben, aber das Zeugnis von den sittlichen und religiösen Bedingungen des Heils nicht annehmen, kann Jesus nicht in ein näheres Verhältnis treten (2, 23 f.; 3, 11. 32); und die übrigens wohlgesinnten, die immer neue Zeichen fordern, als ob sie ein Anrecht darauf hätten, erfahren ernsten Tadel (4, 48; 20, 27). Es liegt im Begriff des Zeichens, daß es dazu bestimmt ist, sich selbst überflüssig zu machen. Das Ev, welches für Leser bestimmt ist, die keines

der Zeichen Jesu gesehen haben, schließt mit der Seligpreisung derer, welche
nicht gesehen haben und doch gläubig geworden sind (20, 29). Aber die Zeichen
sind auch für die, welche sie nicht gesehen, nicht umsonst geschehen. Sie sollen
erzählt werden. Wenn die Reden im 4. Ev einen breiteren Raum einnehmen,
als die Zeichen, so ist zu bedenken, daß der Kommentar in der Regel ausführlicher ist, als der Text, der darum doch die Hauptsache bleibt. Einen Ersatz
für das, was den Lesern im Unterschied vom Vf abgeht, soll ihnen sein
schriftliches Zeugnis von den σημεῖα, welche Jesus vor seinen Augen getan hat,
bieten, damit sie glauben, wie er selbst glaubt (19, 35). Da er aber für Christen
schreibt, welche eine erhebliche Kenntnis der ev Geschichte bereits besitzen
und welche von den uns erhaltenen Evv jedenfalls Mr, wahrscheinlich auch Lc
und vielleicht auch, wenngleich nur durch Vermittlung mündlicher Dolmetschung,
den Mt kennen (§ 67), so war es nur natürlich, daß Jo aus der Fülle seines Schatzes
an Erinnerungen hauptsächlich solche σημεῖα mit dazugehörigen Reden aus-
wählte, die den Lesern durch jene Evv noch nicht bekannt geworden waren.
Nichts wäre verkehrter, als statt des 20, 31 genannten Zweckes dem Vf die
Ergänzung der syn. Evv als Hauptzweck unterzuschieben. Aber in den Verhältnissen, unter welchen er schrieb, war es begründet, daß er tatsächlich die
älteren Evv ergänzte sowohl durch Parallelen zu den Erzählungen jener, als
durch orientirende Bemerkungen, wodurch Misverständnisse beseitigt wurden,
welche die dortige Darstellung nahelegte, als durch förmliche Berichtigungen
(oben S. 502 f. 509 f.), vor allem aber durch solche ganz neue Mitteilungen, welche
das von dorther den Lesern bekannte Bild von dem Gang der ev Geschichte
im großen und ganzen und von vielen Einzelheiten verständlicher machte.
Was das Erstere anlangt, so war die Entstehung des tödlichen Hasses der jüdischen
Obrigkeit gegen Jesus, welche in der Kreuzigung ihren Ausdruck fand, aus dem
was die Syn. aus den letzten Tagen Jesu berichtet hatten, geschichtlich nicht
zu begreifen. Jo erklärt die Katastrophe. Schon die officielle Gesandtschaft
von Jerusalem an den Täufer (1, 19), sodann die Besuche Jerusalems unter be-
ständigen Konflikten mit der jüdischen Obrigkeit (2, 13 ff.; 5, 1 ff.; 7, 1 ff.; 10, 22)
die wiederholten, teilweise zu Attentaten führenden Beschlüsse des Synedriums
und der pharisäischen Partei (5, 16. 18; 7, 1. 13. 25. 30. 45—52; 8, 28. 37. 59
9, 13. 22; 10, 39; 11, 8. 46—50. 57; 12, 9—11. 19), die Auferweckung des
Lazarus und der Rückblick auf die gesamte öffentliche Bezeugung in Jerusalem
12, 37 bis 43 geben die Vorstellung von einer begreiflichen Entwicklung, welche
die Syn. nicht zu geben vermochten. Das ποσάκις von Lc 13, 34; Mt 23, 37 (oben
S. 444) ist von Jo ausgeführt. Aber auch im einzelnen dient seine Erzählung
zur Erläuterung der syn. Darstellung. Die Berufung der Fischer zu Menschen-
fischern (Mt 4, 18 ff.; Mr 1, 16 ff.) ist psychologisch unbegreiflich ohne eine vorangehende Vertrautheit der Berufenen mit der Person und den Absichten Jesu.
Wie diese entstanden sei, liest man Jo 1, 35—51. Der Verrat des Judas
welcher bei den Syn. wie ein Blitz vom Himmel fällt, wird durch Jo 6, 70

12, 4—6; 13, 2. 11. 18—30; 17, 12; 18, 2—5 als eine längst vorbereitete und mit der vorherigen Stellung des Judas im Jüngerkreis zusammenhängende Tat erkennbar. Daß Jes 40, 3 bei allen Syn. auf den Täufer angewendet ist, wird verständlich, wenn dieser selbst den Spruch auf sich bezogen hatte (Jo 1, 23); und daß die Jünger des Jo das Bild Mt 9, 15; Mr 2, 19 verstehen konnten, ist nicht verwunderlich, wenn ihr Meister sein Verhältnis zu Jesus unter diesem Bilde dargestellt hatte (Jo 3, 29). Die Anklage gegen Jesus Mr 14, 58; 15, 29; Mt 26, 61; 27, 40; AG 6, 14 erhält erst durch Jo 2, 19 ihre geschichtliche Grundlage. Dies und Anderes sind nebenher sich ergebende, wenn auch keineswegs unbeabsichtigte Erfolge der durch die Verhältnisse gebotenen Darstellungsweise des Jo, insbesondere des auswählenden Verfahrens. Der Zweck seines Buchs bleibt der angegebene: die Befestigung und Förderung der Leser in dem Glauben, den sie bekennen.

Den Glauben aber, in welchem er sie befestigen will, faßt Jo in das gemeinchristliche Bekenntnis, daß Jesus der Messias, der Sohn Gottes sei (20, 31). Es ist die alte Botschaft, welche nicht nur die Leser vom Anfang ihrer Berührung mit dem Ev gehört haben (1 Jo 1, 5; 3, 11), sondern auch das Ev an die Spitze aller Bezeugung Jesu gestellt hat. Schon der Täufer bezeugt: nicht ich bin der Messias, sondern Jesus ist es (1, 20. 25 f. 33 f.; 3, 28 f.). Die Ersten, welche aus der Jüngerschaft des Täufers in diejenige Jesu übertraten, haben sofort in diesen Titel ihren jungen Glauben gefaßt (1, 41 cf 45. 49), und der Vf, der einer von ihnen war, hat da, wo er dies berichtet, den Laut festgehalten, welchen der Titel in seiner Muttersprache hatte, obwohl er ihn den Lesern übersetzen muß (A 2). Jo gebraucht auch die altertümlichen, in den kirchlichen Sprachgebrauch kaum übergegangenen und daher in der vulgären Überlieferung des Textes getilgten Titel „der Erkorene" und „der Heilige Gottes" (A 2). Ebenso hält er den Zusammenhang mit dem AT und dem Volk Israel fest. Wie gewiß Jesus der Retter der Welt ist (4, 42 cf 1, 29; 3, 14 ff.; 12, 47; 17, 2. 17 ff.), so gewiß kommt doch die Rettung von den Juden (4, 22). Erst nachdem Jesus sein Leben hingegeben hat und erhöhet ist, kann und will er über die Grenzen Israels hinaus seinen die Welt umfassenden Beruf in vollem Umfang ausüben (10, 14—16; 12, 23—32). Darum entzieht er sich rasch den empfänglichen Samaritern (4, 40. 43) und läßt sich mit den Hellenen nicht ein (12, 20 ff.). Ob seine Feinde ihn einen Samariter schelten (8, 48) und ihm zutrauen, daß er in der griechischen Diaspora sein Heil versuchen und den Hellenen predigen werde (7, 35), was nicht besser wäre, als ein Selbstmord (8, 22), bleibt er doch ein Jude (4, 9. 22) und bleibt seinem Volk, dem Geschlecht Abrahams, treu bis zum Tode. Denn er ist der vom AT Verheißene (1, 45; 5, 39. 46 f.), der König Israels (1, 49; 12, 13), der von den Propheten geweissagte gute Hirt (10, 1—10), d. h. der Regent seines Volkes, den man wohl von den Usurpatoren des Thrones, den von auswärts eingedrungenen und durch List und Gewalt zur Herrschaft gelangten Herodäern, und von solchen Banditen, wie

Judas der Galiläer einer war (10, 1. 8. 10), und von anderen falschen Messiassen, die noch kommen sollten (5, 43), unterscheiden könnte. Sein Königtum stammt so wenig wie er selbst aus der Welt, und er wendet zur Verwirklichung desselben keine irdischen Machtmittel an (18, 33—37). Aber der Hohn, mit welchem ihn Pilatus trotzdem den König der Juden nennt (18, 39; 19, 3. 14. 19 f.), ist doch volle Wahrheit. Die Juden selbst müssen bekennen, daß Jesus so von sich geredet (19, 21), und nur indem sie die Idee des Messias an die Heiden verraten, können sie die Person, in welcher dieselbe verwirklicht ist, verderben (19, 15). In der Sprache des Volks, dem er entsprossen war, in der Sprache der weltbeherrschenden Römer und in der alle Völker der Kulturwelt verbindenden Sprache der Hellenen wird es dem Widerspruch der Juden zum Trotz aller Welt verkündigt, daß der gekreuzigte Jesus von Nazareth der König der Juden ist (19, 19 f.). Neben der Erkenntnis des Vaters Jesu als des allein wahren Gottes ist es das Bekenntnis zu Jesus, den er gesandt hat, als zum Messias, wozu „alles Fleisch", die ganze Welt gebracht werden soll, damit sie von Jesus ewiges Leben empfange (17, 2 f.). Es ist auch nichts Neues, daß 20, 31 cf 11, 27 zu der Messiasbezeichnung δ $\upsilon i \delta \varsigma$ $\tau o \tilde{\upsilon}$ $\vartheta \varepsilon o \tilde{\upsilon}$ hinzutritt. Gleichbedeutend mit δ $X \rho \iota \sigma \tau \delta \varsigma$ ist dies weder bei den Syn. noch bei Jo. Wie die gleiche Verbindung Mt 16, 16 das auf Erfahrung der übermenschlichen Größe Jesu beruhende Bekenntnis Mt 14, 33 zur Voraussetzung hat, so beruht das Bekenntnis Jo 1, 49, in welchem die Gottessohnschaft vor der Messiaswürde genannt wird, auf der überwältigenden Erfahrung, welche einer der ersten Jünger durch die wunderbare Selbstbezeugung Jesu gemacht hat. Aber gerade dieses Bekenntnis ist der Vertiefung fähig. Damit jedoch ist eine solche nicht gegeben, daß Jesus bei Jo δ $\mu o \nu o \gamma \varepsilon \nu \eta \varsigma$ mit und ohne $\upsilon i \delta \varsigma$ genannt wird (A 3). Denn dies besagt nichts anderes, als daß er der einzige Sohn Gottes in dem vollen Sinn sei, in welchem eben er es ist. Es unterscheidet ihn nur ebenso wie die Bezeichnung als δ $\upsilon i \delta \varsigma$ schlechtweg (3, 35 f.; 5, 19 ff.; 8, 35 cf Mt 11, 27; Lc 10, 22 cf Mt 21, 38) oder δ $\upsilon i \delta \varsigma$ $\tau o \tilde{\upsilon}$ $\vartheta \varepsilon o \tilde{\upsilon}$ (Jo 9, 35; 11, 4; Lc 22, 70) von den Gotteskindern, die es erst durch seine Vermittlung (1, 12; 12, 36) und durch Wiedergeburt werden (3, 3—8). Obwohl Jesus 20, 17 mit einer Bestimmtheit, wie bei den Syn. nie, seine ursprüngliche und seiner Jünger abgeleitete Gottessohnschaft in Parallele stellt und jene daraufhin seine Brüder nennt, soll doch der specifische Unterschied festgehalten werden. Dies geschieht aber auch bei den Syn., nach welchen Jesus, um es kurz zu sagen, das „mein Vater" und das „euer Vater" niemals in ein „unser Vater" zusammenfaßt; denn das Vaterunser hat Jesus nicht gebetet, sondern seine Jünger beten gelehrt. Wenn Jo das Wort $\mu o \nu o \gamma \varepsilon \nu \eta \varsigma$ zum ersten Mal in demselben Satz anwendet, in welchem er von der Fleischwerdung des Logos gesagt hat (1, 14), und in engster Verbindung mit dem Satz, welcher von der Entstehung der durch Jesus bewirkten Gottessohnschaft der an ihn Gläubigen handelt (1, 12 f.), so kann nicht zweifelhaft sein, daß er ihm als der Gottessohn in einzigartigem Sinne auf Grund seiner

Fleischwerdung gilt. Der Gedanke einer vorzeitlichen Erzeugung hat im Prolog und im ganzen 4. Ev keinen Anhalt. Hat sich nun aber gezeigt (S. 507), daß Jo die Erzählungen von der wunderbaren Erzeugung und Geburt Jesu kennt und anerkennt, indem er mit Beziehung auf diese 1, 13 die Entstehung der Gotteskinder beschreibt, so ist auch klar, daß ihm Jesus auf Grund derselben Überzeugung von seinem Lebensanfang, wie einem Lc (1, 32. 35), der Sohn Gottes und zwar der einzige Sohn im vollen Sinn ist. Was die anderen Menschen durch Wiedergeburt werden, das ist Jesus von Geburt, und was jene durch seine Gnade werden, das ist er von Natur, ein Gedanke, der auch sonst im 4. Ev zu mannigfaltigem Ausdruck kommt (A 3). Dadurch ist die Vaterschaft Josephs ausgeschlossen; aber so wenig wie nach den Syn. ist nach Jo zu Lebzeiten Jesu die Gottessohnschaft in ihrem Gegensatz zur Josephssohnschaft ein Gegenstand der Lehre und des Bekenntnisses geworden. Die ersten Bekenner des Sohnes Gottes halten ihn gleichwohl für Josephs Sohn (1, 45), und Anderen, die damit, daß sie ihn als solchen kennen, seine ganze Herkunft zu kennen meinen, wird nur gesagt, daß sie sich damit im Irrtum befinden (6, 42; 7, 26 f.; 8, 14. 57 f.). Daß er nicht Josephs leiblicher Sohn sei, ist, wie der Prolog des Jo und die Vorgeschichten des Mt und des Lc zeigen, ein Bekenntnis der Gemeinde zu der Zeit gewesen, da alle diese Evv geschrieben wurden, wird aber von Jo ebensowenig wie von den Syn. in die Lehre Jesu zurückgetragen. Neu dagegen ist, daß nach Jo schon der Täufer und sodann Jesus mit steigender Deutlichkeit sein vorzeitliches Dasein, sein ewiges Sein bei Gott, sein Gesendetsein, Herkommen, Herabsteigen aus dem Himmel zur Erde bezeugen. Das ἐκ ϑεοῦ γεννηϑῆναι, ohne welches kein Menschenkind ein Gotteskind wird, ist an Jesus geschehen, da er in menschliches Dasein eintrat, ist aber bei ihm ein ἐξέρχεσϑαι παρά, ja ἐκ τοῦ πατρός (16, 27 f.), ist ein Fleischwerden dessen, der ewig war, und seine Gottessohnschaft schließt sein Gottsein in sich. Aber was schon der Täufer im prophetischen Geiste erkennt (1, 15. 30), ist darum keineswegs von Anfang an eine Erkenntnis der Jünger Jesu. Es ist ein weiter Weg von dem Bekenntnis des aufrichtigen Nathanael, welcher anfangs gespöttelt hatte, zu Jesus von Nazareth, als dem Sohne Gottes, bis zu dem Bekenntnis des aufrichtigen Thomas, der anfangs nicht glauben wollte: ὁ κύριός μου καὶ ὁ ϑεός μου. Was vorher in erregter Rede und manchmal in dunkler Sprache aus dem Gemüt Jesu herausbrach, hat er doch erst am letzten Abend in unmisverständlicher Sprache seinen Jüngern gesagt (16, 24—30). Die Entwicklung des Glaubens vom ersten (1, 45—49) bis zum letzten Bekenntnis (20, 28) der Jünger ist ein Beleg für Worte Jesu wie die 3, 21; 18, 37. Es ist der Weg, hinter dessen Ziel Jo keinen Leser seines Ev zurückbleiben sehen möchte (20, 31). Wie sehr ihm dies anliegt, zeigt er durch den Prolog, welchen er mit dem Zeugnis des ewigen Seins Christi bei Gott beginnt, in dessen Verlauf er den Täufer schon einmal als Zeugen mit denselben Worten auftreten läßt (1, 15), die doch erst 1, 30 in ihrem geschichtlichen Zusammenhang berichtet werden sollen, und welchen er selbst mit dem scheinbar in sich widerspruchsvollen Bekenntnis zu Jesus als „einziggeborenem Gott" schließt (1, 18 A 3). Dies ist im Vergleich zu den Syn. das Eigentümliche und das einzige Neue an der Darstellung der Person Jesu im 4. Ev, dies und nicht „die Logoslehre" (A 4).

Von einer Logoslehre des Jo oder bei Jo könnte nur dann die Rede sein, wenn Jo entweder die Identität des den Lesern bekannten Logos (1, 1) mit Jesus dem Christ (1, 17) förmlich ausspräche, oder von dem Jesus Christ, den die Leser kennen, förmlich aussagte, daß er der göttliche Logos oder eine Verkörperung desselben sei, und wenn er aus dem einen oder anderen dieser Sätze durch Entfaltung der darin zusammengefaßten Begriffe irgend welche Aussagen sei es über den Logos sei es über Christus ableitete. Von alle dem geschieht im Prolog nichts (A 5). Obwohl erst 1, 17 die geschichtlichen Namen des Erlösers auftreten, erkennt der Leser, welcher irgend etwas von der ev Geschichte weiß, spätestens bei 1, 6—13, daß von Jesus die Rede ist; denn nicht von einem Wesen Namens Logos oder Licht, sondern von Jesus als dem Christ hat der Täufer gezeugt (1, 7 f.), und an keinen andern Namen als an diesen glauben die Gotteskinder (1, 12 cf 2, 23; 3, 18; 20, 31). Aber auch 1, 4—5 ist von nichts anderem als von Jesus die Rede. Als und solange er auf Erden weilte, war er und er allein das Licht der Menschen (1, 4 cf 8, 12; 9, 5; 12, 35 f. 46; 3, 19). Ist er das heute nicht mehr in gleichem Sinne, so ist doch das Licht, das er war, nicht in jedem Sinne erloschen, es leuchtet auch jetzt noch fort in den Kindern des Lichts (12, 36), in welchen er durch Wort und Geist lebt, und welche in ihm sind (15, 5. 7; 16, 7—15; 17, 8. 17. 23), und es ist der finstern Welt, innerhalb deren dieses Licht schon längst (cf 1 Jo 2, 8) und noch immer leuchtet, bisher nicht gelungen, es zu überwältigen und zu ersticken (1, 5). Es ist also ὁ λόγος wie τὸ φῶς hier überall ein keinem anderen als dem geschichtlichen Christus zukommender Name. Wenn der Satz: „Christus ist und heißt der Logos" eine Logoslehre und zwar selbstverständlich eine christliche Logoslehre enthalten soll, so wäre dieselbe hier nicht vorgetragen, sondern vorausgesetzt. Aber aus der bloßen Benennung Christi als Logos, selbst wenn sie in einer selbständigen Aussage vorgetragen wäre (A 5), ließe sich die Existenz einer christlichen Logoslehre ebensowenig folgern, als aus Jo 8, 12; 9, 5; 12, 46 eine christliche Lichtlehre, oder aus allen den vielen formal vergleichbaren Benennungen Christi (Jo 6, 35. 48. 51. — 10, 11. — 11, 25. — 14, 6. — 15, 1. — Kl 1, 27; 2, 2. — 2 Kr 4, 4; Kl 1, 15) ebensoviele nach diesen Benennungen zu unterscheidende Lehren. Berechtigt wäre dies doch nur, wenn man wüßte, daß Christen jener Zeit aus der Gleichsetzung des Logos mit Christus oder Christi mit dem Logos weitere Sätze abgeleitet haben, die dann gleichfalls im Prolog stillschweigend vorausgesetzt wären. Im Prolog jedenfalls wird nichts aus jener nur vorausgesetzten Gleichsetzung abgeleitet. Nicht durch eine Definition oder Entfaltung des Logosbegriffs wird die uranfängliche Existenz bei Gott und das Gottsein des Logos gewonnen, sondern diese Sätze werden einfach verkündigt.

Da wesentlich dieselben Aussagen (8, 58; 17, 5 cf 12, 41) als Selbstaussagen Jesu ohne jede Berührung mit dem Logosnamen wiederkehren, so würden die Sätze 1, 1 nicht mehr und nicht weniger einleuchtend sein, wenn ὁ Χριστός statt ὁ λόγος ihr Subjekt wäre. Pl würde so geredet haben (A 5). Die Vermittlung der Weltschöpfung durch Christus (1, 3) wird im 4. Ev sonst nicht ausgesprochen, wohl aber anderwärts, ohne daß ein Logosbegriff als Stütze dieser Aussagen erkennbar wäre (1 Kr 8, 6; Kl 1, 15—17; Hb 1, 2 f.; Ap 3, 14). Es ist also eine durch nichts zu begründende Vermutung, daß Jo die gleiche Aussage aus dem Logosbegriff abgeleitet habe oder umgekehrt in Rücksicht auf diesen gemeinchristlichen Glaubenssatz Christo den Logosnamen gegeben habe. Er sagt nichts davon, und würde, wenn dies sein Gedanke wäre, sicherlich 1, 3 den Logosnamen wiederholt haben, schon um die Leser an Gen 1, 3; Ps 33, 6. 9 zu erinnern. Daß ihm der Logosname nicht eine Fundgrube spekulativer Gedanken ist, zeigt sich abgesehen davon, daß der Prolog solche Gedanken überhaupt nicht enthält, vor allem daran, daß an die Stelle desselben von 1, 4 an der Begriff des Lichtes tritt, und jener erst 1, 14 wieder eintritt, wo jedenfalls nichts gesagt ist, was aus dem Begriff λόγος abgeleitet werden kann. Ist also im Prolog nicht eine christliche oder nichtchristliche Logoslehre ausgesprochen oder vorausgesetzt, sondern ist vorausgesetzt, daß den Lesern ὁ λόγος als ein Name Christi bekannt sei, so fragt es sich, wie dieser Sprachgebrauch entstanden sei, und warum Jo ihn im Prolog anwendet. Er hat ihn Jesu nicht in den Mund gelegt, und es findet sich überhaupt im 4. Ev kein in die Augen springender Anknüpfungspunkt für denselben (A 5). Dagegen finden wir denselben Namen in zwei anderen Schriften des Jo, wodurch bestätigt wird, was der Prolog erkennen ließ, daß er in dem kirchlichen Kreise, dem diese Schriften entstammen, eine gewisse Verbreitung gefunden hatte. In 1 Jo 1, 1 bezeichnet ὁ λόγος τῆς ζωῆς nicht etwa die ev Predigt, sondern deren persönlichen Mittelpunkt, die Person Jesu, welche einerseits anfangslos ist, andrerseits aber von den Jüngern als ein hörbar redender, sichtbar wandelnder und handelnder, leibhaftig greifbarer Mensch mit allen Sinnen wahrgenommen worden ist. Diese ewige Person ist das ewige Leben und war als solches von jeher beim Vater; weil aber dieses Leben aus der stummen Verborgenheit bei Gott hervorgetreten und in sinnenfälliger Gestalt unter den Menschen erschienen und den Menschen offenbar geworden ist, darum kann man es das Wort des Lebens nennen. Christus ist das ewige Leben in Person (Jo 14, 6), aber das sichtbar und hörbar gewordene Leben, daher „das Wort des Lebens". Also ist ὁ λόγος ein Name nicht des präexistenten Christus als solchen, sondern gerade des fleischgewordenen (A 6). Nach Ap 19, 11—16 sieht Jo den vom Himmel her mit den Insignien königlicher und richterlicher Macht zum Gericht kommenden Christus (A 7). Innerhalb der Vision trägt er einen auf seine dermalige Handlung bezüglichen Namen (v. 16), außerdem aber einen, wie es scheint, an einem seiner Diademe angeschriebenen Namen, welchen Niemand kennt außer ihm selbst (v. 12 cf 2, 17). Jo hat diesen Namen also angeschrieben gesehen, aber nicht entziffern können, weshalb er ihn auch nicht aussprechen kann. Das heißt: einen das nur ihm selbst völlig bewußte Wesen und die ganze Bedeutung Christi aussprechenden Namen gibt es für menschliches Denken und Reden nicht. Aber die Menschen können es nicht lassen, ihm Namen zu geben, worin sie dies auszusprechen versuchen. Ein solcher Versuch ist der Name ὁ λόγος τοῦ θεοῦ (v. 13), welchen Jo innerhalb der Vision weder sieht, noch hört, sondern von dem er am Schluß der Schilderung der persönlichen Erscheinung nur bemerkt, daß er Christo gegeben worden ist. Diesen Namen hat Christus in der Gemeinde empfangen; so nennt man ihn, wenn man einigermaßen umfassend ausdrücken will, was er ist und bedeutet. Er ist Gottes in die Welt hinein gesprochenes Wort. Er ist als Person in vollkommener Weise, was die vielen Wortoffenbarungen Gottes an ihrem Teil sind. Wie diesen (19, 9; 21, 5) kommt auch ihm das Attribut der Wahrheit und Zuverlässigkeit zu, aber, weil er Person ist, wie ein Eigenname (19, 11 cf 1 Jo 1, 9; 5, 20?). Daß Christus das Wort Gottes als ein treuer Zeuge verkündigt hat (Ap 1, 5; 3, 14), ist nur eine der Formen, in welchen er sich selbst als das Wort Gottes erwiesen hat. Er selbst ist „der Amen" oder, wie wir sagen würden, „das Amen in Person", d. h. Gottes feierliche Versicherung seines Willens und Gedankens an die Menschen (Ap 3, 14 A 8), nicht ein Amen oder ein Wort, sondern, da Gott in ihm endgiltig und abschließend sich offenbart hat (Hb 1, 1), das Amen und das Wort Gottes schlechthin, ein Gedanke, dem es auch außerhalb der Schriften des Jo im NT nicht an Analogien fehlt (A 8). Dies ist aber auch der Gedanke des 4. Ev. Die allgemeinen Voraussetzungen und die Analogien liegen hier im Worte Jesu selbst vor. Jesus ist das Leben, aber auch die Wahrheit in Person (14, 6; 11, 25), die sichtbare Darstellung Gottes (12, 45; 14, 7—10), und nicht bloß vermittelst der Worte, die er als Lehrer spricht, sondern ebenso vermittelst seiner Handlungen bietet er den Menschen die zum Leben erforderliche Erkenntnis Gottes dar, d. h. ist er während seines Erdenlebens das Licht der Menschen (9, 4—5; 8, 12; 12, 35 f. 46). Von allen Amtsträgern und Mittlern göttlicher Offenbarung vor ihm unterscheidet er sich dadurch, daß jene durch ein von außen an sie herantretendes Wort Gottes das geworden sind, was sie für andere Menschen waren, er dagegen im ganzen Umfang seines Lebens der von Gott zu seinem Beruf an den Menschen Geweihte und Gesandte ist (10, 35 f.). War einmal ὁ λόγος, wie eben der Prolog in Verbindung mit 1 Jo 1, 1; Ap 19, 13 beweist, im Umkreis des Jo und gewiß nicht ohne sein Zutun neben anderen Namen als Benennung Christi üblich geworden, so war diese als die umfassendste gerade auch im Prolog am Platz, welcher in großen Zügen die Geschichte Christi und der durch ihn erfolgten Offenbarung beschreibt, von der Ewigkeit, in der er wurzelt, bis zur Gegenwart, in welcher er wieder bei Gott ist, die Gemeinde der an ihn Glaubenden aber Erbin seiner Gnaden und Hüterin der durch ihn in die Welt gebrachten Gotteserkenntnis in einer dieser Erkenntnis ermangelnden Welt ist. Auch hier erscheint Christus wie im ganzen Ev und in der Ap als der unentbehrliche Zeuge der Wahrheit und Verkündiger der Gotteserkenntnis, die kein Mensch aus sich selbst gewinnen konnte (1, 18 cf 3, 11; 5, 37 f.; 6, 46; 18, 37); aber sein Verhältnis zu dem Gott, den er verkündigt, ist ein anderes, als dasjenige aller anderen Offenbarungsmittler. Er hat nicht nur Gott geschaut, ehe er als sein einziger Sohn erschien; er ist selbst $\vartheta\varepsilon\acute{o}\varsigma$ (1, 18). Während die Gesetzesoffenbarung durch die Hand des Moses an andere Menschen weitergegeben worden ist, ist die Gnade und Treue Gottes, von welcher er selbst erfüllt war, durch Jesus den Christ zu einer geschichtlichen Wirklichkeit geworden (1, 17 cf 14. 16). Er ist als Person die vollkommene Offenbarung Gottes an die Menschheit, also „das Wort" schlechthin. Die Frage, wie die Zusammenfassung der sonst zerstreuten urchristlichen Gedanken über Christus in dem Ausdruck $\acute{o}$ $\lambda\acute{o}\gamma o\varsigma$ ($\tau o\tilde{v}$ $\vartheta\varepsilon o\tilde{v}$, $\tau\tilde{\eta}\varsigma$ $\zeta\omega\tilde{\eta}\varsigma$) üblich und zu einem Namen geworden ist, können wir, wie viele ähnliche, nicht durch eine Erzählung des Hergangs beantworten, weil wir von den innergemeindlichen Lehrvorträgen sogut wie nichts wissen. Geschichtlich denkbar wäre, daß die hellenistische Spekulation, deren erster Vertreter für uns Philo ist, dem Apostel Jo schon in Jerusalem bekannt geworden wäre; denn es gab in Jerusalem eine Synagoge der Alexandriner und in der Muttergemeinde Hellenisten genug (Bd I, 42 A 8). Es können auch nach Ephesus alexandrinische Juden wie Apollos (AG 18, 24) solche Ideen gebracht haben. Wenn es nur Jemand gelungen wäre, innerliche Verwandtschaft zwischen Philo und Jo nachzuweisen! Christus ist dem Jo nicht wie der Logos dem Philo die Idee der Ideen nach Plato und zugleich die plastische Weltseele nach den Lehren der Stoa. Näher läge der Gedanke, daß die den Rabbinen geläufige Rede von dem Memra den christlichen Lehrern eine Form für ihre Gedanken über Jesus dargeboten hätte. Aber wahrscheinlich könnte man das nur nennen, wenn der präexistente Christus als der Mittler schon der atl Offenbarung gedacht würde. Aber gerade bei Jo ist dieser Gedanke nirgendwo zu spüren, wo man ihn erwarten könnte (5, 37—47; 8, 52—58; 12, 37—41). Es wird also wohl eine aus den vorher angegebenen, in dem Boden der christlichen Gemeinde liegenden Wurzeln erwachsene Ausdrucksweise der vorgerückten Apostelzeit sein.

Wenn Jo eine auf außerchristlichem Boden gewachsene Logosspekulation auf Christus angewandt und, durch eine solche bestimmt, zu einer höheren Auffassung Christi sich aufgeschwungen hätte, so wäre es unvermeidlich gewesen, daß die festumgrenzte Gestalt des Menschen Jesus schattenhaft zerflossen und geisterhaft verzerrt worden wäre. Das gerade Gegenteil ist der Fall. Kein Ev stellt Jesum nach allen wesentlichen Seiten so ganz menschlich dar. Jesus ermüdet von der Wanderung 4, 6 und bekennt seinen Durst 4, 7; 19, 28; er vergießt Thränen am Grab des Freundes 11, 35. Er pflegt mit Einzelnen menschliche Freundschaft, welche an sich mit seinem Heilandsberuf nichts zu schaffen hat (11, 3. 11. 36; 13, 23; 20, 2). Er sorgt sterbend für das irdische Wohlergehen seiner Mutter (19, 26). Wie er über die Verwüstung, die der Tod

im befreundeten Hause hat anrichten dürfen, in heftige Erregung und zornige
Bewegung gerät, und zwar gerade darum, weil er selbst durch sein Zögern dem
Tode diesen Sieg hat bereiten müssen (11, 33. 38), so erschüttert ihn der Gedanke an seinen eigenen nahen Tod, und fragend und tastend sucht er des
göttlichen Willens hierüber, den er längst erkannt hatte (8, 21—29), doch erst
wieder gewiß zu werden (12, 27). Er vermag Alles nur in der Abhängigkeit
von Gott (5, 19. 30); Gottes Engel müssen dem Menschensohn beistehen, daß er
sich wunderbar als den Gottessohn bezeugen könne (1, 51). Alle seine Wunder
sind Gebetserhörungen (11, 41). Er ist und bleibt der lernbegierige Schüler
seines Vaters (5, 30; 8, 26. 40; 15, 15). Wie weit und tief sein Blick in die
Herzen der Menschen und in die dunkle Zukunft reichen mag (A 10), so ist
dies doch kein Beweis von einer mitgebrachten Allwissenheit, sondern eine Gabe
Gottes nach dem Maß des Berufs Jesu, eine Äußerung des Amtsgeistes, den er
empfangen hat (1, 32 f.). Er empfängt wie andere Menschen Nachricht von dem,
was er nicht selbst sinnlich wahrnimmt (4, 1; 11, 3—6), oder zieht Schlüsse aus
dem, was er wahrnimmt (6, 15). Er fragt nicht bloß, um Andere zu prüfen
(6, 6), sondern auch um zu erfahren, was er nicht weiß (11, 34). Selbst in
bezug auf sein Berufswerk ist sein Wissen ein sich entwickelndes, also zeitweilig beschränktes und darum auch sein Entschluß zum Handeln wandelbar
(A 9). Dies Alles aber, wovon die Syn. nur Weniges mit gleicher Unbefangenheit
und Deutlichkeit zu erkennen geben, kann schon darum nicht aufgefaßt werden
als ein stehengebliebener Rest einer älteren Anschauung, über welche der Vf
selbst hinausgeschritten wäre. Dies ist vielmehr das in seiner Seele lebende
Bild, das er seinen Lesern mit hingebender Liebe vor Augen malt. Wie großes
Gewicht er darauf legt, daß sie glauben, Jesus sei der Christ und der Sohn
Gottes, so schildert er doch nicht wie Mt den Christ (A 10) und nennt ihn
kaum je, wie Lc manchmal, den Herrn (oben S. 232. 393. 496), sondern der Mensch
Jesus ist das Subjekt aller seiner Aussagen über ihn. Daß dies Alles aber nicht
nur der natürliche Abdruck seiner Anschauung, sondern zugleich bewußte Absicht seiner Darstellung ist, zeigt 1, 14. Der Ausdruck ist kraß. Der, welcher
von Ewigkeit Gott war (1, 1) und nicht in jeder Hinsicht aufhörte Gott zu
sein (1, 18; 10, 33—36 A 3; 20, 28) wurde Fleisch, erschien als Fleisch.
Auch ohne daß man die Briefe als Kommentar zu Hilfe nimmt, müßte man erkennen, daß dieser auch im Vergleich mit Phl 2, 7; Rm 8, 3 unerhört derbe
Ausdruck nur aus dem Gegensatz zu einer anderen Anschauung von Jesus sich
erklärt. Wie hier, wo es sich um den Eintritt Christi in menschliches Dasein handelt,
so wird auch wieder in der Erzählung des Lebensausgangs die Wirklichkeit
seines Todes stark betont. Gewiß sind dem Vf die beiden Umstände, daß Jesu
die Beine nicht zerschlagen wurden, und daß er nach dem Tode mit einer Lanze
gestochen wurde, als Erfüllung von Weissagungen bedeutsam (oben S. 474);
aber wichtig und neu im Vergleich zu den älteren Darstellungen sind diese Tatsachen auch an sich. Nur weil die Soldaten von dem bereits eingetretenen Tod

überzeugt waren, unterblieb das Eine, und der Zweifel eines Soldaten hieran
veranlaßte das Andere. Selbst wenn der Zweifel des Soldaten begründet gewesen wäre, würde doch der Lanzenstich den Tod herbeigeführt haben. Wahrscheinlich aber war dem Soldaten wie dem Erzähler das Heraustreten von Blut
und Wasser auch ein Beweis von der nach dem Tode eingetretenen Zersetzung
des Blutes. Und gerade für diesen ganzen Vorgang zunächst verbürgt sich der
Erzähler durch eine eidliche Versicherung als ein der Wahrheit gemäß berichtender Augenzeuge (S. 475 ff.). Nimmt man dazu den in keinem anderen
Ev so genau gelieferten geschichtlichen Nachweis von der Leerheit des Grabes
(20, 1—13) und die Überführung des Thomas von ·der Leibhaftigkeit des Auferstandenen und der Identität seines Leibes mit dem, der gekreuzigt war (20, 24
bis 29), so ergibt sich mit Sicherheit, daß Jo den Glauben seiner Leser gegen
eine die Realität der Fleischwerdung und des Todes Jesu in Frage stellende
Lehre waffnen will. Irenäus sagt, daß dies die Lehre Kerinths gewesen sei.
Erst die Untersuchung der Briefe kann darüber Gewißheit geben. —·Aber noch
nach einer anderen Seite scheint Jo einen polemischen Zweck zu verfolgen. Ist
der Vf der namenlose Genosse des Andreas 1, 35 ff., so kann es an sich nicht
auffallen, daß er das Zeugnis seines ersten Meisters über Jesus, welches ihn
selbst zu Jesus geführt hat, eingehend darstellt und stark betont 1, 6 — 9.
19—36; 3, 27—36; 5, 33—36; 10, 41, und daß er es auch außerhalb der Erzählung und ohne die Form einer geschichtlichen Mitteilung als ein in der
Gegenwart, also für die Leser giltiges Zeugnis geltend macht, indem er es
mitten in die Aussagen über seine und seiner Mitjünger Erfahrung in dem Umgang mit Jesus hineinstellt 1, 15. Das alles würde sich befriedigend erklären
aus dem 19, 35 ausgesprochenen Zweck: ἵνα καὶ ὑμεῖς πιστεύητε, auch ihr,
wie ich und meine Mitjünger, wie der μαθητής (19, 26) und seine συμμαθηταί
(11, 16) im Verhältnis sowohl zum Täufer als zu Jesus. Diese Erwägung
reicht aber nicht mehr aus zur Erklärung des großen Nachdrucks, mit welchem
von Anfang an und immer wieder, sowohl seitens des Vf, als seitens des Täufers
selbst verneint wird, daß dieser der Messias oder das Leben spendende Licht
sei (1, 8. 20—27. 30—33; 3, 28—30). Der an ihn herantretenden Versuchung,
sich selbst für den Messias auszugeben, hat der Täufer ehrlichen und standhaften
Widerstand geleistet (1, 20) und hat auch alle anderen Titel abgelehnt, welche
in Anbetracht der verworrenen jüdischen Vorstellungen von der Person des zukünftigen Messias als ein versteckter Anspruch auf die Würde des Messias oder
auf eine ähnliche Bedeutung seiner Person hätten gedeutet werden können
(1, 21. 25 A 11). Er will nur die Aufgabe haben, welche Jesaja durch das
Bild einer Stimme, deren Subjekt völlig unbestimmt bleibt, ausgedrückt hat
(1, 23). Seine Aufgabe ist groß genug, steht aber ganz im Dienst des unvergleichlich größeren, aus der Ewigkeit stammenden Nachfolgers und seines ebensoviel größeren Werkes. Wie Wasser und Geist, wie Wort und Tat verhalten
sie sich zu einander. Daher muß Johannes in dem Maße zurücktreten, in

welchem Jesus als Bräutigam der Braut, als Messias der Gemeinde hervortritt. Er tut es neidlos und willig, ja als Freund des Bräutigams mit inniger Freude (3, 27—36), wie Jesus wiederum auch ihn in seinem Beruf vollkommen anerkennt (5, 35), ihn mit sich als einen wahrhaftigen Zeugen zusammenfaßt (3, 11), die Wassertaufe des Jo zur Zeit für ebenso erforderlich erklärt als die zukünftige Geisttaufe (3, 5 cf den Gegensatz 1, 33), sie selbst durch seine Jünger zeitweilig ausübt (3, 22; 4, 2) und sogar den Schein einer Nebenbuhlerschaft vermeidet, indem er diese Tätigkeit wieder aufgibt, sowie sich herausstellt, daß dadurch die Wirksamkeit des Täufers beeinträchtigt wird (4, 1). Während also schönster Einklang zwischen Jo und Jesus besteht, und nicht wenige Schüler des Jo, seinem Zeugnis über Jesus glaubend und seinen Wink befolgend, ihn verlasseu, um fortan Jünger Jesu zu werden (1, 35—51), und auch viele andere Hörer seiner Predigt später an Jesus gläubig werden (10, 42), bleiben andere Schüler desselben Jo bei ihm, wollen sich nicht an Jesus anschließen und suchen neiderfüllt die Eifersucht ihres Meisters gegen Jesus zu erregen (3, 26). Aber der von oben Gekommene und daher über Alle Erhabene (3, 31) hat keinen Nebenbuhler. Auch die eine Zeit lang brennende, aber längst erloschene Leuchte, welche Jo war (5, 35), ist nicht ein Licht der Welt neben dem Einzigen, welcher das Licht der Welt ist. Er gehört vielmehr zu denen, welche durch ein an sie ergangenes Gotteswort Träger eines zeitlich wie sachlich beschränkten Berufs geworden sind (10, 35), und ermangelt auch des Strahlenglanzes der σημεῖα (10, 41), welcher Jesum als den Christ und den Sohn Gottes kenntlich macht (20, 30 f.). Wie er sich selbst tief unter Jesus gestellt hat, so hat auch Jesus, wo es darauf ankam, den Juden ihre im Vergleich zu der Aufnahme, die Jo bei ihnen gefunden hatte, von vornherein feindselige Stellung zu ihm selbst vorzuhalten, deutlich erklärt, daß Gottes Zeugnis ihn als den im Vergleich mit Jo Größeren darstelle (5, 36 s. § 69 A 1). Auch abgesehen von den Syn., welche kaum einige Anklänge an diesen gesamten Geschichtsstoff enthalten (Lc 3, 15 f. 5, 33—39; 11, 1; Mt 9, 14—17; Mr 2, 18—22), ergibt sich aus diesem gleich im Prolog mit voller Stärke hervortretenden Ton der Darstellung des Verhältnisses zwischen Jo und Jesus eine polemische Absicht. Es muß im Umkreis des Vf Leute gegeben haben, welche auf die Person des Täufers ein übertriebenes Gewicht legten und den specifischen Unterschied Jesu von ihm verkannten. Unsere Geschichtskenntnis reicht nicht aus, diese aus dem 4. Ev selbst erhellende Tatsache in konkreter Bestimmtheit und mit völliger Sicherheit zu beschreiben. Es liegt aber nahe anzunehmen, daß die Nachwirkungen der unrichtigen Stellung, welche ein Teil der Jüngerschaft des Täufers zu Jesus einnahm, mit der Richtung zusammenhängen oder zu deren Entstehung beigetragen haben, welcher Jo durch die starke Betonung des Fleischseins, des wahrhaft menschlichen Lebens und Sterbens Jesu, sowie der Leibhaftigkeit seiner Auferstehung entgegentritt. Es fehlt auch nicht an Andeutungen davon, daß gerade in Ephesus, wohin alle Überlieferung die Entstehung des 4. Ev verlegt, Nachwirkungen der Tätigkeit des Täufers fortgedauert haben, deren Verhältnis zum apostolischen Christentum zweideutiger Natur waren (A 12).

Dies führt schließlich noch auf die Frage nach der Nationalität und Heimat der ersten Leser des 4. Ev. Daß ihre einzige Sprache das Griechische war, sehen wir daraus, daß der Vf, welcher gerne den hebräischen oder aramäischen Wortlaut von Person- und Sachbezeichnungen beibehält, diesen regelmäßig wenigstens das erste Mal, teilweise auch zweimal ins Griechische übersetzt: 1, 38 (cf 1, 49; 3, 2. 26; 4, 31; 6, 25; 9, 2; 11, 8); 1, 41 (zum zweiten Mal 4, 25); 1, 42; 9, 7; 11, 16 (wieder 20, 24; 21, 2); 19, 13. 17; 20, 16. Nur einmal läßt er einen Ortsnamen, welcher doch ihm selbst seines Wortsinnes wegen bedeutsam ist, unübersetzt (5, 2 Bd I, 20 A 15). Solche Fest- und Feiertagsnamen wie πάσχα, σάββατον brauchten nicht übersetzt zu werden, weil sie längt in den christlichen Sprachgebrauch übergegangen waren, andere wie σκηνοπηγία (7, 2), ἐγκαίνια (10, 22) gibt Jo sofort in der sprachlich durchsichtigen griechischen Form. Auch ἀμήν (1, 51), ὡσαννά (12, 13) werden den Lesern aus ihrem eigenen Kultus wie aus den älteren Evv geläufig gewesen sein. Mit jüdischen Bräuchen und Kultuseinrichtungen sowie mit den geographischen Verhältnissen Palästinas sind sie nicht näher bekannt. Jo belehrt sie darüber, daß der regelmäßige Weg von Judäa nach Galiläa durch Samaria führte (4, 4 A 13). Daß Kana in Galiläa liegt, scheint den Lesern ebenso wenig bekannt zu sein (2, 1. 11; 4, 46. 54), als die Lage des Bethanien am Jordan (1, 28; 10, 40) und des anderen Bethanien bei Jerusalem (11, 1. 18). Ephraim in Judäa (11, 54) ist ihnen ebenso unbekannt, wie Sychar in Samarien (4, 5). Daß es in Jerusalem einen Schwimmteich Namens Bethesda gibt, wird ihnen neu mitgeteilt (5, 2). Den See, den man in Palästina das Meer von Gennesaret nannte, nennt Jo 6, 1 cf 21, 1, wie man es außer Landes nannte (Ptolem. V, 16, 4), das Meer von Tiberias und bemerkt, daß es zu Galiläa gehört. Weil die Leser jährlich ein eintägiges christliches Passa feiern, andrerseits aber wissen, daß die Juden, an denen es in ihrer Umgebung nicht gefehlt haben wird, das Passa als ein mehrtägiges Fest feiern, werden sie durch den Ausdruck „das Passa der Juden" (2, 13 cf 6, 4; 11, 55) darauf aufmerksam gemacht, daß der erste Aufenthalt Jesu in Jerusalem eine volle Woche gedauert hat (2, 23; 4, 45). Sie mögen vom Laubhüttenfest gehört haben (7, 2). Daß aber dessen letzter Tag in Jerusalem mit besonderer Feierlichkeit begangen wurde, mußte ihnen doch gesagt werden (7, 37); ebenso, daß der in die Passazeit fallende Sabbath besonders streng beobachtet wurde (19, 31). Sie müssen wenigstens daran erinnert werden, daß Juden am Freitagabend, unmittelbar vor Sabbathanbruch keinen weiteren Weg, zumal mit einem zu bestattenden Leichnam machen können (19, 42). Durch Erinnerung an die den Lesern vielleicht bekannten, aber ihnen selbst fremden Reinigkeitsgesetze der Juden wird das Vorhandensein der großen Wasserkrüge zu Kana erklärt (2, 6). Auf die besondere Art, wie die Juden ihre Toten bestatten (19, 40), werden sie um so mehr aufmerksam gemacht, als wenigstens ein Zug dieser Beschreibung 20, 6 wieder zu berücksichtigen war. Wahrscheinlich ist es Jo selbst und nicht ein Glossator, welcher 4, 9 zur Erläuterung des dort berichteten Gesprächs bemerkt, daß Juden und Samariter keinen freundlichen Verkehr mit einander zu haben pflegen (A 13), wodurch dann auch 8, 48 ohne Kommentar verständlich wird. Kurz, die ersten Leser sind griechische Christen, fern von Palästina. Der Überlieferung, daß sie in der Provinz Asien zu suchen seien, widerspricht nichts. Unter Voraussetzung der Verfasserschaft des Apostels Jo ergibt sich dies mit Sicherheit aus der Abfassungszeit des Nachtrags (§ 66) und des ganzen Ev (§ 69), denn um diese Zeit hatte Jo seinen ·Wohnsitz in Ephesus. Dort finden sich auch die ungesunden Lehrrichtungen, gegen welche das 4. Ev sich gerichtet zeigte (A 9 cf auch § 69 A 9).

1. Jo gebraucht $\sigma\eta\mu\varepsilon\tilde{\iota}o\nu$ immer nur von den Taten Jesu (indirekt auch in der negativen Aussage 10, 41) und zwar 18mal, Mt so nur 6 oder 7mal, Mr nur 8, 11—12, Lc außer der Parallele hiezu (11, 16. 29—30) nur noch 23, 8, häufiger Pl. Es ist = אות Ex 4, 8f. 17, treffend gebraucht von der jüdischen Forderung einer von Gott seinem Gesandten zu verleihenden wunderbaren Legitimation (Jo 2, 18; 6, 30 cf 1 Kr 1, 22). Niemals bei Jo das den Syn. so geläufige $\delta\upsilon\nu\acute{\alpha}\mu\varepsilon\iota\varsigma$ und überhaupt außer $\sigma\eta\mu\varepsilon\tilde{\iota}\alpha$ (einmal verbunden mit $\tau\acute{\varepsilon}\rho\alpha\tau\alpha = prodigia$ in der Rüge des wundersüchtigen Halbglaubens 4, 48) nur noch $\check{\varepsilon}\rho\gamma\alpha$ in gleichem Sinn 5, 20. 36; 7, 3. 21; 10, 25. 32. 33. 37. 38; 14, 10—12; 15, 24. So sonst nur Mt 11, 2.

2. Über $M\varepsilon\sigma\sigma\acute{\iota}\alpha\varsigma$ Jo 1, 41; 4, 25, nur hier im NT, s. Bd I, 13f. Daß das Wort auch der Samariterin in den Mund gelegt wird, kann nicht befremden; denn selbst wenn der samaritische Messiastitel הַתָּהֵב (der Bekehrer cf Cowley im Expositor 1895, March S. 165 gegen Merx u. Hilgenfeld) in so hohes Altertum hinaufreichte, mußte das über die religiösen Unterschiede der Juden und Samariter reflektirende Weib den jüdischen Namen kennen und konnte ihn im Gespräch mit den Juden anwenden. — Über $\acute{o}$ $\grave{\varepsilon}\varkappa\lambda\varepsilon\varkappa\tau\grave{o}\varsigma$ $\tauο\tilde{\upsilon}$ $\vartheta\varepsilon o\tilde{\upsilon}$ 1, 34 oben S. 518 A 2. Ebenso wie dieses ist $\acute{o}$ $\check{\alpha}\gamma\iota o\varsigma$ τ. ϑ. 6, 69 (אB C* D L) durch das $\acute{o}$ $\upsilon\acute{\iota}\acute{o}\varsigma$ τ. ϑ. (Sc und alte Lateiner), häufiger noch mit vorangehendem $\acute{o}$ $X\rho\iota\sigma\tau\acute{o}\varsigma$ (so auch Ss) und nachfolgendem $\tauο\tilde{\upsilon}$ $\zeta\tilde{\omega}\nu\tauο\varsigma$ verdrängt worden. Man ließ sich lieber an Mt 16, 16, als an Mr 1. 24; Lc 4, 34 (cf AG 3, 14; 4, 27. 30) erinnern. Cf auch Jo 10, 36; 17. 19. Außerdem hat Jo 14mal $\acute{o}$ $X\rho\iota\sigma\tau\acute{o}\varsigma$, 2mal $I\eta\sigmaο\tilde{\upsilon}\varsigma$ $X\rho\iota\sigma\tau\acute{o}\varsigma$ (1, 17; 17, 3), einmal (9, 22) $X\rho\iota\sigma\tau\acuteό\nu$ als Objektsprädikat. Dazu kommt noch $\acute{o}$ $\beta\alpha\sigma\iota\lambda\varepsilon\grave{\upsilon}\varsigma$ $\tauο\tilde{\upsilon}$ $I\sigma\rho\alpha\acute{\eta}\lambda$ oder $\tilde{\tau}\tilde{\omega}\nu$ $I\upsilonο\delta\alpha\acute{\iota}\omega\nu$ (oben S. 535 f.), und das nur durch $\acute{o}$ $X\rho\iota\sigma\tau\acute{o}\varsigma$ oder ein Synonymon zu ergänzende $\check{ο}\tau\iota$ $\grave{\varepsilon}\gamma\acuteώ$ $\varepsilon\grave{\iota}\mu\iota$ 8, 24. 28.

3. Der feierliche Ton des deutschen „der Eingeborene" (Jo 1, 14) und „der eingeborene Sohn Gottes" (3, 16. 18; 1 Jo 4, 9) ermäßigt sich durch die Erinnerung, daß jeder einzige Sohn seiner Eltern ebenso genannt wird (Lc 7, 12; 8, 42; 9, 38; Tob 3, 15; Clem. I Cor. 25, 2 vom Phönix), als Übersetzung von יחיד und בֵּן יָחִיד Judic 11, 34; Ps 22, 20 LXX; Gen 22, 2; Jerem 6, 26 Aquila, Hb 11, 17 (dafür $\acute{o}$ $\check{\iota}\delta\iota o\varsigma$ $\upsilon\acute{\iota}\acute{o}\varsigma$ Rm 8, 32). Da aber derselbe Ausdruck von LXX gewöhnlich durch $\grave{\alpha}\gamma\alpha\pi\eta\tau\acute{o}\varsigma$ übersetzt wird Gen 22, 2. 12. 16; Sach 12, 10; Jerem 6, 26 s. auch v. 1. zu Judic 11, 34, so ist $\grave{\alpha}\gamma\alpha\pi\eta\tau\acute{o}\varsigma$ Mt 3, 17; 17, 5; Mr 1, 11; 9, 7; 12, 6 ($\check{\varepsilon}\nu\alpha$ ... $\upsilon\acute{\iota}\grave{o}\nu$ $\grave{\alpha}\gamma$.); Lc 3, 22; 20, 13; 2 Pt 1, 17 (cf Kl 1, 13) synonym mit $\mu ο\nuο\gamma\varepsilon\nu\acute{\eta}\varsigma$ bei Jo. — Daß Jo 1, 18 (ohne $\acute{o}$) $\mu ο\nuο\gamma\varepsilon\nu\grave{\eta}\varsigma$ $\vartheta\varepsilon\acuteο\varsigma$ (nicht $\acute{o}$ $\mu ο\nuο\gamma\varepsilon\nu\grave{\eta}\varsigma$ $\upsilon\acute{\iota}\acute{o}\varsigma$) zu lesen sei, darf als bewiesen gelten cf Hort, Two dissertations 1876; GK I, 736; Forsch I, 122. Es werden die Bestimmungen von 1, 1 und 1, 14 zusammengefaßt: Einer, der Gott war, und somit, da man nicht aufhören kann, Gott zu sein, seinem Wesen nach Gott ist und bleibt, und welcher doch andrerseits vermöge

seiner Fleischwerdung Gottes einziger Sohn ist, hat uns Menschen den sonst unerkennbaren Gott verkündigt. Wie hier, so ist auch 10, 33—38 der Begriff des Sohnes Gottes so gefaßt, daß darin das Gottsein eingeschlossen ist. Nicht nur die Anklage der Juden, sondern auch die Schriftbeweisführung Jesu läuft darauf hinaus, daß er sich Gott nenne, nach den Juden mit Unrecht, nach Jesus mit Recht. Wenn Jesus dafür 10, 36 „Sohn Gottes" als seine wirkliche Selbstbenennung angibt, so entspricht das der Wirklichkeit, ist aber um so weniger als eine absichtliche Abschwächung dessen anzusehen, was er so eben aus der Schrift als sein Recht erwiesen hat, sich Gott zu nennen, als in der angegebenen Stelle Ps 82, 6 „Götter" und „Söhne des Höchsten" mit einander wechselt. Als der, dessen Weihe zu seinem Beruf mit seiner Sendung in die Welt zusammenfällt, oder dieser gar vorangeht, ist er nach Person und Beruf der Sohn und der Heilige Gottes (10, 36 cf 6, 69). Da aber die Weihe wie die Sendung seine Existenz, nämlich seine überweltliche und vorgeschichtliche Existenz voraussetzt, so schließt das Sohngottessein das Gottsein ein. Er besitzt Alles, auch das Leben selbst, als eine Gabe Gottes, aber er besitzt es doch so, wie Gott selbst es besitzt, nämlich so, daß er nicht wie die Geschöpfe die Bedingungen und Mittel des Lebens außer sich, sondern in sich hat; daher auch mit der gottgleichen Fähigkeit, sein Leben mitzuteilen, ohne sich selbst zu berauben 5, 26; 6, 57.

4. Valentinus, der Gnostiker (oben S. 448) und Justinus „der Philosoph" sind die Ersten, welche in dem Prolog eine Logoslehre entdeckt oder vielmehr sie in dieselbe hineingedichtet haben. Daß die ersten Leser den Prolog anders verstanden haben, beweist der noch ältere Ignatius, der erste deutlich redende Zeuge für das 4. Ev, wenn er Magn. 8, 2 schreibt: „Einer ist Gott, der sich offenbart hat durch Jesum Christ, seinen Sohn, welcher sein aus dem Stillschweigen hervorgegangenes Wort ist, welcher in allem seinem Auftraggeber wohlgefallen hat" (Patr. ap. II, 36. 201, auch Lightfoot und Funk in ihren Ausg.). Darum also heißt der Mensch Jesus Gottes Wort, weil Gott nach langem Schweigen endlich in ihm, seinem Sohne verständlich und laut zu den Menschen geredet und nicht bloß durch das Lehren, sondern ebensosehr durch das Handeln Jesu (cf Eph 15, 1) sich offenbart hat. Jesus als Person ist „der untrügliche Mund, durch welchen der Vater wahrhaft geredet hat" (Rom. 8, 2), die $\gamma\nu\acute{\omega}\mu\eta$ des Vaters (Eph. 3, 2), die $\gamma\nu\tilde{\omega}\sigma\iota\varsigma$ Gottes (Eph. 17, 2) cf meinen Ignatius v. Ant. S. 382 f. 472 f. Spuren dieser urchristlichen „Logoslehre" finden sich auch sonst, z. B. in dem „Kerygma des Pt" bei Clem. ecl. proph. 58 ($\nu\acute{o}\mu o\varsigma$ $\varkappa\alpha\grave{\iota}$ $\lambda\acute{o}\gamma o\varsigma$ $\alpha\grave{\upsilon}\tau\grave{o}\varsigma$ $\acute{o}$ $\sigma\omega\tau\grave{\eta}\varrho$ $\lambda\acute{\epsilon}\gamma\epsilon\tau\alpha\iota$) und noch bei Späteren cf meinen Hirten des Hermas S. 147 f. Trefflich bestreitet namentlich noch Origenes in Jo. tom. I, 23—41 die einseitige Beachtung des Logosnamens und die Nichtbeachtung der vielen ähnlichen, besonders der im 4. Ev selbst vorkommenden Bezeichnungen, wie Wahrheit, Licht, Leben etc. Die trotzdem herrschend gebliebene Meinung hat Niemand häßlicher ausgedrückt, als Keim, Gesch. Jesu 1, 125: „Ist nicht das ganze Fleisch und Blut dieser Geschichte aus der Philosophie zu erklären, welche im Portale sitzend, die Eintrittskarten und das Programm verteilt?" Von der überreichen Literatur des Gegenstandes, welche vielfach auch Ansätze des Richtigen enthält, sei als jüngste Erscheinung genannt: Baldensperger, Der Prolog des 4. Ev. Sein polemisch-apologetischer Zweck 1898.

5. Man vergleiche mit dem Mangel jeder Erläuterung der im Prolog vorausgesetzten Vertrautheit der Leser mit $\acute{o}$ $\lambda\acute{o}\gamma o\varsigma$ als einem Namen Christi, wie Pl Begriffe, die nicht unmittelbar der ev Geschichte und der allgemeinen Redeweise der Gemeinde zu entnehmen waren, mit Christus identificirt (1 Kr 10, 4; Kl 1, 27; 2, 2) oder umgekehrt solche Begriffe als Prädikate von Christus als Subjekt aussagt (1 Kr 1, 30; 2 Kr 3, 17; 4, 4; Kl 1, 15; Eph 5, 23) oder wie Ignatius in ähnlichem Fall verfährt (s. vorige A). Abgesehn von dem, was oben im Text und in A 6—8 an Analogien und Vorstufen des

Logosnamens angeführt ist, ist besonders auf 10, 35 zu verweisen cf A 3 und Luthardt, Das joh. Ev I², 273. Wenn die atl Amtsträger solche sind, an welche das Wort Gottes ergangen ist (Jerem 1, 4; Lc 3, 2), Jesus es aber doch auch mit dem Worte Gottes zu thun hat (Jo 7, 16; 8, 26; 14, 10; 17, 6—8. 17), so scheint sich fast mit Notwendigkeit die gegensätzliche Charakteristik Jesu aufzudrängen, daß er von Haus aus und im ganzen Umfang seines persönlichen Daseins mit dem Worte Gottes verknüpft, daß er das Wort Gottes in Person sei. Aber der Vf vermeidet es auch hier, diesen Gedanken Jesu in den Mund zu legen. — Hauptstütze der Ansicht, daß δ $\lambda\acute{o}\gamma o s$ im Prolog eine specifische Bezeichnung des präexistenten Christus oder des ewig sich gleich bleibenden Wesens dieser Person sei, ist noch immer die Anwendung dieses Namens gerade 1, 1 und 1, 14. Es ist aber erstens zu bedenken, daß die apostolische Kirche eine specifische Bezeichnung des Wesens Christi abgesehen von seiner menschlichen Erscheinung überhaupt nicht gekannt, sondern auch da, wo sie von dem Präexistenten redet, die auf den Menschen bezüglichen Namen angewandt hat: Jesus, Christus, der Sohn Gottes, der Herr Eph 1, 3 f.; Phl 2, 5 f.; Kl 1, 13—20; 1 Kr 8, 6; 10, 4. 9. Pl würde in einem Satz wie Jo 1, 1 δ $X\varrho\iota\sigma\tau\acute{o}s$ gebraucht haben, Jo hätte nach 12, 41 cf v. 32; 8, 58; Ju 5 (oben S. 83) in 1, 1 sogar $\tmspace \prime{}\acute{I}\eta\sigma o\tilde{v}s$ statt δ $\lambda\acute{o}\gamma os$ sagen können, ebensogut aber auch $\acute{\eta}$ $\zeta\omega\acute{\eta}$ (1 Jo 1, 2) oder $\tau\grave{o}$ $\varphi\tilde{\omega}s$, $\acute{\eta}$ $\mathring{a}\lambda\acute{\eta}\vartheta\varepsilon\iota a$ $\varkappa\tau\lambda$. Geschmackvoller war, daß er den allgemeinsten Namen an die Spitze stellte und die gewöhnlichen geschichtlichen Namen erst da anwandte, wo der Gegensatz zwischen Moses, dem ersten Offenbarungsmittler an Israel, und Jesus als dem letzten auszudrücken war (1, 17). Die Anwendung von $\lambda\acute{o}\gamma os$ in 1, 1 sagt also schlechterdings nichts darüber, woher und seit wann Jesus δ $\lambda\acute{o}\gamma os$ ist und heißt. Ebensowenig ist zweitens aus der Anwendung dieses Namens 1, 14 zu schließen, daß Jesus abgesehen von seiner Menschwerdung und im Gegensatz zu dieser so heiße. Der Name tritt hier passend wieder ein, weil nun erst v. 14—18 genauer dargelegt werden soll, wiefern der geschichtliche Jesus die vollkommene und abschließende Offenbarung Gottes sei; ferner zu dem Zweck, um an v. 1 wieder anzuknüpfen. Wie zu dem dortigen $\acute{\eta}v$ $\pi\varrho\grave{o}s$ $\tau\grave{o}v$ $\vartheta\varepsilon\acute{o}v$ das $\grave{\varepsilon}v$ $\tau\tilde{\omega}$ $\varkappa\acute{o}\sigma\mu\omega$ $\acute{\eta}v$ v. 10 den Gegensatz bildet, so zu dem dortigen $\vartheta\varepsilon\grave{o}s$ $\acute{\eta}v$ das hiesige $\sigma\grave{a}\varrho\xi$ $\grave{\varepsilon}\gamma\acute{\varepsilon}v\varepsilon\tau o$ (cf 4, 24; 3, 6; 17, 2; Jes 31, 3). Die Begriffe $\lambda\acute{o}\gamma os$ und $\sigma\acute{a}\varrho\xi$ bilden keinen ebenso scharfen Gegensatz; denn im Begriff des Wortes liegt nicht, daß es übersinnlich sei; es kann hörbar sein, laut und leise, mit und ohne Kunst hervorgebracht werden. Von den sprachlich möglichen Fassungen von v. 14ᵃ ist schon darum abzuweisen 1) diejenige nach Analogie von 2, 9; Mt 4, 3, wonach der Logos aufgehört hätte Logos zu sein, indem er sich in Fleisch verwandelte. Jedenfalls ist er doch auch als Mensch noch Logos gewesen, sogut wie er als Mensch das Licht, die Wahrheit, das Leben war. Möglicher wäre 2) nach Analogie des $\gamma\varepsilon v\acute{\varepsilon}\sigma\vartheta a\iota$ v. 12 cf 9, 27; 12, 36 zu verstehen, daß der Logos zu dem hinzu, was er bisher war, nämlich $\lambda\acute{o}\gamma os$, noch etwas Anderes wurde, was er bisher noch nicht war, nämlich $\sigma\acute{a}\varrho\xi$, wobei dann immerhin auch ein gewisser Gegensatz des neuen Accidens zu irgend einer bisherigen Eigenschaft des Subjekts obwalten könnte cf 5, 6; Lc 23, 12. Wahrscheinlich ist jedoch diese Fassung nicht, weil bis dahin durch nichts angedeutet ist, daß Jesus schon vor und auch abgesehen von seinem Fleischsein Logos gewesen sei, und weil nur vor v. 4 oder v. 6 oder spätestens vor v. 10 der rechte Ort für eine solche Bemerkung gewesen wäre, welche dann aber auch selbständig als Bezeichnung eines Wendepunkts in der Geschichte des Logos hätte auftreten müssen und nicht wie hier durch $\varkappa a\acute{\iota}$ an einen Satz angehängt, in welchem von den an den längst erschienenen Christus glaubenden Gotteskindern die Rede ist. Es ist aber auch 3) möglich, und überwiegend wahrscheinlich, daß gesagt sei, der Logos ist so geworden, daß er als Fleisch ins Dasein trat. Der Ausdruck ist der gleiche wie 1 Kr 15, 45 (der erste Mensch Adam existirte als solcher noch nicht, als er zu einer lebendigen Seele wurde, sondern entstand eben hiedurch); 2 Kr

1, 19; 1 Th 1, 5; 2, 1; 1 Kr 1, 30 (wo, wie ἀπὸ ϑεοῦ zeigt, auch nicht gesagt wird, wozu sich Jesus entwickelt hat, sondern als was er uns von vornherein von Gott gesandt und gesetzt ist); Lc 22, 44. Das mit ὁ λόγος bezeichnete Subjekt hat ein ewiges Dasein, aber in gewissem Sinne ist es doch geworden, als Jesus in die Welt kam, und dadurch erst ist das vordem in Gott verborgene Subjekt das Wort Gottes an die Menschen geworden. Dieses Wort ist aber so von Gott in die Welt ausgegangen, daß es als Fleisch erschien.

6. Da 1 Jo 1, 1 zu den 4 Relativsätzen, welche als Akkusativobjekte zu ἀπαγγέλλομεν ὑμῖν gehören, τὸν λόγον τῆς ζωῆς im Sinn von Ev (Phl 2, 16; AG 5, 20) sehr bequem in loser Apposition hinzutreten könnte (cf AG 10, 37 τὸ γενόμενον ῥῆμα), so ist die Anwendung der Konstruktion περὶ τοῦ λ. τ. ζ. ein sicherer Beweis, daß jenes Verständnis absichtlich ausgeschlossen werden sollte. Nicht das Lebenswort, welches die Apostel verkündigen, sondern der persönliche Gegenstand, um welchen sich ihre Predigt dreht, Jesus ist gemeint (1 Jo 5, 9. 10; Jo 1, 7. 15; 5, 31—46; 10, 41; 12, 41; 15, 26; Rm 1, 3; 15, 21; AG 8, 12). Auch in den vorangehenden Relativsätzen war diese Person als eine von jeher existirende, von den Aposteln in allen ihren Lebensäußerungen und ihrer Leibhaftigkeit mit Ohren, Augen und Händen sinnlich wahrgenommene gemeint, aber umschrieben und sachlich bezeichnet. Alles dies Hörbare, Sichtbare, Fühlbare, was sich den Jüngern in ihrem Verkehr mit Jesus wahrzunehmen gab, wird in ὁ λόγος τῆς ζωῆς zusammengefaßt und, wie der Konstruktionswechsel zeigt, auf sein Centrum zurückgeführt. Das ἀπαγγέλλειν τὰ περὶ τοῦ Ἰησοῦ (oben S. 165 A 2) ist ein ἀπαγγέλλειν, μαρτυρεῖν, εὐαγγελίζεσθαι περὶ Ἰησοῦ. Dieser persönliche Logos aber wird ὁ λόγος τῆς ζωῆς wohl nicht darum genannt, weil er Leben spendet, sondern, weil er selbst Leben in sich hat (Jo 1, 4) d. h. lebendig ist, oder wie die Substitution des Begriffs ἡ ζωή v. 2 zeigt, er wird vermöge eines Genet. appos. als der bezeichnet, welcher das Leben in Person ist cf Jo 11, 25; 14, 6.

7. Überwiegend bezeugt (neuerdings auch durch S²) ist Ap 19, 12 ἔχων ὄνομα γεγραμμένον ὅ. Mit Rücksicht auf die vielen Diademe bildete sich die LA ὀνόματα γεγραμμένα ἅ. Beide LAen vermischt haben BS³. In v. 13 halte ich κέκληται für gesichert. Die Versionen sind als solche wenig wertvolle Zeugen für καλεῖται. Gibt 19, 16 die unmittelbar auf die Handlung des Gerichts bezüglichen Namen, so ist der außerhalb der Vision stehende Name ὁ λόγος τοῦ ϑεοῦ doch nicht ohne Beziehung auf das Kommen zum Gericht. Käme Christus nicht, oder siegte und richtete er nicht, so wäre er nicht, was er als das Wort Gottes sein muß, wahrhaftig und zuverlässig.

8. Obwohl אמן von Haus aus Adjektiv ist, wird es doch weder im AT (wo dafür נאמן und אמון gebraucht wird) noch im NT je so gebraucht, also auch nicht Ap 3, 14, wo dies auch, da sofort ὁ πιστὸς καὶ ἀληϑινός folgt, eine müßige Gelehrsamkeit wäre. Die Leser kannten ἀμήν nur als adverbiellen Ausruf. Während aber dieser, wo er sonst substantivirt vorkommt, τὸ ἀμήν heißt (1 Kr 14, 16; 2 Kr 1, 20), steht hier ὁ ἀμήν, weil es zum Eigennamen einer Person, eines Mannes gemacht ist. Wesentlich den gleichen Gedanken drückt das synonyme ναί 2 Kr 1, 19 f. aus. Es handelt sich zunächst um den gepredigten Christus (cf Rm 10, 5—8). Als solcher ist er nicht Ja und Nein zugleich, sondern ein widerspruchsloses Ja ist in ihm ergangen. Aber auch im Verhältnis zu den atl Verheißungen liegt in Christus selbst das bestätigende Ja auf alle in der Weissagung enthaltenen und durch sie geweckten Fragen. Er ist also nach Pl ein am Ende der Tage in die Welt hinein gesprochenes Wort Gottes, ein Jawort, welches wiederum durch das Amen der Gemeinde bestätigt wird.

9. Der Widerspruch zwischen Jo 7, 8 und 10 hat früh dazu verleitet, das unerfindlich echte οὐκ ἀναβ. (אD Sc Ss etc.) in οὔπω ἀναβ. zu verändern (B L sah etc.). Porphyrius (bei Hier. c. Pelag. II, 17) beschuldigte unter Hinweis auf diese Stelle Jesum

der *inconstantia et mutatio*. Schopenhauer, Grundprobleme der Ethik, 2. Aufl. S. 225 führt als Beweis gegen die unbedingte Verwerflichkeit der Lüge auch dies an, „daß sogar Jesus Christus einmal absichtlich die Unwahrheit gesagt hat". — Einigermaßen vergleichbar ist auch der Gegensatz von 2, 4 und 7 f.

10. Der Nachweis der Erfüllung atl Weissagung in der ev Geschichte wird von Jo (1, 23. 45; 2, 17. 22 [τῇ γραφῇ]; 12, 14 f. 38—41; 19, 24. 36; 20, 9) und von Jesus selbst im 4. Ev (5, 39. 46 f.; 6, 45; 13, 18; 15, 25; 17, 12) häufiger geführt, als bei Mr und Lc. Aber der Gesichtspunkt ist doch ein ganz anderer, als bei Mt. Während dieser zum Zweck einer auf Juden berechneten Apologie nachweist, daß Jesus gerade in dem, was ihn zu einem Skandalon für sein Volk gemacht, die Erfüllung der recht verstandenen Weissagung ist (oben S. 289), läßt Jo den Widerspruch, welchen die Juden wegen der anscheinenden Inkongruenz zwischen Weissagung und Erfüllung erhoben, im einzelnen ohne formelle Widerlegung (1, 46; 6, 42; 7, 27. 41 f. 52; 12, 34). Dieser Widerspruch ist durch die, für die christlichen Leser im großen und ganzen feststehende und auch ohne einzelne Nachweisungen im 4. Ev vielfach bezeugte Erfüllung des im AT durch Vorbilder und Worte zuvor verkündigten Heilsrates Gottes in Jesus (1, 14. 16. 17. 23. 33. 41. 45; 3, 14; 4, 26. 42; 5, 39. 46 f.; 7, 31; 9, 37; 10, 11. 35; 12, 37—41) widerlegt. Gott hat ihm als dem Heilsmittler sein Siegel aufgedrückt (6, 27), und wer an ihn gläubig geworden ist, ist in dem, was er selbst dadurch geworden ist, zu einem bestätigenden Siegel der Wahrhaftigkeit und Treue des seine Verheißungen erfüllenden Gottes geworden (3, 33 cf 6, 35; 1 Kr 9, 2; 2 Kr 3, 2). Darum hat doch die in die Augen springende Kongruenz zwischen Weissagung und Erfüllung eine große Bedeutung für den Glauben der Glaubenden. Wie die ersten Jünger durch die Entdeckung dieser Kongruenz noch nach dem Tode und der Auferstehung Jesu gestärkt worden sind (2, 22; 7, 39; 12, 16. 37—41; 13, 18; 15, 25; 19, 24. 36 f.; 20, 9), so sollen die Hinweise hierauf auch den Lesern den Glauben stärken. Dasselbe gilt aber auch von den Vorhersagungen Jesu selbst (2, 19—22; 6, 70 f.; 12, 32 f.; 13, 19—29; 13, 38; 16, 4; 18, 9. 32), auf welche daher auch das solenne ἵνα πληρωθῇ angewandt wird (18, 9. 32), sowie von dem prophetischen Zeugnis des Täufers (10, 41) und selbst von der unfreiwilligen Weissagung des Kajaphas (11, 51). Ähnliche Bedeutung hat aber auch die rückwärtsgewandte und die die verborgenen Seiten der Gegenwart aufdeckende Wahrsagung. Jesus ist ein „Seher", welcher menschlicher Vermittlung zur Erkenntnis des Verborgensten nicht bedarf, wo sein Beruf solche Erkenntnis fordert (2, 24 f.; 4, 16—18. 29. 39. 50. 52; 6, 64. 70; 13, 10 f. 18; 21, 15—17). Obwohl er den Lehrsatz verwirft, daß jedes Leid, welches dem Einzelnen auferlegt ist, Straffolge seiner persönlichen Sünde sei (9, 2 f.), erkennt er doch im einzelnen Fall, daß dieses Causalverhältnis in der Tat besteht (5, 14). Durch unerklärliche Äußerungen solchen seherhaften Tiefblicks werden Nathanael und die Samariterin überwältigt (1, 47—50; 4, 16—19. 29. 38). Dadurch war Jesus befähigt zum Amt des guten Hirten, der jedes einzelne Glied seiner Herde kennt, bei Namen ruft und seiner Individualität gemäß behandelt (10, 3. 14. 27 cf 1, 42; 20, 16). Die Art, wie Jo die Weissagung und die Wahrsagung durch das ganze Ev hindurch verwertet, beweist, daß er nicht ein apologetischer Historiker wie Mt, geschweige denn ein spekulirender Religionsphilosoph, sondern ein Hirt und Seelsorger seines Leserkreises ist.

11. Die im Vergleich mit Mt 11, 10. 14; 17, 10—13; Mr 1, 2; 9, 11—13; Lc 7, 27 auffällige Verneinung der Frage, ob Jo Elias sei Jo 1, 21. 25, ist keine absolute; denn Jo 3, 28 bezeichnet sich Jo als den Mal 3, 1 Geweissagten, also als Elias (Mal 3, 23). Auch die Hauptaufgabe, welche er sich 1, 31 zuschreibt, ist nach jüdischer Schulmeinung diejenige des Elias cf Just. dial. 8, 49; Goldfahn, Justin und die Agada S. 34 f., besser Weber, System S. 337. Auch erinnert Jo 5, 35 auffällig an Sirach 48, 1. Es wird also

Jo 1, 21 die Frage nur in dem abergläubischen Sinn verneint, in dem sie gestellt war cf Mt 16, 14; 27, 47. 49; Mr 6, 15; 8, 28; 15, 35 f., und dagegen im Sinn von Lc 1, 17 bejaht. Auch die Frage, ob er der Prophet sei, mußte Jo verneinen 1, 21. 25, weil diese Vorstellung unklar neben derjenigen vom Messias herlief und in dieselbe übergehen konnte, 6, 14 f; 7, 40.

12. Wir hören AG 19, 1—7 zwar nichts von „Johannesjüngern", sondern von Jüngern schlechthin d. h. nach dem Sprachgebrauch der AG von gläubigen Verehrern Jesu, von Christen. Aber da sie die kirchliche Taufe nicht empfangen hatten, ehe Pl nach Ephesus kam, und von einer Taufe, welche den Geist mitteilt, nichts wußten, so war ihr Christentum ein unkirchliches und vorkirchliches. Sie können nur durch den Täufer selbst oder allenfalls, da Jo 3, 22—4, 2 von Anwendung der Wassertaufe des Jo seitens der Jünger Jesu berichtet ist, damals durch diese die Johannestaufe empfangen haben und sind bis dahin niemals Glieder einer Christengemeinde gewesen, in welche Niemand ohne die christlich kirchliche Taufe aufgenommen wurde. Von Apollos wird 18, 25 nicht deutlich gesagt, daß auch er die Johannestaufe empfangen hatte, und daher auch nicht ausdrücklich, daß ihm nachmals die kirchliche Taufe erteilt worden sei. Aber auch er ist Vertreter eines vorkirchlichen Christentums (Bd I, 187 f.). Er wußte nur von der Taufe des Jo, also nichts von der Kirche und ihrer Taufe, wie denn auch seine Kenntnis der christlichen Lehre noch der Vervollständigung durch Aquila bedürftig war. Sind diese Angaben des Lc richtig, so muß in der Zeit vor AG 2, 1. 38 und vielleicht schon vor dem Tode Jesu durch Juden, welche in Palästina an die Predigt des Täufers und das Selbstzeugnis Jesu gläubig geworden waren, etwa durch Festbesucher aus der Diaspora (Lc 23, 26; 24, 18; AG 21, 25) der Glaube an Jesus und eine ziemlich genaue Kenntnis seiner Geschichte (AG 18, 25 $\dot{\alpha}\kappa\rho\iota\beta\tilde{\omega}\varsigma$) nach Alexandrien (18, 24) und Ephesus sich verbreitet haben. Die Gefahr, welche in diesem außerkirchlichen Christentum lag, wurde durch Pl und seine Freunde in bezug auf die 12 Jünger zu Ephesus und Apollos abgewandt. Ob dies mit allen so oder ähnlich zu Jesus und seiner Gemeinde stehenden Leuten in Ephesus und anderwärts und vollends mit den zur Zeit Jesu in Palästina sich von ihm fernhaltenden Schülern des Jo (Mt 9, 14 ff.; Jo 3, 25 ff.) gelungen ist, wissen wir nicht. Schon hier sei auf 1 Jo 2, 19 hingewiesen, wonach die Zugehörigkeit gewisser Irrlehrer zur christlichen Gemeinde von Haus aus eine nicht unzweideutige gewesen zu sein scheint. Ferner ist keineswegs ausgeschlossen, daß den verworrenen Angaben über einen Zusammenhang zwischen dem Schülerkreis des Täufers und den halbchristlichen Parteien eines Simon Magus und eines Dositheus Clem. hom. II, 22—24; recogn. I, 54. 60; II, 7—12 etwas Tatsächliches zu Grunde liegt. Auch die Mandäer oder Sabier mit ihrer Verehrung des Propheten Johannes, des Sohnes des Zacharias, und ihrem antichristlichen System sind doch wahrscheinlich nur die nach Osten verdrängten Nachkommen einer an den Täufer angelehnten und Jesus als den Messias verwerfenden palästinischen Gnosis, wieviel Babylonisches diese Nachkommen in ihr System aufgenommen haben mögen. Die eben erschienene Schrift von Baldensperger (oben S. 547 A 4) in ihren durchweg unglaublichen Aufstellungen zu widerlegen, muß ich mir an dieser Stelle versagen.

13. Jo 4, 4 $\xi\delta\epsilon\iota$ (cf Lc 11, 42; 19, 5; 22, 7) bedeutet nicht viel mehr als das $\xi\vartheta o\varsigma$ $\tilde{\eta}\nu$ bei Jos. ant. XX, 6, 1 in bezug auf den gleichen Reiseweg cf bell. II, 12, 3; vita 52 ($\xi\delta\epsilon\iota$ für die, welche schnell reisen wollen), auch die merkwürdigen Parallelen zu Jo 4 in Bereschith rabba c. 32 u. 81 (übers. von Wünsche S. 141. 398). Jesus selbst wäre auch auf seiner letzten Reise nach Jerusalem durch Samarien gereist, wenn die Samariter ihm Quartier gewährt hätten Lc 9, 51—56 oben S. 392 A 19. Der starke, aber nicht zu pressende Ausdruck Jo 4, 4 ist gewählt, um zu betonen, daß Jesus ohne Absicht, in Samaria zu wirken, dort hindurchreiste und einen ungesuchten Erfolg hatte, welcher ihn

selbst in Staunen setzte. — Ob 4, 9 οὐ γὰρ συνχρῶνται Ἰουδαῖοι Σαμαρείταις mit ℵ* D a b e
zu streichen oder mit allen anderen (darunter der gleichzeitige erste Korrektor von ℵ,
ferner Sc Ss, also wahrscheinlich auch Tatian Forsch I, 159) beizubehalten ist, kann fraglich sein. Die klassische Kürze des Interpretaments spricht für dessen Echtheit. Ein
starker Beweis dafür, daß Jo ganz in den heimatlichen Verhältnissen und Anschauungen
fortlebt, liegt darin, daß er zuweilen eine Interpretation unterläßt, wo sie recht nötig
gewesen wäre. Ihm selbst ist der Name Bethesda (5, 2 cf v. 42) seiner Wortbedeutung
wegen wichtig (Bd I, 20 A 15), und er selbst erinnert sich der Beziehung zwischen dem
Ritus des 7. Tages des Hüttenfestes zu dem an demselben gesprochenen Wort Jesu, 7, 37 f.;
aber in diesen beiden Fällen versäumt er es, dem nichtgelehrten Leser diese Beziehungen
verständlich zu machen.

§ 69. Integrität, Abfassungszeit und Echtheit des vierten Evangeliums.

Eine Hauptursache der Entartung des Textes in den älteren Evv kommt für
das 4. Ev sogut wie ganz in Wegfall, das ist die unwiderstehliche Neigung,
ähnliche Darstellungen noch ähnlicher zu machen. Seine hohe Eigentümlichkeit
schützte es vor Textmischungen. Näher lag es, Einzelnes aus Jo, wie die Drei-
sprachigkeit der Kreuzesinschrift, das Citat zur Verlosung des Leibrocks und
den Lanzenstich (19, 20. 24. 34) in die Syn. einzutragen (Mt 27, 35. 49 ; Lc 23, 38),
als umgekehrt den Jo aus jenen zu bereichern, obwohl es bei Jo nicht an alten
Änderungen des Textes fehlt, welche dorther stammen (z. B. 1, 34; 6, 69).
Häufiger ist es die Kühnheit des Gedankens oder die Unbehilflichkeit des Ausdrucks, was Änderungen des Ursprünglichen veranlaßte (A 1). Es fehlt auch
nicht an alten Glossen, die große Verbreitung gefunden haben (A 2), sowie
an einer unverkennbaren Interpolation, welche zuletzt fast allgemein als ein Bestandteil des 4. Ev anerkannt worden ist (7, 53—8, 11 A 3). Daß das Werk
des ersten Vf wesentlich unversehrt uns erhalten ist, wird dadurch besonders
verbürgt, daß es von vornherein für die Gemeinde bestimmt war, also auch zur
Lesung in den Versammlungen gekommen ist. Es hat in dieser Beziehung die
Vorteile der an Gemeinden gerichteten apostolischen Sendschreiben genossen
(Bd I, 114 f.), mit welchen es durch die zweimalige Anrede an die Leser einigermaßen vergleichbar ist. Die Versuche, später hinzugekommene Elemente auszuscheiden, sind durchweg nur für die, welche sie angestellt haben, einleuchtend
gewesen (A 4), und vollends die Annahme, daß durch zufällige Versetzung und
Verlust von Blättern Unordnungen eingerissen seien, nimmt so unwahrscheinliche
Zufälligkeiten zur Voraussetzung (A 5), daß ein Lehrbuch sich an diesem Hinweis darauf genügen lassen darf.

Die Untersuchung des Nachtrags hat ergeben, daß dieser und somit das
ganze Buch nicht nach dem J. 100 geschrieben sein kann, womit alle kirchliche
Tradition übereinstimmt, welcher auch die alten Bestreiter der Echtheit des 4. Ev
nicht zu widersprechen gewagt haben (oben S. 449). Andrerseits kann der

Nachtrag nicht vor dem Tode des Pt verfaßt sein, und als wahrscheinlich ergab sich, daß noch eine Reihe von Jahren nach a. 64 und nach a. 70 verstrichen ist, ehe er aufgezeichnet wurde (oben S. 491 f.), ein *Terminus a quo*, welcher auf exegetischem Wege gewonnen wurde, aber ebenso wie der *Terminus ad quem* durch alle Überlieferung bestätigt wird. Nun könnte an sich die Abfassung von c. 21 nach dem J. 70 gesichert, dennoch aber c. 1—20 erheblich früher geschrieben sein. Aber die Geschichte des Buchs beweist, daß es vor Anfügung des Nachtrags auf einen sehr engen Kreis von Lesern beschränkt geblieben ist, daß also auch nur sehr kurze Zeit zwischen der Abfassung von c. 1—20 und der von c. 21 in der Mitte liegen kann. Dazu kommt die Untersuchung des Verhältnisses von c. 1—20 zu den Syn. (§ 67), deren Ergebnisse uns zwingen, für die Abfassung des ganzen Buchs bis zum J. 75, wahrscheinlicher bis zu den Jahren 80—90 herabzugehen. Dieser Ansatz wird als erwiesen gelten dürfen, bis die Vertreter anderer Annahmen sich gründlicher, wie bisher geschehen, mit den der Tradition, der Schrift selbst und der vergleichenden Kritik entnommenen Beweisen, auf welchen der Ansatz beruht, auseinandergesetzt haben werden. Eine Abfassung vor der Zerstörung Jerusalems hat man häufig, aber offenbar ohne Recht, auf das Präsens in 5, 2 gründen wollen (A 6). Viel häufiger ist eine spätere Abfassung des Ev angenommen worden und zwar durchweg in folge der Verneinung seiner Abfassung durch den Apostel Jo. Daß über die Frage nach der Echtheit dieses Ev seit 100 Jahren mit Eifer, ja Leidenschaft verhandelt worden ist, ohne daß unter den sonst Urteilsfähigen eine Einstimmigkeit des Urteils hergestellt worden wäre (A 7), ist begreiflich und beinah selbstverständlich. Es ist zu Großes, was es bietet, und auch zu Großes, was es dem Leser zumutet, als daß es anders sein könnte. Man hat seine Eigenart vom zweiten Jahrhundert an übertrieben dargestellt, man hat Spekulationen und Mysterien hineingelegt, die ihm fremd sind; aber es bleibt auch der nüchternen Betrachtung genug übrig, was die überragende Bedeutung dieses Ev unter den Büchern des NT's außer Frage stellt. Nur hier haben wir ein geschichtliches Schema des Wirkens Jesu, welches uns in den Stand setzt, die Stoffe, die uns die sonstige Überlieferung bietet, zu ordnen und ein Bild von der Entwicklung der für die Religion und darum für die Menschheit wichtigsten Ereignisse der Weltgeschichte zu gewinnen. Und dieses Schema ist ausgefüllt mit Einzeldarstellungen, welche dem auf die alltägliche Erfahrung beschränkten Verstand von vornherein als phantastische Dichtungen erscheinen müssen, und welche doch von vielen klugen und törichten Menschen aller seither verflossenen Jahrhunderte als Enthüllungen der für Leben und Sterben unentbehrlichen Wahrheit aufgenommen und mit glühender Liebe festgehalten worden sind; mit Handlungen, die jedes Versuchs spotten, sie den täglich zu beobachtenden und allgemein anerkannten Regeln des Geschehens einzuordnen, und mit Aussagen Jesu, welche wir nicht durch Schlußfolgerungen aus den sonst von ihm überlieferten Worten ersetzen können. Dies Alles aber tritt mit einem so starken

Anspruch auf geschichtliche Zuverlässigkeit an uns heran, wie ihn kein anderer Bericht über Jesus erheben kann. Die Evv des Mr und Lc bieten sich als Schriften von Apostelschülern, die nicht Selbsterlebtes, sondern Erzählungen Anderer wiedergeben. Mt läßt nichts davon merken, daß sein persönliches Verhältnis zu dem Inhalt seines Buchs ein unmittelbareres sei, und es fehlt seinem Buch außer dem deutlichen Selbstzeugnis auch · ein bis zu seinem Ursprung zu verfolgendes Zeugnis von Zeitgenossen. Das 4. Ev enthält ein in die feierliche Form einer eideskräftigen Beteuerung gefaßtes Selbstzeugnis (oben S. 476 f.), und es enthält am Schluß ein zu Lebzeiten des Vf von Männern seiner Umgebung aufgezeichnetes und zu einem unablösbaren Teil der Urkunde gemachtes Zeugnis seiner Autorschaft und seiner Wahrhaftigkeit. Solange und soweit das Christentum von dem abhängig ist, was Jesus gewesen ist, getan und gelehrt hat, ist es auch mit abhängig von der Antwort, die man auf die Frage nach der Echtheit und damit nach der Glaubwürdigkeit dieses Ev meint geben zu müssen. Es wird unter den Nachdenkenden immer nur wenige geben, welche die Abfassung dieses Buchs durch den Augenzeugen und Apostel anerkennen, zugleich aber in den entscheidenden Punkten ihm die Glaubwürdigkeit absprechen (A 8). Ein Schriftsteller, welcher alle Erkenntnis der Wahrheit und den Besitz des ewigen Lebens von der Wahrhaftigkeit abhängig macht (1, 47; 3, 20 f.; 4, 16—18; 17, 17; 18, 37), Lüge und Verrat aber auf den Teufel zurückführt (6, 70; 8, 44; 13, 2. 27), würde durch alles das, worin er das Selbstzeugnis von 1, 14 bestätigt, insbesondere auch durch den tragischen Rückblick 12, 37—43 und durch die Beteuerung 19, 35 über sich selbst ein Urteil fällen, welches man kaum auszusprechen wagt, wenn er als Taten und Worte Jesu Solches bezeugt hätte, wovon er selbst besser als seine Kritiker wußte, daß Jesus nicht so gehandelt und geredet habe. Es ist daher nicht als eine Betätigung freier Wissenschaft, sondern als naturnotwendige Äußerung einer Zwangslage zu beurteilen, daß die Meisten, welche dem geschichtlichen Zeugnis des 4. Ev aus inneren Gründen den Glauben verweigern, auch seine Abfassung durch einen Augenzeugen und Apostel bestreiten; und daß andere, weniger entschlossene Leute durch Umdeutung, sei es der Überlieferung, sei es des Selbstzeugnisses des 4. Ev, unsichere Mittelwege zwischen dem Ja und dem Nein auf die Frage nach der Echtheit desselben suchen. Die wissenschaftlichen Gründe für die halbe und die ganze Verneinung der Echtheit hat man hinterdrein gefunden, nachdem man sich entschlossen hatte, sie zu suchen. Diejenigen Gründe, welche man dem Verhältnis des Jo zu den Syn. unter Voraussetzung der wesentlichen Glaubwürdigkeit der letzteren entnommen hat, sind in § 67 cf auch § 63 widerlegt. Andere Gründe, welche sich aus der Vergleichung mit der Ap unter der Voraussetzung, daß diese ein Werk des Apostels Jo sei, ergaben, können erst bei Untersuchung der Ap erörtert werden. Was übrigbleibt, besteht aus sehr anfechtbaren Beobachtungen.

Es ist richtig, daß die Erzählung in manchen Stücken die Anschaulichkeit und Bestimmtheit vermissen läßt, welche man von einem Augenzeugen erwarten möchte. Während Jo mit Mr die Neigung teilt, den aramäischen Wortlaut von Namen und Anreden beizubehalten (S. 249 und 535. 545, unten A 13), fehlt ihm die jenem eigene Gabe der malerischen Zeichnung. Scenen, die zu Anfang leidlich scharf bestimmt sind, endigen ohne Abschluß. Mit einem Wort Jesu, statt mit einer erzählenden Bemerkung schließen 3, 21; 5, 47; 20, 23. 29; 21, 22 (cf auch 2, 20; 3, 36) Erzählungen, welchen es in ihrem Anfang durchaus nicht an der nötigen Bestimmtheit fehlte (cf Mt 28, 16—20). Daß und wie die Aufforderung, sich vom Mahl zu erheben und den Speisesaal zu verlassen (14, 31), befolgt worden sei, erfahren wir nicht, bemerken aber bei 17, 1 cf 11, 41, daß Jesus sich in dem dort vergegenwärtigten Moment bereits unter freiem Himmel befindet. Daß die Bitte der Hellenen (12, 20) unerfüllt geblieben sei, erkennt man nur bei einiger Aufmerksamkeit aus 12, 21—36. Die Darstellung der äußeren Vorgänge 6, 21—24 ist recht ungeschickt. Wo und unter welchen Umständen Worte wie 12, 44—50 gesprochen wurden, die durch ihren Anfang (12, 44 ἔκραξεν) gegen den Schein gesichert sind, freie Zusammenfassungen verschiedener Reden nach der Art von Mt 3, 2; Mr 1, 15 zu sein, erfährt man nicht. In anderen Fällen, wo die Einleitung die wünschenswerte Bestimmtheit vermissen läßt, wird hinterdrein die Örtlichkeit angegeben (1, 28; 6, 59; 8, 20). Eine besondere Absicht macht sich dabei nicht bemerklich, es sei denn die, dem Hörer einer mündlichen Erzählung auf die nachträgliche Frage, wo das Erzählte sich zugetragen, Antwort zu geben. Daneben bemerken wir doch wieder eine Genauigkeit der Angaben im einzelnen und eine Schärfe der Zeichnung auch belangloser Nebendinge (A 9), welche die Lebhaftigkeit der zu Grunde liegenden Anschauung bekunden. Die Erzählungen und Wechselreden 1, 46—50; 4, 6 bis 26; 9, 1—41; 11, 1—44; 18, 29—19, 22 suchen ihresgleichen in der erzählenden Literatur an scharfer Charakteristik der auftretenden Personen (oben S. 479. 532), an originellen, selbst des leichten Humors und der bitteren Ironie nicht ermangelnden kurzen Worten (1, 46; 4, 15; 7, 3. 28. 35. 48f. 52; 8, 19. 22. 48. 57; 9, 20f. 24—34; 11, 11. 16; 18, 31. 35. 38. 39; 19, 5. 14. 19, 22). In scharfer Charakteristik treten die mannigfaltigen Elemente hervor, welche bei Gelegenheit der großen Feste in Jerusalem vereinigt zu sein pflegten (18, 20), die einheimischen Jerusalemer (7, 25), die Haufen der Festpilger (7, 12. 31. 40), die nach Ablauf des Festes (cf 7, 37) wieder verschwunden sind (c. 8, 12—10, 21), die Nichtjuden, die zum Fest kommen (12, 20), die Pharisäer, welche trotz ihrer Verachtung des gesetzesunkundigen Haufens (7, 49 A 10 a. E.) sich unter denselben mischen, die Stimmungsäußerungen desselben und deren Veranlassungen im Auge behalten und mit Jesus disputiren (1, 24 oben S. 517; 4, 1; 7, 32. 47; 8, 13; 9, 13. 40; 11, 46; 12, 19), in deutlichem Unterschied von den regierenden Aristokraten, den Hohenpriestern, die sich fern halten (besonders 7, 48; 12, 42). Jo weiß sehr wohl, daß die Partei der Pharisäer mit der Zunft der Schriftgelehrten nahezu zusammenfällt und in der Synagoge herrscht (3, 10 cf 7,

49; 12, 42), obwohl er sie nie Schriftgelehrte nennt (A 10); ebenso, daß sie unter den Regierenden, im Synedrium vertreten sind (3, 1; 7, 47. 50). Sie haben ein von religiösen Motiven eingegebenes Interesse an der religiösen Bewegung, welche der Täufer und Jesus in Gang gebracht haben; aber zu praktischen Maßregeln können sie nur gelangen, indem sie ihre Beobachtungen aus dem Volksleben vor das Synedrium bringen, welches dann Beschlüsse faßt, Haftbefehle und andere Verordnungen erläßt (7, 32. 45; 9, 22; 11, 46—53. 57; 12, 10; 18, 3. 12—28). Das moralische Übergewicht auch in den Kreisen des Synedriums haben die Pharisäer (12, 42); aber die politische Entschlossenheit ist auf seiten der Hohenpriester. Der regierende Hohepriester stellt den Antrag, gleichviel in welcher Weise Jesum aus dem Wege zu räumen (11, 49). An ähnlichen Beschlüssen (12, 10) und an der Verfolgung der Sache vor Pilatus, wobei alles Recht und alle religiöse Hoffnung Israels mit Füßen getreten wird, scheinen die Pharisäer unbeteiligt zu sein. Nur die Hohenpriester und ihre Diener führen das Wort (19, 6. 12—15. 21). Es bedürfte nur der Kunst des Historikers, die dem Jo fehlt, um aus solchen Stoffen ein historisches Kunstwerk zu machen; und es bedürfte nur ein wenig Neigung zur Dichtung, welche dem Jo gleichfalls abgeht, um aus Erzählungen wie c. 4. 9. 11 reizende Novellen und aus dem Stoff von c. 7. 18—19 ein ergreifendes Drama zu machen. Gerade der Mangel an Kunst bei genauer Kenntnis unendlich vieler kleiner Einzelheiten und richtiger geschichtlicher Anschauung beweist, daß ein jüdischer Christ aus Palästina und ein Augenzeuge hier erzählt. Um ihn, der seine nicht dem jüdischen Volk angehörigen und außerhalb Palästinas wohnenden Leser über die Örtlichkeiten seiner Heimat und die Sitten seines Volkes gelegentlich belehrt (oben S. 545 f.), der Unkenntnis eben dieser Dinge überführen zu können, bedürfte es einer Gelehrsamkeit, deren keiner seiner Kritiker sich rühmen kann. Das Urteil, daß er in geographischen Dingen (A 11) oder in bezug auf die politischen Verhältnisse Palästinas zur Zeit Jesu (A 12) nicht gut unterrichtet sei, läßt sich nicht begründen. Es dürfte nachgerade klar geworden sein, daß es besser wäre, von Jo in diesen Beziehungen zu lernen, als ohne eine der seinigen überlegene Kenntnis ihn zu kritisieren. Er kennt sogut wie Mr die Sprache seines Volks, wie die beibehaltenen hebräischen und aramäischen Wörter und Namen beweisen, bei deren Übersetzung, wozu auch die Auflösung des Namens Iskarioth gehört (A 11), ihm solche Misgriffe, wie sie bei dem griechischen Mt und wohl auch bei Lc sich finden, nicht untergelaufen sind (A 13). Auch in der Handhabung der griechischen Sprache verleugnet er nicht seine Herkunft aus den Hebräern (A 14). Seine Kenntnis des AT's ist nicht auf die LXX beschränkt, an deren Gebrauch er gewöhnt ist (A 15). Man hat einen Nichtjuden zu erkennen geglaubt in einem eigentümlichen Gebrauch von ὁ Ἰουδαῖοι. Es sind aber 1) diejenigen Stellen auszuscheiden, wo der jüdische Schriftsteller zu seinen nichtjüdischen Lesern über jüdische Bräuche, Verhältnisse, Feste redet, welche ihnen unbekannt oder doch nicht ihre Feste und Bräuche sind

(2, 6. 13; 5, 1; 6, 4; 7, 2; 19, 40. 42). Der Jerusalemer Mr (7, 3) und Josephus überall machen es nicht anders. Ferner 2) solche Stellen, wo der Vf oder in seinem Buch redend eingeführte Personen von Juden im Gegensatz zu Samaritern oder Römern reden (4, 9. 22; 18, 35 und in dem ganzen Abschnitt 18, 31 bis 19, 21). Eigentümlicher ist erst 3) der Gebrauch des Namens von dem jüdischen Volk in seiner politischen Organisation und obrigkeitlichen Vertretung. Man könnte an vielen Stellen statt οἱ Ἰουδαῖοι geradezu das Synedrium setzen oder wie Josephus τὸ κοινὸν τῶν Ἰουδαίων im Wechsel mit οἱ Ἰουδαῖοι. So offenbar 1, 19; 7, 13; 9, 22; 18, 12. 14; 19, 31. 38; 20, 19. Daran schließen sich aber 4) andere Stellen, wo nicht das gesamte Synedrium, aber doch Mitglieder desselben und obrigkeitliche Personen höheren Ranges, wie der Tempelkommandant, gemeint sein müssen: 2, 18. 20; 5, 10. 15—18; 7, 1. 11. 15 (cf 7, 19 ? 7, 35; 8, 22—31 cf v. 40. 48. 52. 57; 10, 24. 31. 33; 11, 8 ?). Es sind endlich 5) nicht wenige Stellen, wo die an Jesus noch nicht gläubige oder bereits entschieden ungläubige Masse des Volks im Gegensatz zu ihm und dem um ihn sich bildenden Jüngerkreis, der werdenden Kirche gemeint ist. So abgesehen von einigen der vorhin in Klammern gesetzten Stellen, welche wahrscheinlich hierher zu ziehen sind, 10, 19; 11, 19. 31. 33. 36; 12, 9. 11, ferner 6, 41. 52, wo die im Lauf der .Verhandlung mit Jesus immer gereizter auftretenden Galiläer auf einmal Juden heißen; ähnlich 8, 48—57, wo der Name nach 8, 30. 31 überraschend wirkt, auch wohl 9, 18, wo er an die Stelle von Φαρισαῖοι zu treten scheint. In all diesen Fällen redet der Erzähler von seinem und seiner Leser Standpunkt, aber doch nicht anders wie der an Heidenchristen schreibende Jude Pl (2 Kr 11, 24; I Th 2, 14 cf 1 Kr 9, 20) und der in Palästina schreibende Jude Mt (28, 15). Wirklich auffallend ist doch erst, daß Jo auch den Herrn selbst zu den Jüngern so reden läßt (13, 33; über 18, 20. 36 s. A 16). Aber selbst wenn sich beweisen ließe, was doch nicht angeht, daß Jo hier Jesu der Deutlichkeit halber eine Benennung seiner Gegner in den Mund gelegt habe, welche erst nach der Konstituirung der Gemeinde unter den Christen jüdischer wie heidnischer Herkunft aufgekommen ist, würde daraus nicht folgen, daß der Vf kein echter Hebräer sei. Der Kampf Jesu mit dem Pharisäismus und dem offiziellen Judentum hatte auch nach den Syn. zur notwendigen Folge, daß Jesus seine Jüngerschaft als eine von Israel ausscheidende Gemeinde betrachtete (Mt 5, 11 f.; 10, 16—42; 16, 17—21; 17, 24—27; 18, 15—20; 21, 40—46; Lc 12, 32). Weil aber Jo den Kampf mit dem offiziellen Judentum zu Jerusalem, auf welchen er schon 1, 19 vorbereitet, von 2, 13 an in seiner ganzen Entwicklung darstellt, so hören wir hier auch scharfe Streitworte, die bei den Syn. nicht ebenso zu finden sind. Jesus hat auch nach Jo sich zu der unverbrüchlichen Giltigkeit der Schrift bekannt, die ihm Recht gibt (10, 35; 5, 39. 46; 13, 18; 15, 25); er hat nie zugegeben, daß er das Gesetz Moses verletzt habe (5, 17—47; 7, 19—24); er fühlt sich als Jude nicht bloß den Samaritern gegenüber (4, 22). An den echten Israeliten, deren König er ist, hat er sein Wohlgefallen (1, 47. 49)

und bleibt diesem seinem eigenen Volke (1, 11) treu bis zum Tode (oben S. 535).
Wenn aber jene sich gegen ihn, der das Gesetz heilig hält, auf ihr Gesetz, oder
gegen seine religiösen und sittlichen Anforderungen auf ihre Abkunft von
Abraham, oder gegenüber seinen Hulderweisungen auf das berufen, was Moses
ihren Vätern gegeben hat (5, 45; 6, 31; 8, 33 ff.), so gibt er ihnen das zurück
und sagt: „eure Väter" (6, 49), „euer Vater Abraham" (8, 56), „euer Gesetz"
(8, 17; 10, 34; 15, 25). Das alles liegt auf der Linie der prophetischen Verkündigung von altersher. Wer solche Worte des mit seinem Volk ringenden
Gesandten Gottes nicht geschichtlich begreifen kann, muß einen Jesaja für einen
prinzipiellen Gegner des gesamten Tempelkultus halten (Jes 1, 10—20) und
Worte des Täufers wie Mt 3, 7—9; Lc 3, 7—8 für Erfindungen der apostolischen Kirche erklären.

Man hat sich darüber aufgehalten, daß Jo sein Freundschaftsverhältnis zu
Jesus so unbefangen erwähne und dies wie einen Ersatz für den verschwiegenen
Eigennamen gebrauche. Dabei ist aber zu bedenken, daß die modernen Formen
der Bescheidenheit den entsprechenden Inhalt nicht sicherer verbürgen, als die
naiveren Formen des Altertums. Den Schein der Selbstüberhebung, welchen
Pl 1 Kr 15, 10 und anderwärts nicht ängstlich vermeidet, erregt kein Wort
des 4. Ev. Was er 13, 23; 19, 26; 20, 2 mit so wenigen Worten wie möglich
von sich sagt, hätten Lazarus, Maria und Martha, die doch keine Größen geworden sind, ebenso von sich sagen können (11, 3. 5. 11. 36). Solche persönliche
Freundschaft ist nicht bedingt durch einen besonders hohen Grad sittlicher und
religiöser Eigenschaften. Von einer hervorragenden Stellung des Jo im Jüngerkreis ist nichts zu merken. Abgesehen von der von so vielen nicht einmal bemerkten Andeutung von seiner Berufung 1, 35 ff. kommt Jo vor 13, 23 nicht
vor, wohingegen auf die künftige Bedeutung des Pt für die Kirche schon 1, 42
cf 21, 15—17 hingewiesen wird. Pt ist 6, 68 f. der große Bekenner wie bei
den Syn. Freilich ist er auch hier wie dort der hastig zufahrende, sich im
Eifer überstürzende und schwer dafür büßende Jünger (13, 6—10. 36—38;
18, 10—11. 15—27). Es ist aber doch kein gesunder Geschmack, welcher
in dem Wettlauf des Pt und des Jo, wobei der Jünger den Älteren überholt
(20, 1—8), den Ausdruck einer Rivalität zwischen diesen Aposteln erkennen
wollte. Daß es bis zuletzt solche Rivalitäten unter den Aposteln gegeben hat,
wissen wir aus Mt 18, 1; 20, 20—28; Mr 9, 33 ff.; 10, 35—45; Lc 22, 24
bis 32. Nur eine leise Andeutung davon liegt Jo 13, 12—17 und in dem
πλέον 21, 15 vor. Aber gerade dieser mit Willen und Wissen des Jo beigefügte Nachtrag beweist, daß seit dem Tode Jesu alle kleinliche Eifersucht
aus dem Kreise der Jünger verbannt war.

Von der Frage nach der Entstehung des 4. Ev ist zu trennen die nach
der buchstäblichen Zuverlässigkeit der darin berichteten Reden Jesu, welche je
auch bei den Syn. nicht durch eine einfache Formel zu beantworten ist. Ist
das Buch erst um 80—90 entstanden (oben S. 553), so erscheint es als eine

starke Zumutung, daß bis dahin ein Ohrenzeuge von längeren Reden ein genaues Erinnerungsbild festgehalten haben soll. Aber erstens greifen hier die Erwägungen Platz, welche überhaupt den Fortbestand von ev Erinnerungen durch Jahrzehnte hindurch erklären (S. 188). Zweitens wird ein Mann, welcher als 20—25jähriger die sein ganzes Leben bestimmenden Eindrücke empfangen hat, wenn er als etwa 80jähriger noch im Vollbesitz seiner Kräfte steht, dann nicht weniger davon wissen, als er 20 Jahre früher wußte, zumal wenn es seit 50 Jahren sein Beruf gewesen ist, mündlich zu bezeugen, was er im Umgang mit Jesus gesehen und gehört hat (1 Jo 1, 1—3). Gegen die Treue seiner Berichterstattung kann auch weder der Abstand von den Reden bei den Syn., noch die Ähnlichkeit mit der Sprache des 1 Jo entscheiden. Die letztere zeigt nur, daß dem Vf die „Worte ewigen Lebens‟, die ihn an Jesus gekettet haben, zumal solche, welche Jesus im Jüngerkreis gesprochen, mehr wie Anderen in Fleisch und Blut übergegangen sind. Was aber den Vergleich mit den Reden bei den Syn. anlangt, so fehlt es bei jenen nicht an Worten, welche Niemand im 4. Ev als ein fremdartiges Element empfinden würde (A 17). Es ist ferner durch richtige Auslegung aus den Reden bei Jo Vieles auszuscheiden, was nur falsche Auslegung an spekulativen Ideen und farblosen Allgemeinheiten eingetragen hat; und es ist endlich der in der Bestimmung des 4. Ev für die Gemeinde der längst Gläubigen begründete und auch in der Auswahl der Reden zum Ausdruck gelangende esoterische Charakter dieses Buches zu würdigen. Über das Maß der Freiheit, dessen sich Jo bei der Wiedergabe der Reden bedient hat, können wir ein genaues Urteil im einzelnen nicht abgeben (A 18). Wer ihm ein großes Maß solcher Freiheit zutraut, sollte bedenken, daß dies einem Ohrenzeugen, welcher sich im Besitz der wesentlichen geschichtlichen Wahrheit sicher fühlt, eher zuzutrauen ist, als einem Fernerstehenden, der an Erzählungen von Ohrenzeugen gebunden ist, den Aposteln Jo und Mt eher, als den Apostelschülern Mr und Lc.

1. Beispiele alter und weitverbreiteter Textänderungen sind 1, 18 (oben S. 546 A 3); 1, 34 (oben S. 518 A 2); 2, 3 (an der Ursprünglichkeit des echt semitischen Textes א* S³ s. auch Adler de verss. syr. p. 57; Sc Ss sind defekt] und der besten Lateiner [D fehlt] sollte kein Kritiker einen Augenblick zweifeln); 3, 34 (alle Abweichungen von א, sowohl die Zusetzung von ὁ ϑεός, als die Fortlassung von πνεῦμα, als so völlige Umgestaltungen wie die in Ss, rühren daher, daß man τὸ πνεῦμα nicht als Subjekt erkannte); 5, 36: μείζων A B E etc. ist hart und unerfindlich wenn das bei oberflächlicher Betrachtung bequemere μείζω cf 1, 50 oder μείζονα echt wäre, könnte das wegen des Artikels vor μαρτυρίαν und wegen des Gegensatzes von ἐκεῖνος v. 35 und ἐγώ v. 36 nicht heißen: „ich habe ein größeres Zeugnis als dasjenige, welches Jo mir gegeben hat‟, sondern „ich besitze das (erforderliche) Zeugnis in einem größeren Maße, als Jo es für sich hat‟. Das Zeugnis des Jo will Jesus überhaupt nicht für sich geltend machen v. 33f., und in v. 35 wird Jo nicht als Zeuge für Jesus, sondern als ein mit Jesus zu vergleichender Offenbarungsträger angesehen. Nach der LA μείζων ist gesagt: „ich besitze das (eine, allein in Betracht kommende) Zeugnis (Gottes) als eine größere Persönlichkeit wie Jo‟ (s. oben S. 544).

2. Ob 4, 9 b Interpolation sei, mag zweifelhaft bleiben oben S. 552 A 13. Sicher gilt dies von 5, 3 b *ἐκδεχομένων — κίνησιν* und 5, 4. Zu den starken äußeren Zeugnissen gegen beide Zusätze kommt hinzu, daß diese Erklärung des folgenden v. 7 willkommen sein mußte und nichts den altkirchlichen Vorstellungen von den Engeln Widersprechendes enthielt. Andrerseits steht das hohe Alter der Zusätze sicher. Schon Tertullian las v. 4 in seinem griech. Text (de bapt. 5) und deutete das *κατὰ καιρόν* =·„jährlich einer" cf Didymus und Cyrill bei Tischend. 785 und Theophil. lat. Forsch II, 81. 215, welcher letztere auch *τὴν τοῦ ὕδατος κίνησιν* aus v. 3 wiedergibt. Ferner ist die Glosse echt jüdisch cf Lightfoot hor. hebr. z. St.; Weber, System S. 166 f.; Ap 16, 5. Sie mag eine der Auslegungen des Papias sein cf A 3.

3. In bezug auf 7, 53—8, 11 sei nur Folgendes bemerkt: 1) Es sind zu unterscheiden die Zeugen für das Vorhandensein der Erzählung und die für deren Zugehörigkeit zum 4. Ev. Nur den ersteren ist zuzuzählen die Didascalia c. 7 extr. (syr. ed. Lagarde p. 31; lat. ed. Hauler XXIV, 15—22 = const. ap. II, 24); denn diese Schrift des 3. Jahrhunderts bietet viele apokryphe Stoffe und beweist durch die Ausführlichkeit, womit sie diese Erzählung wiedergibt (in der griech. Bearbeitung allerdings noch auffälliger im Vergleich zu der dort eingeschobenen kurzen Erinnerung an Lc 7, 36 ff.), daß sie dieselbe nicht aus einem kanonischen Ev hat. Die Erzählung ist uralt und war in verschiedenen nicht direkt von einander abhängigen Büchern zu lesen, so, wenn nicht Alles trügt, bei Papias und im Hebräerev Eus. h. e. III, 39. 16; GK II, 703 f. Sowohl an sich als wegen der Analogie von Mr 16, 9—20 (oben S. 231) ist überwiegend wahrscheinlich, daß die Perikope aus Papias in das NT eingedrungen ist. Es wird eine jener apostolischen Paradosen sein, welche Papias seinen Auslegungen der Worte Jesu beigefügt hat, und zwar wahrscheinlich zu Jo 7, 24 und 8, 15. so daß diejenigen, welche sie hieher stellten, vielleicht durch ihre Quelle, das Werk des Papias, eben dazu angeleitet wurden. Dazu kommt der schöne Kontrast zu dem rechtswidrigen Verfahren in der Synedriumssitzung 7, 45—52. Die Erzählung selbst für geschichtlich zu halten, steht nichts im Wege. 2) Die ältesten Zeugen für die Stellung der Perikope vor 8, 12 sind lat. Hss vom 4. Jahrhundert an; unter den griech. Hss ist die älteste D. (saec. VI). Die Syrer (Tatian, Sc Ss S¹ S³) haben sie lange nicht gekannt. Erst seit dem 6. Jahrh ist sie durch verschiedene Übersetzungen ihnen zugänglich geworden cf Forsch I, 190; Gwynn, Transact. of the Irish Acad. (1886) XXVII, 8 p. 17—24; Nestle Pr. RE. III³, 174 An Zugehörigkeit der Perikope zum 4. Ev ist nicht zu denken; denn erstens berührt sich das Hbev, welches sie enthielt, sonst nirgendwo mit Jo, und ist auch sehr unwahrscheinlich, daß Papias eine vollständige Erzählung dieser Art mitgeteilt haben sollte wenn er sie in dem ihm bekannten 4. Ev vorfand. Ferner ist die etwaige moralische Gefährlichkeit der Geschichte nicht so evident, daß daraus ihr Verschwinden aus der ältesten griech. Hss und ihr ursprüngliches Fehlen in allen Gestalten der syr. Versionen sich erklären ließe. Entscheidend gegen die Echtheit ist auch der Umstand, daß die Stellung der Perikope eine sehr schwankende ist. Die alte verlorene Hs, welche die Minuskeln der Ferrargruppe (13. 69. 124. 346 etc.) darstellen, hat sie hinter Lc 21, 38 gestellt, wohin sie wegen der Ortsangaben 8, 1. 2 zu passen schien, andere min. und armenische Hss hinter Jo 21 als Anhang. Wenn letzteres eine Folge davon sein mochte daß man sie vor 8, 12 vorfand, aber als verdächtig oder unecht erkannte und doch sie nicht völlig fahren lassen mochte, so erklärt sich doch so nicht die Stellung hinter L 21, 38. Endlich beweist die Sprache, daß Jo hier nicht redet. Der syn. Ausdruc *οἱ γραμματεῖς καὶ Φαρισαῖοι* 8, 3 ist ihm völlig fremd, wie viel Gelegenheit dazu er ge habt hätte. Auch *ἐπ' αὐτοφώρῳ, ἀναμάρτητος, ἐλεγχόμενοι ὑπὸ τῆς συνειδήσεως* sind ihr nicht zuzutrauen. Unhaltbar ist die Meinung, welche nach dem Vorgang Andrer Spitt (A 5) S. 197 f. vertritt, daß zwischen 7, 52 und 8, 12 ein echtes Stück ausgefallen se

welches durch die apokryphe Erzählung ersetzt worden sei. Woher kommt es denn, daß die ältesten Hss אABC etc., Origenes, Eusebius, der sonst nicht so über Papias berichten könnte, sicherlich auch Tertullian und die Syrer bis zum 6. Jahrh. weder die echte noch die unechte Perikope kennen? Die Sache liegt in dieser Beziehung wesentlich ebenso wie mit Mr 16, 9—20. Nur daß die Verbindung von Jo 7, 53—8, 11 mit dem Joev nicht, wie Spitta behauptet, bis ins 2., sondern nur bis ins 4. Jahrh. hinauf nachgewiesen werden kann.

4. Die Interpolationshypothese von Delff (oben S. 484) schließt sich zum Teil an diejenige von Schweizer, Das Ev Jo nach seinem inneren Wert unters. 1841, welcher gleichfalls die galiläischen Stücke und damit die krassesten Wunder ausschied. Einen äußerst kurzen Urjohannes hat Tobler, Ev Jo nach dem Grundtext 1867 *ad oculos* demonstrirt. Weniger bequem hat es Wendt (Lehre Jesu I, 1886 S. 215—342) dem Leser gemacht, sich ein genaues Bild von der Redensammlung des Jo zu machen, welche im 4. Ev verarbeitet sein soll.

5. Spitta, Zur Gesch. u. Lit. des Urchristent. I (1893) S. 155—204 „Über Unordnungen im Text des 4. Ev" meint solche nachweisen zu können: 1) 18, 12—28 sei zu ordnen v. 12. 13. 19—23. 24. 14. 15—18. 25 b. 27. 28. Dies berührt sich einigermaßen mit Ss, d. h. wahrscheinlich Tatian (Th. Ltrtrbl. 1895 Sp. 20 f.), welcher ordnet v. 12. 13. 24. 14—15. 19—23. 16—18. 25—28. Auch die Motive sind teilweise dieselben, welche offenbar den ersten Harmonisten bestimmt haben. 2) 13—17 war ursprünglich so geordnet: 13, 1—31ᵃ. c. 15—16; 13, 31ᵇ—14, 31; c. 17. Außerdem aber ist hinter c. 13, 31ᵃ ein Stück mit der Abendmahlsstiftung ausgefallen. 3) Ausfall eines Blattes zwischen 7, 52 und 8, 12 (s. vorhin A 3). 4) 7, 15—24 gehört hinter 5, 47. Außerdem soll aus den Vermutungen über die Art, wie die Unordnungen entstanden seien, sich ergeben, daß das durch Beseitigung dieser Unordnungen hergestellte Buch Bearbeitung einer Originalschrift war (S. 184. 185. 202), welche z. B. durch Einschiebung von 6, 51—59 von ihrem Original abwich (S. 218 in der Abh. über das Abendmahl). Die Beobachtungen, welche dieser Hypothese zu Grunde liegen, haben nur in bezug auf c. 13—17 etwas Einschmeichelndes. Die Erklärung aber der Unordnungen befriedigt nicht. Bei 18, 12—28 soll das Versehen eines Abschreibers vorliegen, dessen Auge vom Schluß des v. 13 zu dem des v. 24 abirrte, die im Original durch v. 19—23 getrennt waren; er schrieb dann ohne seinen Irrtum zu bemerken v. 14, welcher hinter v. 24 stand, und was weiter im Original folgte, v. 15—18 ab. Mitten in der Verleugnungsgeschichte bemerkte er den Fehler und trug nun die ausgelassenen v. 19—24 nach, schaltete sie also mit vollem Bewußtsein in die Verleugnungsgeschichte ein, deren Schluß er nun durch Einfügung des von ihm selbst verfertigten v. 25ᵃ anflicken mußte. Dieser Schreiber war also nicht einer von der bekannten Gattung der *librarii oscitantes*, sondern ein höchst munterer und verwegener Geselle. Einem solchen war die Herstellung des Archetyps aller seither vorhandenen Exemplare, die Reinschrift eines für die Gemeinde bestimmten Buchs anvertraut, und eine Diorthose ward nicht für nötig befunden. Ein ähnlich dreistes Verfahren wird bei der Versetzung von 7, 15—24 angenommen, nur daß hier wie bei c. 13—17 nicht ein Abirren des Auges von einer Stelle des dem Schreiber vorliegenden Blattes zur andern, sondern eine Verschiebung der Blätter der Grund der Unordnung war, welche der Schreiber hinterdrein bemerkte und vertuschte. Der Vorgang an sich wäre sehr denkbar, wenn es sich um die erste Herstellung des Buchs, um die Übertragung des Textes aus den von des Vf Hand beschriebenen *schedulae* und *plagulae* in eine Buchrolle handelte, wobei nur die Leichtfertigkeit des Vf, welcher das von ihm erzeugte Werk als Mißgeburt geboren werden ließ, zu verwundern wäre. Nun soll aber der Schreiber, dem die Kirche ihr 4. Ev verdankt, ein als literarische Arbeit bereits fertiges Buch vor sich gehabt haben, das überdies schon Umarbeitung einer älteren Urschrift war. Daß das dem Schreiber

als Vorlage dienende Exemplar zufällig aus dem Leim gegangen sei, mag auch Spitta nicht annehmen S. 182 f. Aber es ist ihm auch nicht gelungen nachzuweisen, daß bereits publicirte Bücher in einzelnen, noch nicht zur Rolle zusammengeleimten Blättern verbreitet und den Schreibern zum Kopiren hingegeben worden seien. Ulpian (Dig. XXXII, 52, 5) versteht unter *libri nondum conglutinati vel emendati* sicherlich solche Urmanuskripte, in welchen ein literarisches Werk zum ersten Mal als liber sich darstellte. Wenn in diesem Fall eine sonderbare Fahrlässigkeit des Emendators ($\delta\iota\varrho\vartheta\omega\tau\dot{\eta}s$) und des Vf selbst zur Grundlage der ganzen Literargeschichte des 4. Ev gemacht werden müßte, so bliebe in dem sehr unwahrscheinlichen andern Falle, den Spitta annimmt, wieder der sonderbare Zufall, daß alle ordentlichen Kopien des Buchs zu Grunde gingen, und dagegen sämtliche in den Gemeinden verbreiteten Exemplare auf eine ebenso nachlässig als dreist hergestellte Kopie zurückgingen. Die inneren Gründe dieser und anderer ähnlicher Hypothesen könnte nur ein Kommentar würdigen.

6. Bengel im Gnomon zu $\check{\epsilon}\sigma\tau\iota\nu$ 5, 2: *Scripsit Joannes ante vastationem urbis.* So schon früher Lampe und neuerdings Wuttig S. 28. Erstens läßt sich aus der kurzen Schilderung bei Jos. bell. VII, 1, 1 durchaus nicht schließen, daß kein Gebäude in Jerusalem stehen geblieben sei. Zweitens könnte man mit dem gleichen Recht aus Jo 11, 18 schließen, daß Bethanien und Jerusalem vom Erdboden verschwunden waren, als Jo schrieb, zumal dies nicht wie 4, 6; 18, 1; 19, 41 eine die Erzählung weiterführende und daher trotz der Fortexistenz des Jakobsbrunnens und der beiden Gärten bei Jerusalem nach volkstümlicher Erzählungsweise in das Tempus der Erzählung aufgenommene Mitteilung, sondern eine die Erzählung unterbrechende Zwischenbemerkung des Vf ist, wodurch den Lesern 11, 19. 31. 45 f.; 12, 9—11 verständlich gemacht wird. Drittens sind aus der einen und andern Ausdrucksweise überhaupt solche Schlüsse nicht zu ziehen (oben S. 141 f. A 13 zum Hb). Jos. bell. V, 4, 1—4 gebraucht in bezug auf Bauwerke, aber auch Örtlichkeiten, welche durch die Zerstörung Jerusalems nicht wesentlich oder gar nicht verändert waren (z. B. von den Türmen Hippikus, Phasael und Mariamne, von welchen er uns selbst bell. VII, 1, 1 erzählt, daß sie unversehrt geblieben, $\tau\epsilon\tau\varrho\dot{\alpha}\gamma\omega\nu os$ $\check{\eta}\nu$ u. dgl.), durchweg das Imperf. ($\tau\varrho\dot{\iota}\tau os$ $\check{\eta}\nu$ $\lambda\dot{o}\varphi os$, $\pi\epsilon\varrho\iota\epsilon\dot{\iota}\chi o\nu\tau o$, $\dot{\epsilon}\varkappa\alpha\lambda\epsilon\tilde{\iota}\tau o$ [nicht nur $\dot{\upsilon}\pi\dot{o}$ $\varDelta\alpha\beta\dot{\iota}\delta ov$, sondern auch $\pi\varrho\dot{o}s$ $\dot{\eta}\mu\tilde{\omega}\nu$], $\dot{\epsilon}\varkappa\alpha\lambda o\tilde{\upsilon}\mu\epsilon\nu$, $\dot{\epsilon}\varkappa\dot{\alpha}\lambda o\iota\nu$). Daneben aber auch $\dot{\epsilon}\nu$ $\varkappa\alpha\lambda o\tilde{\upsilon}\sigma\iota\nu$ $\dot{O}\varphi\lambda\tilde{\alpha}s$ (Niese § 145), $\ddot{o}s$ $\varkappa\alpha\lambda\epsilon\tilde{\iota}\tau\alpha\iota$ $B\epsilon\zeta\epsilon\vartheta\tilde{\alpha}$ (§ 149) und wieder $\dot{\epsilon}\varkappa\lambda\dot{\eta}\vartheta\eta$ $\delta\dot{\epsilon}$ $\dot{\epsilon}\pi\iota\chi\omega\varrho\dot{\iota}\omega s$ $B\epsilon\zeta\epsilon\vartheta\tilde{\alpha}$. — Über die unbegründeten Annahmen von Delff und Cassel s. oben S. 482. 484.

7. Eine Übersicht über die Bestreitung der Echtheit gibt Luthardt, Der joh. Ursprung des 4. Ev, 1874 S. 6—34; eine ausführlichere Watkins, Modern Criticism in its relation to the 4. Gospel, Bampton Lectures 1890, besonders p. 187—413.

8. Wenn Baur, Krit. Unters. S. 388 für den Fall, daß der Apostel Jo der Vf sei, bemerkte: „Wir müßten doch zugleich annehmen, er habe die Absicht gar nicht gehabt, ein rein historisches Ev zu geben", so hatte das wenig zu bedeuten, da Baur vom Gegenteil der Voraussetzung überzeugt war. „Rein historisch" übrigens will keines der 4 Evv sein. Sie sind sämtlich Schriften geschichtlichen Stoffs von religiöser und lehrhafter Absicht. — Lagarde (Verhältnis des deutschen Staats zu Theol., Kirche u. Rel. 1873 S. 31), welcher sich überzeugt erklärte, daß der Vf aller ntl Schriften unter dem Namen des Jo „kein andrer sein kann als der Apostel Jo", und diesen Apostel mit Pt als den einzigen bedeutenden Schüler Jesu bezeichnete S. 30, erklärte gleichzeitig S. 28—30 den Satz, daß Jesus der Messias sei, für einen geschichtswidrigen Unsinn und wußte dem Jo, der durch sein Ev diesen Satz seinen Lesern glaubhaft machen wollte (20, 31), doch nur „gigantische Übertreibungen" nachzusagen S. 31. — Wittichen, welcher anfangs (Der gesch. Charakter des Ev Jo 1869), weit entfernt den Inhalt für geschichtlich treu zu halten, das Buch a. 70—80 vom Apostel Jo geschrieben sein ließ, hat später (Leben Jesu, 1876 S. VIII) die apost. Abfassung aufgegeben.

9. Genaue Einzelangaben 1. 35—39 (oben S. 481 A 8); 1, 44 (Angabe der Heimat nicht des Pt, des Andreas und des Nathanael, sondern nur des Philippus, was dort, da nachträglich Bethsaida als Heimat auch des Pt und Andreas bezeichnet wird, beiläufig dazu dienen mag, die Verbreitung der Kunde von Jesus zu Philippus zu erklären, dagegen 12, 21 nicht solchem Zweck dient, sondern wahrscheinlich dem Zweck, diesen Philippus von dem den Lesern bekannten Evangelisten Philippus zu Hierapolis zu unterscheiden); 2. 6 (die Zahlen, welche keine symbolische Deutung zulassen); 2, 15f. 20; 3, 23; 4, 18. 28 (das Stehenlassen des Krugs); 4, 30 (das malerische $\check{\eta}\varrho\chi o\nu\tau o$, wodurch die Parabel 4, 35 vorbereitet wird); 4, 52 (wo die Angabe der Identität der Stunde wie v. 53 genügt hätte); 5, 2; 6, 3—12 (oben S. 519 A 6); 6, 19. 23; 6, 71 (cf 12, 4; 13, 2. 26; 14, 22 der Name des Vaters des Judas und die Auflösung von Iskarioth s. A 11); 8, 48. 57; 11, 30. 44; 12, 1—8 (oben S. 519 A 7); 18, 1. 10 (cf v. 26); 19, 39.

10. Gerade mit bezug auf die jüdischen Parteiverhältnisse sagt Wellhausen, Pharisäer und Sadducäer, 1874, S. 124 vom 4. Ev: „Unkenntnis des vortalmudischen Judentums kann ihm nicht vorgeworfen werden", und betont mit Recht, daß die nicht pedantisch korrekte, aber sachlich um so zutreffendere Zusammenstellung „Hohepriester und Pharisäer" bei Jo (außerdem nur noch Mt 21, 45; 27, 62) ganz der Anschauung und Darstellung des Josephus entspreche S. 42 cf S. 8. 30. Über die Unterscheidung der Pharisäer 1, 24 von der Gesandtschaft „der Juden aus Jerusalem" d. h. des Synedriums (1, 19 cf 3, 28; 5, 33) s. oben S. 517. Die Deputirten des Synedriums entledigen sich ihres Auftrags ohne tiefergehendes Interesse an der Sache 1, 22. Die Pharisäer fragen nach Grund und Recht der Wirksamkeit des Täufers 1, 25. Ihnen ist Jesus verhaßt als Sabbathschänder und Sünder 9, 16. 24. Hinter seinen Wundertaten, denen sie genau nachforschen (9, 16—34) und die sie nicht leugnen (11, 47), vermuten sie einen gottlosen Zauber. Nur um die religiös indifferenten Sadducäer zu Bundesgenossen zu gewinnen, sprechen sie von politischen Gefahren (11, 48). — Besonders bezeichnend ist 7, 49, wo $\acute{o}$ $\check{o}\chi\lambda o\varsigma$ $\varkappa\tau\lambda$. ganz dem jüdischen הארץ עם entspricht cf Weber, System S. 42—46; Schürer II, 387. 400.

11. An dem Namen $B\eta\vartheta a\nu i a$ 1, 28, den schon Herakleon um 160 las und beinah alle Hss zur Zeit des Origenes wie auch unsere älteren Hss bieten, haben schon vor Origenes Einige und vor allem dieser selbst Anstoß genommen, weil am Jordan kein Ort dieses Namens zu finden sei, und haben statt dessen die LA $B\eta\vartheta a\beta a\varrho\tilde{a}$ aufgebracht, weil der Ort, an welchem nach einer Lokaltradition Jo getauft haben sollte, diesen Namen trug (Orig. tom. VI, 24 in Jo; Eus. und Hier. de situ et nomin. loc. hebr. Lagarde Onom. 108, 6; 240, 12, so auch Sc Ss, aber nicht Sh). Aber auf Lokaltraditionen dieser Art ist wenig zu geben, wie auch die Traditionen über Aenon und Salim Jo 3, 23 zeigen, und vielleicht fand man Bethanien darum nicht, weil es entweder ein unbedeutendes Dörflein war, oder weil man es an verkehrter Stelle suchte. Es braucht nicht unmittelbar am Jordan gelegen zu haben, obwohl Jo nach den Syn. im Jordan taufte. Es kann identisch sein mit Betonim Jos 13, 26; Eus. 234, 85 $Bo\tau\nu i a$ $\acute{\eta}$ $\varkappa a\grave{\iota}$ $\varPi o\tau\varepsilon\varepsilon i\nu$, $\tau\acute{\varepsilon}\varrho a\nu$ $\tau o\tilde{\nu}$ $\varUpsilon o\varrho\delta\acute{a}\nu o\nu$ . . . $\varkappa a\grave{\iota}$ $\varepsilon\grave{\iota}\sigma\acute{\varepsilon}\tau\iota$ $\nu\tilde{\nu}\nu$ $\acute{o}\mu o\acute{\iota}\omega\varsigma$ $\dot{\varepsilon}\nu$ $\tau o\tilde{\iota}\varsigma$ $\tau\acute{o}\pi o\iota\varsigma$ $\chi\varrho\eta\mu a\tau\acute{\iota}\zeta\varepsilon\iota$. Hier. 103, 14 *Bothnin trans Jordanem civitas . . . quae usque hodie similiter adpellatur.* Die Namensform scheint also allerlei Wandlungen durchgemacht zu haben. — $\varSigma v\chi\acute{a}\varrho$ Jo 4, 5 ist nicht fehlerhafte Schreibung für $\varSigma v\chi\acute{\varepsilon}\mu$ oder $\varSigma\acute{\iota}\varkappa\iota\mu a$ (שכם, so schon Ss hier), welches Jo wie Jos. bell. IV, 8, 1 Neapolis oder Mabartha genannt haben würde, oder gar eine absichtliche Änderung dieses Namens seitens des Jo (Hengstenberg Komm. S. 244f. = „Lügenstadt"), sondern סוכר (so der ortskundige Sh) ¹/₂ Stunde östlich von Sichem an der Straße von Jerusalem nach Galiläa, welches im 4. Jahrhundert noch vorhanden und von den Topographen deutlich von Sichem unterschieden wurde (Eus. 297, 26 u. 290, 55; was selbst Hier. 154, 31 nicht wesentlich ändert, obwohl er anderwärts interpr. hebr. nom. 66, 20

und quaest. hebr. in Gen 48, 22 Sychar für einen alten Schreibfehler in Jo 4, 5 erklärt. Cf ferner den Pilger von a. 333 Itin. Hierosol. ed. Geyer p. 20, 7: Sechar, 1000 Schritt von Sechim; Epiph. de gemmis Dindorf IV, 209), wahrscheinlich auch im Talmud unter סוכר und סיכר zu verstehen cf Delitzsch Ztschr. f. luth. Th. 1856 S. 240 ff. Heute Asker oder Askar cf Socin-Bädeker⁴ S. 245. 251. — Jo, als Sprach- und Ortskundiger weiß, daß das Ἰσκαριώθ, Ἰσκαριώτης der Syn. „Mann von Karyot" heißt, und daß dies die Heimat schon seines Vaters Simon war, welchen Jo allein nennt. Die LA ἀπὸ Καρυώτου ist entweder überall 6, 71; 12, 4; 13, 2. 26; 14, 22 oder an der einen oder anderen dieser Stellen, von wo sie sich dann in die übrigen eingeschlichen hätte, als ursprünglich anzuerkennen. Wer hätte sie erfinden können? Der Ort ist entweder Kerioth Jos 15, 25, heute Karjaten cf Buhl, Geogr. 182 im südlichen Judaea, oder Κορέαι Jos. bell. I, 6, 5; ant. XIV, 3, 4; 5, 2 im nördlichsten Zipfel von Judäa, heute Kurijut oder Kariut cf Robinson, Palästina III, 301; Wellhausen, Pharisäer S. 152. Für letzteres würde die Tradition stimmen, daß Judas dem Stamm Ephraim angehörte nach Eus. zu Jes 28, 1 (Migne 24 col. 284).

12. Arge Unkenntnis würde Jo bekunden, wenn er 11, 49. 51; 18, 13 die Vorstellung ausdrückte, daß das Amt des Hohenpriesters ein jährlich wechselndes gewesen sei, und daß Kajaphas, der etwa 18—36 p. Chr. das Amt innehatte, nur während des Todesjahrs Jesu fungirt habe. Aber 1) sagt Jo nicht, daß er „der Hohepriester jenes Jahres" war, was namentlich 11, 49 nur durch ὁ ἀρχ. τ. ἐν. ἐκ. ohne ὤν ausgedrückt werden konnte (cf Mt 26, 57; Jo 18, 33; 19, 19. 21). 2) Die Kritiker haben versäumt nachzuweisen, daß die Griechen von Trägern jährlich wechselnder Ämter, wie Consuln und Archonten, in der uns geläufigen modernen Art („der Schützenkönig des vorigen Jahres", „der Held des Tages", die Verbindungen von du jour) geredet haben. Man nannte die Jahre nach Consuln und Archonten, nicht umgekehrt. 3) Eine der verkehrtesten Regeln z. B. bei A. Buttmann, Ntl Gr. S. 148 ist die, daß der Genetiv nur zu allgemeinen Zeitbestimmungen (νυκτός, ἡμέρας, ἅπαξ τοῦ ἐνιαυτοῦ) diene. Einzelne gegenteilige Beispiele schon bei Kühner Gr. II, 323 f.; Winer § 30, 11. Ich füge aus meiner Sammlung nur 20 Beispiele hinzu: Gen 11, 10; Jes 14, 28; 20, 1; 36, 1; Jer 1, 2; Dan 1, 1; 7, 1 (LXX, nicht Theodotion); 1 Mkk 3, 37; 6, 16. 20; 7, 1; Just. dial. 103 n. 22; Leucius (Acta Jo p. 222, 5); Artemid. oneirocr. V, 12; Herodian II, 14, 3; IV, 15, 4; VI, 9, 2; VII, 3, 3; 5, 3; 8, 1. 3 cf auch Rohde, Griech. Roman S. 462 A 2. Es bezeichnet dieser Gen. temp. auch nicht wie bei Zeitangaben mit Cardinalzahlen (ἑπτὰ ἡμερῶν Herodian IV, 2, 4; Clem. hom. III, 72; VII, 5) das Zeitmaß, auf welches die Aussage beschränkt sein soll, sondern sagt lediglich, daß zur Zeit der erzählten Ereignisse Kajaphas Hoherpriester war, womit nichts darüber gesagt ist, seit und bis wann er dies war. Statt eines gleichfalls zulässigen τότε oder ἐν ἐκείνῳ τῷ καιρῷ u. dgl. wählt Jo τοῦ ἐν. ἐκ., weil er sich erinnert, daß die einzige specifisch hohepriesterliche Funktion jährlich nur einmal stattfindet (Hb 9, 7). Die unfreiwillige Weissagung von dem Sühnetod Jesu zum Heil seines Volks und aller Gotteskinder in der Welt muß der Mann aussprechen, welchem die amtliche Pflicht oblag, in demselben Jahre noch als Hoher·priester das gesetzliche Sühnopfer für das Volk Gottes am Versöhnungstag darzubringen (Hb 2, 17; 5, 3). Jesus ist das wahre Sühnopfer für die Menschheit (1 Jo 2, 2; 4, 10) wie das wahre Passalamm (Jo 1, 29). — Eine geschichtlich unmögliche Vorstellung würde Jo 19, 13 ausgesprochen sein, wenn dort gesagt wäre, daß Pilatus Jesum zum Zweck der Verhöhnung Jesu oder der Juden oder beider auf den Richterstuhl gesetzt habe. So haben aller Wahrscheinlichkeit nach die uralten Akten des Pilatus die Stelle aufgefaßt oder vielmehr verdreht, aus welchen Just. apol. I, 35 ausgesprochener Maßen und sicherlich auch das Ptev 3, 7 ihre entsprechende Darstellung geschöpft haben c meine Schrift über das Ptev S. 42—45. 79 f. Die Tendenz, den Pilatus als an den

Hinrichtung Jesu nahezu unschuldig darzustellen, welche sich darin kundgibt, daß nach Justin und dem Ptev nicht Pilatus, sondern die Juden das Subjekt des transitiv gefaßten καϑίσαι gewesen seien, ist die Grundidee der gesamten an den Namen des Pilatus gehängten Dichtungen, stammt also aus den Pilatusakten. Daß aber Jo 19, 13 ἐκάϑισεν nicht transitiv, sondern ebenso wie Jos. bell. II, 9, 3 ὁ Πιλᾶτος καϑίσας ἐπὶ βήματος intransitiv verstanden sein will, sollte sich von selbst verstehen; denn 1) Jo wie die Syn. und die AG gebrauchen das Verb stets nur intransitiv und reflexiv (36 mal in diesen Büchern, häufig in der Verbindung ἐπὶ ϑρόνου, βήματος, καϑέδρας). 2) Jeder auf Verständlichkeit bedachte Schriftsteller, besonders aber Jo nach seiner Schreibart mußte wie Justin und das Ptev αὐτόν oder Ἰησοῦν zusetzen, wenn dies das Objekt zu ἐκάϑισεν bilden sollte. 3) Geschichtlich völlig unmöglich ist, daß Pilatus das Symbol seiner Würde, den Richterstuhl, durch eine derartige Posse entweiht haben sollte, und zwar eigenhändig; denn da es nicht heißt ἐκέλευσεν καϑίσαι, konnte das transitive ἐκάϑισεν nur ebenso wie das ἐκάϑισαν bei Justin und im Ptev von einem gewaltsamen Hinaufheben auf den Stuhl verstanden werden. 4) Aber auch Jo gibt keinen Anlaß dazu, ihm die Geschmacklosigkeit der Erdichtung einer solchen Absurdität aufzubürden. Die einem früheren Stadium angehörigen Verhöhnungen Jesu 19, 2—5 hat Pilatus den Soldaten überlassen und hat nur deren Ergebnis zu einer Verhöhnung der Juden benutzt. Hier dagegen handelt er selbst als oberster Richter des Landes. Durch die Angabe der Stunde, durch Beschreibung der Örtlichkeit, durch Mitteilung des Endergebnisses zeigt Jo 19, 13—16, daß er hier die Fällung des sehr ernsthaft gemeinten Todesurteils durch den allein entscheidenden Richter (18, 31; 19, 10 f. 19—22) hat beschreiben wollen.

13. Hebr. und aram. Wörter und gedeutete Namen: ῥαββί 1, 38. 49; 3, 2; 6, 25; 9, 2; 11, 8 (Mt und Mr zusammen 7 mal, Lc gar nicht); ῥαββουνί 20, 16 (cf Mr 10, 51 Bd I, 13); Μεσσίας 1, 41; 4, 25 (Bd I, 13); Κηφᾶς 1, 42 (Bd I, 10); ἀμήν, ἀμήν 1, 51 (so nur Jo 25 mal Bd I, 11); Βηϑέσδα 5, 2 zwar nicht übersetzt, aber nach seiner Wortbedeutung gewürdigt s. Bd I, 20); μάννα 6, 31. 49; Σιλωάμ 9, 7 (Bd I, 21); Θωμᾶς 11, 16; 20, 24; ὡσαννά 12, 13 (Bd I, 14); Γαββαϑᾶ 19, 13 (Bd I, 20 f.); Γολγοϑᾶ 19, 17. Dazu noch die Auflösung des Namens Iskarioth oben A 11. Über σάββατον, πάσχα s. oben S. 545.

14. Für die hebräische Herkunft des Jo sind nächst den hebr. und aram. Wörtern (A 13) weniger einzelne Hebraïsmen wie ἐκ τῶν Φαρισαίων = Φαρισαῖοί τινες (oben S. 517) und Redensarten wie ἔρχου καὶ ἴδε 1, 46 cf 39 (= הֹא אָב); ἀπῆλϑον εἰς τὰ ὀπίσω 6, 66; ἐξουσίαν πάσης σαρκός 17, 2; ὁ υἱὸς τῆς ἀπωλείας 17, 12, als der stilistische Gesamtcharakter beweisend, welcher freilich noch einer besonderen Untersuchung bedürfte. Zu 'Periodenbildung macht Jo kaum einen Versuch, oder er misrät ihm z. B. 6, 22—24. In bezug auf καί ist bemerkenswert der häufige Gebrauch bei adversativem Gedankenverhältnis 1, 10; 3, 19; 6, 70; 8, 20. 49; 10, 25; 17, 11; ferner der Gebrauch mit Imperativ oder Futurum zum Ausdruck der Folge 1, 39. 46 (trotz Anlehnung an eine hebr. Phrase, welche kein „und" hat); 7, 52; 14, 1; 15, 7. In der Weiterführung der Erzählung wird es reichlich durch δέ ersetzt, aber auch durch einen übermäßigen Gebrauch von οὖν und durch Unterlassung jeder Verbindungspartikel z. B. 1, 40. 41. 42 (zweimal). 43. 45. 46 b. 47. 48. 49. 50, besonders häufig im Gespräch durch asyndetisches λέγει αὐτῷ (oben S. 310 A 7 über Mt). Es ist, als ob ein Jude schriebe, dem man gesagt hat: du mußt nicht immer „und" sagen. Der Rhythmus der Sprache, welcher den Leser feierlich stimmt, hat doch zur Kehrseite eine auf sprachlicher Armut beruhende Eintönigkeit.

15. Cf Franke, Das AT bei Jo, 1885, S. 255—316. Die durchgängige Freiheit der Citation (z. B. 2, 17 καταφάγεται statt κατέφαγε, 12, 15 μὴ φοβοῦ der Situation entsprechende Abweichungen) erschwert die Bestimmung des Verhältnisses zum Urtext und zur LXX. In dem Citat 1, 23 aus Jes 40, 3 entspricht εὐϑύνατε dem εὐϑείας ποιεῖτε

(LXX und Syn.) in dem zweiten, von Jo nicht mitangeführten Versglied, ist aber eine von LXX unabhängige genauere Übersetzung von ישׂרו. Wenn 1, 29 auf Jes 53, 4 fußte, was aber sehr anfechtbar ist, würde αἴρων eine neue Übersetzung von נשׂא sein. Das Citat 6, 45 aus Jes 54, 13 konnte einer nach dem Urtext sehr leicht, nach LXX schwerlich zu einem selbständigen Satz gestalten. Das abgekürzte Citat 12, 15 aus Sach 9, 9 enthält kein Wort, welches Abhängigkeit von LXX bewiese, und dagegen ist πῶλον ὄνον eine ebenso von Mt 21, 5 (oben S. 318 nr. 29) wie von LXX unabhängige Übersetzung des Hebr. Das Citat 13, 18 aus Ps 41, 10 hat mit LXX nicht die geringste Ähnlichkeit und ist, zumal wenn man nicht mit א A D cf Mt 26, 23; Mr 14, 20 μετ᾽ ἐμοῦ, sondern mit B C.L μου liest, eine genaue Übersetzung des Hebr. Ebenso das Citat 19, 37 aus Sach 12, 10, wo LXX ἐπιβλέψονται πρὸς μὲ ἀνθ᾽ ὧν κατωρχήσαντο (diejenigen Hss der LXX z. B. Cryptoferr. rescr. und andere bei Field, Hexapla II, 1026, welche teils vor, teils hinter ἀνθ᾽ ὧν κατ. außerdem noch εἰς ὃν ἐξεκέντησαν haben, sind natürlich aus Jo 19, 37 interpolirt). Erst die späteren griech. Versionen, welche sämtlich ἐπιβλέψονται πρὸς μέ beibehalten zu haben scheinen (von Theodotion ist es bezeugt), haben gebessert: Aqu. σὺν ᾧ ἐξεκέντησαν, Theod. εἰς ὃν ἐξεκ., Symm. ἔμπροσθεν ἐπεξεκέντησαν. Dazu cf Ap 1, 7 οἵτινες αὐτὸν ἐξεκέντησαν, Barn. 7, 9 ὄψονται αὐτόν . . . κατακεντήσαντες, Just. dial. 32 ἐπιγνώσεσθε εἰς ὃν ἐξεκεντήσατε. Angesichts dieser Vorlagen ist die Vermutung, daß Jo in Ev und Ap von irgend welcher unbekannten griech. Version abhänge, welche die charakteristischen Formen ὄψονται (so nur Jo und Barn.) und εἰς ὃν ἐξεκέντησαν (so Jo, Just., Theod., nur teilweise Aqu.) bereits enthalten hätte, nur ein Zeugnis dafür, daß man nicht sehen will, was man doch mit Händen greifen muß, daß Jo in Ev und Ap Sach 12, 10 aus eigener Kenntnis des Urtextes citirt, und daß Barn. und Just. von Jo abhängen.

16. Wenn 18, 36 Jesus einmal zu dem Römer von den Juden spricht, die ihn von sich ausgestoßen haben (cf AG 25, 10; 26, 2. 4), so ist das weniger befremdlich, als daß er auch 18, 20 vor dem Hohenpriester sagt „alle Juden" statt „unser ganzes Volk". Doch möchte ich auch dies nicht für geschichtlich unmöglich halten, nachdem man ihn einen Samariter gescholten (8, 48), ihm Absichten auf die Hellenen zugeschrieben (7, 35) und mit Hilfe der heidnischen Kohorte ihn verhaftet hatte (18, 12). Lc läßt die Presbyter von Jerusalem zu dem Juden Pl ebenso reden AG 21, 21.

17. Johanneisch klingen Mt 11, 25—30 = Lc 10, 21f.; Mt 12, 12 (Mr 3, 4; Lc 6, 9 cf Jo 10, 32 ἔργα καλά); Mt 15, 13; 17, 26 (Jo 8, 35f.); 18, 3 (Jo 3, 3—5); 18, 7 (τῷ κόσμῳ); 18, 14 (Jo 6, 38f.); 19, 11; 26, 38ff. (Mr 14, 34ff. cf Jo 12, 27; 5, 30; 6, 38); 28, 18 (Jo 5, 27; 17, 2).

18. Gegenüber dem Urteil, daß Jo manchmal mit verschwimmender Grenze die Rede Jesu in eigene theologische Expektoration übergehen lasse, ist zu bemerken, daß das Gegenteil nachzuweisen ist. Jo 3, 19—21 ist ein trefflicher Schluß der Ansprache an den noch lichtscheuen Nikodemus (3, 2; 19, 39 νυκτός). Jo 5, 42 blickt Ort (Bethesda) und Art der Handlung, von welcher die Rede ausging, wieder durch (Bd I, 20 A 15). Es findet sich keine Rede, von der es schwierig wäre vorzustellen, woher Jo Kenntnis davon erlangt habe. Hat die von Jo geschilderte stufenmäßige Annäherung des Nikodemus ohne Frage durch dessen Aufnahme in die Gemeinde ihren Abschluß gefunden so kann Jo durch diesen erfahren haben, was er 3, 1—21; 7, 45—52; 11, 47—50 berichtet. Die Samariterin wird mehr als einmal den Inhalt von 4, 7—26 erzählt haben und Jo hatte schon damals (4, 40) und später (AG 8, 25) Gelegenheit genug, es an Ort und Stelle erzählen zu hören.

§ 70. Der erste Brief des Johannes.

Während die beiden kleinen Schriftstücke, welche unter dem Namen des
Jo überliefert sind, obwohl der Vf sich nur den Presbyter nennt, nach Form
und Inhalt das Gepräge echter Briefe tragen, fehlt ·der größeren Schrift, die
wir den 1 Jo zu nennen pflegen, sogut wie Alles, was das Wesen eines Briefs
ausmacht. Es fehlt ihm nicht nur die Grußüberschrift, wie dem Hb, sondern
auch im weiteren Verlauf und zumal am Schluß alles das, was den Hb dennoch
als ein Sendschreiben kenntlich macht. In dieser Beziehung vergleicht er sich
eher dem Jk, welcher andrerseits durch seine Grußüberschrift als ein Sendschreiben sich einführt. Daß der 1 Jo nicht durch Zufall oder Absicht die
Briefform verloren hat, verbürgt wie beim Hb, soweit man von diesem wegen
seines Anfangs das Gleiche zu vermuten Anlaß hätte, die Natur des Eingangs
(1, 1—4). Auch hinter einer etwa verloren gegangenen Grußüberschrift könnte
ein Brief nicht mit solchen Sätzen beginnen (oben S. 123). Andrerseits stellt
die Schrift auch nicht eine vorher oder nachher aufgezeichnete Rede dar; denn
der hier Redende bezeichnet überall die Schrift als die Form seiner Mitteilung,
abgesehen von v. 4 von 2, 1 an 12 mal. Nur einmal läßt er, wie Pl so manchmal, ein λέγω dafür eintreten 5, 16. Der 1 Jo ist also wie der Jk, nur ohne
die Form eines Hirtenbriefs, welche diesem eigen ist, eine schriftliche Ansprache
an einen Kreis, wenn nicht ausnahmslos, dann doch überwiegend räumlich vom
Vf getrennter Christen. Da ferner wie im Jk und noch mehr wie in diesem
jede Rücksicht auf besondere persönliche und örtlich bedingte Verhältnisse des
Vf und der Leser fehlt, so kann nicht bezweifelt werden, daß es ein größerer
Kreis von Gemeinden, die Christenheit einer Landschaft oder Provinz ist, die
hier angeredet wird. Die Warnung vor den Götzen 5, 21 zeigt, daß diese Gemeinden auf dem Boden des Heidentums gewachsen waren. Dürften wir der
Überlieferung und dem nächsten Eindruck der Vergleichung des 1 Jo mit dem
Joev trauen, wonach beide Schriften den Apostel Jo zum Vf haben, so wäre
schon hier zu behaupten, Jo wende sich mit dieser Ansprache an die Gemeinden
der Provinz Asien. Der Vf, welcher es nicht nötig findet, sich persönlich bei
den Lesern einzuführen — denn 1, 1—4, wo er nicht von sich allein redet, ist
kein Ersatz dafür — besitzt die Auktorität eines Vaters in dem ganzen Kreis
seiner Leser. Während er den Brudernamen häufig genug gebraucht, verwendet
er ihn nur einmal 3, 13 als Anrede der Leser. Dagegen redet er diese 7 mal
als τεκνία, 2 mal als παιδία an, womit auch wegen der häufigen Verbindung
von ἀγαπητός mit υἱός oder τέκνον das 6 malige ἀγαπητοί fast gleichbedeutend
ist (A 1). Trotz der zweimaligen Unterscheidung von Alt und Jung in ihrem
Kreise ermahnt er sie alle wie ein Vater seine Kinder. Nur einem Greis ziemt
solche Rede. Dies erscheint um so gewisser, wenn man bemerkt, daß sich dieses
väterliche Verhältnis nicht etwa darauf gründet, daß der Vf der glaubenstiftende

Missionar der Leser wäre (cf 1 Kr 4, 14—17; 1 Tm 1, 2. 18; 2 Tm 2, 1; 1 Pt 5, 13). Wiederholt und nachdrücklich bezeugt er, daß er ihnen nichts Neues an Lehre und Mahnung zu bieten habe, sondern nur das, was sie von Anfang an gehört und in sich aufgenommen haben (2, 7. 18. 20 f. 24. 27; 3, 11). An allen diesen Stellen aber fehlt jede Andeutung davon, daß der Vf an dieser anfänglichen Verkündigung und der grundlegenden Belehrung der Leser persönlich beteiligt gewesen sei, cf dagegen 2 Pt 1, 16; 1 Kr 15, 1; Gl 1, 8 f. Wenn Jo gleichwohl mit väterlicher Auktorität den Lesern gegenübertritt, so muß er seit geraumer Zeit im Kreise dieser nicht von ihm gestifteten Gemeinden als Lehrer und Leiter tätig gewesen sein. Aber nicht von ihm allein gilt dies. Da er sich, wo er von sich als Vf dieser Schrift redet, beharrlich des Ich bedient, so ist klar, daß das Wir, wo es nicht im Namen der ganzen Christenheit gebraucht ist (1, 6—10; 3, 1 f. 14—16), mit dem Vf eine Mehrheit von Personen zusammenfaßt, welche im Unterschied von den Lesern an der Stellung des Vf irgendwie teilhaben. So 1, 1—5 und 4, 6. 14. 16. Was ihm mit jenen Anderen gemein ist, ist zunächst dies, daß sie den von Gott als Retter der Welt gesandten Sohn Gottes, das von uran existirende, in dieser geschichtlichen Person aber offenbargewordene Leben, das persönliche Wort des Lebens (oben S. 549 A 6) in allen seinen Äußerungen mit hörenden Ohren, sehenden Augen und tastenden Händen wahrgenommen haben (1, 1. 3. 5; 4, 14). Der Vf rechnet sich in Worten, welche an Jo 1, 1. 14—16; 6, 68 f. erinnern müssen, zu den persönlichen Jüngern Jesu. Damit ist aber auch der Beruf gegeben, das Geschaute, Gehörte und überhaupt mit allen Sinnen Erlebte Anderen zu verkündigen und zu bezeugen, welche solchen Vorzugs entbehren (1, 2; 4, 6. 14 cf Jo 15, 27). Wenn diese Verkündigung 1, 2 f. 5 als eine an den Leser gerichtete bezeichnet wird, so erinnert uns doch schon der Mangel eines ὑμῖν 4, 14 an das Selbstverständliche, daß der Beruf der Jünger Jesu, die von ihnen erlebte Offenbarung des ewigen Lebens in Jesus Anderen zu bezeugen, sich nicht auf den Leserkreis des 1 Jo beschränkt. Dazu kommt, daß 1, 3 sehr nachdrücklich gesagt wird, daß Jo und die, welche er mit sich zusammenfaßt, auch den angeredeten Lesern (καὶ ὑμῖν) das von ihnen Geschaute und Gehörte verkündigen (A 2). Also auch anderen Leuten verkündigen sie dasselbe oder haben sie dasselbe verkündigt. Der Zweck der Verkündigung ist, daß die Hörer mit den Verkündigern in einer Gemeinschaft stehen, die zugleich Gemeinschaft mit dem Vater und mit Jesus Christus ist. Indem aber dieser Zweck in seiner Abzielung auf die angeredeten Leser durch ἵνα καὶ ὑμεῖς κοινωνίαν ἔχητε μεθ᾽ ἡμῶν ausgedrückt wird, ist wiederum gesagt, daß Jo und die anderen Jünger, mit welchen er sich hier zusammenfaßt, früher bereits anderen Menschen außerhalb des Leserkreises mit dem gleichen Zweck und Erfolg verkündigt haben, was sie im Umgang mit Jesus erfahren haben. Jo redet also hier im Namen mehrerer Jünger Jesu, die früher an anderen Orten und in anderen Kreisen, jetzt im Kreise der Gemeinden, an welche der 1 Jo gerichtet ist, ihrem Zeugenberuf nachgehen. Befragen wir die

Geschichte, so meldet sie uns, daß etwa vom J. 68 an außer Jo noch mehrere andere Jünger Jesu, die früher in Palästina gewirkt hatten, in der Provinz Asien sich niedergelassen haben. Mit Sicherheit können wir die Namen Aristion und Philippus nennen. Es fehlt aber nicht an Anhalt für die Annahme, daß noch andere Männer des 'Apostelkreises im engeren oder weiteren Sinn länger oder kürzer dort sich aufgehalten haben (A 3). Von sich und diesen seinen Genossen sagt Jo schließlich noch: „und diese Dinge (die wir euch wie Anderen verkündigt haben und verkündigen) schreiben wir, damit unsere Freude eine vollendete sei". Es sollte sich von selbst verstehen, daß sich dies ebensowenig auf den hiemit eingeleiteten Brief, als auf das 4. Ev, d. h. auf eine dieser beiden Schriften für sich bezieht. Auf den Brief nicht; denn e r s t e n s redet Jo, wie bemerkt, von sich als Vf dieses Briefs stets nur in der Einzahl. Die anderen Jünger, die gleichfalls in Asien leben und predigen, haben an diesem Brief nicht den geringsten Anteil. Er ist eine Ansprache des einen Jo, der zu diesem Leserkreis eine ganz einzigartige väterliche Stellung einnimmt. Ob es sein Alter oder seine apostolische Würde oder beides ist, was ihn über die anderen Jünger in Asien emporhebt, können wir dem Brief nicht entnehmen, wohl aber, daß er seine eigenartige Stellung im Leserkreis nicht mit den 1, 1—5; 4, 6. 14. 16 erwähnten Genossen teilt. Z w e i t e n s fehlt v. 4 nach dem echten Text (A 2) jede Beziehung der schriftstellerischen Tätigkeit auf die Leser, welche gerade an der ersten Stelle, wo der Vf direkt auf seine Abfassung des Briefes reflektirt hätte, unmöglich fehlen konnte. Nicht von Befriedigung eines Bedürfnisses der Leser sagt v. 4 (cf dagegen 2, 1; 5, 13), sondern von der Freude und Befriedigung, welche es den Autopten gewährt, das, was sie mündlich verkündigt, auch schriftlich darzustellen. Auf die Abfassung des 4. Ev für sich kann sich das ebensowenig beziehen; dies vertrüge sich weder mit dem Tempus, noch mit dem Plural von $\gamma\varrho\acute{\alpha}\varphi o\mu\varepsilon\nu$ (cf dagegen Jo 19, 35; 21, 24 oben S. 490). Es ist vielmehr eine zeitlose Aussage, welche alles das umfaßt, was von schriftstellerischen Arbeiten der Autopten entstanden war und zu entstehen im Begriff war. Selbstverständlich also bezieht sich diese allgemeine Aussage unter anderem auch auf die hiemit eingeleitete Schrift. Jo drückt damit die Stimmung aus, in welcher er diesmal zur Feder greift, statt, wie sonst vielfach, nur mündlich den Lesern vom „Wort des Lebens" Zeugnis zu geben. Ihm selbst macht es Freude, auch in solcher schriftlichen Form seinen Beruf zu erfüllen. Ob er sich dieser Form vorher schon mehrfach bedient hat, sei es in Briefen an die Leser (A 4) oder an Andere oder auch durch Abfassung eines Ev, läßt sich den Worten um so weniger entnehmen, als sie ja nicht von dem Schreiben des Jo allein handeln. Hatte er damals das 4. Ev, auf welches die Angabe des Objektes von $\gamma\varrho\acute{\alpha}\varphi\varepsilon\iota\nu$ noch besser, als auf den 1 Jo zu passen scheint, bereits geschrieben, oder war er mit dessen Abfassung beschäftigt, so hat er dies auch mit im Sinn gehabt. Dies könnte sogar der Fall sein, wenn nur erst der Gedanke, ein Ev zu schreiben, ihn beschäftigte. Wir wissen es nicht. Was aber die Anderen anlangt, die gleich ihm nicht nur zeugen, sondern auch schreiben, so enthält v. 4, welcher keine Beziehung des $\gamma\varrho\alpha\varphi\epsilon\iota\nu$ auf den Leserkreis ausdrückt, eben darum auch keine Nötigung, gerade an die Jünger in Asien zu denken, und die Zeitlosigkeit des $\gamma\varrho\alpha\varphi o\mu\epsilon\nu$ gibt keinen Anlaß, lediglich an einige neuerdings entstandene oder im Entstehen begriffene Schriften zu denken. Von der auf uns gekommenen Literatur sind ausgeschlossen die Briefe des Pl, der kein Autopt war, sowie der des Jk, welcher nichts von dem hier angegebenen Objekt des $\gamma\varrho\alpha\varphi\epsilon\iota\nu$ enthält. Dagegen haben wir uns zu erinnern, daß Pt, dieser Zeuge der Leiden und der Verherrlichung Jesu (1 Pt 5, 1; 2 Pt 1, 16—18), gegen Ende seines Lebens es als seine Pflicht erkannt hat, durch Schriften mannigfaltiger Art sein mündliches Zeugnis zu ergänzen und ihm eine dauernde Form zu geben. Ein Brief desselben ist uns nicht erhalten; von einer weiteren literarischen Absicht des Pt wissen wir nicht, ob sie zur Ausführung gelangt ist (oben S. 46 f.). Ähnliches erfahren wir aus dem nach dem J. 70 geschriebenen Ju (oben S. 75 f.). Schon vor diesem Jahre hatten der Apostel Mt und Mr, der Schüler des Pt, ihre Evv geschrieben, und beide Bücher waren zu der Zeit, da Jo in Ephesus lebte, in den Gemeinden der Provinz bekannt geworden (oben S. 210. 254 ff.). Die nahe Beziehung des Mrev zu Pt, welche Jo mit seinen Schülern besprochen hat, gestattet, auch an dieses Ev mitzudenken, obwohl Mr selbt nur in sehr beschränktem Sinn ein Autopt gewesen war. Kurz, es ist die seit den 60iger Jahren im Entstehen begriffene, aber noch nicht abgeschlossene, direkt und indirekt von Autopten der ev Geschichte hervorgebrachte christliche Literatur, welche Jo mit seinem eigenen schriftlichen Zeugnis zusammenfaßt.

Jo will durch diese Ansprache die Leser insgesamt in dem Christentum, welches nicht er, sondern Andere vor ihm denselben gebracht haben, bestärken. Nicht damit sie glauben oder gläubiger wie bisher werden (cf Jo 19, 35; 20, 31), sondern damit sie sich des Besitzes ewigen Lebens, welches sie als die an den Namen des Sohnes Gottes Glaubenden besitzen, recht bewußt werden, will er geschrieben haben (5, 13 cf 1 Pt 5, 12). Sie haben Vergebung der Sünden und die Salbung mit hl. Geist empfangen (2, 12. 20. 27); sie haben den von Anfang an seienden Sohn Gottes erkannt und vermöge des allen Christen gemeinsamen Glaubens an diesen die Welt und den Argen, in dessen Gewalt die gegenwärtige vergängliche Welt noch liegt, besiegt (2, 12—14; 5, 4 f. 18 f.). Sie haben von Anfang an die volle Wahrheit gehört, die es nur festzuhalten gilt (2, 7. 24. 27; 3, 11). Auch in bezug auf die Weissagung vom Ende brauchen sie nur an das früher Gehörte erinnert zu werden (2, 18), und sie besitzen sämtlich die Wahrheit nicht erst in einer jungen Gegenwart vermöge der Salbung (2, 20 f. 27), sondern sie besaßen sie von jeher (2, 7 $\epsilon\ddot{\iota}\chi\epsilon\tau\epsilon$, nicht $\ddot{\epsilon}\chi\epsilon\tau\epsilon$), also schon ehe Jo in Beziehung zu ihnen trat. Die alte Wahrheit aber will immer wieder verkündigt, ans Herz gelegt und in ihre Konsequenzen verfolgt sein und zwar in zwiefacher Richtung, in bezug auf die Sittlichkeit und in bezug auf die Würdigung der Person des Sohnes Gottes. Bei oberflächlicher Übersicht gewinnt man den

Eindruck, daß 1, 5—2, 17 sich in ersterer Richtung bewege, 2, 18—4, 6 wenigstens vorwiegend in der zweiten, und daß 4, 7—5, 12 oder auch —5, 21 beide Gedankengänge vereinigt seien. Aber die Scheidung ist nicht streng durchzuführen. Schon in den beiden ersten Abschnitten ist das Ethische mit dem Religiösen unlöslich verbunden. Die Forderungen des reinen Wandels im Lichte Gottes, wozu auch das Bekennen der Sünde gehört (1, 5—10), der Beobachtung der Gebote Jesu in der Nachfolge seines heiligen Wandels (2, 4—6 cf 3, 3), insbesondere der Bruderliebe (2, 7—11; 3, 11—18), sowie der Abkehr von der Weltlust (2, 15—17) sind überall aus den obersten Wahrheiten des Glaubens und der religiösen Erfahrung abgeleitet. Der eine und einzige Wille Gottes, dessen Erfüllung dem Menschen ewige Existenz verleiht, umfaßt beides: den Glauben an den Sohn Gottes und die Bruderliebe nach Maßgabe des Gebotes Jesu (3, 23 cf 2, 7 f. 17). Trotzdem ist unverkennbar, daß die ethischen Mahnungen anders veranlaßt sind, als die christologischen Aussagen. In dem ersten Abschnitt 1, 5—2, 17, worin als der sehr einfache Zweck der Erörterung das Nichtsündigen der Leser genannt wird (2, 1), erscheinen als Anlässe der Mahnungen nur die unleugbaren Tatsachen, daß auch die Christen noch Sünden an sich· haben, und daß sie noch in einer Welt leben, welche verführerisch auf die in ihr und im Fleisch Lebenden einwirkt (1, 8—10; 2, 1 b. 16). Auch in den weiteren Einschärfungen der sittlichen Anforderungen 3, 3 f. 9—18; 4, 7—21 stoßen wir überall nur auf solche Motive zur Sünde, die in der allgemeinen Verderbtheit und Schwäche der menschlichen Natur liegen, und nirgendwo auf eine theoretische Begründung der Unsittlichkeit, wie sie schon Pl und in noch viel entwickelterer Gestalt Pt und Ju zu bekämpfen hatten (oben S. 100 ff.). Die innerhalb der ethischen Erörterungen nur einmal ganz vereinzelt und an später Stelle auftretende Warnung vor Verleitung zum Irrtum (3, 7) weist allerdings darauf hin, daß es im Umkreis der Leser Leute gab, welche redeten, als· ob man gerecht sein könne, ohne die Gerechtigkeit auszuüben und ohne die Sünde zu meiden. In Rücksicht auf Solche wird 2, 29—3, 12 der Gegensatz zwischen der Gerechtigkeit, welche von dem gerechten Jesus anhebt und in der zukünftigen Vollendung der Gotteskinder zur Gleichheit mit dem Sohne Gottes ihr Ziel findet, und der Sünde, welche Auflehnung gegen Gottes Gesetz ist und zum Kind des Teufels macht, als ein unversöhnlicher, durch die Geschichte der Menschheit von Kain und Abel an hindurchgehender Gegensatz beschrieben. Vielleicht darf man die gleichfalls vereinzelte, überaus kurze, aber durch ihre Stellung am Schluß auch sehr wirksame Warnung 5, 21 hieher ziehen. Sie kann, da sie an die hier wieder zärtlich angeredeten und im ganzen Brief in sehr günstigem Lichte sich darstellenden Leser gerichtet ist, nicht den Sinn haben, daß sie nicht zum förmlichen Götzendienst abfallen, sondern daß sie die gefährliche Annäherung an den heidnischen Kultus meiden sollen, gegen welche das Aposteldekret gerichtet war (AG 15, 20. 29; 21, 25 φυλάσσεσθαι), und wovor Pl so dringend gewarnt hatte (1 Kr 8—10, besonders 10, 14 Bd I 210

A 2). Es fehlt den in einem Lande von hoher Kultur (2, 16) und blühendem Kultus (5, 21) lebenden Lesern nicht an Verlockungen, und es fehlt nicht an Heidenchristen, welche es mit der Pflicht, sich von dieser Welt unbefleckt zu erhalten, leicht nehmen. Aber von einer libertinistischen Theorie fehlt doch jede Spur. Es fehlt auch jede Andeutung eines Zusammenhangs zwischen den Erscheinungen, durch welche Jo zu seinen ethischen Ausführungen sich veranlaßt sah, und denjenigen Erscheinungen, die ihn zu sehr bestimmten positiven und negativen Aussagen über die Person Jesu veranlaßten. Der erste hierher zielende Abschnitt 2, 18 ff. hat an 2, 26 seinen förmlichen Abschluß und an 2, 27 f. eine *peroratio*, wodurch der ethische Abschnitt 2, 29—3, 18 ebenso von der ersten Warnung vor den Irrlehrern in 2, 18—26 wie durch 3, 18—24 von der zweiten Warnung vor denselben Irrlehrern getrennt ist. — Mit diesen beiden gegen die gleiche Verzerrung des Bildes von Christus gerichteten Stücken und den eben dadurch veranlaßten eigentümlichen Aussagen des 1 Jo über Christus dürfen wir sofort die offenbar anklingenden Stellen des 2 Jo verbinden.

Es sind viele irreführende Lehrer aufgetreten, welche die Leser zu ihrer Lehre zu verleiten suchen (2, 26; 2 Jo 7). Sie sind aus der Christenheit hervorgegangen, nicht gerade aus dem Leserkreis, was ausgedrückt sein würde (2, 19). Nach dem Urteil des Jo jedoch haben sie von jeher, auch ehe sie mit ihrer Sonderlehre hervortraten, der Christenheit nicht innerlich angehört. Sie gelten ihm also, wie dem Pl die pharisäischen Judenchristen, als ψευδάδελφοι von Haus aus (Gl 2, 4; 2 Kr 11, 26), als Leute, welche bei ihrem Eintritt in die Gemeinde nicht gründlich und ehrlich mit den aus ihrem früheren Religionsstand herrührenden Gedanken und Bestrebungen gebrochen haben. Das ist offenbar geworden, da sie mit ihrer Sonderlehre von Christus hervortraten; und zwar so völlig ist das offenbar geworden, daß ihres Bleibens in der Gemeinde nicht länger war. Sie sind aus derselben ausgeschieden (2, 19) und zwar unfreiwillig; die asiatischen Gemeinden haben sie überwunden (4, 4). Sie selbst aber versuchen trotzdem, auf diese Gemeinden verführerisch zu wirken und als christliche Brüder Freundschaft und gastliche Aufnahme in den Häusern der Gemeindeglieder in Anspruch zu nehmen. Daher fordert Jo, daß ihnen Gruß und Herberge versagt werde (2 Jo 10 f.). Ihr Auftreten gilt ihm als ein Vorzeichen des nahenden Endes; denn sie erscheinen ihm als Vorläufer des Antichrists, welchen die christliche Prophetie auf Grund der Weissagung Jesu in Aussicht gestellt hatte, und in diesem Sinne sind sie selbst Antichristen (A 5). Wenn sie auch Pseudopropheten, nämlich vom Geist des Antichrists inspirirte Lehrer und selbst Geister genannt werden, die geprüft sein wollen (4, 1—3), so führt doch nichts darauf, daß sie gewisser für den Propheten charakteristischer Vortragsformen sich bedienen und etwa auf Visionen oder spezielle Offenbarungen sich berufen. Es reicht für diese nur einmal vorkommende Bezeichnung aus, daß sie mit dem Anschein einer von Gott herrührenden Begeisterung ihre pseudochristliche Lehre verkündigen. Wenn als die Grundlüge, welche sie vertreten, die Leugnung des Satzes, daß Jesus der Christ sei, genannt, und diese als eine Leugnung des Sohnes bezeichnet wird (2, 22 f.; 5, 1. 5), so könnte das an sich jedem Juden oder Heiden nachgesagt werden, der das Grundbekenntnis der Christenheit (Jo 1, 41—49; 6, 69; 20, 31) ablehnt. Da es sich aber um Leute handelt, welche der christlichen Gemeinde nicht nur angehört haben, sondern immer noch für Christen gelten wollen, so können sie nicht in jedem Sinne die Identität der Person Jesu mit der Idee des Christus geleugnet haben, wie denn auch ihre Benennung als Antichristi und vom Geist des Antichrists beseelte falsche Propheten unpassend wäre, wenn sie vom Bekenntnis des Christenglaubens zu einfacher Verneinung und Bestreitung desselben abgefallen wären. Ihre Lehre ist vielmehr ein in Formen des Christenglaubens gekleidetes Zerrbild desselben. Was sie leugnen, ist, daß Jesus Christus im Fleisch gekommen sei (4, 2; 2 Jo 7), und sie leugnen nicht die Idee des Christs, auch nicht die Tatsache, daß der Verheißene gekommen sei, sondern sie leugnen Jesum, oder nach der wahrscheinlich ursprünglichen LA, sie lösen die geschichtliche Person Jesu auf (A 6). Sie leugnen, daß der Mensch Jesus der Sohn Gottes sei (5, 5). Ihnen gegenüber wird daher bezeugt, daß dieser Mensch der Geschichte, der durch Wasser und Blut hindurchgegangen ist, d. h. welcher sich nicht nur hat taufen lassen, sondern auch sterbend sein Blut vergossen hat, also der Jesus der ev Geschichte und der Christus des kirchlichen Bekenntnisses der Sohn Gottes sei (A 7). Zu dem Zeugnis, welches in der Wassertaufe und im blutigen Tode Jesu liegt, kommt noch hinzu das Zeugnis des Geistes, wir dürfen sagen, desjenigen Geistes, welcher vor Jesus in den Propheten mit Einschluß des Täufers von Jesus als dem Christ und Gottessohn gezeugt hat, welcher sodann bei der Taufe Jesu über diesen gekommen ist, und von ihm als dem Geisttäufer auf seine Gemeinde übergegangen ist. Das Zeugnis des Geistes, des Wassers und des Blutes ist ein dreifaches und doch einiges Zeugnis Gottes dafür, daß er in Jesus der Welt seinen Sohn gesandt und in ihm das Leben geschenkt hat (5, 7—12). Was hier bestritten wird, ist nicht mit dem einen Wort Doketismus richtig zu bezeichnen. Nicht die Realität der menschlichen Person und der menschlichen Erlebnisse Jesu wurde geleugnet, sondern die volle Identität dieses Jesus mit dem Christ und dem Sohne Gottes. Auf die Taufe Jesu wurde sogar ein übermäßiges Gewicht gelegt, die Bedeutung des Todes Jesu dagegen herabgesetzt. Dies ist kaum anders vorzustellen, als daß die Irrlehrer sagten, an der Taufe Jesu sei allerdings der Christ und der Sohn Gottes beteiligt gewesen, sofern er sich bei derselben und durch dieselbe mit Jesus vereinigt habe, an dem Kreuzestod dagegen sei er nicht beteiligt, sofern er vor demselben sich wieder von Jesus getrennt habe. Doketisch im weiteren Sinne war diese Lehre allerdings, und ihr gegenüber war es durchaus angebracht, daß Jo bezeugt, der von Jesu untrennbare Christ sei im Fleisch gekommen (4, 2; 2 Jo 7), daß er die Sühnkraft des Blutes nicht sowohl Jesu, als des Sohnes Gottes hervorhebt (1, 7), daß er in der nicht ohne Blutvergießen zu denkenden Sühnung der Sünden den wesentlichen Zweck der Sendung des Sohnes Gottes erkennen lehrt (4, 10; 2, 2) und daß er gleich im Eingang 1, 1—3 mit so unvergleichlicher Energie versichert, der sinnlich wahrnehmbare Mensch, mit dem er und seine Genossen so vertraulich haben verkehren dürfen, sei die Offenbarung des von uran beim Vater existirenden Lebens. Er sagt nicht und beweist nicht etwa durch Erinnerung an einzelne Vorgänge der ev Geschichte, daß Jesus ein sinnlich wahrnehmbarer, leibhaftiger, in allem Tun und Leiden menschlich sich darstellender Mensch gewesen sei, sondern unter der damals, zu Lebzeiten mancher Jünger Jesu, noch unbestreitbaren Voraussetzung, daß dem so sei, bezeugt er, daß dieser Mensch der als Retter der Welt gesandte Sohn Gottes (4, 14), die persönliche und leibhaftige Erscheinung des ewigen Lebens sei (1, 2). Von hier aus wird nun auch die polemische und apologetische Haltung des 4. Ev verständlicher (oben S. 542 ff.), sowohl die krasse Identificirung der durch Jesus erfolgten Offenbarung mit dem leiblich lebenden Menschen, als die Betonung der Realität des von Jo selbst mitangeschauten Sterbens und Blutvergießens Jesu. Wenn die Irrlehrer auf die Taufe Jesu ein übermäßiges Gewicht legten, und wenn sie erst bei derselben den Christus und Gottessohn eine vorübergehende Personalunion mit Jesus eingehen ließen, so war ihnen der Mensch Jesus nicht specifisch verschieden von anderen Offenbarungsmittlern, und es ist wenigstens denkbar, daß ihnen der Täufer, durch dessen Vermittlung Gott Jesum erst zum Organ des Christ gemacht hatte, beinah ebenso hoch stand wie Jesus. Wie begreiflich wird es dann, daß das 4. Ev den Täufer in unverkennbar polemischer Absicht als den tief unter Jesus stehenden, demütigen Zeugen des kommenden und in Jesus erschienenen Sohnes Gottes schildert! Suchen wir in der Ketzergeschichte das Original der von Jo geschilderten und bestrittenen Irrlehre, so finden wir das Gesuchte in der Lehre Kerinths, des Zeitgenossen des Jo zu Ephesus, sowie man das echte Bild dieses Lehrers von den fremdartigen Zutaten säubert, wodurch die Unwissenheit der jüngeren Häreseologen es verunstaltet hat (A 8). Die Nachricht, daß Kerinth ägyptische Bildung genossen habe, hat nichts gegen sich. Ist er von dort nach Ephesus gekommen, wohin auch Apollos von Ägypten her gekommen war, so erhält die Vermutung, daß eine mit dem Schülerkreis des Täufers zusammenhängende, anfangs noch außerkirchliche Richtung zwar äußerlich in die Kirche der Provinz Asien aufgenommen wurde, aber ihre Sondermeinungen nicht gründlich aufgab, an dieser Parallele eine neue Stütze (oben S. 544). Es stimmt auch dies dazu, daß die Irrlehrer des 1 Jo zwar wohl aus der Christenheit, aber nicht aus der asiatischen Kirche hervorgegangen sind (2, 19 oben S. 572), so daß die Weissagung in AG 20, 29, nicht die in AG 20, 30, in ihrem Auftreten sich erfüllt hat.

Nach alle dem kann die Antwort auf die Frage nach der Entstehung des 1 Jo nicht zweifelhaft sein. Die einstimmige Überlieferung, welche dem Vf des 4. Ev auch diese Schrift zuschreibt, wird bestätigt durch eine Verwandtschaft des Gedankens, des Wortschatzes und des Stils zwischen beiden Schriften, wie sie schwerlich je zwischen einer historischen und einer didaktischen Schrift desselben Vf, geschweige denn verschiedener Vf sich wird nachweisen lassen (A 9). Wenn man ohne Berücksichtigung der verschiedenartigen Aufgabe, welche Jo hier und dort zu lösen hatte, aus gewissen Unterschieden geschlossen hat, daß beide Schriften nur aus der gleichen Schule hervorgegangen seien, so heißt das, diese Schriften als unpersönliche Kunstwerke oder als Schülerexercitien behandeln. Im 1 Jo redet nicht eine Schule und auch nicht das einzelne Mitglied einer solchen zu dem leselustigen Publikum, sondern, wie gezeigt wurde, ein Lehrer von unanfechtbarer Auktorität zu einem größeren Kreise heidenchristlicher Gemeinden außerhalb Palästinas. Hier redet ein persönlicher Jünger Jesu, welcher früher in anderen Gebieten als christlicher Lehrer tätig war, seit längerer Zeit aber in diesem neuen Wirkungskreis die Stellung eines geistlichen Vaters gewonnen hat. Er teilt diesen Lebensgang mit mehreren Anderen, überragt dieselben aber so erheblich, daß er es nicht einmal nötig findet, sich mit Namen zu nennen. Solche Verhältnisse haben unseres Wissens nur in der Provinz Asien in der Zeit von etwa 68—100 bestanden: dort finden wir auch um dieselbe Zeit die Irrlehre, die der 1 Jo bestreitet (A 10). Auch hier gilt ferner, daß eine von Haus aus anonyme Schrift nicht pseudonym genannt werden kann. Die Absicht, für den Apostel Jo zu gelten, ohne es zu sein, kann der Vf nicht gehabt haben, da er die für solche Zwecke üblichen und unerläßlichen Mittel nicht anwendet. Also ist er der, als welchen ihn diese Schrift erkennen läßt, der Vf des 4. Ev, der Jo von Ephesus und der Apostel dieses Namens. Ob er den Brief früher oder später als das Ev geschrieben hat, wüßte ich nicht zu entscheiden. Ein direkter Hinweis auf das Ev hätte sehr nahegelegen, wenn es bereits geschrieben und der Gemeinde übergeben war. Früher als die Ap wird der Brief sicherlich geschrieben sein. Was wir aus diesem für den gleichen Gemeindekreis bestimmten Buch über die Lage der Kirche im Verhältnis zum Heidentum und zum Staat, über die inneren Zustände dei Gemeinden, über die Nikolaiten und Anderes mehr erfahren, könnte in einer so eingehenden Schrift, wie der 1 Jo, nicht ohne Spur geblieben sein. Andrerseits muß Jo schon Jahre lang in Asien gewirkt haben, um eine Ansprache dieses Tons an die dortigen Gemeinden richten zu können. Vor dem J. 80 kann der 1 Jo nicht wohl geschrieben sein.

1. Nur 3, 13, nicht 2, 7 ist ἀδελφοί echt. Anrede sämtlicher Leser ist τεκνία mit oder ohne μοῦ jedenfalls 2, 1. 28; 3, 7. 18; 4, 4; 5, 21, dann aber auch 2, 12. Daß es hier nicht die im Kindesalter stehenden Christen im Gegensatz zu den bejahrteren Gemeindegliedern bezeichnet, folgt überdies daraus, daß die Reihenfolge „Kinder, alte Männer, junge Männer" v. 12 f. unvernünftig wäre. Das Gleiche gilt auch von παιδία 2, 14 (al. v. 13ᵇ), welches 2, 18 zweifellos sämtliche Leser bezeichnet. Es werden demnach die abwechselnd als τεκνία 2, 12 und als παιδία 2, 14 angeredeten Leser (cf Jo 13, 33; 21, 5) zweimal in πατέρες und νεανίσκοι geteilt cf πρεσβύτεροι und νεώτεροι 1 Tm 5, 1 f.

2. An dem Text von 1, 1—4, wie ihn Tschd. und Westcott-Hort übereinstimmend bieten, ist nichts zu bessern. Für das καί vor ὑμῖν v. 3, welches die antioch. Recension

getilgt hat, zeugt auch Passio Perp. c. 1, ebenso für das überhaupt nicht ernstlich angefochtene zweite καί. Das doppelte καί darf nicht pleonastisch gefaßt werden; es würde
sonst auch v. 2 und 5 nicht fehlen; überdies drückt der Begriff von κοινωνία μεθ᾽ ἡμῶν
die Beziehung zwischen den Jüngern und dem Leserkreis schon so stark aus, daß das
trotzdem nötig befundene doppelte καί nur aus dem Gegensatz des Leserkreises zu
anderen christlichen Kreisen zu erklären ist cf Eph 6, 21; Bd I, 348 A 6. Die Änderungen des ursprünglichen Textes von v. 4 rühren zum größten Teil daher, daß man
meinte, dies auf die Abfassung des 4. Ev beziehen zu sollen. Daher ἐγράψαμεν schon in der
Petrusakten vorausgesetzt (oben S. 497), ferner C. Mur. 1. 31 und einige Hss der vg. Weiter
verbreitet ist das ὑμῖν statt ἡμεῖς (so auch schon Mur.) und ὑμῶν statt ἡμῶν. Zu den
besseren Bezeugung kommt die Unerfindlichkeit von ἡμεῖς und ἡμῶν. Da ὑμῖν unecht
ist, kann ἡμῶν auch nicht, wie 2 Jo 12, wenn es dort echt sein sollte, den Vf und seine
Genossen mit den Lesern zusammenfassen. Das an sich und durch seine Stellung auffällige ἡμεῖς (cf 4, 14. 16) lenkt wieder zu dem Kreis der Autopten zurück.

3. Über Jo und die anderen Jünger in Kleinasien oben S. 205 f. 216 f. 448. 457 f
In 1 Jo 1, 1—4 ist nicht von Aposteln, sondern von Jüngern Jesu die Rede. Es hindert
also nichts, an Aristion und andere μαθηταὶ τοῦ κυρίου zu denken. Auch Philippus von
Hierapolis ist nicht auszuschließen. Dieser Philippus, welcher durch seine gleichfalls
dort ansässigen, prophetisch begabten Töchter als der Evangelist charakterisirt ist, konnte
um so leichter mit dem gleichnamigen Apostel verwechselt werden, wie von Polykrates
um 195 geschieht (Eus. h. e. V, 24, 2), wenn er ein persönlicher Jünger Jesu gewesen
war, wogegen aus AG 6, 5; 8, 4—40; 21, 8 nichts zu entnehmen ist. Cf Forsch VI,
158—175. Unsicherer ist, ob auch Andreas vorübergehend in Kleinasien war. Über
diesen und Aristion Forsch VI, 217—224.

4. Das dreimalige ἔγραψα 2, 14 ist nicht das im Briefstil mit γράφω gleichbedeutende, denn für das eben jetzt vor sich gehende Schreiben finden wir 2, 1. 7. 8.
12 .13 γράφω. Es bezieht sich aber auch nicht auf einen früheren Brief; denn erstens
müßte dann v. 14 vor v. 12 f. stehen und der gegenwärtige Brief dem früheren durch
ein νῦν, ἄρτι, πάλιν (cf Gl 1, 9 im Gegensatz zu früheren mündlichen Aussagen) oder τὸ
δεύτερον (cf 2 Kr 13, 1 f.; 2 Pt 3, 1) entgegengesetzt sein. Zweitens ist der Gegenstand
des ἔγραψα wesentlich der gleiche wie der des γράφω v. 12 f. Es ist also ἔγραψα hier
wie 2, 21. 26; 5, 13 ein auf das unmittelbar Vorangehende zurückblickender Aorist cf 3
Jo 9. Jo liebt die Wiederholung, doch nicht ohne Variation. Pl drückt sich straffer
aus cf Phl 4, 4.

5. Wenn 1 Jo 2, 18 als ein den Lesern geläufiges Element der allgemeinen christlichen Lehre vorausgesetzt wird, daß ein Antichrist kommen wird, so ist das bereits
Bd I, 162 ff. als geschichtlich richtig nachgewiesen. Nur der Name ἀντίχριστος scheint
zur Zeit des 2 Th noch nicht üblich gewesen zu sein. Auch daß die Leser von einem
kommenden Geist des Antichrists gehört haben 4, 3. 6 ist nicht zu verwundern; denn
im vollen Glanz pseudoprophetischer Wunderkräfte sollte dieser auftreten 2 Th 2, 9 f
Wie Pl das μυστήριον des Widerchrists bereits in seiner Gegenwart wirksam sah, so Jo
den Geist desselben (4, 3 ἤδη cf 2 Th 2, 7). In jedem von diesem Geist inspirirten
Lehrer erblickt er eine vorläufige Verkörperung des zukünftigen Antichrists (2, 18. 22;
2 Jo 7). Das Verhältnis des Vorspiels zur vollen Ausführung ist ähnlich wie Jo 4,
21—23; 5, 25 gedacht. Es ist jenes nicht eine bloße Analogie von dieser, sondern ein
Anfang und Vorzeichen derselben. Daraus daß viele Antichristi auftreten, erkennt Jo,
daß „letzte Stunde ist“, natürlich nicht in dem allgemeinen Sinn, in dem mit der Erscheinung Christi der Anfang des Endes eingetreten ist (1 Pt 1, 20; 1 Kr 10, 11; Hb
1, 1), aber auch nicht in dem Sinn, daß „die letzte Stunde oder der letzte Tag“ gekommen sei (Jo 11, 24; 12, 48; Mt 24, 36); sondern der Gegenwart, die von bedeutsamen

Vorzeichen des nahen Endes erfüllt ist, kommt eben deshalb der endzeitliche Charakter zu Jk 5, 3. 5. 8.

6. An dem Text von 4, 3 ist viel herumkorrigirt worden, ein Beweis, daß ursprünglich ein auffälliger Ausdruck vorlag. Sicher ist zunächst, daß Ἰησοῦν ohne das vielfach zugesetzte Χριστόν (KL S¹ S³, sah. copt. vulg., einmal auch in freier Anwendung Tert. jej. 1) oder κύριον (ℵ) zu lesen ist. Übrigens stehen sich folgende LAen gegenüber: A) ὃ λύει Ἰησοῦν. So Iren. lat. III, 16, 8; nach dem Scholion der Athoshs z. St. (v. d. Goltz S. 48), ebenso im griech. Irenäus. Ebendort ist bezeugt, daß Clemens Al. in der Schrift über das Passa (Forsch III, 32) und Origenes im 8. τόμος seines Kommentars zum Rm so citirt haben. Dies wird bestätigt durch Orig. lat. in Matth. § 65 Delarue III, 883 cf tom. XVI, 8 in Matth. p. 727 οὐ λύω τὸν Ἰησοῦν ἀπὸ τοῦ Χριστοῦ (doch scheint Origenes nach Cramer Cat. V, 226 zu 1 Kr 12, 6 auch die LA B gekannt zu haben, die auch im Text der Athoshs sich findet). Ferner „alte Hss" nach Sokr. h. e. VII, 32, der sich zugleich auf alte Ausleger beruft. Dazu kommen Tertullian (Marc. V, 16 negantes Christum in carne venisse [nach 1 Jo 4, 2; 2 Jo 7] et solventes Jesum [nach 4, 3]; jej. 1 nec quod Jesum Christum solvant); Lucifer ed. Vindob. 262, 3; Priscillian p. 31, 3, Augustin, Vulg. (+ Christum) etc. B) ὃ μὴ ὁμολογεῖ τὸν Ἰησοῦν AB, mit zugesetztem Χριστόν sahid. copt. C) Die LA B mit dem Zusatz ἐν σαρκὶ ἐληλυθότα ℵKL S¹ S³. D) Die LA A mit dem beinah gleichen Zusatz bei Ticonius, lib. reg. ed. Burkitt p. 68, 1 qui solvit Jesum et negat in carne venisse. E) Ebenso vereinzelt Cypr. test. II, 8 im unmittelbarem Anschluß an 1 Jo 4, 2 als v. 3 nur: qui autem negat in carne venisse. Andere älteste Zeugnisse wie Polyc. 7, 1; Tert. carn. Chr. 24 gehen vielmehr auf 2 Jo 7 zurück, eine Stelle, welche Irenaeus, Priscillian u. a. neben 1 Jo 4, 3 citiren und Tert. Marc. V, 16 in freier Anspielung daneben berücksichtigt. Aus 2 Jo 7 und unter der Nachwirkung von 1 Jo 4, 2 sind offenbar die Texte CDE entstanden. · Aber auch B ist gewiß nichts anderes als eine „Verbesserung" des ursprünglichen A.

7. Über den äußerst verschieden gedeuteten Satz 5, 6ᵃ sei bemerkt: 1) Das rückweisende οὗτος kann nur das Prädikat ὁ υἱὸς τοῦ θεοῦ, nicht das Subjekt Ἰησοῦς v. 5 wieder aufnehmen, und ist selbst Prädikat; denn es wird sonst ὁ ἐλθών statt ἦλθεν und die nachträgliche Apposition Ἰησ. Χρ. unerträglich. Der Ausdruck ist nicht bequem, ähnliches aber bei Jo nicht selten (Jo 6, 50. 58 cf 33). Der Name „der Sohn Gottes" kommt demjenigen zu, der durch Wasser und Blut gegangen ist, nämlich Jesu Christo. 2) ὁ ἐλθών ist nicht = ὁ ἐρχόμενος, kann also jedenfalls nicht auf ein wiederholtes Kommen in den Sakramenten sich beziehen, aber auch nicht auf das Kommen in die Welt oder auf das öffentliche Auftreten; denn erstens konnte dann das Fleisch am wenigsten fehlen (cf 4, 2; 2 Jo 7), zweitens sind Wasser und Blut nicht als die Mittel zu denken, wodurch er sich den Weg in die Welt oder in die Öffentlichkeit gebahnt hat, auch nicht als ein begleitender Umstand jener beiden Handlungen (2 Kr 2, 4) oder gar als das, womit ausgerüstet oder bekleidet Jesus in dem einen oder anderen Sinn in die Welt gekommen wäre, was überdies ἐν statt διά erfordern würde. Es heißt vielmehr ἔρχεσθαι hier wie auch sonst (oben S. 308 A 4, auch Jo 4, 30; 6, 17; 21, 3) „gehen", also mit διά = διέρχεσθαι „hindurchgehen". Jesus hat die Bluttaufe wie die Wassertaufe über sich ergehen lassen (Mr 1, 9; 10, 38f.). Hierauf fußend konnte Jo weiter sagen, daß Jesus der Christ nicht „im Wasser allein, sondern im Wasser und im Blut" zu finden sei. Wer ihn im Wasser allein sucht und zu finden meint, „hat den Sohn nicht" und damit weder den Vater noch das Leben (5, 12; 2, 23). — In bezug auf das unechte Comma Joanneum von den drei himmlischen Zeugen hinter 1 Jo 5, 7 genügt es auf Tschd., Westc.-Hort app. 103, wegen der Literatur auch auf Scrivener Introd. II⁴, 401—407 zu verweisen. Doch fehlt dort überall noch das älteste sichere

und genauer zu datirende Citat bei Priscill. p. 6 und das vielleicht gleichzeitige in der Expositio fidei cathol. bei Caspari, Kirchenhistor. Anecd. p. 305, wahrscheinlich von dem Proselyten Isaak, alias Ambrosiaster herrührend. Die Congr. S. R. et U. Inquisitionis hat am 13. Januar 1897 eine Verneinung oder Anzweifelung der Authentie dieses Spruchs für nicht unbedenklich erklärt cf meinen Vortr. über die bleibende Bedeutung des ntl Kanons, 1898 S. 26.

8. Über die echte Lehre Kerinths Bd I, 363 A 4, über die Ansicht der Aloger von K. als Vf der joh. Schriften oben S. 462 f. A 10; über seine persönlichen Beziehungen zu Jo S. 466 A 24. Hat er die jungfräuliche Erzeugung und Geburt Jesu als ein Ding der Unmöglichkeit bestritten (Iren. I, 26, 1), so erhält dadurch Jo 1, 13 f. ein weiteres Licht (oben S. 507 f.). Die besonders handgreifliche Berücksichtigung des Mr durch Jo will auch danach gewürdigt sein, daß Kerinth nur dieses Ev gelten ließ oben S. 220 A 16. Daß kein glaubwürdiger Zeuge dem Kerinth grobe Unsittlichkeit oder eine libertinistische Ethik nachgesagt, stimmt zu dem Ton von 1 Jo und 2 Jo (oben im Text S. 571 f.). Auch 2 Jo 11 ist nicht für derartige Praxis und Theorie der Irrlehrer anzuführen; denn τὰ ἔργα τὰ πονηρά bezeichnet nur ihre gesamte sittliche Haltung und ihr auf Verführung der Kinder Gottes gerichtetes Treiben cf Jo 3, 19; 7, 7; 1 Jo 3, 12; 3 Jo 10. Die rechte Gottes- und Bruderliebe wird Jo allerdings bei ihnen vermißt haben. Aus dem πολλοί 1 Jo 2, 18; 4, 1; 2 Jo 7 ist nicht auf mannigfaltige Arten von Irrlehrern, sondern nur auf einen starken Anhang der einen Art von Irrlehrern zu schließen. Daß ihre Lehre Beifall findet, erklärt sich aus ihrer Benutzung außerchristlicher Gedanken und Darstellungsmittel 1 Jo 4, 5. Kerinth war in ägyptischer Weisheit und Bildung geschult (Hipp. ref. VII, 33; X, 21); er war ein Gnostiker.

9. Über das Verhältnis des 1 Jo zum Joev schrieb Holtzmann, Jahrb. f. prot. Theol. 1881 S. 699; 1882 S. 128. 316. 460. Um die innige Verwandtschaft zwischen 1 Jo und Joev darzustellen, müßte man fast neben jeden Satz des 1 Jo zwei oder drei Parallelen aus dem Ev stellen. Sie stimmen auch in der Vermeidung gewisser sonst weitverbreiteter Begriffe überein wie εὐαγγέλιον (bei Jo nur Ap 14, 6, aber nicht von der Predigt; dafür ἀγγελία 1 Jo 1, 5; 3, 11), εὐαγγελίζεσθαι (beide fehlen auch in Jk, Ju, 2 Pt). Daß die Gleichheit nicht noch größer ist, bestätigt nur die schon am Ev selbst zu machende Beobachtung, daß Jo dort sich des Unterschiedes zwischen der Sprache Jesu und dem damaligen Verständnis der Jünger einerseits und der Sprache und dem Verständnis der Gemeinde bewußt bleibt. Den Logosnamen hatte er Jesu nicht in den Mund gelegt, seinerseits aber als einen bekannten gebraucht. Vergleicht man 1 Jo 1, 1 mit Jo 1, 1. 14, so kann man vielleicht sagen, daß der Begriff im Brief noch weniger als ein festgeprägter, als ein förmlicher Name erscheint. Daß 1 Jo 2, 1 παράκλητος von dem erhöhten Jesus im Verhältnis zu Gott und zur Gemeinde gebraucht wird (Bd I, 46), kann nicht befremden, da Jo 14, 16 Jesus zunächst sich selbst als den bisherigen Parakleten der Jünger darstellt. Vom „Antichrist" hat Jesus, aber auch Pl noch nicht unter diesem Namen geredet (oben A 5). Daß aber das 4. Ev die gemeinchristliche Eschatologie ausschließe, ist ein Misverständnis. Dies zu zeigen, bedürfte es einer vollständigen Auslegung von Jo 3, 17—19; 4, 21—23; 5, 20—29; 6, 39. 44. 54; 11, 24—26; 12, 48; 14—16.

10. Von den Häresien der nachapostolischen Zeit bietet keine annähernd so viele Berührungspunkte mit der von Jo bekämpften Irrlehre als die reine Lehre Kerinths, nicht die judaistischen Doketen des Ignatius und nicht die Gnosis des Basilides. Während bei Kerinth die kosmogonische und religionsgeschichtliche Spekulation wenig entwickelt gewesen zu sein scheint, hat Basilides ein reiches System derselben. Mag Basilides auf die Taufe Jesu ein gewisses Gewicht gelegt haben (Clem. exc. e Theodoto 16; str. I, 146), so ist doch ganz unbezeugt, daß er darüber so wie Kerinth gelehrt habe. Von seinem phantastischen Doketismus (Iren. I, 24, 4) und seiner freien Ethik (Iren. I, 24, 5; Clem.

passim) haben die Irrlehrer des 1 Jo nichts an sich. Überdies wissen wir nichts davon, daß die Lehre des Basilides sich von Ägypten nach Kleinasien verbreitet habe.

§ 71. Die kleineren Briefe des Johannes (A 1).

Der 3 Jo stellt sich als ein Empfehlungsschreiben dar, welches der Vf einigen Christen mitgibt, die von seinem Wohnsitz zu dem des Adressaten Gajus reisen wollen, aber nicht um sich dort niederzulassen, sondern um über denselben hinaus ihre Reise fortzusetzen. Sie werden dem Gajus zu gastlicher Aufnahme und freundlicher Weiterbeförderung empfohlen (5—7 A 2). Solche Freundlichkeit haben, wie es scheint, dieselben Brüder kürzlich schon einmal von Gajus erfahren; Jo spricht seine Freude darüber und damit seinen Dank dafür aus (A 2), daß diese Brüder, da sie neulich an den Wohnort des Vf, der auch der ihrige zu sein scheint, zurückkehrten, dem Gajus nicht nur die Wahrheit seiner Gesinnung und seinen Wandel in der Wahrheit, sondern auch seine Liebe bezeugt und diese vor versammelter Gemeinde gerühmt haben (3—6). Gleiche Liebe soll Gajus ihnen jetzt wieder erweisen. Es sind dies aber nicht Leute, welche in Privatangelegenheiten ein unstätes Wanderleben führen, sondern Prediger des Ev, reisende Missionare. Als solche nehmen sie von Heiden keine Freundlichkeiten an und sind daher um so mehr auf die Gastfreundschaft der Mitchristen angewiesen (7). Wer solche Leute gastlich aufnimmt, wirkt dadurch mit zur Verbreitung der christlichen Wahrheit (8). Hiemit ist Anlaß und Zweck des Briefs ziemlich vollständig beschrieben; denn was weiter folgt, dient wesentlich dazu, zu erklären, warum Jo diese Mitteilungen gerade an Gajus richtet. Einer Rechtfertigung bedürfte das nicht, wenn dieser eine amtliche Stellung in der Gemeinde seines Ortes einnähme, mit welcher die Pflicht der Fürsorge für durchreisende Missionare und andere Christen verbunden war. Davon aber fehlt jede Andeutung. Gajus scheint ein mit Jo befreundetes Gemeindeglied zu sein, welchem wie jenem Gajus zu Korinth seine Vermögensverhältnisse es gestatteten, in hervorragendem Maße Gastfreundschaft zu üben (A 3). Da nun aber doch die Übung solcher kirchlichen Gastfreundschaft Sache der Gemeinde und somit auch Sache ihrer Vorsteher ist (A 3), so ist es höchst auffällig, daß die Empfehlung der Reisenden ausschließlich an Gajus gerichtet ist, statt an die Gemeinde des Orts oder an Gajus als deren Vorsteher mit der Anweisung, die übrigen Gemeindeglieder dazu heranzuziehen. Eben dies wird v. 9 ff. erklärt. Allerdings hat Jo auch an die Gemeinde, welcher Gajus angehört, einen Brief geschrieben; darin aber konnte und wollte er nicht schreiben, was er dem Gajus allein schreibt; denn er hätte dann nicht auf Erfüllung seiner Bitte rechnen können (A 4). Der naheliegenden Erwartung, daß Jo die Gemeinde, sei es direkt, sei es unter der Adresse ihrer Vorsteher, zur gastlichen Aufnahme der Missionare ermahne, zumal wenn er ohnedies um dieselbe Zeit an die Gemeinde zu schreiben hatte und wirklich schrieb, tritt die Bemerkung über Diotrephes mit aufhebender Wirkung gegenüber. Dieser Mann erkennt die Auktorität des Jo und der diesem gleichstehenden Männer d. h. der übrigen in jenen Kirchenkreis gekommenen Jünger Jesu (A 5) nicht an; er will sich von diesen nichts sagen lassen und erlaubt sich abschätzige Urteile über dieselben. Damit noch nicht zufrieden, nimmt er die Brüder d. h. die so, wie die Überbringer des Briefs an Gajus, die reisenden Missionare, von Jo empfohlenen Christen nicht auf, verbietet dies auch den Gemeindegliedern, die dazu Neigung hätten, und schließt diejenigen, welche sich solchem seinem Gebot nicht fügen, von der Gemeinde aus. Der Mann hat also eine große Macht in der Gemeinde und verwendet sie in einer gegen Jo feindseligen und gerade auch den Empfehlungen desselben entgegengesetzten Richtung. Jo ist keineswegs gewillt, den Diotrephes weiter so schalten und walten zu lassen; er gedenkt bei einem demnächstigen Besuch des Orts, wo Gajus und Diotrephes wohnen, das böse Treiben des Letzteren zur Sprache zu bringen (10. 14), und zwar vor versammelter Gemeinde, denn nicht ihn will er an seine Pflichten erinnern, sondern seine bösen Worte und Taten will er ins Gedächtnis und Bewußtsein Anderer rufen (10 ὑπομνῆσαι ohne αὐτόν cf 1 Tm 5, 20). Bis dahin aber verzichtet Jo darauf, Empfehlungen reisender Brüder an die Gemeinde, in welcher dieser herrschsüchtige Mann gebietet, oder gar an diesen selbst zu richten. Die Schilderung des Treibens des Diotrephes, besonders das ἐκ τῆς ἐκκλησίας ἐκβάλλει, setzt voraus, daß dieser eine auch von den nicht mit ihm Einverstandenen formell anerkannte und selbst von Jo zu berücksichtigende amtliche Stellung einnimmt, die es ihm möglich macht, mit Erfolg als Alleinherrscher aufzutreten. Die angeführten Tatsachen beweisen, daß es ein Misverständnis war, wenn man aus der Charakteristik desselben als ὁ φιλοπρωτεύων αὐτῶν schloß, Diotrephes trachte erst nach der Stellung eines alleinherrschenden Bischofs (A 6). Er hat diese amtliche Stellung und was ihm zum Vorwurf gemacht wird, ist nur dies, daß er sie in herrschsüchtiger und verderblicher Weise benutzt, daß er ein ehrgeiziger Hierarch ist, welcher die Regel Jesu (Mr 10, 44) und das Beispiel wie die Mahnung der Apostel (1 Pt 5, 3; 2 Kr 1, 24) nicht befolgt. Er ist überdies ein Gegner des Jo und der anderen Jünger Jesu in jenem Kreise. Dies rührt aber nicht bloß daher, daß er sich als Herr in seinem Hause von diesen Männern nicht will in die Verhältnisse seiner Gemeinde hineinreden lassen. Dies genügt schon darum nicht, weil unbezeugt und unwahrscheinlich ist, daß außer Jo noch andere Männer des Apostelkreises eine ähnliche oberhirtliche Stellung in der asiatischen Kirche eingenommen haben. Wir haben also wie zu 1 Jo 4, 6 an einen Widerspruch gegen die apostolische Verkündigung zu denken (A 5). Der Herr in jener Gemeinde, Diotrephes, ist ein Feind des Jo und seiner Genossen; aber es gibt ebendort, wir wissen nicht wieviele, wie den Gajus und vielleicht auch einen gewissen Demetrius (12), die Jo als seine Freunde ansieht und namentlich grüßen läßt (15). Was aber diese von Diotrephes unterscheidet, ist keineswegs nur eine achtungsvolle Freundschaft zu Jo oder ein größeres Maß von tätiger

Bruderliebe zu den durchreisenden Christen (6. 10 τοὺς βουλομένους); denn was die Missionare bei ihrer letzten Heimkehr vom Wohnsitz des Gajus an denjenigen des Jo bezeugten, und worüber Jo vor allem seine Freude ausspricht, ist dies, daß Gajus die Wahrheit besitze und in der Wahrheit wandele (3. 4), was nach 2 Jo 4 ff.; 1 Jo 1, 7 ff. gewiß nicht von einer theoretischen Orthodoxie, aber noch weniger von der tätigen Bruderliebe allein verstanden werden kann. Es ist vielmehr das im Leben sich beweisende Festhalten an der apostolischen Verkündigung. Eben damit, daß dies dem Gajus und zwar diesem im Unterschied von Anderen (3, wo σύ nicht zu überhören ist), durch Jo wie durch jene Missionare bezeugt wird, welche Diotrephes herrisch abgewiesen hat, ist auch deutlich genug gesagt, daß Diotrephes jener Wahrheit nicht ergeben und vor allem deshalb den Vertretern derselben, dem Jo und den anderen Jüngern und den von Jo empfohlenen Missionaren feindlich gesinnt ist. Daß er darum ein erklärter Irrlehrer gewesen, folgt keineswegs. Die Irrlehrer des 1 Jo waren aus ihren Gemeinden ausgeschieden, ihrer keiner kann Vorsteher einer Ortsgemeinde gewesen sein. Aber wer so entschieden, wie Diotrephes, sich weigert, auf das apostolische Wort zu hören (cf 1 Jo 4, 6), und von dessen Trägern so respektlos redet (3 Jo 10), macht sich damit zu einem Bundesgenossen jener Verführer; und man darf annehmen, daß seine Abweisung der von Jo empfohlenen Missionare eine bedenkliche Toleranz gegen die πλάνοι zur Kehrseite hatte. Trotz des Risses, der durch die Gemeinde geht, und der Spannung zwischen Diotrephes und ihm hat Jo an die Gemeinde, welche jener beherrscht, einen Brief geschrieben (3 Jo 9). Wenn er in Rücksicht auf dessen Macht über die Gemeinde praktische Forderungen, die sofort zu erfüllen waren, in diesen Brief nicht aufgenommen hat, so denkt er doch nicht daran, seine Auktoritätsstellung gegenüber dieser Ortsgemeinde aufzugeben. Wie er sie bald in mündlichem Verfahren geltend machen will (10ᵃ), so betätigt er sie auch jetzt schon durch jenen Brief. Er hat Freunde dort, welche zeitweilig durch Diotrephes unterdrückt sind (1. 10ᵇ. 15), und er betrachtet alle Gemeindeglieder als seine Kinder, wenn er sich auch nur an denjenigen freuen kann, die in der Wahrheit wandeln (4).

Wir sind zum Glück nicht darauf angewiesen zu erraten, was Jo in dem Brief an die Gemeinde des Diotrephes geschrieben hat; denn wir besitzen ihn im 2 Jo. Der Brief war nach 3 Jo 9 (ἔγραψά τι) äußerlich geringfügig; der 2 Jo ist so kurz wie außer dem 3 Jo keiner im NT. Er gleicht dem 3 Jo an Umfang so völlig, daß man annehmen muß, der Vf habe zwei Papyrusblätter (χάρται 2 Jo 12) von gleichem Format für diese beiden Briefe benutzt (A 7). Ferner ist die stilistische Form beider so völlig ähnlich, daß auch deshalb nicht an gleichzeitiger Entstehung durch die Hand desselben Vf zu zweifeln ist (A 7). In beiden spricht Jo am Schluß die Hoffnung aus, bald zu den Adressaten zu kommen und an die Stelle des ungenügenden brieflichen Verkehrs die Aussprache von Mund zu Mund treten zu lassen. Im 2 Jo steht nichts von Empfehlung reisender Missionare, wie nach richtiger Auslegung von 3 Jo 9 auch in dem dort erwähnten Brief an die Gemeinde nichts davon stand. Der 2 Jo ist aber auch wirklich an eine Ortsgemeinde gerichtet, welche Jo als eine erwählte Herrin anredet, als eine dem Herrn Christus vermählte Mutter ihrer Mitglieder und als eine Schwester der Gemeinde, an deren Ort er weilt (1. 5. 13 A 8). Wir finden hier denselben Gegensatz, welcher in der Gemeinde des Gajus bestand. Nur einige Kinder der Gemeinde hat Jo als in der Wahrheit wandelnd erfunden (4). Es muß vorgekommen sein, daß man Leuten, welche nicht die apostolische Lehre, sondern die auch im 1 Jo bekämpfte Irrlehre führten, dort gastliche Aufnahme gewährt hatte, wenn es verständlich sein soll, daß Jo eben hievor so ernst warnt und selbst eine freundliche Begrüßung solcher Leute als eine Beteiligung an ihrem bösen Treiben brandmarkt (10. 11). Jo umfaßt noch alle Glieder der Gemeinde mit aufrichtiger Liebe, aber nicht wegen ihrer Tugenden, sondern im Vertrauen auf die bleibende, nicht so leicht in den Christen zu vertilgende Wahrheit (1 f.). Maßvoll drückt er sich aus, wenn er seine lebhafte Freude über die gute Haltung mancher Gemeindeglieder äußert, statt die Anderen zu strafen (4). An die ganze Gemeinde ergeht seine Bitte, an dem alten Gebot der Liebe, an der alten Wahrheit von dem im Fleisch gekommenen Jesus Christus und damit an der Lehre Christi selbst festzuhalten, sowie die Warnung, nicht den ganzen Ertrag ihrer christlichen Lebensarbeit zu verscherzen (5—9 A 9). Die Gefahr, in welcher diese Ortsgemeinde schwebte, war groß; aber soweit war Diotrephes noch nicht gegangen oder gekommen, daß er die Vorlesung des Briefs vor versammelter Gemeinde hätte hindern können. Jo gibt die Gemeinde nicht auf, sondern glaubt durch beide Briefe den mündlichen Verhandlungen vorzuarbeiten, in welchen er mit Diotrephes ins Gericht zu gehen und die Gemeinde wieder in die rechte Verfassung zu bringen hofft.

Der Vf nennt ebensowenig sich, als den Ort, wohin er diese Briefe durch reisende Missionare sendet, mit Namen, sondern bezeichnet sich als den Alten, welcher ein Recht hat, die Christen auch an anderen Orten der Provinz, in der er lebt, als seine Kinder zu betrachten (2 Jo 1; 3 Jo 1. 4). So hieß der in Ephesus wohnende Jo im Kreise seiner Schüler (oben S. 206. 216 ff. 453 f.). Ein Literat, der sich für den Apostel Jo ausgeben wollte, würde sich unter dessen Namen und deutlichem Titel eingeführt haben. Der Apostel Jo konnte vermöge seiner einzigartigen Stellung in der Kirche Asiens entweder ganz auf die Selbsteinführung verzichten (1 Jo) oder, wo es sich um wirkliche Briefe handelte (2. 3 Jo), eine im täglichen Leben üblich gewordene Benennung wählen. Über die Abfassungszeit sind nur Vermutungen möglich. Die Abneigung gegen das Schreiben (2 Jo 12; 3 Jo 13), welche gegen die Freudigkeit dazu in 1 Jo 1, 4 absticht, kann in dem schmerzlichen Anlaß der kleineren Briefe ihren Grund haben, aber auch im zunehmenden Alter des Briefschreibers, wozu auch die Selbstbezeichnung als ὁ πρεσβύτερος passen würde. Die Verschärfung des 1 Jo 4, 6 nur angedeuteten innergemeindlichen Gegensatzes kann darin begründet sein, daß der 1 Jo an die Christenheit Asiens gerichtet ist, welche im ganzen die Zufriedenheit des Apostels erregte, die kleineren Briefe dagegen auf eine Ortsgemeinde sich beziehen, in welcher besonders bedenkliche Zustände sich herausgebildet hatten. Es kann aber auch eine Fortentwicklung stattgefunden haben. Der Misbrauch, welchen Diotrephes mit seiner bischöflichen Stellung trieb, scheint vorauszusetzen, daß diese Verfassungsform nicht mehr ganz neu war. Es ist immerhin wahrscheinlich, daß der 2 und 3 Jo einige Jahre später als der 1 Jo geschrieben sind.

1. Neueste Bearbeitungen: P o g g e l, Der 2. und 3. Brief des Apostels Jo, 1896; H a r n a c k, Texte u. Unters. XV, 3, b. 1897, über den 3 Jo.

2. Auf die gastliche Aufnahme weist v. 5 $\varkappa\alpha\grave{\iota}$ $\tau o\tilde{\upsilon}\tau o$ $\xi\acute{\epsilon}\nu o\upsilon\varsigma$, auf die Weiterbeförderung v. 6 $\pi\varrho o\pi\acute{\epsilon}\mu\psi\epsilon\iota\varsigma$ Bd I, 436 A 4. Zu $\grave{\epsilon}\chi\acute{\alpha}\varrho\eta\nu$ $\lambda\acute{\iota}\alpha\nu$ v. 3 cf Phlm 7; Phil 4, 10; Pol. Philipp. 1, 1; Bd I, 323 A 3. Das artikellose $\grave{\alpha}\delta\epsilon\lambda\varphi\tilde{\omega}\nu$ v. 3 könnte auf andere Personen als v. 5 bezogen werden, wenn nicht von den jetzt zu Gajus Reisenden v. 6 dasselbe $\mu\alpha\varrho\tau\upsilon\varrho\epsilon\tilde{\iota}\nu$ wie v. 3, nur mit speziellerem Objekt ausgesagt wäre. — Für $\acute{\upsilon}\pi\grave{\epsilon}\varrho$ $\tauo\tilde{\upsilon}$ $\grave{o}\nu\acute{o}\mu\alpha\tauo\varsigma$ cf Rm 1, 5; für $\tau\grave{o}$ $\check{o}\nu o\mu\alpha$ = Name Christi AG 5, 41. Über die missionirenden Wanderprediger etwas späterer Zeit, dort $\grave{\alpha}\pi\acute{o}\sigma\tauo\lambda o\iota$ genannt, belehrt uns Didache 11, 3—6 cf auch Bd I, 207. 215. 219.

3. Dieser Gajus ist schwerlich der von Korinth 1 Kr 1, 14; Rm 16, 23, auch nicht der Macedonier AG 19, 29, vielleicht aber der aus Derbe AG 20, 4 Bd I, 150 A 2. Gemeint ist derselbe auch Const. VII, 46, wonach er von Jo zum Bischof von Pergamum ordinirt worden sein soll, wie der Demetrius aus 3 Jo 12 zum Bischof von Philadelphia. — Daß den Christen insgemein die Pflicht der $\varphi\iota\lambda o\xi\epsilon\nu\acute{\iota}\alpha$ obliegt, steht auch 3 Jo 8 cf Tit 3, 14; 1 Tm 5, 10; Rm 12, 13; Hb 13, 2; 1 Pt 4, 9; sie wird aber, weil sie eine Pflicht der Gemeinde ist, besonders von den Vorstehern verlangt 1 Tm 3, 2; Tt 1, 8; Herm. sim. IX, 27; Just. ap. I, 67. Die Empfehlungsbriefe in der alten Kirche waren stets an die Gemeinde gerichtet Rm 16, 1; 2 Kr 3, 1; 8, 23 f.; Pol. Philipp. 14.

4. Die LA $\check{\epsilon}\gamma\varrho\alpha\psi\alpha$ $\check{\alpha}\nu$ v. 9 beruht entweder auf dem Gefühl, daß es unschicklich sei, den Apostel eingestehen zu lassen, daß er der Gemeinde gegenüber machtlos sei, oder, was weniger wahrscheinlich, wenn man die Beziehung auf 2 Jo verkannte, auf der Scheu, einen verlorenen Brief annehmen zu müssen. An sich wäre denkbar, daß Jo sagen wollte, er habe in einem Brief an die Gemeinde bereits dieselbe Bitte und Empfehlung ausgesprochen, wie in 3 Jo, er wisse aber, daß das vergeblich sei, weil Diotrephes seinen Einfluß dagegen geltend machen werde. Aber 1) mußte dann statt $\tau\acute{\iota}$ vielmehr $\pi\epsilon\varrho\grave{\iota}$ $\tauo\acute{\upsilon}\tau\omega\nu$, $\alpha\grave{\upsilon}\tau\grave{o}$ $\tauo\tilde{\upsilon}\tauo$ oder dgl. stehn, 2) ist wenig wahrscheinlich, daß Jo trotz der Erkenntnis, seine Bitte an die Gemeinde werde in folge der Gegenwirkung des Diotrephes wirkungslos sein, sie dennoch an die Gemeinde gerichtet haben sollte; 3) ist auch aus anderen Gründen sicher, daß hier unser 2 Jo gemeint ist, welcher nichts von der Empfehlung durchreisender Christen enthält. Also verhält es sich vielmehr so wie oben S. 579—582 gesagt ist.

5. Selbstverständlich kann neben dem beharrlich angewandten Ich das $\acute{\eta}\mu\tilde{\alpha}\varsigma$ v. 9 und 10 nicht den Jo allein bezeichnen, auch nicht den Jo samt allen ihm Gleichgesinnten; denn es handelt sich hier offenbar nicht, wie bei den reisenden Brüdern v. 10b, um gastliche Aufnahme, sondern um Anerkennung der Auktorität, Beachtung der Mahnungen. Es kann sich nur so wie 1 Jo 1, 1—4; 4, 6. 14 auf Jo und die übrigen Autopten in der Provinz beziehen oben S. 568 f.

6. Wie $\varphi\iota\lambda\acute{\alpha}\varrho\gamma\upsilon\varrho o\varsigma$ nicht einen Armen bezeichnet, der nur den Wunsch hegt, Geld zu bekommen (cf $\varphi\iota\lambda\acute{o}\lambda o\gamma o\varsigma$, $\varphi\iota\lambda\acute{o}\sigma o\varphi o\varsigma$, $\varphi\iota\lambda\acute{o}\tau\iota\mu o\varsigma$, $\varphi\iota\lambda\acute{o}\pi o\nu o\varsigma$, $\varphi\iota\lambda\acute{o}\nu\epsilon\iota\varkappa o\varsigma$, $\varphi\iota\lambda\acute{o}\xi\epsilon\nu o\varsigma$), ebensowenig $\varphi\iota\lambda\acute{o}\pi\varrho\omega\tauo\varsigma$, zu deutsch ehrgeizig (Artemid. II, 32; Plut. mor. 844 E), immer

nur einen, der noch kein $\pi\varrho\tilde{\omega}\tau\sigma\varsigma$ ist. Es können so ebensogut heißen Inhaber erster Stellen, welche auf diese ihre Stellung in ehrgeiziger Gesinnung ein übermäßiges Gewicht legen und sie misbrauchen, als Solche, die eine derartige Stellung erst erringen wollen. Cf Mt 23, 6 = Mr 12, 38 f.; Clem. ep. ad. Jac. 2 $\dot\eta$ $\tau\sigma\iota\alpha\dot\upsilon\tau\eta$ $\kappa\alpha\vartheta\dot\epsilon\delta\varrho\alpha$ (der Bischofsstuhl) $\sigma\dot\upsilon$ $\varphi\iota\lambda\sigma\kappa\alpha\vartheta\epsilon\delta\varrho\sigma\tilde{\upsilon}\nu\tau\sigma\varsigma$ $\tau\sigma\lambda\mu\eta\varrho\sigma\tilde{\upsilon}$ $\chi\varrho\epsilon\dot\iota\alpha\nu$ $\ddot\epsilon\chi\epsilon\iota$. Iren. IV, 26, 3 spricht von Presbytern, also von Inhabern der $\pi\varrho\omega\tau\sigma\kappa\alpha\vartheta\epsilon\delta\varrho\dot\iota\alpha$ (cf Clem. strom. VI, 106 f.; Herm. vis. III, 9, 7), welche *contumeliis agunt reliquos et principalis consessionis* ($\pi\varrho\omega\tau\sigma\kappa\alpha\vartheta\epsilon\delta\varrho\dot\iota\alpha\varsigma$) *tumore elati sunt* cf 1 Tm 3, 6. Solch' einer ist Diotrephes, aber nach 3 Jo 9—10 ist er nicht, wie die $\pi\varrho\sigma\eta\gamma\sigma\dot\upsilon\mu\epsilon\nu\sigma\iota$ $\tau\tilde{\eta}\varsigma$ $\dot\epsilon\kappa\kappa\lambda\eta\sigma\dot\iota\alpha\varsigma$ in Rom zur Zeit des Hermas (l. l. und Bd I, 484 A 5) eines der Mitglieder eines $\pi\varrho\epsilon\sigma\beta\upsilon\tau\dot\epsilon\varrho\iota\sigma\nu$, sondern Monarch. Was Jo der Gemeinde schreiben mag, ist wirkungslos, soweit Diotrephes es nicht wirksam werden läßt. Er bestimmt, wie zureisende Christen aufgenommen werden sollen. Er exkommunicirt die, welche seinem Willen sich nicht fügen. Von einer einigermaßen kräftigen Gegenwirkung anderer Amtsträger könnte nicht jede Andeutung fehlen, ebensowenig von einer entsprechenden Mitwirkung solcher. Es könnte Demetrius v. 12 ein dem Diotrephes entgegenstehender Presbyter sein; die LA $\dot\epsilon\kappa\kappa\lambda\eta\sigma\dot\iota\alpha\varsigma$ statt $\dot\alpha\lambda\eta\vartheta\epsilon\dot\iota\alpha\varsigma$ v. 12 (s. Gwynn, Hermathena 1890 p. 304) könnte diese Annahme begünstigen. Dann müßte aber die amtliche Stellung des Presbyters gegenüber dem Bischof sehr schwach gewesen sein. Demetrius kann auch einer der Missionare (v. 3—8), der Führer der Reisegesellschaft sein. Jo tut nichts, die amtliche Stellung des Diotrephes zu schwächen durch Hinweis auf die Schranken seines Rechts und die Rechte Anderer, sondern begnügt sich damit, seine Gesinnungen, Worte und Handlungen moralisch zu rügen.

7. Nach der neuen stuttgarter Ausgabe besteht der 2 Jo nur aus 33 Zeilen, wovon zwei nur wenige Worte enthalten, zwei nicht ganz voll sind, der 3 Jo auch aus 33 Zeilen, wovon 6 unvollständig. Die Berechnung nach Buchstaben und antiken Stichen à 36 Buchstaben ergibt für 2 Jo: 32 Stichen, für 3 Jo nicht ganz 31 Stichen cf GK I, 76; II, 397. — Die Ähnlichkeit des Stils übersteigt weit die, welche zwischen Eph und Kl oder 1 Tm und Tt besteht. Cf $\dot\sigma$ $\pi\varrho\epsilon\sigma\beta\dot\upsilon\tau\epsilon\varrho\sigma\varsigma$ (ohne Namen) ... $\sigma\tilde{\upsilon}\varsigma$ ($\dot\sigma\nu$) $\dot\epsilon\gamma\dot\omega$ $\dot\alpha\gamma\alpha\pi\tilde{\omega}$ $\dot\epsilon\nu$ $\dot\alpha\lambda\eta\vartheta\epsilon\dot\iota\alpha$ (2 Jo 1; 3 Jo 1), $\dot\epsilon\chi\dot\alpha\varrho\eta\nu$ $\lambda\dot\iota\alpha\nu$ ... $\pi\epsilon\varrho\iota\pi\alpha\tau\sigma\tilde{\upsilon}\nu\tau\alpha\varsigma$ $\dot\epsilon\nu$ $\dot\alpha\lambda\eta\vartheta\epsilon\dot\iota\alpha$, $\kappa\alpha\vartheta\dot\omega\varsigma$ (4 u. 3), $\epsilon\dot\iota\varrho\gamma\dot\alpha\sigma\alpha\sigma\vartheta\epsilon$ (8 u. 5), vor allem aber 2 Jo 12 und 3 Jo 13—14.

8. Allerdings kommt *Kvría*, wenn auch selten, als Eigenname vor und zwar in Kleinasien cf Sterrett, The Wolfe Exped. p. 138 nr. 237; p. 389 nr. 564; Epigraph. Journey p. 167 nr. 159, wie auch *Kvrios* sogar im Talmud jer. Schabbáth 7c; Beza 61d. Wenn dies 2 Jo 5 denkbar wäre, so doch nicht v. 1, wo es dann unweigerlich *Kvría* $\tau\tilde{\eta}$ $\dot\epsilon\kappa\lambda\epsilon\kappa\tau\tilde{\eta}$ heißen müßte cf v. 13; Rm 16, 13 cf 8—10 und die ganze dortige Liste mit ähnlichen Epithetis, auch Ign. Smyrn. 13, 2. Ebensowenig kann $\kappa\upsilon\varrho\dot\iota\alpha$ Titulatur einer vornehmen Frau sein; denn erstens haben die Christen alter Zeit sich gegenseitig solcher Titulaturen enthalten (oben S. 385 A 3); zweitens konnte ein solcher Titel wohl im Anruf stehn (v. 5 cf Phl 4, 3; 1 Tm 6, 11), aber in der Grußüberschrift nur als Apposition zum Eigennamen (1 Tm 1, 2; Phlm 1). Während S^f S^3 $\kappa\upsilon\varrho\dot\iota\alpha$ wie einen Eigennamen nur transscribirten, faßte Clem. Al. $\dot E\kappa\lambda\epsilon\kappa\tau\dot\eta$ als solchen auf. Er scheint denselben Namen auch v. 13 gefunden, ihn dort als Apposition zu $\sigma\sigma\tilde{\upsilon}$ gezogen und dadurch sich berechtigt gefühlt zu haben, die Adressatin des 2 Jo Namens $\dot E\kappa\lambda\epsilon\kappa\tau\dot\eta$ mit der $\sigma\upsilon\nu\epsilon\kappa\lambda\epsilon\kappa\tau\dot\eta$ 1 Pt 5, 13 zu identificiren. So wurde sie ihm zu einer Babylonierin, und sie mit ihren gleichfalls angeredeten Kindern waren nach den damaligen politischen Verhältnissen Parther. Daher die fabelhafte Über- oder Unterschrift des 2 Jo $\pi\varrho\dot\sigma\varsigma$ $\Pi\dot\alpha\varrho\vartheta\sigma\upsilon\varsigma$ (vom lat. Übersetzer des Clemens als $\pi\alpha\varrho\vartheta\dot\epsilon\nu\sigma\upsilon\varsigma$ misverstanden), welche im Abendland auf den 1 Jo oder auch auf alle drei übertragen wurde cf Forsch III, 92. 99 ff. — Daß $\kappa\upsilon\varrho\dot\iota\alpha$ uneigentliche Bezeichnung einer Ortsgemeinde sei, ist nicht erst eine neuere Entdeckung cf Scholion bei Matthaei p. 153 u. 232 (wo jedoch die Wahl gelassen wird, ob Frau oder

Gemeinde); Hieron. ep. 123, 12 Vall. I², 909. Da der 1 Pt bei den Schülern des Jo in Asien, wohin er auch gerichtet gewesen war, in Ansehen stand, so ist nicht unwahrscheinlich, daß Jo ihn gleichfalls kannte und sowohl zu der Personifikation der Gemeinde, als zu der Wahl des sonst von ihm äußerst selten gebrauchten ἐκλεκτός (nur Jo 1, 34 oben S. 518 A 2 und Ap 17, 14) durch 1 Pt 5, 13 veranlaßt wurde. Die Gemeinde ist nicht nur Braut Christi (Jo 3, 29; Ap 22, 17), sondern auch seine Gattin (Ap 21, 9; Eph 5, 22—32 cf Rm 7, 4), und was von der Gesamtkirche gilt, kann auch von der Einzelgemeinde gesagt werden (2 Kr 11, 2), nur daß sie nicht „die Gattin", sondern an ihrem Teil „Gattin des κύριος" ist, daher κυρία ohne Artikel. Die Übertragung des Namens κύριος in weiblicher Form auf dessen Gattin entspricht keinem gewöhnlichen Brauch bei Juden, Griechen oder Römern, hat aber doch eine gewisse Analogie an dem poetischen Spiel, welches unbeschadet des nächsten Sinnes von Sulammith Cant 7, 1 doch wohl in der Wahl dieses Namens im Verhältnis zu Salomo liegt. Die Deutung auf eine einzelne Frau verträgt sich auch nicht mit dem Inhalt des Briefs. Unerträglich wäre der Ausdruck v. 4, wenn Jo sagen wollte, er habe die Freude gehabt, einige Kinder dieser Frau, welche bei ihrer Tante (v. 13) zu Besuch gewesen, kennen zu lernen und zwar als gute Christen, während er von den andern Kindern derselben Frau, die ihm unbekannt geblieben sind, das Gleiche annimmt v. 1. So etwa Poggel S. 137 ff. Auch der Gruß v. 3, dessen apostolische Fülle und Feierlichkeit gegen den fast weltlichen Ton von 3 Jo 2 (Bd I, 56 A 2; 85 A 7) merkwürdig absticht, zeigt, daß hier nicht eine befreundete Familie, sondern eine Gemeinde angeredet wird, und zwar eine solche, welcher Gnade, Erbarmen, Friede, Liebe und Wahrheit gar sehr zu wünschen ist.

9. Ich setze 2 Jo 8 εἰργάσασθε (Iren. III, 16, 8; Lucifer p. 29; אA S² S³) als echt voraus. Man hat dies zuerst in Erinnerung an Stellen wie 1 Th 3, 5; Gl 4, 11; Phl 2, 16 in εἰργασάμεθα verbessert (B sah vulg copt, Rand von S³, also ägyptisch), darauf diesem konform auch ἀπολέσωμεν und ἀπολάβωμεν geschrieben (K L P d. h. antioch.). Man hätte vielmehr an Jo 6, 27—29; 1 Th 1, 3 denken sollen.

§ 72. Art, Anlage und Einheit der Apokalypse.

Die Apokalypse, welche wir nach dem Vf, der sich darin wiederholt mit seinem Namen nennt (1, 1. 4. 9; 22, 8), diejenige des Jo zu nennen pflegen, bezeichnet sich selbst als eine Apokalypse Jesu Christi, welche Gott Christo mit der Bestimmung gegeben hat, daß dieser seinen Knechten (sie mitteile und damit) weissagend anzeige, was in Bälde geschehen muß. Jesus hat sie in Ausführung des göttlichen Willens durch Vermittlung seines Engels seinem Knecht Jo gezeigt, und dieser hat daraufhin Alles, was Christus oder sein Engel ihm zu sehen gegeben hat, aufgezeichnet und eben damit, da letztlich Gott es ist, der zu Jo geredet, und Christus es ist, der sich ihm bezeugt hat, Gottes Wort und Christi Zeugnis in seinem Buch als ein Zeuge wiedergegeben (1, 1—2 A 1). Auch der Entschluß, die empfangene Offenbarung in einem Buch aufzuzeichnen und dieses an 7 Gemeinden Asiens zu senden, ist nicht ein selbstwilliger, sondern Ausführung eines ihm innerhalb der Vision in bezug auf das Ganze und auf Einzelnes wiederholt erteilten Auftrags (1, 11. 19; 2, 1. 8 etc.; 14, 13; 19, 9; 21, 5; 22, 10). Nur einmal wird ihm verboten, etwas aufzuschreiben, was er gehört hat (10, 4). Die Verfassung, in welcher er das, was den Inhalt seines

Buchs ausmacht, gesehen und gehört haben will, bezeichnet er als Ekstase und damit sein Sehen und Hören als ein visionäres (1, 10; 4, 2 A 1). Wenn andrerseits ein Engel ihm Alles und keineswegs nur diejenigen Teile, in welchen sich ihm ein Engel als ein die Offenbarung vermittelndes Wesen sichtbar und hörbar darstellt (1, 1; 22, 6. 8. 16 A 1), gezeigt hat, so ist damit ausgesprochen, daß der ekstatische Zustand und die sämtlichen in demselben erlebten Vorgänge und empfangenen Eindrücke durch Einwirkung des von Jesus gesandten Engels auf die Natur des Jo hervorgebracht seien. Auf diese Entstehung des gesamten Buchinhalts und des Buchs selbst gründet Jo das Bewußtsein, in demselben Gottes Wort und Christi Zeugnis als menschlicher Zeuge niedergelegt zu haben (1, 2 cf 22, 8. 18), und das Recht, seine Schrift selbst eine Offenbarung (1, 1), sowie ein Wort und Buch der Prophetie zu nennen (1, 3; 22, 7. 10. 18. 19). Dafür ist es nur ein anderer Ausdruck, wenn von dem, was Christus darin zu Jo spricht und durch ihn einzelnen Personen oder Gemeinden sagt, doch auch gesagt wird, der Geist sage dasselbe den sämtlichen Gemeinden, für die das Buch bestimmt ist (2, 7. 11. 17. 29; 3, 6. 13. 22 cf 22, 16); denn auch die von Gott gebotene Aufzeichnung empfangener Offenbarungen ist ein $\pi\varrho o\varphi\eta\tau\varepsilon\acute{v}\varepsilon\iota\nu$ (10, 11), und was der Prophet spricht oder schreibt, ist überall eine Aussage des Geistes (AG 21, 11; 1 Tm 4, 1; 1 Th 5, 19 f. A 2). Die Ap gliedert sich also ein in die christliche Prophetie, welche als Quelle der Erkenntnis, der Erbauung und des Handelns zur Zeit der Apostel eine so mächtige und hochangesehene Äußerung des Geistes war. Die Ap unterscheidet sich von den übrigen Erzeugnissen dieser christlichen Prophetie nur dadurch, daß sie eine schriftliche Aufzeichnung empfangener Offenbarungen ist, während die Propheten sich unseres Wissens bis dahin an der mündlichen Aussprache hatten genügen lassen. Eben dadurch schließt sich die Ap den Schriften der atl Propheten an (A 2). Eine Verständigung über Inhalt, Ursprung und Wert der Ap, ja selbst über den Sinn vieler einzelnen Stellen und die Anlage des Buchs ist nicht möglich, solange man die Frage, mit welchem Recht Jo so von sich und seinem Buch redet, nicht wenigstens deutlich gestellt und mit der auch in der Wissenschaft unentbehrlichen Aufrichtigkeit beantwortet hat. Es ist ein Misbrauch der Sprache, von dem Vf des Buchs als „dem Seher" zu reden, während man zu wissen glaubt, daß er außer seiner Studirlampe nichts weiter als einige Bücher um sich her liegen gesehen habe; und man verstößt gegen die Regeln der geschichtlichen Kritik, wenn man bei dem Vf selbst die gleiche Unklarheit über die Entstehung seiner als Visionen dargestellten Bilder voraussetzt, in welcher sich manche Gelehrte gefallen. Seine vorhin angeführten Aussagen lassen an Deutlichkeit nichts zu wünschen übrig, und der Anspruch, den er für seine Wiedergabe der empfangenen Offenbarungen erhebt (1, 2 f.; 22, 18 f.), zeugt nicht von Unsicherheit. Wenn er sich als Vf des Buchs für einen Zeugen von Gottes Wort und Jesu Zeugnis ausgibt, so wird er so gut wie Pl als Prediger gewußt haben, daß es auch falsche Zeugen gibt und daß das diejenigen sind, welche Dinge, die nicht geschehen sind, als wirkliche Tatsachen berichten (1 Kr 15, 15). Er bezeugt den gleichen Abscheu gegen alle Lüge (21, 27; 22, 15 cf 14, 5), wie der Jo des Ev und der Briefe. Wenn er sein Buch als ein prophetisches bezeichnet und damit sich den Propheten des AT's anreiht und in die Reihe der Propheten der apostolischen Zeit einreiht, so behauptet er damit nicht schlechthinige Fehllosigkeit seiner Aussagen; denn die Propheten der apostolischen Zeit mußten sich der Kritik der Mitchristen unterwerfen und mußten sich warnen lassen vor unnatürlicher Erhitzung und vor Einmischung eigener Gedanken und Gelüste in die Aussprache des vom Geist ihnen Gegebenen (A 2). Wohl aber versichert er damit, sich keiner solchen Beimischung bewußt zu sein. Dagegen mußte jeder christliche Prophet jener Zeit sich des Gegensatzes zu den unter den Christen aufgetretenen Pseudopropheten bewußt sein, zumal Einer, der in seiner nächsten Nähe solche kannte (Ap 2, 20; 1 Jo 4, 1 cf Mt 7, 15—23; 24, 11. 24; Lc 6, 26; 2 Pt 2, 1; Ap 19, 20). Diese werden durchweg als unsittliche Menschen, teilweise auch als Verkündiger unwahrer Lehre geschildert. Aber den Begriff des Pseudopropheten konstituirt weder das Eine noch das Andere (A 2 a. E.), sondern das Vorgeben, ein Prophet zu sein und göttliche Offenbarung empfangen zu haben, während dies in der Tat nicht der Fall ist (Ap 2, 20; Jerem 14, 14; Deut 18, 20—22). An ihren Früchten in Wandel und Lehre soll man sie erkennen; aber zu diesen Früchten gehört vor allem auch die Wahrhaftigkeit ihrer Aussagen über die Herkunft ihrer Verkündigungen. Von einer Unklarheit über diese elementaren Wahrheiten kann bei einem Christen alter Zeit nicht die Rede sein. Man hat von dem Namen ἀποκάλυψις, welchen keine Schrift vor der Zeit der Ap als Titel geführt hat, den Begriff einer „apokalyptischen Literatur" gebildet, aber anstatt der am meisten in die Augen springenden Eigentümlichkeiten der Ap des Jo vielmehr gewisse formale Ähnlichkeiten zwischen ihr und den Büchern Henoch und der 12 Patriarchen, dem Buch der Jubiläen und dem IV. Esrabuch, der Apokalypse des Baruch und den sibyllinischen Orakeln, den Himmelfahrten des Moses und des Jesaja, zu artbildenden Eigenschaften der Klasse gemacht (A 3). Selbst wenn man das Buch Daniel unter der Voraussetzung seiner Abfassung um 168 v. Chr an die Spitze der „Apokalyptik" stellt, sträubt sich der schlichte Verstand und der unverdorbene Geschmack gegen die Einordnung der Ap des Jo in diese Literaturgattung, welche von ihr den Namen erhalten hat. Darstellung der weltgeschichtlichen Entwicklung in Form einer zurückdatirten Weissagung ist, wenn überhaupt in der Ap vorhanden, jedenfalls ein ganz untergeordnetes Moment in derselben. Was aber die zum Wesen dieser Literatur gehörige Pseudonymie anlangt, wer mag den Namen Johannes mit Henoch oder Moses, oder auch nur mit Daniel, Baruch und Esra vergleichen! Um Jahrhunderte und Jahrtausende haben die Vf jener Bücher sich zurückdatirt, haben sich in die gefeierten Namen der grauen Vorzeit gehüllt und wenden sich an ein leichtgläubiges Publikum ihrer Zeit, ohne irgend eine persönliche Beziehung zu demselben auch nur zu fingiren.

Hier dagegen redet ein Mann zu 7 Gemeinden der Provinz Asien und übergibt ihnen sein Buch, welcher mit deren gegenwärtigen Zuständen auf das genaueste bekannt ist (§ 73), und er redet sie unter dem Namen Jo an, welchen um 70—100 dort die hervorragendste kirchliche Persönlichkeit trug, und er tut dies nach der Überlieferung um 95, also zu Lebzeiten des berühmten Jo von Ephesus, aber auch nach jeder denkbaren Hypothese noch zu Lebzeiten der persönlichen Schüler dieses Jo. Während heute kein Verständiger daran denkt, daß Henoch oder Esra jene Bücher geschrieben, und daß die Tochter des Noah in homerischen Versen die Zukunft verkündigt habe, sondern Jeder die Künstlichkeit solcher Dichtungen erkennt, haben wir es hier mit einem Erzeugnis der christlichen Gemeinde aus einer Zeit zu tun, in welcher Visionen, Inspirationen verschiedener Art und darauf gegründete Verkündigungen an der Tagesordnung waren. Wer nicht den Mut hat, Alles, was nach dem Zeugnis des Pl, der AG und der altkirchlichen Literatur trotz aller gleichzeitigen Kritik vor dem Bewußtsein der Gemeinde als ein von dem persönlichen Wollen und Meinen der Redenden unabhängiges Erzeugnis des prophetischen Geistes sich bewährte, für ein künstliches Machwerk, also für Pseudoprophetie zu erklären, hat auch kein Recht, ein jener Zeit entsprossenes Buch, das sich als ein auf visionären Erlebnissen beruhendes Buch der Prophetie darbietet und sofort von den Gemeinden, denen es gewidmet war, als solches anerkannt wurde, als ein literarisches Kunstprodukt oder als eine dem Geist jener Zeit widerstrebende Mischung von Nachwirkungen ekstatischer Zustände und künstlichen Bemühungen eines Literaten zu behandeln. Auf Grund von erlebten Visionen ein Buch schreiben, ist freilich eine literarische Arbeit, welche nicht so mechanisch hergestellt werden kann, wie die Abdrücke einer photographischen Platte. Damit auch die Aufzeichnung der empfangenen Visionen ein $\pi\varrho o\varphi\eta\tau\varepsilon\acute{v}\varepsilon\iota\nu$ sei (10, 11), bedarf der des Mittels der Schrift sich bedienende Prophet sogut wie der mündlich zu der Gemeinde redende der lebendigen Reproduktion der empfangenen Apokalypsis. Er bedarf auch dazu des prophetischen Geistes, welcher nun aber nicht, wie in dem vorangegangenen Zustand der ekstatischen Vision sein Bewußtsein um die Außenwelt aufhebt und seine Selbsttätigkeit einschränkt, sondern sie weckt und zu prophetischer Begeisterung steigert. Daraus folgt aber nicht, daß das Buch ein von den geschauten Bildern willkürlich abweichendes künstlerisches und künstliches Produkt sei. Es würde dadurch den Anspruch verlieren, den es erhebt. Man kann das Buch nicht verstehen, wenn man sich nicht auf den Standpunkt des Vf und seiner ersten Leser stellt und somit von der wenn auch nur vorläufiger Voraussetzung ausgeht, daß Jo in 1, 10—22, 16 Visionen wiedergibt, die er erlebt hat.

Sehen wir zunächst von dem weitläufigen Buchtitel ab, so gibt Jo seinem Buch die Form eines Sendschreibens an „die 7 Gemeinden in Asien". Ganz in der Weise der apostolischen Sendschreiben beginnt er mit einer Grußüberschrift (1, 4—5a), in welcher er von sich wie von den Briefempfängern zunächst in dritter Person redet, doch aber wie Pl und Pt gegen den antiken Briefstil bei dem Gruß selbst die Anrede eintreten läßt. Es folgt eine Doxologie (v. 5 ^{b}—6 cf Eph 1, 3; 1 Pt 1, 3), die durch ein Amen gegen zwei weiter folgende, den Inhalt der folgenden Schrift andeutende Sätze abgegrenzt wird, eine vom Standpunkt des Vf gegebene und durch ναί, ἀμήν bekräftigte Verkündigung der Wiederkunft Christi (7) und einen Ausspruch des allgewaltigen Gottes (8). Hierauf erst beginnt das Sendschreiben, in welchem Jo, wie es in Briefen selbstverständlich ist, bis zum Schluß von sich in erster Person redet (1, 9; 21, 8. 18). Wenn dagegen die Anrede der Leser hinter 1, 9 und auch im Schlußgruß nicht wiederkehrt (A 4), so ergibt sich, daß die Form des Sendschreibens wie bei so manchen didaktischen und historischen Schriften jener Zeit (oben S. 361. 385 A 1; 478 A 1) nur die nächste Bestimmung des Berichts für bestimmte Leser scharf ausdrücken soll. Diese Fassung des ganzen Buchs in die Form eines Sendschreibens schließt aber ebensowenig wie in der sonstigen Literatur einen Buchtitel aus. Ein solcher entspricht vielmehr der gemeinen Sitte. Es lag um so näher, das Buch nicht ohne Titel zu lassen, da die Form des Sendschreibens dazu Anlaß geben konnte, es bei einmaliger Lesung bewenden zu lassen. Jo aber ist von der Wichtigkeit des Inhalts für die Gemeinden überzeugt. Es reiht sich den „prophetischen Büchern", welche die Gemeinde von Israel geerbt hat, als gleichartig an. Es soll ihr als ein Besitz für immer gelten, den sie als einen heiligen Schatz vor jeder Antastung schützen (22, 18 f.) und bis zu der herbeigesehnten Wiederkunft Christi (22, 17. 20) fleißig benutzen d. h. in den Versammlungen durch gottesdienstliche Vorlesung ihren Gliedern zugänglich machen soll (1, 3 cf 2, 7. 11 etc. 22, 10. 17). Ferner ist der Vf davon überzeugt, daß der Inhalt des Buchs nicht nur für die 7 Gemeinden, an die es als Sendschreiben gesandt wird, sondern für alle Knechte Gottes und Christi (1, 1; 22, 6), für die gesamte als Braut Christi vorgestellte Christenheit (22, 17) bestimmt ist und Bedeutung hat. Die Gemeinden, zu welchen der prophetische Geist durch dieses Buch redet (2, 7. 11, 17. 29; 3, 6. 13. 22; 22, 16), sind wohl zunächst die 7 asiatischen; aber darüber hinaus erstreckt sich der Blick und die Absicht auf alle Gemeinden (2, 23). Gerade darum aber, weil das Buch seiner Form nach ein Sendschreiben an die 7 Gemeinden ist, war es ein Bedürfnis, die Bestimmung desselben für die ganze Kirche und zur gottesdienstlichen Vorlesung in einem förmlichen Buchtitel auszudrücken. Die Verwunderung darüber, daß der Vf, welcher innerhalb des Buches von sich in erster Person redet, im Titel von sich in dritter Person rede, hätte man sich und den Lesern der neueren Literatur über die Ap bei einigem Nachdenken ersparen können (A 5). Auch manche Schwierigkeiten des Verständnisses schwinden, sowie man sich gegenwärtig hält, daß die Abfassung des Buchs das vorangegangene Schauen der Visionen und zwar sämtlicher Visionen zur Voraussetzung hat (A 6), und daß unter normalen Verhältnissen, zumal im Altertum (S. 385 A 1), der Titel das zuletzt geschriebene Stück des Buchs ist, wie noch heute der Titel zuletzt gedruckt wird. Daher blickt der Vf im Titel nicht nur auf die früher empfangenen Offenbarungen (v. 1. 2^b εἶδεν), sondern auch auf seine vollendete schriftstellerische Tätigkeit zurück (v. 2^a ἐμαρτύρησεν) und vergegenwärtigt sich die nahe Zukunft, da der eine Vorleser vor vielen Hörern, der Anagnost vor versammelter Gemeinde das Buch lesen wird (v. 3). Aber auch schon bei Beginn der Aufzeichnung des mit 1, 4 anfangenden Buchs selbst hat er die Visionen hinter sich und ihren Inhalt im Geist gegenwärtig, und sein Ausdruck gewinnt eine nur aus den Visionen zu begreifende Bestimmtheit. Weil ihm 1, 11 sieben einzelne in der Provinz Asien gelegene Ortsgemeinden als diejenigen bezeichnet worden sind, denen er das vollendete Buch senden soll, und weil er im weiteren Verlauf der ersten Vision den Auftrag erhält, jeder dieser Gemeinden ein besonderes Wort zu sagen, welches diese als Bestandteil des an alle sieben gerichteten Buchs zu lesen und zu hören bekommen wird (A 6), darum stehen ihm bei der Abfassung des Buchs diese 7 Gemeinden von vornherein als bestimmte Größe vor Augen (1, 4). Es sind nicht die Gemeinden Asiens (cf 1 Kr 16, 1. 19; Gl 1, 2), als ob es in dieser Provinz nicht schon zur Zeit des Pl selbständige Gemeinden zu Kolossae, Hierapolis und Troas gegeben hätte (Kl 1, 1; 2, 1; 4, 13; AG 20, 6 ff; 2 Kr 2, 12; 2 Tm 4, 13), die hier nicht genannt werden, sondern die 7 vom Engel bezeichneten Gemeinden, welche sämtlich in Asien zu finden sind. Auch die Bestimmtheit, mit welcher 1, 4 von den 7 Geistern vor dem Throne Gottes geredet wird, wo man statt dessen nach Analogie von 2 Kr 13, 13; 1 Pt 1, 2 den einen Geist genannt finden möchte, von welchem doch auch Ap 2, 7; 14, 13; 22, 17 zu lesen ist, erklärt sich nur aus der Vision, in der sich der Geist dem Jo in Gestalt von 7 Fackeln vor Gottes Thron und von 7 Augen des am Thron Gottes stehenden Lammes dargestellt hatte 4, 5; 5, 6. Man mag die hiedurch bedingte Bestimmtheit des Ausdrucks in 1, 4 als schriftstellerisches Ungeschick bezeichnen, jedenfalls aber bezeugt sie die Herkunft des schriftlichen Berichts aus vorher erlebten Visionen.

Der Teilung des Inhaltes aller Visionen in Solches, was zur Zeit der Offenbarung bereits gegenwärtig existirt, und Solches, was in Zukunft sich ereignen soll (1, 19 A 6), entspricht die Teilung des Berichts in die beiden ungleichen Teile 1, 10—3, 22 und 4, 1—22, 9. Der erste Teil stellt eine einzige Vision dar. Christus, der sich eines Sonntags dem auf Patmos weilenden und in Ekstase versetzten Jo in priesterlichem Schmuck und als der in seiner Kirche waltende, mit dem Schwert seines Wortes diese richtende Herr darstellt, redet ununterbrochen zu dem zu seinen Füßen hingesunkenen Jo und durch ihn zu den „Engeln" der 7 Gemeinden. Wir hören am Schluß nichts vom Verschwinden der Erscheinung und vom Aufhören der Ekstase. Aber beides ist 4, 1 f. vorausgesetzt. Kein Zug des Bildes, welches während der ersten Vision vor Jo gestanden hat, geht in die neue Vision über. Wenn Christus später wieder erscheint, geschieht es in anderer Gestalt (5, 6; 19, 11); er redet auch niemals wieder im Gesicht zu Jo (über 22, 10—16. 20 s. A 4). Jo gerät aufs neue in Verzückung (4, 2), was voraussetzt, daß ihm das Tagesbewußtsein wiedergekehrt war, und auch die Bezeichnung der Stimme des zeigenden Engels als derselben, welche 1, 10 zu ihm geredet hatte, läßt den Anfang einer neuen Offenbarung erkennen. Das weitschichtige $\mu\varepsilon\tau\grave{\alpha}$ $\tau\alpha\tilde{\nu}\tau\alpha$ 4, 1 (cf 7, 9; 15, 5; Jo 5, 1; 6, 1) kann ebensogut Stunden und Tage als eine ganz kurze Pause anzeigen. Da Jo überhaupt von der Ausführung des Befehls, das Geschaute aufzuschreiben, nichts berichtet, so könnte eine Aufzeichnung der ersten Vision 1, 10—3, 22 in der Pause bis zur zweiten Vision erfolgt sein. In der zweiten Vision (4, 1—8, 1), welche gegen Ende durch zwei Episoden unterbrochen wird (7, 1—8. 9—17), fühlt Jo sich in den Himmel versetzt und schaut den auf seinem Thron sitzenden, mit den Attributen seiner Macht über die Welt ausgestatteten, von dem Senat seiner Geister umgebenen, unablässig von allen Himmelswesen anbetend gepriesenen Weltschöpfer und Weltregenten (c. 4). Erst nachdem Jo den Eindruck dieses Gesamtbildes empfangen, gewahrt er auf der rechten Hand des Thronenden ein $\beta\iota\beta\lambda\iota\nu$, welches nur auf seiner Innenseite beschrieben, auf der Rückseite aber mit 7 Siegeln verschlossen ist (5, 1 A 7). Da sich herausstellt, daß im ganzen Umkreis der Schöpfung Niemand zu finden ist, der im Stande wäre, durch Lösung der Siegel das $\beta\iota\beta\lambda\iota\nu$ zu öffnen und die in demselben enthaltene Schrift zu lesen, bricht Jo hierüber in lautes Weinen aus, wird aber durch einen der 24 Ältesten, die um den Thron Gottes sitzen, getröstet und auf den Löwen aus Judas Stamm hingewiesen, welcher einen Sieg gewonnen hat, kraft dessen er die 7 Siegel brechen und damit das Buch öffnen kann. Nun erst bemerkt Jo inmitten des Bildes ein auf halber Höhe des Thrones stehendes Lamm, welches die Spur seiner Schlachtung an sich trägt. Dieses empfängt unter den Lobgesängen der Geister des Himmels und zuletzt aller Kreaturen aus Gottes Hand jenes $\beta\iota\beta\lambda\iota\nu$ und bricht nach einander seine 7 Siegel (6, 1—8, 1). Wenn das Wort $\beta\iota\beta\lambda\iota\nu$ an sich sehr verschiedenen Vorstellungen Raum läßt, so war dasselbe doch für Leser jener Zeit durch die 7 Siegel auf seiner Rückseite ganz unmisverständlich gekennzeichnet. Wie bei uns vor Einführung der Postanweisungen Jedermann wußte, daß ein mit 5 Siegeln versiegelter Brief ein Geldbrief sei, so wußte jedes einfachste Glied der asiatischen Gemeinden, daß ein mit 7 Siegeln verschlossenes $\beta\iota\beta\lambda\iota\nu$ ein Testament sei (A 8). Wenn der Erblasser stirbt, wird das Testament hervorgeholt und, wo möglich, im Beisein der 7 Zeugen, die es versiegelt hatten, eröffnet d. h. entsiegelt, vorgelesen und dann ausgeführt. Bekanntlich haben die Christen der Urzeit, eingedenk des *omne simile claudicat* durch die Erwägung, daß die Aufrichtung eines Testaments den Tod des Erblassers als bevorstehend, sowie die Eröffnung und Ausführung eines solchen den Tod als eingetreten voraussetzt, daß aber Gott nicht stirbt (Hb 9, 16 f.), sich nicht abhalten lassen, die von Gott seinem Sohne und seiner Gemeinde zugedachten Güter und den Eintritt der Gemeinde in deren Besitz unter dem Bilde der

Erbschaft (des Erbes und des Erbens) vorzustellen und demgemäß auch die Zusicherung dieser Güter seitens Gottes mit einer letztwilligen Verfügung, einem Testament zu vergleichen. So Jesus selbst (Lc 22, 29 cf Mt 5, 5; 21, 38; 25, 34; Mr 12, 7; Lc 20, 14) und alle ntl Schrifsteller (Gl 3, 15—4, 7; Rm 8, 17 ff.; Eph 1, 14. 18; 5, 5; Kl 1, 12; 3, 24; 1 Pt 1, 4; Hb 1, 2; 6, 17; 8, 6; 9, 15 ff.; Jk 2, 5). So ist auch hier die mit 7 Siegeln verschlossene Urkunde ein leicht verständliches Sinnbild der Verheißung und Zusicherung der zukünftigen βασιλεία seitens Gottes an seine Gemeinde. Diese unwiderrufliche und darum mit der letztwilligen Verfügung eines Menschen über seine Güter vergleichbare Verfügung Gottes ist längst ergangen, verbrieft und versiegelt, aber noch nicht ausgeführt. Das Erbe ist noch im Himmel deponirt (1 Pt 1, 4), das Testament also noch nicht eröffnet und vollstreckt. Daß sein Inhalt durch die Propheten, durch Jesus und den in der Gemeinde waltenden Geist (1 Kr 2, 10) verkündigt und bis zu einem gewissen Grade bekannt geworden ist, hebt die Ähnlichkeit mit einem versiegelten, der Eröffnung noch harrenden Testament ebensowenig auf, wie mündliche Mitteilungen eines menschlichen Testators über den Inhalt seines Testaments die Wichtigkeit des letzteren und seiner Eröffnung. Abgesehen davon, daß die der Gemeinde verheißenen Erbgüter alle vorangehende menschliche Erfahrung, Vorstellung und Ahnung übertreffen werden (1 Kr 2, 7—9; 13, 12; 1 Jo 3, 2), und daß erst ihre tatsächliche Aushändigung ihre wahre Enthüllung sein wird (Rm 8, 18), so liegt der Vergleichungspunkt, um deßwillen die Verheißung der zukünftigen Herrlichkeit und Königsherrschaft mit einem versiegelten Testament verglichen wird, nicht sowohl darin, daß Niemand der Inhalt kennt, als darin, daß der Inhalt noch der Verwirklichung harrt Niemand ist befugt, das Testament zu eröffnen und damit den darin niedergelegten Willen Gottes ins Werk zu setzen, außer dem Lamm, welches sterbend wie ein Löwe gesiegt und die Gemeinde erlöst hat (5, 5. 9 f.). Der wiederkehrende Christus wird das Testament Gottes eröffnen und vollstrecken. Auch da hebt die Angemessenheit des Sinnbilds nicht auf, daß bei einer Testaments eröffnung die sämtlichen 7 Siegel auf einmal erbrochen und dadurch das Testament eröffnet wird, in der Vision aber die Siegel nach einander von dem Lamm erbrochen werden, und jede Siegelöffnung von einem visionären Vorgang begleitet wird (6, 1—17; 8, 1). Immerhin ist die Lösung der Siegel eines Testaments ein komplicirter, in 7 Handlungen zerlegbarer und vor allem ein die Eröffnung und Ausführung des Testaments vorbereitender Akt. Daher eignet er sich zu bildlicher Darstellung dessen, was der endgiltigen Erfüllung der Verheißung durch den wiederkehrenden Christus vorbereitend vorangehen muß. Die visionären Vorgänge bei den 6 ersten Siegelöffnungen haben natürlich nur diese Beziehung zum Inhalt des immer noch verschlossenen Testaments. Es muß 1) das Wort Gottes seinen Siegeslauf durch die Welt machen (6, 2, cf Mt 24, 14) es müssen 2) blutige Kriege kommen (v. 3 f. cf Mt 24, 6: Mr 13, 7), ferne 3) teuere Zeiten (v. 5 f.) und 4) partielle Seuchen (v. 7 f. cf Mt 24, 7; Lc 21, 11 sodann 5) blutige Verfolgungen der Gemeinde, deren Strafe noch auf sich warten läßt (v. 9—11 cf Mt 24, 9; Mr 13, 11—13); endlich aber 6) auch welterschütternde Naturereignisse, welche die irdischen Machthaber mit einem schrecklichen Vorgefühl des Zornes Gottes und des Lammes, für dessen Entladung nun der Tag gekommen ist, erfüllen werden (v. 12—17, cf Mt 24, 29 f.; Lc 21, 25; 23, 30). Nachdem so die das Ende vorbereitenden Ereignisse bis dicht vor den Tag der Parusie geführt sind, kann die 7. Siegelöffnung nur die Parusie selbst bringen. Dies ergibt sich aber auch aus dem Bild des 7 fach versiegelten Testaments selbst; denn mit der Lösung des 7. Siegels ist das Testament eröffnet und wird nun ausgeführt. Anstatt daß aber dieser Akt dargestellt oder in Worten ausgesprochen würde, tritt im Himmel, in welchem Jo seit 4, 1 sich befindet, ein etwa halbstündiges Stillschweigen ein (8, 1), und es folgt weder hier noch im weiteren Verlauf etwas, was als Begleiterscheinung der 7. Siegelöffnung aufgefaßt werden könnte. Wenn somit an die Stelle einer visionären Schilderung der Testamentseröffnung d. h. der Einsetzung der Gemeinde in das ihr von Gott zugesicherte Erbe durch Christus, den Eröffner und Vollstrecker des Testaments, diese andauernde Stille tritt, so kann damit nicht nur gesagt sein, daß dieser durch die 6 Siegelöffnungen vorbereitete Akt jetzt nicht oder überhaupt nicht in Wort oder Bild dargestellt werden soll, sondern es muß die Stille ein Bild des Zustands sein, welcher damit für die Gemeinde eingetreten ist. Gottes Volk ist in die ihm verheißene Sabbathruhe eingegangen (Hb 4, 1—11). Dies war um so leichter zu verstehen, als die beiden eingeschobenen Episoden (7, 1—8. 9—17) die sich aufdrängende Frage beantworten, welches während der zuletzt angedeuteten welterschütternden Ereignisse unmittelbar vor der Parusie (6, 12—17), die jetzt wieder unter dem neuen Bilde eines verheerenden Sturmes beschrieben werden (7, 1 ff.), die Lage der Gemeinde sein werde. Die erste Antwort lautet: 144 000 aus dem Volk Israel werden vor diesem Weltsturm bewahrt und durch denselben hindurchgerettet werden (7, 3—8). Die weitere Frage aber, wie es dann um die viel größere, aus allen Völkern gesammelte Gemeinde (7, 9 cf 5, 9) bestellt sein werde, wird durch die zweite Episode beantwortet: sie sind aus der bekannten letzten Drangsal der Gemeinde (7, 14 cf Mt 24, 15—28), welche schon 3, 10 und 6, 11 [b] angedeutet war, sterbend in den Himmel eingezogen und genießen dort selige Ruhe.

Der Eindruck, daß die Stille im Himmel nach der letzten Siegelöffnung etwa $^{1}/_{2}$ Stunde gewährt habe (8, 1), mußte für das Bewußtsein des Jo, vor dessen Auge die Vision von 4, 1—8, 1 in viel kürzerer Zeit vorübergegangen sein muß, einen tiefen Einschnitt gebildet haben. Es bringt 8, 2—11, 18 eine dritte Vision, welche ebenso wie die zweite vor dem 7. Siegel durch zwei Episoden (10, 1—11; 11, 1—14) vor dem 7. Trompetenstoß unterbrochen wird. Wir hören 8, 2 nicht wie 4, 2 von einer neuen Entzückung; es bleibt der Schauplatz und der Standort des Jo der gleiche, wie in 4, 2—8, 1; aber es folgt nichts, was an die Eröffnung und Vollstreckung des Testaments durch den wiederkehrenden Christus angeschlossen werden könnte, sondern beginnt hier eine hinter diesen Moment zurückgreifende und zwar, wie die Rückbeziehung auf 7, 3 in 9, 4 zeigt, unmittelbar vor die Parusie zurückversetzende Darstellung. In folge der 4 ersten Trompetenstöße 8, 6—12, welche durch v. 13 von den drei folgenden abgesondert werden, treten Schädigungen des Naturlebens ein, die immer nur einen Teil der Erde betreffen; in folge des 5. und 6. Trompetenstoßes solche Gerichte, welche die Menschen selbst treffen, ohne sie doch zur Buße zu bewegen (9, 1—21). Bei dem 7. Trompetenstoß, welcher durch 9, 12; 11, 14 trotz seiner Trennung durch die Episoden in 10, 1—11, 14 enge mit dem 5. und 6. verbunden ist, wird wiederum wie bei der 7. Siegelöffnung nicht dargestellt, was dann geschieht, sondern wie dort durch das Schweigen, so hier durch die Lobgesänge im Himmel ausgedrückt, was bei dem 7. Akt geschieht. Gott und Christus haben die Weltherrschaft angetreten (11, 15), Gott ist nicht mehr den in Zukunft kommende (11, 17 cf dagegen 1, 4 ὁ ἐρχόμενος), sondern ist zum Gericht, zur Strafe der Feinde und zur Belohnung der Frommen gekommen Es ist wirklich „die letzte Posaune" gewesen, von welcher die christliche Prophetie auch sonst geredet hatte (1 Kr 15, 52; 1 Th 4, 12). Es ist, wie schon 10, 7 im voraus angekündigt war, wiederum das Ende erreicht, wie 8, 1. Aber geschildert ist es nicht. Die erste Episode drückt den Gedanken aus, daß Jo zwar nicht Alles, wovon er im Gesicht einen Eindruck bekommt, der Gemeinde mitteilen soll (10, 4), daß er aber doch noch mehr als bisher von den Gerichten Gottes über die Völker später erfahren und der Gemeinde verkündigen soll (10, 8—11). Einen Gegensatz zu den Heiden bildet Jerusalem, die ehemals heilige Stadt, welche aber jetzt zur Strafe der Kreuzigung Jesu gleich Sodom und Ägypten nahezu vernichtende Gerichte erfahren hat (A 9). In die aus Dan 7, 25; 12, 7. 11 bekannte Zeit der letzten antichristlichen Drangsal werden wir durch die Zeitangabe v. 2 f. versetzt. Sie wird auch Jerusalem erreichen (Mt 24, 15—24) und gerade dort in der Tötung der beiden Propheten, die noch ein letzter Schutz der Gemeinde sein werden, seitens des Antichrists ihren Gipfel erreichen; aber ein heiliger Bezirk und eine Gemeinde der wahren Anbeten Gottes bleibt vor dem Antichrist beschirmt (11, 1 f. cf 7, 3—8; 9, 4), und selbst die nicht dazu gehörige Bevölkerung Jerusalems wird nach schwerem Gericht Buße thun (11, 13).

Eine vierte Vision 11, 19—14, 20 wird eingeleitet durch einen Blick auf die im Allerheiligsten aufgestellte Bundeslade. Die Anschauungsformen sind dem atl Heiligtum entlehnt, aber die Ausdrucksformen zeigen, daß die technischen Ausdrücke nicht als abgeschliffene Namen der Dinge, sondern nach ihrem Vollsinn und als Sinnbilder für Höheres gebraucht sind. Es handelt sich um den Tempel Gottes im Himmel, in dem keine Scheidewand mehr den Blick ins Allerheiligste verwehrt (Mt 27, 51; Hb 6, 19 f.; 9, 8—12), und was Jo zu sehen bekommt, ist die Lade, in welcher die διαθήκη Gottes niedergelegt ist, nicht mehr die längst verschwundenen Gesetzestafeln, sondern die Urkunde des ewiggiltigen

Testamentes Gottes. Die Vorstellung ist ähnlich mit der des versiegelten Testamentes in 5, 1, nur mit dem Unterschied, daß dort die Formen den heidnisch weltlichen Rechtseinrichtungen, hier den heiligen Einrichtungen Israels entlehnt sind. Dort handelte es sich um das, was Gott seiner aus allen Völkern mit Einschluß Israels gesammelten Gemeinde zugesagt hat, hier um das, was er seiner Gemeinde zugesagt hat, sofern sie die Fortsetzung der atl Gemeinde ist und in einem gläubigen Israel ihr Ziel findet. Die ersten Leser, welchen diese schon in der Weissagung Jesu angedeutete, bei Pl entwickelt vorliegende Anschauung nicht fremd gewesen sein kann, und welchen die hauptsächlich an das Buch Daniel angeschlossenen Verkündigungen der christlichen Prophetie von dem letzten Kampf der gottwidrigen Weltmacht gegen die Gemeinde und vom Antichrist geläufig waren (1 Jo 2, 18, oben S. 576 A 5, auch Bd I, 162 ff.), werden die Vision 11, 19—14, 20 leichter verstanden haben, als wir. Sie ist durchaus eschatologischen Charakters im engsten Sinn. — Das Gleiche gilt nach 15, 1 und 16, 17 ($\gamma\acute{\epsilon}\gamma o\nu\epsilon\nu$) von der fünften Vision 15, 1—16, 17, worin die letzten mit den Plagen Ägyptens vergleichbaren, die Menschheit vergeblich zur Buße rufenden Strafgerichte unter dem Bilde von 7 Engeln, welche Schalen voll des Zornes Gottes ausschütten, dargestellt werden. — In der durch 16, 18—21 eingeleiteten sechsten Vision 17, 1—18, 24 wird ein schon früher 14, 8; 16, 19 berührtes Moment, das Gericht über Babylon, die antichristliche Welthauptstadt, im Rückblick auf ihre Geschichte geschildert. Die hieran sich anschließenden Lobgesänge preisen den Fall Babylons als Anfang der Königsherrschaft Gottes und als einen letzten Vorgang vor der Hochzeit des Lammes d. h. vor der endgiltigen Vereinigung der nun dazu bereiten Gemeinde mit Christus (19, 1—8), an welcher aber nach dem Wort des zeigenden Engels (19, 9—10) nicht nur die dann Lebenden, sondern alle die, welche je der Einladung zur Hochzeit gefolgt sind und das Zeugnis Jesu festgehalten haben, teilhaben werden. Damit ist die siebente Vision 19, 11—21, 8 eingeleitet. Was bereits 8, 1, dann wieder 11, 15—18 anleutend vorweggenommen und 19, 7 als unmittelbar bevorstehend angekündigt wurde, kommt nun endlich zur Darstellung. Jesus selbst tritt auf den Schauplatz, um nach Überwindung des Antichrists und Bändigung Satans seine 1000jährige Königsherrschaft auf Erden anzutreten, an welcher mit der sein Kommen erlebenden Gemeinde auch die bis zum Tode treu Gebliebenen, die dann auferweckt werden, teilhaben sollen. Erst nach Ablauf des Jahrtausends folgt das allgemeine Gericht, die Vernichtung des Todes und die Herstellung einer neuen Welt. In dieser neuen Welt befindet sich auch ein neues Jerusalem. Eben dieses wird in einer letzten achten Vision 21, 8—22, 5 (oder —22, 15) dem Jo vor Augen gestellt, aber nicht wie es als ein Bestandteil der neuen Welt zu denken ist, sondern so, wie es während der Königsherrschaft Christi der verklärte mittelpunkt einer noch nicht vollendeten Welt ist, um nach Ablauf der Königs-Herrschaft Christi in die neue und ewige Welt überzugehen (A 10). Überaus

passend schließt hiemit die Reihe der Gesichte; denn nicht auf die uferlose
Ewigkeit, sondern auf das Kommen Jesu zur Vereinigung mit seiner Gemeinde
und auf seine zeitlich beschränkte, aber in die Ewigkeit ausmündende Königsherrschaft ist die Sehnsucht der Gemeinde gerichtet (22, 17. 20).

Vorstehender Versuch, die Anlage der Ap zu skizziren, sollte auch die trotz
alles Mangels an schriftstellerischer Kunst einleuchtende Einheit des Buchs zur
Darstellung bringen. Wie dies nur durch eine vollständige Auslegung in überzeugender Weise geschehen könnte, so wäre es auch vergebliche Mühe, die
mannigfaltigen Hypothesen widerlegen zu wollen, wodurch die Ap als ein aus
verschiedenen teils jüdischen teils christlichen Schriften zusammengesetztes Machwerk dargestellt wird (A 11). Keiner der Erfinder solcher Hypothesen hat sich
mit der bis in den Kreis und in die Zeit, aus welcher die Ap stammt, hinaufreichenden Überlieferung über ihren Ursprung wirklich auseinandergesetzt.
Keiner scheint die unleugbare Tatsache auch nur einmal ernstlich erwogen zu
haben, ohne welche doch die Geschichte des Buchs ganz unbegreiflich würde, daß
nämlich das Buch, wie es fordert, den dem Vf persönlich nahestehenden Gemeinden Asiens sofort nach seiner Vollendung übergeben, dort als ein Werk des
diesen Gemeinden wohlbekannten Jo und als ein wahrhaftiger Bericht desselben
über erlebte Visionen aufgenommen und vor versammelter Gemeinde gelesen
worden ist. Keiner dieser Gelehrten hat seine Hypothese durch eine auch den
bescheidensten Ansprüchen genügende Auslegung des Buchs bewährt. Einzelnes,
was zu berichtigen wäre, ist bereits gesagt. Anderes wird in § 73—75 zur
Sprache kommen.

1. Bei keinem Buch ist die literarhistorische Untersuchung, welche sich ohne die
Schutzwehr eines ausgeführten Kommentars hervorwagen muß, in so übler Lage, wie
bei der Ap, deren Schreibart allein schon, auch abgesehen von der Fremdartigkeit des
Inhalts, das Verständnis sehr erschwert und die wunderlichsten Erklärungen hervor-
gerufen hat. In bezug auf 1, 1—2 sei nur bemerkt, daß $\dot{\varepsilon}\sigma\acute{\eta}\mu\alpha\nu\varepsilon\nu$ $\dot{\alpha}\pi\sigma\sigma\tau\varepsilon\acute{\iota}\lambda\alpha\varsigma$ $\delta\iota\grave{\alpha}$ $\varkappa\tau\lambda.$
(cf Mt 11, 2) sachlich zusammenfällt mit dem gleichfalls auf die ganze Ap bezüglichen
$\dot{\alpha}\pi\acute{\varepsilon}\sigma\tau\varepsilon\iota\lambda\varepsilon\nu$ . . $\delta\varepsilon\tilde{\iota}\xi\alpha\iota$ 22, 6; $\check{\varepsilon}\pi\varepsilon\mu\psi\alpha$ . . $\mu\alpha\rho\tau\nu\rho\tilde{\eta}\sigma\alpha\iota$ 22, 16, nur daß $\sigma\eta\mu\alpha\acute{\iota}\nu\varepsilon\iota\nu$ näher die in
Andeutungen, Bildern, uneigentlichem Ausdruck erfolgende Weissagung zukünftigen
Ereignisse (Jo 12, 33; 18, 32; 21, 19; AG 11, 28), $\delta\varepsilon\iota\varkappa\nu\acute{\nu}\nu\alpha\iota$ mehr das Sehenlassen
der Bilder, in welchen die unsichtbaren und zukünftigen Dinge sich dem Seher dar-
stellen, bezeichnet. Zu der Vorstellung des zeigenden Engels cf Sach 1, 9; 3, 1; 4, 1;
Herm. mand. prooem. § 5; sim. IX, 1, 1—3 und meinen Hirten des Hermas S. 274ff
Durch diesen Engel wird, auch ohne daß er sichtbar wird, das visionäre Hören und
Schauen des Jo gewirkt (4, 1). Vermöge der dortigen Rückweisung auf 1, 10 gilt das
Gleiche von der ersten Vision 1, 10—3, 22, wie nach 1, 1; 22, 6. 8. 16 von dem gesamten
visionären Inhalt des Buchs. Erst 17, 1; 19, 9—10; 21, 9—15; 22, 1. 6—9 tritt der
zeigende Engel als eine dem Jo sichtbare und mit ihm verkehrende Person auf. Daß
derselbe ihm als einer der 7 Engel mit den Zornesschalen aus 15, 1—7 sich darstellt,
hält ihn nicht ab, ihn als den einen ihm alle Visionen vermittelnden Engel vorzustellen.
Sowenig aus 1, 1 und 22, 6 oder aus AG 12, 11 gefolgert werden soll, daß Jesus und
Gott nur einen einzigen Engel zur Verfügung haben, oder aus der Artikellosigkeit von
$\check{\alpha}\gamma\gamma\varepsilon\lambda\sigma\varsigma$ Mt 1, 20; 2, 13. 19, daß immer wieder andere Engel dem Joseph erschienen

sind, so wenig will Jo durch den Bericht von den visionären Eindrücken, die er empfangen, über die Engelpersonen dogmatisch oder statistisch belehren. Daß nach 1, 10 f. der Eintritt der Ekstase vor dem Ersten, was Jo durch Wirkung des Engels hört und sieht, erwähnt wird, 4, 2 dagegen die Ekstase erst als eine Folge der Ansprache der Engelsstimme erscheint, begründet keinen Unterschied; denn auch 4, 1 sieht Jo bereits Solches, was er mit wachen Sinnen nicht sehen konnte. Er wird in 4, 1 f. genau die Empfindung wiedergeben, deren er sich erinnert, und von welcher Leute, wie ich, die sich keiner Visionen rühmen können, nur nach Analogie des Einschlafens und des Träumens sich eine Vorstellung machen können. Noch ehe das Tagesbewußtsein völlig geschwunden ist, sieht er bereits eine geöffnete Tür am Himmel. Als er dann wieder dieselbe Stimme wie bei Beginn der ersten Vision hört, fühlt er sich völlig seiner irdischen Umgebung entrückt und in den Himmel versetzt (2 Kr 12, 2). So verwirklicht sich das Gebot des Engels, zum Himmel emporzusteigen, und durch die folgende Vision verwirklicht sich die Ankündigung des Engels $\delta\varepsilon\iota\xi\omega$ $\sigma o\iota$. — Daß $\dot\varepsilon\gamma\varepsilon\nu\acute o\mu\eta\nu$ $\dot\varepsilon\nu$ $\pi\nu\varepsilon\acute\nu\mu\alpha\tau\iota$ 1, 10; 4, 2 = $\gamma\varepsilon\nu\acute\varepsilon\sigma\vartheta\alpha\iota$ $\dot\varepsilon\nu$ $\dot\varepsilon\kappa\sigma\tau\acute\alpha\sigma\varepsilon\iota$ AG 22, 17 (10, 10; 11, 5 opp. $\dot\varepsilon\nu$ $\dot\varepsilon\alpha\nu\tau\tilde\omega$ $\gamma\varepsilon\nu\acute o\mu\varepsilon\nu o\varsigma$, wie $\tau\tilde\omega$ $\pi\nu\varepsilon\acute\nu\mu\alpha\tau\iota$—$\tau\tilde\omega$ $\nu o\ddot\iota$ 1 Kr 14, 15. 19) die Versetzung in den ekstatischen Zustand bezeichnet, halte ich eines Beweises nicht für bedürftig.

2. Über ntl Prophetie gelegentlich schon. Bd I, 163 ff. 357 f. 467. 475—480, in bezug auf $\tau\grave o$ $\pi\nu\varepsilon\tilde\nu\mu\alpha$ Bd I, 148 A 1; 167 A 2; 170 A 6; II, 343. Die ausgibigste Quelle ist 1 Kr 14, wonach beides gleich sehr festzuhalten ist, daß die Propheten im Unterschied von den Zungenrednern im Zustand der Selbstbewußtheit und Dispositionsfähigkeit, sowie in sprachlich wie logisch verständlicher Form reden, und daß sie im Unterschied von den nicht prophetisch begabten Lehrern und Predigern nicht auf Grund ihres Nachdenkens, Forschens und Schließens, sondern immer nur auf Grund einer ad hoc empfangenen $\dot\alpha\pi o\kappa\acute\alpha\lambda\upsilon\psi\iota\varsigma$ reden (1 Kr 14, 30 cf v. 6. 26; Eph 3, 5). Für die Kritik, welcher auch die auf Inspiration beruhende Rede der Propheten bedarf, cf 1 Th 5, 19—22; 1 Kr 14, 29; Rm 12, 6 und meinen Vortrag über die bleibende Bed. des ntl Kanons S. 36—46. — Auf ntl Propheten bezieht sich Ap 18, 20. 24 (cf 16, 6; 17, 6; 19, 2 oben S. 22 A 4), und 10, 7; 11, 18 nur von den atl Propheten mit Ausschluß der ntl zu verstehen, ist unveranlaßt. Es ist eine einzige Kette, die von den ältesten Propheten des AT's bis zu Jo, ihrem jüngsten Bruder, reicht (22, 6. 9). — Der Begriff des Pseudopropheten kann bei Vergleichung von $\psi\varepsilon\upsilon\delta\acute\alpha\delta\varepsilon\lambda\varphi o\varsigma$ und $\psi\varepsilon\upsilon\delta\alpha\pi\acute o\sigma\tau o\lambda o\varsigma$ nicht zweifelhaft sein. Dies sind auch nicht Apostel und Christen, welche die Gewohnheit haben zu lügen, sondern Leute, die sich für Christen oder Apostel ausgeben, ohne es zu sein, cf oben S. 69 A 2.

3. Lücke, Komm. über die Schriften des Ev Jo IV, 1 (1832): „Versuch einer vollst. Einl. in die Off. Jo und die gesamte apok. Lit." hat letzteren Begriff eingeführt. Ich schrieb Einiges dagegen in meinem Buch über den Hirten des Hermas (1868 S. 70 ff.), welcher ebensowenig wie die Ap in die apok. Literatur hineinpaßt, und in den „apokalyptischen Studien" (Ztschr. f. k. Wiss. 1885 S. 523 ff.). Letztere citire ich im Folgenden als Ap. Stud. I (Jahrg. 1885) und II (Jahrg. 1886). Verwirrend hat auf die Auslegung der Ap gewirkt die an sich ganz richtige Bemerkung von Herder (Maranatha, 1779, S. 13, WW. ed. Suphan IX, 111), daß man die Bilder oder alle Bilder der Ap nicht malerisch darstellen dürfe. Dürer und Cornelius wußten, was sich zeichnen oder malen läßt. Daraus folgt aber nicht, daß man die wechselnden Bilder nicht in der Phantasie zu reproduciren brauche, um sie zu verstehen.

4. Es wird 22, 21 entweder mit A $\mu\varepsilon\tau\grave\alpha$ $\pi\acute\alpha\nu\tau\omega\nu$ ohne $\tau\tilde\omega\nu$ $\dot\alpha\gamma\acute\iota\omega\nu$ (so B, dazu S^{a} noch $\alpha\dot\upsilon\tau o\tilde\upsilon$) und vollends ohne $\dot\upsilon\mu\tilde\omega\nu$, oder mit $\aleph$ $\mu\varepsilon\tau\grave\alpha$ $\tau\tilde\omega\nu$ $\dot\alpha\gamma\acute\iota\omega\nu$ zu lesen sein. Das $\dot\upsilon\mu\tilde\iota\nu$ 22, 16 spricht nicht Jo, sondern Jesus, welcher 22, 12 (oder 10) —16 noch einmal zu Jo redet, also diesen mit den übrigen Christen in dieser Anrede zusammenfaßt.

Übrigens steht diese Schlußansprache Christi selbst, sowie das einzelne Wort Jesu 22, 20a ebenso außerhalb der Visionen, deren Reihe mit 22, 8—9 (oder —11) abgeschlossen ist, wie die Rede Gottes 1, 8. Gott und Christus reden durch den Propheten d. h. durch den das Buch verfassenden Jo, ohne daß ihm Gott bei 1, 8 oder Christus bei 22, 12—16. 20 sichtbar würde.

5. Völter, Entstehung der Ap 2. Aufl. 1885 S. 8f., welcher den späteren Ursprung von 1, 1—3 im Verhältnis zu 1, 4—6 schon dadurch beweisen wollte, daß Jo in v. 4—6 sich selbst·einführe und zu den Lesern in Beziehung setze, v. 1—3 dagegen „in einer Objektivität gehalten sei, wie sie in den Mund des Apostels Jo nicht passen will", be-. dachte nicht, daß dies das Verhältnis des Buchtitels gleichviel, ob er vom Vf berührt oder später erst beigefügt worden ist, zu dem Buch zu allen Zeiten war und ist. Bei den Hebräern (Jer 1, 1—3 und 1, 4) und den Griechen (Herodot I, 1 Ἡροδότου Ἁλικαρ-νησσέος ἱστορίης ἀπόδεξις. ἥδε κτλ. und dagegen II, 23 ἔγωγε οἶδα und überall, wo er von sich als Forscher und Erzähler redet), wie bekanntlich bei allen Europäern bis heute redet der Vf im Buchtitel von sich als einem Dritten (*edidit*) wo möglich mit allen seinen Titeln, als ob er sich eine Grabschrift setzte, und erlaubt sich doch in der Vorrede und im Verlauf des Buchs Ich oder Wir zu sagen und in der Dedikationsepistel, bei den Alten auch im Verlauf oder am Schluß des Buchs (oben S. 478 A 1), den Freund mit Du anzu-reden. Dagegen wäre ein Ich oder Wir im Buchtitel in ernsthaften Büchern eine Stil-widrigkeit, welche sich nur etwa ein Romanschreiber, gleichsam in Anführungszeichen, erlauben mag: „Graham und ich", „*We two*", „Meine Frau und ich".

6. Wenn dem Jo, schon ehe er irgend etwas sieht, durch die Stimme des zeigenden Engels geboten wird: ὃ βλέπεις γράψον εἰς βιβλίον 1, 11 und sodann 1, 19 mit einem auf v. 11 zurückweisenden οὖν durch Christus selbst: γράψον οὖν ἃ εἶδες καὶ ἃ εἰσὶν καὶ ἃ μέλλει γενέσθαι μετὰ ταῦτα, so sollte es sich von selbst verstehen, daß Jo nicht im Zustand der Ekstase und etwa Schritt für Schritt die visionären Vorgänge begleitend oder in wachen Momenten, welche die Ekstase unterbrochen hätten, das Geschaute aufzeichnen solle. Für solche wache Momente ist jedenfalls vor 4, 1 kein Raum. Jesus setzt ohne Unterbrechung seine Rede fort 1, 17—3, 22. Eine Aufzeichnung aber während des ek-statischen Zustandes würde, abgesehen davon, daß es ebenso wie das Niederfallen (1, 17) berichtet sein müßte, und daß die ganze dramatische Lebendigkeit der visionären Vorgänge dadurch aufgehoben wäre, völlig zwecklos sein. Denn eine so entstehende Schrift würde selbst nur visionärer Natur sein, d. h. beim Erwachen des Sehers aus dem ekstatischen Zustand ebensowenig objektive Existenz haben, als Alles, was er in der Ekstase gesehen hat. Wie das Praes. βλέπεις v. 11 den Wert eines Fut. hat, so der Aor. εἶδες den eines Fut. exact. cf 10, 7; 15, 1, und wie jenes, so bezieht auch dieses sich auf Alles, was Jo überhaupt in Ekstase zu sehen bekommt. Dem entspricht es, daß das, was Jo sehen und, nachdem er es gesehen hat, aufzeichnen soll, geteilt wird in gegenwärtig bestehende Dinge und zukünftige Ereignisse. Ersterer Art ist über-wiegend der Inhalt von c. 2—3, letzterer Art überwiegend der Inhalt von c. 4—22. Die Teilung des Inhalts der sämtlichen folgenden Visionen ist ebenso a potiori zu verstehen, wie die ungeteilte Bezeichnung des gesamten Inhalts 1, 1; 22, 6. Die Auslegung von Spitta (Offenb. des Jo 1889 S. 29) „was Du bisher gesehen hast und was es bedeutet, und was sich weiter ereignen d. h. weiter von Dir geschaut werden soll" scheint mir nach der sprachlichen, wie nach der logischen Seite keiner Widerlegung bedürftig. Ebenso wie 1, 11. 19 ist γράψον natürlich auch 2, 1. 8. 12. 18; 3, 1. ,7. 14 zu verstehen, als ein Gebot, nach Ablauf der Vision in das Buch, welches er nach 1, 11 schreiben und an die 7 Gemeinden schicken soll, diese an die einzelnen Gemeinden gerichteten Worte aufzunehmen. Es sind das nicht selbständige Briefe, sondern nur als Bestandteil des Buchs, welches als Ganzes den 7 Gemeinden zugesandt wird (1, 4), empfängt jede Ge-

meinde das ihr sonderlich gesagte Wort Christi. Das Gleiche gilt von dem γράψον 14, 13; 19, 9; 21, 5. Einzelne Worte sollen dadurch als besonders beachtenswert bezeichnet werden. Auch durch 10, 4 kann nicht die Ansicht begründet werden, daß Schreiben und Schauen gleichzeitig stattgefunden haben solle. Weil Jo die Aufzeichnung der 7 fachen Donnerstimme als ebenso von Gott verboten, wie die Aufzeichnung der übrigen Visionen als geboten ansehen soll, muß sich innerhalb der Vision der Wunsch in ihm regen, das Gehörte aufzuzeichnen. So prägt sich das Verbot um so kräftiger ein.

7. Als echter Text von 5, 1 kann nur gelten γεγραμμένον ἔσωθεν καὶ ὄπισθεν κατεσφραγισμένον σφραγῖσιν ἑπτά (A, manche min., Cypr. test. II, 11, also die älteste lat. Bibel; Orig. in ps. 1 Delarue II, 525 cf Epiph. haer. 64, 6; S³). Da man früh die Neigung empfand, καὶ ὄπισθεν mit dem Vorigen, statt mit dem Folgenden zu verbinden (S² [die von Gwynn 1897 herausgegebene ältere syr. Version] schob ein καί, S³ ein Relativ vor κατεσφραγ. ein), so war unvermeidlich, daß man die Inkongruenz zwischen „innen“ und „hinten“ zu beseitigen bemüht war und teils ἔξωθεν für ὄπισθεν (B [hier = Vatic. 2066 saec. VIII] P, aber auch schon Hippol. in Dan. ed. Bonwetsch 276, 1; Orig. Philoc. ed. Robinson 37, 10; Primas. Forsch IV, 95; S²). teils ἔμπροσθεν für ἔσωθεν schrieb (ℵ Orig. Philoc. p. 46, 15). Steht demnach die inkongruente LA ἔσωθεν und ὄπισθεν fest, so folgt auch, daß ἔσωθεν hier ebensowenig wie 4, 8 ein Korrelat bei sich hat, als welches nur ἔξωθεν dienen könnte (Mt 23, 25. 27. 28; Lc 11, 40; 1 Kr 5, 13; 2 Kr 4, 16), und daß καὶ ὄπισθεν, wie schon Grotius trotz seines fehlerhaften Textes sah, mit κατεσφρ. zusammengehört. Es ist also die Vorstellung einer auf beiden Seiten beschriebenen Papyrusrolle, eines sogen. Opistographon aufzugeben (gegen Birt, Das antike Buchwesen S. 506). Ein so ärmliches Schriftstück gäbe auch eine unschickliche Vorstellung von diesem auf der Hand des Allmächtigen ruhenden Buch, woran das Heil der ganzen Welt hängt. Daß es keine Rolle war, ergibt sich schon aus ἐπὶ τὴν δεξιάν, statt dessen es ἐν τῇ δεξιᾷ heißen müßte (1, 16; 2, 1; 10, 2. 8; Ez 2, 9), wenn vorgestellt werden sollte, daß Gott eine Rolle in der Hand halte. Von der flachen Hand, auf welcher Jo das βιβλίον liegen sieht, würde eine Rolle herunterfallen, wenn man nicht seltsame Balancirbewegungen annehmen will. Es würde dann auch von der Erschließung des Buchs, welche dem Sehen und Lesen der Schrift vorangehen muß, nicht 4 mal ἀνοῖξαι gebraucht sein und zwar neben dem Lösen der Siegel (v. 2), sondern ἀνειλεῖν (Ez 2, 10), ἀνελίσσειν (revolvere im Gegensatz zu ἐλίσσειν Ap 6, 14) oder ἀναπτύσσειν wie Lc 4, 17 sicher zu lesen ist. Daß das β. nicht auch außen beschrieben war, ergibt sich ferner aus der siebenfachen Versiegelung, welche ja nur den Zweck hat, die Öffnung des β. und damit jedes Sehen und Lesen seines geschriebenen Inhalts unmöglich zu machen. Erst wenn das letzte Siegel gebrochen ist, ist das β. geöffnet und das Geschriebene zu sehen und zu lesen. Es bildet dieses βιβλίον den äußersten Gegensatz zu dem geöffneten βιβλαρίδιον 10, 2. 9; Ez 2, 8—3, 3. Es ist nicht ein gerolltes Blatt oder eine größere Buchrolle, sondern hat die Form des Codex oder Codicillus d. h. des modernen Buchs. Daß es innen beschrieben war, sieht Jo natürlich nicht, da er nur ein verschlossenes β. sieht, aber er empfängt im Gesicht diesen Eindruck, wie wir im Traum mit Gegenständen, die wir sehen, Vorstellungen verbinden, welche nicht sinnlich sich darstellen cf Gen 40, 16. So sieht er auch schwerlich die 7 Siegel; denn diese sind an der Rückseite angebracht, d. h. doch sicherlich nicht an der dem Seher zugewandten, nach oben liegenden, sondern an der von ihm abgewandten, auf der Hand des Thronenden aufliegenden Seite. Daß das βιβλίον nicht aus leeren Blättern besteht, sondern in demselben etwas geschrieben ist, versteht sich freilich von selbst. Es war aber doch nicht überflüssig dies zu sagen; denn z. B. ein Brief, welcher gelegentlich auch βιβλίον heißt, hat eine äußere Adresse, eine Urkunde einen außen aufgeschriebenen Registraturvermerk, ein literarisches Werk einen außen angeklebten Titel, wodurch eine Vorstellung vom

Inhalt gegeben ist. Dieses β. ist nur von innen beschrieben. Was es enthält, kann Niemand wissen, bis die Siegel gelöst sind. Nur eine Ahnung von seinem Inhalt gibt die 7fache Versiegelung.

8. E. Huschke, Das Buch mit 7 Siegeln, 1860, hat im Anschluß an seine Abhandlung über die in Siebenbürgen gefundenen Wachstafeln Ztschr. f. gesch. Rechtswiss. XII, 173 ff. das wesentlich Richtige zuerst gesagt, nur daß er, abgesehen von der Beibehaltung mancher alter exegetischer Vorurteile, ohne Not dem Begriff des Testaments, von welchem doch (Huschke S. 15) das Verfahren erst auf andere Urkunden übertragen ist, den allgemeineren Begriff der gerichtlich giltigen Urkunden substituirt. Das sogen. prätorische Testament mußte auf der Außenseite und zwar auf den Fäden, womit die Urkunde, nach altem Brauch mit Wachs überzogene Holztäfelchen, aber auch Pergament- und Papyrusblätter (Dig. 37, 11, 1), verschnürt waren, die Siegel der 7 obligaten Zeugen und zur Seite derselben deren Namen tragen. Cf Pauly RE VI, 1720 ff.; Marquardt, Röm. Privatleben, 2. Aufl. S. 805 f.; Bruns, Fontes jur. Rom. ed. 5 p. 292—303, besonders p. 302. In berl. Aeg. Urk. nr. 361 col. 3 l. 12 *καὶ περὶ τῆς διαϑήκης δὲ ἀποκρίνομαι, ὅτι ἐν πάσαις ταῖς διαϑήκαις ἑπτά εἰσιν σφραγισταὶ κτλ.* Cf dort das wirkliche Testament nr. 326; ferner The Oxyrhynchos Papyri ed. Grenfell and Hunt I, 171 nr. 105 mit den inwendig im Testament enthaltenen Aufzeichnungen und Siegelabdrücken des Testators selbst und von 6 Zeugen.

9. Das praes. *καλεῖται* 11, 8 ist ebenso wie *ἐσταυρώϑη* vom Standpunkt der Gegenwart des Buchs geredet. Nun ist aber Sodom neben Gomorrha nicht einfach Typus einer sündigen Stadt, sondern einer um ihrer Sünden willen gerichteten Stadt Jes 13, 19; Jer 50, 40; Mt 10, 15; 11, 23; 2 Pt 2, 6; Ju 7. Daher sagt Jesaja vor der ersten und Pl vor der zweiten Zerstörung Jerusalems, daß Israel mit Sodom und Gomorrha gleichgestellt sein würde, wenn Gott ihm nicht einen Rest gelassen hätte (Jes 1, 9; Rm 9, 29), dagegen Ezechiel (16, 48—50) nach der ersten Zerstörung Jerusalems, daß Jerusalem eine Schwester Sodoms geworden sei; ebenso Jo hier nach der zweiten Zerstörung des J. 70.

10. Man scheint 21, 2 so verstehen zu müssen, daß Jo das Herabkommen des bis dahin im Himmel befindlichen Jerusalems und zwar als einen der Herstellung der neuen Welt folgenden Vorgang schaut. Dagegen spricht aber die Analogie von 21, 10, wo dies noch deutlicher gesagt zu sein scheint und doch nicht der Vorgang des Herabkommens, sondern die bereits auf dem Berge erbaute Stadt gezeigt wird. Ferner ist das neue Jerusalem die Braut Jesu, welche bei der Parusie, also bei Beginn und nicht nach Ablauf des Milleniums mit ihm Hochzeit feiert (21, 2. 9; 19, 7). Es wird also zu beachten sein, daß es 21, 2 im Unterschied von 3, 12 (*τῆς καινῆς ᾽Ι. ἡ καταβαίνουσα*) heißt „die heilige Stadt, ein neues Jerusalem (woran sich dann gleichfalls artikellos die weiteren Attribute anschließen), ein vom Himmel herabsteigendes, wie eine für ihren Mann geschmückte Braut bereitetes". Jo sieht sie zunächst als Bestandteil der neuen Welt, bis zu deren Herstellung die Vision gelangt ist. Da ist alles national Beschränkte beseitigt und selbst Christus völlig zurückgetreten (cf 1 Kr 15, 24—28). Aber dieses Jerusalem ist schon vor der Herstellung der neuen Welt im Millenium auf der Erde gewesen, und so wird es in 21, 9—22, 15 geschildert. Hier tritt überall das Lamm bedeutsam hervor 21, 9. 14. 22. 23. 27; 22, 1. 3, und Jesus selbst spricht im Anschluß an die letzte Vision verheißend und drohend 22, 12—15, wie dort Gott 21, 6 ff. Während dort Gott und die Menschheit vereinigt sind ohne jede Andeutung von Unterschieden innerhalb derselben (21, 3—7), trägt Jerusalem hier durch die Alles beherrschende Zwölfzahl israelitischen Charakter; die Heiden sind ihre Besucher, aber nicht ihre Bürger (21, 24 f.). Während dort Alles vollbracht und Alles neu geworden ist, die Sünder aber dem zweiten Tod überantwortet sind (21, 5—8 cf 20, 10—15), lebt hier außerhalb der

heiligen Mauern eine heidnische Menschheit, welcher die unverschlossene Stadt zur Darbringung ihrer Gaben und zum Empfang heilsamer Segnungen offensteht (21, 24—26; 22, 2). Nur alles Unheilige und Unsittliche, was in der Menschheit noch vorhanden ist, bleibt aus der Stadt verbannt (21, 27; 22, 15).

11. Eine Übersicht über die neueren Hypothesen gibt Hirscht, Die Ap und ihre neueste Kritik, 1895 (s. auch die Nachträge in der Vorrede). Die erheblicheren Versuche, in der Ap verschiedene Quellen, Schichten oder schriftstellerische Hände zu unterscheiden: Völter, Entstehung der Ap 1882; stark umgearbeitete 2. Aufl. 1885 (cf meine apok. Stud. I, 525 ff. 567). Die Ap ihrem Grundstock nach von Jo (anfangs war es der Presbyter, nachher der Apostel) a. 65/66 geschrieben, später von demselben ergänzt, aber immer wieder von christlicher Hand bis a. 140 (anfangs hieß es bis a. 170) überarbeitet. Wieder anders hat Völter, Das Problem der Ap, 1893 die Sache dargestellt. Vischer, Die Off. Jo eine jüdische Ap in christlicher Bearbeitung, 1886. Ausgehend von der Beobachtung, daß c. 11 u. 12 als christliche Weissagung Schwierigkeiten bereite, welche unter der Voraussetzung jüdischer Abfassung verschwinden, erkannte dieser in c. 4, 1—22, 5 eine hebräisch geschriebene jüdische Ap aus der Zeit vor a. 70, welche später ein unbekannter Christ durch Zusetzung von c. 1—3; 22, 6—21 und mancherlei Einschiebungen oberflächlich zu einem christlichen Buch überarbeitet habe. Spitta, Off. des Jo, 1889, unterscheidet 1) eine christliche Ap, abgesehen von einigen Interpolationen des Redaktors, in 1, 4—6, 17; 8, 1; 7, 9—18; 22, 8—21 erhalten (abgedruckt S. 549—560), im J. 60 (S. 504, nicht a. 70 und auch nicht c. 62, wie Hirsch S. 5. 7 angibt) von Johannes Marcus, der aber nicht Vf des Mrev ist (S. 528) verfaßt; 2) eine jüdische Ap aus der Zeit des Pompejus (Ap 10, 8—11, 18; 14, 14—15, 8; 16, 1—17, 6; 18, 1—19, 8a; 21, 9—22, 3a u. v. 15), 3) eine zweite jüdische Ap aus der Zeit des Caligula (Ap 7, 1—8; 8, 2—10, 7; 11, 15. 19; 12, 1—14, 11; 16, 13—20; 19, 11—21, 6). Dies alles hat dann ein Christ entweder unter Domitian oder unter Trajan redigirt, welcher „im Geist" des (vielleicht noch lebenden Apostels) Jo zu handeln glaubte und „deshalb ein gutes Recht hatte, für die Wichtigkeit der Schrift (der christlichen Urapokalypse des Johannes Marcus?) auf des (Apostels?) Jo Urteil zurückzugreifen" (S. 543 cf GK I, 952). So verwandelte sich der echte Jo vom J. 60 in den Apostel Jo vom J. 95 oder 100 als Vf der Ap, cf oben S. 90. — Erbes, Die Offenb. Jo kritisch untersucht, 1891, vereinfachte Spittas Hypothese und erklärte Alles für christlichen Ursprungs. — Gunkel, Schöpfung und Chaos in Urzeit und Endzeit, eine religionsgesch. Untersuchung über Gen 1 und Ap 12, mit (babylonischen) Beiträgen von Zimmern, 1895. Das Chaos, in welches hier der Kosmos der Ap zurückverwandelt wird, ist unbeschreiblich, jedenfalls nicht mit wenig Worten zu beschreiben.

§ 73. Die kirchlichen Verhältnisse nach Ap 1—3.

Das erste Wort, mit welchem Jo seinen Bericht beginnt (1, 9), erinnert die asiatischen Gemeinden daran, daß sie insgesamt wie Jo selbst unter dem Druck der Anfeindung wegen ihres Christenglaubens stehen. Eben dies bildet zwischen ihm, der jetzt wegen des Wortes Gottes und des Zeugnisses Jesu auf der kleinen Insel Patmos weilt, und den Lesern ein Band der Gemeinschaft, welches zu der christlichen Bruderschaft noch hinzukommt. Schon dadurch ist uns gesagt, was die ersten Leser nicht erst hiedurch zu erfahren brauchten, daß Jo wegen seiner Predigttätigkeit und seines christlichen Bekenntnisses nach der

Insel verbannt war (A 1). Dazu kommt die Überlieferung vom Exil auf Patmos, von welcher man wenigstens nicht beweisen kann, daß sie nur durch Deutung dieser Stelle entstanden sei. Verbannung auf eine Insel kann nur Folge eines richterlichen Urteils und zwar in der Provinz Asien eines Urteils des Prokonsuls gewesen sein, welcher seinerseits einen Prediger des Ev. und Bekenner des Christenglaubens nicht so bestrafen konnte, wenn er sich nicht durch eine von der kaiserlichen Regierung ausgegangene Verordnung oder gebilligte Regel dazu ermächtigt wußte, wonach der Weiterverbreitung des Christentums durch gerichtliches oder polizeiliches Verfahren zu steuern sei. Bei dem Versuch, diese Tatsache aus anderen Angaben des Buchs näher zu beleuchten, kann natürlich nicht Alles, was von Verfolgung und Tötung der Frommen gesagt ist, unterschiedslos verwendet werden. Es ist erstens abzusehen von dem wiederholten Hinweis auf die als bekannt vorausgesetzte große Bedrängnis der letzten Zeit (3, 10; 7, 14; 12, 17—13, 17; 14, 9—13; 20, 4 cf Mt 24, 15—28); zweitens von den Rückblicken auf alle der Vergangenheit angehörigen Märtyrer und Martyrien um des christlichen Bekenntnisses willen (6, 9 f.). Dabei ist jedoch zu beachten, daß der Standort, von wo aus die Aussagen getan werden, in den meisten Fällen der Moment des Gerichtes über die antichristliche Weltmacht und Welthauptstadt ist, so daß auch das, was von da aus angesehen ein Vergangenes ist, von der Gegenwart der Abfassung des Buchs aus betrachtet teilweise noch ein Zukünftiges ist. Wie 6, 11 vom Standpunkt der Gegenwart aus an die Christen, die jetzt schon Märtyrer geworden sind, diejenigen angeschlossen werden, welche es in Zukunft noch werden sollen, und 20, 4 vom Standpunkt der Parusie aus neben sämtlichen um des christlichen Bekenntnisses willen Enthaupteten noch besonders die Märtyrer der antichristlichen Verfolgung genannt werden, so schließen sich 18, 24 an die Propheten und Heiligen, deren Blut in Babylon vergossen wurde, alle diejenigen an, welche jemals aus gleichem Grunde auf Erden geschlachtet wurden (cf 16, 6; Mt 23, 35). Da jedoch in vorchristlicher Zeit nicht Babylon am Euphrat, sondern Jerusalem die Prophetenmörderin war (Mt 23, 37; Lc 13, 34; 1 Th 2, 15; AG 7, 52), und da unter den Märtyrern, deren Blut durch das Gericht über die Welthauptstadt gerächt wird, auch Apostel genannt werden 18, 20, so ist klar, daß hier wie 17, 6, wo Babylon vom Blut der Zeugen Jesu trunken genannt wird, aber auch 18, 24; 19, 2, wo allgemeinere Bezeichnungen gebraucht sind, auf die römischen Märtyrer der neronischen Zeit, und besonders auf Pt und Pl hingewiesen wird (oben S. 22 A 4). Örtlich und zeitlich näher liegen die Andeutungen in c. 2—3. Der Engel von Smyrna steht schon jetzt unter einer Bedrängnis, welche von Lästerungen der dortigen Juden ihren Ausgang nahm. Weitere Leiden werden ihm für die Zukunft in Aussicht gestellt. Gefängnisstrafen werden einige Gemeindeglieder treffen. Von dem Engel aber wird Treue bis in den Tod gefordert (2, 9 f. s. unten). Auch in Philadelphia ist es die Satanssynagoge der ihres Namens unwerten Juden, welche dem Engel der Gemeinde feindselig gegenübersteht. Wenn die Beschreibung der gegenwärtigen und der zukünftigen Haltung der Judenschaft von der doppelten Anerkennung eingeschlossen ist, daß der Engel das Wort Jesu treu festgehalten und seinen Namen nicht verleugnet hat (3, 8—10), so sieht man, daß jüdische Anfeindung ihm Verfolgung zugezogen hat. Anders lagen die Dinge in Pergamum (2, 12—17 A 2). Der dortige Engel ist in besonderer, bisher siegreich bestandener Versuchung, den Namen Jesu und den Glauben an Jesus zu verleugnen, weil er wohnt, wo Satans Thron ist. Er hat Treue gehalten in einer, wie es scheint, nicht allzuweit zurückliegenden Zeit, da ein gewisser Antipas in Pergamum als ein treuer Zeuge Christi getötet wurde, was wiederum dadurch erläutert wird, daß dort Satan seinen Wohnsitz hat. Schon dieser Wechsel des Ausdrucks lehrt, daß nicht ein äußerer Gegenstand, ein auffälliges Gebäude oder Kunstwerk, sondern eine dort bestehende Einrichtung oder Sitte, in welcher die Christen eine hervorragende Verkörperung und Wirkung der Herrschaft Satans erblickten, als Ursache des Martyriums des Antipas und der auf die Dauer gefährdeten Lage der Bekenner Jesu vorgestellt ist. Es kann nicht wohl zweifelhaft sein, daß damit der in Pergamum, wie nirgendwo sonst, in Blüte stehende Dienst des Heilgottes Asklepios gemeint ist. Die Schlange, welche den Christen Symbol Satans war (Ap 12, 9; 20, 2; 2 Kr 11, 3), war auch das hauptsächliche Attribut des Asklepios. Sein gewöhnlichster Beiname war σωτήρ, er wurde nicht selten ὁ σωτήρ schlechthin genannt und als σωτὴρ τῶν ὅλων betrachtet. Er wurde speziell in Pergamum zum Ζεῦς Ἀσκλήπιος und zum obersten König. Er verschlang alle anderen Gottheiten und wurde sogar mit dem Kaiser identificirt. Es war unvermeidlich und ist reichlich bezeugt, daß er vor andern Göttersöhnen des Heidentums den Christen als ein teuflisches Zerrbild des wahren σωτὴρ τοῦ κόσμου erschien (A 2). Wie leicht konnte es kommen, daß im täglichen Leben oder bei der Feier der Asklepiosfeste Christen zu Pergamum mit der heidnischen Bevölkerung in Konflikt gerieten, und daß ein seinen Abscheu gegen diesen Kultus laut äußernder Christ von fanatischen Verehrern des Asklepios erschlagen wurde! Daß Antipas kraft richterlichen Urteils hingerichtet worden sei, ist äußerst unwahrscheinlich (A 3). Wir sehen also, daß zur Zeit der Ap die jüdischen Gemeinden zu Smyrna und Philadelphia die gegen die Christen feindselige Stimmung der Bevölkerung zu schüren verstanden, und daß es in Pergamum besonders im Zusammenhang mit dem Asklepiosdienst zu Gewalttaten gegen die Christen seitens der Anhänger der alten Kulte gekommen war und immer wieder zu kommen drohte. Derartige Anfeindungen waren von Anfang an den Christen in Asien und Europa widerfahren. Dagegen ist es im Vergleich mit den Zuständen zur Zeit des Pl und des 1 Pt etwas Neues, daß die römische Regierung Maßregeln ergriffen hatte, welche, wie die Verbannung eines hervorragenden christlichen Lehrers aus seinem Wirkungskreis auf eine kleine Insel, nur den Zweck haben konnten, die Verbreitung des Christentums zu verhindern, und daß es zu einem Zustand allgemeiner Bedrängnis für die asiatischen Gemeinden gekommen war, wobei es darauf ankam, den Namen Christi zu bekennen oder zu verleugnen, was nicht ohne gerichtliches Verfahren zu denken ist. Diese Lage der Christen ist für keinen früheren Zeitpunkt als die späteren Jahre Domitians bezeugt (A 4). Es bestätigt sich also die an sich kaum anfechtbare Tradition, daß die Ap um 95 verfaßt sei (oben S. 452 f. 463).

Zu demselben Ergebnis führt die Betrachtung der inneren kirchlichen Verhältnisse. Daraus, daß unter den 7 Gemeinden einige fehlen, die schon zur Zeit des Pl existirten, ist nichts zu folgern (A 5 und oben S. 590). Wir wissen z. B., daß diejenige zu Hierapolis nicht aufgehört hat weiter zu blühen. Hierapolis war der Wohnsitz des Evangelisten Philippus und seiner Töchter und der Bischofssitz des Papias (Eus. h. e. III, 31, 3 f.; 39, 9). Es könnte an sich zufällig sein, daß Pergamum, Smyrna, Sardes, Philadelphia, Thyatira in der AG und den Plbriefen noch nicht vorkommen. Von Smyrna aber wissen wir durch das unverdächtige Zeugnis des dortigen Bischofs Polykarp, daß zu Lebzeiten des Pl dort noch keine Gemeinde existirte; wir dürfen aus dessen Lebensgeschichte schließen, daß erst um a. 69 durch den Apostel Jo und andere Männer des Apostelkreises eine Gemeinde dort entstanden ist (A 5). Da Ap 2, 8—11 keinerlei Andeutung davon vorliegt, daß die an zweiter Stelle angeredete Gemeinde von Smyrna eine Stiftung der jüngsten Vergangenheit war, so muß die Ap geraume Zeit nach a. 69 geschrieben sein. — Das Buch der Ap hat Jo dem ihm gewordenen Befehl gehorsam, den 7 Gemeinden von Ephesus bis Laodicea in der Form eines einzigen Sendschreibens und zwar, wenn ihm Schreiberhände zur Verfügung standen, in 7 Exemplaren zugesandt (1, 4. 11). Im Rahmen aber der ersten Vision erhält er den Auftrag, in dies Buch, dessen Abfassung und Absendung ihm befohlen ist, an erster Stelle einzutragen, was Christus den einzelnen 7 Gemeinden oder vielmehr deren „Engeln" zu sagen hat (oben S. 598 A 6). Damit er diesen 1, 11 noch nicht angedeuteten, 7 mal wiederkehrenden Auftrag sofort richtig verstehe, werden ihm unmittelbar vor der erstmaligen Aussprache dieses Befehls zwei Elemente des vor seinen Augen stehenden Visionsbildes gedeutet (1, 20 A 6). Die 7 Sterne, welche Jesus, wie durch einen unsichtbaren Reifen zu einem Kranz oder Diadem mit einander verbunden, in der Hand hält, sind Engel, nicht d i e Engel, der vorher genannten Gemeinden, und die 7 Leuchter, in deren Mitte Jo Jesus stehen und sich bewegen sieht, sind diese Gemeinden selbst. Schon der Ausdruck beweist, daß ἄγγελοι nicht eine den wirklichen Verhältnissen oder dem Anschauungskreis des Jo oder der eben erst begonnenen Offenbarung entnommene technische Benennung, sondern eine qualitative Charakteristik und somit eine irgendwie uneigentliche Bezeichnung der gemeinten Personen ist. Abzuweisen ist die zuerst bei Origines nachweisbare Meinung, daß hier wirkliche Engel gemeint seien, deren je einer mit der Obhut einer einzelnen Gemeinde betraut sei; denn die Vorstellung, daß der Herr den gleich ihm und mit ihm der unsichtbaren, himmlischen Welt angehörenden Geistern durch den auf Erden lebenden und ein Buch schreibenden

Jo seinen Willen kundtue, welchen sie dann wohl erst als unsichtbare Besucher der Gemeindeversammlung, in der das Buch vorgelesen wird (1, 3), vernehmen würden, ist ebenso abgeschmackt, als Alles, was Christus diesen „Engeln" an Lob und Tadel zukommen läßt, unverträglich damit ist, daß hier wirkliche, von Gott bestellte, also gute Engel gemeint seien. Nicht besser steht es mit der Deutung, daß der Engel der personificirte Gemeingeist oder das himmlische Idealbild der einzelnen Ortsgemeinde sei. Es ist dies eine in sich unklare, in Dan 10, 13—21; 12, 1 oder in der sonstigen biblischen Anschauung von den Engeln (Mt 18, 10; AG 12, 15; Ap 14, 18; 16, 5) vergebens eine Stütze suchende, aus einer Mischung antik heidnischer Vorstellungen mit der christlichen Lehre vom heiligen Geist erwachsene moderne Vorstellung, über welche schon Goethes Faust das Nötige bemerkt hat. Die christlichen Gemeinden haben nach altchristlicher Anschauung keinen anderen Gemeingeist als den einen, ihnen allen gemeinsamen Geist Gottes und Christi, welcher nicht wegen der Sünden und Schwachheiten der Gemeindeglieder gestraft und zur Buße aufgefordert werden kann. Was aber sonst an herrschenden Ideen und gemeinsamen Tendenzen in einer Gemeinde sich regte, wurde als eine Wirkung der in der außerchristlichen Welt und in der noch unverklärten Natur der Gemeindeglieder waltenden Potenzen gedacht und nicht auf ein mythologisches Subjekt Namens „Geist der Gemeinde von Ephesus" oder „der phrygischen Kirche" zurückgeführt. Nur Menschen können gemeint sein, und zwar solche, welche für die Zustände der Gemeinden, in denen sie eine durch $\mathring{\alpha}\gamma\gamma\varepsilon\lambda o\varsigma$ uneigentlich bezeichnete Stellung einnehmen, in hohem Grade verantwortlich sind. Abzuweisen ist aber auch die Vermutung, daß es Abgesandte der 7 Gemeinden seien, die sich bei Jo auf Patmos eingefunden hatten und nun mit dem von Jo aufgezeichneten Bericht über die ihm zu Teil gewordenen Visionen an ihre Wohnsitze zurückkehren sollten. Denn erstens konnten diese dem Jo nicht so unbestimmt als $\mathring{\alpha}\gamma\gamma\varepsilon\lambda o\iota$ (1, 20 ohne Artikel), sondern nur als die ihm bewußten, bei ihm befindlichen, etwa einen Bescheid von ihm erwartenden Deputirten der 7 Gemeinden, also als $o\mathring{\iota}\ \mathring{\alpha}\gamma\gamma\varepsilon\lambda o\iota$ oder besser $o\mathring{\iota}\ \mathring{\alpha}\pi\acute{o}\sigma\tau o\lambda o\iota\ \tau\tilde{\omega}\nu\ \mathring{\varepsilon}.\ \mathring{\varepsilon}\varkappa\varkappa\lambda.$ (2 Kr 8, 23; Phil 2, 25) bezeichnet werden; und Jo hätte es kaum unterlassen können, die Leser 1, 9—11 auf diese Umstände hinzuweisen. Zweitens wäre es ein sehr sonderbares Verfahren, in Briefen, welche den entfernten Gemeinden etwas sagen sollen, statt dieser Gemeinden die bei dem Briefschreiber anwesenden Boten derselben anzureden. Wenn es sich um 7 selbständige Briefe handelte, von welchen je einer durch einen $\mathring{\alpha}\gamma\gamma\varepsilon\lambda o\varsigma$ als Briefboten der Einzelgemeinde überbracht werden sollte, so wäre allenfalls denkbar, daß solche Boten in der äußeren Adresse der geschlossenen Briefe, um Verwechselungen zu verhüten, bezeichnet wären. So verhält es sich aber nicht. Was Jo, gleichviel durch wen, nach Ephesus, Smyrna u. s. w. schickt, ist das ganze Buch; und innerhalb desselben werden die $\mathring{\alpha}\gamma\gamma\varepsilon\lambda o\iota$ angeredet. Drittens würde das, was ihnen gesagt wird, nur dann angemessen sein, wenn die $\mathring{\alpha}\gamma\gamma\varepsilon\lambda o\iota$ die für den Zustand der Gemeinden, welchen sie angehören, regelmäßig verantwortlichen Männer, d. h. wenn sie deren Vorsteher wären, wofür es gleichgiltig wäre, ob sie zur Zeit als Abgesandte bei Jo weilen oder zu Hause sind. Da man aber an Anwesende nicht zu schreiben, sondern mündlich mit ihnen zu verhandeln pflegt, so folgt aus dem 7 maligen γράψον von 2, 1 an, daß die ἄγγελοι nicht auf Patmos, sondern in Ephesus, Smyrna etc. weilen. Nicht von der auffälligen Bezeichnung ἄγγελοι, sondern von dem, was Jo ihnen im Namen Christi schriftlich zuruft, haben wir bei Bestimmung ihrer Stellung auszugehen. Daß das Du in der Anrede überall den ἄγγελος bezeichnet, versteht sich von selbst; und zu der Annahme, daß dies eine nur in Gedanken vorgestellte kollektive Person sei, gibt kein Satz Anlaß. Wenn mit dem Du gelegentlich ein Ihr wechselt, welches offenbar eine Vielheit von Christen des betreffenden Ortes bezeichnet (2, 10. 13 b. 24), so folgt, daß der Engel ein Gemeindeglied ist, was aber nicht ausschließt, daß er als Vorsteher an der Spitze der Gemeinde steht (A 6 a. E.). Wenn der Leuchter, d. h. nach der authentischen Deutung von 1, 20 die Gemeinde von Ephesus, der Leuchter des dortigen Engels genannt wird (2, 5), so ist deutlich, daß der Engel weder ein beliebiges Gemeindeglied, noch die Gemeinde selbst ist. Es ist der Bischof, welchem Christus sagt: „dein Leuchter" d. h. deine Gemeinde. Dem entspricht es, daß zu anderen Engeln gesagt wird, daß sie Leute von dieser oder jener Beschaffenheit „haben" (2, 14 f.; 3, 4). Der Bischof hat solche in seiner Gemeinde. Des Bischofs Sache ist es, bedenkliche Elemente, welche sich in seine Gemeinde eindrängen, zu prüfen und fernzuhalten (2, 2. 6. 14 f.). Er soll die schwankenden Gemeindeglieder stärken (3, 2). Ihn trifft ernste Rüge, wenn er unlautere Elemente gewähren und verführerischen Einfluß üben läßt, wie der Engel von Thyatira (2, 20). Es ist nach der zweifellos echten LA die eigene Gattin des Bischofs, welche wie eine zweite Isebel neben ihrem schwachen Mann in Thyatira verderbliche Sitten einführt (A 7). Kein Name eines ἄγγελος wird genannt. Man hätte aber, seit Bengel das entdeckt hat, nicht wieder verkennen sollen, daß 3, 1 auf den Namen des Bischofs von Sardes angespielt ist. Er hieß Zotikos (A 8). Ist die Ap um' 95 geschrieben, so kennen wir aus anderen Nachrichten den Namen des ἄγγελος in Smyrna. Schon damals stand dort Polykarp an der Spitze der Gemeinde. Der Gemeinde wird eine kurz bemessene Verfolgung in Aussicht gestellt, wobei es, wie es scheint, nur zu Gefängnishaft einiger Mitglieder kommen wird; vom Bischof dagegen wird Treue bis zum Tode gefordert. Er wird als Märtyrer sterben. Dem entspricht auch die Selbstbezeichnung Christi als des Toten, der lebendig wurde (2, 8), und das Schlußwort 2, 11. Da diese Weissagung an der Gemeinde und ihrem Bischof im J. 155 sich erfüllt hat (A 9), so würde man sie als ein vaticinium ex eventu zu betrachten geneigt sein, wenn nicht feststünde, daß die Ap damals längst geschrieben und in der Kirche verbreitet war. — Der monarchische Episkopat, welchen wir auch im 3 Jo gefunden haben (oben S. 580), war zur Zeit der Ap in Asien fest begründet, wie uns dies für die Zeit um 110 die Briefe des Ignatius bezeugen. Daher kann die Ap erst geraume Zeit nach dem Tode des Pl, nicht vor dem J. 80, sehr wohl aber um 95 geschrieben sein. Der Name ἐπίσκοποι scheint noch nicht, wie bei Ignatius, der ständige Titel des einen Bischofs gewesen zu sein, in welchem Fall man 1, 20 οἱ ἐπίσκοποι statt des artikellosen ἄγγελοι erwarten sollte. Jo, der sich am Sonntag (A 10) unwillkürlich in die zum Gottesdienst versammelten Gemeinden versetzt fühlt, wird die wahrscheinlich von jüdischen Verhältnissen hergenommene Bezeichnung dahin verstanden haben, daß der Bischof als der im Namen der Gemeinde vor Gott tretende Vorbeter und Leiter des Gottesdienstes vorgestellt werden soll (A 6 a. E.). Wie er die Bitten der Gemeinde vor Gott und Christus bringt, so redet Christus zu ihm, damit die ihm anvertraute Gemeinde durch ihn das Wort ihres Herrn höre.

In Ephesus, Pergamum und Thyatira hat eine verderbliche Theorie (διδαχή 2, 14 f. 24) und Praxis (ἔργα 2, 6. 22) Eingang zu gewinnen gesucht, in Ephesus ohne Erfolg, in Pergamum mit einigem, in Thyatira mit großem Erfolg. Die Vertreter derselben werden 2, 6. 15 Nikolaiten genannt. Daß dieser Name 2, 18—29 nicht zu lesen ist, wird sich daraus erklären, daß in Thyatira eine einzelne Persönlichkeit, die Gattin des Bischofs selbst, an der Spitze der Bewegung steht und, wie es scheint, in eigenartiger Weise diese Richtung vertritt. Sie gibt sich für eine Prophetin aus (2, 20), und nur hier stoßen wir auf Anzeichen einer spekulativen Begründung (2, 24). Aber die Lehre ist die gleiche, wie die der Nikolaiten (2, 14. 20). Unzucht und Beteiligung an heidnischen Opfermahlzeiten wurden nicht nur nachsichtig beurteilt, sondern geradezu empfohlen und wenigstens von der Prophetin zu Thyatira dadurch begründet, daß man auch die Abgründe Satans kennen lernen müsse, natürlich nicht, um darin unterzugehen, sondern um die Ohnmacht der bösen Geisterwelt zu erkennen und Freiheit vom Bösen zu erlangen (A 11). Auch wenn nicht Ap 2, 14 diese Lehre als diejenige Bileams bezeichnet wäre, müßten wir die Übereinstimmung der Grundzüge mit der im 2 Pt und Ju bestrittenen Richtung anerkennen (oben S. 63 ff. 69 ff. 76 ff. 100—102. 110 f.). Nur besteht der Unterschied, daß wir dort von einem Eindringen libertinistischer Lehre vom heidenchristlichen Gebiet in die jüdische Christenheit hören, die Ap dagegen ganz auf dem Boden der heidenchristlichen Gemeinden Asiens steht. Hier brauchten die Irrlehrer nicht diejenige Zurückhaltung zu beobachten, wie dort (S. 101 f.); sie fanden in der heidnischen Umgebung die kräftigste Unterstützung für ihre Bestrebungen. Es scheint aber, daß diese Richtung noch nicht seit langem zu einer drohenden Gefahr für die asiatischen Gemeinden geworden war. In den Briefen des Jo hören wir nichts von derselben. Wenn das bei der Kürze des 2 und des 3 Jo nicht viel bedeuten will, so ist das Schweigen des 1 Jo um so vielsagender. Aus 1 Jo 5, 21 sehen wir nur, daß die heidnischen Kulte diesen Gemeinden Versuchungen bereiteten, wie der korinthischen zur Zeit von 1 Kr 8—10; 2 Kr 6, 14—7, 1 und den kleinasiatischen zur Zeit von 1 Pt 4, 1—4. Also erst nach der

Zeit des 1 Jo wird die Lehre der Nikolaiten in der Provinz Eingang gefunden haben. Bei Vergleichung von Ap 2, 2 und 2, 6 ist nicht zu bezweifeln, daß Sendlinge dieser Partei vor einiger Zeit nach Ephesus gekommen und, nachdem sie von dem dortigen Bischof abgewiesen worden, weiter nach Pergamum und Thyatira gezogen sind, wo sie besseren Erfolg hatten (A 12). Wenn sie sich für Apostel ausgaben und als Pseudapostel beurteilt werden, so müssen sie wie die Petrusleute in Korinth als Wanderlehrer umhergezogen sein, ohne doch darum wie jene aus Palästina zu stammen und eine mehr oder weniger judaistische Lehre zu führen (Bd I, 205 ff.). Zu bestimmteren Vermutungen gibt der Name Nikolaiten Anlaß. Die noch immer nicht ausgestorbene Meinung, daß dies eine Übersetzung von Bileamiten sein solle, verdiente endlich begraben zu werden (A 13). Dagegen verdient die Nachricht, daß jener Nikolaus, der Proselyt von Antiochien (AG 6, 5), später auf libertinistische Abwege geraten sei, schon darum Glauben, weil es der Art kirchlicher Legendenbildung widerspricht, einem im NT mit Ehren genannten Christen Übles anzudichten. Es hat noch zur Zeit des Clemens Al. (strom. II, 118) Leute oder Schriften von Leuten gegeben, welche sich für ihre libertinistische Lehre auf diesen Nikolaus beriefen. Die Ap kann sie nicht dazu ermutigt haben. Also hat nicht die Ap diese Partei und ihren Namen geschaffen, sondern beides hat unabhängig von der Ap existirt. Dann ist nicht abzusehen, woher anders als von einem Mann Namens Nikolaus die Partei ihren Namen bekommen haben soll; und da die Partei selbst, wie die sie bestreitenden Kirchenlehrer, den Nikolaus AG 6, 5 als den Urheber der Lehre bezeichnen, so wäre es müßig, nach einem anderen Nikolaus zu suchen. Mag nun dieser selbst wie sein ehemaliger Amtsgenosse Philippus nach der Provinz Asien übergesiedelt sein, oder, was wahrscheinlicher ist, mögen Anhänger von ihm dorthin gekommen sein, so ist wegen dieses äußeren Zusammenhangs der Richtung mit der Urgemeinde wohl begreiflich, daß ihre Vertreter als Apostel eines echten Ev auftraten. — Auch diese letzte Erörterung bestätigt die Überlieferung von der Abfassung der Ap um 95. Später als der 1 Jo sind jedenfalls die Worte Christi an die 7 Gemeinden aufgezeichnet worden.

1. Die Voranstellung von ϑλῖψις zeigt, daß dies nicht eine allezeit mit dem Trachten nach dem Reich verbundene Begleiterscheinung ist (AG 14, 22), sondern zur Zeit im Vordergrund des Gefühls steht, und das auch hiezu gehörige ἐν Ἰησοῦ, entsprechend dem paulinischen ἐν Χριστῷ, bezeichnet sie als eine Bedrängnis um des Christentums willen. Das ἐγενόμην ἐν τῇ νήσῳ (cf AG 13, 5; 2 Tm 1, 17), welches zunächst die Hinkunft nach Patmos bezeichnet (Athanas. bei Montf. Coll. nova II, 5 = παρεγενόμην) und in diesem Sinne mit διὰ τὸν λ. verbunden ist, gibt noch weniger, als ἤμην es tun würde, ein Recht zu der Annahme, daß Jo zur Zeit des Schreibens sich nicht mehr auf Patmos aufhielt. Unzeitige Erinnerung an 1, 2 hat Lücke, Bleek u. a. veranlaßt, διὰ τ. λόγον κτλ. dahin zu verstehen, daß Jo nach Patmos gereist sei, um dort die Offenbarung zu empfangen. Aber 1) wäre dieser Sinn des Ausdrucks hier nicht zu erraten, während er 1, 2 durch ἐμαρτύρησεν und durch den Zusammenhang geboten ist; 2) kann ein Christ, um eine Offenbarung zu empfangen, überhaupt nichts tun, als unter gewissen Umständen,

die ihm ein Recht dazu geben, darum zu beten. Am wenigsten bedarf es einer 12—20-stündigen Segel- oder Ruderfahrt, um in Ekstase zu geraten. Ebenso unmöglich ist die Deutung „um auf Patmos das Ev zu predigen". Das von Menschen gepredigte Ev kann zwar ebensogut „Zeugnis Jesu", wie „Zeugnis Gottes" oder „Wort Gottes" heißen (oben S. 167 A 2); aber es widerstreitet allem Sprachgebrauch, dessen Verkündigung durch διά c. acc. als Zweckgrund eines Handelns hinzustellen (cf dagegen etwa 2 Kr 2, 12; Phl 1, 5; 2, 22). Auch wäre eine Missionsreise von dem stark bevölkerten Festland nach der unbedeutenden Insel ohne Stadt (s. A 4 a. E.) ein sonderbares Unternehmen. Dem Sprachgebrauch der Ap (6, 9; 20, 4 cf 12, 17; 19, 10) und des NT's (Mt 13, 21; Mr 4, 17; 1 Pt 3, 14; Kl 4, 3; 2 Tm 1, 12) sowie dem Zusammenhang („Mitgenosse der Trübsal") entspricht allein die obige Deutung. Die Überlieferung über das Exil oben S. 461. 464. A 8. 14. Nach dem zweifelhaften lat. Fragment (Patr. ap. II, 171) hätte schon Polykarp von *exilia* des Jo gesagt.

2. Pergamum (τὸ Πέργαμον seit Polyb. IV, 48, 11) oder Pergamus (ἡ Πέργαμος ältere Form Xenoph. Hell. III, 1, 6, aber auch später noch neben der jüngeren Ptolem. V, 2, 14), *longe clarissimum Asiae Pergamum* (Plin. V, 126), zur Zeit Galens (opp. V, 49) 120000 Einwohner, war damals Vorort eines der 13 oder 14 Gerichtsbezirke (*conventus juridici*), aber keineswegs die Hauptstadt der Provinz Asien, als welche vielmehr Ephesus anzusehen ist (Cicero ad famil. V, 20, 9; Jos. ant. XIV, 10, 11; Digest. I, 16, 4). Es war daher verkehrt, Ap 2, 13 daraus zu erklären, daß Pergamum der Hauptsitz der römischen Regierung gewesen sei. Diese als eine Verkörperung der Herrschaft Satans anzusehen, widerspräche auch der Anschauung der Ap wie derjenigen des Pl. Ebenso wenig ist an den a. 29 v. Chr. auf der höchsten Höhe der Akropolis erbauten Augustustempel zu denken; denn es ist nicht abzusehen, warum diese Stätte des Kaiserkultus vor den vielen anderen in der Provinz den Abscheu der Christen erregt haben sollte. Man hat an den 1878 wieder aufgedeckten und durch seinen Reliefschmuck berühmt gewordenen Riesenaltar gedacht. Dieses dem Ζεῦς σωτήρ geweihte Bauwerk ist viel weniger Kultusstätte, als ein künstlerisch ausgezeichnetes Siegesdenkmal zur Erinnerung an den Sieg Attalus' I. über die gallischen Horden um 240 v. Chr. cf Tondeur, Die Gigantomachie des pergam. Altars, erläutert von Trendelenburg 1884; Ranke, Weltgesch. II¹, 1, 286. Dieses Werk konnten Christen viel weniger wie irgend einen Tempel als den Thron Satans ansehen und machte Pergamum am allerwenigsten zu einem für die Christen gefährlichen Ort. In vollem Maße dagegen gilt dies von dem Asklepioskultus. Zur Orientirung cf die Artikel „Asklepios" von Thrämer in Roschers Lex. der Myth. I, 615—641 und Pauly-Wissowa II, 1642—1697. Für die christliche Beurteilung cf Just. ap. I, 21 (unter den mit Christus vergleichbaren Söhnen des Zeus neben Hermes = Logos sofort als zweiter Asklepios der Heilgott der gen Himmel gefahren); I, 22 (die Heilungen und Totenerweckungen Jesu und des Asklepios); I, 54 extr. (von den Dämonen nach der Weissagung von Christus erfundener Mythus); die Gegenüberstellung von Asklepios und Christus bei Orig. c. Cels. III, 3; Arnob. I, 49; III, 23; VII, 44—48. Unter Diokletian haben christliche Steinmetzen aus Rom in den Steinbrüchen Pannoniens unbedenklich nicht nur Säulen, Kapitelle, Badewannen, sondern auch Viktorien und Cupido's, ja selbst den Sonnengott auf dem Wagen gemeißelt, dagegen ein Bild des Asklepios anzufertigen beharrlich sich geweigert. Dafür sind sie in den Tod gegangen als Nachfolger des Antipas von Pergamum cf Passio quat. coron. in Büdingers Unters. zur Kaisergesch. III, 324 ff. 331 ff.

3. Die Legende von Antipas (Acta SS. April. II, 3. 965), welche Andreas von Cäsarea (ed. Sylburg p. 11) in irgend einer Gestalt gelesen hat, ist ohne historischen Wert. Soweit hat Görres, Ztschr. wiss. Th. 1878 S. 257 ff. Recht. Daß Antipas kein, abgesehen von der Ap, berühmter Märtyrer war, zeigt auch die verworrene Überliefe-

rung und Auffassung des Textes bei den Alten. Ursprünglich ist wahrscheinlich ἐν ταῖς ἡμέραις Ἀντιπᾶ, ὁ μάρτυς (cf 1, 5). Mit Rücksicht auf die Apposition im Nom. entstand leicht Ἀντιπᾶς, was aber früh als ἀντεῖπας (du widersprachst) aufgefaßt und auch in ὅτι πᾶς geändert wurde s. besonders Gwynn, The Ap of St. John in a syr. version, 1897 Notes on the syr. text p. 44 f. Daß Antipas in folge richterlichen Urteils hingerichtet sein sollte, ist, abgesehen davon, daß der Thron Satans nicht an die römische Obrigkeit denken läßt, besonders deshalb unwahrscheinlich, weil die Erwähnung nur eines einzigen blutigen Martyriums aus der letzten Vergangenheit und dem Kreis der 7 Gemeinden unbegreiflich bliebe, wenn damals in Asien, wie um 112 unter Trajan und Plinius in Bithynien, das vor Gericht konstatirte, christliche Bekenntnis regelmäßig mit dem Tode bestraft worden wäre. Jo, der doch jedenfalls bedeutender und nicht weniger mutig als die Anderen zu denken ist, war nur mit Verbannung bestraft worden.

4. Über den Unterschied der Lage der Christen in der neronischen und der domitianischen Zeit s. oben S. 31—35. 38—42 cf meinen Hirten des Hermas S. 44 ff. 118—135. Daß nicht vor Domitian, sondern erst unter diesem Kaiser und zwar unter dessen persönlicher Beteiligung die Reichsregierung und die von ihr instruirten Provinzialbehörden gegen das Christentum eine grundsätzliche Stellung eingenommen und ein bestimmtes Verfahren eingeschlagen haben, halte ich für sicher. Überliefert ist gerade auch dies, daß Domitian Christen um ihres Bekenntnisses willen in die Verbannung geschickt hat, so die Flavia Domitilla nach der Insel Pontia (Eus. h. e. III, 18, 5; Chron. a. Abr. 2109 und hinter a. 2110; Dio Cass. 67, 14). Auf Verbannungen von Christen weist Herm. sim. I cf meinen Hirten S. 124. Als Verbannungsorte dienten gewöhnlich wenig bewohnte Inseln wie Gyara oder Gyaros (Tacit. ann. III, 68 f.; IV, 30; cf XV, 71; Juven. I, 73; X, 170; Epict. I, 25, 19; III, 24, 100. 109. 113; Philostr. vita Apoll. VII, 16), eine Insel unter den Cykladen, von welcher Plin. h. n. IV, 69 ebenso wie von Melos und Kalymna IV, 71 bemerkt, daß sie wenigstens eine Stadt hatte, was er IV, 69 von Patmos nicht zu melden weiß.

5. Pol. ad Phil. 11, 3 sagt in seinem und der Presbyter von Smyrna Namen von den macedonischen Gemeinden, mit welchen Pl korrespondirt hat: *de vobis etenim gloriatur* (Paulus) *in omnibus ecclesiis, quae deum solae tunc cognoverant; nos autem nondum noveramus.* Das Nähere s. Forsch IV, 252—259. — Von den Gemeinden der Provinz, welche bei Pl oder in der AG, aber nicht in der Ap vorkommen (Kolossae, Hierapolis, Troas), erwähnt Ignatius um 110 nur Troas (Smyrn. 12, 1; Philad. 11, 2), von den zuerst in der Ap erwähnten nennt er Smyrna und Philadelphia, außerdem aber Ignatius zuerst Magnesia und Tralles. Die Ordnung in Ap 1, 11; 2, 1 ff. ist geographisch. Der von Patmos aus zuerst erreichbare Gemeindesitz ist Ephesus. Daran schließen sich in nördlicher Richtung Smyrna und Pergamum, darauf in südöstlicher Richtung Thyatira, Sardes, Philadelphia, Laodicea. Leucius in seinen „Wanderungen des Jo" hat seiner gesamten Darstellung das Schema der so geordneten Städte Asiens zu Grunde gelegt Forsch VI, 197—199.

6. Nach der umfassenden Angabe dessen, was Jo schreiben soll 1, 11. 19 (oben S. 598), kann τὸ μυστήριον κτλ. 1, 20 natürlich nicht ein Objekt zu γράψον 1, 19 sein, eine Auffassung, welche nur bei der verkehrten Vorstellung entstehen konnte, daß Jo während der Vision Feder und Papier hervorgeholt und den vor ihm stehenden Herrn gebeten habe, für einige Minuten seine Rede zu unterbrechen. Es sind absolute Akkusative und voraufgeschickte Appositionen cf Lc 21, 6; Rm 12, 1. Die freiere Behandlung des Casus in der Apposition ist der Ap eigentümlich (1, 5; 2, 26; 21, 17). „Was das Mysterium der 7 Sterne etc. anlangt, so sind die 7 Sterne Engel der 7 Gemeinden." Wie hier die Artikellosigkeit vor ἄγγελοι nicht zu übersehen ist, so auch nicht der sehr eigentümliche Ausdruck in den Überschriften 2, 1. 8 ff. Ohne auf die sehr verwickelte

textkritische Frage, wofür namentlich S² und die altlat. Version in betracht kommen, näher einzugehen, glaube ich behaupten zu dürfen, daß jedenfalls nicht der glatte Text τῷ ἀγγ. τῆς ἐν Ἐφέσῳ ἐκκλησίας echt ist. Ist mit Hort τῷ ἀγγ. τῷ ἐν Ἐφ. ἐκκλησίας zu lesen, so ist ἐκκλησίας, welches 2, 18 wahrscheinlich ganz zu streichen ist, eine sehr wenig griechische Näherbestimmung zu ἀγγ. „dem Gemeindeengel zu Ephesus". — Wirkliche Engel, welche außer den menschlichen Episkopen mit der Aufsicht der einzelnen Ortsgemeinden betraut seien, fanden hier Orig. hom. 12 u. 13 in Lc; de orat. 11; Theoph. lat. II, 6 (Forsch II, 67, 19); Hieron. zu Mt 18, 10 (Vall. VII, 139 f.); Andreas p. 8 zu 1. 20 (welcher dafür auch Gregor Naz. anführt; zu 1, 4 p. 4 und zu 4, 5 p. 19 versucht Andreas außerdem eine Identifikation mit den 7 Geistern und berichtet unklar über eine ähnliche Ansicht des Irenäus, welche sich wahrscheinlich auf Ap 1, 4; 4, 5 = 8, 2 bezieht), unter den Neueren z. B. Bleek, Vorl. über die Ap S. 167. — Die Ortsbischöfe fand hier Epiph. haer. 25, 3, der jedoch eine mystische Vereinigung des Bischofs mit einem Engel des Altars anzunehmen scheint. — An Boten der Gemeinden, die zu Jo gekommen, dachte Ebrard, Olshausens Komm. VII (1853) S. 144, neuerdings Spitta S. 38. — Was Vitringa de Synag. vet. ed. II (1726) p. 889—914; Comm. in ap. ed. II p. 25; Lightfoot horae hebr. ad Mt 4, 23 (opp. II, 278); Schoettgen p. 1089 zu Ap 2, 1 an jüdischen Analogien beibringen, bedarf gewiß der Sichtung und Ergänzung, enthält aber den Kern des Richtigen. Der formell genau entsprechende Ausdruck צִבּוּר שְׁלִיחַ (cf die obige Bemerkung zum Text von 2, 1) bezeichnet an sich und ursprünglich nicht ein ständiges Amt, geschweige denn ein niedriges Amt an der Synagoge, sondern den Bevollmächtigten der Gemeinde, welcher in deren Namen in irgend einer Beziehung, besonders aber als Liturg, Vorbeter etc. handelt. Die Vorstellung ist nicht die des Priesters, welcher im Namen Gottes mit der Gemeinde handelt, oder des Propheten und Apostels, den Gott oder Christus entsendet, sondern die eines Mandatars der Gemeinde, durch welchen diese an Gott sich wendet und gottesdienstlich handelt. Merkwürdig ist, daß die alten Syrer, welche die Ap nicht kannten oder doch nicht in ihrem Kanon hatten, unter ἄγγελοι 1 Kr 6, 3 und an anderen Stellen die Priester verstanden (Aphraat p. 432; Ephr. carm. Nisib. 42, 10; comm. in ep. Pauli p. 175) nach Mal 2, 7 cf Haggai 1, 13. — Für den Übergang aus der Anrede an den Bischof zur Anrede an die Gemeinde ist das beste Beispiel Ign. ad Pol. 1—3; 6, 1—7, 1; 7, 2. 3; 8, 1. 3, entfernt vergleichbar auch die Schlußgrüße 1 Tm 6, 21; 2 Tm 4, 15; Ti 3, 15.

7. Ap 2, 20 ist die äußere Bezeugung für γυναῖκα mit folgendem σου (A B, viele min., altlat. Version [Cypr. Primas.], S² S³) mindestens nicht geringer als für bloßes γυναῖκα (א C P copt vg; Epiph. haer. 51, 33). Nachträgliche Entstehung des σου läßt sich aus mechanischer Wiederholung des 3- oder 4maligen σου vorher nicht befriedigend erklären. Dagegen mußte, da man unter den ἄγγελοι früh Engel verstand (s. A 6), σου unerträglich erscheinen. Zur Zeit der ältesten Zeugen für γυναῖκα ohne σου waren aber auch beweibte Bischöfe anstößige Ausnahmen, wie die Geschichte des Synesius zeigt, vollends ein Bischof, der ein so gottloses Eheweib in seinem Hause duldet. Übrigens wäre auch τὴν γυναῖκα Ἰεζ. eine wunderliche Stilwidrigkeit, welche natürlich nicht durch Beispiele wie ὁ βασιλεὺς Ἡρώδης (Mr 6, 14 „der König, nämlich Herodes") entschuldigt werden könnte. Steht also σου fest, so kann auch nur die Gattin des Bischofs gemeint sein. Die phönicische Königstochter, welche als Gattin des schwachen Königs Ahab diese ihre Stellung benutzte, um in Israel den mit Unzucht verbundenen Baalsdienst einzuführen (1 Reg 16, 31; 18, 4. 13; 19, 1; 21, 25) und selbst der Buhlerei bezichtigt wurde (2 Reg 9, 22 cf 9, 30), war ein trefflicher Typus für die Frau des Bischofs, die der Lehre der Nikolaiten Vorschub leistete, Unzucht und Teilnahme an heidnischen Opfermahlen als unbedenklich empfahl und selbst der Unzucht frönte. Wenn πορνεῦσαι 2, 20 jedenfalls eigentlich zu verstehen ist (cf 2, 14; AG 15, 20. 29; 1 Kr 10, 7. 8;

2 Pt 2, 13—20; Ju 4. 11 f. oben S. 64. 78), so gilt dies auch von $\pi o \varrho v \varepsilon i a$ 2, 21; und wenn die Sünde derer, welche sich mit ihr eingelassen haben, als ein $\mu o \iota \chi \varepsilon v \varepsilon \iota \nu$ $\mu \varepsilon \tau'$ $a \vartheta \tau \tilde{\eta} s$ bezeichnet wird, so bestätigt dies nur, daß sie ein Eheweib ist; alle Unzucht des Eheweibes ist Ehebruch cf Mt 5, 32. Ganz unwahrscheinlich aber ist, daß ihre Kinder 2, 23 als Früchte solcher ehebrecherischer Verbindungen ($\tau \varepsilon \varkappa v a$ $\pi o \varrho v \varepsilon i a s$ Hosea 2, 6; Jo 8, 41) gedacht sein sollten. Dies müßte, ausgedrückt sein. Es sind also die legitimen Kinder des Eheweibs, und somit auch des Bischofs zu verstehen. Sie werden durch eine Seuche (cf Ap 6, 8 = דֶּבֶר Ex 5, 3; 9, 3. 15) hingerafft werden. Wenn es für ein entartetes Weib irgend einen Punkt gibt, an dem sie noch empfindlich getroffen werden kann, dann sind es die Kinder, die sie geboren hat. Die durch den Namen Isebel ausgedrückte Vergleichung hinkt insofern, als der schwache Ahab wirklich übel tat, wenn auch nicht ohne reumütige Schwankungen (1 Reg 21, 27—29), der Bischof von Thyatira dagegen wegen seines in steter Zunahme begriffenen Wohlverhaltens gelobt wird (2, 19); aber tadelnswerte Schwäche ist es doch, daß er sein Weib gewähren läßt (2, 20). Als Ehemann und Bischof hätte er seinem Weibe nicht eine Selbständigkeit der Bewegung einräumen sollen, welche ihr die Möglichkeit eines verführerischen Einflusses auf viele Gemeindeglieder gewährte. Aus der Selbstbezeichnung Christi 2, 23 ergibt sich, daß Isebel vor menschlichem Wissen und Urteil ihr Treiben zu verschleiern verstand, sicherlich also auch vor dem ihres Gatten. Sie gab sich nicht als $\pi \acute{o} \varrho v \eta$, sondern als $\pi \varrho o \varphi \tilde{\eta} \tau \iota s$, und wir wissen auch nicht, wie weit sie und ihre Anhänger in Handlungen gegangen sind. Die Kirchengeschichte aller Jahrhunderte zeigt die verschiedensten Stufen und Grade der Mischung von buhlerischem Treiben und exaltirter Religiosität. Der, welcher Herzen und Nieren prüft, nennt, ohne in Allegorie zu verfallen, auch die feinere Verwertung weiblicher Reize zur Anlockung der Verehrer $\pi o \varrho v \varepsilon i a$ und, wo ein Eheweib sich dessen schuldig macht, $\mu o \iota \chi \varepsilon i a$ cf Mt 5, 28. Abzuweisen ist die schon durch Andreas p. 12 vertretene Auffassung der Isebel als einer Personifikation der nikolaitischen Partei; denn 1) unter Voraussetzung der richtigen LA 2, 20 ergäbe sich das Unglaubliche, daß diese gottlose Partei als das Eheweib des frommen Bischofs vorgestellt würde; 2) die Isebel, welche Andere lehrt und mit ihren Verehrern Unzucht treibt und Kinder hat, kann nicht identisch sein mit der Partei, deren Angehörige als ihre Buhlgenossen und ihre Kinder von ihr unterschieden werden. Auf noch schwächeren Füßen steht die Ansicht von Schürer (Theol. Abh. C. Weizsäcker gewidmet 1892 S. 37 ff.), daß Isebel die chaldäische Sibylle Sambethe (Prol. in Orac. Sibyll. ed. Rzach p. 4, 28) oder Sabbe (Pausan. X, 12, 9) sei. Abgesehen davon, daß dieser Einfall nur auf Grund der verwerflichen LA von Ap 2, 20 entstehen konnte, und daß keineswegs ausgemacht ist, ob das in einer Inschrift zu Thyatira aus der Zeit Trajans oder aus noch späterer Zeit (C. I. G. 3509) erwähnte $\sigma a \mu \beta a \vartheta \varepsilon \tilde{\iota} o \nu$ ein Heiligtum jener $\Sigma a \mu \beta \acute{\eta} \vartheta \eta$ gewesen ist, wie paßt diese rein mythologische Figur zu dem Text von Ap 2, 18—29, welcher doch ohne Frage von wirklichen Vorkommnissen zur Zeit der Ap handelt? Man muß phantasiren, daß in dem Heiligtum der Sambethe damals eine Priesterin fungirte, welche sich gleichfalls für eine Prophetin, wie die Sibylle, oder gar für eine neue Inkarnation der Sibylle ausgegeben hätte. Der Name Isebel wäre auch dann noch der denkbar unpassendste; denn diese war keine heidnische Prophetin, sondern die aus dem Heidentum hergekommene Gattin des israelitischen Königs. Auch bei der von Schürer vorausgesetzten falschen LA ist nicht zweifelhaft, daß „Isebel" zur christlichen Gemeinde gehört. Denn 1) in welchem Kreise sie als Prophetin und Lehrerin auftritt, sagt 2, 20 deutlich genug; nicht einzelne ins Heidentum zurückgesunkene ehemalige Christen oder schwankende Gestalten, welche neben den christlichen Gottesdiensten heimlich noch das heidnische Orakel aufsuchen, sondern d i e Knechte Christi in Thyatira lehrt und verführt sie. Die, welche sich von ihr haben verführen lassen (2, 22), werden gegenübergestellt den treu

gebliebenen Gemeindegliedern (2, 24), siud also sämtlich Christen. Eine heidnische Prophetin, welche ihre „Lehre" nur unter Christen verbreitete, wäre eine sonderbare Heilige. 2) Was sie lehrt ($\delta\iota\delta\acute{a}\sigma\varkappa\epsilon\iota$ 2, 20; $\tau\grave{\eta}\nu$ $\delta\iota\delta\alpha\chi\grave{\eta}\nu$ $\tau\alpha\acute{\upsilon}\tau\eta\nu$ 2, 24), ist genau dasselbe, was 2, 14. 15 die Lehre der Nikolaiten heißt, welche durch angebliche Apostel Ap 2, 2. 6 in den kleinasiatischen Gemeinden verbreitet wurde. Es versteht sich danach von selbst, daß die Pseudoprophetin ebenso wie die Pseudapostel äußerlich der christlichen Gemeinde angehört. 3) Dem Engel oder Bischof hätte kein Vorwurf daraus gemacht werden können, daß er eine heidnische Pythia oder Sibylle gewähren ließ ($\H{o}\tau\iota$ $\grave{\alpha}\varphi\epsilon\~{\iota}s$ $\varkappa\tau\lambda.$); denn er hatte weder Macht noch Recht über sie. Der Vorwurf hätte nur dahin lauten können, daß er die seiner Aufsicht unterstellten Christen nicht vor dem Besuch des heidnischen Tempels und vor den Einflüsterungen der heidnischen Wahrsagerin warne. 4) Die Isebel und alle ihre Anhänger unterstehen der Zucht Christi, genauer der von Christus selbst in höchster Instanz und größtem Stil ausgeübten Kirchenzucht (2, 21—23, besonders v. 23 $\pi\~{\alpha}\sigma\alpha\iota$ $\alpha\grave{\iota}$ $\grave{\epsilon}\varkappa\varkappa\lambda\eta\sigma\acute{\iota}\alpha\iota$ und $\grave{\upsilon}\mu\~{\iota}\nu$). Daß der erhöhte Christus an der Weltregierung Gottes teilnimmt, und daß Gott auch von den Heiden Buße fordert, was man übrigens nicht erst aus den Sibyllinen zu beweisen braucht (cf Mt 12, 41; AG 17, 30), könnte es nicht rechtfertigen, daß Christus hier als der die Isebel und ihre Anhänger zum Zweck ihrer Buße und zur Warnung aller Gemeinden strafende Erzieher vorgestellt ist (cf dagegen auch 1 Kr 5, 12).

8. Bengel, Erklärte Offenb. Joh. 1740, S. 262 erkannte, daß 3, 1 ein Eigenname vorausgesetzt sei, welcher mit „Leben" zusammenhing. Die vulgäre Auffassung, „du genießest den Ruf, daß du lebest und bist doch tot" würde 1) den ganz unbeglaubigten Text. rec. $\tau\grave{o}$ $\H{o}\nu o\mu\alpha$ voraussetzen, welchen auch Luther übersetzen mußte („den Namen"); 2) läßt sie sich aus dem Sprachgebrauch nicht rechtfertigen. Die von Raphel II, 794 verglichene Stelle Herod. VII, 138 ist nicht vergleichbar, da es sich dort nicht um eine Person handelt, die als solche einen Eigennamen hat, sondern um ein kriegerisches Unternehmen, dessen eigentlichen Zweck man durch falsche Angaben verhüllt. Was man meint, wäre durch $\lambda\acute{\epsilon}\gamma\epsilon\sigma\vartheta\alpha\iota$ (1 Kr 8, 5; Eph 2, 11 cf Ap 2, 2. 9. 20. 39), $\grave{o}\nu o\mu\acute{\alpha}$-$\zeta\epsilon\sigma\vartheta\alpha\iota$ (1 Kr 5, 11) oder $\delta o\varkappa\epsilon\~{\iota}\nu$ auszudrücken gewesen. 3) Es müßte irgendwie erklärt sein, wodurch der Engel sich den unbegründeten Ruf seiner Lebendigkeit erworben habe. Er müßte als Heuchler gekennzeichnet und entlarvt werden. Daß $\H{o}\nu o\mu\alpha$ auch hier Eigenname heißt (cf 2, 17; 3, 12; 9, 11; 19, 12), ergibt sich auch daraus, daß sofort 3, 4 und nur hier $\grave{o}\nu\acute{o}\mu\alpha\tau\alpha$ = „Personen" gebraucht ist, und daß $\H{o}\nu o\mu\alpha$ auch 3, 5 (cf Phl 4, 3) wieder den Eigennamen bezeichnet. Ist also gesagt: „Du trägst einen Namen (welcher besagt), daß du lebst", so könnte man nur schwanken zwischen $Z\acute{\omega}\sigma\iota\mu os$ und $Z\omega\tau\iota\varkappa\acute{o}s$. Letzteres ist vorzuziehen, weil dieser Name in den Inschriften der Provinz zahllos häufig (Forsch V, 94 cf auch die neuen Inschriften in Altert. von Hierapolis S. 87. 89. 114. 140 nr. 41. 46. 133. 220), Zosimus dagegen ziemlich selten (z. B. C. I. G. 3509) vorkommt, und weil $\zeta\acute{\omega}\sigma\iota\mu os$ ein seltenes, $\zeta\omega\tau\iota\varkappa\acute{o}s$ ein gebräuchliches Adjektiv ist (= *vividus, vegetus*). Die Erinnerung an die Bedeutung desselben ruft nicht nur den Gegensatz $\nu\epsilon\varkappa\varrho\grave{o}s$ $\epsilon\~{\iota}$ hervor, sondern beherrscht auch das Folgende: v. 2 $\grave{\alpha}\pi o\vartheta\alpha\nu\epsilon\~{\iota}\nu$, v. 5 $\grave{\eta}$ $\beta\acute{\iota}\beta\lambda os$ $\tau\~{\eta}s$ $\zeta\omega\~{\eta}s$. Über ähnliche Verwertung des Wortsinns von Eigennamen s. Bd. I, 323 A 5.

9. Nach Mart. Pol. 19, 1 ist Polykarp als der letzte von 12 Märtyrern im J. 155 in Smyrna getötet worden; die 11, welche ihm vorangegangen, wären nach der einen LA sämtlich, nach der andern teilweise Christen aus Philadelphia gewesen. Daß außer Polykarp noch ein einziger Smyrnäer damals Märtyrer geworden sei, müßte in dem ausführlichen Bericht irgendwo zum Vorschein kommen.

10. Daß $\grave{\eta}$ $\varkappa\upsilon\varrho\iota\alpha\varkappa\grave{\eta}$ $\grave{\eta}\mu\acute{\epsilon}\varrho\alpha$ den Sonntag und nicht etwa das christliche Passafest bezeichne, muß angesichts des Sprachgebrauchs des 2. Jahrhunderts als zweifellos gelten

cf meine Skizzen, 2. Aufl., S. 354 A 16. Es spricht auch dies für eine relativ späte Abfassung der Ap, daß der Sonntag nicht mehr wie 1 Kr 16, 2; AG 20, 7 und in den Evv mit seinem jüdischen, sondern dem später aufgekommenen christlichen Namen bezeichnet wird.

11. Wenn man 2, 24 als Subjekt von ὡς λέγουσιν die Frommen zu Thyatira nimmt, so sind diese Worte überflüssig, da Jo über die Lehre der Nikolaiten nicht anders urteilen kann, als die dortigen Frommen. Sind aber die Nikolaiten das Subjekt, so wird doch diesen damit schwerlich das Urteil in den Mund gelegt, daß ihren frommen Gegnern die Erkenntnis der Tiefen Satans fehle, in welchem Fall ἐκεῖνοι schwerlich vor λέγουσιν fehlen würde. Vielmehr rühmen sich die Nikolaiten selbst solcher Erkenntnis, und Jo sagt durch das wenig betonte ὡς λέγουσιν nur, daß dieser Ausdruck der Redeweise der Nikolaiten entnommen sei. Den Frommen fehlt allerdings „die angebliche Erkenntnis der Tiefen Satans", deren die Nikolaiten sich rühmen. Nicht zufrieden mit der Erkenntnis der Tiefen der Gottheit 1 Kr 2, 10, meinen diese auch in die Abgründe des Satans eindringen zu sollen cf oben S. 64. 78. 101.

12. Die Meinung von Baur (Christent. der drei erst. Jahrh. 2. Aufl. S. 81) und seiner Schule, daß Ap 2, 2 auf Pl ziele, scheitert schon daran, daß καὶ οὐκ εἰσίν, nicht ἦσαν, jeden Gedanken an den verstorbenen Pl ausschließt. Daß Pl, welcher 1 Kr 6, 12—20 und 8, 1—10, 33 geschrieben, als ein Vertreter der Ap 2, 14. 20 gekennzeichneten Lehre verleumdet sein sollte, und daß dem Engel der Gemeinde von Ephesus, welche der Arbeit des Pl ihre Existenz verdankte, das Lob gespendet sein sollte, daß er den Pl und seine Gehilfen als Pseudapostel abgewiesen habe, und daß der Apostel Jo, dessen Stellung zu Pl wir aus Gl 2, 9 kennen, solche Torheiten geschrieben haben sollte, braucht man nur auszusprechen, um es widerlegt zu haben. — Näher werden weder 2, 2 die Pseudapostel, noch 2, 6 die Nikolaiten charakterisirt. Da aber 2, 2 als Beispiel für die löbliche Intoleranz des Bischofs gegen die Bösen seine Prüfung und Abweisung der Pseudapostel angeführt ist, und 2, 6 als das einzige Löbliche an ihm sein Haß gegen das Treiben der Nikolaiten genannt wird, so müssen die falschen Apostel eben Vertreter der nikolaitischen Lehre sein.

13. Das Beste über die Nikolaiten gab Wohlenberg N. kirchl. Ztschr. 1895 S. 923—961. Die wichtigsten Quellen sind Iren. I, 26, 3; III, 11, 1; Clem. str. II, 118; III, 25—29; Hippol. refut. VII, 36 und in der Schrift an Mammaea (Hipp.'s kleinere Schriften ed. Achelis p. 251). Eigentümliches hat auch Victorinus zu Ap 2, 6 (Migne 5 col. 521). Wenn Irenaeus und Hippolyt den Nikolaus selbst auf Irrwege geraten lassen, Clemens dagegen, um ihn rein zu waschen, den Nikolaiten Misdeutung von harmlosen Worten und Handlungen desselben nachsagt, so ist letztere Darstellung nur ein Beweis dafür, wie wenig man sich darein finden konnte, daß ein im NT lobend erwähnter Christ der Urzeit ein Ketzer sollte geworden sein, und damit ein Beweis für die Geschichtlichkeit der Darstellung des Irenäus. — Die seit Vitringa (comm. in apoc. ed. II, 1719 p. 65 f.) verbreitete Meinung, daß das dem Namen Nikolaiten zu Grunde liegende Νικόλαος eine Übersetzung von בִּלְעָם sei, ist unhaltbar. Während wirkliche Kenner des Hebräischen an dieser jedenfalls ungenauen, wahrscheinlich falschen Übersetzung füglich hätten Anstoß nehmen müssen, wäre den des Hebr. unkundigen asiatischen Christen ganz undurchsichtig gewesen, daß dies eine Übersetzung sein solle. Sie hätten eher schließen können, daß 2, 15 eine andere Lehre als 2, 14 gemeint sei. Wirkliche Übersetzungen, wie ζηλωτής Lc 6, 15, oder diejenigen, die ausdrücklich als solche eingeführt werden, wie Jo 1, 38—42; 19, 13. 17; 20, 16; Ap 9, 11 lassen sich nicht vergleichen. Zwecklos wäre eine solche Übersetzung auch deshalb gewesen, weil Bileam ebenso wie Isebel eine bekannte geschichtliche Figur von typischer Bedeutung war (2 Pt 2, 15; Ju 11 oben S. 71), und daher Bileamiten viel verständlicher als Nikolaiten gewesen

wäre, wenn es nämlich keinen wirklichen Nikolaus und keine wirklichen Nikolaiten gab. Gab es aber solche, so können auch nur sie gemeint sein; und es wäre ein sonderbarer Zufall, daß der Name Bileam, welcher doch ohne Frage um der geschichtlichen Bedeutung dieser Person und nicht um des Wortsinns des Namens willen erwähnt wird, einem schlechten Hebräer als eine Übersetzung von Nikolaus erscheinen konnte, Überdies wäre der richtige Ort für die Gleichsetzung von Bileam und Nikolaus nicht 2, 14f., sondern 2, 6 gewesen.

§ 74. Der Verfasser der Apokalypse.

Der Vf, welcher seinem Buch die Form eines Sendschreibens an die 7 Gemeinden gibt, indem er eine Grußüberschrift an die Spitze stellt, war schon dadurch veranlaßt, sich mit seinem Namen einzuführen (1, 4). Er nennt sich so aber auch noch 1, 9; 22, 8 und im Buchtitel 1, 1. Wenn der Vf 22, 8 ausdrücklich sagt: „Ich Jo bin der, welcher dies sah und hörte", so erkennt man als Grund der wiederholten Selbstbenennung die Erwägung, daß der Zeuge empfangener Offenbarungen (1, 2; 22, 18) mit seiner Person für die Wahrheit seines Berichts eintreten soll (Dan 7, 15; 8, 1; 9, 2; 10, 2). Der Name kennzeichnet ihn für uns als einen Hebräer (A 1), und seine Sprache bestätigt dies vollauf. Er ist also als ein von Palästina nach Kleinasien übergesiedelter Christ anzusehen. Er muß ferner, da er jede weitere Näherbestimmung unterläßt außer der, daß er sich als einen Knecht Christi bezeichnet (1, 1), im Kreise der 7 Gemeinden der Einzige dieses Namens oder, wenn es dort noch andere Hebräer dieses Namens gab, der alle anderen Träger desselben völlig in Schatten stellende Jo gewesen sein. Ohne die Voraussetzung einer hervorragenden Stellung des Vf in diesem ganzen Kreise und seiner Vertrautheit mit den Verhältnissen desselben, wäre 1, 4—3, 22 unbegreiflich. Der visionäre Ursprung dieser Mitteilungen ändert hieran nichts. Schon hieraus ergibt sich, daß er der bekannte Jo von Ephesus, der Vf des 4. Ev und der drei Briefe gleichen Namens, ist oder sein will, den wir als den Apostel Jo kennen gelernt haben. Unter denen, welche diesem die Ap nicht meinten zuschreiben zu können, erinnerte zuerst Dionysius von Alexandrien an Johannes Marcus, lehnte es aber ab, diesen als Vf der Ap anzunehmen, weil er dies mit den ntl Angaben über die Geschichte des Mr nicht zu vereinigen wußte (A 2). Diejenigen, welche in neuerer Zeit den Mr für den Vf der Ap oder einiger Teile derselben erklärten, haben diesem Übelstand nicht abzuhelfen verstanden. Dieser Johannes mit dem römischen Nebennamen Marcus ist in der heidenchristlichen Welt (Kl 4, 10; Phlm 24; 2 Tm 4, 11; 1 Pt 5, 13) und in der altkirchlichen Überlieferung nie mit seinem hebräischen, sondern stets mit seinem römischen Namen genannt worden. Nur in geschichtlichem Rückblick auf seine Anfänge finden wir seinen Namen Johannes neben dem andern gebraucht (AG 12, 12. 25; 13, 5. 13; 15, 37), aber so, daß man verstehen muß, der römische Name habe auf dem Gebiet der heidenchristlichen Kirche den hebräischen ebenso verdrängt (AG 15, 39), wie der N. Paulus den N. Saul. Um a. 62 war Marcus den asiatischen Gemeinden noch persönlich unbekannt (Kl 4, 10; Bd I, 312. 319 A 4). Er ist wahrscheinlich bald darauf nach Asien gekommen, aber nur für kurze Zeit; denn wir finden ihn gegen Ende 63 oder zu Anfang 64 in Rom (1 Pt 5, 13). Noch einmal a. 66 befindet er sich in Asien, soll aber wieder nach Rom kommen (2 Tm 4, 11). Ein dauernder Aufenthalt des Mr in der Provinz Asien vor dem J. 67 ist ausgeschlossen (oben S. 201 ff.). Seitdem aber der Apostel Jo und andere Männer des Apostelkreises dort sich niedergelassen hatten, was spätestens a. 69 geschehen ist, kann Mr erst recht nicht dort eine Stellung eingenommen haben, wie sie der Vf der Ap einnahm. Am wenigsten konnte er sich dort ohne weiteres als den einen, den asiatischen Gemeinden bekannten Jo einführen; denn dies war der Name des langlebigen Jo von Ephesus d. h. des Apostels Jo. Wenn man sich gewundert hat, daß der Vf sich nicht als Apostel bezeichne, so übersah man, daß auch Pl, der wie kein anderer Apostel Anlaß gehabt und benutzt hat, seinen Apostolat hervorzukehren, in mehreren Gemeindebriefen es unterlassen hat, sich diesen Titel zu geben (1 Th 1, 1; 2 Th 1, 1), und daß dieser sich gelegentlich auch nur als einen Knecht Christi einführt (Phl 1, 1 cf Ap 1, 1). Dazu kommt, daß Jo auch als Vf der Briefe sich nicht den Aposteltitel gibt, und daß er im Ev den Titel beinah völlig vermeidet (oben S. 481). Vor allem aber gab ihm seine diesmalige Aufgabe keinen Anlaß, sich als Apostel zu bezeichnen. Einer Offenbarung kann jedes prophetisch begabte Gemeindeglied gewürdigt werden, und das hohe Ansehen des Jo in der Kirche Asiens, welches die schlichte Selbsteinführung in Ap 1, 4. 9 allerdings voraussetzt, gründete sich viel weniger auf seine Zugehörigkeit zu den Zwölfen, die ihm kein Recht über die von anderen Missionaren gestifteten heidenchristlichen Gemeinden gab, als darauf, daß er als ein Augen- und Ohrenzeuge von Jesus zeugen konnte (1 Jo 1, 1—4; 4, 14). Eben hieran aber wurden die Leser gleich im Eingang erinnert. Als er vor dem majestätischen Anblick des ihm erschienenen Herrn wie tot niederstürzt, richtet ihn der wohlbekannte Zuruf: „Fürchte dich nicht! ich bin es", wieder auf (1, 17). Dabei ruht die Hand desselben Herrn, den er ehedem gesehen, gehört und mit Händen betastet hat (1 Jo 1, 1), tröstend und beschwichtigend auf seinem Haupte (A 3). Man hat es seltsamerweise mit der Apostelwürde des Vf unverträglich gefunden, daß er 21, 14 unbefangen berichtet, was er gesehen hat, daß auf 12 Grundsteinen der Mauer des zur Erde herabsteigenden Jerusalem die Namen der 12 Apostel geschrieben stehen. Dann müßten Worte, wie Lc 22, 30; Mt 19, 28, welche doch nur Apostel gehört und weitererzählt haben können, Erfindungen von Nichtaposteln sein, und es müßte Pl, als er 1 Kr 12, 28 und Eph 2, 20; 3, 5; 4, 11 schrieb, vergessen haben, daß er sich selbst 1 Kr 1, 1; Eph 1, 1 sehr feierlich als Apostel eingeführt hatte. Seinen Kritikern hat es Jo von alter Zeit her nicht recht machen können (A 4). Nennt er sich wie im Ev und den Briefen nicht deutlich mit seinem ehrlichen Namen, so ist das ein Zeichen, daß er Versteck zu spielen

Ursache hat; nennt er sich wie in der Ap Johannes, so ist das ein Zeichen unangenehmer Vordringlichkeit. Betont er wie Jo 19, 35; 1 Jo 1, 1—4 seine Augenzeugenschaft, so verrät das eine verdächtige Absichtlichkeit; läßt er wie in der Ap sein geschichtliches Verhältnis zu Jesus zurücktreten, so ist das ein Beweis, daß ein solches Verhältnis nicht bestanden hat. Redet er einmal objektiv von den 12 Aposteln, so ist das ebensogut ein Beweis, daß er nicht dazu gehört hat, als wenn er sich den Presbyter, statt den Apostel nennt.

Ein wirkliches Problem erwächst auch nicht aus der Vergleichung des Lehrgehalts der Ap mit dem des Ev und des 1 Jo. Die einzige bereits S. 538 ff. erörterte Tatsache, daß in allen drei Schriften, und zwar, abgesehen von den Schriften, die nachweislich von Jo abhängig sind, in der ganzen altchristlichen Literatur nur hier ὁ λόγος als umfassendste Benennung Christi gebraucht und als gebräuchlich vorausgesetzt wird, wiegt schwerer als Alles, was man von unversöhnlichen Widersprüchen zwischen dem Vorstellungskreis der Ap und dem der übrigen Schriften des Jo gefunden zu haben meinte (A 5). Nur eine beinah vollständige Auslegung mehr noch des 4. Ev als der Ap wäre erforderlich, um alle die Misverständnisse zu beseitigen, welche in dieser Beziehung der Anerkennung des Richtigen hinderlich gewesen sind, wie wenn man im Ev eine Verflüchtigung der urchristlichen Weissagung und Hoffnung, oder einen die Sonderstellung Israels verneinenden Universalismus, oder eine den Ernst des Zornes und der Gerichte Gottes ausschließende Weichmütigkait finden wollte. Ferner muß der, welcher die Reden des Ev ebenso wie die Gesichte der Ap als freie Dichtungen ansieht, ganz andere Ansprüche machen in bezug auf Gleichheit des Ideenkreises und der Ausdrucksformen zwischen Schriften, die von einem einzigen Vf herrühren sollen, als der, welcher das Ev und die Ap zwar nicht für stenographische Protokolle, aber doch für treue Berichte eines Augen- und Ohrenzeugen von dem, was er gesehen und gehört hat, zu halten sich gedrungen fühlt. Jesus in seinen Fleischestagen redet anders und sagt Anderes zu den Genossen seines Erdenlebens, als der erhöhte Herr in Gesichten zu seinem Knecht und Propheten. Und dennoch ist er derselbe. Ein wirkliches Problem liegt nur vor in der großen Verschiedenheit des Stils, welche zwischen Ev und Briefen einerseits und der Ap andrerseits besteht. In dieser Hinsicht ist aber vor allem die übertriebene Darstellung, welche schon der Alexandriner Dionysius von dem guten Griechisch jener Schriften gegeben hat, auf ihr richtiges Maß zurückzuführen (A 6). Auch das 4. Ev kann nur ein Hebräer geschrieben haben. Nur durch Beschränkung auf einen engen Kreis von Ausdrucksformen ist es erreicht, daß gröbere Verstöße gegen Geist und Regel der griechischen Sprache im Ev fehlen. Ferner sind derartige Vorkommnisse in der Ap großenteils nicht aus Unkunde des Griechischen, sondern aus Absicht im einzelnen Fall (A 7) und aus der Anlehnung der Visionen selbst und ihrer schriftstellerischen Darstellung an den Typus der prophetischen Schriften des AT's zu erklären. Die mündliche wie die schriftliche Prophetie der apostolischen

Kirche hat ihren eigenen, besonders eng an die atl Muster sich anschließenden
Stil gehabt, sogut wie der auf Meditation beruhende Lehrvortrag und die ge-
schichtliche Erzählung und der Psalm. Daher muß derselbe Mann als Prophet
anders schreiben, als wenn er ein lehrhaftes Sendschreiben an die ihm befohlenen
Gemeinden, oder wenn er einen Bericht von den Taten und Reden Jesu auf-
zeichnet. Dazu kommt, daß ein prophetischer Schriftsteller naturgemäß zu seinem
Gegenstand eine viel weniger freie Stellung einnimmt, als irgend ein anderer.
Er hat, zumal wenn seine Prophetie auf Visionen beruht, die er in ekstatischem
Zustand erlebt hat, Alles empfangen, nicht nur den Stoff, sondern auch
die Form. Er hat das Geschaute nur in Worte umzusetzen und wird daher
viel weniger als ein Geschichtserzähler und ein Lehrer geneigt sein, an der
Form seiner ersten Niederschrift nachträglich zu feilen oder feilen zu lassen.
Die ursprüngliche, unter dem unmittelbaren Eindruck der geschauten Gesichte
entworfene Darstellung ist die beste, weil treueste. Je gewichtiger der Inhalt, um
so gleichgiltiger die Form. Und trotz alledem fehlt es auch in der Ausdrucksform der Ap nicht an bedeutsamen Übereinstimmungen mit der Redeweise des
4. Ev (A 5. 6).

Die Überlieferung über den Ursprung der Ap, das Selbstzeugnis des Buchs
in den unmitttelbar auf seine Gegenwart bezüglichen Teilen und einzelnen Aussagen und der Gesamteindruck der Schrift als eines echten Erzeugnisses ur-
christlicher Prophetie stimmen darin zusammen, daß der Apostel Jo um das
J. 95 in der Verbannung auf Patmos die Ap geschrieben hat, und daß sie von
den 7 Gemeinden, welchen er sie zusandte, als das, was sie nach ihrem Titel
sein will, aufgenommen und fortgepflanzt worden ist. Dieses Ergebnis bedarf
aber noch der Rechtfertigung gegenüber einer trotz mancher Erschütterungen
noch immer nicht beseitigten Auffassung ihres prophetischen Inhalts, wonach die
Ap entweder als ganzes Buch oder in manchen Teilen erheblich früheren Ursprungs sein müßte.

1. Mir ist kein Jude der griechisch-römischen Diaspora Namens Johannes bekannt,
während z. B. Juda, Joseph, Jonathan, Samuel, Mirjam, Salome in römischen Inschriften
vorkommen. Cf auch Forsch VI, 176 A 1. Unter den Christen aber ist die Sitte, sich
die Namen von Aposteln beizulegen (cf Dionysius bei Eus. VII, 25, 14), erst lange nach
der Zeit der Ap aufgekommen.

2. Dionysius bei Eus. VII, 25, 15 lehnt den Gedanken an Mr nur durch Berufung
auf AG 13, 5. 13 ab. Für den Vf der ganzen Ap erklärte ihn Hitzig, Über Jo Mr und
seine Schriften, 1843; für den Vf einer hauptsächlich in Ap 1, 3—3, 22 erhaltenen Urapokalypse Spitta s. oben S. 601 A 11.

3. Richtig ist Ap 1, 17 verstanden worden von Iren. IV, 20, 11 (*quoniam ipse est,
in cujus pectore recumbebat ad coenam*) und noch von Herder, Maranatha S. 13 trotz
unrichtiger Satzabteilung S. 11. Dafür spricht die unvermeidliche Erinnerung an Jo
6, 20; Mt 14, 27 cf Lc 24, 38 f.; Jo 18, 5. Ferner würde, wenn ὁ πρῶτος καὶ ὁ ἔσχατος
hier Prädikat und nicht eine zu ἐγώ hinzutretende Apposition wäre, darin durchaus
nichts den überwältigenden Eindruck Milderndes, die Furcht Beschwichtigendes liegen,
wie in allen anderen Sätzen hinter μὴ φοβοῦ, φοβεῖσθε in der Bibel; es würde so bald

hinter 1, 8 cf 21, 6 sogar das Misverständnis unvermeidlich gewesen sein, daß der Erschienene Gott der Herr selbst sei, was dann erst durch 1, 18 berichtigt würde. — Es ist auch zu beachten, daß in der Ap, welche sich in dieser Beziehung doch nicht mit einem Ev sondern eher mit Lehrbriefen vergleichen läßt, die Person des Herrn sehr häufig mit dem schlichten Ἰησοῦς bezeichnet wird, auch wo es sich um den Erhöhten und um das religiöse Verhalten zu ihm handelt (1, 9; 12, 17; 14, 12; 17, 6; 19, 10; 20, 4; 22, 16). Der Vf kennt natürlich die solennen Formeln 1, 1. 2. 5; 14, 13, gebraucht auch ὁ Χριστός an passender Stelle 11, 15; 12, 10; 20, 4. 6, betet zu ihm „Herr Jesu" 22, 20; aber er hat ebensowenig wie der Jo des Ev und der Briefe die Gewohnheit, ὁ κύριος oder ὁ Χριστός an Stelle des Eigennamens zu gebrauchen. Dazu steht er der geschichtlichen Erscheinung Jesu zu nahe.

4. Ein Muster ungerechter Kritik der Selbstbezeichnung des Jo in der Ap lieferte Dionysius bei Eus. VII, 25, 6—13. Auch die Aloger scheinen sich über 1 Jo 1, 1—4 aufgehalten zu haben GK II, 50.

5. Nach dem was oben S. 538 ff. 547 ff. über die „Logoslehre" in den Schriften des Jo gesagt wurde, ist es nicht eine vielleicht mehrdeutige und von verschiedenen Schriftstellern verschieden aufgefaßte Formel, worin Ev, Ap und Briefe übereinstimmen, sondern gerade der Begriff ist es, der aus keiner altchristlichen Schrift so deutlich zu erkennen ist, wie aus der Ap, während dagegen die Form wechselt (Ev ὁ λόγος, Ap ὁ λόγος τοῦ θεοῦ, ὁ ἀμήν, 1 Jo ὁ λόγος τῆς ζωῆς). „Logos" könnte Jesus heißen, auch wenn er nicht ewiger Weise Gott wäre. Aber auch in dieser Schätzung seiner Person stimmen Ap, Ev und Briefe überein. Während die Engel jede Anbetung sich verbitten (Ap 19, 10; 22, 9), bleibt es ungerügt, daß Jo zu den Füßen Jesu niedersinkt (1, 17). Er ruft ihn mit dem *marana tha* der Liturgie an (22, 20 cf Bd I, 216 A 12), und alle Bewohner des Himmels schließen ihn in ihre anbetende Lobpreisung Gottes ein 5, 9—14 cf 7, 10; 11, 5. Er wird mit Gott und seinem 7 fachen Geist als Quelle von Gnade und Friede zusammengefaßt 1, 5. Es werden auf ihn die scheinbar unübertragbaren Attribute Gottes „der Erste und der Letzte" übertragen 1, 17; 22, 13 cf mit 1, 8; 21, 6. Er steht wie Gott am Anfang nicht nur der Geschichte, sondern auch der geschaffenen Welt, was nicht zu denken ist ohne die Voraussetzung, daß er an der Schöpfung beteiligt ist 3, 14 cf Jo 1, 3; Kl 1, 15—18. Und doch hat er Alles, was er hat, von seinem Vater empfangen (Ap 2, 27; 1, 1 cf Jo 3, 35; 5, 22. 27; 17, 2). Im Rückblick auf sein irdisch menschliches Berufswerk ist er der treue Zeuge 1, 5; 3, 14, was ganz dem 4. Ev (18, 37) entspricht. Ein Blick in die Konkordanz unter μαρτυρεῖν und μαρτυρία (nur noch Mr 14, 55—59 von den falschen Zeugen) lehrt die Identität des Vf aller Schriften des Jo. Nur in der Ap heißt Jesus τὸ ἀρνίον und zwar 29 mal; das Wort sonst nur noch Jo 21, 15, das Gleichnis selbst Jo 1, 29. 36 in dem Zeugnis des Täufers, welches diesen Apostel zu Jesus getrieben hat. Nur Ap 21, 2. 9; 22. 17 und Jo 3, 29 heißt die Gemeinde geradezu die νύμφη Christi etc. Die Behauptung des Dionysius l. l. § 22, daß die Ap auch nicht eine Silbe mit dem Ev und dem 1 Jo gemein habe, war eine törichte Übertreibung.

6. Die gegensätzliche Schilderung des Stils der Ap und des Ev bei Dionys. l. l. § 24—27 ist ebenso übertrieben, wie das was er über die Lehrgedanken sagt (s. A 5). Cf dagegen die besonnene Beurteilung des Stils des Hb im Vergleich mit den Plbriefen durch Origenes bei Eus. VI, 26, 11. Das Verhältnis ist, auch abgesehen davon, daß es sich dort um Schriften handelt, welche der gleichen Literaturgattung angehören, ein ganz anderes, als zwischen Ap und Joev. Über hebräische Wörter und Hebraïsmen im Ev s. oben S. 565f., in der Ap unten S. 625. Sehr bezeichnend ist, daß Jo in beiden Schriften je einmal es versäumt, durch Übersetzung eines als hebräisch bezeichneten Namens den Lesern den Gedanken deutlich zu machen, welchen er damit verbindet

(Jo 5, 2; Ap 16, 16 S. 552 A 13). Der hebraïsirende Gebrauch von $\dot{\epsilon}\varkappa$ c. gen. plur. (oben S. 517 A 2) auch Ap 2, 10; 11, 9. Die neutrale Bezeichnung der Personen (Jo 6, 37. 39; 10, 29) auch Ap 3, 2. Der Gebrauch des Artikels wie Jo 3, 10 (der zünftige Lehrer unter oder von uns beiden) auch Ap 3, 17. Cf auch einzelne charakteristische Wendungen wie die am Schluß beider Bücher im Rückblick auf deren Inhalt Ap 22, 18. 19 und Jo 21, 20 ($\gamma\epsilon\gamma\varrho\alpha\mu\mu\dot{\epsilon}\nu\alpha$ $\dot{\epsilon}\nu$ $\tau\tilde{\wp}$ $\beta\iota\beta\lambda\dot{\iota}\wp$ $\tauo\dot{\upsilon}\tau\wp$), oder $o\dot{\upsilon}$ $o\tilde{\iota}\delta\alpha s$ (das weißt du besser) Ap 7, 14 und Jo 21, 15—17.

7. Wenn ein Schriftsteller etwa 30—40 mal $\dot{\alpha}\pi\acute{o}$ c. gen. gebraucht, einmal aber 1, 4 schreibt $\dot{\alpha}\pi\grave{o}$ $\acute{o}$ $\tilde{\omega}\nu$ $\varkappa\alpha\grave{\iota}$ $\acute{o}$ $\tilde{\eta}\nu$ $\varkappa\alpha\grave{\iota}$ $\acute{o}$ $\dot{\epsilon}\varrho\chi\acute{o}\mu\epsilon\nuo s$, so kann dabei nur die Absicht obwalten, $\acute{o}$ $\tilde{\omega}\nu$ $\varkappa\tau\lambda.$ als indeklinabelen Eigennamen, als eine Umschreibung des Jahvenamens erkennen zu lassen. Auch $\acute{o}$ $\tilde{\eta}\nu$ (cf auch 1, 8; 4, 8; 11, 17; 16, 5) kann nur ein mit Bewußtsein geschaffener Ersatz für ein fehlendes Part. imperf. oder aor. sein. Wie bei sachlichen Begriffen $\tau\acute{o}$ jedem beliebigen Redeteil vorgesetzt werden kann, so bei persönlichen $\acute{o}$ cf $\acute{o}$ $\dot{\alpha}\mu\acute{\eta}\nu$ 3, 14 oben S. 549 A 8. Auch die Inkongruenz der Apposition scheint 1, 5; 20, 2 beabsichtigt, um der Apposition ein größeres Gewicht zu verleihen, indem sie zu einer selbständigen Exklamation gemacht wird, was auch vielleicht bei $\pi\lambda\acute{\eta}\varrho\eta s$ Jo 1, 14 zutrifft (cf jedoch Blaß Gr. S. 81). In andern Fällen (2, 20; 3, 12; 7, 4; 9, 14) mag eine in der täglichen Rede der nicht völlig hellenisirten Barbaren übliche Nachlässigkeit, ein wirklicher Soloecismus vorliegen. — Ich halte es nicht für ausgeschlossen, daß Jo seine übrigen Schriften einer stilistischen Revision durch sprachkundigere Freunde unterworfen hat (cf Bd I, 44 über Josephus), daß er dies aber bei der Ap aus den oben S. 618 angedeuteten Gründen unterließ.

§ 75. Zeitgeschichtliche oder endgeschichtliche Deutung.

Ohne gebührende Rücksicht auf die sehr bestimmte Überlieferung und die in c. 1—3 zu Tage liegenden Zeichen der Zeit hat man lange genug die Abfassungszeit der Ap vermöge der sogen. zeitgeschichtlichen Deutung ihres prophetischen Inhalts zu bestimmen gesucht (A 1). Zumal seitdem man entdeckt zu haben meinte, daß die Zahl 666 (Ap 13, 18) den Namen Neros bezeichne, galt in Deutschland bei den Meisten als bewiesene Tatsache, daß die Ap bald nach dem Tode Neros († 9. Juni 68) und kurz vor der Zerstörung Jerusalems (August 70) geschrieben sei. Die 5 Könige, welche nach Ap 17, 10 gefallen sind, sollten die 5 Kaiser von Augustus bis Nero, der sechste zur Zeit der Ap regierende entweder Galba († 15. Januar 69) oder, wenn man von den drei kurz regierenden Galba, Otho, Vitellius absah, Vespasian sein. Der siebente, welcher schon einmal dagewesen und als Antichrist wiederkommen soll (17, 8. 11 cf 13, 3. 12. 14), sollte der aus dem Totenreich zurückkehrende Nero sein. Wer dieser Deutung und anderen, die gleichfalls zeitgeschichtlich zu nennen sind, eine endgeschichtliche entgegensetzt, kann das nicht in dem Sinne tun, als ob diese beiden Auffassungen sich in jeder Hinsicht ausschlössen. Auch jene leugnet ja nicht, daß endgeschichtliche Ereignisse, das Kommen des Antichrists, die Parusie Christi und das Endgericht von Jo geweissagt seien; und diese leugnet nicht, daß diese Endereignisse als nahebevorstehend verkündigt und mit den Tatsachen der Gegenwart innig verknüpft vorgestellt werden. So verhält es sich mit aller Prophetie. Sie zielt immer auf das Ende und ist doch gebunden an die Vergangenheit und an die Gegenwart. Auch die Herkunft dieser Weissagung aus erlebten Visionen ändert daran nichts; denn die Bilder der ekstatischen Vision wie des gemeinen Traums werden aus den im Anschauungskreis des wachenden Sehers oder Träumers bereits vorhandenen Materialien geformt. Für den nach dem Ausgang der geschichtlichen Entwicklung fragenden und nach Erfüllung aller Verheißungen Gottes sich sehnenden Christen (22, 17. 20; 5, 4; 6, 10) waren solche Materialien die Weissagungen der atl Propheten, insbesondere Daniels, Ezechiels, Sacharjas, vor allem aber das prophetische Zeugnis Jesu, mit dessen Besitz allein schon ein Anteil am Geiste der Weissagung gegeben ist (19, 10 cf Jo 16, 13 f.), und die hierauf fußende Prophetie der Gemeinde (1 Jo 2, 18 oben S. 576 A 5), an welche die Ap als ein neues, vorläufig letztes Glied der mit der Weissagung Jesu selbst beginnenden Kette sich anschließt. Wie die christlichen Propheten von jeher den Gang der weltgeschichtlichen Entwicklung und die Zeichen der Zeit im Auge behalten haben (Bd I, 163 f. 168 ff. 475 ff.), so auch Jo. Es entspricht auch nur der Art aller ntl Prophetie von der des Täufers an, daß das Ende nahe, das endgiltige Kommen des Reiches Gottes und Christi als ein rasch, plötzlich und bald eintretendes verkündigt wird (1, 1. 3; 3, 11; 22, 7. 10. 12. 20 cf Mt 3, 2—12; Jk 5, 8 f.; Rm 13, 11 ff.; Phl 4, 5; Hb 10, 37; 1 Jo 2, 18 oben S. 576). Nicht minder aber hält die Ap an dem Grundsatz echter Prophetie fest, daß ein chronologisch bestimmtes Wissen um das Kommen des Endes dem Menschen, der Gemeinde versagt sei (Mt 24, 36; AG 1, 5; 1 Th 5, 1 ff.). Sie enthält keine einzige Zeitangabe, die auch nur in verhüllender Andeutung den Zeitabstand der Parusie von der Gegenwart erkennen ließe. Sie enthält auch solche Weissagungen, welche diesseits der Endereignisse ihre Erfüllung finden mußten, wenn sie überhaupt erfüllt werden sollten. Dazu gehören nicht nur die teilweise hypothetischen Worte 2, 5. 22; 3, 9 (3, 3. 19 f.?). Auch die Verfolgung, welche die Gemeinde von Smyrna treffen und ihrem Bischof das Leben kosten soll, ist nicht ein Stück der letzten Drangsal (2, 8—11 oben S. 602. 606). — Was nun die unfraglich auf die eigentlichen Endereignisse abzielenden Weissagungen anlangt, so zeigte sich bereits S. 600 A 9, daß die vom Standpunkt der Gegenwart gewählte Benennung Jerusalems als des geistlichen Sodom (11, 8) den geschehenen Untergang der ehemals heiligen Stadt voraussetzt. Ferner beweist die Zahl der 42 Monate oder 1260 Tage = $3\frac{1}{2}$ Jahr (11, 2. 3 cf 12, 6. 14; 13, 5; Dan 7, 25; 12, 7. 11), daß diese Weissagung uns in die Zeit der Herrschaft des Antichrists versetzt. Sie entnimmt ihre Formen und Farben nicht der vorexilischen Prophetie eines Jesaja und Jeremia, sondern stellt sich auf den Boden des nach der Eroberung Jerusalems weissagenden, nicht eine Zerstörung Jerusalems und des Tempels, sondern eine Entweihung des Tempels in der Endzeit verkündigenden Propheten Daniel. Nun wäre ja an sich denkbar, daß ein christlicher Prophet vor dem J. 70, wie Jesus selbst, beiderlei Weissagung mit einander verbunden hätte, ohne ihr gegenseitiges Verhältnis klarzulegen, nämlich die im Ton und Sinn eines Jesaja, Micha oder Jeremia gehaltene Ankündigung der Zerstörung Jerusalems und des Tempels und die im Sinn eines Daniel gehaltene Weissagung vom „Antichrist". Aber abgesehen davon, daß die christliche Weissagung vom Antichrist zur Zeit des Pl von einer unklaren Vermengung dieser grundverschiedenen Gedankenreihen keine Spur zeigt (1 Th 2, 16; 2 Th 2 1—12), so liegt eine solche jedenfalls Ap 11, 1—18 nicht vor. Es verlautet nichts von einer Eroberung Jerusalems durch Kriegsheere, sondern nur von einer Herrschaft der Heiden in Jerusalem während der Zeit des Antichrists (11, 2). Die Zerstörung nur eines zehnten Teils, der Stadt und Tötung nur eines kleinen Bruchteils der Bevölkerung erfolgt nicht durch feindliche Heere, sondern durch ein Erdbeben (v. 13), und der Tempel wird so wenig von den Römern zerstört, daß der eigentliche Tempel samt dem Priestervorhof, in welchem der Brandopferaltar steht, und samt der dort Gott anbetenden Gemeinde vor jeder Entweihung durch die Heiden bewahrt bleiben soll (11, 1 f.). Daß das nicht ein Christ vor dem J. 70 und im Hinblick auf die von Jesus geweissagte Zerstörung Jerusalems und des Tempels geweissagt haben kann, sollte keines weiteren Beweises bedürfen. Es sei nur daran noch erinnert, daß in der Zeit vom Tode des Nero bis zur Zerstörung Jerusalems die jüdische Revolution unter gegenseitiger Zerfleischung der verschiedenen Parteigruppen ihr Schreckensregiment führte. Da die Christen nach Pella geflüchtet waren, gab es keine Anbeter des wahren Gottes und keinen des göttlichen Schutzes werten Tempel mehr in Jerusalem, sondern nur noch Juden, die des Namens nicht mehr wert waren (Ap 2, 9; 3, 9). Ein Christ konnte diese nicht milder beurteilen, als der Jude Josephus (z. B. bell. IV, 9, 10). Alles dies liegt ebenso hinter der Ap, wie die Zerstörung Jerusalems durch die Babylonier hinter Daniel. — Unter der Bestie mit 10 Hörnern und 7 Häuptern, welche auf Geheiß Satans aus dem Meere, dem Bilde der Völkerwelt, aufsteigt und den letzten Kampf des Argen gegen Gott und die Gemeinde Jesu eröffnet (13, 1 ff.), konnte Jo, da ihn alle wesentlichen Attribute und Handlungen der Bestie an Dan 7, 2—27 erinnern mußten, nur die gottfeindliche Weltmonarchie verstehen, und zwar diese in ihrer letzten Entwicklung. Wie aber bei Daniel (2, 37 ff.; 8, 20 ff.) überall die Vorstellung der Königreiche in die der sie beherrschenden und repräsentirenden Könige übergeht, so auch bei Jo. Die Schilderung der Übertragung der Herrschaft an die Bestie (13, 2), die zweifellos echten Masculina αὐτόν v. 8 und ὅς v. 14, sowie die Angabe, daß der Name der Bestie ein menschlicher Eigenname sei (13, 18), fordern diese persönliche Zuspitzung, ohne doch die Grundvorstellung von einer neuen und letzten Weltmonarchie aufzuheben. Daß diese letzte Weltmonarchie ebensowenig wie ihre persönliche Spitze zur Zeit der Ap existirt, ergibt sich schon aus dem Zusammenhang von 13, 1 ff. mit 12, 13—17 cf 11, 7. Noch deutlicher wird 17, 8—11 unter ausdrücklicher Rückbeziehung auf c. 13 dreimal gesagt, daß die Bestie in der Gegenwart nicht existire, und zweimal, daß sie kommen werde (μέλλει ἀναβαίνειν und παρέσται v. 8). Dort werden auch die 10 Hörner der Bestie auf 10 mit ihr verbündete und ihre Kräfte der Bestie zur Verfügung stellende Könige gedeutet, welche mit der Bestie zugleich für kurze Zeit ihre Herrschaft erlangen werden, in der Gegenwart aber ebensowenig wie die Bestie bereits erlangt haben (17, 12). Andrerseits aber hat die Bestie schon einmal existirt und wird aus dem Abgrund, in welchen sie versunken war, d. h. aus der Totenwelt (cf 9, 1 f. 11) wieder emporsteigen (17, 8. 11 dreimal ἦν καὶ οὐκ ἔστιν). Der Antichrist und sein Reich sind eine schon einmal in der Geschichte dagewesene, dann verschwundene und am Ende der Zeiten wieder ins Leben tretende Macht, ein Grundgedanke der urchristlichen Prophetie (Bd I, 180 A 8). Derselbe Gedanke wird 13, 3. 12. 14 dadurch ausgedrückt, daß eines der 7 Häupter der Bestie eine tödliche Wunde erhalten hat, welche wieder geheilt wurde. Eben damit ist aber die Bestie selbst tödlich getroffen und wieder lebendig geworden (13, 12. 14). Die Heilung der Wunde des einen Hauptes erregt das gleiche Staunen der Welt, wie das Aufsteigen der Bestie aus dem Abgrund (13, 3; 17, 8). Die Bestie ist also in gewissem Sinne identisch mit einem ihrer 7 Häupter. Dies wird noch bestimmter 17, 10 f. gesagt. Von den 7 Häuptern sind 5 gefallen, ein sechstes steht zur Zeit der Ap, ein siebentes ist noch nicht gekommen. Aber eines der bereits gefallenen 5 Häupter wird wiederauftreten, und dieses gewesene und wiederkommende Haupt wird geradezu mit der Bestie identificirt (17, 11). Andrerseits wäre die ganze Anschauung von den 7 Häuptern der Bestie unmöglich, wenn die Bedeutung der Bestie sich schlechthin mit der Bedeutung eines ihrer 7 Häupter deckte. Es muß ein analoges Verhältnis zwischen ihr und den übrigen 6 Häuptern bestehen. Die Häupter sind auf einander folgende Phasen der durch alle Wandlungen der Geschichte hindurch beharrenden Größe, welche die Bestie darstellt, der gottfeindlichen Weltmonarchie. Diese weitere Bedeutung der Bestie neben der engeren, wonach sie eine einzelne jener 7 Phasen, nämlich das einmal dagewesene und wiederkehrende antichristliche Reich und dessen Herrscher darstellt, ist 13, 2 dadurch ausgedrückt, daß die Bestie die Merkzeichen der drei Weltmonarchien, welche nach Dan 7, 4—6 der vierten und letzten vorangehen, an sich trägt. Hienach können die 7 Häupter nicht einzelne Herrscher einer und derselben Monarchie sein, sondern nur auf einander folgende Monarchien samt den sie repräsentirenden Königen, wie das babylonische mit Nebukadnezar, das griechisch-macedonische mit Alexander, das römische mit Cäsar an der Spitze. Daß die 7 Häupter 17, 10 kurzweg als 7 Könige (βασιλεῖς und nicht βασιλεῖαι) gedeutet werden, kann darin nicht irre machen, da, wie gesagt, seit Daniel die Vorstellung der Reiche mit derjenigen ihrer Stifter oder repräsentativen Könige unlösbar verschmolzen ist (A 2). Da die Ap zur Zeit des römischen Kaiserreichs geschrieben wurde, so ist dieses nach 17, 10 das 6. Haupt, ein anderes 7. Reich wird ihm folgen, aber nicht lange herrschen; dann kommt als achtes das des Antichrists, welches aber nur Erneuerung eines der 5 früheren

Reiche, ohne Frage des griechisch-macedonischen und seines typischen Herrschers, des atl Antichrists Antiochus Epiphanes sein wird (Bd I, 162; 169 A 4; 171 ff.). Die Deutung der 7 Häupter auf die Reihe der römischen Kaiser von Augustus oder auch von Cäsar an, die viele geblendet hat, ist doch unhaltbar. Es würde die Ap durch die Beurteilung des römischen Reichs als des antichristlichen Reichs der Endzeit erstens ganz aus der Linie heraustreten, welche wir Jesus (Mt 22, 21; Jo 19, 11), Pt (1 Pt 2, 13—17), Pl (Rm 13, 1 ff.; 2 Th 2, 6 f.) und die von Pl gebilligte altchristliche Prophetie, ferner Clemens von Rom, Melito und Irenäus dem römischen Staat gegenüber innehalten sehen (Bd I, 162 f.; 170 ff.). Allerdings ist das römische Reich eine der auf einander folgenden Weltmonarchien, welche allesamt einen Gegensatz zum Reiche Gottes und Christi bilden, oder im Bilde geredet das sechste der 7 Häupter der Bestie. So ist auch Babylon d. h. die Welthauptstadt zur Zeit Rom (1 Pt 5, 13 oben S. 20). Das Blut der Heiligen und Apostel ist in diesem Babylon-Rom nach Ap 18, 20 unter Nero vergossen worden (oben S. 22. A 4). Wahrscheinlich sollen auch die 7 Berge, auf welchen die Hure Babylon sitzt (17, 9), unbeschadet ihrer eigentlichen Bedeutung (A 2), an die 7 Hügel Roms erinnern. Aber darum ist Rom noch lange nicht das Babylon der Endzeit und das römische Reich noch lange nicht die Bestie in ihrer letzten antichristlichen Entwicklung oder ein römischer Kaiser der nächsten Zukunft der Antichrist. Bei dieser Deutung wäre zweitens völlig unbegreiflich, wie die Bestie, die nach dieser Deutung die durch Cäsar oder Augustus begründete römische Monarchie sein müßte, durchweg als eine zukünftige, der Endzeit angehörige Erscheinung dargestellt werden konnte. Daran ändert es nichts, daß die Bestie schon einmal existirt hat; denn diese ehemalige Existenz ist von der geweissagten zukünftigen Existenz durch eine gegenwärtige Nichtexistenz völlig geschieden (17, 8—11). Das römische Reich aber hat seit seiner Begründung niemals aufgehört zu existiren, am wenigsten zur Zeit der Ap, in welcher die Christen seine Macht kräftig genug zu fühlen bekamen. Die Deutung der 7 Häupter auf die einander succedirenden römischen Kaiser macht es drittens unverständlich, wie die Tötung eines dieser Häupter zugleich Tötung der Bestie sein soll (13, 3 f. 12. 14; 17, 8). Durch den Tod Neros oder irgend eines anderen Kaisers vor der Zeit der Ap ist die Fortexistenz des römischen Reichs niemals in Frage gestellt, geschweige denn aufgehoben worden (cf Bd I, 164). Wenn ein Cäsar stirbt, lebt und regiert sofort wieder ein Cäsar. Trotz der vorübergehenden Störungen der Reichseinheit, welche durch das Nebeneinander mehrerer Prätendenten während der zwei Jahre vom Tode Neros bis zur allgemeinen Anerkennung Vespasians verursacht waren, arbeitete wenigstens in Kleinasien die Regierungsmaschine weiter, und dort konnte kein Provinziale um 68—70 denken, daß das Römerreich tot sei. Diese zeitgeschichtliche Deutung macht viertens jede annehmbare Deutung der 10 gekrönten Hörner (13, 1; 17, 3. 12—17 cf 12, 3) unmöglich. Die Meinung aber daß die Vorstellung von dem Wiederaufleben der tödlich getroffenen Bestie oder

eines ihrer Häupter (13, 3. 14; 17, 8. 11) auf der Sage von der Wiederkehr
Neros beruhe, ist mit der Geschichte dieser Sage unverträglich (A 3). Die bald
nach dem Selbstmord Neros zunächst unter seinen heidnischen Verehrern aufgekommene Meinung, daß er nicht gestorben, sondern zu den Parthern geflohen
sei und von dort zur Rache an seinen Feinden und zur Wiedereinnahme des
Throns nach Rom zurückkehren werde, hat sich bis in den Anfang des 2. Jahrhunderts, d. h. bis zu der Zeit, in welcher es nicht mehr wahrscheinlich war,
daß der a. 37 geborene Nero noch am Leben sei, unverändert erhalten. Wir
begegnen ihr bei zwei jüdischen Sibyllisten im J. 71 und um das J. 80. Auf
dem Gebiete eben dieser Literatur zeigt sich um 120—125, also zu einer Zeit,
wo Nero nicht mehr wohl am Leben sein konnte, die Idee seiner Wiederkehr
dahin umgestaltet, daß der längst gestorbene Nero, der Anstifter der Zerstörung
Jerusalems unter Zeichen und Wundern wieder ins Leben zurückkehren, zuletzt
aber zur Strafe für einen letzten Angriff auf die heilige Stadt vom Messias
werde vernichtet werden. Ein christlicher Sibyllist um 150—160 hat diese
jüdischen Vorstellungen mit den Angaben in Ap 13, 3. 15; 17, 8. 11 kombinirt
und damit eine der konfusesten Ideen in die christliche Welt eingeführt. Da
die Idee von der Wiederkunft des verstorbenen Nero erst dann entstanden ist,
als Nero nicht mehr wohl unter den Lebenden weilen konnte, und da die ursprüngliche Form des Volksglaubens offenbar nur aus diesem Grunde jene Verwandlung ins vollends Phantastische erfahren hat, so kann diese Idee in der Ap
nicht vorliegen, mag sie a. 69 geschrieben sein, als Nero, wenn er noch lebte,
32 Jahr alt gewesen wäre, oder um a. 95, in welchem Nero sein 58. Jahr
vollendet haben würde. Vor seinem 73. Jahr, welches er erst 110 erreicht
haben würde, hatte ein Orakel ihn gewarnt (Suet. Nero 40). Früher hatten
weder Freunde noch Feinde, die an seine Rückkehr glaubten, irgend welchen
Anlaß, an eine Wiederkehr aus dem Tode zu glauben. Eine Entstehung aber
der Ap nach dem J. 110 kann kein Besonnener für möglich halten. Auch die
Deutung der Zahl 666 auf den angeblich hebräisch נרון קסר (*Néρων Kαῖσαρ*)
zu schreibenden Namen Neros (A 4) ist von äußerster Unwahrscheinlichkeit.
Die Ap ist für griechische Christen geschrieben, welchen ein hebräischer
Name übersetzt werden muß, damit sie seinen Wortsinn fassen (9, 11 cf 16, 16).
Der Vf bedient sich nur solcher hebräischer Worte, welche den Lesern aus
ihrer Liturgie oder ihrem griechischen AT geläufig waren, wie *amen, halleluja.*
Er umschreibt den Jahvenamen in griechischen Participialformen (1, 4) und bedient sich nicht des hebräischen (ח - א), sondern des griechischen Alphabets,
wo er den ersten und den letzten Buchstaben desselben als bildlichen Ausdruck
für Anfang und Ende verwendet (1, 8; 21, 6; 22, 13). Er deutet 13, 18
durch nichts an, daß es der Kenntnis des Hebräischen und des Zifferwerts
der hebräischen Buchstaben bedürfe, um das Rätsel zu lösen. Seine Leser
konnten und sollten ihn nicht anders verstehen, als daß die Buchstaben des
griechisch geschriebenen Personnameus in summa den Zifferwert 666 ergeben.

Daß das griechische Alphabet zu Grunde zu legen sei, war in den Kreisen der Schüler des Jo in Kleinasien feststehende Tradition (Iren. V, 30); und auch diejenigen, welche im 2. Jahrhundert die Zahl 666 in 616 zu ändern sich erlaubten, um den Namen des Kaisers Gajus d. h. des Caligula herauszubringen (A 5), sind nach dieser selbstverständlichen Regel verfahren. Wir sehen aus dieser uralten Textänderung zugleich, wie ferne es den Christen auch noch der nachapostolischen Zeit lag, Nero als Typus des Antichrists zu betrachten, und daß dagegen die Gestalt des ἀντίθεος Caligula unvergessen geblieben war (Bd I, 163. 170 A 7). Die Schüler des Jo, auf welche sich Irenäus nicht nur für die Echtheit der Zahl 666, sondern auch für die Grundsätze ihrer Deutung beruft, verwarfen mit Recht die Deutung auf einen gewesenen oder zukünftigen römischen Kaiser. Sie wußten auch nicht, auf welchen Namen die Zahl abziele, sondern waren der Überzeugung, daß zur Zeit des Antichrists auch diese Weissagung sich erfüllen, und daß die Übereinstimmung zwischen Name und Zahl der Gemeinde dazu helfen werde, ihren letzten Feind sofort mit Sicherheit zu erkennen. Diese Betrachtungsweise entspricht dem „Geist der Prophetie“ und dem „Zeugnis Jesu“ (Ap 19, 10), wie es der Apostel Jo uns in seinem Ev aufbewahrt hat (Jo 13, 19 und anderwärts, oben S. 550 A 10). Das ist die Stellung, welche die Christenheit von Anfang an zu aller als echt erkannten Weissagung eingenommen hat. Echte Prophetie enthält Manches, was über das eigene Bewußtsein des Propheten selbst hinausliegt und erst durch die Erfüllung klar wird. Sie ist darum dennoch ein Leitstern, ehe sie erfüllt ist, und wird keineswegs überflüssig durch ihre Erfüllung, sondern leistet gerade dann als erfüllte Weissagung der Gemeinde den größten Dienst. Wer die Ap für das künstliche Machwerk eines Sehers hält, der nichts gesehen hat, mag sich weiter bemühen, befriedigendere Lösungen des Zahlenrätsels 666 und einiger anderer Rätsel dieses Buchs zu suchen, als unter solcher Voraussetzung bisher gefunden sind. Wir Anderen, die wir eingedenk der Mahnung des Pl (1 Th 5, 20) in der Ap echte Prophetie finden, von der wir Einiges schon heute verstehen, Anderes später zu verstehen hoffen, sollen bei dem Spott, der uns nicht erspart bleibt, uns des Wortes (1 Kr 14, 22) erinnern: ἡ προφητεία οὐ τοῖς ἀπίστοις, ἀλλὰ τοῖς πιστεύουσιν.

1. Eine brauchbare Geschichte der Auffassung der Ap, welche mit der Geschichte der christlichen Eschatologie nahezu zusammenfallen würde, gibt es noch nicht. Cf jedoch Lücke, Kommentar über die Schriften des Jo IV, 1: Versuch einer vollständigen Einl. in die Offenb. und die gesamte apokal. Literatur, 1832, sowie die neueren Kommentare.

2. Eine Schwierigkeit liegt gewiß in der doppelten Deutung der 7 Häupter 17, 9 und 10f. Aber gerade darum, weil sie dicht bei einander ausgesprochen sind, kann die eine Deutung nicht in der anderen beirren. Die allein weiter ausgeführte Deutung auf 7 Könige paßt auch allein zu 13, 1—3. 12. 14, denn einen Berg kann man nicht tödlich verwunden. Zugleich ist durch die dort wie 17, 11 vorliegende Identifikation eines der Häupter mit der Bestie gesichert, daß die Häupter ebensowenig wie die Bestie

Könige im Unterschied von Königreichen, sondern Reiche mit ihren repräsentativen
Königen bezeichnen. Auch das Sitzen der Hure auf der 7köpfigen Bestie (17, 3), welches
17, 9 als ein Sitzen auf den 7 Köpfen dargestellt wird, setzt die Bedeutung der Bestie
als Weltreich und der 7 Köpfe als Phasen des Weltreichs voraus; denn die Welthauptstadt reitet nicht auf einem König oder auf vielen Königen, sondern thront über dem
Weltreich oder über mehreren auf einander folgenden Weltreichen. Wir würden ohne
17, 9 nichts Wesentliches vermissen. Wie die Bestie nicht nur das antichristliche Weltreich der Endzeit samt seinem Herrscher, sondern auch das Weltreich von Anfang an
bedeutet, dessen successive Phasen die 7 Häupter darstellen, so ist auch Babylon die
Hauptstadt des Weltreichs schlechthin. Ehemals lag sie am Euphrat, jetzt am Tiber,
später vielleicht am Bosporus, aber sie behält ihren alten Namen bei allen geschichtlichen Wandlungen. Faßt man dementsprechend die Bestie als eine im Lauf der Geschichte beharrende Größe, so sitzt Babylon auf der Bestie; reflektirt man auf die
wechselnden Gestalten des Weltreichs, so sitzt Babylon auf den 7 Häuptern. Das Successive kann im ruhenden Bilde nur als ein Simultanes dargestellt werden. Dies gilt
auch von der nicht weiter verfolgten Deutung der 7 Häupter auf 7 Berge. Gewiß
mußten und sollten die Leser, welche in Rom das Babylon ihrer Zeit erblickten (1 Pt 5, 13),
dadurch an die 7 Hügel Roms erinnert werden; aber auch diese sind nur ein Symbol
und zwar wahrscheinlich der Orte auf Erden, an welchen nach einander die Welthauptstadt gelegen hat und liegen wird cf Jer 51, 25. — Von untergeordneter Bedeutung ist
die Frage, welches nach der Ap die Phasen der Weltmonarchie sind. Wahrscheinlich
1) Ägypten mit Pharao als dem typischen Königsnamen, 2) Assyrien mit Sanherib,
3) Babel mit Nebukadnezar, 4) das medisch-persische, 5) das griechisch-macedonische,
6) das römische Reich mit seinem Cäsar, 7) das kurzlebige, welches kommen wird, woran
als achtes das erneuerte fünfte mit dem Gegenbild des Antiochus, dem Antichrist der
Endzeit sich anschließt.

3. Über die Sage von Nero cf Bd I, 176. 181 f.; Apok. Stud. II, 337—352. 393—405.

4. Über die Zahl des Antichrists cf Apok. Stud. I, 561—576. Die Deutung auf
נרון קסר ist zuerst 1831 durch Fritzsche (Annalen der ges. theol. Lit. I, 3 S. 42 ff.) und,
wie es scheint, unabhängig von diesem und von einander durch Benary, Hitzig, Reuß
vorgetragen worden cf Bleek, Vorles. über die Ap S. 292 f. Die defektive Schreibung
קסר statt des regelmäßigen קיסר (so in den Talmuden cf auch Sh Mt 22, 17 und Inschrift aus
der Nähe von Bostra vom J. 47 n. Chr. C. I. Sem. II nr. 170) ist das mindest Bedenkliche an dieser Entdeckung. Von sonstigen hebräischen Deutungen seien genannt:
Vitringa comm. 633 ff. אדוניקם aus Esra 2, 13 in bezug auf die 666 Stammesgenossen
desselben und unter Verzicht auf den Zifferwert der Buchstaben. Lightfoot (dessen
Ansicht ich nur aus Wolff, Cur. phil. in epist. Jac. etc. 1735 p. 546 kenne) סתור aus
Num 13, 13; dies ergibt die Zahl 666 und erinnert durch die Bedeutung von סתר an μυστήριον.
Dies verband Herder Maranatha S. 148 mit der von Portzig gefundenen Lösung סרות,
was angeblich *apostasiae* bedeuten sollte, und eignete sich außerdem Lakemachers
ר״ שמעון an, wollte darunter aber nicht, wie der Erfinder, den Rabban Simeon, Sohn
Gamaliels (Schürer II, 365), sondern den Revolutionsmann Simeon bar Giora (Schürer I,
521) verstanden haben. Züllig, Offenb. Joh. II, 247 fand בלעם בן בער קסם aus Jos 13, 22,
wobei nur, um die Zahl herauszubringen, der unerläßliche Artikel vor קסם und zweimal
der Vokalbuchstabe י getilgt werden mußte. Aberle, Theol. Quartalschr. 1872 S. 144 תרינו
(sic! sollte Trajanus heißen). Völter, 2. Aufl. S. 77 טרינוס אדרינוס (Trajanus Hadrianus).
Bruston, Le chiffre 666, Paris 1880 S. 11 נמרד בן כוש Gen 10, 8, wobei aber ו im zweiten
Namen gestrichen werden muß. Gunkel S. 377 תהום קדמוניה „Chaos der Urzeit". Die
von Gunkel selbst beigebrachten bekannten Analoga konnten ihn lehren, daß das artikellose Attribut ein bedenkliches Hebräisch ist. Mehreren dieser Deutungen schließt sich

würdig an der Scherz מר שלמון „Herr Salmon" in Salmon's Historic. Introd. (1885) p. 300.
— Griechische Deutungen. Iren. V, 30, 3 stellt zur Wahl $Eὐάνϑας$, $Tεῖταν$, $Λατεῖνος$;
letzteres von Hippol. de Antichr. 50 bevorzugt. Während der echte Victorinus von
Pettau nach Mitteilung von J. Haußleiter gar keinen Namen gibt, wird in den späteren
Bearbeitungen seines Kommentars (Migne 5 col. 399) auf $Ἄντεμος$ und den gotischen
Namen $Γενσήριχος$ als Möglichkeiten hingewiesen. Andere dachten an $ἀρνοῦμαι$ „ich
verleugne", an Papiscus (geschrieben $Παπεῖσκος$), einen typischen Namen des mit dem
Christen streitenden Juden seit dem alten Dialog „Jason und Papiskus".

5. Irenäus bemerkt in seiner Erörterung von Ap 13 und nach einer theologischen
Erklärung der Zahl 666 (V, 28—30) nachträglich (V, 30, 1 cf Forsch VI, 70): *His autem
sic se habentibus et in omnibus antiquis et probatissimis et veteribus scripturis numero
hoc posito, et testimonium perhibentibus his, qui facie ad faciem Joannem viderunt, et
ratione docente nos, quoniam numerus nominis bestiae secundum Graecorum compu-
tationem per literas, quae in eo sunt, sexcentos habebit et sexaginta et sex .... ignoro,
quomodo ignoraverunt quidam, sequentes idiotismum et medium frustrantes numerum
nominis, quinquaginta numeros deducentes, pro sex decadis unam decadem volentes esse.*
Diese LA 616 ist außerdem bezeugt durch cod. C (saec. V), zwei, leider nicht mehr
nachweisbare min. (5 und 11 cf Gregory Proll. 676) und durch den Donatisten Ticonius,
dessen bezügliche Bemerkungen aus der Übereinstimmung der drei von ihm abhängigen
Kommentare des Pseudoaugustin, des Primasius und des Beatus zu entnehmen sind cf
Haußleiter Forsch IV, 133. Irenäus urteilte, diese LA sei ursprünglich harmlos durch
Schreibfehler entstanden; da die Zahlen nicht nur durch Zahlwörter (so Ap 13, 18 א
A C P sah. vg. S² S³ Iren. und offenbar auch dessen $ἀρχαῖα καὶ σπουδαῖα καὶ παλαιὰ$
$ἀντίγραφα$), sondern auch durch Zifferbuchstaben geschrieben würden (so B, einige min.
copt. und wahrscheinlich Hippol. de Antichr. 48. 50: $χξϛ'$), so könne leicht durch Streckung
des $Ξ$ ein I entstanden sein. Dies war allerdings, wie ich gegen meine Apok. Stud. I, 569
bemerken muß, möglich, nicht nur nach der alten dorischen Form des I (cf Kirchhoff,
Stud. z. Gesch. des griech. Alphabets, 3. Aufl. Tafel I; Paleogr. Sec. series vol. I, Tafel
hinter Plate 101; Inscr. antiquiss. Graeciae ed. Röhl nr. 15. 17. 20 ff.), sondern auch
nach Inschriften und Münzen der Kaiserzeit cf Ramsay, Journ. of hell. stud. 1887 p. 466 f.
Erst nachträglich, meinte Irenäus, hätten vorwitzige Leute dem sinnlosen Schreibfehler
durch Suchen nach einem passenden Namen einen Sinn zu geben versucht. Aus seiner
ganzen weiteren Erörterung ergibt sich, daß man einen römischen Kaiser durch $χιϛ$ bezeichnet fand, wogegen Irenäus polemisirt. Ticonius, welcher nur diese Ziffer 616 kannte,
dachte nicht mehr an diese historische Deutung. Er glaubte darin das Monogramm
Christi und zwar, wie Burkitt nachgewiesen (Cambridge University Reporter 1896 p. 625)
dieses in umgedrehter Stellung gefunden zu haben. ⳨ wäre eine Ligatur aus X =
600, I = 10 und der alten Form des Episemon = 6, bedeutet aber zugleich den Namen
Christi. Dessen Umdrehung ⳨ ist daher ein passendes Monogramm für den Antichristen. Richtig und ursprünglich kann diese Deutung nicht sein; denn erstens ist nach
Irenäus nicht zu bezweifeln, daß nicht 616, sondern 666 die von Jo geschriebene Zahl
war; und zweitens ebensowenig, daß diese ursprünglich in Zahlworten, nicht in Zifferbuchstaben geschrieben war. Damit fällt die wohlmeinende Annahme des Irenäus dahin, daß ein harmloser Schreibfehler zu Grunde liege, sowie die Deutung des Ticonius
welche überdies auf der unglaublichen Voraussetzung beruht, daß das Monogramm
Christi schon zur Zeit der Ap oder, falls die LA 616 unecht ist, doch schon einige Ze
vor Irenäus üblich gewesen sei. Endlich kann die Ziffer 616 auch deshalb nicht zufälli
entstanden und erst nachträglich sinnreich gedeutet worden sein, weil sie ohne all
Künstelei den überaus sinnreichen Namen $Γάϊος Καῖσαρ$ ergibt ($Γ$ = 3, $α$ = 1, $ι$ = 1
o = 70, $σ$ = 200, K = 20, $α$ = 1, $ι$ = 10, $σ$ = 200, $α$ = 1, $ϱ$ = 100 = 616). Die

Beobachtung, welche ich Apok. Stud. I, 571 zuerst vorgetragen zu haben meinte, soll bereits Weyers, disput. de libro apoc. Lugd. Bat. 1728 (so citirt Züllig, Offb. Joh. 1, 147, Andere 1828, von mir nicht gesehen) ausgesprochen haben. Weil man den Gajus.Caesar d. h. den Caligula hier finden wollte (cf Bd I, 163. 170), änderten unbekannte Leute vor der Zeit des Irenäus, welche nicht in Asien, sondern in Rom oder doch im Abendland zu suchen sind, die Zahl 666 in 616. Unannehmbar erscheint die Ansicht von Spitta S. 392 ff., daß in der jüdischen Ap aus Caligulas Zeit, welche er unter den Quellen der kanonischen Ap aufzählt (oben S. 601 A 11) die Ziffer 616 gestanden und den Caligula gemeint habe, daß sodann der christliche Redaktor um 90—110 mit Zugrundelegung des hebr. Alphabets und unter Änderung von 616 in 666 den Neron Kesar hereingebracht habe, und daß endlich die von Irenäus bekämpften Leute auf Grund „einer alten Tradition" (S. 394) die ursprüngliche Ziffer 616 aus der jüdischen Ap in die kanonische wiedereingeführt haben. Also der jüdische Apokalyptiker legt das griech. Alphabet, der in Kleinasien zu suchende christliche Apokalyptiker legt das hebr. Alphabet zu Grunde! Vor allem aber undenkbar ist die etwa um 150 anzusetzende Interpolation der um 90—110 entstandenen kanonischen Ap aus einer um 40 geschriebenen jüdischen Ap. Nichts ist ja gewöhnlicher, als Vermischung des Textes einer früheren und einer späteren Recension eines biblischen Buchs (cf die vielen vorhieronymianischen Elemente in den Hss der Vulgata). Dies setzt aber voraus, daß die ältere Recension in der Kirche viele Menschenalter hindurch kirchlich gebraucht worden ist und nicht sofort durch die neue Recension völlig verdrängt werden konnte. Für das Verhältnis jener angeblichen jüdischen Ap zu der Ap des Jo bieten derartige Vorkommnisse keinerlei Analogie.

XI. Chronologische Übersicht.

1. Allgemeine Vorbemerkungen. Die Studien, auf welchen die nachstehende Tabelle beruht, sind der Hauptsache nach nicht erst für gegenwärtiges Lehrbuch gemacht worden. Sie schlossen sich an die älteren chronologischen Arbeiten von Anger, de temp. in Act. ap. ratione 1833; Wieseler, Chronol. des ap. Zeitalters, 1848; Hofmann NT V, 11—17, später an Schürer, Gesch. d. jüd. Volks I (1890) an. Cf auch Lightfoot, Biblical essays, 1893, p. 213—233 (geschrieben 1863). Erneuten Anlaß zur Nachprüfung gab die von O. Holtzmann, Ntl Zeitgesch. 1895 S. 128 ff. und Blaß, Acta apost. Ed. philol., 1895 S. 22 ff. angebahnte, von Harnack, Chronol. der altchristl. Lit., 1897 S. 233 ff. durchgeführte Chronologie des Pl. Das Ergebnis war für mich, wie für Ramsay im Expos. 1897 March p. 201—211 und noch entschiedener für Bacon im Expos. 1898 Febr. p. 123—136 die Ablehnung der „neuen Chronologie", an welcher eigentlich nichts neu ist außer der Zuversicht, womit sie vorgetragen wird. Es kann hier nur Einiges von dem gesagt werden, was teils schon längst mehr oder weniger richtig gesagt worden ist und nur von unseren Modernen ignorirt wird, teils auch neu zu sagen wäre. Die relative Chronologie ist großenteils bei der Untersuchung der einzelnen Schriften, sogut es ohne allzu weitläufige Erörterungen anging, begründet worden. Anderes läßt sich nur im Zusammenhang mit den Daten der absoluten Chronologie behandeln und soll hier in aller Kürze folgen.

In einem Lehrbuch scheint mir die vollständige Aufzählung der Synchronismen am Platz, welche zwischen der ntl Literatur und der allgemeinen Geschichte nachzuweisen sind, auch derjenigen, die bis heute noch nicht, aber vielleicht morgen uns zu absoluten Daten verhelfen. Vorher jedoch dürften einige allgemeine Bemerkungen nützlich sein. Die folgenden, die Tabelle in einigen Hauptpunkten rechtfertigenden Bemerkungen setzen die in diesem Buch begründeten Urteile über den Ursprung und die Glaubwürdigkeit der ntl Schriften, besonders der AG voraus. Sie beruhen ferner auf dem Grundsatz, daß kein Schriftsteller in geschichtlichen Dingen unfehlbar ist, jeder aber nach seiner geschichtlichen Stellung und etwaigen schriftstellerischen Absicht gewertet werden muß. Tacitus weiß besser als Josephus in Rom Bescheid, Josephus besser als Tacitus in Palästina. Während Josephus (geb. 37) auch über die jüdischen Verhältnisse während der 40 Jahre vor seiner Geburt und des ersten Jahrzehnts nach derselben schlecht unterrichtet ist (oben S. 396 ff.), ist er für dieselben Verhältnisse während a. 50—70 der klassische Zeuge und verdient in bezug auf die Zeitfolge während dieses Zeitraums jedenfalls unvergleichlich mehr Glauben als die gelehrten und ungelehrten Chronisten von Africanus an. Auch abgesehen von dem Abstand der Zeit steht in chronologischen Dingen die Auktorität auch des mittelmäßigen Historikers, welcher zusammenhängend erzählt, sicherer als die des Chronisten, welcher Einzeldaten meist nach einem Schema gruppirt. Wo der Chronist amtliche Verzeichnisse von Kaisern oder Bischöfen und deren Regierungsjahren benutzt hat oder benutzt zu haben scheint, soll er gehört werden; aber solche Listen der Prokuratoren Palästinas hat es sicherlich nicht gegeben. Es muß ferner für unerlaubt gelten, Jahreszahlen, welche durch eine so alte und weitverzweigte Überlieferung wie die der ntl Schriften ohne Variante überliefert sind, zu ändern, z. B. Gl 2, 1 statt $\delta\iota\grave{\alpha}$ $\delta\varepsilon\varkappa\alpha\tau\varepsilon\sigma\sigma\acute{\alpha}\varrho\omega\nu$, wie schon Marcion las (GK II, 497), $\delta\iota\grave{\alpha}$ $\tau\varepsilon\sigma\sigma\acute{\alpha}\varrho\omega\nu$ zu schreiben, was Grotius und Reiche (comm. crit. II 1—10) vorschlugen und Baljon (Komm. zum Gl S. 16—19. 102) als ausgemacht ansieht. Fände sich in Zukunft ein Text mit dieser LA, so müßte für jeden Kritiker feststehn, daß dies eine aus Reflexionen, wie sie im Chron. pasch. ed. Bonn. I, 436 vorliegen, erwachsene Korrektur sei. Ferner erscheint es stilistisch unmöglich, die 14 Jahre von der Bekehrung des Pl (Gl 1, 15), statt von dem ersten Besuch Jerusalems drei Jahre nach der Bekehrung an (Gl 1, 18) zu rechnen. Auch wenn man Gl 2, 1 mit Marcion (GK II, 497), Iren., Ambrosiaster, Copt. $\pi\acute{\alpha}\lambda\iota\nu$ streicht (cf auch die abweichende Stellung des Wortes in DG), was geradezu auf 1, 18 zurückweist, stellt das zweimalige $\check{\varepsilon}\pi\varepsilon\iota\tau\alpha$ 1, 18; 2, 1 die drei Tatsachen der Bekehrung, des ersten und eines zweiten Besuchs in Jerusalem als Glieder einer Kette dar (cf 1 Kr 15, 4—8), in welcher das zweite Glied durch einen Abstand von drei Jahren vom ersten, und das dritte durch einen Abstand von 14 Jahren (cf zum Ausdruck AG 24, 17) vom zweiten getrennt ist, so daß wir einen 17jährigen Abstand zwischen der Bekehrung, und dem Ereignis in Gl 2, 1—10 haben. — Ferner steht für mich wie die Meisten heute außer Frage, daß Gl 2, 1—10 sich auf dasselbe Ereignis bezieht, wie AG 15, 1—29. Dies ergibt sich nicht nur aus der wesentlichen Identität des hier wie dort Berichteten, sondern auch aus der Unmöglichkeit jeder anderen Kombination. Eine Kombination von Gl 2 mit AG 18, 22 ist unmöglich, weil Pl nach dieser Stelle gar nicht nach Jerusalem gekommen ist (oben S. 352 A 8), und weil der Gl vor diesem Zeitpunkt geschrieben ist. Ebenso unmöglich ist aber auch eine Kombination von Gl 2 mit AG 11, 30; 12, 25; denn diese Kollektenreise fällt in den Herbst 44 (s. unten); nach Abzug der 17 Jahre würde sich für die Bekehrung des Pl das unmögliche Datum a. 27 ergeben. Selbst wenn die Subtraktion von nur 14 Jahren statthaft wäre, so daß die Bekehrung des Pl unter Voraussetzung der Kombination von AG 11, 30 mit Gl 2, 1 a. 30 anzusetzen wäre, würde diese Kombination sehr unwahrscheinlich sein. Denn das Todesjahr Jesu, nach meiner Einsicht a. 30, steht zwar noch immer keineswegs fest, kann aber doch kein früheres, als a. 29 gewesen sein; und es ist unmöglich, die Ereignisse in AG 1—9 in die Zeit vom Passa 29 bis zum Herbst aes J. 30 einzuzwängen. Man bedenke nur den völligen Umschwung in der Haltung der pharisäischen Partei und der gesamten Bevölkerung im Gegensatz zur sadducäischen Partei bezüglich ihrer Stellung zur Urgemeinde, der sich zwischen den Ereignissen AG 1—5 und denjenigen in c. 6—9 vollzogen hat. So etwas braucht Jahre. Auch wegen Rm 16, 7 (Bd I, 296 A 23) kann die Bekehrung des Pl erst einige Jahre nach dem Tode Jesu erfolgt sein. Daß Pl Gl 2, 1 die Kollektenreise übergeht, berechtigt weder zu so undurchführbaren Kombinationen, noch zur Anzweiflung der Geschichtlichkeit der Kollektenreise von AG 11, 30. Letztere ist gesichert durch den Gesamtcharakter der AG und durch die Ortsanwesenheit des Lc in Antiochien zur Zeit der Absendung des Pl und Barnabas nach Jerusalem (AG 11, 27 oben S. 334. 342). Pl sagt Gl 2, 1 nicht, daß er sich nach seinem ersten Besuch 14 Jahre von Jerusalem ferngehalten habe, was er durch ebenso bestimmte Verneinung des Gegenteils wie in 1, 16—18 ausgedrückt haben würde, wenn er überhaupt Anlaß hatte, es zu versichern. Er sagt eben nur, daß und aus welchem Anlaß er 14 Jahre nach seinem ersten Besuch nach Jerusalem gereist sei, und zwar, zumal wenn man das keineswegs sichere πάλιν streicht, ohne jeden Anspruch auf Vollständigkeit der Aufzählung. Warum aber Pl die Kollektenreise übergeht, und warum die Gegner diese nicht gegen ihn benutzen konnten, wird unten (S. 632 f.) klar werden. — Endlich gehe ich von der Voraussetzung aus, daß die Regeln des antiken Verkehrswesens zur Anwendung gekommen sind, wo nicht die Quellen ausdrücklich eine Abweichung von denselben bezeugen. Die Schiffahrt war vom Anfang November bis Anfang März regelmäßig geschlossen, nach Vegetius, de re milit. IV, 39 vom 11. November bis zum 10. März; das hiemit zusammenhängende Fest *Navigium Isidis* (cf Apul. metamorph. XI, 7 ff. Lactant. inst. I, 11, 21) fiel nach den alten Kalendern auf den 5. März C.I.L. I. 1, (ed. II) p. 260. 280. 311. Über den Grund dieses „wunden Punkts der Schiffahrt im Altertum", des *mare clausum* s. Breusing, Nautik der Alten S. 160. Wir sehen aus 1 Kr 16, 6; Tt 3, 12 cf AG 20, 3. 6, daß Pl mit seinen Reiseplänen hierauf Rücksicht nahm. In Hafenstädten wartet er das Ende des Winters d. h. die Wiedereröffnung der Schiffahrt ab. Eben dies heißt παραχειμάζειν auch AG 27, 12; 28, 11. Schon darum ist eine Annahme wie die von Erbes, die Todestage der Apostel Pt und Pl S. 48 f., daß Pl am 26. Januar von Malta abgefahren sei, ganz unzulässig. Zumal nach den Erfahrungen, welche die Reisegesellschaft auf der Reise bis Malta gemacht hatte, wäre dies eine unbegreifliche Unvorsichtigkeit seitens des Hauptmanns Julius gewesen. Übrigens benutzte dieser nur eine Fahrgelegenheit, und zunächst nicht von ihm, sondern von dem Kapitän des alexandrinischen Schiffs hing die Entscheidung darüber ab, ob man Schiff und Ladung gegen den Brauch besonderer Gefahr aussetzen wollte. Jene Gegend des Meeres galt für besonders gefährlich (Polyb. I, 37), und ein mit einem verantwortungsvollen Kommando betrauter Officier würde nach Vegetius l. l. nicht weniger, sondern mehr Vorsicht angewandt haben, als der Führer des Handelsschiffs. Auch hätte Lc nach der ganzen Art seines Berichts AG 27—28 nicht unterlassen können, eine Abweichung von der Regel anzumerken, sowie die besondere Eilfertigkeit des alexandrinischen Schiffskapitäns und den davon abhängigen Entschluß des Julius zu motiviren. — Ich zähle nun die Synchronismen nach der Zeitfolge auf.

2. Der Ethnarch des Aretas, d. h. des Nabatäerkönigs Harithath IV., Schwiegervaters des Herodes Antipas, war nach 2 Kr 11, 32 (= AG 9, 24) bei der Flucht des Pl von Damaskus nach Jerusalem, 3 Jahre nach dessen Bekehrung (Gl 1, 18) in feindseliger Weise beteiligt. Es mag hier auf sich beruhen, ob Damaskus damals und zwar nur für kurze Zeit zum Reich des Aretas gehörte (so Gutschmid bei Euting, Nabat. Inschr. S. 85; Schürer I, 618), was ich auch darum für unwahrscheinlich halte, weil Pl Damaskus von Arabien unterscheidet (Gl 1, 17), oder ob der Ethnarch des Aretas ein von dem benachbarten König angestellter „Generalkonsul" mit eigener Jurisdiktion über die in Damaskus sich aufhaltenden Untertanen des Aretas war, was dem Titel ἐθνάρχης Ἀρέτα und auch der Analogie der jüdischen Ethnarchen in Alexandrien (Schürer III, 41), sowie der späteren jüdischen Ethnarchen und Patriarchen besser zu entsprechen scheint. Jedenfalls konnte man von einem Ethnarchen des Aretas nur reden, solange dieser lebte. Aus den Münzen und Inschriften dieses Aretas ergibt sich, daß er das 48. Jahr seiner Regierung erlebt hat. Aber weder Anfang noch Ende derselben ist genau zu bestimmen. Sein nächster Nachfolger Abia regierte unter Claudius und zur Zeit des Izates von Adiabene (Jos. ant. XX, 4, 1), dessen Nachfolger Malchus (Maliku) III. (bei Schürer I. 620 Malchus II.) nach Gutschmid S. 86 von spätestens April 49—71. Aber nur die Endzahl ist gesichert, während es für uns auf das Anfangsjahr ankommt. Immerhin ist wahrscheinlich, daß Aretas etwa von 9 v. Chr.—40 n. Chr. regierte (Gutschmid S. 85; Schürer I, 617). Es muß, wenn Aretas nicht länger regiert hat, die Flucht des Pl von Damaskus allerspätestens a. 40, also seine Bekehrung allerspätestens a. 37, wahrscheinlich aber früher fallen.

3. Herodes Agrippa I., welcher von Claudius gleich nach dessen Regierungsantritt (24. Januar 41) das Herrschaftsgebiet seines Großvaters mit dem Königstitel erhielt (Jos. bell. II, 11, 5; ant. XIX, 5, 1), starb 3 Jahre später (bell. II, 11, 6; ant. XIX, 8, 2), also a. 44 und zwar nach AG 12, 3. 19 einige Zeit nach dem Passa dieses Jahres. Dazu stimmt es, daß die Festspiele zu Cäsarea, bei deren Gelegenheit er starb, zu Ehren des Kaisers und zwar genauer ὑπὲρ τῆς ἐκείνου σωτηρίας (ant. XIX, 8, 2) gefeiert wurden, was sich nur auf die glückliche Rückkehr des Claudius aus Britannien im Frühjahr 44 beziehen kann (Dio Cass. 60, 23; Suet. Claud. 17; Eus. chron. Abr. 2060 cf Schürer I, 469). Ist hiedurch die Chronologie der Ereignisse in AG 12, 1—23 gesichert, so fragt es sich um das Verhältnis der Kollektenkreise AG 11, 30; 12, 25 zu den Ereignissen um das Passa 44. Von den drei an sich vorhandenen Möglichkeiten ist erstens die auszuschließen, daß die Hin- und Rückreise des Pl und Barnabas vor die Ereignisse von 12, 1—23 falle. Denn es wäre unbegreiflich, warum 12, 25 nicht sofort hinter 11, 30 gestellt wäre, zumal an 12, 25 nichts Weiteres sich anschließt, die Erzählung 13, 1 vielmehr einen neuen Anfang nimmt. Aber auch die zweite Möglichkeit ist abzuweisen, daß die Ereignisse von 12, 1—23 mit dem Aufenthalt des Pl und Barnabas in Jerusalem zusammenfallen. Denn 1) würden diese Ereignisse dann naturgemäß in die Erzählung der Erlebnisse des Pl und Barn. irgendwie verflochten und irgendwo angedeutet sein, daß Pl und Barn. jene Ereignisse in Jerus. miterlebt haben, statt daß diese Erzählung durch eine sehr unbestimmte Zeitangabe 12, 1 in den Bericht eingeschaltet ist. Es findet 2) das πρὸς τοὺς πρεσβυτέρους 11, 30 nur darin seine natürliche Erklärung, daß die Apostel von Jerus. abwesend waren. Eine Verfügung über die Kollektengelder durch die Presbyter wäre auch in Anwesenheit der Apostel denkbar cf 6, 1—6. In 11, 30 aber erscheint die Gemeinde, welcher die Gelder gesandt werden, als nur durch die Presbyter repräsentirt, zu welchen jedoch der „Bischof" Jk trotz seiner eminenten Stellung gerechnet sein wird (cf 12, 17; 21, 18 und dagegen 15, 2. 4. 6. 22. 23; 16, 4; Gl 2, 1—10; Forsch VI, 353). Es bleibt also nur die dritte Möglichkeit übrig, daß Pl und Barnabas nach den 12, 1—23 berichteten Ereignissen in Jerus. eintrafen. Die Flucht des Pt von Jerus. (12, 17) war bereits erfolgt. Da Pt bei seinem Fortgang nur von Jk und der Gemeinde, nicht von den andern Aposteln redet, so werden diese, soweit sie damals in Jerus. anwesend waren, gleich nach der Hinrichtung des Apostels Jk und während der Gefangenschaft des Pt von dem Recht der Flucht (Mt 10, 23) Gebrauch gemacht haben, da Agrippa es sicherlich gerade auf die Apostel abgesehen hatte. AG 12, 1—23 ist demnach eine rückgreifende Episode, welche abgesehen von ihrer eigenen Bedeutsamkeit dazu dient, die Lage der Dinge zu zeichnen, welche Pl und Barn. in Jerus. vorfanden. Ein Apostel war enthauptet, der andere war durch ein Wunder gerettet, dann aber geflohen, die übrigen hatten schon vorher Jerus. verlassen. Jk und die Presbyter leiteten allein die Gemeinde. Einen Apostel hat Pl bei dieser Gelegenheit nicht gesehen. Er hatte darum auch gar keinen Anlaß, diese Reise im Gl zu erwähnen. — Aus Vorstehendem ergibt sich zunächst nur dies, daß die Kollektenreise nach dem Tode Agrippa's I., also frühestens noch im Sommer 44 erfolgte. Da ferner das volle Jahr gemeinsamen Lehrens des Pl und Barn. in Antiochien (11, 26) nicht an dem Aufkommen des Christennamens oder an dem Auftreten des Agabus (11, 27), sondern nur an einem die Lehrtätigkeit des Pl und Barn. bedeutsam unterbrechenden Ereignis, also an der Kollektenreise seinen Endpunkt haben kann, von wo an der Zeitraum ($\dot{\varepsilon}\nu\iota\alpha\upsilon\tau\grave{o}\nu$ $\ddot{o}\lambda o\nu$) berechnet worden ist, so folgt weiter, daß Barn. frühstens im Sommer 43 den Pl von Tarsus abgeholt hat. Aber diese frühsten Termine (Sommer 43 und Sommer 44) müssen auch ziemlich genau mit den wirklichen Terminen zusammenfallen. Denn erstens würde die Episode 12, 1—23 an sehr ungeschickter Stelle eingeschaltet sein und ihren Zweck, über die Lage der Dinge in Jerus. zur Zeit der Ankunft des Pl und Barn. zu orientiren, verfehlen, wenn seit der Flucht des Pt und dem Tode des Agrippa Jahr und Tag vergangen wären, ehe Pl und Barn. nach Jerus. kamen. Auch der Ausdruck $\varkappa\alpha\tau'$ $\dot{\varepsilon}\varkappa\varepsilon\tilde{\iota}\nu o\nu$ $\tau\grave{o}\nu$ $\varkappa\alpha\iota\varrho\acute{o}\nu$ 12, 1 cf 19, 23 fordert trotz seiner Dehnbarkeit einen Anhalt im Zusammenhang der Erzählung, findet ihn aber nur in der Kollektenreise, welche das erste volle Jahr der Lehrtätigkeit des Pl in Antiochien abschloß (11, 26. 30). Nicht vor den Anfang jenes Jahrs, in welchem Fall die Episode vor 11, 25 gehörte, wenn die Erzählung nicht gleich an 11, 18 angeschlossen werden sollte, sondern in jenes Jahr von Sommer zu Sommer oder Herbst zu Herbst fallen die Ereignisse von 12, 1—23. Also im Sommer oder, da man nicht ohne Not in der heißesten Jahreszeit nach Süden gereist sein wird, wahrscheinlicher im Herbst des gleichen Jahrs, um dessen Osterzeit Jk hingerichtet wurde, d. h. Herbst 44 fand die Kollektenreise statt, und im Sommer oder Herbst 43 hat Barn. den Pl in Tarsus abgeholt. Diese Data bedürfen aber noch der Rechtfertigung gegenüber von Misverständnissen, welchen die Veranlassungen der Kollektenreise anheimgefallen sind. Als erste Veranlassung der Kollekte ist 11, 28 die Weissagung des Agabus von einer allgemeinen Hungersnot genannt. Die sehr allgemein lautende Weissagung (daß $\ddot{o}\lambda\eta$ $\dot{\eta}$ $o\dot{\iota}\varkappa o\upsilon\mu\acute{e}\nu\eta$ nicht Judäa bezeichnen kann s. oben S. 417) ließ die Christen von Antiochien sofort an die verarmten Brüder in Judäa denken und veranlaßte den Entschluß, je nach Vermögen zu einer Geldsammlung für dieselben beizusteuern. Der Ausdruck 11, 29 und die Analogie anderer Kollekten (1 Kr 16, 1; 2 Kr 8, 10; 9, 2) berechtigt zu der Annahme, daß Jahr und Tag darüber hingingen, ehe die Sammlung abgeschlossen war, und daß die Absendung derselben sehr viel später erfolgte. Diese wird 11, 30 ($\ddot{o}$ $\varkappa\alpha\grave{\iota}$ $\dot{\varepsilon}\pi o\acute{\iota}\eta\sigma\alpha\nu$ cf Gl 2, 10) als ein späteres Faktum von dem Beschluß, eine Sammlung zu veranstalten und hinzusenden, deutlich unterschieden. Noch deutlicher wird der Zeitunterschied zwischen der Weissagung und ihrer Erfüllung 11, 28 hervorgehoben. Aus dem Gegensatz von $\mu\acute{e}\lambda\lambda\varepsilon\iota\nu$ $\ddot{\varepsilon}\sigma\varepsilon\sigma\vartheta\alpha\iota$ und $\ddot{\eta}\tau\iota\varsigma$ $\dot{\varepsilon}\gamma\acute{e}\nu\varepsilon\tau o$ $\dot{\varepsilon}\pi\grave{\iota}$ $K\lambda\alpha\upsilon\delta\acute{\iota}o\upsilon$ mußte jeder unbefangene Leser entnehmen, daß die Weissagung unter Caligula († 24. Jan. 41) ausgesprochen wurde und unter dessen Nachfolger Claudius in Erfüllung ging (Bd I, 163). Da wir nun durch 11, 25—26. 30; 12, 25 in das Jahr vom Sommer oder Herbst 43 bis dahin 44 versetzt sind, so liegt am Tage, daß Lc nach seiner Gewohnheit (oben S. 374—376), um die Kollektenreise vom Herbst 44 zu erklären, in 11, 27—29 bis vor Januar 41 zurückgreift. Die Zeitangabe 11, 27 (cf 6, 1; Mt 3, 1) bezieht sich ganz allgemein auf die 11, 19—26 geschilderte Anfangszeit der Gemeinde von Antiochien. Was die Absendung der Gelder veranlaßt hat, ist nicht gesagt, und es ist willkürlich anzunehmen, daß erst der Ausbruch einer Hungersnot in Palästina die Absendung der Kollekte veranlaßt habe,

Wenn schon die unbestimmte Weissagung eines Propheten zur Ansammlung eines Hilfs-
fonds die Anregung gab, so konnte jeder erste Anfang einer Erfüllung dieser Weissagung
auch den Anstoß dazu geben, den armen Judäern, die man von Anfang an im Auge
gehabt hatte, die gesammelten Gelder nun auch zu schicken. Kamen dazu die Nachrichten
von der Verfolgung der Apostel durch Agrippa und von der Verwaisung der Gemeinde
von Jerus., so war doppelter Anlaß zu einer solchen Betätigung der Bruderliebe gerade
in diesem Augenblick vorhanden. Die Weissagung des Agabus begann aber seit dem
Anfang der Regierung des Claudius sich zu erfüllen, welche überhaupt durch *assi-
duae sterilitates* heimgesucht war (Suet. Claudius 18; das Genauere oben S. 417f.).
Dies genügte dem Lc als Erfüllung der Weissagung des Agabus, deren unbestimmten
und populären Ausdruck zu wiederholen er kein Bedenken trägt. Es wird auch den
Antiochenern genügt haben, um sie zur Übersendung der gesammelten Gelder zu bewegen, auch ohne daß gerade in Judäa bereits große Not ausgebrochen war. Obwohl
hienach die Chronologie des Pl von der Zeit der Hungersnot in Judäa eigentlich unabhängig ist, sei doch in Kürze Folgendes bemerkt. Nach Jos. ant. XX, 5, 2 trat sie
unter dem Prokurator Tiberius Alexander ein. Es ist dort zwar sicherlich nicht mit
Niese nach der Epitome ἐπὶ τούτου, sondern mit den griech. Hss, der lat. Version und
Eus. h. e. II, 12, 1 ἐπὶ τούτοις zu lesen. Dies darf aber nicht mit Anger 43f.; Wieseler
157f.; Lightfoot 216; Schürer I, 474 auf die beiden zuletzt genannten Prokuratoren
Fadus und Ti. Alexander bezogen werden. Denn erstens hat Josephus durch den
Schlußsatz von XX, 5, 1 die Geschichte der Prokuratur des Fadus scharf gegen das
Folgende abgegrenzt. Zweitens würde jene Fassung ἐπὶ τούτων erfordern. Es ist ἐπὶ
τούτοις ebenso wie das folgende πρὸς τούτοις neutrisch zu verstehen und heißt, wie so
oft bei Eusebius „unter diesen Verhältnissen und Umständen" und daher „um diese
Zeit" cf h. e. I, 1, 3; 2, 20 (ἐφ᾽ οἷς); III, 4, 11; c. 12; 23, 1; mart. Pal. 12 in. (cf 11, 31),
nicht wesentlich verschieden von ἐν τούτοις h. e. IV, 21 und ἐν τούτῳ III, 18, 1; IV,
15, 1; V, 13, 1; VI, 18, 1. Auch aus der Anknüpfung von ant. XX, 2, 1 ist nicht zu
folgern, daß die Hungersnot, bei welcher die Fürstin Helena sich durch Wohltätigkeit
auszeichnete (XX, 2, 5), in die Prokuratur des Fadus (XX, 1, 1f.) falle. Denn dort
XX, 2, 1ff. handelt es sich um die Bekehrung der Helena zum Judentum. Im Zusammenhang damit erzählt Josephus vorgreifend auch schon von ihrer Reise nach
Jerus., welche mit der Hungersnot zusammentraf (XX, 2, 5), und sogar von ihrem Tode
(XX, 4, 3). Von hier aus greift er auf die Prokuratur des Fadus zurück (XX, 5, 1) und
erst, nachdem er den Antritt des Ti. Alexander berichtet hat, weist er der Tätigkeit
der Helena zur Zeit der Hungersnot ihre geschichtliche Stelle an (XX, 5, 2). Aus
XX, 1, 2 wissen wir, daß Fadus im J. 45 (nach unsicherer LA am 28. Juni 45) noch im
Amt war. Nach XX, 5, 2 ist Ti. Alex. a. 48 wieder abberufen worden; denn durch
ein καί, vor welchem man kein Punktum setzen sollte, verknüpft Josephus diese Tatsache mit dem Tode des Herodes von Chalcis, welchen er in a. 48 setzt. Diese Zeitbestimmung gilt also auch für die Abberufung des Ti. Alex. Die losere Anknüpfung
bell. II, 11, 6 widerspricht dem nicht. Will man nun nicht gegen den gesamten Eindruck der Erzählung in ant. XX, 1, 1—5, 2 annehmen, daß jenes Schreiben des Claudius
in XX, 1, 2 der letzten statt der ersten Zeit des Fadus angehöre, und daß Fadus sehr
kurz, Ti. Alex. dagegen sehr lange das Amt verwaltet habe, so wird man die beiden
Verwaltungsperioden etwa so verteilen müssen: Fadus a. 44—46 oder 47, Ti. Al. a. 46
oder 47—48. Die Hungersnot in Judäa fällt also jedenfalls nicht in a. 44 oder 45,
sondern in die Zeit von a. 46—48, wahrscheinlich 47/48. Mögen schon in a. 41—45
wiederholte Mißernten in verschiedenen Ländern die Preise auch in Palästina gesteigert
haben, die akute Hungersnot brach dort allerfrühstens a. 46 aus und hat somit die
Kollektenreise nicht veranlaßt. — Hieran seien noch zwei Bemerkungen angeknüpft.

Pl gedenkt 2 Kr 12, 1—4 eines visionären Erlebnisses, welches danach angetan war, ihm für die Zeit seines Lebens ein hohes Selbstgefühl zu geben. Obwohl nach seiner Angabe 14 Jahre seit diesem Erlebnis verstrichen sind, spricht er davon mit der größten Lebhaftigkeit und Genauigkeit. Wenn er bekennt, über seinen physischen und psychischen Zustand in jenem Moment keine sichere Auskunft geben zu können, so ist das nicht Folge abgeblaßter Erinnerung, sondern wiederholt nur den ersten Eindruck nach dem Erwachen aus der Ekstase (cf AG 12, 9). Es muß ein für ihn sehr bedeutsames Erlebnis gewesen sein. Selbstverständlich kann nicht, wie im Altertum Einige annahmen, das Erlebnis bei Damaskus und auch nicht die Vision bei dem ersten Besuch Jerusalems nach der Bekehrung (AG 22, 17—21) gemeint sein; denn der 2 Kr ist auf alle Fälle später als der Gl geschrieben, in welchem von dem damals bereits der Vergangenheit angehörigen Apostelkonzil gesagt wird, daß es 14 Jahre später als jener erste Besuch und 17 Jahre nach der Bekehrung stattgefunden habe. Durch jene Vision war er auf eine zukünftige Sendung zu den Heiden hingewiesen (AG 22, 21 ἐξαποστελῶ, nicht ἐξαποστέλλω). In Tarsus mußte er Jahre lang darauf warten, daß der Herr dieses sein Wort einlösen, und daß der Herr selbst ihn zu den Heiden senden werde. Im Sommer 43 hat ihn Barn. dort aufgesucht und zur Missionsarbeit in Antiochien herangezogen. Nach der hier vertretenen Chronologie ist der 2 Kr gegen Ende des J. 57 geschrieben. Die Subtraktion von 14 Jahren ergibt das J. 43. Die beiden unabhängig von einander gewonnenen Daten treffen darin zusammen, daß die bedeutsame Offenbarung 2 Kr 12, 2 und die neue Berufung und tatsächliche Heranziehung des Pl zur Arbeit in der Heidenmission in a. 43 fallen. Soll das ein Zufall sein, oder treffen die beiden Berechnungen darum in dem gleichen Jahr und sogar in der Jahreszeit zusammen, weil die 2 Kr 12, 2 und die AG 11, 25 berührten Tatsachen zusammenfallen? War Pl mehrere Jahre zuvor auf eine neue Kundgebung Jesu hingewiesen worden, welche ihn beauftragen sollte, den Heiden zu predigen, so konnte er nicht Hand ans Werk legen, ohne daß diese Kundgebung erfolgt war. Die Aufforderung des Barn. allein konnte ihm nicht genügen. Daß AG 11, 25 nur die menschliche Aufforderung erwähnt ist, stellt nur genau das gleiche Verhältnis dar, wie es zwischen AG 15, 2 und Gl 2, 2 besteht. Die menschliche Aufforderung schließt das κατὰ ἀποκάλυψιν nicht aus. In beiden Fällen aber ist es der Historiker Lc, welcher den äußeren Pragmatismus, und dagegen Pl der, welcher das supranaturale Moment an den großen Wendepunkten seines Lebens hervorhebt. — Ein zweites, was hier anzureihen ist, ist der Besuch des Pt in Antiochien. Wie schon Schneckenburger, Zweck der AG S. 109 ff. habe ich in N. kirchl. Zeitschr. 1894, S. 435—448 behauptet und zu beweisen gesucht, daß dieser Besuch vor das Apostelkonzil, wahrscheinlich in die Zeit bald nach AG 12, 17 falle. Ob es Belser, Bibl. Stud. herausgeg. von Bardenhewer, I, 3 (1896) S. 127—139 gelungen ist, diese These zu widerlegen, mögen Andere beurteilen. Der Besuch der Propheten aus Judäa AG 11, 27, die Kollektenreise 11, 30, die Niederlassung des Marcus in Antiochien 12, 25 im Herbst 44, der Besuch des Pt und anderer Leute aus der Umgebung des Jakobus Gl 2, 11—14 bilden eine Kette von Ereignissen, welche sich von etwa a. 40 bis a. 45 erstreckt.

4. Sergius Paulus der Prokonsul von Cypern AG 13, 7—12. Cypern wurde noch unter Augustus und blieb von a. 22 v. Chr. an senatorische Provinz (Dio Cass. 53, 12, 7; 54, 4, 1). Ein gewisser M. Calpurnius Rufus (C. I. L. III nr. 6072) wird, wenn er identisch ist mit demjenigen, der unter Hadrian Prokonsul von Achaja war (Digest. I, 16, 10, 1), schon vorher, wahrscheinlich während des großen jüdischen Aufstands unter Trajan (Dio Cass. 68, 32), also unter außerordentlichen Verhältnissen, als kaiserlicher Legat Cypern verwaltet haben. Für gewöhnlich haben die Statthalter Cyperns vor wie nach dieser Zeit den Titel Prokonsul geführt. Den vollständigen Namen des unsrigen *L. Sergius Paullus* bietet eine stadtrömische Inschrift, wonach er unter Claudius *curator riparum et alvei Tiberis* war (mir nur zugänglich durch die berliner Prosopographia III, 221 nr. 376, wo die Annahme von Gatti, daß die Inschrift erst nach a. 47 gesetzt sei, angezweifelt wird). In Soloi auf Cypern wurde eine zuerst von Cesnola (Cypern, deutsch von Stern p. 379 nr. 29), dann genauer von Hogarth, Devia Cypria (1889) p. 114 veröffentlichte Inschrift gefunden, welche mit den Worten schließt: τιμητεύσας τὴν βουλὴν [δι]ὰ ἐξαστῶν (sic) ἐπὶ Παύλου [ἀνϑ]υπάτου. Die Schrift ist nach Hogarth ganz die des ersten Jahrhunderts. Schon deshalb ist an der Identität dieses cyprischen Prokonsuls Paulus der Inschrift von Soloi mit dem cyprischen Prokonsul Sergius Paulus der AG und dem Sergius Paullus der römischen Inschrift nicht zu zweifeln, zumal solange man keinen andern höheren Beamten dieser Zeit mit dem Cognomen Paullus für die Inschrift von Soloi in Vorschlag zu bringen weiß. Für den Zusammenhang der gens Sergia mit Cypern erscheint auch eine andere 1887 gefundene cyprische Inschrift wichtig (Journ. of hell. stud. IX, 241 nr. 56: Λούκιον Σέργιον Κ[. . .] Ἀρριανὸν συγκλητικὸν τριβοῦνον Σεργία Δημητρία τὸν ἀδελφόν). Es hat ferner Lightfoot, Essays on supernat. rel. p. 295 wahrscheinlich gemacht, daß der Sergius Paullus, welchen Plin. h. n. I in der Übersicht über die Gewährs-männer für lib. II und XVIII nennt (an der ersteren Stelle nur *Sergius*, nicht *Paullus* überliefert, s. den Apparat von Sillig oder Detlefsen), der Prokonsul Cyperns ist, und daß die Cypern betreffenden Notizen h. n. II, 210; XVIII, 68 von diesem herrühren. Andere Vermutungen s. Prosopographia III, 222 unter Sergius Paullus. Die Zeit seines Aufenthaltes auf Cypern muß noch erst bestimmt werden, wofür unter anderem auch die vorhin erwähnte Meinungsverschiedenheit über den *curator riparum* erledigt sein müßte. Die Inschrift von Soloi enthält ein Datum. Ein gewisser Apollonius (ob identisch mit dem C. I. L. VI, 1440?) hat den Denkstein seinen Eltern gesetzt am 25. Demarchexusios des J. 13. Versteht man dies vom Regierungsjahr des Kaisers cf C. I. G. 2632. 2634), in diesem Falle also des Claudius, so ergibt sich a. 53. Sehr gewagt scheint mir die Annahme von Hogarth, daß die Ziffer *P* (100) zu ergänzen und die Zahl 113 von der ersten Einrichtung der Provinz zu berechnen wäre, was auf a. 55 hin-auslaufen soll. Die eben mitgeteilten Schlußworte der Inschrift scheinen vorauszusetzen, daß der Paulus, unter dessen Prokonsulat Apollonius den Senat von Soloi als Censor revidirte, nicht mehr im Amt war, daß also Paulus vor a. 53 Cypern verwaltet hat. Nun sind zwar jene $2^1/_2$ Zeilen ein Nachtrag mit etwas anderen Schriftzügen, eine nach-trägliche Vervollständigung der Ämterliste des Apollonius. Daraus folgt aber nicht, daß Apollonius dieses Amt und der Prokonsul Paulus das seinige erst nach dem Datum der ursprünglichen Inschrift innegehabt hat. Da durch jede denkbare Chronologie des Apostels Pl ausgeschlossen ist, daß Sergius Paulus erst nach 53 Cypern verwaltet haben sollte, so wird in dem Nachtrag eine in der ursprünglichen Inschrift eben nur ver-gessene Würde des Apollonius aus der Zeit vor a. 53 hinzugefügt sein. Wir müssen aber mit dem Prokonsulat des Sergius Paulus noch mindestens 2 Jahre hinaufrücken. Nach C. I. G. 2632 war im 12. J. des Claudius, also a. 52 Prokonsul auf Cypern L. Annius Bassus (cf Plin. ep. VII, 31), welcher erst a. 70 Consul suff. wurde (C. I. L. VI, 200). Ob er identisch ist mit dem Tac. hist. III, 50 zum J. 69 erwähnten, mag auf sich beruhen, ebenso wie die mir unverständlichen, jedenfalls irrigen Angaben von Mommsen im Index zu Keils Plinius p. 401 über ihn und von Marquardt I², 391 über seinen Vorgänger Cordus; cf dagegen das Richtige über beide Prosopogr. I, 63; II, 188. Da Bassus nach C. I. G. 2632 einen bereits von seinem Vorgänger Cordus gefaßten Be-schluß ausführt, also kürzlich erst die Verwaltung angetreten hat, so wird Q. Julius Cordus (C. I. G. 2631; ob auch Tac. hist, I, 76?) bis zum Frühjahr des gleichen Jahres 52 die Insel verwaltet haben. Vor das Jahr vom Frühling 51—52 fällt die Verwaltung des Sergius Paulus.

5. Vertreibung der Juden aus Rom AG 18, 2. Dio Cass. 60, 6, 6 bemerkt zum ersten J. des Claudius a. 41 (denn erst 60, 9, 1 cf 10, 1 geht er zu a. 42 über): „Die Juden, welche wiederum sehr an Zahl zugenommen hatten, so daß es schwierig gewesen wäre, sie ohne Tumulte seitens ihres Pöbels (ὑπὸ τοῦ ὄχλου σφῶν) von der Stadt auszuschließen, vertrieb er zwar nicht, gebot ihnen aber, während sie (im übrigen) die väterliche Lebensweise beibehielten, sich nicht zu versammeln.“ Unter πατρίῳ βίῳ χρῆσθαι kann nichts anderes verstanden werden, als was in den Toleranzedikten bei Jos. ant. XIX, 5, 2—3 τὰ ἴδια ἔθη, ἡ πάτριος θρησκεία, τὰ πάτρια ἔθη, οἱ ἴδιοι νόμοι heißt. Da nun ein Hauptstück hievon die Sabbathfeier und die sabbathlichen Gottesdienste in den Synagogen waren, so kann sich das verbotene συναθροίζεσθαι nicht auf diese Gottesdienste beziehen, welche sich in Rom auf eine grosse Anzahl von Synagogen verteilten (Bd I, 33), sondern auf große Versammlungen und Zusammenrottungen der ganzen Judenschaft Roms (cf Bd I, 307 A 6), wofür auch συναθροίζεσθαι im Unterschied von συνάγεσθαι der zutreffende Ausdruck ist. Man vergleiche das viel schärfere Verfahren gegen die Hetärien, wovon Dio Cassius gleich danach berichtet. Diese Nachricht des Dio Cass. steht also nicht im Widerspruch mit der Tatsache, daß Claudius im Anfang seiner Regierung den jüdischen Fürsten Agrippa I. und Herodes von Chalcis große Gunst erwies (Jos. ant. XIX, 5, 1; Dio Cass. 60, 8, 2) und auf deren Bitten den Juden im ganzen Reich mit Einschluß Italiens (ant. XIX, 5, 3 von a. 42) und schon vorher den Juden Alexandriens (ant. XIX, 5, 2) freie Religionsübung zusicherte, dies jedoch nicht ohne die Ermahnung, von diesem Recht einen bescheidenen, friedfertigen Gebrauch zu machen. Wurde diese Ermahnung nicht befolgt, so stand zwar unter Claudius nicht eine Wiederkehr der Zustände unter Caligula in Aussicht, wohl aber Anwendung von Polizeimaßregeln gegen die Unbotmäßigkeit unruhiger Juden an einzelnen Orten. Es ist aber sehr unwahrscheinlich, daß schon sehr bald nach a. 42 die römischen Juden zu solchen Maßregeln Anlaß geboten haben sollten. Die AG 18, 2 und Suet. Claudius 25 (Bd I, 307 A 6) erwähnte Vertreibung der Juden aus Rom muß einer späteren Zeit angehören. Andrerseits ist auch nicht mit O. Holtzmann S. 127 aus den Gunstbezeugungen des Claudius gegen Agrippa II. während der Jahre 50—54 (Schürer I, 491 f.) der Schluß zu ziehen, daß dies Edikt nicht dieser, sondern einer früheren Zeit angehöre. Sowenig diese fortgesetzte Begünstigung des Agrippa eine allgemeine Judenliebe des Kaisers voraussetzt, ist es als Folge einer besonders unfreundlichen Gesinnung oder Stimmung des Kaisers gegen die Judenschaft überhaupt zu betrachten, daß der römischen Polizei in folge immer wiederkehrender Tumulte unter der römischen Judenschaft endlich einmal die Geduld riß. Eine genauere Zeitbestimmung läßt sich weder aus der „Lehre des Addai“ ed. Philipps p. 16, noch aus Eus. h. e. II, 18, 9, der sich einfach an die AG hält, noch aus Oros. hist. VII, 6, 15, der bei Josephus, welcher nichts davon sagt, das 9. J. des Claudius gefunden haben will, sondern nur aus der anderweitig festzustellenden Chronologie des Pl gewinnen.

6. Gallio Prokonsul von Achaja AG 18, 12—17. Da die Worte 18, 12 Γαλλίωνος δὲ ἀνθυπάτου ὄντος τῆς Ἀχαίας offenbar nicht das Motiv, sondern die Zeit und Sachlage angeben sollen, in welcher die Anklage der Juden gegen Pl erfolgte, so ist zu verstehen, daß Gallio erst während des 18 monatlichen Aufenthalts des Pl sein Amt angetreten hat, und zwar, da dies im Frühjahr zu geschehen pflegte, in dem ersten Frühling nach der Niederlassung des Pl in Korinth. L. Junius Gallio (vor seiner Adoption durch den Rhetor Gallio *Annaeus Novatus* genannt), der ältere Bruder des Philosophen Seneca, hat (nach Seneca epist. XVIII, 1 [105]) einmal Achaja verlassen, um ein Fieber loszuwerden, welches ihn dort befallen hatte. Dies kann nicht dieselbe Seereise sein, die ihn nach seinem Konsulat nach Ägypten führte (Plin. h. n. 31, 62); denn diese war durch einen Blutsturz veranlaßt. Er starb noch unter Nero (Dio C.

62, 25). Genauer läßt sich die Zeit des Todes natürlich aus Tac. ann. XV, 73 nicht bestimmen. Die Zeit seines Konsulats ist ebenso ungewiß (Prosopogr. II, 237), wie die seines Prokonsulats in Achaja. Da sein jüngerer Bruder Seneca 56 Konsul war, wird Gallio es früher gewesen sein. Er setzte während des Exils seines Bruders, aus welchem dieser a. 49 zurückberufen wurde, seine Ehrenlaufbahn ungestört fort (Seneca dial. XII, 18, 2), sodaß auch von der Geschichte seines Bruders her kein chronologisches Licht zu gewinnen ist.

7. Die Prokuratoren Felix und Festus AG 23, 24—26, 32. Der einzige den fraglichen Ereignissen in jeder Hinsicht nahestehende Berichterstatter Josephus nennt bell. II, 12, 8 als letztes Ereignis aus der Regierungszeit des Claudius (II, 11, 1—12, 8) die Sendung des Felix nach Palästina und setzt Alles, was er von Felix als Prokurator berichtet (II, 13, 2—7), hinter den Regierungsantritt des Nero (II, 12, 8). Wenn er II, 13, 2 von Nero sagt, er habe dem Agrippa II. zu der von Claudius ihm verliehenen Tetrarchie des Philippus (II, 12, 8) noch einige andere palästinische Städte hinzugeschenkt, über das übrige Judäa aber den Felix als Prokurator eingesetzt (κατέστησεν, nicht ἐξέπεμψεν), so kann das nur heißen, daß Nero den Felix, abgesehen von der angegebenen Verkleinerung seines Verwaltungsbezirks, in seiner durch Claudius ihm verliehenen Prokuratur bestätigt habe. Der Übergang der Verwaltung von Felix auf Festus wird II, 14, 1 chronologisch nicht näher bestimmt. Wesentlich ebenso stellt Jos. die Dinge ant. XX, 7, 1—8, 9 dar. Auch hier werden alle Amtshandlungen des Felix erst unter der Regierung des Nero berichtet (8, 1—8). Nur seine Sendung fällt noch unter Claudius (7, 1); von seiner nur episodenartig berichteten Vermählung mit Drusilla (7, 2) kann man das nicht ebenso sicher behaupten. Auch abgesehen von der Verteilung der Stoffe auf die Regierungen des Claudius und des Nero ist die Vorstellung des Jos. von der Sendung des Felix dadurch angedeutet, daß er unmittelbar hinter Erwähnung derselben die in den Anfang des 13. Jahres des Claudius (a. 53) fallende Belehnung des Agrippa mit der Tetrarchie des Philippus berichtet (7, 1). Die chronologische Vorstellung des Jos. von der Prokuratur des Felix ist demnach nicht zweifelhaft. Felix tritt in einem der letzten Jahre des Claudius (etwa 51—54) an, wird von Nero gleich nach dessen Regierungsantritt (13. Okt. 54) bestätigt und noch unter Nero abberufen. Der größere Teil aber der Amtszeit des Felix, welche wir nach AG 24, 10. 27 auf mindestens (4+2) 6 Jahre schätzen müssen, fällt in die Regierungszeit Neros. Verlegen wir auch nur die Hälfte der 6 Jahre nach dem Regierungsantritt Neros (Okt. 54), so könnte Felix nach Jos. frühstens im Herbst 57 abberufen sein. Eine Bestätigung der Chronologie des Jos. gibt Tac. ann. XII, 54 insofern, als er das Gericht über Cumanus, welches nach Jos. die unmittelbare Voraussetzung der Sendung des Felix war, in a. 52 legt. In anderer Beziehung hat die dortige Darstellung des Tacitus Verwirrung angerichtet. Während nämlich nach Jos. bell. II, 12, 8; ant. XX, 7, 1 Felix als Nachfolger des Cumanus von Rom nach Palästina gesandt worden ist, und zwar auf Bitten des Hohenpriesters Jonathan, der zur Zeit des Gerichts über Cumanus in Rom anwesend war (ant. XX, 8, 5; bell. II, 12, 6), hätte nach Tacitus Felix schon lange vor diesem Gericht (*jam pridem Judaeae impositus*) neben Cumanus, der Galiläa zu verwalten gehabt, Samaria verwaltet. Abgesehen davon, daß Jos. den Tatsachen nach Zeit und Ort viel näher steht als Tacitus und so spezielle Nachrichten wie die über Jonathan nicht erfunden haben kann, ist die Angabe des Tacitus auch darum unglaublich, weil der wichtigste Teil Palästinas, nämlich Judäa und Jerusalem, bei jener angeblichen Teilung der kleinen Provinz gar nicht berücksichtigt ist. Tacitus ist also hier schlecht unterrichtet. Schwerer zu beseitigen ist ein Widerspruch, in welchen Jos. sich selbst mit seinen übrigens klaren Angaben über Felix verwickelt. Er erzählt ant. XX, 8, 9: Nachdem Festus von Nero als Nachfolger des Felix nach Palästina gesandt worden, seien die vornehmsten Juden Cäsareas nach Rom gereist, um Felix zu verklagen, und diesen würde die verdiente Strafe für seine Missetaten getroffen haben, wenn nicht auf Fürsprache seines Bruders Pallas, welcher damals bei Nero in höchsten Ehren stand, der Kaiser ihm Vieles nachgesehen hätte. Jos. weiß offenbar von dem nachmaligen Sturz des Pallas und sagt mit Bezug hierauf, gerade damals ($\mu\acute{\alpha}\lambda\iota\sigma\tau\alpha$ $\delta\acute{\eta}$ $\tau\acute{o}\tau\varepsilon$), als Felix sich in Rom zu verantworten hatte, habe Pallas bei Nero in hoher Gunst gestanden. Der Sturz des Pallas fällt aber nach Tac. ann. XIII, 14, der das wissen mußte, in a. 55 (cf die Angabe der Konsuln XIII, 11) und zwar kurz vor den Tag, an welchem Britannicus sein 14. Jahr vollendete (XIII, 15). Dieser aber war nach Suet. Claud. 27 am 20. Tage der Regierung des Claudius, in dessen zweitem Konsulat, also (vom 24. Januar 41 an gerechnet) am 12. oder 13. Februar 41 geboren, nicht am 12. Februar 42, wie Schiller Kaisergesch. I, 338 angibt. Die lose eingefügte Angabe des Dio Cass. 60, 12, 5, wonach es scheinen könnte, als ob die Geburt in a. 42 fiele, kommt natürlich nicht in Betracht. Demnach vollendete Britannicus sein 14. Jahr am 13. Februar 55, und Pallas ist im Januar 55 gestürzt worden. Damit stimmt auch Dio Cass. 61, 7, 4, wo der Tod des Britannicus in a. 55 gesetzt wird. Gegenüber der völligen Übereinstimmung dieser von einander unabhängigen, teils auf die Geburt, teils auf den 14. Geburtstag und auf die kurz vor demselben erfolgte Vergiftung des Britannicus bezüglichen, mit Angabe der Konsuln ausgestatteten Zeitbestimmungen des Tacitus, Suetonius und Dio Cassius sind Velleitäten, wie die von Harnack S. 238, daß Tacitus sich in der Angabe des Lebensalters des Britannicus zur Zeit seines Todes um ein Jahr geirrt und in folge dessen den Sturz des Pallas in das J. 55, statt in das richtige J. 56 gesetzt habe, verwerflich. Andrerseits darf man daraus, daß Pallas noch in demselben Jahre 55 bei einer Anklage wegen Hochverrats trotzigen Mut bewies und zugleich mit Burrus freigesprochen wurde (Tac. ann. XIII, 23), nicht schließen, daß Pallas inzwischen allmählich oder plötzlich die Gunst Neros wiedergewonnen habe. Er hat sich überhaupt von Anfang an keiner sonderlichen Gunst Neros zu erfreuen gehabt (ann. XIII, 2) und jedenfalls vom Januar 55 bis zu seiner Vergiftung a. 62 (Tac. ann. XIV, 65) nie wieder eine Stellung bei Nero eingenommen, welche den Worten des Jos. ant. XX, 8, 9 einigermaßen entspräche. Wie aber O. Holtzmann S. 128—130 auf diese Angabe des Jos. die Behauptung gründen mochte, daß im Sommer 55, Felix nach Rom und Festus nach Palästina gekommen sei, und vollends Harnack S. 235 die seinige, daß Felix nicht später als 55/56 abberufen worden sei (cf S. 237 Antritt des Festus Sommer 56), mögen sie selbst uns erklären. Ein Blick in die älteren Werke z. B. Wieseler S. 72—74 hätte den Mangel eigenen Nachdenkens ersetzen können. Nach AG 24, 27 cf 20, 16; 27, 9 fällt die Abreise des Felix und der Amtsantritt des Festus in den Sommer. Die Ankläger des Felix mögen gleich hinter ihm drein von Cäsarea abgereist und noch vor Schluß der Schiffahrt in Rom angekommen sein, aber, wenn Jos. mit seiner Angabe über Pallas Recht hat, doch nicht im Herbst des J. 55, in dessen Anfang Pallas abgesetzt wurde, oder gar des J. 56 d. h. 1 $^3/_4$ Jahre nach dem Sturz des Pallas, sondern spätestens Herbst 54. Aber auch dies ist unmöglich. Denn da Nero erst vom 13. Okt. 54 an regierte, würde Festus, der schon im Sommer des fraglichen Jahrs nach Palästina kam, nicht von Nero, sondern noch von Claudius abgesandt worden sein, und es würde Felix, da er noch im Sommer abreiste, den Claudius noch am Leben getroffen haben. Jos. müßte also völlig im Unrecht sein, wenn er behauptet, daß Nero den Felix in seiner Prokuratur bestätigt und ihm den Festus zum Nachfolger gegeben habe, sowie mit der ganzen Vorstellung, daß die Prokuratur des Felix zum größeren Teil unter Nero falle. Hat er aber auch nur in dem einen Punkt Recht, daß Nero den Festus nach Palästina geschickt hat, so ist seine Angabe über Pallas unhaltbar. In die Zeit vom 13. Oktober 54 bis etwa zum 1. Febr. 55 ist es unmöglich, die Reise des Festus von Rom nach Palästina, die Reise

des Felix und der jüdischen Gesandtschaft nach Rom und die Erledigung von deren
Beschwerden einzuzwängen, ganz abgesehen davon, daß solche Reisen nicht in den
Wintermonaten gemacht zu werden pflegten, und daß sie nach der AG in der Tat im
Sommer stattgefunden haben müssen. Die Angabe des Jos. über Pallas ist also auf alle
Fälle unrichtig (cf Bacon p. 135). Aber auch wenn dies nicht so evident wäre, wie es
ist; auch wenn wir vor die Wahl gestellt wären, e n t w e d e r diese beiläufige Nachricht
des Jos. über Vorgänge in dem fernen Rom, o d e r seine überall widerspruchslos zu Tage
tretende Vorstellung von dem Verhältnis der Prokuraturen des Felix und des Festus in
Palästina zu den Regierungen des Claudius und des Nero als Irrtum zu verwerfen, könnte
kein Zweifel darüber bestehen, daß wir letztere als geschichtlich festhalten und erstere
als einen aus dem Bedürfnis pragmatischer Erklärung der Straflosigkeit des Felix und
aus Vermengung der Zeiten des Claudius und des Nero entstandenen Irrtums des Jos. verwerfen müssen. Wer diesen Irrtum zu einem Eckpfeiler der Chronologie macht, muß zu
absurden Konsequenzen kommen, nicht nur in bezug auf die Geschichte der Kirche. Nur .
zwei Beispiele! Fällt der Übergang der Prokuratur von Felix auf Festus nach dieser Voraussetzung, wie gezeigt, spätestens in den Sommer 54, so ist Pl um Pfingsten 52 verhaftet worden.
Als Pl zu Anfang seiner Gefangenschaft zu Cäsarea vor Felix redete, war dieser mit
Drusilla verheiratet (AG 24, 24), und nichts deutet an, daß er erst kürzlich Hochzeit
gemacht hatte. Drusilla, welche a. 44 erst 6 Jahre alt war (ant. XIX, 9, 1), war a. 52
erst 14 J. alt. Sie war aber früher schon mit Aziz von Emesa verheiratet gewesen,
ehe Felix sie diesem abspenstig machte (ant. XX; 7, 2), und vor dieser ihrer ersten
Eheschließung hatte ihr Bruder Agrippa II. bereits mit Epiphanes von Komagene ernstlich über eine Verheiratung mit Drusilla verhandelt (XX, 7, 1). Die erste Ehe Drusillas
war nicht von langem Bestande (ebendort). Aber man muß schon die äußersten Möglichkeiten zu Hilfe nehmen, um die ganze erste Ehe, ferner die Bekämpfung der Schwierigkeiten, welche Felix überwinden mußte, um Drusilla ihrem Gatten abspenstig zu machen
und die Jüdin zur Eheschließung mit sich zu bewegen (ant. XX. 7, 2), und das Stück
ehelichen Lebens, welches Felix und Drusilla zur Zeit von AG 24, 24 hinter sich hatten,
in einen Zeitraum von 2 Jahren unterzubringen. Mit 12 Jahren wäre sie in die erste
Ehe getreten, nachdem Verhandlungen über eine andere Heirat, die doch auch Zeit in
Anspruch nahmen, sich zerschlagen hatten. Ist schon dies wenig wahrscheinlich, so
kommt hinzu, daß Josephus die Zeit der ersten Eheschließung offenbar kennt. Nach
Vollendung des 12. J. des Claudius, also zu Anfang des 13. (= a. 53) wurde Agrippa II.
mit der Tetrarchie des Philippus belehnt, und nach dieser Standeserhöhung, also frühstens
a. 53 verheiratete er seine damals 15jährige Schwester mit Aziz (ant. XX, 7, 1). Also
frühstens a. 54, wahrscheinlich aber erst später ist Drusilla das Weib des Felix geworden.
Dies war geschehen, als Pl vor Felix redete, und noch volle 2 Jahre nach diesem
Moment blieb Felix Prokurator. Also allerfrühstens a. 56, wahrscheinlich aber später
ist Festus dem Felix gefolgt. — Die „neue Chronologie" verträgt sich auch nicht mit
den Angaben des Jos. über seine erste Reise nach Rom vit. 3. Im Winter 37—38 geboren (Schürer I, 56), vollendete Jos. sein 26. Jahr im Winter 63—64, hat also jene
Reise im Frühjahr 64 angetreten. Es handelte sich dabei um Befreiung einiger
jüdischer Priester aus einer Gefangenschaft in Rom, wohin Felix als Prokurator sie
zum Zweck der Aburteilung durch das kaiserliche Gericht geschickt hatte. War Felix
a. 54 (55 oder 56) seines Amtes entsetzt worden, so müßten jene Priester damals
mindestens 10 (oder nach den Rechenfehlern unserer modernen Chronologen mindestens
8 oder 9) Jahre in Rom gefangen gesessen haben. Es handelt sich aber nicht um eine
Kerkerhaft auf Grund richterlichen Urteils, welche die Römer überhaupt nicht kannten,
sondern um eine Untersuchungshaft. Begreiflich ist der Fall nur, wenn Felix bis zum
Sommer 60 im Amt blieb, so daß die Haft jener Priester bis zu ihrer Befreiung durch

Josephus etwa 4 Jahre gedauert haben mag, wie die erste römische Haft des Pl 2 bis 2½ Jahre. — Was aber die Data der eusebianischen Chronik (Schoene II, 152 ff.) anlangt, so ist 1) nicht zu unterschätzen, daß Eus. h. e. II, 20, 1; 22, 1 in Übereinstimmung mit Jos. und im Widerspruch mit der armen. Version der Chronik den Felix noch unter Nero, und zwar, wie es scheint, hauptsächlich unter diesem Prokurator sein und den Festus von Nero eingesetzt sein läßt. Es geht 2) nicht an, wie Blaß l. l. p. 22, die Chronisten Eusebius und Hieronymus so zusammenzufassen, als ob sie nur um ein Jahr differirten. Der lat. Bearbeiter setzt die Sendung des Felix zu Abr. 2066, Claudii 10, die Sendung des Festus zu Abr. 2072, Neronis 2. Dagegen die armen. Version die Sendung des Felix zu Abr. 2067, Claudii 11 (= a. 51), die des Festus aber zu Abr. 2070, Claudii 14 (= a. 54). Daß in der armen. Version eine Konfusion vorliegt, ergibt sich auch daraus, daß seltsamerweise der Amtsantritt des Felix erst hinter einer Angabe über ein Ereignis unter der Prokuratur des Felix steht. 3) Aber auch wenn man die Data des Armeniers nach der Bearbeitung des Hieron. cf v. ill. 7 und nach Euthalius (Zacagni p. 531) korrigirt und mit Harnack S. 234. 236 f. als eusebianische Data für den Amtsantritt des Felix a. 51, für den des Festus Sommer 56 annimmt, also das erste Verhör des Pl vor Felix um Pfingsten (nach Harnacks unbegreiflicher Angabe S. 237 gar „um Ostern“) 54 ansetzt, bleibt derselbe Widerspruch mit AG 24, 10; denn Felix war dann damals erst 3 Jahre im Amt, noch nicht ein Drittel der Verwaltungszeit des Pilatus. Vor allem aber bleibt der unversöhnliche Widerspruch mit dem Gang der Geschichte Palästinas unter Claudius und Nero nach der Darstellung des Jos., sowie mit einzelnen Daten, wie denjenigen über die Lebensgeschichte der Drusilla (s. vorhin). — Zu sicheren Ansätzen kann man nur dadurch gelangen, daß man an der Hand des Jos. vom jüdischen Krieg rückwärts rechnet. Nach bell. VI, 5, 3 ist Albinus, der Nachfolger des Festus, bei einem Laubhüttenfest in Jerus. gewesen, von welchem Jos. 4 J. bis zum Ausbruch des Krieges und 7 J. 5 Monate bis zu einem Monat kurz vor der Eroberung Jerus.'s rechnet. Die genauere zweite Angabe, mit welcher aber auch die erste übereinstimmt, führt zweifellos auf das Hüttenfest 62. In demselben Kapitel erwähnt Jos. Ereignisse vom Passa und Pfingsten, wie es scheint, desselben Jahres, ohne daß des Albinus dabei gedacht würde. Nur ein στρατηγὸς sc. τοῦ ἱεροῦ wird erwähnt. Nun hat aber Alles, was ant. XX, 9, 2—3 (cf die dürftigen Andeutungen bell. II, 14, 1) von einem Aufenthalt des Albinus in Jerus. erzählt wird, gleichfalls an einem Hüttenfest stattgefunden; denn, da vorher nicht schon von einem Fest die Rede ist, so ist XX, 9, 3 κατὰ τὴν ἑορτήν, ἐνειστήκει γὰρ αὕτη vom Hüttenfest zu verstehen cf oben S 518 f. zu Jo 5, 1; 7, 2, ein Sprachgebrauch, welcher offenbar auch bell. II, 12, 3 vorliegt; denn ἡ ἑορτή ist dort weder das 12, 1 erwähnte Passa, noch ein unbestimmt gelassenes Fest, wie wenn es artikellos stünde. Cf die Schätzung des Hüttenfestes ant. VIII, 4, 1. Will man nun nicht einen sonderbaren Zufall annehmen, so ist das Hüttenfest, dessen bell. VI, 5, 3 episodenartig gedacht wird, identisch mit dem in ant. XX, 9, 2. Nach dem Zusammenhang von XX, 9, 1—3 ist Albinus sehr bald nach seiner Ankunft im Lande nach Jerusalem gereist cf den Fall AG 25, 1. War er dort am Hüttenfest 62, so ist er im Spätsommer 62 nach Palästina gekommen. Aus XX, 9, 1 aber ergibt sich, daß Festus mindestens 3 Monate vor diesem Zeitpunkt, also Mai oder Juni 62 in Palästina gestorben ist. Über die vergleichsweise gerechte und energische Verwaltung des Festus geht Jos. bell. II, 14, 1 mit zwei Zeilen und auch ant. XX, 8, 10—11 kurz genug hinweg. Sie hat keinerlei Wandel der Dinge geschaffen und kann nur von kurzer Dauer gewesen sein. Von hier aus betrachtet, muß es als abenteuerlicher Gedanke erscheinen, daß seine Prokuratur von a. 54 oder 55 oder 56 (s. oben S. 639) bis zum Juni 62 sich erstreckt haben sollte. Andrerseits lassen sich die Ereignisse in ant. XX, 8, 10—11 nicht in den

höchstens 10 monatlichen Zeitraum zwischen der Ankunft des Festus im Spätsommer
und dem Juni des nächstfolgenden Jahres einzwängen. Er kann also nicht erst a. 61,
sondern muß spätestens a. 60 sein Amt angetreten haben. · Wenn Jos. ant. XX, 8, 11 (cf.
11, 2; vita 3) Poppäa die Gattin des Nero nennt, so drückt er sich auf alle Fälle
proleptisch oder euphemistisch aus; denn erst nach der Scheidung von Octavia und
deren Tod (9. Juni 62) fand die förmliche Vermählung statt (Tac. ann. XIV, 60—64;
Suet. Nero 35. 57),· also um die Zeit des Todes des Festus, während XX, 8, 11 sich auf
einen Zeitpunkt vor dessen Tod bezieht. Auch setzt die ursprüngliche LA AG 28, 16
(Bd I, 390 f.) voraus, daß es zur Zeit der Ankunft des Pl in Rom nur einen einzigen
Praefectus praetorio gab. Das war der Fall bis zum Tode des Burrus, welcher nach
dem Zusammenhang der Erzählung Tac. ann. XIV, 51; Dio Cass. 62, 13 in den Anfang
62 fällt. Nach dessen Tode wurde diese Würde zwischen zweien geteilt. Wäre Pl im
März 62 nach Rom gekommen, würde er diese veränderte Einrichtung vorgefunden
haben. Er wird also spätestens im Frühling 61 in Rom angekommen sein und somit Festus
spätestens im Sommer 60 seine Prokuratur angetreten haben. Dieser späteste mögliche
Termin hat aber auch allen Anspruch darauf, der wirkliche zu sein. Kann, wie gezeigt,
von einem erheblich früheren Ansatz nicht die Rede sein, so würde gegen a. 59 als
Zeitpunkt des Amtswechsels zwischen Felix und Festus nichts Zwingendes sich geltend
machen lassen. Aber dem Felix ein Jahr zu nehmen und dem Festus eins zuzulegen,
empfiehlt sich angesichts von AG 24, 10 einerseits und des Bildes von der Verwaltung
des Festus bei Jos. andrerseits wenig. Dazu kommt das oben S. 635 nachgewiesene
bedeutsame Zusammentreffen zwischen 2 Kr 12, 2 und dem absolut festzustellenden
Datum AG 11, 25. Durch eine Zurückverlegung der nur relativ zu bestimmenden
Data um 1 Jahr würde diese sehr glaubwürdige Kombination unmöglich gemacht.

8. Mit Hilfe des sicheren Datums: Tod des Agrippa I. Sommer 44 und des nahezu
sicheren: Amtsantritt des Festus Sommer 60 läßt sich die Chronologie des Pl in glaubwürdiger Weise ohne irgendwelche Kollision mit feststehenden Daten ordnen. Es bedurfte keiner Änderung überlieferter Zahlen, sondern nur des Nachweises, daß Josephus
und Tacitus je einmal von Dingen, die ihnen fern lagen, Ungenaues berichtet haben.
Es bereitet auch der Überschuß der etwa 5—6 Jahre, aus welchen wir nichts wissen,
keine Schwierigkeiten. Die Frage, ob wir die überschüssigen Jahre zwischen AG 12
und 13, oder zwischen 14 und 15, 1, oder zwischen 15, 33 und 15, 40 zu verlegen haben,
ist nicht schwer zu beantworten. Das Apostelkonzil ist der ersten Missionsreise bald
gefolgt. Der Ausdruck 14, 28 läßt an Monate, aber nicht an 5—6 Jahre denken. Es
waren frische Nachrichten von der ersten Reise, welche Pl und Barn. nach Jerus.
brachten (15, 3. 4. 12). Wenn 15, 35 von Fortsetzung der innergemeindlichen Lehre
und der Missionspredigt in Antiochien durch Pl und Barnabas gesagt wird, so kann es
sich bei der innigen Verkettung von 15, 40 mit 15, 30—34 und 16, 4 mit 15, 29 doch
nur um Wochen oder Monate handeln. Dagegen beginnt mit 13, 1 eine ganz neue Geschichtserzählung. Nichts deutet an, daß Mr von Pl und Barnabas schon mit der Absicht, ihn auf einer größeren Missionsreise zum Begleiter zu haben, nach Antiochien
mitgenommen wurde (12, 25). Er hat sich vielmehr in Antiochien niedergelassen, wo
wir ihn auch 15, 37 wieder antreffen. Nur in vorübergehender Mutlosigkeit ist er zur
Mutter nach Jerusalem zurückgereist (13, 13). Hätte Lc ein drittes Buch geschrieben,
so würden wir wohl aus der Geschichte der älteren Apostel während der Jahre 44—50,
über die er AG 13, 1 hinweggeht, Manches wissen (oben S. 370 f.). Auf dem Gebiet der
Heidenmission sind während dieser Zeit keine bedeutenden Schritte getan worden.

9. **Der Tod des Petrus und des Paulus unter Nero.** Nach den Untersuchungen
Bd I, 437—459; II, 17—42 darf als sicher gelten, daß beide Apostel in Rom unter der
Regierung des Nero als Märtyrer gestorben sind, ebenso aber auch, daß Pl erheblich

später als Pt starb. Die unerfindbarsten Teile des 2 Tm beweisen, daß die letzte Gefangenschaft und somit der Tod des Pl nicht ein Akt der Christenverfolgung von a. 64
war. Das Schweigen des Pl über Pt in allen seinen Briefen aus der Gefangenschaft
und das Schweigen des Pt über Pl im 1 Pt beweist, daß ihre letzten Schicksale aus-
einanderfallen. Die deutlichsten Spuren des wahren Sachverhalts zeigt die Tradition
von Clemens Rom. bis zur Chronik des Eusebius und darüber hinaus. Die Behauptung
Harnacks S. 239. 240, daß die Hinrichtung des Pl im J. 64 gesichert sei, ist ebenso
falsch wie kühn.

Zeittafel.

Römisches und Jüdisches.	Christliches.
	Tod und Auferstehung Christi wahrscheinlich 30. Die Ereignisse in AG 1—8, 1 um 30—34. Bekehrung des Paulus Anfang 35.
Absetzung des Pilatus und des Kajaphas 36.	
Kaiser Tiberius † 16. März 37.	Dreijähriger Aufenthalt des Paulus in Damaskus,
Gajus Caesar (Caligula) 16. März 37—24. Januar 41.	einmal durch eine Reise nach Arabien unterbrochen (Gl 1, 17).
Geburt des Nero und des Josephus 37. Herodes Agrippa I. 37—44. Judenverfolgung in Alexandrien 38.	Flucht von Damaskus, erster Besuch in Jerusalem, Niederlassung in Tarsus (Gl 1, 18—24; 2 Kr 11, 32; AG 9, 23—30; 22, 17—21; 26, 20; Rm 15, 19) 38.
	Petrus in Joppe und Cäsarea (AG 9, 32—11, 18; 15, 7).
Versuche des Caligula, seine Statue im Tempel aufzurichten 39—40.	Agabus und andere Propheten in Antiochien (AG 11, 27 f.) um 40.
	Lucas dortiges Gemeindeglied.
Kaiser Claudius 24. Jan. 41—13. Okt. 54.	
	Paulus durch Barnabas von Tarsus nach Antiochien geholt (AG 11, 25; 2 Kr 12, 2) Sommer oder Herbst 43.
	Hinrichtung des Jakobus Zebedäi, Einkerkerung des Petrus, Flucht des Petrus und der übrigen Apostel von Jerusalem um Ostern 44.
Herodes Agrippa I. † Sommer 44.	
Fadus Prokurator 44—46 (oder 47). Tiberius Alexander Prokurator 46 (oder 47) —48.	Kollektenreise des Paulus und des Barnabas nach Jerusalem und Niederlassung des Marcus in Antiochien (AG 11, 30; 12, 25) Herbst 44.
Hungersnot in Judäa. Cumanus Prokurator 48—52.	Paulus und Barnabas als Lehrer und Missionare in Antiochien tätig bis Frühjahr 50.

Römisches und Jüdisches.	Christliches.
	Besuch des Petrus und anderer Judäer in Antiochien. Brief des Jakobus um 50.
Sergius Paulus Statthalter Cyperns 50 (jedenfalls nicht 51—53).	Erste Missionsreise des Paulus AG 13, 4—14, 27; Gl 4, 13) Frühjahr 50 bis Herbst 51.
Felix Prokurator 52—Sommer 60. Vertreibung der Juden aus Rom um 52.	Apostelkonzil (AG 15, 1—29; Gl 2, 1—10) um Anfang 52. Antritt der zweiten Missionsreise (AG 15, 40) Frühjahr 52. Ankunft in Korinth etwa Nov. 52.
Gallio Prokonsul von Achaja wahrscheinlich von Frühjahr 53 an.	Galaterbrief etwa April 53. Ankunft des Silas und Timotheus in Korinth (AG 18, 5; 1 Th 3, 6).
	Erster Thessalonicherbr. etwa Mai oder Juni 53. Zweiter Thessalonicherbr. August oder Sept. 53. Verhör vor Gallio (AG 18, 12—17) Herbst 53. Reise von Korinth nach Ephesus (AG 18, 18—21, Anfang der 3 Jahre AG 20, 31 cf 19, 8—10; 20, 18) vor Pfingsten, also etwa Mai 54. Weiterreise nach Cäsarea (nicht nach Jerusalem) und Antiochien (AG 18, 21 f.). Reise des Apollos von Alexandrien über Ephesus nach Korinth (AG 18, 24—28) Sommer 54.
Kaiser Nero 13. Okt. 54 bis 9. Juni 68.	Antritt der dritten Missionsreise von Antiochien bis Ephesus (AG 18, 23; 19, 1) wohl noch im Spätsommer 54. Niederlassung in Ephesus etwa Februar 55. Übersiedelung in den Hörsaal des Tyrannus um Pfingsten 55. Kurzer Besuch Korinths von Ephesus aus (Bd I, 188). Verlorener Brief des Paulus an die Korinther (1 Kr 5, 9) etwa Ende 56 oder Anfang 57. Sendung des Timotheus und Erastus nach Macedonien und weiter nach Korinth (AG 19, 22; 1 Kr 4, 17). Schreiben der Korinther an Paulus (1 Kr 7, 1). Erster Korintherbrief um Ostern (1 Kr 5, 7; 16, 8) 57. Rückkehr des Timotheus nach Ephesus. Sendung des Titus nach Korinth (Bd I, 230 ff.).

Römisches und Jüdisches.	Christliches.
	Aufstand des Demetrius (AG 19, 23—41).
	Abreise des Paulus und **Timotheus** von Ephesus über Troas nach **Macedonien** (AG 20, 1 cf 2 Kr 1, 8; 2, 12; 7, 5) um oder nach Pfingsten 57.
	Zusammentreffen des Titus mit Paulus in Macedonien (2 Kr 7, 5—15).
	Zweiter Korintherbrief etwa Nov. oder Dec. 57.
	Reise des Paulus von **Macedonien** nach Korinth (AG 20, 2) um Neujahr 58.
	Römerbrief während des 3 monatlichen Aufenthalts in Griechenland und Korinth (AG 20, 3; Rm 15, 25; 16, 1) etwa Februar 58.
	Reise über Macedonien (zu Ostern in Philippi AG 20, 6), Troas, Milet etc. nach Jerusalem.
	Ankunft in Jerusalem und Anfang der Haft in Cäsarea um Pfingsten 58.
Porcius Festus Prokurator vom Sommer 60 bis Sommersanfang 62.	
	Verteidigung vor Festus Spätsommer 60.
	Abreise von Cäsarea nach Rom (AG 27, 1. 9) September 60.
	Ankunft in Rom (AG 28, 16 cf v. 11) **März** 61.
	Briefe an die Epheser, Kolosser und Philemon Sommer 62.
	Zweiter Brief des Petrus um 62.
	Matthaeus schreibt in Palästina sein aramäisches Evangelium um 62.
	Ende der vollen 2 Jahre AG 28, 30 etwa April 63.
	Philipperbrief Sommer 63.
	Befreiung des Paulus Spätsommer 63.
	Reise des Paulus nach Spanien Herbst 63 oder Frühjahr 64.
	Ankunft des Petrus in Rom Herbst 63 oder Frühjahr 64.
	Erster Brief des Petrus Frühjahr 64.
Brand Roms (Bd I, 446) 19.—24. Juli 64.	**Marcus in Rom mit Ausarbeitung seines Evangeliums** beschäftigt Sommer 64.
	Neronische Verfolgung und Kreuzigung des Petrus Herbst 64.

Römisches und Jüdisches.	Christliches.
	Rückkehr des Paulus von Spanien, Bereisung der morgenländischen Gemeinden, Abfassung des 1 Tm und des Tt Frühjahr bis Herbst 65.
	Aufenthalt in Nikopolis Winter 65—66.
	Tod des Jakobus, des Bruders Jesu, in Jerusalem zu Ostern 66.
Anfänge des jüdischen Kriegs 66.	Rückkehr des Paulus nach Rom Frühjahr 66.
	Verhaftung daselbst. Abfassung des 2 Tm Sommer 66.
Sieg der Juden über Cestius November 66.	Enthauptung des Paulus Ende 66 oder Anf. 67.
	Herausgabe des Mrev um 67.
	Flucht der Christen von Jerusalem nach Pella um 67.
Krieg in Galiläa 67.	Übersiedelung des Apostels Johannes und anderer Jünger (Philippus, Aristion u. a.) nach der Provinz Asien um 68.
Bürgerkrieg in Jerusalem Winter 67—68.	
Kaiser Nero † 9. Juni 68.	
Galba † 15. Januar 69; Otho † 16. April 69; Vitellius † 21. December 69.	
Kaiser Vespasian in Alexandrien proklamirt d. 1. Juli 69.	
Anfang der Belagerung Jerusalems durch Titus April 70.	
Eroberung Jerusalems und Zerstörung des Tempels Aug. 70.	
	Brief des Judas um 75.
	Evangelium und Apostelgeschichte des Lucas um 75.
Kaiser Titus 23. Juni 79 bis 13. Sept. 81.	Hebräerbrief um 80.
	Entstehung des griechischen Mtev um 85.
Kaiser Domitian 13. Sept. 81 bis 18. Sept. 96.	Das Evangelium und die Briefe des Johannes um 80—90.
	Apokalypse des Johannes um 95.
Kaiser Nerva 18. Sept. 96 bis 25. Jan. 98.	
Kaiser Trajan 25. Jan. 98 bis Aug. 117.	Tod des Johannes um 100.

I. Stellenregister.

Ἑλληνιστής I 28. 30 f. 34. 42 f. 47. 51 f.
ἐνέστηκεν I 168. II 142.
ἔξοδος II 56. 181.
ἑορτή, ἡ II 518 f. 641.
ἐπιδημεῖν I 43.
ἐπιούσιος II 312 f.
ἐπίσκοπος I 462 ff. 484 ff. II 580. 604—607. 610 ff.
ἐπιστάτης II 358. 376.
ἐπιστρέφειν II 13.
ἐπισυναγωγή I 169. II 141. 146. 148.
ἐπιφάνεια I 183 492.
ἐπιχειρεῖν II 351. 362. 386.
ἔργα alternirend mit τέκνα II 312.
ἑρμηνεύειν II 256 f.
ἑρμηνευτής II 178. 209 f. 215 f. 217 ff.
ἔρχεσθαι II 252. 308.
ἑτεροδιδασκαλεῖν I 486 f.
ἕτερος II 108.
εὐαγγελίζεσθαι I 122. 263. II 235.
εὐαγγέλιον II 163. 172. 173 f. 220 f. 235. 442. 578.
εὐαγγέλιον κατά τινα II 173 f. 179 f.
εὐαγγέλιον τ. Χριστοῦ II 161. 165. 222.
εὐαγγελιστής I 359. 420. 465.
εὐθύς II 236.
εὐλαβής I 43.
εφφαθα I 9.

ζηλωτής II 394.
ζωτικός II 613.

ἡγούμενος I 448. 484. II 125. 146.
ηλει I 9.

θάλασσα = λίμνη II 422. 496.
θειότης I 368.
θέλειν ἔν τινι I 339.
θηρίον II 438. 622 ff.
θρησκεία I 69. 94. 332. 338.
θυμιατήριον II 157.
θυρεός I 367.

ἰδιώτης I 17.
Ἰησοῦς II 88. 285. 295. 300. 310. 393. 496 577. 619.
Ἱερουσαλήμ (Ἱεροσόλυμα) I 21. II 311.
ιουδαΐζειν I 52.
Ἰουδαῖος II 119. 289. 556 f.
Ἰσκαριώτης II 564.
Ἰωάν(ν)ης I 11. II 482. 497. 618.
Ιωσηφ, Ιωσης, Ιωσηχ I 20. 21.

καθαρισμός II 68.
καθίζειν II 565.
καθιστορεῖν II 338.
καί II 250. 332. 565.
κακοποιός II 39.
καλός I 491.
Καναναῖος I 23. II 300.
καταβραβεύειν I 334. 366.
κατήγωρ I 45.
κατηχεῖν II 361. 385 f.
κατοικεῖν, κατοικία I 42. II 13.
κεντυρίων II 250 f.
κῆνσος I 47. II 251.
Κηφας I 10. II 14.
κλῆσις I 183.
κοδράντης I 30. 47. II 251.
κολοβοδάκτυλος II 211 f.
κορβαν I 10. II 300.
κράββατος II 251.
κράτιστος II 337. 361. 385.
κυρία II 16. 584.
κυριακή, ἡ II 613.
κύριε I 29. 46.
κύριος, ὁ I 109. 183. II 150. 232. 239. 393. 496. 619.

Λάζαρος I 22.
λαλιά I 19.
λαός, ὁ = Israel II 6. 83. 279.
λεγεών I 30. 47. II 250.
Λιβερτῖνοι I 42.
λογίζομαι I 364. II 10.
λογικός II 37.
λόγος II 538 ff. 547 ff. 578. 617. 619.
λόγος τ. κυρίου II 166.

λοιπός II 99. 108.
λύειν II 295. 300.

μαμωνας I 12. II 421.
μαραναθα I 8. 216 f.
Μαρθα I 22.
Μαριαμ I 21 f. 304.
μαρτυρεῖν, μάρτυς I 447. II 15. 467. 482. 490. 619.
μαρτυρία, μαρτύριον τ. Ἰησοῦ II 166 f.
Ματθαιος II 264.
Ματθιας II 265.
Μεσσιας I 13 f. II 546.
μονογενής II 536. 546.
μυστήριον I 163 f. 168. 292. II 610. 627.
μωρός I 1.

Ναθαναηλ I 23. II 264. 480.
ναί II 313.
νεκρός II 131 f. 140.
νῖκος II 317.
νομικός I 436. 470. II 422.

ξέστης II 250.

Οἰκονόμος I 334.
οἰκουμένη, ἡ II 417.
ὄνομα II 583. 613.
ὄχλος II 563.
ὀψώνια I 266.

πάλαι II 82. 88.
πανδοκεῖον, πανδοκεύς I 30. 46.
παραγγελία I 426.
παραδιδόναι II 171. 365. 387 f.
παράκλητος I 30. 45 f. II 578.
παρακολουθεῖν II 219. 337. 388.
παραλυτικός II 438.
παραμένειν I 393.
παρασκευή II 241. 527.
παρεπίδημος II 4. 12 f.
πάροικος I 59. II 4 f. 12 f.
παρουσία II 57.
πασχα I 12. II 527 ff.
πέραν τ. Ἰορδάνου II 297. 308.
περιπατεῖν II 141. 354.
πλάνη II 79. 86.

III. Namen- und Sachregister.